YABANCI

YABANCI

Orijinal Adı: Outlander
Yazarı: Diana Gabaldon
Genel Yayın Yönetmeni: Meltem Erkmen
Çeviri: Seden Gürel
Editör: Ayşe Tunca
Düzenleme: Gülen Işık
Düzelti: Fahrettin Levent
Kapak Uygulama: Berna Özbek Keleş

1. Baskı: Mart 2010

ISBN: 978 9944 82-254-1

YAYINEVİ SERTİFİKA NO: 12280

Baskı ve Cilt: Melisa Matbaası
Çiftehavuzlar Yolu
Acar Sitesi No: 18 Davutpaşa
Tel: (0212) 674 97 23

Yayımlayan:
Epsilon Yayıncılık Hizmetleri Tic. San. Ltd. Şti.
Osmanlı Sk. Osmanlı İş Merkezi No: 18 / 4-5 Taksim / İstanbul
Tel: 0212.252 38 21 pbx Faks: 252 63 98
İnternet adresi: www.epsilonyayinevi.com
e-mail: epsilon@epsilonyayinevi.com

YABANCI

Diana Gabaldon

Çeviri
Seden Gürel

epsilon®

Bana okumayı öğreten annem
Jacqueline Sykes Gabaldon'un anısına

ÖNSÖZ

İnsanlar ortadan kaybolurlar. Dilediğiniz polise sorabilirsiniz. Bir gazeteciye sormanız daha da iyi olabilir çünkü bu kayıplar onların en önemli ilgi alanlarından biridir.

Evlerinden kaçan genç kızlar. Ailelerinden kaçan ya da kaçırılan ve bir daha onları görme imkânını bulamayan çocuklar. Evin mutfak parasını cebine atıp ilk taksiyle en yakın istasyona giden, sabırlarının sonuna gelmiş ve zincirlerini koparmış ev kadınları. İthal puroların dumanlarına sığınarak ortalıktan yok olan ve yeni kimliklere bürünen finansörler...

Kayıpların çoğu er ya da geç ölü ya da diri olarak bulunurlar. Ve bunun ardından bu kayboluşların bir açıklaması yapılır.

Genellikle yapılır...

BÖLÜM 1

Inverness, 1945

1

Yeni Bir Başlangıç

Hiç de kaybolunacak bir yere benzemiyordu ya da en azından ilk bakışta öyleydi. Bayan Baird'in Yeri 1945'te yapılmıştı ve Kuzey İskoçya dağlarında kurulmuş diğer binlerce oda-kahvaltı sistemiyle çalışan tesislerden biriydi. Soluk çiçek desenli duvar kâğıtları, parlak döşemeleri, tuvaletlerinde para ile çalışan sıcak su sistemi olan temiz ve sakin bir yerdi. Bayan Baird neşeli, yumuşak başlı, kısa boylu bir kadındı. Frank'in, dünyanın her yerine beraberinde götürdüğü kitapları ve kâğıtları, küçük, güllerle süslü oturma odasına yaymasına itiraz etmemişti.

Dışarı çıkarken girişte Bayan Baird'le karşılaştım. Tombul elini kolumun üzerine koyarak beni durdurdu ve saçımı okşadı.

"Olur şey değil Bayan Randall, bu şekilde dışarı çıkamazsınız! Durun size biraz yardımcı olayım. Şunları bir yerleştireyim, evet, bu da buraya... Biliyor musunuz, kuzenim bana yeni yaptırdığı permayı gösterdi, bukleleri muhteşemdi hatta rüya gibiydi, belki bir dahaki sefere siz de orada yaptırırsınız."

Açık kumral buklelerimin inatçılığının doğanın hatası olduğunu, bunun perma yapan yerlerin ihmalkârlığıyla ilgili bir durum olmadığını söyleme yürekliliğini gösteremedim. Onun mükemmel bir şekilde maşalanmış buklelerinin başına bir terslik gelmemiş olduğu aşikârdı.

"Evet, bunu yapacağım Bayan Baird," diye yalan söyledim. "Köye, Frank'le buluşmaya gidiyorum. Çay saatinde geri döneceğiz." Kapıdan dışarı sıvıştım ve o benim ele avuca sığmaz dış görünüşümde yeni bir hata daha bulamadan patikadan aşağı yürümeye başladım. Dört yıl orduda hemşirelik yaptıktan sonra üniformalardan ve göze hoş görünen ama çalılıklarda yapılacak olan bir yürüyüşe hiç uygun olmayan değişik desenli, ince, pamuklu elbiselerden kurtulduğum için oldukça mutluydum.

Yapmakta olduğum şeylerin çoğunu önceden planlamamıştım. Sabahları geç saatlere kadar uyuyup Frank'le birlikte yatakta geçirdiğim uzun ve tembellik dolu akşamüstü saatlerini bir kez daha düşündüm. Elbette Bayan Baird odanın kapısının önünde elektrik süpürgesiyle dolaşırken bu zamanların baştan çıkarıcı romantizmini korumak oldukça zor oluyordu.

"Bu Kuzey İskoçya'daki en kirli halı olmalı," demişti Frank, koridorda dolaşmakta olan bu süpürgenin dayanılmaz gürültüsünü dinlerken.

"Pansiyon sahibemizin aklından geçenler kadar kirli," diyerek onun bu görüşünü onayladım. "Belki de her şeye rağmen Brighton'a gitmeliydik." Bu tatili, Frank Oxford'daki tarih profesörüyle yapacağı görüşmenin randevusunu almadan önce planlamıştık. Kuzey İskoçya'yı seçme sebeplerimizden biri de Britanya'da süregelen savaşın verdiği fiziksel hasarlardan ve savaş sonrasında popüler tatil bölgelerinde yaşanan çılgın şenliklerden daha az etkilenmiş olmasıydı.

Bu konuyu hiç konuşmamıştık ama sanırım ikimiz de burasının evliliğimizi yeniden kurabilmek için simgesel bir yer olduğunu hissetmiştik. Yedi yıl önce evlenmiştik ve iki gün süren balayımızı Kuzey İskoçya'da geçirmiştik. Savaş patlak vermeden kısa bir süre önceydi. Birbirimizi yeniden keşfetmek için son derece huzurlu bir sığınaktı, golf oynamak ve balık tutmak İskoçya'daki en gözde dış mekân sporlarıydı ve biz dedikodu yapmanın en önemli iç mekân sporlarından biri olduğunun farkında değildik. İskoçya'da yağmur yağdığı sürece insanlar günlerini kapalı mekânlarda geçiriyorlardı.

"Nereye gidiyorsun?" diye sordum Frank'e ayaklarını yataktan aşağı sallandırdığında.

"Bu yaşlı şeker şeyin bizden umduğunu alamamasından nefret ediyorum," diye cevap verdi ve eski yatağın kenarına oturup yukarı aşağı zıplamaya başladı, yataktan ritmik gıcırtıların çıkmasına özen gösteriyordu. Dışarıdaki elektrik süpürgesi sesi bir anda kesiliverdi. Bir ya da iki dakika süren zıplama seansından sonra genizden gelen abartılı bir sesle inledi. Bunun ardından birkaç kez daha inledi ve yatağa sırtüstü devrildi. Çaresiz bir şekilde yüzümü yastığa gömmüş kıkırdıyordum, dışarıdaki ölüm sessizliğini bozmak istemiyordum.

Frank karşımda durmuş bana kaş göz işaretleri yapıyordu. "Kıkırdamak yerine kendinden geçmiş gibi iniltiler çıkarmalısın," diye azarladı beni usulca. "Benim kötü bir âşık olduğumu düşünecek."

"Kendimden geçerek inlememi istiyorsan bu işi biraz daha uzun süreli yapmalısın," diye cevap verdim. "İki dakika kıkırtıdan fazlasını hak etmiyor."

"Seni düşüncesiz kadın... Buraya dinlenmeye geldim, hatırladın mı?"

"Tembel adam. Bundan daha fazla çaba göstermediğin sürece soy ağacına asla yeni bir dal ekleyemeyeceksin."

Kuzey İskoçya'yı seçmemizin bir diğer sebebi de Frank'in soyağacına duyduğu meraktı. Oradan oraya yanında taşıdığı o eski püskü kâğıt parçalarından birinde yazana göre can sıkıcı atalarından biri on sekizinci yüzyılda bu bölgelerde bir şeylerle ilgili bir şeyler yapmıştı - yoksa bu on yedinci yüzyılda mıydı?

"Eğer soyağacımın kökü kurursa, bunun tek sorumlusu dışarıdaki yorulmak bilmez ev sahibemiz olacak. Hem biz sekiz yıldır evliyiz. Küçük Frank Jr. şahitlerin huzurunda oluşmadan da yeteri kadar meşru olacaktır."

"Oluşmayı başarabilirse tabii," diye karamsar bir cevap verdim. Kuzey İskoçya'ya doğru yola çıkmadan bir hafta önce yine hayal kırıklığına uğramıştık.

"Bu insanı zindeleştiren temiz havaya ve sağlıklı beslenmeye rağmen mi? Bunu başarmak için daha fazla ne yapabiliriz ki?" Bir gece önce yemekte kızarmış ringa balığı yemiştik. Öğlen yemeğinde de tuzlanmış ringa balığı. Şu an merdiven boşluğundan her yere yayılan keskin koku da kahvaltıda yine ringa balığı olacağının en büyük belirtisiydi, bu seferki tütsülenmişti.

"Bayan Baird'i mutlu edecek bir performans daha sergilemeyi düşünmüyorsan, giyinmen gerekiyor. O papazla saat onda buluşmayacak mıydın?" Bölge papazı olan saygıdeğer Dr. Reginald Wakefield'in elinde Frank'in incelemek istediği oldukça ilginç vaftiz kayıtları vardı. Bunların içinde eski ordu dönemlerindeki kayıtların ya da biraz önce sözünü ettiğim nam salmış ataların bilgilerinin çıkma olasılığının bulunduğundan bir kez daha bahsetmeme gerek yok sanırım.

"Büyük-büyük-büyük-büyük-büyükbabanın adı neydi bir daha söyler misin? Hani ayaklanmalar sırasında ortalıkta dolaşıp duranın? Willy miydi, Walter mı?"

"Aslında Jonathan'dı." Frank onun aile tarihçesine olan ilgisizliğimi büyük bir hoşgörüyle karşılıyordu ama yine de eline geçen her fırsatta ya da ona sorduğum en ufak bir sorunun karşılığında bana Randalllar'ın ve onların akrabalarının hakkındaki tüm gerçekleri tarihler vererek anlatıyordu. Gömleğinin düğmelerini iliklerken gözleri ateşli bir hatibin gözleri gibi yanıyordu.

"Jonathan Wolverton Randall Wolverton adı annesinin amcasından geliyor, Sussex'ten gelen küçük bir şövalye. Ordudayken bir şekilde ona takılmış olan 'Kara Jack' adıyla da bilinirdi, sanırım bu isim ona buraya atandığı dönemlerde verilmişti." Kendimi yüzüstü yatağa attım ve horlama taklidi yapmaya başladım. Frank bu hareketimden hiç etkilenmedi ve bilgece yorumlarına devam etti.

"Otuzlu yaşlarının ortalarında - yani 1730'larda - o dönemde işkenceleriyle meşhur olan ağır süvarilerin komutanlığına atandı. Kuzen May'in bana gönderdiği eski mektuplarda yazanlara bakılırsa orduda gayet başarılıymış. Bildiğin üzere onun küçüğü olan erkek kardeşi geleneği sürdürmüş ve papaz yardımcısı olmuştu, henüz onun hakkında yeterince bilgi bulamadım. Neyse Jack Randall, 1745'te İngiltere Kralı II. James yanlılarının çıkardığı isyan sırasında yaptığı faaliyetlerin sonunda Sandringham Dükü'nden oldukça fazla övgü almış." Ona kayıtsız kalan dinleyicisinin, yani benim, ilgimi çekebilmek için sesini yükseltti. "Süslü Prens Charles'ı ve onun yazgısını biliyorsun değil mi?"

"İskoçların onu kayıp olarak gördüklerinden pek emin değilim," diyerek onun sözünü kestim, bir yandan da oturmuş saçlarımı şekle sokmaya uğraşıyordum. "Dün gece barmenin gayet açık bir şekilde bize 'Saksonyalılar' dediğini duydum."

"Olabilir, neden olmasın?" dedi Frank sakin bir tavırla. "Bu 'İngiliz' anlamına gelir ya da kötü taraftan bakarsak 'yabancı' anlamına gelir ve bu iki sözcük de bizim için söylenebilir."

"Ne anlama geldiğini ben de biliyorum. Benim takıldığım yer bunu söylerken sesindeki tonlamaydı."

Frank komodinin çekmecesinde kemerini arıyordu. "Ona biranın hafif olduğunu söylediğim için rahatsız olmuştu. Ona, doğru İskoç birasının mayalanması sırasında fıçıya eski bir çizmenin atılması sonra da ürünün kullanılmış bir iç çamaşırından süzülmesi gerektiğini söyledim."

"Ah, bu hesabın neden o kadar yüksek geldiğini de açıklıyor."

"Aslında bundan daha nazik bir şekilde de anlatabilirdim ama Keltçede külot için kullanılan net bir kelime yok."

Bu konu gerçekten ilgimi çekmişti. "Neden yok. Eski İskoçyalılar iç çamaşırı giymiyor muymuş?"

Frank pis pis sırıttı. "İskoçyalı erkeklerin eteklerinin altına ne giydiklerini anlatan şarkıyı hiç duymadın mı?"

"Dize kadar inen külotlar giymediklerini tahmin edebiliyorum," dedim yavan bir sesle. "Sen papazınla hoplayıp zıplarken ben de gidip yerel giysiler giyen birini bulup ona ne giydiğini sorarım."

"Pekâlâ, tutuklanmamaya çalış Claire. St. Giles Üniversitesi'nin dekanı bu durumdan hiç hoşlanmayacaktır."

***

Sonuçta, kasaba meydanında ya da onu çeviren dükkânlarda İskoç eteği giymiş adamlar dolaşmıyordu. Etrafta bir sürü insan vardı ama bunların çoğu günlük alışverişlerini yapmakta olan Bayan Baird tipli ev kadınlarıydı. Bunlar oldukça çenebaz ve dedikoducu tiplerdi, güzel emprime desenli giysileriyle içinde bulundukları dükkânlara bir sıcaklığı da beraberlerinde getiriyorlardı, dışarıdaki soğuk sabah pusuna karşı bir dayanaktı bu.

Hâlâ bakmam gereken bir evim olmadığı için fazla bir alışveriş ihtiyacım da yoktu, yine de yeni doldurulmuş tezgâhların arasında dolaşmaktan ve indirime girmiş ürünlere bakmaktan büyük bir keyif alıyordum. Her şeyin karneyle dağıtıldığı, yumurta ve sabun gibi basit ihtiyaçların ya da L'Heure Bleu kolonyası gibi basit lükslerin bile elde edilemediği çok uzun bir dönem yaşanmıştı.

Gözüm vitrininde ev eşyalarının bulunduğu bir dükkâna takıldı, işli çay örtüleri ve peçetelerinin, sürahi ve bardakların, bir grup turta kalıplarının ve üçlü vazo setinin bulunduğu bir vitrine...

Hayatımda hiç vazom olmamıştı. Savaş yıllarında hemşirelere ayrılmış bölgelerde yaşamıştım; önce Pembroke Hastanesi'nde, bunun ardından da Fransa'da savaş alanında. Ama bundan önce de hiçbir yerde bunlara para ayırıp alacak kadar uzun yaşamamıştım. Yine de böyle bir şeye hiç sahip olmuş muydum diye hatırlamaya çalıştım ve hatırlayabildiğim tek şey çok uzun bir zaman önce Lamb Amca'nın papatyaları kırık çömleklere koyduğu oldu.

Quentin Lambard Beauchamp. Arkeoloji öğrencileri ve arkadaşları arasında "Q", bilim dünyasında "Dr. Beauchamp" diye tanınan, kendini bilime ve ders vermeye adamış olan adam. Benim içinse hep Lamb Amca'ydı.

Babamın tek kardeşiydi ve o zamanlar hayatta olan tek akrabamdı. Ben beş yaşındayken ailem bir araba kazasında hayatını kaybedince beni yanına almıştı. O dönemde Orta Doğu'ya yapacağı bir geziye hazırlanıyordu. Cenaze işlemlerini tamamlayıp ailemin sahibi olduğu mülkleri satıp beni yatılı kız okuluna yerleştirmeye yetecek kadar bir süre bu hazırlıklarına bir ara vermişti. Ben onun canını sıktığımı bile bile o okula gitmeyi reddetmiştim.

Tombul parmaklarımı arabanın kapısından sökmek ve beni okulun merdivenlerinden yukarı doğru sürüklemek zorunda kalacağını fark eden Lamb Amca sonunda endişeli gözlerle beni süzmeye başlamıştı. Aslında kişisel çatışmaların her türünden nefret ederdi. Çileden çıkmış bir halde derin bir nefes aldıktan sonra omuzlarını silkip bir kez daha düşündü ve camın önünde dururken yeni bir karar verdi.

"Kahrolası şey," diye mırıldandı arabayı hızla sürerken. Daha sonra dikiz aynasından, yerde adeta mutlulukla yuvarlanıp duran şapkayı görünce, "Kadınların şapka takmasından hep nefret etmişimdir," dedi ve kendime gelmem için bana dik dik baktı.

"Tek şartım var," dedi korkunç bir sesle. "Kazılardan çıkardığım İran heykelciklerimi oyuncak bebek olarak kullanmayacaksın. Her şeyle oynayabilirsin ama onlara asla dokunmayacaksın, anlaşıldı mı?"

Başımı sallayarak anladığımı belirttim, mutluydum. Onunla birlikte Orta Doğu'ya, Güney Amerika'ya ve dünyadaki bir sürü kazı alanına gittim. Gazetelerdeki makaleleri takip ederek okuma yazmayı, açık alanlarda helâ kazmayı, su kaynatmayı ve asil bir genç hanıma yakışmayacak her şeyi yapmayı öğrendim. Bu yaşam şekli, Fransız felsefesi ile Mısır dinlerini bir arada inceleyen ve Lamb Amca'ma bu konuyla ilgili danışmaya gelen yakışıklı, siyah saçlı tarihçiyle tanışana kadar devam etti.

Frank'le evlendikten sonra da fakülte, uluslararası konferanslar ve geçici apartman daireleri arasındaki göçebe yaşamımız devam etti. Savaş patlak verince onu MI6'daki İstihbarat Birimi'nde Subay Eğitimine, beni de hemşire olmak üzere eğitime gönderdiler. Sekiz yıldır evli olmamıza rağmen Oxford'daki ev bizim ilk gerçek evimiz olacaktı.

Çantamı sıkıca kolumun altına sıkıştırarak dükkâna girdim ve vazoları satın aldım.

Frank'le High Sokağı ile Gereside Yolu'nun kesiştiği yerde buluştuk ve paketi birlikte açtık. Ne satın aldığımı görünce kaşlarını hafifçe yukarı kaldırdı.

"Vazo..." Gülümsedi. "Harika. Belki bundan sonra çiçekleri benim kitaplarımın arasına koymaktan vazgeçersin."

"Onlar çiçek değil, numune bir kere. Ayrıca botanik bilimiyle uğraşmamı söyleyen de sendin. Bu aralar hemşirelik yapmadığım için başka uğraşlar bulmam gerektiğini de söylemiştin," diyerek ona daha önceki konuşmamızı hatırlattım.

"Doğru." Başını sallayarak bu sözlerimi büyük bir uysallık içinde onayladı. "Ama bu sözleri söylerken açtığım her şeyin içinden kucağıma bir yeşilliğin düşeceğini hesap etmemiştim. 'Tuscum and Banks'in arasına koyduğun o iğrenç ve dağılan kahverengi şeyin adı nedir?"

"Basurotu. Hemoroite iyi geliyor."

"Yaşlılık günlerimin yakın olduğunu düşünüyorsun ve buna hazırlanıyorsun. Çok düşüncelisin, Claire."

Gülerek bahçe kapısını ittik ve Frank, dar basamaklardan önce benim çıkmam için arkada kaldı.

Sonra birdenbire kolumu yakaladı. "Dikkat et! Buna basmak isteyeceğini sanmıyorum."

En üst basamaktaki kahverengimsi kırmızı lekeye basmamak için ayağımı dikkatle havaya kaldırdım.

"Çok garip, Bayan Baird her sabah basamakları fırçalar. Bunu yaparken onu gördüm. Sence bu ne lekesi?"

Frank basamağa doğru eğildi ve dikkatle kokladı.

"Bunun kan olduğundan eminim, fazla düşünmeme gerek yok."

"Kan mı?" Bir adım geri çekildim. "Kimin kanı?" Büyük bir gerginlikle evin içini görmeye çalışıyordum. "Bayan Baird'in başına bir kaza gelmiş olduğunu mu düşünüyorsun?" Titiz pansiyon sahibemizin kapı girişindeki kan lekelerini başına olmadık bir felaket gelmeden orada bırakmayacağını ikimiz de biliyorduk. Bir an içinde olsa salonda baltalı bir katilin bize tüyler ürpertici çığlıklar atarak saldırmak üzere beklemekte olduğunu düşünmeden edemedik.

Frank başını iki yana salladı. Parmak uçlarının üzerinde yükseldi ve çitin üzerinden yan bahçeyi görmeye çalıştı.

"Onun kanı olduğunu düşünmüyorum. Collinsler'in kapı girişinde de buna benzer bir leke görmüştüm."

"Doğru mu söylüyorsun?" Frank'e biraz daha yaklaşmıştım, hem çitin öbür tarafını görmeye çalışıyordum hem de ondan kuvvet alarak moralimi düzeltmeye uğraşıyordum. Kuzey İskoçya'da bir seri katilin bulunma ihtimali oldukça düşüktü ama sonra aklıma bu tip insanların hareket bölgelerini seçerken farklı bir mantık yürütebilecekleri geldi.

"Bu pek aklıma yatmadı." Yandaki evde hiçbir yaşam belirtisi yoktu. "Sence ne olmuş olabilir?"

Frank kaşlarını çatmış düşünüyordu, sonra birdenbire ilham gelmiş gibi elini bacağına vurdu.

"Sanırım ne olduğunu biliyorum! Burada bekle." Beni kapının önünde öylece bırakıp bahçe kapısına doğru ilerledi ve yola çıktı.

Kısa bir süre sonra aklına gelenin doğru olduğuna inanmış bir tavırla geri döndü.

"Evet, kesinlikle bu olmalı. Bu sıradaki bütün evlerin kapısında bu leke var."

"Bu dediğin ne? Manyak bir katil hepsini ziyaret mi etmiş?" Oldukça tiz bir sesle konuşuyordum, kocaman bir kan lekesinin önünde tek başıma bırakılmak sinirlerimi iyice bozmuştu.

Frank güldü. "Hayır, bu dini bir inanış, bir adak... Çok etkileyici! Çimlerin üzerine ellerini ve dizlerini yere koyarak eğilmiş, büyük bir dikkatle lekeyi inceliyordu.

Bu manyak bir katilden daha iyi bir şeymiş gibi gelmiyordu. Onun yanına diz çöktüm, aldığım koku burnumu buruşturmama sebep oldu. Sinekler için saat daha erkendi ama iki kocaman tatarcık lekenin etrafında dolanıp duruyordu.

"Dini bir adak demekle neyi kastediyorsun?" diye üsteledim. "Bayan Baird ve komşuları kiliseye giden insanlar. Burası büyücülerin ya da kâhinlerin tepesi değil."

Frank pantolonuna yapışmış olan çimleri silkeleyerek ayağa kalktı. "Bu senin gördüğün kısmı sevgilim, yeryüzünde büyülerin ve büyücülerin gerçek yaşama bu kadar çok karıştığı başka bir yer daha yoktur. Kilise olsun ya da olmasın, Bayan Baird geleneklerine bağlı bir kadın, komşuları da öyle." Pırıl pırıl cilalanmış ayakkabısının ucuyla lekeyi işaret etti. "Bu siyah horoz kanı," diye başladı ve keyifle anlatmaya devam etti. "Gördüğün gibi buradaki evlerin hepsi yeni prefabrik evler."

Ona öylece bakmaya devam ettim. "Eğer bu sözlerinin her şeyi açıkladığını sanıyorsan sana bir kez daha düşünmeni öneririm. Evlerin ne kadar eski olduğuyla bu konunun ilgisi ne? Buradaki insanların hepsi birden nereye gitti?"

"Hepsinin birahanede olduklarını düşünüyorum. Öyle olup olmadığına gidip birlikte bakalım, bunu ister misin?" Kolumu tuttu ve beni bahçe kapısından dışarıya sürükledi, Gereside Yolu'na doğru ilerliyorduk.

Yolda yürürken anlatmaya devam ediyordu. "Eski günlerde - aslında çok da eski değil - yeni bir ev yapıldığında bir şeyi öldürüp evin altına gömmek bir gelenekti. Bu oradaki eski ruhları huzura kavuşturmak için yapılırdı. 'Buna kalkışan kişi büyük oğlunu kaybetme pahasına temel atacak, en küçük oğlunu kaybetme pahasına da kentin kapılarını yerine takacak' sözünü sen de bilirsin, bu dağlar kadar eskidir."

Bu alıntıyı duymak tüylerimi ürpertti. "Bugün artık horozları kullanıyor olmalarını bir gelişme ve modernleşme olarak algılayabiliriz o zaman. Bunların yeni yapılmış evler olduğu için altlarında gömülü bulunan bir şeyin olmadığını ve burada yaşayanların da bu eksikliği giderdiklerini mi söylüyorsun"

"Kesinlikle." Frank gösterdiğim gelişmeden çok memnun olmuş bir şekilde sırtımı sıvazladı. "Bölge papazına göre burada yaşayanlar savaşın, insanların köklerinin bulunduğu yerlerden uzaklaşıp orada almaları gereken önlemleri almadıkları için çıktığını düşünüyorlar. Bu önlemlerde temelin altına adak gömmek, mezgit balığı dışındaki balıkların kılçıklarını ocakta yakmak gibi şeyler," diyerek konuşmasına devam etti, mutluluktan kendini kaybetmiş gibiydi. "Mezgidin kılçıklarını yakarsan bir daha mezgit yakalayamayacağını biliyor muydun? Mezgit kılçıkları toprağa gömülür."

"Bunu aklımda tutacağım. Bir daha ringa balığı görmemek için herhangi bir şey varsa onu da söyle ve hemen yapayım."

Kafasını iki yana salladı, o mükemmel hafızasının derinliklerine başvurmuş, bilim adamlarının dünyayla ilişkilerini kesip mest olmuş anlarından birini yaşayarak, bütün bilgilerini bulundukları kaynaklardan çıkarmaya çalışıyordu.

"Ringa balığı hakkında bir bilgiye sahip değilim," dedi dalgın bir tavırla. "Fareler için bildiğim bir söz var. *İskoçlar tir tir titresin fareler evden gitsin.* Ayrıca bu temel altına gömülen ölüler, yerel hortlakların nereden geldiğini bize net olarak gösterir. Mountgerald'ı biliyorsun değil mi? Hani şu High Sokağı'nın sonunda bulunan büyük ev? Orada bir hayalet var, bu on sekizinci yüzyıl civarlarında evin inşaatı sırasında orada adak olarak öldürülüp evin altına gömülmüş işçinin hayaleti. Oldukça eski bir hikâye."

"Hikâyeye göre evin sahibinin emriyle önce duvarlardan biri yapılmış, sonra da bu duvarın üzerinden işçilerden birinin üzerine kocaman bir taş atılmış - bu işçi büyük ihtimalle sevilmeyen adamlardan biriydi ve kurban olarak seçilmişti - ve bu adam daha sonra bodruma gömülmüş. Bu işlemden sonra inşaata devam edilmiş. Ölüm yıldönümleri ve dört Eski Gün dışında bu adam sürekli olarak kilerde ortaya çıkarmış."

"Eski Gün ne demek?"

"Eski devirlere ait şölen günleri," diye açıkladı, hâlâ beyninin derinliklerinde asılı olan bilgilerin içinde kaybolmuş gibi görünüyordu. "Yılbaşı Arifesi, Yaz dönümü Günü, Beltane Gecesi ve Cadılar Bayramı. Papazlar, Neolitik devirdeki inanışlarla yaşayan insanlar, buranın ilk yerlisi olan Pictler ve günümüzde yaşayan pek çok kişi, güneş ve ateş şenliklerini hâlâ kutlarlar. Her neyse bu kutsal günlerde hayaletler serbestçe diledikleri yerlerde, diledikleri şekillerde dolaşıp insanlara - iyi ya da kötü - diledikleri her şeyi yapabilirler." Düşünceli bir şekilde çenesini sıvazladı. "Beltane gecesi yaklaşıyor, bahar ekinoksuna yakın bir tarihte olmalı. Kilisenin önünden bir dahaki geçişimizde dikkatli olalım." Gözleri yeniden parlamaya başladı, trans hali sona ermiş gibiydi.

Gülmeye başladım. "Daha başka meşhur hayaletler de var mı?"

Omuz silkti. "Bilmiyorum. Bölge papazına sorarız, onu bir sonraki görüşümüzde bunu sormayı unutmayalım."

Bölge Papazını yeniden görmek için uzun bir süre beklememize gerek kalmadı. O da diğer kasaba sakinleriyle birlikte birahanedeydi, Alman birası içerek evlerin kutsanmasını kutluyordu. Paganizm dönemlerinden kalma gelenekleri sürdürürken yakalanmanın ufak bir utancını yaşar gibiydi, biraz düşünüp bunun da yeşil giymek gibi yerel bir şey olduğuna karar verdi ve hemen bu tavrından uzaklaştı.

"Son derece ilginç bir olay," diyerek bir sır verir gibi konuştu, belli belirsiz bir iç çekişle bunun bir ardıçkuşunun sesine kayıtsız kalamamak gibi bilimsel bir inceleme olduğunu kabul etmek durumunda kaldım. Bu son derece manevi bir çağrıya kulak vermek gibiydi, Frank hemen bu akademik söyleşiye katıldı ve arketiplerle eski batıl inanışların ve modern dinin nasıl paralellik gösterdiğine dair koyu bir sohbete daldılar. Bense bu konuya ilgi göstermeyip bardaki kalabalığa doğru ilerledim, iki elime de birer kadeh kanyak aldım.

Bu tip konuşmalara daldığında Frank'in ilgisini çekmenin imkânsız olduğunu bildiğim için elini tutup kanyak bardağını parmaklarının arasına yerleştirdim ve onu orada bıraktım.

Bayan Baird'i pencerenin önünde geniş bir sırada otururken buldum bana Bay Crook olarak tanıştırdığı, kendisinden biraz daha yaşlı bir adamla acı birasını paylaşıyordu.

"Size bu adamdan daha önce bahsetmiştim Bayan Randall," dedi, alkolün ve yanındaki adamın etkisiyle gözleri parlıyordu. "Hani bütün bitkiler hakkında bilgi sahibidir demiştim."

"Bayan Randall şifalı bitkilerle çok yakından ilgileniyor," diye açıkladı başını hem kibarlıktan hem de ağır işitme sorunundan dolayı öne doğru eğmiş olan arkadaşına. "Onları kitapların arasında kurutuyor."

"Gerçekten mi?" diye sordu Bay Crook beyaz kaşlarından birini ilgiyle havaya kaldırarak. "Bende de kurutulmuş değişik gerçek bitki örnekleri var. Onları üniversite tatili sırasında buraya gelen yeğenimden almıştım. Onları özellikle benim için toplayıp getirmişti ve ona aslında bunların fazla ilgimi çekmediğini söyleme yürekliliğini gösterememiştim. Şifalı otlar asılarak saklanabilir. Bir çerçevenin içinde ya da ufak bir kavanozda da saklanabilir ama bu minik şeyleri ezerek kuruttuktan sonra ne yapacağınızı bir türlü anlayamıyorum."

"Belki de sadece seyretmek için," diyerek Bayan Baird zarif bir tavırla söze girdi. "Bayan Randall hatmi çiçeklerinden ve menekşelerden çok güzel parçalar yapıyor, aslında bunlar da çerçevelenip duvara asılabilir."

"Hımm." Bay Crook zihninde bu varsayımın ne kadar uygulanabilir bir şey olduğunu tartıyordu. "Eğer bu basılarak kurutulmuş şeyler herhangi bir şekilde işinize yarayacaksa, hepsi sizindir hanımefendi. Onları atmak istemem ama daha önce de söylediğim gibi benim hiçbir işime yaramıyorlar."

Bay Crook'a onların çok işime yarayacağını ve bu bölgede nadir bulunan bitkileri bana gösterebilirse daha da mutlu olacağımı söyledim. Bir süre başını bir yana eğip yaşlı bir kerkenez gibi beni süzdükten sonra bu konuyla gerçekten ilgilendiğime karar verdi ve ertesi sabah fundalıklarda buluşup gezmek üzere randevulaştık. Hatırladığım kadarıyla Frank Inverness'e gidip oradaki bir takım kayıtları inceleyecekti artık ona bu işi yaparken eşlik etmemek için geçerli bir sebebim vardı. Bu kayıtlar benim hiç ilgimi çekmiyordu ve bana sorarsanız hepsi birbirinin aynıydı.

Bir süre sonra Frank kendini Papaz'dan koparmayı başardı ve Bayan Baird'le birlikte eve yürüdük. Ben kapının önündeki horoz kanıyla ilgili herhangi bir yorumda bulunmak ya da konuşmak istemiyordum ama Frank'in böyle bir rahatsızlığı yoktu ve Bayan Baird'e bu eski gelenek hakkında merakla sorular sormaya başlamıştı.

"Anladığım kadarıyla bu oldukça eski bir adet, öyle değil mi?" diye sordu, bir yandan da elindeki ince sopayı yolun kenarındaki bitkilere vuruyordu. Kuzukulakları ve kurtpençeleri açmaya başlamışlardı, katırtırnakları da tomurcuklanmaya başlamıştı, bir hafta sonra onlar da çiçeklerini açacaktı.

"Elbette." Bayan Baird kısa ve paytak bacaklarından umulmayacak bir hızla ilerliyordu, bizim genç bacaklarımız ona yetişmek için zorlanıyordu. "Kimsenin nereden geldiğini bilemeyeceği kadar eski Bay Randall. Devlerin zamanından bile daha eski."

"Devler mi?" diye sordum.

"Evet, Fionn ve Feinn, siz de bilirsiniz."

"İskoç masalları," dedi Frank büyük bir ilgiyle. "Onlar birer kahramandı. Sanırım kökleri İskandinavya'ya dayanıyor. Buralarda İskandinavya'yı hatırlatan pek çok şey var özellikle de sahil şeridinden batıya doğru uzanan bölümde. Bazı yerlerin isimleri bile bu dile ait, yani Keltçeden gelmiyor."

Gözlerimi öfkeyle devirmeye başladım, yeni bir ders daha başlıyordu. Benim aksime Bayan Baird gülümseyerek onu konuşması için cesaretlendirdi ve onun söylediklerini onayladı. Sonra kuzeye doğru döndü ve buradaki İki Kardeş taşını gösterdi, bu da İskandinavyalılara ait olmalıydı.

"İskandinavyalılar bu kıyılara milattan sonra 500 ve 1300 yılları arasında geldiler," dedi Frank, gözleri ufuk çizgisine dalmıştı oradaki gemileri görür gibiydi. "Onlar Vikinglerdi. Buraya kendileriyle birlikte bir sürü de efsane getirdiler. Burası efsaneler için gerçekten ideal olan bölgelerden biri ve sanırım hepsi burada kök salmış."

Buna inanabilirdim işte. Hava kararmak üzereydi ve fırtına yaklaşıyordu. Hava oldukça ürkütücü bir renge bürünmüştü, bu ışıkta sokaktaki en modern yapılı evler bile yüz adım ötemizde bulunan ve bin yıldır orada duran Pictlerden kalma taş gibi son derece eski ve uğursuz görünüyorlardı. Kepenkleri kapatıp içeride oturmak, bu geceyi iyi geçirmek için güzel bir çözümdü. Frank bölgenin tarihi kayıtlarıyla ilgilenen savcı Bay Bainbridge'le birer kadeh şeri içmeyi Bayan Baird'in sıcacık salonunda oturup Perth Limanı'nın slâytlarını izlemeye tercih etti. Bay Bainbridge'le daha önceki karşılaşmamızı hatırladığım anda ben evde Perth Limanı slâytlarıyla bir arada kalmayı seçiverdim.

"Fırtına kopmadan önce evde olmaya çalış," dedim Frank'e veda öpücüğü verirken. "Bay Bainbridge'e selamımı söylemeyi unutma."

"Evet, elbette." Frank benimle göz göze gelmemeye çalışarak yağmurluğunu giydi, kapının yanında duran şemsiyelerden birini aldı ve oradan ayrıldı.

Ardından kapıyı kapattım ama geldiğinde içeri girebilmesi için sürgülemedim. Oyalanarak salona doğru yürüdüm, Frank'in bir karısı yokmuş gibi davranmasını düşünüyordum. Bay Bainbridge yalandan da olsa bizimle birlikte olmaktan mutluymuş gibi davranmıştı. Onu böyle davrandığı için suçlayamazdım.

Bir önceki akşamüstü Bay Bainbridge'in evine yaptığımız ziyaret oldukça iyi başlamıştı. Oldukça ölçülü, terbiyeli, zeki ama alçakgönüllü, temiz ve düzgün giyimliydim - her şey Mükemmel Don'un karısının olması gerektiği gibiydi. Çay servisi yapılana kadar da öyle devam etti.

Gözlerimi sağ elime çevirdim ve dört parmağımın da dibinde bulunan su toplamış yerlere acıklı gözlerle baktım. Dul olan Bay Bainbridge'in düzgün ve sağlam bir çaydanlık yerine ucuz bir tanesini kullanıyor olması benim suçum olamazdı. Kibar olmaya çalışarak çayları benim koymamı rica eden savcının suçu da olamazdı. Onun getirmiş olduğu eski tutamakların, çaydanlığın kor gibi olmuş sapının ısısını olduğu gibi elime geçirmesi ve hatta birebir temas etmesine sebep olması da kesinlikle suçlanabilecek bir şey değildi.

Hayır, diye düşündüm. O çaydanlığı düşürmem kesinlikle normal bir tepkiydi. Bay Bainbridge'in kucağına düşürmem ise kesinlikle bir kazaydı; biraz daha dikkatli olup başka bir yere düşürmeliydim. "Hay lanet olasıca," diye bağırmam ise Bay Bainbridge'in sabrının sonuna gelmesini Frank'in de çöreklerin üzerinden bana bir bakış fırlatmasını sağlamıştı.

Bay Bainbridge ilk şoku atlattıktan sonra oldukça yürekli bir tavırla elime üzülmüş ve Frank'in kullandığım kelimelerin iki yıl arazide hemşirelik yapmamdan dolayı ağzımdan kaçmış olduğuna dair özürlerini de duymazdan gelmişti. "Sanırım eşim bu tarz sözcükleri bir takım yabancı askerlerin renkli lisanlarından kaptı," gibi bir takım sözcükler sarf ediyordu Frank, yüzünde de sinirli bir gülümseme vardı.

"Doğru," dedim dişlerimi gıcırdatarak, bir yandan da ıslak havluyu elimin üzerine sarmaya uğraşıyordum. "Erkekler üzerlerinden şarapnel parçalarını çıkarırken oldukça renkli bir lisana sahip oluyorlar."

Bay Bainbridge oldukça diplomatik bir manevrayla konuyu çağlar boyunca insanların kullandığı konuşma şekilleri ve değişkenlikleriyle çok ilgilendiğini söyleyerek tarafsız tarihi bir alana çekmeye çalıştı. "Kör olayım," şeklinde değişmiş bir anlatım gelişmiştir oysa bunun aslı "Tanrı beni kör etsindir".

"Evet, elbette," dedi Frank konunun yön değiştirmesinden mutlu olmuştu. "Şeker almayayım, teşekkür ederim Claire. Bir de 'Hayallah' derler Bunun 'Allah' kısmı gayet anlaşılır tabii ki ama 'hay' kısmına ne demeli..."

"Sizin de bildiğiniz gibi," diye konuşarak savcı söze karıştı, "buradaki 'hay' kelimesi Arapçada yaratıcı güce denk gelen bir anlamda kullanılır ve aslında iki y harfiyle yazılır ama günümüze gelirken y'lerden biri yok olmuş. Bu açıklama da durumu gayet açık bir hale getiriyor, öyle değil mi?"

Frank onun sözlerini başını sallayarak onayladı ve söz dinlemez perçeminden bir parça alnına düştü. Eliyle bu saçı arkaya ittikten sonra, "İlginç," dedi, "dilin bozularak evrimleşmesi, küfürlerin ortaya çıkışı..."

"Evet, bu hâlâ devam ediyor," dedim dikkatlice şeker maşasıyla bir şeker alırken.

"Ooo?" dedi Bay Bainbridge nezaketle. "Savaş deneyimlerinizde başka ilginç sözcüklerle de karşılaştınız mı?"

"Evet, elbette," diyerek cevapladım onu. "En sevdiklerimden birini Bir Amerikalı söylerdi, adı Williamson'du ve sanırım New York'tandı. Sargılarını her değiştirişimde aynı sözcükleri söylerdi."

"Neydi bu sözcükler?"

"Hay anasını Tanrım," dedim ve şekeri Frank'in çay bardağına atıverdim.

Bayan Baird'le huzurlu ve hatta keyifli bir zamanı paylaştıktan sonra yukarı çıktım ve Frank eve dönmeden önce yapmam gereken hazırlıklarla uğraştım. Onun şeri limitinin iki kadeh olduğunu biliyordum, bu hesaba göre kısa bir süre sonra burada olacaktı.

Rüzgâr gittikçe hızlanıyordu ve odanın havasında bile elektriklenme başlamıştı. Saçlarımı fırçaladıkça odaya dolan statik elektrikten dolayı buklelerim iyice denetim dışına çıkmaya ve kabarmaya başladı. Bu gece yüz kere fırçalamasam da olur diye düşündüm, bir geceden bir şey olmazdı. Dişlerimi fırçalamak üzere hazırlanmaya başladım. Bu tip havalarda bu da bir hazırlık gerektiriyordu önce yanaklarıma sımsıkı yapışan saçlardan kurtulmam gerekiyordu.

İbrikte su kalmamıştı, Frank, Bay Bainbridge'le buluşmasına hazırlanırken suyun hepsini kullanmıştı, lavaboda birikmiş olan suyu kullanmakta bir sakınca görmedim ve ibriği yeniden doldurmakla da uğraşmadım. L'Heure Bleu şişesini aldım ve avucuma oldukça cömert bir miktar doldurdum. Koku buharlaşmadan önce ellerimi hızla birbirine sürttüm, hemen saçlarıma dokundum ve onları sıvazladım. Biraz da saç fırçamın üzerine damlattım ve fırçanın da yardımıyla buklelerimi kulaklarımın arkasına yerleştirdim.

Evet, bu çok daha iyiydi. Üzerinde lekeler bulunan aynada başımı iki yana sallayarak saçlarımı seyrettim. Nem saçımda oluşan elektriklenmeyi yok etmiş, buklelerim oldukça ağır ve parlak bir şekilde yüzümün iki yanına dökülmüşlerdi. Ayrıca üzerlerine mükemmel bir koku da sinmişti, Frank buna bayılacak diye düşündüm. L'Heure Bleu onun en çok sevdiği kokuydu.

Oldukça yakın bir yerde birdenbire şimşek çaktı ve ardından şiddetli bir gök gürültüsü duyuldu ve elektrikler kesildi. İçin için küfrederek el yordamıyla çekmeceleri aramaya başladım.

Bir yerde mum ve kibritleri görmüştüm, burada elektrik kesintileri oldukça alışılmış bir durumdu, mumlar ve kibritler de tüm otellerin ve pansiyonların vazgeçilmez dekorasyon malzemeleriydi. En lüks ve zarif otellerde bile mum olduğunu görmüştüm, bunlar parlak pandantiflerin içine yerleştirilmiş buzlu cam kavanozların içine konmuş hanımeli kokulu mumlardı.

Bayan Baird'in mumları daha çok fonksiyonel olarak düşünülmüş, bildiğimiz düz beyaz mumlardandı ve kibritlerle birlikte odaların her yerine pek çok sayıda yerleştirilmişlerdi. Şu an şekle bakacak durumda değildim.

Bir diğer şimşeğin ışığının yardımıyla tuvalet masasının üzerindeki mavi seramik altlığın üzerine mumu yerleştirdim ve sonra odada dolanarak diğer mumları da yaktım. Her yer yumuşak, titrek bir ışıkla dolmuştu. Çok romantik diye düşündüm ve bir zekâ parıltısıyla ışıkları kumandadan kapattım, birdenbire elektriğin gelmesiyle o sırada yaşanıyor olan an, münasebetsiz bir şekilde bozulabilirdi.

Frank hızla odaya daldığında mumların pek azı erimişti. Onun kapıyı açması ile birlikte merdivenlerden yukarı doğru yükselen hava akımı üç tane mumun sönmesine sebep olmuştu.

Arkasından çarparak kapanan kapının sayesinde iki tanesi daha söndü, Frank korku dolu gözlerle odayı incelerken elini darmadağın olmuş saçlarının içinden geçirdi. Ayağa kalkıp onun odaya yaptığı ani girişin izlerini yok etmek için mumları yeniden yaktım. Bu işi bitirip bir içki isteyip istemediğini sormak için ona doğru döndüğümde onun hâlâ rahatsız ve hatta beyaza kesmiş bir halde olduğunu gördüm.

"Neler oluyor? Hayalet görmüş gibisin."

"Aslını sorarsan, görmediğimden pek emin değilim." Aklı pek başında değildi, benim saç fırçamı bulunduğu yerden alıp karmakarışık olmuş saçlarını taramaya başladı. Burnuna birdenbire dolan L'Heure Bleu'nün etkisiyle burnunu kırıştırarak fırçayı aldığı yere bıraktı ve ceplerinde kendi tarağını aramaya başladı.

Camdan dışarı baktığımda karaağaçların birer kırbaç gibi ileri geri giderek havayı dövdüklerini gördüm. Evin başka bir tarafından kapanan kepengin gürültüsünü duyduğumda bizimkini de kapatmamız gerektiğini düşündüm ama dışarıda olup biteni seyretmek de oldukça heyecan vericiydi.

"Bence hayaletler için hava oldukça rüzgârlı," dedim. "Onlar sakin ve puslu gecelerde mezarlıklarda dolaşmayı sevmezler mi?"

Frank aptal aptal gülümsedi. "Bunun Bainbridge'in anlattığı hikâyelerden ya da biraz fazla şeri içmiş olmamdan kaynaklandığını söylemeyi isterdim ama bu hiç de öyle bir şey değildi."

İşte şimdi meraklanmıştım. "Tam olarak ne gördün?" diye sordum ona, bir yandan da tuvalet masasının iskemlesine yerleşiyordum. Yarı kalkık kaşımla viski şişesine doğru uzanırken Frank'in çoktan ikimize de içki doldurmak üzere şişeye ulaşmış olduğunu gördüm.

"İşin aslında sadece bir adam gördüm." Kendisi ve benim için içki doldurdu. "Dışarıda yolda öylece duran bir adam..."

"Bu evin dışında mı?" diyerek hafif bir kahkaha attım. "Kesinlikle bir hayalet olmalı, böyle bir gecede dışarıda herhangi bir canlının durabileceğini aklım almıyor."

Frank boş ibriği bardağının üzerinde salladı, içinden su akmayınca suçlayan gözlerle bana baktı.

"Hiç bana bakma. Bütün suyu bitiren sensin. İşin aslına bakarsan bu pek de umurumda değil." Söylediklerimin daha iyi anlaşılması için kocaman bir yudum aldım. Frank bir an lavaboya inip ibriği doldurmak istiyormuş gibi görünse de hemen bu fikirden caydı ve hikâyesini anlatmaya devam etti. Bu arada bardağındaki en iyi malt viskilerden biri olan Glenfiddich değil de kezzapmış gibi, çok dikkatli ve minicik yudumlar alıyordu.

"Bahçenin bu tarafındaki çitin tam önünde duruyordu. Sanırım," - bu sözleri sarf edip etmemekte tereddüt eder gibi elindeki bardağa bakıp duruyordu - "senin pencerene bakıyordu."

"Benim pencereme mi? Çok garip!" Hafif bir şekilde ürpermeme engel olamadım, bunun için biraz geç de olsa kepenkleri kapamak üzere camın önüne gittim. Frank bir yandan konuşmasına devam ediyor, bir yandan da odada beni takip ediyordu.

"Evet, ben aşağıdan baktığımda seni görebiliyordu. Saçlarını tarıyordun ve istediğin gibi olmadıkları için de küfür edip duruyordun."

"E o zaman dostumuz beni izlerken epey eğlenmiştir," dedim iğneleyici bir tonla. Frank başını salladı, bir yandan da hafifçe gülümsüyordu, yumuşak bir şekilde saçlarımı okşadı.

"Hayır, kesinlikle eğlenmiyordu. Tam tersine bir şey onun canını sıkmış gibiydi. Yüzünü tam olarak göremiyordum ama duruşundan belli oluyordu. Ona arkasından yaklaştım, hiç kıpırdamayınca yardım edebileceğim bir şey olup olmadığını sordum. Önce beni duymamış gibi davrandı, ben de rüzgârın sesinden gerçekten beni duyamadığını düşündüm. Bu kez onun omzuna dokunarak sözlerimi tekrarlamak istedim. Ama ona dokunmayı başaramadan birdenbire döndü ve beni hızla geçip yoldan aşağı doğru yürümeye başladı."

"Bu bir hayaletten çok kaba bir adama benziyor," diye fikrimi söyledim bu arada bardağımdaki içkiyi tüketmiştim. "Neye benziyordu?"

"İri bir adamdı," dedi Frank, onu yeniden hatırlamak kaşlarını çatmasına sebep olmuştu. Tam bir İskoç'tu, giysileri baştan aşağı tam bir Kuzey İskoçyalı gibiydi, ekoseli eteğinin önünde asılı olan kürk torbasının üzerinde erkeklere has mükemmel bir broş vardı. Ona bunu nereden aldığını sormayı çok istedim ama ben bunu yapamadan gitti."

Şifonyere doğru ilerledim ve içkimi tazeledim.

"Buralarda yaşayanlar için çok da garip bir görüntüden bahsetmiyorsun, öyle değil mi? Bu güne kadar köyde anlattığın gibi giyinmiş pek çok adam gördüm."

"Yoo..." Frank'in sesi garip çıkıyordu. "Garip olan şey giyimi değildi, sana yemin ederim ki beni iterek geçerken birbirimize çok yakındık ve koluma değdiğini hissetmem gerekirdi ama hiçbir şey hissetmedim. O kadar şaşırmıştım ki sadece dönüp arkasından bakmayı başarabildim. Gereside Yolu'ndan aşağı yürüdü ve köşeye geldiğinde o...o ortalıktan yok oldu. İşte o an iliklerime kadar ürperdiğimi hissettim, sırtımdan aşağı serin bir yel esti sanki."

"Bir anlığına da olsa dikkatin dağılmış olabilir ve o da o sırada gölgelere karışmıştır. Yolun aşağısında pek çok ağaç var."

"Ondan gözümü bir an bile ayırmadığıma sana yemin ederim," diye ağzının içinde bir şeyler geveledi Frank. Bir anda kendini topladı. "Buldum! Onun neden garip olduğunu düşündüğümü şimdi hatırlıyorum, ilk gördüğüm anda pek anlayamamıştım."

"Ne?" Yavaş yavaş hayaletten sıkılmaya başlamıştım, artık konunun daha ilginç yerlere gelmesini istiyordum, yatağa gitmek bunlardan biri olabilirdi.

"Rüzgâr etrafı kasıp kavuruyordu ama onun eteği, plileri ya da asılı çantası hiç kıpırdamıyordu, sadece o yürüyünce hareket ettiler, anlatabiliyor muyum?"

Birbirimize bakıp duruyorduk. "Pekâlâ," dedim sonunda, "Bu biraz acayip."

Frank gülümseyerek omuzlarını silkti, konuyu kapatmıştı. "Sonunda bir dahaki karşılaşmamızda bölge papazına söyleyebilecek bir şeyim oldu. Bu gördüğüm belki de tanınmış hayaletlerden biridir ve o da bana onun tüyler ürpertici tarihçesini anlatır." Saatine baktı. "Ama şu an söyleyebileceğim tek şey yatma vaktinin geldiği."

"Bence de," diye homurdandım.

Askıya asmak için gömleğini çıkarırken onu aynadan seyrediyordum. Ortadaki düğmeyi açarken birdenbire durdu.

"Claire baktığın kişiler arasında İskoçlar da var mıydı?" diye soruverdi. "Sahrada ya da Pembroke'da?"

"Olmaz mı, tabii ki vardı," diye cevapladım onu, bu soru beni biraz şaşırtmıştı. "Amiens'deki sahra hastanesinde, Seaforths ve Camerons'da çok sayıda İskoç vardı, sonra Caen'de ve Gordons'da da vardı. Çoğu iyi adamlardı. Acıya ve başlarına gelen her şeye çok dayanıklılardı ama söz konusu iğne olunca son derece korkak oluyorlardı." Özellikle içlerinden birini hatırlayınca yüzümde bir gülümseme belirdi.

"Üçüncü Seaforths'ta oldukça yaşlı ve huysuz bir gaydacı vardı, vücuduna bir şeyler takılmasına ya da saplanmasına tahammülü yoktu, özellikle de kalçasına. Elinde iğne bulunan birini yanına yaklaştırma kararı vermeden önce saatler boyu acı çekti ve yanına yaklaştırdığı zamanda kasa yapılması gereken iğneyi koluna yaptırmak için ısrar edip durdu." Onbaşı Chisolm'u hatırlamak kahkaha atmama sebep olmuştu. "Bana 'eğer yüzüstü kıçım açık bir şekilde yatacaksam hatunun elinde bir şapka iğnesiyle arkamda değil altımda olmasını tercih ederim!' demişti."

Frank daha önceki bu kadar hoş olmayan savaş anılarıma verdiği tepkinin aynısını vererek gülümsedi ama hâlâ biraz endişeli görünüyordu. Bu anı da ona önemsiz gelmişti. "Merak etme," dedim ona bakışlarını görünce, “bu hikâyeyi öğretmenler odasında çay içerken anlatmayacağım.”

Oturduğum tuvalet masasına doğru gelirken yüzündeki gülümseme daha da belirginleşti ve arkamda durdu. Saçlarıma bir öpücük kondurdu.

“Sen de sakın üzülme, öğretmenler odasındakiler ne anlatırsan anlat seni seveceklerdir. Mmm. Saçların mis gibi kokuyor.”

“Sevdin yani?” Elleri cevap olarak omuzlarımdan aşağı kaydı ve ince geceliğimin üzerinden göğüslerimi avuçladı. Aynadan başımın üzerinde duran yüzünü görebiliyordum, çenesini kafama dayamıştı.

“Seninle ilgili her şeyi çok seviyorum,” dedi boğuk bir sesle. “Mum ışığında mükemmel göründüğünü biliyor musun? Gözlerin kristalin içindeki şeri gibi parlıyor, teninde fildişi gibi. Sen bir mum ışığı cadısısın. Belki de ışıkları hayatımızdan tamamıyla çıkarmalıyım.”

“Bu yatakta kitap okumayı zorlaştıracaktır,” dedim, kalbim deli gibi atmaya başlamıştı.

“Yatakta yapılabilecek çok daha iyi şeyler biliyorum,” diye fısıldadı.

“Sahiden mi?” diyerek ayağa kalkıp kollarımı onun boynuna doladım. “Ne gibi?”

Bir süre sonra kilitli kepenklerin ardında sarmaş dolaş yatıyorduk, başımı onun omzundan kaldırıp, “Bu soruyu neden sordun? Yani İskoç hastam olup olmadığını, işin aslında olduğunu bilmen gerekirdi, hastanelerde her yerden her çeşit adam olur,” dedim.

Kafası karışmış gibiydi, elini hafifçe sırtımda gezdirdi.

“O kadar da önemli bir şey değildi. Dışarıdaki adamın onlardan biri olabileceğini düşündüm,” dedikten sonra bir an devam edip etmemekte tereddüt etti, ardından bana biraz daha sıkı sarıldı. “Bilirsin işte, hemşirelik yaptığın zamanlarda tanıştığın birisi olabilirdi, şey… Senin burada olduğunu duyup seni görmek ... buraya gelmiş… Yani işte böyle bir şey…”

... olsa, gelip beni sorması ya da görmek istemesi gerek... ydi?”

"Belki de benimle karşılaşmak istememiştir," dedi. Bunu sanki normal bir şeymiş gibi söylemişti.

Dirseğimin üzerinde yükselip ona baktım. Hâlâ yanmakta olan bir mumumuz vardı ve yüzünü rahatlıkla görebiliyordum. Başını çevirdi, söyledikleri hiç de olağan şeyler değildi. Bakışları, Bayan Baird'in duvarımıza astığı Prens Charlie'nin renkli taş baskısına bakarkenki halini andırıyordu, bir anormallik vardı.

Çenesini tuttum ve yüzünü tekrar kendime çevirdim. Şaşırmış gibi gözlerini kocaman açtı.

"Bir şey mi ima etmeye çalışıyorsun? Dışarıda gördüğün adamın benimle ..." Doğru kelimeleri bulmaya çalışıyordum.

"İlişkisi?" diyerek hemen doğru kelimeyi bulmama yardımcı oldu.

"Duygusal bir bağlantısı olduğunu mu düşünüyorsun?" diyerek bitirdim cümlemi.

"Kesinlikle hayır," dedi, hiç de inandırıcı değildi. Ellerimi yüzünden çekip beni öpmeye çalıştı ama yüz çevirme sırası bendeydi. Beni yatağa doğru bastırarak yanında yatmaya devam etmeye zorladı.

"Bu, bu sadece..." diye konuşmaya başladı. "Claire aradan altı yıl geçti ve bu altı yıl içerisinde biz sadece üç kez görüşebildik. Son görüşmemiz de sadece bir günlüktü... Demek istediğim şu ki acil ve sıkışık durumlarda sürekli baskı altında olan doktorların ve hemşirelerin, şey... Yani demek istiyorum ki eğer herhangi bir şey olduysa, bunu anlayabilirim. Bu ani bir kıvılcım ya da doğal bir..."

Onun bu saçma cümlelerini, bir anda ondan kurtulup kendimi yataktan dışarı atarak durdurdum.

"Sana sadakatsizlik ettiğimi mi düşünüyorsun? Bunu gerçekten düşünüyor musun? Eğer öyleyse hemen bu odayı terk et. Hatta evi de! Böyle bir şeyi ima etmeye dahi nasıl cüret edersin?" Delirmiştim, Frank yatağa oturmuş bana yaklaşmaya ve beni sakinleştirmeye uğraşıyordu.

"Sakın bana dokunma!" dedim dişlerimin arasından. "Gecenin bir yarısı camıma bakan garip bir adam görmek sana hastalarımdan biriyle ateşli bir şeyler yaşamış olduğumu nasıl düşündürdü? Bana hemen bunu anlat."

Frank yataktan kalktı ve bana sarıldı. Bir domuz gibi etkilenmeden durmaya devam ettim, o durmadı, saçlarımı ve omuzlarımı nelerden hoşlandığımı gayet iyi bilerek okşamaya devam etti.

"Hayır, öyle bir şey düşünmedim," dedi kesin bir şekilde. Beni iyice kendine doğru çekti, yavaş yavaş sakinleşmeye başlamıştım ama hâlâ ona sarılacak durumda değildim.

Aradan uzun bir zaman geçti, saçlarımın arasından fısıldıyordu. "Hayır, senin öyle bir şey yapmayacağını çok iyi biliyorum. Söylemek istediğim şey, eğer böyle bir şey yapmış olsaydın da... Bak Claire, bu benim sana olan aşkımı değiştirmezdi. Seni seviyorum. Hiçbir şey beni seni sevmekten alıkoyamaz." Yüzümü ellerinin arasına aldı, benden sadece on santim uzundu, hiç sıkıntı çekmeden gözlerimin içine bakabiliyordu, konuşmaya devam etti. "Beni affeder misin?" Nefesi hafifçe Glenfiddich kokuyordu, sıcacıktı ve yüzümün her yerinde hissediyordum, dudakları rahatsız edici bir yakınlıkta ve çok davetkârdı.

Yeni bir şimşek çaktı ve ardından gök gürlemesiyle birlikte çatıları delen bir sağanak başladı.

Yavaşça kollarımı onun beline doladım.

"Sana merhamet gösterebilirim, hem de cennetten düşen bir çiy damlasının saflığında ve nazikliğinde..."

Frank gülerek başını yukarı kaldırdı ve gece kuru bir uyku uyuyamayacağımızın habercisi olan tavandaki lekelere baktı.

"Eğer bu senin merhametinin küçük bir örneğiyse, intikamından korkarım." Onun bu sözlerine cevap olarak acayip bir gök gürlemesi duyuldu. İkimiz de gülmeye başladık, her şey yoluna girmişti.

Bir süre sonra yatakta onun derin nefesini dinlerken merak etmeye başladım. Benim açımdan sadakatsizlikle suçlanabileceğim hiçbir şey yapmamıştım. Tabii bu benim bakış açımdı. Ama onun da söylediği gibi altı yıl gerçekten çok uzun bir süreydi.

2

Dikili Taşlar

Bay Crook, sözleştiğimiz gibi ertesi sabah tam saat yedide geldi.

"Düğün çiçeklerinin üzerine düşen çiy tanelerini kaçırmak istemeyiz öyle değil mi sevgilim?" dedi göz kırparak, yaşının ona verdiği cesaretle. Tam bir klasik olan motosikletiyle gelmişti, kırlara yapacağımız yolculuğu onunla yapacaktık. Bu kocaman makinenin iki yanına bant şeklinde bitki baskıları yapılmıştı, bir römorka yapılmış tamponlara benziyorlardı. Dolaşarak sessiz kırlara ulaştık, Bay Crook'un motorunun kükreyen gürültüsü bu sessizlikle tam bir kontrast yaratıyordu ve sonunda bu gürültü de sona erdi. Bu yaşlı adam gerçekten de yöresel bitkiler hakkında çok şey biliyordu. Bilgisi onların nerelerde bulunduğuyla kısıtlı değildi, onların nerelerde kullanıldığını, tıptaki kullanılışlarını ve ne şekillerde hazırlanmaları gerektiğini de biliyordu. Bütün bunları not alabilmek için keşke defterimi de getirmiş olsaydım diye düşündüm. Bunu yapmamış olduğum için onun çatlak sesiyle anlattıklarını tüm dikkatimi vererek dinledim ve beynime kazımaya çalıştım.

Öğle yemeği için üzeri insanda merak uyandıracak derecede düz olan bir tepenin yamacında durduk. Burası da komşu bölgeler gibi yeşil bir alandı ve oralarda bulunan girinti ve çıkıntılar burada da bulunuyordu ama yine de bir farklılık vardı: bir yanda oldukça eski bir yol uzanıyordu ve bu yol kocaman bir granitin ardında yok oluyordu.

"Orada ne var?" diye sordum elimdeki jambonlu sandviçimle yolu göstererek. "Piknik yapmak için oldukça zorlu bir yer."

"Ah." Bay Crook tepeye baktı. "Orası Craigh na Dun, sevgilim. Sana yemeğimizi yedikten sonra göstereceğim."

"Gerçekten mi? Orası hakkında özel bir hikâye mi var?"

"Elbette var," diye cevap verdi ama orayı gösterene kadar daha detaylı bilgi vermeyi reddetti.

İşin başında o kadar dik bir patikadan tırmanamayacağımı düşünüyordum fakat onu nefes nefese takip ederken bütün bu korkularım yok oldu. Son noktada da nasırlı ellerini uzatıp beni tepeye çekiverdi.

"İşte burada." Elini oraların sahibiymiş edasıyla sallıyordu.

"Ama burası eski çağlardan kalma bir taş yapıt!" dedim, hoşuma gitmişti. "Minyatür bir yapıt!"

Savaş yüzünden Salisbury Ovası'na gelmeyeli bir kaç yıl olmuştu ama Frank ve ben evlendiğimiz zaman oradaki taş yapıtı görmeye gitmiştik. Diğer turistler gibi hafif bir korkuyla o kocaman taşların arasında dolaşmış ve kesim taşının önünde ağzımız beş karış açık bir şekilde kalakalmıştık. (Londra aksanıyla konuşan gür sesli tur rehberi Kelt dönemindeki Papazlar burada insanları tüyler ürpertici bir şekilde kurban ediyorlardı diye anons etmişti taşı durup seyretmek yerine onun bir sürü fotoğrafını çekmekle meşgul olan bir otobüs dolusu İtalyan turiste.)

Frank'in, kravatlarını askılara iki tarafı da eşit sarkacak şekilde asmaya kadar varan düzen tutkusu orada da depreşti ve bu canavar yapı taşının en dış halkasını ve içini Z delikleri ile Y deliklerinin arasındaki mesafeleri adımlayarak ve tek parça büyük taşın bulunduğu yerdeki lentoları bir bir sayarak dolaştık.

Üç saat sonra orada kaç adet Y ve kaç adet Z deliği bulunduğunu bilir durumdaydık (benim ilgimi pek çekmiyordu ama bilmek isterseniz, bu sayı elli dokuzdu). Buna rağmen son beş yüz yıldır amatör ya da profesyonel arkeologların burayı araştırıp bulduklarının dışında herhangi yeni bir ipucu bulamadık. Burasının yapılma amacı neydi ve neolitik çağlardaki ilkel koşullarla nasıl yapılmıştı?

Fikirlerin sonu yoktu tabii ki. Akademisyenlerin arasında geçirmiş olduğum sürede iyi sunulmuş bir fikrin kötü sunulmuş bir gerçekten çok daha değerli olduğunu öğrenmiştim, bu profesyonel gelişimin süreçlerinden biridir.

Tapınak. Mezarlık. Gözlemevi. İnfaz yeri ("Kurban Taşı" olarak adlandırılmış olmasının yanı sıra yarıya kadar bulunduğu çukura gömülü olması da bu fikri kuvvetlendiriyordu). Pazaryeri. Ben en çok bu son fikri sevmiştim. Megalitik Dönem ev kadınlarının kollarında alışveriş sepetleriyle bu lentoların arasında gezinerek yeni gelmiş kilden yapılmış bardakları inceleyişlerini, o dönem fırıncılarının ya da geyik kemiğinden yapılmış kürek satıcılarının onlara anlattıklarını şüpheyle dinleyişlerini, kehribar boncuklara eleştirel gözlerle nasıl baktıklarını hayal etmek hoşuma gitmişti.

Bu hipotezimi çürütebilecek tek şey Sunak Taşının altında bulunan vücutlar ve Z deliklerindeki yakılmış olarak bulunan ceset kalıntılarıydı. Bunlar eksik ya da fazla tartan sahtekâr tacirlerin kalıntıları olmadığı sürece bir pazar yerini mezarlık olarak kullanmak delice bir fikirdi.

Bu tepenin üzerindeki minyatür yapıtın bir mezarlık olduğuna dair herhangi bir işaret yoktu. Minyatür sözcüğünü kullanmamın sebebi burada bulunan dairesel formdaki taşların bugüne kadar gördüğüm taş yapıtlara oranla daha küçük olmasıydı. Gerçi buradaki her bir taş boyumun iki katı kadardı ve genişlikleri de göz ardı edilemeyecek boyutlardaydı.

Yine o taş yapıt gezisinde bulunan başka bir tur rehberi, bu tür dairesel formdaki taş yapıtların bütün Avrupa ve İngiltere'de bulunduklarını söylemişti. Bunların bir kısmı daha iyi durumdaydı, formsal olarak ufak farklılıklar gösterenleri vardı, çoğunun yapım sebebi ve tam olarak hangi devre ait olduğu hâlâ çözülememişti.

Bay Crook ben taşların arasında merakla gezinip onlara dokunmak için dururken sevimli gözlerle beni inceliyordu. Ben dokunuşum bu anıtsal kayalar üzerinde bir etki bırakacakmış gibi onlara dokunmaya devam ediyordum.

Bu dikilitaşların bir kısmı benekliydi, bir kısmında da daha koyu renklerden oluşmuş çizgiler vardı. Bir kaçında güneş ışıklarını hoş bir şekilde yansıtan mika parçacıkları var gibiydi. Hepsi etrafımızda bulunan eğreltiotlarıyla sarılmış olan doğal taşlardan gözle görülür bir şekilde farklıydı. Bunları yapan kişi her kimse ve hangi sebeple yaptıysa bu taşların ocaklardan çıkarılmak, şekillendirilmek, özel noktalara taşınmak ve oralara dikilmek için çok önemli şeyler olduklarını düşünmüştü. Nasıl şekillendirilmişlerdi? Nasıl taşınmışlardı?

"Kocam bunlara hayran olacak," dedim Bay Crook'a. Bana bitkileri ve bu yeri gösterdiği için ona teşekkür etmek üzere durdum. "Onu daha sonra buraya getirip bunları göstereceğim." Yaşlı adam cesur bir tavırla, geri dönüş yolunda rahat etmem için bana kolunu uzattı, dönüş yolunun dikliğine bakınca onun yaşına rağmen benden çok daha iyi durumda olduğunu düşünüp bu teklifi kabul ettim.

Akşamüstü Richard'ı papazın evinden almak üzere yavaş yavaş köye doğru yürümeye başladım. Bu dağlık bölgede süpürge otu, adaçayı ve katırtırnaklarının kokusunu içime çekerek yürümekten çok mutluydum, arada bir önünden geçtiğim kulübelerin bacalarından çıkan kızarmış ringa balığı kokusu da ortama ayrı bir hava katıyordu. Köy İskoçya'nın bozkırlarına doğru çok dik bir şekilde yükselen kayalıkların eteğindeki eğimli bir bölgeye kurulmuştu. Yolun yanındaki kulübeler oldukça hoştu. Savaş sonrası gelen refah onlara boyanmak olarak yansımıştı, papaz evinin köhne pencere çerçeveleri bile en az yüzyıllık bir bina olmasına rağmen sarı sarı parlıyordu.

Boynunda üç sıra yapay inci bulunan sıska ve uzun boylu bir kadın olan papazın kâhyası kapıyı açtı. Kendimi tanıtınca bana hoş geldin dedikten sonra uzun, dar ve karanlık bir koridorda yolu göstermeye başladı. Görebildiğim kadarıyla duvarlarda bulunan sepya kabartmalara önemli kişilerin resimleri kazınmıştı, bunlar bir önceki papazın ailesi olabileceği gibi kraliyet ailesinden önemli şahısların gravürleri de olabilirdi. Karanlıkta kim olduklarını tam olarak algılayamıyordum.

Papazın odası koridorun tam tersine gözleri kör edecek kadar aydınlıktı, bu ışık neredeyse yerden tavana kadar uzanan kocaman bir pencereden içeri doluyordu. Şöminenin yanında duran şövalenin üzerindeki henüz tamamlanmamış olan gri göklerin altında bulunan kayalıkların yağlı boya resmi bu kocaman pencerenin ne amaçla inşa edildiğini gözler önüne seriyordu. Bu pencere binaya yapımından çok sonra eklenmiş olmalıydı.

Frank'le hâkim yakalı papaz gömleği giymiş olan kısa boylu, tıknaz bir adam uzaktaki duvarın önünde duran masanın üzerinde duran yırtık pırtık, eski bir kâğıdın üzerine büyük bir dikkatle eğilmişlerdi. Frank bana hoş geldin demek için başıyla hafif bir hareket yaptı, papazsa son derece kibar bir tavırla o sırada yapmakta olduğu açıklamaları bir kenara bırakarak hızla elimi sıkmak üzere yanıma geldi, yüzünde son derece mutlu bir ifade vardı.

"Bayan Randall!" dedi elimi içtenlikle sıkarken. "Sizi yeniden görmek ne güzel... Haberleri duymak için tam zamanında geldiniz!"

"Haberler mi?" Masanın üzerinde duran kâğıtların eskiliğinden ve harf karakterlerinden bu haberlerin 1750 yıllarına ait olduğunu hesapladım. Yani bu bir son dakika haberi değildi.

"Evet, kesinlikle. Ordu kayıtlarından kocanızın atalarından biri olan Jack Randall'ı bulmaya çalışıyoruz." Papaz iyice yanıma yaklaştı ve Amerikan filmlerinden fırlamış bir haydut edasıyla anlatmaya başladı. "Ben, eee, yerel Tarih Enstitüsünden dosyaların orijinallerini 'ödünç' aldım. Bu konuda kimseye bir şey söylememelisin dememe gerek yok tabii."

Biraz da eğlenerek bu ölümcül sırrı hiç kimseye söylememek konusunda onunla hemfikir oldum ve on sekizinci yüzyıldan gelen son haberleri alırken oturacağım rahat bir yer bulabilmek için etrafıma bakındım. En yakın pencerenin önünde duran yüksek arkalıklı koltuk gözüme oldukça uygun göründü ama onu masaya doğru çevirmek üzere yanına gittiğimde benden önce birinin oraya oturmuş olduğunu gördüm. Pırıl pırıl siyah saçları olan küçük bir oğlan koltuğa gömülmüş uyuyordu.

"Roger!" Bana koltuğu çevirmek için yardıma gelen papaz da en az benim kadar şaşırmıştı. Oğlan sıçrayarak uykusundan uyandı ve yerinde hızla doğruldu, yosun rengi gözleri kocaman açılmıştı.

"Seni küçük haylaz, burada ne yapıyorsun?" Papaz onu sevgiyle azarlıyordu. "Yine mi karikatürlere bakarken uyuyakaldın?" Rengârenk kâğıtları yerden topladı ve oğlana verdi. "Hadi bakalım dışarı Roger, benim Randalllar'la biraz işim var. Ah, dur bakalım, seni Bayan Randall'la tanıştırmayı unuttum. Bayan Randall, bu benim oğlum Roger."

Bu durum beni şaşırtmıştı. Ben Papaz Wakefield'ın müzmin bir bekâr olduğunu düşünüyordum. Hiç konuşmadan bana kibarca uzatılmış olan küçük eli içtenlikle sıktım, elime bulaşan hafif ıslaklığı eteğime silmemek için kendimi tutmayı başardım.

"Aslında yeğenimin oğlu," diye itiraf etti. "Babası Channel'da vuruldu, annesi de Blitz'de İngiliz Müzesi'nin konferans salonunda ders verirken yapılan saldırı sırasında hayatını kaybetti. Durum böyle olunca ben de onu yanıma aldım."

"Çok ince düşüncelisiniz," gibi bir şeyler geveledim, Lamb Amca'yı hatırlamıştım. O da Blitz'de İngiliz Müzesi'nin konferans salonunda ders verirken yapılan saldırıda ölmüştü. Yan bölümde duran Perslerden kalma antikaların zarar görmediğine sevinerek öldüğüne çok emindim.

"Rica ederim, çok rica ederim." Papaz utançla ellerini sallıyordu. "Evin içinde genç bir soluğun olması keyif verici... Artık oturalım mı?"

Daha çantamı bile yere koyamadan Frank konuşmaya başlamıştı. "Bu çok büyük bir şans Claire," dedi büyük bir coşkuyla sayfaları kıvrılmış kitabı göstererek. "Papaz John Randall'dan bahseden bütün bölümleri işaretlemiş."

"Görünüşe bakılırsa John Randall'ın yapmış olduğu pek çok şey var," diye fikrini belirtti. Papaz bu arada kâğıtların bir kısmını Frank'ten almakla meşguldü. "Dört yıl kadar William Kalesi'ndeki garnizonda görev yapmış ama vaktinin çoğunu kral adına sınırdaki İskoç kasabalarını sürekli saldırılarıyla taciz ederek ve yağmalayarak geçirmiş. Bu öbek," - kâğıtların büyük bir bölümünü dikkatle ayırıp masanın üzerine koydu - "değişik kişilerin ve mülk sahiplerinin ona karşı yapmış oldukları şikâyetlerden oluşuyor. Hizmetçileriyle ilişkiye giren garnizon askerlerinden başlayıp atlarının çalınmasıyla devam eden şikâyetler bunlar. Bu arada değişik konulardaki hakaretlerden bahsetmiyorum bile."

Çok eğleniyordum. "Aile ağacında herkesin çok iyi tanıdığı bir at hırsızı var desene," dedim Frank'e.

O istifini bile bozmadan omuz silkti. "Ne yapmışsa yapmış bu konuda benim yapabileceğim bir şey yok. Ben sadece her şeyi bulup öğrenmek istiyorum. O zamanı düşünürsek bu şikâyetler pek de garip şeyler değil. İngilizler ve özellikle de orduları o dönemde İskoçya'da hiç de hoş karşılanmazlardı. Burada tuhaf görünen şey onca şikâyetin sonucunda hiçbir şey yapılmamış olması, en ciddileri bile dikkate alınmamış."

Papaz bu kadar uzun bir süre susup dinlemeye tahammül edemedi ve konuya daldı. "Bu doğru. Bu subaylara modern standartlar tanındığından dolayı da değil. Daha önemsiz meselelerde diledikleri pek çok şeyi yapma hakları vardı. Ama bu durum gerçekten de garip. Bu şikâyetler araştırılıp davalar düşürülmüş değil, bu konular hiç açılmamış bile. Neden şüpheleniyorum biliyor musun Randall? Senin bu akrabanın muhakkak bir koruyucusu vardı. Onu üstlerinin kınama ve cezalarından koruyacak bir hamiydi bu.

Frank gözlerini kısarak kayıtlara bakarken bir yandan da kafasını kaşıdı. "Bu konuda haklı olabilirsin. Bu kişi oldukça kuvvetli biri olmalı. Orduda üst seviyede biri ya da belki de soylulardan biri."

"Evet, aslında şu ihtimal de..." Odaya kâhya Bayan Graham'ın girmesiyle papazın teorisini açıklaması yarım kaldı.

"Beyler size içecek bir şeyler getirdim," dedi çay tepsisini masanın tam ortasına yerleştirirken. Papaz hızlı bir hamleyle kıymetli kâğıtlarını oradan kaldırmayı başarmıştı. Kadın kurnaz gözleriyle bana baktı, bacaklarımı sallamamı ve gözlerimdeki, sıkıntıdan bayılmak üzere olduğumu gösteren ifadeyi gayet iyi değerlendirmişti.

"Bayan Randall'ın mutfakta bana katılacağını umarak iki fincan getirdim. Biraz..." Onun davet sebebini açıklamasını beklemeden büyük bir hevesle ayağa fırladım. Mutfağa açılan sallanan kapıdan geçerken hemen arkamdan başlamış oldukları teori bombardımanını duyabiliyordum.

Çay yeşil, sıcak ve hoş kokuluydu, içinde ufak yapraklar yüzüyordu.

"Mmm, mükemmel," dedim fincanı yerine bırakırken. "Kokulu siyah çaydan sonra bu tadı almayalı çok uzun zaman oldu."

Bayan Graham hazırlamış olduğu şeylerden aldığım keyfi görünce başını salladı. Fildişi renkli fincanların altına el yapımı dantelleri yerleştirmek ve kaymaklı çörekleri yapmak için belli ki çok uğraşmıştı.

"Maalesef savaş sırasında ben de bulamıyordum. Oysa fal bakmak için en iyisi budur. O, Earl Grey yaprakları beni çok zorluyordu, Daha orada ne olduğunu tam anlayamadan düşüveriyorlardı."

"Çay yapraklarını mı okuyorsunuz?" diye sordum, hoşuma gitmişti. Bayan Graham gri permalı saçları ve üç sıra incisiyle bilindik falcı çingene tanımına ancak bu kadar uzak olabilirdi. Yudumladığı çay yavaş yavaş uzun ve buruşuk boynundan aşağı doğru kaydı ve parlayan incilerin arkasında gözden kayboldu.

"Neden sordun? Tabii ki okuyabiliyorum şekerim. Tıpkı büyükannemin bana öğrettiği gibi, ona da kendi büyükannesi öğretmiş. Çayını bitir ve orada neler olduğuna bakalım."

Doğru ışığı yakalayabilmek için fincanı çevirirken bir yandan da değişik açılardan yaprakların devriliş şekillerine bakıyordu. Uzun bir süre konuşmadı.

Fincanı yoğun bir dikkatle yerine koydu, suratına patlamasından korkuyormuş gibi bir ifadesi vardı. Dudaklarının iki yanındaki çizgiler daha da derinleşmişti, kaşları sanki bir muammayla karşı karşıyaymış gibi çatılmıştı.

"Pekâlâ," dedi sonunda. "Bugüne kadar gördüğüm en acayip görüntülerden biri."

"Yani?" Hâlâ eğleniyordum ama meraklanmaya da başlamıştım. "Uzun boylu esmer birisiyle mi tanışacağım, denizlerde uzun bir yolculuğa mı çıkacağım?"

"Olabilir." Bayan Graham sesimdeki alaycılığı kaçırmamıştı ve bana hafifçe gülerek aynı tavırla cevap vermişti. "Ya da olmayabilir. Fincanındaki gariplik buradan kaynaklanıyor şekerim. Her şey birbiriyle çelişiyor. Yolculuğu simgeleyen kıvrılmış bir yaprak var ama onun hemen ucunda kırık bir yaprak var ki bu da hiçbir yere kıpırdamayacağın anlamına geliyor. Ayrıca yabancılar var, birkaç kişi. Ve eğer yaprakları yeterince doğru okuyorsam kocan da bunlardan biri."

Nedense keyfim kaçmıştı. Altı yıllık ayrılık ve altı aylık birliktelikten sonra kocam hâlâ bana bir şekilde yabancıydı. Bunu bir çay yaprağının nasıl bilebildiğini anlayamıyordum.

Bayan Graham'ın kaşları hâlâ çatılıydı. "Eline bakayım çocuk," dedi.

Elimi tutan eli kemikliydi ama şaşırtıcı derecede sıcaktı, mis gibi lavanta kokan, özenle şekil verilmiş gri saçlı başını avcumun üzerine eğdi. Uzun bir süre elime baktı, parmağıyla ileri geri harita üzerinde bulunan bir takım yolları takip eder gibiydi, sanki bu yollar hep boş kumsallara ya da terk edilmiş yerlere çıkıyordu.

"Peki, nedir o?" diye sordum, nefes alış verişimi sabit tutmaya çalışıyordum. "Kaderim açıklanamayacak kadar kötü mü?"

Bayan Graham tuhaf bakışlarını bana doğru kaldırdı ve düşünceli bir tavırla yüzümü süzdü, elimi tutmaya devam ediyordu. Dudaklarını yalayarak başını iki yana salladı.

"Hayır şekerim. Elinde gördüğüm şey kaderin değil. Sadece onun tohumu." Kuşa benzeyen başını bir yana eğdi, düşünmeye devam ediyordu. "Elindeki çizgiler değişir, bunu biliyorsun. Hayatının başka bir noktasında, şu anda olduklarından çok daha farklı olabilirler."

"Bunu bilmiyordum. Onlarla doğup onlarla öldüğümüzü sanıyordum." Elimi ondan çekip almamak için kendimi zor tutuyordum. "O zaman eldeki çizgileri okumanın ne anlamı var?" Sesimin kaba çıkmamasına çalışıyordum ama bu kadar ince eleníp sık dokunmak beni biraz rahatsız etmişti özellikle de çay yaprağı okuma seansının hemen ardından fazla gelmişti. Bayan Graham beklemediğim bir tavırla gülümsedi ve parmaklarımı avcumun üzerine kapadı.

"Neden? Elindeki çizgiler senin kim olduğunu gösteriyor şekerim. Değişme sebepleri de bu, yani değişmeliler. Bazı insanlarınki hiç değişmez. Onlar hayatta kendilerini değiştirmeyi başaramamış şanssız insanlardı, maalesef az sayıda da olsa onlardan var." Elimi avcunun içinde sıktı ve okşadı. "Senin onlardan biri olduğunu hiç sanmıyorum. Genç yaşına rağmen elinde şimdiden pek çok değişiklik var. Elbette bunda savaşın etkisi çok büyük," dedi, bu açıklamayı benden çok kendine yapar gibiydi.

Yine meraklanmıştım işte, elimi bu kez gönüllü olarak açtım.

"Peki, elime göre ben kimmişim?"

Bayan Graham kaşlarını çattı, elimi yeniden tutmamıştı.

"Bunu çok net olarak söyleyemem. Gariplik orada, pek çok insanın el çizgisi onlarla benzerlik gösterir. Yanlış anlama söylemek istediğim şey 'birini görünce diğerlerini de belirlemiş olursun' demek değil ama yine de takip edilen örnek yollar vardır, bu böyledir." Aniden güldü, bu garip ama sevimli bir sırıtmaydı. Bembeyaz olan takma dişleri tamamıyla ortalığa serilmişti.

"Falcıların çalışma sistemi budur. Ben bu işi her yıl kilisenin düzenlediği şenliklerde yapıyorum ya da savaştan önce yapıyordum diyelim. Varsayalım ki şimdi de yaptığım bu. Bir kız çadırdan içeri girer – o sırada ben orada 'oryantal giysilerim' ve Bay Donaldson'dan ödünç almış olduğum, tavus kuşu tüyünü taktığım türbanımla orada oturuyor olurum - aslında oryantal giysi dediğim şey de papazın güneş kadar sarı renkli olan gece entarisidir. Neyse uzatmayalım, eline bakarmış gibi yaparken onu incelerim, bluzunun yakası neredeyse göbeğine kadar açıktır, üzerinde ucuz bir koku vardır, küpeleri de omuzlarına değecek kadar uzundur. Onun bir sonraki şenliğe yanında bebeğiyle birlikte katılacağını söylemek için kristal küreye bakmaya hiç gerek yoktur." Bayan Graham durakladı, gri gözleri muzip bir şekilde aydınlanmıştı. "Ayrıca tuttuğum el boşsa, yani yüzük yoksa ona yakında evleneceğini söylemek de iyi taktiklerden biridir."

Bir kahkaha attım, o da attı. "Yani aslında ellerine bakmıyorsunuz. Sadece yüzük olup olmadığını kontrol ediyorsunuz."

Şaşırmış görünüyordu. "Ah tabii ki bakıyorsunuz. Bu sadece gördüklerinizi de değerlendirdiğiniz anlamına geliyor. Yani genelde..." Açık elime bakarak başını salladı. "Bu daha önce görmüş olduğum hiçbir şeye benzemiyor. Bir de başparmağına bakalım şimdi," dedi ve eğilip hafifçe başparmağıma dokundu.

"Burada fazla bir değişiklik olmamış. Bu kararlı olduğun anlamına gelir, kafan çok fazla karışmaz." Göz kırptı. "Bunu sana kocan da söyleyebilirdi. Keza bunu da..." Parmağımın sonundaki etli kısma dokundu.

"O nedir?"

"Ona Venüs Dağı denir." İncecik dudaklarını iyice büzdü, dudaklarının kenarları iyice yukarı kıvrılmıştı. "Bir erkekte olduğu zaman onun genç kadınlardan hoşlandığı anlamına gelir. Kadında ise durum biraz farklıdır. Kibarca açıklamaya çalışırsam, senin için iyi olan bir tahmin yapabilirim, kocan senin yatağından uzakta duramıyor." Şaşırtıcı bir müstehcenlikle kıkırdadı ve ben kıpkırmızı oldum.

Yaşlı kâhya elime bakmaya devam etti, sözlerini kuvvetlendirmek için işaret parmağını oradan oraya gezdirip duruyordu.

"Yaşam çizgin gayet belirgin ve uzun. Gayet sağlıklısın ve öyle olmaya devam edeceksin. Yaşam çizgisinin kesilmesi hayatının gözle görünür bir şekilde değişeceğini gösterir, e zaten bu hepimiz için geçerli olan bir şeydir. Seninki daha çok doğranmış, küçük parçalara bölünmüş gibi. Bir de evlilik çizgine bakalım..." Yine başını salladı. "O da bölünmüş, bu da garip bir durum değil, iki evlilik olabilir..."

Hafif bir tepki gösterdim ama hemen bastırdım. O bu küçük ürpermeyi kaçırmamıştı ve hemen bana baktı. Oldukça uyanık bir falcıydı. Başını sallayarak beni sakinleştirmeye çalıştı.

"Hayır, hayır yavrum... Bu senin iyi adamına bir şey olacağı anlamına gelmiyor. Eğer böyle bir şey olursa da," buradaki 'eğer' sözcüğünü elimi sıkarak vurgulamıştı, "sen karalar bağlayıp hayatının sonuna kadar yas tutan kişi olmayacaksın. Bunun anlamı ilk aşkını kaybetsen bile hayatında yeniden âşık olacağındır."

Gözlerini kısarak avcuma yeniden baktı, kısa tırnaklı parmağı evlilik çizgisi boyunca ilerliyordu. "Bu bölünmüş yolların çoğu genelde kırılıp yok olur seninkiyse çatallı." Başını kaldırdı ve çapkın çapkın gülümsedi. "Aramızda kalsın ama iki eşli olmadığından emin misin?"

Başımı iki yana sallayarak kahkahalar attım. "Hayır. Buna ne ara zaman bulacaktım ki?" Elimi çevirdim ve dışını gösterdim.

"Elin kenarında oluşan çizgilerin insanın kaç çocuğu olacağını gösterdiğini duymuştum, doğru mu?" Sesimin doğal çıkmasına özen göstermeye çalışmıştım. Elimin kenarı hayal kırıklığı yaratacak kadar düzgündü.

Bayan Graham bu söylediğimi bir el hareketiyle küçümsediğini belirtti.

"Peh! Bir ya da iki çocuğun olduktan sonra orada çizgiler görmeye başlarsın. Tıpkı yüzünde beliren çizgiler gibi. Bu önceden hiçbir şeyi belirlemez."

"Gerçekten öyle mi?" Aptallıktı biliyorum ama bunu duymak beni rahatlatmıştı. Bileğimde bulunan derin çizgilerin ne anlama geldiğini soracakken (potansiyel olarak intihara meyilli olabilirdim mesela) Peder Wakefield elinde boş fincanlarla mutfağa geldi. Onları bulaşık damlalığının üzerine koyduktan sonra beceriksiz hareketlerle dolapta bir şeyler aramaya başladı, yardım teklifi beklediği her halinden belliydi.

Bayan Graham mutfağının kutsallığını koruyabilmek için hemen olduğu yerden doğruldu, usta bir hareketle papazı yana itti, tepsiye yeni fincanları yerleştirdi ve onları doldurmaya başladı. Papaz beni hafifçe onun yolundan çekti.

"Çalışma odasına gelip benimle ve eşinizle bir çay daha içmek ister misiniz Bayan Randall? Kayda değer şeyler keşfettik."

Sakin duruşunun altında, ne bulduğunu bir an önce söylemek isteğiyle yanıp tutuşan bir adam olduğunu görebiliyordum, cebindeki kurbağasını herkese göstermek isteyen bir çocuk gibiydi. Gidip Komutan Jonathan Randall'ın çamaşır faturalarını, çizme tamir masraflarını ve buna benzeyen şeylerin yazılı olduğu kayıtları okumak zorunda kaldığım apaçık ortadaydı.

Frank bu eski kâğıtlara öylesine dalmıştı ki odaya girdiğimizde belli belirsiz başını kaldırdı. İstemeye istemeye kâğıtları papazın tombul ellerine bıraktıktan sonra onun arkasına dolaşıp, omuzlarının üzerinden onlara bakmaya devam etti. Bu kâğıtları bir an bile gözünün önünden ayırmaya tahammülü yokmuş gibi davranıyordu.

"Peki, nedir?" dedim kibarca, kirli kâğıt parçalarını parmağımla göstererek. "Hımm, evet, çok ilginç." Karınca duasına benzeyen el yazısı çok soluk ve çok süslüydü ayrıca okumak imkânsız gibiydi. Kâğıtlardan biri diğerlerinden çok daha iyi durumdaydı ve bunun üzerinde taçlı bir arma vardı.

"Sand...Sandringham Dükü yazıyor değil mi?" diye sordum, armaya, onun üzerindeki solmuş leopara ve altında el yazısından daha okunur durumda olan baskı yazıya bakarak.

"Evet, aynen öyle," dedi papaz, artık daha fazla sırıtıyordu. "Artık böyle bir unvan yok biliyorsun."

Bilmiyordum ama zeki bir tavırla başımla onu onayladım, tarihçilerin bir anda buldukları şeylere delice bir tutkuyla bağlandıklarını çok iyi bilirdim. Bu başla onaylamanın dışında periyodik olarak "Gerçekten mi?" ve "Aman tanrım çok etkileyici!" de demek gerekiyordu.

Frank'le papazın arasında yaşanan ve belirli bir zaman alan birbirine saygı gösterme süresi sonuçlandıktan sonra bana bulduklarını söyleme onuru papaza düştü. Bütün bu çöp gibi görünen kâğıtlardan anlaşıldığı kadarıyla Frank'in atası olan, kötülüğüyle nam salan Kara Jack Randall sadece Krallığın cesur askerlerinden biri değildi. O aynı zamanda Sandringham Dükü'nün güvenilir - ve gizli - bir ajanıydı.

"Aslında provokasyon yapmak üzere tutulmuş bir aracı, sizce de öyle değil mi Dr. Randall?" Papaz büyük bir nezaketle yığını Frank'e geri verdi ve o da bunları hızla kaptı.

"Evet, öyle de diyebiliriz. Gerçi yazım üslubu oldukça ihtiyatlı ve üstü kapalı..." İşaret parmağıyla sayfaları çevirmeye devam etti.

"Gerçekten mi?" dedim.

"Öyle görünüyor ki bu Jonathan Randall'a bölgede oturan II. James yanlısı seçkin İskoç ailelerinin duygularıyla oynamak ve onları karıştırmak konusunda oldukça güveniliyormuş. Buradaki ana nokta bu konuya içten içe bir sempati duyan baronetleri ya da klan şeflerini ortaya çıkarmak olabilir. Gerçi bu da biraz garip... Sandringham'ın da II. James yanlısı olduğundan kuşkulanılmıyor muydu?" Frank papaza döndü, yüzünde sorularla dolu, sıkışmış bir ifade vardı. Papazın pürüzsüz kel kafasında ve alnında da kırışıklıklar oluşmuştu.

"Öyle mi? Evet, evet sanırım haklısın. Yine de Cameron'a bir bakalım." Bu sözleri söylerken bir yandan da kitaplıktaki kalın ciltli kitapların arasına dalmıştı. "Muhakkak bir yerlerde Sandringham'dan bahsetmiştir."

"Bu çok etkileyici, mükemmel bir durum," diye mırıldandım, tüm dikkatimi çalışma odasının bir duvarını baştan aşağı kaplamış olan mantar döşemeye vermiştim.

Üzeri bir sürü ilginç şeyle kaplıydı, bunların çoğu kâğıtlardan oluşuyordu; gaz faturaları, mektuplar, Piskoposluk Konseyinden gelen bildiriler, romanlardan kopmuş sayfalar, papazın kendi el yazısıyla yazmış olduğu notlar... Bunların yanı sıra anahtarlar, şişe kapakları, küçük araba parçası gibi görünen metaller de buraya raptiyeler ya da zamk aracılığıyla tutturulmuştu.

Burada bulunan çeşitli şeyleri incelemeye başlamıştım, bir yandan arkamda devam eden konuşmaları da duyuyordum. (Sandringham Dükü'nün de II. James yanlılarından olabileceğini düşünüyorlardı.) Dikkatimi özel bir yere özenle konmuş ve dört köşesinden birer raptiyeyle tutturulmuş soy ağacı tablosu çekti. Tablonun en üstündeki isimlerin altında hep on yedinci yüzyıla ait tarihler vardı. Benim dikkatimi ise tablonun altında bulunan başka bir isim çekmişti. Orada "Roger W. (MacKenzie) Wakefield" yazıyordu.

"Özür dilerim," diyerek onların armada bulunan leoparın pençesinde tuttuğu şeyin bir zambak mı yoksa bir çiğdem mi olduğuna dair yaptıkları saçma sapan tartışmayı kesiverdim. "Bu oğlunuzun tablosu mu?"

"Ne? Ah evet, evet onun." Papaz dağılan dikkatini hemen topladı, hızla yanıma geldi, gülümseyerek tabloyu olduğu yerden çıkardı ve masanın üzerine, tam önüme koydu.

"Onun gerçek ailesini unutmasını istemiyorum," diyerek durumu bana açıkladı. "1600lere kadar uzanan oldukça eski bir sülale." Tombul işaret parmağıyla yukarıdan aşağıya doğru saygıyla hattı takip ediyordu.

"Ona burada yaşadığı için kendi ismimi verdim, bu çok daha uygun olacaktı ama diğer yandan da nereden geldiğini unutmasını istemedim." Özrünü belirtir bir tavırla gülümsedi. "Benim öyle övünülecek bir soy ağacım yok. Papazlar, papaz yardımcıları ve birkaç kitap satıcısından oluşuyor. Bu da 1762'ye kadar izlenebiliyor zaten. İyi bir kayıt tutulmamış." Atalarının tembelliğinden büyük bir pişmanlık duyuyormuş gibi başını iki yana sallıyordu.

Papazın evinden çıktığımızda vakit hayli ilerlemişti, bize yarın sabah ilk iş olarak mektupları kasabaya götürüp kopyalarını çıkarttıracağına dair söz vermişti. Frank kaldığımız yere geri dönerken yol boyunca casuslar ve II. James yanlıları hakkında mutlu mutlu gevezelik etti. Ve nasıl olduysa sonunda benim suskunluğumun farkına vardı.

"Ne oldu aşkım?" diye sordu endişeli bir tavırla kolumu tutarak. "Neyin var, hasta mısın?" Bu soruyu ilgi ve ümit karışımı bir tonlamayla sormuştu.

"Yo, gayet iyiyim. Sadece düşünüyordum..." Tereddüt ediyordum çünkü bu konuyu daha önce konuşmuştuk. "Roger'ı düşünüyordum."

"Roger'ı mı?"

Sabırsızlıkla derin bir nefes aldım. "Frank nasıl... Nasıl bu kadar dikkatsiz olabilirsin? Roger'dan bahsediyorum, Papaz Wakefield'in oğlundan!"

"Ah, evet, elbette," dedi anlamsız bir sesle. "Şu tatlı çocuk... Ne olmuş ona?"

"Demek istediğim şu... Ortalıkta onun gibi pek çok çocuk var. Yani öksüz kalmış çocuklardan bahsediyorum, anlıyor musun?"

Bana sert bir bakış fırlattıktan sonra başını iki yana salladı.

"Hayır, Claire. Bunu yapmayı çok isterdim ama sana evlat edinme konusundaki hislerimi anlatmıştım. Ben... Ben benim kanımdan olmayan bir çocuğa... Yeterince ilgi gösterebileceğimi sanmıyorum. Bunun komik bir şey olduğunun, hatta benim bencilliğim olduğunun farkındayım ama maalesef bu böyle. Belki zamanla fikirlerim değişir ama şu an için..." Bir süre rahatsızlık veren bir sessizlik içerisinde yürümeye devam ettik. Birdenbire durdu ve dönüp ellerimi tuttu.

"Claire," diye söze başladı boğuk bir sesle, "Ben *bizim* çocuğumuzu istiyorum. Sen benim için dünyadaki her şeyden çok daha değerlisin. Senin mutlu olmanı istiyorum, hem de herkesten çok ama işin açıkçası seni kendim için istiyorum. Oysa dışarıdan gelen bir çocuk, bizim gerçek bir kan bağımızın olmadığı bir çocuk bizim aramıza zorla girecek ve bu bana çok ağır gelecek. Ama sana bir çocuk vermeyi başarabilirsem, onun senin içinde büyümesini ve sonra da doğuşunu izlersem... Onun... Onun senin bir uzantın olduğunu düşünebilirim. Yani belki bunu başarabilirim. Senin ve benim tabii... Yani onu ailemizin bir parçası olarak görebilirim." Gözleri kocaman açılmıştı ve yalvarır gibi bana bakıyordu.

"Peki, tamam. Anladım." Artık bu konuyu kapatmak istiyordum - en azından şimdilik. Dönüp yeniden yürümeye başladım, bana yetişti ve beni kollarına aldı.

"Claire. Seni seviyorum." Sesindeki hassasiyete karşı koymak imkânsızdı, başımı onun ceketine dayayarak onun kollarının gücünün ve sıcaklığının tadını çıkardım.

"Ben de seni seviyorum." Kısa bir süre yoldan aşağı doğru esen rüzgârın eşliğinde birbirimize kenetlenmiş olarak sallandık. Frank birdenbire gülümseyerek beni bıraktı.

"Ayrıca," diye yumuşak bir sesle devam etti Frank, bu arada rüzgârın yüzüme savurmuş olduğu saçlarımı düzeltiyordu, "henüz vazgeçmedik, öyle değil mi?"

Ben de ona gülümsedim. "Hayır."

Elimi büyük bir şefkatle dirseğinin altına sıkıştırdı ve pansiyonumuza geri döndük.

"Yeniden denemeye var mısın?"

"Evet, neden olmasın?" El ele Gereside Yolu'ndan yürümeye devam ettik. Yolun köşesinde duran Baragh Mhor'u, yani tarihi taşı görmek bana bir anda bugün olanları hatırlattı.

"Unuttum!" diye çığlık attım. "Sana göstermek istediğim çok önemli bir şey var." Frank bana baktı ve beni iyice kendine doğru çekti. Elimi daha sıkı tuttu.

"Aslında benim de," dedi gülerek. "Sen de seninkini yarın gösterirsin."

***

Ertesi sabah ikimizin de yapmamız gereken bir takım işlerimiz vardı. Ben Ness Gölü'ndeki Büyük Vadi'yi görmek üzere yaptığımız yolculuk planını tamamıyla unutmuştum.

Vadi oldukça uzaktaydı, bu yüzden sabah güneş doğmadan önce yola çıktık. Dondurucu şafakta bizi dışarıda bekleyen arabaya bir an önce binmek için yaşadığımız koşuşturmacadan sonra arabadaki örtünün altına girip ellerimi ve ayaklarımı ısıtmak çok keyifli gelmişti. Bunun hemen ardından üzerime dayanılmaz bir rehavet çöktü ve Frank'in omzunda derin bir uykuya daldım. Hatırladığım son şey gökyüzünün kızıllığının arasından görünen şoförün kafasının siluetiydi.

Oraya vardığımızda saat dokuzu geçiyordu ve rehberimiz Frank bizi gölün kenarında bekliyordu. Bir de küçük bir sandal vardı.

"Eğer sizin için de uygunsa gölün kenarındaki Urquhart Kalesi'ni de göstermek isterim. Yola çıkmadan önce orada bir şeyler yeriz diye düşünmüştüm." Üzerinde eskimiş bir gömlek ve fitilli kadife pantolon olan bu asık suratlı küçük adam, elindeki piknik sepetini oturma yerine düzgün bir şekilde yerleştirdikten sonra rahatça sandala binebilmem için nasırlı elini bana uzattı.

Güzel bir gündü, gölün etrafındaki kayalıklardaki ağaçlar tomurcuklanmaya başlamıştı ve bunların güzel görüntüsü yüzeye yansıyordu. Rehberimiz asık suratlı görünüyordu ama aslında çok bilgili ve konuşmayı seven bir adamdı. Bize adaları, kaleleri, bu dar ve uzun gölün etrafındaki bütün kalıntıları gösterdi.

"İşte şuradaki de Urquhart Kalesi." Ağaçların arasından zorlukla görünen düzgün taş yüzeyli bir duvarı işaret ediyordu. "Ya da ondan kalanlar. Glen cadıları tarafından lanetlenmiş ve orada hep mutsuzluklar yaşanmış."

Bize kalenin sahibinin kızı olan Mary Grant'le onun aşığı, Bohuntinli Mac Donald'ın şair oğlu Donald Donn'un hikâyesini anlattı. Mary Grant'in babası büyükbaş hayvan yetiştiricisi Mac Donald'ın yaptığı işe karşı olduğu için (bu arada rehberimiz bize bu mesleğin İskoçya'da aslında çok önemli bir iş olduğunu söylemişti) onların görüşmelerini yasaklamıştı. Onlar yine de görüşmüşlerdi. Baba bunu öğrenince öfkesinden köpürmüş, Donald'ı sahte bir randevuyla tuzağa düşürmüş ve ölüme mahkûm etmişti. Donald adi bir hükümlü gibi asılmak yerine bir centilmen gibi başının kesilmesi için yalvarmıştı. Bu ricası kabul edilmişti ve bu genç adam cellât kütüğüne doğru ilerlerken hep aynı sözleri tekrarlamıştı. "Şeytan bu bağış sahibine pabuçlarını ters giydirecek ve Donald Donn asılmayacak." Asılmamıştı da, efsaneye göre kesik başı kütükten aşağı yuvarlanırken konuşmuş ve "Mary başımı sen al," demişti.

Bir anda ürperdim, Frank hemen bana sarıldı. "Onun şiirlerinden çok azı günümüze kadar gelmeyi başarmış," dedi kısık sesle. "Yani Donald Donn'un. Şiirlerinin birinde şöyle der."

Yarın başım olmadan tepeye çıkacağım.
Benim kederli, güzel gözlü Mary'me
Hiç mi acımıyorsun?

Onun elini tuttum ve sıktım.

Hikâyeler birbiri ardına devam etti, ihanet, cinayet ve vahşet dolu bunca şeyi dinledikten sonra bu gölün neden meşum olarak adlandırıldığını anladım.

"Canavar var mı bari?" diye sordum, teknenin kenarından bulanık suyun derinliklerine bakıyordum. Böyle bir yerde onun da olması çok uygun olurdu.

Rehberimiz omuz silkerek suya tükürdü.

"Elbette, gölün zebanisi var, olduğundan emin olabilirsiniz. Bir zamanlar bu derin sularda yaşamış olduğuna dair pek çok hikâye var. Ona pek çok kurban verilmiş - inekler ve bazen de çocuklar sepetlere konup bu sulara bırakılırmış." Yeniden tükürdü. "Bazıları gölün dibinin olmadığını söyler - tam ortasında İskoçya'daki en derin yerden daha da derin bir delik varmış. Hattaü" rehberin gözleri iyice kısıldı, "birkaç yıl önce Lancashire'dan gelmiş olan bir aile Invermorison'daki karakola gidip canavarın çığlıklar atarak gölden çıkıp eğreltiotlarının arasına saklandığını anlatmışlar. Onun kırmızı tüylerle kaplı ve korkunç boynuzları olan iğrenç bir yaratık olduğunu söylemişler. Bir şey çiğniyormuş ve ağzından kanlar akıyormuş." Elini garip bir tavırla havaya kaldırdı ve bu hareket benim heyecanımı iyice arttırdı.

"Oraya gönderdikleri polis memurları geri döndüklerinde bariyerlerin kan içinde olduğunu söylemişlerdi, bu oldukça doğru bir açıklamaydı." Sözlerinin yaptığı etkiyi daha da kuvvetlendirmek için bir süre anlatmaya ara verdi. "Anlattıkları şey tam bir İskoç ineğiydi, eğreltiotlarının arasında çiğnediği şey oydu."

Gecikmiş öğle yemeğimizi yemek için karaya çıkmadan önce gölün yarısını geçtik. Araba orada bizi bekliyordu, onunla tekrar vadiye döndük, yol boyunca bizi görünce ürküp kaçan kızıl bir tilkiden başka zararlı herhangi bir şey göremedik. Yolun kenarında zıpladı ve gölün kıyısına doğru ağaçların arasında ilerleyip bir gölge gibi kayboldu.

Yorgun argın Bayan Baird'in pansiyonuna doğru ilerlerken saat oldukça ilerlemişti, Frank el yordamıyla anahtarları ararken birbirimize adeta yapışmıştık, hâlâ gün boyu olan bitene gülüyorduk.

Soyunup yatağa girene kadar ona Craigh na Dun'da bulunan minyatür taş yapıttan bahsetmeyi akıl edemedim. Bunu duyduğu anda bütün yorgunluğu yok olmuştu.

"Doğru mu söylüyorsun? Ve sen nerede olduğunu biliyorsun, bu mükemmel bir şey Claire!" Bu çok hoşuna gitmişti, çantasını karıştırmaya başladı.

"Ne arıyorsun?"

"Çalar saat," diye cevap verdi onu çantadan çıkarırken.

"Bu ne için?" diye sordum şaşkınlıkla.

"Onları görebilmek için tam vaktinde ayakta olmak istiyorum."

"Kimi?"

"Cadıları."

"Cadıları mı? Sana burada cadılar olduğunu kim söyledi?"

"Papaz," diye cevap verdi Frank, yapacağı şakanın keyfini çıkarıyordu. "Onun kâhyası da onlardan biri."

Bayan Graham'ın ne kadar onurlu ve ağırbaşlı bir kadın olduğunu düşünüp onun bu şakasına homurdanarak cevap verdim. "Saçmalama!"

"Tamam, canım, tam olarak cadılar diyemeyiz. İskoçya'nın her yerinde yüzyıllardır cadılar varmış - onları on sekizinci yüzyıla kadar kuyularda yakarlarmış - bütün bu bölgede Kelt dönemi papazlarının ya da onlara benzer birilerinin sözü geçermiş. Bunun tam anlamıyla bir cadılar toplantısı olduğunu, bunun şeytana tapma olduğunu sanmıyorum, yani bilmiyorum. Papaz bana yerel bir grubun varlığından bahsetti, onlar hâlâ eski güneş festivali günlerinde yapılan ayinleri inceliyorlarmış. O pozisyonundan dolayı bu konuların içinde fazla yer alamıyormuş ama bu konuyu da çok merak ediyormuş. Seremonilerin nerede olduğunu o da tam olarak bilmiyor ama eğer buralarda bir dikilitaş ya da bir taş yapıt varsa bu seremoni muhakkak orada yer alıyordur. Ellerini büyük bir keyifle birbirine sürttü. "Bu ne şans!"

Gecenin kör karanlığında kalkıp maceraya atılmak biraz saçmaydı. Bunu iki gün içinde iki kez gerçekleştirmek tam bir mazoşizm örneğiydi.

Bu kez içinde örtüler ve termoslar olan sıcak bir araba yoktu. Tam tersine, Frank'in arkasından tepeye tırmanmaya çalışırken neredeyse düşüyordum, ayaklarıma sürekli olarak taşlar ve eski ağaç kökleri batıyordu. Hava çok puslu ve soğuktu, ellerimi yün ceketimin ceplerinin derinliklerine daldırmıştım.

Son bir çabayla tepenin en üst noktasına varmayı başardık, yapıt tam karşımızdaydı. Taşlar şafak öncesinin loşluğunda zorlukla seçilebiliyorlardı. Frank büyük bir hayranlıkla durmuş onları seyrediyordu, ben de yanında, güvenli bulduğum bir kayanın üzerinde oturmuş, nefesimi düzenlemeye çalışıyordum.

"Çok güzel," diye bir şeyler geveledi. Sessizce halkanın dışında dolaştı, onun gölgesi taşların kocaman gölgelerinin arasında zaman zaman görünmez oluyordu. Çok güzellerdi, aynı zamanda kanlı ve ürkütücü. Ürperdim, bunun tek sebebi soğuk değildi. Bunları yapan her kimse işini çok iyi biliyordu ve amacı insanları etkilemekse bunu gerçekten başarmıştı.

Bir süre sonra Frank geri döndü. "Henüz burada kimse yok," diye arkamdan birdenbire fısıldadı ve sıçramama sebep oldu. "Hadi gel, onları izleyebileceğimiz bir yer buldum."

Doğudan hafif bir ışık yükselmeye başlamıştı, bu aslında bir nebze grilikti ama benim Frank'in bulduğu akça ağaçların arasındaki boşluğa doğru giderken tökezlemememi engellemeye yeterliydi. Ağaçların ve çalılıkların içinde, ikimizin ancak omuz omuza sığabileceği temiz bir bölge vardı. Buradan yol ve yirmi adım ötemizde bulunan taş halkanın içi net bir şekilde görünüyordu. Frank'in savaşta ne görev yapmış olduğunu bir kez daha merak ettim. Karanlıkta yapılması gereken gizli manevralarda çok başarılıydı.

Çok uykum vardı, şu an otların üzerine kıvrılıp uyumaktan başka hiçbir şey istemiyordum. Maalesef bunu yapabilmem için yeterli yer yoktu mecburen ayakta kalıp yavaş yavaş yoldan ilerleyen Kelt papazlarını gözlemeye başladım. Sırtımda kasılmalar başlamıştı ve ayaklarım ağrıyordu ama bu uzun sürecek gibi görünmüyordu. Doğudaki grimsi ışık pembeye dönmeye başlamıştı, hesaplarıma göre şafağın sökmesine yarım saatten daha az bir süre vardı.

Yoldan ilk gelen kişi tıpkı Frank gibi son derece sessiz hareketlerle ilerliyordu. Ayağı tepenin yanında bulunan çakıl taşlarına çarptığında ufak bir ses çıkıyordu. Sonunda derli toplu gri saçlar görüntüye girdi, bu Bayan Graham'dı. Demek Frank'in söyledikleri doğruydu. Bayan Graham tüvit bir etek ve yünlü bir ceket giymişti, kolunun altında beyaz bir çıkın vardı. Bir hayalet gibi dikilitaşlardan birinin ardına girerek gözden kayboldu.

Ondan sonra ikili üçlü gruplar halinde diğerleri de hızla gelmeye başladı. Yoldan gelen kıkırdamalar ve fısıltılar yapıta yaklaştıkları anda birdenbire kesildi.

Birkaç tanesini tanıyordum. Köyün postane müdiresi Bayan Buchanan yeni kıvrılmış sarı saçları ve buram buram kokan 'Paris'te bir Gece' parfümüyle oradaydı. Kahkahamı güçlükle bastırdım. Demek modern zaman Kelt Papazları böyle oluyordu!

On beş kişilerdi ve hepsi kadındı, aralarında Bayan Graham gibi altmış yaş üzeri olanlar da vardı, iki gün önce dükkânları gezerken gördüğüm bebek arabasını iten kadın gibi yirmilerinde olanlar da. Hepsi rahat yürüyebilecekleri kıyafetler giymişlerdi ve hepsinin kollarının altında birer çıkın vardı. Aralarında çok fazla sohbet etmeden taşların arkasında yok oldular ve bir süre sonra hepsi boş ellerle ve tamamıyla beyazlara bürünmüş şekilde ortaya çıktılar. Onlar çalılıklara sürtünerek yürürken ortalığa yayılan mis gibi çamaşır sabunu kokusunu ve vücutlarına bir omuzlarının üzerinden düğümleyerek sarmış oldukları çarşafları tanıdım.

Halkanın dışında yaşlıdan gence doğru sıralandılar ve sessizlik içinde beklemeye başladılar. Doğudan gelen ışık iyice kuvvetlenmeye başlamıştı.

Güneşin ucu ufuk çizgisinden hafifçe görünmeye başladığı anda kadınlar harekete geçtiler ve iki taşın arasında yavaşça yürümeye başladılar. Liderleri onları dairenin tam ortasına yönlendirdi ve onlara daireler çizdirmeye başladı, hepsi birer kuğu gibi yavaşça dönüyorlardı.

Liderleri birdenbire durup kollarını kaldırdı ve oluşturdukları dairenin tam ortasına geçti. Başını en doğuda duran taşlara çevirip yukarı kaldırdı ve yüksek sesle bir şeyler söyledi. Bağırmıyordu, etrafındakilerin duymasına yetecek kadar bir ses çıkarıyordu aslında. Sis bu sesi büyütüp taşların arasında yankılanmasını sağlıyordu.

Söylediği her neyse dansçılar tarafından tekrarlanıyordu. Onlar artık dansçı olmuşlardı. Kollarını birbirlerine doğru açmışlar, aşağı yukarı sallanıyorlardı, birbirlerine değmiyorlardı ve oluşturdukları çemberi hâlâ koruyorlardı. Birdenbire bu çember ortadan ikiye bölündü. Dansçıların yedisi saat yönünde, diğer yedisi de ters yönde dönmeye başladı. Bu iki yarım daire hızlı hareketlerle birbirinin içinden geçmeye başladı, bu arada zaman zaman daireler oluşturuyorlar zaman zaman da çift çizgi haline geliyorlardı. Liderleri hiç kıpırdamadan ortada durmaya devam ediyordu ve hiç durmadan yas dolu çağrısını yapmaya devam ediyordu. Bu seneler önce unutulmuş bir dildeydi.

Aslında bütün bunlar çok komik ve saçma görünmeliydi, belki de öyleydi. Çarşaflara sarınmış pek çoğu şişman ve hantal olan bir sürü kadın bir tepenin üzerinde daireler çizip duruyordu. Çıkardıkları acı dolu sesler ensemdeki tüylerin ürpermesine yol açmıştı.

Bir bütünmüş gibi durdular, yüzlerini doğmakta olan güneşe çevirmiş iki yarım daire halindeydiler ve aralarında net bir geçit oluşmuştu. Güneş yükseldikçe ışığı doğu kayalarının arasından sızarak bu ayrılmış dairenin tam ortasını bıçak gibi ikiye ayırdı ve yapıtın tam ters tarafında bulunan taşın üzerine düştü.

Dansçılar bir süre daha durdular, gölgeleri ışığın iki yanında donmuştu. Bayan Graham aynı dilde bir şey daha söyledi, bu kez konuşur gibiydi. Döndü ve geriye doğru bu ışığın oluşturduğu yolda yürüdü. Dansçılar tek kelime bile etmeden onu takip ettiler. Birer birer ana taşın içindeki çatlağa doğru ilerleyip gözden kayboldular.

Bu kadınlar normal hallerine dönüp güle oynaya papaz evinde kahve içmek üzere tepeden aşağı yürümeye başlayana kadar çalılıkların arasında çömelerek durmaya devam ettik.

"Sonunda!" Sırtıma ve bacaklarıma giren krampları geçirmek için birkaç gerilme hareketi yaptım. "Çok etkileyiciydi, öyle değil mi?"

"Mükemmeldi!" dedi Frank hayranlıkla. "Bunu kaçırmayı hiç istemezdim." Beni kendime gelmem için orada bırakarak bir yılan gibi çalılıkların arasından süzüldü ve bir tazı gibi ortalığı koklayarak dairenin içinde dolaşmaya başladı.

"Neye bakıyorsun?" diye sordum. Biraz çekinerek dairenin içine girdim. Gerçi gün ağarmıştı ve taşlar hâlâ etkileyiciydi ama gün doğarken ışıkta göründükleri gibi korkutucu değillerdi.

"İşaretler," diye cevap verdi gözlerini çimlere dikmiş bir şekilde yerde emeklerken. "Nereden başlayıp nerede bitireceklerini nasıl biliyorlardı?"

"Bu iyi bir soru. Ben hiçbir şey görmüyorum." Gözlerimi yine de yerde gezdirmeye devam ediyordum. Bu arada yüksek taşların hemen altında yetişmiş olan ilginç bir bitki gördüm. Bu bir miyozot çiçeği olabilir miydi? Hayır, bu pek mümkün değildi. Bunun çiçeklerinin ortasında turuncu çizgiler vardı ve renkleri de koyu maviydi. İlgimi çekmişti, ona doğru ilerledim. Kulakları benden çok daha hassas olan Frank birdenbire ayağa fırladı ve beni kolumdan tutup çekerek sabahki dansçılardan biri diğer yandan dairenin içine girmeden önce oradan çıkardı.

Bu Bayan Grant'ti. Tombulluğuyla yeteri kadar görünür bir kadın olan Bayan Grant bu vücuduyla son derece uyumlu bir şekilde High Sokağı'nda tatlıcı ve pastacıların arasında koşuşturup dururdu. Miyop gözleriyle etrafı inceledi ve el yordamıyla cebinde gözlüklerini aradı. Bulup burnunun üzerine oturttuktan sonra dairenin etrafında şöyle bir dolandı ve sonunda buraya geri dönmesine sebep olan kayıp saç tokasını buldu. Onu kalın, parlak buklelerinin arasına yerleştirdi, işe geri dönmek için bir acelesi yok gibiydi. Tam tersine kayalardan birinin üzerine oturdu, sırtını o dev taşlardan birine dayadı ve tembelce sigarasını yaktı.

Frank yanımda ses çıkarmadan bir nefes koyuverdi. "Pekâlâ," dedi vazgeçmiş bir tavırla, "sanırım gitme zamanımız geldi. Orada etrafını seyrederek bütün sabahını geçirebilir. Zaten ben de herhangi bir işaret bulamadım."

"Belki daha sonra tekrar geliriz," dedim, aklım hâlâ mavi çiçekli sarmaşıktaydı.

"Evet, tamam." Görünüşe bakılırsa artık buraya olan ilgisini kaybetmişti, dikkati yapılan seremoninin detaylarındaydı. Geri dönerken rahatsızlık verecek şekilde beni oradaki kelimeleri ve dansın zamanlamasını hatırlamaya zorladı.

"Norveççe," dedi sonunda tatmin olmuş bir tavırla. "Kelimelerin kökleri eski Norveççeden geliyor, bundan neredeyse eminim. Ama dans..." Düşünceli bir tavırla başını salladı. "Dans çok daha eski, Vikinglerin dairesel formda dansları olmadığından değil," dedi kaşlarını eleştirir bir şekilde yukarı doğru kaldırarak, sanki ben Vikinglerin böyle bir dansı olmadığını söylemiştim. "Ama kayarak o çift hattı oluşturdukları an, o... İşte o... Evet, bir kısmı Beherlerin halk dansına diğerinden daha çok benziyor ama yine de..."

Yine o bilgince translarından birine girdi, kendi kendine bir şeyler geveleyip duruyordu. Tepenin yanında bulunan bir engele beklenmedik bir şekilde takılıp tökezleyince mecburen bu halinden kurtuldu. Toprak ayaklarının altından kayarken korkuyla çığlık atarak kollarını iki yana açtı ama bu yoldan aşağı doğru birkaç metre yuvarlanmasına engel olmadı. Bu yuvarlanış yabani maydanozların arasında son buldu.

Onun peşi sıra aşağı koştum, yanına vardığımda o çoktan salınmakta olan maydanozların ortasında oturur pozisyona geçmişti.

İyi olduğunu gördüğüm halde "iyi misin?" diye sormaktan kendimi alıkoyamadım.

"Sanırım." Sersemlemiş bir şekilde ellerini başının üzerinde gezdirdikten sonra saçlarını düzeltti. "Neye takıldım?"

"İşte buna." Elimde daha önce burayı ziyaret etmiş olan biri tarafından atılmış bir sardalye kutusunu tutuyordum. "Medeniyetin vahşiliklerinden biri..."

"Ah." Onu elimden alıp içine baktıktan sonra omzunun üstünden arkasına fırlattı. "Boş olduğuna üzüldüm. Bu gezi beni acıktırdı. Bayan Baird'in bize yemek olarak neler verebileceğine bakalım mı?"

"Olabilir," dedim, bu arada onun dağınık kalan son saç tellerini düzeltiyordum. "Ayrıca bunu erken bir öğle yemeği haline de getirebiliriz." Gözlerim onunkilerle buluştu.

"Ah," dedi tekrar ama bu kez tonlaması çok farklıydı. Eli yavaşça kolumu okşayarak yukarı boynuma doğru çıktı, başparmağıyla kulak mememle oynamaya başladı. "Bunu da yapabiliriz."

"Eğer çok aç değilsen," dedim. Diğer eli sırtıma uzandı, avcu açıldı ve beni kendine doğru çekti, parmakları aşağılara doğru iniyordu. Dudakları hafifçe aralandı, elbisemin yakasından içeri doğru belli belirsiz üfledi, sıcak nefesi göğüs uçlarımın gıdıklanmasına sebep oldu.

Dikkatle beni otların üzerine yatırdı, yabani maydanozların tüylü çiçekleri başının etrafında uçuşuyordu. Öne eğildi ve beni hafifçe öptü, elbisemin düğmelerini bir bir açarken beni öpmeyi sürdürdü. Arada bir durup ellerini içeri sokarak göğüs uçlarımla oynuyordu. Sonunda elbisenin tüm düğmeleri belime kadar açılmıştı.

"Ah," dedi bir kez daha. "Kadife gibi..." Sesi boğuk çıkıyordu, saçları yine öne düşmüştü bu kez onları düzeltmek için bir çaba göstermedi. Parmağının ufak bir darbesiyle sutyenimin kopçasını açıverdi ve göğüslerime hak ettikleri saygıyı gösterebilmek için onların üzerine eğildi. Sonra geri çekilerek elleriyle onları avuçladı, avuçlarını yavaşça onların üzerinde gezdirerek iyice büyümüş olan uçlarına tüy hafifliğiyle dokundu ve ben inleyerek ona dönene kadar bu hareketleri yapmaya devam etti. Ona döndüğüm anda dudaklarıma gömüldü ve beni iyice kendine doğru bastırdı, artık kalçalarımız mükemmel bir uyum içerisindeydi. Başını iyice benimkine yaklaştırdı ve kulak mememi hafifçe ısırmaya başladı. Sırtımı okşayan eli aşağılara indi ve bir anda şaşkınlıkla durdu. Yeniden denedi ve aynı şeyi hissedince başını kaldırdı ve pis pis sırıtarak bana baktı.

"Bu ne anlama geliyor şimdi?" diye sordu, bu arada köy polislerinin taklidini yapmayı ihmal etmemişti. "Ya da başka bir deyişle bunun olmayışının anlamı ne?"

"Bu sadece bir hazırlık," dedim ciddi bir tavırla. "Hemşireler tüm olasılıklara karşı hazırlıklı olacak şekilde yetiştirilirler."

"Claire, sen," diye fısıldıyordu elini yeniden eteğimin altında kalçalarımda gezdirip bacaklarımın arasındaki o korunmasız sıcaklığa ulaşırken, "sen gerçekten gördüğüm en korkutucu pratiklikte olan kişisin."

Akşam salondaki koltukta kucağımda kocaman bir kitapla otururken Frank arkamdan yaklaştı.

"Ne yapıyorsun?" diye sordu. Elleri omuzlarımda geziniyordu.

"O bitkiyi arıyorum," diye cevap verdim, kaldığım yeri unutmamak için parmağımı kitabın arasına sıkıştırırken. "Taş yapıtın orada gördüğüm bitkiye. Bak..." Kitabı yeniden açtım. "Çan çiçeğigillerden ya da kızılkantarongillerden olabilir, alev çiçeğigillere ve hadangillere de benziyor - aslında en çok unutma beni çiçeğine benziyor onun varyasyonlarından biri de olabilir, yani düğün çiçeğigillerden de olabilir. Ona rüzgâr çiçeğinin renkli bir çizimini gösterdim. "Tam anlamıyla kantarongillere ait olduğunu düşünmüyorum, taç yaprakları o kadar yuvarlak değildi ama..."

"Neden oraya gidip onu almıyorsun?" diye bir teklif sundu. "Belki Bay Crook sana o gürültülü külüstürünü ödünç verir ya da, ah evet buldum, çok daha iyi bir fikrim var. Bayan Baird'in arabasını al, o çok daha güvenli. Sonrasında yoldan tepeye yürünecek çok az bir mesafe kalır."

"Tam olarak bir kilometrelik bir tırmanış," dedim. "Neden bu bitkiyle böylesine ilgilendin?" diye konuyu onun üzerine çeviriverdim. Salonun lambası başının üzerinde ortaçağ azizlerininki gibi bir hale oluşturmuştu.

"İşin aslında bitkiyle pek ilgilenmiyorum. Eğer oraya gidersen benim için etrafa şöyle bir bakınmanı istiyorum."

"Tamam," dedim bir lütuf bahşedermişçesine. "Neye bakacağım?"

"Ateş kalıntılarına," dedi. "Beltane hakkında okuduğum tüm kitaplarda bütün ayinlerde ateşten bahsedilir ama bu sabah gördüğümüz kadınlar onu hiç kullanmadılar. Bu ateşi bir gece önce yakmış olduklarından ve ertesi sabah gelip danslarını yaptıklarından şüpheleniyorum. Tarihe bakarsak bunu hazırlayanın çobanlar olması gerekirdi. Dairenin içinde herhangi bir yakılmış ateş izi yoktu," diye ilave etti. "Ben halkanın dışını kontrol edemeden oradan ayrılmamız gerekti."

"Tamam," dedim tekrar ve esnedim. İki günde peş peşe iki erken kalkışın sonucuydu bu. Kitabı kapatıp ayağa kalktım. "Yarın sabah dokuzdan önce kalkmayı reddediyorum."

Taş yapıtın oraya vardığımda saat on bire geliyordu. Yağmur çiseliyordu ve sırılsıklam olmuştum, yanıma yağmurluk almayı akıl edememiştim. Halkanın dışını üstünkörü araştırdım, eğer orada ateş yakılmışsa biri izleri temizlemek için epey uğraşmıştı.

Bitkiyi bulmam çok daha kolay olmuştu. Tam hatırladığım gibi en uzun taşın dibinde duruyordu. Sarmaşıktan birkaç parça kestim ve şimdilik olmak kaydıyla mendilimin arasına koydum. Bayan Baird'in ufak arabasına geri döner dönmez onları düzgün bir yere yerleştirecektim. Ağır bitki baskılarımı arabada bırakmıştım.

En uzun taşın üzerinde bir yarık vardı, taş dikey bir şekilde kocaman iki parçaya ayrılmıştı. Garip bir şekilde bu parçalar bilinçli olarak birbirinden ayrılmış gibiydi. Bakar bakmaz iki yüzeyin birbirine çok uyumlu olduğunu görebilirdiniz, birbirlerinden yetmiş beş seksen santim kadar ayrı duruyorlardı.

Çok yakınlarda bir yerlerden vızıldamaya benzeyen bir dip gürültüsü geliyordu. Kayalardan birine arıların kovan yapmış olduğunu düşündüm ve yarıktan içeri girmek üzere taşa dokundum.

Taş çığlık attı.

Son hızla oradan uzaklaştım, kısa çimlere takıldım ve sert bir şekilde yere oturdum.

Bugüne kadar canlı hiçbir şeyin böyle bir ses çıkardığını duymamıştım. Bu anlatılabilir bir şey değildi, ancak bir taştan böyle bir ses çıkabilirdi, yapılabilecek tek tanım buydu. Dehşet vericiydi.

Diğer taşlar da bağırmaya başladılar. Ortalık savaş alanına dönmüştü, ölen adamların çığlıkları ve devrilen atların kişnemeleri her yanı sarmıştı.

Bundan kurtulmak için kafamı delice sallamaya başladım ama sesler devam etti. Ayağa kalkıp sendeleyerek halkanın dışına doğru yürümeye çalıştım. Sesler kesilmiyordu, dişlerim ağrımaya, başım dönmeye başlamıştı. Gözlerim karardı.

O an taşın üzerindeki yarığa neden gittiğimi bilmiyordum, bu belki de bir kazaydı, o gürültünün içinde karanlığın içine çekiliyordum.

Bir kez bir gece yolculuğunda yolcu koltuğunda uyuyakalmıştım, gürültü ve sürekli hareket beni uyuşturmuştu. Arabanın şoförü köprüye çok hızlı girmiş ve kontrolü kaybetmişti, ben sürükleyici rüyamdan bir anda parlayan ışıklar içinde ve süratten dolayı yere düşmüş olmanın verdiği kötü kusma hissiyle uyanmıştım. Şu an yaşadığım şey de ona çok benziyordu ama sanki bu çok daha acılı ve kısaydı.

Tüm görüş alanım siyah bir noktaya dönüşmüştü, sonra her şey yok oldu. Karanlığa düşmemiştim tam tersine çok parlak bir boşluktaydım. Dönerek bir şeyin içine doğru çekildiğimi hissediyordum. Bütün bunlar gerçekti ama hiçbiri tam olarak yaşadığım parçalanma ve orada olmayan bir şey tarafından yerden yere vuruluyor olma hissimi açıklamaya yetmiyordu.

İşin aslında hareket eden, değişen ya da olmuş gibi gördüğüm şeylerin hiçbiri olmuyordu ama ben doğanın terörünü sonuna kadar hissediyordum, kim olduğumu ve nerede ne yaptığımı unutmuştum. Bir keşmekeşin ortasındaydım, ne akıl ne de fiziksel gücüm bundan kurtulmama yardımcı olamazdı.

Tam olarak bilincimi kaybettiğimi söyleyemem ama bir süreliğine kendimde olmadığımı söyleyebilirim. Eğer doğru kelime buysa tepenin dibinde bir taşın üzerine düştüğümde 'uyandım'. Kalan birkaç adımlık yeri de çimlerde kayarak ilerledim.

Kendimi çok kötü hissediyordum. Meşe fidanlarının olduğu yere doğru emekleyip onlardan birine dayanıp kendimi toplamaya çalıştım. Yakınlardan karmaşık sesler geliyordu, bunlar bana taş halkanın içindeyken duyduğum sesleri ve oradayken hissettiklerimi hatırlattı. Yavaş yavaş o insanlık dışı vahşet azalmaya başladı; artık birbiriyle tartışan normal insan sesleri duymaya başlamıştım, o tarafa döndüm.

3

Ormandaki Adam

Onları gördüğümde adamlar biraz ötemde duruyorlardı. İki ya da üç kişilerdi, üzerlerinde İskoç etekleri vardı, ağaçların olmadığı küçük bir alanda şeytanlar gibi koşuşturup duruyorlardı. Biraz daha uzaktan silah patlaması olarak tanımlayabileceğim bir gürültü geldi.

Bu silah seslerinin ardından ortaya çıkan ellerindeki misket tüfeklerini sallamakta olan kırmızı ceketli ve dar pantolonlu adamları görünce halüsinasyon gördüğümden iyice emin oldum. Gözlerimi kırpıştırdıktan sonra tekrar aynı yere baktım. Elimi tam yüzümün hizasına getirip iki parmağımı yukarı kaldırdım ve ardından parmaklarıma baktım. Evet, iki parmak görüyordum, ikisi de yerli yerindeydi. Görüşümde bir bozukluk yoktu. Dikkatle havayı kokladım. Ağaçların bahardaki olağan kekremsi kokusunu ve hemen yanımda bulunan yoncaların bayıltıcı kokusunu içime çektim. Koklama duyumda da bir bozukluk yoktu.

Başıma dokundum. Ağrı ya da acı yoktu. Beyin sarsıntısı geçirmiş olma ihtimalim de yoktu. Nabzım biraz hızlı ama düzgündü.

Uzaktan gelen sesler bir anda şekil değiştirdi. Şimdi ortalığa bir toynak gürültüsü hâkim olmuştu. Üzerinde İskoç etekli İskoçların bulunduğu atların birkaç tanesi de tam benim bulunduğum yere doğru geliyordu, İskoçça bir şarkı söylüyorlardı. Ruhi dengemin yerinde olup olmadığından pek emin değildim ama fiziksel olarak yaralanmamış olduğumu ispatlayan bir çeviklikle yana kaçtım.

Kaçmakta olan İskoçların biri tarafından yere düşürülen kırmızı ceketlilerden biri doğrulup teatral bir tavırla atların arkasından yumruğunu sallayınca olanları anladım. Elbette, bunu nasıl düşünememiştim. Bu bir filmdi! Kendimle dalga geçercesine başımı sallamaya başladım. Bir tür tarihi filmdi bu. 'Süslü Prens Charlie Fundalıklarda' gibi bir konusu olmalıydı.

Sanatsal değeri ne olursa olsun film ekibinin çekimlerini bozduğum için bana bir teşekkür notu yazmayacağından emindim. Eğilerek ağaçların arasına kaçtım, geniş bir çember çizerek arabayı bıraktığım yere dönecektim. Bu dönüş tahmin ettiğimden daha zor oluyordu. Genç bir ormanla karşı karşıyaydım, yoğun çalılıklar ve budaklar giysilerime takılıp duruyordu. Bu genç fidanların ve ince dallarının arasından geçerken çok dikkatli olmalıydım, eteğim hem onlara hem de böğürtlen çalılıklarına takılıyordu.

O bir yılan mıydı? Neredeyse üstüne basacaktım. Fidanların arasından büyük bir sessizlik içinde doğruldu, onlardan bir farkı yok gibiydi ve bu nedenle elini uzatıp kolumu yakalamadan önce onu görememiştim.

Beni meşelerin arasına çekerken arkadaşı da ağzımı kapatmıştı, panik içinde kıvranıyordum. Beni alıkoyanın kim olduğunu bilmiyordum ama boyu benden çok da uzun değildi, kollarının gücü ise takdir edilmeye değerdi. Hafif bir çiçek kokusu alıyordum, lavantaya benziyordu ve biraz da baharatlı bir koku vardı, bu onun teriyle parfümünün karışımından ortaya çıkan bir kokuydu. Geçtiğimiz yoldaki yapraklar oradan oraya savrulurken beni belimden yakalamış olan kol ve el bana oldukça tanıdık geldi.

Başımı şiddetle sallayarak ağzımı kapatan elden kurtuldum.

"Frank!" diye patladım. "Tanrı aşkına nasıl bir oyun oynuyorsun?" Onun burada olmasından duyduğum huzurla, yapmış olduğu eşek şakasının huzursuzluğu arasında kalmıştım. Taşların arasındayken yaşamış olduğum tatsız tecrübeden sonra bu tür kaba oyunlara katılacak halim yoktu.

Eller beni serbest bıraktı, ona hâlâ arkam dönük olduğu halde bir yerlerde bir yanlışlık olduğunu anladım. Yabancı olan tek şey parfümü değildi, hemen algılanmasa da bir farklılık daha vardı. Öylece durdum ve dikkatimi ensemi gıdıklamakta olan saçlara verdim.

"Sen Frank değilsin," diye fısıldadım.

"Hayır, değilim," dedi büyük bir ilgiyle beni incelerken. "Gerçi o isimde bir kuzenim var. Sanırım beni onunla karıştırdınız bayan. Birbirimize pek de benzemeyiz."

Bu adamın kuzeni neye benziyordu acaba? Adam Frank'in ağabeyi olabilecek kadar ona benziyordu. Aynı esneklik, düzgün kemikler, aynı keskin yüz hatları, aynı kaş yapısı, kocaman ela gözler ve alından arkaya doğru taranmış aynı siyah saçlar.

Bu adamın saçı uzundu ve onu deri bir kayışla geriye toplamıştı. Teni çingenelerin cildi gibi koyulaşmıştı. Bu aylarca, hayır, yıllarca havanın etkilerine maruz kalmış olma sonucunda oluşabilirdi, Frank'in İskoçya tatilimiz sırasında elde ettiği altın rengi teniyle alakası yoktu.

"Peki, sen kimsin?" diye inatla sordum. Kendimi giderek daha da huzursuz hissetmeye başlamıştım. Frank'in pek çok akrabası ve bağlantısı vardı, bunların İngiltere'de olanlarının hepsini tanıdığımı düşünüyordum. Onların arasında bu adama benzeyen birinin olmadığı kesindi. Frank İskoçya'da yaşayan bir akrabasının varlığından haberdar olsa, bunu bana mutlaka söylerdi. Söylemekle kalmaz onu ziyarete gitmemiz konusunda da ısrarcı olurdu, her an yanında aile bağları ile ilgili tabloları ve onlarla ilgili defterlerini yanında taşıyan Frank onunla buluşup aile geçmişi ve meşhur Kara Jack Randall'la ilgili konuşmalar yapmayı muhakkak isterdi.

Yabancı, bu sorum karşısında kaşlarını kaldırdı.

"Ben kim miyim? Aynı soruyu benim size sormam gerekir bayan, hem bu çok daha makul olur." Gözleriyle beni baştan aşağı süzdü, silme şakayık desenli ince pamuklu elbisemi ve daha sonra da bacaklarımı uzun, garip ve saygısızca bir beğeniyle inceledi. Bu bakışların sebebini tam olarak kavrayamamıştım ama sinirim bozulmuştu. Bir iki adım geriledim, bu gerileme bir ağaca toslayınca son buldu.

Adam sonunda beni süzmeyi bıraktı ve başını diğer yana

çevirdi. Sanki zorba bir el beni bırakmış gibi hissettim ve bir anda ne zamandır tutmakta olduğumu fark etmediğim nefesimi salıverdim.

Dönüp meşe fidanlarından birinin üzerine atmış olduğu ceketini aldı. Üzerindeki yaprakları temizledikten sonra giydi.

Nefesim garipleşmiş olmalıydı, yine bana döndü. Ceketi kırmızıydı, arkası uzundu ve yakasında klapaları yoktu, önünde yukarıdan aşağıya doğru bir sürü kopça vardı. Kollarının kenarına on iki santimlik meşin kaplanmıştı, omuzlarındaki apoletlerde küçük bir altın sırma parlıyordu. Bu bir asker ceketiydi, hatta bir subay ceketi. Bir anda onun da ağaçlığın diğer tarafında bulunan çekim ekibindeki aktörlerden biri olduğunu anladım. Kısa kılıcı, bu güne kadar gördüğüm aksesuarların içinde gerçeğe en yakın olanıydı.

Arkamdaki ağaca iyice yaslanarak sağlamlığını kontrol ettim. Kollarımı da göğsümün üzerinde kavuşturdum.

"Kahrolası, gerçekten kim olduğunu söyle!" diye üsteledim. Bu soruyu sorarken sesim iyice çatallanmıştı, çıkardığım bu ses benim kulaklarımı bile rahatsız etti.

Beni duymamış gibi davranıyordu, sorumu da ciddiye almamıştı. Sakin bir şekilde ceketinin kopçalarını ilikliyordu. İşini bitirdikten sonra dikkatini tekrar bana yöneltti.

Elini kalbinin üzerine koyarak önümde alaycı bir tavırla eğildi.

"Bayan, ben Kral'ın ordularının Sekizinci Alayının Komutanı Jonathan Randall. Emrinizdeyim."

İleri fırladım ve koşmaya başladım. Meşelerin ve akçaağaçların arasında koşuyordum, göğsüm sıkışıyordu ve zor nefes alıyordum. Yoluma çıkan çalılıklar, ısırgan otları, taşlar ve devrilmiş kütüklerin beni engellemesi mümkün değildi. Arkamda bir çığlık duydum, aslında o kadar paniklemiştim ki bu çığlığın nereden geldiğini tam olarak algılamam mümkün değildi.

Bir şekilde kaçmaya devam ediyordum, ağaç dalları yüzümü ve bacaklarımı çiziyordu, ayak bileklerim deliklere ve taşlara denk geldikçe dönüp duruyordu. Mantıklı bir şekilde düşünebilecek durumda değildim, şu anki tek derdim ondan mümkün olduğu kadar uzaklaşabilmekti.

Bir anda sırtıma bir yük bindi ve büyük bir gürültüyle boylu boyunca yere serildim. Kaba eller beni sırtüstü çevirdi ve Komutan Jonathan Randall üzerimde, dizlerinin üstünde doğruldu. Nefes nefeseydi ve bu kovalamaca sırasında kısa kılıcını kaybetmişti. Darmadağın, pis ve oldukça kızgın görünüyordu.

"Bu şekilde kaçarak ne elde edeceğini sandığını sorabilir miyim?" Koyu kahverengi saçlarının bir bölümü kıvrılarak alnının üzerine düşmüştü, artık tedirgin edici bir şekilde Frank'e benziyordu.

Bana doğru eğildi ve beni kollarımdan yakaladı. Nefesi hâlâ düzelmemişti, kurtulabilmek için debelendim, bu çabam onu kendi üzerime çekmekten başka bir işe yaramadı.

Dengesini kaybetti ve boylu boyunca üzerime devrildi, beni bir kez daha yerle bir etmişti. Şaşırtıcı bir şekilde bu durum onun kızgınlığının yok olmasına sebep oldu.

"Bunu sevdin demek?" dedi kıkırdayarak. "Ben de seni mutlu etmeyi çok isterim güzel şey ama bunun için zamanlaman oldukça yanlış." Ağırlığı kalçalarımın iyice toprağa gömülmesine sebep oluyordu, ufak bir taş sırtıma batıyor ve çok canımı acıtıyordu. Batmasını engelleyebilmek için bir kez daha kıvrandım. Bu onun kalçalarını kalçalarıma daha sert bastırmasına ve elleriyle de omuzlarımı yere sabitlemesine neden oldu. Ağzımı öfkeyle açtım.

"Sen ne halt..." diye başladım ama o üzerime eğildi ve bu itirazımı bitirmeme izin vermeyerek öpmeye başladı. Dili büyük bir teklifsizlikle dudaklarımı zorlayıp içeri girmeyi başarmıştı, geri çekip yeniden ağzımın içinde dolaştırıyordu, dilediği her şeyi yapıyordu. Sonra tıpkı başladığı gibi aniden durdu ve geri çekildi.

Yanağımı okşadı. "Bu oldukça iyiydi güzelim. Belki daha sonra uygun bir zamanda seninle gerektiği gibi ilgilenirim."

Bu kez nefes almayı unutmadım ve onu kullandım. Direk olarak kulağının içine doğru bir çığlık attım, kulağına kızgın bir demir sokmuşum gibi yerinden sıçradı. Dizimi kaldırabilecek duruma gelmiştim, bu avantajımı kullandım ve bütün gücümle onun en hassas bölgesine vurdum. Kıvranarak arkasında duran yaprak yığınının içine devrildi.

Zor da olsa hızla ayağa kalktım. Seri bir hareketle döndü ve yanıma geldi. Bir kaçış yolu bulabilmek için dehşet içinde etrafı araştırıyordum ama İskoç Dağları'nın ortasındaki sarp granit kayalıklardan birinde sıkışıp kalmıştık. Beni kayanın içe doğru kıvrılıp kutuya benzer bir alan oluşturduğu bölümde yeniden yakaladı. Çıkışı kapatacak şekilde kollarını kayalıklara dayayarak durdu, yakışıklı, yanık yüzünde merak ve kızgınlıkla karışık bir ifade vardı.

"Yanında kim vardı?" diye üsteledi. "Frank dediğin kişi kim? Benim o isimde bir adamım yok. Bu yakınlarda yaşayan bir adam mı bu?" Alay eder gibi güldü. "Üzerinde gübre kokusu yok, yani çiftçi köylülerden biriyle değilsin. Zaten onların karşılayabileceğinden daha pahalı bir görüntün var."

Yumruklarımı sıkarak çenemi havaya diktim. Bu soytarının aklından ne geçiyordu, ben bunların bir tanesini bile aklımdan geçirmiyordum.

"Neden bahsettiğin hakkında en ufak bir fikrim bile yok ve buradan gidebilmem için önümden ne kadar çabuk çekilirsen o kadar mutlu olurum!" Tam bir koğuş hemşiresi edasıyla konuşmaya başlamıştım. Bu tonlamamın, söz dinlemeyen inatçı hastaların ve stajyer doktorların üzerinde etkisi olurdu ama Komutan Randall'ı eğlendirmekten başka bir etkisi olmamıştı. Korku duygumu ve göğüs kafesimin içinde başlayan çarpıntıyı bastırmaya kararlıydım, korkak bir tavuk gibi davranmayacaktım.

Yavaşça başını salladı, hâlâ beni inceliyordu.

"Henüz değil güzel şey, kendi kendime sorup duruyorum," dedi sohbet eder gibi, "senin gibi işini açık alanda halleden bir fahişe neden ayakkabı giyer? Hem de oldukça kaliteli bir ayakkabı." Gözleriyle kahverengi mokasen ayakkabılarımı işaret ediyordu.

"Bir ne!" diye bağırdım.

Bana hiç ilgi göstermedi. Bakışlarını yüzüme çevirmişti, hızla bir adımla iyice yaklaşıp eliyle çenemi tuttu. Ben de onun bileğini yakalayıp çektim.

"Bırak beni!" Parmakları çelik gibiydi. Ondan kurtulmak için harcadığım tüm çaba boşa gitti. Yüzümü oradan oraya çeyirip duruyordu, sonunda bir yerde akşamüstü güneşinin zayıf ışığının ona vurmasını başardı.

"Tam bir hanımefendinin cildi olduğuna yemin edebilirim," diye mırıldandı kendi kendine. Öne eğildi ve kokladı. "Ve saçında Fransız kokusu var." Yüzümü bıraktı, kızgınlıkla çenemi ovaladım, onun dokunuşunun izlerini yok etmeye uğraşıyordum. "Gerisi devamlı müşterinden elde ettiğin gelirle halledilebilir şeyler." Düşüncelere dalmıştı. "Gerçi konuşman da bir hanımefendininki gibi."

"Çok teşekkür ederim!" diyerek bir anda çıkıştım. "Yolumdan çekil, kocam beni bekliyor ve on dakika içerisinde geri dönmezsem beni aramaya gelecektir."

"Ah, demek kocan var?" Yüzündeki alay dolu hayranlık ifadesi hafifçe silinir gibi oldu ama tamamıyla yok olmadı. "Pekâlâ, kocanın adını lütfeder misin bana? O nerede ve karısının bu ıssız ormanda yarı çıplak halde dolaşmasına neden izin veriyor?"

Bütün akşamüzeri boyunca bu olanları anlamlı bir yerlere oturtabilmek için kafamı deliler gibi çalıştırıp durmuştum. Mantığım bana şu ana kadar ne kadar aptalca varsayımlarda bulunduğumu ve tıpkı bu adama benzeyen Frank'in adını ona vermemin başıma daha fazla iş açacağını söylüyordu. Bu sebeple ona cevap vermeye tenezzül etmedim ve oradan çıkabilmek için onu ittim. O kaslı koluyla yolu kapadı ve diğer eliyle beni tuttu.

Yukarıdan bir yerden ani bir vızıldama duydum, bunu hızla görüşümde bir kararma ve aptal bir gürültü takip etti. Komutan Randall üzerine düşen ağırlığın etkisiyle ekose kumaştan yapılmış bir bohça gibi ayaklarımın dibine serilmişti. Bu kütleden, kahverengi kayaya benzer bir yumruk kalktı ve hatırı sayılır bir hızla yeniden aşağı indi, çıkan sesten kemikli bir çıkıntıya denk geldiği anlaşılıyordu. Komutanın saldırıya karşı koymaya çalışan parlak kahverengi çizmeli bacakları bir anda durup iki yana düştü.

Kendimi pırıl pırıl parlayan bir çift siyah göze bakarken buldum. Biraz önce Komutan Randall'ın dikkatini darmadağın eden o güçlü el şu an bir salyangoz gibi benim koluma yapışmıştı.

"Sen de kimsin?" dedim şaşkınlıkla. Eğer ona bir isim vermem gerekiyorsa, 'kurtarıcım' benden biraz daha kısa boylu ve oldukça ince yapılıydı. Parçalanmış gömleğinden görünen çıplak kolları ise oldukça adaleliydi, vücudu her şeye dayanıklı bir malzemeden yapılmış gibi görünüyordu. Güzel de değildi, yüzü çopurdu, kaşları düşük, çenesi de dardı.

"Buradan." Beni kolumdan çekmeye başladı, son olayların etkisiyle aptallaşmıştım ve uysal bir tavırla onu takip etmeye başladım.

Yeni yol arkadaşım akçaağaçların arasından hızla ilerledi, kocaman bir kayanın yanından seri bir şekilde döndü ve bizi bir yola çıkardı. Azman karaçalılar ve süpürgeotları arasında zikzaklar çizerek ilerliyorduk, uzaktan görülmemiz pek mümkün değildi. Bütün bu koşullar altında o yolu şaşırmadan hızla tepeye doğru liderliğini sürdürüyordu. Tepenin diğer tarafından aşağı inmeye başladığımızda nefesimi toparlamayı başardım ve nereye gittiğimizi sormayı akıl ettim. Ondan hiçbir cevap gelmeyince yüksek sesle sorumu tekrarladım. "Nereye gidiyoruz?"

Yüzünü ekşitti, bana sarıldı ve beni yolun kenarına itti, buna hayli şaşırmıştım. İtiraz etmek üzere ağzımı açacağım sırada eliyle ağzımı kapattı ve beni yere devirip üzerime çıktı.

Yine mi! Kendimi bu durumdan kurtarabilmek için çaresizlik içinde oradan oraya debelenirken onun duyduğu şeyi ben de duydum ve bir anda durdum. Arkadan ve önden bir takım sesler geliyordu, bu seslere nal sesleri ve sıçrayan su sesleri de eklenmişti. Bu duyduğum sesler kesinlikle İngilizlerin sesiydi. Ağzımı kurtarabilmek için yine delice savaşmaya başladım. Dişlerimi eline geçiriverdim, kafatasıma bir darbe alıp ortalık karanlığa bürünmeden önce onun elleriyle salamura ringa balığı yemiş olduğunu anlayacak kadar bir zamana sahiptim.

Gecenin yoğun sisinin arasında karşımda birdenbire taş bir kulübe belirdi. Kepenkleri sımsıkı kapalıydı, dışarı hiç ışık sızmıyordu. Ne kadar baygın kaldığım, Inverness ve Craigh na Dun tepesinden ne kadar uzakta olduğum konularında hiçbir fikrim yoktu. Kurtarıcım ve ben bir atın üzerindeydik. Beni önüne yerleştirmişti, ellerim eğere bağlanmıştı. Hâlâ doğru düzgün bir yol yoktu ve oldukça yavaş ilerliyorduk.

Çok uzun bir zaman geçmemiş olduğunu düşündüm. Patlamadan ileri gelen bir beyin sarsıntısı ya da buna benzer bir belirti göstermiyordum, sadece başımın arkasında bir ağrı vardı. Kurtarıcım pek konuşkan biri değildi ona sorduğum bütün sorulara İskoççada her anlama çekilebilecek olan sinir bozucu bir uğultuyla cevap veriyordu. Bu sesi duyduktan sonra onun nereli olduğuna dair bütün şüphelerim ortadan kalkmıştı.

At, karaçalıların ve taşların arasında ağır aksak giderken gözlerim karanlığa iyice alışmıştı, bu yarı karanlıktan sonra içerinin ışığı bir anda gözlerimi aldı. Gözlerimdeki kamaşma hafifleyince bu ışığın aslında küçük bir odada yanmakta olan ateş, birkaç mum ve oldukça büyük bir tehlike arz ettiğini düşündüğüm eski moda bir gaz lambasından geldiğini kavradım.

"O yanında getirdiğin şey de ne Murtagh?"

Ben daha gözlerimi kırpıştırmakla meşgulken sansar suratlı adam beni kolumdan yakaladı ve ateşin önüne götürdü.

"Konuşmasından anladığım kadarıyla İngiliz bir fahişe Dougal." Odada birkaç adam daha vardı ve hepsi gözünü bana dikmişti. Bir kısmı merakla, bir kısmı da arzu dolu gözlerle bakıyordu. Akşamüstü olan biten onca şeyden sonra elbisem yer yer yırtılmıştı. Aceleyle bir hasar kontrolü yaptım. Başımı aşağı çevirdiğim anda sökülmüş olan yerden göğüslerimin kıvrımlarının ortaya çıkmış olduğunu gördüm, adamların da bunu görebildiğinden emindim. Bir an sökülmüş iki parçayı ellerimle bir araya getirmeyi düşündüm ama bu dikkati o bölgeye daha çok çekmekten başka bir işe yaramayacaktı. Bundan vazgeçtim ve büyük bir cesaretle ben de gözlerimi onlara diktim, ya onlar ya da ben er geç bunu yapmaktan sıkılacaktık.

"Güzel bir parça bulmuşsun, İngiliz mi?" dedi ateşin yanında oturan şişman, iğrenç görünüşlü adam. Elinde kocaman bir ekmek parçası vardı, yerinden kalkıp bana doğru gelirken bile onu bırakmadı. Elinin tersiyle çenemi havaya kaldırdı ve saçlarımı yüzümden çekti. Elbisemin yakasından içeri ekmek kırıntıları döküldü. Diğer adamlar da etrafımıza toplandılar, her yer sakal bıyık ve kareli kumaşla kaplanmış, ter ve alkol kokusu birbirine karışmıştı. Biraz daha dikkatle bakınca hepsinin İskoç eteği giymiş olduğunu fark ettim, yörenin bu tarafı için garipti. Bir aşiret toplantısının ya da eski günleri anma gecesinin içine düşmüş olabilir miydim?

"Buraya gel, kadın." Pencerenin yanındaki masada oturmakta olan siyah sakallı, kocaman adam beni yanına çağırdı. Emir veriş şeklinden onun bu odadaki lider olduğunu anladım. Murtagh beni çekerek adama götürürken diğerleri isteksizce geri çekildiler, beni tutsak alan kişi olarak onun haklarına da saygı gösteriyorlardı.

Bu esmer adam beni incelemeye başladı, yüzünde hiçbir ifade yoktu. Yakışıklı olduğunu düşündüm ama hiç de dost gibi görünmüyordu. Kaşlarının arasında çizgiler vardı. Normal şartlarda insanın karşılaşmak isteyeceği tiplerden değildi.

"Adın ne kadın?" Sesi onun boyutlarındaki bir adama göre oldukça naifti. Hiç de ondan beklediğim gibi göğüsten gelen kalın bir ses tonu yoktu.

"Claire... Claire Beauchamp." İçgüdüsel bir tavırla kızlık soyadımı söyleyivermiştim. Eğer dertleri fidye istemek gibi bir şeyse kızlık soyadımı söyleyerek onların Frank'e ulaşmalarını engelleyeceğimi düşünmüştüm. Bu kaba saba adamların ben onların kim olduklarını öğrenmeden önce benim kim olduğumu öğrenmelerini de istememiştim. "Ve siz kim olduğunuzu sanı..." Esmer adam beni duymazdan geldi, bu işten çok yorulmuştum.

"Beauchamp mı?" Kalın kaşlarını havaya kaldırdı, diğerleri de şaşırmıştı. "Bu bir Fransız ismi, öyle değil mi?" Adımı çok düzgün bir şekilde telaffuz etmişti, İngilizlerin çoğunun yaptığı gibi "Beecham" dememişti.

"Evet, doğru," diye cevapladım onu, ben de şaşırmıştım.

"Bu kadını nereden buldun?" diye sordu Dougal, deri mataradan bir şeyler içmekte olan Murtagh'ın etrafında dolanıp duruyordu.

Yanık tenli küçük adam omuz silkti. "Craigh na Dun'un eteklerinde. Ona rastladığımda bir subayla tartışıyordu." Kaşlarını kaldırarak konuşmasına devam etti. "Kadının bir fahişe olup olmadığı konusunda tartışıyorlardı."

Dougal bana bir kez daha alıcı gözüyle baktı, gözlerini desenli pamuklu elbisem ve yürüyüş ayakkabılarımın üzerinde gezdirdi.

"Anladım. Peki, hanımefendinin bu tartışma sırasındaki pozisyonu neydi?" diye konuşmaya devam etti. Bu arada 'hanımefendi' sözcüğünü oldukça alaylı bir tavırla söylemişti, bu durum şu an umurumda bile değildi. Arkadaşlarının telaffuzu Murtagh'dan çok daha düzgündü

Murtagh çok eğleniyor gibiydi. Dudağının bir kenarını yukarı doğru kıvırarak, "O fahişe olmadığını söylüyordu. Komutan ikilemdeydi. Bu konuda bir test yapmak üzereydi," dedi.

"Bunu biz de yapabiliriz." Şişman, siyah sakallı adam sırıtarak bana doğru ilerlemeye başladı, bir yandan da kemeriyle oynuyordu. Telaşla ondan uzaklaşmaya başladım ama kulübenin boyutları yeteri kadar uzaklaşmama imkân vermemişti.

"Her şeyin bir zamanı var, Rupert." Dougal hâlâ asık bir suratla beni süzüyordu ama sesindeki otoriter ton Rupert'ın suratına komik bir hayal kırıklığı ifadesi vererek sırnaşık tavrının sona ermesini sağladı.

"Tecavüzle işim olmaz zaten. Ayrıca bunun için zamanımız da yok." Bu bakış açısının açıklanması beni biraz olsun rahatlatmıştı ama diğerlerinin yüzlerinde gördüğüm aleni şehvet ifadesi bunun gerçek ahlak anlayışları olduğundan şüpheye düşmeme ve hâlâ endişeli bir suratla orada durmama sebep oluyordu. Anlamsız da olsa kendimi iç çamaşırlarımla herkesin ortasında duruyor gibi hissediyordum. Bu İskoçyalı haydutların kim ya da ne olduklarını bilmiyordum ama son derece tehlikeli görünüyorlardı. Ağzımdan çıkma olasılığı olan saçma sapan sözcükleri sarf etmemek için sürekli dilimi ısırıyordum.

"Sen ne diyorsun Murtagh?" diye konuyu sürdürdü Dougal beni esir alan kişiye dönerek. "En azından Rupert'tan pek hoşlanmadığını ortaya koydu."

"Bu bir kanıt olamaz," diye itiraz etti kısa boylu, dökük saçlı adam. "Ona gümüş filan teklif etmedi. Bir kadının ekstra bir şeyler almadan Rupert'la beraber olmasını bekleyemezsin," diye devam etti. Arkadaşları bu sözlerine kahkahalarla gülmeye başlamıştı. Dougal bu gürültüyü bir el hareketiyle susturdu ve başını kapıya çevirdi. Az saçlı adam yüzündeki gülümsemeyi koruyarak itaatkâr bir tavırla kapıdan dışarı çıkıp gecenin karanlığına doğru süzüldü.

Bu kahkahalara katılmamış olan Murtagh hâlâ kaşlarını çatmış bir halde beni inceliyordu. Sıska yüzüne düşen perçemlerini geri atmak için başını salladı.

"Yoo," dedi kendinden emin bir tavırla. "Ne ya da kim olduğu hakkında hiçbir fikrim yok ama onun bir fahişe olmadığına eminim, bu uğurda en iyi gömleğimi bile yakarım." En iyi gömleğinin üzerindeki olmaması için dua ettim, eğer oysa bahse girmeye değmeyecek kadar eski görünüyordu.

"Ah, elbette en iyisini sen bilirsin Murtagh, ne de olsa onları yakinen gören sensin," diye dalga geçmeye başlayan Rupert, Dougal tarafından hırçın bir tavırla susturuldu.

"Bu konuyu daha sonra çözeriz," dedi Dougal ters ters. "Bu gece almamız gereken oldukça uzun bir yol var ve öncelikli olarak Jamie için bir şeyler yapmalıyız, bu şekilde yola devam etmesi imkânsız."

Daha az dikkat çekmek amacıyla şöminenin yanına gölgelerin arasına büzüldüm. Murtagh denen adam beni buraya sokmadan önce ellerimi çözmüştü, onlar başka bir şeylerle meşgulken bana belki bir kaçma şansı doğardı. Bütün adamların dikkati köşede bir taburenin üzerine sinmiş olan adama yoğunlaşmıştı. Sorgulamam sırasında başını zorlukla kaldırıp bana bakabilmişti, çoğunlukla eli bir omzunun üzerinde ileri geri sallanarak, acı içinde oturmuştu.

Dougal dikkatli bir şekilde onun omzunun üzerindeki elini aşağı indirdi. Adamlardan biri onun omzunun üzerinde duran ekoseli kumaşı indirince, kanlar içindeki gömleği ortaya çıktı. İnce bıyıkları olan küçük adam, elinde bir bıçakla bu delikanlının arkasından yaklaştı. Gömleğinin yakasını tuttu ve göğsüne doğru kesmeye başladı, kollarını da kestikten sonra gömlek yere düştü.

Ben de diğer adamların yaptığı gibi nefesimi tuttum. Tam omzunun üzerinde oldukça derin bir yara vardı, oluk oluk kan göğsüne doğru akıyordu. Bu halledilebilirdi, esas problem tam eklemin üzerindeydi, orada oldukça garip bir şiş vardı ve kolu olmaması gereken bir açıda duruyordu.

Dougal homurdanmaya başladı. "Hımm. Kolu çıkmış zavallının." Genç adam ilk kez başını kaldırdı. Yüzü kızıl sakalla ve acıyla kaplanmış olmasına rağmen oldukça güçlü ve iyi bir insana benziyordu.

"Tüfekten çıkan saçmaların etkisiyle attan elimin üzerine düştüm. Bütün ağırlığım elime bindi ve bir anda 'çaaat' diye bir ses çıktı ve böyle oldu."

"Bu doğru bir tanımlama oldu." Yine İskoçyalı olan ve aksanına bakarak daha eğitimli olduğuna karar verdiğim bıyıklı bir adam, onun canını acıtarak omzunu inceliyordu. "Yara çok önemli değil. Saçmalar sıyırıp geçmiş, yeteri kadar kan da akmış." Adam masanın üzerinde duran kirli bir bezi aldı ve kanın akmakta olduğu yere tampon yaptı. "Buraya kadar tamam ama kırık çıkık hakkında ne yapacağımı bilmiyorum. Onu yerine oturtmak için bir çıkıkçıya ihtiyacımız var. Bu şekilde yola devam etme ihtimalin var mı Jamie?"

Genç adam başını salladı, yüzü bembeyaz olmuştu. "Çok acıyor ve hiç oynatamıyorum, bu şekilde at sürmeme imkân yok." Gözlerini yumdu ve alt dudağını ısırdı.

Murtagh sabırsızlıkla konuşmaya başladı. "Onu burada bırakamayız öyle değil mi? Kırmızı urbalılar karanlıkta iz sürmede pek de başarılı değiller ama er geç burayı bulacaklar, kepenklerin kapalı olması bir şeyi değiştirmeyecek. Ayrıca omzunda kocaman bir delikle Jamie'nin kendini masum bir çiftçi gibi göstermesi de imkânsız."

"Boş yere kendini üzme," dedi Dougal. Onu bırakmak gibi bir niyetim yok."

Bıyıklı adam iç geçirdi. "Onun için yapabileceğim hiçbir şey yok. Omzunu yerine oturtmak için zorlamaktan başka bir çare göremiyorum. Murtagh, sen ve Rupert onu bir tutun bakalım, şansımı deneyeceğim."

O, genç adamın kolunu bileğinden ve dirseğinden tutup yukarı ittirirken ben de ilgiyle onu izliyordum. Açı kesinlikle yanlıştı ve bu delikanlıya müthiş bir acı veriyor olmalıydı. Genç adamın alnından ter boşanıyordu ama ufak bir homurdanma dışında gıkını bile çıkarmadı. Birdenbire bedeni öne doğru büküldü, onu tutmakta olan adamlar yere düşmesini son anda engellediler.

Biri deri mataranın ağzını açtı ve onu delikanlının dudaklarına dayadı. Kesif alkol kokusu benim durduğum yere kadar geldi. Delikanlı öksürerek ağzını kapadı ama ağzına girenleri de yuttu, kehribar renkli sıvının geri kalanı gömleğine döküldü.

"Yeni bir denemeye daha hazır mısın oğlum?" diye sordu kel adam. "Ya da, belki de bu kez Rupert denemeli," diye önerdi yere çökmüş, siyah sakallı zorba kılıklı adama dönerek.

Bu çağrı üzerine Rupert sanki sırık atacakmış gibi ellerini esnetti ve delikanlının kolunu kaba kuvvetle yerine oturtmak amacıyla bileğinden tuttu, bu operasyonun sonunda delikanlının kolu bir süpürge sapı gibi ikiye ayrılacaktı.

"Bunu yapmayı düşünme bile!" Bütün kaçma planlarımı bir kenara bırakarak büyük bir öfkeyle oraya ilerledim, adamların hepsi bana bakakalmıştı.

"Ne demeye çalışıyorsun?" dedi kel adam dişlerinin arasından, bu tepkim onu fazlasıyla kızdırmıştı.

"Böyle yapmaya devam ederseniz adamın kolunu kıracağınızı söylemeye çalışıyorum," dedim dişlerimin arasından. "Yolumdan çekilin lütfen," Rupert'ı dirsekleyerek oradan uzaklaştırdım ve hastanın bileğini tuttum. Hasta da diğerleri kadar şaşkın görünüyordu ama karşı koymadı. Teni sıcaktı ama ateşi çok yükselmemişti.

"Onu yerine yerleştirmeye çalışmadan önce kolunu doğru açıda tutmalısınız," dedim bileğini yukarı doğru kaldırıp dirseğini tutarken. Bu genç adam çok iriydi, kolu da kurşun gibi ağırdı.

"Şimdi en kötü kısmı geliyor," diyerek hastayı uyardım. Kolunu yukarı doğru itip yerine oturtmak üzere dirseğini avuçladım.

Dudakları yukarı doğru büküldü, bu tam bir gülümseme değildi. "Şu ankinden daha fazla acıyacağını sanmam. Hadi devam et." Şimdi benim yüzümü ter basmıştı. Bir omzu yerine takmak en zor işlerden biriydi. Bunu omzu saatler önce çıkmış ve eklemleri şişmiş olan bu kocaman adam üzerinde uygulamak için tüm gücümü kullanmam gerekiyordu. Ateşe çok yakın duruyorduk, eklem birdenbire yerine oturduğunda alevlerin içine düşmememiz için dua ediyordum.

Omzu aniden ufak bir ses çıkararak yerine oturdu. Hasta bu durumdan çok etkilenmişti. Elini havaya kaldırdı.

"Artık acımıyor!" Yüzüne kocaman bir rahatlama gülücüğü yerleşti ve diğer adamlar da çığlıklar atarak alkışlamaya başladılar.

"Ama acıyacak." Sarf ettiğim gücün sonunda her yanım ter içinde kalmıştı ama sonuçtan çok memnundum. "Birkaç gün boyunca hassas olacak. Önümüzdeki iki, üç gün boyunca eklemi yerinden oynatmamalısın, oynatmak zorunda kaldığında da bunu çok yavaş hareketlerle yapmalısın ve ağrımaya başlar başlamaz hareketi durdurmalısın. Ayrıca her gün üzerine sıcak kompres yapmalısın."

Tavsiyelerimin ortasına geldiğim anda hastanın beni saygıyla dinlediğini, diğerlerinin ise büyük bir merak ve şüpheyle beni incelediklerini fark ettim.

"Gördüğünüz gibi ben bir hemşireyim," diye açıklama yaptım, nedense bunu kendimi savunur bir şekilde söylemiştim.

Dougal ve Rupert'ın gözleri bir kez daha göğüslerime kaydı, büyülenmiş gibi bakıyorlardı. Bakışlarının yönünü değiştirdiler ve Dougal yeniden yüzüme bakmaya başladı.

"Öyle gibi görünüyor," dedi kaşlarını kaldırarak. "Bir sütanneye oranla oldukça bilgili birine benziyorsun. Delikanlının diğer yaralarını da ata binebilecek kadar iyileştirebilir misin?"

"Evet, yaralarını sarabilirim," dedim gizlemediğim bir kabalıkla. "Bana gerekli malzemeyi sağlarsanız bunu yapabilirim. Ama önce bana 'sütanne' derken neden bahsettiğinizi açıklamanız gerekir. Ayrıca size yardım etmek istediğimi de nereden çıkardınız?"

Dougal yine sözlerimi duymazdan gelip köşeye sinmiş olan ve karanlıkta zorlukla seçebildiğim bir kadına İskoçça bir şeyler mırıldanıyordu. Etrafı adamlar tarafından çevrilmişti, onun orada olduğunu fark etmemiştim. Çok garip giyinmişti. Yırtık pırtık uzun bir eteği, uzun kollu bir bluzu vardı, bluzun üzerinde yarım korseye benzeyen deri bir şey vardı. Üzerindeki her şey leş gibiydi, gerçi yüzü de leş gibiydi. Bu evde eksik olan tek şey elektrik değildi, burada sıhhi tesisat da yoktu. Bu durum, bütün bu pisliğin sebebini anlatmaya yeterliydi.

Kadın küçük bir reverans yaparak Rupert'la Murtagh'ın arasından sıyrıldı, ocağın yanındaki ahşap sandığı karıştırmaya başladı ve oradan bir yığın eski püskü kumaş çıkardı.

"Hayır, onlar olmaz," dedim yavaşça. "Öncelikle yaraları dezenfekte etmem gerekiyor, sonra da eğer elinizde steril bandaj yoksa temiz bezlerle yarayı sarabilirim."

Çevremdeki bütün kaşlar havaya kalktı. "Dezenfekte mi?" dedi küçük adam, ihtiyatlı bir tavırla.

"Elbette," dedim kesin bir tonlamayla, onun eğitimliymiş gibi görünen aksanının tam tersine biraz cahil olduğunu düşünmeye başlamıştım. "İyileşmenin daha hızlı gerçekleşmesi için yaranın üzerinde bulunan daha sonradan başa dert açabilecek bütün kir ve mikropları belirli şeylerle temizlemem gerekir."

"Mesela?"

"Tentürdiyot olabilir," dedim. Hepsi ifadesiz bir şekilde gözlerini bana dikmişti, yeniden denedim.

"Mersol? Seyreltilmiş fenik asit ?" diyerek olabilecekleri saymaya devam ettim. "Alkol bile olabilir." Hepsinin yüzünde bir rahatlama belirdi. Sonunda anladıkları bir kelime kullanmayı başarmıştım. Murtagh deri matarayı elime tutuşturdu. Derin bir iç çektim. İskoçyalıların ilkel olduklarını biliyordum ama bu tahminlerimin dışında bir durumdu, hatta inanılmazdı.

"Bakın," diye söz başladım, mümkün olduğunca sabırlı olmaya çalışıyordum. "Neden onu kasabaya götürmüyorsunuz? Uzak olabilir ama eminim orada ona bakacak bir doktor vardır."

Kadın aval aval bana bakıyordu. "Hangi kasaba?"

Pençerenin yanında duran ve perdenin ucundan dikkatle dışarıyı gözetlemekte olan o iri adam, yani Dougal bu tartışmayla hiç ilgilenmiyordu. Perdeyi yavaşça bıraktı ve sessizce kapıya ilerledi. Onun kapıdan dışarı çıktığını gören diğer adamlar bir anda sustular.

Kısa bir süre sonra yanında kel adamla geri döndü, dışarının olanca soğuğu ve çam ağaçlarının keskin kokusu da onunla birlikte içeri girmişti. Diğer adamların soru dolu bakışlarına başını iki yana sallayarak cevap verdi.

"Hayır, şimdilik bir şey yok. Yine de buradan bir an önce gitmeliyiz."

Gözleri bana takılınca, durup düşünmeye başladı. Başıyla bana bir işaret yaptı, kararını vermişti.

"O da bizimle gelecek," dedi. Masanın üzerindeki kumaş yığınını karıştırmaya başladı. Sonunda elinde yırtık pırtık bir bezle geri geldi, bu bir zamanlar bir boyunbağıymış gibi görünüyordu.

Bıyıklı adam beni gidecekleri yere götürmek istemiyordu.

"Onu neden burada bırakmıyoruz Dougal?"

Dougal ona sabırsız bir bakış fırlattı ama konuyu açıklamayı Murtagh'a bıraktı. "Kırmızı urbalıların burayı bulmaları çok uzun sürmez, şafakla birlikte burada olurlar. Eğer bu kadın bir İngiliz casusuysa, onun onlara hangi yöne doğru gittiğimizi söyleme riskini göze alamayız. Ve işe iyi tarafından bakarsak ve bu kadın onlarla birlikte değilse," bunu söylerken şüpheli bakışlarını bana çevirdi "onun gibi bir kadını burada yalnız başına bırakmamız doğru olmaz." Eliyle eteğimin kumaşını gösterdi. "Onun için fidye ödemek isteyen birileri olabilir, üzerinde çok az şey var ama onlar da kayda değer şeyler."

"Tüm bunların yanı sıra," diyerek Dougal onun konuşmasını kesti, "yolda bize yardımı dokunabilir, doktorluk hakkında bir takım bilgileri var gibi görünüyor. Şu an buna vaktimiz yok. Jamie korkarım yola 'dezenfekte' olmadan devam etmek zorundasın." Bu sözleri onun sırtına vurarak söyledi. "Atı tek elle sürebilecek misin?"

"Elbette."

"Aferin, delikanlı. Al," dedi bana yağlı bezi uzatırken.

"Çabuk onun yarasını sar. Buradan hemen ayrılmalıyız. Siz ikiniz atları getirin," dedi adı Rupert olan şişman adamla diğer sansar suratlı adama.

Kumaşı hoşnutsuzlukla aldım.

"Bunu kullanamam, çok kirli."

Bir anda iri adamı omzumu tutarken gördüm, kapkara gözleri hemen karşımdaydı. Hareket ettiğini görmemiştim bile. "Yap şu işi," dedi.

Beni iterek bırakır bırakmaz kapıdan dışarı çıktı ve o da adamları gibi gözden kayboldu. Titreyerek, adamın omzundaki kurşun yarasını sarmak için elimden gelenin en iyisini yapmak üzere ona döndüm. Aldığım eğitim o iğrenç, yağlı boyun bağını adamın yarasına sarmama engel oluyordu. İçinde bulunduğum panik halini bir kenara bırakıp daha uygun bir şeyler bulabilmek için etrafıma bakınmaya başladım, masanın üzerindeki paçavralara ümitsizlik içinde bir kez daha göz gezdirdim. Sonunda kombinezonumun ucundaki parçalanmış suni ipeği kullanmaya karar verdim. Steril değildi ama şu an burada bulunan en temiz malzeme olduğu kesindi.

Hastamın keten gömleği oldukça eskiydi ama hâlâ şaşırtıcı bir şekilde sağlamlığını koruyordu. Ufak bir mücadeleden sonra kolun geri kalanını dikişlerinden sökmeyi başardım ve onu kolunu asmak için kullandım. Yapmış olduğum doğaçlama sargı ve askının ne kadar işe yaradığını görmek için bir adım geri çekilirken yine ses çıkarmadan ne yaptığıma bakmaya gelmiş olan o iri adama toslayıverdim.

Yaptığım işi onaylarcasına baktı. "İyi iş, kadın... Haydi, biz hazırız."

Dougal kadına biraz para verdikten sonra beni ite kaka kulübeden çıkardı. Jamie beyaz suratıyla arkamızdan geliyordu. O tabureden ayağa kalkınca hastamın oldukça uzun boylu bir adam olduğunu anladım, uzun boylu bir adam olan Dougal'dan birkaç santim daha uzundu.

Siyah sakallı Rupert ve Murtagh dışarıda altı tane at hazırlamışlardı, onlara İskoçça sevgi sözcükleri mırıldanıp duruyorlardı. Bu gece ay yoktu ama yıldızlar gümüş parçaları gibiydi ve gereken ışığı sağlıyorlardı. Başımı gökyüzüne kaldırdığımda hayranlıkla derin bir nefes aldım, bugüne kadar bu kadar parlak yıldızlar görmemiştim. Etrafımızın orman olduğunu görünce bunun sebebini hemen kavrayıverdim. Yakınlarda bir köy ya da kasaba yoktu, oradan yansıyan ışıklar olmayınca da yıldızlar gökyüzünün hâkimi olmuşlardı.

Bir anda aklım başımdan gitti, hava soğuktu ama ben gereğinden fazla üşümeye başlamıştım. Etrafta hiç ışık yoktu. "Hangi kasaba?" diye sormuştu içerdeki kadın. Savaş yıllarında elektrik kesintilerine alışmıştım, hava saldırıları sırasında da karartma yapılırdı, bu yüzden orada ışık olmaması beni çok da rahatsız etmemişti. Ama şu an savaşta değildik ve Inverness'in ışıkları kilometrelerce öteden bile görünür olmalıydı.

Adamlar karanlıkta şekilsiz kütleler halinde görünüyorlardı. Ağaçların arasına süzülüp oradan kaçmayı düşündüm ama Dougal düşüncelerimi okumuş gibi dirseğimi yakaladı ve beni atlara doğru yürüttü.

"Jamie, atla atına," diye bağırdı. "Kadın seninle birlikte gelecek." Dirseğimi sıktı. "Jamie tek eliyle idare edemezse dizginleri sen tutabilirsin, bizden ayrılmamaya dikkat et. Herhangi bir şey yapmaya kalkışırsan, boğazını keserim. Beni anladın mı?"

Başımı salladım, boğazım cevap veremeyecek kadar kurumuştu. Sesi çok da tehditkâr değildi ama ben ağzından çıkan her bir sözcüğü yapacağına inanmıştım. 'Herhangi bir şey' yapmaya pek de niyetli değildim çünkü ne yapabileceğimi bilmiyordum. Nerede olduğumu bilmiyordum, yanımdakilerin kim olduğunu bilmiyordum, buradan neden aceleyle ayrıldığımızı bilmiyordum ya da nereye gitmek üzere ayrıldığımızı... Şu an için onlarla gitmekten başka bir alternatifim de yoktu. Frank uzun bir zaman önce beni aramaya başlamış olmalıydı, onun için çok üzülüyordum ama şu an ondan bahsetmek için iyi bir zaman değildi.

Dougal baş hareketimi hissetmiş olmalıydı, kolumu bıraktı ve bana doğru eğildi. O sinirle yılan gibi tıslayana kadar aptal aptal orada durup ona bakmaya devam ettim. "Ayağın, kadın!

Bana ayağını uzat! Sol ayağını!" diye ekledi bezgin bir tavırla. Hemen ona uzattığım sağ ayağımı aşağı indirip solu kaldırdım. Homurdanarak beni kaldırdı ve Jamie'nin önüne yerleştirdi. Jamie beni sağlam koluyla tuttu.

İçinde bulunduğum durumun sıradışı olmasına rağmen bu genç İskoç'un sıcaklığı hoşuma gitti. Kan ve is kokuyordu, uzun zamandır da yıkanmamıştı ama ince elbisem akşam ayazına karşı koyamıyordu ve en azından sırtımı ona dayamış olmaktan çok mutluydum.

Hafifçe duyulan dizgin sesleriyle birlikte yıldızlı gecenin içine doğru harekete geçtik. Adamlar çıtlarını bile çıkarmıyorlardı, dikkatle etraflarını kolluyorlardı. Yola varır varmaz atlar tırısa geçtiler. İçimde deliler gibi konuşma isteği vardı, belki birileri dinlerdi ya da kendi kendime konuşurdum.

Yol arkadaşım da pek rahat değildi, bu sağ elini yeterince kullanamamasından kaynaklanıyordu. Atı yönetebilmek için kalçalarını kullandığını hissedebiliyordum. Ben pozisyonumu koruyabilmek için kısa eğerin önüne sımsıkı yapışmıştım. Daha önce de ata binmiştim ama Jamie gibi bir sürücüyle hiç karşılaşmamıştım.

Bir süre sonra bir kavşağa geldik ve kel adamla lider aralarında konuşurken durup bekledik. Jamie atın dizginlerini serbest bıraktı ve onun otlamasını sağladı, bir yandan da arkamda kıvranıp duruyordu.

"Dikkatli ol!" dedim. "Bu şekilde kıvranmaya devam edersen sargıların açılacak! Ne halt etmeye çalışıyorsun?"

"Seni örtebilmek için atkımı gevşetmeye uğraşıyorum," diye cevap verdi. "Titriyorsun. Bunu tek elimle yapamıyorum broşu açmama yardım eder misin lütfen?"

Biraz hantal hareketlerle de olsa iyi bir iş birlikteliğin sonunda kumaşı gevşetmeyi başardık. Şaşkınlık verici bir beceriyle kumaşı bir şal gibi omuzlarına sardı ve uçlarını benim omuzlarımdan geçirdikten sonra eğerin altına sıkıştırdı. İkimiz de sarınmayı başarmıştık.

"Oldu işte!" dedi. "Gideceğimiz yere varmadan önce donarak ölmeni istemeyiz."

"Teşekkür ederim," dedim, bu korunma için ona minnettardım. "Nereye gittiğimizi söyler misin?"

Yüzünü göremiyordum, cevap vermeden önce duraksadı. Sonunda ufak bir kahkaha attı. "Sana gerçeği söylememi ister misin? Bilmiyorum. Oraya vardığımızda ikimiz de neresi olduğunu anlayacağız."

İlerlediğimiz kırsal alanda bir şeyler gözüme tanıdık görünmeye başladı. Evet, evet önümüzdeki horoz kuyruğu şeklindeki kaya oluşumunu daha önce de görmüştüm.

"Cocknammon Kayası!" diye bağırdım heyecanla.

"Sanırım o," dedi yol arkadaşım, benim heyecanımı paylaşmamıştı.

"İngilizler burayı pusu kurmak için kullanmamışlar mıydı?" diye sordum, bir yandan da geçen hafta boyunca Frank'in bana saatler boyu anlattığı bölge tarihi hakkındaki sıkıcı bilgileri hatırlamaya çalışıyordum. "Eğer yakınlarda bir İngiliz devriye karakolu varsa..." Tereddütle durdum. Eğer bu bahsettiğim şey yakınlardaysa belki de bunu söylemem büyük bir hataydı. Hele ki pusudan hiç bahsetmemeliydim. Ekose kumaşa sarmalanmış bir halde ilerlerken yol arkadaşımdan ayırt edilmem imkânsızdı. Birdenbire aklıma Komutan Jonathan Randall geldi, istemeden de olsa bir anda ürperdim. O yarık taştan içeri girdiğim andan beri olan biten hiçbir şey mantıklı değildi, ormanda Frank'in altıncı kuşak dedelerinden biri olan adamla karşılaşmıştım. İnatla bu fikre karşı koymuştum ama başıma gelenleri mantıklı bir formüle oturtmanın başka bir yolu yoktu.

Önce her zamankinden daha renkli ve gerçeğe benzeyen bir rüya gördüğümü düşünmüştüm ama Randall'ın öpücüğü son derece tanıdık, hissedilir ve dikkat çekici bir öpücüktü. Murtagh'ın kafama vurmasını da hayal etmiş olamazdım çünkü kafamdaki acı şu anda eyerin üzerinde uyluklarımın çekmekte olduğu acı kadar gerçekti. Ve... Ve kan; evet, kana çok alışıktım ve onu rüyalarımda çok görmüştüm ama hiçbir rüyamda kanın kokusunu almamıştım. Arkamda oturmakta olan adamdan gelen o sıcak, bakıra benzeyen keskin kokuyu hâlâ alıyordum.

Atı liderimizin yanına yönlendirdi ve bu haşmetli gölgeye İskoçça bir şeyler söyledi. Atlar yavaşlamıştı.

Liderlerinden gelen bir işaretle, diğerleri atlarını mahmuzlayıp kayaya doğru dörtnala ilerlerken, Jamie, Murtagh ve küçük kel adam yavaşlayarak geride kaldılar. Ay yarım ay şeklinde kendini göstermişti, bu ışıkta yolun kenarındaki çalılıkların arasına gizlenmeye imkân yoktu ama kayaların içindeki yarıklara her şeyi gizlemek mümkündü.

Atlılar dörtnala kayaların önünden geçerken boşlukta bir misket tüfeğinin sesi duyuldu ve bir ışık ortaya çıktı. Hemen arkamdan tüyler ürpertici bir çığlık duyuldu, at ince bir sopayla kamçılanmış gibi ileri fırladı. Bir anda süpürge otlarının arasında kayalıklara doğru bir yarışa başlamıştık, bizimle birlikte ilerlemekte olan Murtagh ve diğer adamdan çıkan tüyler ürpertici çığlık ve nara sesleri adeta geceyi delip geçiyordu.

Can havliyle yere yapışmıştım. Bir diğer katırtırnağı öbeğinin içinden geçerken Jamie beni belimden yakaladı ve o öbeğin içine fırlattı. At yeniden geri döndü ve hızla koşmaya devam etti, kayalara güneyden yaklaşıyordu. Kayalıkların gölgesine girip kaybolmadan önce sürücünün atın üzerine iyice yatmış olduğunu görebiliyordum. At dörtnala dışarı çıktığında ise eyer boştu.

Kayanın yüzeyinde pek çok gölge oynaşıyordu, çığlıkları ve tüfek seslerini duyuyordum ama bu gölgelerin insan mı yoksa kayaların arasında yer alan meşe ağaçları mı olduğunu ayırt etmem imkânsızdı.

Zorlukla da olsa çalılıktan kurtulmayı başardım, saçıma ve eteğime takılmış birkaç otu da ben ayıkladım. Elimdeki çiziği yalarken bundan sonra başıma neler geleceğini düşünmeye başlamıştım. Eğer bu savaşı İskoçlar kazanırsa ya da aralarından birkaçı sağ kalırsa beni bulmak için geri döneceklerdi. Eğer kaybederlerse, İngilizlere ulaşmayı başarabilirdim, ama onlar da İskoçlarla yolculuk yaptığım için onlarla işbirliği içinde olduğumu sanacaklardı. Bu işbirliği neyle ilgili olabilirdi, hiçbir fikrim yoktu ama kulübedeki adamların tavırlarından anladığım kadarıyla İngilizlerin hiç hoşlanmayacağı bir takım işlerin peşindeydiler.

Galiba bu ikileme bulaşmamak en iyi seçim olacaktı. Artık nerede olduğumu biliyordum, bütün yolu yürümem gerekse bile bildiğim bir köye ya da kasabaya ulaşma şansım vardı. Bu kararı verir vermez Cocknammon Kayası'nın civarındaki lanet olasıca granitlerin arasından yola doğru ilerlemeye başladım.

Ay ışığı gözümü aldatıyordu, yoldaki her şeyi görebiliyordum ama derinliklerini hesap edemiyordum, yassı bitkilerle sivri taşlar aynı yükseklikte görünüyordu, bu yüzden gereksiz anlarda ayaklarımı gereğinden fazla kaldırıyor, diğer zamanlarda da parmaklarımı taşlara çarpıyordum. Gittikçe arkamda kalan sesleri dinleyerek elimden geldiği kadar hızlı yürümeye çalışıyordum.

Yola vardığımda bu sesler iyice azalmıştı. Yolda yürürsem çok dikkat çekecektim ama onu izlemeye de mahkûmdum. Başka türlü kasabaya giden yolu bulamazdım. Karanlıkta yön bulma duygum hiç gelişmemişti, yıldızlardan yön bulmayı da Frank'ten öğrenmek için hiçbir çaba sarf etmemiştim. Frank'i düşünmek ağlama isteğimi devreye sokmuştu, bunun gerçekleşmemesi için hemen bu akşamüstünden beri olanları düşünüp onlara bir anlam yüklemeye çalıştım.

Bu mümkün değildi ama şu ana kadar olan her şey benim hâlâ on sekizinci yüzyıl gelenek ve görenekleriyle yaşamakta olan bir yerde bulunduğumu gösteriyordu. Bunun bir maskeli balo ya da yöresel bir festival olduğunu düşünebilirdim ama Jamie denen delikanlının yaraları gerçekti. Bu yaranın izlerine bakınca onun bir misket tüfeğinden alınan yara olduğunu anlamamak imkânsızdı. Ayrıca kulübedeki adamların hiç rol yapar gibi bir hali yoktu. Onlar son derece ciddi ve gerçekti, kamaları ve kılıçları da öyleydi.

Burası korunmuş bir bölge olabilir miydi, burada yaşayanların periyodik olarak geçmişlerini canlandırdıkları bir yer miydi? Almanya'da buna benzer şeylerin yapıldığı yerler olduğunu duymuştum ama İskoçya'da da olduğunu bilmiyordum. *Aktörlerin tüfeklerle birbirlerini vurduklarını duydun mu sen hiç?* diyen mantığım benimle dalga geçiyordu.

Nerede olduğumu kontrol edebilmek için arkama dönüp

kayaya baktım sonra da önüme dönüp ufuk çizgisine... Bu bakışla birlikte kanımın donduğunu hissettim. Görünürde çam ağaçlarından ve kocaman bir karanlıkta parlayan yıldızlardan başka hiçbir şey yoktu. Inverness neredeydi? Eğer arkamdaki Cocknammon Kayası ise, ki öyle olduğundan emindim, Inverness güneybatı yönünde yaklaşık beş kilometre ötemde olmalıydı. Bu mesafeden kasabanın parıltısını görmem gerekirdi. Tabii, orada olsaydı...

Gecenin ayazında kollarımı vücuduma sarıp sallanmaya başladım. Yaşadığım zamandan başka bir zamana düşmüş olmama dair hiç de makul olmayan fikrimi bir an kabul ettiğimi varsaydığımızda Inverness'in de altı yüzyıl önceki haliyle orada durduğunu söyleyebilirdik. Oradaydı. Ama haliyle ışıkları görünmüyordu. Henüz elektrik bulunmamıştı. Eğer bir kanıt daha istiyorsam bu da kanıtlardan biriydi işte. Ama neyin kanıtıydı bu?

Karanlığın içinde, tam önümde birdenbire bir şekil belirdi. Neredeyse ona çarpıyordum. Çığlığımı bastırarak arkamı dönüp kaçmaya çabaladım ama kocaman bir el kolumu yakalayarak kaçmamı engelledi.

"Korkma, kadın. Benim."

"İşte ben de bundan korkuyordum," deyiverdim açık açık, işin aslında onun Jamie olması beni rahatlatmıştı. Ondan, diğer adamlardan korktuğum kadar çok korkmuyordum, gerçi o da onlar kadar tehlikeli görünüyordu ama o daha gençti, benden bile küçüktü ya da ben öyle sanıyordum. Hem insanın kısa bir zaman önce hastası olarak gördüğü kişiden korkması oldukça zordu.

"Umarım omzuna yanlış bir şeyler yapmadın," dedim hastanede kullandığım başhemşire ses tonumla. Yeteri kadar başarılı ve otoriter bir ses çıkarabilirsem onu beni bırakması için ikna edebileceğimi düşünüyordum.

"Bu küçük çarpışmanın ona iyi gelmediği kesin," diye kabul etti, bu arada bir yandan da sağlam eliyle omzunu ovuşturuyordu.

Bu sözlerin hemen ardından bir anlıkta olsa ayın ışığı üzerine vurdu ve gömleğinin üzerinde kocaman bir kan lekesi gördüm. Bir anda atardamarında bir kanama olabileceği aklıma geldi. Biraz düşününce bundan hemen vazgeçtim öyle olsa karşımda bu şekilde duramazdı.

"Yaralanmışsın!" diye bağırdım. "Omzundaki yara mı açıldı yoksa bu yeni bir yara mı? Otur da bakayım." Onu kayaların üzerine ittim, kafamdan açık alanda bu duruma karşı neler yapabileceğimi planlamaya çalışıyordum. Elimde üzerimdeki giysilerden başka bir malzeme yoktu. Yine kombinezonumdan bir parça koparıp yarasına bastırmak üzere aşağı eğildiğimde gülmeye başladı.

"Ona bakma, o benim kanım değil. Yani en azından çoğu benim değil," derken ıslak kumaşı vücudundan ayırmaya çalışıyordu.

Yutkundum, kendimi iyi hissetmiyordum. "Ah," diyebildim sadece.

"Dougal ve diğerleri yolun orada bizi bekliyorlar. Hadi gidelim!" Kolumu tuttu, bu eşlik etmek isteyen bir beyefendinin hareketinden çok beni onunla birlikte gitmeye zorlayan bir hareketti. Şansımı denedim ve yerimden kıpırdamadım.

"Hayır, ben seninle gelmiyorum!"

Karşı koymam onu şaşırtmıştı, durdu. "Evet, geliyorsun." Onu geri çevirmeme şaşırmış gibi görünmüyordu, tam tersine yeniden kaçırılmaya karşı çıkıyor olmam onu eğlendirmişti.

"Peki, ya gelmezsem? Boğazımı mı keseceksin?" diye üstelemeye devam ettim. O ise bütün olasılıkları değerlendirdikten sonra sakin bir şekilde sorumu cevapladı.

"Niye? Hayır. Pek ağır görünmüyorsun. Eğer yürümezsen seni omzuma atıp götürebilirim. Bunu yapmamı ister misin?" Bana doğru bir adım atınca ben de bir adım geriledim. Canı acısa bile bunu yapacağından hiç şüphem yoktu.

"Bunu yapamazsın, bu omzuna büyük hasar verir."

Yüzünü tam olarak göremiyordum ama ay ışığında dişlerinin parladığını gördüm, gülümsüyordu.

"Anladığım kadarıyla kendimi sakatlamamı istemiyorsun. Bundan benimle birlikte geleceğin anlamını çıkarıyorum." Bu sözlere karşı koyacak bir cevap bulmak için çabaladım ama aklıma hiçbir şey gelmedi. Yeniden kolumu tuttu, bu kez daha sıkı tutuyordu ve birlikte yola doğru yürümeye başladık.

Jamie kolumu gayet sıkı tutuyordu, bir taşa ya da bitkiye takıldığımda düşmemem için beni yukarı çekiyordu. Çalılıklarda, gün ışığında dümdüz bir kaldırımda yürür edasıyla yürüyordu. Tam bir kedi gibiydi, hatta kedi kanı taşıyordu, bu, karanlıkta sessiz bir şekilde beni nasıl bulduğunu da açıklıyordu.

Diğer adamlar tam da onun söylediği gibi yolun kenarında bekliyorlardı. Herhangi bir kayıp ya da yaralanma vakası görünmüyordu, hepsi oradaydı. Aşağılanmış bir şekilde yeniden eyerin üzerine oturtuldum. Başım istemeden Jamie'nin yaralı omzuna çarpınca derin bir nefes aldı.

Yeniden yakalanmış olmama olan kızgınlığımı ve onun omzuna çarpmış olmaktan duyduğum üzüntüyü işgüzarca bir zorbalıkla kapatmaya çalıştım.

"Kırların ortasında savaşıp çalıların ve kayaların arasında kovalamaca oynayarak bunu hak ettin. Sana o eklemi oynatmamanı söylemiştim, sanırım çürüklerine kas ezilmesi de eklendi."

Onu azarlamam hoşuna gitmişti. "İşin açıkçası pek seçim hakkım yoktu. Eğer omzumu oynatmasaydım, bir daha hiçbir yerimi oynatamayacaktım. Bir elimle bir hatta iki kırmızı urbalının hakkından gelebilirim ama üç tanesini halledemem," dedi böbürlenerek.

"Hem," dedi beni kanlı gömleğine doğru çekerek, "gittiğimiz yerde onu yeniden onarabilirsin."

"Sen öyle san," dedim kendimi kokulu kumaştan uzaklaştırarak. Atını mahmuzladı ve tekrar yola koyulduk. Bu kavgadan sonra adamların keyfi yerine gelmişti, gülüp eğleniyorlardı. Bu pusuyu onlara haber vermiş olmam övüle övüle bir yerlere konamıyor ve mataralardaki içkiler benim şerefime içiliyordu.

Bana da içki teklif ettiler ama eyerin üzerinde ayıkken bile zor durabildiğim için onları reddetmek zorunda kaldım. Aralarındaki sohbetten anladığım kadarıyla bu on kişilik küçük bir İngiliz devriyesiydi, tüfekleri ve kılıçları vardı.

Adamlardan biri matarayı Jamie'ye verdi, o içerken, içtiği

şeyin yakıcı kokusu burnuma doldu. Susamamıştım ama derinden gelen bal kokusu bana açlıktan ölmek üzere olduğumu hatırlatmıştı. Midemden utanç verici bir guruldama geldi.

"Hey, Jamie oğlum! Acıktın mı? Yoksa yanında gayda mı taşıyorsun?" diye bağırdı Rupert, gurultunun Jamie'den geldiğini sanmıştı.

"Bir gaydayı yiyebilecek kadar açım sanırım," diye cevapladı onu Jamie, suçu üstlenmişti. Bundan bir dakika sonra bir el bana matarayı yeniden uzattı.

"Küçük bir yudum alsan iyi olur," diye fısıldadı. "Karnını doyurmaz ama sana aç olduğunu unutturur."

Belki başka şeyleri de unuturum, diye düşünerek matarayı kafama diktim.

Refakatçim doğru söylemişti, viski içime bir sıcaklık sunarak midemdeki açlıktan ileri gelen spazmlara bir son vermişti. Daha sonraki birkaç kilometreyi başımıza hiçbir şey gelmeden atlatmayı başardık. Bu arada viski matarasıyla dizginler sürekli olarak el değiştiriyordu. Harabeye dönüşmüş bir kulübenin önünden geçerken refakatçimin soluklarının düzensiz bir hale geldiğini fark ettim, atın üzerindeki mükemmel dengemiz de bozulmaya başlamıştı. Hatta yok olmuştu. Kafam karıştı, eğer ben sarhoş değilsem onun sarhoş olması da mümkün değildi.

"Durun! Yardım edin!" diye bağırdım. "Kendinden geçiyor!" diye çaresizlik içinde son sözlerimi söylediğimi hatırlıyorum.

Karaltılar yönlerini değiştirdiler ve bir anda etrafımıza toplandılar, her kafadan ayrı bir ses çıkıyordu. Jamie öncelikle başı olmak üzere boş bir çuval gibi aşağı kaydı ve büyük bir şansla birinin kollarının arasına yığıldı. Ben attan inene kadar diğer adamlar çoktan atlarından inmiş ve onu yere yatırmışlardı.

"Nefes alıyor," dedi adamlardan biri.

Karanlıkta el yordamıyla Jamie'nin nabzını bulmak için çabalarken, "Çok yardımcı oldun," diyerek tersledim adamı. Sonunda bulmayı başardım, çok hızlıydı ama belli belirsizdi. Elimi göğsüne, kulağımı da ağzına yapıştırdım, düzenli bir hareket başlamıştı, nefes darlığı hâlâ devam ediyordu. Doğruldum.

"Sadece bir baygınlık geçiriyor. Heybelerinizden birini ayağının altına yerleştirin ve yanınızda su varsa bana biraz getirin." Emirlerime anında uyulduğunu görmek beni çok şaşırtmıştı. Bu genç adam onlar için çok değerliydi. İnleyerek gözlerini açtı, yıldızların altında iki kara delik gibiydiler. Yüzü tam bir kurukafa gibi görünüyordu, bembeyaz olan cildi kemiklerin etrafında gerilmiş gibiydi.

"İyiyim," dedi, bir yandan da doğrulmaya uğraşıyordu. "Biraz başım dönüyor." Elimi göğsünün üzerine koyarak onu yatmaya zorladım.

"Hareketsiz bir şekilde yatmaya devam et," diye emir verdikten sonra dokunarak hızla her tarafını kontrol ettim. Dizlerimin üzerinde doğrulup liderleri olan Dougal'a döndüm.

"Yarası yeniden kanamaya başladı, ayrıca geri zekâlı adam bir de bıçak yarası almış. Ciddi bir yara değil ama çok kan kaybetmiş. Gömleği sırılsıklam ama bunun ne kadarının onun kanı olduğunu bilmiyorum. Dinlenmeye ve sessizliğe ihtiyacı var, sabaha kadar burada kamp kurmamız gerekiyor." Karaltı sözlerimi kabul etmediğini gösteren olumsuz bir hareket yaptı.

"Olmaz. Garnizondan oldukça uzağız ama yine de dikkatli olmamız gerekiyor, başka devriyeler de olabilir. Daha almamız gereken otuz kilometrelik bir yol var." Yüz hatlarını göremiyordum, başını havaya kaldırdı ve yıldızları kontrol eti.

"Bu yolu beş-yedi saat içinde alabiliriz. Senin kanamayı durdurup yarayı sarabileceğin kadar bir süreyi burada bekleyerek geçirebiliriz ama daha fazlasını yapamayız."

Söylenerek çalışmaya başladım, Dougal da yumuşak bir sesle yanındaki gölgelerden birine yoldaki atların yanına gidip gözcülük yapmasını söyledi. Diğer adamlar yere oturmuş, mataralarından viski içerek kısık bir sesle aralarında sohbet ediyorlardı. Hafiye suratlı Murtagh, kumaşları kesme işinde bana yardım etti, su getirdi ve ben yarasını sararken Jamie'yi tuttu. Jamie'nin tek başına hareket etmesini yasaklamıştım, o ise homurdanarak iyi olduğunu söyleyip duruyordu.

"Hiç iyi değilsin ve bu pek de şaşırtıcı bir durum değil," diye burnumdan soluyarak, tüm kızgınlığımla cevapladım onu.

"Bıçaklanıp sonra da onu dikkate bile almamak nasıl bir geri zekâlılıktır? Kanaman olduğunu söyleyemez miydin? Bütün gece boyunca at sırtında kırlarda oradan oraya dolaşıp kavgalara karışıp kendini atın üzerinden oralara buralara atıp durdun, ölmediğin için çok şanslısın... Adam gibi dur seni ahmak." İşimi yapmak için kullandığım suni ipek ve keten karanlıkta elimden kayıp duruyordu, bu kumaşlar, oltadan yemi kapıp kaçarken beyaz karınlarını gösteren balıklar gibiydi. Hava oldukça serindi ama ben kan ter içinde kalmıştım. Bir tanesini bitirmeyi başardım ve hemen diğerine başladım, bu kez kumaş onun sırtından kayıp duruyordu. "Buraya gel bakayım sen, seni iğrenç, lanet olası piç kurusu!" Jamie hafifçe kıpırdadı ve sargının ana ucu da açıldı.

Bir an bir sessizlik yaşandı. "Ulu Tanrım," diyerek konuşmaya başladı şişman Rupert. "Bugüne kadar böylesine sözler sarf eden bir kadınla karşılaşmamıştım."

"Demek sen benim halam Grisel'le hiç tanışmadın," dedi başka bir ses kahkahalar içinde.

"Kocan seni dövmeli kadın," diye acımasız bir ses duyuldu ağaçların altındaki karanlıktan. "Aziz Paul, Kadın sessiz olmalıdır der ve..."

"Sen kendi kahrolası işine bak," bak diye hırladım ona, ter kulaklarımın arkasından akıyordu, "ayrıca Aziz Paul de istediğini söylemeye devam edebilir." Kolumla terimi sildim. "Onu sola çevir. Ve eğer sen," bu sözleri hastama söylüyordum, "ben şu bandajı sarana kadar bir tek kasını bile oynatırsan seni boğarım."

"Tamam, anladım," dedi güçsüz bir sesle.

Son bandajı o kadar büyük bir hızla çektim ki bir anda hepsi açılıverdi.

"Kahretsin!" diye bağırdım, elimi sert bir şekilde yere çarpmıştım. Ben bandajın açık uçlarını bulup, bir kadına yakışmayan bir lisanla kendi kendime söylenerek işimi yapmaya uğraşırken adamlar yine şok olup bir süre sustular.

"Bence onu Azize Anne'e yollamalıyız Dougal," dedi yolun kenarına çökmüş olanlardan biri. "Sahilden ayrıldığımızdan beri Jamie'nin ağzından bir tek küfür çıktığını duymadım, oysa o eskiden konuşurken denizcileri bile utandırırdı. Manastırda geçirdiği dört ayın etkisi olmalı bu. Canının en acıdığı anda bile Tanrı'nın adını ağzına almadı, öyle değil mi oğlum?"

"Eğer bunun kefareti olarak kilisenin ortasındaki taşın üzerinde, şubat ayında, gece yarısı üzerinizde sadece bir gömlekle üç saat boyunca yatmak zorunda kalsaydınız sizin de ağzınızdan öyle bir sözcük çıkmazdı," diye cevap verdi hastam.

O anlatmaya devam ederken bütün adamlar kahkahalar atmaya başlamışlardı. "Aslında ceza sadece iki saatti ama kendimi toparlayıp oradan kalkmayı başarabilmem bir saatimi aldı. Donarak öleceğimi düşünmüştüm ama sonuçta daha da güçlendiğimi anladım."

Artık çok daha iyi görünüyordu. Kendi kendime gülümsedim ama bunu ona belli etmedim. "Sus bakalım yoksa canını acıtırım." Hafifçe bandaja dokundu ve hemen elini ittim.

"Bu bir tehdit mi?" diye sordu arsız bir tavırla. "Hem de içkimi seninle paylaştıktan sonra!"

Matara adamlar arasındaki dolaşımını tamamladı. Dougal yanıma diz çöktü ve dikkatli bir şekilde hastama da içirdi. Viskinin kesif kokusu her yeri sardı, elimle matarayı itmek istedim.

"Bu kadar içki yeter," dedim. "Şu an sıcak çaya ya da suya ihtiyacı var. Alkole değil."

Dougal matarayı elimin altından çekti ve söylediklerimi duymamış gibi yaparak yüklüce bir miktar içkiyi hastamın boğazından içeri boşalttı, Jamie öksürdü. Yerdeki adamın kendini toplamasını bekledikten sonra ona yeniden içirmeye başladı.

"Kes şunu!" dedim matarayı tekrar tutarak. "Onun ayağa kalkamayacak kadar sarhoş olmasını mı istiyorsun?"

Beni dirseğiyle ittirdi.

"Oldukça alıngan bir kadın, öyle değil mi?" dedi hastam, eğleniyordu.

"Sen kendi işine bak kadın," dedi Dougal. "Önümüzde oldukça uzun bir yol var ve bu içkinin ona vereceği güce fazlasıyla ihtiyacı olacak."

Bütün yaraları sarılır sarılmaz hasta ayağa kalkmaya çalıştı.

Onu tekrar yere itip dizimi göğsünün üzerine koydum. "Henüz hareket edemezsin," dedim kızgınlıkla. Dougal'ı eteğinin ucundan tutup yanıma diz çökmesi için aşağı çektim.

"Şuna bir baksana," dedim yine koğuş hemşiresi sesimle. Eline onun üzerinden çıkarmış olduğum ıslak kanlı gömleği tutuşturdum. Bir iğrenme nidasıyla birlikte kumaş parçasını yere fırlattı.

Elini tuttum ve hastanın omzunun üzerine koydum. "Şuraya bak. Tam trapez kasına saplanmış bıçak gibi bir şey var."

"Süngü," diye araya girdi hasta.

"Süngü mü? Bunu neden bana söylemedin?"

Omuz silkti ve bunun verdiği acının geçmesini beklemek durumunda kaldı. "Girdiği anı hissetmiştim ama ne kadar kötü olduğunu anlayamadım, o kadar çok acımadı."

"Şimdi acıyor mu?"

"Acıyor," dedi kısaca.

"İyi," dedim kışkırtıcı bir tonla. "Bunu hak ettin. Belki de bu acı sana ortalıklarda dolaşıp kadınları kaçırmamayı ve adam öldürmemeyi öğretir ve..." Komikti ama gözyaşlarına boğulmak üzereydim, kontrolümü geri kazanmaya uğraşıyordum.

Dougal bu sohbet karşısında sabrını yitirmeye başlamıştı. "Ayaklarını atın iki yanından aşağı sarkıtmayı başarabilecek misin delikanlı?"

"Hiçbir yere gidemez! O hemen bir hastaneye götürülmeli! Kesinlikle hiçbir..."

Bu sözlerim de diğerleri gibi dikkate alınmadı.

"Ata binebilir misin?" diye tekrarladı Dougal.

"Elbette ama bu hatunu üzerimden almanız ve bana temiz bir gömlek giydirmeniz gerekiyor."

4

Kaleye Varış

Gecenin karanlığında otuz kilometre yolu at sırtında, kötü yol koşullarında, İskoç etekli adamlar grubu eşliğinde sürdüğünüz atı bir yaralıyla paylaşmayı olay olarak görmediğiniz takdirde yolculuğun kalanının olaysız geçtiğini söyleyebilirim. Yolda soyguncularla ya da canavarlarla karşılaşmamıştık, yağmur da yağmamıştı. Alışmaya başladığım yeni koşullar düşünülürse oldukça sıkıcı bir yolculuktu.

Şafak yavaş yavaş sökmeye başlamıştı, güneş ışınları şeritler halinde sisli çayırlara vuruyordu. Varış noktamız gözler önünde belirmeye başlamıştı, etrafı gri ışıkla çevrilmiş kara bir taş yığınıydı bu.

Ortalık artık terk edilmiş gibi görünmüyordu, sessizlik de sona ermişti. Kaba saba giyimli bir sürü insan kaleye doğru ilerliyordu. Atların rahat geçmesini sağlamak için dar yolun kenarına çekildiler, sıradışı giysilerime garip garip bakıyorlardı.

Yoğun bir sisin olması çok da beklenmedik bir şey değildi, neyse ki ırmağın arkasında bulunan kaleye gitmemiz için geçmemiz gereken taş köprüyü görebileceğimiz kadar bir ışık vardı. Bu ırmak biraz ilerde parlamakta olan bir göle dökülüyordu.

Kale oldukça masif bir kütleydi. Üzerinde hoş görüntülü nişler ve savaş delikleri yoktu. Burası yüksek, kalın taş duvarları, kapalı pencereleriyle daha çok mükemmel bir şekilde saklanılan bir eve benziyordu. Çatısındaki pürüzsüz taşların üzerinde pek çok sayıda tüten baca vardı, bunlar kalenin gri görüntüsünü iyice grileştiriyordu.

Kalenin giriş kapısı iki at arabasının rahatlıkla yan yana geçebileceği kadar büyüktü. Bunu söylerken yanılma ihtimalim yoktu çünkü biz köprüden geçerken bu girişte öküzler tarafından çekilen iki araba yan yana duruyordu, biri fıçı diğeri de saman yüklüydü. Bizim küçük süvari alayımız onlar işlerini bitirene kadar sabırla köprünün üzerinde bekledi.

Atlar ıslak avlunun kaygan taşlarından ilerlemeye başladığında ben de soru sorma cesaretini buldum. Yolun kenarında alelacele yaralarını sardıktan sonra hastamla hiç konuşmamıştım. O da oldukça sessiz durmuştu, atın ayağı yanlış bir yere gelip bizi sarstığı anlarda ufak ufak homurdanmıştı sadece.

"Neredeyiz?" Sesim kullanmamaktan ve soğuktan dolayı bir kurbağanınkine benzemişti.

"Leoch'un surlarında," dedi kısaca.

Leoch Kalesi. En azından artık nerede olduğumu biliyordum. Tabii benim bildiğim Leoch Kalesi Bargrennan'ın altmış kilometre ötesinde bulunan resmedilmeye değer bir harabeydi. Şu hali tabii ki çok daha fazla resmedilmeye değerdi. Duvarların önündeki domuzlar ve inanılmaz bir kanalizasyon kokusu dokuya farklılık katıyordu. On sekizinci yüzyılda olduğuma dair garip ve inanılmaz olan fikrimin doğruluğunu artık kabullenmeye başlamıştım.

1945'lerin İskoçya'sında böyle bir karmaşa ya da pisliğin olması mümkün değildi. Hiçbir bomba bunu yaratamazdı. Ve İskoçya'da olduğumuzdan emindim, avludaki insanların aksanları bunu iyiden iyiye şüphe götürmez kılmıştı.

"Selam, Dougal!" diye bağırdı seyislerden biri, en baştaki atın dizginlerini almak üzere ona doğru koşarken. "Erkencisin, sizi Toplanma zamanından önce beklemiyorduk!"

Küçük grubumuzun lideri eyerinden atladı ve dizginleri bu pis oğlana verdi.

"Selam, şansımız hem iyi hem de kötü gitti. Ağabeyimi görmem lazım. Sen adamlara bakması için Bayan Fitz'i çağırır mısın? Kahvaltı ve yatağa ihtiyaçları var."

Murtagh ve Rupert'a kendisine eşlik etmelerini işaret etti ve birlikte kemerli yoldan ilerleyip gözden kayboldular.

Biz de atlarımızdan indik ve ıslak avluda bir on dakika kadar daha, artık her kimse, Bayan Fitz'in ortaya çıkmasını bekledik. Bir sürü meraklı çocuk etrafımıza toplandı, benim ne olduğumu ve orada ne yaptığımı merak ediyorlardı. Daha cesur olanları yaklaşıp eteğimi çekiştirmeye başladıkları sırada, sade, koyu kahverengi kıyafetler giymiş olan şişman, iri yarı bir kadın ortaya çıktı ve hepsini kovaladı.

"Willy, canım benim!" diye bağırdı. "Seni görmek ne kadar güzel! Seni de Neddie!" Kısa boylu kel adama onu yere düşürecek bir sertlikte sarıldı ve onu öptü. "İyi bir kahvaltıya ihtiyacınız olduğunu düşünüyorum. Mutfak dolu, hadi gidin ve karnınızı doyurun." Jamie ile benim bulunduğum tarafa dönünce yılan ısırmış gibi zıpladı. Ağzı açık bir şekilde bir süre bana baktıktan sonra bu durumun açıklamasını öğrenmek amacıyla Jamie'ye döndü.

"Bu Claire," dedi Jamie, başıyla beni göstererek. "Ve bu da Bayan FitzGibbons," diye devam etti, bu kez başıyla onu işaret ediyordu. "Murtagh onu dün buldu ve Dougal onun bizimle birlikte gelmesi gerektiğine karar verdi." Bu açıklamasıyla kızılması gereken kişinin kendisi olmadığını gayet açık bir şekilde anlatmıştı.

Bayan FitzGibbons açık kalmış ağzını kapattı ve cin gibi bakışlarıyla beni yukarıdan aşağıya süzdü. Benim o garip ve skandal yaratabilecek kostümüme rağmen yeterince zararsız olduğuma karar vermiş olacak ki gülümsedi - eksik birkaç dişine rağmen yine de kibar bir gülümsemeydi bu ve koluma girdi.

"Pekâlâ, Claire. Hoş geldin. Hadi benimle gel ve senin için daha..." Kısa eteğime ve yetersiz görünen ayakkabılarıma bakarak başını olumsuz bir tavırla iki yana salladı.

Beni hızla oradan uzaklaştırmaya başladığı anda aklıma hastam geldi.

"Ah, durun lütfen, Jamie'yi unuttum!"

Bayan FitzGibbons şaşırmıştı. "Neden? O kendi başının çaresine bakamıyor mu? O yemeği nerede yiyeceğini ve ona kimin yatak verebileceğini biliyor."

"Ama o yaralı. Dün vuruldu, gece de bıçaklandı. Ata binebilmesi için yaralarını sardım ama yarasını temizleyip daha düzgün sarma imkânım yoktu. Enfeksiyon kapmadan bir an önce baksam iyi olur."

"Enfeksiyon mu?"

"Evet, yani iltihaplanmadan ve onu ateşlendirmeden önce demek istiyorum."

"Ah, neden bahsettiğini anladım. Yani bunun olmaması için ne yapman gerektiğini bildiğini mi söylüyorsun? Büyücü müsün? Yoksa bir Beaton musun?

"Onun gibi bir şey." Beaton'un ne olabileceği hakkında hiçbir fikrim yoktu, şu an burada durup eğitimim hakkında konuşmak gibi bir niyetim de yoktu çünkü hava çok soğuktu. Bayan FitzGibbons akıllı bir kadına benziyordu, hemen dönüp aksi yöne doğru ilerlemeye başlayan Jamie'yi çağırdı, onun da koluna girdi ve bizi kaleden içeri soktu.

Kafes camlardan içeriye sızan hafif ışıkla aydınlanan dar ve soğuk koridorlarda uzun bir yol aldıktan sonra içerisinde bir yatak, birkaç tabure ve en önemlisi ateş olan büyükçe bir odaya girdik.

Ellerimi ısıtabilmek için kısa bir süre hastamla ilgilenmedim. Bayan FitzGibbons bu soğuğa alışıktı, Jamie'yi ateşin önüne bir tabureye oturttuktan sonra onun paramparça olan gömleğini çıkardı. Yatağın üzerindeki şallardan birini omuzlarına koydu. Onun şişmiş ve morarmış omzuna, sonra da benim eteğime baktı ve gülmeye başladı.

Onlara döndüm. "Onu iyice ıslatarak oradan çıkarmalıyız ve ardından yarayı ateşlenmesini engelleyecek bir solüsyonla temizlemeliyiz."

Bayan FitzGibbons tam bir hemşire gibi konuştu. "Bunun için nelere ihtiyacın var?"

Düşünmeye başladım. Bu insanlar antibiyotikler bulunmadan önce yaranın enfeksiyon kapmasını nasıl engelliyorlardı? Ayrıca o karışımlar için gerekli olan şeyler daha şafak sökmek üzereyken bu ilkel İskoç kalesinde bulunur muydu?

"Sarımsak!" dedim zafer kazanmış gibi. "Sarımsak ve eğer varsa hamamelis. Temiz bezler ve su kaynatmak için de bir çaydanlık."

"Tamam, bunları bulmak kolay... Belki biraz da karakafes otu... Biraz Boneset ya da papatya çayı da hazırlayalım mı? Delikanlı çok uzun bir gece geçirmiş gibi görünüyor."

Genç adam yorgunluktan sallanıyordu ve o cansız bir varlıkmış gibi yanında onun hakkında konuşmamızdan sıkılmıştı.

Bayan FitzGibbons kısa bir süre sonra bir önlük dolusu sarımsak, kurutulmuş otlarla dolu bir bez torba ve eski bir ketenden kesilmiş kumaş parçalarıyla geri döndü. Tombul kollarından birine küçük siyah bir çaydanlık geçirmişti, diğer elinde de kocaman bir su damacanası vardı, ters dönmüş bir kaza benziyordu.

"Evet, canım şimdi ne yapmamı istiyorsun?" diye sordu şeker bir sesle. Ben paketlerdeki otları incelerken ondan suyu kaynatmasını ve sarımsakları ayıklamasını istedim. Hamamelis, boneset ve karakafes otu vardı, kiraz sapı olarak tanımladığım bir şey daha vardı.

"Ağrıkesici," diye söylendim kendi kendime mutlulukla. Bay Crook'un o gün anlattıklarını hatırlamıştım bir anda. Evet, buna da ihtiyacımız vardı.

Kaynamakta olan suya birkaç baş sarımsak, hamamelis ve kumaş parçalarını attım. Diğer otlarda ateşin üzerindeki başka bir kapta kaynamaktaydılar. Bu hazırlıklar beni oyalamayı başarmıştı. Nerede olduğumu, niye burada olduğumu bilmeyebilirdim ama en azından önümüzdeki on beş dakika içerisinde neler yapmam gerektiğini biliyordum.

"Çok teşekkür ederim, Bayan FitzGibbons," dedim büyük bir saygıyla. "Eğer yapacak başka işleriniz varsa bundan sonrasıyla tek başıma başa çıkabilirim." Dev kadın bir anda gülmeye başladı, kocaman göğüsleri zıplayıp duruyordu.

"Ah, kızım! Elbette yapacağım işler var. Sana biraz et suyu göndereceğim. Eğer başka bir şeye ihtiyacın olursa bağır." Daha sonra ondan beklenemeyecek bir süratle kapıya doğru ilerledi ve gözden kayboldu.

Sargıları büyük bir dikkatle çıkarmaya çalıştım. Suni ipek yaraya yapışmıştı ve çıkarırken kuru kan çıtırtıları geliyordu.

Yaranın bir takım yerlerinden temiz kan da akmaya başlamıştı, canını acıttığım için ondan özür diledim. O gıkını bile çıkarmadan öylece oturuyordu.

Hafifçe gülümsedi, bunun içinde küçük bir flörtleşme de var gibiydi. "Canını sıkma. Canımın çok daha fazla acıdığı zamanlar oldu, hem bunu yapanlar senin kadar güzel de değildi." Yarasını sarımsak karışımı ile daha rahat yıkayabilmem için öne eğilince şal omzundan kaydı.

Bir anda her şeyi gördüm, kompliman yapmış olabilirdi ama ağzından çıkan sözler tamamıyla gerçeği anlatıyordu, evet canı çok acıtılmıştı. Sırtı bir sürü izle doluydu. Hunharca kamçılanmıştı, hem de bir kereden çok daha fazla. Kamçının üst üste geldiği yerlerde artık çok belirgin izler oluşmuştu, buradaki doku zedelenmiş ve kaslara kadar soyulmuştu. Kabuk bağlamış yerler de vardı.

Bir savaş hemşiresi olarak bugüne kadar pek çok yara ve yaralanmaya şahit olmuştum ama bu yaralar zalimliğin belirtisiydi ve bunu hazmetmem zor olmuştu. Yaralara bakarken nefesimi tutmuş olmalıydım ki bunun sebebini öğrenmek için başını çevirdi ve bakışlarımı yakaladı. Diğer omzunu silkti.

"Kırmızı urbalılar. Aynı hafta içinde beni iki kez kamçıladılar. Ben aslında bunu aynı günde iki kez yapmalarını beklemiştim ama ölmemden korktular sanırım. Ne de olsa ölü bir adamı kamçılamanın pek keyfi yoktur."

Sırtını temizlerken konuşmaya başladım sesimin düzgün çıkması için büyük çaba sarf ediyordum. "İnsanların eğlenmek için böyle bir şey yapabileceğini sanmıyorum."

"Öyle mi? Sen daha onunla tanışmadın."

"Kiminle?"

"Sırtımı bu hale getiren kırmızı urbalıların komutanıyla... Eğlenmediyse bile yaptığı işin sonuçlarını görmek onu çok keyiflendirmişti. Benden daha keyifli olduğu kesin," dedi alaycı bir sesle. "Adamın adı Randall."

"Randall!" Sesimdeki şaşkınlığı yok edememiştim. Mavi gözleri üzerime kenetlendi.

"Bu adamı tanıyor musun?" Sesi şüpheyle doluydu.

"Hayır, hayır sadece uzun bir zaman önce o ailenin adını duymuştum." Heyecandan elimdeki bezi düşürmüştüm.

"Lanet olsun, şimdi bunu yeniden kaynatmak zorundayım." Onu yerden alıp yeniden ateşin yanına ilerledim, şaşkınlığımı iş yaparak örtbas etmeye çalışıyordum. Düklerden takdirnameler alan, savaşlarda yiğitlikler yapmış olan ve kayıtlara geçen bu Komutan Randall gerçekten de Frank'in atalarından biri olabilir miydi? Eğer öyleyse benim yumuşak ve nazik Frank'imle akraba olan birisi bu delikanlının sırtını bu hale getirecek kadar zalim olabilir miydi?

Ateşin başında kaynayan suya biraz daha sarımsak ve hamamelis atarak oyalandım. Sesimi ve ifademi kontrol altına alabileceğimi hissettiğim anda elime yeni bir bez alıp Jamie'ye döndüm.

"Neden kamçılandın?"

Bu hiç de nazik bir soru değildi ama bunun sebebini gerçekten öğrenmek istiyordum ve nazik cümleler kuramayacak kadar yorgundum.

Derin bir nefes aldı ve temizlemekte olduğum omzunu oynattı. O da çok yorgundu, ne kadar nazik olmaya çalışırsam çalışayım canını acıtıyordum.

"İlki kaçtığım içindi, ikincisi ise hırsızlık, yani en azından cezamın okunduğu kâğıtta öyle yazıyordu."

"Neden kaçıyordun?"

"İngilizlerden," dedi alaycı bir tavırla kaşlarını kaldırırken. "Nerden olduğunu sormak istiyorsan, William Kalesi'nden..."

"Anladığım kadarıyla orası İngilizlerin," dedim, tonlamasından çıkardığım şey buydu. "Peki, sen orada ne yapıyordun?"

Sağlam eliyle alnını ovaladı. "Ah, o mu? Sanırım işgal."

"İşgal, hırsızlık ve firar... Oldukça tehlikeli biri gibi görünmeye başladın," dedim, dikkatini başka yöne çekmeye çalışıyordum.

Bu işe yaradı, omzunun üzerinden bana doğru bakarken mavi gözleri parladı ve dudağının kenarı yukarı doğru kıvrıldı.

"Ah, evet, öyleyim," dedi. "Sen bir İngilizsin ve benimle aynı odada bulunuyorsun, bu büyük bir cesaret."

"Şu an yeterince zararsız biri gibi duruyorsun." Bu sözlerim hiç de gerçeği yansıtmıyordu. Çıplak teninden gelen kan kokusu, yaraları, uzun gece yolculuğu nedeniyle kızarmış gözkapakları ve uzamış sakallarıyla tam bir zebaniye benziyordu. Yorgunluğu, gerektiği anda ortalığı cehenneme çevirebilme kapasitesini azaltmıyordu.

Kahkaha attı, bu beklenmedik bir neşeydi.

"Serbest bırakılmış bir güvercin kadar zararsız," diyerek onayladı sözlerimi. "Hiçbir şey için tehlikeli olamayacak kadar açım. Ama bir süre daha yiyecek bir şeyler bulamazsam olacaklardan sorumlu değilim. Ah!"

"Üzgünüm, yara çok derin ve çok pis."

"İyiyim." Kızıl sakallarının altında iyice beyaza dönmüş teni öyle olmadığını gösteriyordu. Onun dikkatini yeniden sohbet üzerine yoğunlaştırmaya çalıştım.

"İşgal derken neyi kastediyorsun? Bana çok da vahim bir suç gibi görünmedi."

Yeniden derin bir nefes aldı, ben derinlere girdikçe o da dikkatini karyola direğinin üzerindeki oymalara vermeye uğraşıyordu.

"İngilizler buna ne ad verirlerse versinler pek de umurumda değil. Benim açımdan bu ailemi ve evimi korumak anlamına geliyor ve bunları yaparken neredeyse ölüyordum." Dudaklarını birbirine bastırdı, daha fazla anlatmak istemiyor gibiydi. Bir süre düşündükten sonra acıdan kurtulmak için dikkatini başka şeylere vermek zorunda olduğuna karar vererek konuşmaya devam etti.

"Dört yıl kadar önce, William Kalesi'nin çevresindeki mülklerden zorla vergi alınmaya başlandı. Garnizon için yiyecek, ulaşımı sağlamak için at toplamak gibi. İnsanlar bundan pek hoşlanmıyordu ama huzurlu olmak için bunları vermeyi kabul ediyorlardı. Askerler bir subay eşliğinde küçük gruplar halinde dolaşıp yanlarındaki yük arabalarını dolduruyorlardı. Kasım ayında günlerden bir gün bu Komutan Randall L..." bir anda kendini topladı ve beni süzdü, "bizim oturduğumuz yere geldi."

Gözlerimi yaptığım işten ayırmadan başımla onu dinlemekte olduğumu gösteren bir hareket yaptım.

"Onların bu kadar uzağa bulaşmayacaklarını düşünüyorduk, yerimiz kaleden oldukça uzaktı ve oraya ulaşmak kolay değildi ama nasıl olduysa bunu başardılar."

Gözlerini kapattı. "Babam orada yoktu, yan çiftlikteki cenaze törenine gitmişti. Ben de adamlarımla tarladaydım, hasat zamanıydı ve yapılacak bir sürü iş vardı. Kız kardeşim evde yalnızdı. Evde iki ya da üç kadın hizmetli vardı ama onlar kırmızı urbalıları görür görmez üst kata kaçıp yatakların altına saklanmışlardı. Askerlerin şeytan tarafından gönderildiğini düşünmüşlerdi ve bu düşünceleri için onları suçlayamam."

Elimdeki bezi kenara bıraktım. İşin zorlu kısmı bitmişti. Artık yara için bir çeşit merheme ihtiyacımız vardı iyot ya da penisilin yoktu, şu an için elimdekilerle idare etmek zorundaydım bir de sıkıca sargılamam gerekiyordu. Gözleri hâlâ kapalıydı ve ne yaptığım şu an hiç umurunda değildi.

"Eve arka taraftan geldim, ahırdan koşum takımlarını almam gerekiyordu. O sırada evin içinden kız kardeşimin çığlığını duydum."

"Ah!" Mümkün olduğu kadar kısık sesle tepki vermiştim, lafını kesmek istemiyordum. Komutan Randall hakkında mümkün olduğunca çok şey öğrenmek istiyordum ve bu hikâye onun hakkındaki ilk fikrimi pek değiştirmeyecek gibiydi.

"Mutfağa girdiğimde adamlardan ikisi kileri yağmalıyorlardı, çuvallarını un ve tütsülenmiş domuz etiyle dolduruyorlardı. Birini başına vurup yere devirdikten sonra diğerini yakalayıp camdan dışarı fırlattım. Hemen salona gittim Jenny oradaydı ve yanında iki kırmızı urbalı daha vardı. Jenny'nin elbisesi biraz yırtılmıştı, kırmızı urbalıların birinin yüzünde de çizikler vardı.

Gözlerini açtı ve gülümsedi, biraz vahşi bir gülümsemeydi bu. "Soru sormakla vakit kaybetmedim. Hemen üstlerine atladım, Randall odaya girene kadar her şey yolundaydı, sadece iki kişilerdi. Randall silahını Jenny'nin kafasına dayayarak kavgayı bitirmişti. İki adam Jamie'yi yakalayıp bağlamışlardı. Randall tutsağına gülümseyerek, 'Vay, vay burada iki kızgın kedimiz var demek. Üzerinde biraz çalışırsak öfkeni dizginleyebiliriz belki, eğer bu işe yaramazsa seni dokuz canlı başka bir kediyle de tanıştırabiliriz. Ama öbür kedi için uygulayabileceğimiz çok daha başka yöntemlerimiz de var öyle değil mi tatlı kedicik?' dedi."

Jamie yine sustu, çenesi kasılmış gibiydi. "Jenny'nin kollarını arkaya doğru kıvırmış tutuyordu, sonra bıraktı, elini onun elbisesinden içeri sokup göğüslerinin etrafında dolaştırmaya başladı." Sahne gözlerinin önünde belirmiş gibiydi, beklenmedik bir şekilde güldü. "Jenny onun ayağına bastıktan sonra dirseğiyle belinin altında bir yere vurdu. O yerde kıvranırken Jenny döndü ve diziyle onun bacak arasına bir darbe daha vurdu." Çok eğlenirmiş gibi gülmeye devam etti.

"Silahını elinden düşürmüştü, Jenny hemen silaha doğru ilerledi ama beni tutan askerlerden biri ondan çabuk davrandı."

Yarayı sarmıştım ama arkasında durmaya devam ettim, bir elim sağlam omzunun üzerinde duruyordu. Anlatacağı şeyler benim için çok önemliydi ve oradaki varlığımı hatırladığı anda susmasından korkuyordum.

"Randall konuşabilecek duruma gelince adamlarına bizi dışarı çıkarmalarını söyledi. Gömleğimi çıkardıktan sonra beni arabanın arkasına bağladılar. Randall kılıcının tersiyle bana vurmaya başladı. Delirmiş gibiydi ama bu atlatılamayacak bir şey değildi. Canımı acıtmıştı ama bunu uzun süre yapabilmesi pek mümkün değildi."

Artık eğlenmiyordu, elimin altında duran omzu gerilmeye başlamıştı. "Durunca Jenny'ye döndü - askerlerden biri onu tutuyordu - ve ona devam etmesini isteyip istemediğini sordu, istemiyorsa onunla eve girip ona daha iyi bir eğlence sunabilirdi." Omzu atmaya başlamıştı.

"Fazla kıpırdayamıyordum ama ona canımın acımadığını söyledim hatta bağırdım - gerçekten de acımıyordu - ona onlar benim boğazımı kesmeden önce asla içeri gitmemesini söyledim."

"Onu arkamda tutuyorlardı, haliyle ne olup bittiğini göremiyordum ama çıkan sesten Jenny'nin adamın suratına tükürdüğünü anladım. Bunu yapmış olmalı ki adam benim saçlarıma asıldı, başımı geriye doğru çekti ve bıçağını gırtlağıma dayadı. 'Önerini yapmaya karar verdim.' Randall dişlerinin arasından bu sözleri söylerken bıçağı iyice bastırmış ve kan akıtmıştı. Bıçağı görebiliyordum, bu arada kanım arabanın altına damlıyordu." Sesi rüyadaymış gibi çıkıyordu, bunun yorgunluk ve acıdan olduğunu düşündüm, hipnotize edilmiş gibiydi. Benim orada olduğumu hatırladığını bile sanmıyordum artık.

"Kız kardeşime onun şerefinin bu şekilde lekelendiğini görmektense ölmeyi tercih edeceğimi söylemek istedim. Randall bıçağı boğazımdan çekti ve dişlerimin arasına soktu. Hiçbir şey söylemeyi başaramadım." Çeliğin tadı hâlâ ağzındaymış gibi elini ağzına götürüp sildi. Sustu ve gözlerini bir noktaya dikti.

"Sonra ne oldu?" Aslında hiç konuşmamalıydım ama kendimi tutamadım, bilmek zorundaydım.

Bir anda titreyerek kendine geldi, uykudan uyanmış gibiydi, büyük bir yorgunlukla kocaman elini ensesine götürdü.

"Kardeşim onunla birlikte içeri girdi," dedi birdenbire. "Beni öldüreceğini düşünmüştü, belki de haklıydı. Bundan sonra neler olduğunu bilmiyorum. Askerlerden biri başıma tüfeğinin kabzasıyla vurdu. Uyandığımda tavuklarla birlikte arabaya tıkılmıştım, William Kalesi'ne götürülüyordum."

"Anladım," dedim kısık bir sesle. "Çok üzgünüm. Bu senin için çok zor olmalı."

O yine gülümsedi, üzerindeki yorgunluk yok olmuş gibiydi. "Ah, evet. Öylesine uzun bir yolda tavuklarla birlikte gitmek pek hoş bir durum değil." İşimin bittiğini fark etmişti, sargıyı kontrol etmek için omzunu oynattı, sonuç başarılıydı, bana göz kırparak bunu bildirdi.

"Sakın kımıldama!" diye bağırdım panik içinde. "Kesinlikle kıpırdamamalısın. İşin aslında," masada kuru bez kalıp kalmadığına baktım, "kolunu bir yana sabitlemem gerekiyor. Hiç kıpırdamamalı."

Bir daha konuşmadı, yaptığım işin canını acıtmayacağını anladıktan sonra biraz daha rahatladı. Anlattığı korkunç hikâyeden ve birbirimize yapışık durumda yapmış olduğumuz o gece yolculuğunun ardından bu İskoçyalı gence karşı garip bir yakınlık hissetmeye başlamıştım. Kocamdan önce çok erkekle birlikte olmamıştım, ancak birisiyle birlikte olmak sonucunda böylesi bir yakınlık oluşabilirdi, biriyle yatıp hayallerinizi onunkilerle birlikte yoğurmayı başardığınız anda birbirinize karışmayı başarabilirdiniz, bir yorganın altında bilinçsiz bir şekilde yatabilmenin tek yolu buydu. Bu bir çeşit savunma diye düşündüm. İlkel zamanlarda (tıpkı içinde bulunduğumuz gibi diye aklımdan geçirmeden edemedim) birinin yanında uyumak ona olan güveni belirtirdi. Eğer bu güven karşılıklıysa basit bir uyku vücutlarınız birbirine karışmadan da size bu yakınlığı sağlardı.

Kolu sabitleme işi de bitti. Eski keten gömleğini giyerken ona yardım ettim. Ayağa kalktı, sağlam eliyle gömleği eteğinin içine soktu ve eğilip bana gülümsedi.

"Teşekkür ederim, Claire. Elin çok iyi..." Yüzüme dokunmak için elini uzattı ama yarı yolda bunu yapmamasının daha iyi olacağını düşündü ve eli tekrar aşağı düştü. Büyük ihtimalle o da aynı akımı hissetmişti. Anlamsız bir şekilde elimi sallayarak başka yerlere bakmaya başladım.

Gözlerimi odada gezdirmeye başladım; isli bir ocak, dar ve cilasız pencereler, ham meşe mobilyalar vardı. Elektrik yoktu. Halı yoktu. Karyolanın pirinç başları yoktu.

Burası tamamıyla bir on sekizinci yüzyıl kalesiydi. Peki, Frank ne durumdaydı? Ormanda karşılaştığım adam ona çok benziyordu ama Jamie'nin anlattığı Komutan Randall benim kibar, barışsever kocamla alakası olmayan bir adamdı. Ama diğer yandan eğer bu doğruysa - ki artık bunun doğru olabileceğini kendime itiraf etmeye başlamıştım - o her şeye benzeyebilirdi. Bir adam sadece atası olduğu için ona benzemek zorunda değildi.

İşin aslında şu an gerçekten merak ettiğim kişi Frank'ti. Eğer ben on sekizinci yüzyıldaysam o neredeydi? Ben Bayan Baird'in yerine dönmeyince ne yapmıştı? Onu bir daha görebilecek miydim? Frank'i düşünmek son damla olmuştu. O kayadan içeri adım atıp gerçek yaşamla bağlantılarımı kaybettiğim andan beri aşağılanmıştım, tehdit edilmiştim, kaçırılmıştım ve oradan oraya itilip kakılmıştım. Yirmi dört saatten fazla bir zamandır yemek yememiştim, doğru düzgün uyuyamamıştım. Kendimi hâlâ kontrol etmeye çalışıyordum ama dudağım titredi ve her şeye rağmen yaşlar gözlerimden boşalmaya başladı.

Ateşe dönüp yüzümü saklamaya çalıştım ama geç kalmıştım. Jamie elimi tuttu ve nezaketle ne olduğunu sordu. Alevler altın nikâh yüzüğümü aydınlattı ve ben aleni bir şekilde burnumu çeke çeke ağlamaya başladım.

"Ah, ben... Ben iyiyim, bir şey yok, gerçekten... Sadece... Ben... Kocamı..."

"Ah, anladım, dul musun?" Sesi çok samimiydi, ilgisi gerçekti, kontrolümü bütünüyle kaybettim.

"Hayır... Evet... Yani... Ben... Evet, sanırım evet!" Bütün yaşadıklarımdan ve onca yorgunluktan sonra ona dayandım ve isterik bir şekilde ağlamaya devam ettim.

Genç adam çok iyi niyetliydi. Yardım çağırmak ya da geri çekilmek yerine oturdu ve beni kucağına oturtup sağlam koluyla sımsıkı sarıldı. Beni bir yandan kucağında sallıyor, bir yandan da saçlarımı okşayıp kulağıma kendi dilinde bir şeyler mırıldanıyordu. Bir süre tüm korkularıma, kalp kırıklığıma kafamın karışıklığına teslim olarak acı acı ağladıktan sonra yavaş yavaş sakinleşmeye başladım. Jamie bu süre boyunca sırtımı sıvazlayıp ensemi okşadı ve beni göğsüne bastırıp tuttu. Hıçkırıklarım azaldı ve rahatladım, omzunun kıvrımına iyice yerleşmiştim. Artık atlarla arasının bu kadar iyi olmasına şaşırmıyordum, onun kulaklarımın arkasını konuşmadan okşayışını hissediyor, hatta dile getirmediği sözleri duyuyordum. Bir at olsaydım beni istediği yere doğru sürmesine izin verirdim.

Bu saçma düşüncenin aklımdan geçmesiyle birlikte kucağında oturmakta olduğum adamın bütün yaşadıklarına rağmen hâlâ tükenmemiş olduğunu anlamam bir oldu. İşin aslında durum birazdan ikimiz için de çok utanç verici bir hale gelecekti. Öksürerek boğazımı temizledim, gözlerimi elbisemin koluna sildim ve kucağından kalktım.

"Çok özür dilerim... Yani demek istediğim şey... Sana çok

teşekkür ederim ama ben..." Bir yandan saçmalıyordum, bir yandan da ondan kaçıyordum, yüzüm kıpkırmızı olmuştu. O da biraz kızarmıştı ama bundan huzursuz olmamıştı. Elimi tuttu ve beni geri çekti. Başka hiçbir yerime dokunmamaya dikkat ederek eliyle çenemi tuttu ve beni ona bakmaya zorladı.

"Benden korkmana hiç gerek yok," dedi yumuşak bir sesle. "Ben yanında olduğum sürece hiç kimseden korkmana gerek yok." Beni bıraktı ve ateşe döndü.

"Seni sıcak tutacak bir şeylere ihtiyacın var," diyerek büyük bir gerçeği dile getirdi, "ayrıca bir şeyler de yemelisin. Midene girecek bir iki lokma şu an sana her şeyden çok daha iyi gelecek." Et suyunu tek eliyle tabağa koyma çabası beni çok güldürdü, hemen yardımına koştum. Haklıydı, yemeğin yardımı olacaktı. Sessizlik içinde çorbalarımızı yudumlayıp ekmeğimizi yedik, sıcağın ve doymanın tadını çıkarıyorduk.

Sonunda ayağa kalktı ve yere düşmüş şalı oradan alıp yatağın üzerine koyduktan sonra yanıma geldi. "Biraz uyu Claire, çok hırpalandın, birileri seninle konuşmaya kalkışmadan önce uyu."

Garip halimin hatırlatılması pek hoşuma gitmemişti ama artık buna dikkat edecek durumda değildim. Yatağı almak konusundaki itirazlarımı da sürdürecek halim kalmamıştı, hayatımda bu kadar çekici bir görüntü görmediğimi düşünmeye başlamıştım. Jamie bana kendisi için başka bir yerde bir yatak bulabileceğinin güvencesini vermişti. Örtülerin üzerine düştüm, o kapıdan çıkmadan önce uykuya dalmıştım bile.

5

MacKenzie

Uyandığımda sersem gibiydim. Bir şeylerin yolunda olmadığını hayal meyal hatırlar gibiydim ama bunların ne olduğunu hatırlayamıyordum. O kadar derin bir uykuya dalmıştım ki kim olduğumu hatırlamakta bile güçlük çekiyor ve nerede olduğumu daha az merak ediyordum. Ben sıcacıktım ama içinde bulunduğum oda buz gibiydi. Yeniden örtülerin altına gömülmeyi denedim ama beni uyandıran ses kafamı ütülemeye devam ediyordu.

"Hadi kızım! Artık kalkman lazım!" Bu ses durmadan havlayan bir çoban köpeğinin sesine benziyordu, oldukça derin ve hükmedici bir sesti. İsteksiz bir şekilde bir gözümü açınca karşımda kahverengi bir dağ gördüm.

Bu Bayan FitzGibbons'dı. Onu görür görmez bir anda her şeyi hatırladım. Demek olan biten her şey gerçekti.

Örtüye sarınarak yataktan atladım ve son hızla ateşin olduğu yere doğru ilerledim. Bayan FitzGibbons'ın hazırlamış olduğu et suyunu içtim, kendimi, bombardıman sonrası hayatta kalmış bir savaşçı gibi hissediyordum. Bu sırada Bayan FitzGibbons yatağın üzerine bir takım giysiler koyuyordu. Etek ucunda ince bir sıra dantel olan sarımsı keten uzun bir kombinezon, pamuklu bir iç eteği, kahverengi tonlarında iki tane etek ve açık limon sarısı bir korse vardı. Kahverengi çizgili yün çoraplarla, sarı terlikler kıyafeti tamamlıyordu.

İtirazlarımı duymazdan gelerek büyük bir hızla üzerimdeki yetersiz giysileri çıkardı ve yeni giysileri bana giydirdi. Geri çekilerek mutlulukla yaptığı işi seyretti.

"Sarı sana yakıştı yavrum, doğru tahmin etmişim. Kahverengi saçlarına çok yakıştı ve gözünün içindeki altın rengi ortaya çıkardı. Kıpırdama, bir de sarı kurdeleye ihtiyacımız var." Cebini ters yüz etti ve oradan değişik kurdeleler ve birkaç parça takı çıktı.

Karşı koyamayacak haldeydim, onun saçımı tarayıp şekillendirmesine izin verdim. Buklelerimi çuhaçiçeğinden yapılmış kurdeleyle arkadan sımsıkı bağladı, bu arada saçlarımın döneme ve kadına hiç de uygun olmayan omza kadar olan uzunluğunu hiç tasvip etmediğini gıdaklayan bir sesle belirtmişti.

"Ah yavrum, saçını bu kadar kısa keserken aklından ne geçiyordu acaba? Kılık değiştirmeye mi uğraşıyordun? Bazı kadınların uzun yolculuklara çıkarken kadın olduklarının anlaşılmaması ve kırmızı urbalıların onları rahatsız etmemesi için bunu yaptıklarını duymuştum. Hanımların yollarda rahat yolculuk yapabileceği günler de gelecek." Bir yandan konuşuyor bir yandan oramı buramı çekiştirip buklelerimi düzeltmeye devam ediyordu. Sonunda yaptığı işten iyice tatmin oldu.

"Evet, işte oldu. Biraz daha bir şeyler yiyebilmek için oldukça az zamanın var, sonra seni ona götürmem gerekiyor."

"O da kim?" dedim. Bu sözlerimin nasıl duyulduğu umurumda bile değildi. Bu O her kimse, bana oldukça zor sorular yöneltecekti.

"MacKenzie tabi ki. Başka kim olabilir ki?"

E, başka kim olabilirdi ki? Leoch Kalesi'ndeydik, burası MacKenzie klanının arazilerinin tam ortasındaydı, bir sis perdesinin ardından bunu hatırlayabildim. Bu klanın reisi hâlâ MacKenzie'ydi. Küçük süvari grubumun buraya bir an önce varabilmek için gece boyunca yol alma sebebini şimdi anlamıştım, burası Kraliyet adamlarının onlara dokunamayacağı, son derece güvenli bir bölgeydi. Kafası çalışan hiçbir İngiliz subayı adamlarını bu klan arazilerine yönlendirmezdi. Hiçbiri, adamlarının ilk ağaçlık alanda pusuya düşürülme riskini göze almazdı. Ancak büyük bir ordu bu kapılara kadar ilerleyebilirdi. Bir yandan da tarihte İngiliz ordularından birinin buraya yaklaşmayı başarıp başarmadığını hatırlamaya çalışıyordum, bu kale beklenmedik bir şekilde hayatımda ve yakın geleceğimde önemli bir role sahip olmuştu.

Bayan FitzGibbons'ın kahvaltı etmem için getirmiş olduğu küçük ekmekleri ve yulaf lapasını yiyebilecek durumda değildim, kendime biraz daha düşünebilme zamanı kazanmak için ekmekleri ufaladım ve lapayı yiyormuş taklidi yaptım. Bayan Fitz beni MacKenzie'ye götürmek üzere geri geldiğinde ben de kabaca bir plan oluşturmuştum.

Reis beni merdivenlerle çıkılan bir odada kabul etti. Burası kule odalarından biriydi, eğimli duvarlarına halılar ve resimler asılmıştı. Kalenin diğer bölümleri oldukça sade ve rahat döşenmişti, bu oda ise mobilyalar ve süs eşyalarıyla tıka basa doluydu. Dışarıda yağmur çiselemesine rağmen oda sıcacıktı ve her yerde mumlar yanıyordu. Kalenin dış duvarlarına bakan pencerelerin tümü küçüktü ama buradaki pencereler iç duvarda yer aldıkları için oldukça büyük ve gün ışığını içeri alacak büyüklükteydiler.

Odaya girer girmez dikkatimi çeken ilk şey duvarların eğimine uyacak şekilde tasarlanmış yerden tavana kadar uzanan mükemmel metal kafes oldu. Bunun içinde sakalar, kiraz kuşları, baştankaralar ve birkaç çeşit ötleğen kuşu bulunuyordu. Kafese biraz daha yaklaşınca bu tombul vücutların ve boncuk gibi parlayan gözlerin kafesin dibine özenle yerleştirilmiş hasır kaplı seramik çömleklerin içine dikilmiş meşe, kestane ve karaağaç yapraklarının arasında birer mücevher gibi durduklarını gördüm. Kuşlar neşe içinde kanatlarını çırparken bu yapraklar oynaşıyor ve onlar da mutlulukla oradan oraya uçuşuyorlardı.

"Küçük şeylerle mutlu oluyorlar öyle değil mi?" Arkamdan oldukça derin ve etkileyici bir ses gelmişti. Ona doğru dönerken yüzüme yerleştirdiğim gülümseme bir anda donuverdi.

Colum MacKenzie'nin alnı da kardeşi Dougal gibi genişti. Dougal'a korkunç bir hava kazandıran o yaşam gücü onda da vardı ama bu daha yumuşatılmış ve daha insani bir görünüm kazanmıştı, diğerininki kadar vahşi değildi. Gözleri daha koyuydu, ela değildi daha grimsi tonlardaydı. İnsana yaklaştıkça karşısındakini ele geçiren bir elektriğe sahip olmasına rağmen kendimi daha rahat hissediyordum. Tam bunu düşünmeye başladığım sırada bir anda bir şok yaşadım, bu güzel yüz ve muhteşem vücudun altında kısacık yamuk bacaklar vardı ve adam benim omzuma bile gelmiyordu.

Adam çok zekice bir taktikle gözlerini kuşlardan ayırmayarak bana kendimi toparlamam için zaman tanıdı. Onunla ilk kez karşılaşan insanların gösterdiği tepkiye çoktan alışmış olmalıydı. Odayı incelemeye devam ederken onun ne sıklıkta yeni insanlarla tanıştığını merak etmeye başladım. Burası dış dünyaya kapalı bir sığınağa benziyordu.

"Size hoş geldiniz demek isterim hanımefendi," diyerek önümde hafifçe eğildi. "Benim adım Colum ban Campbell MacKenzie, kalenin sahibiyim. Kardeşimin anlattıklarına göre buralardan epey uzak bir yerde karşılaşmışsınız."

"O beni kaçırdı, belki de bunu bilmek istersiniz," dedim. Aslında bu konuşmayı dostça bir tavırla sürdürmek istiyordum ama bir an önce de buradan ayrılıp bu işe başladığım noktaya, dikilitaşların oraya dönmek istiyordum. Bana ne olduysa bunun cevabı orada yatıyordu, tabii öyle bir yer hâlâ varsa...

Şefin kalın kaşları hafifçe yukarı kalktı ve şekilli dudakları hafif bir gülümsemeyle kıvrıldı.

"Evet, doğrusunu söylemek gerekirse," diye söze başladı beni onaylar gibi. "Dougal zaman zaman biraz düşüncesizce hareketler yapabiliyor."

"Her neyse." Bu konunun geçmiş zamanda kaldığını belirtir bir şekilde elimi salladım. "Bunun bir yanlış anlaşılmadan kaynaklandığını kabul etmeye hazırım. Ama beni bir an önce bulduğu yere geri götürmesini istiyorum."

"Hımm..." Kaşları hâlâ havadaydı, bana iskemleyi gösterdi. İstemeyerek de olsa oturdum, bir yandan da başıyla hizmetlilerden birine bir hareket yaptı ve adam yavaşça kapıya yöneldi.

"Onu bize bir şeyler getirmesi için yolladım Bayan...Beauchamp, doğru söyledim, değil mi? Kardeşimin ve adamlarının sizi bulduğu anda başınızın dertte olduğunu sanıyorum." Gülmesini engellemeye çalışıyordu, ona çıplaklığımın ne şekilde anlatıldığını çözmeye çalıştım.

Derin bir nefes aldım. Her şeyi açıklama zamanı gelmişti. Bir yandan bunu düşünüyor bir yandan da Frank'in bir zamanlar sorgulanma teknikleri ile ilgili aldığı kurs sırasında bana anlattıklarını hatırlıyordum. Burada hatırlayabildiğim kadarıyla başlıca kural mümkün olduğunca doğruyu söylemekti, sadece çok gizli olan detaylar değiştirilmeliydi. Eğitmenleri, ana hikâyeyi değiştirmek ya da yeniden bir hikâye yazmak insanın şansını azaltır demişti. Şimdi bunun ne kadar etkili bir yöntem olduğunu görecektik.

"Pekâlâ, saldırıya uğramıştım."

Başını salladı, yüzü ilgiyle aydınlanmıştı. "Anladım, size saldıran kimdi?"

Doğruyu söyledim. "İngiliz askerleri. İşin aslında Randall adında bir adam."

Bu adı duyar duymaz adamın asil yüzü değişiverdi. Hâlâ ilgiyle beni dinlermiş gibi duruyordu ama dudaklarının kenarında derinleşen çizgiler ve duruşlarındaki değişiklik bu ismi çok iyi bildiğini gösteriyordu. MacKenzieler'in reisi biraz daha arkasına yaslandı ve ellerini yüzünün önünde birleştirdi. Ellerinin arkasından beni izlemeye devam ediyordu.

"Anladım, biraz daha anlatın."

Anlatmaya başladım. İskoçlarla Randall'ın adamlarının arasındaki karşılaşmayı detaylarıyla anlattım. Bunu zaten Dougal'dan kontrol edebilirdi. Randall'la aramda geçen konuşmayı ana hatlarıyla anlattım, Murtagh'ın ne kadarına tanık olduğunu bilmiyordum.

Büyük bir dikkatle beni dinlemeye devam etti.

"Bunu da anladım ama oraya nasıl gittiniz? Orası Inverness yolundan hayli uzak, oradan gemiye bineceğinizi söylemiştiniz sanırım." Başımla onaylayarak derin bir nefes daha aldım.

İşte şimdi hikâyenin yaratıcı kısmına gelmiştik. Keşke Frank'in eşkıyalar hakkında anlattıklarını daha dikkatli bir şekilde dinlemiş olsaydım diye düşünmeden edemedim ama elimden gelenin en iyisini yapacaktım. Ben Oxfordshire'den dul bir kadınım (şu an için bu pek de yalan sayılmazdı), diye başladım. Uşağımla birlikte Fransa'daki akrabalarımı ziyarete gitmek için (bu da oldukça güvenli bir seçimdi) yola çıkmıştım. Eşkıyalar yolumuzu kesmişti, uşağım ya öldürülmüştü ya da kaçmıştı bilmiyordum. Ben atımla ağaçların arasına kaçmıştım ama beni kısa sürede bulmuşlardı. Onlardan bir kez daha kaçmayı başarmıştım ama atımı ve eşyalarımı orada bırakmak zorunda kalmıştım. Ormanda dolanırken de Komutan Randall ve adamlarına yakalanmıştım.

Uydurduğum hikâyeden hoşnut kalmıştım, arkama yaslandım. Basit ve pek çok noktası kontrol edilebilir bir hikâyeydi. Colum'un yüzünde kibar bir ilgiden başka bir ifade belirmemişti. Tam bana bir soru sormak için ağzını açmıştı ki kapı tarafından bir hışırtı geldi. Avluya vardığımızda orada durmakta olan adamlardan birinin elinde deri bir kutuyla orada durduğunu gördüm.

Reis MacKenzie özür dileyerek beni kuşlarla birlikte orada bıraktı ve bu ilginç konuşmaya devam etmek üzere hemen geri döneceğini söyledi.

Kapı onun ardından kapanır kapanmaz kitaplığa ilerledim ve parmaklarımı deri ciltlerin üzerinde gezdirmeye başladım. Bu rafın üzerinde iki düzineden fazla kitap vardı, karşı duvarda bir o kadar daha vardı. Hızla her kitabın ilk sayfasını açmaya başladım. Bazılarının üzerinde basım tarihi yoktu, var olanlarınki de 1720 ile 1742 arasındaydı. Colum MacKenzie lüksü seviyordu ama odanın hiçbir yerinde antika eşya yoktu. Zaten kitapların ciltleri yeniydi, sayfalarında da çatlama ya da sararma yoktu.

Vicdanımın sesine kulak vermeden utanmaz bir tavırla zeytin ağacından yapılmış masanın üzerini ve gözlerini karıştırmaya başladım ama kulağım kapıdaydı.

Aradığım şeyi ortadaki çekmecede buldum. Bu akıcı bir el yazısıyla ama noktalama işaretlerine bakılmaksızın yazılmış garip bir mektuptu, yarım bırakılmıştı. Kâğıt yeni, üzerindeki mürekkep de simsiyahtı. Okunur ya da okunmaz olması üzerindeki tarihi gördüğümde bir anda önemini yitirdi, gözlerim yuvalarından fırlamıştı, bu tarih 20 Nisan 1743'ü gösteriyordu.

Colum birkaç dakika sonra geri döndüğünde konuğunu pencerelerin önünde ellerini kucağında bağlamış otururken buldu. Oturuyordum çünkü bacaklarım beni taşımıyordu. Ellerimi birbirine kavuşturma sebebim de titremelerini gizlemekti, öylesine titriyorlardı ki mektubu yerine koymam çok zor olmuştu.

Elinde, içinde bira kupaları ve ballı yulaflı kekler bulunan bir tepsi vardı. Onları sadece didiklemekle yetindim çünkü şu an midem hiçbir şeyi kaldıracak durumda değildi.

Yokluğundan dolayı kısa bir özür diledikten sonra başıma gelenlere ne kadar üzüldüğünü söyledi. Sonra arkasına yaslandı, beni süzdü ve sonunda sorusunu sordu. "Ben hâlâ kardeşimin adamlarının sizi nasıl bulduklarını merak ediyorum. Eşkıyaların sizi taciz etmeme sebebi, sizin için fidye istemeyi planlamaları olabilir. Hakkında pek çok şey duymuş olmama rağmen İngiliz ordusundan bir subayın bir yolcuya tecavüz etmek isteme alışkanlığı olduğunu duymak beni hayli şaşırttı."

"Öyle mi? Onun hakkında ne duyduğunuzu bilemem ama size bunu yapabilme yeteneğine sahip olduğunu söyleyebilirim," diye hırladım. Hikâyemi planlarken giysilerimin nasıl o hale gelmiş olduğunu da detaylandırmıştım, Murtagh'ın bizi ne kadar zamandır izliyor olduğunu gerçekten bilmiyordum.

"Anladım, maalesef bu mümkün olabilir demek zorundayım. Bu adamın oldukça kötü bir ünü var."

"Mümkün mü? Bu da ne demek? Size anlattıklarıma inanmıyor musunuz?" MacKenzieler'in reisi şüphe eder gibi görünüyordu.

"Size inanmadığımı söylemedim hanımefendi, ama yirmi yıldan fazla bir zaman klan liderliği yapmak bana, bana söylenen her hikâyeye inanmamam gerektiğini öğretti."

"Pekâlâ, size anlattığım kişi olmadığıma inanıyorsanız, hangi lanet olasıca delikten çıktığımı düşünüyorsunuz sorabilir miyim?" diye üsteledim.

Bir an gözlerini kırpıştırdı, kullandığım kelimeler onu şaşırtmıştı. Hemen kendini topladı ve yüzü yeniden kasıldı.

"Bunu, zaman içinde göreceğiz. Bu arada sizi Leoch kalesinde misafirimiz olarak ağırlayacağız." Elini hafifçe havaya kaldırdı, kapının önünde beklemekte olan hizmetli beni odama götürmek üzere yanıma geldi.

Colum bu sözleri sarf etmemişti ama kapı arkamdan kapandığında bu sözler benim kulaklarımda çınlıyordu.

"*Senin kim olduğunu bulana kadar...*"

BÖLÜM 2

Leoch Kalesi

6

Colum'un Toplantısı

Bayan FitzGibbons'ın 'genç Alec' olarak tanıştırdığı küçük çocuk beni akşam yemeğine götürmek üzere geldi. Yemek uzun duvarlara paralel olarak yerleştirilmiş masaların bulunduğu, dar, uzun bir salonda veriliyordu, salonun iki ucunda bulunan kemerlerden içeri ellerinde tepsiler, ekmek tahtaları ve testiler olan hizmetliler giriyor, hızla servis yapıyorlardı. Dar ve yüksek pencerelerden erken yaz güneşinin son huzmeleri içeri giriyordu, ışık yetersiz olduğu için duvarlara asılı meşaleler yakılmıştı.

Pencerelerin aralarında bulunan duvarlara flamalar ve ekose kumaşlar asılmıştı, bu İskoç şalları ve değişik armalar duvarın üzerinde renkli lekeler oluşturmuştu. Yemek için orada toplanmış o kişiler ise bu durumun tam tersine kahverengi ve grilere bürünmüşlerdi. Aralarında açık kahverengi ya da açık yeşil şal kullananlar da vardı.

Alec'in peşinden odanın diğer ucuna doğru ilerlerken bir takım meraklı bakışları sırtımda hissediyordum ama çoğu büyük bir kibarlıkla gözlerini tabaklarından ayırmadı. Bir tören yapar gibiydiler, herkes mutlulukla yemeğini yiyordu, tabakları elden ele geçirerek servise yardımcı oluyorlardı, odanın bir ucunda iki delikanlı kocaman ocakta kuzu çeviriyorlardı. Yemekte kırk kişi kadar vardı, servis yapanlar da on kişi kadardı. Herkes konuşuyordu konuşulan dil çoğunlukla İskoççaydı.

Colum masanın başındaki yerini çoktan almıştı, kavruk bacakları budaklı meşe masanın altında gizliydi. Beni görünce büyük bir nezaketle selamladı ve eliyle soluna, bana eşi Letitia olarak tanıştırdığı tombul, güzel kızıl saçlı kadının yanına oturmamı işaret etti.

"Bu da oğlum Hamish," dedi, bu sırada elini yedi sekiz yaşlarındaki kızıl saçlı, yakışıklı delikanlının omzuna vurdu. Oğlan kısa bir süre için gözlerini tabağından yukarı kaldırıp başıyla beni selamladıktan sonra tabağına bakmaya devam etti.

Oğlan ilgimi çekmişti. O da şu ana kadar gördüğüm MacKenzie erkekleriyle aynı özelliklere sahipti; geniş elmacık kemikleri ve gömük gözlere sahipti. Renkler dışında yanında oturmakta olan amcası Dougal'ın küçük bir kopyasıydı. Dougal'ın diğer yanında iki genç kız oturuyordu, benimle tanıştırılırken kıkırdayıp birbirlerini dürtüklemeye devam ettiler. Onlar da Dougal'ın kızları Margaret ve Eleanor'du.

Dougal servis tabaklarından birini kızlarının kaşıklarından kurtarıp bana uzatırken hafifçe gülümsedi, bu arkadaşça bir gülümsemeydi.

"Kızlar kuralları unuttunuz mu? Önce misafirler!"

Sunulan yemeğin ne olduğunu bilmediğim için boynuz şeklindeki kaşığı biraz tereddütle elime aldım, tepsiye dizilmiş füme ringa balıklarını görünce çok rahatladım.

Bugüne kadar ringa balığını kaşıkla yemeyi hiç denememiştim ama masada çatala benzer bir şey yoktu. Bir kenarı keskin kaşıkları kullanmaları için bile daha birkaç yıla ihtiyaçları olduğunu hayal meyal hatırlayıverdim.

Masada yemek yemekte olanlara baktığımda kaşığın yetersiz olduğu yerlerde kamalarını kullanmakta olduklarını gördüm. Benim kamam yoktu, dikkatlice ve uzun uzun çiğneme kararı vererek balıklardan birine yumulmak üzereyken Hamish'in beni suçlarmış gibi bakan koyu mavi gözleriyle karşılaştım.

"Henüz duanı etmedin," dedi ciddi bir suratla, kaşlarını da çatmıştı. Beni dinsiz bir putperest ya da ahlaksız biri gibi gördüğü aşikârdı.

"Belki bunu sen benim için yaparsın," dedim.

Gözleri şaşkınlıkla açıldı, bir süre düşündükten sonra başını salladı ve ellerini gösterişli bir tavırla birbirine kenetledi. Gözleriyle masada oturan herkesin aynı pozisyona geldiğini kontrol ettikten sonra başını aşağı eğdi. Tatmin olmuş bir şekilde monoton bir sesle duaya başladı.

"Bazıları ete sahiptir ama yiyemez
Bazıları yemek ister ama eti yoktur
Bizim etimiz de yeme gücümüz de var
Sana bunun için teşekkür ederim, Tanrım. Âmin."

Saygıyla kenetlemiş olduğum ellerimin üzerinden Colum'un bana baktığını görünce ona oğlunun soğukkanlılığından hoşlandığımı bildiren bir tavırla gülümsedim. O kendini tuttu ve oldukça ciddi bir suratla oğluna döndü.

"Çok güzeldi oğlum. Ekmeği uzatır mısın?"

Bir süre masadaki konuşmalar sadece yemekle ilgili ricalarla sınırlı kaldı, herkes büyük bir ciddiyetle yemeğini yiyordu. İştahım azalmıştı, bütün olan bitenden sonra içinde bulunduğum koşulları fark edince işin açıkçası ringa balığı gözümdeki önemini yitirmişti. Koyun eti gayet hoştu, üzerine tuzsuz tereyağı sürülmüş ekmek çok lezzetli, taze ve çıtır çıtırdı.

"Umarım Bay Mac Tavish kendini çok daha iyi hissediyordur," dedim nefes almak için durduğum bir sırada. "Onu göremedim."

"Bay Mac Tavish mi?" Letitia'nın mavi gözlerinin üzerindeki güzel kaşları havaya kalkmıştı. Dougal'ın bana baktığını hissettim.

"Genç Jamie," dedi, yeniden elindeki koyun buduna dönmeden önce.

"Jamie mi? Neden, delikanlının nesi var?" Tombul yüzünde endişeli bir ifade belirmişti.

"Belli belirsiz birkaç sıyrık sevgilim," diyerek Colum onu sakinleştirdi. Gözlerini kardeşine dikti. "Gerçekten de o nerede Dougal?" Bu gözlerde hafif bir şüphe vardı, ya da ben öyle hayal etmiştim.

Kardeşi başını tabağından ayırmadan omuzlarını silkti. "Onu yaşlı Alec'e yardım etmesi için ahırlara gönderdim. Olanlardan sonra orasının onun için en iyi yer olduğunu düşündüm." Bakışları ağabeyininkilerle buluştu. "Daha iyi bir fikrin mi var?"

Colum kuşkulu görünüyordu. "Ahırlara mı? Ah, anladım... Ona bu kadar çok mu güveniyorsun?"

Dougal eliyle ağzını sildikten sonra eline bir dilim ekmek aldı. "Eğer benimle aynı fikirde değilsen bunu söyle Colum."

Colum'un dudakları hafifçe kasıldı ama itiraz etmedi. "Hayır, orada başarılı olacağını sanıyorum," dedi yemeğine dönmeden önce.

Benim de bir takım kuşkularım vardı, ahır vurulmuş bir hastaya uygun bir yer değildi ama şu an birlikte olduğum insanlara bunu söylemek istemedim. Yarın sabah delikanlıyı bulup durumunu kendim kontrol etmeye karar verdim.

Pudingi geri çevirdim ve yorgun olduğumu söyleyerek izinlerini istedim. Bu yalan değildi, çok yorgundum ve Colum'un son sözlerine bile dikkatimi doğru düzgün vermedim. "Size iyi geceler, Bayan Beauchamp. Yarın sizi toplantıya getirmesi için birini gönderirim."

Koridorda el yordamıyla yolumu bulmaya çalıştığımı gören hizmetlilerden biri odama kadar yolumu aydınlattı. Mumuyla odamdaki masanın üzerinde duran mumu yaktığı anda duvarlarda bir ışık parladı, bir an mezara konduğumu hissettim. O, odadan ayrılır ayrılmaz camın önündeki işli perdeyi açtım ve içeri hücum eden soğuk havayla birlikte bu duygudan arındım. Olan biteni baştan sona tekrar düşünmeye çalıştım ama beynim buna karşı koydu, sadece uyumak istiyordu. Örtülerin altına girdim, mumu söndürdüm ve ayın yükselişini seyrederken uykuya daldım.

Sabah beni uyandırmaya yine irikıyım Bayan FitzGibbons gelmişti, bu kez bir İskoç hanımefendisine yakışacak makyaj ve süs malzemeleri getirmişti. Kaş ve kirpikleri koyulaştırmak için kurşun fırçalar, susam ve pirinç tozu, bugüne kadar hiç görmediğim ama rastık olduğunu tahmin ettiğim bir çubuk, üzerinde altınla işlenmiş kuğular bulunan çok güzel porselen bir kaba konmuş Fransız allığı.

Bayan FitzGibbons dün getirdiklerine ilave olarak bugün de yeşil çizgili bir etek, ipek bir korse ve sarı İskoç ipliğinden dokunmuş çoraplar da getirmişti. Bunlar dünkülere oranla daha süslü şeylerdi. "Toplantı"nın içeriğinin ne olduğunu bilmiyordum ama orada bugün önemli bir şeyler olacak gibi görünüyordu. İşin aslında kendi giysilerimi giymek için dayanılmaz bir istek duyuyordum ama şişman Rupert'ın giysilerime vermiş olduğu tepkiyi hatırlamam bu fikrimden caymama sebep oldu.

Beni belirsiz bir süre burada tutmaya niyetli olmasına rağmen yine de Colum'dan hoşlanmıştım. Allığımı düzgün bir şekilde sürmeye çabalarken, bunun ne kadar olacağını hep birlikte göreceğiz bakalım, diye düşünmeden edemedim. Dougal tedavi ettiğim genç adamın ahırlarda olduğunu söylemişti. Ahırda atlar bulunurdu, birinin o atlardan birine binip kaçması zor bir iş değildi. Bu "salon" denen yerde işim biter bitmez gidip Jamie Mac Tavish'e bakmaya karar verdim.

Salon denen yer dün akşam yemek yediğimiz yerdi. Şekli değiştirilmişti; masa, sıra ve tabureler duvar kenarlarına çekilmiş, ana masa bulunduğu yerden kaldırılmış ve yerine kocaman oymalı koyu renk ahşap bir koltuk konmuştu. Bu koltuğun üzeri MacKenzieler'e has olduğunu düşündüğüm koyu yeşil ve siyah üzerine açık kırmızı ve beyaz çizgilerle oluşturulmuş ekose bir kumaşla örtülüydü. Duvarlar çobanpüskülleri ile süslenmişti taştan yapılmış bayrakların üzerine de taze hasırotları atılmıştı.

Genç bir gaydacı boş bir iskemlenin arkasında duran gaydayı üflüyor ve nefesini açıyordu. Onun yanında duranların Colum klanının has üyeleri olduğunu tahmin ettim. Duvara yaslanmış, dar pantolon ve bol gömlekli, ince yüzlü bir adam, üzerinde mürekkep hokkası, tüylü kalemler ve kâğıtlar bulunan bir masada oturduğu için yazman gibi bir şey olduğunu düşündüğüm brokar ceketli, küçük kel bir adam, kahverengi İskoç etekleri içinde muhafıza benzeyen iki adam ve bambaşka bir tarafta da hayatımda gördüğüm en iri adamlardan biri vardı.

Bu deve biraz da korkuyla baktım. Kaşlarının hemen üzerinden başlayan gür siyah saçları onlarla neredeyse bir bütündü. Aynı siyah kıllar gömleğinin kıvrık kollarından da dışarı fırlıyordu. Gördüğüm diğer adamların tam tersine bu dev silahlı değildi, sadece çorabının üzerine iliştirilmiş küçük bir bıçağı vardı. Bacağındaki kıvırcık kılların arasında o küçük bıçağı nasıl bulduğunu düşünürken çok eğlendim. Yüz santimden geniş olan belinde kalın deri bir kemer vardı, bu kemere kılıç ya da kama asılı değildi. Bu koca vücuduna rağmen adamın yüzünde son derece şeker bir ifade vardı, onun yanında bir kukla gibi görünen ince yüzlü adamla şakalaşıyordu.

Gaydacı birdenbire çalmaya başladı. Önce kulakları tırmalayan bir ses çıktı, aleti akort eder gibiydi. Kısa bir sürede sesler düzeldi.

Odada otuz ya da kırk kişi vardı. Hepsi bir gece önce yemekteki hallerinden çok daha iyi giyinmiş ve çok daha bakımlıydılar. Bütün başlar salonun bir ucuna çevrildikten sonra müzik durdu, Colum birkaç adım arkasından gelmekte olan Dougal'la birlikte içeri girdi.

MacKenzieler'in ikisi de çok hoş giyinmişti. İkisinde de koyu yeşil İskoç eteği vardı, ceketlerinin kesimi çok güzeldi, Colum'un ki açık yeşil, Dougal'ın ki kızıl kahveydi. İkisinin de üzerinde şalları vardı ve bu şallar mükemmel taşlı broşlarla omuzlarına sabitlenmişti. Colum siyah kıvırcık saçlarını bugün özenle yağlayıp omuzlarının üzerine salmıştı. Dougal'ın saçları her zamanki gibi topluydu, bugün ceketiyle aynı renk saten bir bant takmıştı.

Colum iki yanda duran misafirleri başıyla selamlayarak salon boyunca yavaş yavaş yürüdü. Salonun öbür ucunda onun koltuğunun tam arkasında bir kemer daha bulunuyordu. Yani istese salona oradan da girebilirdi. Demek ki bu uzun yolu güdük bacaklarıyla paytak paytak yürümesi bilinçli olarak planlanmıştı. Onun tam aksi olan muhteşem vücutlu genç erkek kardeşinin de başını sağa sola çevirmeden dümdüz onun arkasında yürüyüp onun koltuğunun hemen arkasında ayakta durması da aynı plana dâhildi.

Colum yerine oturdu, biraz bekledikten sonra bir elini havaya kaldırdı. Gayda sesi hafif bir iniltiyle son buldu ve "Toplantı" başladı.

Bunun Leoch Kalesi'nde belirli aralıklarda yapılan olağan toplantılardan biri olduğunu anladım. Burada toprak sahibi, kiracıları ve çalışanları arasında gereken adaleti dağıtmak ve ortaya çıkan sorunları çözmekle yükümlüydü. Belirli bir gündem vardı ve benim yazman olarak gördüğüm kel adam konuları ve onlarla ilgili isimleri okudukça adamlar sırayla öne geliyorlardı.

Bazı davalarda İngilizce konuşuluyordu ama çoğu İskoçça halledildi. Konuşmaların yanı sıra ayak vurmalar ve göz devirmeler de bu davalarda bayağı önem kazanmıştı. Katılımcıların bu tavırları yüzünden bazen davaların ne kadar ciddi olduğunu anlamak güçleşiyordu.

Komşusunu cinayetten aşağı kalır bir yanı olmayan kundakçılık ve karısını çalmakla suçlamakta olan eteğinin üzerine güve yenikleriyle dolu porsuk kürkünden kocaman torba takmış olan adamın neredeyse haklı olduğuna inanmaya başladığım bir anda Colum kaşlarını kaldırıp İskoçça bir şeyler söyledi ve davalıyla davacı bir anda kahkahalara boğuldular. Finalde davacı gözlerini silerek başını salladı ve davalıyla el sıkıştı, yazman kâğıda hızla bir şeyler yazdı ve kalemden tebeşirin tahta üzerinde çıkarttığı gıcırtılar çıktı.

Ben gündemde beşinci sıradaydım. Bu sıralamanın kaledeki varlığımın önemini diğerlerine bildirmek amacıyla bilinçli bir şekilde yapıldığını düşündüm.

Benim anlayabilmem için sunum İngilizce yapıldı.

"Bayan Beauchamp öne çıkar mısınız lütfen?" dedi yazman.

Colum'un önündeki boşluğa giderken Bayan FitzGibbons beni tombul elleriyle ittirince neredeyse düşüyordum, benden önce oraya çıkan kadınlardan gördüğümü uygulayamaya çalışarak beceriksizce bir reverans yaptım. Bana verilmiş ayakkabıların sağı solu yoktu ve dikdörtgen şeklinde kesilmiş iki deriden oluşuyorlardı. Onlarla güzel görünen bir hareket yapabilmek nerdeyse imkânsızdı. Ben önüne geldiğimde Colum koltuğundan ayağa kalkarak beni onurlandırdı ve bu hareket kalabalığın büyük ilgisini çekti. Yüzüstü yere düşmemem için bana elini uzattı.

İçimden ayağımdaki terliklere küfür ederek reveransımdan doğrulduğum anda Dougal'ın göğsüyle burun buruna geldim. Anladığım kadarıyla beni esir alan kişi olarak formalite gereği beni karşılayan ya da orada benden sorumlu olan kişinin de - bu bakış açısına göre değişiyordu - o olması gerekiyordu. İki kardeşin beni nasıl ve ne şekilde sunmaya karar verdiklerini çok merak ediyordum.

"Efendim," dedi Dougal, Colum'un önünde saygıyla eğildikten sonra. "Yardımımızı isteyerek bize sığınan bu kadın için sizin merhamet ve hoşgörünüze ihtiyacımız var. Oxfordlu bir İngiliz olan Bayan Claire Beauchamp eşkıyaların saldırısına uğramış ve yanındaki hizmetlisini bu saldırı sırasında kaybetmiştir, ben ve adamlarım tarafından arazinizin ormanlarında dolaşırken bulunmuştur. Kendisinin," durdu ve dudaklarını şüpheci bir tavırla büzdü, "İngiliz akrabalarının bulunup sağlıklı bir şekilde oraya ulaştırılana kadar Leoch Kalesi'nde misafir edilmesini rica ediyoruz."

"İngiliz" sözcüğünün üzerine yaptığı özel vurgulamayı benim ve salonda bulunanların fark etmemesi mümkün değildi. Bunun sonucunda bana hoşgörü gösterilecekti ama aynı zamanda da hep zan altında olacaktım. Oysa beni "Fransız" olarak tanıtsaydı, bir dost ya da önemsiz biri olarak algılanacaktım. Bu kaleden dışarı çıkmak umduğumdan çok daha zor olacaktı.

Colum büyük bir alçakgönüllülükle önümde eğildi, bu sıcak hareketi sözcüklerden çok daha etkileyiciydi. Ben de bir kez daha reverans yaptıktan sonra, bu seferki daha başarılıydı, dost ya da değil ama kesinlikle meraklı bakışlar arasında yerime geri döndüm.

Bu ana kadar bütün davalar onları ilgilendiren gruplar arasında geçmiş ve onların ilgisini çekmişti. Sıralarını bekleyenler ise kendi aralarında sohbet ederek beklemişlerdi. Benim ortaya çıkmamla birlikte bütün gözler bana dönmüş ve mırıltılar yükselmişti, sanırım bunlar durumu onaylama mırıltılarıydı.

Şimdi salonda büyük bir heyecan yaşanıyordu. İri yarı bir adam bir kızı sürükleyerek ortaya çıkardı. Kız on altı yaşlarındaydı, sarı saçlarını mavi bir kurdeleyle toplamıştı, güzel yüzü asılmıştı. Kız ortadaki boşluğa gelince tökezledi, tek başına duruyordu. Onu ortaya çıkaran adam arkasında durmuş İskoçça bir şeyler anlatırken ellerini sallayarak onu gösteriyor ve bir takım suçlamalarda bulunuyordu. O konuşurken kalabalıktan mırıltılar yükselmeye başladı.

Bayan FitzGibbons o koca cüssesini taşıyabilecek bir tabureye oturmuş, ilgiyle öne eğilmişti. Ben de ona doğru eğilip kulağına fısıldadım. "O ne yapmış?"

Bu kocaman kadın gözlerini baktığı noktadan ayırmadan dudaklarının arasından bana cevap verdi. "Babası onu gevşek davranmakla suçluyor, kendi izni olmadan genç adamlarla kırıştırıyormuş," diye fısıldadı taburesinde geriye kaykılarak. "Babası onun bu başkaldırısının MacKenzie tarafından cezalandırılmasını istiyor."

"Cezalandırılma mı? Nasıl?" diye fısıldadım, elimden geldiğince sessiz olmaya çalışıyordum.

"Şişt."

Bütün dikkat ortada durup babayla kızı seyretmekte olan Colum'un üzerinde toplanmıştı. Bir süre daha onları süzdükten sonra konuşmaya başladı. Kaşlarını çatmıştı, parmaklarıyla koltuğun koluna vuruyordu, kalabalıkta bir kaynaşma oldu.

"Karar verdi," diye gereksiz bir açıklama yaptı FitzGibbons. Verdiği karar gayet gözle görülebilir durumdaydı; dev adam ilk kez kıpırdamış ve ağır hareketlerle belindeki deri kemeri çözmeye başlamıştı. İki muhafız korku içindeki kızı kollarından tutmuş ve sırtını babası ve Colum'a bakacak şekilde çevirmişlerdi. Kız ağlamaya başladı ama yalvarmak gibi bir şey yapmadı. Kalabalık toplu bir infazı ya da sokakta olmuş bir kazayı izler gibi heyecanla bekliyordu. Birdenbire kalabalığın arkasından ortadaki homurtuyu bastırabilecek yükseklikte bir ses duyuldu, biri İskoçça bir şeyler söylüyordu.

Bütün başlar sesin geldiği yere döndü. Bayan FitzGibbons görebilmek için olduğu yerde doğruldu hatta parmak uçlarında yükseldi. Ne söylendiğini anlamıyordum ama bu sesi tanıyordum; hem tok hem yumuşak, sona gelen sesli harfleri sert bir şekilde söyleyerek konuşan bu sesi...

Kalabalık iki yana açıldı ve Jamie Mac Tavish ortaya geldi. MacKenzie'nin önünde saygıyla başını eğdikten sonra konuşmasına devam etti. Söylediği şeyler bir tartışmaya yol açmıştı. Colum, Dougal, küçük yazman ve kızın babası hep bir ağızdan konuşuyorlardı.

"Ne oluyor?" dedim yeniden Bayan Fitz'e. Hastamın yüzü hâlâ biraz beyazdı ama onu son gördüğümden çok daha iyi durumdaydı. Bir yerlerden temiz bir gömlek de bulmuştu, gömleğin boşta kalan sağ kolunu eteğinin beline sokmuştu.

Bayan Fitz olanları büyük bir ilgiyle izlemeye devam ediyordu.

"Delikanlı kızın yerine ceza görmeyi teklif etti," dedi dalgın bir tavırla, bu sırada önündeki izleyicinin üzerinden bakarak hiçbir şeyi kaçırmamaya uğraşıyordu.

"Ne? Ama o yaralı! Onun böyle bir şey yapmasına izin vermezler!" Hâlâ sesimi kontrol edebiliyordum.

Bayan Fitz başını iki yana salladı. "Bilemem yavrum. Şu an tartışıyorlar. Kızın kendi klanından olan birinin onun yerine cezayı üstlenmesine izin verilir ama bu delikanlı bir MacKenzie değil."

"Değil mi?" Şaşırmıştım, büyük bir saflıkla beni esir eden adamların hepsinin Leoch kalesinden olduğunu düşünmüştüm.

"Elbette değil," dedi Bayan Fitz sabırsızlıkla. "Onun ekoselerinin farklı olduğunu görmedin mi?"

O gösterince gördüm tabii. Evet, onun ekoseleri yeşil ve kahverengi tonlarındaydı ve odadaki herkesten farklıydı. Kahverengisi daha bir ağaç kabuğu rengine çalıyordu ve soluk mavi çizgileri vardı.

Tartışmanın son bulmasını Dougal sağlamış gibi görünüyordu. Tavsiye vermek üzere gelenler dağıldı ve kalabalık susarak beklemeye başladı. Muhafızlar kızı serbest bıraktılar, kız kalabalığa doğru koşarken Jamie muhafızların ortasına geçti. Muhafızlar onun kollarını tutarken Jamie elinde kemerle duran adama bir şeyler söyledi, bunun üzerine muhafızlar geri çekildi. Yüzünde oldukça küstah bir gülümseme belirmişti. Kısa bir duraksamadan sonra devin yüzünde de bir gülümseme belirdi.

"Ne dedi?" diye sordum çevirmenime.

"Kayış yerine yumrukları tercih ettiğini söyledi. Erkeğin seçim hakkı vardır ama kadın seçemez."

"Yumruklar mı?" Daha fazla sorgulama zamanım yoktu. Cellât yumruğunu havaya kaldırdıktan sonra Jamie'nin karnına vurdu. Jamie'nin nefesi kesilmişti ve iki büklüm olmuştu. Adam onun toparlanmasını bekledikten sonra hızla, göğüs kafesine ve kollarına yumruklar atmaya başladı. Jamie kendini savunmak için hiçbir şey yapmıyordu, bu tartaklanmanın ortasında mümkün olduğunca dik bir şekilde dengede durmaya uğraşıyordu.

Bir sonraki darbe yüzüne geldi. Jamie'nin kafası arkaya savrulurken gözlerimi kapatmak zorunda kaldım. Cellât darbelerin arasında zaman bırakıyordu, kurbanının yere yıkılmamasına dikkat ediyor ve sürekli olarak farklı noktalara vuruyordu. Bu gayet bilimsel bir dövme şekliydi, amaç canı mümkün olduğunca çok acıtmaktı, adamı devirmek değil. Jamie'nin bir gözü şişip kapanmıştı ve zor nefes alıyordu, bunlara rağmen hâlâ kötüymüş gibi durmuyordu.

Daha yeni onarıp bantlamış olduğum omzuna bir darbe gelecek diye çok korkuyordum, endişem gittikçe artıyordu. Bandajlar hâlâ yerli yerinde duruyordu ama bu muameleye daha fazla dayanmaları beklenemezdi. Bu daha ne kadar sürecekti? Odada sessizlik hüküm sürüyordu, sadece yumuşak ete vurulan darbelerin gürültüsü bu sessizliği bozuyordu.

"Minik Angus kan çıkınca durur," diye fısıldadı Bayan Fitz, ben soruyu soramadan cevabını vermişti. "Bu genellikle burnu kırdığı zaman gerçekleşir."

"Bu çok barbarca," diye fısıldadım öfkeyle, sesim fısıltıdan biraz yüksek çıkmıştı etrafımızda duran birkaç baş eleştiren gözlerle bana çevrildi.

Cellât geçen sürenin yeterli olduğuna karar vermiş gibi görünüyordu. Hafifçe gerildi ve büyük bir darbe indirdi, Jamie sendeledi ve dizlerinin üzerine devrildi.

İki nöbetçi hemen ileri atılıp onu kollarından tutarak ayağa kaldırdılar, başını kaldırdığında patlamış olan dudağından kan geldiğini gördüm. Kalabalıktan bir rahatlama uğultusu çıktı, cellât görevini başarıyla yerine getirmiş olmanın verdiği mutlulukla bir adım geri çekildi.

Nöbetçilerden biri Jamie kanlardan kurtulmak için başını sallarken onu kolundan tutarak destekledi. Kız ortalıktan yok olmuştu. Jamie başını kaldırıp karşısında bir dev gibi duran cellâda baktı. Gülümseyerek herkesi şaşkınlığa düşürdü. Kanayan dudakları hafifçe kıpırdadı.

"Teşekkür ederim," dedi güçlükle ve dev adamın karşısından ayrılmadan önce onun önünde eğildi. Kalabalık dikkatini yeniden Mac Kenzie'ye ve bir sonraki davaya çevirdi.

Jamie'nin salonu diğer çıkıştan terk ettiğini gördüm. O burada olanlardan çok daha fazla ilgimi çekiyordu, Bayan FitzGibbons'a kısaca oradan ayrıldığımı bildirdim ve Jamie'nin peşi sıra ilerlemeye başladım. Onu, yandaki küçük avluda kuyunun başına dayanmış, gömleğinin ucuyla dudağını temizlerken buldum.

"Al bunu kullan," dedim cebimden çıkardığım mendili ona verirken.

"Ah." Mendili alırken çıkarmış olduğu bu sesi bir teşekkür olarak kabul ettim. Güneş soluk bir şekilde de olsa varlığını göstermişti, bu hafif ışığın yardımıyla onu daha iyi inceleyebilme fırsatını yakalamıştım. Yarılmış dudağı ve şişmiş gözü şu an için başlıca yaralarıydı, çenesi ve boynu da zaman içinde moraracaktı.

"Dudağının içi de yarılmış mı?"

"Hı-hı." Öne eğildi, alt çenesini tuttum ve mümkün olduğunca nazik bir şekilde dudağının içini çevirdim. Yanak çizgisine uzanan derin bir yara vardı, açık pembe renkli iç dudağında da birkaç patlak yer tükürük ve kanla dolmuştu.

"Su," diyebildi güçlükle, çenesinden aşağı sızan kanları temizlemeye uğraşıyordu.

"Haklısın." Şans eseri kuyunun yanında bir kova ve boynuz şeklinde bir kupa vardı. Ağzını çalkaladı ve birkaç kez yere tükürerek bu işlemi tekrarladıktan sonra suyun kalanını yüzüne döktü.

"Bunu neden yaptın?" diye sordum büyük bir merakla.

"Neyi?" diyerek başını kaldırdı ve yüzünü koluyla kuruladı. Yarık dudağı hafifçe aşağı sarkıyordu.

"Neden kızın yerine cezalandırılmak istedin? Onu tanıyor muydun?" Bu soruyu sorduğum için hafifçe utanıyordum ama bu kahramanlığın ardında yatan gerçek sebebi merak ediyordum.

"Onun kim olduğunu biliyorum ama bu güne kadar onunla tek kelime bile konuşmadım."

"Peki, bunu niye yaptın?"

Omuz silkti. Bu hareket onun yüzünü buruşturmasına sebep oldu.

"Koskoca salonun ortasında dayak yemek onu çok utandıracaktı. Bu benim için çok daha kolaydı."

"Kolay mı?" Saçma bir şekilde onun sözlerini tekrarlamıştım. Sağlam olan eliyle göğüs kafesini kontrol ederken başını kaldırdı ve bana sırıttı.

"Elbette. O çok genç. Herkesin önünde bu şekilde utandırılırsa bunu atlatması çok uzun bir zaman alır. Oysa benim sadece canım acıdı, gerçek bir yara bile almadım. Bir ya da iki güne kalmaz iyileşirim."

"Ama neden sen?" diye ısrar ettim. Bunun saçma bir soru olduğunu düşünüyormuş gibi garip garip bana baktı.

"Neden ben olmayayım?"

Neden olasın? demek istedim. Çünkü sen onu tanımıyorsun, o da senin hiçbir şeyin değil. Çünkü sen zaten yaralısın. Çünkü o kalabalığın önünde durup o dayağı yemek insanın motivasyonu ne olursa olsun bambaşka bir ruh hali ve cesaret gerektirir.

"Trapez'e yenmiş bir tüfek kurşunu bunun için iyi bir sebep olabilir," dedim soğuk soğuk.

Eğleniyor gibiydi, parmağını sözünü ettiğim bölgede dolaştırdı.

"Buraya trapez mi deniyor? Bunu bilmiyordum."

"Ah, işte buradasın delikanlı! Seni iyileştirecek kişiyi bulmuşsun bile, sanırım bana ihtiyacın yok." Bayan FitzGibbons avlunun dar girişinden bize doğru salınarak yürüyordu, bir an oraya sıkışmış olduğunu bile düşündüm. Elinde üzerinde birkaç kavanoz, geniş bir kâse ve temiz keten bir bez olan tepsi vardı.

"Onun için biraz su çekmekten başka bir şey yapmadım. Görünüşe bakılırsa çok önemli bir yarası yok, yüzünü yıkamaktan başka ne yapabiliriz bilmiyorum."

"Ah, her zaman bir şey vardır, her zaman bir şey yapılabilir," dedi Bayan Fitz. "Mesela şu göz, delikanlı gözüne bir bakalım." Jamie kuyunun yanına oturarak yüzünü ona döndü. Tombul parmaklar bu morarmış şişliğe dokundu, morluğun üzerinde beyaz lekeler oluştu ve hemen yok oldu.

"İçte hâlâ kanama var. Sülük işe yarayacaktır." Kâsenin kapağını açıp içinden üç dört santim boyunda, sümüksü bir dokuya sahip kahverengi bir şeyler çıkardı. Bunlardan iki tanesini alıp birini kaşının diğerini de hemen gözünün altına yapıştırdı.

"Bak," diyerek açıklamaya başladı. "Eğer bölgede sadece bir çürüme varsa sülükler hiçbir işe yaramaz. Ama şu anki gibi içte bir kanama varsa sülükler oradaki kanı yüzeye çıkarmaya yararlar."

Onu hem çok etkilenmiş hem de iğrenen gözlerle izledim. "Acımıyor mu?" diye sordum Jamie'ye. Sülüklerin hafifçe zıplamasına sebep olacak bir şekilde başını salladı.

"Hayır, sadece biraz soğuklar." Bayan Fitz kavanozları ve kâsesiyle çok meşguldü.

"Pek çoğu sülükleri yanlış kullanır," diye anlatmaya devam etti. "Onlar bazı anlarda gerçekten çok işe yararlar ama nasıl kullanacağını iyi bilmelisin. Eski bir çürüğün üzerine koyduğun zaman sadece oradaki temiz kanı çekerler ve çürük geçmez. Aynı anda çok fazla sayıda kullanmamaya da dikkat etmelisin, çok hasta olan ya da çok fazla kan kaybetmiş birini bir anda çok zayıf düşürürler."

Onu saygıyla dinledim ve söylediklerini kafamın bir kenarına yazdım ama bir yandan da bu bilgiyi kullanmak zorunda kalmamayı diliyordum.

"Evet, delikanlı şimdi de ağzını bununla çalkala bakalım, bu yaralarını temizleyip acını azaltacak. Söğüt kabuğu çayı," diye bana anlatmaya devam etti, "biraz susam köküyle karıştırdım." Başımı onaylar biçimde salladım, uzun bir zaman önce bir botanik konferansında söğüt kabuğunun aspirinin ana maddesi olan salisilik asit içerdiğini söylediklerini hatırlıyordum.

"Söğüt kabuğu kanamayı arttırmayacak mı?" diye sorduğumda Bayan Fitz başıyla beni onayladı.

"Evet, bazen bunu yapar. Bu yüzden bunun ardından bir avuç dolusu sirkeye yatırılmış St. John's bitkisi kullanacağız. O kanamayı durduracak. Tabii onun da dolunayda toplanıp iyice öğütülmüş olması gerekir, yoksa bir işe yaramaz." Jamie şişmiş ağzını bu sıkıştırıcı ve kan durdurucu solüsyonla yıkadı, sirkenin kokusu gözlerini yaşartmıştı.

Sülükler çoktan işlerini yapmaya başlamışlardı, şu an baştaki boyutlarının dört katına ulaşmışlardı. Koyu renkli buruşuk derileri artık gergin ve parlaktı, yuvarlak cilalı taşlara benziyorlardı. Sülüklerden biri aniden yere düştü, ayaklarımın önünde zıplıyordu. Bayan Fitz cüssesinden beklenmeyecek bir esneklikle yere eğildi ve onu alıp kâseye attı. Diğer sülüğü de yakalayıp bulunduğu yerden söktü.

"Çok sert çekmemelisin şekerim," dedi. "Bazen patlarlar." Düşüncesi bile beni ürpertmeye yetmişti. "Dolmaya yaklaştıkları anda hafifçe çekersen işlerini bırakabilirler. Bırakmazlarsa, direnme, işlerini bitirdiklerinde kendileri düşerler." Bu seferki sülük işini bırakmayı tercih etmişti ama ayrıldığı yerde hafif kanlı bir iz bırakmıştı. Sirke solüsyonuna batırılmış bezin kenarıyla burayı temizledim. Sülükler gerçekten işe yaramış ve şiş azalmıştı, göz kısmi olarak açılmıştı, göz kapağı hâlâ şişti. Bayan Fitz başka bir sülük daha gerekiyor mu diye orayı tekrar gözden geçirdi.

"Yarın görmeye başlayacaksın, bundan eminim," dedi başını sallayarak, "en azından o gözünle bir takım şeyleri seçebileceksin. Şimdi onun üzerine biraz da çiğ et koymalıyız sonra da biraz biraya batırılmış ekmekle etkisini güçlendiririz. Hadi bakalım benimle mutfağa gel ve malzemeleri hazırlayalım." Tepsisini toplamadan önce duraksadı.

"Yaptığın şeyin anlamı çok büyüktü delikanlı. Laoghaire'nin

benim torunum olduğunu biliyorsun, sana onun adına teşekkür ederim. Uygun bir zamanda kendisi de sana teşekkür edecektir." Jamie'nin yanağına hafifçe vurduktan sonra onu okşadı.

Ben de tekrar onu kontrol ettim. Bu babadan kalma yöntem gerçekten işe yaramış gibi görünüyordu. Gözü hâlâ şişti ama rengi açılmaya başlamıştı, dudağının kenarındaki yara ise temizlenmişti ve artık kanlı değildi, etrafındaki doku hafifçe renk değiştirmişti.

"Nasılsın?" diye sordum.

"İyi." Sanırım onu sorgular gibi bakmaya devam etmiştim. O bunu anladı ve dudaklarının alacağı şekle dikkat ederek hafifçe gülümsedi. "Sadece birkaç sıyrık... Sana tekrar teşekkür etmem gerekiyor, üç gün içinde beni üç kez tedavi ettin. Sakar biri olduğumu düşünmeye başlamışsındır."

Çenesindeki morluğa hafifçe dokundum. "Sakar değil ama dikkatsiz olduğunu söyleyebilirim." Avlunun girişinde bir hareket oldu, sarı ve mavi bir şey bir anda gözümü aldı. Laoghaire diye adlandırılan kız beni görünce utançla olduğu yerde kalakaldı.

"Sanırım seninle özel olarak konuşmak isteyen biri var, ben gidiyorum. Omzundaki sargılarını yarın değiştirmeleri gerekiyor. Yarın seni bulurum."

"Tamam. Tekrar teşekkür ederim." Elimi sıkarak vedalaştı. Yanımdan geçen kızı merakla inceleyerek oradan ayrıldım. Mavi gözleri ve gül rengi teniyle yakından daha da güzeldi. Jamie'ye bakarken gözleri parladı. Onun bu şık jestinin gerçek sebebinin ne olduğunu merak etmeye devam ederek oradan ayrıldım.

Ertesi sabah gün ışıdığında kuşların cıvıltıları ve dışarıdaki insanların koşuşturma sesleriyle birlikte uyandım. Giyinip toplantı salonuna giden koridorlardan ilerledim. Burası yine eski yemekhane kimliğine bürünmüştü, kocaman kazanlarda kaynatılan yulaf lapası, ocaklarda pişmekte olan küçük ekmekler ve şeker pekmeziyle birlikte dağıtılıyordu. Bu kokulara karşı koymak oldukça zordu. Hâlâ sersem gibiydim ama sıcak kahvaltı bana yeni araştırmalar yapma gücünü verdi.

Dirseklerine kadar hamura batmış Bayan FitzGibbons'ı buldum ve ona yarasının ne durumda olduğuna bakıp sargılarını değiştirmek için Jamie'yi aradığımı söyledim. Una batmış elini sallayarak yardımcı çocuklardan birini çağırdı.

"Genç Alec koş ve yeni at terbiyecimiz Jamie'yi bul. Ona omzunu göstermek için seninle birlikte gelmesini söyle. Biz baharat bahçesinde olacağız." Parmağını şaklatır şaklatmaz oğlan hastamı bulmak üzere koşmaya başladı.

Hamur yoğurma işini hizmetçilerden birine devreden Bayan Fitz ellerin yıkadıktan sonra bana döndü.

"Onların gelmesi biraz zaman alacaktır. Bu arada bahçedeki otları incelemek ister misin? Bitkiler hakkında bilgili görünüyorsun, eğer istersen boş zamanlarında orada bana yardımcı olabilirsin."

Baharat bahçesi şifalı otlarla dolu, mükemmel kokulu bir yerdi, iç avlu yeterli güneşi alıp rüzgârı almayacak bir konumdaydı, kendi kuyusu vardı. Batı sınırı biberiyeler, güney sınırı papatyalar, kuzey sınırı horozibikleri ile çizilmişti, doğu sınırını ise kalenin duvarları oluşturuyordu, bu duvarlar rüzgâra karşı ikinci bir korunaktı. Çiğdem çiçeği filizlerini, koyu renkli topraktan fışkırmış yumuşak yapraklı Fransız kuzukulaklarını hemen tanımıştım. Bayan Fitz bana yüksükotunu, semizotunu, yine nanegiller familyasından olan kestereyi ve hiç tanımadığım birkaç bitkiyi daha gösterdi.

İlkbaharın sonu dikim zamanıydı. Bayan Fitz'in kolundaki sepet bol miktarda sarımsak dişi ve yaz sonunda hasadı alınacak olan ürünlerin tohumlarıyla doluydu. Tombul kadın sepeti bana uzattı, fideleri diktikten sonra bağlamak için gereken çubukları da gösterdi. Kalede yeterince tembellik etmiş olduğum ortadaydı, Colum benimle ne yapacağına karar verene kadar Bayan Fitz bana yapabileceğim bir sürü iş bulacaktı.

"Al yavrum. Bunları güney tarafına kekiklerle yüksükotlarının arasına dikeceksin." Bana dokularına zarar vermeden tohumları birbirinden nasıl ayıracağımı ve ardından da ne şekilde dikeceğimi gösterdi. Çok basitti, her bir diş ayrı ayrı tombul tarafı aşağı gelecek şekilde üçer santim arayla, yarısı yüzeyde kalacak şekilde toprağa dikilecekti. Ayağa kalktı ve eteklerindeki tozları silkeledi.

"Birkaç başı ayırmayı unutma, onları birer birer bahçenin her yerine böl. Sarımsak böceklerin bitkilere gelmesini engeller. Soğan ve civanperçemi de aynı işe yarar. Kadife çiçeklerinin ölü kısımlarını da kopar ama sakın atma, onlar çok faydalıdır."

Kadife çiçekleri bahçenin her yerine dağılmıştı, altın renkli çiçekler her yerden görünüyordu. Biraz sonra Jamie'yi getirmesi için gönderilen çocuk geldi, nefesi kesilmişti. Hastamın işini bırakıp gelmeyi reddettiğini bildirdi.

"O," nefesini hâlâ kontrol edemiyordu, "yarasının tedavi gerektirecek kadar acımadığını ama ilginize teşekkür ettiğini söyledi." Bayan Fitz bu çok da iç açıcı olmayan sözleri duyunca omuzlarını silkti.

"Gelmezse gelmez. Eğer aklın kaldıysa öğle vakti ahırların oraya gidersin. Tedavi edilmek için durmayacaktır ama yemek yemek için duracaktır. Delikanlıları gayet iyi tanırım. Öğlene doğru genç Alec buraya gelip sana ahırlara giden yolu gösterir." Bayan Fitz sarımsakları ekmem için beni orada bırakıp ilerlemeye başladı. Tam bir kalyon gibiydi, genç Alec yanında onun dalgasına kapılmış gibi sallanıp duruyordu.

Bütün sabahı mutlulukla çalışarak geçirdim; sarımsakları ektim, ölü çiçekleri temizledim, toprağı kazıp bahçıvanların sürekli olarak savaştığı salyangozları, sümüklüböcekleri ve zararlı haşereleri topladım. Burada bu savaş bir takım kimyasallar olmadan çıplak elle yapılıyordu. İşe öylesine dalmıştım ki genç Alec kibarca öksürüp varlığını bana hissettirene kadar geldiğini bile fark etmemiştim. Konuşmamıza gerek yoktu, ayağa kalkıp eteğimi silkelememi bekledikten sonra avlunun dışına doğru ilerlemeye başladı.

Beni götürmekte olduğu yer, manej ahırların biraz uzağında bulunan bir çayırdı. Yandaki başka bir çalılıkta üç tane tay keyifle zıplıyorlardı. Daha temiz görünen bir kısrak bu alanın etrafındaki çite bağlanmıştı, üzerinde ince bir battaniye örtülüydü.

Jamie büyük bir dikkatle kendisini kuşkuyla izleyen kısrağa yanaşıyordu. Sağlam elini hafifçe onun sırtına koydu, bir yandan da konuşuyordu, kısrak karşı koyarsa hemen elini geri çekecekti. Kısrak gözlerini devirerek kişnedi ama kıpırdamadı. Jamie yavaş hareketlerle battaniyenin üzerine tırmandı, hâlâ kısrağa bir şeyler fısıldıyordu, yavaşça ağırlığını onun üzerine verdi. Kısrak hafifçe geriledi ve ayak diremeye çalıştı, Jamie sesini biraz daha yükselterek buna karşı koydu.

Tam o sırada kısrak başını çevirip bizi gördü. Bunu bir tehdit gibi gören kısrak kişneyerek şaha kalktı ve Jamie'yi çitlere sıkıştırdı. Kişneyip sıçrayarak tekmeler savuruyor ve ipinden kurtulmaya çalışıyordu. Jamie çitlerin altından dışarı doğru yuvarlanarak onun toynaklarından kurtulmayı başardı. Acı içinde ayağa kalkarken İskoçça küfürler savurdu ve işini neyin engellediğini görebilmek için bize döndü.

Gelenin kim olduğunu görünce yüzündeki korkunç ifade bir anda nazik bir karşılama ifadesine dönüştü. Yine de bizi görmenin onu çok mutlu ettiğini söyleyebilecek durumda değildim. Neyse ki bu delikanlıyı oldukça iyi tanıyan Bayan Fitz'in hazırlamış olduğu yemek sepeti onun kısa sürede kendini toplamasını sağladı.

"Şimdilik senin dediğin olsun bakalım seni küçük canavar," dedi hâlâ homurdanarak ipinden kurtulmaya çalışan kısrağa. Alec'in sırtına dostça bir şaplak atarak onu gönderdikten sonra, yerde duran battaniyeyi alıp silkeledi ve üzerine oturmam için yeniden yere serdi.

Biraz önce kısrakla yaşadıkları hakkında hiçbir yorum yapmadan ona bira, ekmek ve peynir servisi yapıyordum.

Yemeğe yumulmuştu. Bu hali aklıma iki gün önceki akşam yemeğine katılmamış olduğunu hatırlattı.

Ona o gece nerede olduğunu sorduğumda, "Uyuyakalmışım," diye cevap verdi. "Kaleden ayrılır ayrılmaz uyuyakalmışım ve dün şafak sökene kadar da uyumuşum. Dün toplantıdan sonra biraz çalıştım ve yemekten önce samanların üzerine dinlenmek üzere yattım." Gülmeye başladı. "Bu sabah aynı yerde uyandığımda bir at kulağımı kemiriyordu."

Dinlenmek ona iyi gelmişti, dünkü dayaktan sonra oluşan çürükler biraz daha kararmıştı ama onların dışında kalan yerler gayet sağlıklı ve canlı görünüyordu, iştahı da yerindeydi.

Onun yemeğin son kırıntılarını da silip süpürmesini izledim, en son gömleğine düşmüş kırıntıları da nemli parmağıyla toplayıp ağzına attı.

"İştahın yerli yerinde," dedim gülerek. "Hiçbir şey bulamasan otları yersin."

"Bunu yaptım," dedi ciddiyetle. "Tatları kötü değil ama yeterince doyurmuyorlar."

Hafifçe irkildim sonra benimle dalga geçtiğine karar verdim. "Ne zaman?" diye sordum.

"Geçtiğimiz yıldan önceki kış, bir grup genç sınır boyunda ilerliyorduk. Birkaç hafta boyunca şansımız çok kötü gitti ve bütün yiyeceğimiz bitti. Bir çiftçi kulübesinden biraz lapa bulmuştuk ama onlar da çok fazla veremeyecek kadar fakirdi. Yabancıları doyurmayı çok severler ama yirmi kişiyi doyurmak İskoç misafirperverliği için bile çok büyük bir yüktür."

Birdenbire sırıttı. "Hiç duydun mu... Nerden duyacaksın ki, duymamışsındır. Çiftliklerde söylenen duayı duyup duymadığını soracaktım."

"Hayır. Nedir?"

Gözünün önüne gelmiş saçlarını geri atmak için başını salladıktan sonra duayı söylemeye başladı.

"Haydi, toplan masanın etrafına
Yiyebildiğin kadar çok ye
Çok ye az doldur
Haydi, toplan Âmin."

"Az doldur ne demek?" diye sordum. O belindeki torbanın üzerine vurdu.

"Karnına doldur torbana değil," diye açıkladı.

Uzun saplı otlardan birini kabuklarının içinden çekip çıkardı. Tohumlarını parmaklarının arasında ovalamaya başladı.

"Kış sona ermek üzereydi ve hava çok sert değildi, olsaydı bu bizim de sonumuz olurdu. Genellikle avlayacak birkaç tavşan bulurduk, ateş yakmaya cesaret edemediğimizde onları çiğ yerdik, geyik avladığımız zamanlar da olurdu. Gün geldi bunların hiçbirini bulamadık."

Düzgün beyaz dişleriyle bitkinin kökünü ısırdı. Ben de onlardan birini koparıp kökünü ısırdım. Tatlıydı ama çok asitliydi. Esas besin kökteydi ama yenebilecek iki üç santimlik bir yeri vardı.

Yarısı yenmiş sapı atan Jamie bir yenisini kopardıktan sonra hikâyesine devam etti.

"Birkaç gün önce hafif bir kar yağmıştı, ağaçların dibi buz tutmuştu onun dışındaki her yer çamurdu. Mantar aramaya başlamıştım, biliyorsun işte, ağaçların alçak taraflarında yetişen portakala benzeyen şeylerden bahsediyorum. Bir anda ayağımın altında otlar olduğunu hissettim, ağaçların arasında kalan güneş alan bir bölgede yetişmişlerdi. Genelde geyikler böyle alanları hemen bulur. Onlar üstteki karı atıp altta kalan otları yerler. Burayı henüz bulamamışlardı. Eğer bir geyik kışı bu otlarla geçirebiliyorsa ben de geçirebilirim diye düşündüm. Çizmelerimi haşlayıp yiyecek kadar açtım ama yürüyebilmek için onlara ihtiyacım vardı, böylelikle otları yemeye karar verdim. Geyiklerin yaptığı gibi onları köklerine kadar yedim."

"Ne kadar zamandır açtın?" diye sordum, anlattıkları beni çok etkilemişti.

"Üç gün boyunca hiçbir şey yememiştim, ondan önceki bir haftayı da bir avuç yulaf ve sütle geçirmiştim." Elindeki otu seyrederek konuşmasına devam etti, "Kış çimeni çok güçlüdür ve hafif acıdır, bunun gibi değildir. Bu tabii ki hiç umurumda değildi. Çok açtım." Sıçrayarak ayağa kalktı ve elini bana uzattı.

"Artık işe dönmek gerekiyor. Sana yemek için çok teşekkür ederim." Sepeti bana verdikten sonra atların yanına doğru ilerlemeye başladı, güneş saçlarına vuruyor ve onun sarı-bakır rengini iyice vurguluyordu.

Ben de dönüp kaleye doğru ilerlemeye başladım, bir yandan da çamurda yaşayıp ot yiyen adamları düşünüyordum. Avluya vardığımda onun omzuna bakmayı tamamen unutmuş olduğumu hatırladım.

7

Davie Beaton'un Odası

Kaleye döndüğümde Colum'un etekli silahşorlarından biri beni kapıda bekliyordu. Colum eğer odasında onunla buluşursam çok mutlu olacağını söylemişti.

Colum'un özel odasındaki büyük pencereler açıktı ve içeriye dolan rüzgâr ve ağaçların dallarından çıkan hışırtılar insana dışarıda olduğu hissini veriyordu.

Odaya girdiğimde masasında oturmuş bir şeyler yazmakla meşguldü, beni karşılamak için işini bırakıp ayağa kalktı. Sağlığım ve mutlu olup olmadığım hakkında birkaç soru sorduktan sonra benimle birlikte duvarın önündeki kafeslere doğru ilerledi. Kafesin küçük sahipleri rüzgârın verdiği keyifle oradan oraya kanat çırpıp ötüyordu, durup onları seyrettik.

"Hem Dougal hem de Bayan Fitz sizin iyi bir şifacı olduğunuzu söylediler," dedi Colum havadan sudan konuşur gibi, bu arada parmağını kafesten içeri uzatmıştı. Gri kafalı bir kiraz kuşu hemen bu parmağa uçup kibarca üstüne kondu, küçük pençeleriyle parmağa sarıldı ve hafif hafif kanat çırparak kendini dengeledi, bunu sık sık yaptıkları çok belliydi. Diğer elinin hafif nasırlı işaret parmağıyla kuşun kafasını okşadı. Tırnağının etrafındaki kalınlaşmış deri dikkatimi çekti, bunun neden olduğunu merak ettim, ev işi yapmadığı kesindi.

Omuzlarımı silktim. "Bir yarayı sarmak çok fazla yetenek gerektiren bir iş değil."

Güldü. "Belki de öyledir ama gecenin kör karanlığında bir yolun kenarında bunu yapabilmek yine de bir yetenek gerektirir. Ayrıca Bayan Fitz onun küçük yardımcılarından birinin kırık parmağını onardığını ve bu sabah da mutfak hizmetçilerinden birinin yanan kolunu sardığını söyledi."

"O da zor bir şey değildi," diye cevapladım. Nereye varmak istiyordu? Eliyle ufak bir hareket yaptığı anda çalışanlardan biri dolabın çekmecelerinden birini açıp oradan çıkardığı kutuyu ona getirdi. Colum kutunun kapağını açıp oradan aldığı yemle kuşları beslemeye başladı. Dallarda durmakta olan küçük kuşlar havada uçuşan kriket topları gibi bir anda kafesin dibine uçup diğer arkadaşlarına katıldılar.

"Beaton klanıyla herhangi bir bağlantın yok değil mi?" diye sorunca Bayan Fitz'in ilk görüşmemizde bana sorduğu soruyu hatırladım, *Büyücü müsün yoksa Beaton musun?*

"Hayır yok. Beaton Klanının tedavi etmekle ilgisi nedir?"

Colum şaşkınlıkla bana baktı. "Onları tanımıyor musun? Beaton Klanının şifacıları bütün İskoçya'da bilinir. Onların çoğu seyyah şifacılardır. İşin aslında bir süre onlardan biri buradaydı."

"Bu da ne demek? Ne oldu ona?"

"Öldü," diye cevapladı Colum. "Ateşlendi ve bir hafta içinde öldü. O günden beri bir şifacımız yok, bir tek Bayan Fitz var."

"O bu konuda çok becerikli," dedim, Jamie'nin yaralarını nasıl tedavi ettiğini görmüştüm. Bunu düşünmek bana o yaraların ne sebeple olduğunu hatırlatmıştı, bir an Colum'dan nefret ettim. Hem nefret ettim hem de dikkatli olmam gerektiğini düşündüm. Bu adam sahibi olduğu bu topraklarda hem avukat, hem jüri hem de yargıçtı. İşleri kendi bildiği gibi halletmeye alışmıştı.

Başını hafifçe salladı, hâlâ kuşlarla ilgileniyordu. Yemin son kısmını da yere fırlattı. Geç gelen gri-mavi çalıbülbülünü gözetmeyi de ihmal etmemişti.

"Ah, elbette. Bu tip işlerde oldukça başarılıdır ama ilgilenmesi gereken çok şey var. Ben dâhil bütün kaleyi çekip çeviriyor," dedi, yüzünde oldukça etkileyici bir gülümseme belirmişti.

"Belki de," diye tekrar konuşmaya başladı onun gülümsemesine bir gülümsemeyle cevap vermiş olmam onu cesaretlendirmişti, "David Beaton'un ardında bıraktıklarını görmek sizin fazla bir vaktinizi almaz. Onun ilaçlarının ne işe yaradığını biliyor olabilirsiniz."

"Sanırım almaz. Neden olmasın?" İşin aslında bahçe, dinlenme odası ve mutfak arasında dolanıp durmaktan sıkılmaya başlamıştım. Son Bay Beaton'un araç gereçlerini de merak ediyordum.

"Angus ya da ben hanımefendiyi aşağı indirebiliriz efendim," dedi orada duran hizmetli büyük bir saygıyla.

"Sen yorulma John," dedi Colum adamı kibarca saf dışı bırakarak. "Odayı Bayan Beauchamp'a ben göstereceğim."

Merdivenlerden aşağı yavaşça inerken acı çektiği her halinden belli oluyordu. Yardım istemeyeceği kesindi, ben de önermedim.

Son Beaton'un muayenehanesi kalenin en ücra köşelerinden birindeydi, mutfakların da arkasındaydı. Şu anda sahibinin yatmakta olduğu mezarlık dışında hiçbir yere yakın değildi. Kalenin dış duvarlarına yakın bir yerde, dar, küçücük bir pencereciği olan karanlık bir odaydı. Bu küçük pencere oldukça yüksekteydi, kubbeli tavanı düzlemsel şekilde kesen bir ışık giriyordu içeri bu ışık tavanı aydınlatıyordu, zemin hâlâ karanlıktı.

Colum'un yanından geçerek loş odada ilerledim, küçücük çekmecelerden oluşan kocaman bir dolabın önünde durdum, bütün çekmecelerin üzerinde süslü bir el yazısıyla yazılmış etiketler vardı. Tezgâhın üzerinde bulunan raflarda her boyutta kavanoz, kutu ve şişe bulunuyordu. Tezgâhın üzerindeki lekelere ve orada bulunan tozlu havana bakılırsa son Beaton, karışım ilaçlar yapmayı seviyordu.

Onun bu daracık odadaki duruş şekline bakarak, "Masajın az da olsa yardımı olabilir. Yani acıyı azaltır demek istiyorum," deyiverdim. Gri gözlerinden bir anda bir alev yükseldi, bir an bu konuyu açmamış olmayı diledim. Alev aynı hızla yok oldu, yine her zamanki nezaket dolu tavrına bürünmüştü.

"Bunun çok kuvvetli bir şekilde yapılması gerekiyor," diye devam ettim, "Özellikle de omurganın tam sona erdiği noktaya."

"Biliyorum, Anghus Mhor bunu her gece yapıyor." Durdu ve şişelerden biriyle oynamaya başladı.

"Şifa vermek hakkında bir şeyler biliyor gibi görünüyorsun."

"Biraz." Dikkatli davranıyordum, buradaki ilaçların ne işe yaradığı konusunda sınanmak istemiyordum. Elinde tuttuğu şişenin üzerinde PURLES OVIS yazıyordu. Herkes onun içindekinin ne olduğunu tahmin edebilirdi. Şişeyi geri koyduktan sonra parmağıyla duvarın önünde duran sandığın üzerindeki tozu sildi.

"Buraya uzun zamandır girilmemiş," dedi. "Bayan Fitz'e kızlardan birkaçını gönderip temizletmesini söyleyeceğim, bunu yapmamı ister misin?"

Dolabın kapağını açtım ve çıkan toz bulutuyla birlikte öksürmeye başladım. "Sanırım yapsanız iyi olur," dedim. Dolabın alt rafında bir kitap vardı, mavi deriyle ciltlenmiş kalın bir kitap. Onu kaldırınca yanında daha küçük bir tane daha olduğunu gördüm. O daha dikkatsiz bir şekilde siyah deriyle ciltlenmişti, kenarları oldukça yıpranmıştı.

Bu ikinci kitap Beaton'un günlük kayıt defteri gibi görünüyordu. Düzenli bir şekilde hastalarının adını, hastalıklarının belirtilerini, uyguladığı tedaviyi ve verdiği ilaçları yazmıştı. Son derece düzenli bir adam olduğunu düşündüm, bu hoşuma gitmişti. Kayıtlardan biri: M.S 1741 2/ Şubat diye başlıyordu. Sarah Graham MacKenzie, başparmağını dönmekte olan çıkrığa kaptırmış ve yaralamış. Haşlanmış yarpuz uygulandı, bunun ardından yara lapası yapıldı, bir parça civanperçemi, tespöhler ve farekulağı iyice karıştırılarak hamur haline getirildi. Tespöh? Farekulağı? Bunlar büyük ihtimalle raflarda bulunan baharatların arasında vardı.

"Sarah MacKenzie'nin parmağı iyileşti mi?" diye sordum, kitabı kapattıktan sonra.

"Sarah mı? Ah," dedi düşünceli bir tavırla. "Sanmıyorum."

"Gerçekten mi? Ne olduğunu merak ettim. Belki ona daha sonra bakabilirim."

Başını olumsuz bir tavırla salladı, dudakları eğlenir gibi hafifçe yukarı kıvrılmıştı.

"Neden?" diye sordum. "Kaleden ayrıldı mı?"

"Öyle de denebilir," diye cevap verdi, çok eğleniyordu. "Öldü."

O tozlu yoldan kapıya doğru ilerlerken arkasından baktım. "Şifacı olarak umarım Davie Beaton'dan daha başarılı bir iş çıkarırsınız Bayan Beaucahamp," dedi. Kapının önünde durmuş alay eder gibi bana bakıyordu. Güneş ışığı üzerinde toplanmıştı.

Sonra da, "Daha kötü olmanız oldukça zor," diyerek karanlığa karıştı.

Küçük odada dolaşarak her şeyi incelemeye başladım. Çoğu çöp gibi görünüyordu, saklanacak pek az şey vardı. İlaç sandığındaki ufak çekmecelerden birini açınca ortalığı kesif bir kâfuru kokusu sardı. Bu işe yarar bir malzemeydi. Çekmeceyi kapatıp ellerimdeki tozu eteğime sildim. Bayan Fitz'in mutlu kızları odayı temizledikten sonra araştırmalarıma devam etmemin daha iyi olacağına karar verdim.

Koridora bir göz attım. Terk edilmiş gibiydi. Hiç ses yoktu. Yakınlarda kimsenin olmadığını düşünecek kadar saf değildim. Bir emirle ya da ince bir düşüncelilikle, ikisinin arasındaki ayrımı yapmak her zaman için zordur, izlendiğimi biliyordum. Bahçeye çıktığım zamanlarda yanımda hep biri oluyordu, odama gitmek üzere merdivenlere yöneldiğimde bakışlar ne yöne gittiğimi anlamak üzere ayaklarıma dikiliyordu. Atla dolaşırken silahlı nöbetçilerin yağmurdan korunmak için bir takım çıkıntıların altına saklandıklarını da görmüştüm. Buradan yürüyerek çıkıp gitmeme izin verilmeyeceği açıktı, buradan ayrılabilmenin tek yolu onların bana bildireceği ve izin verecekleri bir ulaşım yöntemiyle olabilirdi ancak.

Derin bir iç geçirdim. En azından şu an yalnızdım. Bu yalnızlığı çok özlemiştim.

Dikilitaşın önüne gittiğim andan bu ana kadar olanları bir bir hatırlamaya çalıştım. Burada her şey çok hızlı gelişiyordu ve bunu yapmaya bir türlü fırsat bulamıyordum.

Şimdi yapabilirdim işte. Tozlu sandığı duvardan biraz uzaklaştırdım ve üzerine oturup sırtımı duvara yasladım. Çok sertti.

Ellerimi duvarla sırtımın arasına koyup biraz daha rahatladım, bütün detayları hatırlamaya çalışıyordum.

Net olarak hatırlayabildiğim son şey çığlık atan kayalardı. İşin aslında bundan bile şüpheye düşmüştüm. Belki de bu çığlıklar hep vardı, bu mümkündü. Bu çığlıkların taşlardan geldiğini düşünmüyordum işin aslında, ben bir yere girmiştim ve bu sesler oradan geliyordu. O taşlar bir yere açılan kapı mıydı? Ne yapınca açılıyorlardı ve nereye açılıyorlardı? Bunun basit kelimelerle anlatılması zordu. Zaman içinde bir çatlak olduğunu düşündüm, oradaydım ve şimdi de buradaydım, aradaki tek bağlantı taşlar olabilirdi.

Ve sesler... Onlar o an çok baskın ve korkunçtu ama şimdi düşündüğümde bunların savaş sesi olduğunu algılayabiliyordum. Çalıştığım sahra hastanesi üç kez bombalanmıştı. O incecik duvarların bizi korumayacağını bile bile tüm doktor ve hemşireler ilk sireni duyduğumuz anda koşarak içeri girer ve bir araya gelerek cesaret toplamaya uğraşırdık. Havan mermileri ve bombalar başımızın üzerinde oradan oraya uçuşurken cesur olmayı başarmak kısa süreli bir çözümdü. Sonra insanın içini bir korku kaplardı, taşın içindeyken de aynı korkuyu hissetmiştim.

Taş aracılığıyla yaptığım seyahat anından bir şeyler hatırlamaya başlamıştım. Bunlar oldukça küçük şeylerdi. Fiziksel bir güç hissetmişim, bir akım gibi bir şeydi bu. Evet, hatta ona karşı savaşmıştım. Bu akımın içinde bir takım görüntüler de vardı. Aslında onlara görüntü demek yanlıştı, bunlar tamamlanmamış düşüncelerdi. Bir kısmı çok ürkütücüydü ama bir kısmıyla savaşmayı başarabilmiştim, ta ki... Evet, ta ki bayılana kadar... Diğerleriyle savaşmış mıydım? Bir şeylerle savaşmış olduğumu hatırlıyordum. Bu zamana gelmeyi ben mi seçmiştim, o fırtınanın ortasında burasını bir cennet gibi mi görmüştüm? Düşünerek bu soruların cevabını bulmam imkânsızdı. Hiçbir şey net değildi, bildiğim tek şey taşların bulunduğu yere gitmem gerektiğiydi.

"Hanımefendi?" Kapıdan gelen yumuşak bir ses oraya bakmamı sağladı. On altı, on yedi yaşlarında iki küçük kız utangaç bir tavırla kapıdan bana bakıyorlardı. Ayaklarında takunyalar, başlarında el dokuması gösterişsiz eşarplar vardı. Konuşanın elinde bir fırça ve birtakım bezler vardı, arkadaşı da içinden buharlar çıkan bir kova taşıyordu. Bayan Fitz'in kızları, muayenehaneyi temizlemeye gelmişlerdi.

"Sizi rahatsız etmiyoruz değil mi?"

"Yo, hayır. Ben de tam çıkıyordum."

"Öğle yemeğini kaçırdınız," diye bilgi verdi bana diğeri. "Ama Bayan Fitz mutfakta yiyecek olduğunu ve dilediğiniz zaman oraya gidip yiyebileceğinizi söyledi."

Koridorun sonunda bulunan camdan dışarıya baktım, güneş tam tepedeydi ve karnımdan bir takım gurultular geliyordu. Kızlara gülümsedim.

"Bunu hemen yapabilirim. Teşekkür ederim."

Jamie'nin yine akşam yemeğine kadar bir şey yememesinden korkarak ona öğle yemeği götürdüm. Otların üzerinde oturup onun yemesini izlerken neden bir zamanlar sınırda hırsızlık yapıp sığır çalarak yaşadığını sordum. Hem köyde hem de kalede yaşayan pek çok insanla karşılaşmıştım ve onlara bakarak Jamie'nin gayet iyi bir aileden gelmiş olduğunu ve pek çoğundan daha iyi bir eğitime sahip olduğunu söyleyebilirdim. Hatta bana çiftliklerinin bulunduğu yeri ve büyüklüğünü anlattığı zaman oldukça varlıklı bir aileden olduğunu da anlamıştım. Neden evinden bu kadar uzaklaşmıştı?

"Ben bir kaçağım," dedi, bunu bilmememe pek şaşırmıştı. "İngilizler başım için on poundluk ödül koydular. Aslında bir eşkıya için çok fazla bir bedel değil," diye devam etti küçümser bir ifadeyle. "Bu daha çok yankesiciliğe uyan bir bedel."

"Bu sadece onlara engel olduğun için mi kondu?" diye sordum, buna inanamıyordum. On pound bu devirde bir çiftliğin neredeyse altı aylık geliriydi, İngiliz Hükümetinin bir kaçağa böylesine bir bedel biçmesi inanılır gibi değildi.

"Yok, cinayet de var." Ağzımda bulunan ekmek parçasını yutarken neredeyse boğuluyordum. Jamie ben tekrar konuşmaya başlayabilene kadar sırtıma vurarak bana yardımcı oldu.

Gözlerim yaşarmıştı. "Ki-kimi öldürdün?"

Omuz silkti. "Bu aslında biraz garip bir durum... İşin aslında öldürdüğümü söyledikleri adamı öldürmedim. Ben yolda karşılaştığım birkaç kırmızı urbalıyı öldürdüm ama bunun bir suç olduğunu düşünmüyorum."

Durdu ve omuzlarıyla garip bir hareket yaptı, sanki görünmeyen duvarlara sürtünüyordu. Bu hareketi kaleye ilk vardığımız gün onu tedavi ederken de yapmıştı ve ben de eskiden kalma izlerini görmüştüm.

"William Kalesi'nde yaşananlardan biri de buydu. İkinci kez kırbaçlandıktan sonra bir iki gün pek hareket edemedim. Yaralardan dolayı ateşlenmiştim. Ayağa kalkmayı başardığımda bir takım arkadaşlarım beni oradan çıkarmanın bir yolunu bulmuştu, aslında gitmemem çok daha doğru olurdu. Neyse tam biz oradan ayrılırken bir kargaşa çıktı ve İngiliz Başçavuş vuruldu. Onun beni ilk kırbaçlayan adam olması büyük bir rastlantıydı. Onu ben vurmamıştım, bireysel olarak ona hiçbir kinim yoktu ve atın üstünde bile zor duruyordum, başka bir şey yapabilme ihtimalim zaten yoktu, çok güçsüzdüm." Dudakları iyice kasıldı. "Onun yerinde Komutan Randall olsaydı bu çabayı gösterebilirdim." Sert keten gömleğinin altından omuzlarının rahatladığını gördüm, hafifçe silkindi.

"Bütün olan biten bu... Bu nedenle bu kaleden tek başıma fazla uzaklaşamam. İngiliz devriyeleri bu kadar uzak bölgelere gelmiyorlar ama sınır boyunda çok geziyorlar. Tabii bir de gözetleme kuleleri var, onlar da kaleden uzakta. Colum'un onlara pek ihtiyacı yok, bu işi kendi adamları yapıyor." Gülerek saçlarını, kirpinin dikenleri gibi dimdik olana dek arkaya doğru sıvazladı.

"Anladığın gibi çok dikkat çekmemeye çalışıyorum. Kalede ispiyoncuların olup olmadığını bilmiyorum ama köy ve şehir civarında muhakkak vardır. Benim aranan biri olduğumu öğrendikleri anda birkaç kuruş uğruna İngilizlere nerede olduğumu söyleyebilirler." Gülümsedi. "Adımın MacTavish olmadığını zaten tahmin etmişsindir."

"Reis bunu biliyor mu?"

"Benim bir kaçak olduğumu mu? Elbette, Colum bunu

biliyor. İskoçya'nın bu taraflarında herkes her şeyi bilir, ayrıca William Kalesi'nde olanlar ortalığı birbirine katmıştı ve buralarda haberler son hızla yayılır. Bilmedikleri tek şey Jamie MacTavish'in o adam olduğu, gerçek adımı bilen kimsenin beni görmemesi gerekiyor." Saçları hâlâ çok komik duruyordu. Onları düzeltmek istedim ama buna karşı koydu.

"Neden saçların kırpık kırpık?" diye sorduğum anda kızardım. "Çok özür dilerim, bu beni hiç ilgilendirmez. Ama diğerlerinin saçları uzun..."

Elini inatçı saçlarının arasından bir kez daha geçirdi, biraz daha bilinçli bir hareketti bu.

"Benimki de uzundu. Rahipler kafamı kazımışlardı, birkaç ayda bu kadar uzadı." Eğilip başının arkasını gösterdi.

"Tam arkaya bak, görebiliyor musun?" Elimle hissedebiliyordum, oradaki saçları araladığımda yaklaşık on beş santim uzunluğunda olan, iyileşmeye yeni başlamış dokuyu da gördüm. Hâlâ pembe ve şişti. Hafifçe elimle bastırarak kontrol ettim. Kim diktiyse gayet başarılı bir iş çıkarmıştı, bunun gibi bir yara çok kanamış olmalıydı.

"Baş ağrıların var mı?" diye sordum, hemşireliğim depreşmişti. Oturdu ve yaranın üzerindeki saçlarını düzeltirken beni onayladı.

"Bazen, ama eskisi kadar kötü değil. Bu yara olduktan sonra bir ay boyunca kör oldum. Ağrılar dayanılmazdı. Görmeye başladıkça ağrılar da azaldı." Görüşünü kontrol edercesine birkaç kez gözlerini kapatıp açtı.

"Bazen görüşüm azalıyor," diye açıkladı, "özellikle çok yorulduğumda. Görüntülerin kenarları bulanıklaşıyor."

"Bunun seni öldürmemiş olması büyük bir mucize, kafatasın çok sağlammış."

"Öyledir. Kardeşime göre taş kafalının biriyim." İkimiz de güldük.

"Bu nasıl oldu?" diye sordum. Hafifçe kaşlarını çattı, anlatıp anlatmamaya karar veremiyor gibiydi.

"Bu tam bir muamma," diye cevap verdi sonunda. "Onun nasıl olduğunu hatırlayamıyorum. Laggan Gölü'nün orada oturan birkaç arkadaşımla birlikte Carry-arick geçidindeydim. Ufak bir çalılıktan yukarı tırmanırken elime çobanpüskülünün battığını hissettim ve kanamaya başladı, akan kanların küçük dağ çileklerine benzediğini düşünüyordum. Bundan sonra hatırladığım şey Fransa'da Sainte Anne de Beaupre manastırında kafamın içinde davullar çalınarak uyandığım ve göremediğim birinin bana içirdiği serin şey."

Başının arkasını hâlâ ağrıyormuş gibi sıvazladı.

"Bazen çok ufak tefek şeyler hatırlıyorum - başımın üzerinde ileri geri sallanan bir lamba olduğunu, dudaklarımın arasındaki tatlı yağ tadını, insanların bana bir şeyler söylediğini - ama bunların ne kadarının gerçek olduğunu bilemiyorum. Rahiplerin bana afyon yutturduğunu biliyorum, bu yüzden sürekli olarak rüya görüyordum." Parmaklarını gözkapaklarına bastırdı.

"Sürekli gördüğüm bir rüya vardı. Kafamın içinde kocaman, korkunç ağaç kökleri büyüyordu, şişip gözlerime baskı yapıyorlar ve boğazıma sarılıp beni boğmaya çalışıyorlardı. Bu hiç durmuyordu, kökler büyüyor, dallanıp budaklanıyordu. Her seferinde daha da büyüyorlardı. Sonunda kafatasımı patlatacak kadar büyüdüler ve kırılan kemiklerimin sesiyle uyandım." Sırıttı. "Suyun altında vurunca çıkan ses gibi, ıslak ve çıtırtılarla dolu bir sesti."

Üzerimize bir gölge düştü deri bir çizme Jamie'yi kaburgalarından dürtükledi.

"Seni tembel piç kurusu," dedi yeni gelen kişi soğuk bir tavırla. "Atlar başıboş koşarken mideni doldurmakla meşgulsün. Bu yavru kısrak ne zaman yola gelecek?"

"Ben açlıktan ölürsem hiç gelmeyecek, Alec," diye cevapladı onu Jamie. "Bu arada sen de biraz atıştır, çok var." Adam artritten düğümler oluşmuş elini peynire uzattı. Sürekli yarı kapalı duran parmaklarıyla bir parça peynir aldıktan sonra o da otların üzerine oturdu.

Jamie ondan umulmayacak bir zarafetle yabancıyı tanıştırdı, Atların Efendisi Alec McMahon MacKenzie.

Deri kısa pantolonu ve kabarık gömleğiyle yere çömelmiş Atların Efendisi son derece otoriter bir görünüme sahipti, en dik başlı aygırları bile yola getirebileceğini düşündüm. Mars'ınki gibi korkunç ve emretmek üzere yaratılmış gözler, dizeleri geliverdi aklıma. Tek gözü açıktaydı, diğerinin üzerinde siyah bir bant vardı. Kaşları bu eksikliği kapatmak için yapılmış gibiydi. Tek bir noktadan gür bir şekilde iki yana fışkıran kahverengi tüylerin arasından böceklerin antenleri gibi görünen beyazlar tehditkâr bir şekilde aşağı doğru dalgalanıyordu.

Yaşlı Alec (Jamie ona böyle hitap ediyordu zaten onu rehberim genç Alec'le karıştırmam mümkün değildi) başıyla hafif bir selam verdikten sonra benimle hiç ilgilenmedi, bütün dikkatini yiyecekler ve çayırda kuyruklarını çevirerek koşuşturan üç taya vermişti. Şu an burada bulunmayan özel atların soylarının karıştırılması, ahırlarda bulunan bütün atların doğum kayıtları ve atların dizlerindeki iç bağlar, omuz başları ve bunun gibi diğer anatomik bölgeleri hakkında anlamadığım ve ilgilenmediğim uzun bir sohbete başladılar. Atlar benim için burun, kuyruk ve kulaklardan ibaretti, bu detaylı konuşmanın içinde adeta kaybolmuştum.

Dirseklerimin üzerine yaslanıp bahar güneşinin tadını çıkarmaya başladım. Bugün ortalıkta garip bir huzur vardı, her şey yolundaydı, insanı üzecek ya da düşündürecek herhangi bir karmaşa ya da gürültü yoktu. Bu belki de binalardan uzakta, açık alanda olmamızdan kaynaklanıyordu. Toprakla uğraşıp orada bir şeylerin yetişmesine yardımcı olduğum için de böyle hissediyor olabilirdim. Ya da kalede boş bir kâğıdın üzerinde duran mürekkep lekesi gibi yersiz yurtsuz ve amaçsız biri olarak dolanmak yerine kendime yapacak bir iş bulmuş olduğum için.

Bu sohbete katılmadığım halde kendimi bir fazlalık gibi hissetmiyordum. Yaşlı Alec bana görüntünün bir parçasıymışım gibi davranıyordu, başlangıçta belirli aralıklarla bana bakan Jamie de kendini konuşmaya kaptırmıştı, büyük bir heyecanla İskoçça anlatmaya devam ediyordu, hoş bir ritim tutturmuştu. Bu konuşma bana hiçbir şey ifade etmediği için çiçeklere konan arıların vızıltılarını dinlemeye başladım. Tuhaf bir şekilde uyuşmuştum, Colum'un bana dair şüphelerini, içinde bulunduğum çıkmazı ve rahatsız edici bütün düşünceleri bir kenara bırakmıştım. Bugün için yeterli, diye geçirdim içimden uykuyla uyanıklık arasında, halimi anlatabilmek için İncil'den bir cümle seçmiştim.

Konuşmacıların sesindeki tonlamanın değişmesi ya da güneşi kapatan bulutların verdiği serinlik yüzünden bir süre sonra uyandım. İngilizce konuşmaya başlamışlardı, sesleri çok ciddiydi, sohbet eder ya da atlardan bahseder gibi bir halleri yoktu.

"Toplantıya sadece bir hafta kaldı delikanlı, ne yapacağına karar verdin mi?"

Jamie içini çekti. "Hayır, Alec, henüz vermedim. Bir türlü karar veremiyorum. Burada seninle ve bu şeytanlarla çalışmak aslında büyük bir keyif." Başlangıçta keyifli çıkan sesi yavaş yavaş kederli bir hal almaya başlamıştı. "Ama Colum bana bir söz verdi... Gerçi bundan haberin olmayabilir. Kılıcını öptü ve bana MacKenzie adını vereceğini söyledi, bunun karşılığında da ben kim olduğumu unutacağım. Ne yapacağıma karar veremiyorum."

"Sen de baban gibi inatçısın," dedi Alec, kelimeleri kullanışında istemese de hak verir gibi bir tonlama vardı. "Uzun boyunu ve sarışınlığını annenden almışsın ama bazen babana çok benziyorsun."

"Onunla tanışmıştın sanırım," dedi Jamie merakla.

"Onu çok kısa bir süre gördüm ama onun hakkında çok şey duydum. Annenle baban evlendiğinden beri Leoch'dayım, bunu biliyorsun. Dougal ve Colum, hep Kara Brian hakkında konuşurlar. Onu tam bir şeytan olarak düşünebilirsin, tabii aklına daha kötü bir şey gelmiyorsa. Bakire Meryem'e benzeyen annen de onunla birlikte o kötü yere sürüklendi."

Jamie gülümsedi. "Ve ben ona benziyorum, değil mi?"

"Özün bu delikanlı, seni Colum'un adamı olmaktan alıkoyan şeyi çok iyi anlayabiliyorum. Ama göz önünde bulundurman gereken başka şeyler de var. Konu Stuartlar için savaşmaksa - ki Dougal bu konudaki seçimini yapmış durumda - doğru tarafta yer almalısın. Colum ne yapmış olursa olsun, bunun sonucunda arazini ve onun yanında pek çok şeyi geri alabilirsin."

Jamie, benim "İskoç gürültüsü" olarak nitelendirebileceğim, genizden gelen garip, belirsiz bir ses çıkardı. Bu seste hem bir takım şüpheler hem de arzular saklıydı.

"Anlıyorum, ama ya Dougal seçimini yanlış yaptıysa ne olacak? Ya da savaş Stuartlar'ın aleyhine sonuçlanırsa?"

Alec'in gırtlağından kendine has bir ses çıktı. "O zaman burada kalmaya devam edersin. Burada Atların Efendisi olursun, benim çok uzun bir zamanım kalmadı ve bugüne kadar atlarla bu kadar iyi anlaşan başka birini daha görmedim."

Jamie'den çıkan garip ses, alçakgönüllülükle bu övgüyü kabul ettiğini gösteriyordu.

Yaşlı adam onun çıkardığı seslerle ilgilenmeden konuşmaya devam etti. Hem senin MacKenzieler'le akrabalığın da var, bu da soyunu unutmanın söz konusu bile olmadığı anlamına gelir. Hem düşünülmesi gereken başka şeyler de var..." Sesinden dalga geçmeye başladığı anlaşılıyordu. "Bayan Laoghaire gibi..."

Jamie'den bu kez bambaşka bir homurtu çıktı, bunda utanç ve inkâr vardı.

"Buraya baksana delikanlı, hiçbir adam bir şeyler hissetmediği bir kadın uğruna dayak yemez. Ayrıca babası onun klan dışından olan biriyle evlenmesine asla izin vermeyecektir."

"Alec, o çok genç ve ben onun için gerçekten çok üzüldüm," dedi James, savunmaya geçmişti. "Bundan daha fazlası yok." Bu sefer garip İskoç gürültüsünü çıkaran Alec'ti, inanmamıştı ve açıkça alay ediyordu.

"Sen bunu benim külahıma anlat delikanlı, sana inanmak için aptal olmak gerek. Pekâlâ, Laoghaire olmasa bile - ki beni dinlersen bu hiç de kötü bir anlaşma değil - yine de ileride Atların Efendisi olacak adam olarak gayet iyi bir evlilik yapabilme şansın var. İstediğin kızı seçebilirsin, tabii biri sen bunu yapmadan önce seni seçmezse!" Alec gülmeyi bilmeyen adamların attığı kahkahalardan birini atıyordu. "Balın etrafında dolaşan arılar senin işine yaramaz evlat! Şu an beş kuruş paran ve önemli bir adın yok ama kızlar hâlâ etrafında dolaşıyor, ben bunu görebiliyorum!" Garip sesler çıkartıyordu. "Şu İngiliz haspa bile yeni dul olmasına rağmen senin peşinden ayrılmıyor!"

Bu konuşmanın ilerlemesi halinde daha tatsız sıfatlar duyma ihtimalime karşı resmi olarak uyanma kararı verdim. Esneyip gerinerek oturdum, konuşmacıların bakışlarından kurtulmak için abartılı bir tavırla gözlerimi ovalamaya başladım.

"Uyuyakalmışım," dedim. Jamie kulaklarına kadar kıpkırmızı olmuş bir suratla piknikten geri kalanları toplamakla uğraşıyordu. Yaşlı Alec bana baktı, ilk kez bana ilgi gösteriyordu.

"Atlarla ilgileniyor musun?" diye sordu. Bu şartlar altında hayır diyemezdim. İlgilendiğimi belirttikten sonra bana şu an manejde sinek gelme olasılığına karşı kuyruğunu çevirerek dinlenmekte olan kısrak hakkında detaylı bir bilgi verdi.

"Dilediğin zaman buraya gelip onları seyredebilirsin," diyerek yorumlarını bitirdi. "Atlara çok yaklaşmak onların dikkatini dağıtır. Onların daha çok çalışmaya ihtiyaçları olduğunu sen de biliyorsun." Bu sözcükler kibarca kovulduğumu bildiriyordu ama buraya hangi sebeple geldiğimi hatırlayınca olduğum yerde durdum.

"Bir dahaki sefere daha dikkatli olacağım," diye söz verdim. "Kaleye dönmeden önce Jamie'nin omzundaki sargıyı açıp bakmak istiyorum."

Alec başıyla beni onayladı ama Jamie bu isteğimi geri çevirerek arkasını dönüp atların yanına gitti.

"Sanırım bunu daha sonra yapacaksın, yavrum," dedi Alec uzaklarda bir noktaya bakarak. "Bugün yapılması gereken çok iş var, belki akşam yemeğinden sonra bunu yapma fırsatını bulursun." Bu çok garipti, şu ana kadar hiç de yapılacak çok işi varmış gibi görünmüyordu. Onu tutup zorla bakım yapacak halim yoktu. Onu akşam yemeğinden sonra görmeye ikna olduğumu belirtir bir tavırla omuz silktikten sonra, kaleye giden tepeyi tırmanmaya başladım.

Tepede ilerlerken Jamie'nin başının arkasında bulunan yaranın şeklini düşünüyordum. Bu İngilizlerin kullandığı palayla oluşturulabilecek düz bir yara izi değildi. Yara daha belirgin bir eğime sahip bir bıçakla yapılmış gibiydi. Bıçaktan çok bir Lochaber Baltası izine benziyordu. Bildiğim kadarıyla bu ölümcül baltaları - bildiğim kadarıyla değil bunu kesinlikle biliyordum - sadece klan üyeleri kullanırdı.

Yürürken bir anda bir şeyin daha farkına vardım. Bilinmeyen düşmanları olan genç bir kaçak olarak bir yabancıya çok fazla güveniyordu.

Piknik sepetini mutfağa bıraktıktan sonra Bayan Fitz'in enerjik kızlarının ziyaretinin ardından eskisi gibi pırıl pırıl hale gelmiş olan son Beaton'un muayenehanesine gittim. Dolabın içinde bulunan küçük cam şişeler pencereden gelen loş ışıkta bile parlıyordu.

İşe bu dolaptan başlamak oldukça uygun görünüyordu, hali hazırda bulunan ilaçları ve şifalı otları incelemek iyi olacaktı. Dün gece uyumadan önce buradan almış olduğum mavi deri ciltli küçük kitapçığı biraz inceleme fırsatı bulmuştum. Bu *Doktorun El Kitabı* gibi bir şeydi. Burada bir sürü hastalık belirtileri ve onlara uygulanacak tedavilerin listesi vardı.

Kitap birkaç bölüme ayrılmıştı: "Kantaronlar, Kusturucular ve Macunlar," "Haplar ve Şuruplar," "Çeşitli Yakılar ve Faydaları," "Özler ve Panzehirler" ve hiç de tekin görünmeyen bir başlık altında toplanmış oldukça uzun bir bölüm: "Arındırıcılar."

Birkaç reçetesini okuduktan sonra Davie Beaton'un tedavilerinde neden başarısız olduğunu anlamaya başladım. "Baş ağrısı için," diye başlıyordu bir tanesi, "iyice kurutulup toz haline getirilmiş olan at dışkısı sıcak birayla karıştırılıp bir seferde içilecek." "Çocuklardaki kasılma nöbetlerini geçirmek için kulak arkalarına beş adet sülük yapıştırılır." Birkaç sayfa ileride, "basurotu kökleri, zerdeçal ve 200 adet tespöhün suyu ile yapılmış yakılar sarılığa çok iyi gelir," yazıyordu. Kitabı kapadım, bu son doktorun titizlikle tutmuş olduğu kayıtlara bakılırsa hastalar onun tedavileriyle değil, kendiliğinden iyileşecek hastalıklara sahip oldukları için iyileşmişlerdi.

Önümde kocaman kahverengi bir kavanoz duruyordu, içinde ne olduğu belirsiz küçük toplar vardı. Beaton'un tariflerini okumuş biri olarak artık onların ne olabileceğini çok iyi biliyordum. Kavanozu çevirip altında yazanları okuduğumda kendimi zafer kazanmış gibi hissettim, etikette AT DIŞKISI yazıyordu. Bu malzemeyi daha fazla burada tutmanın hiçbir anlamı yoktu, kapağını bile açmadan kavanozu bir kenara ayırdım.

PURLES OVIS olarak Latince yazılmış olan malzeme de

bunun koyundan alınmış olanına deniyordu. FARE KULAĞI da hakikaten farenin kulağıydı, herhangi bir ota verilen isim değildi. İçinde pembe kurumuş kulaklar bulunan kavanozu da iğrenerek kenara ayırdım.

Şu "tespöhler"in ne olduğunu gerçekten merak ediyordum, pek çok reçetede bunlar vardı, bazen "tespüh" bazen de "tesbük" diye yazılmıştı. Bu önemli bir malzeme gibi görünüyordu, üzerindeki etikette tespöh yazan mantar kapaklı şişeyi bulunca çok mutlu oldum. Bu şişe yarısına kadar gri renkli küçük haplarla doluydu. Çapları yarım santim bile yoktu ve yuvarlaklıkları mükemmeldi, bir anda Beaton'un ilaç hazırlama tekniğine hayran oldum. Şişeyi daha iyi görebilmek için elime aldığımda bu kadar hafif olmasına çok şaşırdım. Birdenbire bu "hap"ların mikroskopik boyutlarda bacakları olduğunu gördüm, hepsi içe doğru kıvrılmıştı. Hızla şişeyi bıraktım ve ellerimi önlüğümle temizlemeye uğraştım, kafamda hazırladığım listeye hemen bir ek yaptım; "tespöh" gördüğün yeri, bokböceği olarak da bilinen "tespih böceği" olarak oku.

Beaton'un kavanozlarında zararlı ve az zararlı bir sürü şey vardı, bir kısmında da gerçekten işime yarayabilecek otlar ve özler vardı. Bayan Fitz'in Jamie'nin yaralarını tedavi ederken kullanmış olduğu toz halinde susam kökü ve hoş kokulu sirkeyi buldum. Melekotu, pelin otu, biberiye ve etiketinde KOKULU MALZ yazılı olan, ne olduğunu anlamadığım bir kavanoz buldum. Bu kavanozu büyük bir dikkatle açtım, bunun içinde ince köknar dalları vardı ve odaya mis gibi bir koku yayıldı. Araştırmalarıma devam ederken odada bu güzel kokunun kalması için kavanozun kapağını açık bıraktım.

Kurutulmuş sümüklü böcek; SOLUCAN YAĞI - adları gibi görünüyorlardı; VINUM MILLEPEDATUM - küçük parçalara ayrılarak şaraba yatırılmış kırkayak; MISIR MUMYA TOZU - ne olduğu anlaşılmayan bir toz, firavun'un mezarından alınmış bir tozdan çok bir akarsu kenarından toplanmış alüvyona benziyordu; GÜVERCİN KANI, karınca yumurtası, yosunların arasında özenle kurutulmuş karakurbağası ve İNSAN KURUKAFA TOZU kavanozlarını da bir kenara ayırdım. Bu son toz kime aitti? Çok merak etmiştim.

Dolap ve çekmeceli vitrini incelemek bütün öğleden sonramı aldı. İşimi bitirdiğimde kapının önünde atılacak şişeler, kutular ve kavanozlardan oluşan kocaman bir yığın oluşmuştu. Yararı olabilecek malzemelerden oluşan küçük bir yığın da dolaba yerleştirilmişti.

Önümde duran örümcek ağı paketlerini hangi yığına dâhil edeceğime bir türlü karar verememiştim. Hem Beaton'un günlüğünde hem de geçmişten aklımda kalan halk arasında kullanılan tedavi yöntemlerinde örümcek ağı yaraları sarmakta çok kullanılıyordu. İçimden hijyenle yakından uzaktan alakası olmayan bu malzemeyi atmak geliyordu ama yol kenarında eski bir bezle yaraları sarmaya uğraşırken çok daha tutucu olan bir malzemeye çok ihtiyaç duymuştum. Sonunda örümcek ağlarını dolaba kaldırdım belki de onları sterilize etmenin bir yolunu bulabilirdim. Kaynatmak dışında bir yol. Buhar onun yapışkan dokusunu bozmadan temizleyebilir miydi acaba?

Düşünceli bir şekilde ellerimi önlüğüme sildim. Duvarın önünde bulunan ahşap sandık dışında her yeri araştırmıştım. Kapağı kaldırdığım anda ortalığa yayılan iğrenç koku hafifçe geri çekilmeme sebep oldu.

Sandıkta Beaton'un ameliyat aletleri vardı. Burada göze hiç de hoş görünmeyen testereler, bıçaklar ve keskiler vardı. Bunları inşaatta kullanmak çok daha doğru olurdu. Koku Davie Beaton'un kullandıktan sonra bu malzemeleri temizlemeye ihtiyaç duymamasındandı. Bıçakların üzerindeki koyu renkli lekeleri görünce yüzümü ekşittim ve sandığın kapağını çarparak kapattım.

Sandığı da kapının yanına çektim. Bayan Fitz'e sandığın içindekileri iyice kaynattıktan sonra kalenin marangozuna vermesini söyleyecektim, tabii öyle biri varsa.

Arkamda bir hareket hissettim ve odaya girmekte olan kişinin üzerine tırmanmadan durmayı başardım. Kim olduğunu görmek için döndüğümde iki genç adamla karşılaştım, biri tek ayağının üzerinde sekiyor, diğeri de ona destek oluyordu. Kullanmadığı ayağı paçavralara sarılmıştı ve üzerinde taze kan lekeleri vardı.

Etrafıma bakındıktan sonra çaresizlikle sandığı gösterdim ve, "Otur," dedim. Görünüşe göre Leoch Kalesi'nin yeni doktoru işe başlamıştı.

8

Bir Akşam Eğlencesi

Büyük bir yorgunlukla yatağa uzandım. Davie Beaton'dan geride kalanları didik didik etmiştim, elimdeki malzemelerin yetersizliğine rağmen birkaç hastaya bakmıştım ve kendimi yeniden işe yarar hissetmeye başlamıştım, bu çok garipti. Parmaklarımın altında yeniden insanları hissetmek, onların nabızlarına bakmak gibi hayatımda hep yapmış olduğum işleri yapmak, o kayadan düştüğümden beri yaşamakta olduğum paniği bastırmıştı. Bambaşka bir yerde bambaşka şartlarda olmama rağmen gerçek insanlarla uğraşmak onların sadece insan olduklarını bilmek beni rahatlatmıştı. Etten kemikten, kalp atışlarını hissedip ciğerlerini dinlediğim insanlar. Bir kısmı kötü kokan, üzerinde bitler dolaşan pis insanlar, bunların hiçbirine yabancı değildim. Sahra hastanesindeki koşullardan çok da farklı değildi ve buradaki yaralanmalar onlara göre çok daha önemsizdi. Yeniden acıları dindirmek, eklemleri yerine oturtmak, hasarları onarmak çok keyifliydi. Başkalarının sağlığından sorumlu olmak kötü kaderime lanet ederek oturmaktan kurtarmıştı beni, bana bu işi önerdiği için Colum'a teşekkür borçluydum.

Colum Mac Kenzie. Değişik bir adamdı. Kültürlü, nazik, kusurları hoş gören, düşünceli, özündeki sertliği başarıyla saklamayı becerebilen bir adamdı. Bu sertlik Dougal'da çok daha görünür durumdaydı. O tam bir savaşçı olarak doğmuştu. İkisini yan yana görünce hangisinin daha kuvvetli olduğu ortaya çıkıyordu. Bacakları bükülü de olsa Colum efendiydi, reis oydu.

Hastalığı Touluse-Lautrec Sendromuydu. Bu vakayla hiç karşılaşmamıştım ama anlatılanları duymuştum. Adını o hastalığa sahip olan çok önemli bir kişiden almıştı (tabii o daha doğmamıştı, bunu unutmamalıydım), kemik ve bağ dokuları dejenerasyonu. Ergenlik çağına kadar genellikle kendini göstermeyen bir hastalıktı, vücut geliştikçe kırılgan durumda bulunan bacak kemikleri bu ağırlığı taşıyamaz ve aşağı doğru bükülme, kırılmalar ve yanlış kaynamalar başlardı.

Cildinin solgunluğu ve buruşukluğu da bu hastalığın belirgin özelliklerinden biri olan dolaşım bozukluğunun göstergeleriydi. El ve ayak parmaklarındaki kuruluk ve nasırlar da diğer belirtilerdi. Bacakları eğilip büküldükçe omurgasına çok daha fazla yük biniyor ve hastaya büyük bir rahatsızlık veriyordu. Bir yandan buklelerimle oynuyor bir yandan da okumuş olduğum makaleyi hatırlamaya çalışıyordum. Erken yaşta geçirilmiş arterit hastalığı sonrasında akyuvar sayıları azalıyor, bu da vücudu enfeksiyonlara çok daha duyarlı hale getiriyordu. Dolaşım bozukluğu ve bağ dokularının zayıflığından dolayı hastalar kısır hatta iktidarsız bile olabiliyorlardı.

Bir anda aklıma Hamish geldi. *Oğlum* demişti gururla bizi tanıştırırken. Demek iktidarsız değildi. Ya da öyleydi. MacKenzie erkeklerinin birbirine bu kadar çok benzemeleri Letitia için bir şans olmuş olabilirdi.

Kapının vurulmasıyla bu derin düşüncelerden kopmak zorunda kaldım. Burada bol miktarda bulunan erkek çocuklardan biri Colum'un davetini bana bildirmek üzere bekliyordu. Salonda şarkı söyleneceğini ve bu eğlenceye katılmak istersem Colum'un oradaki varlığımdan şeref duyacağını söyledi.

Son kuramlarımdan sonra Colum'la görüşmeyi çok istiyordum. Aynaya şöyle bir göz atıp saçımı düzelttikten sonra kapıyı arkamdan kapadım ve refakatçimle birlikte soğuk, esintili koridorlarda yürümeye başladım.

Bu gece salon daha farklıydı, bütün duvarlara çamdan yapılmış meşaleler yerleştirilmişti, oldukça şenlikli bir görüntü vardı. İçinde her zaman şişler ve kazanlar bulunan devasa ocak, akşam yemeğinden sonra işlevini değiştirmişti, içinde yavaş yavaş yanmakta olan koca iki kütüğün bulunduğu bir şömineye dönüşmüştü. Şişler katlanıp bacanın içinde bulunan mağaramsı aralıklara kaldırılmıştı.

Masa ve sıralar hâlâ oradaydı ama kenara çekilmiş ve şömininin önünde boş bir alan yaratılmıştı. Burası eğlencenin odak noktası olacak gibi görünüyordu, Colum'un büyük oymalı koltuğu bu açıklığın bir kenarına yerleştirilmişti. Colum orada oturuyordu, bacaklarının üzerine renkli bir örtü konmuştu, kolaylıkla ulaşabileceği bir yere de üzerinde bir sürahi ve bir kadehin bulunduğu küçük bir masa bırakılmıştı.

Kemerli girişte tereddüt ederek durduğumu görünce çok sıcak bir hareketle beni selamladı ve eliyle yanındaki sırayı gösterdi.

"Aşağı geldiğiniz için çok mutlu oldum, Bayan Claire," dedi samimiyetle. "Gwyllyn, şarkılarını duyacak yeni bir kulağın varlığına çok sevinecek, biz onu her zaman büyük bir keyifle dinliyoruz." MacKenzieler'in reisi yorgun görünüyordu; geniş omuzları hafifçe çökmüş, yüzündeki çizgiler daha derinleşmişti.

Anlamsız birkaç sözcük geveledikten sonra salonu seyretmeye başladım. İnsanlar gelmeye başlamıştı, arada bir dışarı çıkanlar da oluyordu. Küçük gruplar halinde sohbet ediyorlardı, bir kısmı yavaş yavaş duvarın önünde bulunan sıralara oturmaya başlamıştı.

"Çok özür dilerim," diyerek Colum'a döndüm, gürültünün içerisinde ne söylediğini tam olarak algılayamamıştım. Elindeki çan şeklinde yapılmış açık yeşil sürahiyi bana uzatıyordu. İçindeki sıvı engin denizlerin renginde gibi görünüyordu, kadehe boşaltılınca bunun mükemmel bir aromaya sahip bir pembe şarap olduğunu gördüm. Lezzeti de görüntüsünün vaatlerini yerine getiriyordu, huşu içinde gözlerimi kapattım, her bir yudumu yutmadan önce ağzımda tutup oluşan minik köpüklerin damağımı gıdıklamasının tadını çıkarıyordum.

"Güzel, değil mi?" O derinden gelen seste bir keyif vardı, gözlerimi açtığımda Colum'un gülümseyerek bana baktığını gördüm.

Cevap vermek için ağzımı açtığımda şarabın yumuşak tadının aldatıcı olduğunu fark ettim, ses tellerini kısa bir süre felce uğratacak kadar sert bir şaraptı.

"Mükemmel," dedim güçlükle.

Colum başını salladı. "Evet, bu Ren bölgesinden, daha önce hiç içmediniz mi?" O sürahiyi uzatıp kadehimi yeniden o yeni açan gülün rengine boğarken başımı iki yana salladım. Kendi kadehini sapından tutarak ateşe doğru çevirdi, şarabın rengi kızıla dönmüştü.

"İyi şaraptan da anlıyorsunuz," dedi, kadehini hafifçe sallıyor ve aromanın tadını çıkarıyordu. "Gerçi bu çok doğal, ailenizin Fransız olduğunu söylemiştiniz yanılmıyorsam. Ya da yarı Fransız demeliyim belki de," diyerek kendi sözlerini hafif bir gülümsemeyle düzeltti. "Fransa'nın hangi bölümünden gelmişler?"

Ufak bir tereddütten sonra mümkün olduğunca gerçeklere bağlı kalmak kuralını hatırladım ve cevap verdim. "Bu geçmişten gelen bir bağlantı, çok yakın değil ama bir kısmı hâlâ Compiègne'nin kuzeyinde yaşıyor olabilirler." Söyler söylemez ben de bu gerçeğin farkına vardım ve hafifçe ürperdim, gerçekten de akrabalarım orada yaşıyorlardı. Yalan söylememiştim.

"Siz hiç oraya gitmediniz mi?"

Kadehimi hafifçe çalkalarken başımı onu onaylarcasına öne eğdim. Gözlerimi kapatıp şarabın o güzel kokusunu bir kez daha içime çektim.

"Hayır," dedim, gözlerim hâlâ kapalıydı. "Oradaki akrabalarımla hiç tanışmadım." Gözlerimi açtığımda onun beni incelediğini gördüm. "Size zaten bunu söylemiştim."

Başını salladı, kafası karışmışa benzemiyordu. "Öyle yapmıştınız." Siyah gür kirpiklerinin arasından görünen gözlerinin grisi çok güzeldi. Colum MacKenzie çok çekici bir adamdı, en azından beline kadar. Gözlerim onun arkasında, ateşin önünde duran küçük gruba takıldı. Karısı Letitia ve birkaç hanım arkadaşı Dougal MacKenzie ile hararetli bir sohbete dalmışlardı. O da çok çekiciydi ve tamdı.

Dikkatimi tekrar duvardaki süslemeleri düşünceli bir şekilde izlemekte olan Colum'a çevirdim.

"Ve size daha önce de söylemiş olduğum gibi," diyerek aniden söze girdim ve onun dikkatini tekrar kendi üzerimde topladım, "bir an önce Fransa'ya doğru yola çıkmak istiyorum."

"Bunu da söylemiştiniz," derken bir kaşını soru sorar bir ifadeyle yukarı kaldırdı ve sürahiyi gösterdi. Kadehimi uzattım, diğer elimle yarısına kadar doldurmasını belirten bir hareket yapmama rağmen o kadehimi ağzına kadar doldurdu.

"Evet, Bayan Beauchamp, benim de size *daha önce* söylemiş olduğum gibi," diye söze başladı, gözlerini doldurmakta olduğu şaraptan ayırmamıştı. "Yolculuğunuz için gerekli ayarlamalar yapılana kadar bir süre burada kalmanız gerekiyor. Ayrıca bunun için acele etmemize de gerek yok, daha baharın başındayız, Kanal'ı geçmenizi zorlaştıracak sonbahara ve fırtınalara daha aylar var." Hem sürahiyi hem de başını kaldırdı ve kurnaz bir bakışla gözlerini bana dikti.

"Bu arada bana Fransa'daki akrabanızın adını verirseniz ona haber gönderebilirim ve sizi karşılamaya hazırlıklı olurlar, olur mu?"

Blöf açılmıştı, evet-belki-olabilir gibi saçma sapan kelimeleri ardı ardına sıralamaktan başka çarem kalmamıştı. Bu sözcükleri ağzımın içinde geveledikten sonra, şarkılar başlamadan önce gerekli ihtiyaçlarımı karşılamak bahanesiyle özür dileyerek hızla yanından ayrıldım. Oyun ve set Colum'undu ama henüz maç bitmemişti.

Bahanem çok da uydurma değildi, kalenin karanlık koridorlarında dolaşarak aradığım yeri bulmam biraz zamanımı aldı. Geri dönerken kadehim hâlâ elimdeydi, salona giden ışıklı ve kemerli koridoru buldum. Biraz daha ilerleyince bunun Colum'un oturmakta olduğu bölümün tam aksi yönündeki aşağı giriş olduğunu anladım. İşin aslında şu an bu benim için daha uygundu, göze batmadan odaya girdim, sohbet eden insanların arasından biraz güçlükle de olsa geçmeyi başarıp duvarın önünde duran sıralardan birine ulaştım.

Salonun diğer tarafına baktığımda taşımakta olduğu küçük harpı kontrol etmekte olan zayıf bir adam gördüm, bu ozan Gwyllyn olmalıydı. Colum'un işaretiyle, hizmetlilerden biri süratle ona bir tabure getirdi. Ozan tabureye oturup harpı önüne yerleştirdikten sonra kulağını ona yaklaştırıp akordunu kontrol etmeye başladı. Colum sürahisinden yeni bir kadehe şarap doldurduktan sonra hizmetlisini çağırıp kadehi ozana gönderdi.

"Ooo, şarkıcısını çağırdı, kadehini istedi, kemancıları da çağırdı," diye garip bir şarkıyı kısık sesle söylemeye başladığımda Laoghaire denilen kızın tepkili bakışlarıyla karşılaştım. Üzerinde altı tane şaşı gözlü köpeğiyle birlikte duran bir avcının resmi işlenmiş olan bir kilimin altında ürkek bir tavşan gibi oturuyordu.

"Sence de biraz fazla değil mi?" dedim teklifsizce elimi kilime doğru sallayarak, bu arada yanına oturuvermiştim.

"Ah! Ne, evet," dedi mesafeli bir tavırla hafifçe yana kayarken. Onunla sohbet etmeye çalıştım ama sorularıma genellikle tek heceli sözcüklerle cevap verdi. Onunla her konuşmaya başladığımda da kızarıyordu, sonunda vazgeçtim ve odanın diğer tarafında bulunan sahneye bakmaya başladım.

Harp başarıyla akort edildi. Bunun ardından Gwyllyn ceketinden üç ayrı boyda ahşap flüt çıkarıp önündeki küçük masanın üzerine koydu, her şey hazırdı.

Birden Laoghaire'in benim baktığım yöne bakmadığını fark ettim. O, ozanla ve aletleriyle ilgilenmiyordu. Kasılmış bir şekilde sürekli olarak aşağıdaki girişe bakıyor, dikkat çekmemek için de bunu yaparken geriye yaslanıp kilimin gölgesine saklanıyordu.

Onun bakışlarını takip edince, uzun boylu, kızıl saçlı Jamie Mac Tavish'in salona girdiğini gördüm.

"Ah, cesur kahramanın geldi! Ondan hoşlanıyorsun, değil mi?" diye sordum yanımda oturan kıza. Başını şiddetle iki yana salladı ama kızaran yanakları onu çoktan ele vermişti.

"Dur bakalım bu konuda neler yapabiliriz?" dedim samimiyetle, kendimi yüce bir iş yapacakmış gibi hissediyordum. Ayağa kalkıp onun ilgisini çekmek için elimi salladım.

Genç adam işaretimi gördü ve gülümseyerek kalabalığın içinden bize doğru ilerlemeye başladı. Avluda aralarında ne geçtiğini bilmiyordum, kızı selamlayışı sıcaktı ama hâlâ resmiydi. Benim önümde eğilirken daha rahattı, bugüne kadar yaşadıklarımızdan sonra bana yabancı muamelesi yapamazdı.

Salonun öbür ucundan gelen belli belirsiz birkaç nota sesi dinletinin başlamak üzere olduğunu fark etmemize sebep oldu ve hemen yerimize oturduk. Jamie ortamıza oturmuştu.

Gwyllyn silik bir kişilikti, ince bir kemik yapısı ve kahverengi saçları vardı ama şarkı söylemeye başladığı anda bunları görmemeye başlıyordunuz. Kulakları mest ederken gözlerinizin dinleneceği bir odak noktasıydı sadece. İskoçça basit bir şarkıyla başladı, satır sonları kafiyeliydi ve harp nağmeleriyle şarkısına eşlik ediyordu. Harpa dokunuşu yerli yerinde ve mükemmeldi, bu kafiyeler o dokunuşlarla sanki yeniden tekrarlanıyordu. Başlangıçta sesi de son derece yalın ve aldatıcıydı. Şarkı ilerledikçe ağzından çıkan her bir notanın bir billur temizliği ve parlaklığında olduğunu hissediyordunuz. Sözleri anlamamak şarkının ne kadar dokunaklı ve acı olduğunu anlamınızı engellemiyordu. Sesi beyninizin içinde çağıldıyordu.

Şarkı kocaman bir alkış aldı. Şarkıcı hemen ikinci şarkıya geçti, bu seferki Galce idi ya da bana öyle geldi. Bu sesler bana son derece akortlu bir şekilde gargara yapılıyor hissini veriyordu ama etrafımdaki herkes şarkıyı rahatlıkla takip edebiliyordu, ilk duyuşları olmadığı kesindi.

Aralardan birinde kısık sesle Jamie'ye sordum. "Gwyllyn uzun süredir kalede mi?" Sonra hatırladım ve, "Ah, ama bunu sen bilemezsin ki. Senin de buraya yeni geldiğini unuttum," dedim.

"Burada daha önce de bulunmuştum," diye cevap verdi, bana dönmüştü. "On altı yaşlarımdayken bir yıl burada kalmıştım ve o zaman Gwyllyn buradaydı. Colum onun müziğini çok sever. Burada kalması için ona iyi para öder. Bunu yapmak zorunda çünkü bu Galli dilediği reisin şöminesinin önünde şarkı söyleyebilir, herkes onun peşindedir."

"Senin burada olduğun zamanı hatırlıyorum." Bu sözleri Laoghaire söylemişti, yine kızarmıştı ama sohbete katılmaya karar vermişti. Jamie hafif bir gülümsemeyle başını ona doğru çevirdi.

"Öyle mi? O zamanlar sen yedi, sekiz yaşlarındaydın. Beni hatırlayacak kadar çok gördüğünü sanmıyorum." Arada kibarca bana döndü. "Galce biliyor musun?"

"Hatırlıyorum işte," diye devam etti Laoghaire. "Sen, beni o zamandan hatırlıyor musun?" Elleriyle eteklerini kurcalayıp duruyordu.

Jamie'nin dikkati bir anda salonun diğer ucunda İskoçça bir şeyler tartışan gruba yönelmiş gibiydi.

"Ah, hayır, sanmıyorum," dedi gülümseyerek, dikkatini yeniden kıza çevirmişti. "Ama bu çok doğal. On altı yaşında kendini büyümüş ve önemli zanneden bir genç burnu sümüklü çocuklarla ilgilenmez."

Bu sözleri söylerken aslında kendini küçümsüyordu, bunu ben anlamıştım ama Laoghaire öyle görünmüyordu. Laoghaire'in kendini toplaması için bir zamana ihtiyacı olduğunu düşünerek hızla konuşmaya daldım. "Hayır, Galce tek kelime bile bilmiyorum. Sen ne söylediğini anlıyor musun?"

"Elbette." Jamie ezbere bildiği belli olan şarkının sözlerini İngilizceye çevirmeye başladı. Bu oldukça eski bir parçaydı, genç bir kıza âşık olan genç bir adamın (başka ne olabilir ki?) hikâyesiydi. Adam fakir olduğu için kendini kıza layık görmüyor ve zengin olmak için denize açılıyordu. Gemisi batıyor, kendisini tehdit eden deniz yılanlarıyla boğuşuyor, denizkızlarıyla karşılaşıp büyüleniyor, maceralara atılıyor, hazine buluyor ve aşkını bulmak içine evine geri döndüğünde onu fakir ama ondan çok daha sağduyulu olduğu belli olan en yakın arkadaşıyla evlenmiş buluyor.

"Sen olsan hangisini yapardın?" diye sordum, dalga geçiyordum. "Parası olmadan evlenmeyen adam mı olurdun ya da parayı boş verip kızı alan adam mı?" Bu soru Laoghaire'e ilginç gelmiş olmalıydı, şu ana kadar Gwyllyn'in flütünü pür dikkat dinliyormuş gibi görünen genç kız, sorunun cevabını duyabilmek için kafasını öne uzatıvermişti.

"Ben mi?" Soru Jamie'yi de eğlendirmişti. "İlerde para kazanma umudu olsa da, başlangıçta hiç parası olmayan bir adam olarak benimle evlenmeyi kabul eden bir kız bulduğum için çok şanslı olduğumu düşünürdüm." Sırıtarak başını salladı. "Deniz yılanlarını hazmedemem."

Devam etmek üzere ağzını açtı ama elini çekinerek kolunun üzerine koyan Laoghaire tarafından susturuldu. Laoghaire kızararak, elini ateşe değmiş gibi hemen geri çekti.

"Sessiz olun... Öyküyü anlatmaya başlıyor. Dinlemek istemiyor musun?"

"Elbette." Jamie öne doğru eğilerek beklemeye başladı, birdenbire görüşümü kapattığını fark edip beni diğer tarafa geçmeye zorladı. Laoghaire'in bu yer değişikliğinden hiç hoşnut olmadığını fark ettim ve buna itiraz ettim ama Jamie kararlıydı.

"Şimdi çok daha rahat seyredeceksin. Ayrıca İskoççа konuşursa kulağına neler söylediğini fısıldayabilirim."

Ozanın gösterisinin her bölümü büyük alkış alıyordu. O çalarken insanlar kısık sesle birbirleriyle sohbet ederek harp nağmelerinin altında hafif bir uğultu oluşturmuşlardı. Şu an ise salona beklenti dolu bir sessizlik çökmüştü. Gwyllyn'in konuşma tonu da pırıl pırıldı ağzından çıkan her kelime yüksek tavanlı büyük salonun her yerine rahatlıkla ulaşıyordu.

"İki yüz yıl önceydi..." İngilizce konuşuyordu, bir anda bir deja vu yaşadığımı düşündüm. Ness Gölü'nde bize Büyük Vadi'nin öykülerini anlatan rehberimiz gibi konuşuyordu.

Bu bir hayalet ya da kahramanlık öyküsü değildi, Minik Irk'ın öyküsüydü." Minik Irk Klanı, Dundreggan yakınlarında yaşıyordu. Bu tepenin üzerinde yaşayan bir ejderha, Fionn burada katledilip öldüğü yere gömülünce buranın adı Ejderha Tepesi anlamına gelen Dundreggan oldu. Fionn'un ölümünden sonra Feinnler de yok oldu ve Küçük Irk klanı yaşamak için buraya geldi. Bu klan insanoğlu kadınlarından kendi peri yavrularına sütannelik etmelerini istediler, onlara göre insanlar perilerin sahip olmadığı pek çok özelliğe sahipti. Bu özelliklerin süt yoluyla kendi yavrularına geçeceğini düşünüyorlardı."

"Dundregganlı Ewan MacDonald, karısı ilk oğullarını doğururken, dışarıda, karanlıkta hayvanlarıyla ilgileniyordu. Ani bir rüzgâr onu sarmaladı ve rüzgârın içinde karısının feryatlarını duydu. Hâlâ doğum öncesi çığlıklarını atıyordu, ses her yerdeydi. Ewan Mac Donald döndü ve bıçağını Trinity adına rüzgâra doğru fırlattı. Karısı sağ salim yanına yere düştü."

Öykü sona erdiğinde herkes "ah" çekmekle meşguldü. Bunun ardından bu Küçük Irk'ın insanoğluyla ilişkiye girmekle ne kadar büyük bir akıllılık etmiş olduğuna dair bir takım öyküler daha anlattı. Bunların bir kısmını İngilizce bir kısmını da Galce kullanarak anlatıyordu, kafiyelere dikkat ediyor ve o anda hangi dil daha etkili olacaksa onu kullanıyordu, bu da öyküsüne ayrı bir hava katıyordu. Jamie verdiği sözü tuttu ve bana kısık sesle çevirilerini yaptı, bunu büyük bir rahatlıkla yapıyordu, bu öyküleri daha önce çok dinlemiş olduğunu düşündüm.

Bu öykülerin arasında, gecenin bir yarısı sihirli tepeye gidip tepedeki kayaların ona kadın sesiyle söylediği "hüzünlü" şarkı dikkatimi çekmişti. Kayalara iyice yaklaşmış ve şu sözcükleri duymuştu:

"Ben Balnain reisinin karısıyım,
Akrabalarım beni esir aldı."

Bu sözleri duyan adam Balnain'in evine gittiğinde karısının ve oğlunun kayıp olduğunu öğrendi. Adam telaşla bir rahip bulup sihirli tepeye götürdü. Rahip tepeyi ve kayalıkları kutsal suyla kutsadı. Birdenbire hava karardı ve her yanı gök gürültüsüne benzer bir uğultu sardı. Birdenbire ay bulutlardan sıyrıldı ve otların üzerinde yatmakta olan Balnain kadını, kucağında çocuğuyla birlikte görüntüye girdi. Kadın çok uzun bir yolculuk yapmış gibi yorgundu ama nerede olduğunu ve oraya nasıl geldiğini bilmiyordu.

Salonda bulunanların da anlatacak öyküleri vardı, onlar ateşin önünde durup bunları anlatırken Gwyllyn taburesinde şarabını yudumlayarak dinleniyordu. Bu öyküler salonda bulunanları mest etmişti.

Bazılarını duymakta zorlanıyordum. Ben de mest olmuştum, ama bunu kendi kendime başarmıştım; şarap, müzik ve sihirli öyküler beni başka düşüncelere doğru itmişti.

"İki yüzyıl önceydi..."

İskoç öykülerinde her şey iki yüzyıl öncesinde geçer, demişti Peder Wakefield. *Bu bir varmış bir yokmuşla aynı anlama gelir.*

Ve kadınlar sihirli tepenin kayalıklarında tuzağa düşerler. Nerede olduklarını bilmezler, uzun yolculuklar yapıp geri dönerler ve bunu nasıl yaptıklarını bilmezler.

Tüylerim diken diken olmaya başlamıştı, tedirgin bir tavırla onları ovaladım. İki yüz yıl. 1945'ten 1743'e; aynı sayılırdı. Kayalıklar aracılığıyla yolculuk yapan kadınlar. Bu yolculuğu hep kadınlar mı yapıyordu? Bunu merak etmiştim.

Bir anda başka bir şeyi daha fark ettim. Kadınlar geri dönmüştü. Kutsal su, büyü, bıçak... Ne olursa olsun geri dönmüşlerdi. Belki de bu gerçekten mümkündü. Craigh na Dun'a, dikilitaşların oraya dönmem gerekiyordu. Çok heyecanlanmıştım, kendimi kötü hissediyordum, sakinleşmek için kadehime uzandım.

"Dikkat et!" Yanıma koymuş olduğum kadehi el yordamıyla almaya çalışırken kenarına çarptım. Jamie uzun kollarını üzerimden uzatıp kadehi kötü sondan kurtardı. Kocaman iki parmağıyla onu sapından yakaladı ve kaldırıp kokladı. Kadehi bana uzatırken kaşları havaya kalkmıştı.

"Ren şarabı," diye açıkladım.

"Evet, biliyorum." Gözlerinde hâlâ sorular vardı. "Colum'un şarabı, değil mi?"

"Evet, neden? Tadına bakmak ister misin? Çok güzel." Kadehi ona uzattım. Ufak bir tereddütten sonra kadehi aldı.

"Gerçekten güzel," dedi bana geri verirken. "Çok da sert... Colum geceleri bacaklarının ağrısını daha az hissetmek için bunu içiyor. Bundan ne kadar içtin?" diye sorarken gözlerini kısmış bana bakıyordu.

"İki yok, üç kadeh," dedim ağırbaşlı bir tavırla. "Sarhoş olduğumu mu ima ediyorsun?"

"Hayır," dedi kaşları hâlâ yukarıdaydı, "olmamandan çok etkilendim. Colum'la birlikte bunu içenlerin çoğu ikinci kadehten sonra masanın altından toplanır." Elini uzatıp kadehi benden aldı.

"Yine de, daha fazla içmesen iyi olur, yoksa merdivenleri çıkamayacaksın." Kadehi hafifçe salladıktan sonra içindekini bitirdi ve boş kadehi yüzüne bile bakmadan Laoghaire'in eline tutuşturdu.

"Bunu geri götürürsün değil mi?" diye sordu rahat bir tavırla. "Oldukça geç oldu ve Bayan Beauchamp'ı odasına götürmem gerekiyor." Beni dirseğimden tutarak çıkışa yönlendirdi. Kız arkamızdan bakıyordu, o an bakışlar insanı öldüremediği için içimden şükrettim.

Jamie odama kadar benimle geldi ve beni çok şaşırtan bir hareketle odaya girdi. Kapıyı kapatır kapatmaz üzerindeki gömleği çıkarınca sürpriz sona erdi. İki gündür çıkarmak için peşinden koşturduğum sargıyı tamamıyla unutmuştum.

"Bunu çıkarırsan çok mutlu olacağım," dedi kolunun altındaki yapay ipek ve ketenleri ovalayarak. "Çok rahatsız ediyor."

"Kendi başına çıkarmamış olmana çok şaşırdım," diyerek çözmek üzere uzandım.

"İlk sargının başına gelenlerden sonra bana nasıl kızdığını hatırladım," dedi arsızca sırıtarak. "Eğer dokunursam popoma bir şaplak yiyeceğimi düşündüm."

"Eğer susup şuraya oturmazsan o şaplağı şimdi yiyeceksin," dedim alayla. Ellerimi iyi olan omzunun üzerine koyup dengemi sağlamaya çalışarak onu tabureye çektim.

Askıyı çözüp omzunu kontrol ettim. Hâlâ hafif şişti ve üzerinde morluklar vardı ama kas zedelenmelerine ait hiçbir iz kalmamıştı.

"Madem bundan kurtulmayı bu kadar çok istiyordun, neden dün akşamüstü çıkarmama izin vermedin?" Dünkü tavrı beni şaşırtmıştı, o da acı çekiyordu, keten sargının sert kenarları derisini kızartmış, yer yer zedelemişti. Sargıları dikkatle açtım, altı tertemizdi.

Yan yan bana baktı, tam bir koyuna benziyordu. "Şey, Alec'in önünde gömleğimi çıkartmak istemedim."

"Ne kadar da namuslusun," dedim kuru bir sesle, eklemi kontrol etmek için kolunu kaldırırken. Bu hareket onu hafifçe yerinden sıçrattı ama sesini çıkarmadı.

"Öyle olsaydım şu an odanda yarı çıplak oturmazdım, öyle değil mi? Derdim sırtımdaki izler." Havalanan kaşlarımı görünce açıklamaya devam etti. "Alec kim olduğumu biliyor, kırbaçlandığımı da biliyor ama bunu görmedi. Bir şeyi duymakla görmek arasında büyük fark vardır." Omzundaki hafif acıyla birlikte gözlerini yere indirdi. "Anlatmak istediğim şeyi anlayamayabilirsin. Bir erkek yaralandığında ya da zarar gördüğünde bunu başkalarının bilmesi çok önemli değildir çünkü bu ona olan bakışlarını değiştirmez. Alec kamçılandığımı biliyor, kızıl saçlı olduğumu da biliyor, onun için bu ikisinin arasında bir fark yok haliyle bana olan tavrı da hep aynı." Anlayıp anlamadığımı görebilmek için başını yukarı kaldırdı.

"Ama onları görünce, bu biraz," doğru kelimeleri bulmakta güçlük çeker gibiydi "daha kişiselleşiyor, demek istiyorum. Yani eğer yara izlerini görürse bundan sonra beni her görüşünde onları hatırlayacak. Ben de onun bunu düşündüğünü anlayacağım ve bu olayı hep hatırlamak durumunda kalacağım ve..." Durdu ve omuzlarını silkti.

"Bu pek de iyi bir açıklama olmadı. Sanırım bu beni inciten bir konu. Gerçi onları ben göremiyorum, belki düşündüğüm kadar kötü görünmüyordur." Sokaklarda yaralı ve koltuk değnekli çok adam görmüştüm, yanlarından geçen insanların onlara nasıl baktığını da, bu yüzden bu açıklama hiç de kötü değildi.

"Benim sırtını görmem seni rahatsız etmiyor mu?"

"Hayır." Bu soruma biraz şaşırmıştı, bir süre düşündükten sonra devam etti. "Sen işin püf noktasını çözmüşsün, başıma gelene üzülüyorsun ama beni bir zavallı olarak görmüyorsun ve bana acımıyorsun."

Ben arkasına geçip yaralarını incelerken sabırla, kıpırdamadan durdu. Onun ne kadar kötü olduğunu düşündüğünü bilmiyordum ama yeterince kötüydü. Daha önce bir kez mum ışığında görmüş olmama rağmen yine de afallamıştım. Daha önce sadece tek omzunu görmüştüm. Yara izleri beline kadar bütün sırtını kaplamıştı. Bir kısmı solmuş ince beyaz çizgilere dönüşmüştü ama pürüzsüz kaslarını baştanbaşa kesen kalın gümüş çivilere benzer izler çok kötü görünüyordu. Bu sırtın bir zamanlar çok güzel göründüğünü düşünmeden edemedim. Teni çok güzeldi, kemik ve kas yapısı ise çok düzgündü, omuzları genişti, omurgasının iki yanında uzun ve şekilli kaslar vardı.

Jamie son derece haklıydı. Onun almış olduğu hasarı görünce insan olayı hayalinde canlandırmadan duramıyordu. O kaslı kolların yukarı kaldırılıp iki yana doğru açılarak bağlanmış olduğunu, iplerin bileklerini kestiğini, o bakır renkli kafanın acılar içinde kıvrandığını gözümün önüne getirmemeye uğraşıyordum ama gördüğüm izler bu işi yapmayı başarmıştı bile.

Çığlık atmış mıydı? Hemen bu düşünceleri beynimden sildim. Savaş sonrasında Almanya'da olan vahşet öykülerini çok dinlemiştim ve onlar bundan çok daha kötüydü ama Jamie haklıydı görmekle duymak aynı şey değildi.

Farkında olmadan uzandım ve parmaklarımı yaraların üzerinde gezdirmeye başladım, onlara dokunursam silebileceğimi düşünüyordum. Derin bir nefes aldı ama ben o derin izlerin üzerinde parmaklarımı gezdirirken kıpırdamadan durmaya devam etti. Sanki ona sırtındaki göremediği hasarı gösteriyordum. Sonunda ellerimi hafifçe omuzlarına koydum ve sarf edeceğim sözcükleri bulmaya çalıştım.

Elini ellerimin üzerine koyup hafifçe sıktı, bulamadığım sözcüklerin neler olduğunun farkındaydı.

"Başkalarına çok daha kötü şeyler oldu," dedi yavaşça. Elimi bıraktı ve büyü bozuldu.

"Sanırım her şey yolunda," dedi, omzunu görmeye çalışıyordu. "Artık acımıyor."

"Bu çok iyi," dedim boğazıma yerleşen yumruyu oradan atmaya çalışarak. "Süratle iyileşiyor. Yara düzgün bir kabuk bağlamış, herhangi bir sızıntı yok. Temiz tut ve birkaç gün daha kolunu çok fazla kullanma." İşimin bittiğini belirtmek için sağlam omzuna hafifçe vurdum. Yardıma ihtiyaç duymadan gömleğini giydi ve uzun kuyruklarını eteğinin içine yerleştirdi.

Kapının önüne vardığında durdu, garip bir an yaşadı, veda sözcüklerini arar gibiydi. Sonunda ertesi gün yeni doğmuş olan sıpayı görmem için beni ahırlara davet etti. Gideceğime söz verdim ve birbirimize iyi geceler diledik. Ben kapıyı kapatırken hâlâ gülüyor ve anlamsız şekilde kafalarımızı sallıyorduk. Yatağa girer girmez şarabın da etkisiyle uykuya ve bir sonraki gün asla hatırlamayacağım garip rüyalara daldım.

Ertesi gün hastalara bakmakla geçen uzun bir sabahtan sonra kileri didik didik edip ilaç dolabım için faydalı baharatlar buldum ve - bir tür törenle - detayları Davie Beaton'un kara kaplı defterine kaydettim. Biraz hava alıp yürüyüş yapmak için bu küçük odadan ayrıldım.

Ortalıkta kimseler yoktu, bu fırsatı kalenin üst katlarını keşfetmek için kullandım. Boş odaları ve merdivenleri gezerek kafamda bir harita çizdim. Son derece karışık bir planı vardı. Seneler içerisinde her yere bir şey eklenmişti, ilk yapıldığında neye benzediğini söylemek oldukça zordu. Örneğin bu salonda merdivenlerin yanındaki duvara bir oyuk açılmıştı, hiçbir amaca hizmet etmiyordu, bir oda yapmak için çok küçük bir alandı.

Bu oyuk çizgili ketenden yapılmış bir perdeyle kısmen örtülmüştü; bir beyazlık gözümü almasaydı oradan geçip gidebilirdim. Perdenin açık bölümünün önünde durup içeri baktım. Gördüğüm beyazlık Jamie'nin gömleğinin koluydu, bir kıza sarılmış öpmek üzere kendine doğru çekiyordu. Kız kucağında oturuyordu, pencereden gelen güneş ışığı sarı saçlarına vuruyordu, güzel bir sabahta ırmaktaki alabalık sürüsünün parlaklığına sahipti.

Bir an ne yapacağıma karar veremedim. Onları gözetlemek gibi bir niyetim yoktu ama taş koridorlardan yankılanacak ayak seslerim onların dikkatini çekebilirdi. Ben öylece dururken Jamie kolunu indirip başını kaldırdı ve göz göze geldik. Yüzündeki korku silindi ve tanıdık bir yüz görmenin rahatlığı belirdi. Hafif kalkmış bir kaş ve komik bir omuz silkişten sonra kızı kucağına daha iyi yerleştirip işini yapmaya devam etti. Ben de omuz silktim ve parmak uçlarımda oradan uzaklaştım. Bu beni ilgilendirmezdi. Yine de Colum'un ve kızın babasının bu "arkadaşlığı" son derece uygunsuz bulacaklarına dair şüphelerim vardı. Eğer daha uygun bir buluşma yeri seçmeyi başaramazlarsa bir sonraki dayağı gerçekten hak etmiş olacaktı.

Akşam yemeğinde Alec'le birlikteydi, uzun masada tam karşılarına oturdum. Jamie beni çok hoş karşıladı ama gözlerinde tedirgin bir ifade vardı.

"Atların eğitimi nasıl gidiyor?" diye sorarak karşımdakilerin durmadan geviş getirmelerini engelledim.

"Her şey yolunda," diye cevap verdi Jamie ihtiyatla.

Haşlanmış şalgam tabağının arkasından onu süzdüm. "Dudağın şişmiş gibi görünüyor, atların birinden çifte yemedin umarım," dedim sinsice.

"Ah evet," dedi gözlerini kısarak. "Ben başka bir tarafa bakarken başını çevirdi." Sesi çok uysaldı ama masanın altından ayağımın üzerine konan kocaman bir ayak hissettim. Bir süre orada kaldı, gözdağı verdiği aşikârdı.

"Bu çok kötü, kısraklar tehlikeli olabiliyor," dedim masum masum.

"Kısraklar mı? Şu an kısraklarla çalışmıyorsun değil mi evlat?" Alec'in bu sorusunu duyunca bu ayak daha da ağırlaştı. Diğer ayağımı hafifçe kaldırıp bileğine bir tekme savurdum. Jamie yerinden sıçradı.

"Senin neyin var?" diye sordu Alec.

"Dilimi ısırdım," diye bir şeyler geveledi Jamie, elini ağzının üzerine koyarken ateş saçan gözlerle bana bakıyordu.

"Seni acemi budala... Aslında bunu bekliyordum, hangi aptal bir ata arkasını..." Bundan sonraki birkaç dakika boyunca Alec hiç susmadan yardımcısını beceriksizlik, aptallık ve sakarlıkla suçladı. Jamie, bugüne kadar gördüğüm insanlar arasında en becerikli olanlardan biriydi aslında. Başını önüne eğdi ve kendisine yapılan bu eleştirileri ağırbaşlılıkla dinledi. Yanaklarından alevler çıkmaya başlamıştı yine de. Yemeğin geri kalanında uslu bir şekilde gözlerimi tabağımdan ayırmadım.

Jamie ikinci kez servis edilen güveci reddederek masadan kalkıp Alec'in tiradına son verdi. Yaşlı adam ve ben bir süre daha hiç konuşmadan yemeklerimizi yedik. Elindeki son ekmek parçasıyla tabağını iyice sıyırdıktan sonra bu lokmayı ağzına atan yaşlı adam tek mavi gözüyle alay eder gibi beni süzmeye başladı.

"Delikanlıyı delirtmemelisin," diyerek sohbete başladı. "Eğer Colum ya da kızın babası bunu öğrenirse Jamie mor bir gözden çok daha fazlasına sahip olmak zorunda kalır."

"Bir eş gibi mi?" diye sordum gözünün içine bakarak, başıyla beni onayladı.

"Olabilir. Ve sahip olması gereken eş o değil."

"Neden?" Alec'in daha önce yapmış olduğu konuşmayı duyan biri olarak buna şaşırmıştım.

"Onun bir kadına ihtiyacı var, bir çocuğa değil. Laoghaire elli yaşına da gelse hep çocuk olarak kalacak." Yaşlı dudakları hafifçe yukarı kıvrılmıştı, bu bir gülümsemeye benziyordu. "Bütün hayatımı ahırlarda geçirmiş olduğumu düşünebilirsin ama bir karım vardı ve o tam bir kadındı. Aradaki farkı çok iyi bilirim." Ayağa kalkarken gözünde bir ışık yandı. "Sen de öylesin."

Bir anda elimi uzatarak onu durdurdum. "Sen bunu nereden bilebilirsin ki..." diye başladığımda yaşlı Alec kahkaha atar gibi bir ses çıkardı.

"Tek gözüm kalmış olabilir ama bu kör olduğum anlamına gelmez." Gıcırtılı bir sesle gülmeye devam ederek uzaklaştı. Ben de merdivenlere ilerleyip odama gittim, bu yaşlı adam son sözcükleriyle ne demek istemişti?

9

Büyük Toplantı

Henüz tam bir düzene oturmamış olsa da hayatım şekillenmeye başlamıştı. Sabahları diğerleri gibi, günün ilk ışıklarıyla kalkıp büyük salonda kahvaltı ettikten sonra Bayan Fitz'in bana göndereceği bir hasta yoksa bahçede çalışmaya gidiyordum. Orada sürekli olarak çalışan birkaç kadın ve getir götür işlerini yapıp çöpleri, aletleri ve gübre torbalarını taşıyan bir delikanlılar ordusu vardı. Günümü genellikle orada geçiriyordum, bazen mutfağa gidip yeni toplanmış ürünlerin yenecek hale getirilmesine yardım ediyordum. Acil müdahale edilmesi gereken bir şeyler olduğunda Korku Tüneline geri dönüyordum, son Davie Beaton'un dehşet verici odasına bu adı takmıştım.

Arada bir Alec'in davetini kabul ederek ahırlara ya da maneje gidip atları seyrediyordum. Onların kışın sahip oldukları kalın tüylerini yumaklar halinde döküp baharla birlikte parlak yeni tüylerinin çıkmasını izlemek hoşuma gidiyordu.

Bazı akşamlar günün yorgunluğuna fazla dayanamayıp yemeği yer yemez odama gidip yatıyordum. Gözlerimi açık tutmayı başarabildiğim zamanlarda büyük salondaki topluluğa katılıyor ve gecenin hikâyelerini, şarkılarını ya da flüt ve harple çalınan ezgilerini dinliyordum. Ne dediğini anlamasam da, Galli ozan Gwyllyn'i saatler boyu dinleyebilirdim.

Kale halkı varlığıma alışmaya başlamıştı, ben de onlara. Kadınların bir kısmı utangaç bir tavırla benimle konuşup sohbetlerine davet etmeye başlamıştı. Beni çok merak ettikleri kesindi ama onlara da Colum'a anlattığım hikâyeyi anlatıyordum, bir süre sonra bilmedikleri bir şey kalmadığına ikna oldular. Benim ilaçlardan anladığımı ve hastalıkları tedavi edebildiğimi öğrendikten sonra bana daha fazla ilgi duymaya başlamışlardı. Çocuklarının, kocalarının ve hayvanlarının başlarına gelenleri benimle paylaşıp neler yapmaları gerektiğini soruyorlardı, aslında hayvanları onlar için çok daha önemliydi.

Normal gündelik konuşmaların yanı sıra sürekli olarak, yaklaşan Toplantı'dan bahsediliyordu, bunu daha önce yaşlı Alec'ten de duymuştum. Yapılan hazırlıkları görünce bunun çok önemli bir olay olduğuna karar verdim. Büyük mutfaklarda tonlarla yemek hazırlanıyordu, yirmi tane hayvan derileriyle birlikte kesime hazırlanmak üzere asılmıştı. Bunların önüne asılan is kokulu perde sinekleri uzaklaştırıyordu. Yük arabalarıyla getirilen bira fıçıları kilerlere yerleştirilmişti. Köydeki değirmenden çuvallarla un getirilmişti. Kale duvarının hemen dışında bulunan bahçelerden sepet dolusu kiraz ve kayısı toplanmıştı.

Kaledeki genç kadınlar beni de bu meyve toplama turlarına davet etmişlerdi, bu daveti mutlulukla kabul etmiştim. Bu koruyucu taş duvarların gölgesinden kurtulmaya can atıyordum.

Meyve bahçesinde dolaşmak çok keyifliydi. Serin puslu İskoç sabahlarında ağaçların arasında dolaşıp nemli yapraklarının arasında kayısı ve kirazları arayıp bulmak, onları hafifçe sıkıp yeterince olgunlaşmış olanlarını bulmak çok eğlenceliydi. Sepetlerimize en iyilerini dolduruyorduk, yiyebileceğimiz kadarını yiyip kalanını kek ve turtalara konmak üzere kaleye götürüyorduk. Kiler rafları hamur işleri, likörler, jambonlar ve leziz yemeklerle dolmuştu.

"Bu Toplantıya genelde kaç kişi katılır?" diye sordum Magdalen'e, son dönemde arkadaşlık ettiğim kızlardan biriydi.

Düşünceli bir tavırla havaya kalkık çilli burnunu kırıştırdı. "Tam olarak söyleyemem. Leoch'da yapılan son büyük Toplantı yirmi yıl önceydi, iki yüzden fazla adam gelmişti -Yaşlı Jacob'un ölümünden sonra Colum reis olmuştu. Bu yıl çok daha fazla kişi gelebilir, iyi ürün toplandı ve ahalinin kenara koyacak parası oldu, birçoğu beraberinde eşlerini ve çocuklarını da getirecektir."

Ziyaretçiler kaleye gelmeye başlamıştı, bu Toplantı'nın bölümlere ayrıldığını da öğrenmiştim. Yemin töreni, domuz avı ve oyunlar birkaç gün sonra başlayacaktı. Colum'a daha yakın olan tanınmış mülk ve arazi sahipleri kalede, daha az gelir sahibi olan süvari ve çiftçiler gölü besleyen akarsuyun altında bulunan boş araziye kurulmuş kampta kalıyorlardı. Gezgin tamirciler, çingeneler ve küçük satıcılara köprünün yanında derme çatma bir panayır kurulmuştu. Kalede ve yakın köylerde yaşayanlar akşamları buraya gelip alış veriş yapıyor, hokkabazları seyrediyor, son dedikoduları birbirlerine aktarıyorlardı.

Ben bu geliş gidişleri yakından izliyordum, özellikle de ahır ve manej kısmını. Artık bir sürü at vardı, burada kalanların atları da ahırlara konuyordu. Bu Toplantı karmaşasında buradan kaçmakta zorlanmayacağımı düşünmeye başlamıştım.

Meyve toplama turlarından birinde Geillis Duncan'la tanışmıştım. Akçaağaçlarının dibinde bir tutam *Ascaria* bulunca devamını aramaya başladım. Bunlar kırmızı başlıklı bodur kümelerden oluşurdu, bir grupta en fazla dört beş mantar bulunurdu. Bahçenin bu tarafındaki uzun otların arasında birkaç küme daha bulmuştum. Meyve toplayan kadınların sesleri artık duyulmaz olmuştu. Dizlerimin üzerinde emekleyerek bu nazik bitkileri ellerimle toprağı yoklayıp ararken bahçenin diğer ucuna varmıştım.

"Onlar zehirlidir," dedi arkamdan bir ses. Ascaria kümesinin üzerinden doğrulurken başımı çam ağacının dallarından birine sertçe çarptım.

Ancak görüntüler netleşince kahkahalar atarak bana doğru gelen uzun boylu kadını seçebildim, benden birkaç yaş büyük gibiydi, saçları ve teni açık renkti, bugüne kadar gördüğüm en güzel zeytin yeşili gözlere sahipti.

"Güldüğüm için çok özür dilerim," dedi bulunduğum yere gelince. "Ama kendimi tutamadım."

"Komik göründüğümün farkındayım," dedim kaba bir tavırla, bir yandan da başımdaki acıyan yeri ovalıyordum. "Uyarınıza da teşekkür ederim ama bu mantarların zehirli olduğunu biliyorum."

"Biliyor musun? O zaman onlarla kimi öbür dünyaya postalamayı düşünüyorsun? Kocanı mı? İşe yararsa bana da söyle, hemen benimkinin üzerinde denerim." Kahkahası bulaşıcıydı, ben de gülmeye başlamıştım.

Ona hemen bu mantar başlıklarının nemliyken zehirli olmasına rağmen kurutulup toz haline getirildiğinde kanamanın üzerine hemen uygulanırsa oldukça etkili bir ilaç haline geldiğini anlattım. Bayan Fitz öyle demişti; Ona Davie Beaton'un el kitabından daha çok güveniyordum.

"Bu çok hoş!" dedi, hâlâ gülüyordu. "Pekâlâ," - eğilip yerden yaprakları kalp şeklinde olan mavi çiçeklerden kopararak bana uzattı – "bunların kanamayı başlatacağını biliyor musun?"

"Hayır," dedim, biraz ürkmüştüm. "Kanamayı neden başlatmak isteyeyim ki?"

Sabrı tükeniyormuş gibi bakıyordu artık. "Çocuktan kurtulmak için, yani doğurmayı istemediğin bir çocuktan bahsediyorum. İlk zamanlarda kullanılırsa hemen kanamayı başlatır ama geç kalınırsa çocuğu da anneyi de öldürür."

"Bu konuda çok şey bilir gibisin," dedim, aptal görünmek canımı acıtmıştı.

"Biraz. Köydeki kızlar bu tip sorunlarını çözmek için bana gelirler, bazen evli kadınlar da gelir. Benim büyücü olduğumu söylerler," dedi, parlayan gözlerini şaşırmış gibi kocaman açmıştı. "Kocam bölge savcısı olduğu için bu sözleri yüksek sesle dile getirmezler."

"Şu seninle birlikte buraya gelen delikanlı var ya, onun için aşk iksiri yaptıran biri var. O senin mi?"

"Benim mi? Kim? Jamie'den mi bahsediyorsun?" İrkildim.

Genç kadın çok eğleniyordu. Bir kütüğün üzerine oturup sarı buklelerinden birini parmağına dolamaya başladı.

"Anladım. Bak öyle saçlara ve gözlere sahip bir delikanlının peşinde çok koşan olur, başına biçilen değerin ya da onun parasız olmasının hiçbir önemi yoktur. Böyle düşünenlerin babalarının düşünceleri ise çok farklıdır."

"Bana gelince," gözlerini uzakta bir noktaya dikerek konuşmaya devam etti, "ben biraz daha gerçekçiyim. Hoş bir evi, biraz parası ve iyi bir işi olan bir adamla evlendim. Kafasında hiç saçı yok, gözlerine gelince, farkında bile değilim ama bana hiç sorun çıkartmaz." Elindeki sepeti bakmam için bana uzattı. Sepetin dibinde dört adet tombul kök duruyordu.

"Ebegümeci kökü, kocam sürekli midesini üşütür ve bir öküz gibi gaz çıkarır."

Bu muhabbeti daha ileri varmadan kapatmanın daha doğru olduğunu düşündüm. "Size kendimi tanıtmadım," dedim ona kütükten kalkması için elimi uzatırken. "Benim adım Claire, Claire Beauchamp."

Elimi tutan eli zayıftı, uca doğru iyice incelen beyaz parmakları vardı, uçlarının lekeli olduğunu gördüm, bu büyük ihtimalle sepetinde ebegümecilerin yanında duran dutlardan olmuştu.

"Kim olduğunu biliyorum," dedi. "Kaleye geldiğin günden beri köyde herkes senin hakkında konuşuyor. Benim adım Geillis, Geillis Duncan." Sepetime baktı. "Eğer şampiyon mantarı arıyorsan sana en iyilerinin nerede olduğunu gösterebilirim."

Teklifini kabul ettim, kütüklerin altlarına bakıp içinde bol miktarda şapkalı mantarların yetiştiği parlak su birikintilerinin etrafında emekleyerek bir süre bahçenin yakınlarındaki vadilerde dolaştık. Geillis yerel bitkiler ve onların ilaç olarak kullanımı konularında oldukça bilgiliydi ama yine de arada verdiği bilgilerin bir kısmı şüpheye düşmeme sebep oluyordu. Bunların gerçekleşme olasılığı pek yoktu. Kırmızı köklü bitkilerin rakibinin burnunda siğiller çıkarttığına, kesterenin kurbağaları güvercine çevirmeye yaradığına inanmam mümkün değildi. Bu açıklamaları yaparken muzip bakışlarını bana doğrultmuştu, bilgimi sınar gibiydi, bu sadece yerel büyücünün şüpheciliği de olabilirdi.

Bana sataşmadan duramamasına rağmen ondan hoşlanmıştım, zeki, neşeli ve toplum değerlerini küçümsemesine rağmen hayata dair planları olan biriydi. Köyde, kasabada ve kalede yaşayan herkesi tanıyor, olan biten her şeyi biliyordu, molalarımızda kocasının mide problemlerini anlatarak beni güldürdü. Şeytani dedikoduyu vermeden de duramadı.

"Genç Hamish'in babasının oğlu olmadığını söylüyorlar,"

dedi. Akşam yemeğinde görmüş olduğum sekiz yaşındaki kızıl saçlı delikanlıdan bahsediyordu, Colum'un biricik oğlundan.

Bu konu üzerinde benim de bir takım varsayımlarım olduğu için bu dedikodu beni rahatsız etmedi. Tek çocuğunun kimden olduğu hakkında dedikodu yapılması ya Letitia'nın şanssızlığıydı ya da gereken zamanlarda Geilie gibi birinden yardım alacak kadar akıllı olmasıydı. Akılsızlık edip bunları Geilie'ye de söyleyivermiştim.

Sarı saçlarını savurarak güldü. "Hayır, o ben değilim. İyi yürekli Letitia'nın bu gibi konularda hiçbir yardıma ihtiyacı yok, inan bana. Aslında civarda büyücü arayan insanların önce kaleye bakmaları gerekir."

Konuyu daha tehlikesiz bir yöne çekme telaşıyla aklıma gelen ilk şeyi söyledim.

"Eğer genç Hamish, Colum'un oğlu değilse kimin olabilir?" diye sordum bir taş yığınının üzerinden atlarken.

"Kimin olacak, genç adamın." Bana döndü, küçük dudakları alay edercesine kıvrılmıştı, yeşil gözlerinde muzip bakışlar vardı. "Genç Jamie'nin."

Tek başıma meyve bahçesine dönerken yolda bollaşan eşarbının altından ortaya çıkan dağınık saçları ve meraktan gözleri dışarı fırlamış Magdalen'le karşılaştım.

"İşte buradasın," dedi. "Kaleye dönerken senin olmadığını fark ettim."

"Benim için geri dönmüş olman çok ince bir hareket," dedim otların üzerine bırakmış olduğum kiraz sepetini alırken. "Yolu tek başıma bulabilirdim."

Başını iki yana salladı. "Dikkatli olmalısın hayatım, ortalıkta bunca satıcı ve tamirci varken ormanda tek başına dolaşmamalısın. Hem Colum'ün emirleri de..." Bir anda eliyle ağzını kapatarak sustu.

"İzlenmemi mi emretti?" diye kibarca sordum. İstemeyerek de olsa beni onayladı, ona darılacağımı düşünüyordu. Omuz silktim ve onu rahatlatmak için gülümsemeye çalıştım.

"Sanırım bu olağan bir durum," dedim. "Ne de olsa benden

başka kimse kim olduğumu ve buraya nasıl geldiğimi bilmiyor." Merak sağduyumu yendi. "Kim olduğumu sanıyor?" diye sordum. Kız sadece başını sallamayı becerebildi.

"Sen bir İngilizsin," diyebildi sadece.

Bir sonraki gün meyve bahçesine gidemedim. Kaleden çıkmam yasaklanmamıştı, kale ahalisi arasında pek çok kişi bir anda zehirlenmişti ve hekim olarak onlara bakmam gerekiyordu. Zehirlenenlere gereken bakımı yaptıktan sonra bu işin kaynağını araştırmaya başladım.

Bunun kesimhanedeki kokuşmuş etten kaynaklandığını buldum. Ertesi gün oraya gittim, etleri tütsüleyenlerin şefine eti doğru şekilde korumanın yöntemlerini anlatırken arkamdaki kapı açıldı ve yoğun bir duman altında kaldım.

Gözlerim yaşarmış bir halde arkamı döndüğümde meşe kerestelerinden çıkan duman bulutunun içinde Dougal MacKenzie'nin durduğunu gördüm.

"Hekimliğin yanı sıra şimdi de kasaplığa mı başladınız?" diye sordu gülerek. "Yakında bütün kaleyi parmağınızda çevirmeye başlayacaksınız ve Bayan Fitz kendisine yeni bir iş aramak zorunda kalacak."

"Sizin iğrenç kalenizle uğraşmak gibi bir niyetim yok," diye patladım, akan gözlerimi mendilimle silerek kömür izlerini çıkarmaya uğraşıyordum. "Tek isteğim buradan bir an önce ayrılmak."

Saygılı bir tavırla başını eğdi, sırıtmaya devam ediyordu. "Bu dileğinizi yerine getirecek kişi olabilirim, hanımefendi," dedi. "Geçici bir süre için olsa dahi..."

Mendili elimden düşürdüm ve gözlerimi ona diktim. "Bunun anlamı ne?"

Öksürdü ve eliyle ona doğru esmeye başlayan dumanı dağıtmaya çalıştı. Beni dışarı çıkarıp ahırlara doğru yürütmeye başladı.

"Dün Colum'a kestere ve bir takım garip bitkilere ihtiyacın olduğunu söylemiştin."

"Evet, zehirlenen insanlara ilaç yapmak için onlara ihtiyacım var. Ne olmuş?" Şüpheci tavrımı koruyordum.

İyi niyetle omuzlarını silkti. "Köye, demirciye gidiyorum, nallanması gereken üç tane at var. Bölge savcımızın karısı şifalı otlarla ilgilenen bir kadın ve elinde çok mal var. Senin istediklerin onda muhakkak vardır. Hanımefendi, eğer isterseniz atlardan birine binip benimle köye gelebilirsiniz, bu sizi mutlu eder mi?"

"Savcının karısı mı? Yani Bayan Duncan." Çok mutluydum. Kısa bir süreliğine de olsa bu kaleden tamamıyla kurtulmanın verdiği keyif inanılmazdı.

Hızla yüzümü temizledim ve islenmiş mendili kemerime sıkıştırdım.

"Gidelim," dedim.

Havanın kapalı ve basık olmasına rağmen Cranesmuir köyüne inen kısa yolda ilerlerken çok mutluydum. Dougal'ın da keyfi yerindeydi, sohbet edip şakalar yapıyordu.

Önce demirciye gittik, yanımızdaki üç atı orada bıraktıktan sonra beni arkasına bindirdi ve Duncanlar'ın evine giden High Sokağı'nda ilerlemeye başladık. Bu yarı taş yarı ahşaptan oluşan dört katlı muhteşem bir malikâneydi. Alt iki katın pencereleri kurşunlu camdan yapılmıştı, bunlar çok açık tonlarda eflatunla yeşil renkli ve baklava şeklindeydi.

Geilie bizi mutlulukla karşıladı, böylesine kasvetli bir günde yalnız kalmadığı için mutluydu.

"Bu harika!" diye bağırdı. "Ben de kilere gidip bir şeyler çıkartmak için bir sebep arıyordum. Anne!"

Orta yaşlı, kısa boylu, yüzü kış elmasına benzeyen hizmetli kadın şu ana kadar orada olduğunu fark etmediğim bir kapıdan beliriverdi, bu kapı bacanın arkasına gizlenmişti.

"Bayan Claire'i yukarıdaki kilere çıkar, sonra da bize bir kova kaynak suyu getir. Kaynak suyu dedim, sakın ortadaki kuyudan getirme!" Dougal'a döndü. "Ağabeyine söz verdiğim toniği sakladım. Benimle mutfağa kadar gelebilir misin lütfen?"

Arkadan tam bir balkabağına benzeyen hizmetçiyi dar merdivenlerde takip etmeye başladım, bu merdivenler bittiğinde umulmadık büyüklükte ve aydınlıktaki bir çatı arasına ulaştık.

Evin diğer bölümlerinin aksine burada kanatları şu anda hava rutubetli olduğu için kapalı bir sürü uzun pencere vardı, buna rağmen burası aşağıdaki loş salondan çok daha aydınlıktı.

Geilie işini iyi bilen bir aktardı. Oda, önü tülle kapatılmış kurutma çerçeveleri, sıcak uygulayarak kurutma gerektiğinde kullanılmak üzere ocağın üzerine asılmış çengeller, duvarları boydan boya kaplamış açık raflarla döşenmişti. Hava akımını sağlamak için duvarlara küçük delikler açılmıştı. Kurumakta olan fesleğen, biberiye ve lavanta kokuları birbirine karışmış ve bütün odayı hoş bir koku kaplamıştı. Bir duvarın önünde boylu boyunca uzanan, oldukça büyük ve modern bir tezgâh vardı, bunun üzeri havanlar, havan tokmakları, karıştırma kapları ve kaşıklarla doluydu. Hepsi pırıl pırıldı.

Bir süre sonra Geilie yanıma geldi, merdivenlerden çıktığı için kızarmış olan yüzünde bütün öğleden sonrayı bitkilerle uğraşıp dedikodu yaparak geçirecek olmanın mutluluğu vardı.

Hafif bir yağmur başlamıştı, damlalar büyük pencerelere hafifçe vuruyordu, şömine yanıyordu, son derece rahat ve huzurlu bir ortam vardı. Geilie ile arkadaşlık etmek çok hoşuma gidiyordu, kalede bulunan utangaç klan kadınlarının aksine, son derece esprili ve toplum kurallarını küçümseyen bir kadındı. Köydeki kadınlardan çok daha kültürlüydü.

Son on senede kalede ve köyde yaşanmış bütün skandallardan da haberdardı, bana bir sürü hikâye anlattı. Aslında bana sorular sormaması garipti. Belki de benim hakkımda bilmek istediklerini başkalarından öğrenmeyi tercih ediyordu.

Dışarıdan bir takım gürültüler geldiğini fark ettiğimde bunların pazar ayininden dönmekte olan köylülerden kaynaklandığını düşündüm. Kilise, sokağın sonundaki kuyunun yanındaydı, kiliseden meydana kadar uzanan High Sokağı ise küçük patika ve sokakların bir araya toplandığı bir yelpaze gibiydi.

Demirciye giderken köyün kuşbakışı görüntüsü beni çok etkilemişti. Dirsekten aşağı bir kol ve ona bağlı olan elin iskeletine çok benziyordu. High Sokağı üzerinde dükkânların, işyerlerinin ve varlıklı insanların evlerinin bulunduğu önkol kemiğiydi. St. Margaret geçidi ise dirsek kemiğiydi, burası demircinin, tabakhanenin, daha düşük seviyeli işyerlerinin yer aldığı, High Sokağı'na paralel uzanan dar bir sokaktı. Köy meydanı (bugüne kadar görmüş olduğum kare formundaki köy meydanlarından değildi, dikdörtgendi.) karpal ve metakarpalları yani bilek ve el tarağı kemiklerini oluşturuyordu, aralarda küçük köy evlerinin bulunduğu patikalar da falanjiyal parmak eklemlerini.

Duncanlar'ın evi bölge savcısına yakışır bir şekilde köyün meydanında yer alıyordu. Burası hem itibarlı hem de kullanışlı bir yerdi: burada bazı durumlarda Arthur Duncan'ın çalışma sınırlarının dışına taşan, halkın önünde çözümlenmesi gereken yasal konular görüşülüyordu. Meydanın tam ortasında ihtiyaca göre kamçılama direği, bayrak direği, at bağlama yeri, bahar şenliği direği olarak kullanılan ahşap kazığın yanında taş bir kaidenin üzerinde yine ahşaptan yapılmış garip bir alet duruyordu. Dougal bunu teşhir etme boyunduruğu diye adlandırmıştı.

Dışarıdaki gürültüler iyice artmıştı, bu kiliseden yemeklerini yemek üzere evine dönen köylülerin çıkardığı ses olamazdı. Geilie daha fazla dayanamayacağını belirten bir çığlık atarak elindeki kavanozları bir kenara bıraktı ve bu gürültünün sebebini anlamak için koşarak gidip camı açtı.

Yanına gidip baktığımda hem köyün hem de kalenin papazı olan kısa boylu Peder Bain'i ve arkasında kiliseye giderken giyilen cübbe, elbise, bone ve keplerini giymiş olan kalabalık topluluğu gördüm. Yanında on iki yaşlarında, üzerindeki eski dar pantolon ve gömleğindeki lekelerden tabakhanede çalıştığı belli olan bir erkek çocuk vardı. Papaz oğlanı ensesinden yakalamıştı, aslında kendisinden uzun olan esirini bu şekilde tutarken zorlanıyordu. Kalabalık bu ikiliyi protesto sözcükleriyle takip ediyordu, bu uğultu şimşek çaktıktan sonra duyulan gök gümbürtüsünü hatırlatmaya başlamıştı.

Biz camdan bakarken Peder Bain ve oğlan bir anda gözden kayboldular, eve girmişlerdi. Kalabalık birbirini itekleyip homurdanarak dışarıda durmaya devam ediyordu. Biraz daha cesur olanlar pencere çıkıntılarına tırmanıp içeriyi gözetlemeye uğraşıyordu.

Geilie çarparak camı kapatınca sesler azaldı.

"Hırsızlığa benziyor," dedi bilmiş bir tavırla bitkilerin durduğu masaya geri dönerken. "Bunu genellikle tabakhanede çalışan çocuklar yapar."

"Ona ne olacak?" diye sordum merakla. Kurumuş biberiyeleri parmaklarının arasında ufalayarak havana doldururken omuzlarını silkti.

"Bu Arthur'un bu sabahki hazım durumuna göre değişir. Kahvaltısını yapmayı başarabildiyse oğlan kamçılanmakla kurtulabilir. Ama kabızsa veya gazı varsa bir kulağını ya da bir elini kaybeder."

Dehşete kapılmıştım, olaya karışıp karışmama konusunda tereddütlerim vardı. Bir yabancıydım, hem de bir İngiliz... Kalede yaşadığım için bana saygı gösterme olasılıkları var mıydı? Köylülerin çoğu beni görünce şeytan görmüş gibi oluyordu. Benim bu işe karışmam büyük ihtimalle oğlanın aleyhine olurdu.

"Sen bir şey yapamaz mısın?" diye sordum Geilie'ye. "Kocanla konuş, yani ona biraz daha hoşgörülü olup olamayacağını sorar mısın?"

Geilie büyük bir şaşkınlıkla başını yapmakta olduğu işten kaldırdı. Kocasının işlerine karışacağım aklının ucundan bile geçmemişti.

"Ona ne olacağını neden umursuyorsun?" diye sordu, tavrında bir düşmanlık yoktu, gerçekten de merak ediyordu.

"Nasıl umursamam? O küçük bir çocuk, bir hata yaptı diye ömür boyu sakat kalmayı hak etmiş olamaz!"

Sarı kaşlarını hafifçe yukarı kaldırdı, bu açıklama onu tatmin etmemişti. Buna rağmen omuzlarını silkti ve elindeki havanı bana uzattı.

"Arkadaşları mutlu etmek gerekir," dedi gözlerini devirerek. Rafları gözden geçirdi ve içinde yeşil renkli bir malzeme bulunan şişeyi aldı, üzerindeki etikette el yazısıyla NANERUHU ÖZÜ yazıyordu.

"Gidip Arthur'a ilacını vereyim, bu arada delikanlı için yapabileceğim bir şey var mı bakayım. Ama geç kalmış olabilirim," diyerek beni uyardı. "O salak papaz bu işe burnunu soktuysa en katı cezayı aldırmadan içi rahat etmeyecektir. Yine de deneyeceğim. Sen dövmeye devam et, biberiye uzun zamanda hallolur."

Tokmağı elime aldım ve kurulmuş gibi havana vurmaya devam ettim, biberiyelerin ne halde olduğunu önemsemiyordum. Kapalı pencere hem yağmurun hem de aşağıdaki kalabalığın gürültüsünü yumuşatıyordu, ikisi birbirine karışmış, tehditler fısıltıya dönüşmüştü. Okula giden bütün çocuklar gibi ben de Dickens'ın eserlerini okumuştum. Bu dönemlerdeki acımasız adaleti, insanların yaşlarına ve içinde bulundukları koşullara bakılmaksızın verilen cezaları anlatan başka yazarlara ait kitapları da. İki yüz yıl sonra bir kenarda otururken çocukların asılıp sakat bırakıldığını okumakla olayın gerçekleştiği an birkaç adım ötede biberiye ezerek beklemek arasında çok büyük bir fark vardı.

Eğer çok kötü bir ceza verilirse olaya karışmaya cesaret edebilecek miydim? Havanla birlikte pencereye doğru ilerledim. Kalabalık gittikçe artıyordu, ev kadınları ve tüccarlar topluluğu görünce ne olduğunu merak etmiş ve buraya doğru gelmeye başlamışlardı. Yeni gelenler, daha önce burada bulunanlardan gereken bilgileri aldıktan sonra onlara dâhil oldular, artık kapıya çevrili daha fazla meraklı yüz vardı.

Aşağıda sabırla verilecek kararı bekleyen gruba bakarken birdenbire her şeyi daha net görmeye başladım. Birçok insan gibi ben de savaş sonrasında Almanya'da yapılanları duymuş, okumuş ve şok olmuştum: sürgün ve toplu katliam hikâyelerini, toplama kamplarını, yakılmaları ve bunun gibi zulümleri duyduğum zaman, "İnsanlar bunların yapılmasına nasıl izin verdiler? Gidip gelen kamyonları, bacalardan çıkan dumanları, önlerine çıkan çitleri görmediler mi? Nasıl hiçbir şey yapmadan durdular?" diye sorup durmuştum kendime. Şimdi nasıl durduklarını biliyordum.

Burada bir ölüm kalım davası yoktu. Colum'un varlığı bana saldırmalarına engel olurdu. Yalnız başıma dışarı çıkıp duruma uygun bir ceza verilmesini hatta kan çıkmasını bekleyen bu katı, kuralcı, namuslu ve heyecanlı grubun karşısında durma düşüncesi bile porseleni tutan ellerimin terlemesine sebep olmuştu.

İnsanların bir arada yaşamaları bir ihtiyaçtı. İlk mağara

adamlarından bugüne, insanoğlu - çaresizliğini örtbas etmek için kurnazlık edip - hep gruplar halinde yaşamışlardı, kendilerinden çok daha güçlü olan varlıkların hakkından sayıca üstün oldukları takdirde gelebileceklerini keşfetmişlerdi. Çete kültürünün özü buydu. Bir gruba karşı koymayı bırakın, o gruptan ayrılmaya kalkışan insanları bile yıllar boyunca katletmişlerdi. Bir gruba karşı durmak normal cesaretten fazlasını istiyordu, insani dürtülerin çok ötesinde bir yüreklilik. Korkarım ben buna sahip değildim ve bundan utanıyordum

Kapı açılıp Geilie içeri girene kadar sanki asırlar geçmiş gibiydi, son derece sakin bir tavırla ilerledi. Elinde bir parça kömür vardı.

"Kaynattıktan sonra bunu süzmemiz gerekiyor," dedi, muhabbete kaldığımız yerden devam ediyordu. "Bunu tülbentle sarsak iyi olacak, evet bu en iyisi."

"Geilie! Sabrımı sınama. Çocuğa ne oldu?"

"Ah, şu mesele," Çaresizlik içinde omuzlarını yukarı kaldırdığı sırada yüzünde yaramaz bir gülümseme belirdi. Gardını düşürdü ve gülmeye başladı.

"Beni görmeliydin," dedi, gülmeye devam ediyordu. "İtiraf etmeliyim ki mükemmeldim. Bir eş olarak gösterdiğim özenle kadınlığım, annelik duygularıyla birbirine karışmıştı. Ah, Arthur, birlikteliğimizin kutsal meyvesi olsa - tabi ki böyle bir şey olmayacak," - dedi yüzüne vermiş olduğu duygusal havayı başını raflara doğru sallayarak yok ettikten sonra - "ve o böyle bir şey yaparken yakalansa neler hissederdin, sevgilim? Bu hırsızlığı yapma sebebinin açlık olduğuna hiç şüphem yok. Ah Arthur, biraz daha bağışlayıcı olamaz mısın? Sen adaletin ruhusun." Kendini gülerek taburenin üzerine attı, bir yandan bacaklarını yumrukluyordu. "Burada oynamak için yeterince yer olmaması ne kötü!"

Dışarıdan gelen gürültüler şekil değiştirmişti, Geilie'yi kutlamalarıyla baş başa bırakıp ne olup bittiğini görebilmek için cama yaklaştım.

Kalabalık açıldı ve oğlan, papazla savcının ortasında yavaşça yürüyerek ortaya çıktı. Arthur Duncan bu kadar yardımsever olduğu için şişinerek kalabalığın arasındaki önemli insanları selamlıyordu. Peder Bain ise yuvarlak suratını asmıştı, tam bir patatese benziyordu.

Bu küçük kafile, köy merkezine, köyün gardiyanı John Mac Rae'nin onları karşılamak üzere kalabalığın bir adım önüne geçtiği yere doğru ilerledi. Bu adam işinin gerektirdiği ciddiyette koyu renk bir pantolon ve uzun bir ceket giymiş, başına kadife bir şapka takmıştı. Uzun ceketinin kuyruklarını yağmurdan ıslanmaması için yukarı kaldırmıştı. O, başta tahmin etmiş olduğum gibi, sadece gardiyan değildi. Bu sadece yapmakta olduğu işlerden biriydi. O yerine göre polis, gümrük görevlisi ve cellât oluyordu. Kemerine asılı bir kepçesi vardı, yapmakta olduğu görevlerin karşılığında perşembe pazarında satılan her tahıl çuvalından yüzde alma hakkına sahipti.

Bu bilgilerin hepsini ondan edinmiştim. Birkaç gün önce kaleye gelip başparmağındaki hiç geçmeyen dolamayı tedavi edip edemeyeceğimi öğrenmek istemişti. Steril bir iğne ile onu delip kavak tomurcuğu merhemi ile sararken, John MacRae'nin aslında son derece yumuşak başlı, güler yüzlü ve utangaç bir adam olduğunu görmüştüm.

Şu an o güler yüzlülükten bir eser yoktu, tam tersine MacRae'nin yüzü çok ciddiydi. Bunun mantıklı olduğunu düşündüm, kimse gülümseyen bir cellât görmek istemezdi.

Suçlu, meydanın ortasındaki taş kaidenin üzerine çıkarıldı. Oğlanın yüzü bembeyazdı ve çok korkmuş gibi görünüyordu, bölge savcısı Arthur Duncan'ın Cranesmuir sakinlerine hazırlamış olduğu gururlu konuşması bitene kadar yerinden kıpırdamadı.

"Salak çocuk ben aşağı indiğimde suçunu çoktan itiraf etmişti bile," dedi kulağımın dibinde bir ses. Geilie omzumun üstünden eğilmiş olanları seyrediyordu. "Onun tümüyle serbest bırakılmasını sağlayamadım. Ama alabileceği en hafif cezayı aldı. Bir saat boyunca kulağından çivilenerek boyundurukta sergilenecek."

"Kulağından çivilenerek mi? Nereye?"

"Payandaya." Bana garip bir bakış fırlattıktan sonra, pencerenin önüne gidip onun aracılığıyla verilmiş bu hafif cezanın uygulanışını izlemeye başladı.

Boyunduruğun önünde toplanmış kalabalığın ardından suçluyu görmek mümkün değildi. Görevlinin kulak çakma işini rahat yapabilmesi için biraz açıldılar. Oğlanın yüzü bembeyazdı, o koca boyundurukta küçücük kalmıştı, çenesini iyice kasmış, gözlerini kapamıştı. Korkudan titrerken onları kapalı tutmaya devam etti. Çivi kulağına, kapalı pencerelerin ardından bile oldukça net duyulabilen bir şekilde girerken tiz bir çığlık attı, tüylerim ürpermişti.

Meydandaki izleyicilerin pek çoğunun yaptığı gibi biz de işimize döndük. Arada bir dönüp o tarafa bakmaktan kendimi alamıyordum. Yoldan geçen birkaç serseri durup onunla alay edip üzerine çamur attı. Daha sonra oldukça ağırbaşlı bir sakin, günlük işlerini bir tarafa bırakıp onun yanına gitti ve ona ahlaki değerler hakkında açıklamalar yapıp öğütler verdi.

Güneşin batmasına daha bir saat vardı. Kapı vurulduğunda biz salonda çayımızı içiyorduk. Yağmurdan dolayı hava gün boyu karanlık olduğu için güneşe bakıp zamanı tahmin etmek mümkün değildi. Duncanlar'ın evinde saat de vardı, görkemli ceviz panelleri, pirinç sarkaçları ve garip melek figürlerine sahip bu saat altı buçuğu gösteriyordu.

Bulaşıkçı kadın salonun kapısını açıp, "Buyurun," dedi. Jamie Mac Tavish içeri girerken alışkanlıkla başını eğdi. Yağmurdan korunmak için üzerine eski bir palto giymişti, kolunun altında katlanmış, koyu yeşil kadifeden yapılmış bir pelerin vardı.

Ayağa kalkıp onu Geilie'ye tanıştırdığımda başıyla selam verdi.

"Bayan Duncan, Bayan Beauchamp." Elini cama doğru salladı. "Gördüğüm kadarıyla bu akşamüstünüz oldukça hareketli geçmiş."

"Hâlâ orda mı?" diye sordum, dışarıyı görmeye çalışarak. Pencerelerin sallanmasından dolayı oğlanı sadece karaltı olarak görebiliyordum. "Sırılsıklam olmuştur."

"Olmuş." Jamie elindeki pelerini açtı ve bana uzattı. "Colum buna ihtiyacınız olacağını düşündü. Köyde yapılması gereken işlerim vardı, o da pelerini benimle yolladı. Kaleye beraber döneceğiz."

"Çok nazikmiş," dedim, aklım çocuktaydı ve öylesine bir cümle kurmuştum.

"Orada daha ne kadar kalacak?" diye sordum Geilie'ye, boş boş baktığını görünce de, "Boyunduruktaki çocuk," diye ekledim.

"Ah, şu çocuk," dedi kaşlarını çatarak, bu önemsiz konunun yine gündeme gelmesi canını sıkmış gibiydi. "Sana bir saat kalacağını söylemiştim. Şu ana kadar çoktan çözülmüştür."

"Çözülmüş," diyerek Jamie onun sözlerini onayladı. "Onu geçerken gördüm. Henüz onu kulak memesinden sökmeye yetecek kadar cesareti bulamamıştı."

Bu sözler karşısında ağzım açık kaldı. "Çivinin kulağından çıkarılmamış olduğunu mu söylüyorsun? Onu kendisi mi çıkaracak?"

"Elbette," Jamie durumun farkında değilmiş gibi neşeliydi. "Hâlâ biraz korkuyor ama yakında kafasını toplayacaktır. Dışarıda yağmur var ve hava kararmak üzere. Artık gitmemiz gerekiyor aksi takdirde yemek yerine kırıntıları yemek zorunda kalırız." Geilie'nin önünde eğildikten sonra gitmek üzere arkasını döndü.

"Biraz bekle," dedi Geilie bana. "Bu güçlü kuvvetli delikanlı seni eve götürecekse belki benim Bayan FitzGibbons'a önceden söz vermiş olduğum kurutulmuş lahanaları ve benzer şeyleri koymuş olduğum sandığı da götürür. Bay MacTavish bana bu iyiliği yapar mı?"

Jamie bunu yapacağını bildirdi. Geilie hizmetlisine ofisinden sandığı getirmesi için odanın kocaman demir anahtarını verdi. Hizmetli gelene kadar köşedeki yazı masasına gidip bir kâğıda bir şeyler yazmaya başladı. Pirinç tutamakları olan iri ahşap kutu salona getirildiğinde o da yazacaklarını bitirmişti. Hızla notu kuruttu, katlayıp mühürledi ve bana verdi.

"Bu malların faturası... Onu Dougal'a verir misin? Ödeme işlerine o bakar. Sakın başkasına verme, bunu yaparsan paramı almam haftalar sürer."

"Veririm."

Bana sıkıca sarıldıktan sonra soğuğa dikkat etmemiz için uyararak bizi kapıya kadar geçirdi.

Jamie kutuyu atının eğerine bağlarken saçağın altına saklandım. Yağmur gittikçe hızlanıyordu, bütün çukurlar suyla dolmuştu.

Kutuyu yerleştirirken Jamie'nin geniş sırtını ve kollarını inceledim, o koca kutuyu kolaylıkla kaldırıvermişti. Sonra oğlanın bulunduğu yere baktım, orada yeniden toplanmış kalabalık cesaretimi yok ediyor, elimi kolumu bağlıyordu. Gerçi o ay ışığı renkli saçlara sahip güzel bir kız değildi ama Jamie'nin daha önce Colum'un toplantısında göstermiş olduğu tepkiyi hatırlayınca bu oğlanın durumuna da kayıtsız kalmayacağını düşündüm.

"Bay MacTavish," diye söze başladım. Cevap vermedi. Yakışıklı yüzünde hiçbir ifade değişikliği olmamıştı, mutlu bir şekilde mavi gözlerini yapmakta olduğu işe dikmişti.

"Jamie," dedim bu sefer daha yüksek sesle, hemen döndü. O gerçekten bir MacTavish değildi. Soyadının ne olduğunu merak ettim.

"Efendim,"

"Sen gerçekten de iri bir adamsın," dedim. Dudakları hafifçe yukarı kıvrıldı, başıyla beni onaylarken neyin peşinde olduğumu merak etmeye başlamıştı.

"Pek çok şeyi yapabilecek kadar iriyim," dedi.

"Parmakların da güçlüdür."

Bir elini açıp kapattıktan sonra yüzündeki gülümseme iyice belirgin hale geldi. "Evet, öyle. Sanırım kırmak istediğin birkaç ceviz var?" Cin gibi gözlerini bana dikmişti.

Ben de gözlerimi onun arkasındaki meydanda hâlâ durmakta olan izleyici kümesine diktim.

"Bu daha çok yangından birini kaçırmak gibi bir şey." Mavi gözlerinin içine baktım. "Bunu yapabilir misin?"

Bir süre cevap vermeden bana baktı, hâlâ gülümsüyordu, omuzlarını silkti ve, "Evet, eğer ucu tutabileceğim kadar uzunsa bunu yapabilirim. Sen kalabalığın dikkatini başka yöne çekebilir misin? Bir yabancının işlerine karışmasından hoşlanmazlar ve ben bir yabancıyım."

Bu ricamın onu tehlikeye atabileceği aklıma gelmemişti, tereddüt etmeye başlamıştım ama o bunu bir oyun olarak görmeye başlamıştı ve tehlike onu korkutmuyordu.

"Tamam, ona yakından bakmak üzere birlikte öne çıkarız ve ben onu görünce bayılırım, sence bu işe..."

"Ne de olsa kan görmeye hiç alışık değilsin, öyle değil mi?" Alay eder gibi bir kaşını havaya kaldırmıştı ve sırıtıyordu. "Evet, bu işe yarar. Bunu tam kaidenin üzerinde yaparsan daha da iyi olur."

İşin aslında ona bakma düşüncesi hafifçe içimin kalkmasına sebep oluyordu. Biraz daha yaklaşınca korktuğum kadar kötü bir durum olmadığını fark ettim. Kulağı üst kısmından, ucuna oldukça yakın bir yerden mıhlanmıştı, başsız çivinin yaklaşık beş santimlik ucu bağlantı yerinin dışında kalmıştı. Çok fazla kan yoktu, oğlan çok korkmuştu ve son derece huzursuzdu ama yüzünden anladığım kadarıyla fazla acı çekmiyordu. Bu devirde İskoç yargısının vermekte olduğu kararları düşününce Geilie'nin bu cezayı hafif olarak değerlendirmesine hak vermeye başlamıştım ama yine de bunun barbarlık olduğunu düşünüyordum.

Jamie seyircilerin yanından ilerledi. Oğlanı azarlarcasına kafasını sallayıp duruyordu.

"Eee, delikanlı," dedi dilini şaklatarak, "başını belaya sokmuşsun öyle değil mi?" Kulağa daha yakından bakabilmek için dinleniyormuş gibi elini boyunduruğa dayamıştı. "Orada gereğinden fazla kaldın," diye devam etti küçümser bir tavırla, "kafanı biraz öne çekeceksin ve bu iş bitecek. Sana yardım edeyim mi?" Oğlanın saçlarını yolacakmış edasıyla öne doğru uzandı ve onun kafasını yakaladı. Oğlan korkuyla çığlık attı.

Gereken işareti almıştım, arkamdaki kadının ayaklarına kuvvetli bir şekilde basmaya gayret ederek bir adım geri çekildim. Çizmemin topuğu ayağını delince kadın acı içinde bir çığlık attı.

"Çok özür dilerim," diye zorlukla konuşmaya çalıştım. "Ben... Sanırım bayılacağım! Lütfen..." Boyunduruğa arkamı döndüm ve büyük bir ustalıkla sendeleyerek birkaç adım atmaya çalıştım, düşmemek için etrafımdakilerin kollarını yakalayıp onlara tutunmaya çalışıyordum. Kaideden yirmi santim kadar uzaklaşmıştım, hızla önceden gözüme kestirmiş olduğum ince yapılı bir kızın üzerine yalpaladım ve ona çarptım.

Eteklerimiz birbirine dolandı ve çığlıklar arasında kendimizi ıslak çimlerin üzerinde yuvarlanır halde bulduk. Bir süre sonra onun bluzunu bıraktım ve kollarımı iki yana açarak dramatik bir tavırla yerde uzanıp kaldım, yağmur damlaları yüzümü dövüyordu.

Aslında çarpışmanın etkisiyle hafif bir şok geçiriyordum - kız üzerime düşmüştü - etrafıma toplanan insanların konuşmalarını dinlemeye çalışırken nefes almakta zorlanıyordum. Her kafadan bir ses çıkıyordu, yağmurdan daha yoğun bir öneriler ve hayret çığlıkları sağanağına tutulmuştum. Bir süre sonra tanıdık kollar beni tuttu ve oturttu, gözlerimi açtığımda gerçek bir ilgiyle bana bakan mavi gözleri gördüm. Hafifçe göz kırparak bana işin tamamlandığını bildirdi. Kalabalığın dikkatinin bu yeni olaya yönlenmesinden doğan fırsatta kulağının üzerine mendilini bastırarak yukarılara doğru hızla kaçan delikanlıyı gözden kaçırmamıştım.

Biraz önce bu delikanlının kanına susamış olan bu köylüler, büyük bir nezaket ve dikkatle beni bulunduğum yerden kaldırıp Duncanlar'ın evine kadar taşıdılar. Orada kanyağa, çaya, battaniyelere ve ilgiye boğuldum. Jamie artık gitmemiz gerektiğini büyük bir ciddiyetle vurgulayınca ev sahiplerimin itirazlarını hiçe sayarak ayağa kalkıp kapıya ilerledim.

Atımı yedeğe almıştık ve bir kez daha onun atında önüne oturdum, yardımından dolayı ona teşekkür etmeye çalıştım.

"Hiç sorun değil," dedi sözlerimi yarıda keserek.

"Ama bu senin için çok riskli bir durumdu," diyerek inatla konuşmaya devam ettim. "Senden bunu istediğimde seni tehlikeye attığımın farkına varmamıştım."

"Küçük Saksonyalı bir kızdan daha yüreksiz olmamı beklemiyordun her halde?"

Alacakaranlıkta gölgelerimiz yolun kenarına düşerken o atın tırısa kalkmasını sağladı. Dönüş yolunda pek konuşmadık. Beni kalenin kapısına bırakıp ayrılırken alaycı bir sesle, "İyi geceler Saksonyalı Bayan," demiş olmasına rağmen ben arkadaşlığımızın elma ağaçlarının altında dedikodu yapmaktan daha öteye taşınmış olduğunu hissediyordum.

10

Yemin Töreni

Sonraki iki gün gidiş gelişler ve hazırlıklarla dolu bir karmaşa içinde geçti. Tıbbi deneyimlerim de sekteye uğramıştı, zehirlenen herkes iyileşmişti diğerleri de hastalanamayacak kadar meşguldü. Odun toplayan oğlanların parmaklarına batan kıymıklar ve çok kalabalık olan mutfaktaki ufak tefek yanık vakaları dışında herhangi ciddi bir kaza da olmuyordu.

Ben de fazlasıyla coşkuluydum. Bu gece o geceydi. Bayan Fitz, bütün MacKenzie klan savaşçılarının bu gece Colum'a bağlılık yeminlerini etmek üzere Büyük Salon'da toplanacaklarını söylemişti. Böylesine önemli bir şölen yapılırken kimse ahırlarla ilgilenmezdi.

Mutfak ve meyve bahçesinde çalışırken bana birkaç gün yetecek kadar yiyeceği bir kenara ayırmayı başarmıştım. Mataram yoktu, onun yerine muayenehanedeki kalın cam kavanozlardan birini kullanmaya karar vermiştim. Kalın botlarım ve Colum'un ince düşünceliliği sonucunda elde etmiş olduğum sıcak tutan bir pelerinim vardı. Oldukça iyi terbiye edilmiş bir atım da vardı, ahırlara yaptığım ziyaretler sırasında hangisini almam gerektiğine karar vermiştim. Param yoktu ama hastalarım bana tedavileri karşılığında bir sürü incik boncuk, kurdele ve ufak tefek mücevher vermişti. Gereken anlarda onları ihtiyacım olan şeylerle takas edebilirdim.

Veda etmeden ayrılarak Colum'un misafirperverliğini ve kale yaşayanlarının gösterdiği dostluğu suiistimal edeceğim için üzgündüm ama onlara ne diyebilirdim ki? Bir konuda uzun süre kararsız kalmış ve onu da yapmamaya karar vermiştim. Zaten kâğıdım da yoktu ve onu elde etmek için Colum'un odasına girme riskini göze almak istemiyordum.

Havanın kararmasından bir saat sonra, sessizce ahırlara gittim, ortalıkta dolanan birileri olması ihtimaline karşı kulaklarımı dört açmıştım. Görünüşe bakılırsa herkes kaledeki büyük salonda yapılacak törene hazırlanıyordu. Kapı sıkışmıştı ama biraz daha kuvvetle itince deriden yapılmış menteşeleri sayesinde ses çıkarmadan içeri doğru açıldı.

İçerisi sıcaktı, dinlenmekte olan atlar hafifçe kıpırdaşıyordu. Burada havalandırma amacıyla küçük pencereler vardı ama bunlar yıldızların parıltısını içeri alamayacak kadar küçüktü. Ellerimi önüme uzatıp ana bölmeye ilerlemeye başladım, ayağımın altındaki samanlar hafifçe hışırdıyordu.

El yordamıyla, bana yolu bulmamda yardımı olacak tezgâhı arıyordum. Ellerimle aradığım hiçbir şeyi bulamadım ama ayaklarım yerde duran sert bir engele takılınca eski taş binanın duvarlarında yankılanan bir korku çığlığı atarak boylu boyunca yere serildim.

Bu engel küfür ederek yerde yuvarlandı ve beni kolumdan yakaladı. Kendimi, iri bir erkek bedeninin üzerinde uzanmış buldum, nefesi kulağımı gıdıklıyordu.

"Kimsin sen?" diye hırladım geri çekilirken. "Ve burada ne yapıyorsun?" Saldırgan sesimi duyunca ellerini gevşetti.

"Aynı soruyu aslında ben sana sormalıyım Saksonyalı," dedi Jamie MacTavish yumuşak bir sesle, bu içime biraz su serpti. Samanların arasında hafifçe debelendikten sonra doğruldu.

"Aslında bunu tahmin etmem zor değil," diye ekledi ardından. "Gecenin kör karanlığında tanımadığın bir atın üzerinde, peşinde MacKenzie klanının yarısı varken buradan ne kadar uzaklaşabileceğini düşünüyorsun?"

Kafam karışmıştı.

"Peşimden gelemezler. Hepsi Büyük Salonda olacak ve bırak tek başına at sürmeyi içlerinden biri bile sabaha kadar ayık kalırsa ben buna gerçekten şaşarım."

Gülerek ayağa kalktı ve benim de kalkabilmem için bana elini uzattı. Eteğimin arkasındaki samanları gereğinden fazla kuvvet kullanarak silkeledi.

"Senin söylediğin gibi düşününce her şey çok mantıklı görünüyor, Saksonyalı," dedi, anlam veremediğim bir yumuşaklıkla konuşuyordu. "Eğer Colum kalenin çevresine ve ağaçların arasına nöbetçiler dikmemiş olsaydı mantıklı olabilirdi de. O, bütün klanı ve savaşçıları içerideyken kaleyi asla korumasız bırakmaz. Taş ağaca göre çok daha zor yanar ama o yine de..."

Bir anda hükümetin adamı olan John Campbell'ın, MacDonald klanındaki otuz sekiz kişiyi kılıçtan geçirdikten sonra ateşe verdirdiği yüz kızartıcı Glencoe Katliamını hatırladım. Hızla hesaplamaya çalıştım. Elli yıl önce olmuştu; Colum'un önlem almasını haklı gösterecek kadar yakın bir tarihti.

"Kaçmak için oldukça yanlış bir gece," diye devam etti MacTavish. Benim kaçmamla ilgilenmiyordu, sadece bunu neden başaramayacağımı anlatıyordu, bu çok garibime gitmişti. "Nöbetçilerin yanı sıra, civardaki iyi binicilerin hepsi av partisi ve oyunlara katılmak için buraya doğru geliyor. Yol çok kalabalıktır."

"Av partisi mi?"

"Evet, genellikle erkek geyik avlanır, bu kez bir yaban domuzu bile bulunabilir. Ahırda çalışan çocuklardan biri yaşlı Alec'e doğu tarafındaki ormanda bir tane gördüğünü söylemiş." İri elini sırtıma koydu ve beni aralık kapıya doğru çevirdi.

"Gel bakalım, seni kaleye geri götüreyim."

Ondan uzaklaştım. "Sen yorulma," dedim öfkeyle. "Kendi başıma dönebilirim."

Bu kez sertçe bileğimi yakaladı. "Bunu yapabileceğinden eminim ama yolda Colum'un nöbetçileriyle tek başına karşılaşmaktan hoşlanmayabilirsin."

"Nedenmiş o? Yanlış bir şey yapmıyorum ki? Kalenin bahçesinde yürüyüş yapmaya karşı olan bir yasa mı var?"

"Hayır. Sana bilerek zarar vereceklerini sanmam," dedi gölgeleri gözleriyle tarayarak. "Ama tek başına nöbet tutmakta olan bir adamın en yakın dostunun matarası olması çok da beklenmedik bir durum değildir. İçki gerçekten de iyi bir dosttur ama karşısına karanlığın içinden ufak tefek, hoş bir kadın çıkınca arkadaşına hiç de hoş tavsiyeler vermez."

"Karanlıkta senin üzerine düştüğümde de yalnızdım," diye hatırlattım ona, cesaret gösterisi yapıyordum. "Ayrıca ne ufak tefeğim ne de hoşum, en azından şu an öyle değilim."

"Ben uyuyordum, sarhoş değildim ve şu anki ruh halini bir tarafa bırakıp gerçeklere bakarsak sen Colum'un nöbetçilerine göre çok ufaksın."

Bu tartışmanın sonunda bir yere varamayacaktık, başka bir taktik uygulamaya başladım. "Hem sen niye ahırda uyuyorsun? Bir yerlerde yatağın yok mu?" Mutfağın önündeki sebze bahçelerinin sınırlarına gelmiştik, yüzünü hafifçe görebiliyordum. Birdenbire bakışlarını bana çevirdi.

"Hı hı," diyerek yürümeye devam etti, hâlâ sıkıca bileğimi tutuyordu. Bir süre sonra, "Ben buradan ayrılsam iyi olacak," dedi.

"Çünkü Colum MacKenzie'ye bağlılık yemini etmek istemiyorsun," dedim. "Böyle bir sorumluluğu yüklenmek istemiyorsun."

Gözlerini bana dikti, sözlerim onu eğlendirmişti. "Onun gibi bir şey," diyerek söylediklerimi kabul etti.

Yan kapılardan biri aralıktı, bunun üzerine asılmış meşale yola sarı bir ışık veriyordu. Bir el arkadan sarılarak ağzımı kapatıp ayaklarımı yerden kestiğinde o kapıya çok az bir yolumuz kalmıştı.

Isırıp tekmeleyerek karşı koymaya çalıştım ama Jamie'nin de söylediği gibi bu adam benden çok iriydi.

Duyduğum seslerden anlayabildiğim kadarıyla Jamie'nin de başı dertteydi. Yanımdan gelen hırıltılar bir düşme sesinin ardından İskoçça savrulan bir küfürle birlikte kesiliverdi.

Karanlıktaki debelenme sona erdi ve ardından alışılmadık bir kahkaha duyuldu.

"Şu Tanrının işine bak, bu delikanlı Colum'un yeğeni değil mi? Törene biraz geç kalmadın mı delikanlı? Yanındaki de kim?"

"Bir kadın," dedi beni tutan adam. "Sahip olduklarına bakılırsa çok hoş ve ağız sulandırıcı bir şey." Ağzımı bırakan eli başka yerlerimi sıkıştırmaya başladı. Bu aşağılama beni delirtmişti, elimi uzatıp burnunu yakaladım ve hızla çektim. Adam biraz sonra salonda yapılacak olan yeminlere hiç de benzemeyen şeyler üzerine yemin ederek beni bıraktı. O lanet olasıca viski kokusundan hızla uzaklaştım, Jamie yanımda olduğu için şükretmekle meşguldüm. Her şeye rağmen bana eşlik etmiş olması son derece sağduyulu bir hareketti.

O kollarına yapışmış olan iki adamdan kurtulmak için boş bir hareket yaparken hiç de öyle düşünmüyordu. Adamların tavrında düşmanlık belirtisi yoktu ama onu oldukça sıkı tutuyorlardı. Onu kapıya doğru itekliyorlardı.

"Durun çocuklar önce gidip üzerimi değiştirmem gerekiyor," diyerek onlara karşı koymaya çalıştı. "Yemin törenine bu şekilde gidemem."

Onun bu zarif kaçma denemesi, altın işli mükemmel ceketi ve gömleğiyle şişman Rupert'ın bir mantar gibi orada belirivermesiyle suya düştü.

"Dert etme delikanlı, biz içeride sana uygun şeyler buluruz," dedi ışık saçan gözleriyle Jamie'yi süzerek. Onu başından tutup içeri doğru çekti, Jamie zorla içeri girdi ve gözden yok oldu. Tombul bir el beni dirseğimden tutunca ister istemez ben de onu takip ettim.

Rupert da diğerleri gibi alkollüydü. Büyük Salonun önündeki avluda en güzel giysilerini giyip kama, kılıç, silah ve torbalarını kuşanmış altmış ya da yetmiş kadar adam vardı. Rupert duvarların arasında bulunan bir kapıyı gösterdi, adamlar Jamie'yi ite kaka bu kapının ardındaki ışıklı, küçük odaya soktular. Çeşitli raflar ve masalarla döşenmiş bu oda büyük ihtimalle depo olarak kullanılıyordu.

Rupert Jamie'nin lekeli gömleğini ve başındaki samanları inceledikten sonra dönüp benim saçlarımın arasındaki samanları görünce sırıtmaya başladı.

"Neden geç kaldığını çok iyi anladım delikanlı, bunun için seni suçlayamam," diyerek Jamie'nin sırtına vurdu.

"Willie! Burada giyeceğe ihtiyacımız var. Reisin yeğenine yakışır bir şeyler olmalı. Bir bak bakalım, acele et!"

Jamie onu çevrelemiş olan adamlara bakıyordu, dudakları

kasılmıştı. Karşısında, yemin töreninin verdiği heyecanı bastırmak için gereğinden fazla içki içmiş MacKenzie olmanın verdiği gurur ve ateşle yanan altı klan üyesi vardı. Avluda bulunan bira fıçılarından bol miktarda içilmişti. Jamie bana baktı, bakışları çok acımasızdı. Şu an yaşamakta olduğu şeyin sorumlusu bendim.

Colum'a bağlılık yemini etmek istemediğini söyleyip uyumak üzere ahırlardaki sıcak yatağına geri dönebilirdi. Tabii boğazının kesilmesini ya da dövülmeyi göze aldıysa... Hafifçe bir kaşını kaldırdıktan sonra omuz silkerek, son hızla ona beyaz keten gömlek ve saç fırçası getirmiş olan Willie'ye teşekkür etti. Beyaz gömleğin üzerinde mavi kadife bir kep vardı. Bunun bir yanına bir rozetle bir tutam çobanpüskülü tutturulmuştu. Jamie bastırmaya çalıştığı bir vahşilikle gömleğini giyip saçlarını tararken ben de kepi inceledim.

Rozet yuvarlaktı ve üzerindeki işleme mükemmeldi. Tam ortada içinden alevler fışkıran beş volkan vardı, bunun altında bir ilke yazılıydı, *Luceo non Uro*.

"Parlarım, yanmam," diyerek orada yazanları yüksek sesle tercüme ettim.

"Evet. Bu MacKenzieler'in ilkesi," dedi Willie. Giyecek başka bir şeyler daha bulmak üzere hızla odadan çıkmadan önce kepi elimden alıp Jamie'ye verdi.

"Özür dilerim," dedim kısık sesle, Willie'nin odadan ayrılmasını fırsat bilip ona biraz daha yaklaşmıştım. "Böyle olmasını..."

Rozeti beğenmez gözlerle inceledikten sonra bana baktı, dudaklarının kenarındaki sert çizgiler yok olmaya başlamıştı.

"Benim için üzülme Saksonyalı. Bu er ya da geç olacaktı." Rozeti kepten ayırmak için biraz çevirdi ve eline alıp tarttı, yüzünde acı bir gülümseme vardı.

"Benim ilkemin ne olduğunu biliyor musun? Yani, klanımın ilkesini..."

"Hayır," dedim ürkerek. "Nedir o?"

Rozeti havaya atıp tuttu ve torbasına koydu. MacKenzie klan üyelerinin dağınık saflar halinde durduğu avluyu sevimsiz gözlerle süzdü.

"*Je suis prest*," dedi mükemmel bir Fransızcayla. Mutluluk ve alkolün etkisiyle kızarmış yüzleriyle bize doğru gelen Rupert'a ve yanındaki tanımadığım iri yarı adama baktı. Rupert'ın elinde MacKenzie ekoselerine sahip uzun bir kumaş vardı.

Diğer adam hiçbir uyarıda bulunmadan Jamie'nin eteğinin kopçasını açtı.

"Gitsen iyi olur yabancı, burası kadınlara uygun bir yer değil," diye uyardı Jamie.

"Görüyorum," dedim kuru bir sesle, yeni eteği kalçasına sarıp diğerini büyük bir ustalıkla altından çekip bir kenara fırlatırlarken bana hafifçe gülümsedi, namusu korunmuştu. Rupert ve arkadaşı onu kollarından tutup kemerli avluya çıkardılar.

Orada daha fazla oyalanmadan arkamı döndüm ve hızla ozanların galerisine çıkan merdivenlere doğru ilerlemeye başladım. Klan üyeleriyle göz göze gelmemeye çalışarak yoluma devam ettim. Köşeye vardığımda dönmeden önce durup ortalığın boşalmasını bekledim. Hızla koşarak galerinin kapısını açtım ve kimse nereye gittiğimi göremeden aynı hızla arkamdan kapattım. Merdivenler aşağıdan vuran ışıkla hafifçe aydınlanıyordu, eskimiş taşların üzerinde rahat adımlarla yürüyordum. Onun son sözlerinin anlamını düşünerek ışığa ve sese doğru tırmanmaya devam ettim.

"Je suis prest." *Hazırım*. Öyle olmasını umdum.

Galeri çam fenerleri ile aydınlatılmıştı, bu ahşap kovanlardan yükselen parlak alevler daha önce duvarda kalan is lekelerinin izleriyle çevreleniyordu. Galerinin arka kısmında asılı bulunan kumaşların arasından çıktığımı gören birkaç baş bana döndü, görünüşe bakılırsa kaledeki bütün kadınlar burada toplanmıştı. İlk bakışta Laoghaire, Magdalen ve mutfakta tanışmış olduğum birkaç kadını gördüm. Tam karşımda, korkulukların hemen önünde ise iri cüssesiyle Bayan FitzGibbons başköşeye yerleşmişti.

Beni görünce şeker bir işaret yaparak beni yanına çağırdı, diğer kadınlar birbirlerine yapışarak bana yol açtılar. Öne ulaştığım anda bütün salon adeta ayaklarımın altına serilmişti.

Duvarlar mersin ağacı, porsukağacı ve çobanpüskülü dallarıyla süslenmişti. Bu yeşilliklerin mükemmel kokusu aşağıdan gelen duman ve adamların salgıladığı kötü kokularla karışarak galeriye doğru yükseliyordu. Salonda dolaşan, duran, küçük gruplar halinde konuşan düzinelerce adam vardı ve hepsi klanın renklerini taşıyan ekoselere bürünmüştü. Bir kısmı gündelik gömlek ve yıpranmış kısa pantolonlarının üzerine ekoseli şallarını sarıp başlarına keplerini takmıştı. Ekoselerin modeli değişikti ama hepsi koyu yeşil ve beyazdı.

Çoğu, Jamie'nin de biraz önce yapmış olduğu gibi etek, şal, kep ve rozetleriyle tam takım giyinmişlerdi. Onu duvarın önünde dururken gördüm, yüzü hâlâ asıktı. Rupert kalabalığa karışmıştı, Jamie bu kez çok daha iri yapılı iki MacKenzie tarafından sarılmıştı, bunlar muhtemelen nöbetçilerdi.

Kale sakinleri yeni gelenleri arka tarafa doğru gönderince salondaki karmaşa azalmaya başladı.

Bu gece kesinlikle çok özel bir geceydi; salonda her gece çalan genç gaydacının yanında iki gaydacı daha vardı. Bunlardan gaydası fildişi işli olanı onların ustası gibi duruyordu. Bu adam diğer ikisine başıyla işaret verdi ve salon bir anda gaydanın tiz, monoton sesiyle doldu. Savaşta kullanılan, kuzey bölgesine ait gaydalardan daha küçük olmalarına rağmen yeteri kadar gürültü çıkarmayı başarıyorlardı.

Şarkıcılar bu tiz seslerin üzerine daha da tiz ve titrek bir sesle insanı uyuz eden bir ilahi söylemeye başladılar. Yanımdaki kadınlar sallanmaya başlamışlardı, bunun Maggie Lauder'dan dizeler olduğunu düşündüm:

"Bana palavracı Rab derler,
Gaydamı üfleyince
Bütün kızlar delirirler."

Delirmeseler bile, etrafımdaki kadınların çoğunun ağzından sular akıyordu. Korkuluğa dayanmış, aşağıda süslü giysileriyle gezinmekte olan adamları hayranlıkla birbirlerine gösterip fısıldanıyorlardı. Kızlardan biri büyük bir heyecanla Jamie'yi arkadaşlarına gösterip bir şeyler söyledi. Jamie çok fazla tezahürat almıştı.

Bu tezahüratın bir kısmı yakışıklılığı içindi ama onun yemin töreninde bulunmasıyla ilgili dedikodular daha fazlaydı. Laoghaire onu izlerken adeta bir mum gibi eriyordu. Bir anda Alec'in manejde söylemiş olduğu sözleri hatırladım - *Babası klan dışından biriyle evlenmesine izin vermez.* Colum'un yeğenine verir miydi? Bu durumda delikanlı mükemmel bir avdı. Kaçak olması çok daha göz ardı edilebilir, önemsiz bir konuydu.

Müzik doruk noktasına ulaştı ve sona erdi. Colum MacKenzie ölüm sessizliği içinde yukarıdaki kemerli girişte belirdi, kendinden emin adımlarla odanın ucuna kurulmuş küçük platforma doğru ilerledi. Sakatlığını saklamak için hiçbir çaba sarf etmiyordu ama onu gözler önüne de sermiyordu. İpek pembe manşetleri neredeyse dirseğine kadar uzanan yoğun altın işlemeli ve gümüş düğmeli gök mavisi ceketiyle muhteşem görünüyordu. Yünlü kumaştan yapılmış şalı dizlerinin altına, ekoseli çoraplarının başladığı yere kadar uzanıyor ve bacaklarının büyük bir kısmını kapatıyordu. Kepi maviydi ve rozetinin altına çobanpüskülü yerine kuştüyü yerleştirilmişti. O yerine geçerken bütün salon soluğunu tutmuştu. Ne olursa olsun Colum MacKenzie çok başarılı bir gösteri adamıydı.

Yüzünü orada toplanmış klan üyelerine döndü ve kollarını iki yana açarak yüksek sesle onları selamladı.

"Yüce tepe!"

"Yüce tepe!" diye kükreyerek karşılık verdi klan üyeleri. Yanımda duran kadın titredi.

Selamlaşmanın ardından İskoçça kısa bir konuşma yapıldı. Bu konuşma da kükremelerle birlikte alkışlandıktan sonra sıra yemin törenine geldi.

Colum'un bulunduğu platformun önüne ilk gelen kişi Dougal MacKenzie oldu. Platform Colum'a kardeşiyle aynı hizada olma şansını vermişti. Dougal'ın kostümü de çok görkemliydi, kestane rengi kadifelere bürünmüştü, Colum'un üzerindeki ilgiyi dağıtmamak için kostümünde hiçbir işleme yoktu.

Dougal abartılı bir tavırla kamasını çekti onu elinde tutarak tek dizinin üzerine çöktü. Sesi Colum'unki kadar güçlü değildi ama herkesin duyabileceği kadar yüksekti.

"Efendimiz ulu İsa'nın ve elimde tuttuğum kutsal demirin önünde sana ve MacKenzie klanına olan sadakatimin ve bağlılığımın üzerine yemin ederim. Eğer bir gün bu el sana karşı kalkarsa bu kutsal demir yüreğimi delip geçsin."

Kamasını indirdi, kabzayla bıçağın birleşim yerinden öptü ve kınına soktu. Diz çökmeye devam ederek iki elini birden Colum'a uzattı, Colum onun ellerini kendininkilerin arasına alıp dudaklarına götürdü. Teklif kabul edilmişti. Dougal'ı ayağa kaldırdı.

Colum arkasında duran üzerine ekose kumaş serilmiş masanın üzerinde duran gümüş kupayı aldı. Kulplarından tutup iki eliyle yukarı kaldırdıktan sonra içti ve kupayı Dougal'a uzattı. Dougal kocaman bir yudum alıp kupayı geri verdi. MacKenzie klan reisinin önünde bir kez daha eğildikten sonra sıradaki kişiye yer açmak için yana çekildi.

Bu işlem tekrarlanarak devam etti, yemin et ve iç. Sırada kaç adam olduğunu sayınca Colum'un dirayetine hayran kaldım. Her yeminde bir yudum alarak gecenin sonunda kaç litre içki içmiş olacağını hesaplamaya çalışırken sıranın başında Jamie'yi gördüm.

Yeminini etmiş olan Dougal Colum'un arkasında her zamanki yerini almıştı. Jamie'yi o sırada meşgul olan Colum'dan daha önce gördü ve buna çok şaşırdı. Ağabeyine yaklaşıp kulağına bir şeyler fısıldadı. Colum gözlerini o sırada ilgilenmekte olduğu adamdan ayırmadı ama gerildiğini görebiliyordum. Sanırım o da şaşırmıştı, ikisi de bu durumdan hoşnut olmamış gibiydi.

Salondaki duygu seli başlangıçta da yüksekti ama tören ilerledikçe daha da yükselmişti. Jamie şu an bu yemini etmeyi reddederse bu heyecanlı adamların onu paramparça edecekleri kesindi. Onu böylesine tehlikeli bir ortama soktuğum için büyük bir suçluluk duydum.

Çok sakin görünüyordu. Salon sıcaktı ama o terlememişti. Sabırla sırasının gelmesini bekliyordu, etrafını sarmış silahlı yüz adamın Colum'a ya da klana karşı yapılacak en küçük bir yanlışta son derece hızlı ve iş bitirici olacaklarının farkında değilmiş gibi davranıyordu. Ya da hazırdı. Alec'in tavsiyelerini uygulamaya karar vermiş de olabilirdi.

Sıra ona geldiğinde tırnaklarımı avuçlarıma geçirmiştim.

Colum'un önüne ilerleyip bir dizinin üzerine çöktü ve onu selamladı. Yemin etmek üzere kılıcını çekmek yerine ayağa kalkıp Colum'un yüzüne baktı. Dimdik duruyordu, salonda bulunanların çoğundan uzundu, platformda duran Colum'a beş altı santim kadar yukardan bakıyordu. Laoghaire'nin yüzü solmuştu, ayağa kalkmış ve yumruklarını sıkmıştı.

Salondaki bütün gözler ona dikilmiş olmasına rağmen o Colum'la yalnız konuşuyormuş gibi davranıyordu. Sesi Colum kadar etkileyiciydi ve söylediği her kelime çok net duyuluyordu.

"Colum MacKenzie, akraban ve dostun olarak sana geldim. Yeminimi taşımakta olduğum ad üzerine etmiş olduğum için sana yemin edemeyeceğim." Kalabalıktan hafif bir homurtu yükselmeye başladı, o bunu dikkate almadan sözlerine devam etti. "Ama bana ait olan şeyleri sana sunmak istiyorum. Bunlar nerede ve ne zaman ihtiyaç duyarsan emrinde olacak olan yardımım ve iyi niyetimdir. MacKenzie topraklarının üzerinde bulunduğum sürece bir akraba ve bir reis olarak sana bağlılığım sonsuzdur ve her sözün benim için bir emirdir."

Konuşmasını bitirince dimdik durmaya devam etti, elleri iki yanında duruyordu. Artık top Colum'da diye düşündüm. Ondan gelecek tek bir işaret ya da sözcüğün sonucunda yarın sabah yerlerden bu genç adamın kanı çıkarılıyor olabilirdi.

Colum bir süre kıpırdamadan durduktan sonra gülümseyerek elini uzattı. Bir anlık tereddütten sonra Jamie elini onun avcuna teslim etti.

"Dostluk ve iyi niyetinizi sunmanız bizi çok onurlandırdı. Bize iyi niyetle sunduğun dostluk ve sadakati kabul ediyoruz."

Salondaki gerilim azalmaya başlamıştı, Colum kupadan içip Jamie'ye uzatırken galeride tutulmuş nefesler yüksek sesle bırakılmıştı. Genç adam sunulan kupayı gülümseyerek aldı. Neredeyse ağzına kadar dolu olan kupayı büyük bir dikkatle havaya kaldırdıktan sonra küçük bir yudum alıp bırakmak yerine başına dikip içmeye başladı. İçmeye devam etti. Onun boğazından gelen güçlü yutkunma sesi ve kaslarının görüntüsü izleyicilerin saygı dolu sesler çıkarmasına sebep olmuştu, eğlenmeye başlamışlardı. Biraz sonra nefes almak için durması gerekir diye düşündüm ama durmadı. Kupadaki içkiyi son damlasına kadar içtikten sonra onu indirirken derin ve gürültülü bir nefes aldı ve onu Colum'a uzattı.

"O onur bana ait," dedi boğuk bir sesle, "Viski konusunda böylesine mükemmel bir damak zevkine sahip bir klanla dost olmak benim için bir şereftir."

Salonda büyük bir gürültü koptu, Jamie tebrikleri kabul ederek kemerli yola doğru ilerlemeye başladı. Bu ailede teatral yetenekleri olan tek kişi Colum MacKenzie değildi, bu açıkça görülmüştü.

Galerideki sıcaklık boğucu olmaya başlamıştı. Colum'un birkaç cümle daha söyleyeceğini ve yemin töreninin sona ereceğini umuyordum. Paylaşmış olduğu altı kupa içkiden etkilenmemiş bir tavırla konuşmaya başladı, sesi hâlâ duvarları titretecek kadar güçlü çıkıyordu. Bu kadar ayakta durmasına rağmen bu gece bacakları ağrımayacaktı.

Aşağıdan muazzam bir çığlık duyuldu, bu çalmaya başlayan gaydalardan geliyordu. Bunun hemen ardından ciddiyet ve ağırbaşlılık yerini savaş çığlıklarına bıraktı. Sehpaların üzerine bira ve viski fıçıları getirilince sesler daha da yükseldi. Bunların yanına dumanı tüten yulaf ekmekleri, sakatat yahnisi ve et tabakları kondu. Bunları başarıyla organize etmiş olan Bayan Fitz korkuluklara dayanmış, yaşı yemin törenine katılmaya yetecek kadar büyümemiş gençlerin servisi nasıl yaptıklarını izliyordu.

"Sülünlere ne oldu?" diyerek bir anda burnundan solumaya başladı. "Doldurulmuş yılan balıkları da yok. Kahrolasıca Mungo Grant eğer yılan balıklarını yaktıysa onun derisini yüzeceğim!" Hızla kararını verdi ve herkesi iterek galerinin çıkışına doğru ilerlemeye başladı. Böylesine önemli bir ziyafetin yönetimini deneyimsiz Mango Grant'in ellerine bırakmış olmaktan hiç mutlu değildi.

Bu durumu fırsat bilerek onun iri vücuduyla açmış olduğu aralıklardan ilerlemeye başladım. Oradan ayrılmak için fırsat bekleyen diğerleri de çıkışa akın ettiler.

Bayan Fitz geriye dönüp bakınca bir kadın ordusuyla karşılaştı ve hepimizi azarladı.

"Siz kızlar doğru odanıza gidin. Eğer başınıza bir şey gelmesini istemiyorsanız son hızla odalarınıza gidin ve orada kalın. Koridorlarda oyalanmayın ve gizli köşeleri dikizlemeyin. O adamların içinde şu an bile ayık olan biri yok ve bir saat sonra durumları çok daha vahim olacak. Bu gece burası kızlar için uygun bir yer değil."

Kapıyı aralayıp koridoru dikkatle inceledi. Kızları birer birer kapıdan dışarı çıkarıp üst kattaki odalarına gitmelerini sağladı.

Yanına vardığım zaman, "Yardıma ihtiyacın var mı?" diye sordum. "Mutfakta demek istiyorum."

Başını olumsuz bir tavırla sallarken bir yandan da gülümsedi, teklifim hoşuna gitmişti. "Hayır, yavrum teşekkür ederim. Sen de hemen odana git, diğerlerinden daha fazla güvende sayılmazsın." Hafifçe sırtıma vurarak beni de loş koridora gönderdi.

Dışarıdaki nöbetçiyle karşılaşmamı hatırlayıp onun tavsiyesine uymaya karar vermiştim. Kaledeki adamlar yiyip içip eğleniyorlardı, kendilerini kontrol altında tutmak ya da frenlemek gibi bir düşünceleri de yoktu. Evet, bu gece kadınlar ortalıkta olmamalıydı.

Odama giden yolu bulmak ayrı bir sorundu. Kalenin bilmediğim bir bölümündeydim, bir sonraki katta odamın bulunduğu koridora bağlanan bir geçit olduğunu biliyordum ama ortalıkta merdiven göremiyordum.

Köşeyi döner dönmez bir grup klan üyesinin içine düşüverdim. Onları tanımıyordum, civar bölgelerden gelmişlerdi ve kaledeki terbiye kurallarından bihaberdiler. Ya da ben onlarla karşılaşmadan önce gördüğüm tuvaletleri arayan adamın, aradığı yeri bulamayınca bir köşeye ihtiyacını giderdiğini gördükten sonra bu karara varmıştım.

Hızla geldiğim koridora geri döndüm, merdiven olup olmaması önemli değildi. Birkaç el omzumdan tutup beni durdurdu. Bir anda kendimi nefesleri viski kokan ve akıllarında tecavüzden başka bir fikir olmayan sakallı İskoçyalılar tarafından duvara kıstırılmış bir durumda buldum.

Önümde duran adam hiçbir ön hazırlığa ihtiyaç duymadan beni belimden kavradı ve elini korsajımdan içeri daldırdı. Öne eğilmişti ve sakallı yanağını kulağıma sürtüyordu. "MacKenzie klanının cesur delikanlılarına tatlı bir öpücük vermeye ne dersin? Yüce Tepe!"

"İrlanda çok yaşa!" diye bağırarak onu tüm gücümle ittim. Alkol dengesini azaltmıştı, sendeleyerek bir arkadaşının üzerine düştü. Yana sıyrılıp kaçmaya başladım, koşarken hızımı kesen aptal ayakkabıları ayağımdan fırlattım.

Önümde başka bir gölge belirince duraksadım. Önümde bir, arkamda alkollü olmalarına rağmen hızlı koşmayı başaran on kişi vardı. Yanından sıyrılmayı planlayarak ileri atıldım. Hızla o yana ilerleyince durmak zorunda kaldım ve çarpışmayı engellemek için ellerimi göğsüne uzattım. Karşımdaki adam Dougal MacKenzie idi.

"Ne cehenneme..." diye söze başladığı anda peşimden koşan adamları gördü. Beni arkasına saklayıp adamlara bağırarak İskoçça bir şeyler söyledi. Onlar da aynı dilde karşı koyan cevaplar verdiler, bir süre karşılıklı bağrışmadan sonra adamlar kuyruklarını kıstırıp kendilerine yeni bir eğlence aramaya koyuldular.

"Teşekkür ederim," dedim, sersem gibiydim. "Teşekkür ederim, hemen... Hemen gidiyorum. Burada olmamalıydım." Dougal beni süzdükten sonra kolumu yakaladı ve beni ona bakmaya zorladı. Üstü başı darmadağındı ve toplantı salonuna geri dönüyordu.

"Bu çok doğru," dedi. "Burada olmamalıydın. Ama madem buradasın bunun bedelini ödemen gerekir," diye homurdandı, gözleri ışıl ışıldı. Hiçbir uyarıya gerek duymadan beni bedenine yapıştırıp öpmeye başladı. Dudaklarımı çürütecek kadar sert bir öpücüktü bu, onları aralamaya çalışıyordu. Diliyle hafifçe dilime vurdu, ağzımın içine viski dolmuş gibiydi. Elleriyle popomu tuttu ve beni bir daha kendine bastırdı. Üzerimdeki onca kat giysiye rağmen onun sertliğini hissedebiliyordum.

Beni yakaladığı gibi hızla bıraktı. Başını sallayarak salonu işaret etti, nefesi düzensizdi. Kestane rengi buklelerinden biri alnına dökülmüştü, onu eliyle arkaya itti.

"Daha büyük bir bedel ödemek zorunda kalmadan git buradan."

Çıplak ayaklarımla koşarak oradan ayrıldım.

Bir gece önce içilen içki miktarını düşünerek, kale halkının geç saatlere kadar uyuyacağını, uyananların bir kısmının çivi çiviyi söker mantığıyla yalpalayarak fıçıların bulunduğu yere inip bir bardak birayla güne başlayacaklarını düşünüyordum. Ama MacKenzie klanının Kuzey İskoçyalı üyeleri tahmin ettiğimden çok daha dayanıklı çıktılar. Daha şafak sökmeden kalede yaşam başladı, ava hazırlanan adamlar kalenin koridorlarında birbirlerine bağırıp silahlarını kuşanıyor, çizmeleriyle oradan oraya gidip geliyorlardı.

Hava soğuk ve sisliydi, koridorda karşılaştığım Rupert bana bu havanın yaban domuzu avlamak için ideal olduğunu söyledi.

"Bu çirkin yaratıkların derisi o kadar kalın ki soğuk hava onları hiç etkilemiyor," diye anlatmaya başladı, bir yandan da büyük bir keyifle ayağıyla çevirdiği bileğitaşında mızrağının ucunu sivriltiyordu, "sis varken kendilerini güvende hissederek ortalıkta dolaşmaya başlarlar, onlara yaklaşan adamları görmezler."

Aynı şekilde bu şartlarda avcıların da onları göremeyeceğini söylememeyi başardım.

Güneş huzmeleri sisi altın ve kızıl renkleriyle delmeye başladığında ava katılacak herkes ön avluda toplanmıştı. Yaşayacakları heyecan gözlerini parlatmıştı. Kadınların bu av partisine katılmadıklarını görünce mutlu olmuştum. Ava gidecek kahramanlarına ekmek ve bira ikram ediyorlardı. Doğu ormanına doğru baştan ayağa mızraklar, oklar, baltalar ve kamalarla donanmış adamları görünce yaban domuzu için üzülmeye başladım.

Bir saat sonra gafil avlanıp domuzun üzerine düşmüş bir

adamın yaralarını sarmak üzere aceleyle ormanın girişine gittiğimde bu düşüncemi bir daha gözden geçirme ihtiyacı duydum.

"Aman Tanrım!" diye bağırdım bileğinden dizine kadar uzanan çentikli açık yarayı incelerken. "Bunu bir hayvan mı yaptı? Paslanmaz çelikten dişleri mi var?"

Yaralının yüzü bembeyazdı ve bana cevap veremeyecek kadar çok titriyordu. Onu ormandan buraya getirmiş olan arkadaşlarından bir tanesi bana garip garip baktı.

"Boş ver," dedim ve yaralı baldırının üzerine sarmış olduğum bandajı çekerek sıktım. "Onu kaleye götürüp Bayan Fitz'den onun için çorba ve battaniye isteyelim. Yaranın dikilmesi gerekiyor ama bunun için gereken aletler yanımda değil."

Avcıların ritmik çığlıkları yamaçlarda yankılanmaya devam ediyordu. Birdenbire yürekleri parçalayan bir çığlık duyuldu, bu çığlıkla birlikte ürkek bir sülün saklanmış olduğu yerden ayrılıp deli gibi kanat çırpmaya başladı.

"Tanrım bana kuvvet ver, şimdi ne oldu?" Bir kucak dolusu sargı bezini kaptığım gibi hastamı arkadaşlarına bırakıp son hızla ormana koşmaya başladım.

Ağaçların arasındaki sis çok daha kalındı, birkaç adımdan sonrasını göremiyordum, telaşlı çığlıkları ve otların hışırtısını dinleyerek doğru yönde ilerlemeyi başarıyordum.

Arkamdan yalayarak hızla bir şey geçti. Çığlıklara odaklanmıştım ve o kocaman şey garip bir hızla oradan geçene kadar hiçbir şey görüp duymamıştım. Küçük toynakları ıslak yaprakların üzerinde hiç ses çıkarmadan ilerlemesini sağlıyordu.

Bu hızlı hareket karşısında öylesine afallamıştım ki korkmak aklımın ucundan bile geçmedi. O tüylü siyah şeyin sisin içinde kaybolduğu yere doğru bakmıştım sadece. Yüzüme yapışan ıslak buklelerimi toplamak için elimi kaldırınca üzerinde kırmızı bir leke gördüm. Yere doğru bakınca eteğimde de buna benzer bir leke gördüm. Canavar yaralıydı. Çığlık ondan gelmiş olabilir miydi?

Olamazdı, ölümcül yaralar karşısında atılan çığlıkları çok iyi bilirdim. Ayrıca kaçan domuz oldukça iyi durumdaydı. Derin bir nefes alıp yaralı adamı bulmak üzere yeniden sisin içine daldım.

Onu ufak bir yamacın yanında buldum, etekli bir sürü adam etrafını çevirmişti. Onu sıcak tutabilmek için üzerine şallarını örtmüşlerdi. Bacaklarını örtmüş bu örtüler ıslaklıktan dolayı kararmıştı. Çamurun üzerindeki geniş izler, adamın yamacın neresinden itibaren yuvarlandığını ve eşelenmiş yapraklar ve iyice yoğrulmuş olan toprak da domuzla nerede karşılaştığını net olarak gösteriyordu. Adamın yanına çökerek kumaşı kaldırdım ve çalışmaya başladım.

Yanımızdaki adamların çığlıklarıyla yine aynı kâbusu görmek üzere öbür tarafa dönmek zorunda kaldığımda hâlâ dişe dokunur bir şeyler yapmamıştım. Bir kez daha ses çıkarmadan ağaçların arasından fırlamıştı.

Bu kez yan tarafında sallanmakta olan kamayı görmeyi başarmıştım, bunu belki de şu an önümde yatan adam yapmıştı. Bu fildişi renkli şeytanın üzerinde, deli bakan gözlerindeki gibi kırmızı lekeler oluşmuştu.

İlk anda, benim gibi donakalan adamlar hemen silahlarına sarıldılar. Uzun boylu bir adam diğerlerinden daha hızlı davranıp yanında kalakalmış arkadaşının elindeki mızrağı kapıp açık alana ilerledi.

Bu Dougal MacKenzie idi. İki eliyle birden tutmuş olduğu mızrağı dolu bir kürek gibi yere yakın bir şekilde tutmuş, yavaşça ilerliyordu. Canavara odaklanmıştı, onu saklanmış olduğu ağacın arkasından dışarı çıkmaya ikna etmek ister gibi İskoçça bir şeyler mırıldanıyordu.

İlk atak ani bir patlama şeklinde gerçekleşti. Canavar çok yakından geçmişti, Dougal'ın şalı onun rüzgârıyla dalgalanmıştı. Hemen geri döndü ve öfkeden delirmiş bir halde yeniden saldırdı. Dougal bir boğa güreşçisi gibi yana doğru çekilirken mızrağını ileri geri salladı. Bu bir süre daha devam etti. Bir çarpışmadan çok bir dansa benziyordu, rakiplerin ikisi de güçlüydü ve ikisi de toprağın üzerinde uçuyormuş gibi görünecek kadar çevikti.

Çok daha uzun sürmüş gibi gelse de her şey bir dakika içinde olupbitti. Dougal muhteşem bir manevrayla yana çekilip döndü ve mızrağın ucunu onun omuzlarının arasına sapladı. Mızrağın saplanma sesinin ardından duyulan tiz çığlık kollarımdaki bütün tüylerin dikilmesine sebep olmuştu. Düşmanından intikam alabilmek amacıyla dönüp duruyordu, ince toynakları çamura saplandı ve bunun ardından sendeleyerek yere yığılıp orada kaldı. Bağırmaya devam ediyordu, o koca vücuduyla yere devrilmişti ve insan kulağının dayanamayacağı tizlikte sesler çıkarıyordu. Kamanın bulunduğu tarafın üzerine düşmüş ve kama derinlere doğru ilerlemişti. O nazik toynakları hâlâ toprağı eşeliyordu, ortalığı çamur deryasına çevirmişti. Çığlığı bir anda kesildi, kısa bir homurdanmanın ardından koca kütle hareketsiz kaldı.

Dougal onun öldüğünden emin olmak için orada durup beklemedi. Debelenen hayvanın etrafından dolaşıp yaralı adamın yanına gitti. Dizlerinin üzerine çöküp bir kolunu omzunun altına atarak yaralıyı onu tutmakta olan adamın elinden aldı. Yanakları kan içindeydi.

"Buradayım, Geordie," dedi, o kaba konuşması bir anda yumuşamıştı. "Buradayım. Onu hakladım. Her şey yolunda..."

"Dougal, sen misin?" Yaralı adam gözlerini açmak için yoğun bir çaba sarf ederek Dougal'a döndü.

Adamın hayat belirtilerini kontrol etmek üzere nabzını dinlerken duyduklarım beni çok şaşırtmıştı. O öfkeli, o zalim Dougal bir adamı göğsüne bastırmış, kısık sesle onu rahatlatan cümleler kurarken bir yandan da saçlarını okşuyordu.

Topuklarımın üzerinde geriye uzanıp yerde duran kumaşları aldım. Kasığından başlayıp kalçası boyunca devam eden yaklaşık yirmi santimlik oldukça derin bir yarası vardı, burası durmadan kanıyordu. Kan fışkırmıyordu, bu da buradaki atardamarın kesilmediğinin işaretiydi, bu kanamayı durdurma şansım olabilirdi.

Durdurulması imkânsız olan şey karın boşluğundan gelmekte olan kahverengi sızıntıydı. Eti açılmış kasları, bağırsak zarı ve bağırsakları ortaya çıkmıştı. Burada önemli damarlar yoktu ama bağırsağı delinmişti, bunu çok net görebiliyordum. Bu tür yaralanmalarda modern tıp, ilaçlar ve antibiyotikler de çaresiz kalırdı. Delinmiş bağırsağın içindeki sıvılar bütün vücuduna sızıyordu, bütün vücuda ölümcül bir mikrop saçıyordu. Sarımsak ya da civanperçemi bu yaraları iyileştiremezdi.

Dougal'la göz göze geldik, o da bu korkunç yarayı görmüştü. Ses çıkarmadan dudaklarını oynatarak sordu. "Yaşayacak mı?"

Sessizce başımı iki yana salladım. Geordie'ye sarılarak bir süre durduktan sonra uzanıp baldırına turnike yapmak için sarmış olduğum bezi açtı. Karşı koymamı bekler bir tavırla bana baktı, karşı koymadım ve tam tersine onayladığımı bildiren bir baş hareketi yaptım. Kanamayı kesip adamın sedyeyle kaleye taşınmasını sağlayabilirdim. İltihabın bütün vücudunu sarıp, onu çürüterek öldürene kadar acılar içinde yatmak zorunda kalacağı kaleye geri götürebilirdim. Şu an Dougal ona daha iyi bir ölüm sunuyordu. Gökyüzünün altında, kanı kendisini öldüren canavarın yapraklarda kalan kanının üzerine akarken ölecekti. Islak yaprakların üzerinde Geordie'nin başına doğru emekleyip, kolumu başının altına yerleştirdim.

"Biraz sonra kendini çok daha iyi hissedeceksin," dedim normal bir sesle, bana öğretildiği gibi. "Acı birazdan yok olacak."

"Evet, daha iyiyim. Artık bacaklarımı hissetmiyorum... Kollarımı da... Dougal orda mısın? Orda mısın?" Ellerini bilinçsizce uzatmış sallıyordu, Dougal onları yakalayıp kendi ellerinin arasına aldı, adamın yanına uzanıp kulağına bir şeyler fısıldamaya başladı.

Geordie'nin sırtı arkaya doğru kasıldı, ayakları çamura gömüldü, beyninin kabul ettiği şeye vücudu karşı koyuyordu. Arada bir derin nefesler alıyordu, bunlar ölümcül kanaması olan birinin nefes almak için son çırpınışlarıydı, vücudu oksijensiz kalmıştı.

Orman sessizdi, kuşlar siste ötmüyordu, adamlar altına çökmüş oldukları ağaçlar gibi sessizlik içinde bekliyorlardı. Dougal ve ben onun savaşan vücudunun üzerine abanmış, rahatlatıcı sözcükler fısıldamaya çalışıyorduk, ölmek üzere olan bu adamın acısını paylaşmaya çalışıyorduk.

Tepenin üzerinde bulunan kale oldukça sessiz görünüyordu. Derme çatma çam dallarıyla oluşturulan sedyenin üzerinde yatan ölünün yanında yürüyordum. Hemen arkamızda hasmı aynı şekilde sedyeye uzanmıştı. Dougal önde tek başına yürüyordu.

Avluya girer girmez bize doğru koşan Peder Bain'i gördüm, görevini yerine getirmek üzere koşuyordu.

Muayenehaneye giden merdivenlere döndüğüm sırada Dougal önüme geçip beni durdurdu. Geordie'nin şalla örtülü vücudunu taşıyan avcılar şapele doğru ilerlemeye devam ettiler. Boş koridorda ikimiz kalmıştık. Dougal bileğimi tuttu, gözlerini bana dikmişti.

"Daha önce de ölen çok adam gördün," dedi açık açık. "Hem de vahşet içinde ölen." Bu bir sorudan çok bir suçlamaya benziyordu.

"Hem de çok," dedim ben de açık açık. Kolumu çekerek kurtardım ve onu olduğu yerde bırakarak yaşayan hastama bakmaya gittim.

Geordie'nin korkunç ölümü eğlencelere kısa bir ara verilmesine sebep oldu. Akşamüzeri kalenin şapelinde hızlı bir cenaze töreni düzenlendi ve ertesi sabah oyunlar başladı.

Katılanları sarıp sarmalamakla meşgul olduğum için oyunların pek azını görebildim. Bu otantik Kuzey İskoçya oyunları hakkında emin olduğum tek şey onlardan uzak durulması gerektiğiydi. Kılıçların arasında dans etmeye çalışırken kesilen ayakları sardım, dikkatsizce atılan bir çekicin çarpmış olduğu talihsiz kurbanın kırılan bacağını sabitledim, şeker komasına girmek üzere olan çocuklara hintyağı ve latinçiçeği şurubu içirdim. Akşama doğru yorgunluktan bitmiştim.

Ameliyat masasına tırmanıp kafamı hava almak için küçük pencereden dışarı uzattım. Oyun alanlarından gelen çığlıklar, kahkahalar ve müzik sesi bitmişti. Yarına kadar başka bir hasta gelmeyecekti. Rupert'ın bir sonraki oyun için ne dediğini hatırlamaya çalıştım. Okçuluk. Yeteri kadar sargı bezi olup olmadığını kontrol ettikten sonra odadan çıkıp kapıyı arkamdan kapattım.

Kaleden ayrılıp ahırlara doğru ilerlemeye başladım. Konuşan

ve kanayan insanlar görmek istemiyordum. Ayrıca soyadını hâlâ bilmediğim Jamie'yi bulup ondan bir kez daha özür dilemek istiyordum. Bu işin altından başarıyla kalkmıştı ama onu olmak istemediği bir yere sürüklediğim kesindi. Rupert'ın ortalığa yayacağı cilveleşme dedikodularını ise düşünmek bile istemiyordum.

İçinde bulunduğum zor durumu düşünmekten de hoşlanmıyordum ama en nihayetinde bunu düşünüp bir çözüm bulmam gerekecekti. Toplantının ilk gününde kaçmayı başaramamıştım, acaba son gününde kaçma şansım olabilir miydi? Aslında olabilirdi, pek çok ziyaretçi atına binip buradan ayrılacaktı. Geride sadece kaleye ait atlar kalacaktı; onlardan birinin yokluğu adi bir hırsızlık gibi görünebilirdi. Panayırda ve oyun alanında at hırsızı kılıklı pek çok adam vardı. O ayrılık karmaşasında yokluğumu fark etmeyebilirlerdi.

Manejin çitinin etrafında kaçış rotamı düşünerek ayaklarımı sürümeye başladım. Nereye gideceğimi biliyordum ama nerede olduğumu bilmiyordum, bu büyük bir sorundu. Oyunlar sırasındaki tedavilerim yüzünden artık Leoch'la sınır arasında yaşayan her MacKenzie tarafından çok iyi tanınıyordum. Yolda karşılaştığım birine yön sorma şansım da böylelikle yok olmuştu.

Jamie'nin Dougal ya da Colum'a yemin töreni gecesinde kaçma girişiminde bulunduğumu söyleyip söylemediğini merak ettim. İkisi de bana bu konudan bahsetmemişti, söylememiş olma ihtimali daha fazlaydı.

Manejde hiç at yoktu. Ahır kapısını ittiğimde karşıma çıkan görüntü yüreğimin ağzıma gelmesine sebep oldu. Jamie ile Dougal yan yana bir saman balyasının üzerinde oturuyorlardı. Onlar da beni görünce en az benim kadar irkildiler ama hemen toparlanıp ayağa kalktılar ve bana oturacak yer gösterdiler.

"Önemli değil," dedim sırtımı kapıya dayayarak, "konuşmanızı bölmek istemem."

"Bölmüyorsun, genç Jamie'ye söylediğim şey seni de ilgilendiriyor."

Çaktırmadan Jamie'ye baktım, o da hafifçe başını salladı. Dougal'a kaçma girişimimden bahsetmemişti.

Dougal'dan biraz çekinerek oturdum. Yemin töreni gecesinde koridorda olanlar aklıma gelmişti, gerçi o günden sonra buna benzer bir tavrı ya da iması olmamıştı.

"İki gün içinde buradan ayrılıyorum," dedi süratle. "Ve sizi de yanımda götürüyorum."

"Bizi nereye götürüyorsun?" diye sordum ürkerek. Kalbim daha hızlı atmaya başlamıştı.

"MacKenzie topraklarında gezmeye. Colum yolculuk yapmaz, bu nedenle toplantıya katılamayan arazi ve mülk sahiplerini ziyaret etmek bana düşüyor. Ayrıca halledilmesi gereken bir takım işler de var..." Havadan sudan konuşur gibiydi.

"Ama neden ben? Yani neden biz?" diye üsteledim.

Cevap vermeden önce biraz düşündü. "Jamie'nin arası atlarla çok iyi. Sana gelince, Colum seni William Kalesi'ne götürmenin iyi bir fikir olduğunu düşünüyor. Oradaki Komutan senin... Fransa'daki aileni bulmamıza yardımcı olabilir." Ya da senin benim gerçek kimliğimi bulmana yardımcı olur, diye düşündüm. Ve kim bilir bana söylemediği daha başka neler vardı? Dougal gözlerini bana dikmişti, bu habere vereceğim tepkiyi çok merak ediyordu.

"Tamam," dedim sükûnetle. "Bu mükemmel bir fikir." Görünüşüm çok sakindi ama için için seviniyordum. Bu büyük bir şanstı! Artık kaleden kaçmama gerek kalmamıştı. Dougal beni kendisi götürecekti. William Kalesi'nden yolumu bulmam çok daha kolay olacaktı. Craigh na Dun'a gidecektim. Dikili taşların bulunduğu tepeye... Şansım yaver giderse oradan da eve...

BÖLÜM 3

Yolda

11

Avukatla Sohbet

İki gün sonra şafak sökmeden hemen önce Leoch Kalesi'nden ayrıldık. İkili, üçlü, dörtlü vedalaşmalardan sonra atlar taş köprünün üzerinden ilerlemeye başladılar. Veda çığlıklarıyla göldeki yabani kazların çığlıkları birbirine karışmıştı. Kale sis perdesinin arkasında yok olana kadar arada bir dönüp bu kocaman kütleyi seyrettim. Bu taş yığınını ve orada yaşayanları bir daha göremeyeceğimi düşünmek içimde garip bir hüzün oluşturdu.

Sis atların toynak seslerini boğuyor gibiydi. Havadaki rutubet, sesleri garip bir biçimde etkiliyordu, bazen konvoyun bir ucundan söylenen sözler diğer ucundan rahatlıkla duyuluyor bazen de yan yana ilerlerken konuşmaya çalışanlar birbirlerini sadece homurtu şeklinde duyabiliyorlardı. Buharlar arasında ilerleyen hayaletler gibiydik. Havada uçuşan seslerin sahipleri belirsizdi, en yakındaki en uzaktakiymiş gibi algılanıyordu.

Ben grubun ortasında ilerliyordum, bir yanımda hiç tanımadığım silahlı bir adam diğer yanımda ise Colum'un toplantısında görmüş olduğum ufak tefek yazman Ned Gowan vardı. Yolda sohbet ederken onun sadece yazman olmadığını anladım.

Ned Gowan bir avukattı. Edinburgh'da doğmuş ve orada yetişmişti, eğitimini de orada tamamlamıştı. Görüntüsü bu anlattıklarıyla birebir örtüşüyordu. Alışkanlıklarına son derece bağlı, ufak tefek yaşlı bir adamdı. İnce pamuklu şık bir ceket, yünlü şık çoraplar, etek ucu dantelli keten bir gömlek, hem konumuna hem de kötü seyahat koşullarına uygun kumaş bir golf pantolonu giymişti. Altın kaplama yarım gözlükleri, ince bir saç bağı ve iki köşeli mavi bir şapka görüntüyü tamamlıyordu. Tam anlamıyla mükemmel bir hukuk adamıydı, ona bakarken gülümsemeden duramıyordum.

Eyerinin iki yanına kocaman eski deri çantalar asılmış kısrağının üzerinde, yanımda ilerliyordu. Bunlardan birinin içinde iş aletlerinin olduğunu söyledi: mürekkep hokkası, tüylü kalem ve kâğıtlar.

"Öbürü ne için?" diye sordum. İlk çanta içine konanlarla şişmişti, bu ise boş görünüyordu.

"O reisimizin toplanacak kiraları için," dedi avukat, çantaya vurarak.

"Oldukça yüklü bir miktar bekler gibi görünüyor," diye bir tahminde bulundum. Bay Gowan iyi niyetle omuzlarını silkti.

"O kadar fazla değil, yavrum. Çoğu kuruş ve ufak metal paralardan oluşacak. Maalesef onlar kâğıt paradan çok daha fazla yer kaplıyorlar." Kuru ve ince dudakları bir gülümsemeyle kıvrıldı. "Yine de reise verilen diğer eşyalara göre bu bakır ve gümüşlerin taşınması çok daha kolay oluyor."

Hafifçe arkasına dönüp konvoya eşlik eden ve her birini iki katırın çekmekte olduğu yük arabalarını gösterdi.

"Tahıl torbalarını ve şalgam yığınlarını taşımak da o kadar zor değil, en azından kondukları yerde duruyorlar. Uygun şekilde bağlanmış ya da kafeslenmiş kümes hayvanlarına da itiraz etmiyorum. Her şeyi yemek gibi garip bir alışkanlığı olmasına rağmen keçilere de karşı değilim; geçen sene bir tanesi mendilimi yemişti, gerçi ceketimin cebinden sarkıtarak buna ben sebep olmuştum." Dudaklarında kararlı bir ifade belirdi. "Bu yıl domuz kabul etmeyeceğimizi kesin bir dille herkese bildirdim."

Bay Gowan'ın heybelerinin ve iki yük arabasının korunma gerekliliği konvoydaki yirmiden fazla adamın var olmasının sebebini açıklıyordu. Hepsi atlı ve silahlıydı, üzerinde sadece yük taşıyan bir sürü hayvan da vardı, bunların konvoyun yaşamını sürdürebilmesi için gereken malzemeler olduğuna karar verdim. Bayan Fitz vedalaşırken bu kampın son derece ilkel koşullara sahip olacağı konusunda beni uyarmıştı, birçok gece yol kenarında kurulan kamplarda geçirilecekti.

Bay Gowan gibi vasıflı bir adamın hangi sebeple alışmış olduğu medeni şehir hayatını bırakıp Kuzey İskoçya dağlarında kuryelik yapmaya başladığını çok merak ediyordum.

"Buna cevabım oldukça basit," diyerek sorumu cevaplamaya başladı. "Genç bir adam olarak Edinburgh'da kısıtlı bir çevrem vardı. Dantel perdeli pencereleri olan ve kapısında üzerinde adımın yazılı olduğu pirinç bir levha bulunan bir yerdeydim. Zaman içinde büyüdüm ve her gün dilekçe yazıp feragatname vermekten sıkıldım ve oradan ayrıldım."

Bir at alıp yükleyip yola çıkmıştı. Nereye gideceğine ve ne yapacağına dair hiçbir karar vermemişti.

"İtiraf etmeliyim ki..." derken burnunun üzerindeki teri baş harfinin işlenmiş olduğu mendille siliyordu, "bu tam bir macera arayışıydı. O zamanlar en maceralı işler olduğunu düşündüğüm haydutluğu ve gemiciliği yapmak için ne boyum müsaitti ne de aile geçmişim. Ben de Kuzey İskoçya Dağlarına çıkmayı planladım. Klan reislerinden birini beni hizmetine alması için ikna edebilirdim."

Yolculuğu sırasında gerçekten de böyle biriyle karşılaşmıştı.

"Jacob MacKenzie," dedi. Yüzünde geçmişi keyifle hatırladığını belli eden bir gülümseme belirmişti. "Kızıl saçlı, yaşlı huysuz köftehor." Bay Gowan başıyla, sisin arasında Jamie MacTavish'in saçlarının parladığı yeri işaret etti. "Torunları da ona çok benziyor. Onunla ilk karşılaştığımızda burnuma silah doğrultmuş beni soymaya uğraşıyordu. Atımı ve hayli yüklü olan çantalarımı ona verdim, zaten aksi gibi bir şansım da yoktu. Ama yürüyerek de olsa ona eşlik etmek için deliler gibi ısrarcı olmam onu biraz afallattı."

"Jacob MacKenzie. Dougal'la Colum'un babası sanırım," dedim.

Yaşlı avukat sözlerimi onayladı. "Evet, tabii o zaman daha klan reisi olmamıştı. Bu birkaç yıl sonra gerçekleşti... Benim de biraz payım oldu," diye ekledi alçakgönüllülükle. "O zamanlar her şey bu kadar medeni değildi."

"Gerçekten mi?" diye sordum nezaketle. "O zaman siz Colum'a miras kaldınız, diyebiliriz."

"Onun gibi bir şey. Jacob ölünce ortalık karıştı, varis Colum'du ama o..." Avukat durdu ve bizi duyacak kadar yakında birileri var mı diye çevreyi kontrol etti. Süvariler arkadaşlarıyla sohbet etmek üzere öne ilerlemişlerdi, yük arabasının sürücüsü ise oldukça gerideydi.

"Colum on sekiz yaşına kadar tam bir erkekti ve çok iyi bir lider olacağı her halinden belliydi. Cameronlar'la müttefik olmak için Letitia ile evlendi, evlilik kontratlarını ben hazırladım," diye eklemeyi de unutmadı. "Evlenmesinin hemen ardından, bir saldırı sırasında atından düştü. Kalça kemiği kırıldı ve adam gibi onarılamadı."

Öyle olması çok doğaldı.

Bay Gowan derin bir nefes alarak anlatmaya devam etti. "Bunun ardından tam iyileşmeden yataktan kalktı ve merdivenlerden yuvarlanarak diğer bacağını da kırdı. Bir yıla yakın bir süre yatakta yattı ama hasarın kalıcı olduğu ortaya çıkmıştı. Tam o sırada Jacob öldü."

Küçük adam aklından geçenleri toparlayabilmek için sustu. Birilerini arıyormuş gibi ileri uzandı. Aradığını bulamayınca yeniden eyerin üzerine oturdu.

"O sırada kız kardeşinin evliliği ile ilgili gereksiz yaygaralar da kopmaktaydı. Dougal bu sorunun üstesinden gelemedi. Dougal günün birinde iyi bir reis olacak ama şu an için bu işin gerektirdiği muhakeme gücüne sahip değil." Başını salladı. "O ne büyük karmaşaydı. Kuzenler, amcalar, ileri gelen arazi sahipleri bu konuyu çözmek için toplanmışlardı."

"Her şeye rağmen Colum'u reis olarak seçtiler, öyle değil mi?" Colum'un güçlü kişiliğine bir kez daha hayran kalmıştım. Yanımda atını sürmekte olan yaşlı adama bakınca onun dostlarını seçerken çok şanslı olduğunu da düşünmeden edemedim.

"Onu seçtiler ama bunun sebebi iki kardeşin birbirine olan bağlılığıydı. Colum'un zekâsından ya da cesaretinden kimsenin şüphesi yoktu ama vücudu bir sorundu. Savaşta ordusunun başına geçemeyeceği kesindi. İşte o noktada da Dougal devreye girdi, huzursuz ve çabuk kızan biri olmasına rağmen o tam bir erkekti. O Colum'un iskemlesinin arkasında ayağa kalktı ve onun sözünden dışarı çıkmayacağına, savaşta onun kılıcı ve bacakları olacağına yemin etti. Gereken öneri yapılmıştı. Bunun ardından Colum'un reis olmasına izin verildi, bu zaten onun hakkıydı, Dougal'da savaş zamanlarında savaş reisi ilan edildi. Bu daha önce hiç yaşanmamış bir durumdu."

'Gereken öneri yapılmıştı' derken ses tonundan bu öneriyi aslında kimin akıl etmiş olduğunu hemen anladım.

"Peki ya siz? Siz hangisinin adamısınız? Colum'un mu Dougal'ın mı?"

"Benim işim MacKenzie klanını bir bütün olarak düşünmektir," dedi Gowan, tedbirliydi.

"Formalite olarak ise Colum için yemin ettim."

Formalite olarak! Sen onu külahıma anlat diye düşündüm. O yemin törenini görmüştüm, gerçi o kadar iri adamın arasında bu küçük adamı görememiştim. O törene katılmış hiçbir insan, doğuştan avukat bile olsa duygulanmadan duramazdı. Yanımdaki kızıl kısrağın üzerinde ilerleyen adam kendini her ne kadar duygusuz bir kanun adamı olarak tanıtsa da, onulmaz bir romantikti.

"Ona büyük yardımınızın olduğu kesin," dedim.

"Zaman zaman ufak tefek bir şeyler yaparım. Bunu herkes için yaparım. Herhangi bir konuda tavsiyeye ihtiyacın olursa seni de beklerim," dedi yüzünde büyük bir keyif vardı, "ağzım oldukça sıkıdır, seni temin ederim." Eyerinin üzerinde, eskilerden kalma hoş bir tavırla eğildi.

"Colum MacKenzie'ye olan sadakatinizle aynı boyutta mı?" diye sordum kaşlarımı kaldırarak. Küçük kahverengi gözlerini bana dikti, onların içindeki zekâyı ve espri anlayışını bir kez daha gördüm.

"Anladım," dedi, özür diler gibi bir hali yoktu. "Denemeye değerdi."

"Bence de," dedim, öfkelenmemiştim, eğleniyordum. "Ama

sizi temin ederim ki sizin sıkı ağzınıza ihtiyacım yok, en azından şu an yok." Söylediklerimi aklımdan bir kez daha geçirince bulaşıcı diye düşündüm. Onun gibi konuşmaya başlamıştım.

"Ben İngiliz kadınıyım," diye büyük bir ciddiyetle ekledim, "ne eksik ne fazla. Gizli kapaklı bir şey yok, Colum vaktinisizinkini de- boşa harcıyor." Ya da var ama bunları size söylemem mümkün değil diye düşündüm. Bay Gowan'ın ağzı çok sıkı olabilirdi ama inanma gücünün o kadar yüksek olacağını sanmıyordum.

"Sizi bu yolculuğa sadece benim tehlikeli sırlarımı açığa çıkarmanız için yollamış olamaz değil mi?" Bu şu an aklıma gelmişti.

"Ah, hayır." Bu fikir Bay Gowan'ın kahkaha atmasına sebep olmuştu. "Hayır, hayatım, Dougal için kayıt tutmak ve hesap yapmak, gereken zamanlarda uzaklarda yaşayan klan üyelerinin arasındaki hukuki sorunları çözmek benim görevimdir. Ayrıca ilerlemiş yaşıma rağmen içimdeki maceraya atılma tutkusunu öldürmeyi başaramadım. Gerçi şimdi her şey çok daha düzgün," bu hiç de hoşuna gitmiyormuş gibi içini çekti, "ama yine de birileri bizi soymaya kalkışabilir ya da sınırlarda bir saldırı olabilir."

"Eyerinin üzerindeki ikinci torbayı okşadı. "Bu tamamıyla boş değil." Çantanın kapağını, kolayca çekilebilecek şekilde yerleştirilmiş iki adet uzun kabzalı silahın durduğunu görebileceğim kadar araladı.

Beni baştan ayağa kadar süzüp her detayı kafasına kazıdıktan sonra, "Senin de bir silahının olması gerekir hayatım. Dougal bunun gerekmediğini söyleyecektir ama... Onunla bu konuyu konuşacağım," dedi.

Günün geri kalanını onun anılarından bahsederek çok keyifli bir şekilde geçirdik. Nesli tükenmiş, adam gibi adamlardan ve bu medeniyet denen şey buraları yumuşatmadan önceki zamanlardan bahsettik.

Hava kararınca yola yakın bir düzlükte kamp kurduk. Eyerime bağlamış olduğum battaniyemi alıp kalenin dışında geçireceğim ilk özgürlük gecemi yaşamaya hazırlandım. Ateşin yanından ayrılıp ağaçların arkasına doğru ilerlerken ensemde bir sürü şüpheli bakışın varlığını hissettim. Açık havada bile özgürlüğümün belirli bir sınırı vardı.

İkinci günün öğleninde ilk durağımıza vardık. Yolun dışında küçük bir vadinin dibine kurulmuş üç dört kulübeden oluşmuş bir topluluktu. Kulübelerden birinden Dougal'ın oturması için bir tabure getirildi, bir tahta da Bay Gowan'ın kayıtları rahat tutabilmesi için karşılıklı duran iki taburenin üzerine konarak bir masa oluşturuldu.

Uzun ceketinin cebinden kolalanmış kocaman bir kumaş çıkarıp bunu kütük kesmek için kullanılan bir kütüğün üzerine dikkatle serdi. Üzerine oturup, mürekkep hokkasını, muhasebe defterini ve makbuz koçanını Edinburgh'ta dantelli perdelerin arkasında yaşarken yaptığı gibi güzelce yerleştirdi.

Komşu tarlalardan adamlar birer birer gelip o yıl ne kadar iş yaptıklarını toprak sahibinin temsilcisine bildirdiler. Bu iş Leoch Kalesi'nde büyük salonda yapılan toplantıya oranla çok daha sakin ve formalitesiz yapılıyordu. Tarlasından ya da kulübesinden çıkıp gelen adamlar Dougal'ın yanındaki boş tabureye oturup olan biteni anlatıyor, şikâyet ediyor ya da sohbet ediyordu.

Bunların bir kısmına yün ya da tahıl torbalarını taşımalarına yardım eden gürbüz oğulları eşlik ediyordu. Her konuşmanın sonunda yorulmak nedir bilmeyen Ned Gowan, yapılan ödeme için bir makbuz kesiyor, ödeme şeklini kayıt defterine yazıyor, arabaya taşınması gereken bir yük varsa parmağını şaklatarak adamlardan birini çağırıyordu. Arada bir verilen bozukluklar zayıf bir ses çıkararak deri çantasının içinde kayboluyordu. Süvarilerin bir kısmı ağaçların altına uzanmıştı, bir kısmı da göl kenarındaki ağaçlık alanda gözden kaybolmuştu - avlanmaya gittiklerini düşündüm.

Bundan sonraki birkaç gün boyunca buna benzer sahneler tekrarlanıp durdu. Arada bir elma suyu ya da süt içmek üzere kulübelere davet ediliyordum, böyle zamanlarda kadınların hepsi o küçücük odaya doluşup benimle sohbet etmeye çalışıyorlardı. Bazen bu derme çatma kulübeler bir han ya da meyhane olabilecek kadar büyük oluyordu, böyle zamanlarda orası gün boyunca Dougal'ın karargâhı olarak kullanılıyordu.

Kiralar arada bir, at, koyun ya da başka bir canlıyla ödeniyordu. Bu gibi durumlarda bölgedeki başka biriyle, daha taşınabilir bir şey karşılığında bunlar takas ediliyordu. Jamie'nin atın kaledeki ahırlara konmaya değecek bir at olduğunu söylediği durumlarda o da konvoyumuza ekleniyordu.

Jamie'nin bu gruba neden dâhil edildiğini merak ediyordum, tamam atlardan iyi anlıyordu ama Dougal da dâhil olmak üzere adamların çoğu zaten atlardan anlıyorlardı. Ayrıca ödemeler nadir olarak atla yapılıyordu, onlara yapılması gereken özel bir bakım da yoktu, neden bir uzman getirilmişti? Dougal'ın Jamie'yi yanında istemesinin esas sebebini, bir hafta sonra adını telaffuz etmeyi başaramadığım bir köyde keşfettim.

Köy küçük olmasına rağmen iki üç masası ve birkaç çürük taburesi olan bir meyhaneye sahipti. Dougal konuşmaları ve kira toplama işini orada gerçekleştirmişti. Şalgam ve tuzlu biftekten oluşan, hazmı imkânsız öğle yemeğimizden sonra Dougal kiralarını ödedikten sonra oturmaya devam eden çiftçilerle kiracılara ve işlerini tamamladıktan sonra son haberleri duymak için gelen birkaç köylüye bira ısmarladı.

Ben uzak bir köşede biramı yudumlayarak molanın tadını çıkarıyordum. Dougal'ın onlarla yarı İngilizce yarı İskoçça konuşarak yaptığı sohbeti pek dinlemiyordum. Bu konuşmalar kaba şakalar, köy dedikoduları ve anlamsız hikâyelerden oluşuyordu.

William kalesine ne kadar yolumuz kaldığını düşünüyorum. Oraya vardığımızda İngiliz Askerlerinin Garnizonuna girmeden önce bu Leoch Kalesi İskoçlarından nasıl kurtulacağımı da. Bu düşüncelerle boğuşurken Dougal'ın uzun bir süredir tek başına konuştuğunu fark etmemiştim. Bir söylev verir gibiydi. Dinleyicileri arada bir heyecan dolu sesler çıkararak konuşmasını onaylıyorlardı. Tam olarak ne olup bittiğini takip etmeye başlayınca onun çevresindekileri bilinçli olarak birazdan kopacak bir fırtınaya hazırladığını fark ettim.

Çevreyi kolaçan ettim. Şişman Rupert ve küçük avukat Ned

Gowan Dougal'ın arkasında duvara dayanarak oturmuş, yanlarındaki bira maşrapalarını unutmuş büyük bir dikkatle onu dinliyorlardı. Jamie somurtmuş bir şekilde dirseklerini masaya dayamış maşrapasına bakıyordu. Dougal'ın sözleri onu ilgilendirmiyor gibi görünüyordu.

Dougal birdenbire ayağa kalkıp hiçbir uyarıda bulunmadan Jamie'nin yakasına yapışıp hızla çekti. Zaten eski ve yıpranmış olan gömleği dikişlerinden açılıverdi. Gafil avlanan Jamie olduğu yerde dondu. Gözleri kısıldı, çenesi de kasılmıştı. Dougal onun sırtını izleyicilere göstermek için üzerinde kalan kumaş parçalarını tutup yere fırlatırken yerinden kıpırdamadı.

Onun yaralı sırtını görenlerin ilk anda dilleri tutuldu, sonra bu yapılan haksızlığa karşı kızgınlıkla sövmeye başladılar. Bir şey söylemek için ağzımı açtığım anda "Saksonyalı" sözcüğünü duyup hemen kapattım, bu sözcük bu kez hiç de dostça kullanılmamıştı.

Jamie yüzü taşlaşmış bir şekilde ayağa kalkıp arkasında toplanmış kalabalıktan uzaklaştı. Yere dağılmış kumaş parçalarını toplayıp elinde bir yumak haline getirdi. Boyu ancak onun dirseğine kadar uzanan yaşlı bir kadın onun sırtını sıvazlıyor ve onu rahatlatmak için İskoçça bir şeyler mırıldanıyordu. Bunların Jamie'ye bir fayda etmediği açıkça görülüyordu.

Orada bulunan adamların sorduğu sorulara kısa cevaplar verdi. Ailelerini yemeğe çağırmak için oraya gelmiş birkaç genç kız uzaktaki duvarın önüne toplanmış, kocaman açılmış gözleriyle aralarında konuşuyorlardı.

Kendinden yaşça büyük olan Dougal'a hak etmiş olduğu öldürücü bakışlarla baktıktan sonra gömleğinden kalanları ocağın bir köşesine fırlattı ve kalabalığın şefkat dolu mırıltılarından bir an önce kurtulmak için üç koca adımla oradan çıktı.

Gösterinin sona ermesiyle birlikte bakışlar yine Dougal'a çevrildi. Yapılan yorumları tam anlamamakla birlikte ara sıra yakaladığım kelimelerden bunun İngilizlere karşı bir kışkırtma olduğunu çözmüştüm. Jamie'nin peşinden gitmekle, dikkatleri üzerime çekmeden burada oturmaya devam etmek arasında kararsız kalmıştım. Şu anda Jamie'nin yanında birini görmek isteyeceğini pek sanmıyordum. Oturduğum yerde içime kapanıp maşrapamdaki soluk yansımamı seyretmeye başladım.

Duyduğum bir metal sesi başımı kaldırıp bakmama sebep oldu. Deri pantolonlu iriyarı çiftçilerden biri Dougal'ın önünde bulunan masaya metal para koymuştu, anladığım kadarıyla o da kısa bir konuşma yapacaktı.Geri çekildi, parmaklarını cesaret toplamak ister gibi kemerine geçirmişti. Kısa bir duraksamadan sonra, cesaretini toplayan başkaları da aynı işlemi yaptı, sonra birkaç kişi daha cüzdan ve torbalarından para çıkardı. Dougal onlara teşekkür ettikten sonra oranın sahibine yeniden bira dağıtması için elini salladı. Avukat Ned Gowan'ın bu toplanan paraları MacKenzie kiralarının toplandığı ve Colum'a verilecek olan çantaya değil, başka bir keseye koyduğunu gördüğüm anda Dougal'ın bu küçük gösteriyi niye yaptığını anladım.

Asilerin de, diğer iş sahipleri gibi paraya ihtiyacı vardı. Bir ordu kurup ihtiyaçlarını karşılamak altınla oluyordu ve bunu liderin sağlaması gerekiyordu. Hatırladığım kadarıyla taht üzerinde hak iddia eden Genç Sahtekâr Yakışıklı Prens Charlie'nin kaynaklarının bir kısmı Fransa'dan bir kısmı da ona inanmış olan insanların cebinden geliyordu. Colum ya da Dougal ya da ikisi birden İngiltere tahtının yasal varisi olan II. George'a kafa tutan bu Genç Sahtekâr'ın destekçileriydi.

Sonunda herkes akşam yemeğini yemek üzere oradan ayrıldı, Dougal ayağa kalkıp gerindi, sütünü içmiş bir kedi gibiydi, tatmin olmuştu. Keseyi eliyle tarttıktan sonra saklaması için Ned Gowan'a verdi.

"Umduğumdan çok daha iyi, bu kadar küçük bir yerden böyle bir miktar toplanmasını beklemiyordum. Bunu yapmaya devam ettiğimiz takdirde saygı duyulacak bir miktar toplamış olacağız."

"Ben olsam 'saygı duyulacak' tanımını kullanmazdım," dedim çökmüş olduğum yerden doğrularak.

Dougal orada olduğumu yeni fark etmiş gibi bana döndü. "Neden? Hükümdarlarını desteklemek için son kuruşlarını verenlere karşı mısın?"

"Asla," dedim gözlerinin içine bakarak. "Hangi hükümdar

olursa olsun bunun yapılmasına karşı değilim ama kullandığın yönteme karşıyım."

Dougal dikkatle beni incelemeye devam etti, dış görünüşümün ona bir şeyler anlatacağını umar gibiydi. "Hangi hükümdar olursa olsun," diye tekrarladı. "Senin İskoçça bilmediğini sanıyordum."

"Bilmiyorum. Ama doğduğum günden beri sahip olduğum algılama gücüm ve çok iyi duyan iki kulağım var. Yaşasın Kral George sözcüklerinin İskoççada 'Bragh Stuart' şeklinde söylendiğinden son derece şüpheliyim."

Kahkaha atmaya başladı. "Öyle söylenmez," dedi. "Sana senin zorba hükümdarına yakışacak sözcüklerin İskoççalarını öğretmek isterdim ama bunlar bir İngiliz'in ağzına yakışmaz, yoksa yakışır mı?"

Ocağa doğru eğilip top haline getirilmiş gömleği oradan alıp üzerindeki is lekelerini temizlemeye çalıştı.

"Yöntemlerimi sevmediğine göre belki onları düzeltmekten hoşlanırsın," diyerek gömleği elime tutuşturdu. "Buranın hanımından bir iğne bulup bunu onar."

"Bunu sen yap!" diyerek gömleği ona geri verip arkamı döndüm.

"Keyfin bilir," dedi arkamdan. "Jamie senin yardımın olmadan da gömleğini onarabilir."

Durdum ve isteksizce ona dönüp elimi uzattım.

"Tamam," diye başladım ama omzumun üzerinden uzanan kocaman bir el gömleği Dougal'ın elinden aldı. Jamie donuk bakışlarıyla bizi süzdükten sonra gömleğini kolunun altına sıkıştırarak geldiği gibi sessizce gitti.

Bir çiftçinin kulübesinde yatacak yer bulduk. Ya da buldum demeliyim. Diğerleri dışarıda, saman yığınlarının, araba koltuklarının ve eğreltiotu yığınlarının üzerinde yatıyordu. Kadın olduğum için ben içerde, ocağın yanında duran ot bir şiltenin üzerinde yatma hakkına sahiptim.

Şiltem bir kişi için gereksiz bir büyüklüğe sahipti, altı kişilik aile karşımda duran tek kişilik bir yatakta yatıyordu. Açık havada uyuyan adamları kıskanıyordum. Ateş söndürülmemişti, kulübenin içindeki hava onun sıcağı ve diğer uyuyanların nefes kokuları, hırıltıları ve ter kokularıyla ağırlaşmıştı.

Bir süre sonra bu havasız yerde uyumaya çalışmaktan vazgeçtim. Battaniyemi de alarak yavaşça dışarı süzüldüm. Dışarıda, kulübedeki ağırlaşmış havanın tam tersine mükemmel bir hava vardı. Duvara dayanıp bu tertemiz havayı ciğerlerime doldurdum.

Patikanın önündeki ağacın altında bir nöbetçi oturuyordu, bana şöyle bir baktı. Uzaklaşmak gibi bir niyetim olmadığını anlayınca elindeki ufak tahtayı yontmaya devam etti. Ay çok parlaktı ve elindeki küçük bıçak yaprakların arasında ışıldıyordu.

Yerde uyuyanların üzerine basmamaya çalışarak kulübenin etrafında dolaştım ve arkasındaki tepeye yürümeye başladım. İki kayanın arasında güzel bir yer bulup kendime otlardan yatacak rahat bir yer yaptım. Yere uzanıp gökyüzünde yavaşça hareket eden dolunayı seyretmeye başladım.

Leoch kalesindeki ilk gecemde Colum'un gönülsüz misafiri olarak kalırken de aynı şeyi yapmıştım. Dikilitaşların oradaki felaket geçidinden geçeli bir ay olmuştu. En azından artık o taşların neden oraya konmuş olduğunu bildiğimi sanıyordum.

Kendi başlarına bir değerleri yoktu, onlar sadece bir işaretti. Kayalıkların altında duran taş düşer işaretleri gibi onlar da bulundukları yerin tehlikeli bir nokta olduğunu gösteriyorlardı. Bu nasıl bir noktaydı? Zaman kabuğunun ince olduğu bir yer mi? Aralık bir kapının olduğunu belirten bir nokta mı? Bunu, onları oraya yapanların da tam olarak bildiğini sanmıyordum. Onlara göre bu nokta insanların sırra kadem bastığı güçlü bir büyünün ya da garip bir gücün bulunduğu bir noktaydı. Bazen de bir anda ortaya çıktığı...

Bu sadece bir fikirdi. Kaybolduğum sırada Craigh na Dun'da benden başka biri daha olsaydı ne olurdu acaba? Bunun gidilen zamana göre değişeceğini düşünüyordum. Burada bulunan bir köylü ile o koşullarda karşılaşmış olsaydım benim bir cadı ya da peri olduğumu düşünürdü. Ünlü bir tepede belirmiş olduğum için büyük bir ihtimalle peri olarak düşünecekti.

Bu tepenin ünlü olma sebebi belki de buydu. İnsanlar yüzyıllar boyunca aynı noktada var ya da yok olunca ona büyülü bir isim vermek gerekmiş olabilirdi.

Ayağımı battaniyenin altından çıkarıp uzun ayak parmaklarımı sallamaya başladım. Bu hiç de perilere özgü bir hareket değil diyerek öz eleştiri yaptım. Boyum bir yetmişin üzerindeydi, bu devrin kadınlarına göre oldukça uzundum, hatta bazı adamlardan da uzundum. Küçük insanların yaşamış olduğu döneme düşseydim beni kötü bir ruh ya da cadı olarak tanımlayacakları kesindi. Bu tip işlerle uğraşanlara neler yaptıklarını bildiğim için kimsenin belirdiğim anda beni görmemiş olması şükretmem gereken bir durumdu.

Bunun tersi gerçekleşseydi ne olurdu diye düşünmeye başlamıştım. Bu zamandan biri benim zamanımda beliriverse ne olurdu? İşin aslında şu an yapmaya çalıştığım şey buydu, tabii öyle bir yol varsa. Bayan Buchanan gibi modern bir İskoç, bir anda Murtagh gibi bir adam önünde belirse nasıl bir tepki gösterirdi?

Vereceği ilk tepki büyük ihtimalle en yakın polis karakoluna gidip haber vermek olurdu. Belki de o gün çok ilginç bir olayla karşılaştığını arkadaşlarına anlatmanın dışında bir şey yapmazdı.

Peki, ziyaretçi ne yapardı? Eğer yeteri kadar dikkatli ve şanslıysa dikkatleri üzerine çekmeden zamana ayak uydurmaya çalışırdı. Görüntüm ve kullandığım dil bir takım soru işaretleri uyandırdığı halde şu anda ben bu devirde yaşayan normal insanlardan biri gibi davranmak için elimden geleni yapıyordum.

Bu yer değiştiren kişi diğerlerinden çok farklı olsa ya da ortalıkta dolanıp başına gelenleri anlatmaya çalışsa durum nasıl olurdu? Eğer ilkel zamana dönmüşse daha o noktadayken sorgusuz sualsiz öldürülürdü. Daha aydınlık zamanlardan birinde de susturmayı başaramadıkları takdirde deli diye toparlayıp bir tımarhaneye kapatırlardı.

Bunları düşünürken çimenlerin üzerinde birilerinin kısık sesle homurdanarak yürüdüğünü fark etmemiştim. Birkaç adım ötemde birdenbire konuşmalar duyunca yerimden sıçradım.

"Dougal MacKenzie, sen ruhunu şeytana satmışsın. Akraba olmamız sana böyle bir şey borçlu olduğum anlamına gelmez." Bağırmıyordu ama öfkesi çok netti.

"Gelmez mi?" diye cevap verdi diğer ses, eğleniyordu. "İtaatini bildirdiğin bir yemin ettiğini hatırlar gibiyim. 'MacKenzie topraklarının üzerinde olduğum sürece.' Sanırım söylediğin cümle buydu." Ufak bir patırtı geldi, sanki biri ayağını yere vurmuştu. "Ve burası MacKenzie toprağı."

"Ben bu sözü Colum'a verdim, sana değil." Demek bu konuşan genç Jamie MacTavish'di. Kızdığı şeyi bulmak için üç tahmin hakkım vardı.

"İkimizin tek ve aynı adam olduğumuzu sen çok iyi bilirsin," derken sesi tokat atar gibi çıkmıştı. "Sen klan reisine itaat edeceğini söyledin, Leoch kalesinin dışında Colum'un bacakları olduğum kadar kafası, kolları ve elleri de olurum."

"Bu sağ elin, sol elin ne yaptığını bilmemesine verilen en iyi örnek oldu," diye son derece kaba bir yanıt geldi karşı taraftan. Ses tonu oldukça acı olmasına rağmen bu çıkar çatışmasının onu eğlendirdiği belli oluyordu. "Sence sağ el sol elin Stuart için altın topladığını duysa ne der?"

Dougal hemen cevap vermedi. "MacKenzieler, Mac Beolainler ve MacVinichler; bunların hepsi özgür iradelerine sahiptir. Kimse onları istekleri dışında bir şey yapmaları için zorlayamaz ve kimse onları durduramaz. Ayrıca Colum bu işin sonunda Prens Charles Edward'a hepsinin verdiğinden daha fazlasını bir seferde verebilir, veremez mi?"

"Verebilir tabii," dedi diğer ses. "Yarın yağmur yukarı doğru da yağabilir. Bu, benim elime küçük kovamı alıp seninle birlikte sahanlıkta bir aşağı bir yukarı çevireceğim anlamına gelmez."

"Gelmez mi? Senin Stuart hanedanından kazanacakların benimkinden çok daha fazla delikanlı. İngilizlerden yağlı ip dışında bir şey alamayacağını biliyorsun. O aptal boynuna biraz dikkat etsen iyi olur..."

"Benim boynum sadece beni ilgilendirir," diye sözünü kesti Jamie. "Ve sırtım da..."

"Benimle yolculuk ettiğin sürece senin değil," dedi dayısı

alayla. "Eğer Horrocks'un sana söyleyeceklerini duymak istiyorsan karşı koymadan sana söylenenleri yaparsın. Bunu bir an önce yapsan akıllılık edersin, elin iğne tutabilir ama unutma ki sadece bir tane temiz gömleğin var."

Bir hareketlenme oldu, sanki biri kayadan kalkmıştı, bunun ardından çimlerde uzaklaşan ayak seslerini duydum. Sadece bir çift ayak sesi duymuştum. Sessizce ayağa kalkıp kayanın arkasından ne olup bittiğini görmeye çalıştım.

Jamie hâlâ oradaydı. Birkaç adım ilerde taşın üzerinde dirseklerini dizine dayayıp çenesini tutmuş oturuyordu. Onu daha çok sırtından görüyordum. Rahatsız edilmek istemeyeceğini düşünerek geri çekilmeye başladığım sırada konuşuverdi.

"Orada olduğunu biliyorum, istersen yanıma gelebilirsin." Ses tonundan bunun onun için bir önemi olmadığını anladım. Ayağa kalkıp yanına gitmeye hazırlandığım sırada kombinezonumla yatmış olduğumu hatırladım. Onca sorununun arasında bir de onu utandırmamam gerektiğini akıl edip battaniyeye sarınıverdim.

Sırtımı bir kayaya dayayarak yanına oturdum, biraz çekiniyordum. Varlığımın farkında olduğunu ufak bir hareketle belirttikten sonra tamamen içine kapandı, hoş şeyler düşünmediği gittikçe kararan yüzünden anlaşılıyordu. Bir ayağını sürekli yere vurup parmaklarıyla oynuyordu, onları çıtlatıp duruyordu.

Bu eklem çıtırdatma işi bana Yüzbaşı Manson'u hatırlattı. O çalıştığım sahra hastanesindeki levazım subayıydı. Bu adam ordunun bürokratik aptallıkları nedeniyle eksik gelen ya da gelmeyen ihtiyaç malzemelerinden yana hep dertliydi ve buna kendi sorunu gibi yaklaşırdı. Normalde çok sevecen ve konuşkan olan bu adam, artık kaldıramayacağı kadar çok sinirlendiğinde kendisini odasına kapatıp olanca gücüyle duvarlara vururdu. Danışmanın dışında duran ziyaretçiler çok ince olan duvarların sarsılışını durup şaşkınlıkla izlerlerdi. Bir süre sonra Yüzbaşı elinde bir takım çürük ve berelerle sakinleşmiş bir şekilde ortaya çıkıp kaldığı yerden krizi çözmeye devam ederdi. O başka bir bölgeye tayin edildiğinde ofisinin duvarlarında düzinelerle yumruk izi ve deliği olduğunu görmüşlerdi.

Parmaklarını sökmeye çalışan bu genç adamı görünce mecburen sorunlarını halletmek için kendine has bir çözüm bulmuş olan yüzbaşıyı hatırlamıştım.

"Bir şeye vurman lazım," dedim.

"Ne?" Şaşkınlıkla başını kaldırdı, orada olduğumu unutmuş gibiydi.

"Bir şeye vur, kendini çok daha iyi hissedeceksin."

Dudakları garip bir şey söyleyecekmiş gibi hafifçe kıvrıldı, bundan vazgeçip oturduğu yerden kalktı ve ilerideki kocaman kiraz ağacına doğru ilerleyip ona bir yumruk attı. Bunun kendisine iyi geldiğini hemen anladı ve ağacın gövdesini titretecek güçte yumruklar atmaya devam etti, pembe çiçekler başından aşağı yağmur gibi dökülmeye başlamıştı.

Bir süre sonra berelenmiş eklemlerini emerek yanıma geldi.

"Teşekkür ederim," dedi buruk bir gülümsemeyle. "Belki bu, bu gece uyumamı sağlar."

"Eline bir şey oldu mu?" Kontrol etmek için ayağa kalktım ama o izin vermedi, diğer eliyle eklemlerini ovmaya devam etti.

"Hayır, önemli bir şey yok."

Aramızda garip bir sessizlik yaşandı. Akşamüstü olanlardan ya da biraz önce duyduklarımdan bahsetmek istemiyordum. Sonunda sessizliği bozmayı başardım. "Solak olduğunu bilmiyordum."

"Hep öyleydim. Okul müdürü diğeriyle yazmam için o elimi kemeriyle arkama bağlardı."

"Bunu yapabiliyor musun? Yani diğer elinle de yazabiliyor musun?"

Yaralı eli hâlâ ağzında olduğu için başıyla beni onayladıktan sonra cevap verdi. "Evet, ama bu başımın ağrımasına sebep oluyor."

"Savaşırken de sol elini mi kullanıyorsun?" Dikkatini başka yöne çekmek için saçma sorular soruyordum. "Kılıç kullanmandan bahsediyorum." Şu an küçük siyah bıçağından başka bir silahı yoktu, gün boyunca o da diğerleri gibi kılıcını ve silahını kuşanıyordu.

"Hayır, kılıcı iki elimle de iyi kullanırım. Sol elini kullanan bir silahşor daima dezavantajlıdır, kısa bir kılıç kullanıyorsa sol tarafını düşmana dönmek zorunda kalır ve kalp de o tarafta yer alır, anlatabildim mi?"

Yerinde duramayacak kadar sinirliydi, otlakta büyük adımlarla dolanmaya başladı, hayalet bir kılıçla gösteriler yapıyordu. "Pala kullanımı daha farklıdır," dedi. İki elini birleştirerek ileri uzattı ve havada bir yay çizdi. "Genellikle iki elini birden kullanırsın."

"Eğer bir elini kullanmak zorunda kalacak kadar yakınsan, bu durumda hangisini kullandığın hiç fark etmez, yukarıdan aşağı doğru sallayıp adamı ikiye bölersin. Bu işi omzundan aşağı yapmalısın, kafadan aşağı yaparsan olmaz. Bıçak her an kayabilir, tam boyunla omzun birleştiği yerden temiz bir şekilde kesmen gerekir. Bunu başarırsan adam ölür. Eğer başaramazsan adam yine de o gün bir daha savaşamaz ya da ömür boyu..."

Sol elini kemerine indirip bardağa su koyar gibi bir hareketle kamasını çekti.

"Sıra kama ve kılıcı bir arada kullanırken yapılacaklara geldi. Eğer kalkanın yoksa kamayı sağ elle kullanman gerekir, kısa kılıçta olduğu gibi kullanırsın. Ama kamalı elinde kalkan varsa iki taraftan da yaklaşabilirsin, şöyle bir dönüp," bu sırada hareketleri göstermeye devam ediyordu "düşmanının elinde kılıcının uzakta kalmasını sağladıktan sonra kamanı kullanırsın."

Kolunu aşağı indirip son hızla öldürücü bir darbe savurdu, kamanın ucu göğsüme yarım santim kala durdu. Farkında olmadan bir adım geri kaçmıştım, dik durup kamasını kınına sokarken özür diler bir bakışla gülümsedi.

"Özür dilerim. Nasıl yapılacağını gösteriyordum. Seni korkutmak istememiştim."

"Çok iyisin," dedim büyük bir samimiyetle. "Savaşmayı kimden öğrendin? Sanırım bunları sana yine solak bir savaşçı gösterdi."

"Evet, solaktı. Gördüğüm en iyi savaşçı." Gülümsedi, bu gülümsemede pek çok şey gizliydi. "Dougal MacKenzie."

Kiraz çiçeklerinin çoğu üzerinden yere dökülmüştü, omuzlarında kalmış birkaç taneyi almak için ona doğru uzandım. Gömleğini büyük bir ustalıkla onarmıştı, ufak bir sökük bile yoktu.

"Bunu yine yapacak," dedim, kendime engel olamamıştım. Hemen cevap vermedi, neden söz ettiğimi anlamamış gibi yapmasının bir anlamı olmayacaktı.

"Evet," dedi bir süre sonra. "İstediği şeyi hep elde eder."

"Ve sen de bunu yapmasına izin vereceksin. Seni bu şekilde kullanmasına izin verecek misin?"

Tepenin aşağısındaki hâlâ ışığı yanan tavernaya baktı. Yüzü duvar gibiydi.

"Şimdilik."

Günde dört beş kilometre ilerleyerek yolumuza devam ettik. Dougal'ın kiracılardan ürün torbalarını ya da biriktirilmiş paraları toplaması için önümüze gelen her kavşakta ve kulübe grubunun önünde duruyorduk. Bunların hepsi Ned Gowan'ın hızlı kalemiyle kayda alınıyor ve karşılığında verilmesi gereken makbuzlar kâğıt çantasından çıkarılıp hazırlanıyordu.

Hanı ya da meyhanesi bulunan bir köye denk geldiğimiz anda Dougal görevini yaptıktan sonra içki ısmarlıyor, hikâyeler anlattıktan sonra konuşmasını yapıyor ve yeterince karşılığını alacağına inandığı anda Jamie'yi sırtındaki yaraları göstermesi için zorluyordu. Bunun sonucunda toplanan paralar Fransa ve Sahtekâr'ın hanedanı için hazırlanmış keseye konuyordu.

Bu sahneleri olduğu gibi kabul etmeyi denedim ve her seferinde olaylar zirve yapmadan önce oradan ayrıldım, halka açık idamlar benim tarzım değildi. Jamie'nin sırtına verilen ilk tepki hep dehşet dolu bir merhamet oluyordu ve bunu İngiliz Kralı George ve ordusuna karşı yapılan ağır hakaret ve küfürler takip ediyordu, bu merhametin içerisinde hafif bir küçümseme edası da vardı. Bir seferinde adamlardan birinin yanındakine dönüp, "Bu ne iğrenç bir görüntü? Soluk yüzlü bir İngiliz'in bana bunu yapmasına fırsat vermeden savaşarak ölürdüm," dedi.

Başlangıçta mutsuz ve kızgın olan Jamie artık perişan durumdaydı. Gömleğini geri almayı başardığı anda, soruları cevaplamadan hemen bir bahane bulup oradan ayrılıyordu ve ertesi gün yola çıkana kadar kimse onu göremiyordu.

Kırılma noktası bundan birkaç gün sonra Tunnaig adlı bir köyde yaşandı. Bu kez Dougal bir eli Jamie'nin çıplak omzunda kalabalığı gaza getiren konuşmasını yaparken, izleyicilerin içinde bulunan hantal görünüşlü, kirli uzun kahverengi saçlı bir genç Jamie hakkında çok özel bir yorum yaptı. Ne söylediğini tekrar etmem imkânsızdı ama aldığı tepki çok ani oldu. Jamie, Dougal'ın elinin altından kurtulup oğlanın karnına onu yere deviren bir yumruk attı.

İskoçça birkaç kelimeyi bir araya getirmeye başlamıştım ama söylenen sözleri anlamayı başaramamıştım. Ne konuşulduğunu genellikle konuşmacının tavrına bakarak anlıyordum, kelimeleri bilmeme pek gerek kalmıyordu.

"Ayağa kalk ve söylediğini tekrarla," demiş olmalıydı, dünyanın her yerindeki okul, bar, ya da sokak kavgalarında böyle denirdi.

Diğeri de, "Sen kaşındın adamım, yakalayın onu çocuklar!" demiş olmalıydı.

Jamie kirli iş gömlekli topluluğunun arasında bir anda gözden kayboldu, kiraların toplandığı masa bu kumral delikanlı ve iki arkadaşının ağırlığını taşıyamayarak kırıldı. Bu işe bulaşmak istemeyen diğer izleyiciler duvarın kenarına dizilip yeni gösteriyi izlemeye başladılar. Havada uçuşan kol ve bacaklara bakarak Ned'le Murtagh'a biraz daha yanaştım. Bu kol bacak denizinin içinde arada bir kızıl saçların parladığını görebiliyordum.

"Ona yardım etmeyecek misiniz?" diye mırıldanarak Murtagh'a sordum. Bu sorum onu şaşırtmıştı.

"Hayır, niye?"

"Gerekirse o yardım ister," dedi Ned Gowan uyuşuk bir tavırla.

"Siz daha iyi bilirsiniz." Kararsızlık içinde sükûnetimi korudum.

Jamie'nin ihtiyaç duysa da yardım isteme imkânı bulabileceğinden pek emin değildim, şu an yeşiller giymiş gürbüz bir delikanlı tarafından boğulmaktaydı. Dougal'ın bu gösteriyi bitirmesi gerektiğini düşünüyordum ama onun böyle bir niyeti yoktu. İzleyenlerin de oranın bir anda bir savaş alanına dönmüş olmasından şikâyeti yok gibi görünüyordu. Birkaç bahis bile oynandı ama çoğunluk sessiz bir şekilde bu eğlencenin tadını çıkarıyordu.

Rupert'ın olaya dâhil olmak isteyen birkaç adamın karşısına geçmesi içimi biraz rahatlattı. Kavgaya doğru birkaç adım atmış olan bu adamlara dalgın dalgın bir şeyler homurdanmıştı, eli kamasının üzerindeydi. Onlar da bu işe karışmamanın daha doğru olacağını düşünerek geri çekildiler.

Herkes üçe karşı bir olan bu dövüşün makul olduğu kanısındaydı. O bir kişinin öfkeden gözü dönmüş iri yarı, tecrübeli bir savaşçı olduğunu göz önünde bulundurunca haklı olabilirlerdi. Yeşiller giymiş gürbüz çocuğun burnuna yediği güçlü bir dirsek darbesiyle kanlar içinde kalıp kavgadan çekilmesiyle birlikte karşılaşmanın nasıl sonuçlanacağı belli oldu.

Birkaç dakika sonra ikinci adam da yere düşüp bir masanın altına yuvarlanınca, sonuç daha da aşikâr oldu. Bu delikanlı kasıklarını tutmuş acı içinde inleyerek kıvranıyordu.

Jamie ile esas düşmanı odanın ortasında büyük bir ciddiyetle birbirlerine vurmaya devam ediyorlardı ama izleyicilerden Jamie taraftarı olanlar diğerlerinden paralarını toplamaya başlamıştı bile. Nefes borusuna aldığı darbeyi, böbreklerine vurulan acımasız bir yumruk takip edince kahverengi saçlı oğlan sağduyunun, cesaretin en önemli öğelerinden biri olduğuna karar verdi.

Kafamdaki sözlüğe, "Bu kadar yeter, pes ediyorum," cümlelerinin İskoççasını da ekleyiverdim.

Jamie kalabalığın kutlama çığlıklarıyla düşmanının üzerinden doğrulup ayağa kalktı. Başıyla tebrikleri kabul ederek hâlâ sağlam kalmış sıralardan birine doğru sendeleyerek ilerledi ve kendini oraya fırlattı. Kan ter içindeydi, meyhanecinin verdiği bira maşrapasını kafasına dikti. Boş maşrapayı masanın üzerine koyduktan sonra nefes almak için öne eğildi, dirseklerini dizlerine dayayınca yaralı sırtı gözler önüne serildi

İlk defa gömleğini giymek gibi bir çaba içerisine girmemişti. Soğuğa rağmen yarı çıplak bir şekilde oturmaya devam etti. Gece nerede kalacağımıza karar vermek için dışarı çıktığımız zaman onu omuzlarına koydu. Onu saygılı bir şekilde, hep bir ağızdan iyi geceler dileyerek uğurladılar. Almış olduğu yara bere ve kesiklerin verdiği acıya rağmen günlerdir ilk defa bu kadar iyi görünüyordu.

"Sıyrılmış bir bacak, açılmış bir kaş, patlamış bir dudak, kanayan bir burun, altı ezik eklem, burkulmuş başparmak ve sallanan iki diş. Sayamayacağım kadar çok ezik." Kontrolü içimi çekerek bitirdim. "Kendini nasıl hissediyorsun?" Hanın arkasındaki küçük barakada yalnızdık, onu ilk yardım yapmak amacıyla buraya getirmiştim.

"İyi," dedi sırıtarak. Ayağa kalkmaya yeltendi ama yüzünü buruşturarak olduğu yerde kaldı. "Kaburgada da biraz hasar olmuş, acıyor."

"Acır tabii, yine her tarafın mosmor. Neden böyle şeyler yapıyorsun? Tanrı aşkına sen kendinin neden yapıldığını zannediyorsun? Demirden mi?"

Şişmiş burnuna dokunarak esefle gülümsedi. "Hayır, ama çok isterdim."

Bir kez daha derin bir nefes aldıktan sonra yavaşça kaburgalarını incelemeye başladım.

"Kırık olduğunu sanmıyorum, sadece ezilmiş. Yine de onları bantlayacağım. Gömleğini sıva, kollarını iki yana aç ve dik dur." Meyhanecinin karısından aldığım başörtüsünü şeritler halinde yırtmaya başladım. İçin için uygar yaşamdaki, kendinden yapışan bandajların şu an elimde olmayışına sövüyordum. Bezleri sımsıkı çekerek sardıktan sonra şalının üzerinde duran yuvarlak broşuyla tutturarak yeni bir sistem ürettim.

"Nefes alamıyorum," diye yakındı.

"Nefes alırsan acır. Kıpırdama. Böyle kavga etmeyi nerden öğrendin? Dougal'dan mı?"

"Hayır." Bu sırada açılmış kaşına sürdüğüm sirkenin gözüne kaçmaması için gözlerini kırpıştırıyordu. "Babam öğretti."

"Doğru mu söylüyorsun? Baban bölge boks şampiyonu falan mıydı?"

"Boks nedir? Hayır, çiftçiydi. At da yetiştirirdi." Derisi yüzülmüş bacağına sirke sürerken duyulmayan bir küfür savurdu.

"Dokuz on yaşlarına geldiğimde annemin akrabaları gibi iri yapılı olacağımı ve kavga etmeyi öğrenmem gerektiğini söyledi." Artık daha rahat nefes alıyordu, eklemlerine kadife çiçeği merhemini sürebilmem için elini bana uzattı.

"*İri bir adamsan karşılaştığın insanların yarısı senden korkacak yarısı da seni denemek isteyecektir. Birini yere indirirsen diğerleri de önüne serilir. Bunu hızlı ve temiz bir şekilde yapmayı öğrenmek zorundasın aksi takdirde hayatını kavga ederek geçirmek zorunda kalırsın,* diyerek beni ağıla götürdü ve tek yumrukta samanların üzerine devirdi. Ben vurmayı öğrenene kadar bunu yapmaya devam etti. Ah! Bu yakıyor!"

"Tırnak yaraları en beter yaralardan biridir," dedim boynunu temizlemeye çalışırken. "Özellikle de yarayı açan tırnak içleri düzenli olarak yıkanmıyorsa. Korkarım o yağlı saçlı delikanlı senede bir yıkanıyor. Bu gece yapmış olduğun şey için hızlı ve temiz kavramını kullanamayacağım ama oldukça etkileyiciydi. Baban gurur duyacak."

Onu hafifçe iğneliyordum, yüzünden bir hüzün bulutu geçince şaşırdım.

"Babam öldü."

"Üzgünüm." Boynunu temizlemeyi bitirdim. "Bunu görebilseydi seninle gurur duyardı."

Cevap vermek yerine hafifçe gülümsedi. Bir anda gözüme çok genç göründü, kaç yaşındaydı? Tam ona sormak üzereyken arkadan sinir bozucu bir öksürük sesi geldi, ziyaretçimiz vardı.

Gelen sıska Murtagh'dı. Jamie'nin sarılı kaburgalarına eğlenerek baktıktan sonra küçük deri bir keseyi ona fırlattı. Jamie kocaman eliyle onu kolayca yakaladı.

"Bu nedir?"

Murtagh varla yok arası kaşlarından birini kaldırarak, "Bahislerden payına düşen," dedi.

Jamie başını sallayarak keseyi geri uzattı.

"Ben hiçbir şey üzerine bahse girmedim."

Murtagh elini kaldırıp onu durdurdu. "Bütün işi sen yaptın. Şu an buradaki en popüler adam sensin, en azından seni destekleyenler için."

"Dougal'ın öyle düşündüğünü hiç sanmıyorum," diye söze karıştım.

Murtagh kadınların sesinin çıkmaması gerektiğini düşünen adamlardandı, buna rağmen kibar bir tavırla beni onayladı.

"Evet, bu doğru... Bunun senin için bir sorun olduğunu sanmıyorum," dedi Jamie'ye.

"Hayır." İki adam bakışlarıyla birbirlerine bir şey söyledi, bunun ne olduğunu anlamamıştım. Jamie soluğunu dişlerinin arasından yavaşça salıverdi, kendi kendine başını sallıyordu.

"Ne zaman?"

"Bir hafta. On gün de olabilir. Lag Cruime denen yerin yakınlarında. Belki sen bilirsin."

Jamie başını sallamaya devam etti. Uzun bir süredir onu bu kadar tatmin olmuş bir halde görmemiştim. "Biliyorum."

Bir ona bir diğerine bakıyordum ama yüzlerinden hiçbir şey anlaşılmıyordu. Belki de Murtagh bir şeyler öğrenmişti? Horrocks denen gizemli şeyle de ilgili olabilirdi. Omuzlarımı silktim. Sebebi ne olursa olsun Jamie'nin maymunluk günleri sona eriyor gibi görünüyordu.

"Umarım Dougal step yapmayı biliyordur," dedim.

"Ha?" Sır dolu bakışlar artık şaşkınlıkla bakıyordu.

"Boş verin. İyi geceler." Sonra ilaç kutumu aldım ve kendime yatacak bir yer bulmak üzere oradan ayrıldım.

12

Garnizon Komutanı

William kalesine yaklaşıyorduk ve oraya vardığımızda ne yapacağıma karar vermem gerekiyordu.

Bu aslında Garnizon Komutanı'nın davranış şekline çok bağlıydı. Benim acılı ve yardıma muhtaç bir hanımefendi olduğuma inanırsa Fransa'ya gideceğim gemiye binebilmem için beni adamlarıyla sahile kadar gönderebilirdi.

MacKenzieler'le birlikte oraya gittiğim için benden şüphelenebilirdi. İskoçyalı değildim, casus olduğumu düşünmesi saçma olurdu. Bu Dougal ve Colum'un fikriydi, onlar İngiliz casusu olduğumu düşünüyorlardı.

Acaba neyi ispiyonlayacaktım? Vatana karşı yapılan hareketleri mi? Sahtekâr taht varisi Prens Charles Edward Stuart adına para toplamak için yapılan bu aktiviteler bildirebileceğim yegâne şeydi.

Sorun buysa Dougal bunu görmeme neden izin vermişti? Bu işleme başlamadan önce beni oradan dışarı gönderebilirdi. Ayrıca bu konuşmaları İskoçça yapmıştı. Kendimle çatışıp duruyordum.

Belki de sorun buydu. "İskoçça bilmediğini sanıyordum," derken gözlerindeki pırıltının sebebi bu olabilir miydi? Bu benim o dili gerçekten bilip bilmediğimi kontrol etmek için yapılan bir sınav mıydı? Kuzey İskoçya'ya casus olarak gönderilen birinin oradaki insanların yarıdan fazlasının konuştuğu dili bilmemesi mümkün değildi.

Bu olamazdı, Jamie ile Dougal arasında geçen konuşmayı duymuştum, Dougal tam bir Jakobit idi yani Kral George'a karşıydı ama Colum değildi henüz.

Bunları düşünmekten kafam yorulmuştu, büyükçe bir köye yaklaştığımızı görünce mutlu oldum. Bu orada bir han ve düzgün yemek olduğu anlamına geliyordu.

Han son dönemde alışmaya başladığım standartlarla kıyaslandığında gerçekten büyüktü. Gerçi güveler tarafından yenmiş yatak cüceler için yapılmış gibiydi ama ne olursa olsun tek başıma kalacağım bir odam vardı. Bundan önceki hanlarda, şallarına sarınıp birer yumak haline gelmiş, etrafa horultular saçan bir sürü adamla aynı odada bir tahtanın üzerinde yatıyordum.

Genellikle gün boyu eyer üstünde olup akşamları da Dougal'ın konuşmalarını dinlemekten bitap düştüğüm için koşullara bakmadan hemen uykuya dalıyordum. Gerçi bir handa geçirdiğimiz ilk gecede erkeklerin solunum sistemlerinin böylesine güçlü sesler çıkarabilmesine hayret ederek yarım saat boyunca uyanık kalmayı başarmıştım. Öğrenci hemşire koğuşlarıyla dolu olan kocaman bir yurt bile bunun yanında hiç kalırdı.

Bu koroyu dinledikten sonra hastanedeki adamların çok azının gerçekten horlamış olduğunu anladım. Daha güçlü soluk alıp veriyorlardı, bu doğruydu. Bazen uykularında acı dolu sesler çıkarıp ağladıkları da oluyordu, homurdanıp hırıldayanlar da vardı. Ama onları bu sağlıklı cümbüşle kıyaslamak mümkün değildi. Belki de yaralı oldukları için bu gürültüyü çıkarabilecek kadar derin ve rahat bir uykuya dalamamışlardı.

Eğer bu tezim doğruysa yanımdaki adamlar son derece sağlıklıydı. Sere serpe uzanmış vücutları ve ateşin ışığında gördüğüm huzurlu yüzleri de bunun bir göstergesiydi. O sert tahtaların üzerinde kendilerinden geçmiş bir halde uyuyorlardı. Bu mükemmel bir yemekle doyurulmuş bir açlığın sonundaki tatminle aynı görüntüye sahipti. Bu kakofoni beni tuhaf bir şekilde rahatlatmıştı, pelerinimi omuzlarıma sarıp uyumuştum.

Bunları yaşadıktan sonra şu an bu ağır kokulu, küçük çatı odasında kendimi yalnız hissetmeye başlamıştım. Yatak örtüsünü kaldırıp yatağın üzerindeki olası istenmeyen yaratıkları döşeğe vurarak kovaladım ve yattım. Mumu da söndürünce oda son derece karanlık bir sessizliğe gömüldü, uyuyamıyordum.

İki kat aşağıda bulunan ortak alandan hafifçe sesler yankılanıyordu, birden ani bir hareketlenmenin olduğunu gösteren bir gürültü duyuldu. Bunlar kendimi daha da yalnız hissetmeme sebep oldu. Kaleden ayrıldığımdan beri ilk kez tek başıma kalmıştım ve bundan hoşlandığımı söyleyemezdim.

Koridorun ahşap döşemesinin çıtırdadığını duyduğumda uykuyla uyanıklık arasında dönüp duruyordum. Duyduğum adım sesleri yavaş ve düzensizdi, biri bir sonraki adımını atmak için en sessiz bölgeyi arıyor gibiydi. Yatakta hızla doğrulup el yordamıyla yatağın yanında duran mum ve çakmaktaşı kutusunu aramaya başladım.

Elim çakmaktaşı kutusuna çarptı ve kutu hafif bir gürültüyle yere düştü. Hemen durdum, dışarıdaki ayak sesleri de durdu. Kapıda sürtünme sesleri duydum, sanki biri el yordamıyla sürgüyü arıyordu. Kapı kilitli değildi, üzerinde sürgü yatağı olmasına rağmen yatmadan önce uzun bir süre buraya sürgülenecek mandalı boş yere aramıştım.

Şamdanı elime alıp üzerindeki mumu attım, bu ağır çömleği sıkıca kavrayıp sessizce yataktan kalktım.

Kapının menteşelerinden hafif bir ses geldi. Odanın yegâne penceresinin kepenkleri içeri ışık girmesin diye sımsıkı kapalıydı. Kapı açıldığında sadece karanlığın içinde gittikçe büyüyen bir gölge görebildim, bunun ardından hiç beklemediğim bir şey oldu, gölge küçüldü ve kapı tekrar kapandı. Ortalık yine sessizliğe gömüldü.

Nefesimi tutmuş bir şekilde duvara dayanmış, kalp atışlarımın arasından başka sesleri duymaya çabalıyordum. Bu şekilde ne kadar durduğumu bilmiyorum ama bana yüzyıl gibi geldiği kesindi. Sonunda duvar kenarından yavaşça dolaşarak kapıya doğru ilerlemeye başladım, buralardaki döşemenin daha az ses çıkaracağını düşünmüştüm. Oldukça yavaş ilerliyordum, ağırlığımı vermeden bir ayağımı öne uzatıp ayağımın altındaki ahşabın çıtırdamayacağından emin olduktan sonra ağırlığımı veriyordum.

Kapıya varınca durup kulağımı dayadım, ani bir saldırı olması ihtimalini göz önünde bulundurup ellerimi sıkıca çerçevesine dayamıştım. Belli belirsiz bir takım sesler duyar gibiydim ama emin olamıyordum. Bu sesler iki kat aşağıdan mı geliyordu, kapının önünde biri mi soluyordu anlayamıyordum.

Sürekli olarak adrenalin salgılamaktan başım dönmeye başlamıştı. Bu saçmalıktan sıkıldığıma karar verip şamdanımı daha da sıkı tutarak kapıyı açıp hızla koridora fırladım.

Hızla dedim ama iki adım bile atamadan yumuşak bir şeye tosladım ve boylu boyunca yere uzandım. Eklemlerim sıyrılmış, başım da sert bir yere çarpmış ve çok acımıştı.

O sırada birinin bana saldırabileceğini umursamadan yere oturup başımı ovalamaya başladım.

Üzerine bastığım kişi de nefes almakta zorlanarak sessiz küfürler savuruyordu. Acının arasında (boyutlarından ve ter kokusundan ziyaretçimin erkek olduğunu tahmin etmiştim) adamın ayağa kalkıp duvardaki kepenkleri açmaya çalıştığını güçlükle fark ettim.

Birdenbire içeri dolan temiz hava gözlerimi kırpıştırıp kapatmama sebep oldu. Onları yeniden açtığımda gecenin ışığı ortalığı adamı yeterince görmemi sağlayacak kadar aydınlatmıştı.

"Burada ne halt ediyorsun?" diye sordum, ona bir suçlu gibi davranıyordum.

Aynı anda aynı tonlamayla Jamie de başka bir soru sordu, "Saksonyalı, sen kaç kilosun?"

Hafifçe bozum olmuş bir tavırla onu hemen cevapladım. "Elli yedi. Neden?"

"Neredeyse karaciğerimi patlatıyordun." Bu arada eliyle ezilmiş bölgeyi ovalıyordu. "Bana yaşattığın korkudan söz etmek dahi istemiyorum." Elini uzatıp beni ayağa kaldırdı. "İyi misin?"

"Hayır, kafamı çarptım." Hasarlı bölgeyi ovuşturarak görmeyen gözlerle boş koridora bakıyordum. "Nereye çarptım?"

"Benim kafama," dedi aksi bir tavırla.

"İyi olmuş. Sinsi sinsi kapımın önünde dolanarak ne yapıyordun?"

Hırçın bir bakışla beni süzdü.

"Kapının önünde 'sinsi sinsi dolanmıyordum'. Uyuyordum

- ya da uyumaya çalışıyordum." Kafasındaki şişmiş gibi görünen noktayı ovalıyordu.

"Uyuyor muydun? Burada mı?" Bu soğuk, boş ve pis koridora inanmaz gözlerle baktıktan sonra, "Uyumak için en garip yerleri seçiyorsun, önce ahır sonra da bu koridor," dedim.

"Aşağıdaki meyhanede birkaç İngiliz askerinin eğlenmekte olduğunu bilmek belki ilgini çeker. Alkollüler ve kasabadan getirmiş oldukları iki kadınla oynaşıyorlar. Beş adam ve iki kadın olduğu için bir kısmı üst katlara çıkıp kendilerine bir...şey, eş arayacak gibi göründü gözüme. Senin bu tip hareketlerden hiç hoşlanmayacağını düşündüm." Şalını omzuna atıp merdivenlere döndü. "Bu düşüncemde yanıldıysam özür dilerim. Senin huzurunu bozmak gibi bir niyetim yoktu. İyi geceler."

"Dur bir dakika." Durdu ama bana dönmedi, etrafından dolanıp önüne geçmek zorunda kaldım. Başını eğerek bana baktı, kibar ama mesafeli bir bakıştı bu.

"Teşekkür ederim. Çok düşüncelisin. Üzerine bastığım için özür dilerim."

Gülümsedi, yüzündeki o soğuk maske bir anda yok oldu ve eski haline büründü.

"Önemli bir hasar yok, Saksonyalı. Baş ağrım geçip kaburgam kaynadığı anda eskisinden çok daha iyi olacağım."

Geri dönüp benim hızla çıkışımdan sonra arkamdan kapanmış olan kapıyı açtı.

"Yatağına dön artık, ben buradayım."

Yere baktım. Soğuk ve sert olmasının yanı sıra meşe kaplamanın üzeri, tükürük, kusmuk ve tanımlayamayacağım pisliklerin lekeleriyle doluydu. Kapının eşiğinin üzerindeki küçük levhada inşaat yılı 1732 olarak belirtilmişti. Bu ahşaplar o günden beri hiç temizlenmemişti.

"Burada uyuyamazsın, içeri gel. Odadaki döşeme bundan çok daha iyi durumda."

Jamie, eli kapının üzerinde donakaldı.

"Odanda seninle birlikte mi uyuyacağım?" Gerçekten şok olmuştu. "Bunu yapamam! Adın kötüye çıkar!"

Buna gerçekten inanıyordu. Gülmeye başladım ama hemen

bunu zekice bir öksürük krizine çevirdim. Yolculuk boyunca hanlar dolu ya da pis olduğu için, ya da han bile olmadığı için Jamie de dâhil olmak üzere bütün adamlarla mecburen bir fiziksel yakınlık yaşamıştım, bu yüzden şu anki bu aşırı erdemi bana çok komik gelmişti.

"Daha önce de benimle aynı odada yattın," dedim kendimi toplamayı başardığımda. "Sen ve diğer yirmi adam..."

Hafifçe kekeleyerek konuşmasına devam etti. " Bu aynı şey değil! Orası herkese açık bir alandı ve..." Aklına aniden çok kötü bir şey gelmiş gibi durdu. "Sakın bana uygunsuz bir şey teklif ettiğini sandığımı düşünme. Emin ol ki böyle..."

"Hayır, hayır aklıma böyle bir şey gelmedi." Ben de onu rahatlatabilmek için telaşla bu cevabı vermiştim.

Onu ikna edemeyeceğimi görünce en azından battaniyeleri alması için ısrar etmeye başladım. Ona bunları almasa da kullanmayacağımı ve pelerinime sarınıp yatacağımı söyleyince isteksiz bir hareketle elini uzatıp aldı.

Kokuşmuş sığınağıma geri dönmeden önce onun derme çatma döşeğinin önünde durup yeniden teşekkür etmeye çalıştım ama o nezaketle elini sallayarak bunu engelledi.

"Bunu yapmamın tek sebebi nezaketim değil, bunu biliyorsun. Benim de mümkün olduğu kadar az dikkat çekmem gerekiyor."

İngiliz askerlerinden uzak durması gerektiğini unutmuştum. Ne olursa olsun açık havada ya da ahırların birinde burada olduğundan çok daha uygun şartlarda bir yer bulabilirdi kendine. Bunu göz ardı etmem mümkün değildi.

"Ya biri bu kata çıkıp seni görürse?"

Kolunu uzatıp kepengi kapattı, koridor bir anda karardı, Jamie artık şekilsiz bir karaltıdan başka bir şey değildi.

"Yüzümü göremezler. Ayrıca bu kadar sarhoşken onlara gerçek adımı bile söylesem bir şey yapabileceklerini sanmıyorum."

"Bu doğru," dedim ama içim rahat değildi. "Yine de karanlıkta burada ne yaptığını merak etmezler mi?" Yüzünü göremiyordum ama ses tonundan eğlendiğini anladım.

"Sanmam Saksonyalı. Burada sıramı beklediğimi düşüneceklerdir."

Odama girerken bir kahkaha attım. Yatağın üzerine kıvrılıp uykuya dalmadan önce, benimle aynı odada yatma fikrinden bile irkilen bir adamın böylesine müstehcen bir şaka yapabilmesi gerçekten garipti.

Uyandığımda Jamie gitmişti. Kahvaltıya inerken merdivenlerde beni bekleyen Dougal'la karşılaştım.

"Yemeğini çabuk ye. Birlikte Brockton'a gideceğiz."

Başka bir şey söylemedi ama oldukça tedirgin görünüyordu. Yemeğimi son hızla yedim. Erken sabah sisinde atlarımızın üzerinde ilerlemeye başlamıştık. Kuşlar çalılıklara gizlenmişti, hava bugün sıcak olacak gibi görünüyordu.

"Kimi görmeye gidiyoruz? Bunu bana söyleyebilirsin, bilmediğim biriyse şaşırırım, bildiğim biriyse de şaşırmış taklidi yapabilecek kadar zekiyim."

Dougal beni süzdükten sonra kararını verdi, sözlerim ona da mantıklı gelmişti.

"William Kalesi Garnizon Komutanını görmeye."

Küçük çapta bir şok geçirdim. Buna hazır değildim. Kaleye varmak için önümüzde daha üç gün olduğunu düşünüyordum.

"Ama William Kalesine varmamıza daha çok var!" diye bağırdım.

Anladığım kadarıyla bu garnizon komutanı oldukça enerjik biriydi. Garnizonunda oturmak yerine askerleriyle beraber teftişe çıkıyordu. Dün gece handa bulunan askerler onun ekibindendi ve Dougal'a komutanın şu an Brockton'da kaldığını söylemişlerdi.

Bu gerçekten büyük bir sorundu, yolun kalanında susup bu sorunu çözmeye çalıştım. William Kalesine vardığımızda Dougal'ın eşliğinden kurtulacağımı hesaplamıştım, oradan Craigh na Dun'a gitmem bir günümü alacaktı. Yanımda kamp yapacak, yiyecek içecek bir şeyler olmasa bile taş yapıta giden bu yolculuğu tek başıma yapmayı başarabilirdim. Zaten oraya vardığımda olacakları ben de bilmiyordum, gidip görmeden de bilemezdim.

Bu gelişme bütün planımı bozmuştu. Dougal'dan burada ayrılırsam, ki bunu yapabilirdim, tepeye kadar dört gün boyunca yol almam gerekecekti. Yön bulma duyguma da fazla güvenemiyordum, sarp kayalıkların ve çalılıkların arasında yürüyerek ne kadar dayanacağımı bilemiyordum. Buralarda geçirdiğim son bir hafta bana bu sarp kayalıklar ve ani oluşan yanıklar hakkında çok şey öğretmişti. Bir de beyaz canavar vardı. Boş bir vadide bir yaban domuzuyla karşı karşıya kalmak gibi bir arzum yoktu.

Öğlen olmadan Brockton'a vardık. Sis, yerini mükemmel bir güneşe bırakmış, bu da içimi umutla doldurmaya yetmişti. Garnizon komutanını kandırıp beni yanıma birini vererek tepeyi görmeye göndermesini sağlamak belki de çok kolay olacaktı.

Komutanın geçici karargâh yeri olarak neden Brockton'u seçtiğini hemen anlamıştım. Bu köy, içinde iki büyük han bulundurabilecek kadar büyüktü. Bunlardan bir tanesi üç katlı gösterişli bir binaydı ve ahırı vardı. Onun önünde durup atlarımızı ahıra götürmesi için orada bekleyen seyise verdik. Adamın kemiklerinde büyük ihtimalle bir sorun vardı ve çok yavaş yürüyordu. Dougal'la birlikte içeri girip içeceklerimizi ısmarladığımızda adamın ahıra hâlâ varamamış olduğunu düşünüyordum.

Dougal, komutanın üst katta bulunan özel odasına gidince önümde duran içi bayat yulaf kurabiyeleri dolu olan tabağımla baş başa kaldım. Onun gitmesi kendimi kötü hissetmeme sebep oldu. Meyhanede birbirleriyle kısık sesle sohbet ederken beni süzen üç, dört İngiliz askeri vardı. MacKenzie klanıyla geçirmiş olduğum bir ayın sonunda İngiliz askerleriyle aynı ortamda bulunmak sinirlerimi bozmuştu. Bunun aptalca olduğunu biliyordum. İşin aslında zamanın neresinde olursak olalım onlar benim vatandaşımdı.

Yine de Bay Gowan'ın uyumlu arkadaşlığını ve gerçek adı ne olursa olsun Jamie'nin sıcak dostluğunu özlemiştim. Sabah oradan ayrılmadan önce onlara veda edemediğim için de üzgündüm. Merdivenlerden Dougal'ın bana seslendiğini duydum, yukarda durmuş oraya gitmemi işaret ediyordu.

Yüzü her zamankinden çok daha acımasız görünüyor diye düşündüm hiç konuşmadan durup odaya girmemi işaret ettiğinde. Garnizon Komutanı açık bir pencerenin önünde duruyordu, ters ışık onu ince bir siluet halinde görmeme izin veriyordu. Beni görünce bir kahkaha attı.

"Tam düşündüğüm gibi. MacKenzie'nin anlattıklarından onun sen olduğunu anlamıştım." Kapı arkamdan kapandı. Sekizinci Süvari Birliği Komutanı Jonathan Randall'la baş başa kalmıştım. Bu kez üzerinde temiz kırmızı geyik derisi yakalı, dantelli bir üniforma vardı, başında da özenle kıvrılıp pudralanmış bir peruk. Yüzü hâlâ Frank'in yüzüyle aynıydı. Nefesimin daraldığını hissettim. Dudaklarının kenarındaki sert çizgiler ve omuzlarını tutuşundaki kibir yine gözümden kaçmadı. Buna rağmen hoş bir gülümsemeyle bana oturmam için bir yer gösterdi.

Oda oldukça sadeydi, bir çalışma masası, bir iskemle, uzun bir masa ve birkaç tabure vardı. Komutan Randall kapının yanında hazır ol komutunda duran onbaşıya eliyle bir hareket yapınca önüme beceriksizce bir maşrapa bira kondu.

Kaptan onbaşıyı gönderip kendi birasını kendi doldurup masanın karşısında duran taburelerden birine oturdu.

"Pekâlâ... Kim olduğunu ve neden buraya kendi ayaklarınla geldiğini anlatacak mısın?"

Çok fazla bir şansım yoktu, ona da Colum'a anlattığım hikâyeyi anlattım, arada onun bana yaptıklarını anlattığım bölümü atlamıştım ama o bunu zaten biliyordu. Dougal'ın ona neyi ne kadar anlattığından emin olamadığım için riske girmek istemiyordum.

Komutan hikâyemi son derece kibar ama şüpheci bir tavırla dinliyordu. Bunu saklamak için bir çaba da sarf etmiyordu. Taburesinde öne arkaya sallanıp düşünüyordu.

"Oxfordshire mı dediniz? Bildiğim kadarıyla Oxfordshire'da Beauchamp soyadını taşıyan kimse yok."

"Bunu nasıl bilebilirsiniz ki? Siz Sussexlisiniz."

Gözleri yuvalarından dışarı fırladı. Dilimi tutmayı öğrenmeliydim.

"Bunu nereden bildiğinizi sorabilir miyim?"

"Sesiniz ve aksanınızdan. Evet, evet aksanınızdan," dedim telaşla. "Bariz bir Sussex aksanı."

Koyu renkli kaşları neredeyse peruğuyla birleşecek kadar yukarı kalkmıştı.

"Öğretmenlerim ve ailem doğum yerimin anlaşılacağı kadar net bir aksanla konuştuğumu duymaktan hiç hoşlanmayacaklardır, hanımefendi," dedi soğuk bir sesle. "Buna bir çözüm bulmak için büyük bir emek ve para harcadılar. Ama bir konuşma uzmanı olarak," bu sırada duvarın önünde duran adama döndü, "onbaşımın nerede doğmuş olduğunu bulacağınızdan hiç şüphem yok. Onbaşı Hawkins bize bir şeyler söylemek lütfünde bulunur musunuz? Her şey olabilir," diye ekledi adamın yüzündeki şaşkınlığı görünce. "Ezbere bildiğiniz bir şiir bile olabilir."

Bön bakışlı, geniş yüzlü ve geniş omuzlu genç onbaşı ilham almak istiyormuş gibi odada gözlerini gezdirdikten sonra monoton bir sesle bir dörtlük okudu.

Tombul Mary kostümlerimi yıkadı
Hepsini yanına alıp götürdü
Uzun bir süre sıkıntı içinde bekledim
Sonra onun ücretini ödedim

"Tamam, bu kadarı yeterli onbaşı, teşekkür ederim." Randall ona çekilmesini bildiren bir hareket yaptı ve onbaşı duvarın önüne gidip huzur içinde terini sildi.

"Evet, nedir?" diyerek bana döndü Randall.

"Cheshire," diyerek bir tahminde bulundum.

"Yakın. Lancashire." Gözleri iyice kısılmıştı. Ellerini arkasında birleştirerek pencereye doğru yürüdü ve dışarı baktı. Dougal'ın yanında birilerini getirip getirmediğine mi bakıyor diye düşünmekten kendimi alamadım.

Aniden bana dönüp, "Parlez-vouz français?" diye sordu.

"Trés-bien," diyerek hemen cevap verdim. "Ne alakası var?"

Başını bir yana eğip beni süzdü.

"Hanımefendi, Fransız olabilirsiniz," dedi, aslında kendi kendine konuşur gibiydi, "sanırım öylesiniz ama bugüne kadar Londra şivesi ile Kelt şivesini ayırt etmeyi başarabilen bir Fransız'la hiç karşılaşmadım."

Manikürlü parmaklarını masaya vurarak, "Kızlık soyadınız neydi Bayan Beauchamp?" diye sordu.

"Bakın Komutan," dedim elimden geldiği kadar çekici bir şekilde gülümseyerek. "Yirmi soruda kim olduğunu bul oyununu oynamak gerçekten keyifli ama sizden bunu bir an önce bitirip yolculuğumu tamamlayabilmem için gerekli düzenlemeleri yapmanızı rica ediyorum. Zaten yeteri kadar geç kaldım ve..."

"Bu hafifmeşrep tavrınızın davanızda size bir yardımı olmayacaktır," diyerek sözümü kesti, yine gözlerini kısmıştı. Frank de bir şeyler onu tatmin etmediğinde bu hareketi yapardı, dizlerimin bağının çözüldüğünü hissettim. Ellerimi bacaklarımın üzerine koyarak kendime güç vermeye çalıştım.

"Yardım edilecek bir davam yok benim," dedim, cesur olmaya çalışıyordum. "Sizden talep ettiğim hiçbir şey yok, ne sizden, ne garnizonunuzdan ya da size bir şey ifade ediyorsa, ne de MacKenzieler'den. Sadece yolculuğumu huzur içinde tamamlamak istiyorum. Ve buna karşı çıkmanızı gerektiren bir sebep göremiyorum."

Dudakları kasılmış bir şekilde bana baktı.

"Öyle mi? Bir saniye durup kendinizi benim yerime koyun, belki o zaman bir takım sebepler bulursunuz. Bir ay önce adamlarımla birlikte sınırın yanındaki mülklerimizden büyükbaş hayvanları çalan, kimliği belirlenemeyen İskoç haydutlarıyla savaşırken, bir anda..."

"Demek yaptıkları buydu!" diye bağırıverdim. "Merak ediyordum," diye de ekledim.

Komutan Randall derin bir nefes aldıktan sonra aklına geleni söylemek yerine hikâyesine devam etmeye karar verdi.

"Yasal bir takip yaparken, bir anda yarı çıplak bir İngiliz kadınla karşılaştım - yanında düzgün bir refakatçi olsa bile bir

İngiliz'in bulunmaması gereken bir bölgede - bu kadın bana karşı geldi ve adamlarıma saldırdı..."

"Önce siz bana saldırdınız!" dedim öfkeyle.

"Bu kadına açıkça suç ortaklığı yapan biri bana korkakça arkadan saldırdı ve ikisi birlikte ortadan yok oldular. Adamlarımla birlikte bütün çevreyi didik didik ettik ve bahsettiğiniz hizmetlinize, yağmalanmış bavullarınıza, üzerinizden zorla çıkarılmış olan giysilerinize kısacası hikâyenizi doğrulayacak hiçbir ize rastlamadık!"

"Öyle mi?" diyebildim zayıf bir sesle.

"Evet. Ayrıca son dört ay boyunca bu çevrede eşkıyaların var olduğuna dair hiçbir bildirim yapılmadı. Hanımefendi, şimdi yanınızda ağabeyi Colum'un sizin benim adıma çalışan bir casus olduğunuza dair şüpheleri olduğunu söyleyen MacKenzieler'in savaş reisiyle birlikte buraya geldiniz!"

"Ama değilim, değil mi?" dedim mantıklı bir tavırla. "En azından bunu bildiğinizden eminim."

"Evet, bunu biliyorum," dedi abartılmış bir sakinlikle. "Bilmediğim şey sizin nasıl bir şeytanlık peşinde olduğunuz! Ama bunu bulmaya kararlıyım, bundan sakın bir şüpheniz olmasın. Ben bu garnizonun komutanıyım. Yani bu bölgeyi hainler, casuslar ve şüpheli gördüğüm kişilere karşı koruyacak tüm önlemleri alma hakkına sahibim. Bu hakları sonuna kadar kullanacağımdan emin olabilirsiniz."

"Bu haklarınızın neler olduğunu öğrenebilir miyim?" diye sordum. Gerçekten bilmek istiyordum ama sanırım soruyu soruş tarzım ve ses tonum onu kızdırdı.

Ayağa kalkıp bir süre bana baktıktan sonra masanın etrafından dolaştı ve elini uzatarak beni yere doğru bastırdı.

"Onbaşı Hawkins, yardımınıza ihtiyacım var."

Genç adam huzursuz olmuştu ama yanımıza geldi.

"Hanımın arkasına geçin lütfen Onbaşı," dedi Randall bıkkın bir sesle. "Ve onu dirseklerinden sıkıca tutun."

Kolunu geri çekti ve karın boşluğuma bir yumruk attı.

Ses çıkaramadım çünkü nefesim kesilmişti. İki büklüm olmuş bir şekilde yerde oturmuş nefes almaya çalışıyordum. İlk andaki acının yerini hafif bir baş dönmesine bırakan o darbenin şokunu yaşıyordum. Bu kadar yıllık yaşamımda daha önce bilinçli olarak bana vuran kimse olmamıştı.

Komutan önümde diz çöktü. Yamulmuş peruğu ve parlayan gözleri dışında kontrolünü kaybetmiş gibi görünmüyordu.

"Hamile olmadığınızı umuyorum, eğer öyleyseniz bu pek uzun sürmeyecektir."

İlk nefes almayı başardığım anda garip bir ses çıkardım. Emekleyerek masanın yanına ulaştım ve ona tutunarak ayağa kalkmaya çalıştım. Onbaşı, komutanına öfkeyle baktıktan sonra doğrulmama yardım etti.

Odanın her yerinde siyah benekler uçuşuyordu, tabureye oturup gözlerimi kapadım.

"Bana bak." Duyduğum bu ses bana çay ikram edecekmiş gibi yumuşak ve sakindi. Gözlerimi açıp bir sis perdesinin arasından ona baktım. Ellerini kalçasına koymuştu.

"Şimdi bana söylemek istediğiniz bir şey var mı, hanımefendi?"

"Peruğunuz kaymış," deyip gözlerimi kapattım.

13

Evlilik Bildirisi

Aşağıya inmiş bir masada oturuyordum, önümde duran süt bardağına bakıp mide bulantımla savaşıyordum.

Dougal genç onbaşıya dayanarak aşağıya indiğimde yüzüme şöyle bir baktıktan sonra yanımdan geçip yukarı Randall'ın odasına çıkmıştı.

Süt bardağını elime aldım ama parmaklarım hâlâ çok titriyordu ve içmeyi başaramadım.

Darbenin fiziksel etkilerini yavaş yavaş atlatıyordum ama yaşadığım şoktan hâlâ kurtulamamıştım. O adamın kocam olmadığını biliyordum ama aralarındaki benzerlik inanılmazdı ve kökleşmiş alışkanlığımla onunla Frank'la konuştuğum gibi konuşmuştum, ona güvenmek istemiştim, sıcak bir ilgi göstermese bile uygar olacağını düşünmüştüm. Onun o vahşi saldırısıyla birlikte hislerim ters yüz olmuştu, kendimi çok kötü hissediyordum.

Bu huzursuzluğun yanı sıra korkmaya da başlamıştım. Yanıma diz çöktüğünde gözlerini görmüştüm. Derinlerde bir şey belirmiş ve hemen yok olmuştu. Bunu bir daha görmek istemiyordum.

Yukarıdan gelen kapı açılma sesiyle birlikte bu düşüncelerden sıyrıldım. Tok ayak seslerinin ardından önce Dougal hemen ardından da Komutan Randall ortaya çıktı. Dougal'ı çok yakından takip ediyordu, sanki bu İskoç'un izini sürüyordu, Dougal bana bakıp aniden merdivenin başında durunca bu takip son buldu.

Omzunun üzerinden Komutan Randall'a baktıktan sonra

yanıma geldi, masaya para bıraktı ve tek kelime bile etmeden beni çekip ayağa kaldırdı. Bu kırmızı urbalı İngiliz subayının yüzündeki garip açgözlü ifadeyi çözmeme fırsat vermeden hızla beni oradan çıkardı.

Eteklerimi adam gibi bacaklarımın altına sıkıştıramadan yola koyulmuştuk, bir paraşüt gibi şişip duruyorlardı. Dougal çok sessizdi ama atı onun telaşını anlamış gibiydi, ana yola çıkana kadar dörtnala ilerlemeye devam ettik.

Kavşaktaki, eski Pictler'in dilinde bir şeyler yazan işaretin yanına gelince Dougal atını durdurdu. Atından inip iki atın yularını oradaki ağaçlardan birine bağladı. Atımdan inmeme yardım ettikten sonra onu izlememi istediğini belli eden bir hareket yaptı ve çalılığa daldı.

Onun dalgalanan eteğinin peşinden yukarı doğru tırmanıyordum, önüne çıkan dalları son hızla itiyordu ve ben arkasından ilerlerken bunların yüzüme çarpmaması için sürekli olarak eğiliyordum. Yamaç meşe ağaçları ve bodur çamlarla doluydu. Sol taraftaki çalılıklardan gelen baştankaraların ve alakargaların seslerini duyabiliyordum. Çimenler ilkyaza yakışır biçimde taze çim rengindeydi, yoğun bir şekilde kayalıkların arasını ve meşelerin altındaki toprağı örtmüştü. Kalın iğneli çamların altında tabii ki hiçbir şey yetişmemişti, onlar yırtıcı hayvanlardan ve güneş ışığından kaçan daha küçük sürüngenleri koruma ve saklama görevini üstlenmişti.

Kokuların keskinliği boğazımın yanmasına sebep olmuştu. Daha önce de pek çok kez yamaçlara tırmanıp bu kokuları içime çekmiştim. Ama o zaman bu kokular yoldaki petrol kokusuyla karışmıştı ve alakargaların yerine günlük ziyaretçilerin konuşmalarını dinlemiştim. En son böyle bir yamaca tırmandığımda toprağın üzeri ebegümeci ve menekşeler yerine boş sandviç paketleri ve sigara izmaritleriyle doluydu. Medeniyetin bize sunmuş olduğu antibiyotik, telefon gibi nimetlerin yanında atılmış sandviç paketleri ödenebilir bir bedeldir diye düşünüyordum. Ama şu an menekşelere razıydım, huzura çok ihtiyacım vardı ve onu burada bulmuştum.

Dougal zirveye varmadan biraz önce birdenbire yana dönüp

katırtırnaklarının arasında kayboldu. Onun arkasından düşe kalka ilerlemeye çalışıyordum, bir süre sonra yanına varmaya başardığımda onu küçük bir su birikintisinin yanında düzgün bir taşın üzerinde otururken buldum. Tam arkasında yamuk duran bir taş kütlesi vardı, bunun lekeli yüzeyine sanki asitle bir insan figürü kazınmıştı. Bu su birikintisinin kutsal bir yer olduğunu anladım. Bu kutsal mabetler Kuzey İskoçya dağlarının pek çok yerine dağılmıştı, bunların hepsi burası gibi gözden uzak ve korunaklı bölgelerdeydi. Sağlık, güvenli bir yolculuk gibi dilekleri olan ziyaretçilerin asmış oldukları kumaş parçaları suyun üzerine doğru uzanan üvez ağacının üzerini doldurmuştu.

Dougal beni görünce başıyla selamladı. Yana dönüp başını eğdi ve iki elini birleştirip suyla doldurdu ve içti. Suyun rengi biraz koyuydu ve garip bir kokusu vardı, kükürtlü bir memba suyu olduğunu düşündüm. Hava çok sıcaktı ve çok susamıştım, Dougal'ın yaptığını yapmaya karar verdim. Tadı biraz acıydı ama soğuktu ve kolay içiliyordu. Biraz daha içtikten sonra yüzüme de serptim. Yol çok tozluydu.

Yüzümden sular damlayarak doğrulduğumda garip bakışlarla beni süzdüğünü gördüm. Merak ve tahminler arasında gidip geliyor gibiydi.

"Su içmek için gereksiz bir tırmanış öyle değil mi?" diye sordum. Atlarımızda su dolu mataralarımız vardı. Dougal'ın hana yapacağımız dönüş yolculuğunun iyi geçmesini dilemek için buraya çıkmış olduğunu hiç sanmıyordum. O çok daha dünyevi şeylere inanan biriydi.

"Komutanı ne kadar tanıyorsun?" diye sordu.

"Senden daha az, onu bundan önce bir kez görmüştüm bu da tam bir tesadüftü ve hiç iyi anlaşamamıştık."

Ciddi yüzünde hafif bir yumuşama gördüm ve bu beni şaşırttı.

"Ben de bu adamdan çok hoşlandığımı söyleyemem." Düşünceli bir şekilde parmaklarını suyun yanındaki küçük duvara vuruyordu. "Bazıları onun hakkında iyi şeyler söyler," dedi gözlerini benden ayırmadan. "Onun cesur bir asker ve iyi bir savaşçı olduğunu duydum."

Kaşlarımı kaldırdım. "Bir İngiliz generali olmadığı sürece etkilenmem çok zor." İnanılmaz bir beyazlıkta olan dişlerini göstererek bir kahkaha attı. Kahkahası tepemizdeki ağacın üzerine tünemiş kuşları korkuttu, kanat çırparak uzaklaştılar.

"İngilizler ya da Fransızlar için casusluk yapıyor musun?" dedi, hızla konuyu değiştirerek..

"Kesinlikle hayır. Ben sadece Claire Beauchamp'ım, başka da hiçbir şey değilim." Mendilimi suya batırıp boynuma tuttum. Küçük damlalar gri şayaktan yapılmış seyahat elbisemin yakasından sırtıma süzülüp beni serinletiyordu. Aynı hareketi mendili göğsüme tutarak tekrarladım.

Dougal dikkatle beni izleyerek bir süre hiç konuşmadı, ben ise temizlenmeye devam ediyordum.

"Jamie'nin sırtını gördün," dedi aniden.

"Görmeden onu tedavi etmem imkânsızdı," dedim donuk bir sesle. Bu alakasız sorularla nereye varmak istediğini tahmin etmeye çalışmaktan sıkılmıştım. Hazır olduğunda bana bunu söyleyecekti.

"Bunu Randall'ın yaptığını bilip bilmediğimi mi soruyorsun? Ya da sen bunu onun yaptığını biliyor muydun?"

"Bunu çok iyi biliyorum," dedi beni kontrol ederek, "ama senin bunu bildiğinin farkında değildim."

Omuzlarımı silktim, neyi bilip neyi bilmediğim onu hiç ilgilendirmezdi.

"Oradaydım."

"Nerede?"

"William Kalesinde. Garnizonda yapmam gereken işler vardı. Oradaki kâtip Jamie'nin benim akrabam olduğunu biliyordu. Onun tutuklandığını bana bildirdi. Ben de onun için yapabileceğim bir şey var mı diye bakmak için oraya gittim."

"Anladığım kadarıyla pek bir şey yapamamışsın," dedim sertçe.

"Maalesef yapamadım. Orada her zaman bulunan başçavuş bu işin sorumlusu olsaydı, Jamie'yi en azından ikinci kez kamçılanmaktan kurtarabilirdim. Ama Randall yeni gelmişti ve artık komutan oydu. Beni tanımıyordu ve söylediklerimle de fazla ilgilenmedi. Konuşurken onun Jamie'yi kurban olarak seçtiğini fark ettim, yeni gelen adamın kimseye hoşgörü göstermeyeceğini anlatmak için Jamie'yi kullanacaktı." Kemerinde duran kamasına vurmaya başlamıştı. "Bu bir sürü adama komuta eden biri için doğru bir ilkedir. Onların saygısını kazanman gerekir. Bunu başaramıyorsan korkmalarını sağlarsın."

Randall'ın onbaşısının yüzünde beliren ifadeyi hatırlayınca onun hangi yolu seçmiş olduğunu anladım.

Gözleri hâlâ bendeydi, bu kez ilgiyle bakıyordu.

"Bunu yapanın Randall olduğunu biliyordun. Jamie sana her şeyi anlattı mı?"

"Bir kısmını," dedim dikkatle.

"Senden gerçekten hoşlanmış olmalı," dedi düşünceli bir tavırla. "Bu konudan kimseye bahsetmez."

"Neden acaba?" diyerek onu kışkırtmaya çalıştım. Her yeni bir han ya da meyhaneyle karşılaştığımızda akşam ateş başında toplanıp kendi içimizde sohbet edeceğimizi anlayana kadar nefesimi korkuyla tutuyordum. Dougal aklımdan geçenleri anlamış gibi gülümsedi.

"Bana söylemesi gerekmiyordu. Ben zaten her şeyi biliyordum." Elini koyu renkli suya daldırdı, burnuma kükürt kokuları geliyordu.

"Oxfordshire'da bu işlerin nasıl yürüdüğünü bilmem ama," bu sözcükleri üzerine basa basa söylemesi hafifçe kıpırdanmama sebep olmuştu - "buralarda hanımların kamçılanma sahnelerine tanık olmalarını istemeyiz. Hiç böyle bir sahneye tanık oldun mu?"

"Hayır, görmek istediğimi de hiç sanmıyorum. Jamie'nin sırtındaki gibi izlerin oluşabilmesi için yapılmış işkenceyi hayal edebiliyorum."

Dougal yanına gelen alakarganın üzerine su sıçratarak başını salladı.

"İşte bu konuda yanılıyorsun kızım, sana böyle hitap ettiğim için beni affet ama hayal etmekle sırtı açılmış bir adamı görmek arasında çok büyük bir fark var. Bu çok iğrenç bir şeydir; karşındaki adamı kırmak için yapılır ve genellikle de başarıya ulaşılır."

"Jamie'de başarıya ulaşmamış." Sesim niyet ettiğimden çok daha sert çıkmıştı. Jamie hem hastam hem de arkadaşımdı. Dougal'la onun geçmişi hakkında konuşmak istemiyordum ama işin aslında aptalca bir merak da duyuyordum. Bugüne kadar genç MacTavish gibi, aynı anda bu kadar açık sözlü ve gizemli görünmeyi başaran bir adamla karşılaşmamıştım.

Dougal kısa bir kahkaha attıktan sonra ıslak elini tavernadan buraya gelirken yapmış olduğumuz uçuş sırasında dağılmış saçlarını düzeltmek için başına götürdü ya da ben öyle yaptığını düşündüm.

"Evet, Jamie de ailesinin diğer üyeleri kadar inatçıdır hatta aralarında en inatçı ve taş kafalı olan odur." Sözlerinde kıskançlıkla karışık bir takdir vardı.

"Jamie sana firar ettiği için kamçılandığını söyledi mi?"

"Evet."

"Onu süvarilerin kampa getirdiği günün gecesinde duvara tırmanmaya başarmıştı. Bu aslında orada sık görülen hareketlerden biriydi, suçlular istendiği kadar sıkı bir güvenlik altında tutulamıyordu. Bu nedenle de İngilizler her gece duvarlar boyunca devriye geziyordu. Garnizon kâtibi Jamie'nin yakalanıp geri getirildiği andaki görünüşünden, çok iyi bir savaş vermiş olduğunun anlaşıldığını söylemişti. Ama altıya karşı birdi ve karşısındaki adamların hepsinde tüfek vardı ve yakalanması çok uzun sürmemişti." Bayılıp bayılmayacağımı kontrol etmek için susup bana baktı.

"Kamçılanmalar her sabah içtimadan hemen sonra yapılır böylelikle insanlar gün boyunca bunu hatırlarlar. O gün kamçılanacak üç kişi vardı ve Jamie bunların sonuncusuydu."

"Bunu gerçekten seyrettin mi?"

"Evet. Sana anlatmaya çalıştığım şey de bu zaten, birini kamçılanırken görmek hiç hoş değil. Hele sıranın sana geleceğini bilerek seyretmek daha da kötü."

"Bundan hiç şüphem yok," diye mırıldandım.

Dougal başıyla sözlerimi onayladıktan sonra devam etti. "Jamie çok sağlam duruyordu, duyduğu çığlıklar ve diğer sesler karşısında kılını bile kıpırdatmamıştı. Parçalanan etin sesini duydun mu hiç?"

"Iyy!"

"Ben de öyle olduğunu düşünmüştüm." Anılar yüzünü buruşturmasına sebep oldu. "Akan kan ve açılan yaralardan bahsetmek bile istemiyorum. Ah!" Su birikintisine ve kenarındaki duvara gelmemesine dikkat ederek yere tükürdü. "Hassas bir adam olmadığım halde midem alt üst olmuştu."

Dougal bu tüyler ürpertici hikâyeyi anlatmaya devam etti.

"Jamie'nin sırası geldi. Kazığa doğru yürüdü - bazı adamları çekerek götürmeleri gerekmişti, o kendi gitti - ve kelepçelerini açması için ellerini onbaşıya uzattı. Onbaşı kelepçeleri açtıktan sonra onu kazığa bağlamak için kolundan çekti. Jamie onun elinden kurtulup bir adım geri çekildi. Ben onun hızla kaçmasını beklerken o durup gömleğini çıkardı. Gömleği parçalanmıştı ve çok kirliydi, tam bir paçavraya dönmüştü. O gömleğini, pazar günü kiliseye giderken giydiği en iyi kostümüymüş gibi dikkatle katlayıp yere koydu. Bir asker gibi kazığa doğru ilerleyip kollarını bağlanmak üzere onun üzerine yerleştirdi."

Dougal hayranlıkla başını sallıyordu. Üvez ağacının yapraklarından süzülen güneş, üzerine dantel motifine benzer gölgeler düşürüyordu, başına dantel bir örtü örtmüş gibi görünüyordu. Bu fikir gülümsememe sebep oldu. O bu gülümsemeyi kendi hikâyesine verdiğim bir tepki olarak kabul etti ve tepkimi onayladı.

"Evet, böylesi bir cesaret pek sık görünen bir şey değildir. Ayrıca bu cehaletten ileri gelen bir cesaret değildi. Ondan öncekilerin başına gelenleri görmüştü ve başına neler geleceğini çok iyi biliyordu. Bundan kaçış olmadığına karar verip kendini hazırlamıştı. Bir savaşta cesur olmak her İskoç'un sahip olduğu bir özelliktir ama bir korkuyu soğukkanlılıkla alt etmek çok az rastlanan bir şeydir. Bütün bunları yaşarken henüz on dokuz yaşındaydı."

"Bunu seyretmek senin için çok zor olmuştur," dedim, sözlerim her yöne çekilebilirdi. "Kusmadığını umarım."

Dougal sözlerimdeki imayı fark etmişti ama takılmadı. "Bunu neredeyse yapıyordum," dedi siyah kaşlarını kaldırarak. "İlk kamçıda kan çıkmıştı ve oğlanın sırtı bir dakika içinde mor bir renge büründü. Bağırmadı, merhamet dilenmedi, kıpırdanıp kurtulmaya çalışmadı. Alnını kazığa dayayıp durdu. Kamçı darbesini aldığı anda hafifçe irkildi elbette ama yaptığı tek hareket buydu. Bunu ben başarabilir miydim bilmiyorum. Bunu başkalarının da yapabileceğini pek sanmıyorum. Bir süre sonra yarı baygın bir hale gelince üzerine su döküp onu ayılttılar ve işlerine devam etler."

"Bu çok iğrenç, bana neden bunları anlatıyorsun?"

"Henüz bitirmedim." Dougal kamasını çıkarıp tırnaklarını temizlemeye başladı. Son derece titiz bir adamdı, şartlar ne olursa olsun temizliğini koruyordu.

"Jamie iplerin altına yığılmıştı, sırtından akan kanlar eteğini lekeliyordu. Onun bayıldığını düşünmedim, anlık bir bulantı geçirdiğini düşündüm. O anda Komutan Randall avluya indi. Başından beri neden orada olmadığını merak etmiştim, belki de ilgilenmesi gereken işler vardı. Jamie onun geldiğini görünce gözlerini kapatıp bilincini kaybetmiş numarası yaptı ve kafası bir anda aşağı düştü."

Dougal bu sırada inatçı bir şeytantırnağıyla uğraşıyordu ve alnı buruşmuştu.

"Komutan Jamie'yi kamçılamaya başlamış olmalarına sinirlenmişti, onu kendine saklamak ister gibi bir hali vardı. Ama o an yapılabilecek çok fazla bir şey yoktu. Bir anda Jamie'nin nasıl kaçmaya çalıştığını araştırmaya başladı."

Kamasını kaldırıp üzerindeki çentikleri inceledikten sonra onu oturduğu taşa sürterek biledi. "O bunu yapmaya başladığı anda askerlerin bir kısmı korku içinde titremeye başlamıştı, itiraf etmeliyim ki bu adamın değişik bir sorgulama tarzı vardı."

"Bunu ben de söyleyebilirim," dedim.

Kamayı taşa sürtmeye devam ediyordu. Süratlenmişti, kıvılcımlar çıkıyordu.

"Bu araştırmanın sonunda, Jamie'nin yakalandığı sırada yanında ekmek ve bir parça peynir olduğu ortaya çıktı. Bunun üzerine komutan bir süre düşündü ve yüzünde bir gülümseme belirdi, büyükannem de böyle gülümserdi ve bundan nefret ederdim. Hırsızlığın büyük bir suç olduğunu söyleyerek Jamie'nin yüz kırbaç daha yemesi gerektiğini söyledi."

Kendimi tutmama rağmen yerimden sıçramama engel olamamıştım. "Bu onu öldürür!"

Dougal sözlerimi onayladı. "Evet, garnizondaki doktor da aynen bunu söylemişti. İyi niyetle, buna izin veremeyeceğini, mahkûmun ikinci bir kamçılanmadan önce yaralarının iyileşmesi için en az bir hafta dinlenmesi gerektiğini savunmuştu."

"Ne kadar düşünceliymiş! İyi niyetmiş, hadi canım sen de! Komutan Randall buna ne cevap verdi?"

"Bu sözleri duymaktan hiç hoşlanmadı ama kendini topladı ve kabul etti. O bunu yapar yapmaz gerçek bir bayılmanın nasıl bir şey olduğunu çok iyi bilen başçavuş Jamie'yi hemen çözdü. Oğlan sendeledi ama yuvarlanmadı, ayakta durmayı başardı. Komutanla aynı fikirde olmayan birkaç kişi onu alkışladı, çavuş onun gömleğini yerden alıp oğlana verince Randall daha da mutsuz oldu. Adamlar bunu görünce daha fazla tezahürat yapmaya başlamıştı."

Dougal kamasını son kez sürttükten sonra dikkatle inceleyip dizlerinin üzerine koydu ve bakışlarını bana dikti.

"Bir bardak biradan sonra sıcak bir meyhanede oturmayı başarmak cesaret ister. Savaş alanında kafanın üzerinde kurşunlar uçuşurken orada öylece durmak daha fazlasını ister. Kanın bacaklarından aşağı süzülürken düşmanınla yüz yüze durmak ise sonsuz bir cesaret ister."

"Bunun aksini aklıma bile getirmedim." Bayılacağımı hissediyordum. Ellerimi suya daldırıp bileklerimi soğutmaya çalıştım.

"O hafta içinde bir gün Randall'ı görmeye gittim," dedi Dougal, savunmaya geçmişti, kendini aklamaya uğraşıyordu. "Biraz konuştuktan sonra ona Jamie için bir tazminat ödemeyi teklif ettim..."

"Ah, çok etkilendim," diye fısıldadım ama bakışlarındaki alevleri görünce hemen geri çekildim. "Yanlış anlama, bir şey ima etmedim. Bu gerçekten iyi niyetini gösteren bir hareket, anladığım kadarıyla Randall senin teklifini geri çevirdi."

"Evet, aynen öyle oldu. Hâlbuki İngiliz subaylar konu ceplerini doldurmaya geldiğinde dürüstlüğü hemen bir tarafa bırakırlar, özellikle de Komutan gibi giyimine düşkün olanlar."

"Belki de başka gelir kaynakları var," diye bir tahminde bulundum.

"Doğrusunu istersen, var," diyerek Dougal keskin bakışlarını yine bana dikti. "Yine de..." Tereddüt ediyordu, devam etmeye karar verdi ama artık daha yavaş anlatıyordu.

"En azından Jamie'nin yanında olabilmek için vakit gelince yine oraya gittim, bunun dışında yapabileceğim hiçbir şey kalmamıştı."

İkinci seferinde Jamie o gün kamçılanacak tek mahkûmdu. Nöbetçiler onu dışarı çıkarmadan önce gömleğini çıkarmışlardı, soğuk bir ekim sabahıydı ve güneş yeni doğmuştu.

"Oğlanın çok korkmuş olduğunun farkındaydım," dedi Dougal, "ama buna rağmen nöbetçilerin kendine dokunmasına izin vermiyor ve tek başına yürüyordu. Onun titrediğini görüyordum, bunda soğuğunda etkisi vardı ama sinirleri de bozulmuştu, kollarında ve göğsünde bulunan tüyler diken diken olmuştu ama yüzü ter içindeydi. Birkaç dakika sonra Randall ortaya çıkmıştı, kolunun altına bir kamçı sıkıştırmıştı, bu kamçının ucunda bulunan demirler o yürürken birbirine çarpıp ses çıkarıyordu. Sükûnetle Jamie'yi süzüp başçavuşa onun sırtını çevirmesini belirten bir hareket yapmıştı."

Dougal yüzünü bir kez daha buruşturdu. "Bu çok acıklı bir görüntüydü - yaraları hâlâ tazeydi, bir kısmı iyileşmeye yüz tutmuş ve mor bir renge bürünmüştü, diğerleri hâlâ sarıydı. Bunların üzerine yeniden kamçı vurulacak olması düşüncesi benimle birlikte orada bulunan herkesin benzini attırmıştı. Randall başçavuşa dönüp, 'Oldukça başarılı bir çalışma, bakalım ben daha iyisini yapabilecek miyim?' dedi. Büyük bir titizlikle prosedüre uydu ve garnizon doktorunu çağırtıp Jamie'nin kamçılanmaya hazır olduğuna dair gereken onayı aldı. Bir kedi bir fareyle nasıl oynar gördün mü hiç?" diye sordu Dougal. "Olanlar buna çok benziyordu. Randall oğlanın etrafında daire çizerek dolaşıp laf atıyordu, bunların hiçbiri hoşlanacağın türden konuşmalar değildi. Jamie hiçbir şey söylemeden, gözlerini kazığa dikmiş, öylece duruyordu. Randall'a da bakmıyordu. Onun titremesini durdurmak için dirseklerini vücuduna bastırdığını görebiliyordum, bunu Randall da görmüştü. İnce bir çizgi halini almış ağzını açıp konuşmaya başladı. 'Ölümden korkmayan bir adam birkaç kamçı darbesinden korkuyor olamaz öyle değil mi?' dedikten sonra kamçının sapıyla midesine bir darbe indirdi. Jamie, Randall'ın gözünün içine bakıp, 'Hayır ama sen konuşurken burada soğuktan buz keseceğimden korkuyorum,' dedi."

Dougal derin bir nefes aldı. "Bu mükemmel bir konuşmaydı ama çok da büyük bir düşüncesizlikti. Bir adamı kamçılamak elbette matah bir iş değildir ama bu işi de en iyi şekilde yapmanın bir takım yolları vardır. Daha derin kesikler açmak için yanlara vurursun ya da darbenin etkisini arttırmak için böbreklere vurursun." Başını durmadan sallıyordu. "Çok iğrençti."

Doğru kelimeleri seçebilmek için kaşlarını iyice çatıp biraz düşündü.

"Randall'ın yüzünde - sen bunun için sanırım kararlı kelimesini kullanırdın - bir tür ışık vardı, sanki âşık olduğu bir kadına bakıyordu, ne demek istediğimi anladığını biliyorum. Jamie'ye canlı canlı derisini yüzmekten çok daha kötü şeyler yapar gibiydi. On beşinci darbenin sonunda Jamie'nin kanı bacaklarından aşağı akmaya başlamıştı, yüzü ter içindeydi."

Hafifçe olduğum yerde sallandım, güç alabilmek için taşın kenarına tutundum.

"Jamie'nin canlı kalmayı başardığını söylemek dışında başka bir detay vermeyeceğim. Onbaşı ellerini çözünce neredeyse düşüyordu ama onbaşı ve çavuş onu kendi başına ayakta durabilmeyi başarana kadar kollarından tuttular. Soğuğun ve yaşadığı şokun etkisiyle deliler gibi titriyordu ama başı dik, gözleri pırıl pırıldı. Bunu ondan yirmi adım ötede dururken bile görebiliyordum. Onun ardında kanlı ayak izleri bırakarak platformdan aşağı inmesine yardım ederlerken o gözlerini Randall'dan ayırmıyordu. Onu ayakta tutan güç Randall'a bakmaktan kaynaklanır gibiydi. Randall'ın yüzü de Jamie'ninki kadar beyazdı, oda gözlerini oğlana dikmişti, birbirlerinden gözlerini ayırırlarsa birinden biri yere düşecekti sanki." Dougal gözlerini bir noktaya dikmiş duruyordu o tüyler ürpertici sahne hâlâ gözlerinin önündeydi.

Bu ufak ormanda arada bir rüzgâr estiğinde üvez ağacının sallanan yapraklarından çıkan hışırtı dışında herhangi bir ses yoktu. Gözlerimi kapatıp bir süre bu hışırtıları dinledim.

"Neden?" diye sordum, gözlerim hâlâ kapalıydı. "Bunu bana neden anlattın?"

Gözlerimi açtığım zaman onun beni izlediğini gördüm. Elimi yine suya daldırıp şakaklarımı ıslattım.

"Bunun karakter tahlili yapmanda sana faydası olacağını düşündüm."

"Randall için mi?" Son derece keyifsiz bir kahkaha attım. "Onun karakterini anlamak için daha fazla kanıta ihtiyacım yok, teşekkür ederim."

"Hem Randall, hem de Jamie için."

Hızla ona baktım, bir anda huzurum kaçmıştı.

"Bugün bir takım emirler aldım," dedi, emir sözcüğünü üzerine basa basa söylemişti, "sevgili komutanımızdan..."

"Ne yapmak için?" İçimdeki sıkıntı gittikçe artıyordu.

"İngilizleri ilgilendiren bir konuyu çözmek için Claire Beauchamp adlı kişiyi 18 Haziran Pazartesi günü sorgulanmak üzere William Kalesi'ne götürmek için."

Bakışlarım onu çok korkutmuş olmalıydı, hemen yerinden fırlayarak yanıma geldi.

"Başını dizlerinin arasına indir yavrum, baygınlığın geçene kadar bunu yapmaya devam et." Bir yandan da boynumu aşağı doğru itiyordu.

"Ne yapılması gerektiğini biliyorum," dedim öfkeyle, bir yandan da söylediği şeyi yapıyordum. Gözlerimi kapatıp, kanın yukarı çıkıp yeniden şakaklarımı attırmasını beklemeye başladım. Yüzümde ve kulaklarımda başlayan o ıslaklık azalmaya başlamıştı, ellerim hâlâ buz gibiydi. Nefesimi düzenlemeye çalıştım, nefes al - bir iki üç dört - nefes ver - bir iki üç dört...

Bir süre sonra mümkün olduğunca toparlanıp doğrulmayı başardım. Dougal taşın üstünde bana bakarak sabırla oturmaya devam ediyordu, geriye devrilip suyun içine düşmeyeceğimden emin olmak istiyordu.

"Bundan kurtulmanın tek yolu var," dedi aniden. "Bulabildiğim tek yol bu."

"Bana da söyle," dedim yalandan gülümsemeye çalışarak.

"Pekâlâ," dedikten sonra bana doğru eğildi. "Şu an Randall'ın seni sorgulamaya hakkı var çünkü sen İngiliz Krallığı'na bağlı birisin. Bunu değiştirmemiz gerekiyor."

Anlamaz gözlerle ona bakmaya başlamıştım. "Ne demek istiyorsun? Sende bu krallığa bağlı değil misin? Bu nasıl değişir ki?"

"İskoç yasalarıyla İngiliz yasaları birbirine çok benzer ama aynı değildir. Bir İngiliz subayı bir İskoç vatandaşını suçunu belgelemeden ya da hakkında ciddi dayanağı olan şüpheler barındırmadan sorgulama hakkına sahip değildir. Çok ciddi şüpheleri olsa bile bir İskoç'u bulunduğu klandan klan reisinin izni olmadan alıp götüremez."

"Ned Gowan'la bu konuyu konuşmuş gibisin," dedim, yine başım dönmeye başlamıştı.

"Evet, konuştum. Konunun buralara gelebileceğini düşünmüştüm. O da bana düşündüğüm şeyin doğru olduğunu söyledi. Seni Randall'a vermeyi reddedebilmem için yasal olarak İskoç bir kadın olman gerekiyor."

"İskoç bir kadın mı?" Baş dönmesi yerini korkunç bir şüpheciliğe bırakmıştı.

Bu şüphelerimin doğruluğu sonraki sözleriyle ortaya çıktı.

"Evet," dedi bakışlarımı onaylayarak. "Bir İskoç'la evlenmen gerekiyor. Genç Jamie ile."

"Bunu yapamam."

"O zaman," düşünceli bir şekilde kaşlarını çatmıştı, "onu beğenmediysen Rupert'ı da alabilirsin. O bir dul ve kiraya verdiği küçük bir çiftliği var. Biraz yaşlı ama yine de..."

"Rupert'la da evlenmek istemiyorum! Bu... Bu çok saçma..." Gereken sözcükleri bulamıyordum. Heyecanla karışık bir acıyla ayağa fırladım, küçük alanda tur atmaya başlamıştım, üvez ağacının meyveleri ayaklarımın altında eziliyordu.

"Jamie iyi bir çocuktur." Dougal hâlâ duvarın kenarında oturmuş bana bakıyordu. "Şu an fazla bir malı mülkü yok, bu doğru, ama çok temiz kalplidir. Sana asla kaba davranmaz. Hem çok iyi bir savaşçıdır, Randall'dan nefret etmek için de çok iyi sebepleri var. Seni korumak için son nefesine kadar savaşacaktır."

"Ama... Ama ben kimseyle evlenemem!" diye patladım.

"Dougal'ın gözlerinde birdenbire ters bir ifade belirdi. "Neden? Kocan hâlâ yaşıyor mu?"

"Hayır. Bu... Bu... Gerçekten çok saçma! Böyle bir şey nasıl olur ki?"

'Hayır' cevabını duyan Dougal rahatlamıştı. Başını kaldırıp güneşe baktı ve gitmek üzere ayağa kalktı.

"Gitme vakti geldi, kızım. Yapmamız gereken çok şey var. Özel bir izin çıkarmamız gerekiyor," diye mırıldandı, kendi kendine konuşur gibiydi. "Ned bunu halleder."

Kendi kendine mırıldanmaya devam ederek kolumu tuttu.

"Kimseyle evlenmeyeceğim," dedim kolumu çekip. Kararlıydım.

Bundan rahatsız olmamıştı. Alnını kırıştırarak bana baktı.

"Seni Randall'a götürmemi mi istiyorsun?"

"Hayır!" Sonra bir anda aklıma ilk geleni söyleyiverdim. "Neyse en azından artık benim İngiliz casusu olmadığıma inanıyorsun."

"*Artık* inanıyorum." Sözcüğü üzerine basarak söylemişti.

"Neden daha önce değil de şimdi?"

Kaynağı ve kayanın üzerinde kazılı figürü gösterdi. Yüzlerce yıllık olmalıydı, ona gölgesini sunan ve beyaz çiçeklerini üzerine döken devasa üvez ağacından çok daha yaşlı olduğu kesindi.

"Aziz Ninian Kaynağı. Sana sorumu sormadan önce oradan su içmiştin."

Bu kez gerçekten çok şaşırmıştım.

"Bunun konuyla ne alakası var?"

O da şaşırmış gibiydi, sonra gülümsemeye başladı. "Bilmiyor muydun? Ona yalancıların çeşmesi derler. Bu sudaki koku cehennemin kokusudur. Onu içip ardından yalan söyleyen kişinin midesi alev alev yanar."

"Anladım," dedim dişlerimin arasından. "Midem oldukça iyi durumda... Sana İngiliz ya da Fransız casusu olmadığımı söylediğimde bana inanıyorsan, kimseyle evlenmeyeceğimi söylediğimde de inanman gerekir Dougal MacKenzie!"

Beni dinlemiyordu. Kaynağı gözden saklayan çalıları iterek ilerlemeye başlamıştı. Hatta şu an sadece arkasından sallanan meşe ağacının dallarını görebiliyordum. Öfkeden delirmiş bir şekilde onu takip ettim.

Hana dönerken yol boyunca uzun bir süre hiç susmadan itiraz ettim. Sonunda Dougal, nefesimi boşa harcamamamı ve onu sakinleşmek için kullanmamı önerdi. Yolun kalanını sessizlik içerisinde tamamladık.

Hana varır varmaz dizginleri yere fırlatıp ayaklarımı yere vurarak merdivenleri çıktım ve odama sığındım.

Bu akla hayale sığmaz, iğrenç bir fikirdi. Küçük odada kapana kısılmış bir fare gibi dolanıp duruyordum. Riski ne olursa olsun neden daha önce bu İskoçların yanından kaçma cesaretini bulamamıştım? Lanet olsun!

Yatağın üzerine oturup sakinleşmeye çalıştım. Olaya Dougal açısından bakınca bunun yapılması gerekiyordu. Herhangi bir sebebi olmadan beni Randall'a vermeyi reddetmesi anlamsız olurdu. Komutan zor kullanarak beni almayı başarırdı. Bana inansa da inanmasa da, İngilizlerle bir çatışmaya girmek istememesi gayet anlaşılır bir durumdu.

Soğukkanlılıkla düşününce bu fikir aslında bana da bir takım haklar sağlıyordu. Bir İskoç'la evlenince büyük bir ihtimalle bu kadar sıkı bir gözetim altında olmayacaktım. Zamanı geldiğinde oradan kaçmak daha kolay olacaktı. Evleneceğim kişi Jamie olursa - benden hoşlandığını biliyordum - beni Craigh na Dun'a bile götürebilirdi. Buraları avcunun içi gibi biliyordu. Evet, evlilik, amacımı gerçekleştirebilmem için tek çıkar yol gibi görünüyordu.

Tabii, bu olaya soğukkanlılıkla bakan birinin düşüncesiydi. Benimki şu an öfke ve acıyla kor haline gelmişti. Burnumdan soluyarak odayı adımlıyor ve başka bir çıkış yolu bulmaya uğraşıyordum. Bu şekilde geçen bir saatin sonunda yüzüm kıpkırmızı olmuştu ve başım zonkluyordu. Pencerenin kepenklerini açıp temiz hava almak için başımı dışarı uzattım.

Kapı sertçe vuruldu. Başımı içeri çekerken Dougal odaya

girmişti bile. Elindeki kâğıt tomarını gümüş bir tepsiyle taşıyormuş gibi bir edayla içeri girdi, Rupert ve mükemmel Ned Gowan emir erleri gibi onu takip ediyorlardı.

"Lütfen, içeri girin," dedim nezaketle.

Dougal, her zamanki gibi benimle ilgilenmeden masaya doğru ilerleyip onun üzerindeki kâseyi kaldırdı ve kâğıtları meşe zeminin üzerine yaydı.

"Her şey halledildi," dedi böylesine zor bir işi hemen halletmiş olmanın verdiği gururla. "Ned kâğıtları hazırladı, senin tarafını tutan bir avukattan daha iyisi yoktur, öyle değil mi Ned?"

Adamlar aralarında gülüştüler, bu hoş bir gülüştü.

"Bu o kadar da zor bir şey değil," dedi Ned yine alçak gönüllülükle. "Bu basit bir kontrat."

İşaret parmağını kâğıtların üzerinde gezdirirken aklına aniden gelen bir fikirle alnını kırıştırdı.

"Fransa'da sahip olduğun herhangi bir mülk yok değil mi?" Çalışırken taktığı yarım gözlüklerinin üzerinden endişeli gözlerle beni süzüyordu. Başımla olmadığını belirtince rahatladı ve kâğıtları yeniden düzgün bir deste haline getirdi. Kenarlarının dümdüz olmasına özen göstermişti.

"Tamam o zaman. Dougal ve Rupert'ın şahitliğinde şurayı imzalaman yeterli."

Avukat yanında getirmiş olduğu mürekkep hokkasını masaya yerleştirdikten sonra temiz tüylü kalemini cebinden çıkarıp bana uzattı.

"Bu ne için?" diye sordum. Bu aslında laf olsun diye sorulmuş bir soruydu, yığının üzerinde büyük harflerle ve iri puntolarla 'Evlilik Sözleşmesi' yazıyordu.

Dougal bu huysuzluğumu artık kaldıramıyormuş gibi derin bir nefes aldı.

"Ne olduğunu çok iyi biliyorsun," dedi kısaca. "Kendini Randall'ın kollarından uzak tutacak başka dâhiyane bir fikir bulmadıysan bunu kabul edip imzalamak zorundasın. Zamanımız kısıtlı."

Dâhiyane fikirler bugün ortalıktan yok olmuştu, bir saattir

bu konuya kafa yoruyordum ve hiçbir şey bulamamıştım. Her ne kadar karşı koyuyor gibi görünsem de bu inanılmaz fikir şu an için elimdeki en iyi seçenekti.

"Ama ben evlenmek istemiyorum!" dedim inatla. Bir anda bu konudaki tek karar sahibi olmadığım aklıma gelmişti. Kaledeyken Jamie'yi sarışın kızla öpüşürken görmüştüm.

"Ayrıca Jamie de benimle evlenmek istemeyebilir! Buna ne dersin?" Dougal bu konuyu önemsiz bir şeymiş gibi bir kenara itmişti.

"Jamie bir askerdir, kendisine söyleneni yapar. Ayrıca tercihini İngiliz hapishanesinden yana kullanmıyorsan, sen de sana söyleneni yapacaksın."

Zorlukla nefes alarak ona baktım. Randall'ın ofisinden ayrıldığımdan beri kendimi toplayamamıştım, hissettiğim acı gittikçe artıyordu, artık önümde sadece siyah ve beyaz olduğunu kabul etmeliydim.

"Onunla konuşmak istiyorum," dedim. Dougal şaşkınlıkla kaşlarını kaldırdı.

"Jamie ile mi? Neden?"

"Neden mi? beni onunla evlenmeye zorluyorsun ve anladığım kadarıyla onun bundan haberi bile yok!"

Dougal karar verdikten sonra bunun bir öneminin olmayacağı çok açıktı ama bunu bir kez daha söylemedi, Jamie'yi bulmak üzere yardakçılarıyla birlikte yanımdan ayrıldı.

Bir süre sonra Jamie geldi, şaşkınlığı gözlerinden okunuyordu.

"Dougal'ın bizi evlendirmek istediğinden haberin var mı?" diyerek hemen konuya girdim.

Yüzündeki ifade rahatladı. "Ah, o mu? Evet, biliyorum."

"Senin gibi genç bir adamın mutlaka ilgilendiği biri vardır. Anlatabildim mi?" Bir süre boş gözlerle bana baktıktan sonra ne demek istediğimi anladı.

"Birine verilmiş bir sözüm olup olmadığını mı soruyorsun? Hayır, ben kızlar için iyi bir aday değilim." Bu sözlerinin kabalık olduğunu düşünerek hızla devam etti. "Yani, hiç malım mülküm yok, beni alan bir asker maaşına talim etmek zorunda kalır."

Çenesini kaşıyarak kuşkulu bakışlarla sözlerini sürdürdü. "Bir de başıma biçilmiş olan bir ödül var. Hiçbir baba kızını her an yakalanıp asılma ihtimali olan bir adama vermek istemez. Sen bu konuyu düşündün mü?"

Bunun, fikrin geri kalanı kadar vahşi bir şey olmadığını göstermek için elimi salladım. Son bir şansım kalmıştı.

"Bakire olmamam senin canını sıkmaz mı?" Bu soruma cevap vermeden önce küçük bir tereddüt yaşadı.

"Yok, hayır," dedi yavaşça, "benim bakir olmam senin canını sıkmadığı sürece bir problem yok." Ağzımın açık kalması onun odadan çıkarken sırıtmasına sebep oldu.

"En azından birimiz neler yapılması gerektiğini biliyor," dedi. Kapı arkasından yavaşça kapandı, kurlaşma sona ermişti.

Kâğıtlar usule uygun bir şekilde imzalandıktan sonra, hanın dik merdivenlerinden dikkatli bir şekilde inerek meyhaneye gittim ve bara oturdum.

"Viski," dedim arkada duran her yanı kırışmış yaşlı yaratığa. Çapaklı gözleriyle beni süzdü, Dougal'ın onayladığını belirten baş sallayışı onu isteğimi yapmak zorunda bıraktı. Bana bir şişe ve bardak uzattı. Bardak kalın ve yeşilimsiydi, çentilmiş kenarlarında lekeler vardı. Üzeri açıktı ve içine içki konabilir durumdaydı. Şu an önemli olan tek şey buydu.

İlk yudumun verdiği yanma hissi geçtikten sonra sahte bir dinginlik yaşadım. Biraz rahatlamıştım, meraklı gözlerle etrafı incelemeye başladım; barın üzerindeki içi dolu küçük kirli bardağı, yaşlı bar sahibinin ve arkasındaki eşyaların üzerine düşen gölgeleri, yanımda duran duvara asılmış bakır ayaklı ibriği, masanın üzerindeki küçük sıvı birikintisinde debelenen yeşil sineği... Halden anlar bir tavırla bardağımla iterek onu tehlikeden kurtardım.

Odanın diğer tarafında bulunan kapalı kapının ardındaki seslerin yükseldiğini fark etmeye başlamıştım. Dougal benimle işini bitirdikten sonra oradan içeri girip yok olmuştu, büyük ihtimalle diğer tarafa anlaşmayı imzalatıyordu. Bu sesleri duyunca mutlu olmuştum, müstakbel damat daha önce öyle görünmemiş olmasına rağmen bir şeylere karşı çıkar gibiydi. Belki de beni incitmemek için öyle davranmıştı.

"Bastır oğlum," diye mırıldanarak kocaman bir yudum daha aldım.

Bir süre sonra bilinçsiz bir şekilde bardağı tutabilmek için parmaklarımı açmaya çalışırken dirseğimin altında başka bir el olduğunu hissettim.

"Aman tanrım, dut gibi olmuş," dedi kulağımın dibinde bir ses. Ses kulağımı tırmalıyordu, sahibinin bir tomar zımpara kâğıdı yemiş olduğunu düşündüm. Bu fikir kıkırdamama sebep oldu.

"Kendini topla, kadın!" dedi yine o kulak tırmalayan ses. "Leş gibi sarhoş ve papağan gibi gıcırdıyor, başka ne bekliyordun ki?"

Başka bir ses daha duydum ama ne söylediğini anlayamadım, kelimeler birbirine karışmaya başlamıştı. Ama yine de bu sesin hoş ve huzur veren bir ses olduğunu düşündüm. Çok yakından geliyordu, cevap vermek istedim. Dikkatimi toplamaya çalıştım ama başaramadım.

Sinek yine suya dalmıştı, kurtulmak için çırpındıkça daha çok batıyordu. Kirli bardaktan yansıyan ışık onun çırpınan yeşil kanatlarını aydınlattı. Gözlerimi o yeşil noktaya dikmiştim, o kurtulmak için debelendikçe bir ışık yanıp sönüyordu. Hissediyordum.

"Heyyyyy... Hij şansın yok," dedim ve ışık yok oldu.

14

Nikâh

Uyandığımda üzerimde alçak, ahşap kirişli bir tavan vardı. Kalın bir yorgan itinayla çenemin altına kıstırılmıştı. Üzerimde sadece kombinezonum vardı. Oturup giysilerimi bulmak için etrafa bakınmaya başladım ama bundan hemen vazgeçtim. Yavaşça geri yatıp gözlerimi kapattım ve başımı tutup dönmesini durdurmaya çalıştım.

Bir süre sonra odanın kapısı açılınca yeniden uyandım. Hafifçe bir gözümü araladım. Oynaşıp duran şekiller sonunda asık suratlı Murtagh'a benzedi, yatağın ayakucunda durmuş onaylamaz bakışlarla bana bakıyordu. Hemen gözümü kapattım. Garip, İskoçça söylenen ve büyük ihtimalle aşağılama içeren bir takım sözcükler duydum, yeniden gözümü açtığımda gitmişti.

Kapı tekrar açıldığında yeniden uykuya dalmak üzereydim, bu kez hancının karısı olduğunu tahmin ettiğim orta yaşlı bir kadın vardı görüntüde. Elinde ibrik ve leğen vardı. Büyük bir neşeyle odaya girip beynimde büyük uğultulara yol açan bir gürültüyle kepenkleri açtı. Bir panzer edasıyla üzerime ilerleyip olmayan gücümle yakalamaya çalıştığım yorganı söküp aldı, yarı çıplak bir şekilde titriyordum.

"Hadi bakalım şekerim kalkma zamanı," dedi. "Seni hazırlamamız gerekiyor." Güçlü kollarıyla omuzlarımdan tutup beni yatağa oturttu. Bir elimle başımı diğeriyle karnımı tutuyordum.

"Hazırlamak mı?" dedim, ağzımın içi çürümüş yosunla dolu gibiydi.

Kadın hızla yüzümü yıkamaya başladı. "Ah hayatım, düğününü kaçırmak istemezsin, değil mi?"

"Evet," dedim ama o beni duymuyordu, fütursuzca üzerimdeki kombinezonu çıkardı ve daha özel bölgeleri temizleyebilmek için beni ayağa kaldırdı.

Bir süre sonra tamamıyla giyinmiş başımı tutmaya çabalayarak savaşa hazırdım. Bana bir kadeh şarap vermişti ve bu gerçekten de işe yaramıştı. Kadın buklelerimin arasından tarağı geçirmeye uğraşırken ikinci kadehten dikkatle bir yudum aldım.

Kapı gıcırdayarak yeniden açılınca yerimden sıçradım ve şarap üzerime döküldü. Nefretle, her şey üst üste geliyor diye düşündüm. Bu kez ziyaretime gelenler iki kişiydi, Murtagh ve Ned Gowan, ikisi birden kınayan gözlerle beni seyretmeye başlamışlardı. Murtagh yatağa yaklaşıp etrafımda dönüp beni incelerken, Ned'le bakışmaya devam ettik. Ned'e dönüp anlayamayacağım kadar kısık sesle bir şeyler söyledi. Bana acıyan gözlerle son bir bakış fırlattıktan sonra odadan çıktılar.

Sonunda saçım kadını tatmin edecek bir şekle girdi. Saçlarımı arkaya gererek toplamış, tam tepemde duran bir topuz haline getirmişti, daha kabarık durması için uçlarını bukleler haline getirmiş ve aynı bukleleri kulaklarımdan aşağı sarkıtmıştı. Sımsıkı toplanmış saçlar kafamın iyice gerilip zonklamasına sebep olmuştu ama aynadaki görüntü çok başarılıydı. Yavaş yavaş insana dönüştüğümü hissediyordum, ona yardımından ötürü teşekkür etmeyi bile başardım. Yazın evlenmenin büyük bir şans olduğunu söyleyerek beni aynanın karşısında bıraktı ve odadan çıktı. Evet, çok şanslıydım, başıma bir sürü çiçek takabilirdim.

"Ölüme gider gibiyiz," dedim aynadaki yansımamı selamlayarak. Yüzüme ıslak bir bez örterek ve yatağa devrilip uyumaya başladım.

Hoş bir rüya görüyordum, yemyeşil çimlerin ve kır çiçeklerinin arasında bir şeyler yapıyordum, çok hoş bir rüzgâr kollarıma doğru esiyordu ama bu bir rüzgâr değildi hiç de nazik olmayan iki eldi. Sıçradım, hâlâ sağa sola sallanıyordum.

Gözlerimi açmayı başardığımda, küçük odam tam bir metro istasyonuna benziyordu, duvardan duvara suratlarla kaplanmıştı: Ned Gowan, Murtagh, hancının karısı, sırık gibi genç bir adam. Sanırım o hancının oğluydu ve kolları çiçeklerle doluydu.

Rüyamdaki kokular büyük ihtimalle onlardan gelmişti. Elinde yuvarlak hasır bir sepet taşıyan ve bana dostça gülümseyen genç bir kadın da vardı, gülümseyince eksik dişleri ortaya çıkıyordu.

Bu şahıs anladığım kadarıyla köyün terzisiydi, dolabımda duruma uygun bir kostüm olmadığını gören hancı kadın tarafından çağrılmıştı. Ned söz konusu kostümü ölü bir hayvan gibi elinde tutuyordu. Yatağın üzerine konduğunda bunun krem renginde, düşük yakalı, saten bir elbise olduğunu gördüm. Korsajı ayrıydı ve kumaş kaplı küçük düğmeleri vardı, hepsine tek tek altın zambaklar işlenmişti. Yaka ve kol kenarları dantelliydi, en üstteki kahverengi kadife etek de aynı şekilde işlenmişti. Hancı, taşımakta olduğu iç eteğinin kabarık katmanları arasında yok olmuştu.

Gri eteğimin üzerindeki porto şarabı lekesine baktım. Eğer evleneceksem, bunu işçi bir köylü kılığında yapmak istemezdim.

Benim kukla gibi ortada durduğum ve herkesin bir şeyler getirip götürüp, fikir verip, panik içinde birbirlerinin üzerine tırmandığı telaşlı bir koşuşturmanın sonunda hazırlanmayı başarmıştım. Saçıma beyaz yıldız çiçekleri ve sarı güller takılmıştı, kalbim yerinden çıkacakmış gibi atıyordu. Üst kısmı bedenime mükemmel bir şekilde oturmamıştı, kostüme bir önceki kullanıcısının kokusu sinmişti ama saten kumaş ağır bir şekilde yere dökülüyor ve adım attıkça kabarık iç eteğine sürtünüp çok hoş bir ses çıkarıyordu. Kendimi bir kraliçe gibi hissediyordum ama sevimsizdim.

"Bana bunu yaptıramazsınız," diye Murtagh'a tehdit dolu fısıltılar savurarak peşi sıra merdivenlerden iniyordum. İkimiz de bunun boş bir cesaret gösterisi olduğunu çok iyi biliyorduk. Dougal'a karşı koyup İngiliz'in bana yapacaklarına katlanmaya yönelik son cesaret kırıntılarımı da viski yok etmişti.

Dougal, Ned ve diğerleri aşağıdaki ana salonda merdivenin hemen önünde sarhoş olmaktan başka işi olmayan birkaç köylüyle içip hoşbeş ediyorlardı.

Yavaşça aşağı indiğimi gören Dougal hemen konuşmayı kesti. Diğerleri de bir anda sessizliğe gömüldü ve ben hayranlık dolu bakışlar arasında aşağıya süzüldüm. Dougal o derin bakışlarıyla beni baştan aşağı süzdü, gözlerinde hiç yanılmamış olduğunu gösteren bir bakış vardı.

Şu ya da bu sebeple bütün adamlar bana buna benzer bakışlarla baktılar ve ben bütün bu bakışları büyük bir nezaketle kabul ettim.

Bu sessizliğin ardından, meyhane hayranlık nidalarıyla doldu ve Murtagh bile hafifçe gülümsedi. Çabalarının boşa gitmemesine mutlu olmuştu. *Seni kim moda danışmanı seçti?* diye düşündüm, hâlâ terslik peşindeydim. Bir yandan da şayaktan yapılmış gri lekeli bir elbiseyle evlenmemi engellemiş olduğu için mutluydum.

Evlenmek. Aman Tanrım. Kısa bir süre porto şarabı ve krem rengi danteller yüzünden kendimden geçmiş ve içinde bulunduğum durumun ciddiyetini unutmuştum. Bunun farkına varır varmaz karnıma bir darbe daha yemiş gibi oldum ve tırabzana tutundum.

Kalabalığa bakınca damadın orada olmadığını fark ettim. Pencerelerden birinden kaçıp kilometrelerce öteye gitmiş olabileceğini düşünerek biraz rahatladım ve Dougal'ın peşinden dışarı çıkmadan önce hancının bana uzattığı şarap bardağını aldım.

Ned'le Rupert atları getirmek üzere daha önce çıkmışlardı. Murtagh ortalarda yoktu, belki de Jamie'yi arıyordu.

Dougal kolumu tuttu, sözüm ona saten terliklerimle tökezleyip düşmemi engelliyordu. İşin aslında son dakikada oradan kaçmamı engelliyordu.

Ilık İskoçya günlerinden biriydi, yani yoğun bir sis yoktu ama sis yok da denemezdi. Birdenbire hanın kapısı açıldı ve ortalık ışıdı. Bu James'di. Ben ışık saçan bir gelinsem, o da göz kamaştırıcı bir damattı. Bu görüntü karşısında ağzım açık kaldı ve bir süre kapatmayı başaramadım.

Tören kıyafetlerini giymiş bir İskoçyalı her zaman muhteşem görünürdü - yaşlı, hasta veya çirkin olması hiçbir şeyi değiştirmezdi. Ama düzgün vücutlu, uzun boylu ve hiçbir yeri çirkin olmayan genç bir İskoçyalı ise nefes kesici oluyordu.

Gür kızıl saçları geriye taranmış, patiska gömleğinin yakalarını süpürüyordu. Eteğinin içine sokulmuş olan gömleğin çan şeklindeki kolları, bileklerindeki fırfırlı dantellerle son buluyordu. Aynı dantel fırfırlar gömleğin kolalı yakasından göğsüne iniyordu, üzerinde yakut rengi bir iğne vardı.

Kırmızı siyah ekoseler MacKenzieler'in ağırbaşlı yeşil beyaz ekoselerinin yanında son derece göz alıcıydı. Alev almış gibi görünen kırmızı yün şalı sağ omzundan aşağı sarkıtılmış, yuvarlak gümüş bir broşla tutturularak hoş drapeler oluşturulmuştu. Gümüş kaplamalı kılıç kını düzgün baldırlarını saran yünlü çoraplarını geçip gümüş tokalı siyah botlarına kadar uzanıyordu. Kılıç, kama ve porsuk derisinden yapılmış torbası kostümünü tamamlıyordu.

Bir doksanın üzerindeki boyu, yapılı vücudu, çarpıcı yüz hatlarıyla bugüne kadar görmeye alıştığım bakımsız at terbiyecisiyle yakından uzaktan alakası yoktu - o da bunun farkındaydı. Saraylarda yapıldığı gibi sağ bacağını geri çekerek mükemmel bir reverans yaptı ve, "Hizmetkârınızım," dedi, gözlerinde yaramaz pırıltılar vardı.

Ben ise sadece, "Ah," diyebildim.

Dougal'ı daha önce ne diyeceğini bilemez bir halde çok az görmüştüm. Kalın kaşları iyice birleşmiş ve bütün yüzünü kaplamış gibiydi, o da bu görüntünün karşısında benim gibi ne yapacağını bilememişti, hatta hayalet görmüş gibiydi.

"Sen delirdin mi be adam?" dedi sonunda. "Ya seni gören biri olursa?"

Jamie alaycı tavrını koruyarak bir kaşını havaya kaldırıp ona baktı. "Neden dayı? Neden evlilik günümde de beni hor görüyorsun? Karımı utandırmamı istemezsin değil mi? Hem," diye devam etti yüzünde şeytani bir parıltı vardı, "eğer evlenirken gerçek adımı kullanmazsam bunun yasal bir evlilik olacağını sanmıyorum ve sen her şeyin yasalara uygun yapılmasını istiyorsun, istemiyor musun yoksa?"

Dougal gözle görülür bir çaba harcayarak kendini topladı. "Hazırsan gidip şu işi bitirelim artık Jamie."

Jamie henüz hazır değil gibi görünüyordu. Dougal'ın burnundan solur halini umursamadan, torbasından beyaz boncuklardan oluşan bir kolye çıkardı. Öne doğru bir adım atıp onu boynuma taktı. Başımı aşağıya çevirince onun küçük beyaz incilerden oluşan barok bir kolye olduğunu anladım, bunlar temiz su midyelerinden çıkarılmış formsuz incilerdi. Aralarında çok ince işlenmiş altın madalyonlar vardı ve incilerin bir kısmı bunların ucunda sallanıyordu.

"Bunlar sadece İskoç incileri," dedi özür diler gibi, "ama sana çok yakıştılar." Parmakları kısa bir süre boynumda durdu.

"Bunlar annenin incileriydi!" dedi Dougal, kolyeye dik dik bakıyordu.

"Evet, artık karımın oldular. Gidelim mi?"

Gittiğimiz yer köyden epey uzaktı. Düğün alayı biraz asık suratlıydı, evlenen çiftin etrafı diğerleri tarafından çevrilmişti, ikisi de suçlular gibi gözaltında tutuluyordu. Geçen zaman zarfında sadece Jamie konuşmuştu, geç kaldığı için kısık sesle özür dilemişti, temiz ve bedenine uygun bir gömlek bulmakta zorlanmıştı.

"Sanırım buradaki toprak ağasının oğluna ait," dedi göğsünün üzerindeki fırfırlı dantelleri bakarak. "Biraz hanım evladı gibi görünüyor."

Bir tepenin yamacında atlarımızdan indik, süpürge otlarının arasında yukarı tırmanan bir patika vardı.

Atları bağlarlarken Dougal'ın Rupert'a kısık sesle, "Gereken düzenlemeleri yaptın mı?" diye sorduğunu duydum.

"Evet, elbette." Siyah sakalının arasından beyaz dişlerinin parladığını gördüm. "Pederi ikna etmek biraz zor oldu ama ona özel izni gösterdim." Bu sözleri söylerken hafifçe torbasına vurmuştu, oradan gelen metal sesleri bu özel iznin ne olduğunu anlamamı sağlamıştı.

Çiselemekte olan yağmurun ve sisin arasından, süpürge otlarının içinden yükselen şapeli gördüm. Gözlerime inanamıyordum. Bu yuvarlak formlu çatıyı ve küçük gözlü pencereleri son gördüğümde güneşli bir gündü ve Frank Randall'la evleniyordum.

"Hayır!" diye bir çığlık attım. "Burada olmaz! Bunu yapamam!"

"Şişt, sakin ol. Üzülme yavrum, her şey yoluna girecek." Dougal pençesini omzuma koymuş, İskoçça bir şeyler mırıldanarak beni huzursuz bir kısrakmışım gibi sakinleştirmeye uğraşıyordu. "Sinirlerinizin biraz bozuk olması çok doğal," dedi hepimize dönerek. Yola devam etmem için eliyle sırtımdan hafifçe itekledi. Ayakkabılarım yerdeki yaprakların içine gömülüyordu.

Dougal'la Jamie kaçmamı engellemek için iki yanıma geçmiş, dibimden yürüyorlardı. İki yanımda gördüğüm ekose kumaşlar yavaş yavaş sinirimi bozmaya başlamıştı, bir isteri krizinin eşiğindeydim. Biraz fazla biraz eksik olabilir ama iki yüz yıl sonra yine bu şapelde, onun o eskiliğinin cazibesine kapılarak evlenmiştim. Şu an şapel çok yeniydi, eskiliğin ona sunmuş olduğu çekiciliğe sahip değildi ve ben yirmi üç yaşındaki bir İskoç bakiriyle evleniyordum. Adı...

Panik içerisinde Jamie'ye döndüm. "Seninle evlenemem! Adını bile bilmiyorum!"

Başını eğip alay eder gibi baktı. "Fraser. James Alexander Malcolm MacKenzie Fraser." Her bir kelimeyi yavaş ve anlaşılır bir şekilde söyleyerek resmen kendini tanıtmıştı.

Şaşkına dönmüştüm. "Claire Elizabeth Beauchamp," diyerek aptalca elimi uzattım. Bunu desteğe ihtiyacım olduğu için yaptığımı düşünerek elimi nasırlı ellerinin arasına alıp sımsıkı tuttu. Kaçmamı daha da imkânsız hale getirmiştim, evlenmek üzere patikadan yukarı tırmanmaya devam ettim.

Rupert ve Murtagh bizi şapelde bekliyorlardı. Yanlarındaki rahibin başında nöbet bekler gibi duruyorlardı. Bu genç, zayıf, kırmızı burunlu adam korkmuş gibi görünüyordu. Rupert kocaman bıçağıyla bir söğüt dalını kesip duruyordu, içeri girerken uzun kabzalı tabancalarını kolayca ulaşabileceği şekilde vaftiz kurnasının yanına koydu.

Diğer adamlar da Tanrı'nın evine uygun şekilde davranıp silahlarını bıraktılar, en arkadaki sıranın üzeri ölümcül silahlarla dolmuştu. Jamie kılıcını ve kamasını çıkarmadı, bunlar onun kostümünün bir parçasıydı.

Ahşap mihrabın önüne diz çöktük ve tören başladı.

Geçtiğimiz birkaç yüz yıl içerisinde Katoliklerin evlilik törenlerinde pek bir değişiklik yapılmamıştı. Yanımda duran tanımadığım kızıl saçlı gencin söyledikleri ve yaptıkları Frank'le evlenirken yapılanlardan farklı değildi. Kendimi soğuk ve karanlık bir boşluğa düşmüş gibi hissediyordum. Bu genç papazın sözleri karnımın içinde bir yerlerde yankılanıyor gibiydi.

Sıra yeminlere geldiğinde mekanik hareketlerle döndüm, donmuş parmaklarım damadın elindeydi. Onun parmakları da benimkiler kadar soğuktu. Bu sakin görüntüsünün altında onun da en az benim kadar sinirli olduğunu anladım.

Uzun bir süre ona bakmamaya çalıştıktan sonra gözlerimi kaldırdım ve onun beni süzdüğünü gördüm. Yüzü beyaz ve ifadesizdi, omzundaki yarayı sararken baktığı gibi bakıyordu. Ona gülümsemeye çalıştım ama dudaklarım titreyerek verdiğim emre uymadı. Parmaklarımı biraz daha sıktı. Birbirimizi ayakta tutmaya çalıştığımızı fark ettim. Birimiz başka bir yöne bakar veya tuttuğu eli bırakırsa diğeri düşecekti. Bu duygu garip bir şekilde içimi rahatlattı. Başımıza gelenlere birlikte karşı koymayı başarabiliyorduk.

"Claire'i karım olarak kabul ediyorum..." Sesi hiç titremedi ama eli titriyordu. Ben de onun elini sıktım. Ellerimiz sımsıkı kenetlenmişti. "...onu sevip saymak, korumak... İyi ve kötü günde..." Bu sözcükler çok uzak bir yerlerde söyleniyor gibiydi. Bütün kanım çekilmişti. Korsaj sıkmaya başlamıştı, üşüyordum, soğuk soğuk terlemeye başlamıştım. Bayılmamalıydım.

Duvarın üzerinde yüksekte, küçük vitraylı bir pencere vardı, bunun üzerinde Yahya Peygamber'in kötü bir işçilikle yapılmış bir görüntüsü vardı. Buradan koluma yeşil ve mavi gölgeler düşüyordu, bu gölgeler bana dün meyhanede yaşadıklarımı hatırlattı, şu anda da bir içkiye ihtiyacım vardı.

Sıra bana geldi. Kekeleyince çok sinirlendim. "B... Ben James'i..." Hemen doğruldum. James üzerine düşeni başarıyla yapmıştı, ben de en iyiyi yapmak için çaba göstermeliydim. "...bugünden itibaren...sevip sayacağıma..." Sesim daha güçlü çıkmaya başlamıştı.

"Ölüm bizi ayırana kadar..." Bu son sözler şapelin duvarlarında yankılandı. Her şey ağır çekim ilerliyordu. Rahip yüzüğü istedi.

Bir kargaşa yaşandı ve Murtagh'ın yüzünün kasıldığını gördüm. Jamie kendi parmağındaki yüzüğü çıkarmak için kısa bir süre elimi bırakınca, birilerinin yüzüğü ayarlamayı unuttuğunu anladım.

Frank'in yüzüğü hâlâ sol elimde duruyordu. Jamie halkayı dördüncü parmağıma geçirirken sağ elimin parmakları yansıyan mavi ışığın altında donmuş gibi görünüyordu. Yüzük parmağıma çok bol gelmişti, Jamie parmaklarımı kıvırıp elimi yumruk haline getirmeyi akıl etmese yüzük yere düşecekti. Yumruk yapılmış elimi yine ellerinin arasına aldı.

Papaz bir şeyler mırıldandıktan sonra Jamie öpmek üzere bana doğru eğildi. Seremoniyi tamamlamak için dudaklarını hafifçe dudaklarıma değdirmek niyetinde olduğu aşikârdı. Dudakları sıcacıktı ve ben kendimi tutamayıp ona doğru uzandım. Bir takım sesler çıktığının farkındaydım, coşkulu çığlıklar atılıyordu ve delice bir tezahürat yapılıyordu. Bunların hiçbiri umurumda değildi, beni saran sıcaklığın içinde kaybolmuştum. Mabedimi bulmuştum.

Bir süre sonra ayrıldık, biraz daha dengemizi bulmuş gibiydik, garip bir şekilde gülümsüyorduk. Dougal'ın Jamie'nin kamasını kınından çıkardığını görüp bunu neden yaptığını anlamaya çalıştım. Jamie gözlerini benden ayırmadan sağ elini kaldırdı, avucu yukarı bakıyordu. Kama bileğini kesip kan ince bir çizgi halinde akmaya başlayınca nefesimi tuttum. Elimi geri çekme fırsatını bulamadan hafif bir sızı hissettim. Dougal bileğimi Jamie'nin bileğinin üzerine bastırıp beyaz bir kumaşla bağladı.

Hafifçe sallanmış olmalıydım ki Jamie sol eliyle dirseğimi yakaladı.

"Dayan, lütfen," dedi yumuşak bir sesle. "Çok az kaldı. Söylediklerimi tekrarla." İki ya da üç cümleden oluşan İskoçça bir şeyler söyledik. Bu sözcükler bana hiçbir şey ifade etmiyordu ama Jamie'nin sözünü dinleyip sesli harfleri yutarak hepsini tekrarladım. Kumaş çözüldü, kan lekeleri temizlendi, evlenmiştik.

Patikadan aşağı yürürken ortalıkta adeta bir huzur rüzgârı esiyordu. Küçük, gelinin etrafına toplanmış erkeklerden oluşan bir grup olmasına rağmen mutlu bir düğün alayı olarak algılanabilirdi.

Açlık, akşamdan kalmış olmak ve gün boyu yaşamış olduğum gerginlik beni yakaladığında patika sona ermek üzereydi. Başım yeni kocamın kucağında yere uzanmış bir halde uyandım. Islak bir bezle yüzümü serinletiyordu.

"Bu kadar kötü, öyle mi?" Gülümsemeye çalışıyordu ama gözlerindeki belirsizlik bana çok dokundu. Titrek bir gülümsemeyle ona cevap verdim.

"Sorun sen değilsin, sadece... Dün sabahtan beri hiçbir şey yemedim ve korkarım gereğinden fazla içtim."

Dudakları kıvrıldı. "Bunu duydum. Neyse bu çözebileceğim bir sorun. Karım olarak sana verebileceğim çok fazla bir şeyim yok ama seni her zaman doyuracağım." Gülümserken utangaç bir tavırla parmağını uzatıp yüzüme düşen bukleleri düzeltti.

Doğrulmaya çalışırken bileğimin acısıyla yüzümü buruşturdum. Törenin bu son bölümünü unutmuştum. Büyük ihtimalle düşerken bileğimi çarpmıştım ve yara açılmıştı. Jamie'nin elindeki bezi alıp bileğime sardım.

"Bu yüzden bayıldığını düşünmüştüm," dedi koluma bakarak. "Seni bu konuda uyarmalıydım ama yüzündeki ifadeyi görene kadar bunu bilmediğini düşünmemiştim."

"Bu ne anlama geliyordu?" Bir yandan da kumaşın iki ucunu tutturmaya çalışıyordum.

"Bu aslında biraz putperestçe bir şey. Buralarda yapılan evliliklerde kan yemini etmek gelenekselleşmiş. Bazı papazlar bunu yaptırmıyor ama bizimkinin bir şeyleri reddedecek hali yoktu. Adam benden daha çok korkmuştu," dedi gülerek.

"Kan yemini mi? O sözcüklerin anlamı neydi?"

Jamie kolumu tutup sargının ucunu tutturdu.

"İngilizce söylendiğinde kafiyesi biraz bozuluyor ama şöyle bir şey..."

Kanın benim kanım, kemiğin benim kemiğim
Bir olabilmemiz için vücudumu
Ölene kadar da ruhumu sana sunuyorum.

Hafifçe omuz silkti. "Aslında diğer yeminlerle aynı, bu belki biraz daha ilkel..."

Sarılı bileğime baktım. "Evet, bu konuda hemfikirim."

Etrafa bakındım, küçük bir kavak ağacının altında yalnızdık. Ölü yapraklar yere dökülmüş, ıslanınca bakır gibi parlamaya başlamışlardı. Ağaçlardan damlayan su seslerinden başka bir ses duyulmuyordu.

"Diğerleri nerede? Hana mı döndüler?"

Jamie yüzünü buruşturdu. "Hayır. Seninle rahat ilgilenebilmek için onları uzaklaştırdım, biraz ilerde bekliyorlar." Şehirli bir adam gibi çenesini sıvazladı. "Her şey resmileşinceye kadar bize güvenmeyecekler."

"Nasıl yani? Biraz önce evlendik, evlenmedik mi?"

Utanmıştı, başını çevirip eteğinin üzerindeki yaprakları temizlemeye başladı.

"Evet, evlendik, bu doğru. Ama henüz yeterince bağlayıcı değil, tüm gereklilikler yerine getirilmedi, neden bahsettiğimi anladığını umuyorum." Dantelli yakasından yukarı doğru kızarmaya başlamıştı.

"Hımm. Hadi gidip karnımızı doyuracak bir şeyler bulalım."

15

İtiraflar

Hana döndüğümüzde şarap, taze ekmek ve kızarmış etten oluşan küçük bir düğün yemeği hazırlandığını gördük.

Üzerimi değiştirmek üzere merdivenlere yürürken Dougal kolumdan tuttu.

"Bu evliliğin geri dönüşü olamayacak şekilde gerçekleşmesini istiyorum," dedi kısık sesle. "Yasal bir birleşme olmadığını iddia edebilecekleri bir tek açık kapı bile kalmamalı, hepimizin boynu ipin ağzında."

"Bana bunu başaracakmışsın gibi geliyor," dedim açık bir şekilde. "Benim açımdan bu böyle."

Dougal popoma bir şaplak attı.

"Bu konuda hiçbir şüphen olmasın, sen sadece üzerine düşeni yap." Bu rolü yeterince iyi oynayıp oynayamayacağımı tartar gibi beni süzdü.

"Jamie'nin babasını çok iyi tanırdım. Oğlu da ona çok benziyor, herhangi bir sorun olacağını sanmam. Ah, Jamie, evladım!" Atları ahıra koyduktan sonra içeri girmiş olan Jamie'ye doğru hızla ilerlemeye başladı. Jamie'nin yüzüne bakınca onun da talimatları aldığını anladım.

Bir süre sonra kendime bunların nasıl gerçekleştiğini sormakla meşguldüm. Altı hafta önce bir tepede durmuş, kocama götürmek üzere kır çiçekleri topluyordum. Şu anda bir köy hanının küçük bir odasında özgürlüğümü kurtarmak adına ve evlilik gereklerini yerine getirmek için çok az tanıdığım başka bir kocayı hayatımı bekliyordum.

Ödünç giysilerimle yatağın üzerine oturmuştum. Odanın kapısı açılıp tekrar kapanırken hafif bir gürültü çıktı.

Jamie kapıya dayanıp beni seyretmeye başladı. Aramızdaki utanç duvarı gittikçe büyüyordu. Sessizliği bozan Jamie oldu.

"Benden korkmana gerek yok," dedi yumuşak bir sesle. "Üzerine atlamak gibi bir niyetim yok." Bunu duyunca bir kahkaha attım.

"Böyle bir şey yapacağını hiç düşünmedim." Bu gerçekti, ben onu davet etmeden bana dokunmaya bile kalkışmayacaktı. Bu da benim onu daha fazlasını yapmak üzere kısa bir zaman zarfında baştan çıkarmam gerektiği anlamına geliyordu.

Onu süzmeye başladım. Onu çekici bulmasam bunu yapmam zor olabilirdi, oysa ben tam tersine onu çok çekici buluyordum. Sekiz yıldan da uzun bir zamandan beri Frank'ten başka bir erkekle beraber olmamıştım. Bunun yanı sıra bu genç adam bu konuda hiçbir tecrübesi olmadığını kendi ağzıyla söylemişti. Ben de bugüne kadar bir çiçeğin açmasına tanıklık etmemiştim. Her şeyi bir kenara bırakıp olaya kolay çözümler getirmeye uğraşıyordum ama nereden başlamam gerektiğini gerçekten de bilmiyordum. Ama şu halimize bakılırsa üç dört gün boyunca karşılıklı bakışarak durmayı başarabilirdik.

Hafifçe yutkunduktan sonra elimi yatağa vurup, "Oturmak istemez misin?" dedim.

"Olur," dedi ve bir kaplan gibi kocaman adımlarla bana doğru ilerledi. Yanıma oturmak yerine bir tabure çekti ve tam karşıma oturdu. Uzanıp ellerimi kendi ellerinin arasına aldı. Küt parmaklı kocaman elleri vardı. Üzerinde kızıl tüyler olan bu eller sıcaktı. Dokunuşuyla hafifçe ürperdim ve Tevrat'tan bir bölüm hatırladım. "Yahya'nın pürüzsüz bir teni vardı kardeşi Ays ise bunun tam tersine son derece kıllı bir adamdı." Frank'in uzun, ince, zarif, tüysüz, bakmaya doyamadığım elleri vardı.

"Bana kocanı anlat," dedi Jamie, aklımdan geçenleri okumuş gibiydi. Yaşadığım şok neredeyse ellerimi hızla çekmeme sebep olacaktı.

"Ne?"

"Sakin ol. Burada birlikte geçireceğimiz üç dört günümüz

var. Bilmem gereken her şeyi biliyormuş gibi yapmayacağım, hayatımın bir bölümünü bir çiftlikte yaşayarak geçirdim. İnsanların hayvanlardan farklı olduğunu çok iyi bilirim. Zamanı geldiğinde yapmamız gereken şeyi yaparız. Ama önce biraz konuşup birbirimizden korkmamaya çalışsak çok daha iyi olur." İçinde bulunduğumuz durumu net olarak açıklayan bu sözler içime biraz su serpmişti.

"Benden korkuyor musun?" Öyle görünmüyordu. Belki biraz sinirliydi, ama o kadar. İlk seferi olacaktı ama o on altı yaşında ürkek bir delikanlı değildi. Gözlerimin içine bakarak gülümsedi.

"Evet. Hatta senden daha çok korkuyorum. Ellerini bu yüzden tutuyorum, böylelikle benimkilerin titrediği belli olmuyor." Buna pek inanmadım ama yine de onun ellerini hafifçe sıktım.

"Bu iyi bir fikir. Dokunarak konuşmak daha kolay. Neden bana kocamı sordun?" Ondan ne beklediğimi öğrenebilmek için Frank'le yaşadığım cinselliği ve tecrübelerimi anlatmamı istemesinden korkuyordum.

"Şu an onu düşündüğünü biliyorum. İçinde bulunduğumuz şartlar altında düşünmemen imkânsız. Benimle onun hakkında konuşabileceğini bilmeni isterim. Evet, bunu söylemek garip geliyor ama şu anki kocan benim ama bu onu unutman gerektiği anlamına gelmiyor. Bunu deneme bile. İyi bir adam olmasaydı onu sevmezdin."

"Evet, öyleydi..." Sesim titremişti, Jamie avuçlarında tuttuğu ellerimi başparmaklarıyla okşamaya başlamıştı.

"O zaman onun ruhunu rahat ettirmek adına karısını mutlu etmek için elimden gelen her şeyi yapacağım." Ellerimi dudaklarına götürüp asil bir tavırla öptü.

Yutkunmaya çalıştım. "Bu çok yürekli bir konuşmaydı, Jamie." Derin bir nefes aldım. "Benim de sorularım var."

Gülümsemesini saklamak için başını yere eğdi. "Bende böyle olduğunu düşünüyordum. Koşulları göz önünde bulundurduğumuz zaman bazı şeyleri merak etmen çok doğal. Neyi bilmek istiyorsun?" Mavi gözlerinde bir anda muzip parıltılar belirdi. "Neden hâlâ bakir olduğumu mu?"

"Eee, işin açıkçası bunun senin problemin olduğunu düşünüyorum," diye mırıldandım. Bir anda çok sıcak olmuştu, bir elimi ondan kurtarıp mendilimi almak için cebime sokunca orada bir sertlik olduğunu fark ettim.

"Ah, neredeyse unutuyordum! Yüzüğün hâlâ bende." Cebimden çıkarıp ona verdim. Bu üzerinde kırmızı bir taşı bulunan kalın bir halkaydı. Onu parmağına takmak yerine torbasına koydu.

"Babamın evlilik yüzüğüydü. Onu normal zamanlarda takmıyorum ama bugün elimden geldiği kadar yakışıklı görünerek seni gururlandırmaya çalıştım." Bu itirafı hafifçe kızarmasına sebep olmuştu, bunu gizlemek için torbasını bağlamakla uğraşıyordu.

"Seninle gurur duydum," dedim gülümseyerek. O muhteşem kostümünü kırmızı taşlı bir yüzükle süslemek son derece anlamsızdı ama bunun ardındaki düşünce beni çok etkilemişti.

"İlk fırsatta senin parmağına göre küçülttüreceğim," diye söz verdi.

"Bu çok önemli değil," dedim rahatsız olmuştum. Kısa bir süre sonra her şey sona erecekti.

"İşin aslında çok önemli bir sorum var," dedim, konuşmamıza kaldığımız yerden devam edebilmemiz için. "Eğer cevap vermek istemezsen anlarım. Neden benimle evlenmeyi kabul ettin?"

"Ah." Ellerimi bırakıp hafifçe geri çekildi. Cevap vermeden önce bir süre düşündü, eteğini düzeltmeye başladı. Eteğin kıvrımları arasından sert kaslarını görebiliyordum.

"Seninle konuşmayı çok özledim, bu birinci sebep," dedi gülerek.

"Hayır, gerçekten öğrenmek istiyorum," diye inat ettim. "Neden?"

Ciddileşti. "Bunu sana söylemeden önce senden istediğim bir şey var Claire," dedi yavaşça.

"Nedir o?"

"Dürüstlük."

Huzursuz olup hafifçe geri çekilmiş olmalıydım ki ellerini dizlerine koyup bana doğru eğildi.

"Bana söylemek istemediğin şeyler olduğunun farkındayım Claire. Belki de bunlar söylemek isteyip de söyleyemediğin şeyler."

Şu an ne kadar haklı olduğunu bilemezsin diye düşündüm.

"Sana baskı yapmayacağım, hiçbir zaman, sadece seni ilgilendiren şeyleri öğrenmeye çalışmayacağım." Son derece ciddiydi. Ellerine baktı, ikisini birbirine kenetlemişti.

"Benim de sana söyleyemeyeceğim şeyler var, en azından şimdilik. Senden bana veremeyeceğin hiçbir şeyi de istemeyeceğim. Senden istediğim şu; bana bir şey söylediğin zaman onun gerçek olmasını istiyorum. Ben de sana aynı şeyi yapacağıma söz veriyorum. Şu an aramızda saygı dışında hiçbir ilişki yok. Saygının içerisinde sırlar saklanabilir ama yalanlara yer yoktur. Bunu kabul ediyor musun?" Ellerini bana uzattı, avuçları yukarı dönüktü, bileğindeki yemin izini görebiliyordum. Ellerimi yavaşça onun ellerine bıraktım.

"Evet, ediyorum. Sana karşı dürüst olacağım." Parmaklarını parmaklarımın üzerine sardı.

"O zaman ben de sana karşı dürüst olacağım." Derin bir nefes aldı. "seninle neden evlendiğimi sordun."

"Gittikçe daha çok merak ediyorum."

Gülümsedi, gözlerine yerleşmiş olan ifade dudaklarına geçmiş gibiydi. "Bu konuda seni suçlayamam. Bunun için birkaç sebebim vardı. Bir ya da iki tanesini sana şu an söyleyemem, bunlar için zamana ihtiyacım var. Ama esas sebep seninkiyle aynı, seni Jack Randall'ın elinden kurtarmak."

Komutan aklıma gelir gelmez ürperdim, Jamie ellerimi daha sıkı tutmaya başladı.

"Güvendesin. Adımı taşıyorsun, ailem, klanım ve gerekirse bedenimin koruması altındasın. Ben yaşadığım sürece bu adamın sana dokunması imkânsız."

"Teşekkür ederim," dedim. Onun güçlü, kararlı genç yüzüne, geniş elmacık kemiklerine ve kendinden emin çenesine bakıp Dougal'ın bu mantıksız entrikasını ilk defa akla yakın bir teklif olarak görmeye başladım.

Bedenimin koruması... Bu tanım beni derinden etkilemişti.

Onun kararlı geniş omuzlarına ve zarif öfkesine bakınca bunun ay ışığında oynanan bir kelime oyunu ya da gösteri olmadığını daha iyi anladım. Kelimeleri gerçeği yansıtıyordu, genç olmasına rağmen ne dediğinin farkındaydı ve bunları ispatlayan yara izlerine sahipti. Bugüne kadar tedavi ettiğim pek çok pilot ve piyade erinden daha büyük değildi ama sorumluluğun ne anlama geldiğini onlardan daha iyi biliyordu. Bana romantik bir söz vermemişti, dobra dobra benim güvenliğimin onunkinden çok daha önemli olduğunu söylemişti. Ona bunun karşılığında verebilecek bir şeylerimin olmasını umdum.

"Bu tam sana yakışır bir yüreklilik," dedim içtenlikle. "Ama buna değer miydi, yani benimle evlenmeye?"

"Evet," dedi başını sallayarak. Yine gülümsedi, bu kez gözlerinde vahşi bir ifade vardı. "Bu adamı çok iyi tanıdığımı biliyorsun. Bırak çaresiz bir kadını ona köpeğimi bile vermem."

"Ah, çok gururlandım," dedim yalancı bir öfkeyle. Ayağa kalkıp pencerenin yanında duran masaya doğru ilerledi. Birileri - büyük ihtimalle han sahibesi - viski bardağının içini kır çiçekleriyle doldurmuştu. Bunun arkasında da iki şarap kadehi ve bir şişe şarap duruyordu.

Jamie kadehleri doldurup getirdi, yerine otururken birini bana uzattı.

"Colum'un özel kavları kadar güzel değil ama idare eder." Kadehini kaldırdı. "Bayan Fraser'a," dedi yumuşak bir sesle, yeniden paniğe kapıldım. Bunu hemen bastırıp kadehimi kaldırdım.

"Dürüstlüğe," dedim ve şaraplarımızı yudumladık.

"Pekâlâ, bu sebeplerden bir tanesi," dedim kadehimi indirerek. "Bana söyleyebileceğin başka sebepler var mı?"

Kadehini incelemeye başladı. "Belki de sadece seninle yatmak istediğim için evlendim." Birdenbire başını kaldırıp bana baktı. "Bu hiç aklına gelmiş miydi?"

Niyeti beni altüst etmek idiyse başarmıştı ama bunu ona göstermemeye kararlıydım.

"İstiyor musun?" diye sordum.

"Dürüst olmam gerekirse evet, istiyorum." Mavi gözleri kadehin kenarına dikilmişti.

"Bunu yapman için benimle evlenmen gerekmezdi," diye itiraz ettim.

Sözlerimden çok rahatsız olmuştu. "Seninle evlenmeden sana sahip olacağımı düşünüyor olamazsın!"

"Bir sürü adam bunu yapardı," dedim, masumiyeti beni şaşırtmıştı.

Geçici bir süre konuşma yeteneğini yitirmiş gibi öksürdü. Hemen kendini topladı ve vakur bir edayla, "Bunu kendini beğenmişlik olarak görebilirsin ama kendimi hiçbir zaman 'bir sürü adam'dan biri olarak görmedim, davranışlarımı en küçük ortak bölenlerle aynı kefeye koymaya da hiçbir zaman gerek duymadım."

Konuşması beni yine etkilemişti, ona bu davranışının son derece cesur ve kibar bir hareket olduğunu anlattım ve onu kıracak, yanlış bir şeyler söyledimse beni affetmesini istedim.

Bu arabulucu konuşmamdan sonra o kadehlerimizi doldururken öylece durduk.

Bir süre hiç konuşmadan şaraplarımızı yudumladık, biraz önceki samimi itiraflardan ikimiz de hafifçe utanıyorduk. Demek ona sunabileceğim bir şey vardı. Bu saçma durumla karşı karşıya kalmadan önce bu fikrin aklımdan geçmemiş olduğunu söylemem büyük riyakârlık olurdu. O çok çekici bir adamdı. Ve kaleye geldiğim ilk gün beni kucağına oturttuğunda yaşanmış olan o an vardı ve...

Şarap kadehini kafama dikip bir seferde içindekini bitirdim. Yanıma oturması için tekrar yatağa vurdum.

"Yanıma otur ve bana aileni anlat. Nerede büyüdün?"

Yatak onun ağırlığı altında epeyce çöktü, üzerine yuvarlanmamak için oturduğum yere adeta yapıştım. Gömleğinin kolu koluma sürtünüyordu. Elimi bacağımın üzerine bıraktım. O yanıma oturduktan sonra elimi doğal bir tavırla tuttu, duvara dayandık. İkimiz de bakışlarımızı aşağı indirmedik ama bağımızın farkındaydık.

"Nerden başlasam?" İri ayaklarından birini taburenin üzerine uzattı diğerini onun üzerine koydu. Eğlenceli bir şekilde bu arkasına yaslanmış oturan İskoçyalıyı tanımaya başladım, karışık aile bağlarını, klan ilişkilerini - ki aslında bu ilişkiler Kuzey İskoçya'nın tarihini oluşturuyordu - her şeyi öğrendim. Frank'le birlikte köyün barında geçirdiğimiz gecelerden birinde iki yaşlı adamla muhabbet etmiş ve onlara hayran kalmıştık. Son dönemde yıkılmış eski bir ambarın yıkım sebebinin 1790'lardan günümüze kadar süren bir kan davası olduğunu anlatmışlardı. Bu aklıma gelince ufak bir şok yaşadım ama kolay atlattım, bu yüzyıllar boyu süren kan davasının daha tohumları bile atılmamıştı. Yaşadığım bu zihinsel karmaşayı bastırıp dikkatimi Jamie'nin anlattıklarına vermeye çalıştım.

"Babam bir Fraser'dı; şu anki Lovat yöneticisinin küçük üvey kardeşiydi. Annem bir MacKenzie'ydi. Dougal'la Colum'un dayılarım olduğunu biliyorsun değil mi?" Başımla onayladım. Renkleri farklıydı ama birbirlerine çok benziyorlardı. Geniş elmacık kemikleri, uzun, düz, bıçak sırtına benzeyen burnu kesinlikle MacKenzieler'den geliyordu.

"Annem onların üç kız kardeşinden biriydi. Teyzem Janet de annem gibi öldü ama diğer teyzem Jacosta, Rupert'ın kuzeniyle evli ve Eilean gölünün orada yaşıyor. Janet Teyzem'in dördü erkek ikisi kız altı çocuğu vardı. Jacosta Teyzem'in ise üç kızı var, Dougal'ın dört kızı, Colum'un da sadece küçük Hamish'i var. Bizimkilerin de ben ve adını teyzem Janet'ten alan kız kardeşim Jenny'den ibaret olan iki çocuğu var."

"Rupert'da mı bir MacKenzie?" diye sordum, hepsini aklımda tutmaya çalışıyordum.

"Evet, öyle..." Jamie bir süre durup düşündü, "o, Dougal, Colum ve Jacosta birinci dereceden kuzenler yani benim ikinci derece kuzenim oluyor. Rupert'ın babasıyla benim büyükbabam kardeşmiş, bir de..."

"Dur bir dakika. Bilmem gerekenden fazlasını anlatma birazdan hepsinin içinde kaybolacağım. Daha Fraserlar'a gelemeden kuzenlerinin içinde kayboldum."

Çenesini sıvazlayarak hesap yapmaya başladı. "Hımm. Fraser tarafı biraz daha karışık, büyükbabam Simon üç kez evlenmiş ve babamın iki farklı anneden erkek ve kız kardeşleri var. Bunu bir tarafa bırakalım, benim hâlâ yaşamakta olan altı amcam ve üç halam var. Sayamayacağım kadar çok sayıda olan kuzenleri de geçelim."

"Evet, geçelim." Öne eğilip kadehlerimizi yeniden doldurdum.

Anladığım kadarıyla MacKenzie ve Fraser klanlarının arazileri yan yana, sahilden Ness Gölü'nün aşağı ucuna kadar uzanıyordu. Ortak sınırları belirgin bir çizgiyle ayrılmamıştı, zaman içerisinde dostluk ve düşmanlıklara bağlı olarak ileri geri oynayıp durmuştu. Fraser arazilerinin güney ucu olan bu sınırda bulunan Broch Tuarach arazisi Jamie'nin babası Brian Fraser'a aitti.

"Verimli toprakları, avlanmak için güzel bir ormanı olan aynı zamanda balıkçılık da yapılabilen bir yerdi. Altmış tane küçük çiftlik evi ve bir köyden oluşuyordu, köyün adı Broch Mordha idi. Bir tane de malikâne vardı, oldukça moderndi," dedi gururla. "Bir de eskiden kalma yuvarlak taş bir yapı vardı, orayı hayvanlar ve ürünler için kullanıyorduk."

"Dougal ve Colum kız kardeşlerinin bir Fraser'la evlenmesinden hiç hoşlanmadılar onun Fraser arazilerinde oturmasını istemediler kendine ait bir yerde oturmalıydı. Bunun sonucunda Lallybroch'un - orada yaşayanlar böyle der - tapusu babama geçti ama yapılan kontratta burayı sadece Ellen'ın, yani annemin kullanabileceği yazıyordu. Eğer çocuğu olmadan ölürse babamın ölümünden sonra arazi Lord Lovat'a geri verilecekti. Babamın başka bir kadından olacak çocukları bundan faydalanamayacaktı. Babam bir daha evlenmedi ve ben de annemin oğluyum. Yani bir anlamı varsa Lallybroch benim."

"Bana dün hiçbir şeyin olmadığını söylediğini hatırlıyorum." Şarabımdan bir yudum aldım, çok güzeldi, içtikçe daha güzel geliyordu. Daha fazla içmememin iyi olacağını düşündüm.

Jamie başını iki yana sallayıp duruyordu. "Orası benim, bu doğru. Ama şu an bunun bana bir getirisi yok çünkü oraya gidemiyorum." Özür diler gibiydi. "Küçük bir ayrıntı ama başım için konmuş bir bedel var biliyorsun."

William Kalesinden kaçtıktan sonra Dougal'ın evi

Beannachd'a -kutsanmış anlamına geliyormuş - götürülüp yaraları ve düşmeyen ateşi tedavi edilmişti. Oradan Fransa'ya gitmişti. Fransız ordusuyla birlikte İspanyol sınırında iki yıl savaşmıştı.

"Fransız ordusuyla birlikte iki yıl geçirdin ve hâlâ bakirsin?" diye ne dediğimin farkında olmadan ağzımdan kaçırıverdim. Tedavisini üstlendiğim pek çok Fransız askeri olmuştu, iki yüzyılda kadınlara davranış tarzının bu kadar değişmiş olduğuna inanmakta zorlanıyordum.

Jamie'nin dudağının bir kenarı hafifçe kıvrıldı ve yana dönüp bana baktı.

"Saksonyalı, Fransız ordusuna hizmet eden orospuları görseydin, değil biriyle yatmak bir daha bir kadına nasıl el sürmeyi başardığımı merak ederdin."

Ağzımda şarap varken bu sözleri söylediği için neredeyse boğuluyordum, öksürüğümün geçmesi için sırtıma vurmak zorunda kaldı. Bir süre sonra sakinleşmiştim, kıpkırmızı bir suratla hikâyesine devam etmesini istedim.

Bir yıl kadar önce İskoçya'ya geri dönmüş ve "yersiz adamlar"- bir klana bağlı olmayan adamlar - çetesine katılıp altı ayını en basit ihtiyaçlarını karşılayarak ve sınırlardan sığır çalarak geçirmişti.

"İşte o dönemde biri bir balta ya da onun gibi bir şeyle bana vurdu," dedi omuz silkerek. "Bundan sonraki iki ay neler olduğunu Dougal benden daha iyi biliyor, ben pek kendimde değildim."

Bu saldırı sırasında Dougal yakınlardaymış ve Jamie'nin arkadaşları ona haber gönderince bir şekilde yeğenini Fransa'ya göndermenin bir yolunu bulmuş.

"Neden Fransa?" diye sordum. "Seni o kadar uzun bir yola göndermek büyük bir risk değil miydi?"

"Beni olduğum yerde bırakmak daha riskliydi. Bölgede sürekli İngiliz devriyeleri geziyordu -biz oralarda çok aktiftik, ben ve diğer oğlanlar - Dougal onların beni bir köylünün kulübesinde hareketsiz bir şekilde yatarken bulmalarını istemedi sanırım."

"Ya da kendi evinde?" dedim, şüphelenmiştim.

"Beni oraya iki sebepten dolayı götürmemiş olduğunu düşünüyorum. Birincisi o sırada evinde İngiliz misafirleri vardı. İkincisi ise büyük bir ihtimalle halime bakıp öleceğimi düşündü ve beni manastıra gönderdi."

Aziz Anne de Beaupré Manastırı Fransa sahilindeydi ve bir zamanlar şu an bu tapınağın başrahibi olan Alexander Fraser'ındı. Alexander Fraser Jamie'nin altı amcasından biriydi.

"O ve Dougal pek anlaşamazlar ama Dougal burada benim için yapılacak bir şey olmadığını ve yapılabilecek herhangi bir şey varsa orada bunu muhakkak yapacaklarını düşünmüş."

Yapmışlardı. Güçlü bünyesi ve oradaki keşişlerin tıp bilgisi bir araya gelince Jamie yavaş yavaş iyileşmeyi başarmıştı, buna St. Dominic rahiplerinin de büyük katkısı olmuştu.

"İyileşince geri döndüm. Dougal ve adamları beni sahilde karşıladılar ve MacKenzie topraklarına doğru ilerlemeye başladık, bu seninle tanıştığımız geceydi."

"Komutan Randall o gece sizin sığır çalmakla meşgul olduğunuzu söyledi."

Gülümsedi, bu suçlamadan hiç rahatsız olmamıştı. "Dougal her fırsatta bir şeylerden kâr etmeyi sever," diye açıkladı durumu. "Otlamakta olan bir sığır sürüsüne rastladık ve ortalıkta kimseler yoktu. Haliyle..." Hayatta bazı şeylerin önüne geçilemeyeceğini kabul etmişti, kaderciydi.

Anladığım kadarıyla Dougal'ın adamlarıyla Randall'ın adamlarının kapışmasının sonuna yetişmiştim. İngilizlerin onlara doğru geldiğini gören Dougal adamlarını ikiye bölmüş ve ilk yarıyı sığırlarla birlikte önden göndermişti. Geride kalanlar sazların arasına saklanıp İngilizlere pusu kurmuşlardı.

"Bu gerçekten de işe yaradı. Bir anda ortaya çıkıp, çığlıklar atarak üzerlerine ilerledik. Haliyle bizim peşimize düştüler biz de onları dik tepelere ve kayalıklara çektik bu arada Dougal'ın diğer adamları sığırlarla birlikte sınırı geçtiler. Bir süre sonra kırmızı urbalıları kaybettik ve havanın iyice kararmasını beklemek için seni ilk gördüğüm yere, yani o kulübeye sığındık."

"Anladım. Ama neden hemen İskoçya'ya döndüğünü anlayamıyorum. Fransa'da çok daha güvende olurdun." Cevap vermek için ağzını açtı ve kısa bir süre düşündükten sonra şarabını yudumladı. Onun sırlar dünyasına daldığımı anladım.

"Bu çok uzun bir hikâye Saksonyalı, bir gün anlatırım. Peki ya sen? Sen bana aileni anlatacak mısın? Bunu anlatabileceğini sanıyorum."

Bir süre düşündüm, ona anne babamı ve Lamb Amcam'ı anlatmamın bir sakıncası yoktu. Lamb Amcam'ın seçmiş olduğu iş bu yüzyılda da vardı ve benim yüzyılımda da bu bir avantajdı. Otomobil, uçak ve savaş gibi ayrıntıları vermeden hikâyemi anlatmaya başladım. Ben anlatırken arada sorular sorarak büyük bir dikkatle dinledi. Ailemin ölümüne çok üzüldü ve Lamb Amcam'ın buluşlarıyla çok ilgilendi.

"Sonra Frank'le tanıştım," diyerek anlatmayı bıraktım. Kendimi tehlikeye atmadan başka ne anlatabileceğimi düşündüm. Neyse ki Jamie beni bu durumdan kurtardı.

"Ve şu anda bunu anlatmaya hazır değilsin," dedi anlayışla. Başımı sallayarak onu onayladım, sesim çıkmamış, gözlerim hafif yaşarmıştı. Jamie tutmakta olduğu elimi bırakıp kolunu omzuma attı ve başımı kendi omzuna yasladı.

"Tamam," dedi saçımı okşayarak. "Yoruldun mu? Seni uyuman için yalnız bırakmamı ister misin?"

Bir an evet demeyi çok istedim ama bu hem korkaklık hem de haksızlıktı. Boğazımı temizledim ve başımı hayır anlamında salladım.

"Hayır," dedim derin bir nefes alarak. Mis gibi sabunla şarap kokusu birbirine karışmıştı. "Ben iyiyim. Bana çocukken hangi oyunları oynadığını anlatsana."

Odada büyük, yirmi dört saatlik mum vardı, bunun üzerindeki koyu renkli halkalar saatleri gösteriyordu. Üç halka boyunca birbirimizin elini şarap koymak ya da köşedeki perdenin arkasında duran tuvalet iskemlesini kullanmak için bıraktık. Jamie perdenin arkasından çıkıp yatağa gelirken gerinerek esnedi.

Ben de ayağa kalkıp, "Çok geç oldu, sanırım artık yatmamız gerekiyor," dedim.

"Olur," dedi ensesini ovarak. "Yatmamız mı? Uyumamız mı?" Bir kaşını alay ve merak karışımı bir ifadeyle havaya kaldırmıştı, dudağının kenarı yine yukarı kıvrılmıştı.

Doğruyu söylemem gerekirse onunla o kadar rahattım ki ne sebeple burada bulunduğumuz aklımdan çıkmıştı. Onun bu sözleriyle birlikte yeniden panikledim. "Eee..."

"İki şıkta da üzerindekilerle yatmayacaksın değil mi?" diye sordu, yine pratik bir çözüm bulmuştu.

"Hayır, sanmam." Bu olaylar karmaşasında uyurken ne giyeceğimi hiç düşünmemiştim, zaten normalde böyle bir şey kullanmıyordum. Havanın durumuna göre ya kombinezonumla ya da çıplak uyuyordum.

Jamie'nin de yanında üzerindekilerden başka bir şey yoktu. O da ya gömleğiyle ya da çıplak uyuyacaktı. Bu da bir takım şeylerin olacağının habercisiydi.

"Tamam, o zaman, buraya gel ve seni o dantellerden kurtarayım."

Beni soyan elleri hafifçe titriyordu. Korsajın üzerindeki düzinelerle kopçayla uğraşırken bir an delireceğini sandım.

"Hah!" diyerek zaferi kazandığını belirten bir ses çıkarınca ikimiz de kahkahalara boğulduk.

"Ben de sana yardım edeyim," dedim, olacakları daha fazla geciktirmeye çalışmanın bir anlamı yoktu. Ona uzanıp gömleğinin düğmelerini çözdüm. Ellerimi içeri doğru kaydırıp omuzlarına dokundum. Avuçlarımı yavaşça göğsüne doğru indirmeye başladım, tüylerinin canlılığını ve göğüs uçlarının yumuşaklığını hissedebiliyordum. O nefes almaya çalışarak kıpırdamadan duruyordu, kalçasındaki kemeri çözmek için diz çöktüm.

Bu bir ara olacaktı, neden şimdi olmasın diyerek ellerimi aşağıdan yukarıya doğru kaslı bacaklarında dolaştırıp eteğinin altından sert kalçalarına doğru ilerledim. İskoçların eteklerinin altına hiçbir şey giymediklerini çok iyi bilmeme rağmen bir anda Jamie ile karşılaşmak beni hafif bir şoka sürükledi.

Beni ayağa kaldırdı ve başını eğip öpmeye başladı. Bir süre öpüştükten sonra elleri aşağıya kaydı ve jüponumun kopçasını bulup açtı. Kolalı volanlar yere indi ve ben kombinezonumla kaldım.

"Böyle öpmeyi nereden öğrendin?" diye sordum, nefesim kesilmişti. Sırıtarak beni yine kendine çekti.

"Bakirim dedim, keşişim demedim," derken bir yandan öpmeye devam ediyordu. "Yardıma ihtiyacım olursa, isterim."

Beni vücuduna yapıştırdı, onun hazır olduğunu hissedebiliyordum. Şaşırtıcıydı ama ben de hazırdım. Uzun gece, şarap, onun çekiciliği ya da uzun zamandır yaşadığım yalnızlık... Sebebi ne olursa olsun onu deli gibi istiyordum.

Gömleğini eteğinin altından çekerek çıkardım ve ellerimi yeniden içeri sokup göğüslerine uzandım. Başparmaklarımla göğüs uçlarının etrafında daireler çizmeye başladım. Sertleşmeleri bir saniye bile sürmemişti, beni hızla göğsüne bastırdı.

"Off!" dedim nefes almaya çalışarak. Özür dileyerek beni hemen bıraktı.

"Hayır, dert etme, öpmeye devam et." Sözümü dinledi, bu kez kombinezonumun askılarını omuzlarımdan aşağı kaydırmaya başlamıştı. Hafifçe geri çekilip göğüslerimi avuçladı ve benim ona yaptığım gibi uçlarıyla oynamaya başladı. Başım eteğinin kancasıyla dertteydi, parmaklarıyla bana yardımcı oldu ve kanca açıldı.

Beni kollarına alıp kaldırdı ve yatağa oturdu. Beni de kucağına oturttu. Boğuk bir sesle konuşmaya başladı.

"Canını acıtırsam söyle, durmamı da söyleyebilirsin. Birleşene kadar bunların hepsini yapabilirim ama o andan sonra durabileceğimi hiç sanmıyorum."

Cevap olarak elimle onu ensesinden çekip üzerime çektim. Onu bacaklarımın arasındaki kaygan kuytuya doğru yönlendirdim.

"Ulu Tanrım," dedi James Fraser.

"Sakın, durma," dedim.

Bir süre sonra birlikte yatarken başımı göğsüne koymam ona çok doğal geldi. Gayet uyumluyduk, zorlama ve sınırlar ortadan kalkmıştı. Yepyeni bir heyecanla birbirimizi keşfediyorduk.

"Düşündüğün gibi miydi?" diye sordum, merak ediyordum. Kulağımın dibinde büyük bir gürültü çıkararak kıkırdadı.

"Neredeyse, ben... Boş ver."

"Hayır, söyle bakalım. Sen ne?"

"Bunu sana söylemeyeceğim, bana gülersin."

"Gülmeyeceğime söz veriyorum. Haydi söyle." Buklelerimi kulağımın arkasına yerleştirerek saçımı okşadı.

"Tamam, söylüyorum. Bunun yüz yüze yapılabileceğini bilmiyordum. Arkadan yapılması gerektiğini düşünüyordum, atlar gibi... Anladın işte..."

Sözümü tutmak için büyük bir savaş verdim ve gülmemeyi başardım.

"Bunun çok aptalca olduğunu biliyorum," dedi savunmaya geçmişti. "Ama gençken kafanda bir takım fikirler oluşur ve onları doğru zannedersin."

"Hiç sevişen insan görmedin mi?" Buna çok şaşırmıştım, çiftçilerin kulübeleri tek odadan oluşuyordu ve herkes aynı yerde yatıyordu. Jamie'nin ailesi çiftçi değildi ve o bir gece uyandığında annesiyle babasını çiftleşirken görmemiş olan nadir İskoç çocuklarından biriydi.

"Elbette gördüm ama hep örtülerin altındaydılar. Adamın üstte olduğundan başka bir şey söylemem mümkün değil. İşte bu kadarını biliyorum."

"Hımm. Anladım."

"Seni çok ezdim mi?" diye sordu, endişelenmişti.

"Çok sayılmaz. Gerçekten, bu yüzden mi öyle olduğunu düşünüyordun?" Gülmedim ama sırıtmama da engel olamadım. Kulakları pembeleşti.

"Pekâlâ, bir keresinde açık bir alanda bir adamı kadına sahip olurken görmüştüm. Sanırım orada gerçekleşen şey bir tecavüzdü ve o kadının arkasındaydı. Sanırım bu yüzden bu kafama takıldı."

Bana sarılmaya devam etti, atları sakinleştirme yöntemlerini kullanıyordu. Bir süre sonra dokunuşları değişti, elleri kararlı bir keşfe çıkmıştı.

"Sana bir şey sormak istiyorum," dedi bir elini sırtımda gezdirirken.

"Nedir o?"

"Hoşuna gitti mi?" dedi utangaç bir tavırla.

"Evet, gitti," dedim, dürüsttüm.

"Ben de öyle olduğunu düşünmüştüm. Murtagh kadınların bunu pek önemsemediğini, işimi ne kadar çabuk bitirirsem o kadar iyi olacağını söylemişti."

"Murtagh ne anlar bundan?" dedim kızgınlıkla. "Ne kadar yavaş olursan o kadar güzel olur, kadınların çoğu bundan hoşlanır." Jamie yeniden kıkırdadı.

"Murtagh'dan daha iyi bildiğin kesin. Dün gece bu konu üzerinde Murtagh, Rupert ve Ned'den pek çok tavsiye aldım. Bir kısmı bana çok saçma göründü ve içimden geldiği gibi yapmaya karar verdim."

"Şu ana kadar yanlış bir şey yapmadın," dedim. "Daha başka ne gibi bilgelikler yaptılar?" Mum ışığında vücudu kızıl altın bir renk almıştı ve utandıkça daha da kızarıyordu. "Pek çoğunu tekrarlamam mümkün değil. Demin de söylediğim gibi yanlış oldukları da kesin. Bugüne kadar çok sayıda çiftleşen hayvan gördüm ve birileri onlara bir şeyler tavsiye etmemişti. İçlerinden geleni yapıyorlardı, aynı şeyin insanlar için de geçerli olduğunu düşündüm."

Seks tekniklerini, çekmecelere gizlenen garip dergiler yerine ahır ve ormanda gördüklerinden öğrenen bu adam beni çok eğlendiriyordu.

"Hangi hayvanların çiftleşmesini gördün?"

"Çok. Çiftliğimiz ormanın dibindeydi ve ben zamanımın çoğunu orada geçirirdim, bazen avlanırdım bazen de ineklere göz kulak olurdum. Atların, ineklerin, domuzların, tavukların, kuğuların, köpeklerin, kedilerin, geyiklerin, sincapların, tavşanların, yaban domuzlarının, hatta bir keresinde yılanların nasıl çiftleştiğini gördüm."

"Yılanların mı!?"

"Evet, yılanların çift penisli olduğunu biliyor muydun? Erkek yılandan bahsediyorum tabii."

"Hayır, bundan emin misin?"

"Evet, ikisi de çatallı, aynı böyle..." İkinci parmağıyla üçüncüyü birbirinden ayırarak nasıl olduğunu gösterdi.

"Bu durumun dişi yılanı pek mutlu edeceğini söyleyemem," dedim kıkırdayarak.

"Oldukça mutlu görünüyordu," dedi Jamie. "Tabi onların yüz ifadelerinden pek bir şey anlaşılmaz."

Yüzümü göğsüne gömdüm, gülerken garip hırıltılar çıkarıyordum. Hoş erkeksi kokusu çarşafın keskin kokusuyla birbirine karışmıştı.

"Gömleğini çıkar," dedim yatağa oturup.

"Neden?" diye sordu ama yine de oturup söylediğimi yaptı. Dizlerimin üzerine oturup keyifle çıplak vücudunu seyretmeye başladım.

"Çünkü seni seyretmek istiyorum," dedim. Çok yakışıklıydı, mükemmel bir kemik ve kas yapısı vardı, düzgün kasları, omuzları, karnı, kalçası mükemmeldi. Kaşlarını kaldırdı.

"Tamam, her şey karşılıklıdır. Sen de seninkini çıkar." Bana uzanıp buruşmuş kombinezonumu kalçalarımdan aşağı iterek çıkarmama yardım etti. Sonra da belimi tutup beni incelemeye başladı. Yavaş yavaş utanmaya başlıyordum.

"Daha önce hiç çıplak kadın görmedin mi?"

"Gördüm ama bu kadar yakından değil." Yüzünü kocaman bir gülümseme kapladı. "Ve o benim değildi." Elleriyle kalçamı okşamaya başladı. "Kalçaların yeterince geniş, iyi bir damızlık olacağını düşünüyorum."

"Ne!" Öfkeyle geri çekildim, beni geri çekti ve birlikte yatağa devrildik, ben üstteydim. Ben onunla tepişmeyi bırakana kadar beni tuttu sonra öpmek üzere kendine çekti.

"İşi yasallaştırmak için bir kerenin yeterli olduğunu biliyorum ama…"

"Yeniden mi yapmak istiyorsun?"

"Bunun fazla olduğunu düşünür müsün?"

"Hayır," dedim büyük bir ciddiyetle. "Düşünmem."

Bir süre sonra "Acıktın mı?" diye sordum.

"Hem de çok." Başını eğip göğsümü yavaşça ısırdı ve sırıtarak bana baktı. "Ama yemeğe de ihtiyacım var tabii." Yatağın kenarına yuvarlandı. "Mutfakta soğuk et ve ekmek olmalı. Umarım şarap da vardır. Gidip getireyim."

"Sen kalkma. Ben getiririm." Yataktan zıplayarak kalktım ve kapıya yürüdüm. Koridorun soğuk olacağını düşünüp şalımı omuzlarıma attım.

"Bekle, Claire!" diye bağırdı Jamie. "Ben gitsem daha iyi..." Ama ben kapıyı açmıştım bile.

Kapıya çıkmamla birlikte aşağıdaki ana salonda ateşin önünde oturarak dinlenen, içen, yemek yiyen, zar atarak vakit geçiren on beş kadar adamın gürültülü çığlıklarıyla karşılaştım. Şaşkınlıkla bir süre yüzlerine alevlerin gölgesi düşen adamlara bakarak korkulukların arkasında durdum.

"Hey, kadın!" diye bağırdı Rupert, o ateşin yanında dinlenenlerdendi. "Hâlâ yürüyebiliyorsun! Demek ki Jamie görevini gerektiği gibi yapmıyor!"

Bu şaka kahkahalarla karşılandı ve bunun ardından Jamie'nin marifetleriyle ilgili saçma sapan yorumlar yapılmaya başlandı.

"Eğer Jamie yorulduysa, onun yerini alabilirim!" dedi kısa siyah saçlı bir delikanlı.

"Yok, yok, o bir işe yaramaz, beni al!" diye bağırdı bir diğeri.

"Hiç birinizi istemez, gençler!" diye bağırdı Murtagh, çok sarhoştu. "Jamie'den sonra işi bilen birine ihtiyacı vardır!" elindeki kocaman budu kafasının üzerinde sallamaya başlayınca bütün salon gülmekten kırıldı.

Son hızla odaya dönüp kapıyı arkamdan çarptım. Gözlerimden alevler çıkararak, yatakta çıplak bir şekilde oturup kahkahalar atan Jamie'ye baktım.

"Seni uyarmaya çalıştım," dedi nefes almak için durduğunda. "Yüzünün halini görmelisin!"

"Bu adamların orada ne halt ettiğini söyle bana?" diye hırladım. Jamie yataktan kalktı ve yerdeki giysilerin arasında giysilerini aramaya başladı. "Şahitler," dedi özetle. "Dougal bu evliliğin iptal edilmesi olasılığına karşı her tür önlemi aldı." Eteğini buldu ve sırıtarak onu beline sardı. "Korkarım namusun onarılamaz bir biçimde kirlendi Saksonyalı."

Gömleğini giymeden kapıya ilerledi. "Sakın dışarı çıkma!" dedim panik içinde. Eli sürgünün üzerindeyken dönüp beni sakinleştirmeye çalıştı. "Sıkma canını. Şahit oldularsa onlara şahadet edecekleri bir şeyler göstermeliyiz. Ayrıca önümüzdeki üç günü yapılacak olan birkaç şakadan korkup açlıktan ölerek geçirmeye hiç niyetim yok."

Müstehcen şakalarla karışık gürültülü bir alkış eşliğinde odadan çıktı, kapıyı aralık bırakmıştı. O mutfağa giderken yapılan şakaları, sorulan soruları ve verilen tavsiyeleri duyabiliyordum.

"İlk seferin nasıldı Jamie? Kanadı mı?" diye bağırdı Rupert, onun o kapı gıcırtısı gibi olan sesini nerde duysam tanırdım.

"Hayır, ama dilini tutmazsan sen kanayacaksın seni yaşlı serseri," diyen Jamie'nin sesini duydum, İskoçça konuşmaya başlamıştı. Bu şakayı sevenler ulumaya başlamışlardı, bu kuru gürültü Jamie mutfağa gidip geri dönene kadar devam etti.

Kapıyı Jamie'nin içeri girebileceği kadar araladım. Yüzü aşağıdaki ateşin rengindeydi, kolları yiyeceklerle doluydu. İçeri süzüldü ve arkasından bir kıyamet koptu. Bu sesleri kapıyı hızla çarparak cevapladım ve sürgüyü ittim.

"Uzun bir süre dışarı çıkmamızı gerektirmeyecek kadar yiyecek getirdim," dedi Jamie tabakları masanın üzerine dizerken, bana bakmamaya özen gösteriyordu. "Yiyecek misin?"

Yanından geçip şarap şişesine uzandım. "Henüz değil. Şu an ihtiyacım olan tek şey içki."

Tüm acemiliğine rağmen oldukça güçlü bir çekiciliği vardı ve her seferinde beni uyarmayı başarıyordu, ben de ona istekle cevap veriyordum. Henüz ona bir şeyler öğretmek ya da deneyimlerimi ortaya koymak gibi bir derdim yoktu, ona dilediği her şeyi yapması için izin vermiştim, sadece ağırlığını göğsüm yerine dirseklerine vermesinin daha iyi olacağını söylemiştim.

Doymak bilmiyordu ve saf bir duyarlılığa sahipti, tükenmek bilmeyen bir keyif alıyordu sevişmekten, bakir bir erkeğin yabana atılmaması gereken bir değer olduğunu anlamıştım. Sürekli beni düşünüyor ve iyi olup olmadığımı kontrol ediyordu, bunu hem sevmiştim hem de rahatsızlık duymaya başlamıştım.

Üçüncü birleşmemizde bir ara başımı geriye atıp vücudumu yay gibi gererek bir çığlık atmıştım. Ürkerek, özür dileyen bakışlarla hemen geri çekilmişti.

"Özür dilerim, canını acıtmak istememiştim."

"Acıtmadın." Huşu içinde vücudumu esnettim, kendimi çok iyi hissediyordum, sanki bir rüyadaydım.

"Emin misin?" derken bir yerime bir şey olmuş mu diye vücudumu inceliyordu. Murtagh'la Rupert'ın ona telaşla verdikleri eğitim sırasında önemli birkaç noktayı belirtmemiş olduklarını anlamıştım.

"Bu her zaman olur mu?" diye sordu, anlattığım şey onu çok etkilemişti. Kendimi bir geyşa gibi hissetmeye başlamıştım. Bugüne kadar sevişme sanatı dersleri vereceğim hiç aklıma gelmemişti ama bu rolün son derece çekici yanları olduğunu fark etmeye başlamıştım.

"Hayır, her zaman olmaz," dedim, çok eğleniyordum. "Bu sadece iyi sevişen bir erkekle gerçekleşebilir."

"Ah." Kulakları yine pembeleşmişti. Yüzündeki samimi ilginin büyüyen bir kararlılıkla değiştiğini fark ettim.

"Bir dahaki sefere ne yapmam gerektiğini bana söyleyecek misin?"

"Yapman gereken özel bir şey yok," dedim ona. "Sadece yavaş ol ve dikkatini ver. Hem neden duruyorsun? Hazır olduğunun farkındayım."

Şaşırmıştı. "Ara vermeye ihtiyacın yok mu? Ben... Hemen ardından yapamam..."

"Kadınlar farklıdır."

"Evet, anladım," diye mırıldandı.

Bileğimi tuttu. "Sen... Sen o kadar ufak tefeksin ki, canını acıtmaktan çok korkuyorum."

"Canım acımayacak," dedim sabırsızlıkla. "Ayrıca acıtsan da bu umurumda olmayacak." Onun yüzündeki anlamaz ifadeyi görünce, anlatmak istediğim şeyin ne olduğunu ona göstermeye karar verdim.

"Ne yapıyorsun?" dedi, şok olmuştu.

"Sence neye benziyor? Kıpırdama." Birkaç dakika sonra dişlerimi kullanmaya başladım, bilinçli olarak onu dişlemeye başlamıştım, o inleyerek derin bir nefes alana kadar bunu yapmaya devam ettim. İnlediği anda durdum.

"Canını acıttım mı?"

"Evet, biraz." Sesi biri boğazını sıkıyormuş gibi çıkmıştı.

"Durmamı ister misin?"

"Hayır!"

Daha da sert bir şekilde devam ettim, birdenbire bütün vücudu kasıldı ve kalbi yerinden sökülüyormuş gibi bir çığlık attı. Kasılıp, titreyerek ve derin nefesler alarak yatıyordu. Gözleri kapalıydı, İskoçça bir şeyler mırıldandı.

"Ne dedin?"

"Sanırım kalbim yerinden çıkacak dedim," diye cevap verdi gözlerini açarak.

Sırıtarak kendimi kutladım. "Murtagh ve arkadaşları sana bundan bahsetmediler mi?"

"Bahsettiler ama bu da inanmadıklarımdan biriydi."

Küçük bir kahkaha attım. "O zaman bana daha başka ne gibi şeyler anlattıklarını söylemezsen sanırım daha iyi olur. Anlatmaya çalıştığım şeyin ne olduğunu kavrayabildin mi? Canımı acıtmanı umursamayacağımı söylemiştim..."

"Kesinlikle." Yeniden derin bir nefes aldı ve yavaşça dışarı verdi. "Bunu ben de sana yaptığım zaman aynı şeyleri hissedecek misin?"

"Buna sen karar ver, ben, gerçekten bilmiyorum." Frank'le ilgili anılarımı bir yere kilitlemiştim, zifaf yatağında iki kişiden fazlası olmamalıydı, hangi koşullar altında buraya girildiği hiç önemli değildi. Jamie fiziksel açıdan da, düşünsel açıdan da Frank'ten çok farklıydı ama işin açıkçası iki vücudun birleşmesi için sınırlı sayıda pozisyon vardı. Biz henüz sevginin getirdiği o yoğun yakınlığı kurmamıştık. O noktada paylaşılabilecek şeylerin sonu yoktu. Tensel uyumumuz mükemmeldi ama hâlâ keşfedilmemiş bölgeler vardı.

Jamie'nin kaşları alaycı bir şekil almıştı. "Ah, sonunda bilmediğin bir şey bulduk. O zaman bunu deneyip öğrenmemiz gerekiyor. Gücümü toplar toplamaz bunun çaresine bakacağım." Yeniden gözlerini kapadı. "Önümüzdeki hafta bir ara..."

***

Şafak sökmeden birkaç saat önce titreyerek, korkudan kaskatı olmuş bir şekilde uyandım. Uyanmama sebep olan rüyayı hatırlayamıyordum ama dönmüş olduğum gerçek dünyada en az onun kadar korkutucuydu. Bir gece önce yeni keşfettiğim bir hazzın içinde yoğrulurken içinde bulunduğum durumu unutmak çok kolay olmuştu. Ama şu an hayatıma mecburen almış olduğum bir yabancının yanında zaman içinde başıma geleceklerden korkarak bir başıma yatıyordum.

Uyanırken bir takım sesler çıkarmış olmalıydım ki yanımdaki yabancı uyandı ve yerde duran bir sülünün havalanma süratiyle eşdeğer bir hızla üzerindeki örtüleri fırlatarak ayağa kalktı. Odanın kapısının önünde eğilerek durdu, dışarıdan gelen aydınlanmakta olan havanın etkisiyle onu hafifçe görebiliyordum.

Kapının önünde kısa bir süre durup etrafı dinledi, aceleyle odayı gözden geçirdi, süzülerek pencereye ilerledi ve sonra yatağa geldi. Kolunun duruş şeklinden elinde bir çeşit silah tuttuğunu anladım ama ne olduğunu göremiyordum. Her yerin güvenli olduğuna emin olduktan sonra yanıma oturdu, elinde tuttuğu silah her neyse onu yatak başının üzerine koydu.

"İyi misin?" diye fısıldadı. Parmakları ıslak yanağımda geziniyordu.

"Evet, uyandırdığım için özür dilerim. Bir kâbus gördüm. Sen niye..." Ona neden her an bu kadar tetikte olduğunu soracaktım.

Büyük ve sıcak eli omuzlarımdan kollarıma indi ve bunu yapamadım. "Hiç şaşırmadım, donmuşsun." Beni biraz önce kalkmış olduğu sıcak yere geçirip örtünün altına soktu. "Benim hatam," diye mırıldanıyordu bir yandan. "Bütün örtüyü almışım. Sanırım henüz yatağı paylaşmaya alışamadım." Örtüyü üzerimize örttükten sonra sırtüstü yanıma uzandı. Hemen ardından uzanıp yüzüme dokundu.

"Sebep ben miyim?" diye fısıldadı. "Bana tahammül etmekte zorlanıyor musun?"

Hıçkırır gibi bir kahkaha attım, bu ağlama hıçkırığı gibi bir ses değildi. "Hayır, seninle alakası yok." Karanlığın içinde elini aramaya başladım. Elime önce örtü sonra da onun sıcak teni değdi, sonunda aradığımı bulup tutmayı başardım. Bir süre tavanı seyrederek yattık.

"Eğer sebep sana tahammül edememem olsaydı ne yapacaktın?" diye sordum. "Ne yapabilirsin ki?" Öyle bir omuz silkti ki yatak gıcırdadı.

"Dougal'a evlilik şartlarının yerine getirilmemesi sebebiyle senin bu işin iptal edilmesini istediğini söyleyeceğim."

Bu kez aleni bir kahkaha attım. "Evlilik gereklerinin yerine getirilmemesi mi? Bunca şahide rağmen!"

Oda onun yüzündeki gülümsemeyi görebileceğim kadar aydınlanmıştı. "Elbette, şahitler olsun ya da olmasın, burada ne olup bittiğini ikimizden başka birinin tam olarak bilmesi imkânsız, öyle değil mi? Benden nefret eden bir kadınla birlikte olmak beni çok daha fazla utandırır."

Ona döndüm. "Senden nefret etmiyorum."

"Ben de senden nefret etmiyorum. Pek çok evlilik bundan çok daha az şeyin bir araya gelmesiyle başlıyor." Büyük bir nezaketle beni kendinden uzaklaştırıp diğer tarafa döndürdü ve arkamdan bana sarıldı. Bir eliyle göğsümü tuttu, bu tutuşta bir uyarı ya da bir istek yoktu, yeri orasıydı.

"Hiçbir şeyden korkma," diye fısıldadı. "Şu an sadece ikimiz varız." Günlerden sonra ilk kez kendimi rahat ve güvende hissettim. Günün ilk ışıklarıyla birlikte yeniden uykuya dalarken aklıma başımın üzerinde duran bıçak geldi, hangi tehdit bir adamı zifaf yatağına bile silahla girecek kadar korkuturdu ki?

16

Günün Birinde

Gece uğraş vererek kazandığımız yakınlık ve samimiyet sabahın çiğiyle birlikte buharlaşmış gibiydi, birbirimizden çekinmeye başlamıştık. Odamıza getirilen kahvaltıyı hiç konuşmadan yedik ve dışarı çıkıp hanın arkasındaki küçük tepeciğe tırmanmaya başladık, arada bir birbirimize nezaket sözcükleri söylüyorduk.

Tepeye varınca dinlenmek için bir kütüğün üzerine oturdum. Jamie birkaç adım ötemde sırtını bir çam ağacına dayayarak yere oturmuştu. Arkamdaki çalılıkta bir kuş ötüp duruyordu, ötüşü karabaşlı isketeye benziyordu, bir ardıç da olabilirdi. Onun bu tembel ötüşlerini dinlerken, küçük bulut kümelerini seyrettim, şu anki durumumuza bir isim koymaya uğraşıyordum.

Bu sessizlik dayanılmaz olmaya başlamıştı, Jamie birdenbire konuşmaya başladı. "Umarım..." diye başladı ama sonra kızararak sustu. Bir an kızarması gereken kişi aslında benim diye düşündüm, en azından ikimizden birinin bunu hâlâ yapabiliyor olması bana mutluluk verdi.

"Ne?" dedim, onu cesaretlendirmeye çalışıyordum.

Başını iki yana salladı, hâlâ pembeydi. "Önemli değil."

"Devam et." Ayağımı ona uzatıp ayak parmağımla bacağını dürttüm. "Dürüstlük, hatırladın mı?" İşin aslında şu an ona haksızlık ediyordum ama bu sinir bozucu sessizliğe, yutkunmaya ve gözleri başka yöne çevirmeye gerçekten daha fazla tahammül edemeyecektim.

Kollarını dizlerine dolayıp ellerini kenetledi ve hafifçe arkaya doğru sallandı, gözlerini bana dikmişti.

"Sana, seninle yatma şerefine ulaşan ilk adamın sana, senin bana davrandığın gibi cömert ve anlayışlı davranmış olduğunu ummak istiyorum diyecektim." Yüzünde utangaç bir gülümseme belirdi. "Bunu bir kez daha düşününce sözlerimin yanlış anlaşılabileceğini düşündüm. Söylemek istediğim şey... eee... Teşekkür ederim."

"Bunun cömertlikle ya da anlayışla hiç ilgisi yoktu!" diye patladım, elbisemin üzerinde var olmayan bir lekeyi temizlemeye uğraşıyordum. Sonra görüş alanıma kocaman bir çizme girdi ve ayak bileğimi dürttü.

"Dürüstlük?" Başımı onun alaylı bakışlarıyla karşılaşmak için kaldırmak zorunda kaldım.

"Tamam," dedim, savunmaya geçmiştim. "İlk seferden sonra böyle bir şey yapmadım." Kahkaha attı, kıpkırmızı olduğumu fark edip dehşete düştüm.

Alev alev yanan yüzümün üzerine serin bir gölge düştü, kocaman eller benimkileri tuttu ve beni çekerek ayağa kaldırdı. Jamie kütüğün üzerine benim kalktığım yere oturdu ve elini dizine vurarak beni davet etti.

"Otur."

İsteksiz bir tavırla söylediğini yaptım, ona bakmayı reddediyordum. Beni göğsüne çekip kollarını belime doladı. Sırtımda onun düzenli kalp atışlarını hissediyordum.

"Bundan sonra," diye söze başladı. "Birbirimize dokunmadan konuşmakta zorlandığımız sürece birbirimize dokunmaya devam edeceğiz. Bana yeniden alışmayı başardığında haber ver." Arkasına yaslandı, artık meşenin gölgesinde duruyorduk, konuşmadan beni tutmaya devam etti, sadece nefes alıyordu, göğsünün inip kalkışından ve saçlarımın hafifçe oynaşmasından bunu hissedebiliyordum.

"Tamam," dedim bir süre sonra.

"İyi." Kollarını gevşetti ve ona bakmamı sağladı. Bu kadar yakından bakınca yüzündeki kızıl sakalları görebiliyordum. Parmaklarımı onlara sürttüm, eski moda pelüş koltuklara dokunur gibiydim, sertlikle yumuşaklık bir aradaydı.

"Özür dilerim, bu sabah tıraş olamadım. Dougal dün düğünden evvel bana tıraş bıçağını vermişti ama geri aldı, sanırım düğün gecesinden sonra kendimi kesmemi istemedi." Bana sırıtarak bakıyordu, ben de ona gülümsedim.

Dougal'dan bahsedilince dün gece konuştuklarımızı hatırladım.

"Merak ettiğim bir şey var. Dün gece, Fransa'dan döndüğünde seni sahilde Dougal ve adamlarının karşıladığını söyledin. Neden evine ya da Fraser topraklarına dönmek yerine onun yanına döndün? Söylemek istediğim şey, Dougal sana karşi hiç hoş tavırlar..." Sözlerimi tamamlamak istemedim, tereddüt ediyordum.

"Ah," dedi, dizlerini benim daha rahat oturabilmem için düzeltirken. Onun hızla bir şeyler düşündüğünün farkındaydım. Kararını çok çabuk verdi.

"Evet, sanırım bunu senin de bilmen gerekiyor." Kendine kızmış gibiydi. "Sana neden kanun kaçağı olduğumu anlatmıştım. Kaleden ayrıldıktan bir süre sonra artık hiçbir şey umurumda değildi. Babam o sırada öldü ve kız kardeşim..." Durdu, içinde bir savaş verdiğini hissetmiştim. Dönüp ona baktım. Her zaman neşeli olan yüzü büyük bir hüzünle gölgelenmişti.

"Bunu bana Dougal söyledi... Dougal bana kız kardeşimin hamile olduğunu söyledi. Randall onu hamile bırakmıştı."

"Ah, canım."

Yan gözle bana baktıktan sonra uzakları seyretmeye devam etti. Gözleri birer safir gibi parlıyordu, hızla onları kırpıştırdı.

"Kendimde geri dönecek gücü bulamadım. Olanlardan sonra onu görmeye dayanamayacaktım. Ve sonra..." - nefes almaya çalıştı, dudakları kasılmıştı - "Dougal bana çocuk doğduktan sonra onun... Onun yapabileceği hiçbir şey yoktu, yalnız başınaydı, lanet olsun onu yalnız bıraktım! Doğumdan sonra bu kez başka bir İngiliz tarafından tecavüze uğramıştı, garnizondan biriydi ama Dougal kim olduğunu bilmiyordu."

Yutkundu, büyük bir ciddiyetle sözlerine devam etti. "Ona para gönderebilirdim, bunu yapamadım... Ya da ona yazabilirdim ama ne diyecektim?" Çok çaresizdi.

"Neyse, bir süre sonra Fransa'da askerlik yapmaktan yoruldum. Alex Amcam Horrocks adında firari bir İngiliz olduğunu söyledi. Adam ordudan ayrılmış ve Francis MacLean O'Dunweary'nin hizmetine girmişti. Bir gün içerken ben William Kalesi'nden kaçarken orada görevli olduğunu ağzından kaçırmış. O gün başçavuşu vuranın kim olduğunu görmüş."

"Yani o bunu senin yapmadığını ispat edebilir!" Bu çok güzel bir haberdi, bunu ona da söyledim. Başıyla beni onayladı.

"Evet, ama bir firarinin sözüne ne kadar inanılır onu bilemem. Yine de bir başlangıçtır. En azından ben bunu yapanın kim olduğunu öğrenmiş olacağım. Ve ben...Lallybroch'a nasıl dönebileceğimi hâlâ bilemiyorum ama en azından İskoç topraklarında asılma korkusu yaşamadan dolaşabileceğim."

"Bu gerçekten çok iyi bir haber ama ben hâlâ MacKenzieler'in bu işe neden karıştığını anlamış değilim."

Bu sorumu aile ve klan bağları hakkında verilen karmakarışık bilgiler takip etti, sis perdesi yavaş yavaş açıldı ve durumu kavradım. Francis MacLean'in MacKenzieler'in bölgesinde bir takım bağlantıları vardı ve o Colum'a bu haberi göndermişti, Colum da Dougal'a Jamie ile iletişim kurma görevini vermişti.

"Yaralandığımda yakınlarda olma sebebi buydu," diye bitirdi sözlerini. Gözlerini kısarak güneşe baktı. "Merak ediyorum, belki de bu yüzden o da..."

"Seni baltayla yaraladı! Öz dayın? Neden böyle bir şey yapsın?"

Kaşlarını çattı bana ne kadarını söylemesinin doğru olduğunu bulmaya çalışıyordu, omuz silkerek kararını verdi.

"MacKenzie klanı hakkında ne kadar bilgin olduğunu bilmiyorum. Yaşlı Ned Gowan'la günler boyu birlikte at sürdükten sonra epey şey öğrenmiş olduğunu tahmin ediyorum. Bu konulara girmeden duramaz."

Gülümsememden sözlerinin doğru olduğunu anladı. "Colum'u kendi gözlerinle gördün, bu kemiklerle uzun süre dayanması mümkün değil, küçük Hamish ise sadece sekiz yaşında, klanın başına geçebilmesi için daha en az bir on yıl gerekli. Hamish hazır olmadan Colum ölürse ne olacağını düşündün mü hiç?" Merakla bana bakıyordu.

"Sanırım Dougal reis olur," dedim usulca, "en azından Hamish hazır olana kadar."

"Evet, bu doğru. Ama Dougal Colum gibi değil, klanda ellerinde bir alternatif olduğu sürece onun reisliğini kabul etmeyecek pek çok kişi var."

"Ve bu alternatif sensin, şimdi anladım."

Ona dikkatle baktım, sözlerinde gerçeklik payı olma olasılığı son derece yüksekti. O yaşlı Jacob'ın torunuydu, anne tarafından olsa da MacKenzie kanı taşıyordu. İri yarı, yakışıklı, eğitimli, zeki ve doğuştan insanları yönetme yeteneğine sahip biriydi. Fransa'da savaşmış ve bir orduya liderlik yapabileceğini ispatlamıştı, bu çok önemliydi. Başına biçilen bedel, reis olduğu anda çok önemsiz bir ayrıntı haline gelecekti.

İngilizler Kuzey İskoç dağlarında yeterince derde sahipti, sürekli küçük isyanlarla, sınır yağmacılığıyla ve klan savaşlarıyla uğraşıyorlardı. Önemli klanlardan birinin reisini cinayetle suçlamak gibi bir aptallık yapmayacaklardı - bu zaten hiçbir klana cinayet gibi görünmüyordu.

Fraser klanından olan önemsiz bir adamı asmakla Leoch Kalesine saldırıp, MacKenzie reisini oradan çıkarıp İngiliz kanunlarıyla yargılamak arasında dağlar kadar fark vardı.

"Colum ölürse reis olmak gibi bir niyetin var mı?" Şu an kendiyle ilgili yaşadığı sorunların dışında etrafı da bir çitle çevrilmiş gibiydi.

Bu fikir onu güldürdü. "Hayır. Buna hakkım olduğunu bilsem de bunu yapmam. Bu klanın bölünmesine sebep olur, Dougal'ın adamları ve beni isteyenler savaşmaya başlar. İnsanların kanıyla elde edilmiş bir güçten hiç hoşlanmam. Dougal ve Colum bundan bir türlü emin olamıyorlar. Bu yüzden beni ortadan kaldırmayı düşünmüş olabilirler."

Bunları düşünürken alnım kırış kırış olmuştu. "Dougal'la Colum'a böyle bir niyetin olmadığını söyle... Ah." Ona büyük bir saygıyla baktım. "Bunu zaten yaptın. Yemin töreninde..."

Onun böylesine tehlikeli bir meseleyi nasıl başarıyla alt ettiğini hatırladım, işin aslında tehlikenin büyüklüğünü şimdi anlamıştım. Klan üyeleri büyük bir olasılıkla onun yemin etmesini istiyorlardı, Colum ise bunu istemiyordu. Bu yemini etmek onu MacKenzie klanının bir üyesi yapacaktı ve haliyle klan reisliği için muhtemel bir aday haline gelecekti. Reddederse ölüme ve şiddete davetiye çıkarmış olacaktı, kabul ederse de kişisel olarak başına gelebilecek her şeye...

Bütün bu tehlikeyi önceden sezmiş ve törenden uzak durmaya karar vermişti. Benim başarısız kaçma denemem onu bu cehennemin içine atmıştı, o bu ince ipin üzerinde durmayı başarmış ve diğer tarafa atlayabilmişti. Evet, her zaman hazırdı.

Aklımdan geçenleri anlamıştı ve başıyla beni onayladı.

"Evet, o gece yemin etmiş olsaydım büyük bir olasılıkla şafağın söktüğünü görmeyecektim."

Bunu düşünmek bile beni titretti, onu bilmeden böylesine büyük bir tehlikeye atmıştım. Yatağın üzerinde duran bıçak içgüdüsel olarak alınmış bir önlemden başka bir şey değildi. Onun Leoch kalesinde ölümü bekleyerek kaç gece boyunca silahla uyuduğunu merak etmeye başlamıştım.

"Ben hep silahla uyurum. Saksonyalı," dedi, oysa ben ağzımı bile açmamıştım. "Manastır ve dün gece dışında hep elimde kamamla uyudum." Dün gece elinde ne olduğunu düşününce sırıtmaya başladı.

"Ne düşündüğümü nasıl anladın?" diye sordum sırıtmasını göz ardı ederek. Babacan bir edayla başını salladı.

"Sen çok kötü bir casus olurdun, Saksonyalı. Aklından geçen her şey yüzünden anlaşılıyor. Kamama baktın ve kızardın." Başını bir yana eğmiş, beni inceliyordu. "Dün gece senden dürüstlük istedim, bu aslında çok gereken bir şey değildi, senin içinde zaten yalan söylemek yok."

"Bunun tek sebebi yalan söylemekte pek başarılı olamamam." Bu sözleri sert bir tavırla söylemiştim. "Bunu senin, benim bir casus olmadığımı düşündüğün şeklinde yorumlayabilir miyim?"

Cevap vermedi. Omzumun üzerinden hana bakıyordu, vücudu keman yayı gibi gerilmişti. Çok ürktüm, sonra onun dikkatini çekmiş olan sesleri ben de duydum. Toynak sesleri ve bir takım tıngırtılar vardı, büyük bir atlı grubu yoldan hana doğru ilerliyordu.

Jamie yavaşça çalıların arasına çöktü, o noktadan yolu rahatlıkla görebiliyordu. Hemen eteklerimi toplayıp onun arkasından sessiz bir şekilde emekledim.

Yol kayalıkların arasından keskin bir şekilde kıvrıldıktan sonra hanın bulunduğu açık alana çıkıyordu. Sabah esintisi yaklaşan grubun gürültüsünü bize doğru taşımıştı, bir ya da iki dakika sonra ilk atın burnunu gördük.

Bu, deri pantolon ve ekoseli giysiler giymiş yirmi, otuz kişilik bir gruptu. Bütün ekoseler birbirinden farklıydı. Hepsi baştan aşağı silahlarını kuşanmıştı. Her atın eyerinde en az bir tüfek vardı, ortalık, kama, kılıç, tabanca doluydu. Bunların yanı sıra eyer çantalarında daha başka silahlar bulunduğundan da emindim. Altı adamın yedeğinde eyersiz ve yüksüz altı at daha bulunuyordu.

Bütün bu savaşa hazır donanımlarına rağmen adamlar son derece rahat görünüyorlardı. Yolda küçük gruplar halinde konuşup gülerek ilerliyorlardı. Arada bir kafalarını kaldırıp etrafa göz atmayı unutmuyorlardı. Adamlardan biri benim saklandığım noktaya doğru bakınca yere nasıl gömüldüğümü bilemedim, büyük ihtimalle Jamie'nin saçları parlayıp adamın dikkatini o noktaya çekmişti.

Bu düşünceyle ona baktığımda onunda bunu fark etmiş olduğunu başını şalıyla örtmesinden anladım, artık çalılarla bir bütün haline gelmişti. Son adam da hanın avlusuna girince Jamie şalını bir kenara fırlatıp yola doğru ilerleyip aşağıya baktı.

"Kim olduklarını biliyor musun?" dedim nefes nefese, peşi sıra çalılıkların içinde ilerlerken.

"Evet." Jamie patikadan yukarı bir dağ keçisi gibi tırmanıyordu, nefesinde ya da duruşunda hiçbir farklılık yoktu. Arkasına dönüp bakınca benim zorlandığımı gördü ve yanıma gelip elini uzattı.

"Onlar Devriyeler," dedi hana bakarak. "Aslında güvendeyiz ama biraz daha uzaklaşırsak daha iyi olur."

Ünlü Kara Devriye'yi duymuştum. Onlar buralardaki düzeni koruyan yasadışı kolluk kuvvetleriydi. Kendilerine ait bölgelerde gezip onlara "bağış" yapan müşterilerinin hayvanlarını ve arazilerini koruyorlardı. Onlara borcu olanlar bir sabah uyandıklarında bütün hayvanlarının yok olduğunu görüveriyorlardı, bunları kimin almış olduğu bulunamıyordu -elbette bunu yapan Kara Devriye değildi. Bu akla mantığa sığmayan bir terördü.

"Seni aramıyorlar, değil mi?"

Sıçrayarak dönüp arkasına baktı, tepeye tırmanmaya başlayan adamları görmek ister gibi bir hali vardı, oysa kimse yoktu. Rahatlamış bir yüzle bana döndü ve belimden tutarak beni tepeden yukarı yürütmeye başladı.

"Hayır, sanmam. On pound için bu kadar büyük bir ekip toplanmaz. Ayrıca benim handa olduğumu bilseler böyle aylak aylak dolanarak kapının önüne toplanmazlardı." Bundan emindi. "Hayır, birinin peşinde olsalardı, kapıya dayanmadan önce arka kapıyı ve pencereleri kontrol altına almak için önden adam gönderirlerdi. Sanırım bir şeyler içmeye geldiler."

Tırmanmaya devam ettik, patikanın karaçalılar ve süpürge otlarının arasında gözden kaybolduğu noktaya kadar ilerledik. Dağ eteklerinin ortasında bir yerlerdeydik, granit kayaları Jamie'den büyüktü, Craigh na Dun'u hatırladım ve içim sıkıştı.

Sonunda bu tepeninde zirvesine ulaştık, önümüzde nefes kesici bir yeşilliğin içinde birçok tepe ve kayalık vardı. Kuzey İskoçya dağlarında genellikle kendimi ağaçlar ve kayalar tarafından esir alınmış gibi hissederdim. Bu kez önümüz çok açıktı, güneş ve rüzgâr bizi sarıyordu, adeta bu garip evliliği kutluyorlardı.

Dougal'ın baskısından ve sürekli birlikte olmak zorunda kaldığım adamlarının varlığından kurtulduğum için hafifçe kafayı bulmuştum, özgürlük duygusu beni böyle etkilemişti. Jamie'yi kaçmak için zorlamak ve onunla birlikte buradan gitmek istiyordum ama sağduyum bunu engelledi. Onun öğle yemeğimiz olarak torbasına koyduğu birkaç lokmanın dışında yemeğimiz yoktu, paramız da. Güneş batmadan önce hana dönmezsek hemen bizi aramaya başlarlardı. Jamie gün boyu sarp kayalıklara tırmanıp bir damla ter bile dökmeyebilirdi ama ben böyle bir şey yapamazdım. Kıpkırmızı olmuş yüzümü görünce beni bir kayanın üzerine oturttu. O da yanıma oturup tepeleri kolaçan ederek nefesimin düzelmesini bekledi. Kesinlikle güvendeydik.

Aklıma Devriyeler gelince içgüdüsel bir hareketle Jamie'nin kolunu tuttum.

"O kadar değerli olmadığın için çok mutluyum."

Burnunu sıvazlayarak bir süre bana baktı, burnu kızarmaya başlamıştı.

"Aslında bunu farklı şekillerde algılayabilirim ama içinde bulunduğumuz koşulları göz önünde bulundurunca... Teşekkür ederim."

"Benim teşekkür etmem gerekir," dedim. "Benimle evlendiğin için. Şu an William Kalesi'nde olabilirdim."

"Bunu bir kompliman olarak kabul ediyorum sayın bayan," dedi reverans yaparak. "Madem karşılıklı teşekkürlere başladık ben de sana benimle evlendiğin için teşekkür ederim."

"Eee, tamam da..." yine kızarmıştım.

"Teşekkür etmemin tek sebebi o değil, Saksonyalı. Onun için de teşekkür ederim ama sen benim hayatımı kurtardın. Artık MacKenzieler benimle ilgilenmez."

"Nasıl yani?"

"Yarı MacKenzie olmakla, İngiliz karısı olan yarı MacKenzie arasında çok büyük bir fark var. Bir Sakson kadınının Leoch'un hanımı olma şansı yoktur, klan üyeleri beni yalnız olduğum için tercih ediyorlardı. Dougal bu yüzden seninle evlenmesi gereken kişi olarak beni seçti."

Güneşin altında kızıl sarı parlayan kaşını kaldırdı. "Rupert'ı tercih etmeyi düşünmediğini umuyorum."

"Hayır, etmezdim," dedim üzerine basa basa.

Kahkaha atarak eteğindeki çam iğnelerini silkeledi.

"Annem bana günün birinde bir kızın seçimi olacağımı söylemişti."

Elini uzatıp beni ayağa kaldırdı.

"Ben de ona bu seçimi erkeğin yapması gerektiğini söylemiştim."

"Peki, o buna ne cevap vermişti?"

"Gözlerini devirerek, 'Öğreneceksin benim yavru horozum, öğreneceksin,' demişti." Güldü. "Ve öğrendim."

Başını kaldırıp sarıçam iğnelerinin arasından süzülen güneşe baktı.

"Bugün güzel bir gün, gel Saksonyalı seni balık tutmaya götüreyim."

Tepelere tırmanmaya devam ettik. Jamie bu kez kuzeye dönmüştü. Taşların üzerinden atlayarak küçük bir dereye açılan yarıktan geçtik, bu yarığın duvarlarını oluşturan kayaların üzeri yapraklarla kaplanmıştı. Kayaların arasından çağlayarak akan sular, aşağıdaki kanyon boyunca bir sürü küçük havuzcuk ve derecik oluşturuyordu.

Ayaklarımızı suya sallandırıp oturduk, sıcak olunca gölgeye kaçıyor, üşüyünce güneşin altına çıkıyorduk. Birbirimizin en ufak hareketini bile takip ediyorduk. Uzun bir bakışın ya da ufak bir dokunuşun bizi nerelere sürükleyeceğini bilerek o anı bekliyorduk.

Jamie bana alabalıkları nasıl gıdıklayacağımı gösterdi. Alçak dallara başını çarpmamak için eğilerek suya uzanan ince bir kayanın üzerinde dengesini korumak için kollarını iki yana açarak ilerlemeye başladı. Yolu yarılayınca dikkatle bana döndü ve yanına gidebilmem için elini uzattı.

Bu dağ başında rahat yürüyebilmek için eteklerimi çok önceden yukarı toplayıp sıkıştırmıştım, şu ana kadar gayet başarılıydım. Kayanın üzerine boylu boyunca uzanıp kafa kafaya vererek suyun içine bakmaya başladık, söğüt dalları sırtımıza çarpıp duruyordu.

"Yapman gereken tek şey güzel bir yer seçip orada beklemek." Bir elini yavaşça suyun içine sokmuştu. Suları dalgalandırmamaya özen göstererek, suyun dibindeki kumlara kadar uzandı. Tam kayanın suya yaptığı gölgenin bittiği yere koymuştu elini. Uzun parmaklarını kıvırdı, suyun içinde eli daha da büyük ve bir deniz bitkisinin saçakları gibi ileri geri oynuyor gibi görünüyordu. Oysa o elini hiç oynatmadan tutuyordu, kol kaslarına bakınca bunu görebiliyordum. Kolu suyun bittiği yerde garip bir şekil almış gibi görünüyordu, tıpkı bir ay önce onunla tanıştığım günkü gibiydi, sanki yerinden çıkmıştı. Aman Tanrım! Bu sadece bir ay önceydi.

Bir ayda tanış bir günde evlen. Yeminler ve kanlarla birbirine bağlan. Bunların içine arkadaşlığı da sokabilirdik. Ayrılık zamanı geldiğinde çok üzülmemesini umuyordum. Şu an mutluydum ve bunu düşünmek istemiyordum. Craigh na Dun'dan çok uzaktaydık ve şu an için Dougal'dan kaçma imkânım yoktu.

"İşte burada." Jamie kısık sesle konuşuyordu, sesi bir nefes gibi çıkıyordu, bana alabalıkların kulaklarının son derece hassas olduğunu söylemişti.

Bana kalırsa bu alabalık sudaki kum tanelerinden çok da büyük değildi. Kayanın gölgesi ve derinlik boyutlar hakkında net bir şey söyleyebilmemi engelliyordu. Beneklerin üzerinde benekler varmış gibi görünüyordu, sadece üstteki benekler yüzgeçleri yardımıyla hareket ediyordu. Jamie'nin bileğindeki tüyleri yolmak üzere oraya toplanmış küçük golyanlar kaçmaya başladılar.

Bir parmak kıvrıldı, bu kıvrılış son derece yavaştı. Hareketi göremiyordum, sadece artık diğer parmaklara göre farklı bir konumda olduğu için hareket etmiş olduğunu varsayıyordum. Diğer parmak da aynı şeyi yaptı. Uzun bir süre sonra bir tanesi daha...

Nefes almaktan bile korkuyordum, kayaya yapıştırmış olduğum kalbim balığın nefes alışından çok daha hızlı çarpıyordu. Parmaklar bir bir aynı yavaşlıkta açılıp kapanmaya devam ediyordu. Suyun içinde hipnotize eden bir dalga oluşmaya başlamıştı, bir parmak, bir parmak daha ve bir tane daha, bu hafif dalgalar balığın yüzgecini okşar gibiydi.

Bu ağır, çekim hareketlerin sonunda balığın burnu dışarı doğru uzandı, solungaçları ve ağzı açılmıştı, nefes alıp vermekle meşguldü, pembe çizgiler bir görünüyor bir yok oluyordu. Solungaçları aynı kalp gibi çalışıyordu.

Sürekli açılıp kapanan ağzıyla bir şeyler arandı ve biraz su yuttu. Vücudunun büyük bir kısmı kayanın dışına çıkmıştı, suda hiç ağırlığı yokmuş gibi duruyordu, hâlâ gölgedeydi. Bir gözünü gördüm, bir boşlukta kaybolmuş gibi büyüyüp küçülüyordu.

Son bir solungaç hareketiyle onu çağıran aldatıcı ellerin içine düşecekti. Kendimi görünmez kılabilmek için kayaya iki elimle yapışmış, yanağımı da granite bastırmıştım.

Bir anda ortalık hareketlendi. Her şey çok hızlıydı ve ne olduğunu tam olarak göremedim. Suda yoğun bir dalgalanma oldu, sular bir santim öteme kadar sıçradı, bunun ardından bir ekose yığını üzerime devrilirken, havada uçan bir balık üzeri yapraklarla dolu kayaya çarptı.

Jamie sersemlemiş olan balık kendine gelip sığınağına ilerlemeye başlamadan çıkıntıdan sığ suya atladı. Onu kuyruğundan tutup kayaya vurarak öldürdü ve suyun içinde dönerek geri gelirken bana gösterdi.

"Oldukça büyük," dedi gururla, elindeki otuz beş santimlik kütleye bakarak. "Tam kahvaltılık." Sırıtarak bana doğru ilerlemeye devam etti, kalçasına kadar ıslanmıştı, saçı yüzüne yapışmış, gömleği yapraklarla bezenmişti. "Sana seni asla aç bırakmayacağımı söylemiştim."

Balığı dulavratotu yaprakları ve çamurla sardı. Elini suya sokup çalkaladıktan sonra kayaya tırmandı ve bu paketi bana uzattı.

"Garip bir düğün hediyesi olarak görebilirsin tabii," dedi balığa bakarak. "Ama Ned Gowan geleneklere uyulması gerektiğini söyler."

"Yeni eşe balık hediye etmek geleneklere uygun mudur?" diye sordum, çok eğleniyordum.

Çoraplarını çıkarıp kurumaları için güneşin altına koydu, uzun başparmakları sıcağı görünce keyifle oynamaya başladı.

"Adalarda söylenen bir aşk şarkısında vardır. Duymak ister misin?"

"Elbette, İngilizce söyleyebilir misin?"

"Elbette, zaten müziğe fazla bir yeteneğim yok, sana sözlerini söyleyeceğim." Saçını gözlerinin önünden çekip okumaya başladı.

"Ey pırıltılı sarayların kralının kızı
Duntulm'da yaşayan biri olarak
Evlilik gecemizde
Seni hediyelere boğacağım
Sana göl kıyılarından yüz porsuk,
Nehir sularından yüz su samuru,
Derelerden fırlayan yüz gümüş alabalık..."

Bu liste adalarda bulunan bütün börtü böceği içeriyordu. O derenin kenarında oturmuş bana bir İskoç şarkısının sözlerini söylerken bol bol onu seyrettim. Kucağımda kocaman ölü bir balık vardı. Her şey çok garipti ama ben çok mutluydum.

Bitirince, alabalığı dizlerimin arasına sıkıştırıp onu alkışladım.

"Bunu çok sevdim, özellikle de seni hediyelere boğacağım kısmını. Son derece ateşli bir âşıkmış."

Jamie güneşe karşı durduğu için gözlerini kapatmıştı, gülmeye başladı. "Sanırım buna bir satır da ben ekleyebilirim; senin uğruna derelere atlarım."

İkimiz de güldük, sonra bir süre konuşmadan güneşin tadını çıkardık. Burası huzur doluydu, dereciğimize akan suyun sesinden başka ses yoktu.

Jamie'nin nefesi düzelmişti. Bunu göğsünün yavaşça inip kalkmasından ve boynundaki ince damarın atış hızından anlıyordum. Boynunun dibinde üçgen şeklinde bir yara izi vardı.

Çekinme ve utanç duyguları geri gelmeye başlamıştı. Eline uzanıp sımsıkı tuttum, bu dokunuşun aramızdaki samimiyeti yeniden kuracağını düşünüyordum, hep öyle olmuştu. Kolunu omuzlarıma doladı. Bu onun kaslı vücudunu daha fazla fark etmemden başka bir işe yaramadı. Kayanın içindeki bir oyukta büyüyen pembe çiçekli turnagagasını koparma bahanesiyle geri çekildim.

Onu kemerimin arasına sıkıştırırken, "Baş ağrısına iyi gelir," dedim.

"Seni rahatsız ediyor," dedi beni süzerek. "Baş ağrısından bahsetmiyorum. Frank'ten bahsediyorum. Onu düşünüyorsun ve ben sana dokununca rahatsız oluyorsun çünkü ikimizi birden düşünmeyi başaramıyorsun. Doğru mu?"

"Sezgilerin çok kuvvetli," dedim, şaşırmıştım. Gülümsedi ama bana dokunmadı.

"Bunu çözmek için çok zeki olmaya gerek yok. Seninle evlendiğim zaman onu sık sık düşündüğünü ve buna engel olamadığını biliyordum. Bunu istiyor musun istemiyor musun?"

Şu an istemiyordum ama haklıydı buna engel olamıyordum.

"Ona benziyor muyum?"

"Hayır."

Hatta birbirine bu kadar benzemeyen iki insanı bulmak oldukça zordu. Frank ince yapılı, narin ve esmerdi. Jamie iri, güçlü ve güneş ışığı gibiydi. İkisi de atletik yapılıydı ama Frank bir tenis oyuncusuna benziyordu, Jamie son derece düzgün ama hırpalanmış bir savaşçıydı. Frank benden birkaç santim uzundu, Jamie ise karşı karşıya durduğumuzda çenesini başımın üzerine dayayabiliyordu, burnum göğsüne geliyordu.

Bu adamların farklılıkları sadece fiziksel özelliklerinden ibaret değildi. Aralarında on beş yıllık bir fark vardı. Bu Frank'in ihtiyatlı suskunluğuyla Jamie'nin açık yürekliliğinin farklılığını açıklayan bir özellik olabilirdi. Frank nazik, görmüş geçirmiş, anlayışlı ve becerikli bir âşıktı. Jamie tecrübesiz olmasından dolayı - ya da numara yapıyordu - kendini her şeyiyle bana vermişti, gizli saklısı yoktu.

Bu sorunun cevabı beni çok sarsmıştı.

Jamie için için yaptığım bu savaşı pek hoş gözlerle izlemiyordu.

"Anladığım kadarıyla bu sorunu çözebilmek için iki seçeneğim var, seni arpacı kumrusu gibi düşünmeye devam etmen için bırakırım ya da..."

Bana doğru eğildi ve dudaklarını dudaklarımın üzerine koydu. Özellikle savaş yıllarında payıma düşen pek çok adamla öpüşmüştüm, flört ve romantizm, ölüm ve belirsizliğin en iyi dostuydu. Jamie'nin öpüşü çok farklıydı. Onun nezaketi tereddütten kaynaklanmıyordu, tam tersine bana bağlılık sözü veriyordu, ısrar değil bir meydan okuma, bir kışkırtma içeriyordu. Seninim, diyordu. "Eğer beni istersen, bundan sonra..."

İstiyordum, dudaklarım açıldı, bütün kalbimle bana sorgusuz sualsiz verdiği bu sözü ve meydan okumayı kabul ettim. Bir süre sonra başını kaldırıp bana gülümsedi.

"Ya da dikkatini dağıtarak bu düşüncelerden uzaklaştırırım," diyerek başlamış olduğu cümleyi bitirdi.

Başımı omzuna yasladı, saçlarımı okşayıp, buklelerimi kulaklarımın arkasına yerleştirdi.

"Bunun bir yardımı olur mu bilemiyorum ama yine de söyleyeceğim. Sana haz verebildiğimi ve seni mutlu edebildiğimi bilmek benim için muhteşem bir duygu. Seni her seferinde uyarabildiğimin farkındayım. Bunun olabileceğini bilmezdim."

Ona cevap vermeden önce derin bir nefes aldım. "Evet, olur sanırım."

Bir süre daha ses çıkarmadan durduk, bu süre çok uzun geldi. Sonunda Jamie geri çekilip gülümseyerek bana baktı. "Sana param ve mülküm olmadığını söylemiştim değil mi?

Başımla onu onayladım, arkasından ne geleceğini merak ediyordum.

"İşin aslında samanların üzerinde uyuyup, arpa birası içip kuru ekmek yiyeceğimiz zamanlar olacağı konusunda da uyarmalıydım."

"Umurumda bile değil."

Gözlerini benden ayırmadan biraz ötedeki ağaçsız bölgeyi işaret etti.

"Şu an saman yığını bulamıyorum ama şurada eğreltiotlarından oluşan güzel bir yer var. Buna alışmak için biraz uygulama yapmak ister misin?"

Bir süre sonra sarf ettiği enerji ve ezilmiş otlardan çıkan sular nedeniyle ıslanmış sırtını okşuyordum.

"Eğer bir kez daha teşekkür etmeye kalkışırsan sana vururum," dedim.

Bu sözlerime cevap olarak hafif bir horlama duydum. Yanağına bir eğreltiotu yapışmıştı, uyurken elinin üzerinde gezinen meraklı bir karınca uzun parmaklarının seğirmesine sebep oluyordu.

Karıncayı oradan uzaklaştırıp, dirseğimin üzerinde doğrularak onu seyretmeye başladım. Kirpikleri uzun ve gürdü. Uçları açık kestane rengi, dipleri ise beyaza yakın bir sarıydı.

Dudaklarının etrafındaki keskin çizgi uyurken gevşemişti. Bir kenarı yine hafifçe yukarı kıvrılmıştı alt dudağı hafifçe sarkmıştı, şu an çok daha masum ve duygusal görünüyordu.

"Lanet olsun," dedim kendi kendime.

Uzun zamandır bunun olmaması için büyük bir savaş veriyordum. Bu anlamsız evlilik hikâyesinden önce de onun çekim gücünün farkındaydım. Bunu daha önce de yaşamıştım, benim dışımda pek çok insanın başına gelmiş olduğundan da emindim. Belirli bir adamın ya da bir kadının varlığına diğerlerinden daha fazla duyarlı olmak... Onu her yerde aramak ya da göz hapsinde tutmak, onunla bir arada olmak için anlamsız bahaneler üretmek, 'kazara' bir yerlerde karşılaşmak, o çalışırken fark ettirmeden izlemek, vücudundaki küçük detaylara dikkat etmek... Gömleğinin altından görünen kürek kemikleri, bileklerindeki kemiklerin yuvarlaklığı, çenesinin altındaki sakallarının çıkmaya başladığı bölgenin biraz daha aşağısında yer alan pürüzsüz bölge...

Arzulamak. Bu doktorlarla hemşireler, hemşirelerle hastalar ya da uzun süre bir arada kalmak zorunda kalan iş arkadaşları arasında çok sık görülürdü.

Bazıları bu duyguya kendini kaptırır ve anlık ya da kısa süreli ilişkiler yaşardı. Şanslı olanların ateşi birkaç ay içerisinde söner ve ilişki unutulurdu. Şanssız olanlarsa... Hamilelik, boşanma, bazı durumlarda zührevi hastalıklarla uğraşmak zorunda kalırlardı. Çok tehlikeli bir durumdu arzulara kapılmak.

Birkaç kez bu duyguyu ben de hissetmiştim ama mantığımı kullanıp buna karşı koymayı başarmıştım. Ve her seferinde aradan bir zaman geçince bu çekim azalmış, adam gözümde gizemini kaybetmiş ve her şey yerli yerine oturmuştu. Bana, adama ya da Frank'e bir zarar gelmemişti.

Ya bu kez... Bu kez bunu yapmaya mecbur bırakılmıştım.

Bunun sonucunda neler olabileceğini şu an sadece Tanrı biliyordu. Geri dönüşü yoktu.

Yüz üstü uzanmıştı, çok huzurlu görünüyordu. Güneş yele gibi uzanan kızıl saçlarına, belkemiğinin üzerindeki ince tüylere, kaba etlerindeki ve kalçalarındaki kızıl-altın ayva tüylerine vuruyor, açık bacaklarının arasından görünen yumuşak, kıvırcık, açık kestane renkli kümenin üzerinde son buluyordu.

Oturup uzun bacaklarını hayranlıkla izlemeye başladım. Kalçasından dizlerine, oradan da zarif ayaklarına uzanan düzgün kas yapısını inceledim. Ayaklarının altı yumuşak ve pembeydi, çıplak ayakla yürümekten ileri gelen birkaç küçük nasırı vardı.

Parmaklarım onun küçük kulağının etrafında gezinip çenesinin altına uzanmak istiyorlardı, bunu yapamadıkları için sızlamaya başlamışlardı. Zaten iş işten geçmişti, kendime hâkim olmam gereken noktayı geçeli çok olmuştu. Bundan sonra yapacağım hiçbir şey şu an içinde bulunduğumuz durumdan daha kötü bir duruma geçmemizi sağlayamazdı. Uzanıp hafifçe dokundum.

Uykusu çok hafifti. Beni yerimden sıçratan bir süratle dönüp ayağa fırlamaya hazır bir halde dirseklerinin üzerinde doğruldu. Beni görünce rahatlayarak gülümsedi.

"Madam, benden faydalandığınızı düşünüyorum."

Üzerinde güneşin oluşturduğu birkaç gölgenin dışında hiçbir şey bulunmayan otların arasına sere serpe uzanmış bir adamdan beklenmeyecek bir asaletle önümde eğilerek beni güldürdü. O da gülümsüyordu ama otların arasındaki çıplak bedenim onun bakışlarının değişmesine sebep oldu. Sesi boğuk çıkmaya başladı.

"İşin aslında bana büyük bir lütufta bulundunuz, madam."

"Öyle mi? Devam edebilir miyim?" dedim usulca.

Kıpırdamadan durdu. Elimi yavaşça yanağına uzattım, boynuna, omuzlarına ve aşağılara doğru kaydırdım. Kıpırdamadı ama gözlerini kapadı.

"Aman Tanrım," dedi.

İçini çekti.

"Korkma, canını acıtmayacağım."

"Bu küçük lütuflara da teşekkür ederim, Tanrım."

"Kıpırdama."

Parmaklarını toprağa geçirdi ama sözümü dinledi.

Bir süre sonra, "Lütfen," diye inledi. Başımı yukarı çevirince gözlerini açmış olduğunu gördüm.

"Hayır," dedim, tadını çıkarıyordum. Gözlerini yeniden kapadı.

Kısa bir süre sonra, "Bunun bedelini ödeyeceksin," dedi. Burnunun üzerinde ter tanecikleri parlıyordu.

"Emin misin? Bunu nasıl yapacaksın?"

Avuçlarını yere bastırmaktan ön kol kasları iyice gerilmişti, dişleri de aynı durumdaydı, zorlukla konuştu.

"Bilmiyorum ama... Ulu İsa... Aziz Agnes... Mutlaka bir yolunu... Bulacağım! Aman Tanrım! Lütfen!"

"Pekâlâ," dedim onu serbest bırakırken.

Üzerime atlayıp beni yere yapıştırırken küçük bir çığlık attım.

"Sıra sende."

Güneş batarken hana doğru yola çıktık, tepenin üzerinde durup devriyelerin hâlâ orada olup olmadıklarını kontrol ettikten sonra yolumuza devam ettik.

Duvarlarındaki çatlaklardan ve küçük pencerelerinden yansıyan ışığın etkisiyle han çok sevimli görünüyordu. Güneş arkamızda kalmıştı, bu nedenle yamacın altındaki her şey çift gölgeye sahipti. Hafif bir rüzgâr çıkmıştı ve ağaçların yaprakları çimlerin üzerinde dans eden gölgeler oluşturmuştu. Tepede periler olduğunu ve bu perilerin ince bedenleriyle ormanda yol alırken bu gölgelerle dans ediyor olduklarını hayal etmeye başlamıştım bile.

"Dougal da dönmemiş," dedim tepeden aşağı inerken. Onun genellikle kullandığı siyah kısır kısrak hanın küçük manejinde değildi. Hatta eksik birkaç hayvan daha vardı, bunlardan biri Ned Gowan'ınkiydi.

"Hayır, en azından bir gün daha dönmeyecek, belki de iki." Jamie tepeden aşağı inerken tökezleyip düşmemem için koluna girmemi önermişti.

"Hangi cehenneme gitti?" Son olayların etkisiyle bu sözleri söylemiştim, onun yokluğunu sorgulamak gibi bir niyetim yoktu, hatta bu umurumda bile değildi.

Jamie beni hanın arkasındaki çitlerin öbür tarafına geçirdi. "Yakınlardaki çiftçilerle olan işlerini halletmeye gitti. Seni kaleye götürmesine daha birkaç gün var." Beni sakinleştirmek için hafifçe kolumu sıktı. "Dougal ona seni alamayacağını söyleyince Komutan Randall pek mutlu olmayacaktır. Dougal da buralarda fazla oyalanmak istemeyecektir."

"Mantıklı," dedim. "Bizi birbirimizi daha iyi tanımamız için burada bırakmış olması gerçekten büyük bir incelik."

Jamie hafifçe homurdandı. "İncelik falan değil. Bu seni almayı kabul etmek için ileri sürdüğüm şartlardan biriydi. Ona gerekiyorsa seninle evleneceğimi ama seninle ilk birleşmemi tavsiye veren yirmi adam eşliğinde otların üzerinde yapmayacağımı söyledim."

Durup ona bakmaya başladım. Demek bir önceki gece odadan gelen bağrışmaların sebebi buydu.

"Şartlardan biri dedin, diğerleri neydi?"

Hava kararmaya başlamıştı, yüzünü net olarak göremiyordum ama utandığını anladım.

"Sadece iki tane daha vardı."

"Ve?"

Yolun üzerindeki çakıl taşlarını tekmelemeye başlamıştı. "Ona seninle kilisede ve bir papazın eşliğinde düzgün bir şekilde evlenmek istediğimi söyledim. Bunun sadece bir kontrat olmasını istemedim. Ve... Ve sana düğün için uygun bir kıyafet bulmasını istedim." Gözlerini uzaklarda bir noktaya dikmişti, bana bakmamaya çalışıyordu ve sesi duyamayacağım kadar kısık çıkıyordu.

"Senin evlenmek istemediğini biliyordum. Bunu senin için mümkün olduğunca hoş bir hale getirmeye çalıştım. Böylelikle kendini daha az... Neyse işte düzgün bir kıyafetle evlenmeni istedim."

Bir şeyler söylemek için ağzımı açtım ama o çoktan arkasını dönüp hana doğru ilerlemeye başlamıştı.

"Buraya gel, Saksonyalı," diye bağırdı hırçın bir sesle. "Acıktım."

Yemeğin bedeli insanlarla bir arada olmaktı, bu ana kapıdan içeri girdiğimiz anda belli oldu. Bizi sevinç çığlıklarıyla karşılayıp hızla masaya iki iskemle daha eklediler, yemek çoktan başlamıştı.

Bu kez hazırlıklıydım ve hakkımızda yapılan şakalardan ve garip imalardan hiç etkilenmedim. Hayatımda ilk kez, alçakgönüllülükle geri çekilip Jamie'yi gün boyu neler yaptığımızla ilgili cevaplar vermek üzere yalnız bırakmış olmaktan mutluydum. Yakası açılmadık fikirler söyleyip kaba şakalar yapıyorlardı.

"Uyudum," diye cevap verdi Jamie bu tarz sorulardan birine. "Gece gözümü bile kırpmamıştım." Gürültülü kahkahalar hanı inletmeye başladığında lafına kaldığı yerden devam etti. "Feci horluyor."

Hafifçe kulağına vurdum, o da beni tutup kendine çekti ve gürültülü bir şekilde öptü. Bunun üzerine büyük bir alkış aldık.

Yemekten sonra han sahibinin kemanı eşliğinde dans başladı. Hiçbir zaman iyi bir dansçı olmamıştım, sıkıntıyla ayaklarımı yerde sürükleyip dururdum. Bu uzun etekler ve garip ayakkabılarla bunu bile yapabileceğimden şüpheliydim. Ayağımdaki nalına benzer şeylerden kurtulunca, dans etmekte hiç zorlanmadığımı hatta bundan keyif bile aldığımı fark ettim. Bu şaşkınlık vericiydi.

Hancının karısı ve benden başka kadın olmadığı için müzik çaldığı sürece eteklerimizi yukarı toplayıp hiç durmadan bütün yerel dansları yaptık. Yüzüm kıpkırmızı olup nefes alamaz hale gelinceye kadar bunu yapmaya devam ettim.

Adamlar yorulmak bilmiyorlardı, kendi kendilerine ya da karşısındakilerle ortalıkta dönüp duruyorlardı. Sonunda hepsi duvarın önüne çekilip el çırpmaya başladılar, Jamie ellerimi tutup, "Kuzey'in Horozu" denilen son derece hızlı ve çılgın bir dansı yaptırmaya başladı.

Bir eli belimdeyken merdivenlere kadar döndük ve orada

durduk. Jamie yarı İskoçça yarı İngilizce bir konuşma yaptı ve bu konuşma büyük alkış aldı. Jamie elini torbasına sokup içinden küçük bir deri kese çıkardı ve han sahibine verdi. Sonra da viski bitene kadar herkese viski verilmesini söyledi. Bu keseyi tanımıştım, Tunnaig'deki kavgadan sonra ona verilen keseydi. Bu büyük ihtimalle sahip olduğu yegâne paraydı, bunun daha iyi bir şekilde harcanamayacağını düşündüm.

İyi dilekler arasında yukarı çıktığımız sırada bir ses Jamie'nin adını bağırdı ve hepsini bastırdı.

Sese dönünce bunun Rupert olduğunu gördük. Siyah sakallarının arasından görünen yüzü her zamankinden daha kırmızıydı, sırıtıyordu.

"Bir faydası olmaz Rupert, o benim."

"Seninle harcanıyor," dedi Rupert yüzünü gömleğinin koluyla kurulayarak. "Seni bir saat içinde yere devirir, siz gençlerde yeterli güç yok," dedikten sonra bana döndü, "Zamanını uyuyarak harcamayacak birini istersen haber ver. Bu arada..." Yukarıya bir şey fırlattı.

Küçük tombul bir kese ayağımın dibine düştü.

"Evlilik hediyen," dedi. "Shimi Bogil Devriyesi'nden."

"Ne?" Jamie onu yerden aldı.

"Bazılarımız günü ormanlarda boş boş dolaşarak geçirmedi, delikanlı," diyerek onu azarladı, bu arada şehvetli gözlerini benden ayırmıyordu. "Para kolay kazanılmıyor."

"Elbette, kâğıt mı oynadınız, zar mı attınız?" diye sordu Jamie sırıtarak.

"İkisi de." Siyah sakallarının arasında kibirli bir gülümseme belirdi. "Onları donuna kadar soydum oğlum, Donuna!"

Jamie ağzını açtı ama Rupert koca nasırlı elini havaya kaldırdı ve, "Teşekküre hiç gerek yok. Bu akşam benim adıma onunla sevişmen yeterli olur," dedi.

Ellerimi dudaklarıma götürüp ona bir öpücük yolladım. Yüzüne bir tokat yemiş gibi, olduğu yerde sallandı ve odanın ortasına kadar dönerek ilerledi. Bir sarhoş gibi zikzaklar çiziyordu ama hiç de sarhoş değildi.

Aşağıdaki onca gürültüden sonra yatak odası gözüme cennet

gibi göründü. Sessiz ve huzur doluydu. Jamie hâlâ kendi kendine kıkırdıyordu, kendini toparlayabilmek için yatağa serildi.

Ben çok sıkı olan korsajımı çıkarıp dans ederken karışmış saçlarımı taramaya başladım.

"Gördüğüm en güzel saçlara sahipsin," dedi Jamie beni izlerken.

"Ne? Bunu mu?" Bu güne kadar en kibar insanlardan bile karmakarışık tanımını almış buklelerime dokunup birini havaya kaldırdım.

Güldü. "Evet, öbürünü de seviyorum ama," dedi. Ciddiyetini korumaya uğraşıyordu. "Tam olarak ondan bahsediyordum."

"Ama çok, çok kıvırcık..." dedim, kızarmaya başlamıştım.

"Evet, öyleler." Jamie şaşırmıştı. "Douglas'ın kızlarından biri kalede arkadaşıyla konuşurken duydum, saçları seninkiler gibi olsun diye üç saat boyunca maşayla uğraşıyormuş. Seninkiler sen parmağını bile kıpırdatmadan öyle duruyormuş ve bu yüzden senin gözlerini oymak istiyormuş." Buklelerimden birini tuttu ve aşağıya çekti, açıldığında göğsüme kadar uzanıyordu. "Kardeşim Jenny'nin saçları da kıvırcık ama seninkiler kadar gür değil."

"Kardeşinin saçları da seninkiler gibi kızıl mı?" Jenny'yi gözümde canlandırabilmek için ondan bilgi almaya çalışıyordum.

Buklelerimle oynarken başını salladı. "Hayır. Onun saçları siyah. Hem de simsiyah. Ben anneme benziyorum Jenny ise babama. Ona siyah saçları ve sakalından dolayı Brian Dhu derlerdi, bu Kara Brian anlamına gelir."

"Komutan Randall'a da Kara Jack diyorlar," dedim. Jamie bu sözlerime gülmedi.

"Evet, ama bu adı ona dış görünüşünden dolayı vermediler, kara olan yeri ruhu." Bakışları sertleşmişti, başını bana doğru eğip gözlerime baktı.

"Bu konuda kaygılanmıyorsun değil mi? Kaygılanmamalısın." Saçlarımı bırakıp sahiplenir bir tavırla omuzlarımı tuttu.

"Sözlerime inan," dedi yumuşak bir sesle. "Seni koruyacağım. Ondan ve gereken herkesten... Kanımın son damlasına kadar, *mo duinne*."

"*Mo duinne*?" Bu soruyu sorarken onun konuşmasındaki yoğun samimiyet biraz canımı sıkmıştı, onun kanının dökülmesine sebep olmak istemiyordum, ne ilk ne de son damlasına...

"Kumralım anlamına gelir." Buklelerimden birini tutup dudaklarına götürdü, gülümseyerek bana baktı. Bu bakışlar kanımın damarlarımdan son hızla akmaya başlamasına sebep oldu. "*Mo duinne,*" diye tekrarladı. "Bunu sana söyleyebilmek için çok bekledim."

"Ben kahverenginin çok anlamsız bir renk olduğunu düşünürüm," dedim hızla, olacakları biraz geciktirmeye uğraşıyordum. Her şey düşündüğümden çok daha hızlı ilerliyordu.

Jamie başını salladı, hâlâ gülümsüyordu.

"Ben olsam böyle söylemezdim, Saksonyalı. Anlamsız olamaz." Saçlarımın bir kısmını eline alıp havalandırdı. "Taşların üzerinden sekerek ilerleyen deredeki sulara benziyor. Dalgalı yerleri daha koyu, yüzeye yakın güneş alan yerleri ise gümüş gibi."

Nefesim kesilmişti, yere düşürmüş olduğum tarağı almak üzere öne eğildim. Doğrulduğumda Jamie sabit gözlerle bana bakıyordu.

"Sana anlatmak istemediğin şeyler konusunda seni zorlamayacağımı söylemiştim. Bunu yapmayacağım ama kendi fikirlerimi söyleyeceğim. Colum senin bir İngiliz casusu olabileceğini düşünüyor ama İskoçça bilmemen onu düşündürüyor. Dougal ise Kral James yanlısı bir Fransız casusu olduğunu düşünüyor ama yalnız olma sebebini anlayamıyor."

"Peki ya sen?" diye sordum karmakarışık olmuş bir bölümü inatla açmaya çalışırken. " Sen ne olduğumu düşünüyorsun?"

"İlk bakışta, bir Fransız olabileceğini düşündüm çünkü kemik yapın Anjou kadınlarına benziyor. Ama onlar çok daha soluk benizlidir, senin teninse opal gibi." Parmağını köprücük kemiğimin üzerinde gezdiriyordu, tenim alev alev yanmaya başlamıştı.

Parmağını yukarı kaldırıp alnıma dokundu, oradan yanağıma getirip kulağıma doğru ilerledi ve arada saçlarımı düzeltmeyi ihmal etmedi. O bunları yaparken kıpırdamadan durmaya çalışıyordum, işaret parmağı enseme inerken, başparmağı kulak mememle oynamaya başladı.

"Altın gözler, bunları daha önce de görmüştüm, bir leopara aitti." Başını salladı. "Hayır, Fransız olabilirdin ama değilsin."

"Bunu nereden anladın?"

"Seninle çok sohbet ettik ve seni çok dinledim. Dougal Fransızca konuştuğun için bir Fransız olabileceğini düşünüyor, çok iyi konuşuyorsun."

"Teşekkür ederim," dedim alay ederek. "Ama iyi Fransızca konuşmam Fransız olmadığımı nasıl kanıtlıyor."

Güldü ve boynumu daha sıkı tutmaya başladı. "*Vouz parlez trés bien* - ama benim kadar değil," diyerek İngilizce bitirdi sözlerini. Birdenbire boynumu bıraktı. "Kaleden ayrıldıktan sonra bir senemi Fransa'da geçirdim, iki senemi de ordudayken. Bir Fransız yerlisinin nasıl konuştuğunu çok iyi bilirim. Fransızca senin ana dilin değil." Yavaşça başını sallamaya devam etti.

"İspanyol olabilirsin, ama neden? İspanyolların İskoçya ile yakından uzaktan ilgisi yoktur. Alman olman imkânsız." Omuz silkti. "Kim olursan ol İngilizler bunu muhakkak bulmayı isteyeceklerdir. Bir yanda huzursuz klanlar diğer yanda da Prens Charlie varken bunu bulmak için çok uzun zaman harcamayacaklardır. Bunu kısa zamanda bulma yöntemleri ise hiç nazik yöntemler değildir. Bunu çok iyi biliyorum."

"Peki, bir İngiliz casusu olmadığıma nasıl karar verdin? Dougal bir zamanlar öyle olduğumu düşünüyordu bunu sen söylemiştin."

"Bu da mümkün ama işin açıkçası İngilizceyi kullanım tarzın da biraz garip... Ve öyle olsaydın benimle evlenmek yerine halkının yanına giderdin. Seni benimle evlendirme sebeplerinden biri de buydu. İş son raddeye geldiğinde kaçıp kaçmayacağını merak ediyordu."

"Ve ben kaçmadım. Bu neyi kanıtlar?"

Kahkaha attı ve yatağa uzandı, ışık gözlerini rahatsız etmesin diye yüzünü koluyla örttü.

"Keşke bilseydim Saksonyalı, Keşke bilseydim. Ne olduğunu mantıklı bir şekilde açıklayamıyorum, belki de minik insanlardansın, kimbilir?" Kolunun altından bana baktı. "Sanmam, çok büyüksün."

"Kim olduğumu bilmiyorsun, seni bir gece öldürme ihtimalimden korkmuyor musun?"

Cevap vermedi, kolunu yüzünden indirdi, sırıtıyordu. Gözlerini Fraser tarafından almış olmalı diye düşündüm. MacKenziler'inki gibi çukurda değildi, elmacık kemiklerinin üzerine garip bir açıyla oturmuştu.

Başını hafifçe kaldırdı, gömleğinin önünü açtı ve kumaşı iyice iki yana çekti, beline kadar çıplaktı. Kamasını kınından çıkarıp bana doğru fırlattı. Kama ayaklarımın dibine düştü.

Kolunu yeniden gözlerinin üzerine koydu ve başını iyice geriye doğru attı, hafif uzamış sakallarının hemen çenesinin altında son bulduğu yeri görebiliyordum.

"Dik bir şekilde göğüs kafesinden sokacaksın. Hızlı ve temiz, gerçi biraz kuvvet ister. Boğaz kesmek daha kolaydır ama çok pislik olur."

Kamayı almak için yere eğildim.

"Bunu fena halde hak ettin, seni kendini beğenmiş adi herif."

Kolunun altından gülüşünün gittikçe büyüdüğünü görebiliyordum.

"Saksonyalı."

Durdum, kama hâlâ elimdeydi.

"Ne var?"

"Çok mutlu bir adam olarak öleceğim."

17

Dilenci

Ertesi sabah oldukça geç uyandık, handan ayrıldığımızda güneş epey yükselmişti, bu kez güneye doğru ilerledik. Atların çoğu yine ortalıkta yoktu. Ekipten kimseyi de görememiştim. Yüksek sesle nereye gittiklerini merak ettiğimi söyledim.

Jamie sırıttı. "Çok emin değilim ama bir fikrim var. Dün devriyeler şu tarafa ilerlediler," batıyı gösteriyordu, "demek ki Rupert ve adamları da şu tarafa gittiler." Bu kez doğuyu gösteriyordu.

"Sığırlar," dedi anlamadığımı görünce. "Arazi sahipleri ve kiracılar devriyelere kendilerini korumaları ve sığırları çalınırsa geri getirmeleri için gereken ödemeyi yaptı. Şu an devriyeler Cruime Gölü tarafına doğru ilerliyorlar ve doğudaki sürüler kısa bir süre için korumasızlar. Bu yolun aşağısında büyük araziler var ve ben hayatımda Rupert gibi sığır süren birini görmedim. Dört ayaklıların hepsi onun peşinden gitmeyi çok seviyor, tıpkı onlar gibi sesler çıkarabiliyor. Buralarda fazla eğlence olmadığı için çok sıkılmıştı, o hareket sever."

Jamie de hareketi seviyordu, adımlarını hızlandırdı. Çalıların arasında bir keçi yolu vardı ve kolay yol alıyorduk. Bir süre sonra yan yana yürüyebileceğimiz bir yeşilliğe çıktık.

"Horrocks ne oldu?" diye sordum. O Cruime Gölü'nden bahsedince bu İngiliz firariyi hatırlamıştım ve gelişmeleri merak ediyordum. "Onunla Cruime Gölü'nde buluşmayacak mıydın?"

"Evet, ama oraya şimdi gidemem. Hem Randall hem de devriyeler oraya gidiyor. Bu çok tehlikeli."

"Senin için biri gidemez mi? Bunu yapması için güvenebileceğin biri var mı?"

Bana bakıp gülümsedi. "Evet, sen varsın. Dün gece her şeye rağmen beni öldürmedin. Sanırım artık sana güvenebilirim. Ama seni Cruime Gölü'ne tek başına gönderemem. Bu olmaz. Gerekirse Murtagh benim yerime gider. Belki başka bir şeyler de ayarlayabilirim, bir bakalım."

"Murtagh'a güveniyor musun?" diye sordum merakla. Bu küçük sinsi adama karşı hiç dostça hisler beslemiyordum, buradaki varlığımın sorumlusu oydu, beni ilk o kaçırmıştı. Onunla Jamie arasında iyi bir arkadaşlık olduğunun farkındaydım aslında.

"Evet." Şaşkınlıkla bana bakıyordu. "Murtagh benim bütün hayatımı bilir, o babamın ikinci kuşak kuzeni. Onun babası benim..."

"Yani o da bir Fraser mı?" diyerek sözünü kestim. "Ben onun MacKenzieler'den olduğunu sanıyordum. Seninle tanıştığımda Dougal'ın yanındaydı."

Jamie bu sözlerimi onayladı. "Evet. Fransa'dan dönmeye karar verince ona haber yolladım ve benimle sahilde buluşmasını istedim." Yüzünde acı bir gülümseme belirdi. "Dougal beni orada öldürmeye karar vermiş olabilirdi. Ayrıca MacKenzieler'le tek başıma karşılaşmak istemedim. Hayatımın dalgalarla birlikte Skye Adaları'na vurarak son bulmasını istemiyordum, bilmem anlatabiliyor muyum?"

"Anladım. Demek şahitlere inanan tek kişi Dougal değil."

"Şahitler daima işe yarar."

Fundalığın ilerisi, zamanında buzullar tarafından aşınmış kayalarla doluydu. Bunların içinde oluşmuş derin çukurları yağmur suları doldurmuştu, bu küçük dağ göllerini çabuk büyüyen erkeçsakalları sarmıştı, durgun suların içinde çiçekleri görünüyordu.

Bu verimsiz, içinde balık yetişmeyen gölcükler dikkatsiz yolcular için birer bubi tuzağıydı, karanlıkta yürürken içlerine düşüp ıslak bir gece geçirmeleri çok kolaydı. Bunlardan birinin yanına oturup peynir ekmekten oluşan yemeğimizi yemeye başladık.

Bu gölcüğün etrafında bir takım kuşlar vardı, yağmur kuşları ve çulluklar buradan su içip etrafındaki çamurları kazarak böcek avlıyorlardı.

Kuşlara biraz ekmek kırıntısı attım. Çulluklardan biri önce şüpheyle baktı ve sonra hızla kararını verip kırıntılardan birini gagasıyla kaptığı gibi bölgeden uzaklaştı. Biraz ilerde tüylerini kabartarak kazısına devam etti.

Jamie bana bağırarak sürüklenen bir yağmurkuşunu gösterdi, sanırım kanadı kırılmıştı.

"Yuvası buralarda bir yerde olmalı," dedim.

"İşte orada." Ben görmeyi başarana kadar işaret etmeye devam etti. Sonunda görmeyi başardım, orada duruyordu, üzerinde dört tane benekli yumurta vardı. Bu benekler oradaki yapraklarla birbirine karışıyordu, gözümü kırptığım anda yine görüntüyü kaybettim.

Jamie eline bir sopa aldı ve yuvayı hafifçe dürtüp yumurtalardan birini dışarı çıkardı. Anne yağmurkuşu heyecanla onun önüne kadar ilerledi. Jamie yere çöküp hareketsiz durdu, kuş öne arkaya gidip ciyak ciyak bağırıyordu. Ani bir hareketle kuşu avcuna aldı.

Onunla İskoçça konuşuyor ve parmağıyla yumuşak, benekli tüylerini okşuyordu. Kuş elinin üzerine sindi, gözleri bile hareket etmiyordu, donmuş gibiydi.

Jamie onu yavaşça yere koydu, kuş kıpırdamıyordu, birkaç söz daha söyledi ve elini ileri geri salladı. Kuş yerinden sıçradı ve ağaçlara doğru uçtu. Jamie onun arkasından bir süre baktı ve farkında olmadan istavroz çıkardı.

"Bunu neden yaptın?"

"Neyi?" Bir anda yerinden sıçramıştı, benim orada olduğumu unutmuştu.

Omuz silkti ama utanmıştı.

"Ah. Bu eski bir hikâyedir. Yağmur kuşlarının yuvalarının etrafında neden böyle koşuşturup bağırdıklarını anlatır." Su birikintisinden biraz uzaklaştı, orada bir yağmur kuşu daha aynı şeyi yapıyordu. Bir süre kuşu seyretti, dalgın ve düşünceliydi.

"Yağmur kuşları doğum yaparken ölen genç annelerin ruhlarını taşır." Utangaç gözlerle bana baktı. "Hikâyeye göre yuvalarının etrafında sürekli olarak bağırıp koşuşturmaları yumurtalarının güvende olduğuna bir türlü inanmamalarından kaynaklanırmış, kayıpları için hep yas tutarlarmış - bir de geride kalan bebekler için."

Yine yuvanın yanına çömeldi, yumurtayı sopasıyla yerine itti ve diğerleriyle aynı hizaya gelene kadar sopasıyla çevirmeye devam etti. Yumurta güvenle yerine yerleştikten sonra bile orada durmaya devam etti ve durgun suları seyretti.

"Sanırım bu bir alışkanlık. Bunu ilk kez yaptığımda çok gençtim, hikâyeyi yeni dinlemiştim. Ruh kısmına çok fazla inandığım söylenemez ama ne bileyim işte, en azından biraz saygı..." Bana döndü ve gülümsemeye başladı. "Bunu o kadar sık yapıyorum ki artık ne yaptığımın farkında bile değilim. İskoçya'da çok yağmur kuşu var." Ayağa kalktı ve sopayı fırlattı. "Haydi, gidelim, ilerdeki tepenin yanında sana göstermek istediğim bir şey var." Bana yardım etmek için dirseğimi tuttu ve birlikte yamaca tırmanmaya başladık.

Onun yağmur kuşu uçarken ne söylediğini duymuştum. İskoçça birkaç kelime biliyordum ama söylediği kelimeler oldukça bilindik şeylerdi. "Tanrı hep seninle olsun anne..."

Çocuk doğururken ölen genç bir kadın. Geride kalmış bir çocuk. Koluna dokununca yüzünü bana çevirdi. "Kaç yaşındaydın?" diye sordum.

Hafifçe gülümsedi. "Sekiz, en azından meme emmiyordum."

Daha fazla konuşmadı, tepeye tırmanmaya devam ettik. Kalın çalılarla kaplı bir bayırda yürüyorduk. Önümüzdeki manzara tamamıyla değişmişti, toprağın içinden inanılmaz boyutlarda granitler yükseliyordu. Bunların etrafı firavun incirleri ve karaçamlarla kaplıydı. Zirveye ulaştık ve yağmur kuşlarıyla dağ göllerini arkamızda bıraktık.

Güneş yakmaya başlamıştı, yaprakları iterek bir saat daha yol aldıktan sonra - bu yaprak itme işinin çoğunu Jamie yapıyordu, dinlenmem gerektiğine karar verdim.

Granitlerden birinin altında bir gölgelik bulduk. Burası bana Murtagh'la ilk karşılaştığım yeri hatırlatmıştı yani Komutan Randall'dan kurtulduğum yeri. Buna rağmen burada olmaktan mutluydum. Jamie etraftaki kuşların hiç durmadan ötmesinden dolayı burada yalnız olduğumuzu söylemişti. Birileri yaklaştığı anda ötmeyi keserlermiş. Hatta alakargalar ve cüce kargalar deli gibi çığlıklar atarak geleni haber verirlermiş.

"Her zaman ormana saklan, Saksonyalı," diye öğütlüyordu Jamie. "Eğer hareketsiz durmayı başarırsan kuşlar sana yaklaşanları haber verir."

Bir ağacın üzerinde ciyaklayıp duran alakargayı seyrettikten sonra bakışları benimkilerle buluştu. İkimiz de donmuş gibi kalakaldık, aramızdaki uzaklık bir el mesafesiydi ama birbirimize dokunmadık. Nefesimiz kesilmişti. Alakarga bizden sıkıldı ve uzaklaştı. Gözlerini ilk kaçıran Jamie oldu, üşümüş gibi titriyordu.

Mantarlar eğreltiotlarının arasından kafalarını çıkarmışlardı. Jamie elini uzatıp bir tanesini kökünden çıkardı ve onun saçaklarıyla oynarken birazdan söyleyeceği sözleri kafasında bir sıraya sokmaya çalıştı. Böyle dikkatle konuştuğu zamanlarda İskoç aksanı yok oluyordu.

"Asla seni kır... Yani hiçbir şekilde senin daha çok..." Bana baktı ve gülmeye başladı, çaresiz kalmıştı. "Söylemek istediğim şey şu, asla seni kırmak, üzmek ya da rencide etmek gibi bir niyetim yok ama sen bugüne kadar birden fazla adamla birlikte oldun ve deneyimlisin. Bu konularda benden daha çok şey bilmiyormuşsun gibi davranmak büyük bir aptallık olur. Sana sormam gereken bir şey var. Bu normal midir? Yani bizim aramızdaki şey... Ben sana sen de bana dokununca olan şey... Bir kadınla bir adam arasındaki ilişki hep böyle midir?"

Büyük bir sıkıntıyla anlatmaya çalıştığı şeyi gayet iyi anlamıştım. Gözlerini gözlerime dikmiş, cevabımı bekliyordu. Başka bir yere bakmak istedim ama bunu beceremedim.

"Genellikle buna benzer," dedim, ama boğazıma bir şey takılmış gibiydi. "Ama hayır. Bu hep olan, alışılmış bir şey değildir. Bunun neden böyle olduğu konusunda hiçbir fikrim yok ama bu...gerçekten farklı..."

Onun son derece endişeli olduğu bir konuda onunla aynı fikirde olduğumu görünce biraz rahatladı.

"Ben de öyle olabileceğini düşünüyordum. Daha önce başka bir kadınla yatmadım ama... şey, birkaç kadına dokundum. Böyle değildi. Yani pek çok kadını kollarımın arasında tutup öptüm ve...çok hoştu. Kalbim hızla çarpmış nefesim kesilmişti ama hepsi buydu. Seni kollarıma alıp öpmeye başladığım anda bambaşka şeyler oluyor." Gözleri, göllerin ya da gökyüzünün ya da tanımlayamayacağım derinlikte bir şeyin rengini almıştı.

Bana uzandı ve alt dudağıma hafifçe dokundu. "Başlangıçta her şey aynı ama bir saniye içinde, kollarımda bir alev yığını tuttuğumu hissetmeye başlıyorum." Dokunuşu sertleşmeye başlamıştı, parmağı dudağımın etrafında dolaşıp çeneme indi. "Ve kendimi bu ateşe atıp içinde yanmak istiyorum."

Ona, onun dokunuşunun tenimi dağladığını ve damarlarımı alevlerle doldurduğunu söylemek istedim. Ama yangın başlamıştı. Gözlerimi kapatıp alnımda, yanağımda, kulaklarımda ve boynumda gezinen dokunuşların tadını çıkarmaya başladım. Ellerini aşağı indirip, belimi tutup beni kendine bastırdığı an deli gibi titremeye başlamıştım.

Jamie bizi çok iyi bildiği bir yere götürüyordu. Devasa bir kayanın altında durdu, yaklaşık altı metre yüksekliğindeydi, üzeri tümsek ve çatlaklarla doluydu. Bu çatlaklardan solucan otları ve yaban gülleri sarkıyordu, bunlar taşın arasında sallanan sarı bayraklar gibi görünüyorlardı. Elimi tuttu ve kayayı göstererek, "Basamakları görebiliyor musun Saksonyalı? Çıkabilir misin?" diye sordu. Taşın üzerinde belli belirsiz bir takım çıkıntılar vardı, belli bir açıda yukarı uzanıyorlardı. Bir kısmı düzgün yüzeyliydi ve basamağa benziyordu, bir kısmı ise yosunlarla kaplıydı. Bunların doğal olarak mı orada bulunduğunu yoksa birileri tarafından mı yapılmış olduğunu anlayamamıştım. Ama sıkı bir korsaj ve ayaklara dolanan uzun bir etekle bile buradan çıkılabilirdi.

Birkaç küçük panik çığlığı ve birkaç kayıştan sonra tepeye varmayı başardım, zaten Jamie de arkamdan iterek yardımcı oluyordu. Durup etrafıma baktım. Manzara inanılmazdı. Doğuda kocaman bir dağ kütlesi vardı. Daha ilerde, güneye doğru bu dağın eteklerinde çok büyük bir düzlük vardı. Kayanın tepesi iç bükeydi, çok derin olmayan bir tabağa benziyordu. Bu tabağın tam ortasında daire formunda bir siyahlık vardı, onların yanmış odun parçaları olduğunu gördüm. Buranın ilk ziyaretçileri bizler değildik.

"Buraya daha önce de geldin mi?" Jamie yanımda durmuş mutlulukla benim etrafı hayranlıkla izleyişimi seyrediyordu. Önemsiz bir şeymiş gibi omuz silkti.

"Evet. Dağların bu kısmında bildiğim pek çok yer var. Gel bak, şuraya oturursan dağın arkasındaki yolun nereden geldiğini görebilirsin." Han karşımızdaydı, küçük bloklarla yapılan bir bebek evinden farksızdı. Yoldaki ağaçların altına bağlanmış birkaç at vardı, buradan kahverengi ve siyah benekler gibi görünüyorlardı.

Kayanın üzerinde yetişen ağaç olmadığı için güneş sırtımı yakıyordu. Ayaklarımızı aşağı sallandırarak yan yana oturduk ve Jamie'nin handan ayrılırken avludaki kuyudan yanına almayı akıl ettiği biralarımızı yudumladık. Ağaç yoktu ama çatlakların içinde birikmiş topraklarda küçük bitkiler üremişti. Bunlar yüzlerini güneşe dönmüşlerdi. Hemen elimin altında bir papatya öbeği vardı, eğilip bir tanesini kopardım.

Hafif bir titreşim hissettim, papatya köküyle birlikte olduğu yerden çıkıp dizime kondu. Aptal aptal ona bakıp ne olduğunu anlamaya çalışıyordum. Jamie olup biteni benden çok daha hızlı kavramış ve kayanın üzerine yatmıştı.

"Hemen yat!" dedi. Eliyle dirseğime yapışıp beni yanına yatırdı. Yosunların üzerine devrilirken, kafamın üzerinde uçan bir ok gördüm, arkamızdaki çıkıntıya saplanmıştı.

Donup kalmıştım, etrafa bakmaya bile korkuyordum, hâlâ kendimi yere bastırıyordum. Jamie de yanımda kıpırdamadan yatıyordu, adeta taş kesilmişti. Kuşlar ve böcekler şarkılarını kesmiş nefes almadan bekliyorlardı. Birdenbire Jamie gülmeye başladı.

Oturup oku tuttu ve çevirerek kayadan çıkardı. Üzerinde bir

ağaçkakanın kuyruk tüyleri vardı, bunlar mavi iplikle birer santim aralıklarla okun ucuna bağlanmışlardı.

Jamie oku yanına koydu ve ellerini ağzına götürerek yeşil ağaçkakanlar gibi ötmeye başladı. Ellerini indirip bekledi. Hemen aşağıdan bu ötüşe bir cevap geldi, Jamie'nin gülümsemesi bütün yüzünü kapladı.

"Arkadaşın mı?" diye bir tahminde bulundum. Başıyla onayladı, gözünü kayaya tırmanan merdivenlerin bulunduğu tarafa dikmişti.

"Hugh Munro, tabii onun gibi ok atan yeni birileri var olmadıysa."

Bir süre daha bekledik, görünürde kimse yoktu.

"Ah," dedi Jamie kısık sesle ve hızla arkasını döndüğü anda arkamızdaki kayanın üzerinden bir kafa yükseldi.

Bu kafa kabaktan yapılmış fenerler gibi irili ufaklı dişlerini göstererek sırıtıyordu, bizi şaşırttığı için çok mutluydu. Kafası tam bir kabak şeklindeydi, kahverengiye çalan turuncu renkli köseleye benzeyen derisi de bu görüntüyü perçinliyordu. Kel kafası da aynı renkteydi. Kabaktan tek farkı gür sakallara ve parlak mavi gözlere sahip olmasıydı. Bu kafanın üzerinde, sakalını düzelten küt ve kirli tırnaklı elleri de görüntüye girdi.

Vücudu da kafasıyla son derece uyumluydu Tam bir cadılar bayramı cinine benziyordu. Omuzları genişti ama bir yana doğru kambur duruyordu, bir omzu diğerinden oldukça yüksekteydi. Bir bacağı da diğerinden biraz kısaydı, bu nedenle hoplar gibi yürüyordu.

Munro, tabii gerçekten Jamie'nin arkadaşı Munro ise, bir zamanlar bir kadının iş elbisesi olduğuna inandığım çilek renginde paçavralara bürünmüştü. Kemerinde torbası yoktu, gerçi kemer dediğim şey de beline iki tur bağlandıktan sonra aşağıya sarkıtılmış ipten başka bir şey değildi. Buna asılı iki tane hayvan leşi vardı. Torbası yoktu ama göğsüne asılı, oldukça kaliteli bir deriden üretilmiş cüzdana benzer bir çanta taşıyordu. Bu çantanın kayışına asılmış bir sürü metal eşya vardı; dini madalyonlar, askeri nişanlar, eski üniforma düğmeleri, delinmiş eski paralar, üç ya da dört parça, ne olduğunu anlayamadığım üzerinde kazılı bir takım işaretler olan dikdörtgen formlu metal parçaları.

Bu garip yaratık, seke hoplaya bize doğru gelirken Jamie yerinden kalktı ve iki adam birbirlerinin sırtına vurarak sımsıkı sarıldılar, bu erkeklerin selamlaşma şekliydi.

"Eee? Munro evinde durumlar nasıl bakalım?" diye sordu Jamie hafifçe geri çekilip arkadaşını incelerken.

Munro başını bir yana eğerek sırıttı ve garip sesler çıkardı. Sonra kaşlarını kaldırarak benim bulunduğum yeri gösterdi, ellerini iki yana açarak kim olduğumu sordu.

"Karım," dedi Jamie. Bu sözleri söylerken yüzü utanç, gurur karışımı bir ifadeye bürünmüş ve hafifçe kızarmıştı. "Evleneli iki gün oldu."

Munro bu haberi duyunca daha fazla sırıttı ve oldukça karışık bir reverans yaptı. Eliyle süratle başına, kalbine ve dudaklarına dokunduktan sonra yere eğildi. Bu asil manevrayı başarıyla tamamladıktan sonra doğrulup Jamie'ye doğru ilerledi ve onu kutladı.

Bunun ardından Munro ellerini ve kollarını sallayarak bana bir şeyler anlatmaya başladı, kendini gösterdi, aşağıda uzanan ormanı işaret etti ve tekrar kendini gösterdi. Bu uçuşan hareketleri takip etmekte zorlanıyordum. Bugüne kadar sağır ve dilsizlerle çok karşı karşıya kalmıştım ama bu kadar estetik hareketler yapanını ilk kez görüyordum.

"Demek öyle ha?" diye bağırdı Jamie. Bu kez yumruk atarak kutlama sırası ondaydı. Bu adamların yüzeysel acılardan pek etkilenmediklerini düşünmeye başlamıştım. Sürekli birbirlerini yumrukluyorlardı.

"O da evlenmiş," dedi Jamie bana dönerek. "Altı ay önce bir dulla pekâlâ, şişman bir dulla," diyerek Munro'nun uyarısıyla verdiği bilgiyi düzeltti. "Dubhlairn Köyü'nde yaşayan altı çocuklu şişman bir dulla..."

"Ne kadar güzel... Karınlarının çok iyi doyduğu kesin," dedim elimle belinde asılı tavşanları göstererek.

Munro cesetlerden birini çözüp bana verdi, yüzündeki ifadeyi görünce bunu güler yüzle kabul ettim. Üzerinde pireler olmaması için dua ediyordum.

"Düğün hediyesi," dedi Jamie. "Çok teşekkür ederiz Munro,

sen de bunu kabul etmelisin," dedikten sonra biralardan birini çıkarıp ona verdi.

Karşılıklı teşekkürlerden sonra oturup biralarımızı içmeye başladık. Jamie ile Munro birbirlerine haberleri, dedikoduları iletmeye başladılar, sadece birinin konuşuyor olmasına rağmen sohbet hiç de tek taraflı ilerlemiyordu.

Sohbetin bir kısmına ben de katıldım, Munro'nun el işaretlerini okumayı başaramadığım için Jamie bana yardımcı oluyordu.

Bir ara Jamie başparmağıyla Munro'nun çantasının kayışına bağlı olan dikdörtgen şeklindeki metallerden birine dokundu.

"Demek artık resmileşti? Yoksa bunlar zor zamanlar için göstermelik mi?" Munro bir kukla gibi başını yukarı aşağı salladı.

"Onlar ne?" diye sordum.

"Gaberlunzieler."

"Ah, çok teşekkür ederim, çok iyi anladım."

"Gaberlunzie dilenme belgesi anlamına gelir Saksonyalı," dedi Jamie. "Her bir papazın ayrı bir bölgesi vardır ve bu bölgelerde haftanın belirli bir gününde dilenmeye izin verilir. Her bölgeninki ayrı bir gündür, böylelikle dilenciler kendilerine sunulandan fazlasını alamazlar."

"Son derece elastik bir sistem gibi görünüyor," dedim Munro'nun kayışındaki dört belgeye bakarak.

"Munro'nun durumu özeldir. Uzun yıllar bir kadırgada kürek çekmek zorunda kaldı, sonra birkaç yıl da Cezayir'de köleydi. Dilini orada kaybetti."

"O... Onu kestiler mi?" Bayılmak üzereydim.

Jamie bunu dile getirmemden rahatsız olmuştu ama Munro'yu çok uzun bir süreden beri tanıyordu.

"Evet, bir bacağını da kırdılar. Ya sırtını Munro? Onu da mı onlar yaptı?" Munro'nun yaptığı hareketleri izledikten sonra, "Hayır," dedi. "Sırtı Alexandria'da duvardan atlarken kaza sonucu olmuş."

Daha fazla bir şey bilmek istemiyordum ama Munro ile Jamie bana anlatmak için yanıp tutuşuyor gibi görünüyorlardı. "Tamam, anlatın bakalım. Ne olmuş ayağına?"

Munro büyük bir gururla, ayağına sarılı paçavraları ve çorabını çıkardı, geniş taraklı ayağının derisi iyice kalınlaşmıştı, üzerinde kırmızılıklar ve beyaz yamalar vardı.

"Kızgın yağ," dedi Jamie. "Hıristiyanları Müslüman yapmak için kullandıkları zorlama yöntemlerinden biri."

"Son derece etkili bir ikna yöntemi gibi görünüyor. Ona birkaç belge verilme sebebi bu mu? Hıristiyanlık adına başarıyla savaştığı için mi?"

"Evet, aynen öyle." Jamie benim bu durumu takdir etmemden hoşlanmıştı. Munro bana şükranlarını iletmek üzere bir reverans daha yaptı, bunun arkasından anlayabildiğim kadarıyla benim dış görünüşümü beğendiğini bildiren bir takım hareketler yapmaya devam etti.

"Teşekkür ederim, dostum. Bana bu onuru vereceğinden eminim." Jamie yukarı kalkmış kaşlarımı görünce Munro'ya döndü ve ben adamın hareketlerini göremez oldum. "Şimdi bana köyde neler olup bittiğini anlat."

İki adam iyice birbirlerine yaklaştılar ve yoğun bir şekilde konuşmalarına devam ettiler. Bu kez Jamie onun anlattığı şeylere ufak tefek nidalarla cevap verdiği için ne konuştuklarını anlayamıyordum, ben de taşların kenarlarından dışarı fırlamış bitkileri inceleyerek kendimi oyaladım.

Hugh Munro gitmek üzere ayağa kalkana kadar ceplerimi lobelya ve geyikotuyla doldurdum. Benim önümde eğilip Jamie'nin sırtını yumrukladıktan sonra bir tavşan süratiyle kayadan aşağı inip gözden kayboldu.

"Ne kadar güzel bir arkadaşlığınız var," dedim.

"Evet, o iyi bir dosttur. Geçen sene onunla ve birkaç kişiyle daha birlikte avlanıyordum. Artık resmi bir dilenci olduğu için yalnız başına takılıyor. İşi gereği bölgeler arasında dolaşıyor. Ardagh ve Chesthill sınırlarında olan biten her şeyi biliyor."

"Horrock'un nerede olduğu da bu bilgiler içinde sanırım."

"Evet, bana buluşma yerinin değiştiğini bildiren bir mesaj getirdi."

"Bu da Dougal'ı kandırmak oluyor. Seni elinin altında tutup Horrock'la konuşmanı engellemek istiyorsa bunu yapamayacak."

Başıyla beni onayladı, dudağının kenarı yine hafifçe yukarı kıvrılmıştı.

"Onun gibi bir şey."

Hana vardığımızda yine yemek vakti gelmişti. Bu kez Dougal'ın büyük siyah atı ve beş arkadaşı avluya bağlanmış saman yiyorlardı.

Dougal içerdeydi, boğazına yapışmış yol tozunu bira içerek temizliyordu. Beni başıyla selamladı, yeğenine de el salladı. Konuşmadan orada oturdu, meraklı gözlerle Jamie'yi inceliyordu.

"İşte bu," dedi sonunda, çok zor bir bulmacayı çözmenin verdiği hazla. "Şimdi bana neyi hatırlattığını buldum evlat." Bana döndü.

"Çiftleşme sezonunun sonlarına doğru bir erkek geyikle karşılaştın mı hiç?" diye sordu. "Zavallı şey haftalardır ne yemek yemiş ne de uyku uyumuştur çünkü boşa harcayacak zamanı yoktur. Bu süre zarfında sürekli diğer erkek geyiklerle savaşır ve dişisine karşı olan görevlerini yerine getirir. Sezon sonunda bir deri bir kemik kalır, gözleri iyice çukura kaçar ve vücutlarında felce uğrayan tek bölüm de..."

Son cümlesi kahkahaların arasında kayboldu ve Jamie beni kolumdan çekerek merdivenlerden yukarı çıkardı. Yemek için aşağı inmedik.

Uyumak üzereyken, Jamie kolunu belime doladı, nefesi adeta ensemi yakıyordu.

"Bu bir ara biter mi? Sana olan arzum?" Elini uzatıp göğsümü okşadı. "Senden ayrılır ayrılmaz göğsüm sıkışıyor ve parmaklarım sana dokunamadıkları için sızlamaya başlıyor."

Karanlıkta yüzümü avuçlarının içine aldı, başparmaklarıyla kaşlarımı okşuyordu. "Sana dokunduğum zaman senin de beni arzuladığını ve sana bir an önce sahip olmam için titrediğini görüyorum, tıpkı şu andaki gibi... Ah tanrım! Seni çığlıklar atarak kendini bana açana kadar delirtmek ve sonunda sana en büyük hazzı yaşatmak istiyorum. Ve sonra kendim de aynısını yaşamak... O sırada sanki ruhum sana akıyor."

Dönerek üstüme tırmandı ve bacaklarımı araladı, içime girerken hafifçe irkildi. Buna kendi de güldü. "Evet, ben de biraz hassaslaştım. Durmamı ister misin?" Cevap olarak bacaklarımı kalçasına dolayıp onu kendime yapıştırdım.

"Durabilir misin?"

"Hayır, yapamam."

Buna ikimiz de güldük. Karanlıkta dudaklarımız ve ellerimiz yeni keşiflere çıkarken sallanmaya devam ettik.

"Kilisenin bunu niye ayin diye adlandırdığını çok iyi anlıyorum," dedi, rüyalar ülkesinde dolaşır gibiydi.

"Bunu mu? Niye?"

"Ya da en azından kutsal olarak... Senin içindeyken kendimi bir tanrı gibi hissediyorum."

O kadar çok güldüm ki neredeyse dışarı çıkmak zorunda kalıyordu. Beni omuzlarımdan tutup durdurdu.

"Bunun neresi komik?"

"Bir tanrıyı bunu yaparken hayal etmek oldukça zor."

Birbirimizin kollarını sıkarak kahkahalar atmaya başladık. Sonunda ayrılıp yan yana uzandık.

Jamie bir süre sonra kendini topladı ve kalçama bir şaplak attı. "Dizlerinin üzerinde doğrul, Saksonyalı."

"Neden?"

"Bu konudaki ruhani halimi kabul etmediğine göre vahşi doğama tahammül etmek durumundasın. Bir dört ayaklı olmaya karar verdim." Boynumu ısırdı. "Ne olmamı istersin, at, ayı, köpek?"

"Kirpi."

"Kirpi mi? Peki bir kirpi nasıl sevişir?"

Hayır, diye düşündüm. Bunu yapmayacaktım. Asla yapmayacaktım. Ama yaptım. "Çok dikkatli," dedim kıkırdayarak.

Jamie kahkahalar atarken bir top haline geldi. Dizlerinin üzerinde yuvarlanıp yatağın yanındaki masanın üzerinde duran çakmaktaşı kutusunu aradı. Odanın karanlığında, lambanın fitilinden yayılan ışık onu yalamaya başlayınca tüm vücudu kehribar rengini aldı.

Bana sırıtarak bakarken yuvarlanarak yataktan aşağı düştü,

ben ise yastığa sarılmış gülmekten ölüyordum. Elinin tersiyle yüzünü sildi ve yüzünde sertlikle alaycılık karışımı bir ifade belirdi.

"Pekâlâ, kadın. Kocan olarak otoritemi kullanma zamanımın geldiğini düşünüyorum artık."

"Öyle mi?"

"Evet." Yatağa dalıp kalçamı tuttu ve bacaklarımı ayırdı. Çığlık atıp yukarı kaçmaya çalıştım.

"Hayır, bunu yapma sakın!"

"Neden?" Kafası bacaklarımın arasında yüzüstü yatmış bana bakıyordu. Bacaklarımı sıkıca tutmuş, onları birleştirmek için yaptığım hareketleri etkisiz kılmıştı.

"Anlat bakalım Saksonyalı, bunu yapmamı neden istemiyorsun?" Yanağını hafifçe iç bacağıma sürttü, sakalları adeta tenimi dağladı. "Ama dürüst ol. Neden yapmayayım?" Diğerine de aynı hareketi yaptı, ben ise hâlâ geriye doğru kaçmaya çalışıyordum ama başaramadım.

Yastığı yüzüme bastırdım, alev alev yanan yanaklarımı biraz olsun serinletmişti. "İlle de bilmek istiyorsan," diye geveledim. "Ben... Yani ben hiç hoş olmadığını düşünüyorum... Yani koku..." Çok utanmıştım cümlemi bitiremedim. Bacaklarımın arasında ani bir hareket oldu, Jamie kendini yukarı çekip kollarını kalçama sardı, yanağını butlarıma dayayıp gülmeye başladı. Yanaklarından yaşlar akıyordu.

"Ulu tanrım! Ah Saksonyalım," demeyi başardı sonunda, gülerken konuşunca garip hırıltılar çıkarıyordu. "Sen yeni bir atla karşı karşıya kalınca yapılması gereken ilk hareketin ne olduğunu bilmiyor musun?"

"Hayır," dedim kafam karışmıştı.

Bir kolunu yukarı kaldırdı, tarçın renkli koltuk altı tüylerini görebiliyordum. "Kokuna alışması için koltuk altını birkaç kez onun burnuna sürtersin, böylece sana karşı koymaz." Dirseklerinin üzerinde doğrulup karnımı ve göğüslerimi seyretti.

"Sen de şu an bunu yapmalısın. Bacak aranı yüzüme sürt ve gerginliğinden kurtul."

"Gerginliğimden mi?"

Eğildi ve bir at gibi sesler çıkararak yüzünü ileri geri bacak arama sürtmeye başladı. Debelenip kaburgalarına bir tekme attım ama bu betonu tekmelemek gibi bir şeydi. Bacaklarımı düzeltip başını kaldırdı.

"Şimdi," diye başladı, son derece ciddiydi, "kıpırdamadan yat."

Kendimi çaresiz, zavallı ve korunmasız hissediyordum, sanki parçalara ayrılıyordum. Jamie'nin sıcak nefesi tenimde geziniyor ve beni rahatlatıyordu.

"Lütfen," dedim. Bu 'dur' mu 'devam et' mi anlamına geliyordu, ben bile bilmiyordum. Önemli değildi, onun durmaya niyeti yoktu.

Bilincim yavaş yavaş parçalara ayrılıyordu; yastığın üzeri çiçeklerle süslü sert keten kumaşı; cam bardağın içindeki solan çiçeklerin kokusuyla karışan kızarmış et, bira ve kandil yağı kokusu; sol ayağımın dayandığı duvardaki serin kereste; kalçamı saran eller... Hepsi birbirine karıştı, gözlerim kapalıydı buna rağmen güneş pırıl pırıl parlamaya başladı, küçüldü, küçüldü ve karanlığın içinde ılık, sessiz bir patlama oldu.

Çok uzaklarda bir yerde Jamie'nin doğrulduğunu hissettim.

"Bu çok daha iyi," dedi bir ses bir yerlerden, nefesi düzensizdi. "Seni uysallaştırmak biraz çaba gerektiriyormuş, öyle değil mi?" Ağırlığıyla birlikte yataktan çatlak sesler çıktı, dizlerimin birbirinden ayrıldığını hissettim.

"Umarım göründüğün kadar ölü değilsindir?" dedi ses, çok yakınıma gelmişti. Yaşadığım hassaslığın üzerine taze bir saldırı gelmişti, garip bir ses çıkararak geriye doğru büküldüm.

"Aman Tanrım," dedim. Kulağımın dibinde kıkırdıyordu.

"Sana kendimi tanrı gibi hissettiğimi söylemiştim, Saksonyalı," diye mırıldandı, "Tanrı olduğumu söylemedim."

Uzun bir süre sonra, güneşin ilk ışıkları lambanınkini bastırırken, uykumun içinde uyarıldığımı hissettim. Jamie yine fısıldıyordu. "Bu bir ara biter mi Claire? Sana olan arzum?"

Başım omzunun üzerine düştü. "Bilmiyorum Jamie. Gerçekten bilmiyorum."

18

Baskıncılar

"Komutan Randall ne dedi?" diye sordum.

Bir yanımda Dougal diğer yanımda da Jamie vardı, yol üç atın yan yana ilerleyebilmesi için yeterli genişlikte değildi. Yolu doğru düzgün kullanmak ve birbirimize dolanmamak için bazen biri bazen de diğeri ya önüme geçiyor ya da arkamda kalıyordu.

Dougal bana bakıp önüne çıkan kayayı atına atlatmak için başını tekrar yola çevirdi. Yüzüne şeytani bir gülümseme yayılmıştı.

"Bundan pek hoşlandığını söyleyemem," dedi, tedbirliydi. "Söylediklerini tam olarak sana iletmemin ne kadar doğru olacağını bilemiyorum; senin küfre olan yatkınlığını bilmeme rağmen yine de bunun da bir sınırı olduğunu düşünüyorum, Bayan Fraser."

Onun yeni unvanıma olan alaycı yaklaşımını ve hakaret içeren imasını dikkate almamayı tercih ettim, Jamie atının üzerinde kasılmıştı.

"Bu konuda bir takım terslikler yapacağına dair bir şeyler söylemedi değil mi?" Jamie'nin böyle bir şey olamayacağına dair döktüğü dillere rağmen ben çalılıkların arasından kırmızı urbalıların fırlayıp İskoçları katlettikten sonra beni sorgulanmak üzere Komutan Randall'a götürdüklerine dair rüyalar görüyordum. Randall'ın son derece yaratıcı sorgulama yöntemleri olduğunu tahmin edebiliyordum ve çok huzursuzdum.

"Bunu aklına bile getirme," dedi Dougal. "Ne kadar güzel olursa olsun kayıp bir Saksonyalıyla uğraşmaktan çok daha önemli işleri var." Tek kaşını kaldırıp hafifçe eğildi, bu komplimanın içinde küçük bir özür de gizliydi. "Ayrıca Colum'un yeğenini kaçırmaya kalkışmayacak kadar akıllı olduğunu düşünüyorum," dedi, işin aslında bu doğruydu.

Yeğen. Havanın sıcaklığına rağmen belkemiğimde hafif bir ürperme hissettim. MacKenzie reisinin yeğeni olmak. Yanımda umursamaz bir tavırla ilerleyen savaş reisinin yeğeni olmaya gelememiştim bile. Diğer taraftan da Fraser klanının reisi olan Lord Lovat'ın, güçlü Fransız Manastırı başrahibinin ve tanımadığım bir sürü Fraser'ın da akrabası olmuştum. Evet, belki de Randall artık peşimi bırakırdı. Bütün bu saçmalık onun yüzünden yapılmıştı.

Biraz önümde ilerleyen Jamie'ye baktım. Sırtı bir akça ağaç gibi dikti, saçları güneşin altında başında miğfer varmış gibi parlıyordu.

Dougal bakışlarımı takip etti.

"Çok daha kötü olabilirdi, değil mi?" diyerek benimle dalga geçti.

İki gece sonra buzulların şekil bozukluğuna uğratmış olduğu kayalıkların arasında bulunan bir düzlükte kamp kurduk. Gün boyu yol almıştık ve torbalarımızdaki ufak tefek şeylerle yol üstünde açlığımızı bastırmıştık. Herkes adam gibi pişirilmiş yemek yiyeceği için mutluydu. Daha önce de yemek hazırlığına yardım etmek istemiştim ama işinin bu olduğu belli olan bu sessiz klan üyesi tarafından kibarca reddedilmiştim.

Sabah adamlardan biri geyik avlamıştı. Bu taze etin yanına pişmiş şalgam ve soğan çok yakışmıştı, bulduğu her şeyi pişirmiş ve çok lezzetli bir akşam yemeği çıkarmıştı. Hepimiz deliler gibi doymuş bir şekilde ateşin önüne oturup hikâyeler ve şarkılar dinlemeye başladık. Genelde konuşmak için ağzını açmaya üşenen Murtagh'ın mükemmel bir tenor olduğunu görünce çok şaşırdım. Onu razı etmek için çok dil dökmüşlerdi ama buna değmişti.

Jamie'nin hemen dibine tünemiştim, sert granitin üstünde rahat edebileceğim bir nokta bulmaya uğraşıyordum. Kampı, kayalık bölgenin ucundaki bir çıkıntının altına kurmuştuk. Kızıl granit bir rafa benzeyen bu çıkıntı hem bize doğal bir ocak olmuş, hem de atlarımızı rahatça saklayabileceğimiz bir yer sağlamıştı. Neden kırlarda daha rahat bir yerde uyumadığımızı elbette Ned Gowan'a sormuştum. O bana MacKenzie topraklarının güney sınırına çok yaklaştığımızı ve buraların Grant ve Chisolmlerin de bölgesi olarak sayılabileceğini söylemişti.

"Dougal'ın öncüleri etrafta kimseyi görmediklerini söylediler," diye devam etti, kocaman bir kayanın üzerine tırmanmış gün batımını seyrediyordu, "sonradan üzülmektense önceden tedbirli olmak her zaman iyidir."

Murtagh şarkısını bitirince, Rupert hikâyeler anlatmaya başladı. Gwyllyn gibi, kelimelerle oynayarak anlatmayı başaramıyordu ama çok geniş bir dağarcığı vardı. Periler, hayaletler, ruhlar ya da kötü ruhlar ve su atları gibi, sadece buralarda yaşamış canlılar hakkında pek çok hikâye biliyordu. Bu yaratıklar, anlayabildiğim kadarıyla her tür suda yaşayabiliyorlardı ama çoğunlukla göllerin derinliklerini tercih ediyorlardı.

"Garve Gölü'nün doğu kıyısında bir nokta vardır," diye başladı hikâyeye ve gözlerini devirerek herkesin dinlediğinden emin olduktan sonra devam etti. "Orası asla donmaz. Gölün geri kalan tarafı donduğu zamanlarda bile orada kara renkli sular akar. İşte orası su atının bacasıdır."

Garve Gölü'nün su atı, diğer hemcinsleri gibi günün birinde su almak için gölün kenarına gelen bir kızı gölün derinliklerine götürüp karısı yapmış. Bu yaratıklar suyun kenarına gelen bakireleri, kadın ya da erkek fark etmez, suyun yanına çıkarak cezp ederlermiş. Bu cazibeye kapılıp ata binmeye çalışan kişi, bindiği anda üzerine yapışır kalırmış ve inmeyi başaramazmış. At suya girip bir balığa dönüşürmüş ve son hızla binicisini soğuk yuvasına götürürmüş.

"Bu suyun altında yaşayan atın dişleri balıklarınki gibidir," dedi Rupert eliyle suda yüzen bir balığın hareketlerini yapıyordu, "bu nedenle de salyangoz, yosun gibi soğuk şeyleri yerler. Kanı sudan çok daha soğuktur ve ısınmaya ihtiyaç duymaz ama insanoğlunun ısınmaya ihtiyacı vardır." Bana göz kırpıp şehvetli bakışlarını üzerimde dolandırdı, bunu dinleyicilerini daha mutlu etmek için yapmıştı.

"Neyse, bu atın karısı suyun altındaki soğuk evinde çok mutsuzmuş, salyangoz ve yosun yemekten hoşlanmıyormuş. Bunu gören at gölün kenarında bir mimarın yaşadığını duyunca oraya gitmeye karar vermiş. Adam suya yaklaşınca bu gümüş dizginleri olan altın atı görmüş ve üzerine binmekten kendini alıkoyamamış."

"Haliyle su atı adamı kaptığı gibi suyun derinliklerinde bulunan o soğuk evine götürmüş. Orada mimara, kendisine güzel bir ocak ve baca yapmayı başarırsa onu serbest bırakacağını söylemiş. Böylelikle karısı ellerini ısıtıp ocakta yiyeceği balıkları pişirebilecekmiş."

Başımı Jamie'nin omzuna yaslamış uyukluyordum, bir an önce yatmak istiyordum. Yatacağım yerin granit üzerine örtülmüş bir battaniyeden ibaret olması bir şeyi değiştirmiyordu. Aniden Jamie'nin vücudunun gerildiğini hissettim. Elini boynuma koydu ve kıpırdamamam için beni uyardı. Etrafıma bakındım, görünürde garip bir durum yoktu ama ortam gerilmişti, aralarında telsiz bir iletişim varmış gibi bu gerginlik birinden öbürüne geçiyordu.

Rupert'a baktım, o da Dougal'la göz göze geldiği anda başıyla belli belirsiz bir hareket yaptı ama istifini bozmadan hikâyesini anlatmaya devam etti.

"Mimar başka şansı olmadığını görünce elinden gelenin en iyisini yaptı. At da ona verdiği sözü tutarak adamı evine geri götürdü. Karısı artık ısınıyordu ve karnını doyurabiliyordu, mutluydu. İşte bu yüzden Garve Gölü'nün o noktasında su hiç donmaz."

Rupert bir kayanın üzerinde oturuyordu ve sağ tarafı bana dönüktü. Konuşurken bacaklarını rahatlatmak ister gibi öne eğildi. Hareketlerinde hiçbir acele ya da gariplik yoktu. Yerde, ayağının dibinde duran bıçağı yavaşça aldı ve kucağına koyup eteğinin arasına sakladı.

İyice büzülüp Jamie'ye yaklaştım, onu öpecekmiş gibi başını aşağıya çekip kulağına fısıldadım. "Ne oluyor?"

Kulak mememi dişledi ve fısıldayarak cevap verdi. "Atlar huzursuzlaşmaya başladı. Civarda birileri var."

Adamlardan biri ayağa kalkıp bacaklarını açmak ister gibi gezinmeye başladı. Geri döndüğünde kalktığı yere değil, sığırtmaçlardan birinin yanına oturdu. Bir diğeri ayağa kalkıp tencereden bir lokma geyik eti aldı. Kamp alanında herkes yer değiştirmeye başlamıştı, Rupert konuşmaya devam ediyordu.

Jamie büyük bir dikkatle kollarını bana doladı, adamların silahlarını bıraktıkları yerlere doğru ilerlediklerini anlamayı başarmıştım sonunda. Hepsi kamalarıyla uyuyorlardı ama kılıçlarını, tabancalarını, deri kalkanlarını kampın kenarına yığıyorlardı. Jamie'nin kılıcı ve silahları birkaç adım ötemizde duruyordu.

Hareli bıçağında dans eden alevleri görebiliyordum. Tabancaları diğerlerininki gibi uzun ve yuvarlak kabzalıydı ama kama ve palası onlarınkinden çok farklıydı. Daha önceki duraklarımızın birinde onları gururla okşayarak bana göstermişti.

Çift ağızlı büyük kılıcı battaniyesine sarılı duruyordu, onun iri T şeklindeki kabzasını görebiliyordum. Orada, her an savaşmaya hazır durumda duruyordu. Elime almaya çalıştığımda taşıyamayıp düşürmüştüm, Jamie bana onun ağırlığının yedi kilo civarında olduğunu söylemişti.

Bu iri kılıcı oldukça korkunç ve ölümcül görünüyordu, palası ise tam tersine çok güzeldi. Diğerinden iki üç kilo daha hafifti. Çelik bıçağından kabzasına kıvrılarak uzanan kırmızı ve mavi mineli İslami işlemeleri vardı. Jamie'yi onunla egzersiz yaparken seyretmiştim, önce sağ elini kullanan süvarilerden biriyle sonra da sol elini kullanan Dougal'la çalışmıştı. Onun kendinden emin ve hiç zorlanmadan yaptığı bu hareketleri seyretmek insana büyük bir keyif veriyordu, iriliğine rağmen son derece asil bir görüntü sergiliyordu ve bu insanı çok etkiliyordu. Bu yeteneğini kullanırken başına gelebilecekleri düşündüğüm anda dilim damağım kurudu.

Bana doğru eğilip çeneme bir öpücük kondururken beni hafifçe çevirdi, tam karşımda bir grup kayalık vardı.

"Sanırım birazdan," diye fısıldadı öpmeye devam ederken. "Kayanın içine doğru uzanan açıklığı görebiliyor musun?" Görebiliyordum, yaklaşık bir metre yüksekliğinde iki kalın levhadan oluşmuş gibi duruyordu.

Yüzümü ellerinin arasına aldı ve burnunu burnuma sürttü. "Sana git dediğim anda oraya koşup saklanacaksın. Kaman yanında mı?"

O gece handa ayağımın önüne fırlattığı kamanın bende kalmasını istemişti. Ben kullanmayı bilmediğimi, öğrenmeye de niyetli olmadığımı söyleyerek ona karşı koymuştum. Ama iş söylediğini yaptırmaya geldiğinde, Dougal'ın söylediklerinde çok haklı olduğunu düşünmüştüm, Jamie gerçekten çok inatçıydı.

Sonuç olarak kama elbisemin cebinde bir yerlerdeydi. İlk gün ağırlığı beni çok rahatsız etmişti ama zamanla alışmış hatta varlığını unutmuştum. Jamie arada bir bacağıma dokunarak onun yerinde olup olmadığını kontrol ediyordu.

Havayı koklayan bir kedi gibi başını yukarı kaldırdı. Onun Murtagh'a bakıp yeniden başını bana doğru eğdiğini gördüm. Küçük adam cevap olarak belirgin bir hareket yapmadı, ayağa kalkıp gerindi. Yeniden oturduğunda oldukça yakınıma gelmişti.

Arkamızdaki atlardan biri öfkeyle kişnedi. Bu sanki bir işaretti, bir anda kayalıkların üzerinden çığlıklar atarak üzerimize atladılar. Bunlar korktuğum gibi İngilizler ya da haydutlar değildi, bunlar halis İskoçyalılardı. Ölüm perileri gibi çığlıklar atıyorlardı. Grant ya da Campbelllardan olduklarını tahmin ettim.

Emekleyerek kayalara yöneldim. Kafamı çarptım, dizlerim sıyrıldı ama sonunda oyuğun içine girmeyi başardım. Kalbim deliler gibi çarpıyordu, cebimde kamayı aramaya başladım, bulamıyordum. Onunla ne yapacağımı bilmiyordum ama yine de elime almanın daha doğru olduğunu düşünüyordum. Kabzasına yerleştirilmiş bir ay taşı vardı, onun kabarıklığını avcumun içinde hissetmek bana huzur verdi. Karanlıkta doğru tarafından tutmuş olduğumu da bu şekilde anlayabiliyordum.

Ortalıkta tam bir kargaşa vardı ne olup bittiğini anlayamıyordum. O küçük boş alan çığlıklar atarak birbirine saldıran, yerde yuvarlanan, ileri geri koşan bir sürü vücutla dolmuştu. Sığınağım bu alanın biraz dışında kalıyordu, şu an için tehlikede değildim. Etrafa bakarken gölgelerin içinden bir karaltının bulunduğum kayanın önüne gelip durduğunu gördüm. Kamama yapıştığım sırada onun Murtagh olduğunu fark ettim.

Jamie'nin Murtagh'a fırlattığı bakışın anlamı demek buydu. Ona beni koruma görevini vermişti. Jamie'yi göremiyordum. Kavganın çoğu açık alanda ve yük arabalarının önünde geçiyordu.

Bu baskının amacı atları ve yükleri çalmaktı. Saldırganlar son derece organizeydi, hepsi gayet besili ve baştan aşağı silahlıydı. Ölmekte olan ateşin son ışıklarında bunları görebilmiştim. Bunlar Grantlerse büyük ihtimalle birkaç gün önce onların sığırlarını çalan Rupert'tan intikam almaya gelmişlerdi. Rupert'ın zamansız yaptığı bu baskın Dougal'ın hafifçe canını sıkmıştı, canını sıkan baskın değildi, sığırların bizi yavaşlatacağını düşünmüştü. Yolumuza çıkan ilk köy pazarında onlardan kurtulmuştu.

Saldırganların bize zarar vermek gibi bir dertleri yoktu, onlar atların ve arabalardaki malların peşindeydi. Birkaçı bunu başardı.

Tiz çığlıklar atan bir adam eyersiz bir atın üzerine atlayıp yelesine yapışarak ateşin üzerinden atlayıp karanlığın içine daldığı anda olduğum yere iyice sindim.

İki ya da üç kişi de ürün torbalarını kapmış koşarak kaçıyorlardı, peşlerinde İskoçça lanetler okuyarak koşan MacKenzieler vardı. Seslere bakılırsa baskın birazdan son bulacaktı. Birdenbire büyük bir grup ateşin önüne toplandı ve kavga yeniden alevlendi.

Bu öncekilere göre çok daha ciddi bir kavgaydı, birbirine çarpan kılıçlardan kıvılcımlar çıkmaya başlamıştı. Karşılaşanlar çığlık atmıyor, sadece arada sırada homurdanıyorlardı. Sonunda bunların kim olduğunu anlamayı başardım. Tam ortada Jamie ile Dougal sırt sırta vermiş kılıç sallıyorlardı. İkisinin de bir elinde kama diğer elinde de pala vardı. Görebildiğim kadarıyla ikisi de iki elini aynı ustalıkla kullanıyordu.

Etrafları dört, hayır beş - gölgeler kaç kişi olduklarını saymamı engelliyordu - adam tarafından çevrilmişti. Onlar kısa kılıç kullanıyorlardı, birinin kemerinde asılı bir palası vardı, diğer ikisi de tabancalıydı ama bunlar kılıflarında duruyordu.

Dougal'ı ya da Jamie'yi ya da ikisini birden canlı yakalamak peşinde oldukları net olarak anlaşılıyordu. Belki kaçırıp fidye isteyeceklerdi. Tabanca ya da pala yerine kısa kılıç kullanmalarının sebebi buydu, onlara ölümcül yaralar vermek istemiyorlardı.

Dougal'la Jamie hiç de endişeli görünmüyorlardı, kendilerini büyük bir ciddiyetle yaptıkları işe vermişlerdi. Sırt sırta vererek tehlikeli bir daire oluşturmuşlardı. İkisi de birbirinin zayıf tarafını kolluyordu. Dougal kayda değer bir güçle kamasını yukarı kaldırınca 'zayıf' kelimesinin burada bir yeri olmadığını düşündüm.

Bütün bu karmaşa, hırıltı ve lanet okuyan adamlar yavaş yavaş bulunduğum yere doğru sürükleniyordu. Mümkün olduğunca geri çekilmeye çalıştım ama burası da elli santimlik bir yerdi. Göz ucuyla bu karışıklığın arttığını fark ettim. Murtagh kavgada daha aktif bir rol oynamaya karar vermişti.

Dehşet dolu bakışlarımı Jamie'ye çevirirken, bu küçük adamın tabancasını çıkardığını gördüm, ateşlemeye niyeti yok gibiydi. Mekanizmasını kontrol etti, gömleğinin koluna sürtüp parlattı ve hedefe yöneltip beklemeye başladı.

Bekledi. Bekledi. Jamie için çok korkuyordum, titremeye başlamıştım. Ustalığı ve sükûneti bir yana bırakmış, karşısındaki iki adama son derece gözü kara bir şekilde vahşice saldırmaya başlamıştı. Bu lanet olasıca adam neden silahını ateşlemiyordu? Bunun sebebini bir süre sonra anladım. Jamie ile Dougal ateş hattındaydı ve bu eski tip tabancalarla garantili atış yapmak oldukça zordu.

Bu tahminimin hiç de yanlış olmadığı bir dakika sonra ortaya çıktı, adamlardan biri Dougal'ı beklenmedik bir hamleyle bileğinden yakaladı. Kılıç Dougal'ın kolunu yukarı doğru yaraladı ve Dougal dizinin üzerine çöktü. Dayısının düştüğünü hisseden Jamie kılıcını geriye çekti ve arkasına doğru iki adım attı. Dougal sırtını kayaya verebilmek için kendini tek koluyla savunarak yana çekildi. Saldırganlar saklandığım yere ve Murtagh'ın tabancasına çok yaklaşmışlardı.

Dibimde patlayan silahın sesi çok gürültülüydü. Saldırganlar şaşırmıştı ve aralarından biri vurulmuş gibi görünüyordu. Vurulan adam bir süre öylece durdu, ne olduğunu anlamaya çalışıyordu, arkaya yuvarlanıp sönmekte olan közlerin üzerine düştü.

Bu şaşkınlık anından yararlanan Jamie saldırganların birinin kılıcını düşürmeyi başardı. Dougal yeniden ayağa kalkmıştı, Jamie yana çekilip ona yer açtı. Saldırganlardan biri dövüşmeyi bırakıp ateşin üzerine düşen yaralı arkadaşını kurtarmaya gitti. Üç akıncı kalmıştı ve Dougal yaralıydı. O kılıcını salladıkça kayanın üzerine damlayan kanları görebiliyordum.

Bana çok yaklaşmışlardı ve Jamie'nin yüzündeki ifadeyi görebiliyordum, sakin, kararlı ve coşkuluydu. Dougal bağırarak ona bir şeyler söyledi. Jamie gözlerini bir an için rakibinden ayırıp yere baktı ve hemen yine rakibine çevirdi ve mükemmel bir zamanlamayla şişlenmekten kurtuldu. Yana doğru sıçrarken kılıcını fırlattı.

Rakibi, bacağına saplı kalan kılıca bakakalmıştı. Şaşkınlıkla ona dokundu ve çekip çıkardı. Kolay çıkmasından yarasının çok derin olmadığını anladım. Adam şaşkınlığını hâlâ üzerinden atamamıştı ve Jamie'nin böyle bir hareketi neden yapmış olduğunu anlayabilmek için bakışlarını ona dikmişti.

Bir anda garip bir çığlık attı ve kılıcı elinden düşürüp sekerek kaçmaya başladı. Onun bu çığlığını diğerleri de duymuştu, ne olduğunu anlamak için döndükleri anda onlar da kaçmaya başladılar. Jamie peşlerine düşmüştü, gittikçe büyüyen bir çığa benziyordu.

Büyük kılıcını bulunduğu yerden almayı başarmıştı, bu iki ağızlı iri kılıcı ölümcül bir hızla çevirerek adamların peşine düşmüştü. Arkasında Murtagh vardı, İskoçça hiç hoş olmayan sözcükler savurarak bir elinde kılıcı bir elinde yeniden doldurmuş olduğu tabancasıyla koşuyordu.

Bu olayın ardından her şey çok çabuk bir şekilde toparlandı, on beş dakika sonra MacKenzieler bir araya toplanmış zararlarını hesaplamaya başlamışlardı.

İki at ve üç çuval ürün alınmıştı, yükleriyle birlikte uyuyan sığırtmaçlar daha fazla zarar verilmesini engellemeyi başarmışlardı. Bu arada diğer adamlar at hırsızlarını oradan kovalamıştı. En önemli kaybımız bir adamdı.

Ben onun ilk itişip kakışma anında boş bulunup yaralandığını ya da öldüğünü düşündüm ama bütün alanı aradık ve onu bulamadık.

"Kaçırılmış," dedi Dougal öfkeyle. "Lanet olsun! Onu geri almak için bir aylık gelirimi vermek zorunda kalacağım."

"Çok daha kötüsü de olabilirdi, Dougal," dedi Jamie, yüzünü gömleğinin koluna silerken. "Eğer kaçırdıkları sen olsaydın Colum'un neler yapacağını bir tahmin etsene."

"Kaçırdıkları sen olsaydın, seni ellerinde tutmalarını hatta soyadını da Grant olarak değiştirmelerini söylerdim, delikanlı," diye gürleyince herkesin keyfi bir anda yerine geldi.

Yanıma almış olduğum malzemelerimi çıkarıp yaralıları durumlarının ciddiyetine göre sıraya dizdim. Çok önemli bir şeyler olmadığını görünce mutlu oldum. En kötü durumda olan Dougal'ın kolundaki yaraydı.

Ned Gowan'ın gözleri parlıyordu, çok mutluydu bu kavga onu büyülemiş gibiydi, dudağına yemiş olduğu bir kama kabzası dişlerinden birini eksiltmişti ama bu onun umurunda bile değildi. Yine de bu düşen dişi dilinin altında tutmayı akıl etmişti.

"Şansımı denemek istedim," dedi dişi avcuna tükürürken. Kökü kırılmamıştı ve koptuğu yer hâlâ ince ince kanıyordu, dişi alıp sıkıca oyuğun içine bastırdım. Adamın suratı bembeyaz oldu ama gıkını bile çıkarmadı. Ağzını dezenfekte etmek amacıyla viskiyle doldurdu, bunu bir süre orada tuttuktan sonra keyifle yuttu.

Dougal'ın yarasını önce baskı sargısıyla sardım, bir süre sonra bunu açtığımda kanamanın durmuş olduğunu görünce rahatladım. Temiz ama derin bir kesikti. Küçük sarı yağ parçacıkları görünüyordu, hatta kasların bir kısmı da kesilmişti. Önemli damarlara bir şey olmamıştı ama dikiş atılması gerekiyordu.

İğne olarak bulabildiğim tek şey, sığırtmaçların koşum takımlarını onarmak için kullandıkları ince tığ oldu. Karasızlıkla

Dougal'a baktım, o koluna bakmıyordu, gözünü uzaklara dikmişti.

"Genelde kandan etkilenmem ama kendiminkini görmekten pek hoşlanmıyorum." Ben dikerken kayanın üzerinde oturmuş ve dişlerini sıkmıştı, sıkmaktan çenesi titremeye başlamıştı. Hava soğumaya başlamıştı ama onun alnından terler akıyordu. Bir süre sonra son derece kibar bir tavırla biraz ara verip veremeyeceğimi sordu, öbür taraftaki kayanın arkasına geçip kustu ve geri dönüp kolunu tutmaya devam etti.

Bir meyhane sahibinin kira bedelini, viskiyle ödemiş olması büyük bir şanstı, bu çok işime yaradı. Hastalarımın yaralarını onunla dezenfekte ettikten sonra kendilerini diledikleri gibi iyileştirmeleri için yanlarına bir miktar bırakıyordum. İşim bittikten sonra ben bile koca bir bardak dolusu viski almıştım. Onu battaniyemin üzerine oturup keyifle yudumlamaya başladım. Ay gözden kaybolmaya başlamıştı, hafifçe titriyordum, bir kısmı soğuktan bir kısmı da viskidendi. Jamie'nin yanımda yatıp sıcak vücuduyla beni sarması mükemmel bir duyguydu.

"Geri geleceklerini düşünüyor musun?" diye sorunca olumsuz bir tavırla başını salladı.

"Hayır, gelenler Malcolm Grant ve iki oğluydu. Bacağından yaraladığım büyüğüydü. Çoktan evlerine gidip yataklarına yatmışlardır." Saçlarımı okşadı ve daha yumuşak bir sesle konuşmaya başladı. "Bu gece çok cesurdun ve mükemmel işler yaptın, seninle gurur duyuyorum."

Ona dönüp kollarımı boynuna doladım.

"Benim seninle gurur duyduğum kadar olamaz. Harikaydın Jamie. Daha önce böyle bir şeye tanık olmamıştım."

Önemsiz bir şeymiş gibi bir hırıltı çıkardı ama mutlu olduğunun farkındaydım.

"Bu küçük bir baskındı Saksonyalı. Bunu on dört yaşımdan beri yapıyorum. Bu gerçekten eğlenceli ama karşında seni öldürmek isteyen biri olduğunda işler değişir."

"Eğlenceli," dedim hafifçe. "Oldukça."

Beni saran kolları sıkılaşmaya başladı, okşayan ellerinden biri aşağılara kaymış ve eteğimi yavaş yavaş sıyırmamaya başlamıştı. Bu kavganın büyüsü onu farklı bir heyecana sürüklemişti."Jamie, Burada olmaz!" dedim ondan uzaklaşıp eteğimi aşağıya indirmeye çalışarak.

"Yorgun musun?" diye sordu büyük bir ilgiyle. "Canını sıkma uzun sürmeyecek." Artık iki eli de eteğimi yukarı çekip buruşturmakla meşguldü.

"Hayır!" dedim ona, sadece birkaç adım ötede yatan yirmi adamı dikkate almasını istiyordum. "Yorgun değilim, sadece..." Ben devam edemeden eli bacak aramı bulmuştu.

"Tanrım," dedi yavaşça. "Ne kadar kaygan, su yosunları gibi..."

"Jamie! Etrafımızda uyuyan yirmi adam var!" diye fısıltıyla onu azarladım.

"Sen bu şekilde konuşmaya devam edersen birazdan uyanacaklar." Üzerime tırmanıp beni kayaya yapıştırdı. Kendimi tutamıyordum, bacaklarımın bağı çözülüvermişti. Yirmi yedi yılda elde adilmiş görgü kurallarının binlerce yıllık dürtülerle savaşması mümkün değildi. Aklım uyuyan bunca adamın önünde bir kayanın üzerinde birinin bana sahip olmasına karşı koyuyordu, vücudum ise yaşaması için gereken şeylerin peşinden gitmeye çoktan hazırdı. Beni öpmeye başladı, ağzımın içindeki dili durmak bilmiyordu ve çok tatlıydı.

"Jamie," diye hafifçe inledim. Eteğini aramızdan söküp attı ve elimi kendine bastırdı.

"Aman Tanrım," dedim, dayanamamıştım, görgülerim yeni bir boyut kazanmıştı.

"Savaşlar isteği arttırır. Beni istiyor musun istemiyor musun?" Hafifçe geri çekilip bana baktı. Elimin altındakini hissederken durumu reddetmeye kalkışmak çok anlamsız olacaktı...

"Hımm, evet, ama..."

Omuzlarımı tuttu. "Sessiz ol Saksonyalı, uzun sürmeyecek."

Sürmedi de. İlk güçlü darbenin ardından, uzun sarsıcı kasılmalar geldi. Parmaklarımı onun sırtına geçirip dişlerimle de gömleğini ısırdım. Ses çıkarmamak için bunları yapmam gerekiyordu. Daha sonra yavaşça üzerimden inip titreyerek yanıma yattı.

Şakaklarım hâlâ zonkluyordu, bacaklarımın arasında da aynı his devam ediyordu. Jamie bir eli göğsümün üzerinde yatıyordu. Başımı çevirince ateşin yanındaki kayanın üzerinde duran nöbetçinin gölgesini gördüm. Arkası dönük duruyordu. Neredeyse hiç utanmadığımı fark edince büyük bir şok yaşadım. Bir an acaba yarın sabah utanır mıyım diye düşündüm ve bir daha bunu aklıma bile getirmedim.

Sabah herkes her günkü gibi davranıyordu, tek fark bir gece önceki kavga ve gece taşların üzerinde uyumuş olmaktan dolayı hareket ederken biraz zorlanıyor olmalarıydı. Yaralı olanlar da dâhil olmak üzere herkesin keyfi yerindeydi.

Dougal bugün sadece ileride görünen ağaçların bulunduğu yere kadar yol alacağımızı bildirince bu keyif daha da arttı. Orada atları otlatabilirdik ve biz de biraz dinlenirdik. Bu değişikliğin Jamie'nin gizemli Horrocks ile olan randevusunu nasıl etkilediğini düşünmeden edemedim. Gerçi bu anonstan rahatsız olmuş gibi görünmüyordu.

Hava kapalı ve sıcaktı, yağmur yoktu. Yeni kamp kurulur kurulmaz atlar bakıma alındı, bütün yaralılar kontrol edildi ve herkes dilediğini yapmaya başladı. Bir kısmı çimenlere serilip uyudu, bir kısmı balık tutmaya gitti, bir kısmı da eyer üstünde onca zaman geçirdikten sonra sadece bacaklarını esnetmekle yetindi.

Ben bir ağacın altında oturup Jamie ve Ned Gowan'la sohbet etmeye başladım, süvarilerden biri gelip Jamie'nin kucağına bir şey fırlattı. Bu kabzasında ay taşı olan bir kamaydı.

"Bu senin değil mi?" diye sordu. "Bu sabah kayaların arasında buldum."

"Onca heyecanın arasında düşürmüş olmalıyım," dedim. "İyi oldu, onunla ne yapacağımı bilmiyordum zaten. Kullanmaya kalkıştığım anda kendime bir zarar verebilirdim."

Ned yarım gözlüklerinin üzerinden Jamie'yi süzdü.

"Ona bıçak verip nasıl kullanacağını öğretmedin mi?"

"Böyle bir zamanımız olmadı," diye savunmaya geçti Jamie. "Ned haklı Saksonyalı. Silah kullanmayı öğrenmelisin. Önümüze ne çıkacağı belli olmuyor, bunu dün akşam kendin de gördün."

Böylelikle boş bir yer bulundu ve ilk dersimi almaya başladım. Değişik bir şeyler olduğunu fark eden MacKenzielerin bir kısmı ne olduğuna bakmak üzere oraya geldiler ve oturup tavsiyeler vermeye başladılar. Kısa bir süre sonra yarım düzine akıl hocam olmuştu, pozisyonlar üzerinde tartışıyorlardı. Bir süre sonra hepsi birden kama konusunda en başarılı kişinin Rupert olduğuna karar verdiler ve dersi o vermeye başladı.

Çam kozalaklarının ve taşların olmadığı temiz bir bölge buldu ve kama kullanma sanatını göstererek anlatmaya başladı.

"Bak, kızım," diyerek başladı. Kamayı kabzasının iki santim kadar altından orta parmağının üzerine dengeli bir şekilde yerleştirdi. "Burası denge noktasıdır, onu tam bu noktadan tutarsan eline tam oturur ve rahat edersin." Kendiminkiyle bunu hemen denedim. Başarıya ulaştığım anda bana yukarıdan aşağıya doğru yapılan vuruşla aşağıdan yukarı doğru yapılan vuruş arasındaki farkı anlatmaya başladı.

"Sen çoğunlukla aşağıdan yukarı doğru yapılanı kullanacaksın, diğeri yukarıdan aşağıya doğru çok büyük bir güç uygulaması gerektirir." Bir yandan da beni inceliyordu.

"Gerçi bir kadın için oldukça uzun boylusun ama yine de karşındaki oturmadığı sürece ancak boynuna bir darbe indirebilirsin ve bu da kuvvet gerektirir. En iyisi aşağıdan yukarıya doğru olanla başlamak olacak." Gömleğini çıkarttı, kıllı ve terli göbeği gözler önüne serildi.

"Tam burası," dedi göğüs kafesinin tam altına gelen noktayı göstererek. "Burası yüz yüze savaşıyorsan hedef alacağın ilk nokta olmalı. Düz bir şekilde tüm gücünle sokmaya çalışmalısın. Bunu başardığın anda bıçak kalbe saplanır ve karşındaki bir iki dakika içinde ölür. Göğüs kemiğine denk gelmemeye dikkat etmelisin; kama senin tahmininden çok daha derine saplanır ve eğer ucu kemiğe denk gelip sıkışırsa, karşındakine büyük bir hasar vermiş olursun, bu doğrudur ama bıçağını da kaybetmiş olursun. Ve o da bunu fırsat bilip seni yakalar. Murtagh! Sen ufak tefeksin ayrıca sıskalıktan kemiklerin rahatlıkla görünür durumda, buraya gel ve arkadan saldırırken ne yapacağını gösterelim." Murtagh isteksiz bir tavırla gelip arkasını döndü ve gömleğini çıkardı, tüm omurgası ve kaburga kemikleri ortaya çıktı. Rupert kalın işaret parmağıyla sağ kaburga kemiğinin altında bulunan bir noktaya bastırınca Murtagh hepimizi şaşırtarak ciyakladı.

"Burası da arkada olduğun zamanlarda kullanacağın nokta... Bunca kemiğin arasında can alacak noktayı bulmak çok zordur, Tabi bu kemiklerin arasından girebileceğini düşünebilirsin ama bunu yapmak gerçekten zor bir iştir. Bu nedenle son kaburga kemiğinin altından yukarı doğru bıçaklarsan direk böbreklere girersin ve adam bir çuval gibi yere devrilir."

Rupert bana farklı duruş ve vuruş biçimlerini göstermeye devam etti. O anlatmaya devam ettikçe adamlar sırayla kurban olarak önüme geçip bana yardımcı oluyorlardı, çabalarım onları eğlendirmişe benziyordu. Çimlere yatıyorlar ya da onları avlayabilmem için arkalarını dönüyorlardı, bir kısmı da arkamdan saldırıp beni boğar gibi yapıyor ve ben de bıçağımı karınlarına saplamaya çalışıyordum.

İzleyicilerim beni çığlıklar atarak cesaretlendiriyor, Rupert da son dakikada vazgeçip geri çekilmemem için sürekli olarak katı talimatlar veriyordu.

"Dibine kadar sokmalısın, kızım. Gerçek bir saldırı anında geri çekilme şansın olmaz. Bu tembel yaratıklar zamanında geri çekilmeyi başaramayacak kadar yeteneksizlerse başlarına gelecek olanı hak etmişler demektir."

Başlangıçta oldukça kararsız ve beceriksiz hareketler yapıyordum. Rupert gerçekten iyi bir eğitmendi, sabırla hareketleri göstermeye devam etti. Arkamdan yaklaşıp belimi tutarak saldırıda bulunurken gözlerini sahte bir uçarılıkla devirip duruyordu ama yüz yüze bileğimi yakalayıp nasıl saldıracağımı gösterirken bir iş adamından çok daha ciddiydi.

Dougal yaralı olduğu için bir ağacın altında durmuş bizi seyrediyordu. Arada bir espriler patlatıyordu ama çalışmam için bir mankene ihtiyacım olduğunu söyleyen de o oldu.

"Ona kamasını saplayabileceği bir şeyler bulun," dedi ben

saldırı teknikleri üzerindeki yeteneklerimi geliştirmeye başladığımda. "İlk sefer her zaman insanın üzerinde şok etkisi yapar."

"Haklısın," dedi Jamie. "Ben bir şeyler ayarlarken biraz dinlen Saksonyalı."

Yanına iki adam alarak yük arabalarına doğru ilerlemeye başladı. Ne yaptıklarını göremiyordum ama başlarının aldığı değişik şekillerden kafa kafaya verip arabadan bir şeyleri aldıklarını ve onun üzerinde çalıştıklarını takip edebiliyordum. Nefesim tükenmişti, Dougal'ın yanına yığıldım.

Yüzünde hafif bir gülümsemeyle bana baktı. O da diğerleri gibi yolculuk sırasında tıraş olma zahmetine katlanmıyordu, kahverengi sakalları uzamıştı, alt dudağı daha belirgin bir şekilde ortaya çıkmıştı.

"Nasıl gidiyor bakalım?" diye sordu, biraz önceki çalışmadan bahsetmediği kesindi.

"Yeterince iyi," dedim, ihtiyatlı bir tavırla, ben de bıçaklardan bahsetmiyordum.

"Evlilik ona yaradı," dedi.

"İçinde bulunduğumuz şartları düşünürsen sağlığı için de oldukça faydalı," dedim, sesim biraz soğuk çıkmıştı. Ses tonum dudaklarını büzmesine sebep oldu.

"Ve sen kızım, sen de herkes için iyi bir kısmetsin."

"Özellikle de sen ve ağabeyin için. Hazır Colum'dan bahsetmişken, o bunu duyduğu zaman ne diyecek?"

Gülümsemesi iyice büyüdü. "Colum mu? Ailemiz böyle bir yeğen kazandığı için mutlu olacaktır."

Kukla hazırlanmıştı, eğitimime geri döndüm. Kolları ve bacakları olmayan, insan boyutlarında bir yün torbasıydı. Etrafına iplerle boğa derisi sarılmıştı. Bu kukla önce ağaca bağlandı, ardından oradan buradan üzerime doğru atılmaya başlandı, ben ise sürekli bıçaklamaya uğraşıyordum.

Jamie bana bu yün çuvalının içine, kemik hissini vermesi için odun parçaları yerleştirdiklerini söylememişti.

İlk darbelerim son derece başarısızdı ama sonunda boğa derisini delmeyi başardım. Göründüğünden çok daha sertti. Bana insanın karın boşluğu üzerindeki derinin de aynı sertlikte olduğunu söylediler. Bir sonraki denemede yukarıdan aşağıya bir darbe vurmayı denedim ve tahta parçalarından birine denk geldim.

Bir an kolumun yerinden kopup düştüğünü sandım. Bu darbenin şoku omzuma kadar yayılmıştı, kama hissi yok olan parmaklarımın arasından kayarak yere düşmüştü. Dirseğimden aşağısını hissetmiyordum, hissetmeye başladığım ufak sızı bunun çok uzun sürmeyeceğini anlamamı sağladı.

"Kahretsin," dedim. Dirseğimi tutarak diğerlerinin attığı kahkahaları izledim. Sonunda Jamie omzumu tutup masaj yapmaya başladı ve kolumu yavaş yavaş hissetmeye başladım, dirseğimin arkasındaki tendona ve bileğimin üzerindeki boşluğa başparmağıyla bastırdı.

"Tamam," dedim dişlerimin arasından, sızlayan kolumu yavaşça gevşetmeye çalışıyordum. "Kemiğe denk gelip bıçağı düşürünce ne yapılıyor? Bunun içinde uygulanması gereken bir prosedür var mı?"

"Evet, var," dedi Rupert sırıtarak. "Sol elinle tabancanı çekip piç kurusunu öldürürsün." Bu sözlerinin sonunda kahkahalar iyice yükseldi, ben ise somurttum.

"Pekâlâ," dedim, sakin olmaya çalışıyordum. Jamie'nin sol kalçasında asılı uzun kabzalı silahı gösterdim. "Bana onu nasıl doldurup ateş etmem gerektiğini öğretecek misin?"

"Hayır." Cevabı kesindi.

Buna sinirlenmiştim. "Neden?"

"Çünkü sen bir kadınsın, Saksonyalı."

Sinirlenmeye başlamıştım. "Öyle mi? Bir kadının silah kullanmayı öğrenecek zekâya sahip olmadığını mı düşünüyorsun?"

Beni tartmak ister gibi bakıyordu, dudakları vereceği cevaplardan hangisini söylemesi gerektiğine karar veremiyormuş gibi kıvrılmıştı.

"Denemene izin verebilirim," dedi sonunda. "Bu sorununu çözebilir."

Rupert rahatsızlığını belirtmek için başını iki yana salladı. "Deli olma Jamie. Ve sana gelince," bu sırada bana dönmüştü, "bunun sebebi kadınların aptal olması değil, aralarında aptal olanlar var tabii ki ama bizim sorunumuz kadınların ufak tefek olması."

"Ne?" Bir süre aptal aptal ona baktım. Jamie homurdanarak silahını yerinden çıkardı. Yakından bakınca silahın oldukça büyük olduğunu gördüm. Gümüş kaplı bu tabanca, kabzadan namluya yaklaşık kırk beş santimlik bir uzunluğa sahipti.

"Bak," dedi onu önümde tutarak. "Buradan tutacaksın, kolunu düz tutup ileri uzatacaksın ve buradan bakacaksın. Tetiği çektiğin anda kendini katır tepmiş gibi hissedeceksin. Senden oldukça uzunum, kırk kilo daha fazlayım ve ne yaptığımı çok iyi biliyorum. Buna rağmen ateşlediğimde geri gidiyorum, seni yere yapıştırır, bunu da yüzüne gelmediğini varsayarak söylüyorum." Silahı elinde bir tur çevirdi.

"Bunu deneyip görmene izin verebilirim," dedi, tek kaşını kaldırmıştı, "ama seni ağzındaki bütün dişler yerinde dururken seviyorum. Çok güzel gülümsüyorsun, Saksonyalı ama çok alıngansın."

Bu küçük konuşmadan sonra aklımı başıma toplamıştım. Hep bir ağızdan kısa kılıcın bile benim kullanmam için çok ağır olacağını söylüyorlardı. Benim çakı, çorap hançeri ve kama kullanabileceğimde hemfikirdiler. Bahsettikleri çorap hançeri hemen getirildi, yaklaşık on santim uzunluğunda, iğne gibi ucu olan siyah çelikten yapılmış ürkütücü bir şeydi, kabzası kısaydı. Adamlar beni izlerken onu bağlandığı yerden, yani eteğimin altındaki bir bacağımdan tek seferde çıkarabilmek için deliler gibi çalışmaya başladım. Sonunda tek hareketle onu oradan çıkarıp elimin altına gizleyip karşımdakinin boğazını kesmeye hazır hale gelmeyi başarmıştım.

En sonunda acemi bıçak kullanıcısı seviyesine yükselmiş olduğuma karar verdiler ve yemeğe oturabildim. Biri dışında hepsi mutlulukla beni kutluyordu. Murtagh kararsızdı.

"Ben hâlâ bir kadın için en uygun silahın zehir olduğunu düşünüyorum."

"Olabilir," dedi Dougal, "Ama yüz yüze savaşırken bir takım sakıncaları var."

19

Su Atı

Bir gece sonra Ness Gölü'nün kenarında kamp kurduk. Burayı görmek kendimi garip hissetmeme sebep olmuştu, pek bir değişiklik yoktu. Ya da olmayacaktı demeliydim. Akçaağaçlar ve karaçamlar çok daha yeşildi ama yazın ortasındaydık, baharın sonlarında değil. Çiçekler bahardaki gibi pembe ve beyaz değildi artık, menekşeler vahşi mor renge katırtırnakları altın sarılarına bürünmüştü. Gökyüzü masmaviydi, göl de öyle... Ağaçların gölgeleri ve etraftaki yeşilliklerden yansıyan renkler gölü biraz daha koyu bir renge büründürmüştü, renkler sisli bir camın ardına saklanmış gibiydi.

İleride birkaç tekne vardı. Bir tanesi bize yaklaşınca bunun aslında bezden yapılmış bir kayık olduğunu gördüm. Üzeri tabaklanmış deri ile kaplıydı, benim alıştığım ahşap görünüme sahip değildi.

Bütün su kenarlarında olan kekremsi koku burada da vardı. Bu çiçeklerin, çürümüş yaprakların, temiz suyun, ölü balıkların ve çamurun kokusunun birbirine karışması sonucunda ortaya çıkıyordu. Bunların yanı sıra garip bir şeyler daha olduğunu hissediyordum. Adamlar da bunu hissetmiş gibiydi, kampın üzerinde garip bir hava esiyordu.

Jamie ve benim yatak malzemelerimizi rahat bir yere serdikten sonra elimi yüzümü yıkamak için gölün kenarına gittim.

Küçük bir tepecik vardı ve kıyı bunun ardında kıvrılarak ilerliyordu, bir yerde kocaman taşlar birleşmiş, dalgakırana benzer bir şey oluşturmuştu. Kampın sesi buraya gelmiyordu, beni görmeleri de mümkün değildi, burası oldukça huzurlu bir yerdi.

Biraz yalnız başıma kalabilmek için bir ağacın altına oturdum. Jamie ile evlendiğimden beri artık sürekli izlenmiyordum, bu sorun çözülmüştü.

Ağaçlardan dökülmüş küçük tohumları tembel tembel suya atmakla meşguldüm, kayaların arasında oluşan minik dalgaların gittikçe büyüyen dalgalara dönüştüğünü fark ettim, sanki aniden çıkan bir rüzgâr buna sebep olmuş gibiydi.

Üç metre kadar ötemde suyun dalgalandığını gördüm ve içinden kocaman bir kafa çıktı. Sular başından aşağı uzun kıvrımlı boynuna dökülüyordu. Su çok dalgalanmıştı, sağa sola bakındım. Bu başın ardından görüntüye çıkmasını beklediğim kocaman bir vücut vardı ama çıkmadı, baş kıpırdamadan orada duruyordu.

Ben de durdum. Bu çok garipti ama ondan korkmamıştım. Ona karşı bir yakınlık hissetmiştim, bu yaratık kendi zamanından, benim bulunduğumdan çok daha fazla uzaklaşmıştı. Eosen dönemden kalma düz gözleri, çökük göz çukurlarının içinde kocaman görünüyordu. Bakışları belirsizdi, onun bu gerçeküstü görüntüsünü bir yerlerden hatırlar gibiydim. Parlak derisi düzgün ve masmaviydi, çenesinin altında bir renk oyunu vardı, tam orada yeşil bir çizgi var gibiydi. Gözbebekleri koyu kehribar rengindeydi. Çok güzeldi.

Hafızamın bir yerlerinden, İngiliz Müzesi'nin beşinci katında bulunan muhteşem tabloyu alıp çıkardım, renkler çok farklıydı ama şekil aynıydı. Zaten ölüm gerçekleştiği anda renklerin solduğu ve derinin kırışmaya başladığı bilinen bir gerçekti. Sonra da her şey çürürdü ama kemiklere bir şey olmazdı. Onu görmeyi başaran nadir kişilerden biri olmak içimi bir zafer hissi doldurmuştu.

Burun deliklerinin üzerindeki kapakçıklar yoğun bir tıslama sesiyle birlikte açıldı ve yaratık suya batarak yuvasına doğru yola çıktı, sular yine kaynamaya başlamıştı.

Onu görünce farkında olmadan ayağa kalkmış ve yine farkında olmadan ona doğru ilerlemiştim. Kendimi kayaların üzerinde suya düşmek üzereyken buldum. Onun ardından göle bakmaya devam ettim.

Bir süre daha orada kalıp bu karanlık, dipsiz gibi görünen

sulara baktım. "Elveda," dedim sulara ve başımı sallayıp kıyıya doğru yürümeye başladım.

Küçük tepeciğin üzerinde bir adam vardı. Önce irkildim ama onun sığırtmaçlardan biri olduğunu hatırlayınca rahatladım. Adı Peter'dı, elindeki boş kova buraya neden gelmiş olduğunu gösteriyordu. Ona canavarı görüp görmediğini sormak üzere ağzımı açtığım anda yüzündeki ifadede sorumun cevabının gizlenmiş olduğunu anlayıverdim. Yüzü ayağının dibindeki papatyalardan daha beyazdı, sakalının arasında bile ter damlacıkları vardı. Gözlerinin beyazı korkmuş bir at gibi ortaya çıkmıştı, kovayı tutan eli titriyordu ve kova bacağına çarpıp duruyordu.

"Sorun yok," dedim ona yaklaşarak. "Gitti."

Bu sözler onu rahatlatmadı ve tam tersine yerinden sıçradı. Kovayı elinden düşürüp dizlerinin üzerine çöktü ve istavroz çıkardı.

"Me-merhamet edin, hanımım," diye kekeledi. Bunun ardından kendini yüzüstü yere attı ve eteğimin ucundan tuttu. Çok utanmıştım.

"Saçmalama," dedim sert bir tavırla. "Ayağa kalk." Onu ayağımın ucuyla hafifçe dürttüm, o ise daha fazla titreyip yere daha fazla yapıştı. "Ayağa kalk," diye tekrarladım. "Aptal adam o sadece bir..." Durup düşünmeye çalıştım. Onun Latince adını söylemem bu adamın hiçbir işine yaramayacaktı.

"O sadece küçük bir yaratık," dedim elinden tutup ayağa kaldırırken. O, gölün kenarına gitme cesaretini bulamadığı için kovayı doldurdum. Kampa dönerken aramızda belli bir mesafe bırakmaya dikkat ederek peşimden geldi. Kampa vardığımız anda hızla katırının yanına ilerledi, giderken de dönüp dönüp korku dolu bakışlarla bana bakmayı ihmal etmedi.

O kimseye yaratıktan bahsetmeyince ben de bunun doğru bir şey olduğuna inanıp sustum. Dougal, Jamie ve Ned eğitimli insanlardı, diğerleri ise okuma yazma bile bilmiyorlardı. Güçlü ve korkusuz savaşçılardı ama bir o kadar da batıl inançlılardı. Bu konuda Afrika'da yaşayan ilkel insanlardan hiçbir farkları yoktu.

Sessizce yemeğimi yiyip yatmaya gittim. Sığırtmaç Peter'ın meraklı bakışları sürekli üzerimdeydi.

20

Terk Edilmiş Topraklar

Baskından iki gün sonra yeniden kuzeye doğru yol almaya başladık. Horrocks'la buluşacağımız yere yaklaşıyorduk, Jamie arada bir kendini her şeyden soyutluyordu, belki de bu adamın ona neler söyleyeceğini düşünüyordu.

Hugh Munro'yu bir daha görmedim ama bir gece uyandığımda Jamie yanımda yoktu. O dönene kadar uyanık kalmaya çabaladım ama ay batmaya başladığında uykuya yenik düştüm. Sabah Jamie yanımda uyuyordu, battaniyemin üzerinde ince bir kâğıda sarılı, ağaçkakan tüyüyle bağlanmış ufak bir paket duruyordu. Onu dikkatle açtım. Bunun içinde iri, kehribar bir kutu vardı, yüzeylerinden biri düzeltilmiş ve cilalanmıştı. İçinde ebedi yolculuğuna çıkmış bir yusufçuk duruyordu.

Üzerine sarılmış kâğıdı düzelttim, bir şeyler yazılmıştı, şaşırtıcı güzellikte olan bir yazıydı bu.

"Ne diyor?" diye sordum Jamie'ye, harfler oldukça garipti ve bir takım işaretler vardı. "Sanırım İskoçça."

Dirseğinin üzerinde doğrulup kâğıda baktı.

"İskoçça değil. Latince. Munro köle olmadan önce, öğretmenlik yapıyordu. Catullus'dan bir alıntı," dedi.

... da mi basin mille, diende centum,
dein mille altera, dein secunda centum...

Çevirirken kulak memelerinden yukarı bir pembelik yayılmaya başladı.

Bana aşk dolu öpücüklerini ver
Dudaklarımız konuşmaya başlasın
Sonra bin tane ve yüz tane daha ver
Sonra yüz tane ve bin tane daha.

"Şans kurabiyelerinde yazanlardan biraz daha uzun," dedim, hoşuma gitmişti.

"Ne?" Jamie irkilmiş görünüyordu.

"Boş ver," dedim telaşla. "Munro Horrocks'u bulmuş mu?"

"Evet. Ayarlandı. Onunla Cruime Gölü'nün biraz daha yukarısında bulunan tepelerin arasındaki ufak bir yerde buluşacağım. Bir terslik olmazsa dört gün sonra..."

Bu "bir terslik olmazsa" lafı sinirimi bozmuştu.

"Sence bu doğru mu? Yani Horrocks'a güveniyor musun?"

Olduğu yerde doğruldu, gözlerini kırpıştırarak uykulu halinden kurtulmaya çalıştı.

"Bir İngiliz firarisine mi? Elbette hayır. Bulduğu ilk fırsatta beni Randall'a satacağından eminim ama biliyorsun ki o da İngilizlere pek yaklaşamıyor. Firar edenleri asarlar. Hayır, ona hiç güvenmiyorum. Bu yolculuğa Dougal'la birlikte çıkma sebebim zaten bu. Yoksa onu görmeye tek başıma giderdim. Eğer adam bir şeylerin peşindeyse en azından yalnız olmayacağım."

"Ah." Dougal'ın varlığının yeterli olacağından pek emin değildim, Jamie'nin dayılarıyla ilişkisi ortadaydı.

"Eğer sen öyle diyorsan," dedim şüpheyle. "Dougal'ın seni vurma fırsatını değerlendireceğini sanmıyorum, bu da bir şeydir."

"O beni zaten vurdu," dedi Jamie gülerek, bir yandan da gömleğinin düğmelerini ilikliyordu. "Hatta o yarayı sen sarmıştın, bunu gayet iyi biliyorsun."

Elimdeki tarağı düşürdüm.

"Dougal mı? Ben seni vuranın İngilizler olduğunu düşünmüştüm!"

"Evet, İngilizler bana ateş etti," diye sözlerimi düzeltti. "İşin aslında Dougal'ın beni vurduğunu söylemem yanlış olur, bu kişi büyük ihtimalle Rupert'dı - o Dougal'ın adamları arasındaki en iyi nişancıdır. İngilizlerden kaçarken Fraser topraklarının dibinde olduğumuzu fark ettim ve şansımı orada denemeye karar verdim. Dougal'ın ve diğerlerinin etrafından dolanıp hızla sola döndüm. O sırada pek çok kişi ateş ediyordu ve beni vuran kurşun arkadan geldi. O sırada arkamda Dougal, Rupert ve Murtagh vardı. İngilizlerse tam önümdeydi. Attan düşünce tepeden aşağı yuvarlandım ve neredeyse kucaklarının ortasına düştüm."

Getirmiş olduğum kovaya su doldurup yüzünü yıkadı. Gözlerini açabilmek için başını salladı, sonra bana göz kırparak sırıttı, sular parlayarak kaş ve kirpiklerinden aşağı süzülüyordu.

"Dougal beni geri alabilmek için onlarla savaşmak zorunda kaldı. Ben yerde yatıyordum, o tam tepemde durmuş bir eli kemerimde beni ayağa kaldırmaya uğraşırken, diğer elinde kılıcıyla yarama kesin deva olacağını düşünen bir atlıyla kapışıyordu. Adamı öldürüp beni kendi atına aldı." Başını salladı. "Ondan sonra olanları çok net hatırlayamıyorum. Ama öyle bir tepeyi o kadar yükle tırmanmanın çok zor olmuş olabileceğini düşünüyorum."

Arkama yaslandım, adeta donmuştum.

"Ama... İsteseydi seni o zaman öldürebilirdi."

Jamie başını salladı, bu arada Dougal'dan ödünç almış olduğu usturayı çıkarmıştı. Kovayı hafifçe eğdi, yüzünün aksini suda görebiliyordu, yüzü tıraş olan bütün adamların yaptığı gibi garip bir şekil aldı ve o yanaklarını tıraş etmeye başladı.

"Hayır, o kadar adamın önünde bunu yapmazdı. Ayrıca Dougal'la Colum'un benim ölmemi istemek gibi bir dertleri yok, özellikle de Dougal'ın."

"Ama..." Kafam yine karışmaya başlamıştı, bu İskoç ailelerinin garip ilişkileri söz konusu olduğunda hep böyle oluyordu.

O sırada tam çenesini tıraş ettiği için Jamie'nin konuşması biraz bozuldu çünkü kafasını arkaya eğmişti.

"Lallybroch," dedi, boştaki eliyle geride bir şey kalmış mı diye kontrol ederken. "Toprağın verimli olmasının yanı sıra orası tam dağ geçidinin başındadır. Dört bir yana gitmek isteyen kişiler için en kullanışlı geçittir. Yani oradan her yeri kontrol etmek çok kolaydır. Evlenmeden ölseydim topraklar Fraser ailesine geri gidecekti."

Boynunu sıvazlayarak sırıtmaya devam etti. "Gördüğün gibi MacKenzie kardeşler için bir sürü problem oluşturuyorum. Bir taraftan genç Hamish'in gelecekteki reisliğini tehlikeye atıyorum ve bu nedenle ölmemi istiyorlar, diğer taraftan ise sahibi olduğum bölge bir savaş anında onlar için çok önemli bir yer ve benim, yani mülkümün hayatta kalması gerekiyor. Orası Fraserlara geçmemeli. Bu nedenle Horrocks işinde bana yardımcı oluyorlar. Yasadışı yaşarken Lallybroch konusunda çok fazla bir şey yapamıyorum."

Battaniyeleri toplamaya başladım, bu entrikalar beni dehşete düşürmüştü ve Jamie bu durumla çok eğleniyordu. Birdenbire artık tek sorunlarının Jamie olmadığını fark ettim ve kafamı kaldırıp Jamie'ye baktım.

"Evlenmeden ölseydin toprakların Fraserlara geri verileceğini söyledin, artık evlisin. Peki, şimdi kim..."

"Bu doğru," dedi başını yana eğip gülmeye devam ederek. Sabah güneşi saçlarını altın gibi parlatıyordu. "Eğer öldürülürsem, Lallybroch senin olacak Saksonyalı."

Sis ortalıktan kalkınca geride mükemmel güneşli bir gün bırakmıştı. Çalılıklardaki kuşlar son derece meşguldü, buradaki yol biraz daha genişti ama atların toynakları daha fazla toz çıkarıyordu.

Bir tepeye tırmandığımızda Jamie yanıma gelip sağ tarafı işaret etti.

"Şu aşağıdaki küçük düzlüğü görüyor musun?"

"Evet." Yoldan biraz uzakta bulunan kavak, çam ve yeşil meşelerle bezenmiş düz bir yeşillikti.

"Orada bir kaynak ve küçük bir su birikintisi var. O yeşil ağaçların altında da yemyeşil yumuşacık çimenler. Çok güzel bir yer."

Ona soran gözlerle baktım.

"Öğle yemeği için henüz erken değil mi?"

"Aklımdan geçenin tam olarak bu olduğunu söyleyemeyeceğim." Birkaç gün önce Jamie'nin bir gözünü kırpmayı başaramadığını keşfetmiştim. Göz kırpmak istediğinde kırmızı baykuşlar gibi iki gözünü birden kapatıyordu.

"Aklındaki tam olarak neymiş bakalım?" diye sordum. Şüpheci bakışlarım, çok masum, çocuk gibi bakan iki mavi gözle karşılaştı.

"Sadece nasıl olacağını merak ettiğim bir şey var... Çimenlerin üzerinde... Ağaçların altında... Suyun içinde... Senin eteklerin kulaklarına kadar çıkmışken..."

"Eee..."

"Dougal'a su almaya gittiğimizi söyleyeceğim." Hızla geri döndü, bir dakika sonra diğer atlılardan toplamış olduğu su şişeleriyle geri geldi. Biz tepeden aşağı ilerlerken Rupert'ın arkamızdan İskoçça bir şeyler söylediğini duydum ama ne dediğini anlayamadım.

Düzlüğe ilk ben ulaştım. Atımdan inip, otların üzerine uzandım ve güneşin altında gözlerimi kapadım. Bir dakika sonra Jamie de gelip atından atladı. Atın poposuna vurdu ve benimkiyle birlikte otlamaya gönderdikten sonra dizlerinin üzerine çöktü. Uzanıp onu üzerime çektim.

Oldukça sıcak bir gündü, ortalık çimen ve çiçek kokularıyla doluydu. Jamie de yeni biçilmiş otlar gibi kokuyordu.

"Çabuk olmalıyız," dedim. "Su almamızın neden bu kadar uzun sürdüğünü merak edebilirler."

"Etmeyecekler," dedi bağlarımı rahatça çözerken. "Biliyorlar."

"Ne demek istiyorsun?"

"Rupert'ın arkamızdan ne diye bağırdığını duymadın mı?"

"Onu duydum ama ne dediğini anlamadım." İskoççam ilerlemişti ve daha çok şey anlıyordum ama bu sözcükler oldukça uzaktan söylenmişti.

"İyi olmuş. Senin kulaklarının alışık olduğu sözcükler değildi zaten." Göğüslerim ortaya çıkmıştı, yüzünü onlara gömüp, emip ısırmaya başladı. Sonra dayanamayacağımı anlayıp aşağı kayıp eteğimi yukarı çekerek aramızdaki engeli kaldırdım. O gece kayalıktaki ilkel birleşmemizden sonra saçma bir şekilde içime kapanmış ve onunla kamp alanında ya da kamp alanı yakınlarında ağaçların iyice görüntüyü kapattığı yerlerde bile sevişmek konusunda son derece utangaç davranmıştım.

Burada meraklı göz ve kulaklardan uzakta ikimiz de yapmakta olduğumuz cinsel perhizin sona eriyor olmasından dolayı çok mutluyduk. Birbirimizi çok özlemiştik, dudaklarım ve ellerim titremeye başlamıştı.

Tam doruğa ulaşmak üzereyken Jamie bir anda adeta dondu. Gözlerimi açınca güneşe karşı baktığım için yüzünün yerine kocaman bir siyah nokta gördüm, bu halde bile orada garip bir ifade olduğunu anlayabiliyordum. Başına doğru tutulmuş siyah bir şey vardı. Gözlerim ışığa biraz daha alıştıktan sonra bunun bir tüfek olduğunu gördüm.

"Ayağa kalk seni kızışmış piç kurusu!" Tüfekle Jamie'nin kafasına vurdu. Jamie yavaşça ayağa kalktı. Beyaza kesmiş yüzüne yavaş yavaş kan toplanmaya başlamıştı, rengi gittikçe kararıyordu.

İki kişilerdi. Pislik içindeki paçavraya dönmüş üniformalarına bakılırsa firar eden iki kırmızı urbalıya denk gelmiştik. İkisinin de hem tüfeği hem de tabancası vardı, ellerine geçirmiş oldukları fırsat onları çok mutlu etmişe benziyordu. Jamie elleri başının üzerinde duruyordu, tüfek artık göğsüne dayanmıştı, yüzü ifadesizdi.

"Onun işini bitirmesini bekleyebilirdin, Harry," dedi diğeri. Çürük dişlerini göstererek sırıtıyordu. "Tam işin ortasındayken durmak erkeğin sağlığına hiç yaramaz."

Arkadaşı tüfeğiyle Jamie'yi dürttü.

"Onun sağlığı beni ilgilendirmez. Onun için de önemini birazdan yitirecek. Şuradakinin tadına bakmaya kararlıyım ve ikinci olmak beni hiç bozmuyor, hele bunun gibi bir İskoç piçinin ardından gelmek hiç bozmaz."

Çürük dişli bir kahkaha attı. "Elimi onun kanıyla kirletmek istemiyorum. Onu öldür ve sonra ne yapacaksan yap."

Kısa boylu ve şişman olan Harry şaşı gözleriyle bir süre bana baktı. Ben hâlâ yerde yatıyordum, dizlerimi sımsıkı birbirine yapıştırmış eteklerimi bileklerime kadar indirip bacaklarımın arasına sıkıştırmayı başarmıştım. Elbisemin üst kısmını kapatmak için de büyük bir çaba sarf etmiştim ama hâlâ açıkta kalmış yerler vardı. Bu küçük adam sonunda kararını vererek arkadaşına bir işaret yaptı.

"Hayır, bırak seyretsin. Arnold buraya gel ve tüfeğini ona doğrult." Arnold onu dinledi, hâlâ sırıtıyordu. Harry tüfeğini yere bıraktı, tabancasının asılı olduğu kemerini de çıkarıp onun yanına koydu.

Eteklerimi ellerimle bastırırken elime bir sertlik geldi. Bu Jamie'nin bana vermiş olduğu kamaydı. Onu kullanmayı başarabilir miydim? Harry'nin sivilcelerle dolu sırnaşık suratına bakınca kesinlikle kullanabileceğime karar verdim.

Son ana kadar beklemeliydim ama Jamie'nin kendini o zamana kadar tutmayı başarabileceğinden hiç emin değildim. Yüzündeki ifadeyi net olarak görebiliyordum, ikisini de bir an önce öldürmek istiyordu, bu şartlar altında onu uzun süre tutmayı başarmaları mümkün değildi.

Yüzüme belirgin bir ifade vermek istemiyordum, gözlerimi kısıp ona mümkün olduğu kadar sert bakmaya çalıştım, kıpırdamaması gerektiğini anlatmaya çalışıyordum. Boynundaki damarlar delice atıyordu, gözlerini kan bürümüştü ama ona anlatmak istediğimi anladığını belirten belli belirsiz bir hareket yaptı.

Harry üzerime abanıp eteklerimi sıvamaya çalışırken ona karşı koyma bahanesiyle kamanın kabzasını elime tam olarak yerleştirdim. Hareketsiz durmamı sağlamak için yüzüme hızla bir tokat attı. Yanağım alev aldı ve gözlerim sulandı ama kama artık elimdeydi ve onu eteğimin katmanları arasına saklamıştım.

Nefes nefese kalmıştım, sırtüstü öylece yatmaya devam ettim. Kafamdaki her şeyi silip tüm dikkatimi rakibime verdim. Sırtına saplamam gerekiyordu, boğazı rahat saplayamayacağım kadar yakındı.

Kirli parmakları bacaklarıma dokunmaya başlamıştı, onları ayırmaya çalışıyordu. Rupert'ın Murtagh'ın kemikli sırtında kalın parmağıyla gösterdiği noktayı gözümün önüne getirdim, sesi kulaklarımdaydı. *Tam burası, son kaburga kemiğinin altındaki omurgaya en yakın olan nokta. Hızla sapla, tam böbreklerine, bir çuval gibi yere yığılacaktır.*

Zamanı gelmişti, Harry'nin pis kokulu nefesi yüzüme iyice

yaklaşmıştı, amacına ulaşmak için çıplak bacaklarımın arasına yerleşmeye çalışıyordu.

"İyi seyret züppe, belki nasıl yapıldığını öğrenirsin," dedi nefes nefese kalmış bir halde. "Fahişen birazdan çığlık atmaya..."

Sol kolumu kaldırıp onu daha sıkı tutabilmek için boynuna doladım ve diğer elimi havaya kaldırıp bıçağı ona hızla sapladım. Bu vuruşun sertliği kolumun titremesine sebep oldu ve bir an hâkimiyetimi kaybettim. Harry ciyak ciyak bağırarak kurtulmaya çalıştı. Göremiyordum ama gereğinden daha yukarı saplamış olmalıydım, kemiğe denk gelmiştim.

Şimdi bırakamazdım. Bacaklarımın açıkta olması büyük bir şanstı. Onları sıkıca Harry'nin terli kalçasına doladım ve onu kendime doğru bastırdım, saniyeler çok değerliydi. Bıçağı ona yeniden sapladım, bu kez doğru noktayı bulmuştum.

Rupert çok haklıydı. Harry'nin bu iğrenç parodisi onun garip bir ses çıkararak, sırtından kanlar akarken üzerime yığılmasıyla son buldu.

Yerde olanlar Arnold'un dikkatinin bir anlık da olsa dağılmasına sebep olmuştu, delirmenin sınırına gelmiş bir İskoçyalı için bir an çok uzun bir süreydi. Kendimi toplayıp Harry'nin cesedinin altından kurtulmak için debelenmeyi akıl ettiğimde Arnold'ın da boğazı kesilmiş bir şekilde arkadaşının sonunu paylaştığını gördüm. Jamie çorabında taşıdığı ince bıçağıyla bu işi halletmişti.

Jamie yanıma diz çöküp beni cesedin altından çekti. İkimiz de titriyorduk, bir süre birbirimize sarılarak durduk. Hiç konuşmadan beni kucağına aldı ve cesetlerin yanından uzaklaştırdı. O görüntüyü kapatan bir kavak ağacının altındaki çim alana götürdü.

Beni yere bıraktıktan sonra yanıma çöktü, bacaklarındaki bütün güç tükenmiş gibiydi. Bir anda kışın ortasındaymışız gibi üşüdüm. Başını yerden kaldırdı, yüzü çok bitkindi. Beni ilk kez görüyormuş gibi bakıyordu. Ellerimi omuzlarına koyduğum anda inlemeyle hıçkırma arası bir ses çıkararak beni hızla göğsüne bastırdı.

Şiddetli, ateşli vahşi bir dürtüyle birbirimize sahip olduk, çok kısa sürdü. Bizi bunu yapmaya itenin ne olduğunu tam olarak anlayamamıştım ama bunu yapmasaydık birbirimizi sonsuza kadar kaybedecektik. Bu aşk değildi, bir gereksinimdi, o an yalnız kalmaya ikimiz de dayanamazdık. Ölüm ve neredeyse gerçekleşecek olan tecavüzün anılarını ancak ateşimizin gücüyle anılarımızdan silebilirdik.

Çimenlerin üzerinde sarmaş dolaş yatmaya devam ettik, her yanımız kan içindeydi, güneşin altında ikimiz de titriyorduk. Jamie ağzının içinde bir şeyler geveledi, sesi o kadar kısıktı ki aradan sadece "Özür dilerim" kısmını anlayabildim.

"Senin hatan değildi," dedim saçını okşayarak. "Her şey yolunda, ikimiz de iyiyiz." Rüyada gibiydim, etrafımdaki hiçbir şeyin gerçekliğini algılayamıyordum, gecikmiş şok devreye girmeye başlamıştı.

"Sadece o değil," dedi. "Benim hatamdı... Önlem almadan buraya gelmek benim hatamdı. Ve senin... Yanlış anlama ondan bahsetmiyorum. Tanrım... Seni biraz önce yapmış olduğum gibi kullanmak... Başına gelenin ardından sana sahip olmak... Tam bir hayvan gibi davrandım. Özür dilerim Claire... Neden olduğunu bilmiyorum ama kendime engel olamadım... Şu haline bak, donuyorsun *mo duinne*, ellerin buz gibi olmuş. Gel, seni ısıtayım."

Bu da şokun etkisi diye düşündüm. Bazı insanlar hiç susmadan konuşmaya başlardı, bazıları da hiç konuşmadan titrerdi. Tıpkı benim gibi... Dudaklarını omzuma bastırıp onu susturdum.

"Tamam, geçti." Hiç durmadan bu sözcükleri tekrarladım. "Tamam, geçti."

Birdenbire arkamızdan üstümüze bir gölge düştü ve yerimizden sıçradık. Dougal tepemizde kollarını kavuşturarak durmuş dik dik bize bakıyordu. Ben son hızla bağlarımı bağlarken başını diğer yöne çevirerek Jamie'ye çıkışmaya başladı.

"Bak delikanlı, karını mutlu etmeye çalışman çok güzel ama bir saatten fazla bir zamandır bizi bekletiyorsun ve birbirinize o kadar dalmışsınız ki buraya geldiğimi bile duymadın. Bu yüzden bir gün başın derde girecek. Sen fark etmeden biri arkandan gelip tabancasını kafana doğrultsa..."

Ben krize girip otların üzerinde yuvarlanarak gülmeye başlayınca tiradını kesip şaşkınlıkla bana bakmaya başladı. Jamie pancar gibi bir suratla ona kavak ağacının arkasındaki manzarayı gösterdi ve kendini kontrollü olmaya zorlayarak neler olduğunu anlattı. Ben hoplayarak gülmeye devam ediyordum, kendimi tutmam mümkün değildi, sonunda çıkardığım sesleri bastırabilmek için mendilimi ağzıma tıktım. Dougal'ın sözleri beni tetiklemiş ve bir anda kendimi koyuvermiştim, Jamie'nin yakalandığımız andaki yüzü aklıma geliyor ve gülmeye devam ediyordum, sinirlerim boşalmıştı. Karnım ağrıyana kadar gülüp çığlıklar atmaya devam ettim. Sonunda gözlerimi mendilimle kurulayarak ayağa kalkmayı başardım. Jamie ile Dougal yaptığımı hiç onaylamayan bir tavırla başımda duruyorlardı. Jamie ayağa kalkmama yardım etti ve beni, hâlâ hıçkırıp garip sesler çıkarmaya devam ederken adamların atlarla birlikte beklediği yere doğru götürdü.

Ortada bir şey yokken bile gülme krizine kapılmamdan başka herhangi bir sorun yok gibiydi. Kamp alanından uzaklaşmamak konusunda da oldukça dikkatliydim. Dougal bana bu haydutların aslında buralarda pek sık görülmediğini söylemişti. Genellikle yolcuların üzerinde çalmaya değer bir şeyler bulunmazmış ama ben yine de ağaçlıkların arasından herhangi bir ses duyduğumda irkilmeden duramıyordum. Su getirmek ya da odun taşımak gibi rutin görevleri yaparken son hızla MacKenzie erkeklerinin arasına dönmek için elimden geleni yapıyordum. Artık geceleri duyduğum horlama sesleri içimi rahatlatıyordu, battaniyemizin altındaki kıvranmalarımız konusundaki sıkıntımı da bir yana bırakmıştım.

Aradan birkaç gün geçmiş ve Horrocks'la buluşma günü gelip çatmıştı, ben hâlâ yalnız kalmaktan korkuyordum.

"Burada kal," dedim güvensizlikle. "Hayır! Ben de seninle geleceğim."

"Gelemezsin," dedi Jamie bir kez daha sabırla. "Adamların çoğu Ned'le birlikte Cruime Gölü'nün oradaki kiraları toplamaya gidecekler. Dougal ve birkaç kişi daha benimle birlikte

Horrocks'la buluşmaya gelecek. Cruime Gölü etrafında dolaşman çok sakıncalı, Randall'ın adamları orada olabilirler, bu işin sonunda seni zorla ondan geri almak durumunda kalmak istemiyorum. Horrocks'la yapılacak buluşmanın nasıl geçeceğini ise hiç bilmiyorum. Aşağıda yol kıvrımında oldukça sık bir çalılık var, orada su da var. Ben dönene kadar orada rahatlıkla bekleyebilirsin."

"Hayır," dedim inatla. "Seninle geliyorum." Gururum ondan ayrı kalınca çok korktuğumu söylememi engelliyordu. Ona onun için de çok korktuğumu söylemek istiyordum.

"Horrocks'la başına neler geleceğini bilmediğini kendin söyledin," diye karşı koymaya devam ettim. "Gün boyu sana ne olduğunu merak ederek burada beklemek istemiyorum. Seninle gelmeme izin ver," diyerek onu ikna etmeye çalıştım. "Buluşmanız sırasında gözlerden uzak bir noktada duracağıma söz veriyorum. Ama gün boyu merak içinde burada bekleyemem."

Sabırsızlıkla derin bir nefes aldı ama daha fazla tartışmadı. Yolun kıvrımına vardığımızda eğilip atımın dizginlerini tutup beni çalılıklara doğru ilerlemeye zorladı. Atından indi, iki atı da bir ağaca bağladı. Benim çığlıklar atarak yaptığım itirazları duymazlıktan gelerek ağaçların arasına daldı. İnatla attan inmeyi reddediyordum. Beni burada kalmaya zorlayamaz diye düşünüyordum.

En son yine yola baktı. Diğerleri yola devam etmişti, Jamie başımıza gelenlerden sonra akıllanmıştı. Her yeri inceden inceye araştırmadan oradan ayrılmayacaktı. Elindeki iri sopayla yerlere vurarak her yeri iyice aradı. Geri döndüğünde atları çözüp kendininkine bindi.

"Son derece güvenli," dedi. "Claire iyice çalılıklara doğru ilerle ve oraya saklan, atını da saklamayı unutma. İşimi halleder etmez hemen geri döneceğim. Bunun ne kadar süreceğini bilemiyorum ama gün batmadan döneceğimi umuyorum."

"Hayır! Seninle geliyorum." Ne olacağını bilmeden bir ormanda saklanmayı düşünemiyordum bile. Yalnız başıma endişeli, korku dolu saatler geçirmektense tehlikenin ortasına atlamayı istiyordum.

Jamie sabırsızlığını ve öfkesini frenlemeye çalışıyordu. Uzanıp omzumu yakaladı.

"Bana itaat edeceğine söz vermemiş miydin?" diye sordu, beni hafifçe sarsıyordu.

"Evet, ama..." Bunu sadece o an mecbur olduğum için yaptığımı söyleyecektim ama o atımın başını çoktan çalılıklara doğru çevirmişti.

"Bu çok tehlikeli ve seni oraya götürmeyeceğim Claire. Meşgul olacağım ve iş o noktaya gelirse savaşırken seni yeterince koruyamayacağım." Yüzümdeki isyankâr ifadeyi görünce elini eyerinde asılı torbaya atıp bir şeyler aramaya başladı.

"Ne arıyorsun?"

"İp. Eğer dediğim şeyi yapmazsan seni dönenene kadar ağaca bağlayacağım."

"Bunu yapamazsın!"

"Bak nasıl yaparım!" Yapacaktı. Çirkin bir tavırla pes ettim ve dizginlerimi isteksiz bir şekilde çalılıklara doğru çevirdim. Jamie gitmek üzere dönerken yanağımdan öpmek için eğildi.

"Dikkatli ol, Saksonyalı. Kaman yanında değil mi? İyi. En kısa zamanda geri dönmeye çalışacağım. Bir şey daha var."

"Neymiş o?" dedim somurtarak.

"Ben gelmeden bu çalılığı terk edersen kılıcımın kemeriyle çıplak poponu kızartırım. Bargrennan'a kadar yürümek zorunda kalmaktan hiç hoşlanmayacağından eminim. Bunu sakın unutma," dedi yanağımı okşayarak, "hayatımda hiç boşa tehdit savurmadım." Savurmamıştı, bu doğruydu. Yavaşça koruya girdim, arada bir dönüp onun hızla ilerleyişini seyrediyordum. Eyerin üzerine eğilmiş, adeta onunla bir olmuştu ve şalının uçları arkasından uçuşuyordu.

Ağaçların altı biraz daha serindi, gölgeye girince at da ben de biraz soluklandık. İskoçya'da nadir görülen sıcak günlerden biriydi, saat sabahın sekiziydi ve güneş her yeri kavuruyordu. Koruluk kuşlarla doluydu, bir grup baştankara kuşu meşelerin sol tarafında toplanmıştı, bir yerlerden bir harman dövme makinesinin sesi geliyordu.

Amatör olarak kuşlarla ilgilenmiştim. Madem kalın kafalı,

laftan anlamaz budala kocam boynunu vurduracak tehlikeli işini bitirip gelene kadar burada kalacaktım, bu zamanı adam gibi kullanmak için çaba göstermeliydim.

Çimenlerde rahat rahat otlayabilmesi için kısrağımın ipini gevşettim, onun uzaklaşmayacağını biliyordum. Ağaçların birkaç adım ilerisinde çimler sona eriyor ve süpürge otları başlıyordu.

Burası meşe fidanları ve kozalaklı ağaçlarla dolu bir düzlüktü. Kuşları izlemek için ideal bir yerdi. Hâlâ Jamie'ye çok kızgındım ve ortalıkta dolanıyordum. Bir süre sonra bir ardıç kuşuyla bir sinek yiyenin ötüşünü birbirinden ayırmaya çalışırken bu kızgınlığımın geçmekte olduğunu fark ettim.

Biraz daha ilerleyince düzlüğün ufak bir kayalıkla son bulduğunu gördüm. Yönümü değiştirip fidanların arasından kuşların sesinin su sesiyle boğulduğu yere doğru ilerlemeye başladım. Sivri kayaların üzerinden aşağıdaki vadiye akan ve orada kahverengiyle gümüş renkli küçük göletler oluşturan su kaynağının başında durdum. Kıyıya oturup ayaklarımı suya uzattım ve güneşin tadını çıkarmaya başladım.

Önümden hızla bir karga geçti, onu bir çift kızılkuyruk takip ediyordu. Şişman siyah vücuduyla zikzaklar çizerek arkasındaki bombardıman uçaklarından kurtulmaya çalışıyordu. Kargayı takip eden diğer kuşlara bakarak gülümsedim. Kargalar kendi başlarına uçarken düz bir çizgiyi takip ediyorlar mı diye merak ediyordum. Mesela şu uçan, düz bir hatta uçsa direk...

Kalakaldım.

Jamie ile tartışmaya öylesine dalmıştım ki, iki aydır peşinde koşmuş olduğum fırsatın önümde durduğunu ancak şu an görebilmeye başlamıştım. Yalnızdım ve nerede olduğumu biliyordum.

Kaynağın karşı tarafına baktığımda kırmızı dişbudak ağaçlarının arasından gelen güneş gözümü kamaştırdı. Demek orası doğuydu. Cruime Gölü de tam arkamdaydı. Cruime Gölü William Kalesi'nin sekiz kilometre kadar kuzeyindeydi. William Kalesi de Craigh na Dun'un altı kilometre kadar batısındaydı.

Murtagh'la karşılaştığım günden bugüne geçmiş zaman boyunca ilk kez tam olarak nerede olduğumu biliyordum şu lanet olası taş yapıttan en fazla on beş kilometre uzaklıktaydım. Yani evden on beş kilometre uzaktaydım ya da Frank'ten.

Geri dönüp çalılığa yürümeye başladığım anda hemen fikir değiştirdim, yola çıkmayı göze alamazdım. Hem William Kalesi'ne çok yakındı hem de etrafta irili ufaklı bir sürü köy vardı, birileriyle karşılaşabilirdim. Atı sarp kayalıklardan aşağı indirmem çok zordu, onu da alamazdım. Bu işi yürüyerek başarabileceğimden pek emin değildim, bazı yerlerdeki kayalar çok dikti, köpürerek aşağı süzülen sulara bakınca oralarda ayağımı koyabileceğim noktalar olduğundan da pek emin olamadım.

Önümde tek yol kalıyordu, bu en uzak ve en dolambaçlı yoldu, yönümü kaybetme olasılığım çok fazlaydı. Jamie ve Dougal döndüklerinde beni kolaylıkla bulabilirlerdi.

Jamie'yi düşününce karnıma bir ağrı saplandı. Bunu ona nasıl yapacaktım? Onu bir açıklama yapmadan, ondan özür dilemeden nasıl terk edecektim? Onun benim için yapmış olduğu onca şeyden sonra bir anda ortalıktan nasıl kaybolacaktım?

Bunu düşününce atı almamaya kesin olarak karar verdim. Belki de istemeden gitmek zorunda kaldığımı düşünürdü, birileri beni kaçırıp öldürmüş olabilirdi ya da bir hayvan beni paramparça edebilirdi. Benden bir iz bulamayınca beni unutup yeniden evlenebilirdi. Bu kız belki de Leoch Kalesi'ndeki genç Laoghaire olurdu.

Jamie'yi Laoghaire'le aynı yatakta düşünmek beni en az onu terk ediyor olmak düşüncesi kadar üzmüştü. Kendime bu kadar aptal olduğum için lanet ettim ama kızın o güzel yüzü gözlerimin önünden gitmiyordu, Jamie'nin onun o güzel saçlarını okşayan iri elleri de…

Birbirine kenetlemiş olduğum dişlerimi araladım ve yanaklarımdan aşağı süzülen yaşları sildim. Bu duygusallıklarla kaybedecek zamanım ve enerjim yoktu. Gidebilecekken gitmeliydim. Bu elime geçirmiş olduğum tek şans olabilirdi. Jamie'nin beni unutacağını ummaktan başka çarem yoktu. Ben onu hiç unutamayacağımı biliyordum. Ama şu an onu aklımdan çıkarıp yapmak zorunda olduğum işi düşünmeliydim, zaten yeterince çetrefilliydi.

Dikkatle ayağımı kıyının kenarındaki dik kayalardan birinin üzerine koydum. Hızla akan suyun sesi artık kuşların sesini duyulmaz hale getirmişti. Bu çok zor olacaktı ama şu an için yürüyebileceğim bir boşluk bulmuştum. Zemin çamurlu ve taşlarla doluydu ama geçilebilirdi. Biraz daha aşağıda suya girmek zorunda kalacaktım, orada kayadan kayaya atlayarak ve dengemi koruyarak ilerideki açıklığa ulaşmam gerekecekti.

Bu zorlu yolculuk için ne kadar zamanım olduğunu hesaplamaya çalıştım, Jamie gün batımından önce dönmeyeceklerini söylemişti. Cruime Gölü buradan altı yedi kilometre ötedeydi ama yolun ne durumda olduğunu ya da orada Horrocks'la ne kadar vakit geçireceklerini bilmiyordum. Tabii eğer oradaysa... Ama orada olacaktı, buna kendimi inandırmaya çalıştım. Hugh Munro orada olacağını söylemişti. O garip kılığına ve görüntüsüne rağmen Jamie onun güvenilir biri olduğunu söylemişti.

İlk kayanın üzerindeyken ayağım kaydı ve dizime kadar buz gibi suya girdim, eteklerim ıslanmıştı. Kendimi kıyıya çekip eteklerimi mümkün olduğunca yukarı topladım, çoraplarımı ve ayakkabılarımı çıkardım. Onları kocaman ceplerimden birine koyup yeniden kayaya bastım.

Ayak parmaklarımı kullanarak kayaların üzerinde daha rahat durabildiğimi keşfettim, sıçramak da daha kolay oluyordu. Güneş ışınları bazen nereye basacağımı görmemi zorlaştırıyordu, birkaç kere kendimi suyun içinde buldum, su ayaklarımı dondurmuştu ve artık bastığım yeri eskisi gibi rahat hissedemiyordum, parmaklarımla kayaya yapışmak da zorlaşmıştı.

Neyse ki kıyı biraz genişledi ve hemen daha sıcak olan çamurun içine atladım. Değişik periyotlarla bir çamurda yürüyor bir kayaların üzerinde zıplıyordum. Bunca işin arasında Jamie'yi düşünmek için zaman ayıramıyor olmak beni biraz rahatlattı.

Bir süre sonra bu rutine alışmaya başladım. Adım at, yakala, dur, etrafa bak, yeni adım atacak yeri bul. Adım at, yakala, dur... Kendime olan güvenim artmıştı ya da çok yorulmuştum, sebebini bilemiyorum ama dikkatim dağılmaya başlamıştı ve hedefime ulaşamadım. Ayağım üzeri hafif çamurla kaplı bir kayanın üzerinde kaydı ve ben, kamam, ve elbiselerim toplu halde suya battık. Kollarımı iki yana açıp dengemi bulmaya çalışmamın hiç yardımı olmamıştı.

Batmaya devam ediyordum. Normal şartlarda su çok derin değildi, bazı kayaların arasındaki bölümler biraz daha derindi ve bu kez o aralıklardan birine denk gelmiştim ve taş gibi batıyordum.

Ağzıma burnuma dolan buz gibi sular beni şok etmişti, çığlık bile atamamıştım. Gümüş rengi köpükler korsajımdan yukarı, yüzüme doğru geliyorlardı. Islak kumaş hem beni içeri çekiyor hem de suyun donduruculuğunu arttırarak nefesimi daraltıyordu.

Savaşarak suyun yüzüne çıkmayı başardım ama kıyafetlerim beni yeniden aşağıya çekti. Son hızla bağlarımı açıp elbisemden kurtulmaya çalışıyordum ama ben hepsinden kurtulamadan sular beni yutacak gibi görünüyordu. İçimden terzilere, modaya, uzun eteklere ağza alınmayacak küfürler savuruyordum ve ayaklarıma dolanan kumaşları tekmeleyerek açmaya çabalıyordum.

Su kristal kadar berraktı. Ellerim birkaç kayaya dokundu, üzerleri koyu renkli yosunlarla doluydu. Su yosunu kadar kaygan, Jamie benim için bu benzetmeyi…

Bu düşünce paniğimin geçmesine sebep oldu. Birdenbire yüzeye çıkmak için anlamsızca debelenmemem gerektiğinin fark ettim. Buradaki suyun derinliği üç metreden fazla olamazdı, dibe battığım zamanlarda dinlenip ayaklarımı kullanarak yaylanmam ve nefes alabilmek için tekrar yukarı çıkmaya çalışmam yeterli olacaktı. Bu arada biraz ilerlersem bir kayaya rastlayabilirdim.

Batış oldukça yavaş gerçekleşiyordu. Suyun yüzünde kalmak için debelenmediğim için eteklerim bir balon gibi açılıp yüzüme gelmişti, onları ellerimle aşağı bastırdım, önümü görmem gerekiyordu. Dibe vardığımda ciğerlerim patlayacak gibi olmuş ve gözlerimin önünde siyah benekler uçuşmaya başlamıştı. Eteklerimi toplayıp dizlerimi büktüm ve tüm gücümle kendimi yukarı fırlattım.

Bu işe yaradı. Yüzüm suyun üzerine çıkmayı başardı, su

beni yeniden içine çekmeden önce hayatımın en hızlı nefesini aldım. Olsun bu da işe yarardı. Bunu yeniden yapabileceğimi biliyordum. Bu kez daha çabuk batmak için kollarımı da aşağı indirdim. *Bir kez daha Beauchamp*, diye düşündüm, *dizlerini kıvır, elbiseni tut ve zıpla!*

Yukarı fırladım, bu kez yeniden suya gömülmeden önce gözüme bir kızıllık çarptı. Bu bir üvez ağacı olabilirdi, bir daha yüzeye çıktığımda onun dallarından birine tutunabilirdim.

Yeniden batarken açık olan kollarımdan birini bir şeyin tuttuğunu hissettim. Sert, sıcak ve insanın içini ısıtan bir şeydi bu, başka bir el.

Öksürüp ağzımdan sular saçarak diğer elimle bu ele yapıştım, kaçış denememin kesintiye uğramış olması umurumda bile değildi. Dışarı çıkıp gözümün önündeki saçları çekene kadar bu mutluluğum sürdü. Başımı kaldırdığımda karşımda endişeli bir yüzle duran Lancashireli genç onbaşı Hawkins'i gördüm.

21

Kötü Anlar

Elbisemin kolunun üzerinde duran ve hâlâ nemli olan yosunu kaldırıp karakol kayıt defterinin ortasına yerleştirdim. Yakınımda duran mürekkep hokkasını görünce yosunu alıp ona batırdım ve oradan alıp yine bu defterin üzerine koydum, ilginç desenler oluşmuştu. Bu işe kendimi iyice kaptırmıştım, bir sanat şaheseri oluşturduğuma inandıktan sonra bunu altına kaba bir sözcük yazarak tamamladım ve üzerine kum serpip iyice kuruttuktan sonra dik bir şekilde masanın arkasına dayadım.

Bir adım geri çekilerek eserimi seyrettim, bu da bitmişti, etrafıma bakınıp dikkatimi dağıtacak yeni meşgaleler aramaya başladım. Komutan Randall'la yapacağım kaçınılmaz görüşmeyi düşünmek istemiyordum.

Bir komutana yakışır bir ofisti; duvarlardaki resimler, yazı masasının gümüş kulpları, yerdeki kalın halı gayet hoştu. Halının ortasına ilerledim, süzülen suların oraya akması daha uygun olacaktı. Kaleye yaptığımız yolculuk sırasında üzerimdekiler kurumuştu ama iç eteğim ve onun altındakiler hâlâ ıslaktı.

Masanın arkasında duran küçük dolabı açtım ve Komutan'ın yedek peruğunun orada durduğunu gördüm. Bir çift demir ayağın üzerine yerleştirilmişti, arkasında sırayla gümüş kenarlı bir ayna, asker tarakları, fırçalar ve kemik taraklar dizilmişti. Peruğu masanın üzerine taşıdım ve onu dolaba geri koymadan önce üzerine biraz önce yapmış olduğum işten artan kum tanelerini serptim.

Komutan içeri girdiğinde masanın arkasında elimde bir tarakla oturmuş aynada kendimi seyrediyordum. Benim darmadağınık görüntüme, karıştırılmış dolaba ve üzeri lekelenmiş kayıt defterine şöyle bir baktı.

Gözünü bile kırpmadan bir iskemle çekip tam karşıma oturdu ve rahat bir tavırla bir ayağını diğer dizinin üzerine koydu. Elinde küçük kamçısı vardı. Onun sapındaki kırmızı siyah saç örgüsünü seyretmeye başladım, halının üzerinde ileri geri sallanıyordu.

"Bu da çekici bir fikir," dedi nereye baktığımı görünce. "Ama sanırım önümüzdeki birkaç dakika içerisinde çok daha keyifli şeyler bulabilirim."

"Bundan eminim," dedim gözümün önüne düşmüş buklelerimden birini arkaya atarken. "Ama kadınları kamçılatmanız yasak sanırım, öyle değil mi?"

"Bazı durumlarda buna iznimiz var," dedi kibar bir tavırla. "Şimdilik senin durumun buna uygun değil, şimdilik... Zaten bu çok daha halka dönük bir ceza, bence konuyu aramızda halledebiliriz." Arkasında duran büfeye uzanıp üzerindeki sürahiyi aldı.

Kadehlerin üzerinden birbirimizi süzerek bordo şaraplarımızı yudumladık.

"Evliliğinizden ötürü sizi kutlamayı unuttum," dedi birdenbire. "Kabalığımı affedin."

"Hiç önemli değil," dedim asil bir tavırla. "Kocamın ailesi bana göstermiş olduğunuz bu misafirperverlikten çok hoşnut kalacaktır."

"Bundan şüpheliyim," dedi dudaklarında kocaman bir gülümseme belirmişti. "Sanırım onlara burada olduğunuzu haber vermedim."

"Bunu bilmediklerini düşünmenize sebep olan şey nedir?" diye sordum, kendime olan güvenimi korumaya çalışıyordum ama içimde bir boşluk hissetmeye başlamıştım. Pencereye bir göz attım ama binanın diğer tarafındaydık. Jamie'nin terk edilmiş atımı bulmasına ne kadar vardı? Ne zaman benim akarsuya giden izlerimi görüp bir noktada kaybedecekti? İzlerin yok olması benim için bir dezavantaja dönüşmüştü. Randall Dougal'a haber göndermediği sürece burada olduğumu bilmelerine imkân yoktu.

"Bunu bilseler," dedi Komutan bir kaşını havaya kaldırarak, "şu ana kadar çoktan beni ararlardı. Son buluşmamızda Dougal MacKenzie'nin bana sarf etmiş olduğu sözcükleri düşünürsek benim kadınlar için uygun bir refakatçi olmadığımı çok iyi biliyor. MacKenzie klanı size öyle bir değer veriyor ki benim ellerime düşmemeniz için sizi akrabalığa kabul ettiler. Sizin böyle iğrenç biriyle vakit geçirmenize izin vereceklerini hiç sanmıyorum."

Islanıp kurumuş giysilerime ve kabarık saçlarıma onaylamaz bir tavırla bakıyordu.

"Lanet olsun, seni neden bu kadar çok istediklerini bir çözebilsem," dedi dayanamayarak. "Ya da bu kadar kıymetli bir şeyi kırların ortasında tek başına dolaşmaya nasıl bıraktıklarını. Barbarların bile kadınlarına bundan iyi baktıklarından eminim." Birdenbire gözleri parlamaya başladı. "Ya da sen onlardan ayrılmayı düşünmüş olabilir misin?" Arkasına yaslandı, bu yeni fikrinden çok etkilenmişti.

"Düğün gecen umduğundan daha kötü mü geçti?" diye sormaya başladı. "İtiraf etmem gerekirse senin benimle görüşmek yerine bu vahşi, yarı çıplak, kıllı adamlardan biriyle yatağa girmeyi kabul etmen beni oldukça şaşırttı. Bu görevinize çok bağlı olduğunuzun bir göstergesidir madam. Ve size bu görevi veren kişileri gerçekten kutlamam gerekir. Ama..." İyice arkasına yaslandı ve şarap kadehini dizinin üstünde dengeledi, "Korkarım işvereninizin adını öğrenmekte ısrarcı olacağım. MacKenzielerden de ayrılmayı tercih etmiş olmanız sizin bir Fransız ajanı olduğunuzu gösterir. Ama kimin?"

Bana dikkatle bakmaya başladı, bir kuşu cezp etmeye çalışan bir yılan gibiydi. Bense içimdeki boşluğu dolduracak kadar şarap içmiştim. Gözlerimi ona diktim.

"Ah," dedim benden umulmayan bir kibarlıkla, "sanırım bu konuşmaya ben dâhil değilim. Kendi başınıza bu işi gayet güzel başarıyorsunuz. Devam edin lütfen."

Dudaklarını hafifçe kastı, köşedeki çizgisi daha belirgin hale gelmişti, hiçbir şey söylemedi. Kadehini yanına koyduktan sonra ayağa kalktı ve başındaki peruğu çıkardı. Dolaba gidip onu oradaki boş peruk yerine koydu. Bu sırada diğer peruğunun üzerindeki siyah benekleri gördü ve bir an durdu, yüzündeki ifade değişmedi.

Saçları, siyah, gür ve parlaktı. Omuzlarına kadar uzanan saçları mavi bir kurdeleyle bağlanmıştı, uzunluklar farklıydı ama artık Frank'e daha çok benziyordu. Masadan tarağı aldı ve peruğu çıkarırken dağılmış saçlarını taradı ve kurdelesini yeniden bağladı. Ona yardımcı olmak için aynayı yukarı kaldırdım, böylelikle kendini daha iyi görebilecekti. Onu elimden aldı ve dolaba geri koydu, dolabın kapağını çarparak kapadı.

Bu yavaş hareketlerinin sebebi benim umutlarımı kırmak için miydi - böyleyse başarılı olmuştu - yoksa ne yapacağına karar veremediğinden miydi anlayamıyordum.

Odaya getirilen bir tepsi çay, o an için gerilimin biraz ortadan kalkmasına yardımcı oldu. Randall hiç konuşmadan bir bardağa çay koyup bana uzattı.

"Sakın söyleme," diyerek konuşmaya başladım. "Bırak ben tahmin edeyim. Bu yeni işkence yöntemin, boşaltım sistemime saldırıyorsun. Ben dayanamayıp oturak isteyene kadar bana bir şeyler içirmeye devam edeceksin ve sonunda ben her şeyi itiraf edeceğim."

Bu sözleri hiç beklemiyordu ve gerçek bir kahkaha attı. Bu yüzünü çok değiştirmişti, çekmecesindeki kadın el yazısıyla dolu mektupların sebebini şimdi anlayabiliyordum. Kendini tutmadı ve bir kahkaha koyuverdi. Bitirince yeniden dudaklarına o yarım gülümsemesini kondurup beni süzmeye başladı.

"Ne olduğunuzu bilemiyorum madam ama insanı şaşırtmayı iyi biliyorsunuz," dedi. Kapının yanında asılı olan zili çekti ve gelen emir erine beni gerekli yere götürmesi için emir verdi.

"Yolda onu kaybetmemeye çalış, Thompson," diye eklemeyi unutmadı, bu sözleri önümde komik bir reverans yaparak söylemişti.

Bana gösterilen yere girip kapısına dayandım. Onun varlığını hissetmemek iyi gelmişti ama bu kısa süreli bir rahatlıktı. Kişisel deneyimimden ve onun hakkında duymuş olduğum hikâyelerden Randall'ın nasıl bir karaktere sahip olduğunu çok iyi biliyordum. Bunlar Frank'in ters tarafına denk gelindiğinde yaptığı lanet olası ani çıkışlarıyla aynıydı. Onu güldürmekle büyük bir hata yapmıştım.

Kokuyu umursamadan oturup bu problemi nasıl çözeceğimi düşünmeye başladım. Kaçmam imkânsız gibi görünüyordu. Thompson tetikteydi ve Randall'ın ofisi de binanın tam ortasındaydı. Kalenin her tarafı taştan yapılmıştı, duvarlar beş metrenin üstündeydi ve kapılar çok iyi korunuyordu, ayrıca hepsi çift kapıydı.

Midem bozulmuş gibi yapıp buradan dışarı çıkmayabilirdim ama bundan hemen vazgeçtim-bunun tek sebebi bulunduğum ortamın iğrenç olması değildi. Bu saçma bir geciktirme operasyonuydu; neyi geciktiriyordum, ya da ne için geciktiriyordum? Burada olduğumu kimse bilmiyordu ve Randall'ın bunu birilerine haber vermeye hiç niyeti yoktu. O dilediği sürece burada kalmaya mahkûmdum, şu an onun oyuncağıydım. Bir kez daha onu güldürdüğüm için pişman oldum. Espriden anlayan bir sadist gerçekten çok tehlikeli olabilirdi.

Hızla Komutan hakkında bildiğim her şeyi bir araya getirmeye çalıştım, bu isme iyice yoğunlaşmaya çalıştım. Yarım kulakla dinlemiş olduğum her şeyi hatırlamaya çabaladım. Hatırlayabildiğim şey çok ufak bir kozdu ama bunu oynayacaktım. Derin bir nefes aldım ve aldığımdan daha büyük bir hızla bırakıp sığınağımı terk ettim.

Ofisine geri döndüğümde çayıma şeker koyup karıştırdım. Sonra krema ekledim. Bu işi olabildiğince uzatmaya çaba gösteriyordum, onun suratına bakmadan önce mümkün olduğunca vakit kazanmaya uğraşıyordum. O yine en sevdiği pozunu almıştı, tepemde durmuş bana bakıyordu.

"Pekâlâ," dedim. "İştahımı kaçırmayı başaramayacaksın çünkü yok. Benim hakkımda ne yapmayı düşünüyorsun?"

Gülümseyerek önündeki çaydan bir yudum aldı.

"Hiçbir şey."

"Gerçekten mi?" Şaşırmış gibi kaşlarımı kaldırdım. "Yeni bir fikrin yok mu?"

"Bir şey düşünmeye gerek görmedim," dedi her zamanki nezaketiyle. Gözlerini bir kez daha üzerimde dolaştırdı.

"Hayır," dedi, göğüslerimin biraz daha ortaya çıkması için mendilimi içine sıkıştırdığım korsajıma bakarak, "işin aslında size tavrınızdan ötürü hak ettiğiniz cezayı vermekten büyük bir keyif alırdım ama bu keyfi sonsuza dek ertelemek durumundayım korkarım. Sizi ilk sevkiyatla Edinburgh'a göndermeye karar verdim. Oraya yüzeysel bir takım yaralarla varmanızı istemiyorum, amirlerim bundan benim dikkatsiz bir adam olduğum sonucuna varabilirler."

"Edinburgh'a mı?" Şaşkınlığımı gizlemeyi başaramamıştım.

"Evet, Tolbooth'u duymuşsunuzdur."

Duymuştum. Tarihin en gürültülü ve en iğrenç hapishanelerinden biriydi. Karanlığı, pisliği, işlenen suçları ve hastalıklarıyla meşhurdu. Oradaki mahkûmların çoğu mahkemeye bile çıkamadan ölüp gidiyordu.

Randall çayından keyifle bir yudum aldı.

"Orada kendini çok iyi hissedeceksin. Olanlara bakılırsa, nemli ve pis yerleri sevdiğin çok açık..." Elbisemin altından sarkan nemli iç eteğime bakıyordu. "Leoch Kalesi'nden sonra kendini evindeymiş gibi hissedeceğin bir yer sunuyorum sana."

Yemeklerin Colum'un sofrasında bulunanlar kadar lezzetli olacağından şüpheliydim. Orası son derece konforlu bir yer olsa bile beni oraya göndermesini engellemem gerekiyordu - bunu yapamazdı, yapmamalıydı - oradan taş yapıta dönmem imkânsızdı. Buna izin veremezdim.

Kozumu oynama zamanı gelmişti. Ya şimdi ya da hiç... Fincanımı kaldırdım.

"Nasıl isterseniz," dedim sükûnetle. "Bu konuda Sandringham Dükü ne düşünecektir bir fikriniz var mı?"

Şaşkınlıkla kaynar çayı kucağına döktü ve garip sesler çıkardı.

"Ne?" dedim rahatsız edici bir tavırla.

Sakinleşmeye çalıştı, gözleri bendeydi. Çay fincanı yana devrilmişti, açık yeşil renkli halının üzerinde kahverengi lekeler oluşmuştu. Zili çalmak için herhangi bir hareket yapmadı. Boynunda küçük bir damar atmaya başlamıştı.

Masasının sol üst çekmecesindeki mineli bir enfiye kutusunun yanında duran kolalı mendillerinden birini çıkarıp ona verdim.

"Umarım leke yapmaz," dedim tatlılıkla.

"Hayır," dedi mendili görmezden gelerek. Gözlerini bana dikti. "Hayır, bu mümkün değil."

"Neden olmasın?" diye sordum şefkatli bir tavırla, neyin mümkün olamayacağını işin aslında ben de çok merak ediyordum.

"Bunu bana söylerlerdi. Sandringham için çalışıyorsan neden böylesine aptalca davranışlar sergiliyorsun?"

"Belki de Dük senin sadakatini sınıyordur," diye bir laf söyledim, her an ayağa fırlamaya hazırdım. Yumruklarını sıkmıştı, küçük kamçısı masanın üzerinde elini attığı anda ulaşabileceği bir mesafedeydi.

Bu cevabıma bir homurtuyla karşılık verdi.

"Ya da sen benim ne kadar saf olduğumu bulmaya çalışıyorsun. Ya da bu tavrına daha ne kadar tahammül edebileceğimi sınıyorsun. Saf değilim ve tahammül sınırım da oldukça düşük." Gözlerini iyice kısmıştı ben gelebilecek bir darbeye karşı ellerimi karnımın üzerine koymuştum.

O ileri doğru bir hamle yapınca yana kaçtım. Demliği tuttuğum gibi üzerine fırlattım. Yana kaçtı ve demlik kapıya patlayarak kırıldı. Hemen kapının önünde beklemekte olan emir eri kapıyı aralayıp kafasını içeri uzattı.

Komutan burnundan soluyarak ona içeri girmesini işaret etti.

"Tut onu," diye emretti haşin bir tavırla, bu arada masanın arkasına geçmişti. Benim nefesim de hızlanmıştı, sakin olmaya çalışıyordum ama başıma ne geleceğini merak etmeden duramıyordum.

Bana vurmak yerine bakma fırsatını bulamadığım sağ alt çekmecesini açtı ve oradan uzun ince bir ip çıkardı.

"Ne tip bir adam çekmecesinde ip bulundurur?" diye sordum umursamaz bir tavırla.

"Hazırlıklı bir adam, madam," diye mırıldandı, bu sırada bileklerimi arkadan birleştirip bağlamakla meşguldü.

"Git," dedi emir erine ve arkasından bağırmaya devam etti. "İçeriden ne duyarsan duy asla bu odaya girmeyeceksin."

Bu son derece kötü şeyler olacağının ilk habercisiydi. O yeniden çekmecesine yönelince bu düşüncemin boş yere olmadığını anladım.

Karşısında parlayan bir bıçak görmek insanın sinirlerini bozuyordu. Savaş alanındaki bir adam bile bıçak görünce hafifçe geri çekiliyordu. Ben de geri çekilmeye başladım, arkamda bağlı duran ellerim duvara çarpınca durmak zorunda kaldım. Bıçağın parlak ucu yavaşça aşağı inip göğüslerimin arasında durdu.

"Şimdi," dedi tatmin olmuş bir sesle, "Bana Sandringham Dükü'yle ilgili bildiğin her şeyi anlatacaksın." Bıçağı biraz daha bastırarak elbisemin üzerinde küçük bir delik açtı. "Dilediğin kadar bekleyebilirsin tatlım. Benim hiç acelem yok." Hafif bir ses duydum. Bu kumaşta açılan yeni bir delikten gelen sesti. Bıçağın tam kalbimin üzerinde durduğunu hissettim, buz gibiydi.

Randall bıçağa yarım daire çizdirerek göğsümün altına doğru indi. Kumaş parçalanmış ve göğsüm dışarı fırlamıştı. Randall nefesini tutmuş gibiydi, çok yavaş nefes alıp veriyordu ve gözleri benimkilere dikilmişti.

Hafifçe yana çekilmeye çabaladım ama hareket edebileceğim alan çok kısıtlıydı. Bu manevra denemem de masaya dayanarak son buldu, bağlı ellerimle masanın kenarına yapıştım. Çok yakına geldiği anda geriye doğru bükülüp elindeki bıçağa bir tekme atabilirdim. Beni öldürmek istediğini düşünmüyordum, Dük'le olan ilişkisi hakkında neler bildiğimi öğrenmeden bunu yapmayacaktı. Bu içime biraz su serpiyordu ama serpmesi doğrumuydu onu da bilemiyordum.

Gülümsedi, Frank'e sinir bozucu derecede benzemeye başlamıştı. Bu onun öğrencilerini büyülemek ve taş kalpli yöneticileri kandırmak için kullandığı gülüşüyle aynıydı. Başka şartlarda karşılaşmış olsaydık onu etkileyici bulabilirdim ama şu an hiç öyle değildi.

Hızla dizini kalçamın arasına sokup beni omuzlarımdan geriye doğru bastırdı. Dengemi koruyamadım ve masanın üzerine devrildim. Bileklerimin üzerine düştüğüm için canım çok acıdı ve çığlık attım. Bacaklarımın arasına girdi ve bir eli çıplak göğsümü yoğururken diğeriyle eteğimi sıvamaya başladı. Tekme atmaya çalıştım ama bu eteğimin sıvanmasını daha da kolaylaştırmaktan başka bir işe yaramadı. Ayağımı yakaladı ve çıplak bacağımı okşamaya başladı, ıslak iç eteğimi yukarı itiyordu, kombinezonumu da belime kadar sıyırdı. Elini pantolonuna götürdü.

Öfkeyle firari Harry'yi düşündüm. Bu İngiliz askerlerinin bundan başka işi yok muydu? Yüce ve geleneklerine bağlı İngilizler, hadi canım...

İngiliz Garnizonu'nun ortasında çığlık çığlığa bağırmamın hiçbir anlamı olmayacaktı ama yine de ciğerlerimi nefesle doldurup şansımı denedim. Bunun karşılığında aslında bir tokat bekliyordum ama gelmedi. Tam tersine bu çok hoşuna gitmiş gibi görünüyordu.

"Devam et, bağır hayatım," diye fısıldayarak fermuarını açmaya devam etti. "Ne kadar çok bağırırsan o kadar çok hoşuma gider."

Gözlerinin içine bakıp, hırladım.

"Hadi bakalım, becer beni!" dedim arsız bir tavırla.

Siyah saçlarından ufak bir demet alnının üzerine düşünce bir an bacaklarımı aralayıp ona cevap vermek istedim çünkü altıncı kuşak torununa çok benzemişti. Vahşi bir tavırla göğsümü sıktığı anda bu dürtü yok oldu.

Öfkeden delirmiştim, ondan iğreniyordum, çok aşağılanmıştım ve karşı koyuyordum, nedense o kadar çok korkmuyordum. Bacaklarımın arasında bir yumuşama hissettim ve sebebini hemen çözdüm. Ben bağırmadığım sürece keyif alamayacaktı; demek ki bu hiç gerçekleşmeyecekti.

"Ah, demek sorun bu, öyle mi?" dedim ve karşılığında yüzüme bir tokat yedim. Ağzımı sımsıkı kapatıp başımı yana çevirdim, onu azdıracak yanlış bir hareket yapmamaya kararlıydım. Tecavüzden çok onun gem vurulamaz öfkesinden korkuyordum. Ona bakmamaya çalışırken camın önünde bir hareket gördüm.

"Ellerini karımın üzerinden hemen çekersen çok mutlu olurum," dedi soğuk ve sakin bir ses. Randall eli hâlâ göğsümün üzerinde öylece dondu. Jamie'nin elinde tabancası vardı.

Randall birkaç saniye o şekilde kalakaldı, kulaklarına inanamıyor gibiydi. Yavaşça pencereye dönerken Jamie'nin göremediği sağ eli sol göğsümü bırakıp masanın üzerinde duran bıçağa doğru uzandı.

"Ne dedin sen?" diye sordu, duyduğuna inanamamıştı. Eliyle bıçağı yakaladığı anda konuşanın kim olduğunu görebilmek için başını pencereye çevirdi. Bir an bakakaldı ve ardından gülmeye başladı.

"Aman Tanrım, bu bizim vahşi İskoç kedimizmiş! Senin işini tamamıyla bitirmiş olduğumu düşünüyordum! İyileşip geri mi döndün? Ve bunun karın olduğunu mu söylüyorsun? Onun da tadı çok güzel, tıpkı kız kardeşin gibi."

Vücudunun kapattığı bıçaklı elini boğazıma yaklaştırdı. Onun omzunun üzerinden Jamie'yi görebiliyordum, pencereye tünemiş atlamaya hazır bir kediye benziyordu. Tabancayı tutan eli titremiyordu, yüzündeki ifadede herhangi bir değişiklik yoktu. Duygularını belli eden tek şey boğazından yukarı doğru yükselmekte olan kızarıklıktı, gömleğinin yakası açıktı ve boynundaki yaranın rengi kıpkırmızıydı.

Randall bıçağı görünür hale getirip iyice boğazıma bastırarak Jamie'ye döndü.

"Silahını buraya doğru fırlatman bence daha doğru olur, tabii evlilikten sıkıldıysan onu bilemem. Dul kalmayı da tercih ediyor olabilirsin..." Gözleri kenetlendi, iki adam da kısa bir süre boyunca hiç hareket etmediler. Sonunda Jamie'nin vücudu gerginliğini kaybetti ve vazgeçmiş bir tavırla derin bir nefes alıp tabancasını odanın ortasına fırlattı. Silah tıngırdayarak yere düştü ve Randall'ın ayağının dibine geldi.

Randall hızla yere eğilip silahı aldı. O bıçağı boğazımdan çeker çekmez doğrulmaya çalıştım ama hızla göğsüme bastırıp beni geri yatırdı. Bir eliyle beni orada tutarken diğer elindeki silahı Jamie'ye doğrultmuştu. Elinden bırakmış olduğu bıçak ayağımın dibinde bir yerlerdeydi. Başparmağımla onu yakalayabilir miydim? Kamam ulaşamayacağım kadar uzak bir noktadaydı.

Jamie'nin ortaya çıkması Randall'ın gülümsemesini yok etmemişti ama şu an bu gülümseme iyice ortaya çıkmıştı. Köpek dişleri bile görünüyordu.

"Evet, bu çok daha iyi..." Göğsüme bastırdığı elini yeniden fermuarına götürdü. "Sen gelmeden önce başladığım bir iş vardı sevgili dostum. Bu işe kaldığım yerden devam etmem umarım canını sıkmaz."

Jamie'nin yüzü kıpkırmızı oldu ama yerinden kıpırdamadı, silah hâlâ ona dönüktü. Randall bana doğru döner dönmez Jamie kendini tabancanın önüne attı. Bağırarak onu durdurmaya çalıştım ama dilim damağıma yapışmıştı. Randall'ın tetiğe asılan parmaklarının eklemleri bembeyaz olmuştu.

Silahtan çıkan çıt sesi odada yankılanırken Jamie yumruğunu Randall'ın midesine gömmüştü. Diğer yumruğu adamın burnuna çarparken iğrenç bir çıtırtı çıktı ve eteğime kanlar sıçradı. Randall'ın gözleri yerinden kaydı ve adam bir taş gibi odanın ortasına devrildi.

Jamie arkama geçip beni kaldırdı ve bileklerimdeki ipleri kesti.

"Buraya boş bir silahla gelip blöf mü yaptın?" diye isterik bir çığlık attım.

"Dolu olsaydı adamı gördüğüm anda vururdum, vurmaz mıydım söylesene?!" diye tısladı.

Koridordan ayak sesleri duyuldu. İplerden kurtulmuştum, Jamie beni pencereye doğru çekti. Pencerenin yerden yüksekliği yaklaşık üç metre kadardı ama ayak sesleri çok yaklaşmıştı ve birlikte aşağı atladık.

Ben yere çarpınca yuvarlandım, eteklerim birbirine dolanmıştı. Jamie beni yerden kaldırıp duvara doğru ittirdi. Köşeden yine ayak sesleri geliyordu, altı asker gördük ama onlar bizim olduğumuz tarafa bakmadan ilerlemeye devam ettiler.

Onlar uzaklaşır uzaklaşmaz Jamie elimi tutup beni diğer köşeye doğru koşturdu. Köşeye geldiğimiz anda yine duvara yapışarak kısa bir süre durduk. Nerede olduğumuzu anlamıştım.

Altı metre kadar ilerde kalenin dış duvarına geçişi sağlayan bir çeşit kedi merdiveni vardı. Jamie başıyla onu bana gösterdi, ulaşacağımız nokta orasıydı.

Başını iyice bana yaklaştırıp fısıldadı. "Patlamayı duyduğun anda son hızla merdivene koş ve tırman ben arkanda olacağım."

Başımı sallayarak anladığımı belirttim. Kalbim deli gibi atıyordu, başımı aşağı indirip bakınca bir göğsümün hâlâ açıkta olduğunu gördüm. Şu an bunun için yapılabilecek bir şey yoktu. Eteklerimi toplayıp koşmaya hazırlandım.

Duvarın dışından oldukça güçlü bir patlama sesi geldi, havan topu atılmış gibi bir ses çıkmıştı. Jamie beni hafifçe iter itmez koşup merdivene sıçradım ve tırmanmaya başladım, Jamie de tırmanmaya başlayınca ahşap onun ağırlığıyla çıtırdamaya başladı.

Merdivenin tepesine gelince dönüp kaleye baktım, duvarın yanındaki küçük binadan simsiyah bir duman çıkıyordu ve adamlar oraya doğru koşuşturup duruyordu.

Jamie hemen yanımda belirdi. "Buradan." Eğilerek geçitten geçti ben de onu izledim. Duvara yerleştirilmiş bayrak direğinin yanında durduk. Bayrak kafamızın üzerinde sallanıyor, ipi de direğe ritmik sesler çıkararak çarpıyordu. Jamie duvardan aşağı bakarak bir şeyler aranıyordu.

Yeniden dönüp baktım. Adamlar küçük binanın yanına toplanmış bağırıyorlardı. Bir kenarda ahşap bir platform vardı, bir, bir buçuk metre yüksekliğindeydi ve yanında bir merdiven bulunuyordu. Tam ortasında kocaman ahşap bir haç yükseliyordu, bu haçın kenarlarından ise ipler sarkıyordu.

Jamie duvardan aşağı bakmaya devam ederek ıslık çaldı. Rupert yanında Jamie'nin atıyla birlikte duvara yanaştı.

Jamie bayrak direğinin ipini kesti. Ağır kırmızı mavi bayrak aşağı kayıp yanıma düştü. İpin boşta kalan uçlarından birini payandalardan birine bağladı ve diğer ucunu da duvardan aşağı sarkıttı.

"Çabuk ol!" dedi. "İpi iki elinle sımsıkı tut, ayaklarını duvara yaslayarak aşağı in. Haydi!" Hemen söylediklerini yaptım, ip kayarken ellerimi yaktı. Atların yanına, yere indim ve hemen Jamie'nin atına bindim. O da arkama bindi ve dörtnala ilerlemeye başladık.

Arkamızdan kimsenin gelmediğinden emin olduğumuzda kaleden üç dört kilometre kadar uzaklaşmıştık, atlarımızı yavaşlattık. Dougal kısa bir söylevden sonra Mackintosh topraklarına doğru ilerlememizin en iyi çözüm olduğunu bildirdi, orası en yakın güvenli klan topraklarından biriydi.

"Akşam Doonesbury'ye varmış oluruz, orası yeteri kadar güvenli olacaktır. Yarın bizden her yerde bahsedilecektir ama bu haberler oraya ulaşmadan biz sınırı geçmiş oluruz." Akşamüstüydü, atı sabit bir hızla sürüyorduk, ikimizi birden taşıyan at haliyle en arkadan ilerliyordu. Atım bıraktığım yerde hâlâ mutlu mutlu otluyor ve onu evine götürecek şanslı kişiyi bekliyordu.

"Beni nasıl buldun?" Olanların etkisiyle titremeye başlamıştım, kollarımla kendimi ısıtmaya çalışıyordum ama olmuyordu. Elbiselerim kurumuştu ama ben iliklerime kadar donuyordum.

"Yalnız kalmaman için yanına bir adam göndermeye karar verdim. Seni oradan ayrılırken görmemiş ama ırmağı geçen askerleri görmüş ve sen de onlarla birlikteymişsin." Jamie'nin sesi donuktu. Onu suçlayamazdım. Dişlerim birbirine çarpmaya başladı.

"İngiliz casusu olduğumu düşünüp beni orada bırakmamış olmana çok şaşırdım."

"Dougal bunu yapmak istedi. Sizi gören adam, senin askerlerle boğuştuğunu söyledi. Gelip bunu görmek zorundaydım." Başını eğip bana baktı, yüzünde hiçbir değişiklik yoktu.

"O odada olanları gördüğüm için çok şanslısın Saksonyalı. Artık Dougal senin bir İngiliz casusu olmadığını kabul edecektir."

"Dougal mı? İyi, peki ya sen? Sen ne düşünüyorsun?" diye üsteledim.

Cevap vermedi, sadece garip bir ses çıkardı. Bir süre sonra bana acıdı ve şalını omuzlarıma koydu ama bana sarılmadı, hatta gerekmedikçe hiç dokunmadı. Konuşmadan atı sürmeye devam etti, dizginleri tutan eli her zaman olduğu gibi yumuşak ve sakin değildi.

Hem üzgün hem de huzursuzdum. Bu duruma daha fazla tahammül edebilecek durumda değildim.

"Sorun ne? Lütfen söyler misin?" diye sabırsızlıkla sordum. "Tanrı aşkına somurtup durma!" Sesim düşündüğümden çok daha sert çıkmıştı, onun daha da gerildiğini hissettim. Hızla atın başını yana çevirip, dizginleri çekerek yolun yanında durdu. Daha ben ne olduğunu anlayamadan attan inip beni de çekerek aşağıya indirmişti. Yere ayak bastığımda dengemi bulabilmek için hafifçe sallandım.

Bizim durduğumuzu gören Dougal ve diğerleri de durdular. Jamie onlara devam etmelerini işaret etti. Dougal anladığını belirtmek için kolunu salladıktan sonra, "Uzun sürmesin," dedi ve yoluna devam etti.

Jamie onların bizi duyamayacakları kadar uzaklaşmalarını bekledi ve beni çekerek kendine döndürdü. Çok öfkeliydi, adeta patlamaya hazır bir bombaydı. Ben de öfkelenmeye başlamıştım; bana bu şekilde davranma hakkını ona kim vermişti.

"Somurtmak mı? Sen buna somurtmak mı diyorsun? Seni tüm dişlerin ağzından dökülene kadar sarsmamak için kendimi zor tutuyorum ve sen bana somurtma mı diyorsun?"

"Tanrı aşkına sana neler oluyor böyle?" diye öfkeyle sordum. Ondan kurtulmaya çalıştım ama bu kollarımı tutan parmaklarının birer mengeneye dönüşmesinden başka bir işe yaramadı.

"Bana ne mi oluyor? Dur sana anlatayım. Bunu sadece sorduğun için söylüyorum!" dedi sıkılmış dişlerinin arasından. "Sürekli senin bir İngiliz casusu olmadığını ispatlamaya çalışmaktan yoruldum. Bir dahaki sefere nasıl bir aptallık yapacağını beklemekten sıkıldım. İnsanların gözümün önünde sana tecavüz etmeye kalkışmasını seyretmekten sıkıldım! Bundan hiç keyif almıyorum!"

"Benim keyif aldığımı mı sanıyorsun?" diye bağırdım. "Bunun benim suçum olduğunu mu söylemeye çalışıyorsun?!" Bu sözlerim üzerine beni sarsmaya başladı.

"Kesinlikle senin hatan! Bu sabah sana kalmanı söylediğim yerde kalsaydın, bunların hiçbiri olmayacaktı! Ama sen beni dinlemedin, ben senin için neyim, neden beni umursayasın ki? Aklına eseni yapıyorsun ve ben bunun sonunda seni eteklerin yukarı sıvanmış bir halde yatarken buluyorum, bacaklarının arasında dünyanın en büyük pisliği sana sahip olmaya hazır bekliyor! Hem de gözlerimin önünde!" Normalde belli belirsiz olan İskoç aksanı gittikçe belirginleşiyordu, bu onun ne kadar üzgün olduğunun başlıca göstergesiydi ve bunu anlamak için daha fazla bir şeye ihtiyacım yoktu.

Burun buruna duruyorduk ve birbirimize bağırıyorduk. Jamie'nin yüzü kıpkırmızıydı, ben de kızarmaya başladığımı hissediyordum.

"Bu kesinlikle senin suçun! Beni ciddiye almıyorsun ve benden sürekli olarak şüpheleniyorsun! Sana kim olduğumu söyledim ve bu doğruydu! Sana seninle gelmemin tehlikeli olmayacağını da söyledim ama sen beni dinlemedin! Dinledin mi? Hayır! Ben sadece bir kadınım, neden beni dinleyeceksin ki? Kadınlar sadece kendilerine söyleneni yapmalıdır, emirlere uyup adamın dizinin dibinde oturmalıdır. Erkeği ona ne yapacağını söyleyene kadar öylece beklemelidir!"

Beni bir kez daha sarstı, kendini kontrol etmekte zorlanıyordu.

"Bunu yapmış olsaydın, şu an peşimizde olan yüzlerce kırmızı urbalıdan kaçmıyor olacaktık. Seni boğmalı mıyım, yere mi fırlatmalıyım bilemiyorum, Ah Tanrım, sana muhakkak bir şey yapmalıyım."

İşte o anda hayalarına tüm gücümle bir tekme savurdum. Geriye sıçrayıp dizlerinin üzerine düştü, bunu sonraki denemelerimden kurtulmak için yapmıştı.

"Bunu bir daha denemeye kalkışırsan sana öyle bir tokat atarım ki kulaklarının çınlamasından yerinde duramazsın!"

"Kaba ve aptalsın," dedim omuzlarımı tutan ellerinden bir kez daha kurtulmaya çalışarak. "İngilizlere bilerek yakalandığımı mı sanıyorsun?"

"Evet, düzlükte olanlardan sonra bunu bilerek yaptığını düşünüyorum!" Ağzım açık kalakalmıştım.

"Düzlükte olanlar mı? İngiliz firarilerle olanlardan mı bahsediyorsun?"

"Kesinlikle! Seni orada koruyamadığımı düşündün ve haklısın. Bunu tek başına yapmak zorunda kaldın ve kendini benim kanımı dökmüş olan adamın kollarına atarak bunun intikamını almaya çalıştım. Sen, benim karım olarak bunu yaptın!"

"Karın! Karın! Ben umurunda bile değilim! Sadece senin malınım, tek derdin bu, malına birilerinin dokunmasından hoşlanmıyorsun!"

"Evet, bana aitsin! Sen benimsin!" Parmakları iyice omuzlarıma geçmişti. "Hoşlansan da hoşlanmasan da sen benim karımsın!"

"Hoşlanmıyorum! Hiç hoşlanmıyorum hem de! Ama bunun senin için bir önemi yok, öyle değil mi? Yatağını ısıttığım sürece ne düşündüğümün ya da ne hissettiğimin hiçbir önemi yok! Senin için anlamı sadece bu, dilediğin an becerebileceğin bir kadın!"

Bu sözlerimin ardından yüzü bembeyaz oldu, artık beni delice bir hızla sallıyordu. Başımı tutmam imkânsızdı, dişlerim birbirine çarpıyordu ve dilimi ısırıyordum.

"Bırak beni!" diye bağırdım. "Bırak, seni..." işte o an bilinçli olarak firari Harry'nin kelimelerini kullandım, artık tek derdim onu incitmekti, "seni kızışmış piç kurusu!" Bıraktı, bir adım geri çekildi, gözleri parlıyordu.

"Seni ağzı bozuk orospu! Benimle bu şekilde konuşamazsın!"

"Seninle istediğim şekilde konuşurum! Bana ne yapacağımı söyleyemezsin!"

"Öyle görünüyor! Sen dilediğin her şeyi yaparsın, bunun sonucunda kimin incindiği de umurunda bile olmaz, öyle değil mi? Seni bencil, inatçı..."

"İncinen tek şey o lanet olası gururun!" diye bağırdım. "Düzlükte ikimizi de firarilerden kurtaran bendim ve sen buna tahammül edemiyorsun öyle değil mi? Sen sadece orada öylece durdun! Bıçağım olmasaydı şu an ikimiz de ölüydük!"

Bu sözleri ağzımdan çıkana kadar, beni orada koruyamamış olduğu için ona kızmış olduğumun farkında değildim. Hep mantığımı kullanmaya çalışıyordum. Onun hatası değil, ne kadar şanslıydık, iyi ki bıçağım vardı gibi cümleler kuruyordum kafamda. Ama şu an farkına vardığım şey, mantıklı ya da değil fark etmez, olanlardan dolayı onu suçladığımdı. Onun görevi beni korumaktı ve bunu yapamamıştı. O bunu daha net olarak görebiliyordu.

Öylece durdu, nefes alış verişi değişmişti. Duygu yüklüydü. Konuşmaya başladığında konuşma tarzı ve ses tonu çok farklıydı.

"Kalenin avlusundaki çarmıhı gördün değil mi?" Başımı sallayarak onu onayladım.

"Ben oraya bir hayvan gibi bağlandım ve her yanım kanla kaplanana kadar kamçılandım! O yaraların izlerini ölene kadar taşıyacağım. Bu akşamüstü şans yardım etmeseydi başıma gelecek olanlar daha önce yaşadıklarımdan çok daha ağır olacaktı. Beni önce kamçılayıp ardından asacaklardı." Zorlukla yutkundu ve konuşmasına devam etti.

"Bunu bildiğim halde peşinden oraya gelmekte bir an bile tereddüt etmedim. Dougal'ın söyledikleri de doğru olabilirdi, bunu bile düşündüm! Silahı nereden bulduğumu biliyor musun?" Başımı salladım, öfkem geçiyordu. "Duvarın önünde duran bir nöbetçiyi öldürdüm. O bana ateş etti, silah bu yüzden boştu. Iskaladı, ben de onu kamamla öldürdüm. Senin çığlığını duyunca onu da orada bıraktım. Seni kurtarmak için bir düzine adam öldürebilirdim Claire." Sesi çatlamaya başlamıştı.

"Sen çığlık atınca, sana koştum, iki elim ve boş bir silahla sana koştum." Artık biraz daha sakin konuşabiliyordu, gözleri acıyla doluydu. Ben susuyordum. Randall'la karşılaşmamın verdiği huzursuzluk ve korku onun o kaleye geri dönmüş olmasını düşünmemi engellemişti.

Arkasını döndü, omuzları çökmüştü.

"Haklısın," dedi kısık sesle. "Hem de çok haklısın." Sesindeki öfke yok olmuştu, bugüne kadar hiç duymadığım bir tonlamayla konuşuyordu, bu fiziksel acının çok daha ötesinde bir acıydı.

"Gururum incindi. Ve sahip olduğum tek şey gururum." Kollarını önündeki çam ağacının gövdesine, başını da kollarına dayadı, çok yorgundu. Sesini duymakta zorlanıyordum.

"Beni paramparça ediyorsun Claire."

Aynı şey şu an bana da oluyordu. Ürkerek ona yaklaştım. Kollarımı beline dolayınca kıpırdamadı. Yanağımı sırtına dayadım. Gömleği sırılsıklamdı, titriyordu.

"Özür dilerim," dedim. "Lütfen beni affet." Döndü ve bana sarıldı. Yavaş yavaş titremesi azaldı.

"Affedildin," diye fısıldadı saçlarımın arasından. Beni bırakıp bakmaya başladı, çok resmi ve ciddi bakışlardı bunlar.

"Ben de özür dilerim. Söylediklerim için. Çok canım acıyordu ve asla düşünmediğim sözler sarf ettim. Sen de beni affedebilecek misin?" Yapmış olduğu konuşmadan sonra, özür dilemesi için hiçbir sebep yoktu ama başımla onu onaylayıp ellerini sıktım.

"Affedildin."

Hiç konuşmadan atımıza bindik. Yol dümdüzdü, ilerideki toz bulutunun ardında Dougal ve adamlarını görebiliyorduk.

Jamie yine benimleydi, bir koluyla beni tutuyordu ve ben yine güvendeydim. Ama hâlâ bir boşluk ve bir ikilem vardı, her şey tam anlamıyla yoluna girmemişti. Birbirimizi affetmiştik ama söylenen sözcüklerin etkisi hâlâ geçmemişti. Onlar hafızalarımızda asılı kalmıştı.

22

Hesaplaşma

Doonesbury'ye ulaştığımızda hava iyice kararmıştı. Şansımıza burası arabaların durak yeri olan bir hana sahipti. Dougal hancıya ödemeyi yaparken acıyla gözlerini yumdu; onun sessizliğini satın almak için gümüşlerinin bir kısmından vazgeçmek zorunda kalmıştı.

Bu gümüşler bize akşam yemeği ve bol bol bira da sağlamıştı. Bu akşam yemeği son derece sancılı ve sessizlik içinde geçti. Parçalanmış elbisemin üzerine geçirmiş olduğum Jamie'nin gömleği ile orada oturuyordum, itibarım zedelenmişti. Jamie'nin dışında bütün adamlar ben orada yokmuşum gibi davranıyorlardı. Jamie bile zaman zaman bana ekmek ve et uzatmanın dışında bir şey yapmıyordu. O daracık odaya varabilmek biraz huzur bulmamı sağlamıştı. Yatak örtülerinin ne halde olduğuna bile bakmadan kendimi yatağa atıp derin bir nefes aldım.

"Bittim. Oldukça uzun bir gündü."

"Ah, evet." Jamie yakasını ve manşet düğmelerini açtı, kılıcının kemerini çözdü ve öylece durdu. Geri kalanı çıkarmak için bir hareket yapmadı. Kılıcın kınını kemerinden çekerek çıkardı ve kemeri elinde ikiye katlayıp düşünceli bir tavırla derisini esnetti.

"Yatağa gel Jamie. Orada ne yapıyorsun?"

Yatağın yanına gelip durdu, elindeki kemeri ileri geri sallayıp duruyordu.

"Korkarım bu gece uyumadan önce çözmemiz gereken bir problem var." Bir anda içime bir korku yerleşti.

"Nedir o?"

Hemen cevap vermedi. Yatağa da oturmadı, bir tabure çekip tam karşıma geçti.

"Bu akşamüzeri hepimiz ölebilirdik," dedi sakin bir sesle, "bunun farkında mısın Claire?"

Başımı eğip utanç içinde yorgana bakmaya başladım. "Evet, biliyorum. Bu benim hatam. Özür dilerim."

"Demek farkındasın," dedi. "Bunu aramızdaki erkeklerden biri yapmış olsaydı, yani hepimizi böyle bir tehlikeye atmış olsaydı, orada hemen öldürülmediği takdirde ya kulakları kesilirdi ya da kamçılanırdı. Bunu da biliyor musun?" Benzimin attığını hissettim.

"Hayır, bilmiyordum."

"Bizim kurallarımızı bilmiyorsun ve bu senin için bir özür olabilir. Sana saklanmanı söylemiştim, bunu yapmış olsaydın başımıza hiçbir şey gelmeyecekti. Şu an İngilizler her delikte bizi arıyorlar. Bundan sonra gündüzleri saklanıp geceleri yolculuk yapmak zorundayız."

Durdu. "Komutan Randall'a gelince... Bu da başka bir mesele..."

"Artık burada olduğunu biliyor ve seni arayıp bulacaktır. Bunu mu söylemek istiyorsun?" Ateşe bakarak başını salladı.

"Evet. O... Onunla aramızda özel bir durum var, bunu biliyorsun."

"Çok üzgünüm Jamie," diye konuşmaya başladım ama o elini sallayarak beni susturdu.

"Eğer bu işten zarar gören tek ben olsaydım emin ol ki ağzımı bile açmazdım. Ayrıca bu konuyu konuşurken," acı dolu gözleriyle bana baktı, "o hayvanın sana dokunduğunu gördüğümde neredeyse öldüğümü sandım." Başını yine ateşe çevirdi, yüzündeki ifade çok sertti, akşamüstü olanları yeniden yaşıyordu sanki.

Bir an ona Randall'ın... Randall'ın kifayetsizliğinden bahsetmek istedim ama bunun iyilikten çok kötülüğe sebep olacağını hissettim. Jamie'ye sarılıp beni affetmesi için yalvarmak istiyordum ama ona dokunacak cesareti kendimde bulamadım. Uzun süren bir sessizlikten sonra derin bir nefes alarak ayağa kalktı ve kemeri kalçasına vurmaya başladı.

"O zaman," diyerek konuşmaya başladı. "Bu konuyu hemen halletmeliyiz. Emirlerimi dinlemeyerek hepimize çok büyük zarar verdin Claire, seni bu yüzden cezalandırmam gerekiyor. Bu sabah ayrılırken sana söylediğim sözleri hatırlıyor musun?" Hatırlıyordum, hızla kendimi yatağın öbür ucuna atıp sırtımı duvara yasladım.

"Ne demek istiyorsun?"

"Ne demek istediğimi gayet iyi biliyorsun," dedi sertçe, "Yatağın üzerinde diz çök ve eteğini kaldır kadın."

"Böyle bir şey yapmayacağım!" Yatağın başucundaki direğe iki elimle sımsıkı sarılıp köşeye büzüldüm.

Jamie gözlerini kısarak beni seyretmeye başladı, bir sonraki hareketimi hesaplamaya çalışıyordu. Onun istediği şeyi yapmasını engelleyemeyeceğimi biliyordum, benden çok daha ağırdı. Sonunda konuşmanın hemen harekete geçmekten daha iyi olacağına karar verdi, yavaşça yatağa çıktı ve emekleyerek yanıma geldi.

"Bak Claire..." diye başladı.

"Sana üzgün olduğumu söyledim!" diye patladım. "Ve öyleyim. Bir daha böyle bir şey yapmayacağım!"

"Zaten sorun da bu," dedi sükûnetle. "Yapabilirsin. Çünkü hiçbir şeyi gerektiği kadar ciddiye almıyorsun. Hayatın daha kolay sürdürüldüğü bir yerden gelmiş olduğunu düşünüyorum. Senin geldiğin yerde bu bir ölüm kalım meselesi olmayabilir. Emirlere uymamak ya da her şeyi kendi bildiğin gibi halletmek sorun yaratmayabilir. Bunun sonucunda birilerini biraz huzursuz edebilirsin belki ama birinin ölümüne sebep olmak böyle bir şey değildir." Parmaklarıyla eteğinin pilileriyle oynarken söyleyeceklerini bir araya getirmeye çalışıyordu.

"Gerçek şu ki benim gibi bir adamla birlikteysen bazen çok ufak hareketler çok büyük ve halledilemez sorunlar yaratabilir." Ağlamak üzere olduğumu görünce omzumu okşadı.

"Beni ya da başka birini bilerek tehlikeye atmayacağından eminim. Ama tıpkı bugün olduğu gibi farkında olmadan bunu yapabilirsin çünkü sana anlattığım şeylerin gerçekten tehlikeli olduğuna inanmıyorsun. Kendi başına düşünmeye alışmışsın bunun farkındayım," yan gözle bana baktı, "bir adamın sana ne yapman gerektiğini söylemesine alışmamışsın. Hepimizin iyiliği için bunu bir an önce öğrenmek zorundasın."

"Tamam," dedim kısık sesle. "Anladım. Çok haklısın. Doğru olduklarına inanmasam bile bundan sonra senin emirlerine uyacağım."

"Güzel." Ayağa kalkıp kemeri eline aldı. "O zaman yataktan kalk ve hemen şu işi halledelim."

Ağzım açık öylece kalakalmıştım. "Ne? Sana emirlerini dinleyeceğimi söyledim ya!"

Derin bir nefes daha aldı, öfkelenmeye başlamıştı, yeniden tabureye oturdu. Beni süzmeye başladı.

"İyi dinle. Beni anladığını söyledin ve ben de buna inandım. Ama anlamakla gerçekten bilmek arasında büyük bir fark vardır." İstemeden de olsa onu onayladım.

"Seni cezalandırmak zorundayım. Bunun iki sebebi var: birincisi böylelikle artık bunun önemini anlayacak olman." Birdenbire gülümsedi. "Kendi tecrübelerime dayanarak sana şunu söyleyebilirim iyi bir dayak hayata başka bir açıdan bakmanı sağlayacaktır." Yatağın kenarına iyice yapıştım.

"İkinci sebep ise," diyerek devam etti, "diğer adamlar... Bu akşam sana nasıl davrandıklarının farkında mısın?" Farkındaydım, yemekte çok rahatsız olmuştum ve odaya kaçmış olmak beni çok mutlu etmişti.

"Adalet denen bir şey var Claire. Sen hepsine büyük bir yanlış yaptın ve bunun acısını çekmelisin. Ben senin kocanım ve bunu yapmak benim görevim. Anlayabiliyor musun?"

Bu sözlere verebilecek pek çok cevabım vardı. Adil olsun olmasın - ki bu durumda adalet gerçekten de ondan yanaydı – birinden, ne sebeple olursa olsun dayak yemek onurumu çok kıracaktı.

Arkadaşım, koruyucum ve âşığım olan bir adam bana bunu yaparsa kendimi ihanete uğramış gibi hissedecektim. Ayrıca otuz kiloluk koca bir kılıcı bir sineklik gibi kullanabilen bir adamın ellerine kendimi teslim etmekten de ödüm kopuyordu.

"Beni dövmene izin vermeyeceğim," dedim kararlılıkla tutunmaya devam ederek.

"Ah, öyle mi?" derken kaşlarını kaldırdı. "Bak kızım, bu konuda karar verebileceğinden oldukça şüpheliyim. Sevsen de sevmesen de benim karımsın. Kolunu kırmak ya da seni bir yere günler boyunca kapatıp sadece su ve ekmek vermekten bahsetmedim - sakın beni bunları yapmak zorunda bırakma - sadece poponu biraz kızartacağım."

"Bağırırım!"

"Bu da mümkün. Öncesinde olmasa bile dayak sırasında bağıracaksın. Seni iki çiftlik öteden duymalarını bekliyorum, oldukça güçlü ciğerlerin var." İğrenç bir şekilde sırıttı ve yatağın yanına geçti.

Parmaklarımı yapıştıkları yerden söktü ve beni yatağın ortasına çekti. Bacaklarını tekmeledim ama ayağımda ayakkabı olmadığı için canını acıtmayı başaramadım. Hafif bir kükremeyle beni yatağa yüzüstü yatırdı ve bir kolumu arkaya bükerek orada durmamı sağladı.

"Claire sana bunu yapacağımı söyledim! Bana yardımcı olursun bu işi bir düzine tokatla halledeceğiz."

"Ya olmazsam?" Sesim titremişti. Kemeri alıp bacağına hızla indirdi, sinir bozucu bir ses çıkmıştı.

"O zaman dizimi sırtına koyup seni kolum yoruluncaya kadar dövmek zorunda kalacağım ve emin ol ki sen benden çok daha önce yorulacaksın."

Yatakta tepinip ona döndüm, yumruklarımı sıkmıştım.

"Sen bir barbarsın! Sen... Sen bir sadistsin!" dedim öfkeyle. "Bunu tatmin olmak için yapıyorsun! Bunu yaptığın için seni asla affetmeyeceğim!" Jamie kemeri kıvırarak durdu.

Sakin bir sesle bana cevap verdi. "Sadistin ne demek olduğunu bilmiyorum. Ben seni bu akşamüstü yaptıkların için affettiysem, sen de beni poponun üzerine oturmayı başarabildiğin ilk gün affedeceksin."

"Tatmin olma meselesine gelince..." Dudakları kıvrıldı. "Seni cezalandırmak zorunda olduğumu söyledim. Bundan keyif almayacağımı söylemedim." Parmağını bana doğru salladı.

"Buraya gel."

***

Ertesi sabah odadan ayrılmamak için elimden gelen her şeyi yaptım, saçlarımı taradım, kurdeleler bağladım, beğenmeyip çıkarıp yeniden bağladım. Dün geceden beri Jamie ile konuşmuyordum, o da tereddüdümün farkındaydı ve beni onunla birlikte kahvaltıya inmem için zorladı.

"Diğerleri ile karşılaşmaktan korkmamalısın, Claire. Seninle biraz dalga geçecekler ama çok kötü olmayacak. Çeneni kaldır." Hafifçe çenemin altını okşayınca ben hızla elini ısırdım ama canını çok yakmadım.

"Ah!" Parmaklarını geri çekti. "Dikkatli ol, biraz önce nerede olduklarını bilmiyorsun." Beni bıraktı ve kıkırdayarak kahvaltıya indi.

Keyfi yerinde olacak tabii, diye düşünmeden edemedim. Eğer istediği intikamsa bunu dün gece almayı başarmıştı.

Hiç de hoş bir gece değildi. İsteksizce yaptığım işbirlikçilik ilk kemeri yedikten sonra bitivermişti. Bunu bir kör dövüşü takip etmişti. Sonuçta Jamie'nin burnu kanamış, yanağına üç yumruk darbesi almış ve bileği de ısırılmıştı. Bunun ardından o da beni diziyle kirli yorgana yapıştırmış ve dövmüştü.

Lanet olasıca Jamie yine haklı çıkmıştı. Adamlar beni selamlarken biraz ölçülüydüler ama bir gece önceki küçümseme ve yok saymanın yerinde yeller esiyordu. Düşmanlıkları sona ermişti.

Servis masasından yumurtalarımı alırken Dougal yanıma gelip babacan bir tavırla kolunu omuzlarıma sardı. Kısık sesle bir şeyler fısıldarken sakalları kulağımı gıdıklıyordu.

"Umarım dün gece Jamie çok canını yakmamıştır. Adam öldürülüyormuş gibi sesler geliyordu."

Kıpkırmızı oldum ve bunu görmemesi için arkamı döndüm. Jamie'nin iğrenç hareketlerini gördükten sonra bu çileyi hiçbir şeye cevap vermeden çekmeye karar vermiştim. Ağzımı bile açmayacaktım. Ama Sfenks'in bile Jamie Fraser'ın kemer darbeleri karşısında sessiz kalabileceğinden emin değildim.

Dougal masada peynir ekmeğini yiyen Jamie'ye seslendi.

"Jamie kızı yarı ölü durumuna getirmene gerek yoktu. Hafifçe uyarman yeterliydi." Popoma hafifçe vurdu ama bu benim yerimden sıçramama yetti. Ona öfkeyle baktım.

"Kızarmış ve su toplamış bir popo insana kalıcı bir zarar vermez," dedi Murtagh ağzı dolu bir halde.

"Bence de öyle," dedi Ned. "Gel otur, yavrum."

"Ayakta duracağım, teşekkür ederim," dedim gururla, bu sözlerime hepsi deli gibi güldü. Jamie benimle göz göze gelmemek için dikkatini tabağına vermiş peynirini bölüyordu.

Gün boyu şeker bir şekilde benimle dalga geçtiler, her biri bir sebeple popomu sevgiyle hafifçe okşadı. Sonuçta bunların hepsi katlanılabilir şeylerdi, diş bileyerek de olsa Jamie'nin haklı olduğunu düşünmeye başlamıştım ama yine de onu boğmak istiyordum.

Oturamıyordum, sabahı aydınlık gerektiği bahanesiyle pencere kenarına dayanıp yırtık, sökük ve düğme dikmek gibi işlerle oyalanarak geçirdim. Ayakta durarak yediğim öğle yemeğinden sonra hepimiz dinlenmek üzere odalarımıza çekildik. Dougal, Bargrennan'a doğru yola çıkmadan önce havanın iyice kararmasını bekleyeceğimizi söylemişti. Jamie odamıza giderken hemen arkamdaydı ama odaya girer girmez kapıyı suratına kapadım. Yine yerde uyuması gerekiyordu.

Dün gece işi bittikten sonra kemerini takıp odadan ayrılmıştı. Bir saat sonra geri döndüğünde ben ışığı söndürüp yatağa yatmıştım. Yanıma yatmayacak kadar akıllıydı. Karanlıkta kıpırdamadan yattığım yere doğru bir süre baktıktan sonra içini çekip şalına sarıldı ve kapının önünde yere uzandı.

Uyuyamayacak kadar öfkeli, üzgün ve rahatsızdım. Gecenin büyük bir bölümünü uyanık geçirmiştim. Kalkıp onun en hassas noktasına tekme atmak istiyordum ama bunu bir daha yaparsam karşılığında onun ne yapacağına dair söyledikleri aklıma gelip kendime engel oluyordum.

Olanlara tarafsız bir gözle baktığımda – gerçi şu an bunu yapmaya hiç niyetim yoktu - benim olaylara gereken ciddiyeti göstermediğim konusunda haklı olduğunu söylemek durumundaydım. Benim dünyamda işlerin bu kadar dikkatli olmamı gerektirmediğini söylerken son derece haksızdı. Hatta bunun tam tersinin doğru olduğunu düşünüyordum.

Bu kez olanlar gözüme çok gerçekdışı görünüyordu, bu bir oyun ya da maskeli bir baloya benziyordu. Benim gelmiş olduğum yerde yaşanan mekanize savaştan sonra burada gördüğüm küçük savaş oyunları - kılıçlı ve tüfekli birkaç adamın kapışması, bana korkunç değil, ilgi çekici gelmişti.

Olan biteni değerlendirirken onlara gereken önemi vermekte zorlanıyordum. Misket tüfeği ile vurulmuş bir adam havan topuyla yaralanmış biri gibi ölümcül bir darbe almış oluyordu. Aradaki fark havan topu düzinelerce adamı öldürürken bunun sadece ateş edilen kişiyi öldürmesiydi. Ve öldürdüğünüz kişinin gözlerini görebiliyordunuz. Bu yüzden ben bunun cinayet olduğunu düşünüyordum, savaş değil. Kaç erkek savaşa katılırdı? Birbirlerini görmedikleri sürece pek çok... Oysa buradaki de bir savaştı - ya da en azından ciddi bir iş olduğunu kabul etmeliydim - Dougal'ın, Jamie'nin, Rupert'ın ve Ned'in savaşı. Fare suratlı Murtagh'ın bile vahşi doğasının yanı sıra savaşmak için gerekli sebepleri vardı.

Peki, savaşlarının sebebi neydi? Bu kral mı öbürü mü? Hanoverler mi Stuartlar mı? Benim için bu isimler okul duvarlarındaki panoları doldurmaktan başka bir işe yaramazdı. Onların yaptıkları canavar ruhlu Hitler'in yaptıklarıyla aynı kefeye konabilir miydi? Bu krallıklar için yaptıkları ve yaşadıkları bana çok sudan şeylermiş gibi geliyordu. Ama birilerinin yaşamı için inandıklarını yapması değersiz görülebilir miydi? Birilerinin yazgılarını değiştirmek için verdikleri savaş başka birinin kötülüğünü önlemek için yapılandan daha kıymetsiz görülebilir miydi? Acıyan popomu hafifçe okşarken birden irkildim. Kapının önünde kıvrılıp uyuyan Jamie'yi seyretmiştim. Nefesi düzenliydi ama derin değildi, belki o da uyuyamıyordu. Öyle olmasını ümit ettim.

Bütün bu olup biteni bir melodram olarak değerlendirme eğilimim olduğu doğruydu çünkü gerçek hayatta böyle şeyler olmazdı. O kayadan içeri adımımı attığımdan beri pek çok şok yaşamıştım ama dün akşamüstü yaşadıklarım hepsinden beterdi.

Frank'e hem çok hem de hiç benzemeyen Jack Randall. Onun göğsüme dokunması iki hayatım arasında bir bağ kurmuştu, iki gerçekliğim de yüzüme bir tokat gibi vurulmuştu. Randall'ın penceresinin önünde yüzü kasılmış bir şekilde duran Jamie vardı, yol kenarında ben ona hakaret ederken öfkesini kontrol altına almaya çalışan Jamie.

Jamie. Jamie gerçekti. Hayatımda başıma gelmiş olan her şeyden çok daha gerçekti, 1945'teki yaşamımdan ve Frank'ten bile çok daha gerçek. Jamie, hassas âşık ve hain hergele.

Belki de esas problem buydu. Jamie beni öylesine doyuruyordu ki onun dışındaki hiçbir şeyi önemsemiyordum. Ama artık onları görmezden gelmeye devam edemezdim. Benim bu umursamazlığım yüzünden dün neredeyse ölüyordu, onu kaybetme düşüncesi midemin kasılmasına sebep oldu. Hızla yatağa oturup onu yanıma çağırmak istedim. Tüm ağırlığım onun çalışmış olduğu bölgenin üzerine bininceyse bundan hemen vazgeçip döndüm ve öfkeyle karnımın üzerine yattım.

Bu öfke nöbetleri ve felsefi düşüncelerle dolu geçirmiş olduğum gece beni çok yormuştu. Bütün akşamüstünü uyuyarak geçirdim, Rupert akşam yemeği için beni uyandırınca zorlukla merdivenlerden aşağı inmeyi başardım.

Dougal para harcamaktan hiç kaçınmamış ve bana yeni bir at almıştı. İnce yapılı değildi, kısa, sert yeleleri ve hoş gözleri vardı. Ona Thistle adını verdim.

Ciddi bir dayaktan sonra ata nasıl bineceğimi hiç düşünmemiştim. Thistle'ın eyerine şüpheci gözlerle bakmaya başladım, başıma gelecekleri daha yeni anlamaya başlamıştım. Eyerin üzerine kalın bir örtü konmuştu, Murtagh parlak fare gibi gözleriyle tam bir suikastçı edasıyla yanımda duruyordu. Bu acıyı onurumu koruyarak sessiz bir şekilde çekmeye karar verdim ve dişlerimi sıkarak kendimi atın üzerine yerleştirdim.

Adamların arasında gizli bir anlaşma var gibiydi, belirli aralıklarla kendilerini rahatlatmak için duruyorlardı. Böylelikle ben de atımdan inip biraz olsun soluklanabiliyordum. Biri su içmek için durduğu anda benim de durmam gerekiyordu, su şişeleri Thistle'a yüklenmişti.

Bu şekilde birkaç saat yol aldıktan sonra acım çok arttı ve eyerin üzerinde duramamaya başladım. Onurlu acı çekmenin içine edeyim diye düşünerek attan inmeye karar verdim.

"Hooo!" dedim Thistle'a ve yere indim. Diğer atlar gelip yanımızda durunca onun ön ayağına doğru eğildim.

"Sanırım nalının arasına taş sıkışmış," diye yalan söyledim. "Onu çıkardım ama biraz yürüsem daha iyi olacak, onu sakatlamak istemem."

"Hayır, bunu istemeyiz," dedi Dougal. "Tamam, sen biraz yürü ama biri daha seninle kalmalı. Yol sakin ama yine de yalnız yürümene izin veremem." Jamie hemen atından indi.

"Ben onunla yürürüm," dedi sessizce.

"Güzel, fazla oyalanmayın, şafak sökmeden önce Bargrennan'da olmalıyız. Kırmızı Domuz tabelasının altında buluşalım, sahibi arkadaşımız." Eliyle diğerlerine bir işaret yaptı ve bizi orada bırakarak karanlığın içinde ilerlemeye devam ettiler.

Eyer üzerinde geçirdiğim acı dolu saatler öfkemi azaltmamıştı. Benimle yürümesine izin verdim ama sadist canavarla asla konuşmayacaktım.

Aslında yükselen yarım ayın ışığında hiç de canavar gibi görünmüyordu ama kulaklarımı kalbimin sesine kapayıp topallayarak yürümeye başladım, ona hiç bakmıyordum.

Kaslarım önce bu hiç alışmadıkları şeyi reddettiler, yarım saat sonra daha rahat adım atmaya başlamıştım.

"Yarın kendini çok daha iyi hissedeceksin," dedi Jamie. "Ama öbür güne kadar rahat oturmayı başaramayacaksın."

"Bu konuda seni bilirkişi yapan nedir?" dedim adeta ateş püskürerek. "İnsanları sık sık dövüyor musun?"

"Aa, hayır." Tavrım onu rahatsız etmişti. "Bu ilk kez yaptığım bir şeydi. Ama diğer taraftaki kişi olarak oldukça deneyimliyim."

"Sen mi?" Şaşkınlıkla ona bakıyordum. Bu kas yığınının kemerle dövülebileceğine inanamamıştım.

Şaşkınlığım onun kahkaha atmasına sebep oldu. "Daha

küçükken Saksonyalı... Sekiz, on üç yaş aralığında sayabileceğimden çok daha fazla sayıda popoma kayışla vuruldu. Boyum babamınkini geçince beni yakalayıp çite dayamak onun için zor olmaya başladı."

"Seni baban mı dövdü?"

"Evet çoğunlukla. Öğretmenler, Dougal ya da dayılarımdan biri, bu nerede ne yaptığıma bağlı olarak değişiyordu."

Onunla konuşmak istemiyordum ama durum ilgimi çekmeye başlamıştı.

"Ne yapmıştın?"

Yine güldü, gecenin içinde hafif ama bulaşıcı bir gülüştü.

"Hepsini hatırlayamıyorum ama genellikle hak ediyordum. Babamın beni haksız yere dövmüş olabileceğini hiç düşünmüyorum." Bir süre konuşmadan yürümeye devam etti, düşünüyordu.

"Hımm, bir bakalım; bir keresinde tavukları taşlamıştım, bir diğerinde ineklere binmeye çalışmıştım ve sütten kesilmişlerdi, keklerin üzerindeki bütün reçelleri yiyip keklerini bırakmıştım. Ahırın sürgüsünü açık unutup bütün atların kaçmasına sebep olmuştum, güvercinliğin çatısını ateşe vermiştim - bu tabii ki kazaydı, bilerek yapmamıştım - okul kitaplarımı kaybetmiştim - bunu kesinlikle bilerek yapmıştım - ve..." Omuz silkerek sustu, canımın acımasına rağmen gülmeye başlamıştım.

"Bildiğin şeyler işte. Ama genellikle susmam gereken yerde susmayı bilmediğim için dayak yerdim."

Aklına gelenlerden bir tanesi onun garip bir homurtu çıkarmasına sebep oldu. "Bir keresinde ablam testiyi kırmıştı, onunla dalga geçerek onu çok kızdırmıştım ve o da testiyi bana fırlatmıştı. Babam yanımıza gelip ne olduğunu sorduğunda korkusundan konuşamamıştı, korku dolu gözlerini bana dikmişti, onun da gözleri benimkiler gibi mavidir ama kirpikleri çok daha güzeldir." Yine omuz silkti. "Neyse, babama ben yaptım dedim."

"Ah ne kadar da asilsin," diye dalga geçtim onunla, "kız kardeşin sana müteşekkir olmuştur."

"Evet, bu olabilirdi. Ama babam kapının dışında durup olanları görmüştü. O hem öfkesine hâkim olamadığı hem de testiyi kırdığı için dayak yedi; ben onunla dalga geçtiğim ve yalan söylediğim için onunkinin iki katını yedim."

"Ama bu hiç adil değil!" dedim öfkeyle.

"Babam pek nazik bir adam değildi ama genellikle son derece adildi," dedi Jamie istifini bozmadan. "Doğru her zaman doğrudur ve insanlar yaptıkları şeylerin sorumluluklarını almalıdır, demişti, çok da haklıydı." Bana yan gözle baktı.

"İyi niyetimden ötürü yalan söylediğimi düşündüğü için bana ceza olarak iki seçenek sunmuştu. Ya dayak yiyecektim ya da akşam yemeği yemeden yatağa gidecektim." Başını iki yana sallayarak bir kahkaha attı. "Babam beni çok iyi tanıyordu, tabii ki dayak yemeyi seçtim."

"Hiçbir şey iştahını kaçıramıyor, Jamie," dedim.

"Evet," sözlerime hiç itiraz etmemişti, "hep öyleydim. Sen de çok açgözlüsün," dedi atına dönerek. " 'dinlenmek için durana' kadar biraz daha dayan." Dizginleri hafifçe çekip atın başını yoldaki otların üzerinden kaldırdı.

"Babam oldukça adil bir adamdı," diyerek kaldığı yerden devam etti, "ve son derece düşünceliydi. O zamanlar bunu pek fark etmiş olduğumu söyleyemeyeceğim. Yanlış bir şey yaptığım zamanlarda beni cezalandırmak için hiç beklemezdi, bunu hemen yapardı. Her zaman bana neyi, niye yaptığını açıkladı ve kendimi savunmak için söyleyecek bir şeyim olup olmadığını sordu."

Ah, demek sen de bunun peşindeydin, diye düşündüm. Seni pis dalavereci... Onun bağırsaklarını deşmek isterken beni etkileyebileceğinden hiç de emin değildim ama en azından denemişti.

"Hiç başarılı bir savunman oldu mu?"

"Hayır. Her zaman davaya kendi açımdan ve at gözlüğüyle bakıyordum ama birkaç sefer cezamın azaltılmasını sağlayabildim." Burnunu kaşıdı.

"Bir seferinde ona kendi oğlunu bu şekilde dövmenin hiç de uygar bir yaklaşım olmadığını söyledim. O da bana üzerinde oturduğum popoma çok fazla kıymet verdiğimi söyledi. Uygarlığın en önemli taşlarından biri olan yaşlılara saygı duymayı öğrenene kadar bu barbar yaşlıların beni kamçılaması için ayak parmaklarımı seyretmeye devam etmek zorunda kalacaktım."

Artık ben de onunla birlikte kahkahalar atmaya başlamıştım. Yol çok huzurluydu, diğer insanlardan kilometrelerce uzakta olmak insanı rahatlatıyordu. Benim o çok kalabalık ve iç içe yaşanan devrimde böylesi bir huzuru bulmak çok zordu, insanlar makineleşmişti ve bir kişinin bile ne kadar çok gürültü çıkarabileceğini tahmin edemezdiniz. Hafifçe sallanan otların, bir gece kuşunun ve at nallarının çıkardığı seslerin dışında hiçbir şey yoktu.

Artık daha rahat yürüyordum, hareket etmek kaslarıma daha iyi gelmişti. Jamie'nin komik hikâyelerini dinleyip bazılarını protesto ederken öfkem de yatışmaya başlamıştı.

"Dayak yemekten elbette hiç hoşlanmıyordum ama babamla öğretmenler arasında seçme şansım olsaydı babamınkini tercih ederdim. O küçük kırbacıyla elimize vururdu. Babam elime vurursa hiçbir iş yapamayacağımızı söylerdi, oysa popoya vurulduğunda oturamadığımız için sürekli olarak çalışırmışız."

"Her yıl başka bir öğretmenimiz olurdu, uzun süre okulda çalışmazlardı; ya çiftçilik yapmaya başlar ya da daha zengin bölgelere giderlerdi. Onlara çok az maaş verildiği için hepsi zayıf olurdu. Bir keresinde şişman bir öğretmenim olmuştu, onun gerçek bir öğretmen olduğuna bir türlü inanamamıştım, kılık değiştirmiş bir papaz olabilirdi." Kısa boylu tombul Papaz Bain'i düşününce ona hak verdim.

"Özellikle hiç unutamadığım bir anım daha var. Odanın ortasında elimi açtırıp durdurmuştu, vurmaya başlamadan önce ve her bir darbenin arasında yaptığım hatayla ilgili bir söylev veriyordu. Orada elim açık bir şekilde dururken konuşmayı bıraktım ve cesaretimi kaybedip ağlamaya başlamadan önce işini bitirmesi için içimden küfürler savurmaya başladım."

"Sanırım o da bunu yapmanı istiyordu," dedim, bu sözleri büyük bir şefkatle söylemiştim.

"Elbette," diye cevap verdi, "yapmak istediği şey buydu." Benim bunu anlayabilmem için epey bir zaman geçmesi gerekti.

"Bunu anladığım gün ise maalesef çenemi tutmayı başaramadım." İçini çekti.

"Ne oldu?" Bu kez bu soruyu sorarken ona olan tüm öfkemi unutmuştum.

"Beni bir gün yine ayağa kaldırdı -bunu çok sık yapıyordu çünkü onun istediği gibi sağ elimi değil, sol elimi kullanıyordum. Elime üç kez vurdu – tabii bunu yapması beş dakikadan daha uzun sürdü, pis domuz - bir sonraki darbeyi vurmadan önce benim aptal, inatçı, kibirli bir delikanlı olduğumu söyleyip duruyordu. Elim çok acımıştı çünkü bu o günkü ikinci seferimdi. Ayrıca eve döndüğümde de dayak yiyecektim ve bu da beni korkutuyordu, bu kuraldı, okulda dayak yediğim her gün eve döner dönmez bir dayak daha yiyordum. Babam eğitimin ve okulun çok önemli olduğunu düşünüyordu neyse, bir anda kendimi kaybettim." Dizginleri tutan eli hafifçe kasıldı, elini korumak ister gibiydi.

Durup bana baktı. "Kendimi kaybetmem çok zordur Saksonyalı ve bunu yaptığım zaman çok pişman olurum." Bu alabileceğim en büyük özürdü.

"O kez de pişman oldun mu?"

"Yumruklarımı sıkıp ona deli gibi bakmaya başladım - uzun boylu, sıska bir adamdı, yirmi yaşlarındaydı, o zamanlar bana çok yaşlı görünüyordu - ona 'Senden korkmuyorum, beni ne kadar döversen döv ağlatmayı başaramayacaksın!' dedim." Derin bir nefes alıp yavaş yavaş geri verdi. "O kayışı elinde tutarken bu sözcükleri sarf etmiş olmam çok büyük bir aptallıktı."

"Sakın anlatma! Sana yanıldığını ispatladı, öyle değil mi?"

"Evet, denedi," diye cevap verdi, başını karanlık gökyüzüne doğru kaldırmıştı. 'Denedi' derken sesi çok acı çıkmıştı.

"Yani başaramadı mı?"

Başını öne arkaya salladı. "Hayır. Beni ağlatmayı başaramadı. Ama çenemi tutamadığım için pişmanlık duymamı sağlamayı başardı."

Bir an durup bana baktı. Yüzünü kaplayan bulut bir an için açıldı, çenesine ve yanaklarına hafif bir ışık vuruyordu ve altın gibi parlıyordu, şu an Donatello'nun meleklerinden birine benziyordu.

"Evlenmeden önce Dougal sana benim hakkımda bilgi verirken ne kadar inatçı olduğumdan da bahsetti mi?" Kısık gözleri parlamaya başlamıştı, o an bir melekten daha çok bir şeytana benziyordu.

Kahkaha attım. "Bu oldukça yumuşak bir tanım olarak kalır. Bana bütün Fraserların birer domuz kadar inatçı olduklarını ve senin onlardan da inatçı olduğunu söylemişti. Aslında," diye devam ettim, ciddileşmiştim, "bu tanımda kendimden bir şeyler buldum."

Atını yolda bulunan bir çukurdan kurtarmak için yana çekerken gülümsedi.

"Hımm, Dougal'ın yanıldığını söyleyemeyeceğim," dedi tehlike atlatıldıktan sonra. "İnatçılığım dürüstlüğümden kaynaklanıyor. Babam da öyleydi, bunu çok tartıştık, üzerimde güç denemek ya da beni çitin üzerine yatırıp dövmek bu sorunu asla halletmez."

Elini hızla atımın dizginine attı ve at kişneyerek geriledi. "Hişş! Sus bakalım! Dur!" Atın ürkekliği azaldı ama başını sallamaya devam etti.

"Ne oldu?" Etrafta bir şey göremiyordum. Sadece yol ve tarlalar vardı, bir de kocaman bir çam ağacı vardı ve atlar oraya doğru ilerlemek istiyordu.

"Bilmiyorum. Burada dur ve sessiz ol. Atına bin ve benimkini tut. Eğer sana bağırırsam onun dizginlerini yere at ve buradan uzaklaş." Jamie'nin sesi oldukça sakin çıkıyordu, beni de atlar gibi sakinleştirmeye uğraşıyordu. Ata bir şeyler fısıldayıp boynundan iterek bana yaklaştırdı ve elinde kamasıyla birlikte çalılıkların arasına daldı.

Atları rahatsız eden şeyin ne olduğunu anlayabilmek için gözlerimi ve kulaklarımı iyice açmıştım; onlar ise hâlâ yeri deşip kuyruklarını sallayarak rahatsızlıklarını belirtmeye devam ediyorlardı. Bulutlar rüzgârla hafifçe dağılmıştı ve ortalık biraz daha aydınlanmıştı. Bu aydınlığa rağmen hiçbir şey göremiyordum.

Saat soyguncular için oldukça geçti ve bu yol fazla yolcunun geçtiği bir yol değildi. Bir şeyler çalmak için burada beklemeye değmezdi.

Koruluk karanlıktı ama sakin değildi. Çam ağaçları sallanıyor ve pek çok ses çıkarıyordu. Çamlar ve yaşlı ağaçlar karanlığın içinde ürkütücü bir görüntüye sahipti. Kabuksuz tohumlu ağaçlar, konik şekilli olanlar, daha yaşlı ve yumuşak yapraklı olanlar, yaşlı kavak ve meşeler Rupert'ın anlattığı hayalet hikâyelerine çok uyuyordu.

Bir yandan istavroz çıkarıp bir yandan ağaçlardan korkmayı bir tek sen başarabilirsin diyerek kendimi rahatlatmaya çalışıyordum. Jamie nereye gitmişti?

Kalçama dokunan bir el yerimden sıçramama sebep oldu, yüreğim ağzıma gelmişti ve çığlık atmak üzereydim. Çok korkmuştum ve bilinçsizce göğsüne yumruklar atmaya başladım.

"Bir daha bana bu kadar sessiz yaklaşma!"

"Sus ve benimle gel." Beni attan çekerek indirdi ve atları hızla oradaki ağaçlardan birine bağladı. Biz çalılıklara doğru ilerlerken hâlâ huysuzlanıyorlardı.

"Ne oluyor?" diye fısıldadım, kör kör bir yerlere basarak ilerlemeye çalışıyordum.

"Sessiz ol. Konuşma. Yere bak ve ayağımı izle. Benim bastığım yerlere bas ve sana dokunduğum anda hemen dur."

Yavaşça ve başarabildiğim kadar sessizce onu izledim. Ağaçların altı daha da karanlıktı, çam iğnelerinin arasından arada bir ışık süzülüyordu. Ayrıca bu kuru iğneler üzerlerinde yürürken ses de çıkıyordu, neyse ki rüzgârda başımızın üzerinde sallananlar daha gürültülüydü.

Yerdeki çöplüğün arasında bir yarık vardı ve ormanın içerisinden granitler yükseliyordu. Jamie beni önüne aldı, ellerimi ve ayaklarımı tutarak beni yukarı yönlendirdi. Yukarı vardığımızda yan yana yatabileceğimiz bir açıklığa ulaştık. Jamie ağzını kulağımı yapıştırıp fısıldadı. "Yaklaşık on metre ileri sağa doğru bak. Açık alandalar. Görüyor musun?"

Onları hem görüyor hem de duyabiliyordum. Sekiz on kurttan oluşan küçük bir grup vardı. Ulumuyorlardı. Ayakları yukarı doğru duran bir leşin üzerine üşüşmüş onu yemekle meşgullerdi. Arada bir yavrulardan biri büyüklerin lokmasını kapınca yumuşak hırıltılar geliyordu, geri kalan sesler kemik kırılma ve doyma sesleriydi.

Gözlerim ortama biraz daha alışınca, bir kısmının doymuş bir şekilde ağaçların altına uzanmış olduklarını görebildim. Bunlar daha önce karınlarını doyurmuştu, geri kalanlar hâlâ leşi kemiriyordu ve gri tüyleri ay ışığında parlıyordu.

Kocaman, sarı gözlü bir kafa bir anda kulaklarını dikerek bize döndü. Kurt hafif bir ses çıkardı, bu ulumayla inleme arası bir sesti, bir anda ağaçlık sessizliğe gömüldü.

Bu safran rengi gözler bana kenetlenmiş gibiydi. Hayvan korkmuş ya da merak etmiş gibi görünmüyordu, sadece ne olup bittiğini anlamaya çalışıyordu. Jamie'nin eli hareketsiz durmamı sağlamak için sırtımdaydı, zaten kaçmak gibi bir isteğim de yoktu. Kurdun gözlerinin derinliğinde saatler boyunca kaybolabilirdim ama o kulaklarını bir kez daha havaya diktikten sonra benimle ilgilenmemeye karar verdi ve yemeğini yemeye devam etti.

Onları bir süre daha izlemeye devam ettik. Sonunda Jamie koluma dokunarak gitme zamanımızın geldiğini belirtti.

Yola geri dönerken dengemi sağlayabilmem için kolumu tutmaya devam etti. Beni William Kalesi'nden kurtardığından beri ilk kez bana dokunmasına izin vermiştim. Hâlâ kurtların büyüsünün etkisi altındaydım, konuşmadık ama yine birlikteliğimizden huzur duymaya başlamıştık.

Yürürken bir yandan da bana anlatmış olduğu hikâyeleri düşünüyordum. Çok başarılı bir iş yapmıştı. Herhangi bir özür sözcüğü kullanmadan benden özür dilemiş ve mesajını iletmişti, buna hayran kalmıştım. Sana, bana öğretilmiş adaleti sundum, demişti. Ve sana yapabildiğim kadar bağışlayıcılığı da sundum. Senin acını ve küçük düşme hissini geçirebilmek için sana kendi acılarımı ve küçük düşürülmelerimi anlattım, hangisinin daha ağır olduğuna kendin karar verebilirsin.

"Bunu çok kafana taktın mı?" diye sordum aniden. "Dayak yemekten bahsediyorum. Kolay atlatabildin mi?"

Elimi bırakmadan önce hafifçe sıktı.

"Çoğunlukla biter bitmez unuttum. Ama sonuncusunu atlatmam çok zor oldu."

"Neden?"

"O zamanlar on altı yaşındaydım, bu ilk sebep. İçimdeki erkek büyümeye başlamıştı, sanırım. İkincisi de canım çok acımıştı."

"İstemiyorsan bana anlatmak zorunda değilsin," dedim, sesindeki tereddüdü hissetmiştim. "Çok acı dolu bir hikâye mi?"

"Dayağın verdiği kadar acı dolu değil," dedi gülerek. "Hayır, sana anlatmamam için bir sebep yok sadece biraz uzun..."

"Bargrennan'a kadar önümüzde uzun bir yol var."

"Bu doğru. Pekâlâ, sana on altı yaşındayken bir yılımı Leoch Kalesi'nde geçirdiğimi söylemiştim, değil mi? Bu babamla Colum'un arasında yapılmış bir anlaşma sonucunda olmuştu - annemin klanını tanıyacaktım. İki yıl boyunca Dougal'la yaşadıktan sonra edep adap, Latince gibi şeyleri öğrenmek üzere bir seneliğine kaleye taşındım."

"Oraya nasıl gittiğini merak etmiştim."

"Evet, işte gidiş sebebim buydu. Yaşıma göre oldukça iriydim, pek çoğundan daha iyi bir binici ve daha iyi bir silahşordum."

"Çok alçakgönüllüsün."

"Pek değildim. Tam tersine çok ukalaydım ve çenemi hiç tutamıyordum."

"İnsanın kafası karışır," dedim, eğlenmeye başlamıştım.

"Bu doğru Saksonyalı... Yaptığım bir takım hareketlerle insanları güldürebildiğimi fark ettim ve bunları çok sık yapmaya başladım. Bunları kime ya da niye söylediğimi hiç umursamıyordum. Söylediklerim bazen diğerlerine karşı büyük kabalıklar yapmama yol açıyordu, kendimi aklıma gelen zekice şeyleri söylemekten alıkoyamıyordum."

Başını kaldırıp gökyüzüne baktı, saatin kaç olduğunu tahmin etmeye çalışıyordu. Ay yok olmuştu ve ortalık iyice kararmıştı. Orion takımyıldızını gördüm ve tanıdık bir şey görmek beni rahatlattı.

"Bir gün sınırı iyice aştım. Birkaç arkadaşımla birlikte koridorda ilerliyorduk, diğer taraftan da Bayan Fitzgibbons geliyordu. Elinde neredeyse kendisi kadar büyük bir sepet taşıyor ve sağa sola çarparak ilerleyebiliyordu. Şu an neye benzediğini gayet iyi biliyorsun, o zamanlarda pek ufak sayılmazdı." Burnunu kaşımaya başladı, utanmıştı.

"Onun görüntüsüyle ilgili abuk sabuk hareketler yapmaya başladım. Bunlar komik ama son derece saygısız hareketlerdi. Arkadaşlarım çok eğlenmişti ama onun da beni duyduğunu fark edememiştim."

Leoch Kalesi'nin iriyarı hanımını gözümün önünde canlandırdım. Ben hayatımda bu kadar iyi niyetli ve espriden anlayan başka birini daha görmemiştim, ufak tefek tacizlerden alınacak birine hiç benzemiyordu ama bunu cezasız bırakacak bir tipi de yoktu.

"Sana ne yaptı?"

"O sırada hiçbir şey yapmadı. Ertesi gün toplantıda ayağa kalkıp Colum'a her şeyi anlatana kadar duyduğunun bile farkında değildim."

"Ah, canım." Colum'un Bayan Fitz'e ne kadar büyük bir saygı beslediğini çok iyi biliyordum, ona yapılmış her şeyi kendisine yapılmış sayıyordu. "Ne oldu?"

"Laoghaire'e olan - yani neredeyse olmak üzere olan - şey oldu." Kıkırdadı.

"O zamanlar çok cesurdum, ayağa kalkıp dayağımı yumruklanarak yemek istediğimi belirttim. Kalbim deli gibi atıyordu ama son derece sakin görünmeye uğraşıyordum. Hâlbuki Angus'un ellerini görmek bile midemi bulandırıyordu. Hayatımda gördüğüm en büyük ellerdi ve birer taş parçası gibi görünüyorlardı. Salondan gülüşmeler geldi, o zamanlar bu kadar uzun değildim ve yarı kilomdaydım. Minik Angus bir yumrukta kafamı koparabilirdi."

"Neyse devam ediyorum. Dougal ve Colum kaşlarını çatarak bana baktılar, bu cesareti göstermem içten içe hoşlarına gitmişti. Sonra Colum bu isteğimi kabul etmediğini söyledi. Çocuk gibi davranıyorsam cezamı da çocuk gibi çekmeliymişim. Ben yerimden bile kıpırdayamadan başıyla gereken onayı verdi. Angus beni dizlerine yatırıp eteğimi açtı ve bütün salonun önünde kayışıyla beni dövmeye başladı."

"Ah, Jamie!"

"Angus'un işini ne kadar profesyonelce yaptığını fark etmişsindir. Bana on beş kez vurdu, sana bugün bile nerelere vurduğunu çok net olarak söyleyebilirim." Hafifçe ürperdi. "İzlerini bir hafta boyunca taşıdım."

En yakın çam ağacına uzanıp oradan bir grup yaprağı kopardı ve avcunun içinde onları dağıttı. Ortalığı daha keskin bir koku sardı.

"Oradan sessizce uzaklaşıp yaralarımı sarmama da izin verilmedi. Angus işini bitirince Dougal beni ensemden yakalayıp salonun diğer ucuna kadar yürüttü. Bunun ardından dizlerimin üzerinde sürünerek geri getirildim. Colum'un önünde diz çöküp Bayan Fitz'in beni affetmesi için yalvardım, bunun ardından kabalığımdan ötürü salondaki herkesten özür diledim ve Angus'a beni dövdüğü için teşekkür ettim. Bunu yaparken neredeyse boğuluyordum ama o büyük bir nezaketle yanıma gelip beni ayağa kaldırdı. Bunun ardından Colum'un yanındaki tabureye oturtuldum ve toplantı bitene kadar orada kaldım."

Kendini korumak ister gibi omuzlarını iyice kamburlaştırmıştı. "Bu hayatımda geçirdiğim en kötü bir saatti. Yüzüm alev alev yanıyordu, popom da aynı şekilde, dizlerim sıyrılmıştı ayaklarımdan başka bir yere bakamıyordum ama en kötüsü deliler gibi çişim gelmişti. Ölmek üzereydim ama herkesin önünde işemek de benim için daha aşağılayıcı. Patlamak üzereydim. Gömleğim terden sırılsıklam olmuştu."

Gülmemeye çalışıyordum. "Colum'a durumunu açıklayamaz mıydın?"

"O bu sorunun farkındaydı zaten, salondaki herkes de farkındaydı. Taburede oturuş şeklim beni ele veriyordu. İnsanlar tutup tutamayacağımın üzerine bahse girmeye başlamışlardı." Omuzlarını silkti.

"Sorsaydım Colum gitmeme izin verirdi. Ama inatçılık bu ya..." Hafifçe sırıttı, bembeyaz dişleri gecenin içinde parladı. "Bunu sormaktansa oracıkta ölmeyi yeğlerdim. Colum artık gidebileceğimi söylediği anda en yakın kapıdan salonu terk ettim. İlk duvarın arkasına geçip işemeye başladım. Bir an hiç bitmeyeceğini sandım."

"Evet," elindeki çam iğnelerini yere silkeledi, "artık bugüne kadar başıma gelmiş en kötü şeyi sen de biliyorsun."

Durmayı başaramamıştım, yolun kenarına oturmak zorunda kalana kadar gülmeye devam ettim. Jamie bir dakika kadar sabırla bekledikten sonra dizlerinin üzerine çöktü.

"Niye gülüyorsun?" diye sordu. "Hiç de komik değildi." O da gülümsüyordu.

Başımı sallamaya başladım ama hâlâ gülüyordum. "Hayır, değil. Bu çok korkunç bir hikâye. Ama... Ama seni inatla o taburede otururken gözümün önüne getiriyorum, çenen kasılmış, kulaklarından dumanlar çıkarken..."

Jamie homurdandı, biraz da güldü. "Ah, on altı yaşında olmak pek kolay bir şey değil tabii."

"Laoghaire denen kıza da o yüzden yardım ettin," dedim kendimi toplamayı başarabildiğimde. "Bunun nasıl bir şey olduğunu çok iyi biliyordun."

Şaşırmıştı. "Elbette, söylemiştim ya. On altı yaşında yüzüne yumruk yemek, herkesin önünde popona tokatlar yemekten çok daha kötü gelir insana. Kırılmış bir gurur her şeyden kötüdür, yeniden kırılması da çok kolay olur."

"Çok garip. Ağzına yumruk yiyecek birinin öyle sırıtabildiğini daha önce hiç görmemiştim."

"Pek kolay olmuyor."

"Hımm." Başımla onu onayladım. "Ben sanmıştım ki..." diye başladım ama utanarak sustum.

"Ne sanmıştın? Ben ve Laoghaire'den mi bahsediyorsun?" dedi, düşüncelerimi okumuş gibiydi. "Sen, Alec ve herkes, buna Laoghaire de dâhil öyle sandınız. O çirkin bir kız olsaydı da aynı şeyi yapardım." Kaburga kemiklerimi dirseğiyle dürttü. "Yine de senin buna inanacağını düşünmezdim."

"Ama sizi o gün o küçük ahırda gördüm," diyerek kendimi savunmaya çalıştım. "Birileri sana nasıl öpüşüleceğini öğretiyordu."

Jamie ayağıyla yerdeki tozları tekmeledi, utanmıştı. Başını hafifçe yana eğdi. "Bak Saksonyalı, ben de diğerlerinden çok farklı değilim. Olmaya çalışıyorum ama her zaman başaramıyorum. Aziz Paul'un bir lafı vardır, evlenmek yanmaktan iyidir. O sırada ben orada yanıyordum."

On altı yaşındaki uçarı kalbimi düşününce gülmeye başladım. "Bunun sonunda da benimle evlendin," diye alay ettim, "günah işlemene engel olmak için."

"Evet. Evlilik bu açıdan çok iyi bir şey; günah çıkartman gereken bir konuyu bir ayine dönüştürüyor."

Yeniden yere çöktüm.

"Ah, Jamie, seni gerçekten seviyorum!"

Bu kez gülme sırası ondaydı. İki büklüm oldu ve yolun kenarına çöktü, gülmekten kırılıyordu. Sırtüstü yere uzandı ve debelenerek gülmeye devam etti.

"Tanrı aşkına senin neyin var?" diye sordum dayanamayıp. Sonunda doğrulup yaşaran gözlerini sildi. Nefes almaya çalışırken başını sallıyordu.

"Murtagh kadınlar hakkında çok doğru şeyler söylüyor. Senin için hayatımı riske attım, hırsızlık ve kundakçılık yaptım ve seni kurtarmak için birini öldürdüm. Bunların karşılığında bana garip isimler taktın, bana hakaret ettin, hayalarımı tekmeledin ve yüzümü tırmaladın. Seni dövdüm ve sana hayatım boyunca başıma gelmiş olan en kötü şeyleri anlattım ve sen bana beni sevdiğini söyledin." Başını dizlerine dayayarak biraz daha güldü. Sonunda ayağa kalktı ve kalkmam için elini uzattı, diğeriyle hâlâ gözlerini siliyordu.

"Hiç akla uygun işler yapmıyorsun Saksonyalı ama senden çok hoşlanıyorum. Haydi gidelim."

Vakit oldukça geç olmuştu ya da erken, bu bakış açısına göre değişebilirdi. Bargrennan'a şafak sökmeden varmak için atlarımıza binmemiz gerekiyordu. Kendimi daha iyi hissediyordum, hâlâ canım acıyordu ama dayanabilirdim.

Bir süre sessizlikle dost olarak yol aldık. Düşüncelerimle baş başa kalmıştım, ilk kez paniklemeden, taş yapıtı bulamazsam neler olacağını düşündüm. Onunla zorla ve gerektiği için evlenmiştim ama ondan çok hoşlandığımı da inkâr edemezdim.

Burada önemli olan konulardan biri de onun bana karşı

beslediği hislerdi. Rastlantılar bizi bir araya getirmişti, arkadaş olmuştuk. Bunun ardından fiziksel çekim ve cinsel arzular devreye girmişti ama bana duygularından hiç söz etmemişti. Bunu hâlâ yapmamıştı.

Hayatını benim için tehlikeye atmıştı. Bunu evlilik yeminini tutmak için de yapmış olabilirdi, beni kanının son damlasına kadar koruyacağına yemin etmişti ve ben ona inanıyordum.

Son yirmi dört saat içerisinde yaşadıklarım beni çok etkilemişti, bana bir anda neler hissettiğini anlatmaya başlamıştı, bunun ardından benimle sırlarını paylaşmıştı. Eğer bu anlattığı şeyleri hissediyorsa ben bir anda ortadan yok olduğumda ne yapacaktı? Fiziksel rahatsızlıklarıma bir de bu düşünceler eklenmişti.

Jamie aramızdaki sessizliği bozduğunda Bargrennan'a altı kilometrelik bir yolumuz kalmıştı.

"Sana babamın nasıl öldüğünü anlatmadım," dedi birdenbire.

"Dougal ona inme indiğini yani apopleksi geçirdiğini söylemişti," dedim, irkilmiştim. Jamie de bir şeyler düşünüyordu, bundan emindim, onunla bu gece babasından konuşmuştuk ama bu konuya neden girdiğini yine de anlayamamıştım.

"Bu doğru. Ama o..." Durdu, doğru kelimeleri bulmaya uğraşıyordu, sonra omuz silkerek bunları bulmaya çalışmaktan vazgeçti. Derin bir nefes aldı ve hızla bıraktı. "Bunu bilmen gerekiyor. Bunun yaşadığımız pek çok şeyle alakası var." Yol yan yana at sürebileceğimiz kadar genişti, sadece taşlara dikkat etmek gerekiyordu; Dougal'a atımı gelişigüzel seçmiş olduğunu sandığım için bir özür borçluydum.

"O kalede öldü," dedi yolun bozuk kısmından öbür tarafa doğru atını sürerken, "dün olduğumuz yerde. Randall ve adamlarının beni Lallybroch'dan alıp götürdükleri yerde. Beni kamçıladıkları yerde... İlk seferden iki gün sonra Randall beni ofisine getirtti - iki asker gelip beni hücremden alıp oraya götürdü - yani seni bulduğum yere; oraya nasıl gidileceğini bilme sebebim buydu."

"Avluda babamla karşılaştık. Beni nereye götürdüklerini

öğrenmiş ve benim için yapabileceği bir şey olup olmadığını bulmaya gelmişti. En azından iyi olduğumu gözleriyle görmek istemişti."

Atını hafifçe mahmuzlarken dudaklarından da bunu destekleyen bir ses çıktı. Gün ağarmaya başlamamıştı ama gece son bulmak üzereydi. Bir saat içerisinde şafak sökecekti.

"Onu orada görene kadar ne kadar yalnızlık çektiğimin ya da ne kadar korktuğumun farkında bile değildim. Askerler bizi konuşabilmemiz için yalnız bırakmadılar ama selamlaşmamıza izin verdiler." Yutkundu ve devam etti.

"Ondan Jenny'ye olanları engelleyemediğim için özür diledim. Beni susturdu ve bana sarıldı. Bana nasıl olduğumu sordu - kırbaçlandığımı biliyordu - ve her şeyin düzeleceğini söyledi. Askerler gitmemiz gerektiğini söyleyince kolumu sıktı ve dua etmeyi unutmamamı söyledi. Ne olursa olsun yanımda olduğunu ve kafamı hep dik tutup hiçbir şey için üzülmememi tembihledi. Beni yanağımdan öptü ve askerler beni oradan uzaklaştırdı. Bu onu son görüşümdü."

Sesi sakindi ama kalınlaşmıştı. Benim boğazımı da bir şeyler sıkmaya başlamıştı, ona dokunmayı çok istiyordum ama yol daralmıştı ve o an için onu arkadan takip etmek zorundaydım. Yan yana geldiğimizde kendini toplamıştı.

"Böylece," dedikten sonra bir nefes daha aldı, "Komutan Randall'ı görmeye gittim. Askerleri dışarı çıkarttı ve yalnız kaldık. Beni bir tabureye oturttu. Babamın benim için kefalet önerdiğini söyledi ama benim suçum çok ağırmış ve topraklarında yaşamakta olduğumuz Argyll Dükü'nden bu ödemenin yapılacağına dair belge getirilmezse bu kabul edilemezmiş. Babamın beni gördükten sonra nereye gittiğini tahmin etmiştim."

"Bu arada Randall mahkûm edilmiş olduğum ikinci kırbaçlanma konusuna geçmişti." Nasıl devam edeceğini bilmezmiş gibi bir an durdu.

"Farklı davranıyordu. Çok nazikti ama bunun altında ne olduğunu anlayamadığım bir şeyler yatıyordu. Sürekli beni izliyordu, bir şey yapmamı bekler gibiydi. Ben hareketsiz oturuyordum."

"O güne kadar ilişkimiz kötü yönde ilerlediği için benden özür bile diledi, şartların farklı olmasını dilermiş." Jamie başını sallıyordu. "Neden bahsettiğini bile anlayamıyordum, daha iki gün önce benim ölene kadar dövülmemi istiyordu. Sonunda lafını esirgemeden konuya daldı."

"Ne istiyormuş?" diye sordum. Jamie bana şöyle bir baktıktan sonra uzaklara bakmaya başladı. Karanlıkta yüzünü net olarak seçemiyordum ama utandığı belliydi.

"Beni," dedi açıkça.

Öylesine irkilmiştim ki atlarımız kafa kafaya tokuştu. Jamie yeniden omuz silkti.

"Söyledikleri çok netti. Eğer ona...ona vücudumu sunarsam ikinci kamçılanmayı iptal edecekti. Bunu yapmadığım takdirde doğduğuma pişman olacaktım..."

Midem bulanmaya başlamıştı.

"Ben çoktan bu söylediğini hissetmeye başlamıştım bile," diye bir espri yaptı. "Karnım kırık cam yutmuşum gibi ağrımaya başlamıştı, ayakta olsam dizlerimin birbirine çarptığı görülecekti."

"Ama sen ne..." Sesim çok garip çıkmıştı, boğazımı temizleyip yeniden konuşmaya çalıştım. "Sen ne yaptın?"

İçini çekti. "Sana yalan söylemeyeceğim Saksonyalı. Bunu düşündüm. İlk kamçılanmanın acısı hâlâ geçmemişti, yaralarım hâlâ açıktı. Her ayağa kalktığımda başım dönüyordu. Bunu yeniden yaşamak, ellerim bağlı bir sonraki kamçının gelişini beklemek..." İstemeden ürperdi.

"İstediği şey hakkında hiçbir fikrim yoktu," dedi acı bir sesle, "ama yine de bir an bunun kamçılanmaktan daha az acı verebileceğini düşündüm. Kamçılanırken ölen adamlar gördüm Saksonyalı ve bakışlarından anladığım kadarıyla benim onlardan biri olmama karar vermişti, seçim benimdi." Bir nefes daha aldı.

"Ama babamın öpücüğünü hâlâ yanağımda hissediyordum ve onun söylediklerini düşündüm... Bunu yapamayacaktım. Ölümümün babamı ne kadar üzeceğini de biliyordum. Hem bu adam kız kardeşime tecavüz etmişti ve lanet olasıca beni de istiyordu."

Jack Randall'ı başka bir açıdan görmeye başlamıştım. Jamie ensesini sıvazladı ve eli yeniden eyerin üzerine düştü.

"Son kalan cesaretimi toplayıp ona hayır dedim. Hayır. Bağırmaya başladım, ona aklıma gelen bütün hakaretleri savurdum, ciğerlerimdeki tüm güçle tekrar tekrar bağırdım."

Yüzünü buruşturdu. "Düşünmeye devam edersem kararımı değiştireceğimden korkuyordum. Geri dönüş olmaması için elimden geleni yapıyordum. Ayrıca böyle bir teklifi geri çevirmenin daha akıllıca bir yolu olduğunu da sanmıyorum," diye ekledi.

"Yok," diyebildim sadece. "Söylediğin şeylerin onu mutlu ettiğini hiç sanmıyorum."

"Etmedi. Elinin tersiyle ağzıma vurup beni susturmaya uğraştı. Yere düştüm - hâlâ zayıftım - üzerime oturup bana bakmaya başladı. Ayağa kalkmaya çalışmanın aptallık olacağını düşündüm ve askerler gelip beni götürene kadar orada yattım. O istifini hiç bozmadı ve ben odadan ayrılırken 'Cuma günü görüşürüz' dedi. Bir iş randevusu verir gibiydi."

Askerler Jamie'yi üç kişiyle paylaştığı hücresine geri götürmemişlerdi. Onu cuma gününü beklemek üzere tek başına küçük bir odaya koymuşlardı, günde sadece bir kez yaralarını sarmaya gelen doktordan başka kimseyi görmesine izin vermemişlerdi.

"Çok iyi bir doktor değildi ama oldukça nazik bir adamdı. İkinci gün gelirken kaz yağı ve kömür getirmişti, elinde bir de ölen bir mahkûma ait bir İncil vardı. Katolik olduğumu anladığını söylemişti. Tanrı adının beni rahatlatıp rahatlatmadığını bilmediğini ama en azından acılarımı onunkilerle karşılaştırarak rahatlayabileceğimi söylemişti." Güldü.

"Garip ama bu bana huzur vermişti. Peygamberimiz de kamçılanmıştı, ben en azından bundan sonra çivilenip çarmıha asılmayacaktım. Diğer taraftan o da Pontius Pilatus'un ona yaptığı ahlaksız tekliflere kanmamıştı."

Jamie küçük İncil'i saklamıştı. Eyer çantasını karıştırıp onu buldu ve bakmam için bana uzattı. Yaklaşık on santim boyunda deri kaplı eski bir kopyaydı, kâğıt çok inceydi ve yazılar arka sayfadan da okunabiliyordu. Sayfalardan birinin üzerinde Alexander William Roderick MacGregor, 1733 yazıyordu. Mürekkep zamanla silinmişti ve kitap pek çok kez ıslandığı için çok yıpranmıştı.

Ona geri verirken meraklanmıştım. Küçük bir şeydi ama onu dört yıl boyunca yanında gezdirmek Jamie'nin şartlarında başlı başına bir işti.

"Onu okuduğunu hiç görmedim."

"Onu okumak için saklamadım," dedi. Hırpalanmış kabını okşadıktan sonra onu yerine koydu. Sonra eyer çantasını da okşadı.

"Alex MacGregor'a ödemem gereken bir borç var. Bir gün bunu ona ulaştıracağım."

"Her neyse," diyerek hikâyesine geri döndü. "Sonunda cuma günü geldi, o günü gördüğüm için mutlu muyum üzgün müyüm bilmiyorum. Korkuyla beklemek o acıyı çekmekten çok daha beterdi. Yine de o gün gelince..." Hafifçe silkelenerek gömleğinin arkasını rahatlattı. "Sen izleri gördün. Nasıl bir şey olduğunu biliyorsun."

"Dougal bana söylediği için sana da söylüyorum o da o gün oradaymış."

Jamie başıyla beni onayladı. "Evet oradaydı. Babam da oradaydı ama ben o zaman bunu bilmiyordum. O sırada yaşadıklarımdan başka bir şey düşünemiyordum."

"Ah," dedim yavaşça "ve baban o gün..."

"Hımm. İşte o zaman oldu. Oradaki adamların bir kısmı öldüğümü düşündüklerini söylemişlerdi, sanırım babam da öyle düşündü." Tereddütle durdu, yeniden konuşmaya başladığında sesi iyice boğuklaşmıştı. "Dougal'ın söylediğine göre ben düşünce babam da ufak bir ses çıkararak elini başına koymuş ve oraya yığılmış. Bir daha da ayağa kalkmamış."

Kuşlar çalılıklardan havalandılar ve ağaçların arasında şarkılarını söylemeye başladılar. Jamie'nin başı eğikti, yüzünü hâlâ göremiyordum.

"Onun öldüğünü bilmiyordum," dedi hafifçe. "Bana bir ay sonra - dayanabileceğimi düşündükleri kadar iyileştiğimde -

söylediler. Onu bir oğlun yapması gerektiği gibi gömemedim. Onun mezarını da göremedim çünkü eve gitmeye korkuyorum."

"Jamie," dedim. "Ah, Jamie canım..."

Uzun bir sessizlikten sonra konuşabilmeyi başardım. "Ama bunun sorumlusu sen değilsin, böyle düşünemezsin. Senin yapabileceğin bir şey yoktu. Farklı bir davranış gösteremezdin."

"Yok muydu?" dedi. "Evet, belki de yoktu ama hâlâ diğer yolu seçmiş olsaydım neler olacağını merak etmeden duramıyorum. Doğruyu yapmış olmak beni rahatlatmıyor, onu ellerimle ölüme göndermiş olduğumu düşünüyorum."

"Jamie..." dedim yeniden ve durdum, söyleyecek bir şey bulamamıştım. Atını sürmeye devam etti, bir süre sonra omuzları yeniden dikilmişti.

"Bunları senden başka kimseye anlatmadım," dedi aniden. "Ama senin bilmen gerektiğini düşündüm. Randall'la benim aramda neler geçtiğini bilmek senin hakkın."

Randall'la benim aramda geçenler... İyi bir adamın hayatı, bir kızın onuru ve onun damarlarında dolaşan ahlaksızlığı kanla örtbas etmeye çalışması. Bütün bunlara bir şey daha eklenmiş olduğunu bilmek karnımı ağrıtmıştı. Jamie'nin pencerenin kenarında elinde boş silahla dururken neler hissettiğini şimdi anlayabiliyordum. Onu bana yaptığından dolayı affetmeye başlamıştım.

Hep olduğu gibi yine aklımdan geçenleri okudu ve bana bakmadan konuşmaya başladı. "Biliyor musun? Yani seni dövmemin faydalı olabileceğini neden düşündüğümü şimdi anlayabiliyor musun?"

Cevabımı vermeden önce biraz bekledim. Anlıyordum ama her şey bu kadar basit değildi.

"Anlıyorum," dedim. "Bu nedenle de seni affediyorum. Ama affedemeyeceğim bir şey var." Kendimi tutmak istememe rağmen sesim yüksek çıkmıştı. "Affedemeyeceğim şey bundan hoşlanmış olman!"

Eyerin üzerine eğilip uzun bir süre güldü. Üzerindeki bütün gerginliği atmış olarak başını kaldırıp bana baktı. Hava aydınlanmaya başlamıştı, yüzünü görebiliyordum, yorgunluk, gerginlik ve mutluluk yüzünde çizgiler oluşturmuştu. Yanaklarındaki çizgiler loş ışıkta karanlık bölgeler oluşturuyordu.

"Hoşlanmak mı? Ah Saksonyalı," dedi. "Bundan ne kadar çok hoşlandığımı inan ki anlayamazsın. Sen o kadar... Ah Tanrım o kadar güzeldin ki. Benimle savaştığın için bir yandan sana çok kızıyordum. Seni incitmekten nefret ediyordum ama bir o kadar da canını yakmak istiyordum... Aman Tanrım," dedi ve burnunu kaşımak için bir süre durdu. "Evet, evet, çok hoşuma gitti."

"Hazır bu konuyu açmışken," diye devam etti, "beni kendimi tutabildiğim için kutlaman gerektiğini düşünüyorum."

Yeniden sinirlenmeye başlıyordum. Esen yele rağmen yanaklarım yanmaya başlamıştı.

"Kendini tutmak mı diyorsun sen buna? Ben senin sol kolunu çalıştırdığını düşünüyorum. Beni neredeyse kötürüm bırakacaktın, seni pis kaba İskoçyalı!"

"Seni hiç kötürüm eder miyim Saksonyalı, buna gerçekten inanıyor musun?" diye cevap verdi kuru bir sesle. "Ben sonrasından bahsediyordum. Hatırlarsan yerde uyudum."

Burnumdan soluyarak yan gözle ona baktım. "Kendini tutmak dediğin bu muydu?"

"Seni deli gibi istiyordum ama bunun o an için seni kullanmak olacağını düşündüm. Oysa seni çok istedim," dedi gülerek. "Tehlike ve gerginlik dürtülerimi ortaya çıkarıyor."

"Beni kullanmak mı?" diye garip bir soru sordum.

"O şartlar altında bunun adına sevişmek demek zor olurdu, sen der miydin?"

"Sen ne dersen de," dedim soğuk bir sesle, "bunu denememen çok iyi olmuş, aksi takdirde şu an birkaç uzvun eksilmiş olabilirdi."

"Bu benim de aklıma gelmişti."

"Suçuna bir de tecavüzü eklemediğin için alkış bekliyorsan, daha çok beklersin." Öfkeden boğulmak üzereydim.

Bir kilometre boyunca hiç konuşmadık. O yine derin bir nefes aldı. "Bu konuşmayı hiç başlatmamalıydım. Aslında sormaya çalıştığım şey Bargrennan'a vardığımızda yatağını paylaşmama izin verip vermeyeceğindi." Utangaç bir tavırla duraksadı. "Yer soğuk oluyor da."

Bir beş dakika kadar ona cevap vermeden ilerlemeye devam ettim. Ne söyleyeceğime karar verdiğim anda dizginlerimi yolun karşısına geçmek üzere çektim ve Jamie'nin atının önüne geçip onu durdurdum. Şafağın ilk ışıklarıyla birlikte Bargrennan'ın çatıları da görünmeye başlamıştı.

Onu durdurduktan sonra atımı onun atına paralel olarak yanaştırdım, artık Jamie'nin dibindeydim. Konuşmaya başlamadan önce gözlerinin içine baktım.

"Sevgili sahibim bana yatağını paylaşmak onurunu lütfeder misiniz?" dedim nezaketle.

Bir şeylerden şüpheleniyormuş gibi bir süre beni inceledikten sonra aynı nezaket ve aynı resmiyetle bana cevap verdi. "Edeceğim. Teşekkür ederim." Dizginlerini tekrar eline alırken onu durdurdum.

"Söylemek istediğim bir şey daha var efendim," dedim aynı nezaketle.

"Nedir?"

Elimi eteğimin cebine sokup kamamı çıkardım ve onun göğsüne dayadım, günün ilk ışıkları kamanın üzerine düşüyor ve parlamasına sebep oldu.

"Eğer," dedim dişlerimin arasından, "bir daha bana elini kaldırırsan, kalbini söker ve sabah kahvaltısında kızartarak yerim James Fraser!"

Uzun bir sessizlik yaşandı, atların çıkarttığı seslerden başka hiçbir şey duyulmuyordu. Avcunu açarak elini bana uzattı.

"Onu bana ver." Tereddüt ettiğimi görünce sabırsızlıkla, "senin üzerinde kullanmayacağım. Ver onu bana!" dedi.

Kamayı bıçak tarafından tuttu, güneş sapının ucundaki taşın üzerine yansıyıp etrafa ışıklar saçmasına sebep oldu. Kamayı bir haç gibi tutup İskoçça bir şeyler söyledi. Bu hareketi Colum'un salonundaki yemin töreninden hatırlamıştım, sözlerini anlayabilmem için İngilizce konuşmaya başladı.

"Ulu İsa adına ve bu kutsal demir üzerine yemin ederim

ki sadakatim, aşkım ve bağlılığım senindir. Eğer bir daha sana öfkeyle elimi kaldırırsam bu kutsal demir kalbimi paramparça etsin." Kamayı öptü ve bana geri verdi.

"Boş yere tehditler savurmadığımı söylemiştim Saksonyalı," dedi tek kaşını kaldırırken. "Anlamsız ve tutamayacağım yeminleri de etmem. Artık yatağımıza gidebilir miyiz?"

23

Leoch'a Dönüş

Dougal bizi Kırmızı Domuz tabelasının altında bekliyordu, sabırsızlıkla kapının önünü arşınlıyordu.

"Başardın değil mi?" diye sordu. Attan yardım almadan inişimi takdirle karşıladı, sadece hafifçe sendeliyordum. "Cesur kız, yirmi kilometreyi gıkını bile çıkarmadan geldin. Haydi, yatağına çık bunu hak ettin. Jamie ve ben atları hallederiz." Popoma hafifçe vurarak gitmemi belirten bir hareket yaptı. Onun önerdiği şeyi yapıyor olmaktan mutluydum, başımı yastığa koyar koymaz uyudum.

Jamie'nin yanıma gelip kıvrıldığını bile duymamıştım, akşamüstünün ilerleyen saatlerinde birdenbire uykumdan sıçrayarak uyandım. Unuttuğum çok önemli bir şey aklıma gelmişti.

"Horrocks!" diye bağırdım yatağın içinde oturarak.

"Ne?" Jamie uykulu bir sesle yerinden zıpladı, yatağın iki yanını kontrol etti ve elinde kamasıyla odanın ortasına çöktü. "Ne?" diye yeniden sordu vahşi ışıklar gibi yanıp sönen gözleriyle odayı araştırırken. "Ne oluyor?"

Onu çıplak bir şekilde yere çökmüş görünce kıkırdamaya başladım, kızıl saçları tüylü kalemlerinki gibi havaya dikilmişti.

"Huysuz bir oklukirpiye benziyorsun," dedim.

Bana pis pis bakıp ayağa kalktı, kamayı elbiselerinin durduğu taburenin üzerine bıraktı.

"Bunu söylemek için uyanmamı bekleyemedin mi?" diye sordu. Kulağımın dibinde 'Horoz' diye bağırarak uyandırmak sana daha uygun mu geldi?"

"Horoz demedim," diyerek anlatmaya çalıştım. "Horrocks.

Sana onunla neler konuştuğunu sormayı unuttum. Onu buldun mu?"

Yatağa oturup başını ellerinin arasına aldı. Yüzünü ovalayıp duruyordu, kan dolaşımını hızlandırmak ister gibi bir hali vardı.

"Anladım," dedi parmaklarının arasından. "Onunla konuştum."

Ses tonundan firariden öğrendiklerinin hiç iç açıcı şeyler olmadığını anladım.

"Sana işe yarayacak bir şeyler söyleyemedi mi?" diye sordum sevgi dolu bir sesle. Bu olasılık hep vardı, Jamie kendi biriktirdiği para, Dougal ve Colum'dan aldıkları ve gerekirse kullanmak üzere babasının yüzüğünü de yanına almıştı.

Yanıma uzandı tavana bakıyordu.

"Hayır," dedi. "Hayır, bana işe yarar şeyler söyledi hem de gayet uygun bir fiyata..."

Onun yüzünü daha iyi görebilmek için dönüp dirseklerimin üzerinde doğruldum.

"Pekâlâ, başçavuşu kim vurmuş?"

Bana baktı ve gülümsedi, bu aslında acı bir gülümsemeydi.

"Randall," deyip gözlerini yumdu.

"Randall mı?" dedim anlamsız bir sesle. "Ama neden?"

"Bilmiyorum," dedi, gözleri hâlâ kapalıydı. "Bir takım tahminlerde bulunabilirim ama bunun pek önemi yok. Bunu ispatlamam çok zor."

Bu sözlerinin doğru olduğunu kabul etmekten nefret ediyordum. Yeniden onun yanına sırtüstü uzanıp alçak tavandaki kara meşeden yapılmış kirişleri seyretmeye başladım.

"Başka ne yapabilirsin?" diye sordum. "Fransa'ya gidebilirsin ya da belki..." bir anda aklıma oldukça parlak bir fikir gelmişti, "belki de Amerika'ya. Yeni Dünyada çok başarılı olursun."

"Okyanusun diğer ucuna mı?" Ürperdi. "Hayır. Hayır, bunu yapamam."

"Peki, ne yapmayı düşünüyorsun?" diye ısrar ettim, başımı ona çevirmiştim. Tek gözünü açıp bana mutsuz bir suratla baktı.

"Başlangıç olarak bir saat daha uyuyabilirim ama bu mümkün görünmüyor." Vazgeçip, yattığı yerden doğrularak sırtını duvara dayadı. Yatmadan önce çok yorgun olduğum için çarşafları silkelemeye üşenmiştim, şu an tam onun dizinin yanında ne olduğu belli olmayan siyah bir nokta vardı. O konuşurken gözüm bu noktaya takılı kalmıştı.

"Haklısın," diyerek söze başladı, "Fransa'ya gidebiliriz." İrkildim, artık bütün planlarına ben de dâhildim.

"Ama orada yapabileceğim fazla bir şey yok," dedi dalgın bir tavırla bacağını kaşırken. "Askerlik yapabilirim ama bu senin için hoş bir hayat olmaz. Belki Roma'ya gidip Kral James'in maiyetine katılabilirim. Bu ayarlanabilir, o bölgede Fraserlardan birkaç kuzenim var, bana yardım edebilirler. Politikadan da prenslerden de hoşlanmam ama bu yine de olabilir. İşin aslında öncelikle İskoçya'da aklanmayı isterim. Bunu başarabilirsem başımıza gelecek olan en kötü şey Fraser arazilerinde çiftçilik yapmak olur, en iyisi ise Lallybroch'a geri dönmektir." Yüzü yine kararmıştı, kız kardeşini düşündüğünü biliyordum. "Tek başıma olsam," dedi yumuşak bir sesle, "tercihim oraya gitmek olmazdı ama tek başıma değilim."

Bana bakarak gülümsedi, eli saçlarımda geziniyordu. "Bazen senin varlığını unutuyorum Saksonyalı."

Çok rahatsız olmuştum. Kendimi bir hain gibi hissediyordum. Ben terk etmek uğruna onu sürekli tehlikeye atarken o benim rahatım ve güvenliğim için en iyi planı yapmaya çalışıyordu. Bunu istemeden de olsa yapmıştım. O an bile onu Fransa'ya gitmemek konusunda ikna etmek istiyordum, amacımdan, yani taş yapıttan uzaklaşamazdım.

"İskoçya'da kalabilmemizin bir yolu var mı?" diye sordum başka bir tarafa bakarak. Yorganın üzerindeki siyah nokta yok olmuş gibi geldi ama emin değildim. Son bir kez daha dikkatle oraya baktım.

Jamie'nin saçlarımda dolaşan eli boynuma inmişti.

"Evet," dedi düşünceli bir tavırla. "Olabilir. Dougal beni bu yüzden bekliyordu, bana yeni haberler verdi."

"Gerçekten mi? Ne gibi haberler?" Başımı çevirip ona baktım, bu hareketim kulağıma dokunabilmesini sağladı ve parmaklarını onun etrafında gezdirmeye başladı. Boynumu yana yatırıp kedi gibi mayışmak istiyordum. Ne yapmak istediğinin farkındaydım ama hemen dürtülerimi bastırdım.

"Colum bir haberci göndermiş. Bizi burada bulacağını düşünmemiş bile ama yolda Dougal'a rastlamış. Dougal, Ned Gowan'ı kiraları toplaması için burada bırakıp hemen kaleye dönüyor. Bizim de onunla gitmemizi istedi."

"Leoch'a mı?" Fransa değildi ama daha iyi bir seçenek de değildi. "Neden?"

"Orada bizi bekleyen bir ziyaretçi var, daha önce Colum'un işlerini çözmüş bir İngiliz asili. O güçlü bir adam ve benim için bir şeyler yapması için ikna edilebilir. Cinayetten yargılanmış ve mahkûm olmuş değilim. Bunun olmadığını söyleyebilir ya da affedilmemi sağlayabilir." Küçümser bir tavırla gülümsedi. "Yapmadığım bir şeyden dolayı affedilmek biraz garip geliyor ama asılmaktan iyidir."

"Bu çok doğru..." Nokta kıpırdamaya başlamıştı. Gözlerimi iyice kısıp ona iyice odaklandım. "Bu İngiliz asilinin adı neymiş?"

"Sandringham Dükü."

Bağırarak yerimden sıçradım.

"Ne oldu Saksonyalı?" diye telaşla sordu Jamie.

Titreyen parmağımla siyah noktayı gösterdim, şu an emin adımlarla onun bacağına tırmanıyordu.

"Bu ne?" dedim.

Ona bakıp tırnağıyla dürttü.

"O mu? O sadece bir tahtakurusu Saksonyalı. Hiçbir şey..."

Yaptığı ani hareket sözünü bitirmesine engel olmuştu. Tahtakurusu sözcüğünü duyduğum anda örtülerin altından fırlayıp duvara dayanmıştım, haşaratlar yatağımızı basmıştı.

Jamie bana alayla baktı.

"Huysuz oklukirpi demiştin değil mi?" Başını sallayarak beni inceliyordu. "Mmm," diyerek elini başına götürüp saçlarını düzeltti. "Artık sadece huysuzu kaldı. Sen de yeni uyandığında kabarık küçücük bir şeysin, bundan emin olabilirsin." Bana doğru yuvarlanıp elini uzattı.

"Yanıma gel küçük ipek otum. Güneş batmadan önce buradan ayrılmayacağız. Uyumayacaksak..."

Bir süre sonra yere serdiğimiz pelerinim ve onun şalından ibaret olan böceksiz sert yatağımızda birbirimize sarılarak biraz daha uyuduk.

Biraz uyumamız iyi olmuştu. Sandringham Dükü'nden önce kaleye varmak için Dougal zorlu bir yol seçmişti ve orada son süratle ilerliyorduk. Yük arabaları olmadan yol aldığımız için hızlı ilerleyebiliyorduk ama yolların bozukluğu zaman zaman bu hızı kesiyordu. Dougal bizi çok zorluyordu, molalarımız çok kısaydı.

Leoch'un kapılarından girdiğimizde, bu kapıdan içeri ilk girdiğimiz günkü kadar yorgun ve dağılmış durumdaydık.

Avluda atımdan aşağı kaydım ve düşmemek için üzengiye tutundum. Jamie beni dirseğimden yakaladı ve ayakta duramayacağımı anlayınca beni kucağına aldı. Atları seyislere bırakıp beni kemerli yola doğru götürmeye başladı.

Koridorda duraklayarak, "Aç mısın Saksonyalı?" diye sordu. Mutfaklar bir tarafta yatak odalarına giden yolsa diğer taraftaydı. Gözlerimi açık tutmaya çalışarak inledim. Açtım ama çorbadan ilk kaşığı alamadan kafam çorbanın içine düşecekmiş gibi hissediyordum.

Bir karışıklık oldu ve gözlerimi zorlukla açarak iriyarı Bayan FitzGibbons'un bize doğru yaklaştığını gördüm.

"Bu zavallı çocuğun nesi var?" diye sordu Jamie'ye. "Kaza filan mı geçirdi?"

"Hayır, sadece benimle evlendi," dedi Jamie, "tabii istersen buna kaza gözüyle bakabilirsin." Jamie, Bayan Fitz'in olanca sesiyle sorduğu soruları duyup ne olduğunu merak ederek oraya toplanmış olan mutfak görevlileri, aşçılar, bahçıvanlar, süvariler ve kale yaşayanlarından kurtulabilmek için ne taraftan ilerlemesi gerektiğine karar vermeye çalışıyordu.

Sonunda kararını verdi ve sağ taraftan merdivenlere doğru

ilerlemeye başladı. Sağdan soldan gelen sorulara bölük pörçük cevaplar vermeye çalışıyordu. Ben Jamie'nin göğsüne dayanmış baykuş gibi gözlerimi kırpıştırıyordum, etrafımıza toplanıp hoş geldin diyenlere sadece başımı sallayabiliyordum. Bunların çoğu dost yüzlerdi, aralarında meraklılar da vardı.

Koridorun köşesinden dönmek üzereyken hepsinden daha çok tanıdığım bir yüz dikkatimi çekti. Bu Laoghaire'di. Jamie'nin sesini duyunca yüzü pırıl pırıl olmuştu. Jamie'nin kucağında taşıdığı şeyi görünce gözleri kocaman oldu ve gül goncası dudakları aralandı.

Etrafımızdaki abuk sabuk karmaşa bıçakla kesilir gibi durmadan önce sorularını sorabilmek için gereken fırsatı bulamamıştı. Jamie de durdu. Kafamı kaldırınca Colum'u gördüm, yüzü tam benim hizamdaydı ve oldukça irkilmiş durumdaydı.

"Ne..." diyerek konuşmaya başladı.

"Evlenmişler," dedi Bayan Fitz mutlulukla. "Ne şeker! Ben odalarını hazırlarken siz de onları kutlayabilirsiniz efendim." Dönüp merdivenlere ilerledi, onun kalabalık arasında açtığı boşluktan Laoghaire'in bembeyaz olmuş yüzünü çok daha net görebiliyordum.

Colum'la Jamie aynı anda konuşuyorlardı, sorular ve açıklamalar havada uçuşuyordu. Uyanmaya başlamıştım, daha doğrusu hafifçe kendime gelmiştim.

"Madem öyle," dedi Colum, durumu çok onaylamadığı her halinden belliydi, "evlenmişseniz evlenmişinizdir. Dougal ve Ned Gowan'la konuşmalıyım, halledilmesi gereken hukuki işler var. Evlendiğine göre annenin kontratından sana geçenler konusunu halletmemiz gerekir."

Jamie'nin hafifçe dikildiğini fark ettim.

"Madem bu konudan bahsettin," diyerek konuya girdi Jamie, "ki en doğruyu yapıyorsun. MacKenzie topraklarından toplanan kiralardan hak ettiğim çeyrek hisseyi de konuşuruz. Dougal'ın topladıkları yakında gelecektir, belki ona hesaplarını yaparken bunu da ayırmasını söylersin. Şimdi bizi affeder misin dayıcığım, karım çok yorgun," diyerek konuşmasını bitirdi.

Sonra da beni daha sağlam bir şekilde kollarına yerleştirip merdivenlere döndü.

Odada yalpalayarak ilerleyip - bacaklarımın bir kısmını hissetmiyordum - kendimi kocaman yatağa attım. Bu yatağı evli olduğumuz için hak etmiştik. Son derece davetkâr, yumuşak ve her zaman hazırlıklı olan Bayan Fitz sağ olsun tertemiz bir yatak hazırlamıştı. Uyumadan önce kalkıp yüzümü yıkamaya değip değmeyeceğini düşündüm.

Sonra Jamie'yi gördüm. Yüzünü ve ellerini yıkamış, saçını taramış, kapıya doğru ilerliyordu.

"Uyumayacak mısın?" diye seslendim. Eyeri benimki kadar canının acıtmamış olsa bile en az benim kadar yorgun olmalıydı.

"Bir süre sonra Saksonyalı, önce halletmem gereken bir iş var." Karnımda hiç hoşlanmadığım bir sancıyla kapının arkasından baktım. Jamie'nin sesini duyunca Laoghaire'in yüzünde beliren ışıltıyı ve ardından beni görünce beliren öfkeyi yeniden hatırladım. Jamie'nin onu gördüğü anda kaslarının sertleşmesini hatırladım, o sırada keşke başımı kaldırıp yüzündeki ifadeye bakmış olsaydım diye düşündüm. Sanırım dinlenmeden yıkanıp paklanıp kıza evliliğinin gerçek yüzünü anlatmaya gitmişti. Yüzünü görmüş olsaydım neler söyleyeceğini daha kolay tahmin edebilirdim.

Geçtiğimiz ay boyunca yaşananların arasında bu kız tamamen aklımdan çıkmıştı, onun Jamie'ye ne ifade ettiği veya tam tersi. Neyse ki evliliğimiz gündeme geldiği gün Jamie'ye onun hakkında ne düşündüğünü sormuştum, o da bunun bir sorun olmadığını söylemişti.

Babası zaten Laoghaire'in bir kanun kaçağıyla evlenmesine izin vermezdi, Jamie'nin ise MacKenzie hisselerinden payına düşeni alabilmek için biriyle evlenmesi gerekiyordu... Bir karısı olması onun sorunlarını çözüyordu, Jamie istediği şeyi istediğinden alabilirdi. Onun gereken zamanlarda ne kadar pratik çözümler geliştirdiğini çok iyi biliyordum zaten hayatının son iki yılını kaçak olarak yaşamış birinin bunu yapabilmesi gerekirdi. Altın saçlı ve gül yanaklı bir kız onu verdiği kararlardan döndüremezdi. Ama bu aralarında bir çekim olmadığı anlamına da gelmezdi.

Hem gözlerimle şahit olduğum o sahne vardı. Jamie kızı dizine oturtmuş coşkuyla öpüyordu (*Daha önce de kollarımda bir takım kadınlar oldu,* sesi kulağımdaydı, *onlar da kalbimi hızla attırıp nefesimin kesilmesine sebep oldular...*). Ellerimi sımsıkı kenetlemiştim, sarı yeşil yorganı mahvetmekle meşguldüm. Onu bırakıp ellerimi eteğime kuruladım ve bir anda onların ne kadar kirli olduğunu fark ettim. İki gündür hiç yıkanma fırsatı bulamadan dizgin tutmuşlardı.

Yorgunluğumu unutmuştum, ayağa kalkıp onları yıkamaya gittim. Jamie'nin Laoghaire'i öpüş sahnesini hatırlamak hiç hoşuma gitmemişti. Onun o konuda ne dediğini de çok iyi hatırlıyordum; *evlenmek yanmaktan iyidir. O sırada ben orada yanıyordum.* Ben de Jamie'nin beni nasıl öptüğünü hatırlayınca yanmaya başladım. Yanıyordum.

Yüzüme su vurdum, bu duygudan kurtulmaya uğraşıyordum. Jamie'nin duygularına karışma hakkım yoktu. Bunu bir kez daha kendime hatırlattım. Ben onunla gerekli olduğu için evlenmiştim. O da kendine ait bir takım sebeplerle benimle evlenmeyi kabul etmişti, bunlardan biri de bekâretini kaybetmek istemesiydi.

Diğeri de belli ki gelirini almaktı. Kendi sınıfından bir kız onunla evlenmeyi kabul etmezdi. Bu ilkinden daha kötü bir sebepti, en azından diğeri yüce bir hizmetti.

İyice uyanmıştım, üzerimdeki kirli giysileri yavaş yavaş çıkarıp geceliğimi giydim, bu da leğen ve ibrik gibi Bayan Fitz'in kızları tarafından odaya konmuştu. Jamie'nin evlendiğimizi söylediği andan odaya gelene kadar geçen süre içerisinde onun bu odayı nasıl hazır etmiş olduğu çözülemeyen bir sırdı.

Bu düşünceler beni o an, bazen kendi dünyamda hissettiğim yalnızlıklardan çok daha yalnız hissettirdi. *Burada ne yapıyorum?* diye bininci kez kendime sordum. Bu garip ve tanıdık her şeyden uzak yerde, evimden, kocamdan, arkadaşlarımdan ayrı bir sürü vahşinin arasında ben ne yapıyordum? Geçtiğimiz haftalarda Jamie ile birlikte olduğum anlarda kendimi güvende ve mutlu hissetmiştim. Güvendeydim ama şu an bu mutluluğun bir illüzyon olduğunu fark etmiştim.

Onun sorumluluklarından hiçbir zaman kaçmayacağını ve beni her tehlikeden koruyacağını çok iyi biliyordum. O tepelerin üzerinde, tozlu yollarda, pis hanlarda, samanlıklarda geçirdiğimiz rüya gibi birlikteliğimiz buraya dönünce sona ermişti. Eski arkadaşları haliyle ona çekici gelmişti. Evliliğimizin birinci ayında aramızda mükemmel bir bağ kurulmuştu, son günlerde olanlar bu bağı biraz zayıflatmıştı, Leoch Kalesi ve gerçekler ise sanırım paramparça edecekti.

Başımı pencerenin yanına yaslayıp avluya bakmaya başladım. Alec MacMahon ve iki seyis çocuk biraz ileride bizim geldiğimiz atlarla ilgileniyorlardı. Atlar iki günden beri ilk kez adam gibi beslenip su içmişlerdi, onları seven eller bir yandan da kaşağıyla onları tarayıp temizliyordu. Çocuklardan biri Thistle'ı ahıra götürmek üzere onun dizginlerini çektiğinde Thistle mutluluk içinde onun ardından ilerledi.

Onun gidişiyle birlikte benim yakın zamanda buradan kaçıp dönme ümidim de yok oldu. Ah, Frank. Gözlerimi kapatıp orada birikmiş yaşların burnumdan aşağı süzülmesine izin verdim. Sonra yeniden gözlerimi açıp avluya baktım ve yeniden sıkıca yumdum, Frank'i hayalimde canlandırmaya çalıştım. Gözlerimi yumduğum anda bir anlığına bir şey gördüm bu Frank değil onun atalarından biri olan Jack Randall'dı. Dudakları garip bir gülümsemeyle kıvrılmıştı. Bu imgeden kurtulmak isteyen beynim hemen yeni bir resim üretti, bu resim ofisin penceresinde duran öfkeli ve korkulu Jamie'ye aitti. Denemeye devam ettim ama Frank'i gözümün önüne getirmeyi başaramadım.

Panik içinde üşümeye başladım ve ellerimi dirseklerime kenetledim. Kaçıp taş yapıta varmayı başardığımda ne olacaktı? Ola ki başardım, sonrasında ne olacaktı? Umudum Jamie'nin Laoghaire ya da başka biriyle kendini avutmasıydı. Jamie'nin gittiğimi görünce ne kadar üzüleceğini daha önce düşünmüştüm ama düşünmediğim bir şey vardı. Biraz önce yandığımı düşündüğüm andan önce bu hiç aklıma gelmemişti, ondan ayrılınca ben ne hissedecektim?

Geceliğimin yakasındaki kurdeleyi çekiştirip açmaya başladım. Gitmek istiyorsam bunu aramızdaki bağ daha fazla güçlenmeden yapmalıydım. Onun bana âşık olmasını engellemeliydim.

Eğer böyle bir niyeti varsa bunu engellemeliydim. Bir anda aklıma yine Laoghaire'in yüzü ve Colum'la yaptığı konuşma geldi. Eğer bu kadar soğukkanlılıkla bunları yapabilecek bir adamsa duyguları benimkilerden daha az tehlikedeydi.

Yorgunluk, açlık, üzüntü ve belirsizlik içinde gidip geliyordum, uyuyacak ya da bir yerde duracak gibi değildim. Odayı turlamaya başladım, eşyaları elime alıp bırakıyordum.

Elime aldığım tarağı parmağımın ucunda dengede tutmaya çalışırken kapı gıcırdayarak açıldı ve Jamie geldi. Yüzü kızarmıştı ve garip bir heyecanı vardı.

"Ah, demek uyanıksın," dedi, beni böyle bulmayı hiç ummuyordu.

"Evet," dedim sert bir sesle, "uyuyor olmamı mı umuyordun? Böylelikle ona geri dönebilecektin."

Kaşları önce çatıldı sonra merakla havaya kalktı. "Ona mı? Laoghaire'den mi bahsediyorsun?"

Onun adını Jamie'nin ağzından duymak sinirlerimi iyice bozmuştu.

"Ah, demek gerçekten onunla birlikteydin?" diye hırladım.

Jamie şaşkın ve biraz da rahatsız olmuş gibi görünüyordu. "Evet, onu odadan çıktığımda merdivenlerin başında gördüm. Sen iyi misin Saksonyalı? Canın sıkılmış gibi görünüyor." Ne olduğunu anlamaya çalışır gibi bana baktı. Aynayı alıp kendime baktım, saçlarım çalı gibiydi, gözlerimin altında siyah halkalar oluşmuştu. Aynayı çarparak aldığım yere koydum.

"Hayır, çok iyiyim," dedim kendimi kontrol altına almaya çalışarak. "Laoghaire nasıl?" Bu soruyu sohbet eder gibi sormuştum.

"Ah, çok şeker," dedi. Sırtını kapıya dayayıp kollarını birbirine dolamış bana bakıyordu. "Evlendiğimizi duyunca biraz şaşırdığını düşünüyorum."

"Şeker," diyerek derin bir nefes aldım. Kafamı kaldırıp ona bakınca sırıttığını gördüm.

"O kız konusunda herhangi bir endişen olmasın sakın, yoksa var mı?" diye sordu, cin gibiydi. "O seninle ilgilenmiyor ya da benimle," diye ekledi hemen.

"Öyle mi? Seninle evlenmedi ya da evlenemedi. Birini bulmalıydın ve önüne bu şans çıkınca bunu hemen kullandın. Seni bunu yaptığın için suçlamıyorum, suçlamamıştım da ama... Ama ben..."

İki koca adımla odayı geçerek ellerimi tutup beni susturdu. Parmağını çenemin altına dayayıp beni ona bakmaya zorladı.

"Claire," dedi sakin bir sesle, "sana o zaman neden seninle evlendiğimi söylemiştim. Senden dürüst olmanı istedim ve ben de sana karşı dürüst oldum. Şu anda da dürüstüm. Kız benden nezaket kuralları dışında bir şey talep etmedi." Hafifçe çenemi sıktı. "Böyle bir şey istemiş olsaydı bundan sadece gurur duyardım." Çenemi bıraktı ve biraz daha aşağısını okşadı. "Beni anlıyor musun Saksonyalı?"

"Evet, anlıyorum." Kafamı çekip çenemi sıvazladım. "Ona çok nazik davranmış olduğundan eminim. Ama bir dahaki sefere ahırın perdelerini kapatmayı unutma - bunu görmek istemiyorum."

Kaşları çatıldı ve yüzü kıpkırmızı oldu.

"Sana yalan söylediğimi mi anlatmaya çalışıyorsun?" diye sordu, buna inanamamıştı. "Kaleye döneli bir saatten az oldu, iki gündür at üzerindeyim, her yanım toz ve terle kaplı, yorgunluktan dizlerim titriyor. Ve sen benim bu haldeyken gidip on altı yaşındaki bir kızı ayartmaya çalıştığımı mı düşünüyorsun?" Başını salladı, şoka girmiş gibiydi. "Bunu erkekliğime yapılan bir iltifat olarak mı ahlak değerlerime yapılan bir saldırı olarak mı algılamam gerektiğine karar veremedim Saksonyalı. Gerçi şu an ikisi de benim için önemli değil. Murtagh bana kadınların anlamsız şeyler yaptıklarını söylemişti ama bu... Bu... Aman Tanrım!" Elini saçlarının arasından geçirdi.

"Elbette, onu ayarttığını söylemedim," dedim sesime sakinlik verebilmek için çok uğraşıyordum. "Bütün söylemek istediğim..." Frank böyle bir konuyu konuşurken benden çok daha başarılı olurdu, çok daha asil davranırdı, bunu düşününce daha da sinirlendim. Birinin sevgilisine böyle bir şeyi sakin olarak söyleyebilmesinin hiçbir yolu yoktu bence.

"Kısaca söylemek istediğim şey… Yani benimle neden evlendiğini yeni anladım, bunların sadece seni ilgilendirdiğini tabii ki biliyorum ve benim senden hiçbir talebim yok. Dilediğin kadar özgürsün. Dilediğini yapabilirsin. Yani… Başka yerlerde daha cazip bir şeyler varsa… Demek istiyorum ki… Ben yoluna çıkmam." Sonuna doğru kekelemeye başlamıştım. Yanaklarım ve kulaklarım adeta yanıyordu.

Jamie'nin kulakları da benimkilerle aynı durumdaydı hatta yüzünün geri kalanı da. Kan çanağına dönmüş gözlerinden bile alevler çıkıyordu.

"Benden bir talebin yok mu?" diye bağırdı. "Sen evlilik yemininin ne işe yaradığını biliyor musun? Onları sadece kilisede ağızdan çıkan laflar mı sanıyorsun?" Masaya öyle bir yumruk indirdi ki porselen ibrik yerinden oynadı. "Talebi yokmuş," diye kendi kendine homurdanıyordu. "İstediğim özgürlükse… yolumda durmayacakmış…"

Çizmelerini çıkarıp birer birer hızla duvara fırlattı. Çizmeler duvara çarpıp yere düşerken yerimden sıçradım. Şalını da çıkardı ve onu da arkasına fırlatıp karşıma geçti.

"Demek benden hiçbir şey talep etmiyorsun, öyle mi Saksonyalı? Beni dilediğim yerden dilediğim hazzı almam için serbest bırakıyorsun. Doğru anlamış mıyım?"

"Eee, evet." Bir adım gerilemiştim. "Söylediğim buydu." Kollarımı tuttu, elleri yanıyordu. Avuçları öyle sıcaktı ki derimin yandığını sanıp istemeden de olsa çekildim.

"Senin benden hiçbir talebin olmayabilir Saksonyalı ama benim senden talep ettiğim bir şey var! Gel buraya." Yüzümü avuçlarının arasına alıp dudaklarını benimkilerin üzerine yapıştırdı. Bu öpücükte nezaket ya da isteksizlikten eser yoktu, onu itmeye ve ona karşı koymaya çalıştım.

Eğilip kolunu dizlerimin arkasından geçirdi ve beni havaya kaldırdı, yere inmek için karşı koydum ama onun ne kadar güçlü olduğunu unutmuştum.

"Bırak beni!" diye bağırdım. "Sen ne yaptığını sanıyorsun?"

"Bunun çok açık olduğunu düşünüyorum Saksonyalı," dedi dişlerinin arasından. Başını eğip alev gibi yanan gözleriyle bana baktı. "Ama söylememi istiyorsan, seni yatağa götürüyorum. Senden beklediğim şeyin ne olduğunu öğrenene kadar seni orada tutacağım." Beni yeniden öptü, karşı koymamı engellemek için bilerek sert öpüyordu.

"Seninle uyumak istemiyorum!" dedim dudaklarım serbest kaldığında.

"Benim de uyumaya niyetim yok Saksonyalı," diye cevap verdi. "Henüz yok." Yatağın yanına gidip beni yavaşça gül işli yorganın üzerine bıraktı.

"Sen ne demek istediğimi gayet iyi anladın!" diyerek yuvarlanıp öbür tarafa kaçmaya çalıştım ama demir gibi bir el beni omzumdan yakalayıp yatağa bastırdı. "Seninle sevişmek de istemiyorum!"

Mavi gözleri hemen üzerimdeydi ve nefesim kesildi.

"Senin ne istediğini sormadım Saksonyalı," diye cevap verdi, sesi çok kısık çıkıyordu ve bu tehlikenin habercisiydi. "Sen benim karımsın, bunu sana pek çok kez söyledim. Benimle evlenmeye istekli değildin ama evlendin. Şu ana kadar buna hiç dikkat etmedin ama senin görevlerinden biri de itaat etmek. Sen benim karımsın ve seni istersem alırım. Lanet olsun!" Sesi gittikçe yükselmiş ve bir çığlığa dönüşmüştü.

Ellerimi iki yanımda yumruk yapmış bir şekilde dizlerimin üzerinde doğruldum ve ona bağırmaya başladım. Son bir saattir yaşadığım ıstırabın acısını ondan çıkarmaya kararlıydım ve çıkardım, gözüm kararmıştı.

"Eğer bana sahip olmana izin verirsem bana lanet olsun, seni koca domuz! Beni dilediğin zaman yatağına alabileceğini mi sanıyorsun? Beni istediğin zaman kullanabileceğin bir orospu mu sanıyorsun? Hayır, kullanamazsın, seni lanet olası ırz düşmanı! Hadi durma yap bakalım, Komutan Randall'dan hiçbir farkın yok işte!"

Bana baktı ve hızla ayağa kalktı. "Git o zaman," dedi başıyla kapıyı göstererek. "Eğer benim hakkımda böyle düşünüyorsan hemen git! Sana engel olmayacağım."

Bir an tereddüt ettim, ona bakıyordum. Çenesi öfkeyle kilitlenmiş bir şekilde Rodos Heykeli gibi bana bakıyordu. Öfkesini dizginlemeye çalışıyordu, şu an Doonesbury'de yolun kenarında durduğumuz anki kadar öfkeliydi. Ama sözlerinin arkasındaydı. Gitmeyi seçersem beni durdurmayacaktı.

Çenemi kaldırıp onunki gibi kastım. "Hayır," dedim. "Hayır. Ben hiçbir şeyden kaçmam. Senden korkmuyorum."

Bakışları boğazıma kenetlendi, orada atan damarı seyrediyordu.

"Anladım," dedi. Bana bakmaya devam etti, bakışları rahatlamıştı ve garip bir şekilde uysallaşmıştı. Dikkatli bir şekilde yatağa oturdu. Aramızda belli bir mesafe kalmasına özen göstermişti, sırtını yorgunlukla arkaya dayadı. Konuşmaya başlamadan önce birkaç derin nefes aldı, yüzünün rengi yavaş yavaş normale dönüyordu.

"Ben de kaçmam Saksonyalı," dedi kısık sesle. "Pekâlâ, ırz düşmanı ne demek?"

Şaşkınlığım onu rahatsız etmiş olmalıydı, "Eğer bana bir takım isimler takacaksan tak. Ama cevabını veremeyeceğim bilmediğim kelimeler kullanma. Söyleyiş tarzından kötü bir şey olduğunu anlayabiliyorum ama ne demek olduğunu bilmiyorum."

Gardımı indirdim ve bir kahkaha attım. "O... O şey demek... Senin bana yapmak üzere olduğun şey işte."

Bir kaşını kaldırdı eğlenmiş gibiydi. "Ah, ilişkiye girmek mi? Haklıydım işte çirkin bir kelime sarf etmişsin. Ya sadist ne demek? Bir gün önce de onu söylemiştin."

Bir kahkaha daha atmamak için kendimi zor tuttum. "O da... Eee... Birinin canını acıtmaktan cinsel haz alan kişi demek..." Yüzüm kızarıyordu ama dudaklarımın yukarı kıvrılmasını engelleyemiyordum.

Jamie homurdandı. "Bana hiç iltifat etmediğin kesin ama seni bundan ötürü suçlayamam." Derin bir nefes alıp arkasına yaslandı, ellerini açıp esnetti ve rahat bir şekilde dizlerinin üzerine koyup bana döndü.

"Sorun ne? Bunu niye yapıyorsun? Kızdan dolayı mı? Sana

tüm gerçeği söyledim. Ama bu kanıtlanabilecek bir şey değil. Buradaki sorun bana inanıp inanmaman. Bana inanıyor musun?"

"Evet, sana inanıyorum," dedim istemeye istemeye. "Ama sorun bu değil, yani tek sorun bu değil," diye ekledim hemen arkasından dürüstçe. "Benimle alacağın para için evlendiğini düşünüyorum." Parmağımla yorganda bir yol takip edermiş gibi oraya bakıyordum. "Şikâyet etmeye hakkım olmadığını biliyorum, ben de seninle bir takım sebeplerden dolayı evlendim ama..." dudağımı ısırıp sesimin düzgün çıkmasını sağlamaya çalışıyordum, "ama hâlâ biraz gururum var."

Gözümün ucuyla ona baktığımda onun hiçbir şey anlamamış halde bana baktığını gördüm. "Para mı?" dedi anlamsız bir şekilde.

"Evet, para!" diyerek patladım, bilmiyormuş gibi yapması beni delirtmişti. "Gelir gelmez Colum'a evlendiğimizi ve MacKenzie kiralarından payını alacağını söyledin. Bekleyemedin!"

Bir dakika kadar daha bana baktı, ağzı bir şey söyleyecekmiş gibi açıldı. Konuşmak yerine başını ileri geri sallayarak kahkaha atmaya başladı. Sonunda başını geriye atıp kahkahaların içinde kayboldu, başını ellerinin arasına aldı. Hâlâ gülüyordu, krize girmişti. Sinirlenerek başımı yastıklara gömdüm. Bu komik miydi?

Sarsılmaya devam ederek ayağa kalktı ve elini kemerinin tokasına götürdü. Bunu yaptığını görünce istemeden irkildim, o da bunu fark etti.

Yüzü kıpkırmızıydı, bu biraz öfke biraz da kahkahadan böyle olmuştu. Çileden çıkmıştı artık. "Hayır," dedi kuru bir sesle, "seni dövmeyeceğim. Sana bunu bir daha yapmayacağıma dair söz verdim gerçi bu kadar çabuk pişman olacağımı hesaplamamıştım." Kemerini kenara koydu.

"MacKenzie kiralarından hisseme düşen para yirmi pound Saksonyalı," dedi porsuk derisi torbayı karıştırarak, "ve bu İskoç poundu İngiliz poundu bile değil. Yarım inek satın alır."

"Hepsi bu mu?" diye sordum. "Ama..."

"Hepsi bu," diyerek beni onayladı. "MacKenzielerden hayatımın sonuna kadar alacağım bu işte. Dougal tutumlu bir adamdır, Colum'un eli ise onun iki katı sıkıdır. Ama yirmi pound için bir kadınla evlenmeye değmez diye düşünüyorum." Dalga geçen gözlerle bana bakıyordu.

"Bu soruyu orada sormamam gerekirdi," diye ekledi, torbasından kâğıda sarılmış ufak bir kutu çıkarmıştı, "ama hemen almak istediğim bir şey vardı. Yapmam gereken iş buydu, Laoghaire ile karşılaşmam ise tamamen bir tesadüftü."

"Bu hemen almayı istediğin şey neydi?" diye sordum, hâlâ bir şeylerden şüpheleniyordum.

Derin bir nefes daha aldıktan sonra kutuyu kucağıma fırlattı.

"Evlilik yüzüğü Saksonyalı," dedi. "Onu silahtar Ewer'dan aldım, boş zamanlarında böyle şeyler yapar."

"Ah," diyebildim kısık sesle.

"Devam et," dedi bir süre sonra. "Aç onu. Senin."

Parmaklarımın altındaki kutu buğulu görünmeye başlamıştı. Gözlerimi kırpıştırıp burnumu çektim ama açmak için bir girişimde bulunmadım. "Özür dilerim," dedim.

"Bence de dilemelisin Saksonyalı," dedi ama sesi artık öfkeli değildi. Uzanıp paketi kucağımdan aldı ve kâğıdı yırtarak açtı, kenarları buralara özgü işlemelerle bezenmiş olan gümüş yüzük ortaya çıktı. Her bağlantının ortasında bir tane açmış Jacoben çiçeği vardı. Çok zarifti.

Bunu görünce gözlerim yeniden yaşardı.

Elime bir mendil tutuşturulduğunu hissettim ve yaşları durdurmaya çalıştım. "Bu çok güzel," dedim boğazımı temizledikten sonra.

"Onu takar mısın Claire?" Sesi çok yumuşak çıkıyordu, adımı söyleyişindeki derinlik yeniden ağlamaya başlamama sebep oldu.

"Bunu yapmak zorunda değilsin," dedi ciddi bir sesle sıkılmış avcunun üzerinden bana bakarak. "Aramızdaki evlilik kontratı başarıyla yerine getirildi - kanuni oldu. Kesinlikle güvence altındasın, Leoch'da yaşadığın sürece bu böyle. İstersen ayrı yaşayabiliriz - eğer Laoghaire hakkında söylediğin anlamsız şeylere inanıyorsan bunu yaparız. Bana dürüstçe seçimini bildirmek zorundasın." Hareket etmeden durdu, küçük yüzüğü kalbinin üzerinde tutuyordu.

Benim ona verdiğim seçim hakkını şu an o bana veriyordu. Onu reddettiğim takdirde bir takım koşullar öne sürüp beni bunu yapmaya zorlamayacaktı. Buna başka bir alternatif de sunmuştu, yüzüğü kabul ettiğim anda bu seçim şansım yok olacaktı.

Güneş batmak üzereydi. Güneşin son ışıkları masanın üzerinde duran mavi cam şişeyi yalayarak duvara yansıdı. Kendimi o cam kadar kırılgan ve parlak hissettim. Bir dokunuşla dağılıp parçalanabilirdim. Jamie'nin ya da benim duygularımı görmezden gelmeye devam edemezdim, bunun için çok geçti.

Konuşamadım, sağ elimi ona doğru uzattım, titriyordu. Yüzük, parmağıma hafif bir serinlik vererek boğumlardan geçti ve yerine oturdu. Jamie bir süre elimi seyrettikten sonra uzanıp onu dudaklarına bastırdı. Başını kaldırdığı ilk anda yüzündeki ifadeyi gördüm, ateşli ve ısrarlı bakışlardı bunlar, beni hızla kucağına oturttu.

Hiç konuşmadan göğsüne çekti, boynundan kalbinin atışını hissedebiliyordum, benimki gibi son sürat atıyordu. Ellerini çıplak omuzlarımda dolaştırdı ve yüzüne bakabilmem için beni hafifçe kendinden uzaklaştırdı. Elleri kocaman ve sıcacıktı, başım dönmeye başlamıştı.

"Seni istiyorum Claire," dedi, sesi çok boğuktu. Bunun ardından ne söyleyeceğini bilemiyormuş gibi duraksadı. "Seni çok istiyorum, öyle çok istiyorum ki nefes bile alamıyorum. Beni..." Yutkunup yeniden konuşmaya başladı. "Beni kabul ediyor musun?"

Bir an sesim çıkmayacak sandım. Biraz çatlak çıktı ama işe yarardı.

"Evet, evet seni kabul ediyorum."

"Sanırım," diye başladı ve hemen durdu. Eteğinin tokasını açmaya çalıştı ve yeniden bana baktı, ellerini iki yanına indirmişti. Zorlukla konuşabiliyordu, kendini kontrol edebilmek için harcadığı güçten dolayı her yanı titriyordu. "Yapamayacağım... Yapamam. Claire nazik olamayacağım."

Beni sırtüstü yatağa yapıştırmadan önce ona bunun farkında olduğumu ve izin verdiğimi belirtebilecek çok az bir zamanım oldu.

Üzerinde kalanları çıkarmaya uğraşmadı. Gömleğinden gelen tozun ve yol boyunca teninde yansımış olan güneşin kokusunu alabiliyordum. Kollarımı iki yana açarak bileklerimi yatağa bastırdı. Bir elim hafifçe duvara sürtündü. Taşa sürtünen yüzüğün sesini duydum. İki elimde de birer yüzük vardı, biri gümüş diğeri altın. Bu incecik metal bir anda bir evliliğin yükünü üstlenmişti, yüzük denen şey de küçük bir kelepçeydi. Kollarım açık yatakta yatarken taşın üzerinde oturan Promete gibi iki kutup arasında kalmıştım, aşkım kalbimde ikiye bölünmüştü.

Bacaklarımı diziyle ayırdı ve nefesimi tutmamı sağlayan bir itişle tek seferde içime girdi. Beni daha sıkı tutarak kükremeye benzer bir ses çıkardı.

"Benimsin, *mo duinne*," dedi kısık sesle, kendini en derin noktalara doğru bastırıyordu. "Yalnızca benim, şimdi ve sonsuza kadar. İstesen de istemesen de benimsin." Kendimi biraz geri çektim ve o yeniden içime dolarken, "Ah..." diye hafifçe inledim.

"Evet, sana zor kullanacağım Saksonyalı," diye fısıldadı. "Senin sahibin olmak istiyorum, her şeyini istiyorum, vücudunu, ruhunu, hepsini..." Hafifçe karşı koydum, beni karşı koyamayacağım bir güçle geri bastırdı. Her bir darbeyi karnımda hissetmeye başlamıştım. "Bana 'efendim' diyeceksin Saksonyalı." Sesinde son dakikalarda yaşadıklarının intikamını alan bir hava vardı. "Benim olacaksın."

Titreyerek inledim, her yanım kasılıyordu ve varlığım her bir darbeyle esir alınıyordu. Durmadı, aynı süratle dakikalar boyunca devam etti, acıyla zevk arasında gidip geliyordum. Çözülmeye başlamıştım, sadece saldırıya uğradığım noktada var olduğumu düşünmeye başlamıştım, ona tamamen teslim olmak üzereydim.

"Hayır!" diye fısıldadım. "Dur, lütfen. Canımı yakıyorsun!" Yüzünden damlayan terler yastığa ve göğüslerime dökülüyordu. Tenlerimiz birbirine çarpıp ayrılıyordu, acı artmaya başlamıştı.

Bu tekrarlanan hareket her tarafımı çürütmeye başlamıştı, bileklerimin kırılacağını düşünmeye başlamıştım, çok sert tutuyordu.

"Evet, yalvar bana. Sana merhamet etmem için yalvar Saksonyalı. Ama bunu alamayacaksın. Henüz değil." Nefesi gitikçe ısınıyor ve hızlanıyordu ama hiçbir yorgunluk belirtisi göstermiyordu. Bütün vücudum sarsılıyordu bacaklarımı ona dolamıştım, onu her yerimde hissetmeye çabalıyordum.

Karnımdaki darbeleri çok net hissediyordum ve onlardan kaçmaya uğraşıyordum. Kalçalarım bana ihanet ederek ona doğru yükseliyordu. Benim durumumu fark etti ve baskısını arttırdı, artık omuzlarımdan bastırmaya başlamıştı.

Cevap vermeye başladığım anın başlangıcı ve sonu yoktu, her darbeyle birlikte yükselen bir kasılma ve titreme vardı. Onun bitmeyen darbeleri benden cevap bekleyen sorular gibiydi.

Bacaklarımı yeniden ayırıp yatağa doğru bastırdı, acı duyarlılığa ve tam bir teslimiyete dönüşmüştü.

"Evet!" diye bağırdım. "Ah Tanrım, Jamie, evet!" Saçımı yakaladı ve başımı geriye çekip beni ona bakmaya zorladı, öfke ve zafer bir aradaydı.

"Evet, Saksonyalı," diye fısıldadı, sözlerimden çok yaptığım hareketlere cevap verir gibiydi. "Seni süreceğim!" Elleri göğüslerimin üzerindeydi, onları yoğuruyordu sonra kalçalarıma dokundu. Bütün gücüyle üzerime abanmıştı, onu dibine kadar hissetmemi sağlıyordu. Çığlık attım, bu çığlığı dudaklarıyla durdurdu. Bu bir öpücük değil, başka bir saldırıydı. Dudaklarımı açmam için beni zorluyor, dudaklarımı çürütmeye uğraşıyor ve sakalını yüzüme sürtüyordu. Darbeleri daha hızlı ve daha güçlüydü. Vücudumun yanı sıra ruhumu da örselemeye başlamıştı. Ruhumda ya da vücudumda, nerede olduğunu bilemiyorum ama bir kıvılcım çaktı, teslimiyetin küllerinden bir cevap fırtınası var oldu. Arkaya doğru kasılıp onun her bir darbesine karşılık vermeye başladım, dişe dişti. Dudağını ısırdım ve kanını tattım.

Boynumdaki dişlerini hissedip tırnaklarımı sırtına geçirdim. Tırnaklarımı sırtından kalçalarına doğru batırarak çektim, bu kez arkaya doğru kasılıp çığlık atma sırası ondaydı.

Dayanılmaz bir ihtiras ve ihtiyaçla birbirimizi ısırıp kanatarak, birbirimizi içimize çekerek ve birbirimizi hırpalayarak bir olmaya çabaladık. Benim çığlıklarım onunkilerle bütünleşti ve sonunda birbirimizin içinde tam bir doyumla kaybolduk.

Kendime gelmeye başladığımda vücudumun yarısı Jamie'nin göğsünün üzerindeydi, ter içindeydik, kalçalarımız birbirine yapışmış gibiydi. O derin derin nefes alıp veriyordu, gözleri kapalıydı. Kalbi zirveye ulaştıktan sonraki noktada kulağımın altında deli gibi atışlarını sürdürüyordu.

Uyandığımı hissetti ve beni kendine çekti, paylaştığımız o muhteşem anları ve birleşmemizi uzatmak ister gibiydi. Kollarımı ona dolayarak iyice ona dayandım.

Gözlerini açıp iç geçirdi. Bakışları benimkilerle buluşurken dudakları gülümser gibi yukarı kıvrıldı. Kaşlarımı soru sorar gibi kaldırdım.

"Evet, Saksonyalı," dedi sesinde hafif bir keder vardı. "Senin efendinim... Sen benimsin. Kendi ruhumu kaybetmeden seninkine sahip olmam imkânsızdı." Bana dönüp bütün vücuduyla beni sardı. Oda pencereden esen hafif rüzgârla serinlemişti, yorganı üzerimize çekti. Yaşına göre çok çabuk öğreniyorsun delikanlı diye geçirdim içimden, uyuklamaya başlamadan önce. Frank bunu bulamamıştı. Onun kolları arasında sıcak nefesini kulağımda hissederek uykuya daldım.

Ertesi sabah uyandığımda her bir kasım ayrı ağrıyordu. Tuvalete ve duş teknesine gittim. Bağırsaklarım çalkalanmış tereyağı gibiydi. Tam anlamıyla birinden dayak yemiş gibiydim, bu pek de yalan sayılmazdı. Bu biri yatağa yaklaştığımda gayet göze görünür oldu, son derece zararsız görünüyordu. Yanına oturduğum anda uyandı ve erkekçe bir kibirle beni incelemeye başladı.

"Zor bir yolculuk olmuş Saksonyalı," dedi iç bacağımdaki morluğa dokunarak. "Eyer böyle yapıyor, canın acıyor mu?"

Gözlerimi kısarak onun omzundaki diş izinin üzerinde parmağımı dolaştırdım.

"Sen de biraz hırpalanmış gibi görünüyorsun delikanlım."

"Ah, elbette," dedi İskoç aksanı öne çıkmıştı, "bir cadalozla yatarsan hırpalanmayı göze alman gerekir." Uzanıp ensemden yakaladı ve beni kendine çekti. "Gel buraya cadaloz, gel ve beni biraz daha ısır."

"Yoo, hayır, olmaz. Bunu yapamazsın," dedim geri çekilerek. "Ben de yapamam. Çok canım acıyor."

James Fraser hayır kelimesini cevap olarak kabul edecek erkeklerden değildi.

"Çok nazik olacağım," diyerek beni yorganın altına çekti. Kocaman bir adamın olabileceği kadar nazikti, beni bir bıldırcın yumurtasıymışım gibi kucakladı ve büyük bir özen göstermeye başladı, bu dün geceki acımasız dersin devamıydı. Bana istediği an ne kadar nazik olabileceğini gösteriyordu.

Doruğa ulaşırken bile hareket etmemeye ve beni örselememeye dikkat etti, her şeyi zamana bıraktı.

Bir süre sonra hâlâ birbirimize kenetlenmiş dururken, parmaklarını iki gün önce omuzlarımı çürüttüğü yerlerde dolaştırıyordu.

"Bunlar için çok özür dilerim *mo duinne*," dedi hepsini tek tek öperek. "Çok sinirlenmiştim ama bunun bir özür olmadığını biliyorum. Öfkeyle bir kadını incitmek çok kötü bir şeydir. Bunu bir daha asla yapmayacağım."

Güldüm ama bu biraz ironik bir gülüştü. "Onlar için mi özür diliyorsun? Geri kalanı ne olacak? Baştan aşağı her yanım çürük içinde."

"Ah!" Geri çekilip beni inceledi. "Şu an sadece onlar için özür diliyorum," omuzlarıma dokundu, "bunlar için," popoma hafifçe vurdu, "bunu ise hak etmiştin ve üzüldüğümü söyleyemeyeceğim çünkü üzülmüyorum."

"Bunlara gelince," diyerek kalçamı okşadı, "bunun için de özür dilemeyeceğim. Bunun bedelini bana çoktan ödettin." Suratını buruşturarak omuzlarına dokundu. "En az iki yeri kanatmışsın ve bütün sırtıma iğneler batıyor Saksonyalı."

"Eee, bir cadalozla yattın..." diye sırıttım. "Sen de bunun

için bir özür alamayacaksın." Cevap olarak güldü ve beni üzerine çekti.

"Ben özür filan istemedim, istedim mi? Yanlış hatırlamıyorsam son sözlerim 'bir daha ısır'dı."

BÖLÜM 4

Kükürt Esintisi

24

Doğru Kadın

Bizim ani dönüşümüzün ve evliliğimizin sebep olduğu curcuna daha önemli bir olayla gölgelendi.

Bir gün sonra büyük salonda toplanmış yemek yerken iyi dilekleri dinleyip şerefimize kadeh kaldırılıp duruyorlardı.

"Teşekkürler, dostum." Jamie son kutlayanın önünde eğildikten sonra alkışlar arasında yerine oturdu. Ahşap sıra onun ağırlığıyla hafifçe sarsıldı ve o kısa bir süre gözlerini kapadı.

"Biraz fazla olmadı mı?" diye fısıldadım ona. Şerefimize kaldırılan her kadehin dibini bulmuştu, bense ufak yudumlar almakla yetinip İskoçça söylenen şeyleri anlamış gibi yapıp etrafa gülümsemekle meşguldüm.

Gözlerini açıp bana baktı. Kendi kendine gülümsüyordu.

"Sarhoş muyum? Bunu mu söylemek istiyorsun? Hayır, sabaha kadar içmeye devam edebilirim."

"Bunu tabii ki yapabilirsin," dedim önümüzde dizili boş şarap ve bira şişelerine bakarak. "Ama çok geç oldu." Colum'un masasının üzerindeki mumlar iyice ufalmıştı, dibine yaklaşmış mumlardan garip bir kızıllık ortaya çıkıyor ve bu baş başa vermiş kısık sesle konuşmakta olan MacKenzie kardeşlerin yüzünde değişik gölgeler oluşturuyordu. Aslında şöminenin üzerine karikatürize edilerek oyulmuş figürlerin arasına katılabilirlerdi.

Kimbilir bugüne kadar aynı karakteristik özelliklere sahip kaç efendinin başı oraya kazınmıştı, bu aslında bu işi yapmış kişinin onlara oynadığı bir oyun da olabilirdi... Ya da aile bağları çok kuvvetliydi.

Jamie oturduğu yerde suratını hafifçe buruşturarak gerindi.

"Diğer taraftan," diye konuşmaya başladı, "bir ya da iki dakika içerisinde idrar kesem patlayacak. Hemen geliyorum." Ellerini sıranın üzerine dayayıp diğer tarafa zıpladı ve alçak kemerli yola doğru ilerleyip gözden kayboldu.

Ben de dikkatimi Geillis Duncan'ın oturmakta olduğu tarafa çevirdim. Elindeki gümüş kupadan birasını yudumluyordu. Kocası Arthur yan masada Colum'la birlikte oturuyordu, burası bölge savcısının oturması gereken yerdi ama Geilie gece boyunca adamların konuşmalarını dinlemek zorunda kalmamak için benim yanıma oturmak istemişti.

Arthur'un gözleri yarı kapalıydı, avurtları yorgunluk ve şaraptan içine göçmüş gibi görünüyordu. Kollarının üzerine yaslanmış duruyordu, MacKenzielerin konuşmalarıyla ilgilenmiyordu. Yansıyan ışık MacKenzieleri ne kadar sağlıklı ve huzurlu gösteriyorsa Arthur Duncan'ı da o kadar hasta ve şişman gösteriyordu.

"Kocan iyi görünmüyor," dedim. "Midesindeki problemler arttı mı?" Gösterdiği belirtiler garipti, ülsere de kansere de benzemiyordu - kanser olsa bu kiloda olamazdı - belki de Geilie'nin de söylediği gibi kronik gastriti vardı.

Gözlerini kısa bir süre kocasının üzerinde gezdirdikten sonra omuz silkerek bana döndü.

"Yeterince iyi," dedi. "En azından daha kötü değil. Peki, senin kocanın durumu nasıl?"

"Eee, ne varmış onun durumunda?" diyerek dikkatli bir cevap verdim.

Kaburgalarımı hafifçe dirseklediği anda masada onun tarafında da bir sürü boş içki şişesi olduğunu fark ettim.

"Yani, ne dersin? Gömleğini çıkardığında da o kadar hoş görünüyor mu?"

"Hımm..." O boynunu giriş kapısına doğru uzatırken ben de vereceğim cevabı bulmaya çalışıyordum.

"Bir de onunla ilgilenmiyormuş gibi davranıyordun! Seni akıllı şey, kaledeki kızların yarısından fazlası senin saçlarını kökünden yolmak için sıraya girmiştir, yerinde olsam yediğime içtiğime dikkat ederdim."

"Yediğime mi?" Önümdeki içinde biraz yağ ve haşlanmış soğan kalıntısı kalmış tahta tabağa şaşkınlıkla baktım.

"Zehir," diye fısıldadı, kulağıma çok dramatik davranıyordu ve etrafa kanyak kokuları saçıyordu.

"Saçma," diyerek ondan hafifçe uzaklaştım. "Kimse beni zehirlemeye filan kalkmaz çünkü... Çünkü..." Bocalamaya başlamıştım, sanırım ben de birkaç yudumdan fazla içmiştim.

"Bak, Geilie, bu evlilik... Yani ben bu evliliği planlamadım. Hatta istemedim bile!" Bu yalan değildi. "Bu biraz... Yani bir çeşit... İş anlaşması gibi bir şey oldu." Mumun ışığının yüzümün kızarıklığını göstermeyeceğini umuyordum.

"İşte," dedi alaycı bir tavırla. "İyi muamele görmüş bir kadının bakışlarını çok iyi bilirim." Jamie'nin gözden kaybolduğu tarafa baktı. "Delikanlının boynundaki izlerin tatarcık ısırıkları olmadığına da iddiaya girebilirim." Kaşlarından birini yukarı kaldırdı. "Eğer bu bir iş anlaşmasıysa sana paran boşa gitmemiş derim."

Yeniden bana yaslandı.

"Doğru mu?" diye fısıldadı. "Başparmaklar hakkında söylenenler?"

"Başparmaklar mı? Geilie Tanrı aşkına sen neden bahsediyorsun?"

Küçük güzel burnunu buruşturarak dikkatini toplamaya çalıştı. Gri gözleri bakmak istediği noktayı bir türlü netleyemiyordu, yere düşmeyeceğini umdum.

"Bunu bilmemen imkânsız. Herkes bilir! Bir adamın başparmağının büyüklüğü penisinin büyüklüğünü gösterir. Ayak başparmaklarının büyüklüğü de önemlidir," diye eklemeyi unutmadı. "Ama haliyle onları görmek daha zordur, ayakkabılar falan... Küçük tilki yavrun orada," başıyla girişte görünen Jamie'yi işaret etti. "Elleri iri bir sakız kabağını avuçlayabilecek boyutta. Ya da iri bir popoyu, öyle değil mi?" diye ekledi ve beni bir kez daha dürttü.

"Geillis Duncan... Susar mısın lütfen!" diye hırladım ona, yüzüm yanmaya başlamıştı. "Birileri duyacak!"

"Ah, kimse..." diye başladı ve hemen sustu. Jamie masamızın yanından geçti, bizi görmemiş gibiydi. Yüzü solmuş, dudakları kasılmıştı, hoşlanmadığı bir işi yapmak zorunda kalmış gibi bir hali vardı.

"Nesi var onun?" diye sordu Geilie. "Suratı Arthur'un çiğ turp yediği zamanlardaki haline benziyor."

"Bilmiyorum." Sırayı ayağa kalkmak için biraz geri ittim. Colum'un masasına doğru ilerliyordu. Peşinden gitmeli miydim? Kesinlikle ters bir şey olmuştu.

Geilie odanın diğer ucuna Jamie'nin geldiği tarafa baktı ve koluma yapıştı.

Tam girişte bir adam duruyordu, o da benim gibi tereddütlüydü.

Giysileri çamur ve toz içinde kalmıştı, belli ki bir yerlerden gelmişti. Bir haberciydi. Getirdiği haber neyse bunu Jamie'ye iletmiş olduğu da belliydi, Jamie şu an Colum'un kulağına eğilmişti.

Hayır, Colum değil, Dougal'a eğilmişti. Kızıl kafası iki siyah kafanın ortasındaydı, üçünün benzerliği mum ışığında daha çok ortaya çıkmıştı. Sadece kemik yapıları ya da kas yapıları değildi bu benzerliğin sebebi, tavırları da aynıydı, aynı şekilde endişeleniyorlardı.

Geilie'nin eli koluma gömülmeye başlamıştı.

"Kötü bir haber," dedi.

"Yirmi dört yıl," dedim yumuşak bir sesle. "Bir evlilik için oldukça uzun bir zaman."

"Evet, öyle," diyerek beni onayladı Jamie. Üzerimizde duran ağacın dalları ılık esen rüzgârla sallanıyordu, saçlarım havalanıp yüzümü gıdıklıyordu. "Benim yaşadığım süreden fazla."

Padok'un çitine dayanmış duruyordu, ona baktım, uzun ve asil duruşunu güçlü kaslarını seyrettim. Kendinden çok emindi ve her şeyi yapabiliyordu bu yüzden onun ne kadar genç olduğunu unutmuştum.

"Ama," derken elindeki ufak saman çöpünü çamurun içine attı, "Dougal'ın onunla birlikte üç yıl bile geçirdiğini sanmıyorum. O genellikle buradaydı, yani kalede ya da arazilerde dolaşır Colum'un işlerini hallederdi."

Dougal'ın karısı Maura Beannachd'daki evlerinde ölmüştü. Birdenbire ateşi yükselmişti. Dougal, haberci ve Ned Gowan bir gece önce cenaze ve karısının mülkünün bölünme işlemlerini halletmek üzere kaleden ayrılmışlardı.

"Yakın bir evlilik değildi o zaman?"

Jamie omuz silkti.

"Olabildiği kadar yakın olduğunu düşünüyorum. Çocukları vardı ve evin işleri onu yeterince meşgul ediyordu. Eve geldiği zamanlarda onu gördüğüne mutlu oluyordu ama özlediğini pek sanmıyorum."

"Doğru ya, sen bir süre onlarla birlikte yaşamıştın." Düşünmeye başlamıştım. Acaba Jamie de evliliğin böyle olması gerektiğini mi düşünüyordu; ayrı hayatlar, çocuk doğurmaya yetecek kadar birliktelik. Gerçi kendi ebeveynlerinin gayet hoş ve sevgi dolu bir evliliği olduğunu anlatmıştı.

Yine esrarengiz bir şekilde beynimi okudu. "Benimkilerden farklıydı. Onunki sözleşmeli bir evlilikti, Colum'un ki de öyleydi. Arazi ve para işleri birbirlerini sevip istemelerinden daha önemliydi. Benim ebeveynlerimse ailelerinin isteklerine karşı gelip aşk evliliği yaptılar, haliyle biz de... Yok saymak demeyelim ama Lallybroch'ta tek başımıza yaşamak zorunda kaldık. Ailem akraba ziyaretlerine ya da iş seyahatlerine gitmezdi, bu nedenle birbirlerine giderek daha çok yaklaştılar, birbirlerine diğer karı kocalardan çok daha yakınlardı."

Elini enseme koyup beni kendine yanaşmaya zorladı. Başını eğip dudaklarını kulağımın üzerinde gezindirdi.

"Bizim aramızda da bir anlaşma vardı," dedi yumuşak bir sesle. "Ama benim umudum var... Günün birinde belki de..." Sözünü bir el hareketi ve çarpık bir gülümsemeyle yarıda bıraktı.

Onu bu yönde fazla cesaretlendirmek istemiyordum, elimden geldiği kadar doğal bir gülümsemeyle otlağa döndüm.

Onun varlığını her şekilde hissediyordum, bana dokunmuyordu, elleri çitin üzerindeydi. Ben de çiti tuttum, onun elini tutma isteğimi böyle yok etmeye çalışıyordum. Ona dönüp huzuru sunmak, kelimeleri ve vücudumu kullanarak aramızdakinin bir anlaşmadan çok daha fazla olduğunu anlatmak istiyordum. Beni durduran tek şey gerçekti.

Bizim aramızda ne var? diye sormuştu. *Yanına uzandığımda, bana dokunduğunda*... Hayır, bu alışılmış bir şey değildi. Bu ilk düşündüğüm gibi bulaşıcı bir şey de değildi. O kadar basit olamazdı.

Ben yeminler ve kanunla başka bir adama daha bağlıydım. Ve tabii sevgiyle de...

Jamie'ye onun için ne hissettiğimi söyleyemezdim, söylememeliydim. Bunu yaptıktan sonra onu terk etmek, ki bunu yapmak zorundaydım, ona karşı büyük bir hainlik olurdu. Ona yalan da söyleyemezdim.

"Claire." Dönmüş bana bakıyordu, bunu hissedebiliyordum. Hiç konuşmadan başımı kaldırdığımda o da beni öpmek üzere başını eğiyordu. Ona bu konuda yalan söyleyemezdim ve söylemedim. Hem ona dürüst olacağıma dair söz vermiştim.

Çitin arkasından ufak bir öksürük sesi geldi. Jamie sıçrayarak doğruldu ve o tarafa dönerken içgüdüsel bir tavırla beni arkasına sakladı. Sonra durup sırıtmaya başladı, bizi rahatsız eden kişi alaycı bakan tek mavi gözüyle çitlerin arkasında duran Alec MacMahon'du.

Yaşlı adamın elinde iğdiş makası vardı, bunu havaya kaldırarak bizi selamladı.

"Bunları Mahomet'in üzerinde denemeyi düşünüyordum," diye konuya girdi, "ama belki burada daha çok işe yarayabilir." Bıçakları havada salladı. "Belki de aklını alt tarafına değil de işine vermeni sağlar delikanlı."

"Bunun şakası bile hoş değil, dostum," dedi Jamie sırıtarak. "Beni istiyorsun öyle değil mi?"

Alec kıvırcık kaşlarından birini havaya kaldırdı.

"Hayır. Bu da nereden aklına geldi? İki yaşındaki bir canavarı kendi başıma iğdiş edebilirim ama eğer istersen gelebilirsin."

Kendi sözlerine kendi de güldü ve makası kaleye doğru salladı.

"Sana veda etmek zorunda kızım. Onu akşam yemeğinden sonra geri alabilirsin - sonra ne isterseniz yaparsınız."

Onun bu son sözlerinden sonra Jamie uzanıp koca makası ondan aldı.

"Bunlar bende durursa daha rahat edeceğim," dedi kaşını kaldırarak. "Git artık Saksonyalı. Alec'le işimi bitirince ben seni bulurum."

Yanağımı öpmek için eğildiğinde kulağıma fısıldadı. "Ahırlar. Güneş tam tepedeyken..."

Kaledeki ahırlar Dougal'la yapmış olduğum yolculukta gördüğüm kulübelerin çoğundan çok daha iyi inşa edilmişti. Yerleri ve duvarları taştan yapılmıştı, bir duvarında dar pencereler diğerinde ise kapı bulunuyordu. Bunların dışındaki yegâne açıklık geceleri baykuşların girip olası fareleri yakalamaları için çatıda bırakılmış küçük deliklerdi. Oradan ahıra temiz hava ve yeterli ışık doluyordu.

Hemen çatının altında bulunan üst samanlıktaki ışık çok daha iyiydi, saman balyaları üzerinde sarı şeritler oluşturuyor yerden havalanan toz taneciklerini altına çeviriyordu. Küçük deliklerden içeri dolan sıcak hava beraberinde bahçedeki sarımsakların ve hüsnüyusufların kokularını içeri dolduruyordu, aşağıdan atların kendilerine özgü hoş kokusu yükseliyordu.

Jamie elimin üzerinden doğruldu ve oturdu, başı gölgeden kurtulunca mum ışığında parladığı gibi parlamaya başladı.

"Ne oldu?" diye sordum uykulu bir halde, başımı onun baktığı yöne çevirmiştim.

"Küçük Hamish," dedi, çatı aralığından aşağıya bakarken. "Sanırım midillisini istiyor."

Onun yanında yüzüstü döndüm ve giysilerimi düzelttim, bunu hangi akla hizmet ederek yaptığımı bilmiyordum, aşağıdan bakan biri ancak kafamı görebilirdi.

Colum'un oğlu Hamish aşağıda küçük bölmelerin arasında yavaş yavaş yürüyordu, bir kısmına tereddütle yaklaşıyordu, kendisini izleyen koyu kestane ve kızıl kafaların farkında bile değildi. Bir şey aradığı ortadaydı ama bu kapının tam yanında saman yemekle meşgul tombul, kahverengi, sevimli midillisi değildi.

"Aman Tanrım Donas'a doğru gidiyor!" Jamie son hızla eteğini bulup üzerine sardı ve kendini aşağı fırlattı. Merdivene ihtiyacı yoktu, kollarını döşemeye dayayıp atladı. Yavaşça taşların üzerine düştü, yine de Hamish'in derin bir nefes alarak yerinden sıçramasını sağlayacak kadar bir gürültü çıkarmıştı.

Küçük yüzü biraz rahatladı ama mavi gözleri hâlâ endişeliydi.

"Yardıma ihtiyacın var mı evlat?" diye sordu Jamie hoş bir tavırla. Küçük bölmelerden birine sırtını dayayıp oraya doğru ilerleyen seyislerden biriyle Hamish'in arasına girdi.

Hamish hâlâ tereddüt ediyordu, kendini toplayıp çenesini havaya dikti.

"Donas'a bineceğim," dedi, bunu söylerken sesinin kararlı çıkmasına gayret etmişti ama pek başarılı olamamıştı.

Donas - bu arada bu isim "şeytan" anlamına geliyordu ve bu ata bir kompliman olsun diye konmamıştı - ahırın ayrı bir kenarında bulunan özel bölmesinde duruyordu, bütün atlardan ayrılmıştı. Kocaman, şeytan ruhlu bir aygırdı, ona kimse binemiyordu, yanına Jamie ve yaşlı Alec'ten başka kimse yanaşamıyordu. Bulunduğu bölmeden garip bir çığlık duyuldu, bakır renkli başı bir an dışarı doğru uzandı ve kocaman sarı dişleri önündeki çıplak omzu dişlemek üzere açığa çıktı.

Jamie aygırın ona ulaşamayacağının farkındaydı ve kıpırdamadan orada durdu. Hamish çığlık atarak geriye sıçradı, burnundan soluyarak dışarı çıkan bu kafa ve kanlı gözler onu nefessiz bırakmıştı.

"Hiç sanmıyorum," dedi Jamie şeker bir sesle. Uzanıp kuzeninin omzunu tuttu ve onu bölmesini çiftelemeye başlayan attan uzaklaştırdı. Hamish onun toynaklarını ahşap bölmenin altından görünce bir kez daha ürperdi.

Jamie oğlanın yüzünü kendine çevirdi ve ona bakarak durmaya devam etti, elleri belindeydi.

"Şimdi," diye başladı kesin bir tavırla. "Bu ne demek oluyor? Neden Donas'a binmek istiyorsun?"

Hamish'in çenesi inatla dikilmişti, Jamie'nin yüzünde ise hem sert hem de yüreklendirici bir ifade vardı. Hafifçe oğlanın omzuna vurdu ve cevap olarak ufak bir gülümseme aldı.

"Hadi evlat," dedi Jamie. "Kimseye söylemeyeceğimi biliyorsun. Aptalca bir şey mi yaptın?"

Oğlanın yanaklarına bir anda renk geldi.

"Hayır. En azından... Hayır. Belki biraz aptalca olabilir."

Biraz daha yüreklendirme operasyonundan sonra hikâye ortaya döküldü ve ardından itiraflar silsilesi geldi.

Bir gün önce diğer çocuklarla birlikte midillisine biniyormuş. Daha büyük çocuklar bunlarla yarışmaya başlamışlar, konu kimin daha yüksek engelden atlayabileceğiymiş. Onlara özenen Hamish kararını vermiş ve midillisini engele doğru sürmeye başlamıştı. Midilli engelin önüne gelince bir anda durmuş, Hamish de engelin üzerinden diğer tarafa ısırgan otlarının arasına uçmuştu. Hem ısırganlar hem de arkadaşlarının alayları gururunu incitmiş ve Hamish 'daha düzgün' bir at bulmaya karar vermişti.

"Donas'a binersem bana gülemezler," dedi, bu sahneyi gözünün önüne getirmiş, adeta o anın tadını çıkarıyordu.

"Hayır, gülemezler," dedi Jamie de. "Parçalarını toplamakla meşgul olacaklardır."

Kuzenini süzmeye devam etti, bir yandan da başını sallıyordu. "Sana daha önce de söylemiştim delikanlı. İyi bir binici olmak cesaret ve doğru algılar gerektirir. Sen gereken cesarete sahipsin ama duyuların henüz yeteri kadar gelişmedi." Kolunu onun omzuna dolayarak ahırın diğer ucuna doğru yürütmeye başladı.

"Gel bakalım adamım. Samanları havalandırmama yardım et ve seni Cobhar'la tanıştırayım. Hazır olduğunu düşünüyorsan daha düzgün bir at araman çok doğru; bu uğurda kendini öldürmeye kalkışman ise büyük bir hata."

Geçerken başını çatıya doğru kaldırdı ve çaresizlikle omuzlarını oynattı. Ben de gülerek ona el salladım, her şey yolundaydı, onunla gidebilirdi. Jamie kapının yanındaki sepetten elma alırken onları seyrettim. Kapının yanından dirgenini alıp Hamish'i ortadaki bölmelerden birinin önüne getirdi.

"Burada işte evlat," dedi durarak. Dişlerinin arasından ıslık çalar gibi bir ses çıkardı, geniş alınlı bir at kafasını bölmeden dışarı çıkardı. Siyah gözleri çok nazik bakıyordu, kulaklarını da hafif havaya kaldırmıştı, dost gibi görünüyordu.

"Merhaba Cobhart, nasılsın bakalım?" Jamie onun ince boynunu okşayıp kulaklarını kaşıdı.

"Gel tırman bakalım," dedi kuzenine. "Evet, hemen yanımda dur ki seni koklayabilsin. Atlar koklamayı sever."

"Biliyorum." Hamish'in sesi küçümser gibi çıkmıştı. Atın burnuna zor yetişiyordu ama yetişip onu okşamayı başardı. Kocaman kafa ona uzanıp koklarken ve nefesiyle saçlarını uçururken orada durdu.

"Bana elmayı ver," dedi Jamie'ye, o da verdi. Yumuşak kadife gibi dudaklar meyveyi Hamish'in avcundan keyifle alarak yemeye başladı, elma azı dişlerinin arasında yok oldu, geriye sadece sulu şapırdatmalar kalmıştı. Jamie onu mutlulukla seyrediyordu.

"Evet, gayet iyi gidiyorsun. Ben diğerlerini beslerken arkadaşlığını ilerletmeye devam et bakalım. Belki daha sonra ona binebilirsin."

"Tek başıma mı?" diye sordu Hamish, çok hevesliydi. Adının anlamı köpük olan Cobhar son derece iyi huylu, bir elli boyundaki midillilerden farksız bir attı.

"Benim gözetimimde manejde iki tur atacaksın eğer düşmeden bunu yapmayı başarabilirsen ondan sonra tek başına ona binebilirsin. Ben onaylayana kadar ona engel atlatmak yok." Jamie tozlu ahırda öne doğru eğildi ve yerden aldığı saman yığınını ahırdaki atlardan birinin bölmesinin önüne koydu.

Doğrulup kuzenine gülümsedi ve hiç konuşmadan Cobhart'ın önüne saman yığını koyma işini bitirdi. "Bana onlardan birini verebilecek misin? Hamish'in verdiği elmayı dirgenini uzatıp aldı. İkisi birden ahırın duvarına yaslanıp elmalarını yemeye başladılar. Bitirdiklerinde Jamie kalanı burnunu ona sürten ata verdi ve dirgeni eline alarak çalışmaya devam etti. Hamish elmasını çiğneyerek onu koridorda takip ediyordu.

"Babamın iyi bir binici olduğunu duydum," dedi Hamish bir süre sonra usulca. "Yapamamaya başlamadan önce..."

Jamie usulca kuzenine baktı, konuşmadan önce işini bitirdi. Bunu yapmanın kelimelerden daha iyi geleceğini düşünmüştü.

"Ben onu ata binerken hiç görmedim ama sana söyleyebileceğim tek şey hayatımın hiçbir anında Colum kadar cesur olmayı başaramadığımdır."

Hamish Jamie'nin yaralı sırtına merakla baktı ama hiçbir şey sormadı. İkinci elmasını bitirdikten sonra düşünceleri bambaşka bir konuda yoğunlaşmıştı.

"Rupert senin evlenmek zorunda kaldığını söyledi," diyerek konuya girdi, ağzı hâlâ doluydu.

"Ben evlenmek istedim," dedi Jamie kendinden emin bir tavırla, bu arada elindekini duvarın kenarına koymuştu.

"Ah. Pekâlâ... Bu çok güzel," dedi Hamish ama bundan pek emin değildi, bu sözler kafasını karıştırmış gibiydi. "Ben merak ediyordum... Sence?"

"Bence ne?" Bu konuşmanın kısa sürmeyeceğini anlayan Jamie bir saman balyasının üzerine oturdu.

Hamish'in ayakları yere bile değmiyordu ya da belki salladığı için ben öyle düşünüyordum. Topuklarını saman balyasına vurup duruyordu.

"Sence evlenmek akıllıca bir şey mi?" diye sordu kuzenine bakarak. "Yani her gece aynı kadınla yatağa girmekten bahsediyorum."

"Yanlış düşünüyorsun," dedi Jamie. "Hem de çok yanlış, bu aslında çok hoş bir şey."

Hamish buna inanmamış gibi bakıyordu.

"Ben bundan hoşlanacağımı hiç sanmıyorum. Zaten bütün kızlar çok zayıf ve hepsi arpa gibi kokuyor. Bayan Claire, yani senin eşin, demek istedim..." diye hızla ekledi, bir karmaşaya sebep olmak istemediği açıktı, "o yatmak için diğerlerinden çok daha hoş görünüyor. Yani yumuşak demek istiyorum..."

Jamie onu onayladı. "Evet, bu doğru... Ayrıca gayet hoş kokuyor," diye de ekledi. Oranın loşluğunda bile onun dudağının köşesinin seğirdiğini görebiliyordum, kafasını kaldırıp bana bakacak cesareti kendinde bulamadığının da farkındaydım.

Aralarında uzun bir sessizlik yaşandı.

"Nereden biliyorsun?" diye sordu Hamish.

"Neyi biliyorum?"

"Evlendiğin kişinin doğru kadın olduğunu?" dedi oğlan sabırsızlıkla.

"Ah." Jamie arkasındaki taş duvara dayandı, ellerini başının arkasına koymuştu.

"Zamanında bunu ben de babama sormuştum," diye başladı. "O sadece bunu hissedersin demişti. Eğer hissetmezsen o doğru kız değildir."

"Hımm." Bu oğlana pek başarılı bir açıklama gibi gelmemişti, yüzünü buruşturuş şeklinden bunu anlamıştım. Hamish de Jamie'nin taklidini yaparak arkasına yaslandı. Çoraplı bacakları artık saman yığınının ucuna kadar geliyordu. Şu an çok küçüktü ama ilerde kuzeni gibi iri olacağı kesindi. Omuzlarının yapısı, duruşları ve kemik yapıları neredeyse aynıydı.

"Ayakkabıların nerede?" diye sordu Jamie, kızmış gibiydi. "Umarım onları yine çayırlarda unutmadın. Eğer onları kaybedersen annen kulaklarını çeker."

Hamish omuzlarını silkti, bu tehdit onu hiç etkilememiş gibiydi. Şu an aklında bundan çok daha önemli şeyler vardı.

"John..." diye başladı, düşünceli bir yüz ifadesi vardı, "John diyor ki..."

"Seyis John mu, aşçı yamağı John mu, John Cameron mu?" diye sordu Jamie.

"Seyis olan," dedi Hamish, eliyle önemli değil gibi bir hareket yaptı, dikkatinin dağılmasını istemiyordu. "O evlilik hakkında bir takım şeyler söyledi..."

"Eee?" Jamie onu yüreklendirmek ister gibiydi, bilinçli olarak ona bakmadı. Gözlerini yukarı kaldırınca benimle göz göze geldi. Ona sırıttım, o ise bana sırıtmamak için dudaklarını ısırmaya başladı.

Hamish derin bir nefes aldı ve bir anda aklındaki her şeyi

söylemeye başladı. "O senin kadınlara bir aygır gibi hizmet edebileceğini söyledi ama ben söylediklerine inanmadım, bu doğru mu?"

Kahkaha atmamak için parmağımı ısırdım. Jamie benim kadar şanslı değildi, parmağını bacağına geçirip kıpkırmızı bir suratla Hamish'e döndü. İkisi de domates rengini almışlardı, pazarda yan yana dizilen sebzelere benziyorlardı.

"Eee... Ah... Evet, belki..." Sesi biri boğazını sıkıyormuş gibi çıkıyordu. Hemen kendini topladı.

"Evet, evet bu doğru."

Hamish dehşete kapılmış bir halde ahır bölmelerine bakmaya başladı, üreme organları olduğu gibi meydanda olan bir aygır orada yatıyordu. Sonra merakla kendine baktı, artık gülmemek için ağzıma kumaşları tıkmaya başlamıştım.

"Arada çok büyük bir fark var ama," diye devam etti Jamie. Yüzü yavaş yavaş eski rengine geliyordu ama dudağının kenarı hâlâ seğiriyordu. "Çok önemli bir fark, çok daha nazik..."

"Yani onların boynunu ısırmıyor musun?" Hamish çok önemli noktalara parmak basıyordu. "Yani onları susturmak için boyunlarından ısırman gerekmiyor mu?"

"Eee... Hayır. Yani şart değil." Jamie onu bilgilendirme görevini başarıyla yerine getirmeye çalışıyordu.

"Ayrıca başka farklar da var," diye devam etti, yukarı bakmamaya özen gösteriyordu. "Bunu yüz yüze yapabilirsin. Yani hanımefendi de kabul ederse."

"Hanımefendi mi?" Hamish bundan hiç hoşlanmamıştı. "Ben yine de arkada durmayı tercih ederim. Böyle bir şeyi yaparken birinin bana bakmasından hoşlanacağımı hiç sanmıyorum. Bu zor bir şey mi?" diye sormaya devam etti. "Yani gülmeden durabilmek?"

Akşam yatağa yattığımda hâlâ Jamie ile Hamish'i düşünüyordum. Gülerek kalın yorganın altında döndüm. Pencereden hafif bir rüzgâr esiyordu ve ben yorganın altında büzülmüş Jamie'nin sıcaklığını arıyordum. O soğuğa son derece dayanıklıydı, sanki içinde bir ocak vardı, her zaman sıcacıktı. Benim serin dokunuşlarım ise onu bir kor haline getiriyordu.

İşin aslında hâlâ dışardan gelen bir yabancıydım ama artık kalenin misafiri değildim. Onlardan biri olduğum için şu an evli kadınlar bana daha dostça yaklaşıyorlardı, genç kızlar ise yakışıklı ve istenen bir bekârı ellerinden almış olduğum için hafifçe diş biliyorlardı. Arkamdan yapılan el işaretleri ve donuk bakışlar pek umurumda değildi ama Jamie MacTavish'in burada kaldığı kısa süre zarfında o ahırda kaç kızı öptüğünü gerçekten çok merak ediyordum.

Elbette artık MacTavish değildi. Zaten kale yaşayanlarının çoğu onun kim olduğunu biliyordu, benim İngiliz casusu olup olmadığımdan emin olamadıkları için bunu benden saklamışlardı. Artık o bir Fraser'dı, tabii ben de. Mutfakların üst katında bulunan evli kadınların dikiş dikip bebeklerine baktıkları odada Bayan Fraser olarak karşılanıyordum. Hepsi merakla bir şey var mı diye karnıma bakıyorlardı.

Daha önce hamile kalmakta zorlandığım için Jamie ile evlendiğimde böyle bir olasılık aklıma bile gelmemişti ama yine de periyodumu biraz endişeyle beklemiştim. Hayatım çok karışıktı ve şu an bir bebekle tanışmaya hazır değildim. Jamie bundan pek hoşlanmamıştı ama onun da için için rahatladığını hissetmiştim. Baba olmak onun durumundaki bir adam için de çok büyük bir lükstü.

Kapı açıldı ve o içeri girdi. Hâlâ elindeki havluyla saçlarını kuruluyordu ve akan damlalar gömleğinin rengini koyultuyordu.

"Neredeydin?" diye sordum şaşkınlıkla. Leoch Kalesi lüks bir yer gibi görünmesine rağmen banyo yapabilme açısından Colum'un ağrılarını geçirmek için kullandığı bakır kazandan başka bir şeye sahip değildi. Bir tane de doğum yapan kadınların kullanması için vardı. Bunun dışında herkes yıkanmak için leğen ve ibrik kullanıyordu, ya da dışarıda, gölün kenarında veya bahçenin taş zeminli bölgelerinde çıplak kadınlar birbirlerine kovayla su dökerek yıkanıyorlardı.

"Gölde," diye cevap verdi havluyu pencerenin önüne koyarken. "*Birileri*," dedi yüzünü buruşturarak, "ahırın ve atın bölmesinin kapısını açık bırakmış ve Cobhar da alacakaranlıkta yüzmeye karar vermiş."

"Ah, demek bu yüzden yemeğe gelemedin. Ama atlar yüzmekten hoşlanmazlar ki, hoşlanırlar mı?"

Başını salladı, parmakları hâlâ saçlarının arasında dolaşarak onları kurutmaya uğraşıyordu.

"Hayır, hoşlanmazlar. Ama onlar da insanlar gibi birbirlerinden farklıdır. Cobhar taze su bitkilerini çok sever. Suyun kenarında onları yerken köyden gelen köpek sürüsü onu göle kadar kovalamış. Ben de onları kovalayıp peşinden gitmek zorunda kaldım. Hamish'i elime geçirdiğimde neler yapacağımı bekle ve gör," dedi, çok ciddiydi. "Ona kapıları açık bırakmak neymiş göstereceğim."

"Colum'a bundan bahsedecek misin?" Bunu sordum çünkü suçluya karşı hafif bir acıma duygusu besliyordum.

Jamie torbasına bakarken başını salladı. Oradan bir parça peynir çıkardı, büyük ihtimalle mutfağın önünden geçerken torbasına tıkmıştı.

"Hayır," dedi. "Colum oğlana çok sert davranıyor. Onun böyle bir dikkatsizlik yaptığını duyarsa bir ay boyunca ata binmesine izin vermez bir tek bununla da yetinmeyecektir, mutlaka dayak da atar. Tanrım açlıktan ölüyorum." Peynirden kocaman bir lokma ısırdı.

"Hamish'e ne yapmayı düşünüyorsun?"

Lokmasını yuttuktan sonra bana gülümsedi. "Sen canını sıkma. Yarın onu gölde kayıkla gezmeye çıkaracağım ve gölün ortasında suya devireceğim. O kıyıya varıp kuruyana kadar akşam yemeği bitmiş olacak." Peynirin geri kalanını üç ısırıkta bitirdi ve utanmadan parmaklarını yaladı. "Yatağa ıslak ve aç gitmek nasıl bir şeymiş o da görsün bakalım."

Büyük bir ümitle benim arada bir elma veya hızlı yenebilecek bir şeyler koyduğum masanın çekmecesini açtı ama orada da bir şey yoktu, içini çekerek tekrar kapattı.

"Kahvaltıya kadar yaşayacağımı umuyorum," dedi. Hızla soyunup yanıma yattı, titriyordu. O buz gibi suda yüzmüş olmasına rağmen vücudu hâlâ sıcaktı.

"Mmm, sana sarılmak çok güzel," diye mırıldandı. "Farklı kokuyorsun, bugün bitkilerle mi uğraştın?"

"Hayır," dedim şaşkınlıkla "Ben kokunun senden geldiğini sanıyordum." Bitkisel, kekremsi bir kokuydu, kötü değildi ama alışılmış da değildi.

"Ben sadece balık gibi kokuyorum," dedi ellerini yeniden koklayarak. "Ya da ıslak bir at gibi. Hayır," dedi biraz daha yakından beni kokladıktan sonra, "koku senden de gelmiyor ama oldukça yakınımızda bir yerlerde."

Yataktan kalktı, yorganı ve örtüleri kaldırıp aramaya başladı. Aradığını benim yastığımın altında bulduk.

"Bu da neyin..." Aldığım gibi fırlattım. "Ahh! Dikenleri var."

Köklerinden koparılıp siyah iple demet yapılmış bir grup bitkiydi. Bitkiler solmuştu ama kokuları hâlâ tazeydi. Demetin içinde bir tane çiçekli bitki vardı, o da yamulmuş bir çuha çiçeğiydi, başparmağıma onun kökü batmıştı.

Parmağımı emerken demeti diğer elime alıp incelemeye başladım. Jamie bir süre durup ona baktıktan sonra, elimden alıp açık pencereden dışarı fırlattı. Yatağa dönüp demetten yatağa dökülenleri eliyle yataktan aldı ve onları da pencereden attı. Çarparak pencereyi kapatıp ellerini silkeleyerek yanıma geldi.

"Gitti işte," diyerek gereksiz bir açıklama yaptı. Yatağa girdi. "Yatağa gel Saksonyalı."

"O neydi?" diye sordum yanına yatarken.

"Bir şaka olmalı," dedi. "Sevimsiz bir şey ama sadece bir şaka." Dirseğine dayanarak doğrulup mumu söndürdü. "Gel buraya *mo duinne,*" dedi, "Üşüyorum."

Yastığımın altına yerleştirilmiş o kötü şeye rağmen kilitli kapıların ardında ve Jamie'nin kollarında çok güzel bir uyku uyudum. Şafak sökerken rüyamda yemyeşil çayırlar ve kelebekler gördüm. Sarı, kahverengi, beyaz ve turuncu kelebekler etrafımda sonbahar yaprakları gibi uçuşuyordu, omuzlarıma ve başıma konuyor vücudumu yalayarak aşağı doğru süzülüyorlardı. Minicik ayakları beni gıdıklıyor, kanat çırpışları yüreğimin atışıyla bütünleşiyordu.

Gerçeklere dönmeye başladığımda kelebeklerin ayaklarının

karnımın üzerinde hafifçe gezinen Jamie'nin kızıl saçları, kanatların da kalçamın arasında gezinen dili olduğunu fark ettim.

"Mmm," dedim bir süre sonra. "Bu benim için mükemmel ya senin için?"

"Üç dakika daha böyle durmaya devam edersen her şey olabilir," diye sırıtarak elimi uzaklaştırdı. "Ama ben biraz daha fazla vakit geçirmeyi düşünüyorum, yavaş ve dikkatli olmak benim doğamda var, biliyorsun. Sizden de bana katılmanızı rica edebilir miyim hanımefendi?"

"Elbette," dedim. Ellerimi başımın altına koyup yarı kapalı gözlerle ona bakmaya başladım. "Bana artık günde bir kereden fazlasını yapamayacak kadar güçsüz olduğunu söylemek istiyorsan..."

Yatağın alt ucunda durduğu yerden gözlerini kısarak bana baktı. Oradan üzerime sıçrayıp beni kuştüyü yatağa bastırırken beyaz bir ışık çaktı.

Saçlarımın arasından kulağıma fısıldadı. "Sakın daha sonra neden uyarmadın deme."

İki buçuk dakika sonra kükredi ve gözlerini açtı. Elleriyle yüzünü ve kafasını sıvazladı, saçları yine tüylü kalemlerinkiler gibi havaya dikilmişti. Sonra İskoçça bir küfür savurarak isteksiz bir tavırla yataktan kalkıp giyinmeye başladı, sabah ayazı hafifçe titremesine sebep oluyordu.

"Pek ümidim yok ama" dedim büyük bir umutla, "Alec'e hasta olduğunu söyleyip yatağa dönme imkânın var mı?"

Güldü, eğilip beni öptükten sonra yatağın içinde çoraplarını aramaya başladı. "Keşke yapabilseydim Saksonyalı. Frengi, veba ya da kalıcı bir vücut hasarı görmediğim sürece özür belirtmem imkânsız. Kan revan içinde kalmadığım sürece Alec buraya gelip beni yataktan çıkaracaktır."

Çorabını yukarı doğru çekerken biçimli bacak kaslarını keyifle izledim. "Kalıcı vücut hasarı mı? Sanırım bu konuda bir şeyler yapabilirim," dedim.

Diğer çorabını alırken homurdandı. "Okunu atarken dikkatli ol Saksonyalı." Bana şehvet dolu pis bir bakış fırlatmayı denedi ama bunu başaramayıp şaşı gözlerini bana doğrulttu. "Yanlışlıkla fazla yukarı atarsan bu senin için de hiç iyi olmaz."

Yorganın altında yatarken tek kaşımı havaya kaldırdım. "Sen hiç canını sıkma. Dizinin üstüne bile gelmeyecek, söz veririm."

Yuvarlak çıkıntılarımı okşayıp ahırlara gitmek üzere odadan ayrıldı, bağıra bağıra "Çalılıkların Arasında" şarkısından bir bölüm söylüyordu. Merdivenlere vardığında şarkının nakarat kısmına gelmişti:

"Yaban arısı beni soktuğunda
Bendikee'de çalılıkların arasında
Küçük kızı kucağıma almış oturuyordum,"

Çok haklıydı, hiç müzik kulağı yoktu.

Yeniden uyku bastırdı ama buna karşı koyup kahvaltıya gitmek üzere yataktan kalktım. Kalede yaşayanların çoğu kahvaltılarını edip işlerinin başına gitmişti, geride kalmış olanlar beni hoşça selamladılar. Artık yan gözle ya da düşmanca bakanlar, arkamdan oyun çevirmeye çalışanlar yoktu. Ben yine de yüzlerini inceledim.

Sabahı yalnız başıma bahçede ve tarlalarda sepetimle ve delme çubuğumla iş yaparak geçirdim. Bir takım önemli şifalı otlarım azalmaya başlamıştı. Köydeki insanlar bir sorunları olduğunda genellikle Geillis Duncan'a gidiyorlardı ama bugün köyden deva aramak için gelen çok fazla kişi vardı. Belki de Geillis'in kocasının hastalığı onu bugün hastalarına bakmaktan alıkoymuştu.

Akşamüzerinin ikinci bölümünü sağlık merkezimde geçirdim. Görülmesi gereken birkaç hasta daha vardı; bir egzema vakası, bir çıkık parmak ve bacağına kaynar çorba dökülmüş bir aşçı yamağı tedavi edilmek üzere beni bekliyordu. Gümüş çiçeği kökü merhemiyle süsen tozlarını karıştırıp yerine oturttuğum parmağa sürüp sardım. Daha sonra Beaton'un kaplarında yeni ilaçlar için gereken bitkileri ezmeye başladım.

Bu çok sıkıcı bir işti ama bu boşlukta yapılmalıydı. Hava fena değildi, dışarıya bakmak üzere masama tırmanınca karaağaçların mavi gölgelerinin batıya doğru eğilmiş olduklarını gördüm.

Cam şişeler içindekilere göre sıraya dizilmiş, sargı bezleri ve kompresler yanlarına yerleştirilmişti. Ecza dolabı artık düzenli ve pırıl pırıldı. Artık kökler, kurutulmuş yapraklar ve mantarlar da gazlı bezlerin içine yerleştirilmiş bir şekilde dolaptaki yerlerini almışlardı. Onların kokularını içime çekmek için derin bir nefes aldım ve etrafıma mutlulukla baktım.

Havana vurmaya devam ederken farkına vardığım şey hafifçe şok geçirmeme sebep oldu.

Buradaki ilkel yaşama şartlarına, içinde bulunduğum sayısız belirsizliğe ve hafif bir sızıyla Frank'i özlememe rağmen hiç de mutsuz değildim. Hatta tam tersine mutluydum.

Bundan çok utandım ve kendimi ihanet etmiş gibi hissettim. Frank üzüntüden mahvolurken ben nasıl bu kadar mutlu olabiliyordum? Aslında zaman akıp gidiyordu - bunun böyle olmadığını nereden çıkardığımı bilemiyordum - geçen dört ay zarfında çok daha büyük bir özlem duymalıydım. Onun polisle birlikte beni dağ bayır her yerde arıyor olduğunu düşündüm, benden bir iz bulmaya çalışıyordu. Şu ana kadar ümidini yitirip vazgeçmiş de olabilirdi, artık benim cansız vücudumu bulmayı da umuyor olabilirdi.

Havanı bırakıp küçük odamda gezinmeye başladım, pişmanlık ve üzüntü içinde ellerimi önlüğüme sürtüp duruyordum. Çok yakın bir zamanda buradan ayrılmalıydım. Dönmek için daha fazla çaba göstermeliydim. Ama bunu denemiştim. Hem de birkaç kez.

Şöyle bir düşündüm. Bir İskoç kaçağıyla evlenmiştim, ikimiz de aynı sadist adamın eline düşmüştük, klanlarına bir tehdit oluşturduğuna inandıkları anda Jamie'yi gözlerini bile kırpmadan öldürmeye kalkışacak olan bir takım barbarlarla bir arada yaşıyorduk. Ve ben bütün bunlara rağmen mutluydum, bu da en kötüsüydü.

Oturup yardım ister gibi şişelere ve kavanozlara bakmaya başladım. Leoch'a döndüğümüz günden beri bir önceki hayatımı hatırlamamak için bilinçli bir çaba sarf ediyordum. İçin için kısa bir süre içinde bir karara varmam gerektiğini biliyordum ama bunu sürekli erteliyordum. Jamie'nin kollarına ve onun bana verdiği hazza saklanıp bunu gün be gün saat be saat erteliyordum.

Koridordan bir gürültü ardından da bir küfür duyuldu, hızla ayağa kalkıp ne olduğuna bakmak için kapıya gittim, yaşlı Alec'in eğik bedenini ve bir seyis çocuğun arasında sendeleyerek ilerlemeye çalışan Jamie'yi gördüm. Taburemin üzerine çöküp mutsuz bir suratla sol bacağını uzattı. Yüzündeki ifadede acısından daha fazla şeylere sıkılmış gibi bir görüntü vardı, eğilip bacağını kontrol ettim.

"Burkmuşsun," dedim iyice inceledikten sonra. "Ne yaptın?"

"Düştüm," dedi Jamie kısaca.

"Çitlerden mi?" diyerek dalga geçtim. Bir anda parladı.

"Hayır. Donas'tan."

"O şeye binmeye mi kalkıştın?" diye sordum duyduğum şeye inanamayarak. "Eh, burkulmuş bir bilekle kurtulduğun için mutlu olmalısın." Uzun bir sargı bezi alıp ekleme sarmaya başladım.

"İşin aslında göründüğü kadar kötü değildi," dedi yaşlı Alec. "Hatta bir süre gayet iyi idare ettin."

"Bunu biliyorum," diyerek tersledi onu Jamie, ben bandajı sıkmak için çekerken dişlerini gıcırdattı. "Onu bir arı soktu."

Alec'in kalın kaşları havaya kalktı. "Demek sebep buydu. Hayvan ok yemiş gibi yerinden sıçradı," diyerek Jamie'nin sözlerini onayladı. "Dört ayağı da havalanıp yeniden yere indi ve bir anda delirdi - sanki her yanında yaban arıları gezer gibiydi. Ve bizim delikanlı ona yapışmıştı," dedi Jamie'yi işaret ederek, onun yüzünde cevap verirken hâlâ mutsuz bir ifade vardı. "Ta ki o sarı zebani çitlerin üzerinden atlamaya kalkışana kadar."

"Çitten atlamak mı? Peki, şimdi o nerede?" diye sordum ayağa kalkıp ellerimdeki tozu silkelerken.

"Cehennemin dibinde bir yerlerdedir umarım," dedi Jamie ayağını yere basmaya çalışırken. "Orada kalmaya devam eder umarım." Gözünü bile kırpmadan yerine oturdu.

"Aygırın eğitilmiş olduğuna pek inanmıyorum," dedi Alec. "Gerektiği anda bir at gibi davranabileceğini hiç sanmıyorum."

"Belki de Donas'ın aslı budur," dedim, biraz da eğleniyordum.

"Bundan hiç şüphem yok," dedi Jamie, hâlâ dikkatli cümleler kuruyordu ama espri yeteneğini geri kazanmaya başlamıştı. "Sonuçta kara bir aygırdan bahsediyoruz, öyle değil mi?"

"Ah, elbette," dedi Alec. "O efendi olmakla hizmetkâr olmak arasında gidip geliyor."

Jamie'ye dönüp içten bir şekilde güldükten sonra gitmek üzere doğruldu.

"Hazır bundan söz etmişken," diyerek gülümsedi ve bana göz kırptı, "senin yarın ahırlara gelmeni beklemiyorum. Yatağında bol bol...dinlen oğlum."

"Bu da nereden çıktı?" diye sordum yaşlı at terbiyecisine bakarak, "herkes yataktan çıkmaktan başka bir şey yapmak istemediğimizi düşünüp duruyor."

Jamie tezgâha dayanarak bir kez daha ayağının üzerine basmayı denedi.

"Bunun ilk sebebi daha evleneli bir ay bile olmadı," diyerek fikrini belirtti. "İkincisini öğrenmek istersen..." Yüzüme bakarak sırıttı. "Sana daha önce de söylemiştim Saksonyalı. Düşündüğün her şey yüzünden belli oluyor."

"Lanet olsun," dedim.

Ertesi sabahı dispanserdeki birkaç acil duruma bakmak dışında özel hastamın bakımıyla ilgilenerek geçirdim.

"Dinlenmen gerekiyor," diyerek azarladım onu.

"Dinleniyorum. Bileğimle hiçbir şey yapmıyorum Saksonyalı."

Uzun, çorapsız bacağını havaya kaldırıp ayağını ileri geri oynattı. Bu hareketi bir "Ah!" sesiyle yarıda bırakmak zorunda kaldı. Ayağını indirip şişmiş bileğine masaj yapmaya başladı.

"Sanırım dersini aldın," dedim bacaklarımı yorganın altından çıkararak. "Hadi kalk bakalım. Yatakta yeteri kadar uzun kaldın. Temiz havaya ihtiyacın var."

Yatakta doğrulup oturdu, saçları yüzünü örtmüştü.

"Bana dinlenmem gerektiğini söylemiştin."

"Açık havada da dinlenebilirsin. Kalk bakalım. Yatağı toplayacağım."

Benim yaralı bir adama son derece katı ve duygusuz davrandığımı söyleyerek kalkıp giyindi. Ayağını sarmam için uzatırken eski neşesine kavuşmuş gibiydi.

"Dışarısı yağmurlu gibi görünüyor," dedi pencereden bakarak, hafifçe çiseleyen yağmur o sırada şiddetini arttırdı. "Hadi, çatıya çıkalım."

"Çatıya mı? Oldu canım. İncinmiş bir bileğe hep altı kat merdiven çıkmasını tavsiye ederim."

"Beş. Hem sopam da var." Kapının arkasında duran eski akdikenden yapılmış sopayı zafer kazanmış gibi hareketler yaparak bana gösterdi.

"Onu nereden buldun?" diye sordum, bir yandan incelerken. Yakından bakınca elle işlenmiş bir keresteye benzeyen bu sopanın oldukça yaşlı ve elmas kadar değerli bir şey olduğunu fark ettim.

"Alec ödünç verdi. Onu katırları yola getirmek için kullanır, dikkatlerini çekmek için gözlerinin önünde sallayıp durur."

"Etkili bir yöntem gibi görünüyor," dedim sopaya bir kez daha bakarak. "Bir ara ben de denemeliyim. Senin üzerinde..."

Kayağan taşından yapılmış çatının altında küçük korunaklı bir bölge bulduk. Parapet duvarının ardında durup etrafı seyretmeye başladık.

"Bu çok güzel!" Rüzgârla birlikte yağmakta olan şiddetli yağmura rağmen çatının manzarası mükemmeldi. Gümüş rengi göl önümüzde uzanıyordu, iki yanında yükselen sarp kayalıklar vardı, bunlar gökyüzüne uzanan siyah yumruklar gibi görünüyordu.

Jamie parapete dayanıp ağırlığını sağlam bacağına verdi.

"Öyledir. Daha önce kalede kaldığım zamanlarda hep buraya çıkardım."

Yağmur damlalarının dövmekte olduğu gölü gösterdi.

"Oradaki geçidi görebiliyor musun? Şu iki kayanın arasındaki noktayı!"

"Dağların arasındakini mi? Evet..."

"İşte oradan Lallybroch'a gidilir. Kendimi evimden uzakta, yalnız hissettiğim zamanlarda buraya çıkıp oraya bakarım. Bir kuzgun olup dağların, tarlaların üzerinde uçup geçidin diğer tarafına geçtiğimi düşünürüm, vadinin diğer tarafındaki evimin üzerinde gezindiğimi..."

Usulca koluna dokundum.

"Geri dönmek ister misin Jamie?"

Başını çevirip bana gülümsedi.

"Bunu düşünüp duruyorum. İsteyip istemediğimi tam olarak bilemiyorum ama sanırım bunu yapmalıyız. Orada ne bulacağımızı da bilemiyorum Saksonyalı. Ama... Artık evlendim. Sen Broch Tuarach'ın hanımısın. Kaçak olsam da olmasam da oraya gitmeliyiz, en azından işleri yoluna koyabileceğimiz bir süre boyunca gidip orada kalmalıyız."

Leoch'dan ve burada dönüp duran entrikalardan ayrılma fikri bir anda beni rahatlatmış ve heyecanlandırmıştı. "Ne zaman gideceğiz?"

Kaşları çatılmıştı, parmaklarını parapet duvarına vurup duruyordu. Taş duvar yağmurdan ıslanmıştı ve rengi iyice koyulaşmıştı.

"Sanırım Dük gelene kadar burada kalmalıyız. Ne yapabileceğini öğrenmeliyiz. Temize çıkmamı sağlayamasa bile affedilmemi sağlayabilir. O zaman tehlikeye atılmadan Lallybroch'a dönme şansımız ortaya çıkar, anlatabiliyor muyum?"

"Evet, eee... Ama..." Tereddüt ettiğimi hissedince gözlerini bana dikti.

"Ne oluyor Saksonyalı?"

Derin bir nefes aldım. "Jamie... Sana bir şey söyleyeceğim ama bunu nereden bildiğimi sormayacağına bana söz verir misin?"

Gözlerimin içine bakmaya devam ederek beni kollarına aldı. Yağmur damlaları saçına düşüyor oradan da yüzünü yalayarak aşağı iniyordu. Gülümsedi.

"Sana bana anlatmak istemeyeceğin hiçbir şeyi sormayacağımı söylemiştim. Evet, söz veririm."

"Oturalım. O ayağının üzerine bu kadar uzun süre basmamalısın."

Kendimize kuru bir yer bulup sırtımızı duvara dayayarak oturduk.

"Evet, anlat bakalım Saksonyalı. Kafana taktığın şey nedir?"

"Sandringham Dükü," dedim dudağımı ısırarak. "Jamie ona güvenmemelisin. Onun hakkında çok şey bilmiyorum ama onun bir garipliği olduğunu biliyorum."

"Bunu sen de mi biliyorsun?" Şaşırmıştı.

Onun bu sorusu ise beni şaşırtıp ona bakmaya zorlamıştı.

"Onu daha önceden tanımış olduğunu mu söylüyorsun? Ne zaman tanıştın?" Rahatlamıştım. Belki de Sandringham'la Jakobitlerin arasında var olduğu sanılan ilişki Frank'le papazın bildiğinden çok daha fazla biliniyordu.

"Ben on altı yaşında buradayken tanışmıştım. Buradan ayrıldığımda..."

"Ne zaman ayrıldın?" Bu da merak ettiğim konulardan biriydi, Geillis Duncan'la tanıştığım gün ormanda söyledikleri aklıma gelmişti. Jamie'nin Colum'un oğlu Hamish'in babası olduğuna dair eski bir söylentiden bahsetmişti. Colum'un Hamish'in babası olmadığını, olamayacağını ben biliyordum, hatta kalede bunu bilebilecek tek insan da bendim. Dougal'ın daha önce Carryarick'te Jamie'ye yapmış olduğu saldırının sebebi de bu olabilirdi.

"Letitia yüzünden kaleden ayrılmadın değil mi?" diye tereddütle sordum.

"Letitia mı?" Bu sorum onu çok şaşırtmıştı, bu her halinden belliydi ve bir anda içimdeki sıkıntının dağıldığını hissettim. Geilie'nin bu tahminine pek inanmamıştım ama...

"Letitia da nereden aklına geldi Tanrı aşkına?" diye sordu Jamie, merak etme sırası ona geçmişti. "Kalede geçirdiğim bir yıl boyunca onunla bir kez konuştuğumu hatırlıyorum. Beni odasına çağırıp onun gül bahçesinde oyun oynadığım için beni azarlamıştı."

Ona Geilie'nin anlattıklarını söylediğimde bir kahkaha attı.

"Tanrım," dedi, "sinirlerime hâkim olmam gerekiyor!"

"Colum'un böyle bir şeyden şüphelenmiş olabileceğini düşünüyor musun?" diye sordum.

Düşünceli bir tavırla başını salladı.

"Hayır, Saksonyalı. Böyle bir şeyden şüphelenmiş olsa, değil yirmi üç yaşıma kadar yaşamak on yedinci yaşımı bile göremezdim."

Bu sözleri Colum hakkındaki fikirlerimi doğrulamıştı ama yine de rahatlamıştım. Jamie'nin düşünceli hali devam etti ve mavi gözleri bir şey bulmuş gibi kocaman açıldı.

"Bir düşünelim bakalım. Colum'un benim kaleden neden birdenbire ayrıldığımı bilmediğini sanıyorum. Eğer Geillis Duncan ortalıkta böyle şeyler söyleyerek dolanıyorsa - bu kadının tam bir baş belası olduğunu söyleyebilirim Saksonyalı; eğer diğerlerinin söylediği gibi bir cadı değilse bile dedikoducu ve zararlı biri - Colum artık bunun sebebini öğrenmiştir."

Saçaklardan akan yağmur sularını seyretti.

"Aşağı insek iyi olacak Saksonyalı, ıslanmaya başladık."

Aşağı inerken bostana bağlanan merdivenleri kullandık, sağanak izin verirse biraz hodan toplamak istiyordum. Kalenin duvarına yapışıp bir süre bekledik.

"Hodanla ne yapacaksın Saksonyalı?" diye sordu Jamie, konuyla ilgilenmiş gibi görünüyordu, bir yandan da yağmurun altında kalmış sarmaşıkları ve bitkileri seyrediyordu.

"Tazesi hiçbir işime yaramaz. Kurutup..."

Bahçe duvarının dışından gelen garip gürültüler sözümü yarıda bırakmama sebep oldu. Yağmurun altında oraya doğru koşmaya başladım, Jamie arkamdan topallayarak geliyordu.

Köyün papazı Peder Bain çamurların arasında yukarı doğru koşuyordu, etrafında bir sürü havlayan köpek vardı. Ağır cüssesi bu sürate dayanamadı ve papaz tökezleyip çamurların arasına düştü. Köpekler üzerine çullanıp onu ısırmaya başladılar.

Önümdeki duvarın üzerinden ekose bir kumaş hızla atladı, Jamie papazın yanına varmıştı bile ve sopasını sallayarak İskoçça bir şeyler söyleyip köpekleri kovalamaya uğraşıyordu. Bu sözlerin ve küfürlerin etkisini bilemiyordum ama sopa yeterince etkili olmuştu. Sırtlarına aldıkları darbeler sonucunda köpekler köyün yolunu tutmuştu.

Jamie burnundan soluyarak yüzünü örten saçlarını geri itti.

"Kurtlardan beterler," dedi. "Colum'a bunlardan bahsetmiştim, iki gün önce de Cobhar'ı kovalamışlardı. Birini öldürmeden önce yok edilmeliler." Bana döndü, ben o sırada rahibin önüne diz çökmüştüm. Yağmur saçlarımı ıslatmaya başlamıştı, başımdaki örtünün gittikçe ağırlaştığını hissediyordum.

"Henüz başarılı olamadılar," dedim. "Birkaç diş izi var ama o iyi."

Peder Bain'in cübbesi yırtılmış, tüysüz beyaz kalçası ortaya çıkmıştı, burada kötü bir diş izi ve hafif bir kanama vardı. Peder geçirdiği şokun etkisiyle bembeyaz olmuştu, ayağa kalkmayı denedi, demek ki çok kötü değildi.

"Peder, benimle birlikte odama gelirseniz, yaralarınızı temizleyebilirim," dedim, onun ortaya çıkmış baklavalı çoraplı bacaklarına gülmemek için kendimi zor tutuyordum.

Normal zamanlarda bile Peder Bain'in yüzü sıkılmış bir yumruğa benzerdi. Şu an kasılmış çenesi ve ağzından yanaklarına doğru daha belirginleşmiş olan çizgilerin etkisiyle bu tanıma daha çok uyuyordu, yavaş yavaş kızarmaya da başlamıştı. Bana halka açık bir suç işlemişim gibi bakıyordu.

Söylediklerine bakılırsa bu suçu işlemiştim. "Tanrı'nın adamının bir kadının önünde özel bölgelerini açtığı nerede görülmüş? Bak hanımefendi, sana uzun uzun anlatmayacağım, senin bu güne kadar ne tür ahlaksızlıklara alışmış olduğunu bilemeyeceğim ama ben ruhları temizlediğim sürece buralarda bu tür davranışlara izin verilmeyecektir!" Bu sözlerden sonra topallayarak ayağa kalkıp giysisinin yırtılmış yerlerini kapatmaya çalıştı.

"Siz bilirsiniz!" diye arkasından bağırdım. "Temizlememe izin vermezseniz iltihaplanacaktır."

Bana cevap vermedi ve merdivenleri sekerek çıkmaya çalıştı, tam bir penguene benziyordu.

"Sanırım bu adam kadınlardan pek hoşlanmıyor, öyle değil mi?" dedim Jamie'ye.

"Yaptığı işe bakarsak, bu doğru," diye cevap verdi Jamie. "Hadi yemeğe gidelim."

***

Öğle yemeğinden sonra, hastamı dinlenmek üzere yatağa gönderdim - onun tüm karşı koymalarına rağmen bu işi yalnız yapmak zorunda olduğunu söyledim - ve muayenehaneme indim. Yağmura bakılırsa bugün pek işim olmayacaktı, bu havada herkes evinde oturmayı tercih ederdi.

Davie Beaton'un kayıtlarını güncelleyerek vakit geçirirken kapımda bir gölge belirdi.

Gerçekten büyük bir gölge oluşturmuştu, kapıyı boydan boya kaplıyordu. Yarı kararmış odadan ona bakınca bunun garip şallara ve bir at battaniyesine sarınmış Alec MacMahon olduğunu anlamayı başardım.

Onun yavaş yürüyüşü bana Colum'un muayenehaneye ilk geldiği günü hatırlattı ve probleminin ne olabileceğini bulmamı sağladı.

"Romatizma değil mi?" diye sevgi dolu bir sesle sordum. O bu sırada inleyerek odadaki yegâne iskemleye oturmakla meşguldü.

"Evet, nem kemiklerime işliyor," dedi. "Bunun için yapılabilecek bir şey var mı?" Koca nasırlı ellerini masanın üzerine koyup parmaklarını rahatlatmaya çalıştı. Elleri akşamsefaları gibi yavaş yavaş açıldı ve nasırlı avuçları ortaya çıktı. Bandaj yumaklarından birini alıp ileri geri iterek parmaklarına ve avcuna masaj yapmaya başladım. Yaşlı yüzü önce kasıldı ama ilk sancılar geçmeye başlayınca yavaş yavaş rahatladı.

"Tahta gibi olmuş," dedim. "Tavsiye edebileceğim şey viski ve iyi bir masaj. Solucan otu çayı da iyi gelecektir."

Kahkaha atınca omzundaki şal kaydı.

"Demek viski? Şüphelerim vardı ama şimdi senin iyi bir doktor olduğuna karar verdim."

İlaç dolabına uzanıp Leoch damıtımhanesinden almış olduğum kahverengi şişeyi çıkardım. Yanında bir bardakla birlikte masanın üzerine koydum.

"İç ve sonra sence uygun olduğu kadar soyun ve masanın üzerine yat, ilk ısınmayı sağlayacağım sonrası kendiliğinden gelecek."

Mavi gözü şişeyi takdirle inceledi ve yaşlı eli boynuna doğru gitti.

"Bence sen de bir yudum al kızım," diye tavsiyede bulundu. "Zorlu bir iş yapacaksın."

Ben sol omzuna yumuşatmak için abanırken ondan acıyla mutluluk arası bir inleme geldi, sonra alttan tutup vücudunu kendi çevresinde yavaşça döndürdüm.

"Karım sırtımı ütülerdi," dedi, "Lumbagom için yapardı. Ama bu ondan daha iyi... Güçlü ellerin var evlat. Sen de iyi bir seyis olurmuşsun."

"Bunun bir kompliman olduğunu düşünüyorum," dedim, elime biraz daha ısıtılmış yağ ve mum yağı karışımından alıp sırtını ovmaya başladım. Kolları gömleğini sıvadığı yere kadar hava şartlarından çok etkilenmiş ve buralarda kahverengi lekeler oluşmuştu, omuzları ve sırtı ise süt beyazıydı.

"Bir zamanlar oldukça yakışıklı bir delikanlıymışsın," dedim. "Sırtın benimki kadar beyaz..."

Küçük bir kıkırdama elimin altındaki tenin sarsılmasına sebep oldu.

"Bakınca anlaşılmıyor değil mi? bir zamanlar Ellen MacKenzie bir tayı doğurturken beni gömleksiz görmüştü ve Tanrı'nın bu vücudun üzerine yanlış bir kafa oturttuğunu söylemişti, omuzlarımın üzerinde mihrabın arkasında duran heykellere benzeyen suratımın yerine sütlü muhallebi oturmalıymış."

Onun kilisedeki işkenceci, günahkârları temsil eden şeytan başlı heykellerden bahsettiğini anlamıştım.

"Anladığım kadarıyla Ellen MacKenzie aklına geleni söyleyen biriymiş," dedim. Jamie'nin annesinin nasıl biri olduğunu merak ediyordum. Şu ana kadar anlattıklarından babası Brian'ın nasıl biri olduğunu çözebilmiştim ama annesinden hiç bahsetmemişti, onun hakkında doğum yaparken genç yaşta öldüğü dışında hiçbir şey bilmiyordum.

"Ah kendine has bir dili vardı, kafası da ona uygun çalışırdı." Çoraplarını aşağıya doğru kıvırdıktan sonra, bacak kaslarını ovmaya başladım. "Ama gereken zamanlarda dilini tatlılıkla kullanırdı bu yüzden kimse ona kızmazdı. O ağabeyleri Colum'la Dougal'ı pek takmazdı."

"Hımm, ben de öyle duymuştum. Evlenmek için kaçmış, öyle değil mi?" Dizlerinin arkasında bulunan tendonlara parmaklarımı geçirince daha az saygı duyduğum biri çıkarmış olsa fare ciyaklamasına benzeteceğim bir ses çıkardı.

"Evet. Ellen altı MacKenzie yavrusunun en büyüğüydü; Colum'dan bir ya da iki yaş büyüktü ve yaşlı Jacob'un gözbebeğiydi. O yaşa kadar evlenmemesinin sebebi buydu, John Cameron ya da Malcolm Grant'le evlenmiş olabilirdi ama babası onu isteği dışında bir şey yapmaya zorlamadı."

Yaşlı Jacob ölünce Colum onun zaaflarına karşı sabırlı bir davranış sergilememişti. Klandaki sallantılı durumunu kurtarmaya çabalarken kuzeyde Munro, güneyde de Grant'le dostluk anlaşması yapmıştı. Bu iki klanın da genç reisleri vardı ve onlar iyi birer kayınbirader adayıydı. On beş yaşındaki Jacosta, John Cameron'la evlenmeyi kabul etmiş ve kuzeye gitmişti. Yirmi iki yaşına gelmiş ve evlenme yaşı geçmeye başlamış olan Ellen ise bu konuda Colum'a yardımcı olmadı.

"İki hafta önceki davranışına bakınca Malcolm Grant'in kötü bir şekilde reddedildiğini düşünüyorum," dedim.

Yaşlı Alec güldü, ben bastırmaya devam edince bu kahkaha mutlu bir kükremeye dönüştü.

"Evet. Ona tam olarak ne dediğini bilmiyorum ama çok kötü bir şey olduğu kesin. Büyük Toplantı zamanında tanışmışlardı. Bir akşam birlikte gül bahçesine gittiler, herkes Ellen'ın ne cevap vereceğini merak ediyordu. Hava karardı, hâlâ onları bekliyorduk. Karanlık arttı, kandiller yakıldı, şarkılar söylenmeye başlandı ama Ellen'la Malcolm Grant'ten bir haber yoktu."

"Aman Tanrım, ne uzun bir konuşma yapmışlar." Omuzlarına bir parça ağrı kesici merhem sürmeye başlayınca keyifle inledi.

"Öyle görünüyordu. Zaman geçip de onlar ortaya çıkmayınca, Colum Grant'in onu zorla kaçırmış olduğunu düşünmeye başladı. Gül bahçesine gidip orada kimseyi bulamayınca buna iyice inandı. Ahırlara yani bana adam gönderip ne olduğunu sordurduğunda, Grant'in adamlarının gelip atlarını aldığını ve veda bile etmeden buradan ayrıldıklarını öğrendi."

Öfkeli on sekizlik delikanlı Dougal, atına atladığı gibi Malcolm Grant'in peşine düşmüştü, Colum'u ve diğerlerini beklemeye ya da onlarla konuşmaya gerek bile görmemişti.

"Colum, Dougal'ın, Grant'in peşinden gittiğini öğrenince telaşla beni ve birkaç kişiyi daha onun arkasından gönderdi. Dougal'ın öfkesini çok iyi bilen Colum kayınbiraderinin nikâh kıyılmadan katledilmesini istemiyordu. Colum Malcolm'un başarılı bir konuşmacı olmadığını da biliyordu, onun tahminine göre Malcolm Ellen'a açılamamış ve onu kaçırarak evlenmeye zorlamayı planlamıştı."

Alec düşünceli bir tavırla duraklada. "Dougal'ın görebildiği tek şey ise aşağılanmış olmasıydı. Colum'un bu konuya takıldığını hiç sanmıyorum, aşağılanma olsun olmasın onun için fark etmezdi. Bu durum onun sorununu çözecekti ayrıca bu hareketinin sonucunda Malcolm'a Ellen'ın drahomasını da ödemek zorunda kalmayacaktı hatta tam tersine ondan tazminat alacaktı.

Alec küçümser bir tavırla bir homurtu çıkardı. "Colum eline geçen her fırsatı sonuna kadar kullanan biridir. Pratik zekâlı ve acımasızdır. Bunu unutmazsan akıllılık edersin kızım."

"Unutmaya hiç niyetim yok," diyerek onu rahatlattım, bu sözleri büyük bir ciddiyetle söylemiştim. Jamie'nin Colum'un onu nasıl cezalandırdığını anlattığını hatırlamıştım, acaba bunun ne kadarı annesinden intikam almak için yapılmıştı.

Colum hâlâ kız kardeşini Grant Klanı'nın reisiyle evlendirme fırsatını kaçırmadığını düşünüyordu. Şafak sökerken Dougal Malcolm Grant'i adamlarıyla birlikte yolun kenarında kamp yaparken bulmuştu, şalına sarınmış bir çalılığın altında uyuyordu.

Alec ve diğerleri bir süre sonra aynı yere ulaştıklarında, yolun kenarında beline kadar soyunuk olan Dougal'la Malcolm'u görmüşlerdi. İkisi de yara bere içindeydi ve hâlâ birbirlerine küfürler savurarak vurmaya devam ediyorlardı, bir yandan da yalpalayarak ayakta kalmaya çaba gösteriyorlardı.

"İkisi de azgın atlar gibi burunlarından soluyordu, o soğukta vücutlarından dumanlar çıkıyordu. Dougal'ın gözü şişmişti, akan kanları göğsünün üzerinde kuruyordu."

Colum'un adamlarının geldiğini gören Grant'in adamları elleri kılıçlarının üzerinde ayağa fırlamışlardı, kanlı bir dövüş başlamak üzereyken MacKenzilerden keskin gözlü bir delikanlı Ellen MacKenzie'nin Grantlerin yanında olmadığını görmüştü.

"Malcolm Grant'in üzerine su döküp kendine gelmesini sağladıktan sonra bize Dougal'ın onu dinlemek için bile durmadığını söyledi. Ellen'la gül bahçesinde on beş dakika geçirmişlerdi. Aralarındaki konuşmayı anlatmak istemiyordu ama kendini çok kötü hissetmiş ve kimseye görünmeden oradan ayrılmak istemişti. Ellen'ı bahçede bırakmıştı ve bir daha görmemişti. Bir daha Ellen MacKenzie adını bile duymak istemiyordu. Bunları söyledikten sonra sendeleyerek atına binmiş ve yoluna gitmişti. O günden beri MacKenzielerle hiç iyi geçinemezler."

Büyülenmiş gibi onu dinliyordum. "Peki o sırada Ellen neredeymiş?"

Yaşlı Alec gülerken ahır kapısının gıcırdayan menteşesi gibi bir ses çıkardı.

"Çok uzakta, dağlarda... Onu bir süre bulamadılar. Biz aynı hızla, Ellen'ın hâlâ kayıp olduğunu bildirmek üzere eve döndük, Colum olanları duyunca avlunun ortasında bembeyaz bir suratla Angus Mhor'a dayanarak öylece kalakaldı."

Bu olayın ardından daha büyük bir karmaşa yaşanmaya başlamış, kalenin tüm odaları, çatı araları, mutfakları bile konuklarla doluymuş. O kadar çok insanın arasında hangisinin kayıp olduğunu bulabilmek çok zormuş. Colum tüm hizmetlileri çağırıp hepsinin birer birer bir gece önce nerede, kime hizmet ettiklerini sormuş. Ve sonunda mutfak görevlilerinden biri akşam yemeği servisi yapılırken arka geçitte bir adam gördüğünü hatırlamış.

Ona dikkat etmiş çünkü çok yakışıklıymış, uzun boylu, yapılı, siyah ayı balığı saçlı, kedi gibi gözleri olan bir adammış. Geçidin önünde durup hayranlıkla bu adamı seyrederken onun biriyle buluştuğunu görmüş, bu kadın baştan aşağı siyahlar içindeymiş ve başında da pelerininin kapüşonu takılıymış.

"Ayı balığı nasıl bir şey?"

Alec gözünü kısarak bana baktı.

"Siz İngilizler onları fok balığı olarak bilirsiniz. Neyse bundan bir süre sonra işin doğrusunu bilenler bile birbirlerine Ellen MacKenzie'nin bir fok tarafından onunla yaşamak üzere denizlere götürüldüğünü anlatmaya başladılar. Sen fokların kıyıya gelince derilerini çıkarıp insan gibi yürümeye başladığını bilir miydin? Eğer bir fokun derisini bulursan saklarsın ve böylelikle o bir daha denizlere geri dönemez, yaşamını karada sürdürmek zorunda kalır. Böyle bir foku eş olarak almak büyük akıllılıktır, onlar çok iyi birer aşçıdır ve hayatlarını çocuklarına adarlar."

"Haliyle Colum kız kardeşinin bir fokla gitmiş olduğuna inanmıyordu ve bunu herkese söyledi. Misafirleri bir bir aşağı çağırıp onlara adamı tarif ederek bütün bildiklerini anlatmalarını istedi. Bu uzun işin sonunda onun adının Brian olduğunda anlaştılar, kimse soyadını ya da hangi klandan olduğunu bilmiyordu. Oyunlara katılmıştı ama hepsi ona Kara Brian diyordu."

Bu işin zaman içinde çözülebileceği ortaya çıkmıştı, kimse onları aramaya nereden başlayacağını bilmiyordu. Yine de avcılar kulübe kulübe dolaşıp bir maşrapa süt ya da bir avuç dolusu tuz arar gibi onu arıyorlardı. Günün birinde kaleye bir haber geldi, bunun sebebi Ellen'ın sıradan bir görünüme sahip olmamasından kaynaklanmıştı.

"Saçları ateş kızılıydı," dedi Alec, sırtındaki yağın sıcaklığı onu hayaller âlemine sürüklemiş gibiydi. "Gözleri Colum'unkiler gibi gri ve sürmeliydi, simsiyah ok gibi kirpikleri vardı, çok güzeldi. Uzun boyluydu, senden bile uzundu. Doğruyu söylemek gerekirse ona bakmaya doyamazdın."

"Daha sonradan öğrendiğime göre, Büyük Toplantıda ilk kez karşılaşmışlardı ve ilk görüşte birbirleri olmadan yaşayamayacaklarına karar vermişlerdi. Planlarını yapıp Colum'un burnunun dibinden ve üç yüz ziyaretlinin arasından kaçıvermişlerdi."

Birdenbire bir şeyi daha hatırlayarak bir kahkaha attı. "Dougal onları Fraser arazilerinde bir kulübede buldu. Ellen çocuğunu doğurana kadar saklanmaya karar vermişlerdi, bu çocuğun kimin olduğu su götürmez bir şekilde ortadaydı. Böylelikle

Colum istese de istemese de evliliklerini onaylamak zorunda kalacaktı ama onaylamadı."

Alec sırıttı. "Yolculuğunuz sırasında Dougal'ın göğsündeki yara izini görme fırsatın oldu mu?"

Görmüştüm, kalbinden kaburgalarına doğru uzanan beyaz bir çizgiydi.

"Onu Brian mı yaptı?" diye sordum.

"Hayır, Ellen yaptı," diye cevap verirken yüzümün almış olduğu ifade onu güldürdü. "Onun Brian'ın boğazını kesmesini engellemeye çalışıyordu, Dougal bunu neredeyse başarıyordu. Senin yerinde olsam bunu bildiğimi Dougal'a söylemezdim."

"Ben de bunu yapacağımı hiç sanmıyorum."

Planları tutmuştu, Dougal onları bulduğunda Ellen beş aylık hamileydi.

"Bu olayın sonunda bir sürü şey oldu, Leoch'la Beauly arasında iğrenç mektuplar gidip geldi ama sonunda başardılar ve Lallybroch'da bir ev alıp çocukları doğduktan bir hafta sonra oraya taşındılar. Evlerinin bahçesinde evlendiler," diye ekledi arkasından. "Böylelikle onu o eşiğin üzerinden karısı olarak geçirebilmeyi başardı. Onu kaldırmaya çalışırken neredeyse sakatlanıyormuş."

"Onları çok iyi tanıyormuş gibi konuşuyorsun," dedim. Bakımımı bitirip elimi havluyla temizlemeye başladım.

"Biraz," dedi Alec, sıcağın etkisiyle uykusu gelmişti. Tek gözü kapanmak üzereydi, yaşlı yüzündeki tüm kaslar gevşemişti, büyük ihtimalle çektiği acı onu sert gösteriyordu.

"Ellen'ı çok iyi tanırdım. Brian'la da yıllar sonra delikanlıyı burada kalmak üzere getirdiğinde tanıştım, iyi anlaşmıştık. Atlarla arası iyiydi." Sesi hafifledi ve gözü kapandı.

Yüzüstü yatmış yaşlı adamın üzerini battaniyeyle örttükten sonra onu ateşin yanında rüyalar görmek üzere bırakarak parmaklarımın ucunda odadan çıktım.

Alec'i uyur halde bıraktıktan sonra odamıza gittiğimde Jamie'nin de uyuyor olduğunu gördüm. Karanlık yağmurlu bir günde içeride yapılabilecek çok az şey vardı, Jamie'yi uyandırmak istemedim, benim de uykum yoktu. Kitap okuyabilir ya da dikişle uğraşabilirdim. Dikişle aram hoş olmadığına göre Colum'un kütüphanesinden bir kitap alıp okumaya karar verdim.

Leoch'un sıradışı mimarisine göre -düz hatlardan mümkün olduğu kadar kaçınılmıştı - Colum'un odasına inen merdivenler iki farklı açıda iki ayrı ufak sahanlığa açılıyordu. İkinci sahanlığın önünde ihtiyacı olduğu anda Colum'a yardım etmek için genellikle bir görevli oturuyordu ama bugün yerinde yoktu. Yukarıdan gelen bir takım konuşmalar duyuyordum, belki de görevli Colum'un yanındaydı. Rahatsız edip etmemeye karar veremediğim için bir süre kapının önünde tereddütle durdum.

"Senin bir aptal olduğunu hep biliyordum ama böylesine büyük bir geri zekâlılık yapacağın hiç aklıma gelmemişti, Dougal." Küçük yaştan beri özel öğretmenler tarafından yetiştirilmiş olan ve kardeşi kadar çok dışarı çıkıp normal insanlar arasına karışmayan Colum'un aksanı haliyle Dougal'ınkinden daha düzgündü. Bu düzgünlük öfkeyle bozulmuş ve şu an iki kardeşin konuşma tarzları arasındaki belirgin farklılık yok olmuştu. "Yirmi yaşındayken böyle bir hareketi senden beklerdim ama Tanrı aşkına, artık kırk beş yaşındasın."

"Bunu bugüne kadar pek umursamazdın, şimdi mi önemli oldu?" dedi Dougal, sesinde çirkin bir alay vardı.

"Hayır." Colum'un sesi konuyu kapatmak ister gibi çıkmıştı. "Tanrı'ya şükretmek için çok az şey bulabiliyorum ama sanırım bu da onlardan bir tanesi. İnsanlar belden aşağısı söz konusu olduğunda erkeklerin kafasının çalışmamaya başladığını söylerlerdi, sanırım bu doğru." İskemle bir tarafa doğru çekiliyormuş gibi taşların üzerinde gıcırdayan bir ses duyuldu. "Eğer MacKenzie kardeşlere bir penis ve bir beyin verdiyse ben kendi payıma düşmüş olandan çok memnunum!"

Bu konuşmaya bir üçüncü kişinin dâhil olmasının hiç hoşlarına gitmeyeceğini düşünerek yavaşça merdivenlere doğru döndüm.

İlk sahanlıktan gelen etek hışırtıları bir anda olduğum yerde durmama sebep oldu. Reisin kapısının önünde nereden çıkmış olduğum belli olmayan bir şekilde yakalanmak istemiyordum, yeniden kapıya doğru döndüm. Buradaki sahanlık daha genişti ve duvarlardan biri tavandan yere kadar uzanan bir kilimle kaplıydı. Ayaklarım görünebilirdi ama başka bir çarem yoktu.

Bir fare gibi dokumanın arkasına gizlenip aşağıdan gelen ayak seslerinin kapının önünde durakladığını duydum. Bu görmeyi başaramadığım yeni ziyaretçi de tıpkı benim gibi kardeşlerin yaptığı konuşmayı duymuş ve orada durmuştu.

"Hayır," diye devam ediyordu Colum, sesi biraz daha sakin çıkıyordu. "Hayır, değil. O kadın bir cadı ya da ona yakın bir şey."

"Evet, ama..." Dougal'ın cevabı sabırsız kardeşi tarafından kesildi.

"Sana bu işi halledeceğimi söyledim. Bunu düşünerek canını sıkma kardeşim. Ona doğru olanın yapılmasını sağlayacağım." Colum'un sesinde şefkat kırıntıları belirmiş gibiydi.

"Sana bunu söyledim zaten. Dük'e Erlick'teki avı bırakıp buraya gelmesini yazdım – zaten burada avlanmaya çok hevesli. Jamie'yi onun yanına göndereceğim, belki oğlan hakkında hâlâ bir takım hoş duyguları..."

Dougal İskoçça bir şeyler söyleyerek onun sözünü kesti, bu büyük ihtimalle iğrenç bir sözcüktü, Colum kahkahalarla gülmeye başladı. "Hayır, Jamie kendine bakabilecek kadar büyüdü. Delikanlının affedilebilmek için tek ümidi Dük'ün majestelerini onu affetmesi için razı etmesidir. Eğer istiyorsa Ekselanslarına senin de onunla birlikte gideceğini bildirebilirim. Jamie'ye dilediğin gibi yardımcı olabilirsin, ben de senin yokluğunda buradaki sorunu çözerim."

Sahanlığın diğer ucundan bir ses gelince görünme riskini göze alıp baktım. Laoghaire yüzü bembeyaz olmuş bir şekilde orada duruyordu. Elinde içinde sürahi bulunan bir tepsi vardı, kalaydan yapılmış bardak halının üzerine düşmüştü, sanırım duyduğum ses oradan gelmişti.

"Bu da neydi?" diyen Colum'un sesi geldi çalışma odasından. Laoghaire tepsiyi kapının yanındaki masanın üzerine koydu, telaşından neredeyse sürahiyi de deviriyordu ve hızla dönüp oradan kaçtı.

Kapıya yaklaşan Dougal'ın ayak seslerini duyabiliyordum fark edilmeden merdivenlerden inmem imkânsızdı. Kapı açılmadan yerimden fırlayıp yerdeki bardağı tepsiye koydum ve tepsiyi de elime almayı başardım.

"Ah, sen misin?" Dougal'ın sesi şaşırmış gibiydi. "Bayan Fitz'in Colum'un ağrıyan boğazı için gönderdiği şey bu mu?"

"Evet," dedim rahat bir tavırla. "Kendini daha iyi hissetmesini umduğunu söyledi."

"Edeceğim." Yavaş hareketlerle Colum da kapının yanına gelmişti. Bana gülümsedi. "Bayan Fitz'e teşekkürlerimi ilet lütfen. Sana da onu getirdiğin için ayrıca teşekkür ederim. Ben içerken oturup bekleyebilir misin?"

Kulak misafiri olduğum sohbet buraya geliş amacımı unutmama sebep olmuştu ama sonra buraya ödünç kitap almaya geldiğimi hatırladım. Dougal yanımızdan ayrıldı ve ben Colum'un peşinden kütüphaneye doğru ilerleyip rafların arasında gezinmeye başladım.

Colum'un yüzü kardeşiyle yapmış olduğu tartışmadan ötürü hâlâ kırmızıydı ama ona kitaplar hakkında sorduğum soruları her zamanki gibi nezaketle yanıtladı. Parlayan gözleri ve vücudundaki gerginlik onun esas duygularını gizlemesini engelliyordu.

Birkaç tane şifalı bitki kitabı bulup bir kenara ayırdım ve bir romanı karıştırmaya başladım.

Colum kuş kafesinin önüne gitmişti, kendini sakinleştirmeye uğraşıyordu, her biri başka bir âlem olan kuşlar dalların üzerinde durarak ya da daldan dala uçarak seyredene huzur veriyordu.

Dışarıdan gelen çığlıklar ilk benim dikkatimi çekti. Bu yükseklikten kalenin arkasından göle kadar uzanan arazilerin tümü görünüyordu. Küçük bir grup atlı yağmur altında ıslanarak ve heyecanla bağırarak kaleye doğru ilerliyordu.

Yakına geldikçe bunların büyük adamlar değil, daha çok gençlerden oluşan bir grup olduğunu gördüm. Aralarında midilliye binmiş ve onlarla aynı süratte at sürmeye çabalayan bir delikanlı da vardı. Hamish'in de onların arasında olup olmadığını merak ederken, grubun ortasında ilerleyen Cobhar'ın parlak yelesini gördüm.

Çete kaleye doğru hızla ilerliyordu, arazileri birbirinden ayıran taş duvarın üzerinden atlayarak yaklaşıyorlardı. Bir, iki, üç, dört, büyük delikanlılar tecrübeli hareketlerle ilk duvarı geçmişlerdi. Cobhar da diğer atları keyifle takip ediyordu, bir an geri çekilir gibi bir hareket yaptığını görür gibi olmuştum ama büyük ihtimalle bu hayalimin ürünüydü. Duvara yaklaşırken atlamak üzere hazırlandı, gerildi ve atladı.

Diğerleri gibi atlamayı başaracağı sırada bir şey oldu. Ya sürücüsü tereddütle dizginlerine fazla asılmıştı ya da yerinde sağlam oturmuyordu. Ön ayakları duvara biraz altından çarptı, at ve sürücüsü duvarın üzerinden bugüne kadar gördüğüm en garip taklayı attılar.

"Ah!"

Benim bu ufak çığlığım Colum'un dikkatini çekti, başını çevirdi ve yere yan yatmış Cobhar'ı ve yanında uzanan küçük Hamish'i gördü. Sakatlığına rağmen Colum son hızla ilerleyip pencerenin yanına geldi, at ayağa kalkmak için debelenmeye bile başlamamıştı. Colum camdan sarkmıştı.

Rüzgâr ve yağmur Colum'un kadife ceketini dövüyordu. Onun omzunun üzerinden endişeli bir şekilde aşağıya doğru bakarken, bir grup delikanlının yardım etmek için birbirlerini itelediklerini gördüm. Kalabalık grup oraya varmadan önce yerdeki karaltı karnını tutarak ayağa kalktı. Yardımları başıyla reddedip sendeleyerek duvarın diğer yanına doğru ilerledi ve kustu. Sonra aşağı doğru kayıp bacakları açılmış bir şekilde çimlerin üzerine oturdu, yüzü yağmura dönüktü. Onun dilini çıkarıp yağmur damlalarını yakalamaya çalıştığını görünce elimi Colum'un omzuna koydum.

"O gayet iyi," dedim. "Sadece rüzgâra karşı koyamayıp devrildi."

Colum gözlerini kapayıp tutmakta olduğu nefesini geri verdi, vücudundaki gerginlik bir anda yok olmuştu. Ona sevgiyle baktım.

"Onu kendininmiş kadar çok seviyorsun değil mi?" diye sordum.

Gri gözleri bir anda birinden bir tehdit duymuş gibi alevlendi. Çalışma odasında cam saatin tıkırtısından başka bir ses duyulmaz oldu. Bunun ardından Colum'un burnunun üzerinden bir damla aşağı doğru kayıp tam ucunda durdu. Bilinçsizce uzanıp mendilimle bu damlayı sildim, yüzündeki gerginlik yok oldu.

"Evet," dedi sadece.

Jamie'ye sadece Colum'un onu Dük'le avlanmaya gönderme planından bahsettim. Onun Laoghaire'e olan duygularını şeker bir arkadaşlıktan öte olmadığına inanmıştım ama dayısının kızı baştan çıkarıp hamile bıraktığını öğrenince ne yapacağını bilememiştim. Anladığım kadarıyla Colum, Geillis Duncan'ın bu konudaki hizmetinden yararlanmayı düşünmüyordu. Kızın karnı büyümeden Dougal'la ya da Colum'un bulacağı başka bir adamla evlenmesi sağlanabilecek miydi? Jamie ile Dougal bir av kulübesinde baş başa uzun bir zaman geçireceklerdi, Laoghaire'in gölgesini aralarına üçüncü şahıs olarak katmama hiç gerek yoktu.

"Hımm," dedi düşünceli bir tavırla. "Denemeye değer. Gün boyu avlanıp akşam ateş karşısında viski içmek aramızda bir dostluk oluşmasını sağlayabilir." Elbisemin bağcıklarını bağladıktan sonra eğilip omzumu öptü.

"Senden ayrılacağım için çok üzülüyorum Saksonyalı ama sanırım bunu yapmam iyi olacak."

"Beni sakın düşünme," dedim. Onun bu yolculuğunun benim kalede yapayalnız kalacağıma sebep olacağını o ana kadar fark etmemiştim, bu düşünce beni birdenbire rahatsız etti. Ama bunun ona bir yardımı olacaksa katlanabilirdim.

"Akşam yemeğine inmeye hazır mısın?" diye sordum. Eli hâlâ belimin üzerinde duruyordu, ona döndüm.

"Mmm," dedi bir süre sonra. "Aç kalmayı tercih ediyorum."

"Ama ben etmiyorum," dedim. "Biraz beklemen gerekecek."

***

Masayı boydan boya gözden geçirdim. Artık burada bulunan yüzlerin hepsini tanıyordum, bir kısmıyla dostluğum da vardı. Karmakarışık bir gruptu, Frank böyle bir topluluğun içinde olmaktan büyük bir mutluluk duyardı.

Frank'i düşünmek diş ağrısı gibi olmuştu, ondan kaçmak istiyordum. Bir gün bunu erteleyemeyecek bir durumda kalacaktım, o zamana kadar onu ve üzerinde parmaklarımı gezdirdiğim eğimli kaşlarını beynimin derinliklerine gömdüm. Yine de bu kaşları ve altındaki mavi gözleri hatırlamak parmaklarımın sızlamasına sebep olmuştu.

Hızla en yakınımdaki yüze döndüm, bunları unutmamı sağlayacağını umuyordum. Karşıma çıkan kişi Murtagh oldu. Neyse en azından o beynimi meşgul edip duran adamlardan hiçbirine benzemiyordu.

Kısa boylu, zayıf ama bir şebek kadar çevik, uzun kollarıyla tam bir maymuna benzeyen, dar alınlı ve dar çeneli bir adamdı. Bana Frank'in kâğıtlarında gördüğüm ilk insan resimlerini hatırlatıyordu. Gerçi tam bir Neandertal de değildi. Bir resimdi sadece. Evet, o buydu. Bu küçük adamda bana eski resimleri ve yolların kenarında bulunan eski dönemlere ait taşları ya da mezar taşlarını hatırlatan bir hava vardı.

Bu fikir çok hoşuma gitmişti, masada diğer oturanları inceleyip hepsinin neye benzediğini ve etnik yapılarını çözmeye başladım. Mesela ocağın önünde oturan adam, adı John Cameron'du, o bir Norman'dı -gerçi bugüne kadar hiçbir Norman görmemiştim- çıkık elmacık kemikleri, dar alnının üst kısmında yer alan kaşları, uzun üst dudağı ve Fransız'lar gibi koyu renkli bir teni vardı.

Her yer Saksonlarla doluydu... Ah, Laoghaire ise mükemmel örnekti. Soluk tenli, mavi gözlü, minicik burunlu... Onu incelemekten kaçınmaya çalıştım. Bana ya da Jamie'ye bakmamak için büyük bir özen gösteriyordu, aşağıdaki masalardan birinde arkadaşlarıyla sohbet ediyordu.

Diğer yöne bakmaya başladım, yanımızdaki masada Dougal MacKenzie oturuyordu, ilk kez ağabeyinden ayrı bir yerdeydi.

Kanlı bir Viking'e benziyordu. Uzun boylu ve geniş yapılıydı, yanakları düzdü, onu bir gemiyi idare ederken hayal edebiliyordum, içine gömük gözleri hırsla parlıyor ve aç gözlerle sisin arasındaki bir kıyı köyü arıyordu.

Kocaman kızıl tüylü bir el önümden tepsiye uzanıp ekmek aldı. Bir başka Normandiyalı da Jamie idi. O bana Bayan Baird'in hikâyelerinde yer alan, bir zamanlar İskoçya'da yaşamış devleri hatırlatıyordu.

Sohbet her zamanki gibiydi, küçük gruplar ağızları dolu bir şekilde birbirleriyle sohbet ediyorlardı. Kulaklarıma yandaki masadan birdenbire tanıdık bir isim çalındı. Sandringham. Bu Murtagh'ın sesine benziyordu, emin olamadığım için dönüp baktım. Ned Gowan'ın yanına oturmuş, sürekli yemek yiyordu.

"Sandringham mı? Ah, yaşlı kulampara Willie," dedi Ned.

"Ne?!" dedi genç süvarilerden biri, neredeyse boğuluyordu.

"Sevgili dükümüz oğlanlardan hoşlanır, belki de bana öyle gelmiştir," diye açıkladı Ned.

"Hı hı," diye onayladı onu Rupert, ağzındakileri şapırdatarak çiğnemekle meşguldü. Yuttuktan sonra ekledi. "En son ziyaretinde Jamie'den çok hoşlanmıştı, gayet iyi hatırlıyorum. O zamanlar Dougal otuz sekiz ya da otuz dokuz yaşlarındaydı, öyle değil mi?"

"Otuz yedi," diye cevapladı Dougal yandaki masadan. Gözlerini kısarak yeğenine bakıyordu. "Sen on altılarında şeker bir delikanlıydın Jamie."

Jamie ağzındakileri çiğnerken başıyla onu onayladı. "Evet, son derece hızlıydım da." Kahkahalar sona erince Dougal, Jamie ile dalga geçmeye başladı.

"Senin gözde olduğunu bilmiyordum Jamie. Dük'ün bu uğurda bir takım araziler ya da görevler bahşettiğini duymuştum."

"Bende ikisinin de olmadığını fark etmişsindir," diye cevap verdi Jamie sırıtarak, bu sözler yeni kahkahalara sebep oldu.

"Ne? O kadar yakınlaşmadınız mı?" dedi Rupert, hâlâ ağzı doluydu.

"Doğrusunu öğrenmek istersen yakınlaşmaktan biraz daha fazlası var."

"Ama ne kadar yakın olduğunu merak ediyorum, hadi evlat!" Bu sözler bir sonraki masadan, tanımadığım kahverengi sakallı bir adamdan gelmişti. Kahkahalar ve küfürler iyice arttı. Jamie onlara gülümsedi ve bir dilim ekmek daha almak için uzandı, alaylar onu rahatsız etmemişti.

"Kaleden aniden ayrılıp babanın yanına dönmenin sebebi bu muydu?" diye sordu Rupert.

"Evet."

"Böyle bir sorunun olduğunu neden bana söylemedin?" diye sordu Dougal, sesi hâlâ alaycıydı. Jamie genizden gelen garip bir homurtu çıkardı.

"Sana bunu söylesem bir gece içkime garip bir şeyler karıştırıp beni Ekselanslarının yatağına küçük bir hediye olarak sunardın."

Masa artık adeta kükrüyordu, Dougal eline geçirdiği bir soğanı Jamie'ye atarken o, yana kaçtı.

Rupert gözlerini şaşılaştırarak Jamie'ye baktı. "Sanırım seni gitmeden hemen önce Dük'ün odasına giden koridorda görmüştüm. Bizden bir şeyler saklamadığından emin misin?" Jamie eline bir soğan alıp ona fırlattı ama ıskaladı, soğan yerde yuvarlanmaya başladı.

"Hayır," dedi Jamie gülerek. "Hâlâ bakirim - yani bahsettiğiniz açıdan. Ama çok merak ediyorsanız size olanları anlatayım da gece rahat uyuyun."

"Anlat! Anlat!" tezahüratları arasında bardağına yavaşça bira doldurduktan sonra hikâyeyi anlatmak üzere arkasına yaslandı. Baştaki masada bulunan Colum'un da duyabilmek için öne doğru eğildiğini gördüm. Masamızdaki ve diğer masadaki adamlar kadar meraklanmış görünüyordu.

"Eveeet," diyerek anlatmaya başladı, "Ned'in söyledikleri kesinlikle doğru, Ekselansları bana göz koymuştu, on altı yaşındaki bir masum olarak..." Bu sözlerinin üzerine masadaki sesler yükselince o da sesini yükseltti ve devam etti. "Söylediğim gibi, bu tarz şeylerden anlayamayacak kadar saf olduğum için, onun ne anlatmak istediğini anlayamamıştım ama yine de olanlar bana biraz garip geliyordu. Ekselansları sürekli küçük bir köpekmişim gibi bir yerlerimi okşayıp torbamın içinde ne taşıdığımı merak ediyordu." ("Ya da altındakini" diye bağırdı sarhoş bir ses.)

"Bunun çok tuhaf olduğunu düşünüyordum," diyerek devam etti, "beni nehirde yıkanırken gördüğünde sırtımı yıkamayı teklif etmişti. Sırtımı yıkamayı bitirince durmadı ve devam etti, yavaş yavaş sinirlenmeye başlamıştım. Elini eteğimin altına soktuğu anda ne düşündüğünü birdenbire anladım. Saf olabilirdim ama aptal değildim."

"Kurtuluşu kıyafetlerimle birlikte suya dalıp karşı kıyıya kadar yüzmekte bulmuştum. Ekselanslarının pahalı kostümlerini çamurlayıp ıslatmaktan çekineceği kesindi. Bu olaydan sonra onunla yalnız kalmamak için elimden gelen her şeyi yaptım. Beni birkaç sefer bahçede ve avluda yakaladı ama oralarda kaçabileceğim pek çok yer vardı, kulağımı öpmesinden bir zarar gelmezdi. Bir seferinde ahırlarda karşı karşıya kalmıştık, o da kötüydü."

"Benim ahırlarımda mı?" Yaşlı Alec dehşete düşmüştü. Ayağa kalkıp odanın başında bulunan masaya doğru bağırdı. "Colum, o adamı benim bölgemden uzakta tutacaksın! Atlarımı korkutmasını istemiyorum, Dük olup olmaması umurumda bile değil! Çocukları rahatsız etmesini de istemiyorum!" diye eklemeyi unutmadı.

Jamie hikâyesine kaldığı yerden devam etti, bu araya karışma onu rahatsız etmemişti. Dougal'ın kızları ağızları açık kalmış bir şekilde dinliyorlardı.

"Bölmelerden birindeydim, oralarda kaçılabilecek fazla yer olmadığını siz de bilirsiniz. Öne doğru eğilmiştim - bunun üzerine yakası açılmadık laflar silsilesi başladı - yemliğin üzerine doğru eğilmiştim demek istedim. Arkamdan bir ses duyduğumda diplerde kalmış kabukları topluyordum. Doğrulmayı başaramadan eteklerimin belime doğru açıldığını hissettim, popoma sert bir şey dayanmıştı."

Devam etmeden önce eliyle şamatayı durdurdu. "Bir at

bölmesinde zımbalanmak pek hoşuma gitmemişti ama o an başka bir çarem yok gibi görünüyordu. Dişlerimi sıkıp çok acıtmamasını ummaya başlamıştım. O sırada at - Ned, senin Brocklebury'den getirdiğin siyah attan bahsediyorum, hani sonra Colum onu Breadalbin'e satmıştı - Ekselanslarının yaptığı gürültüden hiç hoşlanmadı. Atların çoğu kendileriyle konuşulmasından hoşlanır, o da hoşlanırdı ama çok tiz seslere karşı bir hassasiyeti vardı. Onu tavuklar avludayken dışarı çıkaramazdım çünkü onların gıdaklamaları onu çıldırtırdı ve çifteler atmaya başlardı."

"Hepinizin hatırlayacağı gibi Ekselanslarının oldukça tiz bir sesi vardı ve tahmin edersiniz ki içinde bulunduğu durumda sesi daha da tiz çıkmaya başlamıştı. Bu durumu tabii ki atın umurunda bile değildi - söylemem gerekirse benim de pek umurumda değildi - huzursuzlanıp, burnundan soluyarak yeri eşelemeye başladı ve bunun ardından bir tekmede Ekselanslarını bölmenin bir tarafına sırtüstü uzattı. Dük üstümden çekilir çekilmez yemliğin içine atlayıp atın öbür tarafına geçtim, Ekselanslarının oradan nasıl kurtulacağı umurumda bile değildi."

Jamie birasından bir yudum almak için durdu. Yanan mumların ışığında bütün başların ona dönmüş olduğu rahatlıkla görülüyordu. Bu İngiliz asiliyle ilgili sevimsiz sırların ortaya çıkmış olmasından hoşlanmayan birkaç kişi vardı ama geri kalanı bu ortaya çıkan skandaldan çok hoşlanmışa benziyordu. Dük'ün kalede pek sevilen bir kişi olmadığını da anlamıştım.

"Sizinde tahmin edeceğiniz gibi son noktaya bu kadar yaklaşmış olan Dük'ün vazgeçmeye hiç niyeti yoktu. Bir gün sonra MacKenzie'ye oda hizmetlisinin hastalandığını ve giyinmesine yardımcı olmam için beni ödünç alıp alamayacağını sordu." Colum alaycı bir hüzünle eliyle yüzünü örttü, böylece meraklı bakışlardan da kaçmıştı. Jamie başını Rupert'a bakarak salladı.

"O gece beni o yüzden Ekselanslarının odasına girerken gördün. Emirlere uyduğumu söyleyebiliriz."

"Bunu bana söyleyebilirdin Jamie. Gitmene izin vermezdim," diye bağırdı Colum, onu azarlar gibiydi.

Jamie omuz silkerek sırıttı. "Namus duygularım bunu sana

söylememi engellemişti dayı. Ayrıca senin bu adamla bir anlaşma yapmaya çalıştığını biliyordum. Ellerini yeğeninin poposundan uzak tutmasını söylediğin anda bu anlaşmayı yapamazdın."

"Çok düşünceli davranmışsın Jamie," dedi Colum sevimsiz bir sesle. "Kendini benim işlerimin uğruna feda mı ettin?"

Jamie kadehini onun şerefine kaldırdı. "Senin işlerin benim için hep birinci sırada gelir dayı," dedi, sesindeki alaycı ton aslında gerçeği tümüyle gözler önüne seriyordu, bunu Colum da benim kadar anlamıştı.

Bardağındaki tüm içkiyi içip yerine koydu. "Ama hayır," dedi ağzını silerken, "o an için aile işleri pek umurumda değildi işin açıkçası. Dük'ün odasına gittim çünkü sen gitmemi söylemiştin ama hepsi bu kadar."

"Ve oradan zımbalanmadan çıkabilmeyi başardın mı?" Rupert bu durumun olabileceğine hiç inanmamıştı.

Jamie sırıttı. "Evet, başardım. Bunu duyar duymaz Bayan Fitz'e gittim ve inanılmaz bir şekilde incir şurubuna ihtiyacım olduğunu söyledim. O bana şuruptan biraz verirken şişeyi nereden aldığına baktım, bir süre sonra geri döndüm ve bütün şişeyi içtim."

Oda bir anda kahkahalarla yıkılmaya başladı, Bayan Fitz de kıpkırmızı bir suratla gülüyordu. Yerinden kalkıp, masanın etrafından dolanarak Jamie'nin yanına gelip kulağını çekti.

"Böylelikle benim güzelim ilacımın nereye gitmiş olduğunu da bulduk, seni küçük serseri!" Elleri kalçasının üzerinde başını sallıyordu, kulaklarının üzerine düşen yeşil püsküller yusufçuk böcekleri gibi uçuşuyordu. "Hem de hayatımda en iyi yaptığım şeyi!"

"Ah, evet son derece etkiliydi," diye onayladı onu Jamie, sonra da kocaman Bayan Fitz'le birlikte kahkaha attılar.

"Bunu tahmin edebiliyorum! Peki, o kadar şeyi içince sana neler oldu. Umarım bunu yapmana değmiştir. Günler boyu kendine gelememişsindir."

Jamie onu onayladı, gülmekten kırılıyorlardı.

"Gelemedim ama o halimle Ekselanslarının hiçbir işine yaramazdım. Bana tuvalete gitmem için izin verdi ama bunu ikinci kez istediğimde vermeyeceğini biliyordum. Sancılar azalır azalmaz bir at alıp kaçtım. Eve varabilmem için çok uzun bir zaman geçmesi gerekti zira on dakikada bir duruyordum. Eve ertesi gün akşam yemeğinde varabildim."

Dougal eliyle bir bardak bira istedi ve bu bira elden ele Jamie'ye ulaştırıldı.

"Evet, baban kale hayatını yeteri kadar öğrendiğine dair bir şeyler söylemişti," dedi, pişmanlıkla gülüyordu. "Mektupta bir gariplik olduğunu anlamıştım ama bugüne kadar ne olduğunu tam olarak anlayamamıştım."

"Bayan Fitz umarım o incir şurubundan bir koca kazan hazırlamışsındır," diyerek Rupert araya girdi, bu arada Bayan Fitz'i dürtüklüyordu. "Ekselansları bir iki güne kadar burada olacak. Karının seni bu durumdan koruyabileceğini düşünüyor musun Jamie?" Bana dönüp pis pis sırıttı. "Jamie sen de karını korumak durumundasın. Dük'ün hizmetkârının onunla aynı tercihleri paylaşmadığını duydum, hatta tam tersine çok aktifmiş."

Jamie oturduğu sırayı itip ayağa kalktı, elini uzatıp beni de kaldırdı. Kolunu omzuma dolayıp Rupert'a gülümsedi.

"Demek ki sırt sırta verip bununla savaşacağız."

Rupert'ın gözleri yuvalarından dışarı fırlayacakmış gibi açıldı.

"Sırt sırta mı?" diye bağırdı. "Evlenmeden önce sana anlatmayı unuttuğumuz bir şeyler olduğunu biliyordum delikanlı! Onu neden hâlâ hamile bırakamamış olduğuna şaşmamalı!"

Jamie'nin omuzlarımı tutan eli kasıldı, beni çıkışa doğru çevirdi, kahkahalar ve açık saçık tavsiyeler arasında oradan kaçtık.

Dışarıda karanlıkta Jamie sırtını taşlara dayadı, iki büklüm olmuştu. Ben de ayakta durmayı başaramayıp kıkırdayarak onun ayağının dibine çöktüm.

"Ona söylemedin değil mi?" diyebildi Jamie sonunda.

Başımı salladım. "Elbette, söylemedim." Hâlâ hırıldıyordum, elini aradım, beni yukarı çekti. Onun göğsüne yaslandım.

"Dur bir bakayım doğru anlamış mıyım?" Yüzümü ellerinin arasına aldı ve alnını benimkine yasladı, o kadar yakındı ki mavi gözleri kocaman küreler gibi parlıyordu, nefesi çenemi yakmaya başlamıştı.

Patlamak üzere olan yeni bir gülme krizi bir anda yerini daha etkili bir gücün etkisi altına girerek bambaşka bir şeye bıraktı. Dilimi dudaklarına dokundurdum, ellerim ise daha aşağılarda bambaşka bir işle meşguldü.

Ertesi gün muayenehanemde oturmuş, köyden gelmiş yaşlı bir hanımı büyük bir sabırla dinliyordum, çorbaları yapan aşçının bir akrabasıydı. Hiç susmadan gelinini anlatıyor ve boğaz ağrısının onun yüzünden olduğunu söylüyordu, bense geçirmekte olduğu anjinin geliniyle ilişkisini kuramıyordum. Yaşlı kadın belirtilerini anlatmaya devam ederken üzerimize bir gölge düştü.

Yerimden sıçrayıp kapıya baktığımda Alec'le birlikte hızla içeri giren Jamie'yi gördüm. İkisi de oldukça üzgün ve sinirli görünüyordu. Jamie hızla elimdeki aleti alıp beni ayağa kaldırdı, ellerimi ellerinin arasına almıştı.

"Ne..." diye başlarken Alec'in Jamie'nin omuzları üzerinden benim ellerime bakıyor olduğunu görüp sustum.

"Evet, gördüm ya kolları? Bunu yapabilecek kollara sahip mi?"

"Bak." Jamie bir elimi yukarı kaldırıp öne doğru uzattı ve kolumu kendi koluyla aynı hizaya getirerek ölçtü.

"Tamam," dedi Alec, şüpheli gözlerle incelemeye devam ediyordu, "olabilir, Evet, yapabilir."

"Ne halt ettiğinizi bana da söyleyecek misiniz?" diye sordum ama ben daha sorumu bile bitiremeden iki adam beni aceleyle merdivenlerden indirmeye başladı, yaşlı kadın şaşkınlıkla arkamızdan bakakalmıştı.

Birkaç dakika sonra kuşkulu gözlerle kocaman, parlak, kahverengi bir atın birkaç karış ötemde duran kalçalarına bakıyordum. Ahırlara doğru ilerlerken sorunun ne olduğu ortaya çıkmıştı, Jamie bana durumu hızla anlatırken Alec de el kol hareketleri yaparak ve arada küfürler savurarak ona yardım etmeye çalışmıştı.

Colum'un ödüllü atı ve iyi bir damızlık olan Losgan'ın başı dertteydi. Yerde yatmakta olan at periyodik aralarla kasılıyordu ve bütün vücudu titriyordu. Yere diz çöküp ellerimin üzerinde durmuş, onun kasılmalarını takip ediyordum, kasılmaların arasında vajinası aralanıyordu ama başka hiçbir şey olmuyordu. Küçük yavrunun görmem gereken ıslak burnu bir türlü ortaya çıkmıyordu. Tay ya yan ya da ters duruyordu. Alec yan durduğunu Jamie ise ters geldiğini düşünüyordu. Bunu aralarında kısa bir süre tartışmalarına izin verdikten sonra, benden ne yapmamı istediklerini sormak için onları durdurdum.

Jamie aptalca bir soru sormuşum gibi baktı bana. "Tayı çevirmeni istiyoruz tabii ki," dedi sabırla. "Ayaklarını öne getir ki onu oradan çıkarabilelim."

"Ha, bu kadarcık mı?" Ata baktım. Adı kurbağa anlamına gelen Losgan çok güzel bir attı ama lanet olasıca şey çok büyüktü.

"İçine kolumu sokmamdan bahsediyorsunuz, öyle mi?" Çaktırmadan ellerime baktım. Büyük ihtimalle olabilirdi, açıklık yeterince genişti ama ya sonra ne yapacaktım?

İki adamın da eli bu iş için çok büyüktü. Bu gibi işlerde onlara yardımcı olan genç Roderick ise benim tarafımdan iki gün önce sağ kolunu hareket edemez hale getirilmişti, onu sarıp askıya almıştım çünkü kolunu kırmıştı. Diğer seyis Willie ise Roderick'i bize ne yapacağımızı söylemesi için almaya gitmişti. Tam biz durumu incelerken geldi, ayağında yırtık pırtık pantolonu vardı ve beyaz göğsü karanlık ahırda pırıl pırıl parlıyordu.

"Zor bir iş," dedi endişeli bir tavırla, duruma bakıp onun yerine benim geçmiş olduğumu anlamıştı. "Biraz hüner istiyor. Püf noktası var ama biraz da güç gerektirir."

"Üzülme sen," dedi Jamie güvenle. "Claire senden daha güçlüdür. Ona ne hissetmesi ve ardından ne yapması gerektiğini anlatırsan, vakit kaybetmeden bunu yapacaktır."

Onun bu güveni çok hoşuma gitmişti ama ben kendime o kadar güvenemiyordum. Kendime bunun bir karın ameliyatından farklı bir şey olmadığını söyleyip durarak, bölmelerden birine girip elbisemi çıkardım. Ayağıma pantolon üzerime de çuvaldan yapılmış bir şey geçirdim, ellerimi ve kollarımı yağlı sabunla yıkadım.

"Başlıyoruz bakalım," diye kendi kendime mırıldanarak kolumu içeri soktum.

Kolumu hareket ettirebileceğim çok kısıtlı bir yer vardı, ilk anda ne hissettiğimi bile bilemedim. Dikkatimi tam olarak verebilmek için gözlerimi kapadım ve aranmaya başladım. Yumuşak yerler ve hafif çıkıntılar vardı, bu yumuşak yerler gövdesi olmalıydı, çıkıntılar da kafası ve bacakları... Benim bacaklarını ve özellikle de ön bacaklarını bulmam gerekiyordu. Yavaş yavaş nerelerine değdiğimi anlamaya başlamıştım, kasılmalar sırasında duruyordum. Kasları o kadar kuvvetliydi ki bir an kol kemiklerimin tuzla buz olacağını sandım ama hiçbir şey olmadı, kasılma sona erdi ve ben tekrar araştırmaya başladım.

Sonunda parmaklarım tanıdık bir şeye rastladı.

"Parmağım burnuna girdi!" diye zafer kazanmış gibi bir çığlık attım. "Kafasını buldum!"

"Harika kızım, sakın bırakma!" Alec merakla yanıma çömeldi ve yeni bir kasılma geçiren atı okşamaya başladı. Ben de dişlerimi sıkıp bileğim serbest kalana kadar alnımı atın parlak poposuna dayayıp bekledim. Yeniden rahatladı ve ben de devam ettim. Elimi yukarı kaydırarak gözlerini ve alnını buldum, sonra da katlanmış kulağını. Bir kasılmayı daha bekledikten sonra boynunun eğimini takip edip omzunu buldum.

"Başı omzundan geriye doğru dönmüş," diye bilgi verdim. "En azından şu an başı doğru yöne bakıyor."

"İyi," dedi Jamie, eli atın başındaydı ve onun terli boynunu sıvazlıyordu. "Sanırım bacakları göğsünün altında katlı duruyor. Elinle bir dizini bulabilirsin."

Bir süre daha yoklayıp hissetmeye çalışarak bu işe devam ettim, omzuma kadar atın içine dalmıştım, kasılmalar ve rahatlamalar arasında hedefime ulaşmak için büyük bir savaş veriyordum. Sanki ben doğuruyormuşum gibi hissetmeye başlamıştım, ne zorlu bir işti bu...

Sonunda hedefime vardım ve toynağını buldum; onun yuvarlaklığını ve daha hiç kullanılmamış eğimli keskin yüzeyini hissetmiştim. Rehberlerimin birbirini tutmayan tavsiyelerini elimden geldiği kadar büyük bir dikkatle uygulamaya çalışarak itip çekmeye başladım. Alanı genişletip bir ayağı öne getirdim, diğerini geri ittim, atla beraber terleyip inliyordum.

Birdenbire işler yoluna girdi. Kasılmalar azaldı ve her şey yerine yerleşti. Kıpırdamadan bir sonraki kasılmayı bekledim. Kasılma geldi ve ıslak bir burun dışarı fırlayıverdi, elimi de kendisiyle birlikte dışarı itmişti. Küçük burun delikleri hafifçe sallandı, yeni ortamını anlamaya çalışıyordu ve sonra bu burun bir anda kayboldu.

"Bir sonraki kasılmada iş hallolacak!" dedi Alec, neredeyse mutluluktan dans edecekti, samanların üzerinde zıplayıp duruyordu. "Hadi Losgan. Hadi küçük güzel kurbağam!"

Cevap olarak at bir kez daha homurdanarak kasıldı. Kalçaları iyice açıldı ve yavru kıvrık bacakları ve koca kulaklarıyla temiz samanların üzerine doğru kaydı.

Samanların üzerine oturup aptal aptal sırıtmaya başladım. Sabun, çamur ve kana bulanmıştım. Yorulmuştum ve her yanım ağrıyordu, atın hiç de hoş olmayan kokusu üzerime sinmişti. Mutluluktan uçuyordum.

Willie ve tek kollu Roderick yeni doğanı samanlarla temizlerken oturup seyrettim. Losgan dönüp onu yalamaya başlayınca diğerleriyle birlikte alkışlamaya başladım, onu burnuyla iterek sarsak bacaklarının üzerine kalkmaya zorladı.

"Mükemmel bir iş yaptın kızım! Mükemmel bir iş!" Alec mutlulukla temiz elime vurup duruyordu. Benim yerde popomun üzerinde son derece rahatsız bir şekilde oturmakta olduğumu fark edip çocuklardan su getirmelerini istedi. Sonra arkama geçip yaşlı ellerini omuzlarıma koydu. Ustaca bir hareketle bastırıp vurdu, omuzlarımdaki gerginlikle ağrıyı geçirdi ve boynumu rahatlattı.

"Oldu yavrum," dedi sonunda. "Zor muydu?" Önce bana sonra da yavruya gülerek baktı.

"Yakışıklı delikanlı," diye şarkı söylemeye başladı. "Senden yakışıklısı var mı?"

Jamie temizlenip üstümü değiştirmeme yardım etti. Parmaklarım korsajımın bağlarını bağlayamayacak kadar kasılmıştı, ertesi sabah kalktığımda kolumun mosmor olacağını biliyordum ama son derece huzurlu ve mutluydum.

***

Yağmur sonsuza kadar sürecek gibiydi, yeni günle beraber aydınlanan pırıl pırıl havayı görünce kendimi gün ışığına çıkmış bir köstebek gibi hissettim.

"Tenin o kadar şeffaf ki, damarlarından akan kanı bile görebiliyorum," dedi, parmağını çıplak karnımın üzerine yansıyan güneş ışığında gezdirmekle meşguldü. "Elinden kalbine giden bütün damarları takip edebiliyorum." Parmağını bileğimden dirseğime, oradan kolumun içinden omzuma ve kürek kemiğime kadar dolaştırdı.

"O subklavyen damarı," dedim burnumun üzerinden izlediği yola bakarak.

"Öyle mi? Ah, elbette doğru, tam klavikulanın altında. Biraz daha anlat." Parmağı yavaşça aşağı doğru kaymaya devam etti. "Bunların Latince adlarını duymayı seviyorum; bir doktorla sevişmenin bu kadar keyifli olacağını hayal bile edemezdim."

"Bu," dedim büyük bir ciddiyetle, "bir areola ve sen bunu biliyorsun çünkü sana geçen hafta söylemiştim."

"Söylemiştin," diye mırıldandı. "Ve bir tane daha var, bul bakalım." Kızıl kafasını uzattı ve parmağının yerini dili aldı ve daha da aşağılara indi.

"Umbilicus," dedim nefesimi tutarak.

"Hımm," dedi dudakları şeffaf tenimin üzerinde gülümsermiş gibi bir şekil almıştı. "Peki ya bu ne?"

"Sen söyle," dedim kafasını tutarak. O konuşabilecek durumda değildi.

Muayenehanemde iskemlemde oturuyordum, güneş ışınlarının altında uyanışımı, çarşafların bana deniz kenarındaki bembeyaz kumlar gibi dokunuşunu hatırlıyordum, tam bir hayal âlemine dalmıştım. Bir elim göğsümün üzerindeydi, göğüs ucumla oynuyordum ve korsajımın altından onun kabarışını hissedip eğleniyordum.

"Kendinle mi oynuyorsun?"

Kapıdan gelen bu alaycı ses yerimde hızla doğrulmama sebep oldu ve kafamı rafa vuruverdim.

"Ah," dedim huysuzlanarak. "Geilie. Başka kim olabilirdi ki? Burada ne yapıyorsun?"

Sanki ayaklarının altında tekerlek varmış gibi odanın ortasına kadar kayar gibi ilerledi. Ayakları olduğunu biliyordum; onları görmüştüm. Anlayamadığım şey ise yürürken onları nereye koyduğuydu.

"Bayan Fitz'e İspanya'dan gelen safranı getirdim. Dük geliyor diye ısmarlamıştı."

"Yeni baharatlar mı?" diye sordum, keyfim yerine gelmeye başlamıştı. "Adam onun için hazırlananların yarısını bile yese onu buradan evine yuvarlayarak götürmeleri gerekir."

"Bunu şimdi de yapabilirler. Onun top gibi yuvarlak bir adam olduğunu duydum." Dük'ü ve fiziksel yapısının bir yana bırakıp onunla yamaçlarda bitki aramaya gidip gidemeyeceğimi sordu.

"Biraz yosuna ihtiyacım var," dedi. Uzun kemiksiz ellerini ileri geri sallayıp duruyordu. "Süt ve biraz koyunyünüyle birlikte kaynatınca mükemmel bir el losyonu oluyor."

Küçük penceremden dışarıya baktım. Dışarıdan taze meyve kokuları ve yeni kesilmiş saman kokuları geliyordu.

"Neden olmasın?"

Şişelerimi ve sepetlerimi yanıma almak üzere toplamamı beklerken her şeyi elleyerek muayenehanemde dolaştı. Küçük masanın yanında durup orada duran bir şeyi eline alıp kaşlarını çattı.

"Bu da ne?"

Yaptığım işi bırakıp onun yanına gittim. Elinde üç renk iplikle birbirine bağlanmış bir kuru çiçek demeti tutuyordu. İplikler, siyah, beyaz ve kırmızıydı.

"Jamie onun uğursuzluk getireceğini söyledi."

"Haklı. Bunu nereden buldun?"

Ona demeti yatakta bulduğumu anlattım.

"Ertesi sabah aşağı inip onu Jamie'nin attığı yerden aldım. Sana getirip onun hakkında bir şey bilip bilmediğini soracaktım ama sonra unuttum."

"Sana şu an bir şey söyleyemem. Ama onu sana kimin bırakmış olduğunu bulmanın bir yolunu bulabilirim."

"Gerçekten mi?"

"Evet. Yarın sabah evime gel, sana o zaman söylerim."

Bu konuda daha fazla konuşmayı reddetti, yeşil eteklerini savurarak döndü ve arkasından gideceğimi bilerek yola koyuldu.

Dağ eteklerinde önümden hızla ilerliyordu, yola benzer yerlerde koşturuyor, yol olmadığında yürümeye başlıyordu. Köyden bir saat uzaklıkta, söğütlerin arasında bulunan küçük bir derenin yanında durdu.

Derenin öbür tarafına geçip tepelere tırmanmaya devam ettik, hâlâ var olan bir takım yaz bitkilerini topluyorduk. Bunun yanı sıra erken sonbahar çileklerini ve ağaçların gövdelerine yapışmış kalın sarı kabuklu mantarları da topluyorduk.

Ben kavak kabukları toplamak için durduğum sırada Geilie daha yukarıda bulunan bir yarığın içinde gözden kayboldu. Bu kuruyarak kâğıda benzer bir görünüme kavuşmuş kabuklar, donmuş kandamlaları gibi görünüyorlardı parlak gün ışığında orada kıpkırmızı duruyorlardı.

Duyduğum bir ses beni dalmış olduğum işimden ayırdı, tepeye doğru başımı kaldırdım, ses sanki oradan gelmişti.

Sesi yeniden duydum, tiz bir miyavlama gibiydi. Tepenin kayalardan oluşan üst kısmından geliyordu. Sepetimi yere bırakıp tırmanmaya başladım.

"Geilie!" diye bağırdım. "Buraya gel! Biri bebeğini bırakmış!"

Duymakta olduğum tıkırtılar ve mırıldanan beddualar onun tepeye tırmanmakta olduğunun bir işaretiydi, yoluna çıkan çalılarla savaşarak tırmanmaya uğraşıyordu. Yanıma vardığında, yüzü kızarmıştı, saçlarında küçük dallar vardı.

"Bu da ne Tanrı aşkına..." diye konuşmaya başladı ve bir anda yerinde sıçradı. "Onu hemen bırak!" Bebeği hızla kollarımdan alıp kayaların arasındaki küçük çatlağın içine bulduğum yere geri koydu. Bu düzgün yuvarlak boşluk bir metre kadardı. Boşluğun bir yanında yarısına kadar süt doldurulmuş sığ, tahta bir kâse konmuştu. Bebeğin ayakucunda kır çiçeklerinden yapılmış bir demet vardı, kırmızı iplikle bağlanmıştı.

"Ama o hasta!" diye karşı koyup yeniden bebeğe uzandım. "Kim hasta bir çocuğu tek başına buraya bırakır?"

Bebek gözle görülür bir şekilde hastaydı; minicik yüzü yeşermiş, gözlerinin altı kararmıştı, battaniyesinin altında küçük yumruklarının hafif hareketini görebiliyordum. Onu alınca kollarıma yığılmıştı, ağlayacak gücü nasıl bulmuş olduğuna şaşırmıştım.

"Ailesi," dedi Geilie, kolumu tutmuş çekiştiriyordu. "Bırak onu. Hadi buradan gidelim."

"Ailesi mi? Ama..."

"O perilerin değiştirdiği bir çocuk," dedi sabırsızlıkla. "Onu bırak ve gel. Hemen!"

Beni çeke çeke fundalığa götürdü. Bir yandan karşı koymaya çalışıyor, bir yandan onu izliyordum, aşağı vardığımızda kırmızı bir suratla onu durmaya zorladım.

"Nedir bu?" diye ısrar ettim. "Hasta bir çocuğu öyle bir delikte bırakamayız. Perilerin değiştirdiği çocuk demekle neyi kastediyorsun?"

"Perilerin değiştirdiği çocuk işte," diye tekrarladı sabırsızlıkla. "Bunun ne anlama geldiğini bilmemen mümkün değil. Periler bir insan evladını çalınca yerine kendi bebeklerini bırakırlar. Onun değişmiş çocuk olduğunu anlarsın çünkü hiç susmadan ağlar, gelişmez, büyümez."

"Bunun ne demek olduğunu elbette biliyorum," dedim. "Ama ben bu saçmalığa inanmıyorum, sen inanıyor musun?"

Bana baktı, bu garip ve şüphe dolu bir bakıştı. Yavaş yavaş yüz hatları gevşedi ve eski alaycı tavrını takındı.

"Hayır, inanmam," dedi. "Ama buradaki insanlar inanıyor." Tepenin üzerine, kayalıklara doğru baktı. "Ailesi buralarda bir yerlerde olmalı. Hadi gidelim."

İstemeye istemeye onun ardından köye doğru yürümeye başladım.

"Onu neden oraya koydular?" diye sordum kayaya oturup dereyi geçmeden önce ıslanmamaları için çoraplarımı çıkarırken. "Küçük insanların gelip onu tedavi edeceğini mi düşünüyorlar?" Bu konu hâlâ canımı sıkıyordu; bebek çok hasta görünüyordu. Neyi olduğunu bilmiyordum ama belki ona yardımcı olabilirdim.

Geilie'yi köye bıraktıktan sonra ona dönebilirdim. Bunun uzun süreceğini sanmıyordum, başımı kaldırıp gökyüzüne baktım, yağmur bulutları yine mora dönmeye başlamıştı. Batıda hafif bir pembelik vardı ama yarım saate kadar aydınlık bir yer kalmayacaktı.

Geilie sepetinin uzun sapını boynuna doladı, eteğini toplayıp suya girdi, soğuk su titremesine sebep olmuştu.

"Hayır," dedi. "Ya da evet... Orası peri tepelerinden biri ve orada uyumak son derece tehlikelidir. Eğer bu değişmiş çocuğu bir gece boyunca orada bırakırsan periler gelip onu alır ve çaldıkları çocuğu oraya geri bırakırlar."

"Ama bunu yapmayacaklar. Çünkü perilerin değiştirdiği bebek diye bir şey yok!" dedim, ayağımı buz gibi suya sokarken nefesimi tutmuştum. "O sadece hasta bir bebek. Açık havada bu geceyi yaşayarak çıkarması mümkün değil!"

"Çıkarmayacak zaten. Sabaha ölmüş olur. Umarım kimse onun yanına gittiğimizi görmemiştir."

Ayakkabılarımı giyerken birdenbire durdum.

"Ölmüş mü olur?! Geilie, ben dönüp onu alacağım. Onu orada bırakamam." Geri dönüp yeniden sudan geçmeye başladım.

Beni arkamdan yakalayıp yüzüstü sığ suya yatırdı. Çırpınıp nefes almaya çalışarak dizlerimin üzerinde doğruldum, her tarafa sular sıçratıyordum. Geilie baldırlarına kadar suya girmişti ve etekleri ıslak bir şekilde durmuş bana bakıyordu.

"Seni geri zekâlı, pis İngiliz!" diye bağırdı. "Yapabileceğin hiçbir şey yok! Beni anlıyor musun? Hiçbir şey! Çocuk zaten ölü gibi! Burada durup hayatını ve benimkini saçmasapan fikirlerin yüzünden tehlikeye atmana izin vermeyeceğim!" Homurdanarak eğildi ve koltuk altlarımdan tutarak ayağa kalkmama yardım etti.

"Claire," dedi beni kollarıyla sarsarken. "Be-ni din-le. O çocuğun yanına gidersen ve çocuk ölürse - lütfen bana inan daha önce buna benzer şeyleri çok gördüm - ailesi onun ölümünden seni sorumlu tutacaktır. Tehlikenin farkında değil misin? Köyde sana ne dediklerini bilmiyor musun?"

Gün batımında sırılsıklam olmuş titriyordum. Bir yandan güvenliğim konusunda paniklemiş, diğer yandan da çocuk için üzülmüştüm. Karanlıkta, tek başına, ayakucunda kır çiçekleriyle ölecekti.

"Hayır," dedim ıslak saçlarımı yüzümden çekerken. "Geilie, bunu yapamam. Sana söz veriyorum, çok dikkatli olacağım. Gitmek zorundayım." Kendimi onun kollarından kurtarıp sendeleyip etrafa sular sıçratarak geldiğim yöne doğru dönmeye başladım.

Arkamdan bir homurtu ve yorgunluk belirtisi bir nefes sesi yükseldi. Ardından su sıçratma sesleri diğer yöne doğru ilerledi. Neyse ki bu kez beni durdurmaya çalışmamıştı.

Hava çok çabuk kararıyordu, çalıların ve dalların arasında elimden geldiği kadar hızlı ilerliyordum. Hava tam anlamıyla kararmadan önce aynı tepeyi bulup bulamayacağımdan emin değildim. Aynı yükseklikte birkaç tepe vardı. Peri ya da değil bu karanlıkta buralarda dolaşan hiç kimse umurumda değildi. En büyük sorunum çocuğu bulduktan sonra kaleye onunla birlikte nasıl döneceğimdi. Neyse zamanı geldiğinde bunu düşünecektim.

Sonunda tepeyi buldum, dibindeki taze karaçamlardan tanımıştım. Hava çok karanlıktı, ayın olmadığı gecelerden birindeydik, sık sık bir şeylere takılıp düşüyordum. Karaçamlar bir araya gelmiş gibi görünüyordu, rüzgârla birlikte çıtırdayıp değişik sesler çıkarıyorlardı.

Lanet olası yer hiç de tekin değildi. Başımın üzerindeki yaprakların birbirleriyle sohbetini dinleyerek ince dalların arasından ilerlemeye çalışıyordum. Bir sonraki ağacın arkasından bir hayalet çıksa hiç şaşırmayacaktım.

Yine de şaşırdım. Karanlığın içinden çıkan bir gölge beni yakaladığında aklım neredeyse yerinden çıkacaktı. Bir çığlık atıp ona vurdum.

"Ulu Tanrım," dedim, "burada ne arıyorsun?" Bir an için onun göğsüne sığınıp kaldım, beni korkutmuş olmasına rağmen Jamie'yi görmek içimi rahatlatmıştı.

Beni kolumdan tutup ağaçlıkların arasından çıkardı.

"Seni bulmaya geldim," dedi kısık sesle. "Hava kararmaya başlamıştı ve seninle buluşmaya geliyordum, Aziz John deresinin orada Geillis Duncan'ı gördüm ve bana senin nerede olduğunu söyledi."

"Ama bebek..." diyerek geri döndüm.

"Çocuk öldü," dedi, beni geri çekerek. "Önce ona bakmaya gittim."

İtiraz etmeden onu takip ettim, çocuğun ölümüne çok üzülmüştüm ama o tepeye tek başıma tırmanmak zorunda kalmadığım ve kaleye tek başıma dönmeyeceğim için rahatlamıştım. Karanlık ve fısıldaşan ağaçlar sinirlerimi bozmuştu, yeniden dereyi geçene kadar hiç konuşmadık. Henüz üstüm kurumamış olduğu için çoraplarımı çıkarmaya niyet bile etmedim, suları sıçrata sıçrata dereden geçtim. Jamie hâlâ kuruydu ve dereyi taşların üzerinden atlayarak geçmeyi tercih etti.

"Gece tek başına dışarıda kalmanın ne kadar tehlikeli olduğunun farkında mısın Saksonyalı?" diye sordu. Kızgın görünmüyordu sadece merak etmişti.

"Hayır... Yani evet. Eğer seni endişelendirdiysem çok özür dilerim. Ama o çocuğu orada tek başına bırakamadım. Bunu yapamadım."

"Evet, biliyorum," diyerek bana sarıldı. "Çok yumuşak bir kalbin var, Saksonyalı. Ama burada bulaştığın şeyin ne olduğunun farkında bile değilsin."

"Periler mi?" Bu olay beni çok yormuş ve canımı sıkmıştı ama bu halimi uçarılık yaparak örtbas etmeye çalıştım. "Benim batıl inançlarım yoktur ve onlardan korkmam." Bir anda aklıma geldi ve ona, "Sen perilere, çocuk değiştirmelere ve bu tip şeylere inanır mısın?" diye sordum.

Cevap vermeden bir süre tereddüt etti.

"Hayır. Hayır, böyle şeylere inanmam ama periler tepesinde bir gece geçirmekten de hoşlanmam. Ben eğitimli bir adamım

Saksonyalı. Dougal'ın evinde Alman bir öğretmenim vardı, iyi bir öğretmendi, bana Latince ve Grekçe öğretti. Sonra on sekiz yaşımda Fransa'ya gittim, orada tarih ve felsefe okudum ve yeryüzünün sadece göllerdeki su atları, çalılıklar ve vadilerden oluşmadığını bilecek kadar çok yerini gezdim. Ama buradaki insanlar..." arkamızdaki karanlığa kederle baktı, "doğduklarından beri yürüyerek en fazla bir günlük yola gittiler, hayatlarındaki en büyük olay büyük toplanma ki buna da ömürleri süresince en fazla iki kez şahit olabilirler. Onlar vadilerde ve göl kenarlarında yaşarlar, Peder Bain'in onlara Pazar Ayinlerinde anlattığı hikâyelerden başkasını bilmezler. Bunlar da eski hikâyelerdir."

Eline aldığı akça ağaç dalını yana doğru tutuyor, ben de onun altında ilerliyordum. Geilie ile gündüz geçmiş olduğumuz keçi yolundaydık, onun gece karanlıkta bile yolunu rahatlıkla bulabildiğini keşfetmiştim. Perilerin tepesinden uzaklaşınca normal sesiyle konuşmaya başlamıştı, arada bir yolumuzda beliren şeyleri kovalamak için susuyordu.

"Bu hikâyeler salonda oturup Ren şarabını yudumlarken Gwyllyn anlatınca son derece boş ve eğlenceli görünür." Yoldan aşağı doğru ilerlediği için sesi dalgalanıyordu, akşam serinliğinde son derece yumuşak ve etkileyiciydi.

"Ama dışarıda ve köyde - ki köy de başka bir âlemdir. İnsanlar bunlarla yaşarlar. Sanırım bir kısmının arkasında yatan gerçekler de yok değil."

Kehribar gözlü su atını düşündüm, acaba başka hangileri doğruydu.

"Ve diğerleri..." Sesi iyice yumuşadı, onu duymakta zorlanıyordum. "Mesela o çocuğun ailesi... Belki de perilerin değiştirdiği çocuğun öldüğünü ve kendi çocuklarının perilerle birlikte sağlıklı bir şekilde yaşıyor olduğunu düşünmek onları biraz rahatlatıyordur."

Atların bulunduğu yere varmıştık, yarım saat sonra kalenin ışıkları karanlığın içinden bizi selamladı. Bu kasvetli binanın bana medeniyetin abidesi gibi görüneceği kırk yıl düşünsem aklıma gelmezdi. Bu ışıklar her şeyi aydınlatan fenerler gibi geliyordu o an bana.

Yaklaştıkça bu gece ışıklandırmanın farklı olduğunu gördüm, dışarıya ve köprüye bir sürü kandil asılmıştı.

"Bir şey olmuş," dedim Jamie'ye dönerek. Onu da ilk kez aydınlıkta görüyordum, üzerinde her zamanki giysileri yoktu. Kar beyazı gömleği kandillerin ışığında parlıyordu, tek ve en iyi kadife ceketi atının terkisinde duruyordu.

"Evet," diyerek sözlerimi onayladı. "Seni almaya bu yüzden geliyordum. Dük sonunda geldi."

Dük başlı başına bir sürprizdi. Gerçi ne beklediğimi tam olarak ben de bilemiyordum ama Leoch'un salonunda tanıştığım candan, sevimli, kırmızı yanaklı centilmen olmadığı kesindi. Son derece cana yakın, havanın etkilerini yüzünde taşıyan, güneşte uçan bir sülün sürüsüne bakarmış gibi kısık gözleri olan bir adamdı.

Daha önce Dük hakkında anlatılmış olanların abartılıp abartılmadığını merak etmeye başlamıştım. Salonda etrafıma bakındım ve on sekiz yaşın altındaki bütün delikanlıların Colum ve Dougal'la konuşmakta olan Dük'ü endişeli gözlerle süzdüklerini gördüm. Demek herhangi bir abartı yoktu, hepsi bu konuda uyarılmıştı.

Dük'e tanıştırılırken yüzüne bakmakta zorlanmıştım. Oldukça iri bir adamdı, iri ve son derece sağlıklı, meyhanelerde sık sık görmeye alıştığımız gürültücü tiplerdendi, fikirlerini bağıra çağıra ulu orta söylüyordu. Jamie'nin hikâyesini dinlemiş biri olarak ben de tetikte duruyordum. Dük önümde eğilip elimi tutarken üzerimde bıraktığı fiziksel etki son derece kuvvetliydi. "Böylesine unutulmuş bir yerde sizin gibi şehirli bir kadınla karşılaşmak son derece etkileyici bir durum, hanımefendi," demişti, sesi çok tiz ve heyecanlı çıkmıştı, herkesin önünde rezil olmamak için yanağımı ısırmak zorunda kalmıştım.

Yol yorgunu olan Dük onun için verilen partiden erken ayrılıp yatmaya gitmişti. Bir sonraki gece yemekten sonra dinleti ve sohbet düzenlenmişti. Jamie ile birlikte Colum, Dougal ve Dük Sandringham'a katılmıştık. Colum'un Ren şarabından fazlasıyla içmiş olan Dük bağıra bağıra dağlarda yolculuk yapmanın tehlikelerinden ve zorluğundan bahsederken bir yandan da taşranın güzelliklerinden dem vuruyordu. Büyük bir nezaketle onu dinliyorduk, Dük ciyaklayarak hikâyelerini anlatırken Jamie ile göz göze gelmemeye çalışıyordum.

"Stirling'in biraz dışında arabanın dingili kırıldı ve orada çaresizlik içinde üç gün kaldık. Hem de yağmurun altında düşünebiliyor musunuz? Sonunda uşağım bir demirci bulup getirmeyi başardı. Bunun üzerinden yarım gün bile geçmeden hayatımda gördüğüm en büyük çukura düştük ve lanet olasıca şey yeniden kırıldı! Bu hallolduktan sonra atın nalı düştü ve arabadan inip yanında yürümek zorunda kaldık - hem de çamurların içinde - çünkü at topallıyordu. Daha sonra..." Hikâye uzadıkça, şanssızlık üzerine şanssızlıklar ortaya çıkıyordu, kıkırdamamak için kendimi zor tutuyordum bunu engellemek için şarap kadehini başıma diktim - bu büyük bir hataydı.

"Ama ya av MacKenzie, ya av!" diye bağırdı bir ara Dük, gözlerini keyifle döndürüp duruyordu. "Buna inanmaya bile korkuyorum. Böyle bir sofra hazırlatabilmene hiç şaşmamalı." Yavaşça kocaman karnını okşadı. "Yemin ederim ki iki gün önce görmüş olduğum geyiğe benzer bir geyiği avlayabilmek için her şeyimi veririm. Mükemmel bir yaratıktı, muhteşemdi. Çalılıkların arasından arabanın önüne atladı sevgilim," diyerek bana açıklama yaptı. "Atlar onu görünce ürktüler ve biz yine yolun dışına çıkıverdik."

Colum karafı havaya kaldırdı. Bardakları doldururken, "Belki de sizin için bir av düzenleyebiliriz Ekselansları. Yeğenim oldukça yetenekli bir avcıdır," dedi. Jamie'ye bakıp gülümsedi, yanıt olarak Jamie de başını sallayarak onu onayladı.

Colum karafı bırakarak arkasına yaslanıp konuşmaya devam etti. "Bu iş tamam o zaman. Belki önümüzdeki hafta başı çıkarsınız. Sülün için henüz erken ama geyik avlanabilir." Yanında koltuğuna gömülmüş oturmakta olan Dougal'a döndü. "Kardeşim de sizinle gelebilir; kuzeye doğru yol alıp daha önce konuşmuş olduğumuz arazilere de bakmak istersiniz belki."

"Sermaye, Sermaye!" Dük çok keyiflenmişti. Jamie'nin bacağını hafifçe okşadı, kaslarının kasıldığını fark ettim ama Jamie kıpırdamadı. Huzurlu bir yüzle Dük'e gülümsedi ve Dük'ün eli gereğinden uzun bir süre orada kaldı. Bunun ardından Ekselansları ona baktığımı gördü ve şeker bir şekilde gülerek bana, "Denemeye değer değil mi?" dedi. Bu sözlerin üzerine ona gülümseyiverdim. Şaşkınlık verici bir durumdu ama bu adamdan hoşlanmıştım.

Dük'ün gelişinin yarattığı hengâmede Geilie'nin bana o uğursuz şeyi yaptıranı bulma teklifi tamamen aklımdan çıkmıştı. Perilerin değiştirmiş olduğu çocukla ilgili yaşadığımız kötü anlardan sonra onunla bir şey yapmayı isteyip istemediğimi de bilmiyordum zaten.

Sonuç olarak merak kuşkuya galip geldi ve Colum iki gün sonra verilecek ziyafete Duncanları getirmesini Jamie'den rica ettiğinde onunla birlikte yola çıktım.

O perşembe Duncanların salonunda karısı üst katta giyinirken Jamie ile ben Arthur'la dostça sohbet etmeye çalışıyorduk. Son mide spazmından sonra epeyce iyileşmiş görünüyordu. Aslında sağlığına tam anlamıyla kavuşmuş gibi görünmüyordu. Şişman erkeklerin çoğunda olduğu gibi hızla kilo verince bu kilo olduğu gibi yüzünden gitmişti, karnında pek bir fark yoktu. Göbeği hâlâ yeleğini zorluyordu, yüzü ise yumuşayıp sarkmıştı.

"Yukarı çıkıp Geilie'nin saçı ya da başka bir şey için yardımıma ihtiyacı var mı bir bakayım," diye öneride bulundum. "Ona yeni bir kurdele getirdim." Geilie ile yalnız konuşma fırsatını yakalayabilmek için yanımda küçük bir kutu getirmiştim. Arthur itiraz etmeye fırsat bulamadan kutumla birlikte kapıdan dışarı çıkmıştım bile.

Geilie beni bekliyordu.

"Gel," dedi, "bunu yapmak için yukarı özel odama çıkmamız gerekiyor. Acele etmeliyiz ama zaten çok uzun sürmez."

Dar merdivende onu takip ettim. Basamaklar farklı rıht yüksekliklerine sahipti, bir kısmı çok yüksekti, takılıp düşmemek için eteklerimi topladım. On yedinci yüzyıl marangozları ya hesap yapmayı bilmiyordu ya da değişik bir espri anlayışları vardı.

Geilie'nin özel odası hizmetlilerin bölümünün üzerindeki tavan arasındaydı. Kapısı kilitliydi, Geilie önlüğünden çıkardığı iri anahtarla - yaklaşık on beş santim boyundaydı - kapıyı açtı. Anahtarın kocaman oymalı bir başı vardı, üzerine sarmaşık ve çiçek deseni işlenmişti, yaklaşık yarım kilo gelirdi, ucundan tutulunca iyi bir silah bile olabilirdi. Kilit de, menteşelerde çok iyi yağlanmıştı, açılırken hiç ses çıkmamıştı.

Bu tavanarası odası oldukça küçüktü, evin ön cephesindeki kalkan duvarların ve küçük pencerelerin bulunduğu taraftaydı. Duvarlar baştan aşağı raflarla doluydu, bunların üzerinde kavanozlar, tüpler, küçük şişeler vardı. Ot demetleri farklı renklerde ipliklerle dikkatlice bağlanmış ve kurumak üzere üst raflardaki çengellere asılmıştı. Altlarından geçerken saçlarım onlara değdikçe etrafa mis gibi kokular yayıldı. Burasının aşağıdaki tertemiz ve düzenli şifalı otlar odasıyla alakası yoktu. Son derece kalabalık, karışık ve pencereleri olmasına rağmen karanlık bir odaydı.

Bir raf kitaplarla doluydu, çoğu eski ve harap durumda olan bu kitapların sırtlarında isimleri yazmıyordu. Parmağımı bu deri ciltler üzerinde merakla dolaştırdım. Çoğu dana derisiydi, aralarında birkaç tanesi farklıydı; yumuşak ama dokununca çok yağlı bir his veren bir maddeden yapılmıştı. Bir tanesi ise balık derisine benziyordu. Onu yavaşça elime alıp açtım. Eski Fransızca ve Latince karışımı bir dille yazılmış bir el yazmasıydı ama başlığını okumayı başardım. *L'Grimoire d'le Comte St. Germain.*

Kitabı kapatıp yerine koydum, hafif bir şok yaşıyordum. Grimoire. Büyücünün el kitabı. Geilie'nin sırtımdaki bakışlarını hissedebiliyordum, döndüğüm anda biraz yaramaz biraz sakıngan bakışlarla karşılaştım. Bu yeni bilgiyle ne yapmam gerektiğine karar verememiştim.

"Demek sadece bir söylenti değil, öyle değil mi?" dedim gülümseyerek. "Sen gerçekten bir cadısın." Bunun ne boyutta olduğunu merak ediyordum, kendisi de buna inanıyor muydu yoksa Arthur'la evli olmanın getirdiği sıkıntıyı bastırmak için yaptığı şeylerden birimiydi? Onun ne tür büyülerle uğraştığını ya da uğraştığını sandığını da merak ediyordum.

"Ah, beyaz," dedi, sırıtarak. "Kesinlikle beyaz büyüler."

Bir kez daha Jamie'nin yüzüm hakkında söylediklerinin doğru olduğunu düşündüm, herkes ne düşündüğümü rahatlıkla anlar gibi görünüyordu.

"Eh, bu iyi bir şey," dedim. "Şeytanın kıçını öpmek için geceleri ateş yakıp etrafında süpürgeyle dans eden tiplerden değilim."

Geilie saçlarını geriye atarak güldü, çok eğlenmişti.

"Senin kimseninkini öpmeyeceğinin farkındayım, ayrıca ben de öpmem," dedi. "Gerçi benim de yatağımda seninki gibi ateşli bir şeytan olsa neler yapardım bilinmez."

"Bu bana bir şey hatırlattı..." diye konuşmaya başladığım sırada o arkasını dönüp bir şeyler mırıldanarak hazırlıklarını yapmaya başladı.

İlk önce kapının kilitli olup olmadığını kontrol etti ardından pencerenin önünde duran sandığın içine dalıp bir şeyler aramaya başladı. Oradan kocaman bir tava ve seramik altlığı olan uzun beyaz bir mum çıkardı. Daha sonra eski bir yorgan çıkarıp yere serdi.

"Tam olarak ne yapmayı planlıyorsun Geilie?" diye sordum, hazırlıklarını şüpheyle izliyordum. Tavada uğursuz bir şeyler yoktu, mum ve yorganda da, ama ne de olsa ben henüz acemi bir cadıydım.

"Çağırmayı," dedi yorganın uçlarını düzgün durması için çekiştirirken.

"Kimi çağırmayı?" diye sordum. Ya da neyi?

Ayağa kalkıp saçlarını geri attı. Bebek saçı gibi yumuşak ve kaygan saçları vardı, tokalardan fırlıyorlardı. Söylene söylene tokalarını çıkarıp saçlarını serbest bıraktı, dümdüz saçları, kaymak renginde bir perde gibi omuzlarına dökülmüştü.

"Hayaletleri, ruhları, görüntüleri... İhtiyacın olan her şeyi..." dedi. "Gerçi hepsi aynı şekilde başlar ama bitkilerle kullanılan kelimeler farklıdır. Biz şu an sana bunu yapanın kim olduğunu görmek istiyoruz. Böylelikle büyüyü ters çevirebiliriz."

"Hımm, peki..." İntikam almak gibi bir niyetim yoktu ama merak ediyordum, hem şu çağırma işinin neye benzediğini hem de bunu yapanın kim olduğunu...

Tavayı yorganın ortasına yerleştirip içine bir sürahiden su koydu, bu arada anlatıyordu. "İyi bir görüntü almak için herhangi bir büyük kap kullanabilirsin, gerçi büyü gümüş bir kap kullanman gerektiğini söyler ama olsun. Dışarıdaki küçük su birikintilerinde bile bu işi yapabilirsin aslında ama gözlerden uzak bir yerde yapman gerekir. Bunu yapmak için huzur ve sessizliğe ihtiyaç vardır."

Bütün pencereleri dolaşıp siyah kalın perdeleri kapadı, oda karanlık olmuştu. Mumu yakana kadar onun kayarak ilerleyen ince bedenini bile göremez olmuştum. Titrek ışık yüzünü aydınlatıyordu, burnunun ve çenesinin altında gölgeler oluşuyordu.

Mumu tavanın yanına, bana doğru koydu. Tavayı dikkatle ağzına kadar doldurmaya devam etti, su gerilim kuvvetiyle dökülmeden duruyordu. Üzerine eğilince kalede bulduğum aynalardan çok daha iyi bir görüntü kalitesine sahip olduğunu fark ettim. Geilie yine aklımı okumuş gibi bu tavanın ruh çağırmanın yanı sıra saç yaparken de çok işe yaradığını söyledi.

"Çarpma ıslanırsın," diye öğütledi, yaptığı işe yoğunlaşmaya çalışıyordu. Onun sesindeki tonlama ve yapmakta olduğu hazırlıklar bana birini hatırlatmıştı. Kav kutusunun üzerine eğilmiş ince vücudunu ve soluk yüzünü incelerken hâlâ onu kime benzettiğimi çıkaramamıştım. Elbette ya... Kimse Peder Wakefield'in çalışma odasında çaydanlığın üzerine eğilmiş olan o figüre bu kadar benzeyemezdi, tonlaması da Bayan Graham'ınkiyle aynıydı.

Bu belki aynı işi yapmalarından kaynaklanıyordu, doğaüstü olaylarla ilgilenen kişilerin paylaştığı ortak bir hava olabilirdi. Bu iş aslında saygı duyulması gereken bir durumdu - tabii keskin bir bıçağı elinde tutana karşı duyulan ihtiyatlı bir saygı - ondan kaçmaya ya da korkmaya gerek yoktu.

Bu burnuma gelen lavanta kokusundan da kaynaklanmış olabilirdi. Geilie'nin bol, uçuşan kostümleri genellikle yaptığı esansların karışımı gibi kokardı: papatya, kadife çiçeği, defneyaprağı, Hint sümbülü, nane ve mercanköşk. Bugün ise beyaz elbisesinden lavanta kokuları geliyordu. Bayan Graham'ın gündelik mavi kostümünden ve kemikli göğsünden gelen kokuyla aynıydı.

Geilie'nin göğüslerinin altında dolgu olup olmadığı elbisesinin açık yakasına rağmen anlaşılmıyordu. Geilie Duncan'ı ilk kez bu kadar *çıplak* görüyordum, genellikle boynuna kadar kapalı, kat kat ciddi kostümler giyerdi, bunlar kocasının yaptığı işe ve konumuna uygun kostümlerdi. Oysa şu an tüm servetini gözler önüne sermişti, elbisesinin rengine uygun bembeyaz bir teni vardı, Arthur Duncan'ın ailesi olmayan, beş parasız bir kızı neden karısı yapmış olduğu çok net olarak anlaşılabiliyordu. Gözlerim istemeden raflardaki üzerinde güherçile yazan kavanoza takıldı.

Geilie raftan üç kavanoz aldı, küçük bir maltız kâsesinin içerisine hepsinden az miktarlarda koydu. Mumla maltızın kömürlerini yaktı ve alevi güçlendirmek için üzerine üfledi. Ateş yanar yanmaz odada kokulu bir duman yükselmeye başladı.

Odadaki hava çok durgundu, bu gri duman hiç dağılmadan, dümdüz yukarıya yükseliyordu, beyaz mumun görüntüsünü hatırlatan bir görüntü oluşturmuştu. Geilie tapınağında oturan bir rahibe gibi bağdaş kurmuş, bu iki sütunun arasında oturuyordu.

"Sanırım bu işe yarayacak." Avcunda tuttuğu biberiyeleri toz haline getirip serptikten sonra hazırlamış olduğu sahneyi keyifle izledi. Üzerinde mistik semboller bulunan siyah perdeler kapalıydı ve içeri bir damla güneş bile giremiyordu, ortalığı aydınlatan tek şey yanmakta olan mumdu. Mumun titrek ışığı içi suyla dolu olan tavadan yansıyordu, bu ışığı bir güç kaynağı gibi arttırıyordu.

"Şimdi ne olacak?" diye sordum.

Kocaman gri gözleri pırıl pırıldı, bir şeyleri bekliyordu. Suyun üzerinde ellerini salladıktan sonra bacaklarının arasına koydu.

"Bir süre hiç sesini çıkarmadan otur," dedi. "Kalp atışlarına odaklan. Duyuyor musun? Yavaş ve derin nefes al." Görünüşü cıvıl cıvıldı, sesi ise son derece sakin ve yumuşak, normal konuşma şeklinin tam tersiydi.

Onun söylediklerini itiraz etmeden yaptım, nefes alış verişimin ritmiyle birlikte kalbim daha yavaş atmaya başlamış gibiydi. Dumandan gelen biberiye kokusunu hissettim, diğer bitkileri tam olarak tanımlayamıyordum; yüksükotu olabilirdi ya da kurtpençesi. Mor çiçekler itüzümü olabilirdi, olmayabilirdi de. Ne olduklarını bilemiyordum ama kalp atışlarımın yavaşlama sebebini sadece Geilie'nin gücüne bağlamak anlamsız olurdu. Göğüs kemiğimin üzerinde bir ağırlık oluşmuştu, istemeden nefes alışverişim daha da yavaşlamıştı.

Geilie karşımda sessizlik içinde oturmuş gözlerini kırpmadan bana bakıyordu. Başını hafifçe sallayınca başımı eğip suya bakmaya başladım.

Bana kesinlikle Bayan Graham'ı hatırlatan bir tavırla bir şeyler söylemeye başladı. Bayan Graham da taş yapıtın orada böyle yapmıştı.

Ağzından çıkan sözcükler İngilizce değildi ama İngilizce gibiydi. Değişik bir aksandı, sanki bunları daha önce duymuştum, sözcükler duyma gücümün çok daha altında bir sesle söyleniyordu.

Ellerim hissizleşmeye başlamıştı, onları kucağımda durdukları yerde oynatmak istedim ama bunu başaramadım. Geilie'nin tekdüze konuşması ikna edici bir şekilde devam ediyordu. Artık ne söylendiğini anlayabiliyordum ama sözcükleri kafamın içinde bir araya getiremiyordum.

Ya hipnotize ediliyordum ya da verilmiş bir ilacın etkisi altındaydım. Aklıma bir sürü garip şey gelmeye başlamıştı, dumanın o tatlı kokusunu içime çekmek istemiyordum. Suda kendi yansımamı gördüm, gözbebeklerim iyice ufalmış, gözlerimse kör baykuşlar gibi kocaman olmuştu, bir an aklımdan afyon fikri geçti ama düşüncelerime de hâkim olamıyordum.

"Sen kimsin?" Soruyu hangimizin sorduğunu anlayamamıştım ama cevabı verenin ben olduğumun farkındaydım, boğazımda bir hareket olmuştu. "Claire."

"Seni buraya kim gönderdi?"

"Kendim geldim."

"Niye geldin?"

"Söyleyemem."

"Neden söyleyemezsin?"

"Çünkü kimse bana inanmaz."

Kafamdaki ses dostça konuşmaya devam ediyordu çok ikna ediciydi.

"Ben sana inanırım. Buna inan. Sen kimsin?"

"Claire."

Ani bir gürültüyle büyü bir anda bozuldu. Geilie yerinden sıçradı, dizi tavaya çarptı ve görüntü sallanmaya başladı.

"Geillis, sevgilim?" kapının dışından gelen ses aslında hükmedici bir sesti. "Artık gitmemiz gerekiyor sevgilim. Atlar hazır ama sen henüz giyinmemişsin bile."

Geilie için için öfkeyle bir şeyler mırıldanarak ayağa kalkıp pencereyi açtı, yüzüme temiz hava çarptı, kafamdaki sis hemen dağılmaya başlamıştı, gözlerimi kırpıştırdım.

Bir süre ne halde olduğuma baktıktan sonra elini uzatıp beni ayağa kaldırdı.

"Hadi topla kendini," dedi. "Kendini biraz garip hissediyorsun değil mi? Bazen insanları böyle etkiler. Sanırım ben giyinirken yatağıma uzanman iyi olacak."

Aşağıda, onun yatak örtüsünün üzerine uzandım, gözlerim kapalı sesleri dinliyordum. Geilie giyinme odasında hazırlanırken bütün bunların ne anlama geldiğini düşünmeye çalıştım. Bunun uğursuzluk büyüsü ve onu yaptıran kişiyle hiçbir alakası yoktu. Bu çok açıktı. Burada benim kim olduğum sorgulanmıştı. Yavaş yavaş aklım başıma gelmeye başlamıştı, Geillis Colum'un casusu olabilirdi. Konumu itibarı ile bölgede olan biten her şeyden haberdardı. Benim kim olduğumla Colum'dan başka kim bu kadar çok ilgilenirdi ki?

Arthur bizi rahatsız etmeseydi daha neler olacaktı acaba? Kokulu duman çıkmaya başladığında bir ara hipnotizma seanslarında söylenen klasik cümleyi duyduğumu hatırlıyordum. "Uyandığın zaman bunların hiç birini hatırlamayacaksın." Ama ne garip ki hatırlıyordum.

Bunu Geilie'ye sorma şansım da kalmamıştı. Yatak odasının kapısı açıldı ve Arthur Duncan içeri girdi. Giyinme odasının önüne gidip kapıyı vurduktan sonra hızla içeri girdi.

İçerden önce hafif bir çığlık ve ardından da bir ölüm sessizliği geldi.

Arthur Duncan yeniden kapıda belirdi, gözleri kocaman açılmıştı ama boş bakıyordu, yüzü bembeyazdı, yine mide spazmlarından birini geçirmekte olduğunu düşündüm. O kapının kenarına yaslanırken hızla ayağa fırlayıp ona doğru ilerledim.

Yanına varamadan, yaslandığı kapıdan doğruldu ve hafifçe sendeleyerek odadan dışarı çıktı, yanımdan geçerken beni görmüyor gibiydi.

Bu kez ben giyinme odasının kapısını vurdum.

"Geilie! İyi misin?"

Kısa bir sessizlikten sonra içerden hiçbir şey olmamış gibi Geilie'nin sesi geldi. "Evet, elbette. Bir dakikaya kadar çıkıyorum."

Bir süre sonra merdivenlerden aşağı indiğimizde Arthur bir şekilde iyileşmiş, Jamie ile brendi içiyordu. Gerçi bir şeyler düşünüyormuş gibi bir hali vardı ama seyisi dışarı göndermeden önce karısına güzelliğinden ötürü komplimanlar yağdırmaktan geri kalmadı.

Kaleye vardığımızda ziyafet yeni başlamıştı, Geilie ve kocası baş masada kendilerine gösterilen yere oturdular. Jamie ve ben daha alt statüde olduğumuz için Rupert ve Ned Gowan'la masamızı paylaşarak yerimize oturduk.

Bayan Fitz kendini aşmıştı, bir kenarda oturmuş, yiyecek, içecek ve hazırlıklar üzerine yapılan övgüleri mutlulukla kabul ediyordu.

Her şey gerçekten mükemmeldi. Bugüne kadar bu kadar güzel bir ballı kestaneli sülün yememiştim. Üçüncü dilimimi yerken Ned Gowan'ın eğlenerek bu iştahlı halimi seyrettiğini gördüm, bana sütlü domuzun tadına bakıp bakmadığımı sordu.

Cevabım salonun öbür ucunda çıkan karmaşanın içinde kayboldu. Colum masasından kalkmış, yanında yaşlı Alec MacMahon'la birlikte bana doğru geliyordu.

"Yeteneklerinizin bir sonu olmadığını mutlulukla görüyorum Bayan Fraser," diyerek önümde hafifçe eğildi. Geniş bir gülümseme bütün yüzüne yayıldı.

"Yaraları sarıyorsunuz, hastaları iyileştiriyorsunuz, tayları doğurtuyorsunuz. Ölüleri diriltiğinizi gördüğümüzde de sanırım hiçbirimiz şaşırmayacağız." Bu aslında bir şakaydı ve pek çok kişi kıkırdadı ama bir ya da iki adamın huzursuz bir şekilde masanın bir kenarında durmadan kızarmış koyun eti yemekte olan Peder Bain'e baktıklarını gözden kaçırmadım.

"Her neyse," diyerek Colum sözlerine devam etti, bu arada elini cebine sokmuştu, "size minnettarlığımı sunabilmem için bu küçük hediyemi kabul etmeniz gerektiğini düşünüyorum." Bana kapağına MacKenzie arması işlenmiş küçük tahta bir kutu uzattı. Ben Losgan'ın çok değerli bir at olduğunu sonradan fark etmiştim, neyse ki kötü bir şeyler olmamış ve o işin içinden yüzümün akıyla çıkmayı başarabilmiştim.

"Çok saçma," dedim kutuyu ona geri vermeye çalışarak. "Ben özel hiçbir şey yapmadım. Tek şansım küçük ellere sahip olmamdı."

"Hiç fark etmez." Colum ciddiydi. "İsterseniz bunu bir evlilik hediyesi gibi de düşünebilirsiniz ama bunun sizde kalmasını istiyorum."

Jamie'nin başıyla onaylamasından sonra, istemeye istemeye hediyeyi kabul edip kapağını açtım. İçinden çok güzel kehribar bir tespih çıktı, her bir boncuğunda incelikle işlenmiş gümüş bir haç bulunuyordu.

"Çok güzel," dedim içtenlikle. Gerçekten de öyleydi ama onunla ne yapacağımı bilmiyordum. Bir Katoliktim ama bilinmeyen her şeye karşı olan Lamb Amcam tarafından büyütülmüştüm ve bir tespihin ne işe yarayabileceği hakkında hiçbir fikrim yoktu. Bu hiç önemli değildi, Colum'a teşekkür ettikten sonra tespihi benim için saklaması için Jamie'nin torbasına koydum.

Colum'un önünde bir reverans yaparken artık yere yuvarlanmadan bu işi yapabilmeye başladığımı görüp için için kendimi kutladım. O veda etmek için ağzını açtığı sırada arkamdan garip bir ses geldi. Dönünce kafalar ve sırtlardan başka bir şey göremedim, herkes sıraların üzerine tırmanmış ne olduğunu görmeye çalışıyordu. Colum kendisine elini sallayarak yol açılmasını sağlayıp masasına doğru ilerlemeye başladı. İnsanlar kenara açılınca Arthur Duncan'ın şişman gövdesinin yerde yattığını gördüm, bütün vücudu kasılıyordu ve ona yardım etmek için uzanan elleri itmeye çalışıyordu. Karısı mırıldanan kalabalığın arasında kendine yol açıp onun yanına gitti ve yere oturup onun başını kucağına aldı. Tüm vücudu kasılmaya devam eden adamın topukları yeri deler gibiydi, bütün vücudu gerildi ve arkaya doğru büküldü, boğazından, boğuluyormuş gibi garip hırıltılar geliyordu.

Geilie'nin endişeli yeşil gözleriyle yardım arar gibi etrafına bakındığını görür görmez beni aradığını düşünüp hemen oraya giden en kısa yoldan, masaların altından, emekleyerek yanına vardım.

Kocasının yüzünü avuçlarımın arasına aldım ve çenesini açmaya çalıştım. Çıkarttığı seslere bakılırsa bir parça et hâlâ nefes borusunda duruyor olabilirdi.

Çenesi kilitlenmişti ve kaskatıydı, dudakları morarmaya başlamıştı ve kenarlarında hafif bir köpürme vardı, boğulmada bu tür belirtiler olmazdı. Ama adam boğuluyordu işte, nefes almakta zorlanmaya başlamıştı, göğsü hızla inip kalkıyordu.

"Onu hemen ters çevirelim," dedim. Bana yardım etmek üzere birkaç el uzandı ve ağır gövdesini ustalıkla ters çevirdik, geniş siyah şayak kumaş kaplı sırtı tam önümdeydi. Elimle kürek kemiklerinin ortasına vurmaya başladım, bu hareketi bir süre yapmaya devam ettim. Vücudu titremeye devam ediyordu, cevap alamıyordum ve sonra vücudu birdenbire rahatladı.

Omuzlarından tutup onu kendime doğru çektim. Geilie onun yüzüne doğru eğilmiş adını fısıldayarak boğazına masaj yapıyordu. Gözleri geriye kaçmıştı ve yeri delen topukları gevşemişti. Acıyla yumruk haline getirmiş olduğu elleri aniden açıldı ve üzerine eğilmiş olanlara tokatlar savurmaya başladı.

Bu vuruşlar aniden kesildi ve vücudu boş bir çuval gibi yere serildi. Panik içinde bileğinden nabzını bulmaya çalışıyordum, Geilie de onun çenesini kaldırıp boynuna parmağını bastırarak karotis arterini arıyordu.

İkimizin de çabası boşaydı. Arthur Duncan'ın koca vücuduna yıllar yılı kan pompalamaya devam eden kalbi savaşı kaybetmişti.

Dağarcığımdaki bütün kurtarma tekniklerini onun üzerinde denedim; kol çırpma, göğüs masajı, tatsız bir şey olduğu halde suni solunum, ama hiç birinin faydası olmadı. Arthur Duncan kesinlikle ölmüştü.

Peder Bain'in iğrenç bakışları altında yıkılmış bir şekilde ayağa kalkıp geri çekildim, o Arthur'un yanına diz çöküp hızla son sözcükleri söylemeye başladı. Sırtım ve kollarım ağrıyordu, yüzümü neredeyse hissetmiyordum. Çevremdeki gürültü bir garip duyulmaya başlamıştı sanki onlarla arama bir perde inmişti. Gözlerimi kapadım, elimin tersiyle titreyen dudaklarımın üzerinden ölümün tadını silmeye çalıştım.

Arthur'un ölümünün ardından yapılması gereken işlemler ve tören yüzünden Dük'ün geyik avı bir hafta ertelenmek zorunda kalmıştı.

Jamie'nin yanımdan ayrılacağı fikri beni üzmeye başlamıştı; her gün çalıştıktan sonra akşamları yemekte onu görmeye çok alışmış olduğumu fark etmiştim. Günün beklenmedik saatlerinde bir anda karşıma çıkması kalbimin bir kuş gibi çırpınmasına sebep oluyordu, bu karmaşık kale yaşantısının içinde onun varlığının benim için ne kadar önemli olduğunu bir kez daha anlamıştım. Ayrıca her gece onun o güzel ve sıcak vücudunun yanında yatmaya, sabahları beni gülerek, öpücüklerle uyandırmasına da çok alışmıştım. Onun yokluğu benim için tam bir felaketti.

Beni sıkıca tuttu, kafam tam çenesinin altındaydı.

"Seni özleyeceğim Jamie," dedim.

Bana daha sıkı sarıldı ve hüzünlü bir şekilde gülümsedi.

"Ben de Saksonyalı. İşin doğrusunu istersen bunu hiç beklemiyordum, senden ayrılmanın canımı bu kadar acıtacağını hiç düşünmemiştim." Sırtımı okşamaya başladı, parmakları omurlarımı takip ediyordu.

"Jamie… Dikkat et, olur mu?"

Cevap verirken göğsünün titreyişinden çok eğlendiğini anlayabiliyordum.

"Dük'e mi, ata mı?" Bütün itirazlarıma rağmen geyik avına Donas'la gitmeye karar vermişti. Bu iri canavarın Jamie'yi bir uçurumdan aşağı fırlattığını ya da onu toynaklarının altında ezdiğini görüp duruyordum.

"İkisine de," dedim sevimsiz bir sesle. "Eğer at seni üstünden atar da bacağını kırarsan Dük'ün ellerine düşeceksin."

"Bu doğru ama Dougal da orada olacak."

Homurdanmaya başladım. "Diğer bacağını kırmak için."

Gülüp beni öpmek üzere başını eğdi.

"Dikkatli olacağım *mo duinne*. Sen de bana aynı sözü verir misin?"

"Evet," dedim ve olacaktım. "O uğursuzluk büyüsünü bırakan kişiden mi bahsediyorsun?"

Artık eğlenmiyordu.

"Olabilir. Senin tehlikede olduğunu düşünmüyorum, böyle bir şey aklıma gelmiş olsa seni asla burada yalnız bırakmam. Ama yine de... Lütfen Geillis Duncan'dan uzak dur."

"Ne? Niye?" Yüzünü görebilmek için hafifçe geri çekildim. Ortalık karanlıktı ve yüzünü göremiyordum ama sesi son derece ciddiydi.

"Bu kadın bir cadı olarak bilinir ve onun hakkında anlatılan bir sürü hikâye var. Bunlar kocası öldüğü için artacaktır. Yokluğumda onunla bir araya gelmeni istemiyorum Saksonyalı."

"Onun gerçekten bir cadı olduğuna inanıyor musun?" diye ısrarla sordum. Kocaman ellerini popomun üzerine koydu ve beni kendine yapıştırdı. Ben de kollarımı dolayıp onun sırtını okşamaya başladım, bu çok hoşuma gidiyordu.

"Hayır," dedi sonunda. "Ama zaten başına gelebileceğini düşündüğüm tehlikenin bununla bir ilgisi yok. Söz verecek misin?"

"Pekâlâ," dedim. İşin aslında bu sözü vermemem için bir sebep yoktu, son olaylardan sonra Geilie'yi ziyarete gitmek gibi bir arzum yoktu. Dudaklarımı Jamie'nin göğüs ucuna dokundurup onu öpmeye başladım. Boğazından garip bir ses çıkararak beni iyice kendine çekti.

"Aç bacaklarını," diye fısıldadı. "Burada yokken beni yeterince hatırlayacağından emin olmalıyım."

Bir süre sonra üşüyerek uyandım. Uykulu gözlerle yorganı aradım ama bulamadım. Sonra birden üzerime örtülüverdi. Şaşkınlıkla dirseğimin üzerinde doğrulup ne olduğuna baktım.

"Özür dilerim," dedi Jamie, "seni uyandırmak istememiştim."

"Ne yapıyorsun? Neden uyanıksın?" diyerek ona baktım. Hava hâlâ karanlıktı ama gözlerim bu duruma alışmıştı ve yüzündeki koyuna benzer ifadeyi görebiliyordum. O tamamıyla uyanıktı, yatağın yanında bir taburede oturuyordu, ısınmak için şalını omuzlarına sarmıştı.

"Bu sadece... Tamam, rüyamda senin kaybolduğunu gördüm ve seni bulamadım. Bunun üzerine uyandım... Sana bakmak istedim, hepsi bu. Seni beynime kazımak istiyorum, gittiğimde seni eksiksiz hatırlamak istiyorum. Yorganı kaldırıp seni üşüttüğüm için özür dilerim."

"Geçti artık." Gece soğuk ve sessizdi, sanki dünyada bir tek ikimiz vardık. "Yatağa gel, sen de donmuş olmalısın."

Yanıma geldi, arkama kıvrıldı. Elleri sırtımı, boynumu, belimi, kalçalarımı okşuyordu, sırtımda ve vücudumun tüm kıvrımlarında geziniyorlardı.

"*Mo duinne*," diye fısıldadı. "Ama şu an sana mo airgeadach demeliyim aslında. Benim gümüşüm. Saçların gümüş, tenin kadife gibi... Caiman geal. Beyaz kuğu."

Kalçalarımı arkaya doğru onunkine bastırdım ve o içimi doldururken kendimi iyice yerleştirip derin bir nefes aldım. Beni göğsüne yapıştırmış birlikte hareket etmemizi sağlıyordu, yavaş ama sertti. Derin bir nefes daha aldım ve hemen elini gevşetti.

"Özür dilerim," diye geveledi, "canını yakmak istememiştim. Ama içinde olmak ve orada kalmak istiyorum. İçinde hep beni hissetmeni sağlamak istiyorum. Seni şafak sökene kadar böyle tutmak istiyorum. Sonra seni uyutup gideceğim, ellerim senin şeklini almış olacak."

Kendimi iyice ona bastırdım.

"Canımı acıtmıyorsun."

***

Jamie'nin gidişinden sonra, kalede üzgün üzgün dolandım. Hastalara baktım, kendimi bahçe işleriyle oyalamaya çalıştım, Colum'un kütüphanesini karıştırdım ama zaman bir türlü geçmek bilmiyordu.

Mutfak koridorunda Laoghaire'le karşılaştığımda neredeyse iki haftadır yalnızdım. Kızı Colum'un çalışma odasının kapısında gördüğüm günden sonra daha bir dikkatle inceler olmuştum. Aslında tam anlamıyla açan bir çiçek gibiydi ama sanki üzerinde bir gerginlik vardı. Dikkati dağınık gibiydi, zavallı kız diye düşündüm.

Bugün biraz heyecanlı gibi görünüyordu.

"Bayan Fraser," dedi. "Size iletmem gereken bir haber var." Dul Duncan hasta olduğunu söylemiş ve ona bakmam için beni yanına çağırmıştı.

Jamie'nin emirlerini hatırlayıp bir an tereddüt ettim ama bir yanda sıkıntı bir yanda da merhamet vardı. Bu iki güçlü duygunun etkisiyle yarım saat içerisinde hazırlanmış, ilaç kutumu atıma yüklemiş köye doğru yola çıkmıştım.

Duncanların evinde terk edilmiş bir hava vardı, ev dağınıktı. Kapıyı vurdum ama cevap alamayınca ittim ve açıldı. Giriş ve salon dağınık kitaplar ve kirli bardaklarla doluydu, kilimler yamulmuş koltuklar tozlanmıştı. Birkaç kez bağırdım ama hizmetçilerin hiçbiri ortaya çıkmadı, mutfak boştu ve orası da evin geri kalanı gibi darmadağınıktı.

Endişelenerek üst kata çıktım. Yatak odası da boştu tam karşıdaki küçük kilerden bir takım sesler geliyordu.

Kapıyı iterek açınca Geilie'yi rahat bir koltukta otururken buldum. Ayaklarını tezgâha uzatmıştı. İçiyordu, tezgâhın üzerinde bir karaf ve bir kadeh vardı, leş gibi brendi kokuyordu.

Beni görünce irkildi ama gülümseyerek ayağa kalkmaya çalıştı. Gözleri biraz boş bakıyordu ama gayet sağlıklı görünüyordu.

"Sorun nedir?" diye sordum. "Hasta değil misin?"

Hayretle gözleri büyüdü. "Hasta mı? Ben mi? Hayır. Bütün

hizmetliler ayrıldı, evde yemek yok ama bol bol brendi var. İçer misin?" Karafa doğru uzanırken kolunu yakaladım.

"Gelmem için haber yollamadın mı?"

"Hayır," dedi gözleri iyice açılmıştı.

"O zaman niye..." Sorum dışarıdan gelen gürültüyle yarıda kaldı. Uzaktan garip homurtular geliyordu. Bu sesleri daha önce de duymuştum, hem de bu odada... Avuçlarım terlemeye başlamıştı. Bunun sebebi yaklaşmakta olan kalabalıktı.

Ellerimi eteklerime kuruladım. Sesler gittikçe yaklaşıyordu, herhangi bir soru sormama gerek kalmamıştı.

25

Cadılar

Önümdeki koyu renge bürünmüş omuzlar karanlıkta benden uzaklaştı. Sert bir şekilde itilince dirseğim tahta bir yere çarptı ve karanlık bir yere düştüm, burada kokan canlı bir şeyler kımıldanıp duruyordu. Çığlık atarak kaçmaya uğraştım, ne olduğunu bilemediğim bir sürü ufak şey etrafımı sarmıştı ve aralarından daha iri bir şey, tiz bir ciyaklamayla kalçama atladı.

Yuvarlanarak kaçmayı başardım ama birkaç adım ötedeki toprak yığınına çarptım ve baştan aşağı toprak içinde kaldım. Bu duvara mümkün olduğu kadar çok yaklaştım ve oraya sığındım, bu deliğe benimle birlikte kapatılmış olan şeyin ne olduğunu çözmeye çalışıyordum. Bu neyse gayet iri bir şey olduğu kesindi, hızlı nefes alıyordu ama hırlamıyordu. Bir domuz olabilir miydi?

"Kim var orada?" diye bir ses geldi karanlığın içinden, korkulu ama yüksek bir sesti. "Claire, sen misin?"

"Geilie!" Soluk soluğa onu aramaya başladım, onun da benim gibi araştıran elleriyle karşılaştım. Birbirimize sıkıca sarılıp karanlığın içinde ileri geri sallanmaya başladık.

"Burada bizden başka bir şey var mı?" diye sordum etrafa bakınırken. Gözlerim karanlığa alışmıştı ama yine de doğru dürüst görmeyi başaramıyordum. Yukardan bir yerden hafif bir ışık sızar gibiydi ama aşağıda gördüğüm gölgeler yüzünden birkaç santim ötemde duran Geilie'nin yüzünü bile adam gibi seçemiyordum.

Geilie hafifçe güldü. "Sanırım birkaç fare ve diğer haşaratlar. Ve insanı yere serecek bir koku…"

"Koku benim de dikkatimi çekti. Nerede olduğumuzu biliyor musun?"

"Hırsızların deliğinde. Geri çekil!"

Başımızın üzerinden kulak tırmalayan bir ses geldi ve ortalık aydınlandı. Kendimi duvara yapıştırdım, bu hareketi tam zamanında yapmış yukarıdan boşaltılan çamur ve pislikten oluşan duşu yememiştim. Hafif bir sesle yere düştüler. Geilie eğilip yerden bir şey aldı. Üstümüzdeki kapak hâlâ açıktı, bunun ufak bir somun olduğunu gördüm, bayat ve gübre kaplıydı. Geilie onu dikkatle eteğiyle temizledi.

"Akşam yemeği," dedi. "Aç mısın?"

Kapak bir sonraki geçenin dilediğini içeri atması için açık bırakıldı. Çiseleyen yağmur ve rüzgâr içeri doluyordu. Burası son derece rutubetli ve soğuk olan iğrenç bir yerdi. Suçluları koymak için çok uygun bir yer olduğunu düşündüm. Hırsızlar, berduşlar, kâfirler, zina yapanlar... Ve cadı olduğundan şüphelenilenler için...

Geilie ile birlikte ısınabilmek için duvarın dibine sindik, fazla konuşmuyorduk. Zaten söylenebilecek pek fazla bir şey yoktu, şu an birbirimiz için çok değerliydik ve sabırla beklemeliydik.

Gece olunca deliğimiz iyice karardı yine hiçbir şey görünmüyordu.

"Sence bizi burada ne kadar tutarlar?"

Geilie bacaklarını uzatarak gerindi, bacaklarına sabah ışığının ilk huzmeleri değdi. Aslında pembe beyaz olan bacakları şu an çok kötü durumdaydı.

"Çok uzun değil," dedi. "Din müfettişlerini bekliyorlar. Arthur geçen ay onlara mektup yazmıştı ve bunun düzenlemelerini yapmıştı. Sanırım bunu yaptığında ekimin ikinci haftasıydı. Gelmeleri çok yakındır."

Ellerini ısıtmak için birbirine sürttükten sonra dizlerinin üzerine koydu, orası birazcık güneş alıyordu.

"Bana bu müfettişleri anlat," dedim. "Onlar tam olarak ne yaparlar?"

"Bunu net olarak ben de bilmiyorum. Bugüne kadar hiçbir cadı davası görmedim, ne olduğunu çok duydum ama..." Bir an düşünmek için durdu. "Onlar buraya aslında bir takım arazi sorunlarını çözmek üzere geliyorlar, bir cadı davasıyla karışılacaklarının farkında değiller. Yani en azından buraya gelenler cadı deşicilerden değil."

"Ne değiller?"

"Cadılar acı hissetmezler," diye açıkladı Geilie. "Haliyle bir şeyle onları deldiğin zaman kanları da akmaz." Bir cadı deşicinin değişik boyutlarda bir sürü şişi, neşteri ve delici aletleri vardır, bunları durumu anlamak için farklı şekillerde kullanır. Frank'in kitaplarında buna benzer bir şey gördüğümü hatırlar gibiydim, o zamanlar bunu on yedinci yüzyılda yapılan ortak bir uygulama olmadığını düşünmüştüm, özellikle bu işle ilgili olduğunu anlayamamıştım. Öte yandan Cranesmuir uygarlığın merkezi olarak zaten düşünülemezdi.

"O zaman başımıza çok kötü bir şey gelemez," dedim, tabii aslında işin ucunda birkaç kez şişlenmek vardı. "Bu testi rahatlıkla geçeriz. Ya da en azından ben geçerim," diye ekledim. "Sende denedikleri zaman kan yerine buz gibi bir suyla karşılaşabilirler."

"Ben bundan pek emin değilim," dedi cevap olarak, onu aşağılamamı görmezden gelmişti. "Bu cadı deşicilerin iğnelerinin farklı olduğunu duymuştum; deriye bastırınca içine kaçıyor ve tam olarak içeri kadar girmiyor."

"Ama neden? Neden birini cadılıkla itham etmek istiyorlar ki?"

Güneş batmaya başlamıştı ama akşamüstü güneşi hâlâ bizi aydınlatıyordu. Geilie'nin yüzünde benim bu saflığıma acıyan bir ifade gördüm.

"Hâlâ anlamadın değil mi?" diye sordu. "Bizi öldürmek istiyorlar. Burada sebep ya da kanıt hiç önemli değil. Her şekilde yakılacağız."

Bir gece önce halkın yaptığı baskın sonucunda şoka uğramıştım ve bunu da şafak sökene kadar Geilie'ye sarılarak çözmeye çalışmıştım. Sabah olunca yavaş yavaş kendime gelip düşünebilmeye başlamıştım.

"Neden Geilie?" diye sordum ama nefesim kesilmiş gibiydi. "Bunu neden yaptıklarını biliyor musun?" Deliğin havası gittikçe ağırlaşıyordu, çürümüş kalıntılar, pislik ve ıslak toprak kokusu her yana sinmişti, kendimi erken kazılmış bir mezarda gibi hissettim.

Onun omuz silktiğini görmekten çok hissettim; ışık huzmesi onun üzerinden ayrılmıştı ve hapishanemizin duvarını aydınlatmakla meşguldü, yavaş yavaş o soğuk karanlığın içine gömülüyorduk.

"Eğer bu seni rahatlatacaksa," diye başladı donuk bir sesle, "senin benimle birlikte yakalanman gerektiğinden hâlâ biraz şüphe duyuyorum. Bu benimle Colum arasında olan bir mesele, sanırım halk geldiği sırada senin orada bulunman büyük bir şanssızlıktı. Colum'la olsaydın çok daha güvenli bir durumda olacaktın, öyle değil mi Saksonyalı? Belki de yanlış düşünüyorum."

"Saksonyalı" şu an için aşağılayıcı bir tavırla kullanılmıştı ama ben bir anda beni bu şekilde çağıran adamı çok özlemiştim. Ellerimi bedenime sardım, kendime sarılarak içine düşmüş olduğum dehşeti azaltmaya çabalıyordum.

"Evime neden geldin?" diye sordu Geilie merakla.

"Senin bana haber göndermiş olduğunu düşünüyordum. Kaledeki kızlardan biri bana senden bir mesaj getirdiğini söyledi."

"Ah," dedi düşünceli bir tavırla. "Laoghaire'di değil mi?"

Sırtımı toprak duvara iyice yasladım, çamur ve kokan yüzeyden iğreniyor olmam şu an hiç önemli değildi. Bu hareketimi hisseden Geilie iyice bana yanaştı. Dost ya da düşman fark etmez, şu an birbirimizi ısıtabilmek için tek şansımız yine birbirimizdik, zorunlu olarak birbirimize sokulduk.

"Onun Laoghaire olduğunu nereden bildin?" diye sordum titreyerek.

"Yatağına uğursuzluk büyüsünü bırakan oydu," diye cevapladı Geilie. "Sana o kızıl saçlı delikanlıyla ilgilenen bir sürü kişi olduğunu söylemiştim. Sanırım sen ortalıktan yok olursan onunla yeni bir şansı olabileceğini düşündü."

Kendimi aptal gibi hissetmeye başlamıştım.

"Ama böyle bir şansı olamaz ki!"

Geilie'nin kahkahası soğuk ve susuzluktan dolayı çok kaba çıkmıştı ama hâlâ gülebiliyordu.

"Delikanlının sana nasıl baktığını gören herkes aslında bunu fark eder. Ama onun bunları fark edebilecek kadar çok yaşadığını hiç sanmıyorum. Bir adamla birkaç kez yatsın ondan sonra fark edecektir ama şu an için bu imkânsız."

"Benim bahsettiğim şey bu değil!" diye patladım. "Kızın istediği kişi Jamie değil ki, o Dougal MacKenzie'nin çocuğunu taşıyor."

"Ne!?" Gerçekten şok olmuştu, parmakları kolumu deliyordu. "Bu kanıya nerden kapıldın?"

Ona Laoghaire'i Colum'un çalışma odasının kapısında gördüğüm günü anlattım, bunun sonunda öyle olduğunu düşünmüştüm.

Geilie genzinden gelen garip bir ses çıkardı.

"O Colum'la Dougal'ın benim hakkımda söylediklerini duymuş. Colum'un onun büyü yaptırmak için bana geldiğini bildiğini düşündü. Sırf bu sebeple kan çıkana kadar kırbaçlatırdı onu. Böyle şeylerin yapılmasından hiç hoşlanmaz."

"Ona o büyüyü sen mi vermiştin?" Bu beni şaşırtmıştı.

Geilie akıllıca kendini bundan sıyırmaya çalıştı.

"Onu ona vermedim, sattım."

Karanlığın içinde ona bakıp göz göze gelmeye çalıştım.

"Arada bir fark var mı?"

"Elbette var," dedi sabırsızlıkla. "Bu iş. Müşterilerime asla sırlarımı vermem. Bana onu kime karşı yaptırdığını söylememişti. Ayrıca hatırlarsan seni bu konuda uyarmaya çalışmıştım."

"Teşekkür ederim," dedim, alay etmeye başlamıştım artık. "Ama..." Kafam karmakarışık olmuştu, düşüncelerimi söylemeden önce düzgün bir sıraya koymam gerekiyordu. "O büyüyü benim yatağıma koyduğuna göre gerçekten de istediği Jamie idi. Bu da beni senin evine gönderiş sebebini açıklar. Ama Dougal ne olacak?"

Geilie bir süre tereddüt ettikten sonra konuşmaya karar verdi.

"Sen ne kadar Dougal'dan hamile olabilirsen, kız da o kadar olabilir."

"Bundan nasıl bu kadar emin olabilirsin ki?"

Karanlıkta el yordamıyla elimi aradı. Bulup karnının üzerine koydu.

"Çünkü o benim," dedi kısaca.

"Yani Laoghaire hamile değil. O sensin."

"Benim." Çok basit konuşmuştu, her zamanki gösterişli konuşma tarzından eser yoktu. "Colum ne demişti, sorununu çözeceğim mi? Sanırım bu probleme getirilebilecek en iyi çözüm."

Bir süre konuşmadım, olanları hazmetmeye çalışıyordum.

"Geilie," dedim sonunda, "Kocanın midesindeki sorun..."

İçini çekti. "Beyaz arsenik," dedi. "Çocuk fazla görünür hale gelmeden çok önce işinin biteceğini düşünmüştüm ama düşündüğümden çok daha uzun dayandı."

Yaşamının son gününde, Arthur Duncan'ın karısının giyinme odasından çıkarken yüzündeki ifadeyi hatırladım.

"Anladım," dedim. "Seni Dük'ün şerefine verilen ziyafetin olduğu gün yarı çıplak görene kadar hamile olduğunu bilmiyordu. Bunu görünce... Onun kendi çocuğu olmadığını bilmek için son derece haklı sebeplerinin olduğunu tahmin edebiliyorum."

Uzak köşeden hafif bir kahkaha geldi.

"Güherçile imdadıma yetişti hayatım, verdiğim her meteliğe değerdi."

Duvara dayanıp titredim.

"Bu yüzden onu herkesin gözü önünde öldürmeyi göze aldın. Senin ona ihanet ettiğini ve zehirlediğini açıklayacaktı. Onun arsenikten haberi olduğunu düşünüyor musun?"

"Ah, Arthur bunu biliyordu," dedi. "Bunu elbette kendisine bile itiraf etmekten çekindi. Ama biliyordu. Her akşam masada karşılıklı otururken ona "Biraz daha yemek alır mısın sevgilim?

ya da "Benim içkimden ister misin?" diye sorduğum zamanlarda bana gözleri yuvalarından fırlamış bir şekilde bakıp hayır pek iştahım yok diyordu. Tabağını itiyor ve yemek yemiyordu. Onun daha sonra mutfakta bir şeyler atıştırdığını duyuyordum, kendini bu şekilde güvende sanıyordu. Benim sunduğum yemeği yemeyince bir şey olmayacağını zannediyordu."

Sesi oldukça keyifli çıkıyordu, birilerinden duymuş olduğu bir takım dedikoduları anlatır gibiydi. Yeniden ürperdim, bana anlattığı bu karanlık şeyleri duymaktan hiç hoşlanmamıştım.

"Aslında onun içtiği toniğe karıştırılmış olduğunu hiçbir zaman keşfedemedi. Benim yaptığım ilaçları içmiyordu, Londra'dan özel bir tonik getirtiyordu, çok da pahalıydı." Sesinde bir kırgınlık vardı. "Toniğin özünde zaten bir miktar arsenik vardı, ben ona biraz daha ekleyince tadındaki farkı anlayamadı."

Gururun katillerin en zayıf noktası olduğunu söylerlerdi hep, bunun doğru olduğunu şu an görebiliyordum. İçinde bulunduğumuz durumun farkında değilmiş gibi yaptığı her şeyi gurur duyarak anlatmaya devam ediyordu.

"Onu onca kişinin önünde öldürmek riskli bir işti ama sorunu hemen çözmem gerekiyordu." Arsenik insanı o şekilde öldürmezdi. Adamın ölmeden önceki morarmış dudaklarını ve dokunduğum yerlerindeki uyuşukluğu hatırladım. Bu çabuk ve ölümcül bir zehirdi.

Dougal'ın Laoghaire ile ilişkisi olduğunu itiraf ettiğini sanmıştım ama durum çok farklıydı. Colum o zaman bu ilişkiye karşı çıkmıştı ama aslında Dougal'ı kızla evlenmekten alıkoyamazdı. O bir duldu ve özgürdü.

Oysa söz konusu olan bölge savcısının karısıyla yaşanan yasak bir ilişkiydi. Bununla farklı bir şekilde ilgilenilmesi gerekiyordu. Bu işin cezası çok ağırdı. Onun kardeşini halkın önünde kırbaçlatarak cezalandırdığını hayal dahi edemiyordum. Geilie de yüzünün demirle dağlanıp birkaç yıl boyunca hapiste günde on iki saat süreyle kenevir eğirerek oturmak yerine cinayet işlemeyi tercih etmişti.

Geilie soruna kendi çözümünü getirmişti, Colum da kendininkini. Ben de bu işin ortasında kalmıştım.

"Çocuk da..." diye başladım. "Tabii ki..."

Karanlığın içinden bir kıkırdama daha geldi. "Kazalar her zaman olur dostum. Bu hepimizin başına gelir. Ve gelince de..." Yine omuz silkmişti. "Ondan kurtulmayı düşündüm ama sonra Arthur ölürse belki de benimle evlenir diye düşündüm."

İçime bir şüphe düşmüştü.

"Ama o sırada Dougal'ın karısı hâlâ yaşıyordu Geilie. Sen onu da..."

Başını sallarken elbisesi hışırdadı, bir an saçları parlamıştı.

"Bunu da düşündüm. Ama Tanrı beni bundan kurtardı. Ben de bunun bir işaret olduğunu düşündüm. Colum MacKenzie olmasaydı her şey yolunda gidecekti."

Soğuktan korunabilmek için kollarımı iyice bedenime sardım. Artık sadece kafamın dağılması için konuşmaya başlamıştım.

"İstediğin Dougal mıydı yoksa onun parası ve bulunduğu konum mu?"

"Ah, benim çok param var," dedi gururla. "Arthur'un kâğıtlarını ve gizli belgelerini tuttuğu yerin anahtarı bende vardı. Yazısını ve imzasını taklit etmek ise çok kolaydı. Son iki yılda on bin pounddan daha fazla bir miktar biriktirmeyi başardım."

"Peki, o zaman niye?" diye sordum, bütün vücudum titremeye başlamıştı.

"İskoçya için."

"Ne?" Bir an yanlış duyduğumu sandım. Birimiz iyice kafayı yemeye başlamıştık. Duruma bakılırsa bu ben değildim.

"İskoçya demekle neyi kastediyorsun?" Biraz daha geri çekilerek sormuştum bu soruyu. Onun dengesini ne kadar yitirmiş olduğunu çözemiyordum, belki de buna hamileliği sebep olmuştu.

"Korkmana gerek yok, delirmedim." Sesindeki keyif kızarmama sebep olmuştu, karanlığa şükrettim.

"Öyle mi?" dedim hızla. "Dolandırıcılık ve hırsızlık yapıp cinayet işlediğini kendin itiraf ettin. Senin delirdiğini düşünmek aslında sana büyük bir yardım olur, öyle değilsen..."

"Ne deliyim ne de azgın," dedi büyük bir kararlılıkla. "Ben bir vatanseverim."

Bir anda her şey aydınlanmıştı. Ben üzerime saldırmasını beklerken tuttuğum nefesimi alıverdim.

"Sen bir Jakobitsin," dedim. "Hey Tanrım! Lanet olasıca bir Jakobit!"

Öyleydi. Bu başka şeyleri de açıklığa kavuşturuyordu. Genellikle kardeşi ile aynı fikirleri paylaşan Dougal'ın neden Stuart Hanedanı için para toplamakta olduğunu da. Geillis Duncan gibi dilediği adamı mihrabın önüne götürebilecek donanıma sahip olan bir kadının neden böyle birbirine benzemeyen iki adamla ilgilendiği de ortaya çıkmıştı. Birinin parası ve işi, diğerinin ise halkı etkileme gücü onun için önemliydi.

"Colum olsa daha iyi olurdu," diye devam etti. "Bu benim için bir şanssızlık oldu. O benim için tek olurdu, bana uygun olan tek adam aslında oydu. Birlikte pek çok... Neyse bu sözlerimin duruma pek bir yardımı olmayacak. İstediğim tek adam sahip olduğum silahı ona karşı kullanamayacağım adam çıktı."

"Sen de onun yerine Dougal'ı aldın."

"Evet," dedi, düşüncelere dalmıştı. "Güçlü ve gücü olan bir adam... Malı mülkü de var. İnsanlar onu dinliyor. Ama maalesef iki bacak ve bir penisten başka bir şey değil - bir kahkaha attı - tabii Colum'un bacakları ve penisi. Esas güç ise Colum'da. Neredeyse benim kadar güçlü."

Sesindeki böbürlenme canımı sıkmıştı.

"Colum'un sahip olduğu ve sende bulunması mümkün olmayan birkaç özellik var. Şefkat bunlardan bir tanesi..."

"Ah, elbette. Merhamet ve şefkat, öyle değil mi?" Alay eder gibi konuşmuştu. "Belki bunların ona bir faydası olur. Ölüm adamın omuzlarına çökmüş durumda, en fazla iki yıl daha yaşar."

"Sen ne kadar yaşayabileceğini düşünüyorsun?"

Bu kez kendisiyle alay etmeye başlamıştı.

"Eh, onunkinden biraz daha az. Bunun pek bir önemi yok. Yaşadığım süre zarfında pek çok şey yaptım, Fransa'ya on bin pound gönderdim, bölgeyi Prens Charles adına ayaklandırmaya başladım. Ayaklanma başladığında buna büyük bir yararımın dokunmuş olduğunu bileceğim, tabii o kadar uzun yaşarsam."

Tepemizdeki deliğin altında durdu. Gözlerim karanlığa alışmıştı, o tam bir hayalet gibi görünüyordu, hızla bana döndü.

"Müfettişlerin kararı ne olursa olsun yaptığım hiçbir şeyden pişmanlık duymuyorum Claire."

"Bense ülkem için verebilecek tek canım olmasından büyük pişmanlık duyuyorum," dedim, ben de alay etmeye başlamıştım.

"Bu hoş bir durum," dedi

"Sence öyle tabii..."

Karanlık arttı ve sustuk. O kara delik göğsüme soğuk bir ağırlık yüklüyordu, ciğerlerime ölümün ağır kokusu doluyordu. Başımı dizlerime koymuş iyice bir top şeklini almıştım, bir süre sonra direnmekten vazgeçip, huzursuz bir uykuya daldım, çok soğuktu ve korkuyordum.

"Peki, o adamı seviyor musun?" diye sordu Geilie karanlığın içinden.

Sıçrayarak başımı dizlerimden kaldırdım. Saatin kaç olduğunu bile bilmiyordum, başımın üzerinde bir yıldız parlıyordu ama ışığı deliğe kadar yetişmiyordu.

"Kimi, Jamie'yi mi?"

"Başka kimi olacak?" dedi donuk donuk. "Uykunda onun adını sayıklıyordun."

"Bunu yaptığımı bilmiyordum."

"Evet, seviyor musun?" Soğuk üzerime ölümcül bir uyuşukluk getirmişti, Geilie'nin kışkırtıcı sesi beni bu baygın halden biraz kurtarmıştı.

Dizlerime sarılıp ileri geri sallanmaya başladım. O yıldızın ışığı da yok olmuştu. Müfettişler yarın ya da öbür gün burada olurlardı. Kaçamak cevaplar vererek kendimi ya da bir başkasını kandırmaya çalışmanın zamanı çoktan geçmişti. Gerçekten ölümle karşı karşıya olduğumu kabul etmek istemiyordum ama bu doğruydu, idam mahkûmlarının ölmeden önce neden günah çıkarmak istediklerini anlamaya başlamıştım.

"Onu gerçekten sevmekten, âşık olmaktan bahsediyorum," diye ısrar etti Geilie. "Onunla yatmandan ve bundan hoşlanmandan bahsetmiyorum. Senin onu, onun da seni çok arzuladığının farkındayım. Onlar zaten hep isterler. Ama onu seviyor musun?"

Onu seviyor muydum? Tensel çekimin ötesinde bir şey hissediyor muydum? Karanlık ve kasvet her yanı sarmıştı, ölümün eşiğinde olan ruhların yalan söyleme hakkı yoktu.

"Evet," dedim ve başımı yeniden dizlerime dayadım.

Delikte bir süre daha sessizlik yaşandı, yeniden uykuya dalarken onun sesini duyar gibi oldum, sanırım kendi kendine konuşuyordu.

"O zaman bu mümkün olabilir," dedi düşünceli bir tavırla.

Bir gün sonra müfettişler geldi. İçinde bulunduğumuz delikten, onların gelişiyle birlikte ortalıkta oluşan curcunanın farkına varmıştık, köylülerin çığlıklarını ve atların taş üzerindeki nal seslerini duyabiliyorduk. Keşmekeş onlar meydana doğru ilerledikçe azaldı.

"Geldiler," dedi Geilie yukarıdaki sesleri duyunca.

Birbirimizin elini tuttuk, korku düşmanlığı yenmişti. "Bence," diye cesur bir sesle konuşmaya başladım, "yanarak ölmek donarak ölmekten çok daha iyi."

Hâlâ donmaya devam ediyorduk. Ertesi gün öğle saatlerinde hapishanemizin kapısı açıldı ve biz davaya götürülmek üzere oradan çıkarıldık.

Dava meydanda, kalabalık bir izleyici kadrosunun önünde görülüyordu. Geilie'nin salonunun önündeki pencerelerden birine baktığını gördüm, sonra ifadesiz bir yüzle başını çevirdi.

İki tane müfettiş meydana kurulmuş masanın ardındaki taburelere oturmuştu. Bir tanesi son derece uzun ve inceydi, diğeri kısa ve yapılı. Bana bir zamanlar görmüş olduğum bir Amerikan karikatürünü hatırlatmışlardı, isimlerini bilmiyordum ama ben onlara isim koyuverdim. Uzunu Mutt, diğeri de Jeff oldu.

Köy halkının çoğu oradaydı. Aralarında pek çok hastamı gördüm. Kale yaşayanları orada yoktu.

İddianamemizi, Cranesmuir Köyü'nün her şeyi olan John MacRae okuyordu. Geillis Duncan ve Claire Fraser kilise mahkemesinin önünde cadılıkla itham ediliyorlardı.

"Arthur Duncan'ın büyü ile öldürülmüş olması başlıca kanıtımızdır," diye okumaya devam etti MacRae düzgün ve akıcı bir sesle. "Ayrıca Janet Robinson'un doğmamış çocuğunu öldürmekten ve Tomas MacKenzie'nin teknesinin batmasını sağlayarak Cranesmuir Köyü'ne bağırsak hastalıklarının yayılmasına sebep olmuşlardır..."

Bu bir süre böylece devam etti. Colum başarılı hazırlıklar yapmıştı.

İddianamenin okunmasından sonra, şahitler çağırıldı. Pek çoğu daha bugüne kadar hiç karşılaşmamış olduğum köylülerdi. Hastalarımın hiçbiri onların arasında değildi.

Şahitlerin çoğu abuk sabuk şeyler anlattı, bir kısmına bu görevi yapmaları için para verildiği çok belliydi, bir kısmı da doğruyu söylüyordu. Janet Robinson mahkemenin karşısına babasının zoruyla çıkmıştı, yanağında bir morluk vardı, bembeyazdı ve titriyordu. Evli bir adamdan hamile kaldığını ve bundan Geillis Duncan'ın yardımıyla kurtulduğunu itiraf etmişti.

"Bana içmem için bir sıvı verdi ve üç kez tekrarlamam gereken bir büyü yazdı, bunu ay yükselirken yapmam gerekiyordu," diye mırıldandı, korku dolu gözleri Geilie ile babasının arasında gidip geliyordu, hangisinin daha büyük bir tehdit oluşturduğunu bulmaya çalışıyordu. "O bunu yaptıktan sonra kanamamın düzenli olarak başlayacağını söyledi."

"Ve öyle mi oldu?" diye ilgiyle sordu Jeff.

"İlkinde olmadı, efendim," diye cevapladı kız başını sallayarak. "Sıvıyı ay doğarken bir kez daha içtim ve o zaman başladı."

"Başlamak mı?! Kızcağız neredeyse kanamadan ölüyordu!" diye kızın annesi olduğunu tahmin ettiğim daha yaşlı bir kadın araya girdi. "Öleceğini sandığı için bana bunları anlattı." Olaya mümkün olduğunca kanlı detaylar ekleyen Bayan Robinson biraz zorlukla susturuldu, diğer şahitler de konuşmalıydı.

Arthur Duncan'ın ölümü sırasında orada bulunmam ve ölmeden hemen önce ellerimin onun üzerinde olması gerçeği dışında kimse benim hakkımda bir şey söylemedi. Bu konuda bir şey yapmam gerekecekti. Geilie'nin haklı olduğunu düşünmeye başlamıştım. Colum'un hedefi ben değildim. Belki de kaçma şansım olabilirdi. Bir kadın ortaya çıkana kadar böyle düşünmeye devam ettim.

Başında sarı bir örtü olan, zayıf öne doğru eğik duran kadın ortaya çıktığı anda ikimizin de tehlikede olduğu içime doğdu. O köyden değildi, daha önce hiç görmemiştim. Ayakları çıplaktı ve buraya gelirken yürüdüğü yolun tozu olduğu gibi ayaklarına işlemişti.

"Buradaki kadınlardan birini suçlamak için mi buradasınız?" diye sordu uzun, ince olanı.

Kadın korkuyordu, gözlerini kaldırıp adamlara bakamıyordu. Hafifçe başını salladı, kalabalık onu duyabilmek için mırıldanmayı bırakmıştı.

Sesi oldukça hafif çıkıyordu, Mutt onun söylediklerini arkasından tekrarlamak zorunda kalmıştı.

Kocasıyla birlikte hastalıklı bir çocuğa sahip olmuşlardı, sağlıklı doğmuştu ama sonra çelimsizleşmiş ve büyümemeye başlamıştı. Sonunda çocuğun perilerin değiştirdiği bir bebek olduğuna karar verip, onu Croich Gorm tepesindeki perilerin yerine götürmüşlerdi. Periler sağlıklı çocuklarını geri getirdiklerinde alabilmek için orada pusuya yatmışlardı. İki tane hanım gelip tepeye tırmanıp çocuğu kucaklarına alarak ona garip büyülü sözcükler söylemişlerdi.

Kadın zayıf ellerini önlüğünün altında çevirip duruyordu.

"Gece de orada beklemeye devam ettik. Hava kararınca kocaman bir şeytan geldi, simsiyah ve çok iriydi, hiç ses çıkarmadan bebeği bıraktığımız yere doğru eğildi."

Kalabalık yine mırıldanmaya başlamıştı, ensemdeki bütün tüylerin dikildiğini hissettim, "kocaman dev" in Jamie olduğunu biliyordum, çocuğun yaşayıp yaşamadığını kontrol etmek için oraya gitmişti. Kendime sarıldım, bunun ardından ne gelecekti?

"Sabah güneş doğarken, kocamla birlikte bakmaya gittik. Perilerin değiştirmiş olduğu çocuk orada ölü olarak yatıyordu ve bizim sağlıklı yavrumuz orada yoktu." Daha fazla anlatamadı, ağladığı görülmesin diye önlüğünü yüzüne kapattı.

Bu perilerin değiştirdiği çocuğun annesi bir şeylerin başlayacağının ilk işareti olmuştu. Kalabalık ikiye açıldı ve sığırtmaç Peter ortaya çıktı. Onu gördüğüm anda için için inledim. Kadının konuşmasından sonra kalabalığın bana karşı tavır almaya başladığını hissetmiştim, şu an ihtiyacım olan en son şey burada o su atından bahsedilmesiydi.

Sığırtmaç anın tadını çıkararak yavaş yavaş ilerledi ve acıklı bir yüzle beni gösterdi.

"Ona cadı demekte çok haklılar, efendilerim! Ben bu kadının emirlerini vermek için Loch Gölü'nde yaşayan su atını çağırdığını kendi gözlerimle gördüm! Bu korkunç, bir çam ağacı kadar büyük olan, bir elma gibi kocaman gözlü, mavi yılan boyunlu yaratık insanın gözünün içine bakıp ruhunu çalan bu yaratık ona geldi."

Hâkimler onun ifadesinden etkilenmişlerdi, aralarında birkaç dakika konuştular, bu sırada Peter bana "sana gününü gösterecekler" der gibi bakıyordu.

Bir süre sonra şişman olanı konuşmayı kesip John MacRae'ye eliyle bir işaret yaptı.

"Gardiyan!" diyerek çobanı işaret etti.

"Bu adamı hemen kamu içinde sarhoş dolaşmaktan dolayı boyunduruğa vurun. Bu mahkemeye karşı işlenmiş ciddi bir suçtur. Viski içip içip müfettişlerin vaktini su atları gibi hikâyelerle harcamaya kimsenin hakkı yoktur."

John MacRae ona doğru yürüyüp kolundan tutunca sığırtmaç o kadar çok şaşırdı ki karşı bile koyamadı. Götürülürken ağzı hâlâ açıktı ve bana bakıyordu. Ona parmaklarımı hafifçe sallayarak selam vermekten kendimi alıkoyamadım.

Bu aradan sonra tansiyon gittikçe artmaya ve işler kötüleşmeye başladı. Kadınlar ve kızlar çıkıp Geillis Duncan'a bir takım büyüler ve aşk iksirleri yaptırdıklarını itiraf ettiler. Kimi hastalıktan, kimi istenmeyen bebekten kurtulmak için, kimi de bir takım erkekleri kendilerine âşık etmek için bunları yaptırmışlardı. Hepsi de bu büyülerin işe yaradığına yemin ediyorlardı - bunun büyük bir başarı olduğunu düşünüp onu takdir ettim. Kimse benim için böyle şeyler söylememişti, birkaç kişi beni Bayan Duncan'ın odasında otları karıştırırken ve ilaç hazırlarken gördüğünü söylemişti ki bu zaten doğruydu.

Henüz ölümcül bir şey olmamıştı; pek çok kişi normal ilaçlar kullanarak onları iyileştirdiğimi söylemişti, büyü, hokus pokus gibi yöntemler kullanmadığımı söylemişlerdi. İşin aslında etraflarında bu kadar baskı varken bu insanlar çıkıp doğruyu söylemişlerdi, bu da gerçek bir cesaret gerektirirdi, onlara şükran borçluydum.

O kadar süre ayakta durmaktan ayaklarım ağrımaya başlamıştı, müfettişler huzur içinde oturuyorlardı, mahkûmlara tabure verilmemişti. Bir sonraki şahidi gördüğüm anda bütün ağrılarımı unuttum.

Colum'un yaptığı gösterilerle yarışır bir şekilde Peder Bain kilisenin büyük kapısını çarparak açtı ve meşe bir bastona dayanarak, topallaya topallaya meydana doğru yürüdü. Ortaya yaklaştığında iyice yavaşladı, önce hâkimlere sonra da kalabalığa şöyle bir baktı, bakışlarıyla kalabalığın sesini azaltmayı başarmıştı. Konuşmaya başladığında sesi bir kamçı gibi şaklıyordu.

"Ey Cranesmuir halkı, bu sizin karar gününüz! O yanan kömürlerin üzerinden yürüyüp vebaya karşı koydu. Ve siz onun yolundan ayrılma cüretini gösteriyorsunuz. Siz rüzgârı çıkardınız ve o şimdi bir kasırgaya dönüşüyor!"

Onun belagat ustalığı beni çok şaşırtmıştı. Ya da belki kriz anlarında bu yeteneği ortaya çıkıyordu. Sesi meydanda gürlemeye devam etti.

"Veba sizi gelip bulacak ve siz günahlarınızdan arınmadığınız sürece onun kucağına düşüp öleceksiniz! Sizler Babil'in fahişesini mutlulukla aranıza kabul ettiniz. - o sırada bana fırlattığı bakıştan bunun ben olduğumu anladım - Siz ruhlarınızı düşmana sattınız, bir İngiliz yılanını koynunuza aldınız, şimdi Ulu Tanrı'nın gazabı hepinizin üzerinde! Yabancı bir kadını onun yabancı kelimeleriyle övüp durdunuz. Onun yolu ölümdür, onun evi ölümdür. Çok geç olmadan tövbe edin! Dizlerinizin üzerine çöküp affedilmek için dua edin! İngiliz fahişenin ve ruhunu şeytana satmış kadının cezasını verin!" Kemerinden tespihini çekerek çıkardı ve ucundaki ahşap hacı bana doğru salladı.

Bu olanlar çok komikti, Mutt'ın gerilmeye başladığını görmüştüm. Belki de profesyonel bir kıskançlık duyuyordu.

"Eee, Papaz Efendi," diye söze girdi, onun önünde hafifçe eğilerek, "bu kadınları suçlayacak herhangi bir olay yaşadınız mı?"

"Elbette." Vaazının ilk bölümü bitmiş olan papaz şimdi daha sakindi. İşaret parmağını tehditkâr bir tavırla bana doğru sallayınca kollarımı vücuduma sarıp bir adım geri çekilme ihtiyacı hissettim ama çekilmedim.

"İki hafta önce bir salı günü öğleninde bu kadınla Leoch Kalesi'nin bahçelerinde karşılaştım. Doğaüstü güçlerini kullanarak üzerime bir grup tazının saldırmasını ve benim yere düşmemi sağladı neredeyse ölüyordum. Bacağımdan ciddi bir şekilde yaralanmış olmama rağmen onun bulunduğu yerden hızla ayrıldım. Kadın beni günaha sürüklemek istedi, onunla birlikte odasına gitmemi istedi ve ben onun bu isteğine karşı çıkınca beni lanetledi."

"Bu tam bir saçmalık!" dedim kızarak. "Bu hayatımda duyduğum en büyük abartı!"

Peder Bain alev alev yanan siyah gözlerini hâkimlerden ayırıp bana çevirdi.

"Birazdan tekrarlayacağım sözleri bana söylemiş olduğunu inkâr mı edeceksin kadın? 'Benimle gelin peder, yoksa yaranız çürüyüp kokacak' demedin mi?"

"Kelimeler biraz daha yumuşaktı ama bu anlama geliyorlardı," diyerek kabul ettim.

Çenesi zafer sarhoşluğuyla kilitlenmişti, cübbesinin eteklerini iki yana doğru açtı. Bacağındaki kurumuş kanlı sargının altı sararmıştı. Beyaz bağının üst kısmı şişmişti, yaranın etrafında kırmızı lekeler oluşmuştu.

"Ulu Tanrım!" diye bağırdım bu görüntüye tanık olunca. "Kanın zehirlenmiş be adam. Onun hemen tedavi edilmesi gerekiyor yoksa öleceksin!"

Kalabalık şoka uğramıştı, mırıldanmaya başlamışlardı. Mutt ve Jeff de kalakalmışlardı. Peder Bain yavaş yavaş başını salladı.

"Duydunuz değil mi?" dedi üzerine basa basa. "Kadının cesaretinin sınırı yok. Beni Tanrı'nın ve kilisenin önünde ölmem için lanetledi!"

Kalabalığın sesi gittikçe yükselmeye başlamıştı. Peder Bain sesini kalabalığa duyurabilmek için daha da yükseltti.

"Ben sizi kararlarınızla baş başa bırakıyorum beyler, Tanrı sizinle olsun! Bir cadının yaşamasına göz yumamazsınız!"

Peder Bain'in dramatik ifadesi olaya son noktayı koydu. Kimse böyle bir performansın üzerine çıkamazdı. Yargıçlar dinlenmek için kısa bir ara verdiler, onlara handan içecekler getirildi. Suçlulara böyle bir hizmet tabii ki sunulmuyordu.

Biraz zorlayarak bağlarımdan kurtulmayı denedim. Derilerden ufak bir ses geldi ama bir milim bile gevşemediler. Paniğimi hafifletmek için cesur atlı gencin atıyla bu işe yaramaz halkı delip kızı kurtarması gereken anın şu an olması gerektiğini düşündüm.

Benim cesur genç kahramanım ormanda bir yerlerde yaşlı bir asille içkisini tokuşturup masum bir geyiği avlamanın peşindeydi. Dişlerimi gıcırdatarak düşünmeye başladım, Jamie'nin zamanında gelmesi söz konusu bile değildi, küllerim rüzgâra karışmadan önce yetişip onları toplaması bile mümkün değildi.

Korkulu düşüncelere dalmıştım, bu yüzden yaklaşan nal seslerini de fark edememiştim. Ancak fısıltılar başlayıp, başlar High Sokağından gelmekte olan seslere doğru dönünce bir şeyler olduğunun farkına varabildim.

Şaşkınlık dolu mırıltılar gittikçe yoğunlaşıyordu, insanlar sürücüye yol vermek için iki yana açıldılar. Biraz önceki üzüntüme rağmen içime mantıksız bir sevinç dolmaya başlamıştı. Ya Jamie erken döndüyse? Dük'ün acil bir işi çıkmış olabilirdi, geyik bulamamış da olabilirlerdi ya da başka bir şey. Sebep her şey olabilirdi ve hiç önemli değildi, yaklaşmakta olan atlının yüzünü görebilmek için parmak uçlarımda yükseldim.

Açılmak istemeyenleri burnuyla ayırmayı başaran güçlü ve iri kısrağın üzerinde oturan kişiyi görünce ben de herkes kadar çok şaşırdım. Ned Gowan çevik bir hareketle atından indi.

Jeff önünde duran bu zarif adamı hayretle inceledi.

"Ya siz beyefendi?" Onun bu sesindeki zorunlu nezaket ziyaretçinin gümüş ayakkabı tokaları ve kadife ceketinden kaynaklanıyordu. Mackenzie klanının reisinin görevlendirdiği biriyle konuşmanın bir şekli vardı.

"Benim adım Edward Gowan, efendim," dedi kendinden emin bir tavırla. "Avukatım."

Mutt omuzlarını kamburlaştırıp hafifçe kıvrıldı, oturdukları taburelerin arkası yoktu, geniş sırtının ağrılar içinde olduğuna hiç kuşkum yoktu. Ona ters ters bakıp içimden bel fıtığı olmasını diledim. Söyledikleri gibi kem gözlerim varsa en azından onlar bir işe yaramadan ölmemiş olurdum.

"Avukat mı?" diye ağzının içinde geveledi. "Buraya ne sebeple geldiniz?"

Ned Gowan'ın gri peruğu en resmi reveranslardan birini yaparak aşağı doğru süzüldü.

"Ben Bayan Fraser adına mütevazı hizmetimi sunmaya geldim efendim," dedi, "bugüne kadar görmüş olduğum en zarif insan olan ve sağlık bilgilerini insanların yararına kullanan hanımefendi için."

Ne kadar güzel ve doğru diyerek için için onu takdir ettim. Bu bizden yana atılmış olan mükemmel bir adımdı. Karşı tarafa bakınca Geilie'nin ağzının yarı hayran yarı alaycı bir gülümsemeyle kıvrılmış olduğunu gördüm. Ned Gowan'ın pek çok kişinin seçeceği bir beyaz atlı prens olmadığı kesindi ama şu an hiç seçici olamayacaktım. Kahramanlarımı oldukları gibi kabul etmeye karar vermiştim.

Yargıçlara ve ardından bana yaptığı reveranslardan sonra Bay Gowan dimdik durup başparmaklarını kemerine geçirdi ve yaşının verdiği romantizmle kalbinin cesaretini birleştirip sıkıcı kanunları, en büyük silahı olarak kullanarak savaşmaya hazırlandı.

Sıkıldığı kesindi. Otomatik bir kıyma makinesi gibi iddianamenin her satırını gözden geçirdi ve onu kendi acımasızlığı içinde ve kanunların ışığında baltayla kesermiş gibi paramparça etti.

Bu son derece başarılı bir performanstı. Konuştu. Ve konuştu. Ve biraz daha konuştu, arada bir karşısındakilere saygısından duraklıyormuş gibi görünüyordu oysa o bu aralarda derin bir nefes alıp yeni bir saldırıya geçme hazırlığı yapıyordu.

Bir ipin üzerinde dengede durmaya çalışıyordum, geleceğim tümüyle bu zayıf küçük adamın ağzından çıkan sözlere bağlıydı, onu dikkatle dinlemeliydim. Bense aptal aptal esneyip açık kalan ağzımı kapatmaya bile gerek görmeden, ağrıyan bacaklarımdan ve bu işkenceden kurtulabilmek için bir an önce yakılmayı diliyordum.

Kalabalık da benim gibi düşünmeye başlamıştı, sabahın o gürültülü heyecanı artık bıkkınlığa dönüşmüştü, Bay Gowan susmadan konuşmaya devam ediyordu. İnsanların aklına birdenbire sağılması gereken hayvanları ve süpürülmesi gereken evleri gelmişti. Bu ses konuşmaya devam ettiği sürece heyecanlı bir şey olmayacağı kesinleşmişti.

Ned Gowan ilk savunmasını bitirdiğinde akşam olmak üzereydi ve benim Jeff adını vermiş olduğum tıknaz yargıç davaya yarın sabah devam edileceğini ilan etti.

Ned Gowan, Jeff ve John MacRae arasında mırıldanarak yapılan bir toplantıdan sonra iki iri adamın arasında hana götürüldüm. Omzumun üzerinden arkama dönüp Geilie'ye bakınca onun dimdik bir şekilde acele etmeyi reddederek ya da başka bir sebeple yavaş yavaş ters tarafa doğru götürüldüğünü gördüm.

Handaki karanlık arka odalardan birinde kemiklerim en sonunda huzura kavuşmuştu, bir süre sonra bir de mum getirildi. Bunun ardından elinde bir bardak bira, bir somun ekmek ve bir parça et taşıyan Ned Gowan geldi.

"Seninle sadece birkaç dakika geçirebilmek için zorlukla izin alabildim yavrum bu yüzden dikkatle beni dinle." Küçük adam iyice bana doğru eğildi, mum ışığında bir suikastçı gibi duruyordu. Gözleri pırıl pırıldı hafif yamulmuş peruğunun dışında hiçbir yorgunluk belirtisi göstermiyordu.

"Bay Gowan sizi gördüğüme çok sevindim," dedim samimiyetle.

"Evet, evet yavrum," dedi, "ama şu an bu sözcüklerle harcayacak zamanımız yok." Elimi son derece nazik bir şekilde okşadı bu nedense formaliteymiş gibi geldi.

"Senin davanın Bayan Duncan'ınkinden ayrı görülmesi konusunda onları ikna etmeyi başardım. Seni tutuklamak gibi bir niyetleri olduğunu düşünmüyorum ama o ca-Bayan Duncan'la birlikte olduğun ve onunla görüştüğün için seni de almışlar."

"Yine de," diye devam etti aceleyle, "tehlikedesin, bunu senden gizlemeyeceğim. Şu an köylülerin senin hakkında pek hoş fikirleri yok. Bunun sebebi ise," dedi ondan görmeye hiç alışık olmadığım bir kızgınlıkla, "o çocuğa dokunmuş olman."

Cevap vermek için ağzımı açtım ama o sabırsızlıkla elini sallayarak beni susturdu.

"Bunun şu an hiçbir önemi yok. Burada yapmamız gereken tek şey senin İngiliz olman üzerine oynamaktır - yani burada cehaletinden bahsedeceğiz yabancı olmandan değil - konuyu elimizden geldiğince uzatacağız. Zaman senin yanında olacaktır, davalarda en kötü sonuçlar hep ahalinin hezeyanından dolayı verilir, kanıtlar kana susamışlık tarafından göz ardı edilir."

Kana susamışlık. Kalabalığın içinde bulunan insanların her birinin yüzünde bu ifadeyi görmüştüm. Birkaç tane sevgiyle bakan yüz vardı ama onlar o kalabalığın içinde hiçbir şey yapamazlardı. Cranesmuir'de sevgiyle dolu insan sayısı yok gibiydi. Hemen hatamı düzelttim. Bunu hissedip diğerlerine karşı durmayı başaran biri vardı, bu ufak tefek Edinburghlu avukat yaşına rağmen onlara karşı durmayı başarmıştı.

"Bu süreyi ne kadar uzatırsak," diye anlatmaya devam etti, "garip istekler o kadar azalacaktır. Yani," derken elleri hâlâ dizlerinin üzerindeydi, "senin yapman gereken tek şey konuşmadan durmak. Gereken konuşmaları ben yapacağım ve Tanrı'ya dua edeceğim bunun etkisi olacaktır."

"Bu kulağa garip geliyor," dedim gülümsemeye çabalayarak. Hanın önündeki kapıya doğru baktım, oradan gelen sesler yükselmişti. Bakışımı yakalayan Bay Gowan başıyla beni onayladı.

"Evet, artık gitmem gerekiyor. Bu geceyi burada geçirmeni ayarladım." Etrafa endişeli gözlerle baktı, burası hanın arkasında küçük bir kulübecikti, aslında eski eşyaların ve yedek malzemelerin konduğu bir depoydu, soğuk ve karanlıktı ama hırsızların deliğinden sonra çok güzel bir yerdi.

Kapı açıldı ve hancının silueti göründü elindeki mumun ışığını sallayarak içeri bakıyordu. Bay Gowan gitmek üzere dikildi onu kolundan yakaladım. Öğrenmem gereken bir şey vardı.

"Bay Gowan, sizi bana yardım etmeniz için Colum mu gönderdi?" Cevap verip vermemek konusunda hafifçe tereddüt etti, işinin gerektirdiği şeyler dışında o son derece dürüst bir adamdı.

"Hayır," dedi açık sözlülükle. Yüzünden bir utanç ifadesi geçti ve ekledi. "Ben... Ben kendi adıma geldim." Şapkasını başına takıp kapıya dönerken bana, "İyi geceler," dedi ve gözden kayboldu.

Akşam orada konaklamam için bir takım hazırlıklar yapılmıştı, fıçılardan birinin üzerine küçük bir testi şarap ve bir somun ekmek - bu seferki temizdi - bırakılmıştı, yerde de katlanmış eski bir battaniye vardı.

Battaniyeme sarınıp akşam yemeğimi yemek üzere daha küçük fıçılardan birinin üzerine oturdum, yemeğin tadını çıkarmaya çalıştım.

Avukatı Colum göndermemişti. Bay Gowan'ın buraya gelmeye niyetli olduğunu biliyor muydu? Büyük bir olasılıkla Colum bu cadı avı sırasında kaledekilerin köye inmelerini yasaklamıştı. Köylülerin korku ve heyecanı gözle görülür durumdaydı, onların barınağımın incecik duvarlarını dövdüğünü hissedebiliyordum.

Meyhaneden gelen gürültüler düşüncelerimden sıyrılmamı sağladı. Yaşamdan bir saat daha çalmıştım. Bu ölümün eşiğinde olan bir insan için çok değerli bir şeydi. Battaniyeme iyice sarınıp gürültüleri duymamak için kafama çekip minnettarlıktan başka bir şey düşünmemeye çalışarak uyumayı denedim.

Uzun ve rahatsız bir geceden sonra şafak sökerken uyandırılıp meydana götürüldüm, yargıçlar bundan bir saat sonra geldiler.

Dinlenmiş, karınları doymuş bir şekilde işlerinin başına döndüler. Jeff sanıkların arkasındaki yerine dönmüş olan John MacRae'ye döndü.

"Bize karar vermemiz için yeterli kanıtın sunulmadığını düşünüyoruz." Oraya toplanmış ve kararını vermiş kalabalık bir anda galeyana geldi ama bu gözlerini devirerek ön sıradaki genç işçilere verdiği emirle Mutt tarafından durduruldu. Kalabalığın üzerine çıldırmış köpeklere yapıldığı gibi soğuk su döküldü. Emir yerine getirilmişti, Mutt bu kez John MacRae'ye döndü.

"Mahkûmları lütfen göle götürün." Bu sözlerin üzerine halkın mutlulukla iç geçirmesi şüphelenmeme sebep oldu. John MacRae beni bir kolumdan Geilie'yi de diğer kolundan tutup çekiştirmeye başladı, çok yardımcısı vardı. Vahşi eller elbisemi parçalıyor, yanlarından geçerken beni çimdikleyip itiyordu. Geri zekâlının biri eline bir davul almış ona vurup duruyordu. Kalabalık onun ritmine uyarak ne anlama geldiğini anlayamadığım bir şarkıyı bağıra çağıra söylüyordu. Ne söylediklerini anlamak istediğimi zaten pek sanmıyordum.

Alay çayırdan gölün kenarında bulunan küçük ahşap iskeleye doğru ilerliyordu. Biz iskelenin ucuna getirildik, hâkimler de yerlerini aldı. Jeff kıyıda bekleyen kalabalığa döndü.

"Halatları getirin!" Bir mırıldanma oldu, herkes birbirine bakıyordu sonunda aralarından biri koşarak uzun, ince bir ip getirdi. MacRae ipi aldı ve tereddütle bana yaklaştı. Müfettişlere baktı, yapması gereken şeyi yapmakta zorlanıyor gibiydi.

"Ayakkabılarınızı çıkarır mısınız lütfen?" dedi.

"Neyi? Niye?" dedim kollarımı kavuşturarak.

Gözlerini kırpıştırdı, karşı konulmasını hiç beklemiyordu, onun yerine hâkimlerden biri sorumu cevapladı.

"Bu davanın görülmesi için gerekli aşamalardan biri de budur. Cadı olduğundan şüphelenilen kişinin sağ başparmağı kenevir bir kabloyla sol ayak başparmağına bağlanır, aynısı sol el başparmağı ve sağ ayak başparmağına da yapılır. Sonra..." Başını çevirip anlamlı gözlerle göle baktı. İki balıkçı pantolonları dizlerine kadar çekilip iple bağlanmış bir şekilde çıplak ayaklarıyla kıyıdaki çamurun içinde duruyordu. Biri bana sırıtarak yerden bir taş aldı ve onu göle fırlattı, taş hemen battı.

"Suya girince," diyerek anlatmaya devam etti kısa boylu hâkim, "günah işlemiş bir cadı suyun üzerinde kalır çünkü suyun saflığı onu içine almayı reddeder. Masum biri ise batar."

"Yani ya cadılıkla suçlanmayı ya da masum bulunup boğulmayı tercih etmek durumundayım, yanlış anlamadım değil mi?" diye hızla cevap verdim. "Hayır, teşekkür ederim!" diyerek kollarımı sımsıkı birbirine bağladım aslında titrememin görünmesini engellemeye çalışıyordum.

Kısa boylu hâkim tehdit edilmiş bir kurbağa gibi yerinden sıçradı.

"Sana mahkeme önünde konuşma hakkını kim verdi kadın? Ne cüretle kanunlara karşı gelirsin?"

"Boğulmaya karşı gelme cüretini gösterebilir miyim? Bence kesinlikle evet!" Geilie'nin bunu yapmamamı anlatmaya çalışan baş sallayışını görmek için çok geç kalmıştım, saçları başının etrafında sallanıp duruyordu.

Hâkim MacRae'ye döndü.

"Onu soy ve kamçıla," diye emir verdi.

Duyduğum şeye inanamıyordum, kalabalık bir 'oh' çekti. Başlangıçta bunun bir hüzün olduğunu düşünürken şaşkınlıkla bir mutluluk ifadesi taşıdığını gördüm. İşte o anda gerçek nefretin ne anlama geldiğini kavradım. Onlarınkini değil. Benimkini...

Beni yeniden köy meydanına götürmeye hiç üşenmediler. Artık kaybedebileceğim çok az şeyim kalmıştı, bundan sonra işlerini kolaylaştırmayacaktım.

Kaba eller beni çekiştirip duruyordu, bluzumu ve korsajımı çıkarmaya uğraşıyorlardı.

"Bırak beni seni lanet olasıca öküz!" diye bağırdım ve onun canının en çok acıyacağı noktaya bir tekme savurdum. İnleyerek iki büklüm oldu, onun yere çökmüş vücudu heyecanlı kalabalığın arasında bir anda yok oldu, bağırıp tükürüyorlardı. Kollarıma bir sürü el yapışıyor ve tökezlememe sebep oluyordu, insanların ezmemesi için bazen beni havaya kaldırıyorlardı, ufak boşluklardan ilerlemeye çalışıyorduk.

Biri karnıma vurdu ve bir an nefessiz kaldım. İşte o sırada korsajım parçalandı ve geri kalanların çıkarılması da pek zor olmadı. Hiçbir zaman çok utangaç ya da tutucu bir yapım olmamıştı ama böylesine gözü dönmüş bir kalabalığın ortasında yarı çıplak durmak, çıplak göğüslerimde onların iğrenç ve terli ellerini hissetmek içimi nefretle doldurdu, hayatım boyunca kendimi bu kadar aşağılanmış hissetmemiştim.

John MacRae ellerimi önden bağladı, ipi bileklerime iyice doladıktan sonra bir kısmını uzun bıraktı. Bunu yaparken yüzünde utanıyormuş gibi bir ifade vardı, gözlerime bakamıyordu, ondan bir yardım umamayacağım ortadaydı, o kalabalıktan benim korktuğumdan daha çok korkuyordu.

Geilie de oradaydı, ona da büyük ihtimalle aynı şekilde davranılmıştı, platin rengindeki saçlarının rüzgârda uçuştuğunu gördüm. Kollarım yukarıya kaldırılmış ve ip meşe direğin üzerine fırlatılmış diğer taraftan sıkıca çekiliyordu. Öfkemi koruyabilmek için dişlerimi iyice sıktım, korkumla savaşabilmemin tek yolu buydu. Kalabalık nefes dahi almadan olacakları bekliyordu, dayanamayanlar mırıldanıp bağırmaya başladılar.

"Vur ona John!" diye bağırdı biri.

John MacRae işinin görsel sorumluluklarının son derecede bilincindeydi, kırbaçlı elini yukarı kaldırıp bir süre durdu ve kalabalığı süzdü. İlerleyip benim duruşumu ayarladı, artık yüzüm tam olarak direğe dönüktü, neredeyse ona değiyordum. İki adım geri çekildi, elini bir kez daha kaldırdı ve kamçıyı sırtıma indirdi.

Yaşadığım şok duyduğum acıdan çok daha yoğundu. Birkaç vuruştan sonra aslında MacRae'nin canımı acıtmamak için elinden geleni yapmakta olduğunu fark ettim. Yine de darbelerden biri ya da bir kaçı deriyi zedeleyecek kadar sertti. Darbenin ardından bir karıncalanma hissettim.

Gözlerimi sımsıkı kapayıp yanağımı tahtaya bastırdım, başka yerde olduğumu düşünmeye çalışıyordum. Birdenbire yakınlarda bir yerden adımın bağırıldığını duydum.

"Claire!"

Bileklerimi bağlayan iplerde hafifçe hareket edebilmemi sağlayan bir boşluk vardı ve ben yüzümü kalabalığa döndüm. Benim bu ani yer değişikliğim MacRae'nin dikkatinin dağılmasına sebep oldu ve kamçısı boşluğa inince dengesini kaybedip sendeledi ve kafasını direğe çarptı. Bu, hakaretler savurmakta olan kalabalığı değişik bir şekilde etkiledi ve hepsi birden onunla dalga geçmeye başladı.

Saçlarım gözlerimin önündeydi ve terden yüzüme yapışmışlardı, gözyaşı ve kir de vardı. Onlardan kurtulmak için başımı salladım ve sonunda önümü görebilmeyi başarıp kulaklarımla duyduğum şeyin doğru olduğunu gözlerimle de gördüm.

Jamie kalabalığı yararak ilerliyordu, yüzünde fırtınalar kopuyordu, iriliğinin ve güçlü kaslarının tüm avantajını kullanıyordu.

Kendimi Bastogne'da Üçüncü Ordu Komutanı Patton'ı gören General Mac Auliffe gibi hissettim. Geilie'yi, beni ve şimdi de Jamie'yi saran bu korkunç duruma rağmen birini gördüğüme bu kadar mutlu olduğumu hiç hatırlamıyordum.

"Cadının erkeği!"

"O, onun kocası!"

"İğrenç Fraser! Kralcı!" ve buna benzer kötü sözler geliyordu kalabalığın arasından, bunlar beni ve Geilie'yi ölü görmek isteyenlerdi. "Onu da alın!"

"Yakın onları! Yakın hepsini!" MacRae'nin başına gelenle dikkati dağılmış olan kalabalık şimdi daha da hırslanmıştı.

MacRae'nin yardımcıları onu tutmaya çalışıyorlardı ama Jamie son noktaya kadar ilerlemişti. İki kolunda birer adamla kemerine ulaşmaya çabalıyordu. Adamlar onun bıçağını aradığını sanıp engellemeye çalışıyorlardı, biri onun karnına vurdu.

Jamie hafifçe sendeledikten sonra yeniden doğruldu ve kendisine vuran adama bir dirsek geçirdi. Bir kolu geçici olarak boşta kalmıştı ama diğer yanındaki adamla ilgilenmedi bile. Elini torbasına sokup bir şey aldı ve ileri doğru fırlatırken bana bağırdı.

"Claire! Kıpırdama!"

Gidebilecek bir yerim yok zaten diye düşündüm, hayal âleminde gibiydim. Yüzüme doğru ilerleyen bir şey vardı, işin aslında korkuyla geri çekilmek istedim ama tam zamanında vazgeçtim. O siyah şey yüzüme çarptı ve kehribar boncuklar omuzlarıma çarptı, tespih sallanarak boynuma oturmuştu. Kulağıma takılan bir tarafını saymazsak oturmuş diyebilirdik. Bu çarpmanın sonucunda gözlerim yaşarmıştı ama başımı sallayarak onu kulağımdan kurtardım, artık çıplak göğüslerimin arasında sallanan bir haç vardı.

Ön sıradakilerin yüzünde dehşetli bir şaşkınlık belirmişti. Onların birdenbire susması arkadakileri de etkilemiş, o kuru gürültü sona ermişti. Genellikle yumuşak bir sesle konuşan en sinirli anında bile asla bağırmayan Jamie'nin sesi ortalığı inletti. Yumuşaklıktan eser kalmamıştı.

"İpini kes!"

Onu tutan kollar aşağı inmiş, kalabalık o ilerledikçe aralanmaya başlamıştı. MacRae onun gelişini izliyordu, ağzı açık bir şekilde adeta orada donakalmıştı.

"Sana ipi kes dedim! Hemen!" Gardiyan onun kızıl saçlı ve ölüm saçan bakışlarının etkisinden kendini kurtarıp kamasını aramaya başladı. İp kesildi, kollarım birer gülle gibi aşağı düştü, gerilimin azalmasıyla birlikte ağrımaya başlamışlardı. Sendeledim tam düşmek üzereyken güçlü ve tanıdık eller dirseğimden yakalayıp beni yukarı doğru çekti. Sonunda yüzümü Jamie'nin göğsüne dayayabilmiştim artık hiçbir şeyin önemi yoktu.

Ya birkaç dakikalığına bilincimi yitirdim ya da bu rahatlık bana böyle bir his verdi. Jamie kolunu sımsıkı belime sarmıştı, beni ayakta tutuyordu, şalını üzerime sarıp beni köylülerin bakışlarından saklamıştı. İnsanlardan yine bir takım sesler çıkıyordu ama o hırs dolu, kan isteyen çığlıklar kesilmişti.

Mutt'ın sesi - yoksa Jeff'in ki mi? - bu seslere bir son verdi.

"Sen de kimsin? Mahkemenin araştırmasına ne hakla karışırsın?"

Kalabalığın bizi itmekte olduğunu görmüyordum ama hissediyordum. Jamie oldukça iri bir adamdı ve silahlıydı ama sonuçta bir kişiydi. Onun şalının katmanlarının arasına gizlenmiştim. Beni saran sağ kolunun gerildiğini hissettim, sol eli dekınının üzerindeydi. Mavimsi gümüş rengi kılıcını yarısına kadar kınından çıkardı ve yaklaşmakta olan kalabalık birdenbire durdu.

Yargıçlar onlardan daha kuvvetli ve katıydı. Saklandığım yerden bakınca Jeff'in Jamie'ye bakan gözlerinden adeta ateş püskürdüğünü gördüm. Mutt ise onun olaya dâhil olmasına sinirlenmekten daha çok şaşırmış gibi duruyordu.

"Tanrının adaletine karşı kılıç çekmeye mi cüret ediyorsun?" dedi bodur yargıç.

Jamie kılıcını tamamen kınından çıkardıktan sonra onu önüne, yere sapladı ve kılıcın kabzası boşlukta sallanmaya başladı.

"Onu bu kadını korumak ve gerçekleri göstermek için çektim," dedi. "Eğer burada bunlara karşı çıkan biri varsa onlar benimle görüşmeliler, Tanrı'nın ise sırası gelecek."

Yargıç birkaç kez gözlerini kırpıştırdı, bunu aklı almıyor gibiydi, bir süre sonra yeni bir saldırı girişiminde bulundu.

"Bu mahkemede sizin herhangi bir işiniz yok bayım! Size mahkûmu bir an önce bırakmanızı emrediyorum! Bunu hemen yapmanız sizin için hayırlı olacak!"

Jamie sakin bir tavırla yargıçlara baktı. Yanağımın altındaki kalp atışlarını duyabiliyordum, oldukça hızlıydı ama elleri taş gibiydi ve biri kılıcının diğeri de kamasının kabzasında duruyordu.

"Bakın beyler, ben Tanrı'nın mihrabının önünde bu kadını korumak üzere yemin ettim. Ve siz bana gücünüzün Ulu Yaratanın gücünden fazla olduğunu söylüyorsanız, size sadece aynı fikirde olmadığımı söyleyebilirim."

Bunu izleyen sessizlik utanç dolu bir kıkırdama ve sinir bozucu bir kahkaha sesiyle bozuldu. Halk bize sempati duymaya henüz başlamamıştı ama bizi felakete sürükleyen öfke yön değiştirmeye başlamış gibiydi.

Jamie beni omuzlarımdan tutup döndürdü. Kalabalıkla yüz yüze gelmeye tahammülüm yoktu ama bunu yapmam gerektiğini biliyordum. Çenemi mümkün olduğu kadar havaya kaldırdım ve gözlerimi yüzlerin arkasında gördüğüm göldeki küçük tekneye diktim. Gözlerim yaşarana kadar bunu yapmaya devam ettim.

Jamie şalı da çevirdi, o hâlâ üzerimdeydi ama biraz aşağı kaydırıp boynumu ve omuzlarımı görünür hale getirmişti. Siyah tespihi tutup ileri geri sallamaya başladı.

"Kehribarın cadının tenini yaktığını hepiniz bilirsiniz, öyle değil mi?" Bu soruyu aynı anda hâkimlere de sormuştu. "Ayrıca fazlası da var, bakın efendimizin simgesi olan haç da burada.

Bakın." Parmağıyla boncukların altından uzanan haçı gösterdi. Boncukları kaldırınca beyaz pürüzsüz tenim ortaya çıktı, orası nasıl olduysa darbelerden bir iz almamıştı, kalabalık bir anda nefesini tutup mırıldanmaya başladı.

Jamie'nin cesareti, soğukkanlı düşünebilme gücü ve yaptığı şeyi bir şova dönüştürmekteki ustalığı kayda değerdi. Colum onun olabilecek hırslarından korkmakta son derece haklıydı. Benim Hamish'in babasının kim olduğunu bildiğimi sanması ve bunu açıklayacağımdan korkması da doğaldı, bu sebeple bir takım önlemler almıştı, anlayabiliyordum. Bu anlaşılabilir bir şeydi ama affedilemezdi.

Kalabalık ne yapacağını bilmez bir şekilde ileri geri gidip duruyordu. O kan emici halleri yok olmaya başlamıştı ama en ufak bir kıvılcımla yeniden patlayabilirdi. Mutt ve Jeff kararsız yüzlerle birbirlerine bakıyorlardı, son gelişmeler olay üzerindeki kontrol güçlerini azaltmıştı.

Geillis Duncan bir adım öne çıktı. Bu noktadan sonra onun için bir ümit olup olamayacağını bilemiyordum. O açık renk saçlarını arkaya doğru atarak öne çıkıp hayatını onlara sundu.

"O kadın cadı değil," dedi. "Ama ben cadıyım."

Jamie'nin gösterisi de mükemmeldi ama bununla boy ölçüşemezdi. Bir anda kopan gürültü yargıçların sesini boğdu.

Onun ne düşündüğüne ya da ne hissettiğine dair hiçbir belirti yoktu, geniş alnı dümdüzdü, büyük yeşil gözleri eğlenir gibi parlıyordu. Pislikten hafifçe koyulmuş teni ve paçavraya dönmüş elbiseleriyle onu suçlayan halkın önünde dimdik duruyordu. Kuru gürültü biraz azalınca konuşmaya başladı, sesini yükseltmiyordu, bilinçli olarak onların sakinleşip kendisine kulak vermelerini sağlamıştı.

"Ben Geillis Duncan, bir cadı olduğumu ve şeytana hizmet ettiğimi itiraf ediyorum." Bu başka bir çığlıklar silsilesine yol açtı, o sabırla bu gürültünün dinmesini bekledi.

"Efendimin emirlerine uyarak kocam Arthur Duncan'ı büyü ve sihir kullanarak öldürdüğümü itiraf ediyorum." Tam o sırada bana bakarak hafifçe gülümsedi. Sonra gözleri sarı başörtülü kadının üzerinde durdu ama bakışları yumuşamadı. "Kötü niyetle, perilerin değiştirdiği çocuğa da sihir yaptım, o ölecekti ve periler onların çocuğunu geri getirmeyecekti." Dönüp beni işaret etti.

"Claire Fraser'ın cehaletini sonuna kadar kullandım. Onu kendi çıkarlarım doğrultusunda kullandım. Ama o benim ne yaptığımın farkında bile değildi ve asla benim efendime hizmet etmedi."

Kalabalık yeniden mırıldanmaya başlamıştı, insanlar olanları daha rahat görebilmek için öne doğru ilerlemeye başlamışlardı. O iki elini onlara doğru uzattı, avuçları yere dönüktü.

"Geri çekilin!" Sesi şaklayan bir kırbaç gibiydi. Başını göğe kaldırdı ve bir şeyleri dinliyormuş gibi yaptı.

"Dinleyin!" dedi. "Gelen fırtınanın sesini duyun! Dikkatli olun Cranesmuir halkı! Efendim o fırtınanın kanatlarına binip buraya gelecek!" Başını eğip tiz bir çığlık attı, bu bir zafer çığlığına benziyordu. Gözleri transa geçmiş gibi bir noktaya dikilmişti.

Rüzgâr gittikçe artıyordu; gölün karşısından gelmekte olan fırtınanın ben de farkına varmıştım. İnsanlar huzursuzlukla etraflarına bakınmaya başlamışlardı, hatta kenarda duran birkaç kişi yere düştü.

Geilie dönmeye başlamıştı, kendi etrafında hızla dönüyordu, saçları hızla savruluyordu, elleri mayıs direğinin etrafında dönen dansçılar gibi açılmıştı. Onu inanamayan gözlerle seyrediyordum.

Dönerken saçları yüzünü gizliyordu. Son dönüşünde başını kaldırıp bir tarafa doğru eğdi, artık yüzünü görebiliyordum, bana bakıyordu. Yüzündeki trans maskesi bir anlığına kayboldu ve dudaklarından bir kelime çıktı. Sonra yüzünü çevirip kalabalığa baktı ve çığlık atmaya başladı.

Ağzından çıkan sözcük şuydu. "Kaç!"

Birdenbire dönmeyi bıraktı, deli bakışlarla üzerindeki korsajı parçaladı ve yere attı. Böylelikle kalabalık benim soğuk ve pis olan hırsızların deliğindeyken öğrenmiş olduğum sırrını öğrendi. Arthur Duncan'ın ölümünden bir saat önce öğrendiği sırrı. Öğrendiği için öldüğü sırrı. Bollaşan elbisesi altı aylık hamileliğini gözler önüne seriyordu.

Ben orada donup kalmış bir halde olanları seyrediyordum. Jamie'nin bir acelesi yoktu. Beni elimden tuttu, diğer elinde kılıcı vardı ve kalabalığın arasında ilerlemeye başladı. İnsanları dirseği, dizleri ve kılıcının kabzasıyla itekleyip göle doğru yolumuzu açıyordu. Dudaklarını kısarak dişlerinin arasından tiz bir ıslık çaldı.

Biz iri meşe ağacının altına doğru ilerlerken birkaç kişi ne yaptığımızın farkına vardı. Bu kişiler bağırarak peşimize düşerken kıyıdan nal sesleri duyulmaya başladı.

Donas hâlâ insanlardan pek haz etmiyordu ve bunu hiç saklamıyordu. Dizginlerini tutmak için uzanan ilk eli ısırdı ve adam kanlar içinde bağırarak yere düştü. At tepinip kişnemeye başlayınca onu tutmak için gelenler hemen bu işin peşini bıraktılar.

Jamie beni bir torba gibi eyerin üzerine fırlatıp kendisi de arkama atladı. Yolumuza çıkanları kılıcını sallayarak bertaraf ettikten sonra Donas'ı insanların üzerine doğru çevirip sürdü. İnsanlar onun tekmeleriyle yere serilirken biz hızımızı alıp gölü, köyü ve Leoch'u arkamızda bırakmaya başladık. Bir anda aklıma gelen şeyle nefesim kesilivermişti, konuşmak Jamie'ye bağırarak anlatmak istiyordum.

Donup kalma sebebim Geilie'nin hamileliğini açıklayış şekli değildi. Beni iliklerime kadar donduran şey başkaydı. Geilie dönerken beyaz kolları iki yana doğru açılmış ve elbisesinin kolu sıyrılmıştı. Kolunda benim taşıdığım izin aynısından vardı. Bu devirde bir büyü işareti olarak algılanan bu işaret aslında sadece bir çiçek aşısı iziydi.

Yağmur gölün üzerinde izler bırakıyordu, benim şişmiş olan yüzümü rahatlatıp bileklerimdeki ip yanıklarını serinletiyordu. Akan sudan bir avuç dolusu su alıp yavaş yavaş içtim.

Jamie birkaç dakikalığına ortadan kayboldu. Elinde bir tutam yeşillikle geri döndü, kendi de bir şeyleri çiğniyordu. Çiğnediği yeşilliği eline tükürdü ve ağzına yenilerini aldı, bu arada beni çevirmişti. Bu çiğnenmiş yeşillikleri yavaşça sırtıma sürmeye başladı, batma ve yanma epeyce azalmıştı.

"O nedir?" diye sordum, kendimi kontrol altına alabilmek için uğraşıyordum. Hâlâ titriyor ve burnumu çekiyordum, kontrolde başarılı olamadım ve gözlerimden yaşlar süzülmeye başladı.

"Su teresi," dedi, hâlâ ağzında yapraklar vardı ve sesi boğuk çıkıyordu. Onları da tükürüp sırtıma sürmeye başladı. "Aramızda otlardan ilaç yapmayı tek bilen sen değilsin Saksonyalı," dedi, sesi daha pürüzsüz çıkıyordu.

"Tadı-tadı nasıl?" diye sordum, hıçkırıklarımı saklamaya çalışıyordum.

"Oldukça kötü," diye cevap verdi. İşini bitirip şalı yeniden omuzlarıma örttü.

"Bir şey..." diye başladı, tereddütlüydü, "Yani, yaralar fazla derin değil. Sanırım, izi kalmayacak." Sesi öfkeliydi ama dokunuşu çok nazikti, yeniden gözyaşlarına boğuldum.

"Özür dilerim," diye geveledim, bir yandan da yüzümü şalla temizlemeye uğraşıyordum. "Neyim olduğunu bilemiyorum ama ağlamamı durduramıyorum."

Omuz silkti. "Bundan önce hiç kimse canını bilinçli olarak yakmamıştır, Saksonyalı," dedi. "Bunun sebebi acıdan çok geçirdiğin şok." Durup şalın ucunu kaldırdı.

"Ben de aynısını yapmıştım," diyerek devam etti. "Önce kustum sonra onlar yaralarımı temizlerken ağladım. Sonra titremeye başladım." Yüzümü şalın ucuyla temizlemeye başladı, elini çenemin altına koyup beni ona bakmaya zorladı.

"Titremem durduğunda," dedi kısık sesle, "canım acıdığı için Tanrı'ya şükrettim çünkü bu yaşadığımı hissettiriyordu." Başını sallayarak beni bıraktı. "Kendini topladığın zaman bana haber ver, sana söyleyeceğim birkaç şey olacak."

Elindeki kan lekeli mendili yıkamak için suyun yanına gitti.

"Seni geri getiren ne oldu?" diye sordum geri döndüğünde. Susmayı başarabilmiştim ama hâlâ titriyordum, şala sımsıkı sarındım.

"Alec MacMahon," dedi gülerek. "Yokluğumda sana göz kulak olmasını istemiştim. Köylüler seni ve Bayan Duncan'ı alıp götürdüğünde hemen yola çıkmış ve gece boyunca at sürmüş, ancak bir gün sonra bana ulaştı. Ben hemen yola çıktım ve deli gibi at sürerek geri döndüm. O çok iyi bir at." Tepenin üzerinde bir ağaca bağlı duran Donas'a takdir dolu bakışlarla baktı, terli teni bakır gibi parlıyordu.

"Onu hareket ettirmeliyim," dedi düşünceli bir tavırla. "Birilerinin bizi takip ettiğini sanmıyorum ama yine de Cranesmuir'den yeterince uzaklaşmadık. Yürüyebilecek durumda mısın?"

Arkasından zorlukla yamacı tırmanmaya başladım, küçük taşlar ayaklarıma giriyor, eğreltiotları bacaklarıma dolanarak yürümemi iyice zorlaştırıyordu. Tepeye oldukça yakın bir yerde bir grup kızılağaç vardı, bunlar birbirlerine yapışmış gibi bir sıklıktaydı ve eğreltiotlarının üzerinde yemyeşil bir çatı oluşturmuşlardı. Jamie dalları iterek aralarında benim geçebileceğim kadar bir delik açtı, ben emekleyerek oradan geçtikten sonra kendisi de arkamdan geldi. Dalları tekrar dikkatle yerleştirdi. Durup burasının saklanmaya uygun olup olmadığını bir kez daha kontrol etti, sonuç olumluydu.

"Oldukça iyi. Seni burada kimse bulamaz." Gitmek üzere arkasını döndü ve sonra tekrar bana döndü. "Başarabilirsen biraz uyu, hemen geri dönmezsem meraklanma. Biraz avlanmayı düşünüyorum, yiyeceğimiz yok ve ben çiftliklerden birine uğrayıp dikkat çekmek istemiyorum. Şalı kafana kadar çek, her yanını örttüğünden iyice emin ol. "Beyaz çok uzaktan bile fark edilebiliyor."

Şu an yemeğin düşüncesi bile beni rahatsız ediyordu, sanırım bir daha yemek yemeyecektim. Uyku ise başka bir dertti. Sırtım ve kollarım hâlâ ağrıyordu, bileklerimdeki ip yanıkları canımı acıtıyordu, her yanım yara bere ve çürük içindeydi. Düşündüğüm gibi olmadı. Korku, acı ve yorgunluk öne çıktı ve eğreltiotlarının keskin kokuları altında derin bir uykuya daldım.

Ayağıma bir şeyin sarıldığını hissederek uyandım. Yerimden fırlayarak oturdum. Doğrulurken dallara çarpmıştım ve başımdan aşağı bir sürü yaprak dökülmeye başlamıştı, onlardan ve ince dallardan kurtulmak için kollarımı sallamaya başladım. Saçım başım dağılmış, her yanım çizilmiş bir şekilde gizli köşemden emekleyerek dışarı çıktığımda karşımda eğlenerek beni izlemekte olan Jamie'yi gördüm. Güneş batmak üzereydi, son kızıllığı da kayalık olan kanyondan ayrılmak üzereydi. Suyun yanındaki kayaların birinin kovuğundan kızarmış et kokusu yükseliyordu. Burada yakılmış ateşin üzerinde yeşil sopalara geçirilerek nar gibi kızartılmış iki adet tavşan duruyordu. Ağzım sulanmıştı.

Jamie tepeye rahat tırmanabilmem için elini uzattı. Mağrur bir tavırla bu yardımı reddedip şalın yerde sürünen eteklerine sadece bir kez takılarak tırmanmayı başardım. Mide bulantım geçmişti ve aç kurtlar gibi ete saldırdım.

"Yemekten sonra ormanın içine taşınacağız, Saksonyalı," dedi Jamie tavşandan bir parça koparırken. "Kaynağın yanında uyumak istemiyorum, suyun sesi geleni gideni duymamı engelliyor."

Yemeğimizi yerken pek konuşmadık. Sabah yaşadığımız vahşet ve geride bıraktıklarımız ikimizin de sinirini fazlasıyla bozmuştu. Ayrıca şu an yas tutuyordum. Buraya nasıl gelmiş olduğum hakkında daha fazla bilgi alabilme şansımın yanı sıra bir arkadaşımı yitirmiştim. Tek arkadaşımı. Geilie'nin hareketleri beni hep şüpheye sürüklemişti ama bu sabah hayatımı kurtarmış olduğundan hiç şüphem yoktu. Mahkûm edileceğini biliyordu ve benim kaçabilmem için elinden gelenin en iyisini yapmıştı. Ateş günbatımının kızıllığında pek göze görünmüyordu ama karanlık arttıkça parlamaya başladı. Ateşe bakıp oradaki yanmış tavşan derilerini ve kemiklerini seyrettim. Kırık kemiklerden birinin arasından ateşin üzerine bir damla kan aktı ve bir cızırtıyla yok oldu. Ağzımdaki et boğazıma takılıverdi. Onu hızla öğürerek ağzımdan çıkardım ve döndüm.

Yine konuşmadan kaynağın yanından ayrıldık ve ormanda rahat bir açıklık bulduk. Her yanımız tepelerle çevriliydi, Jamie bunlardan köyü gören bir tanesinin üzerinde konaklamayı tercih etti. Alacakaranlığın arasında toprak bir anlığına değişik renklerdeki mücevherler gibi parıldadı, boşlukların arasında zümrütler, üvez ağaçlarının arasında yakutlar, otlarda ametistler var gibiydi. Üvez ağacının meyveleri büyüye hiç gelmezdi.

Uzaklarda Ben Aden'in eteklerinde bulunan Leoch Kalesi hâlâ görülebiliyordu. Son ışıklarla o da gözden kayboldu.

Jamie korunaklı bir yerde ateş yaktı ve yanına oturdu. Yağmur hafiflemişti, alevlere bakarken kirpiklerime arada bir damlalar geliyordu.

Uzun bir süre ateşe bakarak oturdu. Sonunda ellerini dizlerine dolayarak bana baktı.

"Daha önce sana cevap vermek istemediğin hiçbir soruyu sormayacağımı söylemiştim. Şu anda da sormazdım ama bilmek zorundayım Claire, bunu ikimizin güvenliği açısından da bilmem gerekiyor." Tereddütle sustu.

"Claire bugüne kadar bana dürüst davranmadıysan senden şu an bu dürüstlüğü göstermeni istiyorum, doğruyu bilmeliyim. Sen bir cadı mısın?"

Ağzım açık kalmıştı. "Cadı mı? Sen... Sen bunu gerçekten soruyor musun?" Dalga geçiyor olmalıydı ama geçmiyordu.

Omuzlarımdan sertçe tuttu, gözlerimin içine bakarak cevabımı bekliyordu.

"Sormak zorundayım Claire! Sen de bana söylemek zorundasın!"

"Cadıysam ne olacak?" diye sordum çatlak dudaklarımın arasından. "Cadı olduğumu bilseydin yine benim için savaşır mıydın?"

"Seninle birlikte yanardım!" dedi vahşi bir sesle. "Yapmam gereken buysa yaparım. Ama lütfen bana merhamet et ve gerçeği söyle!"

Her şey üzerime geliyordu. Onun kollarından kurtulup açık alana doğru koştum. Çok uzağa gitmedim, ağaçların yanında durdum, daha açığa çıkmaya cesaret edemiyordum. Ağacın kabuklu dokusuna parmaklarımı geçirdim ve yüzümü dayayıp isterik bir kahkaha atmaya başladım.

Ağacın öbür yanında duran Jamie'nin yüzü bembeyazdı ve şoka girmiş gibiydi. Çıkardığım garip seslerin farkına varıp durabilmek için büyük bir çaba harcadım. Ona bir süre baktıktan sonra konuşmaya başladım.

"Evet," dedim, gözlerimi arkasındaki boşluğa dikmiştim, hâlâ kahkahalarımın kalıntılarını durdurmaya uğraşıyordum. "Evet, ben bir cadıyım! Sana göre öyle olmalıyım. Bir oda dolusu çiçek hastasının arasında dolaşıp, çiçek hastalığına yakalanmam. Onları tedavi ederken, onların nefesini solurum, yaralarını sararım ama hastalıkları bana geçmez. Kolera, kızıl humma, ya da ölümcül boğaz iltihabı geçirme olasılığım da çok düşük. Sen bunun bir büyü olduğunu düşünebilirsin çünkü daha aşı diye bir şeyden haberin yok, bu nedenle de çaresizlikle ona büyü diyeceksin."

"Bildiklerim..." Bir an susup bir adım geri çekildim, derin nefes alıp kendimi kontrol altında tutmaya çalışıyordum. "Jonathan Randall'ı biliyorum çünkü bana ondan bahsettiler. Onun ne zaman doğduğunu ve ne zaman öleceğini biliyorum, yaptıklarını ve yapacaklarını da, Sandringham'ı da biliyorum çünkü... Çünkü bunları bana Frank anlattı. O Randall hakkındaki her şeyi biliyor, çünkü o... Çünkü o... Aman Tanrım!" Kusacak gibiydim, başımın üzerinde dönmekte olan yıldızları durdurmak için gözlerimi kapadım.

"Colum'a gelince... O benim cadı olduğumu düşünüyor çünkü ben Hamish'in onun oğlu olmadığını biliyorum. Onun çocuk sahibi olamayacağını biliyorum. Ama o benim Hamish'in gerçek babasının kim olduğunu bildiğimi sanıyor... Bunun sen olabileceğini düşünmüştüm ama sonra olamayacağını anladım ve..." Hızlı hızlı konuşuyordum, eli kulağında olan vertigonun ağına düşmeden cümlelerimi tamamlamalıydım.

"Sana kendi hakkımda söylediğim her şey doğruydu." Deli gibi başımı sallayarak kendimi ikna etmeye çalışıyordum. "Hem de her şey. Hiç kimsem yok, geçmişim yok çünkü henüz doğmadım."

"Ne zaman doğduğumu öğrenmek ister misin?" diye sordum ona bakarak. Saçlarımın iğrenç bir halde olduğunun gözlerimin de deli deli baktığının farkındaydım ama bunu pek umursamadım. "20 Ekim 1918. Ne söylediğimin farkında mısın?" diye sormak zorunda kaldım, gözlerini bile kırpmadan duruyordu, söylediklerimi duymuyor gibiydi. "Bin dokuz yüz on sekiz! Bugünden yaklaşık iki yüzyıl sonra! Duydun mu?"

Bağırmaya başlamıştım, başını hafifçe salladı.

"Duydum," dedi yumuşak bir sesle.

"Duy, tabii!" diye haşladım onu. "Benim delirmeye başladığımı düşünüyorsun, değil mi? Hadi kabul et! Düşündüğün şey bu! Öyle düşünmek zorundasın zira bunu ben kendime bile açıklayamıyorum. Bana inanamazsın, buna cesaret edemezsin. Ah Jamie..." Yüzüm buruşmaya başlamıştı. Bunca zamanı, kimseye söyleyemeyeceğimi düşündüğüm gerçeği, saklayarak geçirmiştim, bunu en güvendiğim adam, hayatımın aşkına, Jamie'ye söylemiştim işte. Ama o da bana inanmıyordu, inanamazdı ki.

"Perili tepedeki kayalıklardan biriydi. Dikilitaşların bulunduğu yer. Merlin'in taşları. İşte oradan geldim." Zor nefes alıyordum, hıçkırır gibiydim, anlattıkça daha da anlamsızlaşıyordu. "Bir zamanlar, ama bu gerçekten iki yüzyıllık bir zaman. Hikâyelerde hep iki yüzyıl olur ya... Ama hikâyelerde insanlar geri dönerler. Ben dönemedim." Sendeleyerek ondan uzaklaştım, tutunabileceğim bir yer arıyordum. Bir kayanın üzerine çöktüm, omuzlarım da çökmüştü, başımı ellerimin arasına aldım. Ormanda büyük bir sessizlik vardı. Bu o kadar uzun sürdü ki, kuşlar cesaretlerini toplayıp yeniden birbirlerine öterek çağrılar göndermeye başladılar, sesleri çok tizdi. Baharın son böcekleri gibi sesler çıkarıyorlardı.

Başımı kaldırıp baktım, açıklamalarımdan sonra çekip gitmiş bile olabilirdi. Hâlâ oradaydı, ellerini dizlerine dolamış kıpırdamadan oturuyordu, başı düşünceler içinde boğuluyormuş gibi yere eğikti.

Kollarındaki tüyler alevlerin ışığında bakır teller gibi parlıyordu, onların dikilmiş olduklarını fark ettim, bir köpeğin tüyleri gibi dimdik olmuşlardı. Benden korkuyordu.

"Jamie," dedim, kalbim kırılmıştı, yapayalnızdım. "Ah, Jamie."

Yere oturup bir top gibi kıvrıldım, acımla birlikte yanmaya çalışıyordum. Artık hiçbir şeyin önemi kalmamıştı, hıçkırıklarımı koyuverdim.

Ellerini omuzlarıma koyup onu görebilmem için beni kaldırdı. Gözyaşlarımın arasından gördüğüm yüz, savaş mücadelesini vermiş, gerginliği bir kenara bırakıp sükûneti bulmuş bir yüzdü.

"Sana inanıyorum," dedi kendinden emin bir sesle. "Anlayamadığım yerler var – henüz - ama sana inanıyorum. Claire sana inanıyorum! Beni dinle! Aramızda dürüstlük var ve sen bana ne söylersen söyle inanacağım." Beni hafifçe sarstı.

"Ne olduğu hiç önemli değil. Bana söyledin. Şu an için bu kadarı yeterli. Sakin ol, *mo duinne*. Başını daya ve dinlen. Gerisini daha sonra anlatırsın. Ve ben de anlattıklarına inanırım."

Hıçkırmaya devam ediyordum. Onun bana doğruyu söylediğinden emin olamıyordum. Çırpınmaya başladım, ondan kaçmaya çalıştım, beni sımsıkı tutup kendine yasladı, başımı şalıyla örttü ve durmadan aynı sözü tekrarladı. "Sana inanıyorum."

Sonunda sakinleşmeyi başardım ve başımı kaldırıp, "Ama bana inanman imkânsız," dedim.

Bana gülümsedi. Dudakları titriyordu ama gülümsemeyi başardı.

"Bana neyi yapıp yapamayacağımı söylemeye kalkışma, Saksonyalı." Bir süre durdu. "Kaç yaşındasın?" diye sordu merakla. "Bunu sormak hiç aklıma gelmemişti."

Bu soru bir an gözüme çok mantıksız göründü ve cevap verebilmem için düşünmem gerekti.

"Yirmi yedi... Belki de yirmi sekiz," diye ekledim ardından. Bu onu şaşırtmıştı. Bu devirde yirmi sekiz yaşındaki kadınlar orta yaşlı sayılıyorlardı.

Derin bir nefes aldı. "Senin benimle yaşıt ya da daha genç olduğunu düşünüyordum."

Kıpırdamadan durdu. Sonra gülümseyerek bana baktı. "Mutlu yıllar Saksonyalı."

Bu beni çok şaşırtmıştı, bir süre anlamayan gözlerle ona baktım. "Ne?" demeyi başarabildim sonunda.

"Mutlu yıllar dedim. Bugün ekimin yirmisi."

"Öyle mi? Zamanın farkında değilim." Yeniden titremeye başlamıştım, soğuk, yaşadığım şok ve son tiradım buna sebep olmuştu. Beni iyice kendine çekti, elleriyle saçlarımı okşayarak düzeltiyordu, başımı göğsüne yasladı. Yeniden ağlamaya başladım, bu seferki huzurlu bir ağlamaydı. Bu karmaşanın içinde, gerçek yaşımı bilip hâlâ beni istiyor olması en önemli şey gibi göründü gözüme, bu olabildiyse her şey olabilirdi.

Jamie yavaşça beni kucağına alıp ateşin yanına götürdü, atın eyerini yere koymuştu. Oturup ona dayandı, beni kucağında tutuyordu.

Uzun bir süre sonra konuştu.

"Artık anlatabilirsin."

Anlattım. Her şeyi anlattım, dura dura ama eksiksiz anlatıyordum. Yorgunluktan tükenmiştim ama durmadım. Tilkiden kaçan bir tavşan gibi zaman zaman ona sığınıyordum. Burası son mabedim olmayabilirdi ama bir süre daha öyleydi. Ona Frank'ten bahsettim.

"Frank," dedi yumuşak bir sesle. "O da ölü değil o zaman."

"Henüz doğmadı." Başka bir isteri krizine kapılmak üzere olduğumu hissettim ama bastırmayı başardım. "Ben de doğmadım."

Yavaşça saçımı okşadı, İskoçça bir şeyler mırıldanıyordu.

"William Kalesi'ne seni Randall'dan kurtarmaya geldiğimde," dedi aniden, "sen aslında o taşlara gitmeye çalışıyordun. Ve...Frank'e. Bu yüzden oradan ayrıldın."

"Evet."

"Ve ben seni bu yüzden dövdüm." Sesi pişmanlıkla doluydu.

"Bilemezdin. Sana söyleyemezdim." Çok uykum gelmişti.

"Söyleyebileceğini ben de sanmıyorum." Şalı iyice üzerime örttü, omuzlarımı sıkıca sardı. "Uyu *mo duinne*. Sana kimse zarar veremez. Ben buradayım."

Onun omzuna gömüldüm, başım düşmüştü zaten. Ona son kez bir soru sormayı başardım. "Bana gerçekten inanıyor musun Jamie?"

Derin bir nefes alıp pişmanlık dolu bir yüzle bana baktı.

"Evet, sana inanıyorum Saksonyalı. Ama cadı olsaydın her şey daha kolay olacaktı."

***

Ölü gibi uyumuştum, şafak söktükten biraz sonra dayanılmaz bir baş ve kas ağrısıyla uyandım. Jamie torbasından yulaf çıkardı, bunu soğuk suyla karıştırıp bana zorla yedirdi. Yulaf boğazıma yapıştı ama boğulmadan yutmayı başardım.

Bana çok kibar davranıyordu ama çok az konuşuyordu. Kahvaltıdan sonra hızla ortalığı toplayıp Donas'ı eyerledi.

Son olaylardan sonra kendimi çok güçsüz hissediyordum, nereye gittiğimizi bile sormadım. Arkasına bindim, yüzümü onun sırtına dayayıp, sallanarak ilerlemek beni iyice uyuşturdu.

Madoch Gölünün yanındaki yamaçtan sisin arasında indik, her yer griydi. Yaban ördekleri düzensiz sürüler halinde sazlıklardan yükselmeye başladılar, uyuyanları uyandırmak için viyaklayıp duruyorlardı. Onların tam tersine, son derece düzenli bir kaz sürüsü, hüzünlü yalnızlık türkülerini söyleyerek üzerimizden geçti.

O gri sis ikinci günün öğleninde yavaş yavaş üzerimizden kalktı, çayırlara zayıf bir güneş ışığı yansıdı. Gölü geçtikten üç dört kilometre sonra dar bir yola gelip kuzeybatıya döndük. Yol bizi yine tepelere çıkarmaya başladı, yavaş yavaş yükseliyorduk, granitlerin arasından, kayalıklardan geçiyorduk. Yolda birkaç yolcuyla da karşılaştık, uzaktan onların nal seslerini duyduğumuz anda yolun kenarındaki çalılıkların arasına doğru ilerliyorduk.

Çam ormanları başlamıştı. Sabahları dondurucu soğuk olan bu mis gibi havayı mutlulukla içime çekiyordum. Gece yoldan biraz içerde olan bir açıklıkta konakladık. Çam ağaçlarının iğnelerinin altına kuşlar gibi uzandık, soğuktan korunmak için örtüye ve birbirimize sarınmıştık.

Beni gece uyandırdı ve hiç konuşmadan, benimle sevişti, hareketleri son derece yavaş ve nazikti. Başımızın üzerinde bize göz kırpan yıldızları seyredip yeniden uykuya daldım, onun rahatlatıcı ağırlığı hâlâ üzerimdeydi.

Sabah Jamie daha neşeli gibiydi ya da daha huzurluydu, verilmesi çok zor olan bir kararı vermişti sanki. Bana akşam yemeğinde sıcak çay içeceğime söz verdi, bu dondurucu havada bu sözler bile içimi ısıtmıştı. Uykulu bir şekilde patikada arkasından ilerliyordum, eteğimle çam iğnelerini ve yerdeki sararmış otları süpürüyordum. Dar yol bir koyunun bile zor ilerleyeceği bir aralığa dönüştü, kayaların arasından döne döne ilerliyordu.

Güneş içimi ısıttıktan sonra keyifle etrafıma bakınmaya başladım ve kayalar bir anda gözüme çok tanıdık göründü. Bir anda her yanım uyuşmuştu, nerede olduğumuzu anlamıştım, buraya neden geldiğimizi de.

"Jamie!"

Çığlığımı duyunca döndü.

"Tahmin etmemiş miydin?" diye sordu merakla.

"Buraya geldiğimizi mi? Elbette hayır." Midem bulanmaya başlamıştı. Craigh na Dun bir iki kilometre ötemizdeydi. Sise rağmen onu görebiliyordum.

Yutkunamadım. Altı aydır buraya varmaya uğraşıyordum. Şimdi buradaydım ama başka bir yerde olmak istiyordum. Taş dikitler aşağıdan görünmüyordu ama benim içimde bir savaş başlamıştı.

Zirveye yaklaştıkça Donas'ın ilerlemesi zor oldu, onu çalılıklara bağlayıp yolumuza yürüyerek devam ettik.

Granit çıkıntıya ulaştığımızda nefes nefese ve ter içinde kalmıştım, Jamie'de hiçbir yorgunluk belirtisi yoktu, sadece gömleğinin boynundan yukarı hafif bir kızıllık yükselmeye başlamıştı. Burası çamlı bölgeye göre daha sessizdi, arada bir esen rüzgâr kayalıkların yarıkları arasında sızlanır gibi bir ses çıkarıyordu. Çıkıntıyı geçince değişen hava akımıyla birlikte küçük böceklerin saldırısına uğradık.

Jamie beni kayanın üzerine çekmek için elini uzattı. Sonra da bırakmadı, beni kendine çekip dikkatle bana baktı, yüzümü ezberlemek ister gibiydi. "Neden?" diye nefes nefese konuşmaya çalıştım.

"Söylediğin yer burası, öyle değil mi?" dedi kaba bir sesle.

"Evet." Bir süre hipnotize olmuş gibi taş yapıta baktım. "Aynı görünüyor."

Jamie beni dairenin içine doğru takip etti. Kolumdan tutup ayrık kayaya doğru hızlı adımlarla ilerledi.

"Bu mu?" diye tekrar sordu.

"Evet," dedim, onu geri çekmeye uğraşarak. "Dikkat et! Çok yaklaşma!" Kayanın üzerinden şüphe dolu gözlerle bana baktı. Belki de öyle olmaya hakkı vardı. Ben bile bir an için hikâyemin doğruluğundan şüpheye düştüm.

"Onun hakkında hiçbir şey bilmiyorum. Belki de... Belki de arkamda ne olduğunu bilmediğim bir şey vardı. Belki belirli zamanlarda çalışıyordur. Buraya son geldiğimde mayıs şenlikleri vardı."

Jamie güneşe baktı, bulutların arkasında yusyuvarlak bir şekilde duruyordu. "Kasım ayına çok az kaldı," dedi. "Cadılar Bayramı... Duruma uygun değil mi?" diyerek şaka yaptı ama istemeden de olsa ürperdi.

Hatırlamaya çalıştım. Üşümeye başlamıştım ellerimi koltukaltlarıma soktum.

"Etrafa bakarak ortada dolanıyordum. İzlediğim belirli bir yol yoktu. Sonra ayrık kayanın yanına geldim, oradan bir takım vızıltılar geliyordu. Bir sürü arı varmış gibi..."

Şu anda da öyleydi. Bunu duyar duymaz geri kaçtım.

"Hâlâ burada," dedim panikle gerilerken. Hızla Jamie'ye sarıldım ama o beni kendinden uzaklaştırdı, yüzü bembeyazdı, beni yeniden taşa çevirdi.

"Sonra ne oldu?" Rüzgâr kulaklarımda uğulduyordu ama onun sesi daha tiz çıkmıştı.

"Elimi taşın üzerine koydum."

"Koy o zaman." Beni itti, ben yerimden kıpırdamayınca bileğimden tutup elimi taşın üzerine koydu.

Kaos başlamıştı, beni içine çekiyordu.

Güneş dönmeye başladı, çığlıklar kulağımı tırmalıyordu. Bunların içinde başka bir ses daha duydum, Jamie adımı söyleyip duruyordu.

Gözlerimi açıp doğrulamayacak kadar güçsüz hissediyordum kendimi, hayatta olduğumu anlayabilmesi için hafifçe elimi salladım.

"İyiyim,"

"Sahiden iyi misin? Ah Tanrım Claire!" Beni göğsüne bastırıp sımsıkı sarıldı. "Claire, öldüğünü düşündüm. Sen... Sen... Gitmiş gibiydin. Yüzünde çok garip bir ifade vardı, çok korkuyordun. Ben de seni geri çektim. Seni engelledim. Bunu yapmamalıydım, özür dilerim."

Gözlerimi açıp ona bakmayı başardım, çok korkmuştu.

"Her şey yolunda." Konuşmak hâlâ çok zordu, üzerimde bir ağırlık vardı ve hâlâ algılarım yerine gelmemişti, yavaş yavaş her şey netleşiyordu. Gülmeye çalıştım ama sanırım başaramadım.

"En azından... Artık çalıştığını biliyoruz."

"Ah, evet. Çalışıyor." Ağlamaklı bakışlarla taşa baktı.

Elindeki mendili kayaların arasında birikmiş olan suda ıslatmak üzere yanımdan ayrıldı. Yüzümü onunla silerken sürekli özür diliyordu. Sonunda kendimi oturabilecek kadar iyi hissettim.

"Bana inanmamıştın değil mi?" Halsizdim ama haklılığımı ispatlamıştım. "Ama doğru işte."

"Evet, doğru." Yanıma oturup birkaç dakika boyunca kayaya baktı. Hâlâ biraz başım dönüyordu, mendili yüzümde dolaştırmaya devam ettim. Birdenbire ayağa kalkıp kayaya doğru ilerledi ve elini koydu.

Hiçbir şey olmadı, omuzları çökmüş bir şekilde bana döndü.

"Belki de sadece kadınlara oluyordur," dedim. "Efsanelerde hep kadınlardan bahsedilir. Ya da belki sadece bana oluyordur."

"Bana olmadığı kesin," dedi. "Yine de bundan emin olmalıyım."

"Jamie! Dikkatli ol!" dedim ama onu engellemek mümkün değildi. Taşa yürüdü, yeniden elini koydu, kendini taşın üzerine fırlattı, yarıktan içeri girdi, dışarı çıktı ama hiçbir değişiklik olmadı. Bense o deliliğin kapısına bir kez daha yaklaşacağım için titreyip duruyordum.

Kaos her yanımı sararken Frank'i düşünmüştüm. Onu içimde hissetmiştim, bundan emindim. Küçücük bir ışık görmüştüm ve ışığın ucunda o duruyordu. Onu taşların karşısına oturmuş beni beklerken görmüştüm. Yanakları sıcaktan terlemişti.

Jamie sonunda vazgeçip bana döndü ve ellerimi tuttu. İkisini de resmi bir tavırla öptü.

"Hanımım," dedi yumuşak bir sesle. "Claire. Beklemenin hiçbir anlamı yok. Senden burada ayrılmak zorundayım."

Dudaklarım kasılmıştı, konuşamıyordum, sanırım ne düşündüğüm yine yüzümden okunuyordu.

"Claire, bunun diğer tarafında senin zamanın var. Evin orada. Alıştığın şeyler ve... Ve Frank."

"Evet," dedim. "Frank var."

Jamie beni omuzlarımdan yakalayarak ayağa kaldırdı ve toparlanabilmem için hafifçe salladı.

"Bu tarafta senin için bir şey yok! Vahşet ve tehlikenin dışında sana göre bir şey yok. Git!" beni taşa doğru çevirerek hafifçe itti. Yeniden ona dönüp ellerini yakaladım.

"Burada gerçekten benim için bir şey yok mu Jamie?" Gözlerinin içine bakıyordum, başını çevirmesine izin vermedim.

Cevap vermeden ellerini ellerimin arasından çekti ve bir adım geriledi. Bir anda başka bir figür belirdi, bu kabartma gibi görünen sisli tepelerin önünde duran eski zamanlardan kalma bir yüzdü, kayanın gölgesi yüzüne düşmüş ve bana oyun oynuyordu, yüzünde yaşama ait hiçbir iz yoktu, sanki onu yapan ressam bir takım yerleri boyamayı unutmuş gibiydi, yüzündeki tüm arzular toza dönmüştü.

Gözlerinin içine baktım, orada acı ve özlem vardı, bir anda yeniden normal bir insana dönüştü, bir aşığa, bir kocaya ve bir erkeğe.

Acım yüzüme yansımış olmalıydı, küçük bir tereddüt yaşadı ve dönüp tepenin ilerisinde bulunan bir noktayı gösterdi. "Şuradaki meşe topluluğunu görüyor musun?"

Gösterdiği yere baktım ve meşeleri gördüm. Orada harap durumda küçük bir çiftlik kulübesi vardı, terk edilmişti.

"Oraya gideceğim ve gece olana kadar orada kalacağım. Emin olmam - senin güvende olduğundan emin olmak için." Bana baktı ama dokunmadı. Daha fazla bakmaya dayanamayacakmış gibi gözlerini yumdu.

"Elveda," dedi ve arkasını döndü.

Hiçbir şey hissetmiyordum, tükenmiş bir halde arkasından bakarken birden hatırladım. Ona söylemem gereken bir şey vardı. Arkasından bağırdım.

"Jamie!"

Durdu ama dönmedi, yüz ifadesini toparlamak için bir savaş verdiğini anladım. Bana döndüğünde bembeyazdı, dudaklarının kanı bile çekilmişti.

"Efendim?"

"Gitmeden önce sana söylemem gereken bir şey var, yani... Ben gitmeden önce..."

Gözlerini kapadı, sanki sallanıyordu... Rüzgârın eteklerini uçurmasından dolayı bana öyle görünmüş de olabilirdi.

"Gerek yok," dedi. "Hayır. Yapma sakın. Vakit kaybetme. Git." Yeniden arkasını döndü ama onu kolundan yakaladım.

"Jamie beni dinle! Dinlemek zorundasın!" Başını sallayarak elimi itti.

"Claire... Hayır. Yapamam." Rüzgâr gözlerini buğulandırmıştı.

"Ayaklanma," dedim kolunu sallayarak. "Jamie dinle beni. Prens Charlie ve ordusu... Colum haklı! Beni anlıyor musun Jamie? Haklı olan Colum, Dougal değil."

"Ne demek istiyorsun?" Dikkatini çekmeyi başarmıştım. Yüzünü koluna sildi, gözleri artık daha net bakıyordu. Rüzgâr adeta kulaklarıma şarkılar fısıldıyordu.

"Prens Charlie, Bir ayaklanma olacak. Dougal bu konuda haklı ama başarısızlıkla sonuçlanacak. Charlie'nin ordusu bir süre ilerlemeyi başaracak ama sonu katliamla bitecek. Sona ereceği nokta Culloden. Klanlar..." Gözümün önüne boş arazilere saçılmış olan klan taşları geldi, her biri altında yatan bir klana aitti. Eli elimde derin bir nefes aldım. Eli buz gibiydi, ölü gibiydi. Ürpermiştim, gözlerimi kapayıp söyleyeceğim şeyleri toparlamaya çalıştım.

"Kuzey İskoçyalılar ve Charlie'nin tarafında yer alan klanlar tarihten silinecek. Yüzlerce, binlerce kişi Culledon'da ölecek; sağ kalanlar da avlanarak öldürülecekler. Klanlar çok büyük zarar görecek ve bir daha kendilerini toparlayamayacaklar. Bu senin dönemine has bir şey değil benim dönemimde de hâlâ yoklar."

Gözlerimi açınca onun ifadesiz gözlerle bana baktığını gördüm.

"Jamie bunun dışında kal lütfen," diye yalvardım ona. "Başarabilirsen insanlarını da bunun dışında tut, Tanrı aşkına... Jamie eğer..." Sözümü yarıda kesmek zorunda kalmıştım ona 'eğer beni seviyorsan' demek üzereydim. Bunu yapamadım. Onu sonsuza kadar kaybetmek üzereydim, daha önce aramızdaki sevgiden bahsetmediysem şimdi de bahsetmemeliydim.

"Fransa'ya gitme," dedim. "Amerika, İspanya ya da İtalya olabilir. Ama seni sevenlerin hatırı için lütfen Culledon'a adımını bile atma."

Bana bakmaya devam etti, dinleyip dinlemediğini merak etmeye başlamıştım.

"Jamie? Beni duydun mu? Söylediklerimi anladın mı?"

Bir saniye sonra uyuşmuş gibi başını salladı.

"Evet," dedi kısık sesle hem de çok kısık bir sesle, esen rüzgârın altında onu duymakta zorlanmıştım. "Evet, duydum." Elimi bıraktı.

"Tanrı seninle olsun... *Mo duinne*."

Çıkıntıdan ayrılıp dik yokuştan aşağı yürümeye başladı, ayaklarını yere sürüyerek ve küçük dallara tutunarak dengesini korumaya çalışıyordu. Arkaya dönüp bakmadı. Onu meşelerin arkasında kaybolana kadar izledim, yavaş yürüyordu, hareket etmek zorunda olduğunu bilen yaralı bir adam gibiydi. Hayatının parmaklarının arasından kayıp gittiğinin farkında olan yaralı bir adam...

Dizlerim titriyordu. Yavaşça yere oturup bacak bacak üstüne atıp kırlangıçları seyretmeye başladım. Aşağıda duran, artık geçmişimde kalmış olan kulübenin çatısını görebiliyordum. Arkamda da yarık kaya duruyordu. Yani geleceğim...

Akşamüstüne kadar kıpırdamadan oturdum. Duygularımı bir kenara bırakıp mantığımı kullanmaya çalıştım. Jamie benim geri dönmeme mantığını kullanarak karar vermişti; ev, güvende olmak, Frank; arada bir özlemini duyduğum hayatı kolaylaştıran küçük şeyleri bile düşündüm, sıcak banyo, su tesisatı... Daha güvenli yolculuk yapmak ya da gelişmiş tıbbi ilaçları kullanmak gibi lükslere gelememiştim bile.

Burası son derece tehlikeli bir yerdi ve yaşam şartları oldukça zordu, bu doğruydu ama bunlardan keyif aldığım da doğruydu. Seyahat etmek zor olabilirdi ama benim dönemimde de bu uçsuz bucaksız yeşil örtü yoktu. Ya da burada hayatı daha fazla tehlikeye atan arabalar, motorlar, hava kirliliği, gürültü gibi şeyler yoktu. Yaşam çok daha basitti, insanlar da öyle. Zekâ yönünden eksik değillerdi, çok daha net ve açık düşünüyorlardı. Colum ban Campbell MacKenzie gibi birkaç istisna dışında hepsi öyleydi.

Lamb Amca'nın işinden dolayı buradan çok daha kötü şartlara sahip yerlerde yaşamıştım. Ben her zaman şartlara kolay uyum sağlayabilmiştim, uygarlığı özleyenlerden değildim. Tabii ki onun getirdiği avantajlara da kolay uyum sağlıyordum. Elektrikli fırınlar ya da şofbenler de hoştu. Taşa bakıp bunları düşünürken esen rüzgâr beni üşüttü ve kollarımı vücuduma sardım.

Mantıklı düşünmenin şu ana kadar bana bir faydası olmamıştı. İşe duygusal yönünden bakmaya karar verdim. Evliliklerimi önüme koydum. Biri Frank'le diğeri de Jamie ile yapmış olduğum evlilikleri. Bunun sonunda paramparça olup ağlamaya başladım.

Mantıklı düşünmek ya da duygusallık işi çözememişti, ne çözecekti? Frank'e evlilik yeminiyle bağlanmıştım, bunu bütün kalbimle isteyerek yapmıştım. Jamie'ye de aynı yemini etmiştim ama bu yemini ederken en kısa sürede ihanet etme kararındaydım. Peki, şu an hangisine ihanet ediyordum? Oturmaya devam ettim, güneş iyice battı, kırlangıçlar yuvalarına döndü.

Yıldızlar siyah çamların arasından birer ikişer parlamaya başladığında bu konuda mantığın bir işe yaramayacağına kesin karar vermiştim. Dayanak noktam bambaşka olmalıydı; bundan da çok emin olamıyordum. Ayağa kalktım taşa doğru bir adım attım, bir adım daha ve bir adım daha... Durdum ve bu kez diğer yönü denedim. Bir adım, iki, bir tane daha, ne yapıyor olduğumu düşünmeden önce kulübeye giden yolu yarılamıştım bile. Düşe kalka son hızla çalıların arasından oraya doğru ilerliyordum.

Kulübeye vardığımda nefes nefese kalmıştım ve gitmiş olmasından çok korkuyordum. Donas'ı orada otlarken görünce rahatladım. At kafasını kaldırıp beni süzdü, dostça bakmıyordu. Yavaş yavaş yürüyüp kapıyı açtım.

Ön odada meşeden bir sedirin üzerinde uyuyordu. Her zaman yaptığı gibi sırtüstü yatmış, kollarını karnının üzerinde çaprazlamıştı, ağzı aralıktı. Pencereden giren son gün ışığı huzmeleri yüzünü metal bir maske gibi gösteriyordu, altın yüzünde kurumuş gözyaşları gümüş gibi parlıyordu, sakalları da bakır rengiydi.

Bir süre onu izledim, tarif edilemez bir duygu her yanımı kapladı. Mümkün olduğunca sessiz hareket etmeye çalışarak yanındaki dar boşluğa uzanıp ona sığındım. Uykusunda bana dönüp hep yaptığı gibi beni göğsüne çekti ve yanağını saçlarıma yapıştırdı. Yarı bilinçsiz hareketlerle burnuyla saçımı düzeltti. Uyanıp orada olduğumu anladığı anda yerinden öyle bir sıçradı ki dengemizi kaybedip yere yuvarlandık. Jamie üzerimdeydi.

Onun et ve kemikten yapılmış olduğuna dair hiçbir şüphem kalmamıştı. Dizimi karnına dayayıp homurdanarak itmeye çalıştım.

"Kalk üzerimden! Nefes alamıyorum!"

O bu halimi daha da kötüleştirip beni öpmeye başladı. Bir süre daha oksijensiz kalmaya tahammül edebilirdim şu an yaptığım şey çok daha önemliydi.

Hiç konuşmadan birbirimize sarılıp durduk. Sonunda saçlarımın üzerindeki dudaklarından bir mırıltı çıktı. "Neden?"

Islak ve tuzlu yanağını öptüm. Göğsümün üzerinde kalp atışlarını hissediyordum, orada durmaktan başka bir şey istemiyordum, hareket etmek istemiyordum, sevişmek istemiyordum, sadece onunla aynı havayı solumak bile bana yetiyordu.

"Yapmak zorundaydım," dedim, gülerek, hafifçe titriyordum. "Ne kadar yakın olduğunu bilemezsin. Sıcak banyo neredeyse kazanıyordu." Ağlamaya başladım hafifçe sallanıyordum, bu karar çok yeniydi. Kollarında durduğum adama kavuşmanın sevinci bir daha hiç görmeyeceğim adamın hüznü ile birbirine karışmıştı.

Jamie beni sıkıca sardı, bütün ağırlığı üzerimdeydi, beni koruyordu, beni taşların içine çekme gücünden kurtarmıştı. Sonunda gözyaşlarım kurudu, onun göğsüne başımı yaslamış yatıyordum. Hava iyice kararmıştı, o hâlâ beni göğsünde tutmuş bir şeyler mırıldanıyordu. Geceden korkan bir çocuğu sakinleştirmeye uğraşır gibiydi. Birbirimize sarılıp yattık, bir mum yakmak için bile birbirimizden ayrılamazdık.

Bir süre sonra Jamie ayağa kalkıp beni sedire taşıdı, oturup beni kucağında tutmaya devam etti. Kulübenin kapısı hâlâ açıktı, yıldızların altında bütün vadi gözümüzün önüne serilmişti.

"Biliyor musun?" dedim uykulu bir sesle, "Yıldızların ışığının bize ulaşabilmesi için binlerce yıl geçmesi gerekiyor. Gördüğümüz yıldızların bir kısmı çoktan ölmüş olabilir ama biz bunu bilemeyiz çünkü ışığını hâlâ görüyoruz."

"Öyle mi?" dedi sırtımı okşayarak. "Bunu bilmiyordum."

Başım omzundayken uyuya kalmış olmalıydım. Ayağa kalkıp beni battaniyelerden yaptığı yatağa yatırdı. Yanıma yatıp yeniden bana sarıldı.

"Uyu birtanem," diye fısıldadı. "Yarın sabah seni eve götüreceğim."

Şafak sökmeden önce uyandık, güneş yükselmeye başladığında biz Craigh na Dun'dan ayrılmaya hazırdık.

"Nereye gidiyoruz Jamie?" diye sordum, birlikte olduğum adamla yeni bir geleceğe doğru ilerlemenin sevincini yaşıyordum, içimde bir yerlerde bir zamanlar beni sevmiş olan - belki de hâlâ seven - adamı geride bırakmanın hafif bir hüznü de vardı.

Jamie atın dizginleri elinde, bir süre etrafına bakındı. Dikilitaşlar buradan görünmüyordu, kayaların ve çalıların içine gizlenmişti. Buradan bakınca orası da normal granit kayalıklarından birine benziyordu.

"Onunla senin için savaşmak isterdim," dedi başını bana çevirerek. Mavi gözleri iyice koyulaşmıştı ve ciddiydi.

Gülümseyerek ona dokundum.

"Bu senin savaşın değildi, benim savaşımdı. Ve zaten sen kazandın." Elimi uzattım, tutup sıktı.

"Evet, ama anlatmak istediğim şey bu değildi. Eğer onunla erkek erkeğe dövüşüp kazanmış olsaydım senin içinde hiçbir pişmanlık kalmayacaktı." Tereddüt etti. "Eğer bir gün..."

"Eğer filan yok," dedim kesin bir tavırla. "Ben dün hepsini düşündüm ve hâlâ buradayım."

"Teşekkür ederim, Tanrım," dedi gülerek. Sonra ekledi. "Yine de bunu neden yaptığını hiçbir zaman anlayamayacağım."

Kollarımı beline dolayıp yamaçtan aşağı inerken ona dayandım.

"Çünkü sen olmadan yaşayabilmem imkânsız Jamie Fraser, bunun başka bir cevabı yok. Söyle bakalım beni nereye götürüyorsun?"

Jamie eyerin üzerinde dönüp yeniden tepeye baktı.

"Dün tepeden kulübeye dönerken hep dua ettim," dedi yumuşak bir sesle. "Kalman için değil, bunun doğru olmadığını biliyordum. Senin gitmene izin verebilecek kadar güçlü olmayı diledim." Tepeye bakmaya devam ederek başını salladı, gözlerinde esrarengiz bir ifade vardı.

"Tanrı'dan bana bugüne kadar vermemiş olduğu bir cesareti diledim. Dizlerimin üzerine çöküp kalman için yalvarmamı engellemesini istedim." Bu kez gözlerini kulübeye çevirdi, sonra da bana gülümsedi.

"Hayatımda yaptığım en zor şeydi Saksonyalı." Yeniden önüne döndü ve atın başını doğuya çevirdi. Nadir pırıltılı sabahlardan biriydi, güneş her şeyi aydınlatıyordu; dizginleri, atın boynunu, Jamie'nin yüzünü ve omuzlarını.

Derin bir nefes alıp vadinin ötesindeki geçidi gösterdi.

"Sanırım artık ikinci en zor şeyi yapabilirim." Atı hafifçe mahmuzladı. "Eve gidiyoruz, Saksonyalı. Lallybroch'a."

BÖLÜM 5

Lallybroch

26

Reis'in Dönüşü

Bir arada ve Leoch'dan uzakta olmaktan çok mutluyduk, bir süre hiç konuşmadık. Donas düzlükte hiç zorlanmadan bizi taşıyordu, kollarımı Jamie'nin beline dolamış, yanaklarımı onun güneşten ısınmış sırtına dayamış arada sırada oynayan kaslarını hissederek keyifle ilerliyordum. Karşımıza çıkacak her problemle savaşabilirdik, birlikteydik. Sonsuza kadar. Bu yeterliydi.

Mutluluğun ilk şoku arkadaşlığımızın içinde eridi ve yeniden konuşmaya başladık. Önce geçtiğimiz yerlerden bahsettik. Sonra benden ve nereden geldiğimden... Anlattığım modern yaşam koşulları onu çok etkilemişti, bir kısmı da masal gibi geliyordu. Özellikle arabalar, tanklar ve uçaklar hakkında anlattıklarım çok ilgisini çekti, bana hepsini ince ince anlattırdı. İkimiz de anlaşmış gibi Frank'ten bahsetmemeye özen gösteriyorduk. Artık tam anlamıyla kırsal bölgedeydik, konu döndü dolaştı ve içinde bulunduğumuz zamana geldi; Colum, kale, geyik avı ve Dük'e.

"Hoş bir adam gibi duruyor," dedi Jamie. Yol şartları ağırlaşınca attan inmiş yanımda yürümeye başlamıştı, bu konuşmamızı daha da kolaylaştırmıştı.

"Ben de aynı şekilde düşünüyorum, ama..."

"Evet, bugünlerde insanlara ilk görüşte güvenilmeyeceğini gayet iyi biliyorum," dedi. "Yine de onunla iyi anlaştık. Akşamları av kulübesinde ateşin karşısında birlikte oturduk. Göründüğünden daha akıllı, sesinin onu nasıl gösterdiğinin farkında ve bunu kendini daha aptal göstermek için bilinçli olarak öyle kullanıyor. Bu sırada gözlerinin arkasında bir yerlerde kafasının tıkır tıkır işlediğini görebilirsin."

"Hmmm. Benim korktuğum yanı da bu zaten. Ona... Ona söyledin mi?"

Omuz silkti. "Biraz. Zaten önceden adımı biliyordu."

O zaman olanları hatırlayıp bir kahkaha attım. "O zaman olanlardan da konuştunuz mu?"

Sırıttı, rüzgâr saçlarını yüzüne doğru uçuşturuyordu.

"Ah, biraz. Bana hâlâ midemdeki sorunun devam edip etmediğini sordu. Gülmemeye çalışarak hayır demeye çalıştım ama o sırada bir sancılanma hissettiğimi söyledim. Gülerek, umarım bu güzel eşini rahatsız etmiyordur, dedi."

Ben de güldüm. Şu an için Dük'ün hayatımızda çok fazla bir önemi yoktu. Günün birinde olabilirdi.

"Ona biraz anlattım," diye devam etti Jamie. "Kanun kaçağı olduğumu ama aslında söylenen suçu işlemediğimi ve bunu ispatlama şansımın olduğunu söyledim. Konuyla ilgilenmiş gibi göründü ama ona içinde bulunduğum koşulları anlatırken her şeyi söylemedim, kafama ödül biçilmiş olduğunu söyledim sadece. Geri kalanı söyleyecek kadar ona güvenip güvenmemeye karar vermeye çalışırken Yaşlı Alec onu şeytan kovalıyormuş gibi kampa girdi, biz de Murtagh'la hemen oradan ayrıldık."

"Murtagh nerede?" diye sordum. "Seninle birlikte gelip Leoch'a mı gitti?" Bu küçük adamın Colum'un ya da Cranesmuir halkının eline düşmemiş olduğunu umuyordum.

"Benimle birlikte yola çıktı ama atı Donas'a yetişemiyordu. Evet, bu küçük oğlan, mükemmel bir şeytan, kadifem benim." Onun parlak ve yumuşak boynuna vurdu, Donas homurdanarak yelesini savurdu. Jamie bana bakıp gülümsedi.

"Murtagh için canını sıkma. O küçük neşeli kuş kendisine bakabilecek kapasitededir."

"Neşeli mi? Murtagh?" Bu kelime Murtagh'a hiç uymayan bir tanımdı. "Onun bugüne kadar gülümsediğini bile görmedim, sen gördün mü?"

"Evet, en az iki kez gördüm."

"Onu ne kadar zamandır tanıyorsun?"

"Yirmi üç yıl oldu. O benim vaftiz babam."

"Bu durumu biraz açıklıyor. Onun benim için üzüldüğünü hiç sanmıyorum."

Jamie bacağımı okşadı. "Elbette üzüldü. Seni seviyor."

"Sana inanmak isterim."

Son olayları da konuşmuştuk, derin bir nefes aldım ve çok merak ettiğim şeyi sormak için güç topladım.

"Jamie."

"Evet."

"Geillis Duncan. Onu... Onu gerçekten yakacaklar mı?"

Kaşlarını çatarak bana baktı ve başıyla onayladı.

"Sanırım. Bebek doğduktan sonra bunu yaparlar. Canını sıkan bu mu?"

"Biri o. Jamie şuna bak." Elbisemin kolunu yukarı sıvamaya çalıştım başaramayınca omzumdan aşağı kaydırıp ona aşı izimi gösterdim.

"Aman Tanrım," dedi yavaşça ona anlattıktan sonra. Gözlerini bana dikti. "O zaman bu yüzden... O da senin zamanından mı?"

Çaresizlikle omuz silktim. "Bilmiyorum. 1920'lerden sonra doğmuş gibi görünüyor; aşılama zorunluluğu o tarihlerde geldi." Arkama dönüp baktım ama bulutların altında uzanan kayalar Leoch'la aramıza girmişti. "Sanırım bunu hiç... Hiç öğrenemeyeceğim."

Jamie Donas'ın dizginlerini alıp onu kenardaki akarsuyun yanındaki ufak bir çamlık bölgeye doğru çekti. Beni belimden tutup attan indirdi.

"Onun için üzülme," dedi beni kollarında tutarken. "O kötü bir kadın, cadı olmayabilir ama kocasını öldürdü, yalan mı?"

"Evet," dedim, Arthur Duncan'ın son bakışları aklıma gelince ürperdim.

"Onu neden öldürdüğünü hâlâ anlamış değilim," dedi başını sallayarak, sorunun ne olduğunu çözememişti. "Parası vardı, iyi bir mevkideydi. Onu dövdüğünü de hiç sanmıyorum."

Ona hayret dolu gözlerle baktım.

"Senin iyi koca tanımın bu mu?"

"Eee, evet," dedi alnını kırıştırarak. "Daha başka ne isteyebilir ki?"

"Daha başka ne mi?" Çok şaşırmıştım, bir süre ona baktım, sonra gülerek onu çimlerin üzerine çektim.

"Komik olan ne? Ben bunun bir cinayet olduğunu düşünüyorum." O da gülmeye başladı ve kolunu bana doladı.

"Düşünüyordum da," dedim burnumdan garip sesler çıkararak, "eğer senin iyi koca tanımın, paralı, iş sahibi ve karısını dövmeyen bir adamsa... Bu durumda sen ne oluyorsun?"

"Ahh," diyerek sırıttı. "Saksonyalı ben hiçbir zaman iyi bir koca olduğumu söylemedim, ayrıca sen de böyle bir şey söylemedin. Bana sadist ve terbiyemin şu anda tekrarlamama müsaade etmeyeceği şeyler söyledin ama iyi koca dediğini hiç hatırlamıyorum."

"İyi. Seni siyanürle zehirlememe gerek yok o zaman."

"Siyanür mü?" Merakla bana baktı. "O ne?"

"Arthur Duncan'ı öldüren şey. Çok hızlı ve kuvvetli bir zehir. Benim dönemimde herkes bilir ama şu an bilinmiyor." Dalgın dalgın dudaklarımı yaladım.

"Dudaklarımda hâlâ tadı vardı, o kadarcık miktar bile yüzümün uyuşmasına yetmişti. Gördüğün gibi hemen etki eder. İşin aslında o zaman anlamam gerekirdi, Geilie'den bahsediyorum. Bunu şeftali çukurlarından ya da kiraz taşlarından çıkardığını düşünüyorum, şeytani bir düşünce."

"Sana bunu neden yaptığını anlattı mı?" İçimi çekip ayaklarımı yere sürttüm. Ayakkabılarım göldeki tepişme sırasında kaybolmuştu, ayağıma yapışmış otları temizledim, ayaklarım henüz Jamie'ninkiler kadar sertleşmemişti.

"Onu ve daha fazlasını anlattı. Heybede yiyecek bir şeyler varsa getir de yiyelim ben de bu arada anlatırım."

***

Ertesi gün Broch Tuarach vadisine girdik. Yamaçtan aşağı inerken bize doğru gelen bir atlı gördüm. Cranesmuir'den ayrıldığımızdan beri gördüğüm yegâne insandı.

Bize yaklaşan adam gayet iyi giyimli ve zengin görünümlüydü. Pantolonunun üzerine uzun kuyruklu, gri şayak bir ceket giymişti.

Haftanın büyük bir bölümünü yolda geçirmiştik, dışarıda uyuyup, soğuk sularda yıkanıp, tavşan eti ya da Jamie'nin avladığı balıkları yiyerek karnımızı doyurmuştuk. Bunlara benim topladığım bir takım ot ve yemişler eşlik etmişti. Bunları yaparken yorulmuştuk ama kaledekinden daha doğru bir şekilde beslenmiş olduğumuz kesindi.

Doğa bize iyi bir beslenme imkânı sunmuştu ama görüntümüze iyi bir katkısı olduğunu söyleyemeyecektim. Bize yaklaşan bu adam görünüşümüze bakıp kaşlarını çattı ve bir anlık tereddütten sonra atını üzerimize doğru yavaşça sürdü, bu arada bizi inceliyordu.

Yolun çoğunu yürüyerek gelmiş olan Jamie de iğrenç durumdaydı. Çorapları dizlerine kadar toza batmıştı, dallar gömleğini parçalamış, bir haftadır kesemediği sakalları iyice uzamıştı.

Son aylarda saçları da uzayıp omuzlarına kadar varmıştı. Genellikle atkuyruğu olarak topladığı saçları açıktı, düzensiz iri bukleler halinde uzanan saçlarının arasında küçük yapraklar vardı. Yüzü iyice yanmıştı, ayakkabıları yürümekten şekil değiştirmişti, kaması ve kılıcı her zamanki gibi belindeydi, tam bir vahşi dağlıya benziyordu.

Benim de Jamie'den aşağı kalır yanım yoktu. Elbisemden kalanların üzerine Jamie'nin en iyi gömleğini giymiştim. Ayaklarım çıplaktı, şalını da başıma sarmıştım. Saçım zaten havanın nemine isyan etmişti, tarağım olmadığı için iyice kötü bir görünüme bürünmüştü. Kalede kaldığımız süre zarfında iyice uzamış, omuzlarımdan aşağı dökülüyorlardı, rüzgâr esince de ne yana gittikleri belli olmuyordu.

Buklelerimi gözlerimin önünden çekmeye çalışıp adamın

bize yaklaşmasını izlemeye başladım. Jamie onu görünce atımızı durdurup konuşma mesafesine gelmesini bekledi.

"Bu Jock Graham," dedi bana, "yukarıdan Murch Nardagh'dan."

Adam birkaç metre ötemizde dizginlerini çekerek durdu ve dikkatle bize bakmaya başladı. Gözlerinin üzerinde yağ kesecikleri vardı, bu gözleri şüpheyle kısarak bakmaya devam etti ve birdenbire kocaman açtı.

"Lallybroch?" dedi, inanamıyordu.

Jamie onu onayladı. Tavrında garip bir asalet ve gurur vardı, elini bacağımın üzerine koydu ve, "Eşim, Lallybroch'un hanımı," dedi.

Jock Graham'ın ağzı beş karış açık kalmıştı, hızla kendini toplayıp saygılı bir tavır takındı.

"Ah... Hanımefendi," diyerek şapkasını çıkarıp bana doğru eğildi. "Sanırım eve gidiyorsunuz, öyle değil mi?" Bakışlarını yemişlerden lekelenmiş ve dizime kadar açıkta kalmış bacaklarımdan ayırmaya çalışıyordu.

"Evet." Jamie Bana Broch Tuarach'ın girişi olduğunu söylediği geçide baktı. "Son zamanlarda oraya gittin mi Jock?"

Graham gözlerini Jamie'ye çevirdi. "Ne? Ah evet, evet... Oradaydım. Hepsi çok iyi. Sizi gördüklerine çok mutlu olacaklar. Sonra görüşürüz Fraser." Hızla atını mahmuzladı ve vadiye doğru ilerlemeye başladı.

Onun arkasından bakmaya devam ettik. Birkaç yüz metre ötemizde durdu. Bize doğru dönüp, ellerini ağzının iki yanına götürüp bağırdı. Sesi rüzgâra karşı bağırdığı için biraz zor duyuldu ama söylediğini anlayabildik.

"Eve hoş geldiniz!"

Ve hızla gözden yok oldu.

Broch Tuarach 'kuzeye bakan kule' anlamına geliyordu. Dağın yukarısında bulunan normal kaya topluluklarından çok da farklı olmayan bir yapıydı, kale gibi bir görüntüsü yoktu.

İki uçurumun arasında bulunan dar kayalık bir geçide geldik, atı kayaların arasından dikkatle geçirdik. Yolun ilerleyen kısmı oldukça rahattı, arazi hafif eğimliydi ve üzerinde birer ikişer kulübeler vardı, burayı da geçtikten sonra eve giden dönemeçli yolda ilerlemeye başladık.

Ev beklediğimden daha büyüktü; beyaz taştan yapılmış üç katlı güzel bir malikâneydi, pencere kenarları doğal gri taştandı, dik eğimli arduaz çatısında birkaç tane farklı boyutta baca vardı. Çevresinde beyaz renkli küçük yapılar vardı, anne ördeğin etrafına toplanmış yavrulara benziyorlardı. Eski taş kule evin arkasından yükseliyordu, yaklaşık on sekiz metre yüksekliğindeydi ve üzeri cadıların şapkaları gibi konik formdaydı, üzerinde üç sıra ok atma yarığı bulunuyordu.

Binaya yaklaştığımız sırada orada büyük bir şamata koptu ve Donas bundan ürküp şaha kalktı ve gerilemeye başladı. Ben zaten iyi bir binici değildim, bu yüzden anında tozlu yere düşüverdim. Jamie'nin dizginleri yakaladığını görünce sadece kendimi korumam gerektiğini anladım.

Köpekler hırlayarak üzerime atlamak üzereyken ayağa kalkmayı başardım. Yarım düzine kadarlardı ve gözlerim korkuyla açıldı, bütün dişleri ortadaydı ve çok vahşi görünüyorlardı. Jamie onlara seslendi.

"Bran! Luke! Hiiiişşşt!"

Köpekler birkaç adım ötemde durdular, kafaları karışmıştı. Ne yapacaklarına karar verememişlerdi ama hırlamaya devam ediyorlardı, Jamie konuşmaya devam etti.

"Şşş, güzelim! Dur bakalım seni küçük yaramaz!" Hepsi birden durdu, hayatımda gördüğüm en büyük kuyruklardan biri soru sorar gibi iki kez sallandı.

"Claire, gel atı al. Onların yaklaşmasına izin vermeyecektir hâlbuki onların şu an yapmak istedikleri tek şey bu. Yavaş yürü, sana bir şey yapmazlar." Oldukça sıradan bir tonlamayla konuşuyordu, atı da köpekleri de korkutmaktan kaçınıyordu. Sözleri pek inandırıcı gelmemişti ama yavaşça ona doğru ilerledim. Ben dizginleri alırken Donas başını sallayıp gözlerini devirdi. Şu an onun huysuzlanmasına izin veremezdim, dizginlerini sıkıca yakaladım ve başını aşağıda tuttum.

Kalın kadife dudaklarından dişleri görünüyordu, daha sert

asıldım. Yüzümü kocaman gözlerine yanaştırıp ona aynı şekilde bakmaya başladım.

"Deneme bile!" diye uyardım onu, "yoksa hayatına bir sosis olarak devam edersin ve bunu engellemek için kılımı bile kıpırdatmam!"

Jamie köpeklere doğru yavaşça ilerliyordu, bir elini onlara doğru yumruk yapmıştı. Bana biraz önce çok kalabalıkmış gibi gelen grupta aslında dört tane köpek vardı: bir tanesi küçük kahverengi bir terrier, ikisi benekli çoban köpeğiydi, sonuncu ise kocaman siyah bir canavardı, 'Baskerville'in Köpeği'ndeki köpeğe taş çıkarırdı.

Bu salyalı yaratık, belimden daha kalın olan boynunu uzatıp ona sunulan yumruğu koklamaya başladı. Kuyruğu deli gibi sağa sola sallanmaya başlamıştı. Bunun hemen ardından mutlulukla iki ayağının üzerine kalkıp efendisinin üzerine atladı, ikisi birden yere yuvarlandılar.

"Truva Savaşı'ndan dönen Odisea'yı sadık köpeği karşılar," dedim Donas'a. O ya Homeros'tan ya da yolun ortasında yapılan bu onursuz sevgi gösterisinden hiç hoşlanmadığını belirten bir şekilde pufladı.

Jamie kahkahalar atıyordu, köpeklerin dördü birden yüzünü yalamaya uğraşıyordu, o da onların kulaklarını çekiştirip tüylerini okşuyordu. Sonunda onları yola getirip ayağa kalkmayı başardı.

"Neyse birileri beni gördüğüne sevindi," diyerek onların kafalarını okşadı. "Bu Luke," terrieri gösteriyordu, "Elphin ve Mars kardeşler, onlar çok şeker çoban köpekleridir. Ve bu da," elini büyük bir sevgiyle onun kafasına koydu, "Bran."

"Sana güveniyorum," diyerek elimi koklaması için ona uzattım. "Onun cinsi ne?"

"O bir geyik avcısı."

Onun kulaklarını kaşırken, "Kesinlikle doğru köpeği bulmuşsun," dedim Bran'ı inceleyerek, "kuyruğu kafasından o kadar uzaktaki ona at olarak bile binebilirsin."

"Küçükken binerdim zaten, Bran'a değil tabii, onun dedesi Nairn'e."

Köpeği bir kez daha okşadıktan sonra doğrulup eve bakmaya başladı. Huzursuzlanmaya başlayan Donas'ın dizginlerini alıp başını tepeye çevirdi.

"Odisseus dilenci kılığında evine döner..." dedi Yunanca, benim biraz önceki sözlerime başka bir alıntıyla cevap vermişti. "Ve şimdi," diyerek acı bir suratla yakasını düzeltti, "Penelope ve talipleriyle uğraşma zamanı."

Çift tarafa açılan kapıya ulaştığımızda, köpekler de ayağımızın ucunda hızla solumaya başlamışlardı, bir an tereddüt etti.

"Kapıyı çalmayacak mıyız?" diye sordum, biraz gerilmiştim. Bana şaşkınlıkla baktı.

"Burası benim evim," diyerek kapıyı itti.

Beni içeri aldı, yanlarından geçerken irkilen hizmetlileri görmezden gelerek holü geçti, oradan küçük bir silah odasına ardından da salona girdik.

Odada rafları ve eşiği cilalı kocaman bir ocak vardı, camdan yansıyan akşamüstü güneşi gümüş ışıklarla yansıyordu. Bir an odanın boş olduğunu sandım. Sonra şöminenin yanında hafif bir hareketlenme gördüm.

Beklediğimden çok daha ufak tefek bir şeydi. Jamie gibi bir kardeşi olan birinin çok daha uzun olmasını beklerdim. Boyu bir elli civarlarındaydı. Dolabın içinden bir şeyler alıyordu ve arkası bize dönüktü, etekleri hafifçe yeri süpürüyordu.

Jamie onu gördüğü anda dondu.

"Jenny."

Kadın hızla dönerken simsiyah kaşlarını ve mürekkeple boyanmış gibi olan kirpiklerini gördüm, mavi gözlerini kocaman açarak kendini ağabeyinin üzerine fırlattı.

"Jamie!" Küçük olmasına küçüktü ama üzerine atladığında onu sarsmayı başarmıştı. Jamie ona sarıldı, o da ona ve bir süre öyle kaldılar. Yüzünü sıkıca onun göğsüne dayamıştı, Jamie onun boynunu sevgiyle tutuyordu. Yüzünde pek çok ifade vardı. Kendinden emin değildi ama mutlu olmak istiyordu. Bir an kendimi orada çok gereksiz biri gibi hissettim.

Jenny İskoçça bir şeyler mırıldanarak ona daha sıkı sarıldı, yüzündeki şaşkınlık ifadesi silinmişti. Jamie onu kollarından tutup kendinden uzaklaştırarak seyretmeye başladı.

Yüzleri çok benziyordu, ikisi de aynı garip mavilikte gözlere ve geniş elmacık kemiklerine sahipti. Burunları aynıydı. Onun saçları koyu renkliydi Jamie ise açık, siyah kıvırcık saçlarını yeşil bir kurdeleyle toplamıştı.

Kaymak gibi teni olan güzel bir kadındı. Hamileliği epey ilerlemişti.

Jamie yine dudaklarına kadar bembeyaz olmuştu, başını sallayarak, "Jenny," diye fısıldadı. "Ah Jenny, küçüğüm."

Kapıda beliren küçük çocuk Jenny'nin dikkatini dağıttı, kardeşinin hüznünün farkına varamadan onun yanından ayrılmak zorunda kaldı. Küçük çocuğu elinden tutup ona cesaret sözcükleri fısıldayarak odaya soktu. Bir eli ağzında, annesinin eteğinin arkasına saklanarak yabancıları seyrediyordu.

Annesi gibi koyu renkli kıvırcık saçları vardı ama yüzü ona benzemiyordu.

"Bu küçük Jamie," dedi gururla küçük delikanlıyı tanıştırırken. "Bu da dayın Jamie, küçüğüm, sana onun adını vermiştim."

"Benim adımı mı? Ona benim adımı mı verdin?" Jamie karnına yumruk yemiş gibi bakıyordu. Bir iskemleye çarpana kadar anne ve çocuktan geri geri kaçtı, sonra oturdu, sanki bacaklarında güç kalmamış gibiydi. Yüzünü ellerinin arasına aldı.

"Jamie! Neyin var hayatım? Hasta mısın?"

Başını kaldırıp ona baktığında gözlerinin yaşlarla dolu olduğunu gördüm.

"Bunu yapmak zorunda mıydın Jenny? Olanlardan - yani olmasına sebebiyet verdiğim şeyden - yeteri kadar canımın yanmış olduğuna inanmadın mı? Bana ölene kadar acı çektirmek için mi Randall'ın piçine benim adımı verdin?"

Jenny'nin yüzü solmuştu, yüzünün bütün rengi çekilmişti.

"Randall'ın piçi mi?" dedi boş boş. "John Randall'dan mı bahsediyorsun? Kırmızı urbalı Komutandan..."

"Evet, kırmızı urbalı komutandan bahsediyorum. Başka kimden bahsedebilirim ki? Onu hatırladığını düşünüyorum." Jamie alaycılığını ön plana çıkarabilecek kadar kendini toplamış görünüyordu.

Jenny kardeşinin yüzünü inceledi, bir kaşı hafifçe havaya kalkmıştı.

"Sen aklını mı kaybettin be adam?" diye sordu. "Ya da yolda çok mu içtin?"

"Asla geri dönmemeliydim," diye homurdandı. Ayağa kalkıp sendeleyerek, ona dokunmadan yanından geçmeye çalıştı. Jenny onun yoluna çıkıp kolunu yakaladı.

"Şimdi yanlış mı anladım söyle bakalım," dedi Jenny yavaşça, "Sözlerinden anladığım kadarıyla benim Komutan Randall'ın fahişesi olduğumu düşünüyorsun, bunları sana kafandaki hangi tilkilerin söylettiğini çok merak ediyorum."

"Tilkiler mi?" Jamie ona döndü, dudakları acıyla gerilmişti. "Keşke öyle olsaydı, kardeşimi bu halde görmektense bin kez ölmüş olmayı dilerdim." Onu omuzlarından tutup sallamaya başladı, ağlıyordu. "Neden Jenny neden? Benim için sana zarar verilmesine göz yumman zaten beni öldürmüştü. Ama bu..." Elleri aşağı düşerken onun şişmiş karnına dokununca hızla geri çekildi, bakışları bir süre onun karnında durdu.

Hızla kapıya döndü, oradaki yaşlı kadın eteklerine sığınmış olan çocukla birlikte hızla kapıdan çekildi.

"Hiç gelmemeliydim, hemen gidiyorum."

"Bunu aklına bile getirme Jamie Fraser!" dedi kardeşi tiz bir sesle. "Beni dinlemeden hiçbir yere gidemezsin. Otur ve sana Komutan Randall'ı anlatayım. Madem bilmek istiyorsun otur ve dinle."

"Bilmek istemiyorum! Seni dinlemeyeceğim!" Jenny onun üzerine yürürken Jamie hızla pencerenin önüne gidip avluya bakmaya başladı. Jenny peşinden ilerledi, "Jamie..."

"Hayır! Benimle konuşma! Sana dayanamayacağımı söyledim!"

"Ah, sorun bu mu?" Pencerenin önünde bacaklarını iki yana açmış ellerini inatla sallamakta olan kardeşine baktı. Dudaklarını ısırırken yüzünde hesap yapan bir ifade vardı. Yıldırım gibi bir süratle elini eteğinin altına sokup gereken noktayı bir yılanı yakalar gibi yakaladı.

Jamie şaşkınlıkla kükreyerek iki büklüm oldu. Dönmeye çalıştı ama Jenny daha sıkı tutmaya başlayınca olduğu yerde dondu.

"Erkekleri mantıklı düşünmeye," diyerek vahşi bir gülümsemeyle bana döndü, "hayvanları da yumuşak başlı olmaya ikna etmenin tek yolu budur. Onları toplarından yakalamadığın sürece laftan anlamazlar. Şimdi beni adam gibi dinleyecek misin?" dedi ona, "ya da istersen biraz daha sıkıp çevirebilirim. Hey duydun mu?"

Yüzü kıpkırmızı olmuş, zorlukla nefes alarak orada duruyordu, dişleri kenetlenmişti. "Dinleyeceğim," dedi, "sonra da senin küçük kafanı koparacağım Janet! Bırak artık!"

Jenny bırakır bırakmaz üzerine saldırdı.

"Sen ne yaptığını sanıyorsun?" diye sordu. "Beni karımın önünde küçük düşürmeye mi uğraşıyorsun?" Jenny onun öfkesinden hiç etkilenmemişti. Topuklarının üzerinde dönüp bana ve ağabeyine baktı, eğlenir gibiydi.

"İyi işte, karın senin toplarını benden çok daha iyi tanıyordur. Onları tek başına yıkanmayı becerebildiğin günden beri görmedim. Biraz büyümüşler mi? Sanmam."

Jamie'nin yüzünden değişik ifadeler geçip duruyordu, uygar davranmaya çalışıyordu ama içindeki ilkel adam kardeşinin kafasını oracıkta koparıvermek istiyordu. Sonunda uygarlık savaşı kazandı ve dişlerinin arasından konuşmaya başladı. "Benim toplarımı başka bir tarafa bırakalım. Ben duymadan rahat edemeyeceğine göre bir an önce Randall'ı anlatmaya başla. Bana neden emirlerime karşı gelip onursuz bir yaşam sürme yolunu seçtiğini anlat bakalım."

Jenny ellerini kalçalarına koyup dimdik durarak savaşa hazırlandı. Kendini kardeşinden daha zor kaybediyordu ama bu duruma gelmesine çok az kalmıştı, bunu görebiliyordum.

"Emirlerine karşı gelmek mi? Sence durum sadece bundan ibaret, öyle değil mi Jamie? Sen her şeyin en iyisini bilirsin ve biz de senin söylediklerini yaparız yoksa başımıza çok kötü şeyler gelir." Öfkeli bir şekilde yürümeye başladı. "O gün senin dediğini yapmış olsaydım, kapının önünde ölecektin, babam Randall'ı öldürdüğü için asılacaktı ve araziler çoktan Kral'a geçmiş olacaktı. Benden bahsetmeye bile gerek yok, evim ve ailem olmadan, sokaklarda hayatımı sürdürebilmek için dileniyor olacaktım."

Jamie artık kıpkırmızıydı.

"Sen de dilenmemek için kendini teslim etmeyi uygun gördün! Ben orada kanlar içinde ölmek üzereyken sen babamı ve arazilerimi düşündün. Ne de iyi düşünmüşsün!"

"Elbette düşündüm! Sen bir avanaksın Jamie, hep öyleydin!" diyerek hiddetle döndü Jenny.

"Bunu söylemek senin için kolay tabii! Sen adını ve adımı kirletmiş olmaya, herkesin senin hakkında konuşmasına takılmıyor olabilirsin!"

"Benimle bu şekilde konuşamazsın James Fraser. Kardeşim olman sana bu hakkı vermez. Sen neden bahsediyorsun yahu? Utancımmış? Sen koca bir aptalsın, sen..."

"Karşımda karnı kocaman deli bir kurbağa gibi dolanıp duruyorsun. Bundan bahsediyorum işte!" Eliyle onun karnının taklidini yaptı.

Jenny bir adım geri çekilip ona olanca gücüyle bir tokat patlattı. Jamie'nin başı bu şiddetle arkaya doğru gitti, Jenny'nin parmak izleri çenesinde kaldı. Gözlerini kardeşine dikip elini yavaşça çenesine götürdü. Jenny'nin gözleri ateş saçıyordu, delirmişti. Sözcükler hızla dudaklarından dökülmeye başladı.

"Kurbağa demek? Seni ödlek yaratık, senin cesaretin ancak beni burada başına neler geldiğini düşünerek yaşamak üzere yalnız bırakmaya yetti. Öldün mü, başına ne geldi onu bile bilmiyordum. Günün birinde karınla karşıma çıktın. Salonumda durup, bana kurbağa, fahişe ve..."

"Fahişe demedim ama demeliydim! Sen nasıl..." Boylarının arasındaki farka rağmen şu an iki kardeş burun buruna duruyordu, ikisi de birbirinin sesini bastırmaya çalışırken bunu tıslayarak yapıp ev halkının duymasının önüne geçmeye çalışıyorlardı. Bu anlamsız bir çabaydı, mutfakta, koridorda ve pencerenin dışında meraklı bakışlar vardı. Broch Tuarach'ın reisi ilginç bir dönüş yapmıştı.

Onları yalnız bırakmamın daha doğru olacağını düşünerek

yavaşça dışarı çıktım, yaşlı kadını başımla selamlayıp avluya doğru ilerledim. İçinde oturulacak bir sıra bulunan küçük bir çardak vardı, oturup etrafıma bakınmaya başladım.

Çardağın yanında etrafı duvarla çevrilmiş bir bahçe vardı, mevsimin son gülleri de açmıştı. Bunun yanında Jamie'nin "güvercinlik" diye anlattığı yer vardı; ya da ben binanın çatlaklarından dışarı uçan kuşları görünce öyle olduğunu düşünmüştüm.

Bir ahır ve yem silosu olduğunu biliyordum, bu evin diğer tarafında olmalıydı. Tahıl ambarı, kullanılmayan şapel, kümes ve sebze bahçesi de orada olmalıydı. Hafif bir sonbahar rüzgârı esiyordu. Derin bir nefes aldım şerbetçi otu ve arpa kokuları burnuma doldu. Demek damıtımhane oradaydı, bira ve diğer içkiler orada yapılıyordu.

Bahçe kapısının önündeki yoldan küçük bir tepeye gidiliyordu. Küçük bir erkek grubunun siluetini gördüm, vedalaşır gibi orada duruyorlardı. İçlerinden biri tepeden eve doğru yürümeye başladı, diğerleri de ilerde hayal meyal görünen kulübelere doğru ilerlemeye devam ettiler.

Adam tepeden aşağı doğru yürürken epeyce topallıyordu. Bahçe kapısına yanaşınca bu topallama iyice belirginleşti. Sağ bacağının dizden alt kısmı yoktu, onun yerinde ahşap bir sopa vardı.

Topallamasına rağmen son derece yaşam doluydu. Çardağa gelirken onun yirmili yaşlarda olduğunu tahmin ettim. Neredeyse Jamie kadar uzundu ama ondan çok daha inceydi, hatta çok zayıftı.

Çardağın girişinde durup loş ışıkta beni inceledi. Kumral saçı bir kaşının üzerine düşmüştü, kahverengi gözlerinde sabırlı ve iyi niyetli bir ifade vardı.

Ben dışarıda beklerken Jamie ile ablasının sesleri iyice yükselmişti. Hava sıcak olduğu için pencere açıktı ve söyledikleri her şey, kelimeler net olarak anlaşılamasa bile, çardaktan duyuluyordu.

"Seni her işe karışmadan duramayan, gürültücü kadın!" diyen Jamie'nin sesi duyuldu.

"Senin böyle bir edepsizlik yapmaya hiç..." diyen kardeşinin sesi rüzgârın içinde kayboldu.

Yeni gelen adam eve bakıp başını iki yana salladı.

"Demek Jamie eve döndü."

Cevap olarak başımı salladım, kendimi tanıtıp tanıtmamam gerektiğinden emin olamıyordum. Genç adam gülümseyerek önümde eğildi.

"Ian Murray, Jenny'nin kocasıyım. Sanırım siz de... Ah..."

"Jamie'nin evlendiği Saksonyalı kızım," diyerek onun sözlerini tamamladım. "Adım Claire. Siz bunu biliyor muydunuz?" diye sordum gülümseyerek. Bir yandan da düşünmeden edemiyordum. Jenny'nin kocası mı?

"Ah, evet. Joe Orr Ardraigh'deki bir tamirciden öğrenmiş, bize söyledi. Kuzey İskoçya'da sırlar uzun süre sır olarak kalmaz. Bir aylık evlisin ama bunu çoktan fark etmiş olman gerekir. Jenny haftalardır sizin neye benzediğinizi merak edip duruyordu."

"Fahişe!" diye bağırdı Jamie. Jenny'nin kocası kılını bile kıpırdatmadan beni incelemeye devam etti.

"Hoş bir kadınsın," dedi samimiyetle. "Jamie'den hoşlanıyor musun?"

"Eee, evet. Evet, hoşlanıyorum," dedim çekinerek. Dağlıların bu samimiyetine ve açık sözlülüğüne alışmıştım ama zaman zaman yine de şaşırıyordum.

Memnuniyetle dudaklarını büzüp yanıma oturdu.

"Onları birkaç dakika daha yalnız bırakmamız iyi olacak," dedi, evdeki gürültü iyice artmıştı artık İskoçça konuşuyorlardı. Bu savaşın çıkış noktasıyla ilgilenmiyor gibiydi. "Fraser sinirlendiği zamanlarda kendisine söylenenleri asla dinlemiyor. Bağırdıkları zaman rahatlıyorlar, bazen olayın mantığını anlatmayı başarabiliyor insan ama o ana kadar bu devam ediyor."

"Evet, bunu fark ettim," deyince güldü.

"Demek bunu fark edebilecek kadar uzun süre evli kaldınız. Dougal'ın Jamie'yi sizinle nasıl evlendirdiğini duyduk," dedi içerdeki savaşa aldırmadan, bütün dikkatini bana vermişti. "Gerçi Jenny Dougal'ın Jamie'ye istemediği bir şeyi asla yaptıramayacağını söylemişti. Seni görünce bunu neden yaptığını çok iyi anladım." Kaşlarını hafifçe kaldırmıştı, benden biraz daha fazla bilgi almak peşindeydi ama zorlamıyordu.

"Onun da kendince sebepleri vardı," dedim, dikkatim sohbetimizle evdeki kavga arasında dağılıyordu, hâlâ bağırıyorlardı. "Ben hiç istemem... Yani umarım..." Ian ne demek istediğimi anladı ve salonun penceresine baktı.

"Ah, duruma müdahale etmek istiyorsun ve bir şeyler yapabileceğini düşünüyorsun. Sen olsan da olmasan da Jenny bunları yapacaktı. O Jamie'yi çok sever, gittiği zaman çok üzülmüştü özellikle babasını kaybettikten sonra. Bunu biliyorsun değil mi?" Kahverengi gözleri bana dikilmişti, Jamie ile aramızdaki samimiyetin derecesini ölçmek ister gibiydi.

"Evet, Jamie söyledi."

"Ah." Eve baktı. "Onun hamile olduğunu da biliyorsun."

"Evet, onu da fark ettim."

"Fark etmemek imkânsız zaten." Ian bunu söylerken sırıttı, ikimiz de bir kahkaha attık. "Bu onu daha da azgın yapıyor," diye açıkladı, "onu suçlamıyorum ama dokuz aylık hamile bir kadına karşı gelmek için yeterli cesaretim yok." Arkasına dayanıp tahta bacağını öne uzattı.

"Daumier'de Fergus Nic Leodhas'la birlikte kaybettim," diye açıkladı. "Top atışıydı. Günün sonuna doğru ağrı yapıyor." Tahta bacağın bağlandığı yerdeki derinin üzerinde kalan kısmı ovmaya başladı.

"Belesan yağı ile ovmayı denedin mi?" diye sordum. "Su biberi ya da kaynamış sedefotunun da faydası olabilir."

"Su biberini denemedim," diye cevap verdi ilgiyle. "Jenny'ye nasıl yapıldığını bilip bilmediğini sorarım."

"Senin için yapabilirim," dedim, ondan hoşlanmıştım. Yeniden eve baktım. "Sanırım yeterince uzak kaldık," dedim endişeyle. Bir süre daha önemsiz şeylerden söz ettik, ikimizin de bir kulağı penceredeydi, bir süre sonra Ian tahta bacağına dikkat ederek hızla ayağa kalktı.

"Sanırım içeri girme zamanı geldi. Biraz daha birbirlerini dinlemeden bağırmaya devam ederlerse, kalpler kırılacak."

"Umarım kırılan tek şey bu olur."

Ian kıkırdadı. "Ah, Jamie'nin ona vuracağını hiç sanmıyorum. O bu gibi durumlarda son derece sabırlıdır. Ama Jenny ona tokat atabilir, onun da bütün yapacağı budur."

"Bunu zaten yaptı."

"Evdeki bütün silahlar kilit altında, Jamie'nin belindeki dışında bütün bıçaklar da mutfakta. Jamie'nin onun kamasını almasına izin vereceğini sanmam. Hâlâ güvendeler." Kapıya geldiği an durdu. "Kendimizi düşünmemiz gerekirse..." Hafif bir ciddiyetle göz kırptı. "Bu bambaşka bir mesele."

Ian'ın geldiğini gören hizmetliler hızla oradan kaçıştılar. Kâhya kadın ise hâlâ odanın kapısında duruyordu, sahneyi sindire sindire seyrediyordu, Jamie'nin adaşı hâlâ onun eteklerine sığınmış durumda orada duruyordu. Kendini olaya öyle kaptırmıştı ki Ian onunla konuşmaya başlayınca iğne batırılmış gibi yerinden sıçradı ve elini kalbinin üzerine koydu.

Ian başıyla ona izin verdi ve oğlanı kucağına alarak salona ilerledi. Kapının hemen önünde bir süre durduk. Kardeşler de nefeslenmek için kısa bir süre durdular, ikisi de kızışmış kedilere benziyordu.

Küçük Jamie annesini görünce babasının kollarından kurtulup yere inmeyi başardı. "Anne!" diye bağırdı. "Kucak! Jamie'yi kucağına al!" Jenny dönüp oğlunu kucakladı ve bir silah gibi omzuna attı.

"Dayına kaç yaşında olduğunu söyler misin hayatım?" diye sordu ona, sesini mümkün olduğunca yumuşatmıştı ama hâlâ sinirliydi. Çocuk onu duyunca başını çevirip annesinin boynuna gömdü. Jenny gözlerini kardeşinden ayırmadan onun sırtını okşadı.

"O sana söylemediğine göre benim söylemem gerekiyor. Geçtiğimiz ağustos ayında tam iki yaşına girdi. Hesap yapmayı becerebilecek kadar zekiysen - ki bundan şüpheliyim - Onun seni ve Randall'ı bahçemizde gördüğüm günden altı ay sonra ana karnına düşmüş olduğunu anlayabilirsin."

"Bu kadar basit öyle mi?" Jamie kardeşine ters ters baktı. "Ben oldukça farklı şeyler duydum. Bir sürü kişi, adamla bir değil, pek çok kez birlikte olduğunu, onu âşığın olarak eve aldığını söyledi. Bu çocuğun onun olduğunu da." Bir yandan başıyla bu kocaman, gürültücü yabancıyı görünce annesinin boynuna saklanmış adaşını gösteriyordu. "Taşımakta olduğun diğer veledin Randall'ın piçi olmadığını söylersen sana inanırım, zira Randall mart ayına kadar Fransa'daydı. Sadece fahişe değilsin, ne halt ettiğini de bilmiyorsun. Karnındakinin hangi şeytanın dölü olduğunu sorabilir miyim?"

Yanımda duran uzun boylu adam kibar bir şekilde öksürdü, aralarındaki gerginliği azaltmayı umuyordu.

"Benim," dedi kibarca. "Diğeri de..." Yavaşça ilerleyerek küçük oğlanı ateş püsküren annesinin kucağından alıp koluna yerleştirdi. "Bana benzediğini söylüyorlar."

Burun ve yanakları dışında ikisine yan yana bakıldığında tıpatıp aynıydılar. İkisi de geniş alınlı ve ince dudaklıydı. İkisi de gür kaşlıydı, eğimleri bile aynıydı ve ikisi de kahverengi gözlüydü. Jamie ikisine birden baktı ve yumruk yemiş gibi sendeledi. Susup yutkundu, bundan sonra ne söylemesi gerektiğine karar verememişti.

"Ian," dedi zayıf bir sesle. "Demek evlisiniz?"

"Ah, evet," dedi kayınbiraderi mutlulukla. "Aksi takdirde bunlar olmazdı, olur muydu?"

"Anladım," diye geveledi Jamie. Boğazını temizleyip yeni kayınbiraderine baktı. "Eee, büyük bir nezaket...göstermişsiniz... Yani onu almakla... Hem de çok büyük."

Jamie'nin manevi desteğe ihtiyacı olduğunu düşünerek ona doğru ilerleyip kolunu tuttum. Kardeşi gözlerini bana çevirdi ama bir şey söylemedi. Jamie beni görünce yerinden sıçradı, varlığımı unutmuş gibiydi. Bunun bence o an için pek önemi yoktu. Beni görünce rahatlamıştı, elini uzatıp beni kendine çekti.

"Karım," dedi hızla. Başını Jenny ve Ian'a çevirip, "Kız kardeşim ve onun, aahhh..." diyerek sustu, biz Ian'la gülümseyerek bakıştık.

Jenny tanıştırılmalarla vakit kaybedecek durumda değildi.

"Sen ne demek istiyorsun? Beni alması nasıl bir nezaketmiş?" dedi ısrarla, tanıştırılmayı reddetmişti. "Sanki ben ne dediğini bilmiyorum!" O elini hırsla Jamie'ye doğru sallarken Ian soran gözlerle karısına baktı. "Benim gibi kirli biriyle evlendiğin için seni nazik buluyor!" İki katı büyüklüğünde olan Jamie'ye hırlamaya başladı. "Saçmalıyorsun!"

"Kirli biri mi?" Ian şaşırmıştı, Jamie hızla öne atılıp ablasının kolunu yakaladı.

"Ona Randall'ı anlatmadın mı?" Sesi gerçekten şok olmuş gibi çıkıyordu. "Jenny böyle bir şeyi nasıl yapabilirsin?"

Ian'ın Jenny'nin diğer kolundaki eli onun kardeşinin boğazını sıkmasını engelledi. Ian onu hızla geri çekip döndürdü ve küçük Jamie'yi kucağına verdi. Jenny çocuğun yere düşmesini engellemek için onu tutmak durumunda kaldı. Ian kolunu Jamie'nin omuzuna koyarak onu biraz uzaklaştırdı.

"Bu salonda konuşulacak bir konu değil ama," diye kısık sesle konuşmaya başladı, "evlendiğimiz gece kız kardeşinin bakire olduğunu bilmek belki seni rahatlatır."

Jenny, "Ian Murray! Ben buradayken nasıl böyle bir şeyi söyleme cesaretini gösterirsin?" diyerek ateş püskürdü. "Olmasam da söyleyemezsin! Evlilik gecem seni ve beni ilgilendirir, onun bu konuyla yakından uzaktan alakası yok. Bari kanlı çarşafları da göster!"

"Aslında bunu yaptığım anda sesini kesecek, öyle değil mi?" dedi Ian, karısını sakinleştirmeye uğraşıyordu. "Haydi, esmerim, lütfen bununla canını sıkma, bebek için iyi değil biliyorsun. Ayrıca çığlıklarınız küçük Jamie'yi de korkutuyor." Ağlamaya başlayan oğlunu okşamaya başladı, oğlan ne olduğunun farkında değildi ama ağlaması gerektiğini düşünmüştü. Ian başıyla bana Jamie'yi gösterdi.

İşareti alır almaz Jamie'yi kolundan tutup ters taraftaki bir koltuğa çektim. Ian da Jenny'yi ikili bir koltuğa götürüyordu, orada kalması için kolunu sıkıca omuzlarına dolamıştı.

"Şimdi duruma bakalım." Mütevazı görüntüsünün altında Ian Murray'in inkâr edilemez bir otoritesi vardı. Elimi Jamie'nin omzuna koydum, gerginliği azalıyordu.

Oda tam bir boks ringine dönmüştü, dövüşçüler çalıştırıcılarının yanına gitmişti ve yeni bir raundun başlaması için dinleniyorlardı.

Ian kayınbiraderine gülümsedi. "Jamie. Seni yeniden görmek çok güzel. Karınla birlikte eve dönmene çok sevindik. Öyle değil mi esmerim?" diyerek Jenny'yi konuşmaya zorladı, parmakları hâlâ onun omzundaydı.

Jenny'yi bir şeye zorlamak imkânsız gibiydi. Dudakları çizgi halindeydi, konuşmamak üzere mühürlenmiş gibiydiler. İki dudağının arasından sadece tek bir cümle çıktı.

"Duruma göre değişir," dedi ve yeniden sustu.

Jamie yüzünü bir süre ovuşturduktan sonra başını kaldırdı, yeni bir raunda hazırdı.

"Senin Randall'la birlikte eve girdiğini gördüm," dedi inatla. "Bana daha sonra söyledikleri de var tabii, senin göğsünde bir ben olduğunu nereden biliyor?"

Jenny kükredi. "O gün olan her şeyi hatırlıyor musun? Komutan seni kılıcıyla dövüyordu."

"Elbette hatırlıyorum ve unutmaya da niyetim yok!"

"Belki ona dizimle hatırı sayılır bir darbe indirdiğimi de hatırlarsın, en hassas noktasına vurmuştum."

Jamie omuzlarını çökertti. "Hatırlıyorum, ne olmuş?"

Jenny üstünlüğü ele geçirmiş bir ifadeyle gülümsedi.

"Eh, karın da burada ona da soralım - bu arada bana en azından onun adını söyleyebilirdin Jamie, sen nezaket kurallarından haberdar bile değilsin - neyse eğer o sana böyle bir tekme atsa - ki bunu çoktan hak ettin - bunun beş dakika sonrasında kocalık görevlerini ne kadar yerine getirebilirsin?"

Jamie cevap vermek için açtığı ağzını aynı süratle kapadı. Uzun bir süre kardeşine baktıktan sonra dudaklarını büzdü.

"Duruma göre değişir," dedi ve dudağını tekrar büzdü. Omuzlarını kısmış öne eğik dururken pozisyonunu değiştirip arkasına yaslandı. Kız kardeşinin masallarını dinleyen kardeş pozunu takınmıştı. Bunlardan etkilenmeyecek kadar olgun bir tavır takınmıştı ama bir yarısı da o istemese de onun söylediklerine inanıyordu.

"Gerçekten mi?" dedi.

Jenny Ian'a döndü. "Git ve çarşafları getir Ian!" diye emretti.

Jamie teslim olmuş gibi ellerini kaldırdı. "Hayır! Hayır, sana inandım. Sadece onun daha sonraki tavrı ve söyledikleri..."

Jenny rahatlayarak Ian'ın kollarına yaslandı, oğlunu da karnı el verdiğince kendine çekti, zafer onundu.

"Dışarıda söylediklerinden sonra adamlarının önünde bir şey yapamadığını söyleyemezdi zaten, söyleyebilir miydi? Söylediği şeyi yapmış gibi görünmekten başka çaresi yoktu. Ayrıca, adam bu durumdan çok mutsuz olmuştu; bana vurdu ve elbisemi yırttı. İşin aslında beni bayıltana kadar dövdü, kendime geldiğimde üstümü başımı toparlayıp dışarı çıktım. İngilizler seni de alıp gitmişlerdi."

Jamie derin bir nefes alıp gözlerini yumdu. Kocaman elleri dizlerinin üzerindeydi, uzanıp birini tuttum ve sıktım. Elimi hemen elinin içine alarak gözlerini açtı, bana teşekkür eder gibi gülümsedikten sonra kardeşine döndü.

"Tamam, ama yine de öğrenmek istediğim bir şey var Jenny. Onunla içeri girerken sana zarar veremeyeceğini biliyor muydun?" Jenny hemen cevap vermedi, bir süre ağabeyini süzdü ve hafif bir gülümsemeyle birlikte başını salladı.

Jamie'nin söyleyeceklerine itiraz etmesini önceden engellemek ister gibi elini havaya kaldırdı, kaşları hafifçe havaya kalkmıştı. "Konu senin hayatınsa benim onurum hiç de önemli değil, onuru korumak için birinin hayatı harcanabilir mi söyler misin bana?" Kaşları çatılmıştı, kardeşininkiler de, ikiz gibiydiler. "Ya da bana benim seni, senin beni sevdiğin kadar sevemeyeceğimi mi söylüyorsun? Söylemeye kalkıştığın şey buysa Jamie Fraser sana cevabımı hemen vereyim, bu doğru değil!"

Kardeşi sözlerini bitirmeden önce cevap vermek için açmış olduğu ağzını bu son sözleri üzerine yeniden kapattı.

"Çünkü seni çok seviyorum, seni bütün kalın kafalılığına, özürlü beynine ve aptallıklarına rağmen seviyorum. Ayaklarımın dibinde o kahrolasıca çeneni tutmayı başaramadığın için ölmene izin veremezdim!"

Mavi gözler, mavi gözlere ateş püskürdü, sanki her yana kıvılcımlar saçılıyordu. Kendisine yapılan bütün hakaretleri yutkunarak kabullenmeye çalışan Jamie verebilecek mantıklı bir cevap arıyordu. Karar vermeye çalışır gibiydi. Sonunda omuzlarını indirerek geri çekildi.

"Tamam, o zaman, özür dilerim," dedi, "yanılmışım, beni affet."

O ve kız kardeşi uzun bir süre bakışarak oturmaya devam ettiler. Jamie'nin özrünün karşılığında beklediği özür bir türlü gelmiyordu. Jenny dudağını ısırarak onu incelemeye devam ediyordu, hiçbir şey söylemiyordu. Sonunda Jamie sabırsızlanarak patladı.

"Senden özür diledim işte! Daha ne yapmamı istiyorsun?" diye sordu. "Dizlerimin üzerine çöküp yalvarmamı mı? İstersen onu da yaparım ama bunu söylemen gerekiyor!"

Jenny yavaşça başını iki yana salladı, dudağı hâlâ dişlerinin arasındaydı.

"Hayır," dedi sonunda, "evinde senden diz çökmeni isteyemem. Ayağa kalk."

Jamie ayağa kalktı, Jenny kucağındaki oğlanı kalktığı yere yerleştirdikten sonra gelip Jamie'nin karşısında durdu.

"Gömleğini çıkar," diye emretti.

"Çıkarmayacağım!"

Jenny gömleğini ucundan çekerek eteğinin içinden çıkardı ve düğmelerini açmaya başladı. Ufak bir mücadelenin sonunda Jamie onun söylediğini yapmak zorunda kaldı ve soyundu. Kafasını havaya dikmiş şekilde iki adım geri çekilip onun karşısında durdu.

Jenny onun arkasına dolanıp incelemeye başladı, yüzü tıpkı Jamie'nin yoğun duygularını saklamak istediği zamanlarda yaptığı gibi ifadesizdi.

"Aptallığının cezasını ödemişsin Jamie." Elini onun sırtındaki yara izlerinin üzerinde gezdirmeye başladı.

"Çok acımış gibi görünüyor."

"Acıdı."

"Ağladın mı?"

İki yanında duran ellerini yumruk yapmıştı. "Evet!"

Jenny yeniden onun karşısına geçti, küçük çenesi yukarı dikilmiş, gözleri kocaman açılmıştı. "Ben de," dedi yumuşak bir sesle. "Seni götürdükleri günden bugüne kadar her gün ağladım."

Bir örnek yüzleri karşı karşıya duruyordu, yüzlerindeki ifadeyi görünce parmaklarımın ucuna basarak oturduğum yerden kalkıp mutfağa doğru ilerledim. Kapı arkamdan sallanarak kapanırken Jamie'nin kardeşinin ellerine sarılarak İskoççа bir şeyler söylediğini gördüm. Jenny onun kollarının arasına atıldı ve birbirlerine özlemle sarıldılar.

27

Son Sebep

Akşam yemeğine aç kurtlar gibi saldırdıktan sonra, geniş ve havadar yatak odasında kütük gibi hareketsiz bir şekilde uyuduk. Uyandığımızda güneş çoktan doğmuştu, hava bulutluydu. Evden gelen gürültülerden saatin oldukça geç olduğunu anlayabiliyordum, herkes mutlulukla işine koyulmuştu, ortalığa saçılan muhteşem kokular merdiven boşluğundan yukarı geliyordu.

Kahvaltıdan sonra erkekler dışarı çıkmak için hazırlandılar, kiracıları ziyaret edip çitleri ve yük arabalarını tamir edeceklerdi. Girişte ceketlerini giyerlerken Ian aynanın önünde duran Jenny'nin büyük sepetini gördü.

"Meyve bahçesinden elma toplamamı ister misin Jenny? Böylelikle o kadar uzun bir yolu yürümemiş olursun."

"İyi fikir," dedi Jamie, kardeşinin top haline gelmiş vücuduna bakarak. "Yolda yuvarlanmasını istemeyiz."

"Ben seni şimdi olduğun yerde yuvarlarım, Jamie Fraser," dedi Jenny sakin bir sesle, bir yandan da rahat giyebilmesi için Ian'ın ceketini tutuyordu. "Hayatınızda bir kere işe yarayın ve bu küçük adamı da yanınızda götürün. Bayan Crook çamaşırhanede, onun yanına bırakabilirsiniz." Eteklerine yapışarak, 'Kucak! Kucak!' diye bağırıp duran Jamie'den kurtulmaya çalıştı.

Dayısı söz dinleyerek küçük yaramazı belinden tuttuğu gibi kaldırarak kapıdan çıkardı, baş aşağı duran oğlan zevkten çığlıklar atmaya başlamıştı. "Oh," diye soluklandı Jenny mutlulukla, altın çerçeveli aynada kendini inceliyordu. Parmağını diliyle ıslatıp kaşlarını düzelttikten sonra elbisesinin boyun kısmında açık kalmış düğmeleri ilikledi. "Son düzeltmeleri eteklerine dolanıp bacağına tırmanan biri olmadan yapabilmek hoş bir duygu... Bazı günler değil yalnız kalmak, taciz edilmeden bir kelime etme fırsatı bile bulamıyorum."

Yanakları hafifçe kızarmıştı, siyah saçları mavi elbisesinin üzerinde pırıl pırıl parlıyordu. Ian ona gülümsedi, kahverengi gözleriyle karısının güzel görüntüsüne sıcacık bakışlarla baktı.

"Bugün Claire'le konuşmak için vakte ihtiyacın olacak sanırım," dedi.

"Şu ana kadar büyük bir kibarlıkla bizi dinledi, Jenny lütfen ona şiirlerini okumaya kalkışma. Bunu yaparsan Jamie ve ben ona yetişemeden ilk arabaya binip Londra'ya kaçar."

Jenny parmaklarını hafifçe onun burnuna vurup onunla dalga geçti.

"Sen hiç canını sıkma hayatım. Londra'ya gidecek ilk araba önümüzdeki nisanda yola çıkacak. O zamana kadar bize çoktan alışmış olur. Haydi, artık git, Jamie dışarıda seni bekliyor."

Erkekler dışarıda işlerini hallederlerken biz Jenny ile oturma odasında oturduk. O dikiş dikti, ben de iplikleri sarıp renklerine göre ayırdım.

Karşıdan bakıldığında dostça sohbet eder gibi görünüyorduk, aslında ikimiz de son derece dikkatli cümleler kurup yan gözle birbirimizi süzmekle meşguldük. Jamie'nin ablası, Jamie'nin karısı... Jamie aslında düşüncelerimizin dile getirilmeyen ortak noktasıydı.

Çocukluklarında paylaştıkları şeyler onların arasında mükemmel bir bağ oluşturmuştu, bu güçlü bağ zamanla ince bir ipliğe dönüşmüştü. Jamie'nin yokluğu, içte biriktirilen şüpheler ve ardından gelen evlilik, bu bağı biraz yıpratmıştı. Ian'la olan bağı ise oldukça uzun bir zamandan beri ince ince örülmüştü, bense her şeye daha çok yeni dâhil olmuştum.

Sohbetimiz çok gündelik şeylerden bahsediyormuşuz gibi görünebilirdi ama her bir cümlenin söylenmeyen satır araları vardı.

"Anneniz öldüğünden beri eve sen mi bakıyorsun?"

"Ah, evet. On yaşımdan beri."

Onu küçük yaşından beri ben besleyip büyüttüm. Benim bunca emek verdiğim bu adama sen iyi bakabilecek misin?

"Jamie senin iyi bir doktor olduğunu söyledi."

"İlk karşılaşmamızda onun omzunu yerine takmıştım."

Evet, bunu yapabilecek güçteyim ve son derece düşünceliyim. Ona iyi bakacağım.

"Çok kısa bir sürede evlenmişsiniz."

Ağabeyimle parası ve arazileri için mi evlendin?

"Evet, öyle oldu. Tören anına kadar onun soyadını bile bilmiyordum."

Onun bu bölgenin reisi olduğundan haberim yoktu; onunla sadece o olduğu için evlendim.

Sabahı bu şekilde geçirdik, hafif bir öğle yemeğinden sonra akşamüzerine doğru daha değişik şeylerden konuşmaya başladık. Biraz dedikodu yaptık, birbirimizi ölçerek ihtiyatlı şakalar yaparken fikir alışverişinde bulunduk. On yaşından beri böyle büyük bir evi çekip çeviren, kardeşinin yok olup, babasının ölmesinden sonra bölgeyle de ilgilenmeye başlayan bu kadını hafife almak büyük aptallık olurdu. Onun benim hakkımda ne düşündüğünü çok merak ediyordum ama o da kardeşi gibi düşüncelerini gizlemekte çok başarılıydı.

Şömine rafının üzerindeki saat beşi vurunca Jenny esneyerek gerindi, elinde onarmakta olduğu giysi, karnının üzerinden kayarak yere düştü.

Beceriksiz ve hantal hareketlerle onu almaya uğraşırken ben de yere diz çöktüm.

"Sen bırak, ben alırım."

"Teşekkür ederim... Claire." Adımı ilk kez kullanmıştı, yüzünde utangaç bir gülümseme vardı. Ben de ona gülümsedim.

Sohbetimize kaldığımız yerden devam etme niyetimiz evin kâhyası Bayan Crook'un odanın kapısından uzun burnunu uzatarak endişeli bir tavırla küçük Jamie'yi görüp görmediğimizi sormasıyla birlikte son buldu.

Jenny içini çekerek dikişini bir kenara bıraktı.

"Yine mi ortalıkta yok? Üzülme Lizzie, babası ya da dayısıyla birliktedir. Gidip bakalım mı Claire? Akşam yemeğinden önce temiz hava solumak bana da iyi gelecek."

Zorlukla ayağa kalkıp elini karnının üzerine koydu. İnleyerek acı acı güldü.

"Daha üç hafta var ama artık dayanamıyorum."

Yavaş yavaş yürüyerek dışarı çıktık, Jenny bana damıtımhaneyi ve şapeli göstererek yapılış hikâyelerini anlattı. Farklı tarihlerde inşa edilmişlerdi.

Güvercinliğe doğru ilerlerken çardaktan gelen sesleri duyduk.

"Küçük yaramaz işte orada!" diye söylendi Jenny. "Ben şimdi ona haddini bildiririm!"

"Bekle bir dakika," diyerek elimi koluna koydum, oğlanın sesinin arkasından tanıdık boğuk bir ses daha geliyordu.

"Sıkma canını evlat," dedi Jamie'nin sesi. "Öğreneceksin. Biraz zor, bunu kabul ediyorum. Senin horoz alt düğmenden henüz yeteri kadar uzaklaşmıyor."

Köşeden başımı uzatınca, onun bir kütüğün üzerinde oturup küçük Jamie'nin bol gömleğinin kenarlarıyla savaşmakta olduğunu gördüm.

"Çocuğa ne yapıyorsun?" diye sordum.

"Genç Jamie'ye ayaklarını ıslatmadan işeme sanatını öğretiyorum. Dayısı olarak en azından bunu yapabileceğimi düşündüm."

Tek kaşımı kaldırarak, "boş konuşmak çok kolay... Bence dayısı ona bunun nasıl yapılabileceğini göstererek anlatmalı," dedim.

Jamie sırıttı. "Ona birkaç gösteri yaptım. Sonuncusunda küçük bir kaza oldu." Yeğeniyle birbirlerine suçlayan bakışlarla baktılar. "Hiç bana bakma," dedi yeğenine. "Hepsi senin suçun, sana kıpırdamaman gerektiğini söylemiştim."

"Öhhöö," dedi Jenny kardeşine ve oğluna bakarak. Küçük Jamie gömleğinin eteklerini kafasına çekti, büyük olanı ise arsızca, neşeli neşeli sırıttı. Yerinden kalkarak üzerindeki kirleri temizledikten sonra yeğeninin başını tutup eve doğru çevirdi.

"Her şeyin bir zamanı vardır ve bu zamanı beklemek gerekir." Yeteri kadar çalıştık, şimdi gidip yıkanacağız Jamie ve sonra –Tanrı'ya şükür - yemek zamanı gelecek."

***

Ertesi gün Jamie yapılması gereken acil işlerini bitirdikten sonra akşamüzeri bana vakit ayırıp evi gezdirmeye başladı. Bina 1702 yılında yapılmıştı ve yapıldığı dönem düşünülürse oldukça modern bir yapıydı, ısınma problemi çini sobalarla çözülmüş, mutfağa kocaman tuğla bir fırın inşa edilmişti, böylelikle ekmeği küllü şöminede pişirmek zorunluluğu ortadan kalkmıştı. Zemin kattaki giriş, merdiven boşluğu ve salonun duvarları resimlerle donatılmıştı. Yer yer pastoral manzara ve hayvan resimleri de vardı, ama tabloların çoğunluğunu aile resimleri oluşturuyordu.

Jenny'nin genç kızken yapılmış bir resminin önünde durdum. Bahçe duvarının üzerine oturmuştu, arkasında kızıl yapraklı bir asma vardı. Önünde kalan duvarın diğer bölümünün üzerinde bir kuş ordusu vardı; serçeler, bir ardıç, bir tarlakuşu, bir sülün, gülen sahibelerinin etrafına neşe içinde toplanmışlardı. Bu diğer ciddi aile fertleri ve akraba resimlerinden oldukça farklı bir resimdi. Diğer resimlerin hepsinde poz verenler boyunları oldukça yüksek giysiler içinde boğulurmuş gibi görünüyorlardı.

"Onu annem yapmıştı," dedi Jamie hangi resme baktığımı görünce. "Merdiven boşluğunda da yapmış olduğu resimlerden birkaç tanesi asılı, burada yalnızca bu ikisi var. O en çok bunu severdi." Parmağını tuvaldeki asma yapraklarının üzerinde gezdirdi. "Bunlar Jenny'nin evcilleştirdiği kuşlarıydı. Bacağı sakatlanmış ya da kanadı kırılmış bir kuş bulan ona getirirdi, o, günler boyu bu kuşları elleriyle besleyip iyileştirirdi. Şuradaki bana hep Ian'ı hatırlatır." Parmağını, dengesini koruyabilmek için kanatlarını açmış sahibesini hayranlıkla seyreden sülünün üzerine koydu.

"Çok kötüsün Jamie," diyerek bir kahkaha attım. "Senin resmin yok mu?"

"Evet, var." Beni karşı duvarda, pencerenin yanında duran resme götürdü.

Bu resimde ekoselere bürünmüş iki kızıl kafalı oğlan, kocaman bir geyik avcısı köpeğin önünde oturuyorlardı. Bu Bran'in dedesi Nairn olmalıydı. Jamie on bir yaşında çiçek hastalığından ölmüş ağabeyi Willie'nin dizinde oturmuş, bir elini de köpeğin başına koymuştu. Bu resim yapıldığında herhalde iki yaşlarındaydı.

Jamie, Leoch'un dışına yaptığımız yolculuk sırasında bir gece ateşin önünde otururken bana Willie'yi anlatmıştı. Bana torbasından kiraz ağacına oyulmuş küçük yılanı çıkarıp gösterdiğini de hatırlamıştım.

"Willie onu bana beşinci yaş günümde vermişti," deyip onu sevgiyle okşamıştı. Bu komik görünümlü bir yılandı, çok artistik kıvrımları ve omuzları vardı.

Jamie bu küçük objeyi bana vermiş, baktıktan sonra geri verirken merakla sormuştum.

"Altında bir şeyler yazıyor, nedir o? S-a-w-n-y. Sawny mi?"

"O benim," dedi başını utançla yere eğerken. "Köpek adı gibi, benim diğer adımın kısaltılmış hali, yani Alexander'ın. Willie beni öyle çağırırdı."

Resimdeki yüzler birbirine çok benziyordu. Bütün Fraser çocuklarının son derece samimi ve canayakın suratları vardı. Jamie'nin yanakları tombul ve kırmızıydı, burnu ise hâlâ bebek burnuydu, ağabeyinin ise yüz hatları oturmaya başlamış ve ileride yakışıklı bir delikanlı olacağını müjdelemeye başlamıştı ama bu müjde maalesef gerçekleşememişti.

"Onu çok mu severdin?" diye sordum elimi kolunun üzerine koyarak. Şöminedeki alevlere bakarak başını salladı.

"Evet," dedi belli belirsiz bir hayale gülümser gibi. "Benden beş yaş büyüktü ve onun bir tanrı olduğunu zannederdim. Hep onu izlerdim, en azından izlememe izin verdiği sürece bunu yapardım, peşinden ayrılmazdım."

Arkasını dönüp kitap raflarına ilerledi. Onu biraz yalnız bırakmak amacıyla bir süre daha orada durup pencereden dışarı baktım.

Evin bu cephesinden bakınca yağmurun arasından uzaktaki kayalıkların orada bulunan yeşil tepeyi görebiliyordum. Bana içine adım attıktan sonra bir tavşan deliğinden çıktığım perili tepeyi hatırlatmıştı. Sadece altı ay olmuştu, oysaki bana çok daha uzun bir zaman geçmiş gibi geliyordu.

Jamie gelip yanımda durdu. Dalgın dalgın yağmuru seyrederken, "Bir sebep daha vardı," dedi. "Esas sebep buydu."

"Sebep mi?" dedim aptal aptal.

"Seninle evlenmem için."

"Neymiş o?" Sanırım bunu hiç beklemiyordum, ailesi hakkında bir şeyler anlatacağını düşünüyordum. Bu sözleri benim için bir şok olmuştu.

"Seni çok istedim." Pencereden bakmayı bırakıp bana döndü. "Seni hayatımda istediğim her şeyden daha çok istedim," diye ekledi yavaşça.

Ona aynı aptallıkla bakmaya devam ettim. Sanırım söylemesini beklediğim şey bu değildi. Benim ağzım açık ona baktığımı görünce anlatmaya devam etti. "Babama karşımdaki kadının doğru kadın olup olmadığını nasıl anlayacağımı sormuştum, o da zamanı gelince bunu hemen anlayacağımı söylemişti. Ve anladım. Leoch'a giderken, gecenin karanlığında o ağacın altında sen göğsümün üzerinde otururken uyandığım anda anladım. Sen o sırada bana küfür ediyordun. Kendi kendime 'Jamie Fraser yüzünün neye benzediğini görmüyorsun ama bir at kadar ağır, işte o kadın bu kadın' dedim."

Üzerine yürümeye başlayınca geri kaçıp süratle konuşmasına devam etti. "Kendime 'seni şu son birkaç saatte iki kez iyileştirdi, MacKenzielerin arasında yaşamaya karar verdiysen yaralarını sarıp kemiklerini yerine oturtacak bir kadınla evlenmen en doğrusu olacaktır' dedim. Ve yine kendime 'boynunu tutarken bu kadar etkileniyorsan daha aşağılara dokunduğunda neler hissedersin acaba?'diye sordum."

İskemlenin etrafından dolandı. "Elbette son dört ayımı hiç kadın görmeden bir manastırda geçirmiş olmamın da katkısı büyüktü, seninle karanlıkta birlikte yol alıyorduk." Derin bir iç geçirerek rolünü sergilemeye devam etti, onu kolundan yakalamak için uzattığım elimden kurtulmayı başarmıştı. "Bacaklarımın arasındaki kocaman popo çok şekerdi." Sol kulağına inen darbeden son anda sıyrılmayı başarıp aramıza masayı aldı. "Ve göğsüme dayanmış o taş gibi sert kafaya bakarak kendime dedim ki..."

Artık kahkahalarını tutamıyordu ve cümlelerinin arasında nefes alabilmek için durmak zorunda kalıyordu. "Jamie... Bu Saksonyalı bir kadın... Dili de engerek gibi... Poposu desen yıkılıyor... Yüzü koyuna benzese ne çıkar?"

Adeta üzerine uçtum ve dizlerimi karnına geçirdim, o yere devrilirken bütün ev sallandı.

"Bana mantık evliliği yaptığını mı söylemeye çalışıyorsun? İşin içinde aşk yok mu?" diye sordum. Kaşlarını kaldırdı, nefes almaya çalışıyordu.

"Ben biraz önce... Öyle demedim mi?"

Bir koluyla omuzlarımdan yakaladı, diğer elini eteğimin altına sokup biraz önce kendince övgüler yağdırdığı bölgeme acımasızca çimdik atmaya başladı.

Bu sırada içeri nakış sepetini almak üzere geri dönen Jenny gülerek kardeşini seyretmeye başladı. "Sen ne yapıyorsun bakayım Jamie?" dedi bir kaşını kaldırarak.

"Karımla sevişiyorum," diye cevap vermeye çalıştı Jamie, bir yandan kıkırdıyor bir yandan da benimle tepişmeye devam ediyordu.

"Bu iş için daha uygun bir yer bulabilirsin bence," derken diğer kaşını da kaldırdı. "Yerdeki kıymıklar kıçına batacak."

Lallybroch son derece huzurlu bir yerdi ama bir o kadar da kalabalık ve işlekti. Herkes sabahın köründe hızla işinin başına gidiyor, çiftlikte işler başlıyor, gün batımına kadar devam ediyor, sonra her şey yavaş yavaş duruyor, hava kararınca yemek yeniyor ve herkes ertesi sabah yeniden hayata başlamak üzere yatağına çekiliyordu.

İşlerin yolunda gidebilmesi için buradaki her kadının, her adamın ve her çocuğun yapması gereken bir iş vardı. Burası son birkaç yıldır efendileri olmadan ayakta durmayı nasıl başarmıştı, şu an Jamie ve ben de bilfiil çalışıyorduk. Artık İskoçların tembellik hakkında yaptıkları ağır eleştirilerin ne anlama geldiğini biliyordum. Eskiden bana sadece ilginç gelen bu sözleri şimdi kavramıştım. Tembellik sadece bir ahlaki çöküş göstergesi değil, doğanın dengesine de karşı gelmekti.

Çalınan küçük anlar da vardı. Bunlar her şeyin durur gibi göründüğü kısacık zaman birimleriydi, işte bu varlığın mükemmel dengesiydi, aydınlıkla karanlık gibi. Bunlardan hiçbiri sizi sürekli olarak hükmü altına almıyordu.

Buraya gelişimizin üçüncü ya da dördüncü gününde bu boş anlardan birinin tadını çıkarıyordum. Evin arkasındaki çitin üzerine oturmuş, günün son ışıklarının parıltısında uçurumdan bu yana uzanan kızıl tarlaları, geçidin yanındaki ağaçları seyrediyordum. Her şey aynı uzaklıkta gibi duruyordu, gölgeleriyle asılları karışıyordu.

Hava serindi, yakında gelecek donu müjdeler gibiydi, biraz sonra içeri girmem gerekecekti, bunu hiç istemiyordum çünkü manzara çok güzeldi. Jamie arkamdan yaklaşıp omuzlarıma pelerinimi yerleştirince irkildim, onu duymamıştım. Üzerim örtülene kadar üşümüş olduğumun da doğru düzgün farkına varamamıştım.

Jamie pelerinle birlikte kollarını da bana doladı. Hemen ona sığındım, hafifçe titriyordum.

"Titremen evden bile belli oluyordu," dedi ellerimi ellerinin içine alırken. "Dikkatli olmazsan üşüteceksin."

"Ya sana ne demeli?" Ona dönüp baktım. Hava çok soğuktu ve onun üzerinde hâlâ sadece gömleği ve eteği vardı. Biraz da burnunun ucu kızarmıştı.

"Ben buna alışığım. İskoçlar sizin gibi mavi kanlı İngilizlerden çok daha sıcakkanlıdır." Gülerek çenemden tuttu ve burnumun ucunu öptü. Onu kulaklarından yakalayıp kendime çektim.

Vücut ısılarımızı dengelememiz oldukça uzun sürdü, sıcak kan damarlarımda dolaşmaya başlayınca çitin üzerinde dengemi koruyarak arkaya yaslandım. Rüzgâr arkamdan esiyordu, saçlarım yüzüme doğru dalgalanmaya başlamıştı. O saçlarımı omuzlarımın arkasına itip buklelerimi parmaklarıyla düzeltirken günün son ışıkları saçlarımda yansımaya başlamıştı.

"Işık arkandan böyle gelirken saçlarının üzerinde hale varmış gibi oluyor," dedi hafifçe. "Altından taç takmış bir melek gibisin."

"Ve sen," dedim elimi onun kehribar renkli kirli sakallı çenesinde gezdirerek. "Neden daha önce söylemedin?"

Neyi sorduğumu anlamıştı. Gülümsedi, yüzünün bir kısmı parlarken diğer yanı hiç görünmüyordu.

"Senin benimle evlenmek istemediğini biliyordum. Sana bunu söyleyerek sırtına bir yük yüklemek istemedim ayrıca aptal âşık gibi de görünmek istemiyordum. Yeminini içtenlikle etmediğin ve ilk fırsatta bozacağın her halinden belliydi." Hafifçe sırıtarak benim itirazlarımı engelledi. "En azından ilki öyleydi. Benim de gururum var be kadın."

Ona uzandım ve onu iyice kendime doğru çektim, bacaklarımın arasına yerleşmişti. Onun bana değen vücudunun soğukluğunu hissedince bacaklarımı dolayıp pelerinimin uçlarıyla onu sardım. O da kollarını bana doladı ve yanağımı patiska gömleğine yapıştırdı.

"Aşkım," diye fısıldadı. "Ah, aşkım seni çok istiyorum."

"İkisi aynı şey değil," dedim. "Sevmekle istemekten bahsediyorum."

Boğuk bir sesle güldü. "Benim için ikisi birbirine çok yakın Saksonyalı." Onun isteğinin gücünü, sertliğini ve aciliyetini hissetmeye başlamıştım. Hızla bir adım geri attı ve eğilerek beni çitten kaldırdı.

"Nereye gidiyoruz?" Evden uzaklaşıyorduk, ilerdeki karaağaç kümesine gidiyorduk.

"Bir samanlık bulmaya..."

28

Değirmen

Yavaş yavaş malikânenin içinde yapacağım işleri bulmuştum. Jenny artık kiracıların evlerine kadar yürüyebilecek durumda değildi. Onun bu ziyaretlerini üstlendim. Bazen yanıma seyislerden birini alıyordum, bazen de Jamie ya da Ian bana eşlik ediyordu. Yanıma yiyecek ve ilaç alıp hastaları elimden geldiğince tedavi ediyordum, onlara daha sağlıklı ve temiz yaşamaları için önerilerde bulunuyor, karşılığında da farklı teşekkürler alıyordum.

Lallybroch'ta evde ve dışarıda yapabileceğim her işi yapıyordum, daha çok bahçede çalışıyordum. Evin güzel süs bahçesinin yanı sıra şifalı otlar bahçesi ve şalgam, lahana, kabak gibi sebzelerin yetiştiği bir bostanı vardı.

Jamie her an her yerdeydi, çalışma odasında hesapları tutuyor, tarlalarda kiracılarla konuşuyor, Ian'la birlikte ahırdaki atlarla ilgileniyor ve aradaki açığı kapatmaya uğraşıyordu. Bunu görevi olmasından çok, sevdiği için yapıyordu. Kısa bir süre sonra buradan ayrılmak zorunda kalabilirdik. Yokluğunda her şeyin yolunda gitmesi için çabalıyordu. Huzur içinde geri dönene kadar işler yolunda gitmeliydi.

Kendimi evimdeymişim gibi huzurlu hissettiğim bu yerden, Jenny'nin keyifli sohbetlerinden, Ian ve küçük Jamie'den ve Lallybroch topraklarından ayrılmak zorunda kalacağımızı biliyordum.

Bir sabah kahvaltının ardından Jamie ayağa kalktı ve Martin Mack'in satmakta olduğu atı görmek üzere vadinin diğer ucuna gideceğini bildirdi.

Jenny kaşlarını çatarak büfeye bakmaya başladı.

"Bunun güvenli olduğunu düşünüyor musun Jamie? Geçtiğimiz ay boyunca her yerde İngiliz devriyeleri vardı."

Jamie omuz silkerek iskemlesinin arkasına geçirdiği ceketini aldı.

"Dikkat ederim."

Kolları şömine odunlarıyla dolu Ian, "Ah, Jamie," diye başladığı sözlerine devam etti. "Bugün senden değirmene bir bakmanı isteyecektim. Jock dün oradaydı ve dişlilerde bir sorun olduğunu söyledi. Şöyle bir baktım ama bu işi ikimiz de halledemedik. Sanırım aralarına bir şeyler sıkıştı, ana sorun ise suyun altında olması."

Bana gülümseyerek tahta bacağına vurdu.

"Tanrı'ya şükür hâlâ yürüyüp, ata binebiliyorum ama yüzemiyorum. Kıyıda dolanıp suyun içinde biraz çırpınabiliyorum o kadar."

Jamie kayınbiraderinin sözlerine gülerek ceketini iskemleye bıraktı.

"Bu pek kötü bir şey sayılmaz Ian, böylelikle sabahın ayazında o soğuk sularda donmaktan kurtulmuş oluyorsun. Elbette gidip bakarım." Bana döndü.

"Sen de benimle gelmek ister misin Saksonyalı? Güzel bir sabah, küçük sepetini de yanına alabilirsin." Dalga geçerek bir şeyler toplamak için kullandığım devasa sepete baktı. "Gidip üzerimi değişeyim. Bir dakikaya dönerim." Merdivenlere ilerleyip basamakları üçer üçer çıkmaya başladı.

Ian'la birbirimize gülümsedik. Eksik uzvu onu üzüyor dahi olsa Jamie'nin coşkusunu görmek onu mutlu etmişti. Yüzünden başka hiçbir şey anlaşılmıyordu.

"Yeniden onunla olmak çok güzel," dedi.

"Keşke burada kalabilseydik," dedim hüzünle.

Kahverengi gözleri panikle bana baktı. "Hemen gitmeyi düşünmüyorsunuz değil mi?"

Başımı salladım. "Hayır, hemen değil. Ama kar yağmadan önce buradan ayrılmamız gerekiyor." Jamie Beauly'ye gitmemizin en iyi çözüm olduğuna karar vermişti. Orası Fraser klanının ana bölgesiydi. Dedesi Lord Lovat'ın bize bir yardımı olabileceğini düşünüyordu, olamasa bile en azından Fransa'ya geçmemize yardım edebilirdi.

Ian içi rahatlamış bir şekilde başını salladı. "Anladım. Neyse buna daha birkaç hafta var."

Mükemmel bir sonbahar günüydü, masmavi bir gökyüzü ve harika bir hava vardı. Mevsimin son yaban güllerini ve fesçi taraklarını gözden kaçırmamak için sohbet ederek yavaş yavaş yürüyorduk.

"Önümüzdeki hafta yeni üç aylık hesaplaşma günü," dedi Jamie. "Yeni elbisen o zamana kadar hazır olacak mı?"

"Öyle umuyorum. Neden bu özel bir gün mü?"

Bana gülümseyerek bir solucan otunu koparmak için bırakmış olduğum sepetimi aldı.

"Bir anlamda evet. Colum'unkiler kadar gösterişli değil ama o gün Bütün Lallybroch kiracıları kiralarını ödemeye gelecekler ve Lallybroch'un hanımına saygılarını sunacaklar."

"Senin bir İngilizle evlenmiş olmana çok şaşıracaklar."

"Bir kısmı büyük bir hayal kırıklığına uğrayacak. William Kalesi'ne götürülmeden önce kur yaptığım birkaç kız vardı."

"Buralardan bir kızla evlenmediğin için pişman mısın?" diye sordum.

"Sen elinde budama makasını tutarken sana 'evet' cevabını vereceğimi sanıyorsan çok yanılıyorsun, sana beni yeterince tanımamışsın derim."

Budama makasını yere bırakıp ellerimi iki yana açarak cevap vermesini bekledim. Bir süre sonra beni bırakınca eğilip makası alırken onunla dalga geçiyordum. "Senin o kadar uzun süre bakir kalmayı nasıl başardığını gerçekten çok merak ediyorum. Lallybroch'taki kızlar bu kadar mı sade?"

"Hayır," dedi gözlerini kısıp güneşe bakarken. "Bunun sorumlusu aslında babam. Bazı geceler birlikte araziyi gezip değişik konular üzerinde konuşurduk. Cinsel dürtülerimin kendisini göstermeye başladığı yaşa gelince bana bir erkeğin ektiği tohumlarından sonuna kadar sorumlu olması gerektiğini söyledi. Kadınına özen gösterip korumak da erkeğin göreviydi. Ben böyle bir sorumluluk almaya hazır olmadığımı hissettiğim için karşımdaki kadına böyle bir yük yükleme hakkını da kendimde bulamadım."

Başını çevirip arkamızda kalan eve ve ailesinin gömülü olduğu küçük mezarlığa baktı.

"Bana bir erkeğin âşık olduğu kadınla yatmasının dünyadaki en güzel şey olduğunu söyledi," dedi yumuşak bir sesle. Sonra bana gülümsedi, mavi gözleri gökyüzüyle aynı renkteydi. "Haklıymış."

Parmağımı yanağından çenesine doğru gezdirdim.

"Evlenmek için bu kadar çok bekleyeceğini bilseydi seni bu kadar zorlamazdı," dedim.

Jamie sırıttı, hafif esen rüzgâr eteğini havalandırıyordu.

"Kilise mastürbasyon yapmanın günah olduğunu söyler ama babam düzgün bir adamın gereken anlarda zavallı bir kadını kullanmak yerine kendini kurban etmesi gerektiğini söylemişti."

Kahkahalarımı durdurmayı başarınca konuşabildim. "Hayır, bunu sormayacağım. Her şeye rağmen bakir kalmayı başardın."

"Hem Tanrı'ya hem de babama sadık kaldım Saksonyalı. On dört yaşıma girdiğim sıralarda işin açıkçası kızları düşünmeye başlamıştım ama tam o zamanlarda Dougal'ın yanına gönderildim."

"Orada kızlar yok muydu? Dougal'ın kızları olduğunu sanıyordum."

"Evet, hem de dört kızı var. İkisi küçüktü ve bakılacak halleri yoktu. En büyükleri gerçekten güzel bir kızdı. Benden bir ya da iki yaş büyüktü. Adı Molly idi. Benim ona olan ilgim pek hoşuna gitmiyordu sanırım. Akşam yemeklerinde onu seyrederdim, sonunda bana hasta olup olmadığımı sordu. Hastaysam gidip yatağa yatmalıymışım, değilsem de ağzımı kapatmam iyi olurmuş çünkü yemek yerken bademciklerimi görmekten hoşlanmıyormuş."

"Neden öyle kaldığını anlamaya başladım," derken önüme

çıkan yükseltiden geçebilmek için eteğimi yukarı topladım. "Ama bütün kızlar onun gibi davranmış olamaz."

"Hayır," dedi bana rahat geçmem için elini uzatırken. "Hayır, davranmadılar. Molly'nin bir küçüğü Tabitha daha dostça davranmıştı." O günleri hatırlayarak gülümsedi.

"Tibby, ilk öptüğüm kızdı. Doğruyu söylemem gerekirse beni ilk öpen kız oydu. Ağıldan mandıraya onun için iki kova süt taşıyordum, yol boyunca arkasından ilerlerken onu nasıl kapının arkasına kıstırır da öperim diye planlar yapıyordum. Kapının oraya geldiğimizde iki elim de dolu olduğu için kapıyı o açıp beni önden geçirdi. Kapının arkasına kıstırılan ben olmuştum, Tib parmak ucuna kalkıp kulaklarımı yakaladı ve beni öpmeye başladı. Süt tabii ki döküldü."

"Unutulmaz bir ilk deneyim olmuş," dedim gülerek.

"Onun ilk seferi olduğunu hiç sanmıyorum," dedi sırıtarak. "Benim bildiklerimden çok daha fazlasını biliyordu. Gerçi çok fazla pratik yapamadık. Bir ya da iki gün sonra annesi bizi kilerde yakaladı. Bana ters ters bakıp Tibby'ye gidip sofrayı hazırlamasını söyledi. Ama bundan Dougal'a bahsetmiş olmalı."

Dougal MacKenzie'nin kızının onuruna bir leke gelebilme riskine karşılık neler yapabileceğini tahmin bile edemiyordum.

"Bunu düşünmek bile istemem," dedim sırıtarak.

"Ben de," dedi Jamie titreyerek. Bana yan gözle baktı, utanmış gibiydi.

"Genç erkeklerin sabahları nasıl uyandığını bilirsin, bazen uyandıklarında... Eee... Yani..." Kızarmaya başlamıştı.

"Evet, bilirim," dedim. "Yirmi üç yaşındaki yaşlı erkekleri de biliyorum. Farkında değil miyim sanıyorsun. Sabahları bana bunu sık sık hatırlatıyorsun."

"Hımm. Neyse Tabitha'nın annesinin bizi yakaladığı günün ertesi sabahında, şafak sökerken uyandım. Rüyamda onu görüyordum - Tib'i annesini değil - ve penisimin üzerinde bir el olduğunu hissedince çok şaşırdım. Bu benim elim değildi."

"Tibby'nin eli değildi herhalde?"

"Hayır, değildi. Babasınınkiydi."

"Dougal mı? Ne diyorsun?"

"Gözlerimi kocaman açmıştım, bana gülümsedi, çok kibardı. Yatağa oturdu, dayı ve yeğen, hatta baba yarısı ve oğul yarısı olarak hoş bir sohbet yaptık. Benim orada yaşamamdan ne kadar mutlu olduğunu, onun oğlu olmadığı için beni oğlu yerine koyduğunu falan anlattı. Ailesi de beni çok seviyordu. Kızlarının bana karşı olan masum sevgilerini kötüye kullanan biri olmam çok kötü bir şey olurdu ama o benim böyle bir şey yapmayacağımdan çok emindi ve bana güveniyordu."

"Aslında ben yatıyordum o konuşuyordu, bir eli kamasının diğeri de benim değerli toplarımın üzerindeydi. Ben 'evet, dayı', 'hayır dayı'dan başka sözcük sarf etme imkânını bulamamıştım. O konuşmasını bitirip odadan çıkınca, yorganın altına saklanıp domuzları hayal etmeye başladım. On altı yaşıma gelip Leoch'a gidene kadar da hiçbir kızı öpmedim."

Gülerek bana baktı. Saçları bir deriyle arkadan bağlanmıştı ama kısa olan yerleri dışarı fırlamıştı ve güneşte altın gibi parlıyorlardı. Leoch'dan Craigh na Dun'a yaptığımız yolculuk sırasında teni bronzlaşmıştı, rüzgârın altında mutlulukla uçan sonbahar yapraklarına benziyordu.

"Ya sen, benim güzel Saksonyalım?" diye sordu sırıtarak. "Senin peşinde dolaşan küçük delikanlılar var mıydı? Utanıp onlardan kaçar mıydın?"

"Senin kadar değil," dedim, dikkatli konuşuyordum. "Sekiz yaşındaydım."

"Ulu Tanrım. Şanslı delikanlı kimdi?"

"Rehberin oğluydu. Mısır'daydık. O da dokuz yaşındaydı."

"Bundan dolayı seni suçlayamam o zaman. Yoldan çıkmış yaşlı bir adam ya da bir barbar değilmiş en azından."

Değirmene yaklaşmıştık, çok güzel görünüyordu, sarı sıvalı duvarlarından aşağı kırmızı asmalar iniyordu, yeşil kepenkleri ışığın içeri girmesi için açık bırakılmıştı. Sular çalışmayan tekerleğin altından coşkuyla akıyordu. İçinde ördekler vardı, güneye uçmaya başlayan yaz ördekleri dinlenmek için burada durmuşlardı.

"Bak," dedim tepede durup elimle Jamie'yi de durdurarak. "Çok güzel görünmüyor mu?"

"Tekerlek dönerken çok daha güzel görünür," diyerek bana baktı ve güldü.

"Evet, Saksonyalı. Burası çok güzel bir yer. Delikanlıyken burada yüzerdim."

Biraz daha aşağı inince değirmen havuzu daha görünür hale geldi. Oradaki oğlanlar da. Dört delikanlı çırılçıplak suya girmiş çığlıklar atarak birbirlerine su sıçratıyorlardı.

"Brrr," dedim onları seyrederken. Hava sonbahar için güzeldi ama yanıma şalımı almış olduğum için mutluydum. "Onları görmek bile kanımı donduruyor."

"Öyle mi?" diye sordu Jamie. "O zaman seni hemen ısıtayım."

Sudaki oğlanları süzdükten sonra beni orada bulunan kocaman kestane ağacının gölgesine çekti ve sarıldı.

"İlk öptüğüm kız değilsin," diye konuşmaya başladı. "Ama sana yemin ederim ki sonuncusun." Başını yukarı kaldırmış olduğum yüzüme doğru eğdi.

Değirmenci dışarı çıkınca Jamie hızla bizi tanıştırdı ve ben suyun kenarında bir banka oturdum. Jamie birkaç dakika adamın anlattıklarını dinledi. Değirmenci taşı çevirmeyi denemek için içeri girdiğinde Jamie bir süre havuzun karanlık sularına baktı. Sonra kararını verip soyunmaya başladı.

"Yapılabilecek başka bir şey yok," dedi bana dönerek. "Ian haklı, çarkın suyun içindeki kısmına bir şey sıkışmış. Suya girip onu..." Benim çıkardığım sesin sebebini merak ederek oturduğum yere döndü.

"Sorun nedir?" diye sordu. "Daha önce hiç külotlu adam görmedin mi?"

"Hayır... Bunun gibisini görmedim!" Boğulmadan bu sözleri söylemeyi başardım. Suya gireceğini önceden bildiği için eteğinin altına bir zamanlar kırmızı olduğu belli olan, şu an yamalarından dolayı değişik renklere sahip çok eski, kısa bir çamaşır giymişti. Bu don bir zamanlar karın kısmı Jamie'den biraz daha geniş birine aitti. Kalçaları hafif boldu ve "V" şeklinde deseni olan karın kısmı Jamie'nin düz karnının üzerinden hafifçe aşağı sarkıyordu.

"Büyükbabanın mıydı?" derken kıkırdamamı engellemeyi başaramamıştım. "Büyükannenin de olabilir."

"Babamındı," dedi burnunu havaya kaldırarak. "Karımın ve kiracılarımın önünde suya çıplak bir yumurta gibi girmemi beklemiyordun herhalde?"

Gururlu bir tavırla gereken malzemeleri toplayıp havuza girdi. Tekerleğin yakınına kadar yüzeyden ilerledi, orada durup derin bir nefes aldıktan sonra suya daldı, son gördüğüm şey arkasındaki şişmiş kırmızı don oldu. Değirmenci kafasını pencereden çıkarmış, onun başının yüzeye çıktığı anlarda direktiflerle birlikte cesaretini arttırıcı cümleler söylemekle meşguldü.

Havuzun kenarı kalın su bitkileriyle doluydu, ebegümeci köklerini eşelemek için kullandığım çubuğumla beyaz çiçekli bir ispiri incelemeye başladım. Sepetimin yarısı dolmak üzereyken arkamdan gelen bir öksürük sesi duydum.

Oldukça yaşlı bir kadındı ya da öyle görünüyordu. Akdikenden yapılmış bir sopaya dayanmıştı, yirmi yıldır aynı giysileri giyiyor gibiydi, şu anki ufalmış bedenine bol geliyorlardı.

"Günaydın," dedi başını hızlı hızlı sallayarak. Başında saçının çoğunu gizleyen kolalı bir kep vardı, birkaç tutam gri saç elma gibi yanaklarının yanına düşmüştü.

"Günaydın," diyerek doğrulmaya çalıştım, o bana birkaç adım daha yaklaştıktan sonra asaletle önümde reverans yaptı. Yeniden doğrulabilmesi için içimden dua ettim.

"Ben," diyerek konuşmaya başladım ama o başka bir şey söyleyemeden beni durdurdu.

"Sen yeni hanımımız olmalısın. Ben Bayan MacNab - bütün gelinlerim bana Büyükanne MacNab demeyi tercih ederler." Kuru ellerini uzatarak sepetimi kendisine doğru çekip içine baktı.

"Ebegümeci kökü, bu öksürüğe iyi gelir. Ama şunu kullanmanı hiç tavsiye etmem yavrum." Kahverengi bir kökü gösterdi. "Zambak kökü gibi görünüyor ama değil."

"Nedir o?" diye sordum.

"Yılandili. Bir tanesini yediğin anda nalları dikersin." Kökü sepetten alıp suya fırlattı. Sepeti kucağına alıp içindeki diğer bitkileri incelemeye başladı. Ona hem hayranlık hem de huzursuzlukla bakıyordum. Sonunda tatmin olmuş bir şekilde sepeti bana uzattı.

"Bir Saksonyalıya göre hiç de aptal değilsin," diye belirtti. "Kestere ile kuzu budunu birbirinden ayırabiliyorsun." Jamie'nin başının göründüğü havuza doğru baktı. Bu baş yeni bir nefes daha alıp yeniden suya gömüldü. "Reisimizin seninle sadece güzel yüzün için evlenmemiş olduğu ortada."

"Teşekkür ederim," dedim sözlerini bir kompliman olarak görmeyi tercih etmiştim. Yaşlı kadının keskin gözleri karnıma dikilmişti.

"Hâlâ bebek yok mu?" diye sordu. "Ahududu yaprakları buna çözüm getirir. Onu ve bir avuç dolusu kuşburnunu karıştırıp ay dolunay olmadan önceki bir hafta süresince iç. Dolunaydan yarım aya dönerken de diken üzümü iç."

"Ah, güzel ama..."

"Reisten bir ricam olacaktı," diyerek sözlerine devam etti yaşlı kadın. "Şu an meşgul olduğunu görüyorum bu yüzden sana söyleyeceğim."

"Pekâlâ," dedim usulca, onu susturma imkânım yoktu.

"Büyük torunum," dedi mermer gibi parlayan gri gözlerini bana dikerek. "Bu Rabbie olanı, toplamda on altı torunum var ve üçünün adı Robert. Birine Bob, diğerine Rob buna da Rabbie diyoruz."

"Tebrik ederim," dedim kibarca.

"Reisin onu ahırlarına seyis yamağı olarak almasını istiyorum," diyerek devam etti.

"Ben onun adına..."

"Sorun babası, anlatabiliyor muyum?" dedi bana doğru eğilerek. "Biraz sertlikten bir kötülük gelmeyeceğine inanıyorum ama o çok sık sopayı eline alıp oğlana hasar veriyor. Çocuk da yerinde durmuyor bunu hak etmediğini pek söyleyemeyeceğim ama oğlanı tabaktan sadece fazla bir parça pide aldığı için yüzünde elim kadar bir çürükle ocağın önüne düşmüş görünce..."

"Rabbie'nin babasının ona vurduğunu mu söylemek istiyorsunuz?" diyerek araya girdim.

Yaşlı kadın başıyla onayladı, zekâm hoşuna gitmişti. "Evet, aynen bunu söylüyorum." Elini havaya kaldırdı. "Normal şartlar altında böyle bir duruma asla müdahale etmem. Bir adam oğlunu nasıl yetiştirmek isterse öyle yetiştirir. Ama Rabbie benim için biraz özel bir çocuktur. Bunu söylemek son derece utanç verici ama babasının ayyaş olması oğlunun suçu değil."

İşaret parmağını uyarır gibi havaya kaldırdı. "Ronaldo'nun babası da zaman zaman bir iki yudum içerdi. Ama bana ya da çocuklarına el kaldırmazdı - yani ilk kaldırışından sonra bir daha yapmadı," diye ekledi hemen. Bana göz kırptı, yanakları elma gibiydi, onun gençliğinde oldukça çekici ve hoş bir kadın olduğunu düşündüm.

"Bana bir kez vurdu," diye itiraf etti, "ve ateşin içinden demiri kaptığım gibi kafasına geçirdim." İleri geri sallanarak gülmeye başladı. "Onu öldürdüğümden emindim, başını kucağıma alıp dul bir kadın olarak iki çocuğu nasıl doyuracağımı düşünerek ağlıyordum. O sırada ayıldı ve o günden sonra bana da çocuklara da bir daha asla el kaldırmadı. On üç çocuk doğurdum," dedi gururla. "Onunu büyüttüm."

"Tebrik ederim," dedim, bunu içimden gelerek söylemiştim.

"Ahududu yaprakları," dedi elini dizime koyarak. "Bana inan yavrum, ahududu yaprakları bu sorunu çözecektir. Eğer çözmezse gel beni gör, sana kabak tohumu ve kirpi tohumunu çiğ yumurta ile karıştırıp bir içecek hazırlarım. O adamın tohumlarının direk olarak rahmine düşmesini sağlar, paskalya kabakları gibi bir anda şişersin."

Kızararak öksürdüm. "Hımm, Jamie'nin yani reisin demek istedim, torununu babasından kurtarmak için seyis olarak işe almasını istiyorsunuz, doğru mu anladım?"

"Evet, aynen öyle. O son derece çalışkan bir delikanlıdır, reis onu işe aldığı için asla..."

Yaşlı kadının bir anda yüzü donmuştu. Dönüp bakınca ben de dondum. Kırmızı urbalılar. Altı süvari değirmene doğru yaklaşıyordu.

Bayan MacNab hızlı düşünerek ayağa kalkıp gidip Jamie'nin

yerde duran giysilerinin üzerine oturdu. Eteklerini iyice yayıp her yeri örttü.

Suda bir dalgalanma oldu ve arkamdan derin bir nefes sesi duydum, Jamie yeniden suyun yüzüne çıkmıştı. Ona bir şey söylemeye ya da yerimden kıpırdamaya korkuyordum, kırmızı urbalıların dikkatini suya çekmek istemiyordum. Arkamdaki ölüm sessizliğinden onun da gelenleri gördüğünü anladım. Tekrar suya dalmadan önce kendi kendine, "Kahretsin," dediğini duydum.

Yaşlı hanım ve ben kıpırdamadan oturuyorduk, yüzlerimiz mermer gibiydi. Onlar değirmene varan yola girer girmez yaşlı kadın bana dönüp işaret parmağını dudaklarına götürdü ve susmamı tembih etti. Konuşmamalıydım, onlar benim İngiliz olduğumu anlamamalıydı. Çamura batmış toynak sesleri çok yaklaşmıştı, ona başımla anladığımı belirten bir hareket bile yapamadım.

"İyi sabahlar hanımlar," dedi şefleri. O bir onbaşıydı ama Onbaşı Hawkins değildi, buna çok sevindim. Hızla bütün adamlara baktım, hiçbirini William kalesinde görmemiştim, sepetimi sımsıkı tutan parmaklarım huzura kavuştu.

"Değirmeni uzaktan gördük," dedi süvari. "Bize birkaç çuval yiyecek satabileceğinizi düşündük." Önümüzde eğildi, bu hareketi hangimize yaptığı belli değildi.

Bayan MacNab soğuk ama kibar bir sesle konuşmaya başladı.

"İyi sabahlar," dedi başını kaldırarak. "Yiyecek almak için geldiyseniz korkarım hayal kırıklığına uğrayacaksınız. Değirmenin tekerleği çalışmıyor. Bir dahaki sefere yolunuz buraya düştüğünde umarım çalışıyor olur."

"Sorun nedir?" Onbaşı kısa boylu genç bir adamdı, sorunla ilgilenmek ister gibiydi. Havuza ilerleyip tekerleğin olduğu yere baktı. Taş hakkında son bilgileri Jamie'ye iletmek üzere pencereden başını çıkaran değirmenci onu gördüğü anda ortalıktan yok oldu.

Onbaşı adamlarından birini yardıma çağırdı. Çarkın bulunduğu yerdeki çıkıntıya tırmanıp adamına eliyle işaret etti. Adam onu sırtına aldı. Onbaşı çatıya ulaştı ve iki eliyle kendini yukarı çekti. Oradan çarka ulaşmayı başardı. Uzanıp onu iki eliyle sarstı. Aşağı eğilip pencereden değirmenciye taşı eliyle döndürmeyi denemesini söyledi.

Gözlerimi kanaldan uzak tutmaya çalışıyordum. Çarkın nasıl çalıştığı hakkında fazla bilgi sahibi değildim ama onun bir anda çalışmaya başlayıp yakınında bulunan her şeyi yok edeceğinden korkuyordum. Bu büyük ihtimalle boş bir korku değildi çünkü Bayan MacNab yanımızdaki askerlerden birine bir şeyler söylüyordu.

"Şefini aşağı çağır asker. Ya kendine ya da değirmene bir zarar verecek. İnsanlar anlamadığı işlerle uğraşmamalılar."

"Ah bunun için üzülmeyin bayan," dedi asker samimiyetle. Onbaşı Silver'ın babasının Hampshire'da buğday değirmeni vardı. Onbaşı su değirmenlerinden çok iyi anlar."

Bayan MacNab'le panik içerisinde bakıştık. Onbaşı bir süre daha uğraştıktan sonra inip oturduğumuz yere geldi. Terlemiş ve kızarmış yüzünü mendiliyle sildikten sonra bize döndü.

"Onu yukarıdan oynatamıyorum, bu aptal değirmenci de İngilizce anlamıyor." MacNab'ın yürüyüş sopasına ve bükülmüş eklemlerine bakıp bana döndü. "Belki de küçük hanım gelip onunla anlaşmamı sağlayabilir."

Bayan MacNab uzanıp sıkıca kolumu yakaladı.

"Gelinimi affetmeniz gerekecek. Çocuğu ölü doğduğu günden beri kafasına bir şeyler oldu. Zavallı kız o günden sonra tek kelime bile konuşmadı. Acısının içinde boğuldu gitti."

Onlara hüzünle baktım, içinde bulunduğum durumda rol yapmama gerek kalmamıştı.

Onbaşının canı sıkılmıştı. "Ah, anlıyorum..." dedi. Havuza ilerleyip kaşlarını çatarak baktı. Yüzünde Jamie'nin bir saat önce takınmış olduğu ifadenin aynısı vardı, büyük ihtimalle sebebi de aynıydı.

"Başka çaresi yok Collins," dedi yanındaki yaşlı süvariye. "Suya girip onu tutan şeyin ne olduğunu bulmalıyım." Kırmızı ceketini çıkarıp gömleğinin kol düğmelerini çözmeye başladı. Yeniden korkuyla Bayan MacNab'e baktım. Suyun altında nefes alabilecek bir yer bulmuş olmalıydı ama saklanacak bir yer bulmuş olduğunu hiç sanmıyordum.

Bir epilepsi krizi taklidi yapmamın duruma ne kadar faydası olabileceğini bulmaya çalışırken tekerlek çatırdayarak dönmeye başladı. Bir ağaç devriliyormuş gibi gürültü çıkmıştı, tekerlek önce yarım tur döndü, bir an yine sıkıştı ve ardından normal süratiyle dönmeye başladı, kaşıklar suyla dolmaya başlamıştı.

Onbaşı soyunmayı bıraktı ve tekerleği seyretmeye başladı.

"Şuna bak Collins! Acaba oraya sıkışan neydi?" Sorusunun cevabı bir anda tekerleğin üzerinde belirdi. Suyla dolan kaşıkların birinde kırmızı bir şey vardı. Kaşık yeniden suya girince bu kırmızı şey kurtulup suya düştü. Jamie'nin babasının eski donu suda yüzmeye başladı.

Yaşlı süvari onu bir çubuk yardımıyla sudan aldı ve onbaşısına getirdi. Çubuğu ucunda ölü bir balık varmış gibi tutuyordu.

"Hımm," dedi çamaşırı inceleyerek. "Acaba bu nereden geldi? Aksa dolanmış olmalı. Bu kadar küçük bir şeyin böylesine büyük bir sorun çıkarması ne komik değil mi Collins?"

"Evet, efendim." Süvari değirmenin nasıl çalıştığıyla belli ki hiç ilgilenmiyordu ama kibarca cevap vermişti.

Onbaşı bez parçasını elinde evirip çevirdikten sonra, omuz silkerek elini onunla temizlemeye başladı.

"Düzgün bir kumaş," dedi bezi sıkarken. "Ayakkabılarımı parlatabilirim. Bunu hatıra olarak alacağım Collins." Önümüzde nezaketle eğildikten sonra atına ilerledi.

Süvariler gözden kaybolunca havuzun içindeki sular etrafa sıçramaya başladı. Su canavarı meydana çıkmıştı.

Bütün kanı çekilmiş rengi maviye dönmüştü, dişleri birbirine çarpıyordu, ağzından ilk kelimelerini çıkarmak için oldukça zorlandı. Zaten onlar da İskoççaydı.

Bayan MacNab onun ne dediğini anlamıştı ve ağzı açık kalmıştı. Onu kapatmayı başardıktan sonra reisinin önünde eğildi. Onu gören Jamie kıyıya doğru ilerlemekten vazgeçip olduğu yerde kaldı, su hâlâ kalça hizasındaydı. Derin bir nefes alıp dişlerinin birbirine vurmasını engellemeye çalışırken omzuna konmuş bir yosunu alıp suya fırlattı.

"Bayan MacNab," diyerek yaşlı kiracısını selamladı.

"Efendim," diyen yaşlı kadın bir kez daha eğildi. "Güzel bir gün öyle değil mi?"

"Bi... Biraz rüzgârlı," dedi bana bakarak. Çaresizlikle omuzlarımı silktim.

"Sizin eve dönmeniz bizi çok mutlu etti efendim, oğullarım ve ben çok yakında sürekli kalmak üzere buraya döneceğinizi umuyoruz."

"Ben de Bayan MacNab," dedi Jamie nezaketle. Başını gözleri ateş püskürerek bana çevirdi. Ona gülümsedim.

Yaşlı kadın bu bakışları görmezden gelip ellerini kucağının üzerine koyarak oturduğu yere iyice yerleşti.

"Sizden bir ricam olacak efendim," diye başladı, "Küçük toru..."

"Büyükanne MacNab," diye gürleyerek sudan karaya doğru bir adım attı Jamie, "benden istediğin her şeyi yapacağım, yeter ki donmadan önce şu gömleğimi bana ver."

29

Biraz Daha Dürüstlük

Akşamları yemekten sonra genellikle Jenny ve Ian'la birlikte salonda oturup sohbet ediyor, Jenny'nin hikâyelerini dinliyorduk.

Bu gece anlatma sırası bendeydi, onlara kırmızı urbalıları ve Bayan MacNab'i anlattım.

"Tanrı biliyor ya çocuk biraz dayağı hak ediyor, yoksa şeytanın eline düşecek." Yaptığım Bayan MacNab taklidi hepsini kırıp geçirdi.

Jenny gözlerinden akan yaşları temizledi.

"Of, çok güzel yaptın. Aslında durumunun o da farkında. Ian onun sekiz oğlu mu vardı?"

Ian başıyla onu onayladı. "Evet, en az o kadar var. Hepsinin adını hatırlayamıyorum ama Jamie ve ben gençken ortalıkta avlanan, balık tutan ya da yüzen bir sürü MacNab vardı."

"Siz birlikte mi büyüdünüz?" diye sordum. Jamie ile Ian birbirlerine bakarak gülüştüler.

"Evet, birbirimizi tanırız," dedi Jamie kahkaha atarak. "Ian'ın babası o zamanlar Lallybroch'un kâhyasıydı, bu işi şimdi Ian yapıyor. Gençlik günlerimde kendimi sürekli onun karşısında Ian'la dirsek dirseğe oturmuş bulurdum, bana ya da Ian'a babalarımıza saygı duymamız gerektiğini, bazen görünüşün aldatıcı olabileceğini, içinde bulunulan şartların durumları nasıl değiştirebileceğini anlatır dururdu."

"Ve ben de," dedi Ian, "bazı durumlarda kendimi Bay Fraser'ın önünde çite dayanmış bir şekilde sıramı beklerken Jamie'nin çığlıklarını dinler bir halde bulurdum."

"Asla!" dedi Jamie. "Hiç çığlık atmadım."

"Sen buna istediğin adı verebilirsin Jamie," dedi arkadaşı. "Ama oldukça gürültücüydün."

"Onu kilometrelerce uzaktan bile duyabilirdin," diyerek lafa girdi Jenny. "Bunlar sadece çığlık değildi. Jamie çite dayanmış dururken bile kavga etmeyi başarırdı."

"Avukatlığımızı hep Jamie yapardı. Neden konuşmayı senin yapmana izin verirdik hiçbir zaman bilemedim," dedi Ian başını sallayarak. "Bizi hep başladığımız durumdan daha kötü bir duruma sürüklerdin."

Jamie yeniden kahkahalarla gülmeye başladı. "Kaleden mi bahsediyorsun?"

"Aynen öyle." Ian bana dönerek batıyı gösterdi, evin arkasındaki tepede yükselen tarihi yapıdan bahsediyorlardı.

"Bu Jamie'nin en iyi savunmalarından biriydi," dedi gözlerini yukarı çevirerek. "Brian'a insanların bakış açısını değiştirmek için fiziksel güç kullanmanın gelişmemişlik olduğunu söyledi. Bedensel cezaların barbarlık olduğunu, tekmelemenin de modasının geçmiş olduğunu bildirdi. Dayağın sonuçlarının suç işleyenler üzerinde farklı etkileri olabileceğini ve bunların her zaman yapıcı sonuçlar doğurmayacağını..."

Hepimiz kahkahalara boğulmuştuk.

"Brian onu sonuna kadar dinler miydi?" diye sordum.

"Elbette," diyerek onayladı Ian. "Ben de Jamie'nin yanında durup onun nefes almak için durduğu anlarda başımı sallayarak onun söylediklerini desteklerdim. Bu kez de Jamie'nin söyleyecek sözü kalmayınca babası hafifçe öksürdü ve 'anladım' dedi. Sonra arkasını dönüp bir süre pencereden dışarı baktı, elindeki kayışı sallayıp bir şeyler düşünüyor gibi kafasını sallıyordu. Biz Jamie'nin demin de söylediği gibi dirsek dirseğe oturmuş, terliyorduk. Sonunda Brian bize dönüp onu ahırlara kadar takip etmemizi söyledi."

"Bize birer süpürge, fırça ve kova verip kaleyi gösterdi," dedi Jamie, Ian'ın kaldığı yerden hikâyeye devam ediyordu. "Onu ikna ettiğimi ve bize 'yapıcı' bir ceza vermeyi planladığını söyledi."

"O kale yerden on sekiz metre yüksek," dedi bana dönüp, "ve çapı da dokuz metre ve üç katlı. Orayı baştan aşağı süpürdük, sonra fırçaladık. Bunu yapmamız beş günümüzü aldı, bugün bile öksürürken oradaki çürümüş yulafların kokusunu alabiliyorum."

"Üçüncü günde sen beni öldürmeye çalıştın," dedi Jamie, "bizi o duruma düşürdüğüm için beni öldürecektin." Yavaşça başına dokundu. "Kulağımın üzerinde hâlâ süpürgeyi vurduğun zaman olan yaranın izi var."

"Oh, iyi olmuş," dedi Ian, çok rahattı. "Sen de iki kez burnumu kırmıştın, eşitiz."

"Murray hep skorları aklında tutar," dedi Jamie başını sallayarak.

"Şimdi bir bakalım," dedim parmaklarımı havaya kaldırıp saymaya başladım. "Sana göre, Fraserlar inatçı, Campbelllar sinsi, MacKenzieler hoş ama içten pazarlıklı, Grahamlar aptal. Murraylerin belirgin özelliği nedir?"

"Kavgada onlara her zaman güvenebilirsin," dedi ikisi birden ve güldüler.

"Sen de güvenebilirsin," dedi Jamie kendini topladıktan sonra. "Onun senin tarafında olmasını istersin hep." İkisi birden yine gülmeye başladılar.

Jenny kocasına ve kardeşine bakarak başını hiç büyümeyecekler der gibi salladı.

"Daha şarap bile içmedik," dedi. Dikişini yanına bırakıp ayağa kalktı. "Benimle gel Claire, bakalım Bayan Crook şarabın yanında yememiz için kurabiye yapmış mı?"

On beş dakika sonra elimizde dolu tepsilerle koridorda yürürken, Ian'ın konuştuğunu duydum. "Demek bana kızmadın Jamie?"

"Neye kızmadım?"

"Senin onayın olmadan evlendiğimiz için."

Önümden yürüyen Jenny salonun kapısının dışında hızla durdu.

Jamie'nin yayılarak oturduğu ikili koltuktan bir hırıldama

geldi. "Size nerede olduğumu söylememiştim, geri dönüp dönmeyeceğimi bile bilmiyordunuz. Sizi beni beklemediğiniz için suçlayamam."

Odun sepetine dayanmış duran Ian'ın yüzünü yandan görebiliyordum. Güzel yüzü hafif asıktı.

"O sırada pek doğru düşünemiyordum ama sakat bir adam olmam da..."

Jamie'nin homurtusu iyice yükseldi.

"İki bacağını ve iki kolunu bile kaybetmiş olsan Jenny senden daha iyi bir koca bulamazdı," dedi. Ian'ın beyazlamış yüzü utançla pembeleşti. Jamie öksürerek bacaklarını puftan indirdi ve sepetten yere yuvarlanmış bir çıra parçasını almak için yere eğildi.

"Vicdanınızın sesine karşı çıkıp evlenmeyi nasıl başardınız?" diye sorarken dudağı yukarı kıvrılmıştı.

"Asil adam," diyerek kızdı ona Ian, "bu konuda herhangi bir seçim şansım var mıydı sanıyorsun? Bir Fraser'a nasıl karşı koyabilirdim ki?" Arkadaşına sırıtarak başını salladı.

"Bir gün ben arazide çalışırken geldi, yük arabasının tekerleğini tamir etmeye çalışıyordum, çamurların içine yatmış debeleniyordum. Bir anda onu karşımda gördüm, sanki her yanında kelebekler uçuşuyordu. Beni süzdükten sonra konuşmaya başladı - aslında ne söylediğini hatırlayamıyorum. Hatırladığım tek şey bu sözlerinin sonunda beni öptüğü ve inanılmaz bir züppelikle karşımda durup, 'İyi o zaman Aziz Martin gününde evleniriz,' dediği." Ellerini çaresizlik içinde iki yana açmıştı. "Ona böyle bir şeyi yapmamamız gerektiğini anlatırken kendimi bir anda rahibin karşısında buldum. 'Ben Jenny'yi karım olarak...' diye başlayan sözcükleri söylüyor ve aklıma dahi gelmeyen koşullar için yemin ediyordum."

Jamie kahkahalar atarak koltuğuna devrildi.

"Ah, o duyguyu çok iyi biliyorum, insan kendisini bir boşluğa düşmüş gibi hissediyor, öyle değil mi?"

Ian gülümsedi, utancını unutmuştu. "Kesinlikle öyle. O duyguyu hâlâ hissediyorum. Jenny birdenbire güneşte ya da bir tepede karşıma çıktığında, kucağında küçük Jamie'yi tutarken çaktırmadan onu seyrediyorum ve 'Tanrım bu kadın benim olmuş olamaz, bu gerçek değil' diyorum." Başını sallayınca kumral saçları alnına döküldü. "Sonra Jenny bana dönüp gülümsüyor..." Sırıtarak kayınbiraderine baktı.

"Bunu aslında sen de biliyorsun. Aynı şeyi sana ve Claire'e baktığımda da görebiliyorum. O... O senin için çok özel, değil mi?"

Jamie onu onayladı. Hâlâ gülümsüyordu ama gülümseyişi değişmişti.

"Evet," dedi kısık sesle. "Evet, çok özel."

Bisküvi ve şarapla birlikte Ian'la Jamie çocukluk anılarını ve babalarını anlatmaya devam ettiler. Ian'ın babası William geçen baharda ölmüştü ve Ian malikâneyi tek başına yönetmeye başlamıştı.

"Hatırlıyor musun, baban bir gün kaynağın yanından bizi alıp araba tamirinin nasıl yapıldığını görmemiz ve öğrenmemiz için demirciye götürmüştü."

"Hatırlamaz mıyım, bizim neden kıvranıp durduğumuzu bir türlü anlayamamıştı..."

"Sürekli, tuvalete gitmek isteyip istemediğimizi sormuştu."

İkisi birden yine kahkahalar atmaya başladılar, hikâyeyi bitiremiyorlardı, dönüp Jenny'ye baktım.

"Kurbağalar," dedi kısaca. "İkisinin de gömleklerinin içinde beşer tane kurbağa vardı."

"Onlardan biri gömleğinden fırlayıp demirhanenin ortasını düşünce öleceğimi sanmıştım." dedi Ian.

"Bazı durumlarda babamın neden boynumu kırmamış olduğunu bir türlü anlayamıyorum," dedi Jamie başını sallayarak. "Bir gün büyümeyi başarıp başaramayacağım çok meçhuldü."

Ian düşünceli gözlerle şöminenin önünde tahta bloklarla oynayan oğluna baktı. "Oğlumu dövme zamanı geldiğinde bunu nasıl yapacağımı bilemiyorum. Demek istiyorum ki... Yani o, o kadar küçük ki..." Eliyle, işine gömülmüş küçük oğlanı gösterdi.

Jamie adaşına endişeli gözlerle baktı. "En az senin ya da benim kadar yaramaz olacak, zamana bırak. Sanırım ben de bir dönem küçük ve masum görünmüştüm."

"Göründün," dedi Jenny beklenmedik bir şekilde ve kardeşinin kafasına hafifçe vurdu.

"Bebekken çok tatlıydın Jamie. Beşiğinin başında durup seni seyrederdim. İki yaşından büyük değildin, parmağın ağzında uyurdun, senin çok güzel bir çocuk olduğunu düşünürdük. Tombul yuvarlak yanakların ve kızıl buklelerinle çok güzeldin."

Güzel delikanlı hafifçe kızardı ve benimle göz göze gelmemeye çalışarak şarabından kocaman bir yudum aldı.

"Bu çok uzun sürmedi gerçi," dedi Jenny. "İlk dayağını yediğinde kaç yaşındaydın Jamie? Yedi mi?"

"Hayır, sekiz," dedi ateşe yeni bir odun atarken. "Çok acımıştı. Popoma on iki tane kayış yemiştim ve hiçbirini de yavaş vurmamıştı. Bunu asla yapmazdı." Yeniden arkasına yaslanırken eliyle burnunu ovalamaya başladı. Yanakları kızarmış, gözleri parlamaya başlamıştı.

"Bitince ben toparlanana kadar babam benden uzaklaşıp bir kayanın üzerine oturmuştu. Ben böğürmeyi bırakıp burnumu çekmeye başlayınca beni yanına çağırdı. Söylediklerini kelimesi kelimesine hatırlıyorum. Bunu zamanı gelince sen de Jamie'ye uygulayabilirsin istersen." Jamie o günü hatırlarken gözlerini yumdu.

"Beni dizlerinin arasına aldı ve yüzüne bakmamı sağladı. 'Bu ilkti Jamie. Bunu sen büyüyüp adam olana kadar belki de yüz kez daha yapmak zorunda kalacağım,' demiş ve sonra kahkaha atmıştı. Ben inatçı ve dikbaşlı olmaya devam ettiğim sürece babam da bana bunu yapmaya devam etmişti."

"Bana, 'Bazen yaptığın şeye göre seni dövmek hoşuma bile gidiyor. Ama çoğunlukla gitmiyor, buna rağmen yapmak zorunda kalıyorum. Şunu hiçbir zaman unutma delikanlı, bir hata yaptığın anda bunun bedelini popon öder,' demişti. Sonra bana sarılıp, 'Sen çok cesur bir çocuksun Jamie, eve git ve annen sana baksın,' deyip göndermişti. Ona bir şeyler söylemek için ağzımı açtığımda da, 'Buna ihtiyacın olmadığını biliyorum ama annen bunu yapmak isteyecektir. Git ve ona bunu yaptır,' demişti. Ben de annemin yanına gitmiştim, o da bana reçelli ekmek vermişti."

Jenny kahkahalar atmaya başlamıştı. "Bunu hatırlıyorum," dedi. "Babam bunu hep anlatırdı, seni ilk kez dövdüğünde söylediklerini... Seni eve gönderdiğinde yarı yola kadar ilerleyip orada birdenbire durup onu beklemişsin."

"O yanına gelince de, 'Baba sana bir şey sormak istiyorum. Bu sefer yaptığın şey hoşuna gitti mi?' diye sormuşsun, o, 'Hayır,' deyince başını sallayıp, 'İyi, benim de pek hoşuma gitmedi," demişsin."

Hep beraber güldük, Jenny başını sallayarak kardeşine baktı. "Bu hikâyeyi anlatmayı çok severdi. Hep ölümünün senin elinden olacağını söylerdi."

Jamie'nin yüzündeki mutluluk bir anda söndü ve dizlerinin üzerinde duran ellerine bakmaya başladı.

"Evet," dedi kısık sesle. "Öyle de oldu zaten..."

Jenny ile Ian dehşet içerisinde birbirlerine baktılar. Ben de ne diyeceğimi bilmez bir şekilde ellerime bakıyordum. Odada bir tek ateşten gelen çıtırtılar duyuluyordu. Jenny Ian'a baktıktan sonra bardağını bırakıp Jamie'nin dizine dokundu.

"Jamie bu senin suçun değildi."

Jamie başını kaldırıp boş gözlerle ona gülümsemeye çalıştı. "Öyle mi? Peki kimin suçuydu?"

Jenny derin bir nefes alarak konuşmaya devam etti. "Benim."

"Ne?" Anlamaz gözlerle ona bakıyordu.

Jenny'nin yüzü asıldı ama kararlı tavrını korudu.

"Babama ve sana olanların aslında benim suçum olduğunu söylüyorum."

Jamie elini onun elinin üzerine koydu ve onu okşadı.

"Saçmalıyorsun," dedi. "Sen beni kurtarmak için elinden geleni yaptın ve haklıydın, eğer Randall'la birlikte içeri gitmeseydin beni oracıkta öldürecekti."

Ağabeyinin yüzünü inceliyordu, alnında kırışıklıklar belirmişti.

"Hayır, Randall'ı eve götürmüş olduğum için hiçbir pişmanlık duymuyorum. Bana tecavüz etse de duymazdım... Ama böyle bir şey olmadı. Sorun bu değil." Derin bir nefes aldı, gücünü toplamaya uğraşıyordu.

"Onu içeri götürüp yatak odama çıkardım. Ne olacağını tam anlamıyla bilemiyordum daha önce bir erkekle birlikte olmamıştım. Çok sinirli görünüyordu, kıpkırmızı olmuştu ve ne yapacağını bilmiyormuş gibi davranıyordu. Bu bana çok garip gelmişti. Beni yatağa itti ve orada durup kendini okşamaya başladı. Önce ona vurduğumda çok canını acıtmış olduğumu düşündüm ama işin aslında ona o kadar sert vurmayı başaramamıştım." Yanakları pembeleşmeye başlamıştı, hızla kocasına bakıp gözlerini yeniden önüne indirdi.

"Şu an onun ne yapmaya çalıştığını anlayabiliyorum, kendini duruma hazırlıyordu. Onun korktuğumu anlamasını istemediğim için yatağın ortasına oturup ona bakarak kahkahalarla gülmeye başladım. Bu onu çok kızdırdı, bana arkamı dönmemi söyledi. Bunu yapmayıp ona bakmaya devam ettim."

Yüzü kapının yanında duran güllerin rengini almıştı. "Düğmelerini açtı ve ben... Ben ona güldüm."

"Sen ne yaptın?" diye inanamayarak sordu Jamie.

"Güldüm. Yani..." Gözleri kardeşininkilerle buluştu, bunlarda kendini savunur bir ifade vardı. "Erkek anatomisini yeteri kadar biliyordum. Seni, Willy'yi ve Ian'ı çıplak görmüştüm. Ama o..." Tutmaya çalıştığı halde dudaklarında hafif bir gülümseme belirdi. "O çok komik görünüyordu, yüzü kıpkırmızıydı ve kendiyle oynayıp duruyordu ama bir türlü yarı büyüklüğe bile..."

Ian'dan boğulur gibi bir ses çıktı, Jenny dudaklarını ısırdı ama durmadı, cesaretle anlatmaya devam etti.

"Benim gülmem onu başarısız kılıyordu, bunu fark edince daha çok gülmeye başladım. Sonunda üzerime çullanıp elbisemi yırttı. Ben onun yüzüne bir tokat attım, o benim çeneme bir yumruk geçirdi, yıldızları saymaya başlamıştım. Sonra bu onu hoşnut etmiş gibi inledi ve yatakta üzerime tırmanmaya başladı. Yeniden gülmeye başlayacak gücüm vardı. Dizlerimin üzerinde doğrulmayı başarıp onunla alay etmeye başladım. Ona gerçek bir erkek olmadığını, bir kadına ne yapacağını bilmediğini söyledim."

İyice öne eğildi, saçları kıpkırmızı olmuş yüzünü örtüyordu. Ancak kendinin duyabileceği bir sesle devam etti.

"Elbisemin geri kalanını kendim parçalayıp, ona... Ona göğüslerimi sürttüm. Ona benden korktuğunu bildiğimi ve onun sadece hayvanları ve genç oğlanları becerebileceğini söyledim."

"Jenny," dedi Jamie, çaresizlik içinde başını sallıyordu.

Başını kaldırıp kardeşine baktı. "Evet, bunu yaptım. O an aklıma gelen tek şey buydu, bunun etkisi de oldu çünkü o bunu gerçekten yapamayacaktı. Onun pantolonuna bakıp yeniden gülmeye başladım. Ellerini boğazıma sarıp beni sallamaya başladı, başımı yatağın kenarına çarpıp... Uyandığımda gitmişti, seni de götürmüştü."

Mavi gözlerinden yaşlar süzülürken Jamie'nin ellerine sarıldı.

"Jamie, beni affedebilecek misin? Eğer onu bu kadar kızdırmamış olsaydım sana bu kadar kötü davranmayacaktı ve babam..."

"Ah Jenny, canım benim sakın yapma." Onun önünde yere diz çöküp yüzünü omzuna bastırdı. Ian ise diğer tarafta taş kesilmiş gibi duruyordu.

Jamie o hıçkırıklara boğulurken onu kucağında sallamaya başladı. "Sus güzel kuğum. Sen doğru olanı yaptın Jenny. Bu senin suçun değildi, benim de değildi." Onun sırtını sıvazladı.

"Beni dinle küçüğüm. O buraya bize hasar vermeye gelmişti. Senin ya da benim yaptığım şeylerin onun yapacaklarına ya da yaptıklarına bir etkisi olacağını hiç sanmıyorum. Aldığı emirler doğrultusunda buradaki halkı İngilizlerden nefret ettirmesi gerekiyordu."

Jenny ağlamayı bırakıp şaşkınlıkla başını kaldırdı.

"Halkı İngilizlere karşı kışkırtmak mı? Neden?"

"Burada Prens Charles'a taraftar toplayıp yeni bir ayaklanma başlatabilmek için. Randall'ın işvereninin hangi tarafta olduğunu tam olarak anlamış değilim. Prens'in peşinden gidecekleri öğrenip baskı altına almaya mı çalışıyor yoksa günü geldiğinde kullanmak üzere bir araya mı getirmeye çalışıyor bilemiyorum. Bu şu an için pek önemli değil." Onun saçlarını okşayarak düzeltti.

"Şu an önemli olan tek şey sana bir zarar gelmemiş olması ve benim eve dönmüş olmam. Yakında da sürekli kalmak için geri döneceğim, sana söz veriyorum."

Elini tutup dudaklarına götürdü, Jenny'nin yüzü parlamaya başlamıştı. Cebinden mendilini çıkarıp burnunu temizledi. Sonra dönüp Ian'a baktı, o hâlâ donmuş bir şekilde duruyordu, gözlerinde büyük bir öfke ve incinmişlik vardı.

Gidip onun omzuna dokundu.

"Bunları sana anlatmış olmam gerekirdi."

Ian kıpırdamadan ona bakmaya devam etti. "Evet," dedi yavaşça, "gerekirdi."

Jenny mendilini kucağına koyup onun ellerini tuttu.

"Ian, bunları sana anlatmadım çünkü seni kaybetmek istemiyordum. Kardeşim gitmişti, babam da yoktu. Kalbimin efendisini de kaybetmek istemedim. Sen benim her şeyimsin." Jamie'ye bakarak gülümsedi. "Bu kelimeler bile az kalır."

Ian'ın gözlerinin içine yalvararak bakıyordu, Ian'ın gözlerindeki sevgiyi ve kırılmış gururuyla verdiği savaşın yansıyan hüznünü görebiliyordum. Jamie ayağa kalkıp omzuma dokundu. Onları sönmeye yüz tutan ateşin başında bırakarak odadan ayrıldık.

Güzel bir geceydi, yüksek pencerelerden içeri ay ışığı tüm parlaklığıyla doluyordu. Uyuyamamıştım, Jamie'nin de uyumamış olma sebebinin bu ışık olduğunu düşündüm. Yanımda ses çıkarmadan yatıyordu ama nefes seslerinden uyumadığını anlayabiliyordum. Sırtüstü dönerken hafifçe kıkırdadı.

"Komik olan ne?" diye sordum yavaşça.

Başını bana çevirdi. "Uyandırdım mı Saksonyalı? Özür dilerim. Aklıma bir şeyler geldi de."

"Uyumuyordum," dedim ona sokularak. Yatak bütün ailenin bir arada yattıkları günlerden kalmaydı, çok büyüktü ve kuştüyünden yapılmıştı. Yapılabilmesi için yüzlerce kazın öldürülmesi gerekmişti herhalde. "Ne hatırladın?" diye sordum yerime iyice yerleştikten sonra.

"Çoğunlukla babamla ilgili şeyler. Onun bana söyledikleri."

Kollarını başının arkasına koydu, tavandaki kirişlere bakıyordu. "Çok garip, o hayattayken bunlara hiç takılmıyordum. Ölümünden sonra ise söylediklerini düşündüm ve bunlar hayatımı hep iyi yönde etkiledi." Yeniden kıkırdadı. "Biraz önce beni son kez dövüşünden sonra söylediklerini düşünüyordum."

"Komik miydi?" diye sordum. "Hiç sana çok değişik bir espri anlayışın olduğunu söyleyen oldu mu Jamie?" Yorganın altında elini aradım, bulamayınca vazgeçtim. O sırtımı okşamaya başlayınca, keyifli sesler çıkararak ona biraz daha sokuldum.

"Dayın seni hiç dövmedi mi?" diye merakla sordu. Bunun düşüncesi bile bana komik gelmişti.

"Elbette, hayır! Bunun düşüncesi bile onu dehşete düşürmeye yeterdi. O çocukların dövülerek eğitilebileceğine inanmazdı, onlara yetişkin muamelesi yaparak her şeyi anlatmaktan yanaydı." Jamie garip bir ses çıkardı, bu fikir ona çok komik görünmüştü.

"Bu karakterindeki eksikliklerin açıklaması olabilir işte," dedi popoma vurarak. "Gençliğinde yeterince disiplin altına alınmamışsın."

"Neymiş karakterimdeki eksiklikler bakalım?" diye sordum. Işık yüzündeki sırıtmayı görebilmem için gayet yeterliydi.

"Hepsini saymamı ister misin?"

"Hayır." Kaburgalarına dirseğimi geçirmiştim. "Bana babanı anlat. Son dayak yediğinde kaç yaşındaydın?"

"On üç, belki de on dört. Uzun, zayıf ve sivilceli suratlıydım. Neden dayak yediğimi hatırlamıyorum; zaten genellikle yaptığım şeyden dolayı değil, ondan sonra söylediklerim için yerdim dayakları. Net olarak hatırladığım tek şey ikimizin de delirmiş gibi olduğu. Bu beni dövmekten hoşlandığı anlardan biriydi." Beni iyice kendine çekip omzuna yerleştirdi ve kolunu bana doladı. Elimi karnına koyup göbek deliğiyle oynamaya başladım.

"Yapma, gıdıklanıyor. Anlatma mı istiyor musun, istemiyor musun?"

"İstiyorum. Eğer çocuğumuz olursa ne yapacağız? Ona anlatacak mıyız? Dövecek miyiz?" Bunu düşünmek bile kalp atışlarımı hızlandırmıştı, gerçi şu an böyle bir işaret yoktu olacağı da şüpheliydi. Karnının üzerinde duran elimi yakalayıp tuttu.

"Çok basit. Sen anlatacaksın ve senin yetersiz kaldığın yerde ben onları alıp döveceğim."

"Senin çocukları sevdiğini düşünüyordum."

"Seviyorum. Babam da aptallık yapmadığım sürece beni severdi. Hatta aptallıklarımı engellemek için beni dövecek kadar çok severdi."

Yüzüstü döndüm. "Tamam, o zaman anlat bana."

Jamie oturup yastıkları kabarttıktan sonra yeniden uzandı. Kolları yine başının arkasındaydı.

"Beni her zamanki gibi çitin önüne gönderdi, beni hep önceden gönderip orada biraz sonra olacakları düşünüp korkmam için zaman tanırdı ama bu kez çok sinirliydi ve beklemedi. Öne eğilmiş dayak yiyordum, çok acıyordu ama gıkımı bile çıkarmadım. Keşke ona ne kadar canımın acıdığını belli etseydim. Parmaklarımı çite gömmüştüm, nefesimi tutmaktan yüzüm kızarmaya başlamıştı." Durup derin bir nefes aldı ve yavaşça bıraktı.

"Genellikle ne zaman biteceğini hissederdim, bu kez durmadı. Ben de çenemi kapatıp dayağı yemeye devam ettim, her bir darbeden sonra bir homurtu çıkarmaya başlamıştım, gözlerim yaşlarla dolmuştu, gözümü kırptığım anda akmaya başlayacaklardı ama onları da tutmayı başardım." Yorgan belinde duruyordu, daha yukarısı çıplaktı ve tüyleri ışıkta gümüş iplikler gibi görünüyordu. Nabzını elimle hissedebiliyordum.

"Bunun ne kadar süreyle devam ettiğini hatırlamıyorum," diye devam etti. "Belki de çok uzun değildi ama bana öyle göründü. Sonunda durdu ve bana bağırmaya başladı. Kendine çok kızmıştı ben de çok kızgındım ve ağzından çıkan sözcükleri ilk anda anlayamadım. Sonra anladım."

Lanet olsun Jamie! Bağıramıyorsun değil mi? Kocaman adam oldun ve ben seni bir daha dövmek istemiyorum. Bu işi bırakmadan önce ne kadar etkilendiğini görmek istiyorum! Jamie güldü, nabzı değişmişti.

"Çok üzülmüştüm. Doğrulup ona döndüm ve bağırmaya başladım."

Bunu niye başında söylemedin seni aptal ihtiyar!

"Bu sözlerimin ardından yere yuvarlandığımı hatırlıyorum, kulaklarım uğulduyordu ve çenemde büyük bir sızı vardı. Hızla soluyarak tepemde duruyordu, saçı sakalı birbirine karışmıştı. Eğilip elimi tuttu ve beni ayağa kaldırdı."

"Ayağa kalkınca çenemi okşadı, hâlâ hızla soluk alıp veriyordu. *Bu babana aptal dediğin içindi. Bu doğru olabilir ama yine de saygısızlıktır. Hadi, yıkanıp yemeğe gidelim* dedi ve bundan sonra bana bir daha vurmadı. O bana bağırdı ben ona bağırdım ve işimizi erkek erkeğe hallettik."

O kahkahalar attı, ben de gülümsedim.

"Babanı tanımış olmayı isterdim. Belki de tanımamam daha iyi, senin bir İngilizle evlenmiş olmandan hoşlanmayabilirdi."

Jamie bana sarılıp çıplak omuzlarımı yorganla örttü. "Benim düşüncelerime saygı gösterirdi." Saçlarımı okşadı. "Seçtiğim kim olursa olsun seçimime saygı duyardı ama seni," dönüp alnımdan öptü, "seni tanısaydı çok severdi Saksonyalım."

30

Şömine Başı Sohbetleri

Jenny'nin itirafları sonucunda onunla Ian arasında oluşan sorunlar çözülmüş gibi görünüyordu. Akşam yemeğinden sonra kısa bir süre oturma odasında oturduk, Ian'la Jamie bir köşede oturmuş, mürver şarabı içerek çiftlik işlerini konuşuyorlardı. Jenny şişmiş ayaklarını pufa dayamıştı, ben de o bana bakıp günlük işlerin yorgunluğundan yakınırken birkaç tane tarifi yazmaya çalışıyordum. Yazarken de ona danışıyordum.

Kâğıtların birinde *Çıbanları İyileştirmek İçin* yazıyordu.

Üç demir çivi bir hafta süreyle birada bekletilir. İçine bir avuç elz ağacı talaşı konur, talaşlar dibe çöktüğünde karışım kullanıma hazırdır. İlk aydan itibaren her gün, günde üç kez gereken yere sürün.

Bir diğer kâğıt da *Balmumu Mumları* diye başlıyordu.

Balı petekten süzün. Üzerindeki ölü arıları mümkün olduğunca ayıklayın. Peteği büyük bir kazanın içinde az miktar bir suyla eritin. Suyun yüzeyine çıkan arı kanatlarını ve diğer pislikleri süzün. Suyu değiştirin. Yarım saat boyunca karıştırın ve demlenmeye bırakın. Suyu süzün ve bunu tatlandırıcı olarak kullanın. Suyu iki kez daha süzün.

Ellerim yorulmaya başlamıştı ama henüz mum kalıbı yapma, fitilleri oluşturup yerleştirme ve mumları asıp kurutma bölümlerine gelememiştim.

"Jenny, mumların baştan sona her şeyiyle hazır hale gelmesi ne kadar zaman alıyor?"

Dikmekte olduğu küçük gömleği kucağına koyup hesaplamaya başladı.

"Petekleri toplamak yarım gün, balı süzmek iki gün - eğer hava sıcaksa bir gün- mumu süzmek bir, çok kirliyse iki gün. Fitilleri yapmak yarım gün, kalıplar için bir ya da iki gün, mumu ısıtıp, kalıplara doldurup kurumasını beklemek de yarım gün. Yaklaşık bir hafta diyebilirsin."

Yorucu bir günden sonra loş ışıkta yazmaya çalışmak beni zorlamaya başlamıştı. Jenny'nin yanına oturup diktiği minik giysiye hayranlıkla baktım, neredeyse gözle görülmez küçüklükte dikişler atıyordu.

Kocaman karnı oynadı ve bölgenin sahibi yer değiştirdi. Çok etkilenmiştim. Uzun bir zamandan beri bir hamileye bu kadar yakın olmamıştım, içeride bu kadar çok hareket olduğunu bu güne kadar fark etmemiştim.

"Dokunmak ister misin?" dedi Jenny baktığım noktayı görünce.

"Şimdi..." Elimi tutup karnının üzerine yerleştirdi.

"Tam burası. Birkaç dakika bekle, birazdan yeni bir tekme daha atacaktır. Hareketsiz durulmasından pek hoşlanmıyorlar. Bu onları rahatsız ediyor ve hemen tepinmeye başlıyorlar."

Bir süre sonra içerden bir şey elimi yukarı itti.

"Aman Tanrım! Ne kadar güçlü!" diye çığlık attım.

"Evet." Jenny karnını gururla okşadı. "Ağabeyi ve babası gibi güçlü olacak." Aklı şu an karısı ve doğacak olan çocuklarından biraz daha uzakta olan ve atların doğum kayıtlarını tutan kocasına bakarak gülümsedi.

"Kızıl saçlarından başka iyi bir şeyi olmayan dayısına bile benzeyebilir," diye ekledi beni dürterek, sesini biraz yükseltmişti.

"Heey!" Jamie'nin dikkati dağılmıştı, başını hesaplardan kaldırdı. "Bana bir şey mi söylediniz?"

"Kızıl kafa bölümümü hiçbir işe yaramaması mı dikkatini çekti anlayamadım," dedi Jenny yüksek sesle, beni yine dürtüyordu.

"Bir şey yok hayatım," dedi Jamie'ye tatlılıkla. "Önemli bir şey değil. Yeni doğacak bebeğin dayısına benzeme şanssızlığının olasılığını hesaplamaya çalışıyoruz sadece."

Dayı yüzünde hafif bir gülümsemeyle gelip pufa oturdu, Jenny ayaklarını puftan kaldırıp onun kucağına koydu.

"Onları biraz ovar mısın Jamie?" diye rica etti. "Bu konuda Ian'dan daha başarılısın."

Jamie ovmaya başlayınca Jenny mutlulukla arkasına dayanıp gözlerini kapattı. Küçük gömlek karnının üzerinde duruyordu ve içerden protesto devam ediyordu. Jamie de benim gibi bu hareketlere gözlerini ayırmadan, büyülenmiş gibi bakıyordu.

"Rahatsızlık vermiyor mu?" diye sordu. "Karnının içinde hareket eden bir şeyin olması seni rahatsız etmiyor mu?"

Karnından yuvarlak bir şey çıkınca Jenny yüzünü buruşturarak gözlerini açtı.

"Hımm. Bazen karaciğerimin tekmelenmekten dolayı çürüdüğünü hissediyorum. Ama çoğunlukla çok güzel bir his. Bu tam..." Tereddüt ettikten sonra kardeşine gülümsedi. "Bunu bir erkeğe anlatmak çok zor, gereken uzuvlara sahip değilsin. Sanırım sen nasıl bana toplarına tekme yemenin nasıl bir his olduğunu anlatamazsan, ben de sana karnında bir çocuk taşımanın nasıl bir şey olduğunu..."

"Ben sana onun nasıl bir şey olduğunu anlatabilirim." Hızla öne eğilip hayalarını tuttu ve gözlerini devirerek inledi.

"Aynen böyle değil mi Ian?" diye sordu, Ian oturduğu yerden bize gülüyordu, tahta bacağı şömineye dayanmış duruyordu.

Kardeşi güzel ayaklarını onun göğsüne koyup onu iterek düzeltti. "Pekâlâ, maskara şey, madem öyle, onlara sahip olmadığım için son derece mutluyum."

Jamie yüzündeki saçları çekerek doğruldu. "Hayır, gerçekten merak ediyorum. Eğer sorun farklı organlara sahip olmaktan kaynaklanıyorsa bunu Claire'e anlatabilirsin. O kadın ve henüz çocuk doğurmadı."

Jenny benim karnıma baktı ve o sırada gelen bir tekmeyle yüzünü tekrar buruşturdu.

"Hımm bu olabilir." Yavaş yavaş, düşünerek anlatmaya başladı. "Öncelikle derinin çok ince olduğunu düşünmeye başlıyorsun. Her şey sana fazla değmeye başlıyor, elbiseler sadece karnına dokunmuyor, bacaklarına, kalçana ve göğüslerine de baskı yapmaya başlıyor." Ellerini farkında olmadan şişmiş kıvrımlarında dolaştırıyordu. "Şiş ve dolu oluyorlar. Uçları da son derece hassaslaşıyor." Küçük tombul parmakları giysilerinin üzerinden bile görünen göğüs uçlarının üzerine ilerledi.

"Ve tabii ki kocaman ve hantal biri haline geliyorsun." Elini hüzünle biraz önce masanın kenarına vurmuş olduğu kalçasına götürdü. "Alıştığından çok daha fazla yer kaplıyorsun."

"Tam şurada." Elini koruyucu bir tavırla kocaman karnının üzerine koydu. "En çok şeyi yine de tam burada hissediyorum." O yuvarlak çıkıntıyı sanki bebeğinin tenini okşuyormuş gibi sevgiyle okşadı. O tekrar tekrar karnını okşarken Ian da onu izliyordu.

"İlk günlerde gazın varmış gibi hissediyorsun," dedi gülerek. Topuğuyla kardeşinin karnına bastırdı. "Tam şurada, sanki küçük küçük gaz bombaları varmış gibi hissediyorsun. Daha sonra çocuğun hareketlerini hissetmeye başlıyorsun, önceleri içinde oynaşan bir balık gibi, sonra bir römork gibi tepinmeye başlıyor. Ama bu ilk hareketler çok çabuk sona eriyor ve hissedip hissetmediğinden emin olamıyorsun." Küçük misafir bu tanımlardan hoşlanmamış gibi ileri geri hareketler yapmaya başladı, karnının bir bir yanını şişiriyor bir öteki tarafa gidiyordu.

"Bence şu an hareket ettiğinden eminsin," dedi Jamie bu hareketleri seyrederken.

"Ah, evet." Elini onu durdurmak ister gibi çıkıntının üzerine koydu. "Bazen saatler boyunca uyuyor. O zaman da öldü mü diye korkmaya başlıyorsun, hareket etmemesi sinirlerini bozuyor. Onu uyandırmaya çalışıyorsun," eliyle hızla bir yana bastırdı hemen diğer köşeden bir tepki geldi, "o yeniden tekmelemeye başlayınca mutlu oluyorsun. Tabii tek sorun bebek değil. Sona yaklaştıkça her yanın şişmeye başlıyor. Acımıyor ama kendini patlayacakmış gibi hissetmeye başlıyorsun. Birinin yavaş yavaş her yerine dokunmasını istiyorsun." Jenny artık bana ya da kardeşine bakmıyordu. Ian'la arasındaki bağ bütün odayı sarmaya başlamıştı, sanki bu hikâye birçok kez anlatılmış ama hiç uygulanmamış gibiydi.

Sesi iyice kısılmıştı, elleri yeniden göğüslerinin üzerine gitti, kocaman olmuşlardı ve adeta korsajdan dışarı fırlamak istiyorlardı.

"Son ayda, ya da son haftalarda sütle dolmaya başlıyorlar. Çocuğun her hareketiyle birlikte kendini daha da dolmuş gibi hissediyorsun. Sonra birdenbire her şey biraz zor da olsa ortaya çıkıveriyor." Yeniden karnını kucakladı. "Acımıyor, sadece nefesin kesiliyor, emilmedikleri zaman sızlıyorlar." Gözlerini kapatıp arkasına yaslandı, karnını ovalıyordu, büyü yapar gibi aynı hareketi tekrarlayıp duruyordu. Onu seyrederken içimden eğer cadı diye bir şey varsa Janet Fraser kesinlikle bir cadı diye geçirdim.

Odanın havası iyice ağırlaşmıştı; kökünde şehvet yatıyordu, birleşmek ve yaratmak için duyulan bir özlem vardı. Jamie'ye bakmadan vücudundaki bütün tüylerin havaya dikilmiş olduğunu söyleyebilirdim.

Jenny gözlerini açtı, kocasına bir şeyler vaat edermiş gibi gülümsedi.

"Son dönemde çocuk çok oynamaya başlar ve içine akıyormuş gibi bir hisse kapılırsın. Sonra daha büyük bir zorlama başlar, bu farklıdır, çok daha büyüktür ve rahmin yırtılıyormuş gibi hissedersin. Sanki o seni içine almıştır."

Hızla bana döndü ve büyü bozuldu. "Bazen bunu isterler biliyor musun?" dedi gözlerimin içine bakıp gülümseyerek. "Oraya geri dönmek isterler."

Bir süre sonra Jenny ayağa kalktı, kapıya doğru yürürken Ian'a baktı, Ian onun ardından mıknatısla çekilmiş gibi ilerledi. Kapının yanında durup onu beklerken şöminenin önünde oturan kardeşine baktı.

"Ateşte ne görüyorsun Jamie?" diye sordu ve hafifçe arkaya doğru bedenini esnetti. Ian parmaklarıyla sırtının arkasına bastırdı ve o da inleyerek rahatladı. Sonra gittiler.

Ben de gerindim. Kollarımı iyice yukarı kaldırdım, kaslarım bu hareketten hoşlanmıştı. Jamie'nin elleri iki yanımda dolaşarak kalçalarımın üzerinde durdu. Ona dayanıp ellerini karnımın üzerinde birleştirdim, orada bebeğimizin olduğunu hayal ettim.

Onu öpmek üzere dönerken köşede kıvrılmış uyuyan küçük karaltıyı fark ettim.

"Bak. Küçük Jamie'yi unutmuşlar." Oğlan genellikle onların odasında tekerlekli bir karyolada uyuyordu. Bu gece biz şarabımızı içerken burada uyuyakalmıştı. Kimse onu yatağına taşımayı akıl etmemişti.

"Jenny hiçbir şeyi unutmaz," dedi. "Şu an onun varlığının bizi rahatsız etmeyeceğini düşündü." Eteğimin bağlarını çözmeye başlamıştı. "Bulunduğu yerde gayet iyi durumda."

"Ya uyanırsa?"

Elleri korsajın bağlarının üzerindeydi. Bir kaşını kaldırarak uyumakta olan yeğenine baktı.

"O zaman bir gün yapması gereken şeyi öğrenmeye başlamış olur. Onun dayısı gibi cahil olmasını istemezsin değil mi?" Beni kucaklayıp yere koymadan önce ateşin önüne birkaç minder attı.

Ateş sırtındaki izleri birer gümüş gibi parlatıyordu, bir zamanlar onu olmakla suçladığım demir adama benziyordu, nazik teninin arasına metal parçaları yerleşmiş gibiydi. Parmağımı bir bir bütün izlerin üzerinde gezdirdim, ürpermişti.

"Jenny'nin haklı olduğunu düşünüyor musun?" diye sordum daha sonra. "Erkekler gerçekten içeri geri dönmek mi isterler? Bizimle sevişme sebebiniz bu mu?" Saçlarımın arasından bir kahkaha duydum.

"Seni yatağa atarken aklıma gelen ilk şey bu değil, Saksonyalı. Hatta alakası bile yok. Ama bunun..." Bir eliyle göğsümü tuttu, dudakları göğüs ucumun dibindeydi. "Bunun tam olarak yanlış olduğunu da söyleyemeyeceğim. Bazen... Evet, bazen içeride olmak insanı rahatlatıyor, tek olmak güven veriyor. Bunu yapamayacağımızı bildiğimiz için de baba olmak istiyoruz. İçeri geri dönemiyorsak, oraya bir süreliğine de olsa yavrumuzu koymak istiyoruz. Söylediklerime takılma sakın Saksonyalı," diye mırıldandı. "Şarap beni gereksiz yere duygusallaştırdı."

31

Ödeme Günü

Kapı hafifçe vuruldu, Jenny elinde mavi bir giysi ve şapkayla odaya girdi.

"Gömlek olmuş. Sana en iyi ceketini getirdim, o zamandan bu yana omuzların biraz genişlemiş." Ona bakarak başını bir yana eğdi. "Bugün iyi bir iş çıkarmış olduğunu söyleyebilirim, en azından boynuna kadar. Şuraya otur da saçlarını halledeyim." Camın önündeki taburеyi gösterdi.

"Saçım mı? Saçımın nesi varmış?" Jamie elini başına götürüp inceledi. Omuzlarına kadar uzamış saçlarını yüzüne gelmemesi için genellikle bir deriyle arkadan topluyordu.

Konuşarak kaybedecek vakti olmayan Jenny onu tabureye itti, saçını bağladığı deriyi gevşetip kaplumbağa kabuğundan yapılmış fırçalardan biriyle hızla taramaya başladı.

"Saçının nesi varmış?" diye kendi kendine konuşuyordu bu arada. "Bir bakalım, bir sürü sırça otu var, bu birincisi." Kafasından kahverengi bir otu dikkatle çıkarıp masanın üzerine koydu. "Bir adet meşe yaprağı... Dün neredeydiniz siz? Domuzlar gibi ağaçların altında mı çiftleşiyordunuz? Saçların iyice karışmış."

"Ah!"

"Rahat dur, Roy." Kaşlarını çatarak eline tarağı aldı ve saçındaki yumakları açmaya başladı. Saçları pencereden gelen güneş ışığının altında, kızıl, kahve ve tarçın tonlarında parlamaya başlamıştı. Jenny iki elini yana açmış başını sallayıp duruyordu.

"Tanrı böylesine güzel saçları neden bir erkeğe verir hiç anlamam," dedi. "Kızıl geyik derisi gibi pırıl pırıl."

"Çok güzel, öyle değil mi?" dedim. "Bak tam tepesine güneş

vuruyor, orada sarılar da var." Daha sonra hayranlığımızı sunduğumuz zat bize kızmaya başladı.

"Eğer ikiniz birden durmazsanız kafamı kazıyacağım." Elini usturanın üzerinde durduğu tuvalet masasına doğru uzattı. Jenny hamileliğinin ona verdiği hantallığa rağmen hızla uzanıp elindeki fırçayla onun bileğine vurdu. O bağırdıkça saçlarını çekti ve o yeniden bağırdı.

"Sessiz ol," diye emretti Jenny. Saçını üç parçaya ayırdı. "Saçını adam gibi toplayacağım, senin kiracılarımızın arasına bir vahşi gibi inmeni istemiyorum."

Jamie sessiz sessiz isyankâr bir şeyler mırıldanıyordu ama Jenny'nin özenli bakımı onu sakinleştirmişti. Saçını dikkatle kısaları içe alarak ördükten sonra ucunu bir iplikle sağlam bir şekilde bağladı. Cebinden mavi ipek bir kurdele çıkarıp onu da ipin üzerine bağladı ve fiyonk yaptı.

"İşte oldu!" dedi. "Hoş değil mi?" Onayımı almak için bana döndü ve ben de onu onaylamak zorunda kaldım. Düzgün toplanmış saçları kafasının şeklini ve yüzünü iyice ortaya çıkarmıştı. Beyaz gömleği ve gri pantolonuyla, temiz, düzenli, mükemmel görünen bir adam haline gelmişti.

"Özellikle de kurdelesi," dedim gülmemi bastırmaya çalışarak. "Gözleriyle aynı renkte."

Jamie gözlerinden alevler püskürterek kardeşine baktı.

"Olmaz," dedi kısaca. "Kurdeleyi çıkar. Burası Fransa ya da Kral Geordie'nin sarayı değil! Rengi umurumda bile değil Janet, kurdele yok!"

"Tamam, seni pis yaygaracı, çıkardım." Kurdeleyi çıkarıp geri çekildi.

"Evet, hazırsın," dedi mutlulukla. Delici mavi gözler bana dönmüştü.

"Hımm," diyerek ayağını yere vurmaya başladı.

Buraya vardığımda üzerimde sadece paçavralar vardı, o yüzden de bana acilen kıyafet hazırlanması gerekmişti; biri gündelik bir elbiseydi, diğeri ise böyle özel günler için ipekten dikilmişti. Ben yaraları dikmekte kumaşı dikmekten daha iyiydim, bu yüzden model ve dikiş işlerini Jenny ile Bayan Crook'a bırakıp kesme ve iğneleme işlerinde onlara yardımcı olmuştum.

Ortaya mükemmel bir iş çıkarmışlardı, çuhaçiçeği sarısı ipek elbise vücuduma tam oturmuştu, omzun üzerinden arkaya dökülen drapeler eteğinkilerle birleşiyordu. Korse takmaya kesinlikle karşı çıkmıştım, onlar da balina kemiği takviyeli bir korsaj dikmişlerdi, bunu da eski bir korseden sökmüşlerdi.

Jenny'nin gözleri yavaş yavaş başıma yöneldi ve orada bir süre durdu. Yeniden içini çekerek fırçayı eline aldı.

"Sen de," dedi.

Jamie ile göz göze gelmemeye çalışarak kızarmış bir suratla Jenny'nin önüne oturdum. Benim saçımdan da meşe yapraklarını ve küçük çöpleri ayıkladı. Onları da kardeşinin kafasından çıkardıklarının yanına koydu.

Sonunda benim saçım da taranıp toplanmıştı, bu kez cebinden küçük dantel bir başlık çıkardı.

"İşte," diyerek onu buklelerimin tepesine tutturdu. "Her şey tamam... Çok asil görünüyorsun Claire."

Bunun bir kompliman olduğunu tahmin ederek birkaç teşekkür sözcüğü mırıldandım.

"Hiç mücevherin yok mu?"

Başımı iki yana salladım. "Hayır. Korkarım yok. Tek mücevherim Jamie'nin bana evlenirken vermiş olduğu incilerdi ve onlar da..." Leoch'dan ayrılış şartlarımız altında aklıma son gelecek olan şey incilerdi.

"Ah!" diye bağırdı Jamie, aklına bir şey gelmişti. Tuvalet masasının üzerinde duran torbasına dalıp zafer çığlığıyla incileri çıkardı.

"Nereden buldun onları?" diye sordum şaşkınlıkla.

"Murtagh bu sabah getirdi," diye cevap verdi. "Dava sırasında Leoch'a gidip, ihtiyacımızın olacağını düşündüğü şeyleri toparlamış. Bizi buraya gelen yolda aramış ama tabii biz önce tepeye gitmiştik..."

"Hâlâ burada mı?" diye sordum.

Jamie arkama geçmiş inciyi boynuma takıyordu.

"Evet, aşağıda mutfakta bulduğu her şeyi yiyip Bayan Crook'u çıldırtmakla meşgul."

Şarkılarının dışında bu küçük adamın ağzından üç beş kelimenin çıktığını bile zor görmüştüm. Böyle bir adamın birini çıldırtabilmesinin nasıl olduğunu düşündüm. Belki de Lallybroch'da kendini evinde gibi hissediyor ve bunu yapıyordur diye düşündüm.

"Murtagh kim? Yani sizlerle bağlantısı nedir?"

İkisi de şaşırmış görünüyordu.

"Ah, evet," dedi Jenny. Jamie'ye dönerek, "O kimdi Jamie? Babamızın ikinci kuşak kuzeninin amcası mıydı?"

"Yeğeni," diye düzeltti Jamie. "Hatırlamıyor musun? Yaşlı Leo'nun iki oğlu vardı ve onlar..."

Daha fazla duymak istemediğimi belirtmek için ellerimi kulaklarımın üzerine koydum. Bu hareketim Jenny'ye bir şey hatırlatmış olmalıydı, ellerini çırpmaya başladı.

"Küpeler!" diye bağırdı. "Sanırım bu kolyeye uyacak inci küpelerim var! Hemen getiriyorum!" Işık hızıyla gözden kayboldu.

"Ablan sana neden Roy diyor?" diye sordum merakla, aynanın karşısında atkısını bağlamaya uğraşıyordu. Boyunbağını bağlamaya çalışan tüm erkeklerin yaptığı gibi ölümcül bir düşmanla savaşıyor ifadesi takınmıştı, yine de bana sırıttı.

"Bu İngilizcede isim olan Roy değil. İskoççada kızıl tüyleri olan bir hayvana verilen addır. 'Ruadh' kelimesinden türemiştir ve kırmızı anlamına gelir. Ben anlayana kadar kelimeyi birkaç kez tekrar etmek zorunda kaldı.

"Ben hâlâ Roy olarak duyuyorum," dedim başımı sallayarak.

Jamie torbasını alıp incileri bulurken içinden boşaltmış olduğu şeyleri geri koydu. Bir miktar misina bulunca torbasını yatağın üzerine boşalttı ve yığını karıştırmaya başladı. Özenle misinayı sardı, balık kancalarını bulup onları hep durdukları mantarın üzerine geçirdi. Yatağın üzerine oturmuş çıkanları inceliyordum.

"Hayatımda bu kadar çok çöpü bir arada görmemiştim," dedim. "Sen kesinlikle bir kargasın."

"Bunlar çöp değil," dedi gururla. "Bunların hepsini kullanıyorum."

"Tamam, misina ve kancaları kullanıyorsun. Teli de tuzak kurmak için kullanıyorsun. Tabanca temizleme ve doldurma aletlerini de anlıyorum- artık taşıyorsun ve onlar da gerekli. Willie'nin sana vermiş olduğu küçük yılan da tamam. Ama ya bu taşlar? Bir salyangoz kabuğu, bir cam parçası, bir..." O 'bir'in ne olduğunu görebilmek için eğilip bakmak zorunda kaldım.

"Bu da ne? Bu şey...değil mi? Tanrı aşkına Jamie torbanda kurumuş bir köstebek ayağının ne işi var?"

"Romatizma olmamak için tabii ki," Onu burnumun ucunda salladıktan sonra porsuk derisinden yapılmış torbasına geri koydu.

"Ah, elbette," diyerek onu ilgiyle izlemeye başladım. Yüzü utançla kızardı. "İşe yaramalı, hiçbir yerini gıcırdatma." Kalan çöplüğün arasından küçük İncil'i çıkarıp parmağımla temizledim. O da o sırada geri kalan değerli eşyalarını istiflemeye devam etti.

"Alexander William Roderick MacGregor." Kitabın ilk boş sayfasında yazan bu ismi yüksek sesle okudum. "Ona ödemen gereken bir borcun olduğunu söylemiştin Jamie. Bunun ne demek olduğunu açıklayabilir misin?"

"Ah, o mu?" Yatağa, yanıma oturdu, kitabı elimden alıp sayfalarını çevirdi.

"Sana bunun William Kalesinde ölen bir mahkûma ait olduğunu söylemiştim, öyle değil mi?"

"Evet."

"Onu ben de hiç görmedim. Ben oraya gitmeden bir ay önce ölmüştü. Bana bunu veren doktor sırtımla ilgilenirken ondan bahsetti. Sanırım birilerine bunu anlatma ihtiyacı vardı ve garnizonda konuşabilecek kimseyi bulamıyordu." Kitabı kapattı, onu dizlerinin üzerine yerleştirip camdan dışarı baktı. Hoş bir Ekim güneşi vardı.

Alex MacGregor on sekiz yaş civarlarında olan genç bir delikanlıydı, sığır çalarken yakalanmıştı. Bu sessiz sakin oğlan cezasına razı olmuştu ve onu çekiyordu, bitince de salıverilecekti. Serbest kalmasından bir hafta önce asılmış bir şekilde bulunmuştu.

"Kendini asmış olduğundan hiçbir şüphem yok," demişti doktor. Jamie kitabın deri kapağını okşadı, başparmağını onun üzerinde gezdirdi. "Tam olarak ne düşünmesi gerektiğini o da bilemiyordu. Ama bir hafta önce Randall'ın onu özel sohbete davet etmiş olduğundan haberi vardı."

Yutkundum, güneşe rağmen bir anda her yanım buz kesmişti.

"Ve sen de düşündün ki..."

"Hayır! Düşünmedim, öyle olduğunu biliyorum, doktor da biliyordu. Ayrıca baş çavuşun da onun neden öldüğünü bildiğini hayal edebiliyorum." Dizinin üzerinde duran ellerini açıp parmaklarını seyretmeye başladı. İri, güçlü, becerikli; bir çiftçinin, bir savaşçının elleri... Küçük İncil'i alıp torbasına koydu.

"Sana bunu daha önce de söyledim, *mo duinne*. Jack Randall'ın ölümü benim ellerimden olacak. Onu öldürünce bu İncil'i Alex MacGregor'un annesine göndereceğim ve oğlunun intikamının alınmış olduğunu söyleyeceğim."

Odadaki gergin hava Jenny'nin yeniden ortaya çıkmasıyla dağıldı, mavi ipekler giymiş, başına dantel başlığını takmıştı ve elinde eski kırmızı maroken bir kutu vardı.

"Jamie, Curranlar, Willie Murray ve Jaffryler geldi. Aşağı inip ikinci kahvaltını onlarla birlikte yapsan çok iyi olur - taze ekmekleri, tuzlu balığı ve Bayan Crook'un reçelli keklerini masaya çıkardım."

"Tamam, Claire hazır olduğunda aşağı inersin." Hızla ayağa kalkmasına rağmen beni tutup öpecek zamanı buldu ve gözden kayboldu. Yatak odası katından aşağıya hızlı adımlara indikten sonra, zemin kata yaklaştıkça adımlarını yavaşlatıp bir reis ağırbaşlılığıyla aşağıya indi.

Jenny onun arkasından gülümsedikten sonra bana döndü. Kutuyu yatağın üzerine koyup kapağını açtı. Orada karmakarışık duran mücevherleri görünce çok şaşırdım. Bütün ev halkını titizliğiyle sıraya dizen, sabahtan akşama kadar ortalığı toplayan yorulmaz kadın Jenny Murray'in dağınık mücevher kutusu beni şaşırtmıştı.

Parlak yığını parmaklarıyla karıştırırken ne düşündüğümü anlamış gibi bana gülümsedi.

"Bir gün bunları düzeltmeyi düşünüyorum. Ben küçükken annem bazen kutusunu karıştırmama izin verirdi, tam bir hazine avı gibi olurdu. Elime biraz sonra alacağım şeyin ne olduğunu bilemezdim. Bunları sıraya dizersem büyünün yok olacağını düşünüyorum, sence bu delilik mi?"

"Hayır," dedim gülümseyerek. "Kesinlikle değil."

Yavaş yavaş kutuyu karıştırmaya başladık, dört kuşaktır aile kadınlarının paylaşmış olduğu parçaları elimize aldık.

"Bu, büyükanne Fraser'ındı," dedi Jenny gümüş bir broşu göstererek. Bu hilal şeklinde bir broştu, ucunda yıldız gibi parlayan bir elmas vardı.

"Bu da..." üzeri yakut ve pırlantalarla bezenmiş altın bir halka çıkardı, "benim evlilik yüzüğüm. Ian bunun için yarıyılın mahsul parasını ödedi, ona bunun aptallık olduğunu söyledim ama beni dinlemedi." Yüzündeki ifadeyi görünce Ian'ın hiç de aptallık etmemiş olduğunu anladım. Yüzüğü elbisesine sürterek parlattıktan sonra yerine koymadan önce bir kez daha keyifle seyretti.

"Bebek doğunca çok mutlu olacağım," dedi kocaman göbeğine hafifçe vurarak. "Sabahları parmaklarım o kadar şiş oluyor ki, değil yüzük takmak, dantelâlarımı bile yapamıyorum."

Kutunun dibinde garip bir parıltı dikkatimi çekti ve onu gösterdim. "Bu nedir?"

"Onlar mı?" diyerek kutuya yeniden daldı. "Ben onları hiç takmadım, bana yakışmıyorlar ama sen takabilirsin. Sen annem gibi uzun boylusun ve kraliçelere benziyorsun. Bunlar onundu."

Onlar diye bahsettiğimiz şey bir çift bilezikti. Fildişi renginde dairesel forma sokulmuş yaban domuzu dişleriydi, uçlarında üzerine çiçekler işlenmiş gümüş kapakçıklar vardı.

"Tanrım çok büyükler! Hayatımda hiç bu kadar güzel ve... Ve vahşi olan bir şey görmemiştim."

Bu Jenny'nin çok hoşuna gitmişti. "Evet, gerçekten öyleler. Bunları biri anneme evlilik hediyesi olarak vermiş ama bunun kim olduğunu bize hiç söylemedi. Babam onun gizli bir hayranı olduğunu söyleyip dalga geçerdi ama ona bile söylemedi, sadece sevimli bir kedi gibi gülümserdi. Hadi, dene."

Bilezik son derece serin ve ağırdı. Onun zamanla hafifçe sararmış yüzeyini okşamaktan kendimi alamadım.

"Evet, sana yakıştılar," dedi Jenny. "Bu sarı elbisenle de çok uyumlular. Al şu küpeleri de tak, sonra da aşağı inelim.

Murtagh mutfak masasında oturmuş kamasının ucuna takmış olduğu jambonu yemekle meşguldü. Arkasından elinde bir tabakla geçmekte olan Bayan Crook hızını kesmeden eğilip onun tabağına üç taze somun ekmek koydu.

Jenny oradan oraya koşuşturup hazırlıkların son kontrollerini yapıyordu. Bu işin arasında Murtagh'ın tabağının anında boşalmış olduğunu gözden kaçırmadı.

"Bir yere kaçmıyorlar," dedi. "Ayrıca koca bir domuz daha var."

"Şurada akrabanın bir ısırık bir şey yemesini kıskanıyorsun değil mi?" diye soran Murtagh istifini bozmadan çiğnemeye devam etti.

"Ben mi?" diyen Jenny ellerini kalçalarının üzerine koyuverdi. "Şu ana kadar dört porsiyon yedin. Bayan Crook," mutfaktan ayrılmakta olan kâhyayı çağırdı, "ekmek dağıtmayı bitirdiğinizde gelip bu açlıktan ölmek üzere olan adamın midesini koca bir kâse yulaf lapasıyla iyice doyurun. Onun kapı önlerinde açlıktan bayılmasını istemeyiz."

Murtagh kapının önünde durduğumu gördükten sonra jambonundan bir lokma daha yutmaya çalışırken neredeyse boğuluyordu.

Jenny'nin sırtına vurarak yaptığı yardıma teşekkür etti.

Tam karşısına oturup, "Seni görmek çok güzel," dedim. "Bu arada teşekkür ederim."

Ağzındaki ballı ekmek yüzünden konuşmayı başaramamıştı.

"Kaleden eşyalarımı getirdiğin için."

"Hımm." Elini önemli değil der gibi salladıktan sonra yağ tabağına uzandı.

"Sana ufak bitkilerini de getirdim," derken başıyla bahçeyi işaret ediyordu. "Avluda eyer çantamda duruyorlar."

"İlaç kutumu mu getirdin? Bu harika!" Çok sevinmiştim. Onun içinde çok nadir bulunan bir takım otlar vardı ve bunları ilaç haline getirmek de uzun bir zamanımı almıştı.

"Ama bunu nasıl başardın?" Cadı davasının korkusunu üzerimden atmayı başardıktan sonra arada bir kalede yaşayanların neler yaptıklarını ve ortadan kayboluşum hakkında neler düşündüklerini merak ediyordum. "Bu yüzden başına bir şeyler gelmemiş olduğunu umuyorum."

"Yok, gelmedi." Bir ısırık daha alıp cevap vermeden önce lokmanın boğazından aşağı kaymasını bekledi.

"Onları Bayan Fitz kutuladı. Önce ona gittim, neleri almam gerektiğine karar verememiştim."

"Çok akıllıca. Bayan Fitz'in seni görünce nasıl bir çığlık atmış olduğunu hayal dahi edemiyorum." Küçük ekmeklerin dumanı tütüyordu ve ortalığa mükemmel bir koku yayılıyordu. Birini almak için uzandığımda kolumdaki bilezikler çıngırdadı. Murtagh'ın gözlerini onlara dikmiş olduğunu görünce, gümüş uçlarını da görebilmesi için onları düzelttim.

"Çok güzeller, öyle değil mi? Jenny onların annesinin olduğunu söyledi."

Murtagh'ın gözleri Bayan Crook'un önüne atar gibi koyduğu yulaf lapasına çevrildi.

"Sana yakışmışlar," diye mırıldandı. Sonra kaldığımız konuya geri dönerek, "Hayır bana zararı olacak hiçbir şey yapmadı. Bir zamanlar Glenna FitzGibbons'la çok iyi anlaşırdık."

"Ah, eski aşkın öyle mi?" diyerek onunla dalga geçtim, bu küçücük adamın o kocaman kadına aşkla sarıldığını gözümün önüne getirmeye çalışmıştım.

Murtagh yulaf lapasına beğenmeyen gözlerle baktı.

"Öyle değildi, bu hanımdan bahsederken kelimelerini dikkatle seçmeni öneririm. Onun kocası annemin ağabeyiydi. Senin için çok üzülüyor, bunu bilmen gerekir diye düşündüm."

Utanarak gözlerimi aşağı indirip bu halimi gizlemek için bala uzandım. Taştan yapılmış bal kavanozu kaynamış suyun içinde duruyordu ve onun sıcaklığını hissetmek bana keyif verdi.

"Özür dilerim," dedim ekmeğimin üzerine bal dökerken,

başka bir yere dökülmemesi için dikkatli davranıyordum. "Ben aslında, benim ortadan... Ortadan ..."

"Önce gittiğini fark etmemişler," diye anlatmaya başladı küçük adam, özrümle ilgilenmemişti. "Sen akşam yemeğine dönmeyince, arazide çok çalıştığını ve yemek yemeden uyumaya gittiğini düşünmüşler, odanın kapısı kapalıymış. Ertesi gün Bayan Duncan'ın götürüldüğü haberi ortalığı sarmış ve sen akıllarına bile gelmemişsin. Senin de onunla götürüldüğün söylenmemiş."

Düşünceli düşünceli başımı salladım. Hasta olmayanlar dışında kimse beni aramazdı, zaten Jamie'nin yokluğunda da vaktimin çoğunu Colum'un kütüphanesinde geçirmiştim.

"Peki ya Colum?" diye sordum. Bunu planlayanın, Geilie'nin söylediği gibi o olup olmadığını merak ediyordum.

Murtagh omuz silkti. Masayı şöyle bir gözden geçirdi, sevdiği şeylerden kalmamıştı, arkasına yaslanıp ellerini karnının üzerinde birleştirdi.

"Köyden haber gelince kapıların kapatılmasını ve kimsenin köye inmemesini emretmiş, onlar da o kalabalığın içinde başlarına bir şey gelmesinden korkmuşlar." Bana doğru eğilerek gözlerimin içine baktı.

"İkinci gün Bayan Fitz seni aramaya başlamış. Bütün hizmetçilere seni görüp görmediklerini sormuş. Seni görmediklerini söylemişler, aralarından biri ise köye inmiş olabileceğini belirtmiş, oradaki evlerden birine sığınmış olabilirmişsin." Kızlardan biri diye düşündüm. Lanet olasıca nerede olduğumu gayet iyi biliyordu.

Hafifçe geğirdi, çıkardığı sesi bastırmaya uğraşmamıştı bile.

"Bunun ardından Bayan Fitz seni bulmak için kalenin altını üstüne getirmiş. Seni bulamayınca da Colum'dan kasabaya adam göndermesini istemiş. Bunun ardından ne olduğunu öğrenmişler ve..." Yüzünde hafif bir ışık belirmişti.

"Bana her şeyi anlatmadı ama anladığım kadarıyla seni kurtarmak için silahlı adamlar göndermesi için onun başının etini yemiş ve hayatını zor yaşanır hale getirmiş. Bu arada iş bu safhadan çıkmış ve sen artık müfettişlerin eline düşmüşsün. Bu tepişmeyi görmeyi gerçekten çok isterdim... İrade savaşı yapmışlar."

Bu savaşın sonunda kazanan ya da kaybeden olmadığı ortadaydı. Ned Gowan zekâsını kullanıp onların arasını bulmuş ve bağımsız bir avukat olarak köye inip beni savunmaya karar vermişti.

"Benim cadı olduğumu düşündü mü hiç?" diye sordum. Murtagh bir kahkaha attı.

"Bugüne kadar cadılara inanan yaşlı bir kadına hiç rastlamadım, doğrusunu istersen gencine de rastlamadım. Cadılara ve büyülere inananlar hep erkeklerdir, bunu da kendileri çok doğal ve salak yaratıklar oldukları için yaparlar."

"Senin neden hiç evlenmediğini anlamaya başlıyorum galiba."

"Öyle mi?" İskemlesini geri itip hızla ayağa kalktı, omuzlarındaki öne düşmüş şalını da arkaya atmıştı.

"Artık gitmem lazım. Reis'e saygılarımı iletirsin," dedi koridordan içeri girmekte olan Jenny'ye. "Şu an sanırım meşguldür."

Jenny onun eline ağzına kadar doldurulup bağlanmış bir çuval tutuşturdu. İçinde bir hafta yetecek kadar yiyecek vardı.

"Eve dönerken atıştıracak bir şeyler," dedi ona bakarak. "Seni gözden kaybolana kadar idare eder."

"Aha, eğer yetmezse başıma üşüşmüş akbabaları buradan görüp kemiklerimi toplamaya gelirsiniz."

"Senden işlerine yarayacak bir şeyler çıkacağından emin değilim," dedi cılız adamı süzerken. "Senden daha kalın süpürge sapları gördüm."

Murtagh'ın yüzündeki ifade değişmemişti ama gözleri parlamaya başlamıştı.

"Öyle mi? Bak kızım sana ne söyleyeceğim..." Sesleri onlar koridorda ilerledikçe duyulmaz olmaya başlamıştı ama hâlâ tartışıp birbirlerine hakaret yağdırdıklarını duyabiliyordum.

Masada bir süre daha boş boş oturup Ellen MacKenzie'nin bileziklerini okşadım. Uzaktan kapının kapanış sesini duyunca kendime geldim ve Lallybroch'un Hanımı olarak yerimi almaya gittim.

Normal zamanda bile kalabalık ve yoğun bir yer olan Lallybroch bugün garip bir süratle işliyordu. Gün boyu kiracılar gelip gitti. Çoğu gelip kiralarını ödedikten sonra oturmaya devam ediyor, bahçede ya da malikânede geziniyor, dostlarıyla karşılaşıp bir şeyler içerken onlarla sohbete dalıyordu. Maviler içindeki Jenny ve beyaz kolalı önlüğü ile Bayan Crook salonla mutfak arasında mekik dokuyarak ellerinde tepsilerle yulaflı, meyveli kekleri ve diğer tatlıları dağıtmakta olan iki hizmetliye göz kulak oluyorlardı.

Jamie yemek odasında ve salonda bulunan kiracılara beni resmi olarak tanıştırdıktan sonra Ian'la birlikte çalışma odasına çekilip kiracıları bir bir kabul etmeye başladı. Onlarla ilkbaharda ne dikecekleri, yün ve ürün satışları ile ilgili konuşup önümüzdeki üç aylık dönemin ihtiyaçlarını belirliyordu.

Ortalıkta keyifle dolanıp kiracılarla sohbet ediyor, gereken anlarda onlara içecek sunuyordum, arada bir geri çekilip geleni gideni izliyordum.

Jamie'nin değirmenin yanında verdiği sözü hatırlayıp merakla Ronald MacNab'in gelişini beklemeye başladım.

Öğleden sonra yaşlı bir katırın sırtında geldi, arkasında kemerini yakalamış küçük bir çocuk vardı. Annesinin anlattıklarının ne kadarının doğru olduğunu anlayabilmek için salonun kapısından onları izlemeye başladım.

Kadının yapmış olduğu "ayyaş" tanımı adamla birebir örtüşüyordu. Ronald MacNab'in uzun, yağlı saçları dikkatsizce, arkadan bir sicimle bağlanmıştı, yakası ve manşetleri kirden grileşmişti. Büyük ihtimalle Jamie'den bir ya da iki yaş küçüktü ama on beş yaş büyük gibi duruyordu, kemikleri eğrilmişti, gri gözleri kanlıydı ve boş bakıyordu.

Çocuk da son derece bakımsız ve kirliydi. Oğlan gözlerini yere dikmiş babasının arkasında duruyordu, babası hızla ona dönüp bir şeyler söyleyince titremeye başladı. Çalışma odasının kapısına gelmiş olan Jamie de aynı sahneyi görmüştü. Jenny ile bakıştılar ve Jenny hemen yeni bir sürahi getirdi.

Sürahiyi teslim ettikten sonra çocuğu elinden yakaladı ve onu mutfağa götürürken, "Gel bakalım delikanlı. Sanırım elimizde senin için bir ya da iki kurabiyemiz kaldı. Belki meyveli kek de vardır, ister misin?" diye sordu.

Jamie resmi bir tavırla Ronald MacNab'i selamladıktan sonra yana çekilerek adamın içeri girmesini bekledi. Kapıyı kapatırken gözleriyle bana mutfağı işaret etti. Başımı sallayıp hemen Jenny ve Rabbie'nin ardından mutfağa doğru ilerlemeye başladım.

Onları koca bir kazandan kristal bir kâseye punç doldurmakta olan Bayan Crook'la kaynaşmış bir şekilde buldum. Tahta bir kupaya biraz doldurup oğlana uzattı, oğlan bunu kabul etmeden önce tereddütle etrafına bakındı. Jenny tabakları yeniden doldururken oğlanla sohbet ediyor, cevap olarak da küçük homurtular alıyordu. Bu yarı yabani küçük yaratık yavaş yavaş rahatlamaya başlamıştı.

"Gömleğin biraz kirlenmiş delikanlı," dedi yakasını ters çevirerek. "Onu çıkar da siz gitmeden önce temizleyip sana vereyim."

"Biraz kirlenmiş" çok kibar bir tanımlamaydı ama oğlan geri çekildi. Onun arkasında duruyordum, Jenny'nin işaretiyle kaçamadan onu yakalamayı başardım.

Oğlan tekmeler atarak bağırmaya başladı, üçümüz birden oğlanın üzerine çullanıp leş gibi olan gömleği üzerinden çıkarmayı başardık.

Jenny derin bir nefes aldı. Oğlanın kafasını kolunun altına sıkıştırmıştı, çocuğun sıska sırtı ortaya çıkmıştı. Bu sırt taze kamçı izleri ve kabuk bağlamış yaralarla doluydu. Bir kısmı iyileşmişti, bir kısmı ise geride izler bırakmıştı. Jenny oğlanın boynunu tutup ona hoş kelimeler söyleyerek rahatlatmaya çalıştı. Bu arada başını bırakmıştı. Başıyla koridoru işaret ederek bana baktı.

"Bunu ona söylesen iyi olur."

Elime ballı keklerle doldurulmuş bir tabak alıp çalışma odasının kapısını vurdum. Jamie'nin homurtusunu duyunca kapıyı açıp içeri girdim.

MacNab'e servis yaparken yüzümün aldığı şekil yeterli olmuştu, Jamie ile özel olarak konuşmama gerek kalmamıştı. Jamie dalgın gözlerini yüzümde dolaştırdıktan sonra kiracısına döndü.

"Evet, Ronnie bu ödeme tahıl payını karşılayacaktır. Gitmeden önce seninle konuşmak istediğim bir konu daha var. Rabbie adında bir oğlun olduğunu biliyorum, benim de ahırlarda çalışması için o yaşlarda bir delikanlıya ihtiyacım var. Onun benimle çalışmasına izin verir misin?" Jamie'nin uzun parmakları masanın üzerinde zıplayıp duruyordu. Ian onun yanındaki diğer küçük masada ellerini çenesine dayamış ilgiyle MacNab'e bakıyordu.

MacNab kavgacı bir tavırla yerinde dikildi. Bu sarhoş olmayan ama o an sarhoş olmayı çok dileyen bir adamın gösterdiği öfkeli bir tavırdı.

"Hayır, oğlan bana lazım," dedi kısaca.

"Hımm." Jamie koltuğuna dayanıp ellerini kavuşturdu. "Sana bunun için ödeme yapacağım."

Adam homurdanarak iskemlesinde kaykıldı.

"Annem size geldi değil mi? Hayır dedim ve bunda ısrarlıyım. O benim oğlum ve ben neyi uygun görürsem onu yapar. Ben onu boyunduruğum altında tutmaya devam edeceğim."

Jamie gözlerini adamın üzerinde gezdirdikten sonra daha fazla bu konuda konuşmadan defterlerine döndü.

Akşamüzeri ilerleyen saatlerde ayrılmadan önce kiracılara yeni içeceklerini sunarken, pencereden Jamie'nin Pis MacNab'i dostça kolunun altına almış, dışarıda dolandığını gördüm. Bu ikili barınağın arkasında gözden kayboldu, muhtemelen tarım ürünlerini kontrole gidiyorlardı, bir iki dakika sonra eve gelirlerken onları yeniden gördüm.

Jamie'nin kolu kendisinden kısa olan adamın omuzlarındaydı ama daha çok onu tutuyormuş gibi duruyordu. MacNab'in yüzünde sağlıksız bir grilik vardı, ter içindeydi ve zorlukla yürüyordu, eve kadar olan yolu tamamlayamayacak gibiydi.

"Çok güzel, anlaştığımıza sevindim," dedi Jamie neşeyle. "Sanırım kazandığın fazladan parayla düşmanlarını çatlatacaksın Ronald. Ah bak hayvanını da getirdiler, bu ne kadar güzel bir şey böyle?"

MacNab'ın katırı avluya getirilmişti, hayvan burada kendisine gösterilmiş ilgiden çok mutlu olmuştu. Ona sunulmuş samanlar hâlâ ağzının kenarlarında duruyordu ve hayvan keyifle onları çiğniyordu.

Jamie MacNab'ın katıra rahatça binebilmesi için elini ayağının altına koydu. MacNab Jamie'ye herhangi bir cevap vermedi, onun arkasından söylediklerine de cevap vermedi. Jamie adamı uğurlarken arkasından "Tanrı seninle olsun!" ve "İyi yolculuklar," gibi cümleler sarf etti. O avludan çıkınca dalgın dalgın başını salladı, gizli bir dert canını sıkmış gibi görünüyordu.

Jamie çite dayanıp diğer kiracıları yolcu ederken hâlâ arada bir tepeye doğru ilerlemekte olan MacNab'e bakıyordu. Adam gözden kaybolunca dönüp ıslık çaldı. Üzerinde eski ama temiz bir gömlek olan, lekeli etekli küçük bir yaratık oradaki saman arabasının altından dışarı süzüldü.

"Eveeet, genç Rabbie," dedi candan bir tavırla. "Baban senin iyi bir seyis olacağına söz verdi. Senin onun sözünü haksız çıkarmayıp çok çalışacağından eminim." Oğlanın yuvalarından fırlamış gözlerine ve kirli yüzüne baktı, çocuktan bir cevap çıkmayınca Jamie uzanıp oğlanın omuzlarına dokundu ve onu atların yalağına çevirdi.

"Akşam yemeğin mutfakta seni bekliyor delikanlı. Ama önce git biraz yıkan. Bayan Crook oldukça titiz bir kadındır. Heyy Rabbie!"- diz çökerek oğlana fısıldadı - "kulaklarını unutma, onları istersen senin için Bayan Crook temizleyebilir, sabah benimkileri de temizlemişti." Ellerini kulaklarının arkasına götürüp onları oynattı, oğlan yüzünde utangaç bir gülümsemeyle uzaklaştı.

"Bu işi halledebildiğine çok sevindim," dedim onu kolundan tutup yemeğe götürürken. "Küçük Rabbie MacNab'den bahsediyorum. Bu işi nasıl hallettin?"

Omuzlarını silkti. "Ronald'ı damıtımhanenin arkasına götürdüm, orada yumuşak yerlerine bir iki yumruk geçirdikten sonra burada oğlunu mu karaciğerini mi bırakmayı tercih ettiğini sordum." Kaşlarını çatmış bana bakıyordu.

"Bunun doğru bir şey olmadığını biliyorum ama başka ne

yapabilirdim? Oğlanın onunla birlikte geri dönmesini istemedim. Bunun tek sebebi büyükanneye verdiğim söz değildi. Jenny bana oğlanın sırtını anlattı." Tereddüt ettikten sonra devam etti. "Bak Saksonyalı, babam da beni ihtiyaç hissettiğinde dövdü, hatta benim gerektiğini hissettiğimden daha fazla dövdü ama ben hiçbir zaman o benimle konuşurken irkilmedim. Küçük Rabbie'nin bunları bir gün karısına yatakta gülerek anlatacağını hiç sanmıyorum."

Omuzlarını iyice kamburlaştırdı, bu hareketi yaptığını aylardır görmemiştim.

"Adam haklı, çocuk onun ve ona dilediği her şeyi yapabilir. Ben Tanrı değilim sadece reisim. Tamam, bu iyi bir mevki ama..." Gülümsemeye çalışarak bana baktı.

"Bu adaletle zorbalık arasında çok ince bir çizgi, Saksonyalı... Umarım doğru tarafta durmayı başarmışımdır."

Kolumu onun beline dolayıp sarıldım.

"Sen doğru olanı yaptın Jamie."

"Öyle mi düşünüyorsun?"

"Evet."

Sarmaş dolaş eve doğru yürümeye başladık. Beyaz çiftlik binaları batmakta olan güneşin ışıltıları altında kehribara dönüşmüştü. Eve girmedik ve Jamie beni evin arkasında bulunan tepeciğe doğru götürdü. Oradaki çitin üzerine oturup çiftliği seyretmeye başladık.

Başımı onun omzuna yaslayıp içimi çektim. O da bana daha sıkı sarıldı.

"Sen bunun için doğdun, öyle değil mi?"

"Belki." Arazilere, binalara, yollara ve kulübelere baktıktan sonra gülümseyerek bana döndü.

"Ya sen Saksonyalım? Sen ne için doğdun? Bir arazinin sahibi olup oralarda çingeneler gibi uyumak için mi? Doktor olmak, bir reisin karısı ya da bir kaçağın kadını olmak için mi doğdun?"

"Ben senin için doğdum," dedim ona sarılarak.

"Bunu daha önce hiç söylememiş olduğunu biliyor musun?"

"Sen de söylemedin."

"Söyledim. Buraya geldiğimizin ertesi günü... Sana seni her şeyden daha çok istediğimi söyledim."

"Ben de sana sevmekle istemenin aynı anlama gelmediğini söyledim."

Güldü. "Belki de haklısın Saksonyalı." Saçlarımı yüzümden çekerek beni alnımdan öptü. "Seni ilk gördüğüm andan beri istedim ama seni Leoch'da kollarımda ağlayıp seni rahatlatmama izin verdiğin gün sevmeye başladım."

Güneş karaçamların arkasından batıyordu, ilk yıldızlar görünmeye başlamıştı. Ekim ayının ortasına gelmiştik ve hava artık serin olmaya başlamıştı. Çitin diğer tarafında duran Jamie alnını alnıma yasladı.

"Önce sen."

"Hayır, sen."

"Neden?"

"Korkuyorum."

"Neden Saksonyalım?" karanlık tarlalara çökmeye başlamıştı, gece başlıyordu. Hilal şeklindeki ayın ışığında alnını ve burnunu görebiliyordum.

"Bunu söylemeye başlarsam bir daha hiç durmadan söylemekten korkuyorum."

Ufuk çizgisine doğru baktı, ay oradan yükseliyordu. "Kış geliyor, geceler çok uzun *mo duinne.*" Çitten bana doğru eğildi, ben de onun kollarının arasına sığındım, bütün vücudunu ve kalp atışlarını hissedebiliyordum.

"Seni seviyorum."

32

Zor İş

Birkaç gün sonra güneş batarken evin yanındaki tepede durmuş, bulduğum kaz gagalarının kökünü açmakla meşguldüm. Arkamdan gelen ayak sesi hışırtılarını duyunca Jenny ya da Bayan Crook'un beni yemeğe çağırmaya geldiğini düşünerek döndüm. Gelen Jamie idi. Yemekten önce yıkanmıştı ve saçları ıslaktı, gömleği hâlâ arazide çalışırken hep yaptığı gibi etek uçlarından birbirine düğümlüydü. Arkamdan yaklaşıp kollarını belime dolarken çenesini omzuma yasladı. Birlikte çamların arasından batmakta olan kızıllara bürünmüş güneşi seyretmeye başladık. Yavaş yavaş bütün görüntüler yok olmaya başladığında biz hâlâ sarmaş dolaş orada duruyorduk. Sonunda hava iyice karardı ve evden bağıran Jenny'nin sesini duydum.

"İçeri girsek iyi olacak," dedim isteksizce.

"Hımm." Jamie yerinden kıpırdamadı, kollarını bana daha sıkı sararak gölgelere bakmaya devam etti, her şeyi beynine kazımak ister gibiydi.

Dönüp kollarımı boynuna doladım.

"Sorun nedir?" dedim kısık sesle. "Ayrılma zamanımız mı geldi?" Lallybroch'dan ayrılma düşüncesi bile kalbimin sıkışmasına yetiyordu, burada daha fazla kalmamızın tehlikeli olduğunu biliyordum. Kırmızı urbalıların bir sonraki ziyareti daha kötü sonuçlar doğurabilirdi.

"Evet, yarın, en geç öbür gün ayrılmamız gerekiyor. İngilizlerin Knockcholium'da olduklarını duydum, gerçi buradan kırk kilometre uzakta bu da iki günlük yol demek." Yavaşça yere yığılmaya başlamıştım, Jamie kolunu dizlerimin altına koyup beni kaldırdı ve göğsüne bastırdı.

Teni hâlâ güneşin ısısını taşıyordu, üzerindeki ter ve ot kokuları da duruyordu. Son hasadın kaldırılmasına yardım ediyordu, üzerindeki koku bana bir hafta önceki yemeği hatırlatmıştı. Her zaman kibar ve dostça davranan Jenny, beni o akşam ailenin bir bireyi olarak kabul etmişti.

Hasat kaldırmak son derece yorucu bir işti ve akşamları yemeğin sonlarına doğru Ian'la Jamie'nin kafaları düşmeye başlıyordu. Bir gece tatlıyı getirmek üzere mutfağa gidip döndüğümde ikisini de masada uyurken bulmuştum. Jenny bir yandan gülüyor bir yandan da tabağını sıyırıyordu. Ian'ın başı göğsüne düşmüş derin nefesler alıyordu. Jamie ise başını masanın üzerinde duran koluna dayamıştı, tabakla biber değirmeninin arasında huzur içinde horluyordu.

Jenny elimden tatlıyı alıp ikimize servis yapmıştı, bir yandan da uyuyan adamları göstererek başını sallıyordu.

"İkisi de deli gibi esniyordu ve ben de sustuğum anda ne yapacaklarını çok merak ederek sustum. İki dakika sonra ikisi de adeta ruhunu teslim etti." Ian'ın alnına düşmüş saçlarını düzeltti.

"Burada bebekler bu yüzden hep temmuz ayında doğarlar," dedi tek kaşını kaldırarak. "Erkekler kasım sonuna kadar bir türlü yeterince uyanık kalmayı başaramazlar." Bu çok doğruydu. Jamie yanımda horul horul horluyordu. Elimi ensesine koyup onu rahatlatmaya çalıştım. Dudakları hoşnutlukla kıvrıldı ve bunun ardından daha huzurlu bir uykuya geçti.

Onu seyreden Jenny konuşmaya başladı. "Bu çok komik, onun küçüklüğünden beri bunu yaptığını görmemiştim."

"Neyi yaptığını?"

"Uykusunda gülümsediğini. Beşiğinin kenarına biri gelip onu okşayınca yapardı, küçük karyolasına geçtiği zaman bile yapıyordu. Bazen annemle birlikte onu gülümsetmek için gidip gidip başını okşardık o da her seferinde gülümserdi."

"Garip, öyle değil mi?" Elimi başının arkasından ensesine doğru indirerek yeniden şansımı denedim. Beni yine bir gülücükle ödüllendirdi, o ciddi halini kaybedip hemen huzura kavuşuyordu.

Onu büyülenmiş gibi seyrederken, "Bunu neden yaptığını merak etmiyor değilim," dedim. Jenny omuzlarını silkerek bana sırıttı.

"Demek ki çok mutlu..."

Gece olan gelişmelerin sonucunda ertesi gün oradan ayrılamadık. Gecenin bir yarısında odadaki kısık sesli sohbet sesleriyle uyandım. Ian yatağın diğer yanında elinde bir mumla eğilmiş duruyordu.

"Bebek geliyor," dedi Jamie uyandığımı görünce. "Biraz erken değil mi Ian?"

"Buna asla karar veremezsin. Küçük Jamie biraz geç doğmuştu. Erken olması geç olmasından iyidir diye düşünüyorum." Ian gülümsüyordu ama oldukça heyecanlıydı.

"Saksonyalı, bebeği doğurtabilir misin? Yoksa gidip ebeyi mi getireyim?" Jamie bana dönmüş bakıyordu. Hiç tereddüt etmeden cevap verdim.

"Git ebeyi getir." Bütün eğitimim boyunca sadece üç doğuma tanıklık etmiştim, bunlar da son derece steril ameliyathanelerde gerçekleşmişti, hasta anestezi altındaydı ve her yeri örtülüydü, sadece dışarı çıkan kafayı görme imkânım olmuştu.

Jamie ebe Bayan Martins'i almaya giderken ben de Ian'ı takip ettim.

Jenny pencerenin yanında bir iskemlede oturuyordu. Üzerine eski bir gecelik giymişti, yatak çarşaflarını da çıkarmış, onların yerine eski bir yorgan örtmüştü. Şimdi de oturmuş, doğum anının gelmesini bekliyordu.

Ian endişeli gözlerle ona baktı. Jenny de ona gülümsedi, aslında çok uzaklardan gelen ve yalnızca kendisinin duyabildiği bir sesi dinler gibiydi. Ian huzursuzluk içinde odada dolanıp duruyordu, Jenny ona odadan gitmesini söyleyene kadar da buna devam etti, bir şeyleri eline alıp alıp bırakıyordu.

"Ian aşağı inip Bayan Crook'u kaldır," derken gülümseyen Jenny onu kibarca odadan uzaklaştırdı. "Ona Bayan Martins'in ihtiyacı olan şeyleri hazırlamasını söyle. O gerisini halleder." Sonra derin bir nefes alıp ellerini şiş karnının üzerinde gezdirdi. Karnının bir anda gerilip kasıldığını gördüm. Dudaklarını ısırarak derin bir nefes daha aldı ve rahatladı. Karnı eski haline dönmüş, yine o damla şeklini almıştı.

Ian elini korkarak onun omzuna koydu, Jenny de gülümseyerek kendi elini onunkinin üzerine koydu.

"Ayrıca senin de karnını doyursun. Jamie ile yemeğe ihtiyacınız olacak. İkinci bebeğin birinciden daha kolay doğduğunu söylerler, belki kahvaltıya kadar doğmuş olur ve ben de bir şeyler yiyebilirim."

Ian omzunu sıktıktan sonra eğilip onu öptü, odadan ayrılmadan önce kulağına bir şeyler fısıldadı. Kapının önünde tereddütle durup karısına baktı. Jenny el sallayarak ona gitmesini işaret etti.

Kasılmalar artmaya başlamıştı, Jamie ebeyle birlikte gelene kadar aradan saatler geçmiş gibi geldi. İkinci bebekler gerçekten de birincilerden çabuk doğardı. Ya bu bebek Bayan Martins gelmeden doğmaya karar verirse ne yapardık?

Jenny başlangıçta benimle sohbet etmeye gayret etti, arada bir kasılmalar geldiğinde öne eğilip karnını tutuyordu. Bir süre sonra konuşmayı bırakıp arkasına yaslandı. Sancılar arasında dinlenmeye çalışıyordu. Sonuncu kasılmadan sonra ayağa kalkıp yürümeye çalıştı.

"Claire yürümeme yardım eder misin?" Bunun doğru olup olmadığından emin değildim ama onun söylediğini yapmaya karar verdim. Onu koltuk altından sıkıca tutup doğrulttum. Odada birkaç tur attık, her kasılmada durup bekliyorduk. Ebe gelmeden hemen önce Jenny yatağa doğru ilerleyip yattı.

Bayan Martins'in güven veren bir görüntüsü vardı; uzun boylu ve zayıftı. Geniş omuzları, kaslı kolları vardı, insana güven aşılayan tiplerdendi. Gri kaşlarının arasında derin iki çizgi vardı, bunlar işine dikkatini verdiği anda daha da derinleşiyordu.

İlk muayeneyi yaparken çok derinleşmemişlerdi. Her şey normal görünüyordu, Bayan Crook bir yığın temiz ütülü bez getirdi. Bayan Martins bunlardan birini alıp katlı bir şekilde Jenny'nin altına koydu. Jenny kendini hafifçe kaldırırken bacaklarının arasındaki kan lekesini görünce irkildim.

Benim kuşkulu bakışlarımı gören Bayan Martin beni rahatlatmak için başını salladı.

"Evet, kanlı bir gösteri... Bunun bir sakıncası yok, kan açık renkli ve çok olursa endişelenmen gerekir. Şu an için yolunda gitmeyen bir şey yok."

Hepimiz beklemeye başladık. Bayan Martins sakin sakin konuşarak ve sırtını sıvazlayarak Jenny'yi rahatlatıyordu, kasılmalar sırasında elini biraz daha bastırıyordu. Sancılar sıklaştıkça Jenny dudaklarını kasıp burnundan derin nefesler almaya çalışıyordu. Sancının şiddetine göre arada bir de inliyordu.

Jenny'nin saçları terden sırılsıklam olmuştu, yüzü zorlanmaktan kızarmıştı. Ona bakarken neden buna "iş" dendiğini anlamıştım. Doğum yapmak başlı başına çok zor bir işti.

Sonraki iki saat boyunca pek fazla bir şey yapılmadı, sancı araları azalıyor, kasılma şiddeti artıyordu. Başlangıçta sorulan sorulara cevap vermeyi başaran Jenny bu işten vazgeçmişti, kasılma aralarında dinlenirken yüzü hemen kırmızıdan beyaza dönüyordu.

İki kasılma arasında dudaklarını sıkarken başıyla beni yanına çağırdı.

"Eğer çocuk yaşarsa..." dedi nefes almaya çalışarak, "ve kız olursa... Adı Margaret olacak. Bunu Ian'a söyle... Adı Margaret Ellen olacak."

"Elbette," diyerek onu yatıştırmaya çalıştım. "Ama bunu ona kendin de söyleyebilirsin, çok az kaldı."

O buna inanmayarak başını salladı. Yeni gelen sancıyla birlikte dişlerini sıktı. Bayan Martins beni kolumdan tutarak çevirdi.

"Onun söylediklerini sakın ciddiye alma. Hepsi bu zamanlarda öleceklerini düşünürler."

"Ah," diyebildim sadece, az da olsa rahatlamıştım.

"Maalesef bazen de ölürler," diye ekledi arkasından kısık sesle.

Bu sancılar Bayan Martins'i pek etkilemiyor gibi görünüyordu ama bu arada hiçbir ilerleme de kaydedilmiyordu. Jenny çok yorulmuştu, her kasılma sonunda vücudu boşalıyor ardından iki katı şiddetli bir kasılma daha oluyordu. Aralarda artık uyuyakalıyordu. Bir anda acımasız bir kasılma daha geldi, Jenny inleyerek uykuyla savaştı ve bebeği koruyarak yana doğru kıvrılmaya çalıştı.

Ebeye, "Bebek ters geliyor olabilir mi?" diye kısık sesle ve utanarak sordum. Kadın bu yorumuma alınmadı, tam tersine kaşlarını iyice çatarak Jenny'ye baktı.

Bu kasılma da sona erince, Bayan Martins çarşafı ve geceliği açıp hızla çalışmaya başladı. Parmaklarıyla karnının değişik bölgelerine bastırıyordu. Bu baskılar kasılmaları arttırdığı için muayeneyi istediği gibi tamamlayamıyordu.

Sonunda düşünceli bir tavırla geri çekildi, yere bir ayağını vururken bir yandan da Jenny'ye bakıyordu. Jenny çarşafları paralamaya başlamıştı.

Bunu bir işaret olarak kabul eden Bayan Martins bir karara varmış gibi öne doğru eğilirken başıyla yanına gitmemi işaret etti.

"Onu biraz daha arkaya doğru eğ yavrum," dedikten sonra Jenny'nin çığlıklarının kendisini etkilememesine karar verdi. Aslında onun her bir çığlığını onunla paylaştığından çok emindim.

Bir sonraki gevşeme anında hızla harekete geçti. Rahim duvarının üzerinden bebeği yakalayarak onu çevirmeye çalıştı. Yeni bir kasılma başladığında Jenny çığlık atarak kollarıma yapıştı.

Bayan Martins denemeye devam ediyordu. Jenny itmemeye çalışmaktan bitap düşmüştü, vücudunda bu çocuğu dünyaya getirebilmek için inanılmaz bir güç taşıyordu. Bayan Martins devam etti.

Ve sonunda bu çaba başarılı oldu. Bebek döndüğü anda dışarı garip bir sıvı boşaldı. Jenny'nin karnının şekli değişmişti ve bebek aşağı inmeye başlamıştı.

"Şimdi it bakalım." Jenny onun sözünü dinledi, Bayan Martins dizlerinin üzerine yere çöktü. Doğum başlamıştı, hızla masaya gidip geldiğinde oraya koyduğu şişeyi aldı. Bir çeşit yağa benzeyen bu sıvıyı parmaklarına döküp Jenny'nin bacak arasını ovmaya başladı.

Yeni bir kasılma gelince Jenny bu dokunuşa dayanamıyormuş gibi bir çığlık attı ve Bayan Martins hemen ellerini çekti. Jenny yeniden gevşeyince kadın masaja devam etti, bir yandan da her şeyin yolunda olduğunu söyleyerek hastasını rahatlatmaya uğraşıyordu. "Çok güzel... Şimdi... İt..."

Bir sonraki kasılmada ebe elini Jenny'nin karnının üzerine koyup itmeye başladı, Jenny acıyla çığlık attı ama kadın bundan etkilenmeden kasılmanın sonuna kadar bastırmaya devam etti.

"Bir sonrakinde benimle birlikte itmeye devam et, çok az kaldı."

Ellerimi onunla birlikte Jenny'nin karnının üzerine koyup işaretini beklemeye başladım. İşaretiyle birlikte üçümüz birden ittik. Jenny'den bir zafer homurtusu gelirken bacaklarının arasında bir şey belirdi. Bacaklarını gerdikten sonra bir kez daha itti ve Margaret Ellen Murray yağlı bir domuz yavrusu gibi ortaya çıkıverdi.

Kısa bir süre sonra Jenny'nin terli alnını bezle silerken pencereye baktım, güneş batmak üzereydi.

"İyiyim," dedi Jenny. "Ben çok iyiyim." Küçük kızını dünyaya getirmiş olmanın verdiği mutluluk bütün yüzüne yayılmıştı. Titreyen eliyle kolumu tuttu.

"Gidip Ian'a haber ver. Çok endişelenmiştir."

Aşağıdaki durum hiç de öyle görünmüyordu. Ian ve Jamie kendilerini çalışma odasına kapatmışlardı, burada erken bir kutlama yapılmış gibiydi. Küçük masanın üzerinde boş bir karaf duruyordu, yanında başka içki şişeleri de vardı. Odayı kesif bir alkol kokusu sarmıştı.

Gururlu baba sızmıştı, başı reisin masasının üzerine düşmüştü. Reis hâlâ uyanıktı, arkasına dayanmış puslu gözlerini kırpıştırmakla meşguldü.

Öfkeyle masanın üzerine vurup Ian'ı omuzlarından yakaladım ve sallamaya başladım. Jamie'yi görmezden gelmiştim. Jamie oturduğu yerden doğruldu. "Saksonyalı, dur..."

Ian sızmamıştı. Başını isteksizce masadan kaldırıp acı dolu bir suratla bana baktı. Bir anda oraya Jenny'nin ölüm haberini vermek için gittiğimi sandığını anladım.

Omuzlarını sıkmayı bırakıp sırtını okşadım.

"O çok iyi," dedim yumuşak bir sesle. "Bir kızın oldu."

O başını yeniden kollarına dayadı, ince omuzları sarsılmaya başlamıştı, Jamie sırtını sıvazladı.

Kahramanlar temizlendikten sonra, Murray ve Fraser aile fertleri Jenny'nin odasında akşam yemeği için bir araya geldi. Küçük Margaret ilk muayenesinden sonra küçük bir battaniyeye sarılıp babasının kucağına verilmişti. Yavrusunu kutsal bir varlıkmış gibi saygıyla seyrediyordu.

"Merhaba küçük Maggie," diye fısıldadı, parmağıyla onun minicik bir düğmeye benzeyen burnuna dokunuyordu.

Kızı bu tanıştırılma merasiminden pek etkilenmeyerek gözlerini yumdu ve babasının gömleğine işedi.

Bu hengâmenin arasında küçük Jamie, Bayan Crook'un kollarının arasından kaçmayı başarıp hızla annesinin yatağına tırmandı. Jenny acıyla inlerken bir eliyle de Bayan Crook'a bırakmasını işaret etti.

"Benim annem!" diye bağıran Jamie annesinin yanına yattı.

"Başka kimin olabilir ki?" dedi Jenny. "Gel bakalım ufaklık." Ona sarılıp başından öptü. Onu öpe koklaya rahatlatıp yanına yatırdı. Oğlan kafasını kaldırınca, saçlarını okşayarak onu yeniden yatırdı.

"Başını yatağa koy bakalım beyefendi, uyku vaktin çoktan geçti." Annesinin yanında huzura kavuşan Jamie parmağını ağzına sokarak uyumaya başladı.

Bebeği tutma sırası Jamie'deydi, o bebeği oldukça başarılı tutuyordu. Bebeğin küçücük kafası Jamie'nin elinde tenis topu gibi görünüyordu. Bebeği annesine istemeye istemeye verdi, annesi onu alınca sevgiyle göğsüne bastırdı.

Sonunda onları yalnız bırakıp odamıza doğru ilerledik. Biz onlardan ayrılırken Ian yatağın yanına Jamie ile yeni bebeğini emzirmekte olan Jenny'nin yanına oturmuştu. Bir anda ne kadar yorulmuş olduğumun farkına vardım, Ian beni yataktan kaldırdığından bu yana neredeyse yirmi dört saat geçmişti.

Jamie odaya girip kapıyı yavaşça kapattı. Hiç konuşmadan arkama yaklaşıp elbisemin bağlarını çözmeye başladı. Sonra bana sarıldı ve ben de mutlulukla ona yaslandım. Başını eğip beni öpmeye başlayınca ona dönüp kollarımı boynuna doladım. Sadece yorgun değildim, çok hassaslaşmıştım ve biraz da üzgündüm.

"Belki de böylesi daha iyi," dedi Jamie yavaşça, kendi kendine konuşur gibiydi.

"Daha iyi olan neymiş?"

"Senin kısır olman..." Yüzümü göğsüne gömdüğüm için göremiyordu ama gerildiğimi hissetti.

"Bunu uzun bir zamandır biliyorum. Evlenmemizden hemen sonra Geillis Duncan bana söylemişti." Sırtımı okşuyordu. "Başlangıçta biraz üzüldüm ama sonra yaşam şeklimize bakınca bundan hemen vazgeçtim. Çocukla bunları yapman çok zor olacaktı. Ve şimdi..." hafifçe titredi, "şimdi bundan dolayı çok mutluyum çünkü sen bu acıyı çekmeyeceksin."

"Bu pek umurumda olmazdı," dedim, o küçük kafayı ve parmakları düşündükten sonra.

"Ama benim olurdu." Başımı öptü. "Ian'ın yüzünü gördüm, Jenny'nin her çığlığında sanki onun etinden et kopuyordu." Kollarımı beline dolayıp sırtındaki izleri okşamaya başladım. "Acıya dayanabilirim ama senin canının acımasına dayanamam. Benden bu dayanıklılığı göstermemi bekleme."

33

Devriye

Margaret'in doğumunun ardından Jenny hızla toparlandı, bebeği doğurduğunun ertesi günü aşağı inmek için ısrar etti. Ama Jamie ve Ian'ın itiraz etmelerinin üzerine hiçbir iş yapmadan salondaki koltukta uzanmaya razı oldu. Margaret yanındaki beşikte uyuyordu.

Boş oturmaya tahammülü yoktu, gün boyunca bir ya da iki kez mutfağa ve arka bahçeye gitti. Sıkıca sardığı bebeğini boynuna bir askıyla astı ve ben ölü asmaları koparırken duvarın üzerine oturup bana eşlik etti, sonra da çamaşırların kaynadığı büyük kazanı denetledi. Bayan Crook ve hizmetçiler temiz çamaşırları asmaya başlamışlardı, ben de kazandaki suyun tehlikesiz bir şekilde dökülebilmesi için yeterince soğumasını bekliyordum.

Küçük Jamie bitkileri koparıp kopan dalları her yere saçarak bana 'yardım' ediyordu. Kazana çok yaklaşınca onu uyardım, sözümü dinlemeyince de onu kovalamaya başladım. Neyse ki su çabuk soğudu ben de huzura kavuştum. Ona annesinin yanına gitmesini söyledim ve sonra kazanı boşaltmak için, demir ayakların üzerinden kazanı kaldırıp elime aldım.

Kirli sular kazandan yere boşalmaya başlayınca kenara çekildim. Küçük Jamie yanımda durup ellerini bu çamurlu sulara vurmaya başladı ve eteğim de çamurlandı.

Annesi onu yakasından yakalayıp duvarın öbür tarafına koydu.

"Senin hiç kafan çalışmıyor mu ufaklık? Şu haline bak! Şimdi gömleğini yeniden yıkamak zorundayız. Yengenin eteklerini ne hale getirdin?"

Oğlanın titreyen dudaklarını görünce dayanamadım. "Önemli değil."

"Benim için önemli," dedi Jenny, küçük Jamie'ye kızgın gözlerle bakarak. "Hemen yengenden özür dile ve sonra da Bayan Crook'un seni temizleyebilmesi için doğruca eve git," dedi ve poposunu hafifçe okşayıp parmağıyla evi işaret etti.

Islak giysilerle uğraşmaya devam ederken yaklaşan nal seslerini duyduk.

"Sanırım bu gelen Jamie," dedim sesleri dinleyerek, "ama henüz erken..."

Jenny yola bakarken başını iki yana salladı. "Hayır, bu onun atı değil."

Ama atın üzerindeki yabancı değildi. Yanımda bir an kasıldıktan sonra bahçe kapısına doğru koşmaya başladı, bir yandan da kollarındaki bebeği dengede tutmaya uğraşıyordu.

"Bu Ian!" dedi bana.

Üstü başı parçalanmış ve toz içindeydi, attan yavaşça yere kaydı. Alnı çürümüş ve şişmişti, bir kaşının üzeri yarılmıştı. O yere inerken Jenny onu kolundan yakaladı, tahta bacağının yerinde olmadığını o zaman gördüm.

"Jamie," dedi nefes nefese. "Değirmenin yanında devriyelerle karşılaştık. Bizi bekliyorlardı. Geleceğimizden haberleri vardı."

Bir anda böğrüme bir acı saplandı. "Yaşıyor mu?"

Nefes almaya çalışırken başını salladı. "Evet, yaralı da değil. Onu batıya, Killin'e doğru götürdüler." Jenny parmaklarını onun yüzünde dolaştırıyordu.

"Sana bir şey oldu mu?"

Yine başını salladı. "Hayır. Atımı ve bacağımı aldılar, onları takip etmemem için beni öldürmelerine gerek yoktu."

Jenny ufka baktı, güneş ağaçların tam üzerindeydi. Saatin dört olduğunu düşündüm. Ian onun bakışlarını takip ederek sormadığı sorusuna cevap verdi.

"Onlarla tam öğle vakti karşılaştık. Atı olan bir yer bulmam iki saatimi aldı."

Jenny bir şeyi hesaplarmış gibi sessizce durduktan sonra bana döndü.

"Claire sen Ian'a yardım et ve ihtiyacı varsa hızla yaralarını sar. Ben bebeği Bayan Crook'a verip atları getirmeye gidiyorum."

İkimiz de ona itiraz etme fırsatını bulamadan eve doğru koşmaya başladı.

"Ama bunu yapamaz! Bebeği bırakmamalı!" diye bağırdım.

Ian omzuma dayanmış eve doğru yavaş yavaş ilerlerken başını sallayarak konuştu.

"Belki yapmamalı ama İngilizlerin kardeşini asmasına da izin veremez."

Jamie ile Ian'ın pusuya düştükleri yere vardığımızda hava kararmak üzereydi. Jenny atından inip ufak bir av köpeği gibi çalılıkları araştırmaya başladı, dalları oraya buraya çekiştirirken sürekli bir şeyler mırıldanıyordu, bunların çoğu ağabeyinden duymaya çok alıştığım küfürlerdi.

"Doğu," dedi ağaçların arasından geri gelirken, her yeri çizilmiş ve kirlenmişti. Eteğindeki yaprakları silkeleyip atının dizginlerini uyuşmuş parmaklarımın arasından aldı. "Karanlıkta onları takip edemeyiz ama en azından şafak sökünce ne tarafa gideceğimizi biliyorum."

Oraya atları bağlayıp, küçük bir ateş yaktık ve kamp kurduk. Ondaki enerjiye ve kudrete hayran kalmıştım, bana gülümsedi.

"Gençken Ian ve Jamie bana bildikleri şeyleri öğretirlerdi. Ateş nasıl yakılır, ağaçlara nasıl tırmanılır, hayvanların derileri nasıl yüzülür, iz nasıl sürülür gibi şeyler." Devriyenin izlemiş olduğu yola baktı.

"Canını sıkma Claire," diyerek ateşin yanına oturdu. "Bu çalılıkların arasında yirmi at hızla ilerleyemez ama iki at bunu başarır. Görünüşe göre onlar Eskadale'e çıkan yoldan ilerliyorlar. Tepelerin üzerinden, kestirmeden ilerleyip onları Midmains'de yakalayabiliriz."

Parmaklarını korsajının üzerinde gezdiriyordu. Kumaşları çekip içteki bluzunu kaldırdığında hayretle göğüslerine baktım. Kocaman ve son derece sert görünüyorlardı, sütle dolmuşlardı. Bu konuda çok cahildim, bugüne kadar emziren bir annenin çocuğundan ayrıldığı zaman ne yaptığını hiç merak etmemiştim.

"Bebekten çok uzun süre ayrı kalamam," dedi aklımdan geçenleri okumuş gibi, yüzünü buruşturarak göğüslerinden birini tuttu. "Patlayabilirim." O dokunduğu anda göğüs ucundan sütler akmaya başlamıştı. Cebinden mendilini çıkarıp göğsünün altına koydu. Yanında heybesinden çıkardığı küçük, kalaylı bir bardak vardı. Bardağı göğsünün ucuna koyup iki parmağıyla bastırmaya başladı. Süt daha hızlı akmaya başlamıştı, ardından meme başı adeta bir fıskiye haline geldi ve sütler büyük bir süratle boşalmaya başladı.

"Bunun olabileceğini bilmiyordum!" diye bağırdım, büyülenmiş gibiydim.

"Evet, bebeğin emişi bu işlemi başlatır, sonraki işi ise sadece yutmaktır. Ah, şu an çok daha iyiyim." Huzura kavuşmuş gibi gözlerini yumdu.

Bardağı yere boşalttı. "Bunu israf etmek utanç verici ama şu an yapabileceğim başka bir şey yok." Bu kez aynı işlemleri diğer göğsüne yapmaya başlamıştı.

"Bu çok sıkıntılı bir iş," dedi, ben hâlâ onu seyrediyordum. "Çocuklarla ilgili her şey son derece can sıkıcı ama yine de onlara sahip olma isteğinden vazgeçmiyor insan."

"Evet," dedim yumuşak bir sesle. "Böyle bir seçim yapılamaz."

Önce ateşe sonra bana baktı, çok nazik ve düşünceliydi.

"Senin için henüz doğru zaman değil ama günün birinde kendi çocukların olacak."

Titrek bir sesle güldüm. "Önce babalarını bulsak iyi olur."

İkinci bardağı da boşalttıktan sonra elbisesini toparlamaya başladı.

"Hiç merak etme onları yarın bulacağız. Bunu yapmak zorundayız zira küçük Maggie'den bir günden fazla ayrı kalamam."

"Onları bulduğumuzda ne yapacağız?"

Battaniyelere uzanırken omuzlarını silkti.

"Bu Jamie'nin durumuna, yani ona ne kadar hasar vermiş olduklarına bağlı."

***

Jenny haklıydı, ertesi gün onları bulduk. Gün tam anlamıyla ağarmadan kampımızdan ayrıldık ve sadece bir kez Jenny'nin kendini sağması için durduk. O hiç iz olmayan bir bölgede bile iz sürmekte son derece başarılıydı. Ağaçların arasında sorgusuz sualsiz onu takip ediyordum. Bu kadar çok çalılığın olduğu bir alanda hızlı ilerlemek pek mümkün değildi ama o bizim devriyelerden çok daha hızlı ilerlediğimizi söyleyerek beni sakinleştirdi. Zaten o kadar kalabalık bir grup bu yoldan gidemezdi ve onlar daha uzun bir yolu kullanıyorlardı.

Öğlene doğru onlara yaklaştık. Koşum takımı seslerini ve daha önceden de duymuş olduğum insan seslerini duyabiliyordum, o sırada arkamda olan Jenny'yi kolundan tutarak durdurdum.

"Irmağın aşağısında sığ bir geçit var," diye fısıldadı bana. "Atlara su vermek için orada durmuş gibi görünüyorlar." Atından yavaşça yere süzüldü, iki atın dizginini tutup oradaki ağaçlardan birine bağladı. Başıyla onu izlememi işaret ederek yerde yılan gibi ilerlemeye başladı.

Geçidi rahatlıkla görmemizi sağlayan bir çıkıntıya geldik. Devriyede bulunan bütün adamları rahatlıkla görebiliyorduk; çoğu atından inmiş gruplar halinde sohbet ediyordu, bir kısmı yere oturmuş yemek yiyor, bir kısmı da ikili üçlü gruplar halinde atlarına su veriyorlardı. Jamie'yi göremiyordum.

"Onu öldürmüş olabilirler mi?" diye panikle fısıldadım. Oradaki her adamı iki kez gözden geçirmiştim ve kimseyi gözden kaçırmadığımdan emindim. Yirmi adam ve yirmi altı at vardı ve hepsini görebiliyordum. Aralarında bir tutsak ya da kızıl saçlı prens yoktu.

"Sanmam," dedi Jenny. "Ama bunu öğrenmenin tek yolu var." Geri dönüp çıkıntıda ilerlemeye başladı.

"Neymiş o?"

"Sormak."

Geçitten uzaklaştıkça yol iyice daralıyordu, çam ağaçlarının ve kızılağaçların arasında küçük tozlu bir patikaya dönüşüyordu. Bu yolda iki devriyenin yan yana ilerlemesi mümkün değildi, buradan tek tek geçmek zorundaydılar.

Son adam patikadan bize doğru kıvrılınca Jenny kendini yola, adamın önüne attı. Adamın atı hafif şaha kalkınca adam küfür ederek dizginlerine yapıştı. O ağzını açıp Jenny'ye kızmaya hazırlanırken ağaçların arasından çıkıp elimdeki sopayla kulağının arkasına vurdum.

Adam bunu hiç beklemediği için dengesini kaybedip yere düştü. Bayılmadı ama bir süre öylece kaldı. Jenny eline aldığı bir taşla işi tamamladı.

Atın dizginlerini yakalayıp hızla kolunu salladı.

"Çabuk ol," diye fısıldadı. "Diğerleri yokluğunu fark etmeden onu hemen yoldan çekmeliyiz."

Elrive Vadisi Devriyeleri'nden biri olan Robert MacDonald ayıldığında kendini bir ağaca sımsıkı bağlanmış olarak buldu. Kafasına tutsağının ablası tarafından bir tüfek doğrultulmuştu.

"Jamie Fraser'a ne yaptınız?" dedi Jenny.

MacDonald şaşkın şaşkın başını salladı, olanları hatırlamaya çalışıyor gibiydi. Yerinden kıpırdamaya çalıştı ama başaramadı, ardından bir sürü küfür savurdu, bunların bir işe yaramayacağını anlayınca bize sorumuzun cevabını söylemeye karar verdi.

"Öldü," dedi MacDonald asık bir suratla. Jenny'nin tetiğin üzerinde duran parmağı kasıldı. Adam korkuyla devam etti. "Bu benim suçum değildi! Kendi suçuydu!"

Jamie'nin kollarını bir deriyle bağlayıp onu ata bindirmişlerdi. Devriyeden iki adamın arasında ilerliyordu, çok sakin olduğu için ırmağı geçerken daha fazla bir önlem almaya gerek görmemişlerdi.

"Geri zekâlı herif kendini atın üzerinden suyun derinliklerine bırakıverdi," diye devam etti MacDonald ve elleri arkasında bağlı olmasına rağmen hafifçe omuz silkmeyi başardı. "Biz de ateş ettik. Vurulmuş olmalı çünkü bir daha suyun yüzüne çıkmadı. Geçidin altında su sığdır ve şiddetini kaybeder, oraya varınca onu aradık ama bulamadık. Nehir onu başka bir yere sürüklemiş olmalı. Artık ellerimi çözer misiniz hanımlar?"

Jenny'nin savurduğu tehditler adamın hikâyesini değiştirmedi ve sonunda doğru söylediğine ikna olduk. Onun ellerini tam olarak çözmeyi reddeden Jenny iplerini hafifçe gevşetti ve o onlarla savaşırken biz de oradan kaçtık.

Atlarımızın yanı varınca, "Onun gerçekten öldüğünü düşünüyor musun?" diye sordum.

"Hayır. Jamie bir balık gibi yüzer ve onun nefesini üç dakikadan daha fazla tutabildiğini pek çok kez gördüm. Haydi, gel kıyıyı arayacağız."

Kayaların üzerinden zıplayıp sulara bata çıka, küçük birikintilerdeki dallara takılıp her yerimizi çizerek onu aramaya başladık.

Sonunda Jenny bir zafer çığlığı attı. Ben suların içinde dengemi korumaya uğraşarak ona doğru ilerlemeye başladım.

Elinde hâlâ yuvarlak şekilde bağlı olan bir deri parçasını tutuyordu. Bir yanı hafif kanlıydı.

"Onu burada çıkarmış," dedi elindekini göstererek. Arkamızda kalan kayalıklara ve derin su birikintilerinin üzerinden köpürerek inen sulara bakarak başını salladı.

"Bunu nasıl başardın Jamie?" dedi kendi kendine.

Kıyıdan çok uzak olmayan bir yerde bir çimenlik bulduk, burada dinlenmiş olduğu kesindi, orada kahverengimsi lekeler de gördüm.

"Yaralı," dedim.

"Evet, ama hareket edebiliyor," diye cevap verdi Jenny, yere bakıp duruyordu.

"İz sürmede başarılı mısın?" diye umutla sordum.

"Bir avcı kadar iyi değilim ama Jamie Fraser boyutlarında bir şeyi kuru otların arasında bulmayı başaramazsam sağır ve kör olmuşum demektir."

Onun izlerini tepenin yanındaki kırılmış çalılar boyunca takip etmeyi başardık ama yoğun bir süpürge otu bölgesinde bu izler sona erdi. Bundan sonra ne yapmış olduğu hakkında elimizde hiçbir veri yoktu.

Jenny bir kütüğün üzerine oturup, "Gitmiş," dedi. Yüzü beyazlamıştı. Doğum yapalı daha bir hafta bile olmamış bir kadın için adam kaçırmak, silahlı adamları tehdit etmek ve belirsiz yollarda iz sürmek ağır bir durumdu.

"Jenny, geri dönmelisin. Hem o da Lallybroch'a dönmüş olabilir."

Başını iki yana salladı. "Hayır, bunu yapmaz. MacDonald bize öyle söyledi ama ben onların elde edecekleri bir ödülden bu kadar çabuk vazgeçeceklerini hiç sanmam. Şu ana kadar onu avlamamış olmalarının tek sebebi bunu becerememiş olmaları. Ama çiftliğe bir adam gönderip izlemesini sağlayacaklardır. Bu nedenle Jamie oraya dönmez." Elbisesinin yakasını çekiştirip duruyordu. Hava soğuktu ama o terliyordu. Göğüsleri de sızan sütten lekelenmeye başlamıştı. Benim nereye baktığımı görüp konuşmasına devam etti. "Evet, kısa bir zaman içerisinde geri dönmem gerekiyor. Bayan Crook onu keçi sütüyle besler ama benden uzun süre ayrı kalamaz, ben de ondan. Bu arada seni yalnız başına bırakmaktan da hiç hoşlanmıyorum."

İskoç dağlarında tek başıma nerede olduğunu bilmediğim bir adamı nasıl arayacağımı bilmiyordum ama cesur bir tavır takındım.

"Hallederim," dedim. "Hem daha kötü olabilirdi. En azından hayatta olduğunu biliyoruz."

"Doğru." Ufuk çizgisine yaklaşmış güneşe baktı. "Bu gece yanında kalacağım."

Gece ateşin yanında otururken pek konuşmadık. Jenny geride bıraktığı yavrusunu ben de yola tek başıma nasıl devam edeceğimi düşünüyordum. Buraları da, İskoççayı da bilmiyordum.

Birdenbire Jenny'nin kafası havaya dikildi. Ben de doğrulup dinlemeye başladım ama hiçbir şey duyamadım. Başımı Jenny'nin baktığı yöne çevirdim ama ağaçların arasında parlayan gözler görmeyince Tanrı'ya şükrettim.

Başımı yeniden ateşe çevirince Murtagh'ın karşımızda oturduğunu gördüm, ellerini ateşe uzatmıştı. Jenny benim sıçramam üzerine o tarafa dönüp bir kahkaha koyuverdi.

"Siz bu tarafa bakmadan önce ikinizin de boğazını kesebilirdim," dedi küçük adam.

"Öyle mi dersin?" dedi Jenny, dizlerini kıvırmış elleri ayak bileklerinde oturuyordu. Eli hızla eteğinin altına gitti ve çıkardığı küçük bıçağı karanlık gecenin içinde parladı.

"Hiç fena değil," dedi Murtagh. "Küçük Saksonyalı da senin kadar iyi mi?"

"Hayır," dedi Jenny bıçağı çorabına yerleştirirken. "Bu yüzden senin onunla birlikte olman iyi olacak. Seni Ian gönderdi değil mi?"

"Evet. Devriyeleri bulabildiniz mi?"

Ona başımızdan geçenleri anlattık. Jamie'nin kaçtığını duyunca dudağının kenarındaki bir kasın seğirmiş olduğuna yemin edebilirdim ama bu gülümsemek için yapılmış bir hareket de olabilirdi.

Bir süre sonra Jenny battaniyesini toplamaya başladı.

"Nereye gidiyorsun?" diye sordum şaşkınlıkla.

"Eve." Başıyla Murtagh'ı gösterdi. "Artık o burada, bana ihtiyacın yok ve diğerleri beni bekliyor."

Murtagh başını kaldırıp gökyüzüne baktı. Ay bulutların arasından hafifçe görünüyordu, sağanak yağış başlamak üzereydi.

"Sabahı bekle. Rüzgâr artıyor, bu gece kimse uzun yol yapamaz."

Jenny başını sallayarak bu fikri reddetti, şalını başına örtüyordu. "Ben yolumu biliyorum. Bu gece kimse yola çıkmazsa, demek ki kimse peşime de takılamaz."

Murtagh sabırsızlıkla içini çekti. "Özür dilerim ama senin de öküz gibi inatçı olan kardeşinden bir farkın yok. Tamam, geri dönmek için sebeplerin var ama senin o iyi niyetli kocanın sen eve dönmeden önce metresini yatağa atmış olabileceğini hiç sanmam."

"Hayatta bir tek burnunun ucunda olanları görebiliyorsun ve burnun da çok kısa," dedi Jenny sertçe. "Emziren bir anneyle aç çocuğunun arasında kalmış olsaydın, domuz avlamaktan ya da otların arasında adam aramaktan daha önemli işler olduğunu anlayabilirdin belki."

Murtagh ellerini teslim olmuş gibi havaya kaldırdı. "Tamam, dediğin gibi olsun. Vahşi bir kadına boş yere laf anlatmaya çalışıyorum. Umarım güzel kıçını tehlikeye atmazsın."

Jenny beklenmedik bir kahkaha attı. "Seni yaşlı serseri." Eğilip ağır heybesini dizlerinin üzerine koydu. "Sen kız kardeşime iyi bak ve Jamie'yi bulduğunda bana haber gönder."

Jenny atını eyerlerken Murtagh konuşmaya devam etti. "Bu arada eve döndüğünde yeni mutfak hizmetçinle tanışacaksın."

Jenny onun yüzünü inceleyerek durdu, elindeki eyeri yavaşça yere bıraktı. "Kimmiş o?"

"Dul Bayan MacNab," dedi Murtagh.

Jenny bir süre daha kıpırdamadı, pelerini ve başındaki şalı rüzgârda uçuşuyordu.

"Nasıl oldu?" diye sordu.

Murtagh eğilip eyeri yerden aldı, sonra da onu atın üzerine koyup bağladı.

"Yangın," dedi son kayışı sıkarken. "Geçtiğin yerlere dikkat et küller hâlâ sıcak olabilir."

Jenny'nin ata rahat binebilmesi için ellerini birbirine kenetleyip bekledi. Jenny başını sallayıp dizginleri onun elinden aldı ve beni yanına çağırdı.

"Benimle tepeye kadar yürür müsün Claire?"

Ateşten uzaklaşınca çok üşümüştüm. Yerde otururken ıslanmış olan eteklerim yürürken bacaklarıma dolanıyordu. Jenny de rüzgârdan korunmak için başını eğmişti, dudakları bembeyazdı.

"Devriyelere Jamie'yi haber veren MacNab'di değil mi?" diye sordum. Başıyla beni onayladı.

"Evet, Ian bunu bulacaktı, biri ya da öbürü hangisi olduğu fark etmezdi."

Kasımın sonuydu ve Guy Fawkes günü geçmişti. Bir anda gözümün önünde kocaman alevler canlandı, alevler ahşap duvarları yalıyor, Kutsal Hayalet lanetlileri içine alıyordu. İçeride bir adam kendi ocağının önünde küle dönüşüyordu, bunun ardından gelen rüzgâr bu külleri evinden uzağa süpürecekti. Gerçekten de adaletle zorbalık arasında oldukça ince bir çizgi vardı.

Jenny bana bakıyor, yüzümü inceliyordu, bakışlarına karşılık verdim. İkimiz de durduk, en azından bu acı ikilemin aynı tarafında yer alıyorduk.

Tepenin üzerinde durduk, Murtagh ateşin yanındaki bir leke gibi görünüyordu. Jenny cebini karıştırıp oradan çıkardığı deri keseyi elime tutuşturdu.

"Dönem kiraları, buna ihtiyacın olabilir."

Jamie'nin bu paranın arazi ve eve bakılması için kullanılması gerektiğini düşündüğünü söyleyerek parayı geri vermeye çalıştım ama almadı. Janet Fraser ağabeyinin yarısı kadar olabilirdi ama onunla aynı inatçılığa sahipti.

Sonunda vazgeçip keseyi elbisemin ceplerinden birine sakladım. Jenny'nin ısrarlarıyla küçük siyah bıçağını da aldım.

"Bu Ian'ın ama onda bir tane daha var," dedi. "Bunu çorabının üst kısmına sıkıştır. Uyurken bile yanından ayırma."

Bir şey daha söylemek ister gibi bir hali vardı.

"Jamie, senin… Bazen ileriye dönük şeyler söyleyebileceğini söyledi. Ve bunları söylediğin zaman seni muhakkak dinlemeliymişim. Bana söylemek istediğin herhangi bir şey var mı?"

Jamie ile Lallybroch'u kopacak olan fırtınadan korumak için neler yapmamız gerektiğini konuşmuştuk, orada yaşayanları Ayaklanma süresince koruyabilmeliydik. Ama buna daha zaman vardı. Şu an buna zaman yoktu, zaten birkaç dakika içinde ona gereken bütün bilgileri vermeyi başaramazdım.

Peygamber olmak gerçekten rahatsızlık veren bir işti. Bunun böyle olduğunu ilk kez düşünmüyordum. Yeremyah ve takipçilerine çok büyük bir sempati duymaya başlamıştım. Cassandra'nın niye bu kadar sevilmediğini de artık anlayabiliyordum. Ama bunların hiçbirinin şu an bana bir yardımı dokunamazdı. İskoçya'da yağmurun altında, rüzgârlı bir tepede durmuş eteklerim üzerime yapışırken yüzümü karanlığa çevirip geleceği öngörmeye çalıştım.

"Patates ek."

Jenny'nin ağzı açık kalmıştı, bunu fark edince hemen kapattı. "Patates, anladım, en yakın tohum Edinburgh'ta var, birilerini gönderip aldıracağım. Ne kadar?"

"Ekebildiğin kadar çok. Onlar bu zamanda buralarda yetiştirilmiyor ama ileride yetiştirilecek. Kökleri yendiği için uzun süre dayanırlar. Buğdaydan daha randımanlıdır. Mümkün olduğunca çok yere ek ve çok depola. İki yıl içerisinde bir kıtlık olacak. Ürün yetişmeyen arazilerin varsa onları elinden çıkar ve altına çevir. Bir savaş ve ardından büyük bir katliam olacak. İskoçya'daki erkeklerin çoğunu yok edecekler." Bir süre düşündüm. "Lallybroch'da sığınak var mı?"

"Hayır, ev daha sonraki dönemde yapılmış."

"Hemen saklanmak için güvenli bir yer yapın. Umarım Jamie'nin oraya ihtiyacı olmaz," diyerek yutkunarak devam ettim, "birilerinin olacaktır."

"Tamam. Hepsi bu kadar mı?" Yüzü oldukça ciddi ve söylediklerimi yapmaya niyetliydi. Jamie onu uyarmakla çok önemli bir iş yapmıştı, o da kardeşine güvenmekle. Bana neden ya da nasıl diye sormadı, dikkatle söylediklerimi dinledi ve kafasına yazdı. Bunları hemen uygulamaya koyacağını biliyordum.

"Şu an aklıma gelenler bunlar." Gülümsemeye çalıştım ama inandırıcı olmayı başaramamıştım.

O benden daha başarılıydı. Veda ederken yanağıma dokundu.

"Tanrı seninle olsun Claire. Kardeşimi eve getirdiğinde seninle yeniden görüşeceğiz."

BÖLÜM 6

Arayış

34

Dougal'ın Hikâyesi

Uygarlığın dezavantajları olduğu doğruydu ama yüzümü ekşiterek faydalı yönlerinin de olduğunu düşündüm. Edinburgh ve Perth gibi şehir merkezlerinde gazete çıkıyordu ama Kuzey İskoçya dağlarında böyle bir şey yoktu.

Buralarda haberler kulaktan kulağa ya da insan gücüyle bir yerden diğerine ulaşıyordu. İnsanlar bilmeleri gereken şeyleri hep bir iki haftalık gecikmeyle öğrenebiliyordu. Jamie'nin nerede olduğunu kesin olarak öğrenebilmemiz için onunla karşılaşan birinin Lallybroch'a haber iletmesini beklememiz gerekiyordu. Bunun için haftalar geçmesi gerekebilirdi. Kış çok yaklaşmıştı ve Beauly'ye gitmemiz, gittikçe imkânsız hale geliyordu. Ateşe çer çöp atarken olasılıkları hesaplamaya çalışıyordum.

Jamie hangi yöne doğru kaçmıştı? Lallybroch'a dönmeyeceğinden emindik, MacKenzie topraklarına gitmeyeceği de ortadaydı. Sınırın güneyine doğru ilerleyip Hugh Munro ya da eski arkadaşlarından birini bulmuş olabilirdi. Ya da kuzeydoğuya Beauly'ye doğru gidiyordu. Benim aklıma gelen bütün olasılıklar Devriye'nin de aklına gelecekti.

Murtagh bir kucak dolusu çırpıyı ateşin yanına koydu. Yere bağdaş kurup soğuktan korunmak için şalına sarındı. Başını göğe kaldırıp bulutların arasından parlayan aya baktı.

"Daha bir süre kar yağmaz," dedi kaşlarını çatarak. "Bir ya da iki hafta daha var. Kar başlamadan Beauly'ye ulaşmamız şart." Düşüncelerimi dile getirmişti işte.

"Orada olduğunu mu düşünüyorsun?"

Küçük adam omuzlarını silkerek şalına daha sıkı sarındı.

"Bunu söyleyemem. Yolculuk onun için daha zor şartlarda ilerliyor. Gündüzleri saklanıp, geceleri ilerlemek ve yollardan uzak durmak zorunda, atı bile yok." Düşünceli düşünceli çenesini kaşıdı. "Biz onu bulamayız, onun bizi bulmasını beklemeliyiz."

"Nasıl? Havai fişek gösterisi mi yapacağız?" diye alay ettim. Murtagh ben ne kadar çok saçmalarsam o kadar çok beni duymamış gibi davranıyordu.

"Senin küçük ilaç kutunu getirdim," dedi eyerinde asılı heybeleri göstererek. "Lallybroch ve çevresinde, hatta bütün kırsal alanda iyi bir doktor olarak biliniyorsun. Bu işimize yarayacaktır." Daha başka bir açıklama yapmadan, yatıp şalına iyice sarınarak uykuya daldı. Rüzgârı, hafif çiseleyen yağmuru ve beni umursamıyordu.

Bir süre sonra ne demek istediğini anladım. Ana yollardan yavaş yavaş ilerleyip, karşımıza çıkan her köye ve kulübeye uğruyorduk. O hemen etrafı araştırıp civardaki, hastaları ve yaralıları öğrenip tedavi etmem için bana getiriyordu. Bu bölgelere hekimler çok az uğruyordu ve muhakkak yardıma ihtiyacı olan birileri bulunuyordu.

Ben toniklerimi ve merhemlerimi uygularken o yaralı ya da hastanın arkadaşları ve akrabalarıyla sohbet ediyor ve onlara Beauly'ye gittiğimizi söylemeye özen gösteriyordu. Gittiğimiz yerde hasta birileri yoksa bir ev ya da meyhanede geceyi geçirip insanlarla sohbet etmeye çalışıyorduk. Böyle zamanlarda Murtagh orada bulunanları eğlendirmek ve akşam yemeğimizi karşılamak için şarkılar söylüyordu, ben cebimdeki parayı inatla saklamaya devam ediyordum, Jamie'yi bulduğumuzda ona ihtiyacımız olabilirdi.

Köyler arasında ilerlerken konuşmaktan hoşlanmadığı için bana bu şarkıları öğretmeye başlamıştı.

"Güzel bir sesin var," dedi bana günün birinde şarkılardan birini söylerken. "Eğitimli olmamasına rağmen güçlü bir sesin var ve şarkıları doğru söylüyorsun. Bu gece benimle birlikte söylemeyi dene. Limraigh'de küçük bir meyhane var."

"Bunun işe yarayacağını düşünüyor musun?" diye sordum. "Yani yapmaya çalıştığımız şeyin."

Cevap vermeden önce eyerine iyice yerleşti. O aslında yetenekli bir binici değildi, ata binmiş bir maymuna benziyordu ama her akşam atından zıplayarak aşağı inmeyi de başarıyordu, bense attan aşağı zorlukla inip sağa sola yalpalıyordum.

"Elbette," dedi sonunda. "Er ya da geç işe yarayacaktır. Artık daha fazla hastaya bakıyorsun, yanılıyor muyum?"

Bunun doğru olduğunu itiraf etmek zorunda kaldım.

"Bu da senin ününün etrafa yayıldığını gösterir. Bizim istediğimiz de bu. Aslında daha iyisini de yapabiliriz. Bu gece bu yüzden şarkı söylemelisin, belki..." Öneride bulunmadan önce biraz tereddüt etti.

"Belki ne?"

"Falcılıktan anlar mısın?" diye sordu yavaşça. Tereddüt etme sebebini anlamıştım, Cranesmuir'deki cadı avına o da tanık olmuştu.

Hafifçe gülümsedim. "Biraz. Denememi ister misin?"

"Evet, ne kadar çok hizmet sunarsak o kadar çok kişi bize gelir ve sonra da diğerlerine anlatır. Böylelikle daha çabuk tanınırız ve delikanlı da bizden bahsedildiğini daha çabuk duyar. Onu daha çabuk buluruz. Denemeye değer."

Omuz silktim. "Faydası olacaksa neden olmasın?"

O gece Limraigh'de hem şarkıcılık hem de falcılık yaptım, oldukça başarılıydım. Bayan Graham çok doğru söylemişti, önemli olan eller değil yüzlerdi, onlar insana gereken ipuçlarını veriyordu.

Bir hafta sonra epey ünlü olmuştuk, insanlar kulübelerinden yollara çıkıp bizi karşılayarak köye götürüyor, bize para ve hediyeler veriyorlardı.

"Biliyor musun bu işi ilerletebiliriz?" dedim bir gece bize verilenleri sayarken. "Buralarda bir tiyatro olmaması çok kötü...

İnsanlara müzikli bir oyun sunabilirdik. Muhteşem Murtagh ve asistanı Gladys..."

Murtagh söylediklerimle ilgilenmemişti ama sözlerimde bir gerçeklik payı vardı. Tüm farklılıklarımıza rağmen amacımıza ulaşmak için bir araya gelmiş, elimizden geleni yapıyorduk.

Gün geçtikçe havalar kötülüyordu ve biz daha yavaş ilerliyorduk. Jamie'den herhangi bir haber yoktu. Bir gece Belladrum'ın dışında yağmurda ilerlerken gerçek bir Çingene grubuyla karşılaştık.

Gözlerime inanamayarak yolun kenarında duran boyalı karavanlara baktım. Her yıl Hampstead Down'a gelen Çingene grubuna çok benziyorlardı.

İnsanlar da aynı gibiydi; esmer, yüksek sesle konuşan, neşeli ve misafirperver. Koşum takımlarımızın sesini duyan bir kadın başını karavanın penceresinden uzattı. Kısa bir süre bize baktıktan sonra küçük bir çığlık attı ve ağaçların arasından bir sürü sırıtan yüz ortaya çıktı.

"Her ihtimale karşı cüzdanını bana ver," dedi Murtagh. Donuk bir yüzle mor gömleğinin ıslanmasına aldırmadan bize doğru gelen delikanlıyı süzüyordu. "Ve kimseye arkanı dönme."

Dikkatli olmaya çalışıyordum ama bizi büyük bir sıcaklıkla karşılayıp onlarla birlikte akşam yemeği yememiz için davet ettiler. Çok güzel kokuyordu - bir çeşit buğulamaydı - Murtagh'ın kötü bakışlarına ve hayvanların güveçte pişirilirken başlarına gelenlere dair söyledikleriyle hiç ilgilenmeyip bu daveti kabul ettim.

Biraz İngilizce konuşabiliyorlardı, çok az da İskoçça; genelde hareketlerle anlaşıyorduk, arada bir de aslında özü Fransızca olan ama şekil değiştirmiş garip bir dili konuşmaya çalışıyorduk. Yemeği yediğimiz karavan çok sıcak ve samimi bir ortama sahipti; kadın, erkek, çocuk herkes bulduğu boşluğa oturup kâseden yemeğini yiyordu, güvecin suyuna ekmekler banılıyordu. Haftalardır yediğim en güzel yemekti ve patlayana kadar yedim. Şarkı söylemek için gereken nefesi almakta zorlanıyordum, zor noktalarda mırıldanmaya başlayıp ana işi Murtagh'a bırakıyordum.

Gösterimiz coşkulu alkışlarla karşılandı, bunun karşılığında onlardan genç bir çocuk keman eşliğinde ağıda benzer bir şarkı söyledi. Sekiz yaşlarında bir kız çocuğu tef çalarak onlara eşlik ediyordu.

Köylerde yaptığı araştırmalarda sorularını hep üstü kapalı bir şekilde soran Murtagh Çingenelere karşı oldukça açık sözlü davranıyordu, bu beni çok şaşırtmıştı. Onlara saçları ateş gibi, gözleri gökyüzünün renginde olan iri bir adamla karşılaşıp karşılaşmadıklarını sordu. Çingeneler birbirleriyle bakışarak başlarını hayır anlamında salladılar. Onu görmemişlerdi. Ama mor renkli gömleği olan liderleri el hareketleriyle eğer o adamı görürlerse bize bir haberci yollayarak bunu bildireceğini anlattı.

Ben gülerek önlerinde eğildim, Murtagh da el hareketleriyle bunu yaparlarsa karşılığında para kazanacaklarını belirten işaretler yaptı. Bu bilgiye gülümseyerek karşılık verdiler ama bir yandan da şüpheli gözlerle bize bakmaya başlamışlardı. Murtagh geceyi orada geçiremeyeceğimizi yola çıkmamız gerektiğini söylediğinde mutlu oldum, ben de aynı şeyi düşünüyordum. Torbasından biraz para çıkarıp yemek için onlara teşekkür etti ve oradan ayrıldık. Arkamızdan veda sözcükleri söylüyorlardı, iyi dileklerini ve dikkat etmemizi de söylüyorlardı ya da ben öyle yaptıklarını düşünüyordum.

Peşimize düşüp boğazımızı keseceklerini de söylüyor olabilirlerdi. Murtagh öyle demiş olduklarını varsayarak dört kilometre ilerdeki yol ayrımına kadar atları hızla koşturdu. Yeniden yola devam etmeden önce bitkilerin arkasına saklanıp bir süre arkamızdan gelen olup olmadığını kontrol etti.

Yeniden dönüp arkaya baktı, yol boş ve ıslaktı.

"Gerçekten bizi takip ettiklerini mi düşünüyorsun?" diye merakla sordum.

"Bilmiyorum ama onlar on iki kişiler ve biz sadece iki kişiyiz, dikkatli olmamızda yarar var." Bu bana da mantıklı göründü, onu sorgusuz sualsiz takip ettim, sonunda Rossmoor'a varıp kendimize bir barınak bulduk.

Ertesi gün kar yağmaya başladı. Oldukça hafif yağıyordu, yerler unlanmış gibiydi ama bu beni çok üzüyordu. Jamie'nin tek başına çayırlarda yattığını ve bu kış soğuğuna yakalandığı sırada üzerinde bulunan gömleği ve şalıyla karşı koymaya çalıştığını düşünmek içimi parçalıyordu.

İki gün sonra haberci geldi.

Güneş aslında hâlâ ufuk çizgisinin üzerindeydi ama kayalarla kaplı vadinin derinliklerinde çoktan gece olmuştu. Yapraksız kalan ağaçların gölgeleri o kadar iriydi ki altında bulunan yol neredeyse görünmez hale gelmişti. Haberciyi karanlıkta gözden kaybetmekten korktuğum için hemen dibinden ilerliyordum, hatta yanlışlıkla birkaç kez onun pelerinine bile bastım. Sonunda adam sabırsızlıkla homurdanarak bana dönüp beni öne geçirdi ve elini omzuma koyarak beni yönlendirmeye başladı.

Oldukça uzun bir yol gitmiştik. Artık kaç kez ne tarafa döndüğümüzü saymayı bırakmıştım. Murtagh'ın arkamızda bir yerlerde olduğunu ummaktan başka çarem kalmamıştı, görünmeden bizi takip ediyor olmalıydı. Meyhaneden beni almaya gelen orta yaşlı Çingene İngilizce bilmiyordu ve eliyle yeri göstererek Murtagh'ın orada kalması gerektiğini belirtmişti.

Bu mevsimde akşamları ayaz oluyordu, pelerinim bile bu soğuğa ve rüzgâra karşı yeterli koruma sağlamıyordu. Jamie'nin üzerinde hiçbir şey olmadan, bu ayazda ve nemde dışarıda olması beni çok endişelendiriyordu ve onu yeniden görebilme ihtimalimin olma heyecanı her yanımı sarmıştı. Birdenbire ürperdim ama bunun soğukla bir ilgisi yoktu.

Sonunda rehberim beni çekerek durdurdu. Omzumu sıkıp beni uyardıktan sonra yoldan ayrılıp gözden kayboldu. Orada mümkün olduğu kadar büyük bir sabırla ellerimi kollarımın altına sıkıştırarak bekledim. Rehberimin - ya da başka birinin - geri geleceğinden emindim; ona henüz ödemesini yapmamıştım. Rüzgâr ölü böğürtlen dallarının arasından geyik hayaletleri geçiyormuş gibi bir ses çıkarıyordu, sanki hâlâ bir avcıdan panik içinde kaçıyor gibiydiler. Botlarım suyu içeri geçiriyordu, onları su geçirmemeleri için susamuru yağı ile yağlamıştım ama bunun etkisi geçmişti ve yeniden uygulama fırsatım olmamıştı.

Rehberim hızla karşımda beliriverdi, şaşkınlıktan dilimi ısırmıştım. Onu takip etmemi bildirdi ve kenarda bulunan kızılağaç dallarını hafifçe kaldırdı.

Mağaranın girişi oldukça dardı. İlerde bir kandil yanıyordu ve onun yanında beni beklemekte olan iri bir siluet duruyordu.

Bir anda ileri doğru atıldım, daha ona dokunmadan Jamie olmadığını anlamıştım. Hüsranla bir adım geri çekildim, karnıma ağrılar saplanmıştı ve yutkunmakta güçlük çekiyordum.

Ellerimi iki yanıma indirip yumruklarımı kalçalarıma geçirdim.

"Bölgenin dışına çıkmışsın," dedim, sesimdeki sakinlik beni bile korkutmuştu.

Dougal MacKenzie orada soğukkanlılıkla durup kendimi toparlamamı beklemişti. Beni dirseğimden tutup mağaranın derinliklerine doğru yönlendirdi. İlerde bir atın taşıyamayacağı kadar çok bağlanmış yük vardı. Demek yalnız değildi. O ve adamları ne taşıyorlarsa bunları meyhaneci ve hancıların görmesini istemiyorlardı.

"Sanırım kaçakçılık yapıyorsun," dedim ilerde duran yükleri işaret ederek. Sonra kendi sorumu kendim cevapladım. "Hayır, buna kaçakçılık denemez Prens Charlie'nin eşyaları demek daha doğru olur."

Bana cevap vermeye tenezzül etmedi, ellerini dizlerinin üzerine koyarak kayalardan birine oturdu.

"Haberlerim var," dedi.

Derin bir nefes alıp beklemeye başladım. Haberler; yüzündeki ifadeden bunların iyi olmadığını anlamıştım. Bir nefes daha alıp yutkundum.

"Anlat."

"Yaşıyor." Karnımdaki buz kütlesi erimeye başlamıştı. Dougal başını bir yana eğip beni süzmeye devam etti. Bayılıp bayılmayacağıma bakıyordu. Bunu ben de merak ettim.

Bayılmadım.

"İki hafta önce Kiltorly yakınlarında yakalandı," dedi, hâlâ beni izliyordu. "Bu onun hatası değildi, sadece şanssızlıktı. Yolda altı süvariyle karşı karşıya gelmiş ve içlerinden biri onu tanımış."

"Yaralı mı?" Sesim sakin çıkıyordu ama ellerim titremeye başlamıştı. Onları durdurabilmek için bacaklarıma bastırdım.

Dougal başını salladı. "Duyduğum kadarıyla hayır." Bir an durakladı. "Şu an Wentworth Hapishanesi'nde," dedi.

"Wentworth," diyerek onun sözlerini tekrarladım. Burası sınır kalelerinden biri olarak on altıncı yüzyılda inşa edilmişti ve sonraki yüz elli yılda oraya yeni bölümler eklenmişti. Şu an yaklaşık sekiz bin metrekarelik arazi üzerine kurulmuş granit bir yapıydı. Duvarları çok yüksekti ama ne olursa olsun buraya da girmek için kapılar yapılmıştı. Bir soru sormak için başımı kaldırdım, Dougal'ın yüzündeki ifade hâlâ çok kötüydü.

"Devam et," diye ısrar ettim. Ela gözlerini gözlerime dikti.

"Üç gün önce duruşması yapıldı ve asılmasına karar verildi."

Buz kütlesi yine karnımdaydı. Gözlerimi yumdum.

"Ne zaman?" diye sordum. Sesim çok uzaklardan gelir gibiydi, gözlerimi açıp dikkatimi kandilin ışığına vermeye çalıştım. Dougal başını sallıyordu.

"Bilmiyorum ama çok uzun süreceğini sanmıyorum."

Biraz daha rahat nefes almaya başlamıştım, yumruklarımı açmayı başardım.

"O zaman acele etmeliyiz. Yanında kaç adamın var?"

Dougal cevap vermek yerine oturduğu yerden kalkıp yanıma geldi. Ellerimi tutup beni ayağa kaldırdı. Gözlerindeki şefkat ve derinlerde yer alan keder beni söyleyebileceği her şeyden daha fazla korkuttu. Yeniden başını salladı.

"Hayır, yavrum, yapabileceğimiz hiçbir şey yok."

Dehşet içinde ellerimi geri çektim.

"Var!" dedim. "Olmalı! Onun hâlâ yaşadığını söyledin!"

"Ve çok uzun sürmeyeceğini de söyledim!" dedi sert bir sesle. "Oğlan Wentworth Hapishanesi'nde, Cranesmuir'deki hırsız deliğinde değil! Onu bugün, yarın ya da önümüzdeki hafta asabilirler, bunu bile bilmiyorum. Ama oraya on adamla girmenin imkânsız olduğunu biliyorum."

"Olamaz!" dedim, titremeye başlamıştım ama bu kez öfkeden titriyordum. "Demek... Demek ne yapılacağını bilmiyorsun! Sen sadece kendini tehlikeye atmak istemiyorsun! Seni zavallı... Çıkarcı!" Elimle ileride duran yükleri gösterdim.

Dougal havada uçuşan kollarımı yakaladı. Üzüntü ve öfke içinde göğsünü yumruklamaya başladım. Buna aldırmadan kollarını bana doladı ve beni göğsüne çekti, ben debelenmeyi kesene kadar öylece durdu.

"Claire." Adımı onun ağzından ilk kez duyuyordum, bu beni daha da korkuttu.

"Claire," dedi bir kez daha, bu arada ona bakabilmem için kollarını gevşetmişti.

"Oğlanın serbest kalması için elimden gelen her şeyi yapmayacağımı mı düşünüyorsun? En ufak bir şans görsem bunu değerlendirmeyeceğimi mi sanıyorsun? Lanet olsun, o benim manevi oğlum! Ama hiç şansı yok - hem de hiç!" Sözlerini daha iyi anlayabilmem için beni sarsmaya başladı.

"Jamie boşu boşuna bir sürü insanın hayatını tehlikeye atmamı istemez. Bunu sen benden daha iyi bilirsin."

Gözyaşlarımı tutamıyordum. Sıcak yaşlar buz gibi yanaklarımı yakıyordu, onu itip kurtulmaya çalıştım. Beni daha sıkı tutup başımı omzuna yaslamaya çalıştı.

"Claire, yavrum," dedi, sesi çok nazikti. "Jamie ve senin için kalbim yanıyor. Benimle gel. Seni güvenli bir yere götüreyim. Evime," gerildiğimi görünce hızla ekledi, "Leoch'a değil."

"Evine mi?" İçime iğrenç şüpheler dolmaya başlamıştı.

"Evet. Seni Cranesmuir'e götüremem, bu kesin." Yüzü ciddileşmeden önce bir kez daha gülümsedi. "Hayır. Seni Beannachd'a götüreceğim. Orada güvende olursun."

"Güvende mi, çaresiz mi?" Sesimdeki tonlamayı duyunca elleri iki yanına düştü.

"Ne demek istiyorsun?" O nazik sesi bir anda buz gibi olmuştu.

Ben de üşümüştüm, ondan uzaklaşırken pelerinime sarındım.

"Jamie'yi kardeşinin Randall'ın çocuğunu doğurduğunu söyleyerek yıllar boyu evinden uzak tuttun, böylelikle sen ve değerli kardeşin onu yanınızda tutup etkileyecektiniz. Şu an o

İngilizlerin elinde ve siz de onun mülkü üzerindeki tüm hakkınızı kaybettiniz." Yutkunarak bir adım daha geri çekildim.

"Kız kardeşinizin evlilik sözleşmesini de siz yaptınız. Broch Tuarach hep bir kadın tarafından idare edilecekti. Jamie ölünce orası bana kalacak - ya da beni baştan çıkarmayı başarabilirsen sana..."

"Ne!" Sesi çok garipti. "Sen bunun bir komplo olduğunu mu düşünüyorsun? Aman Tanrım! Sana yalan mı söylüyorum?"

Aramızdaki mesafeyi korumaya gayret ediyordum, ona hiç güvenmiyordum.

"Hayır, sana inanıyorum. Jamie gerçekten hapiste olmasa bunu söylemeye cesaret edemezdin. Bunu kontrol etmek çok kolay... Jamie'yi İngilizlere teslim ettiğini de düşünmüyorum böyle bir şeyi sen bile yapmazsın. Ayrıca adamlarından biri bile bunu duysa anında hepsi sana arkasını döner. Sana saygıları sonsuz ama hiçbiri ihaneti affetmez." Konuşurken bir şeyi daha hatırlamıştım.

"Geçen yıl Jamie'ye sınırda saldıran sen değil miydin?"

Kaşları hayretle havaya kalktı.

"Ben mi? Hayır! Ben onu yerde ölmek üzereyken buldum ve hayatını kurtardım! Bu sana ona zarar vermek istediğimi mi anlatıyor?"

Elimi pelerinimin altından kalçama götürüp kamamı buldum.

"Sen değilsen kimdi?"

"Bilmiyorum." Yakışıklı yüzü son derece temkinliydi ama bir şey saklamıyordu. "Üç adamdan biri olmalı - onlar kaçaktı - büyük ihtimalle Jamie'yi avladılar. Hepsi suçu birbirine attı, gerçeği bulmak imkânsızdı." Omuz silkti, pelerini geniş omzundan aşağı kaydı.

"Bu artık önemli bir durum değil. Adamlardan ikisi öldü, biri de hapiste. Ama başka bir açıdan belki sana biraz yardımı olur."

"Sanmıyorum." İşin aslında onun bir katil olmadığını duymak içimi rahatlatmıştı. Bana şu an yalan söylemesi için bir sebep yoktu. Zaten çaresiz olduğumun farkındaydı. Yalnızken beni dilediği her şeyi yapmaya zorlayabilirdi. Ya da o öyle düşünüyordu, elim kamamın üzerindeydi.

Mağaradaki ışık oldukça yetersizdi ama o beni süzmeye devam ediyordu. Yüzündeki kararsızlığı görebiliyordum, hemen bir sonraki hamlesine geçti. Bana yaklaşıp elini uzattı ama geri çekildiğimi görünce durdu.

"Claire, sevgili Claire." Sesi iyice yumuşamıştı ve eliyle kolumu sıvazlıyordu. Demek ki tercihini zorlamadan değil, baştan çıkarmadan yana kullanmıştı.

"Artık bana neden soğuk davrandığını ve beni görünce neden irkildiğini anlayabiliyorum. Ben senin için yanıp tutuşuyorum, Claire. Bu doğru, seni dudaklarından öptüğüm o büyük toplantı gecesinden beri istiyorum." İki parmağı omzumdan boynuma doğru ilerlemeye başlamıştı. "Randall seni tehdit ettiğinde özgür bir adam olsaydım seninle ben evlenirdim ve adamı da cehennemin dibine gönderirdim." Vücudu giderek benimkine yaklaşıyordu, mağaranın duvarına sıkışmak üzereydim. Parmakları boğazımdan aşağı inip pelerinimin bağlarına doğru ilerledi.

Yüzümdeki ifadeyi görünce durdu ama eli hâlâ aynı yerde duruyordu. "Buna rağmen, sana duyduğum bu hislere rağmen - bunu artık senden saklamayacağım - kurtarılma şansı varken Jamie'yi ölüme terk ettiğime inanamazsın. Jamie Fraser benim hayatta sahip olduğum, bir oğla yakın tek varlık!"

"Hiç de değil," dedim. "Senin bir oğlun var, belki de şu an iki olmuşlardır." Boğazımdaki parmakları bir an baskısını arttırdı ve sonra yana düştü.

"Ne demek istiyorsun?" Bir anda bütün iddiaları ve bütün oyunu sona ermişti. Kahverengi sakalının çevrelediği dudaklarında ve ela gözlerinde bir ümitsizlik belirdi. Çok iriydi ve bana çok yakındı. Ama zaten artık dikkatli olamayacak kadar ileri gitmiştim.

"Bu Hamish'in gerçek babasının sen olduğunu biliyorum demek oluyor," dedim. Bunu bekler gibiydi, yüzü hâlâ kontrollüydü ama bir aydır falcılık yapmak beni çok geliştirmişti. Onun kocaman açılmış gözlerindeki ufak kıvılcımı ve dudaklarındaki gerginliği gözümden kaçırmamıştım.

On ikiden vurmuştum. İçinde bulunduğum tehlikeye rağmen o anın tadını çıkardım. Tahminimde yanılmamıştım ve bu benim ihtiyacım olan silah olabilirdi.

"Öyle mi?" dedi yumuşak bir sesle.

"Evet, bence Colum da bunu biliyor."

Bu onu bir an için durdurdu. Ela gözleri iyice kısıldı, bir an silahlı olup olmadığını merak ettim.

"Bir süre bu kişinin Jamie olduğunu düşündü," dedim gözlerinin içine bakarak. "Dedikodulardan dolayı. Onları da Geillis Duncan aracılığıyla başlatan sendin. Neden? Çünkü Colum Jamie'den şüphelenmeye başlamış ve Letitia'yı bu konuda sıkıştırma yolunu seçmişti. O buna fazla karşı koyamazdı. Yoksa senin Letitia'nın âşığı olduğunu düşünen kişi Geilie miydi? Sen de onu rahatlatmak için bu kişinin Jamie olduğunu söyledin. O çok kıskanç bir kadın ve artık seni koruması için hiçbir sebep kalmadı."

Dougal zalimce gülümsedi. Gözleri buz gibiydi. "Hayır, kalmadı," diyerek beni onayladı. "Cadı öldü."

"Öldü mü?" Sesimdeki şaşkınlık yüzüme de yansımış olmalıydı.

"Ah, evet. Yakıldı. Önce ayaklarından tutuştu, sonra alevler yukarı doğru yükseldi. Bir süre sonra direğe bağlı bir meşale gibi yanıyordu. Bir üvez ağacının dalları altında alevler içinde şeytanına kavuştu."

Bu acımasız detayların beni etkilemeyeceğini düşünüyordum ama yanılmıştım. Hafifçe yana sendeleyince yüzüne yansıyan ışığın altında gözlerindeki kederi fark ettim. Burada bir şiddet yoktu, acı çekiyordu ama bu şartlar altında onun için üzülmem mümkün değildi.

"Demek onu seviyordun?" dedim donuk bir sesle. "Bunun ona çok faydası oldu. Ya da çocuğa. Onu ne yaptın?"

Omuz silkti. "Onu iyi bir eve yerleştirdiler. Annesinin cadılığına ve zina yapmış olmasına rağmen sağlıklı bir oğlan…"

"Babası da hem bir zinacı hem de hain," diyerek tersledim onu. "Karına, metresine, yeğenine, ağabeyine... Hayatta ihanet etmediğin biri var mı senin? Sen… Sen…" Kelimeler boğazımda düğümleniyordu, nefret duygusu beni hasta etmişti. "Hâlâ neden şaşırıyorum ki?" Sakin olmaya çalışıyordum. "Sen kralına sadık değilsin ki, yeğenine ya da ağabeyine olasın."

Başını hızla çevirdi, gözleri adeta alev saçıyordu. Kaşlarını Colum'unkiler, Jamie'ninkiler, Hamish'inkiler gibi havaya kaldırdı. İçe gömük gözleri, geniş elmacık kemikleri ve güzel bedeniyle karşımdaydı. Yaşlı Jacob MacKenzie güçlü bir miras bırakmıştı.

Kocaman eliyle omzumu yakaladı.

"Ağabeyim mi? Sen ağabeyime ihanet ettiğimi mi düşünüyorsun?" Bu onu delirtmişti, yüzü öfkeyle kararmıştı.

"Biraz önce bunu kendin itiraf ettin!" dediğim anda gerçeği fark ettim.

"Bunu birlikte yaptınız," dedim yavaşça. "Buna Colum'la birlikte karar verdiniz. Zaten her şeyi birlikte yaparsınız." Omzumda duran elini tutup ittim.

"Sen onun adına savaşa gitmeseydin, Colum reis olamazdı. Sen onun adına kiraları toplayıp ortalığı yatıştırmasaydın klanı bir arada tutamazdı. Bir oğlu olmazsa reisliği geçirebileceği kimse de olmazdı. Senin de Maura'dan oğlun olmamıştı. Onun bacakları ve kolları olmaya yemin etmiştin," - hafif bir isteri krizine kapılmak üzereydim - "haliyle onun üreme organı da oldun."

Dougal öfkesini kaybetmişti, oturmuş beni seyrediyordu. Bir yere gidemeyeceğimden emindi, oturduğu yerde sözlerimi bitirmemi bekledi.

"Bunu Colum'un bilgisi dâhilinde yaptın. Letitia istekli miydi bari?". MacKenzie kardeşlerin ne kadar acımasız olabileceklerini bildiğim için Letitia'yı bu konuda ne kadar zorlamış olabileceklerini tahmin etmeye çalışıyordum.

Dougal başıyla onayladı. Çok sakindi.

"Ah, evet yeterince istekliydi. Benden hoşlanmıyordu ama çocuk istiyordu. Hamish olana kadar üç ay boyunca beni yatağına aldı. Bu çok sıkıcı ve lanet bir işti," derken çizmesinin topuğundaki çamuru kazıyordu. "Bir kâse sütlacı ona bin kez tercih ederim."

"Bunu Colum'a söyledin mi?" diye sordum. Sesimdeki alayı fark edince başını kaldırdı. Bir süre bana baktıktan sonra sonunda gülümsedi.

"Hayır, bunu ona söylemedim." Ellerine baktı, sanki avuçlarında gizli bir sır vardı.

"Ona," konuşurken bana bakmıyordu, "Letitia'nin çok nazik ve bir şeftali gibi tatlı olduğunu, bir erkeğin bir kadından isteyebileceği her şeyin onda olduğunu söyledim."

Elerini kapatıp hızla bana baktı, onun alaycı gözlerinde bir kez daha Colum'un bakışları canlandı.

"Nazik ve tatlı tanımı sana pek uymaz ama bir erkeğin isteyebileceği her şeye sahip olduğun..." Çukur, ela gözler vücudumun üzerinde geziniyordu, pelerinimin açık boynundan görünen göğüslerime ve kalçalarıma baktı. Beni seyrederken bir eli farkında olmadan bacaklarının arasında öne arkaya gitmeye başlamıştı.

"Kim bilir?" dedi, kendi kendine konuşuyordu. "Bir oğlum daha olabilir, hem de bu kez yasal bir oğlum olabilir." Bu arada başını eğmiş karnıma bakıyordu. "Şu ana kadar Jamie'den hamile kalmadıysan, kısır olma ihtimalin çok yüksek. Ama ben şansımı deneyeceğim. Eldeki mal bu çabaya değer."

Ayağa kalkıp bana doğru bir adım attı.

"Kim bilir?" dedi yine usulca. "Belki de o güzel kahverengi saçlı tohumu her gün daha derine bırakabilirim..." O bana doğru bir adım daha atınca duvara vuran gölgesi hızla yer değiştirdi.

"Sohbetinizi bozmak istemedim," dedi Murtagh, iki elinde birer tabancayla mağaraya girerken. Birini Dougal'ın üzerine tutup diğeriyle sözlerine yardımcı olacak hareketleri yapıyordu.

"Eğer yapacağın son teklif buysa sana buradan gitmeni öneririm. Ve eğer sen bu teklifi kabul etmeye niyetliysen o zaman ben giderim."

"Kimse hiçbir yere gitmiyor,"

"Otur," dedim hâlâ şaşkınlıkla gözlerini Murtagh'a dikmiş olan Dougal'a.

"Rupert nerede?" diyebildi Dougal konuşabilecek gücü kendinde bulunca.

"Ah, Rupert." Murtagh tabancasıyla çenesini kaşımaya başladı. "Şu an Belladrum'a varmıştır. Şafak sökerken geri gelir," diye ekledi. "Senin ısmarladığın romlar da yanında olacaktır. Adamların geri kalanı da Quinbrough'ta uyuyor."

Dougal gönülsüz bir kahkaha attı. Oturup ellerini dizlerine koyduktan sonra yeniden bana ve Murtagh'a baktı. Bir anlık bir sessizlik yaşandı.

"Pekâlâ, şimdi ne olacak?"

Bu iyi bir soruydu. Jamie yerine Dougal'la karşılaşmış olmak, onun itiraflarından sonra iğrenç ve inanılmaz teklifini dinlemek bana ne yapılmasını düşünmek konusunda bir fırsat sunmamıştı. Neyse ki Murtagh benden daha hazırlıklıydı. Zaten şehvet düşkünü bir adamla vakit geçirmek zorunda kalan da o değildi.

"Bize para lazım," dedi hızla. "Ve adam." gözlerini duvarın önünde duran yüklerde gezdirdi. "Bunlar Kral James'e ait, bize senin üzerinde olanlar yeter." Küçük siyah gözleri tabancasıyla Dougal'ın torbası arasında gidip geliyordu.

İskoçya dağlarında sürdürülen yaşam için söylenebilecek tek söz vardı, ağızdan çıkan yapılırdı. Dougal içini çekerek torbasından küçük bir kese çıkarıp ayaklarımın dibine attı.

"Yirmi altın ve otuz şilin var," dedi bana bakarak. "Buyurun, alın."

Ona şüpheyle baktığımı görünce başını salladı.

"Bunu içimden gelerek söylüyorum. Jamie benim kardeşimin oğlu, onu bununla kurtarabileceğinize inanıyorsanız, Tanrı yanınızda olsun. Ama bunu başaramayacaksınız." Sesi kendinden çok emindi.

Silahını hâlâ ona doğrultmuş olan Murtagh'a baktı.

"Konu adamlara gelince size sözüm hayırdır. Eğer intihar etmek istiyorsanız sizi durduramam. Hatta sizleri Jamie'nin iki yanına gömmeye de bir itirazım yok. Ama adamlarımı o cehenneme sürükleyemezsiniz. Elinizdeki silahlar bu kararımı etkilemez." Kollarını kavuşturup duvara dayanarak bizi izlemeye başladı.

Murtagh'ın kararından dönmeye niyeti yoktu. Gözlerini bana çevirdi. Onu vurmasını isteyip istemediğimi sorguluyordu.

"Seninle bir anlaşma yapalım," dedim.

Dougal yine tek kaşını kaldırdı.

"Anlaşma ve pazarlık konusunda şu anda benden çok daha iyi bir konumdasın," dedi. "Teklifin nedir?"

"Bırak adamlarınla ben konuşayım. Eğer kendi istekleriyle bizimle birlikte gelirlerse onlara izin vereceksin. Eğer bunu yapmak istemezlerse, buradan ayrılacağız, keseni de sana geri vereceğim."

Dudakları büküldü ve hafifçe gülümsedi. Benim hatiplikteki yeteneğimi anlamak ister gibi gözlerini üzerimde dolaştırdı. Bunun ardından ellerini yine dizlerine koyarak başını salladı.

"Anlaştık."

Mağaradan ayrılırken yanımızda beş adam ve Dougal'ın kesesi vardı. Rupert, John Whitlow, Willie MacMurtry ve ikizler, Rufus ve Geordie Coulter da bizimle geliyordu. Rupert'ın kararı diğerlerini etkilemişti. Dizlerinin üzerine çökmüş, siyah sakallı yüzünü bana çevirmişti. Beni bir süre inceledikten sonra, "Neden olmasın yavrum?" demişti, işte o anki Dougal'ın yüz ifadesi gözümün önünden gitmiyordu.

Wentworth Hapishanesi buradan yetmiş kilometre uzaktaydı. Düzgün bir arabayla, iyi bir yoldan yarım saatte gidilirdi ama yarı donmuş çamurlu yollarda atla gitmek iki günümüzü alacaktı. *Çok uzun süreceğini sanmıyorum.* Dougal'ın bu sözleri sürekli beynimde yankılanıyordu ve yorgunluktan tükendiğimi hissettiğim anlarda bile eyer üzerinde durmamı sağlıyordu.

Vücudumdaki tüm gücü bu yolculukta eyerin üzerinde durabilmek için kullanıyordum. Jamie için endişelenmekten vazgeçebilmek amacıyla mağarada Dougal'la yaptığım konuşmayı düşünmeye başladım.

Küçük mağaranın önünde durmuş, Rupert ve arkadaşlarının atları gizledikleri yerden getirmelerini beklerken Dougal aniden bana dönmüştü.

"Sana iletmem gereken bir mesaj var," demişti. "Cadıdan."
"Geilie'den mi?" Bunu sormak bile beni sarsmıştı.
Karanlıkta yüzünü görememiştim ama başını salladığını görebilmiştim.
"Çocuğu almaya gittiğimde onu gördüm." Onun yakılacak metresini ölmeden önce görmeye gitmiş olmasına, ya da birlikte yaptıkları ve bir daha hiç görmeyeceği oğlunu kucağına almış olmasına hiç üzülemeyecektim. Bu yüzden buz gibi bir sesle konuşmuştum.
"Ne söyledi?"
Duraklamıştı. Söyleyeceği kelimeleri mi seçiyordu yoksa bu bilgiyi verme kararını bir kez daha gözden mi geçiriyordu, anlayamamıştım. Büyük ihtimalle ilk seçenek doğruydu çünkü dikkatle konuşmaya başlamıştı.
"Eğer sana rastlarsam, sana söylemem gereken iki şey olduğunu söyledi. Birincisi "mümkün olduğunu düşünüyorum ama bilmiyorum". İkincisi ise sadece sayılar. Doğru söylediğimden emin olmak için bana birkaç kez tekrarlattı. Doğru sırayla söylemem gerekiyormuş. Bu sayılar, bir, dokuz, altı ve yedi." Karanlıkta gözlerimin içine bakarak devam etmişti.
"Bunlar sana bir anlam ifade ediyor mu?"
"Hayır," diyerek atıma dönmüştüm. Aslında o sayılar bana çok şey ifade ediyordu.
"Mümkün olduğunu düşünüyorum." Bunun tek anlamı olabilirdi. Taş yapıtı kullanarak zamanıma geri dönmenin mümkün olduğunu düşünüyordu ama bilmiyordu. Bunu denemediği ve bedeli ne olursa olsun orada kalmaya karar verdiği açıktı. Muhakkak kendince doğru sebepleri vardı. Bu sebep Dougal bile olabilirdi.
Sayılara gelince, sanırım onların da ne anlama geldiğini biliyordum. Onları ayrı ayrı söyleme sebebi aramızdaki bağın ortaya çıkmaması ve sırrımızın kimse tarafından anlaşılmasını istememesiydi. Onlar aslında bir sayının parçalarıydı. Bin dokuz yüz altmış yedi. Onun geldiği yıl.
Hem pişmanlık hem de merakla doluydum. Onun kolundaki aşı izini neden o kadar geç görmüştüm? Daha önce görmüş

olsaydım belki de onun yardımıyla taş yapıta gitmiş ve Jamie'yi bırakmış olurdum.

Jamie. Onu düşündüğüm anda kafamdaki saatin kurşun ağırlığı ipin ucunda sallanmaya başladı. Önümüzde uzanan yol oldukça zorluydu ve bitmeyecek gibi görünüyordu. Bir zamanlar yeşillik olan her yer donmuştu ve sularla kaplıydı. Bu dondurucu çiseleme çok kısa bir zamanda yeniden kara dönüşecekti. İkinci günün gecesinde hedefimize ulaştık.

Bina karşımızda simsiyah bir taş yığını halinde duruyordu. Dev bir küpe benziyordu, her bir kenarı yaklaşık 120 metre uzunluğundaydı ve köşelerinde birer kule vardı. İçeride üç yüz kadar mahkûm, kırk asker ve onların komutanları, dört düzine kadar da aşçı, hizmetli ve seyis vardı. Burası Wentworth Hapishanesi'ydi.

Korkunç görünen ve an az altmış santim kalınlığındaki yeşil granit duvarlara baktım. Duvarda birkaç küçük pencere vardı. Bir kısmından dışarı ışık sızıyordu. Mahkûmlara ait olduğunu düşündüklerim karanlıktı. Bu aşılmaz duvarları, abideye benzeyen kapıyı ve kırmızı urbalı nöbetçileri görünce yutkundum. Kuşkularım iyice depreşmişti.

"Ya..." Dudaklarım kurumuştu konuşabilmek için onları yalamak zorunda kaldım. "Ya başaramazsak?"

Murtagh'ın ifadesi her zamanki gibiydi, yüzü son derece asıktı. Bana dönerken de bu ifadesinde bir değişiklik olmadı.

"O zaman Dougal bizi Jamie'nin iki yanına gömer," dedi. "Hadi bakalım yapılacak çok iş var."

BÖLÜM 7

Sığınak

35

Wentworth Hapishanesi

Sör Fletcher Gordon kısa boylu, şişman bir adamdı. Üzerindeki çizgili ipek yelek ikinci bir deri gibi vücuduna yapışmıştı. Eğik omuzları ve kocaman göbeğiyle hapishane müdürünün tekerlekli iskemlesinde oturan kocaman bir domuza benziyordu.

Kel kafası ve pembemsi teni de bu tanıma yardımcı oluyordu, mavi gözlü domuzlar da vardı. Masasında duran kâğıtları işaret parmağıyla çeviriyordu.

"İşte burada," dedi kâğıdı okumak için verdiği bitip tükenmek bilmeyen aradan sonra. "Fraser James. Cinayetten suçu bulundu. Asılma cezasına çarptırıldı. Bir bakalım cezayı yürütme emri nerede?" Yeniden durdu, başını kâğıtlara iyice yaklaştırarak aramaya devam etti. Parmaklarımı saten çantama geçirmiş, hiçbir mimik yapmadan oturmaya gayret ediyordum.

"Buldum. İnfaz tarihi 23 Aralık. Evet, hâlâ burada..."

Yutkundum, çantamı sıkan ellerim biraz rahatladı, sevinç ve korkuyu aynı anda yaşıyordum. Hâlâ hayattaydı. En azından iki gün daha... Ve çok yakınımdaydı, onunla aynı binadaydık. Bu bilgi damarlarımdaki adrenalin miktarını arttırmıştı ve ellerim titriyordu.

Oturduğum ziyaretçi koltuğunda dikildim, çekici görünmeye çalışıyordum.

"Sör Fletcher onu görebilir miyim? Sadece bir dakikalığına, belki... Belki ailesine iletmemi istediği bir mesajı vardır."

Fraser ailesinin İngiliz dostlarından biri olarak Wentworth Hapishanesine giriş izni almayı başarmıştım ve şu anda da hapishanenin sivil müdürünün ofisinde oturuyordum. Benim düzmece hikâyemi bilmeyen Jamie'yi görmek istemem son derece tehlikeliydi, beni gördüğü anda farkında olmadan ele verebilirdi. Bu yüzden kontrolü elimde tutmam gerekiyordu ama işin aslında onu gördüğüm anda kendimi tutmayı başarıp başaramayacağımı ben de bilemiyordum. Bir sonraki adım onun bu kocaman binanın neresinde kaldığını öğrenmekti, bunu bilmeden hiçbir şey yapamazdık.

Sör Fletcher düşünceli bir tavırla bana baktı. Uzak bir aile dostunun böylesine bir istekte bulunması onun canını sıkmıştı ama duygusuz bir adam değildi. Sonunda isteksiz bir tavırla başını salladı.

"Hayır, canım. Korkarım buna izin veremem. Şu an burası çok kalabalık ve özel görüşmeleri denetleyebilecek durumda değiliz. Ve bu adam şu anda..." önündeki kâğıtları bir kez daha karıştırdı, "şu anda birkaç tehlikeli mahkûmla birlikte, batıdaki büyük hücrelerden birinde kalıyor. Onu orada ziyaret etmeye kalkışman oldukça sakıncalı. Oldukça tehlikeli biri, geldiğinden beri onu zincirlemiş halde tutuyoruz."

Yeniden çantamı sıktım, bu kez ona vurma isteğimi bastırmak için bunu yapmıştım.

Bir kez daha başını salladı, şişman göğsü her nefes alışında yükseliyordu. "Hayır, eğer yakın bir akrabası olsaydınız belki..." Gözlerini kırpıştırarak bana baktı. Ben yüzümden bir şey anlamaması için çenemi kasmıştım. Eh bu şartlarda biraz acılı olmam doğaldı.

"Ama belki de..." Yüzünde ani bir ilham gelmiş gibi bir hava vardı. Ayağa kalkıp üniformalı bir nöbetçinin oturduğu iç kapıya doğru ilerledi. Adama bir şeyler mırıldandı ve adam başıyla anladığını belirtip gözden kayboldu.

Sör Fletcher masasına geri dönerken dolaptan bir karaf ve iki kadeh aldı. Yaptığı şarap teklifini kabul ettim, buna ihtiyacım vardı.

Nöbetçi geri döndüğünde ikinci kadehlerimizi yarılamıştık. İzin istemeden odaya girip Sör Fletcher'ın masasına ahşap bir kutu bıraktı ve yeniden dışarı çıktı. Onun beni süzdüğünü görüp alçakgönüllülükle gözlerimi yere indirdim. Rupert'ın hanımının yakındaki kasabada bulunan bir tanıdığından ödünç aldığım elbiseyi giyiyordum. Bu elbiseye sinmiş koku ve uyumlu çantasından bu hanımefendinin ne işle uğraştığını rahatlıkla tahmin edebiliyordum. Nöbetçinin giysiyi tanımamış olduğunu umdum.

Sör Fletcher kadehinde kalanları başına diktikten sonra kutuyu önüne çekti. Bu ham ahşaptan yapılmış kayar kapaklı bir kutuydu. Kapağın üzerine kazınmış bazı harfler vardı ve oturduğum yerden bunları okuyabiliyordum. Fraser, yazıyordu.

Kapağı itti ve kutunun içine baktı sonra kapağı kapatıp kutuyu önüme itti.

"Mahkûmun kişisel eşyaları," dedi. "Bunları genellikle infazdan sonra mahkûmun göndermemizi istediği akrabasına göndeririz. Bu adam bize ailesi hakkında bilgi vermeyi reddetti. Bu garip bir tavırdı ama bu üzücü şartlar altında pek de anlaşılmaz değil. Bayan Beauchamp bunu sizden isterken biraz tereddütlüyüm ama madem aileyi tanıyorsunuz acaba bu kutudakileri onlara ulaştırabilir misiniz?"

Düzgün konuşabileceğimden pek emin değildim başımı sallayarak kadehime gömüldüm.

Sör Fletcher rahatlamış görünüyordu. Bunun iki sebebi olabilirdi, kutudan kurtulmuş olduğuna ya da benim artık oradan ayrılacağıma seviniyordu. Arkasına yaslanıp bana gülümsedi.

"Çok naziksiniz Bayan Beauchamp. Bunun sizin gibi genç bir hanım için oldukça üzücü bir görev olduğunu biliyorum ve bu iyiliğinizi hiç unutmayacağım."

"Ö-önemli değil," diye kekeledim. Ayağa kalkıp kutuyu aldım. Yirmiye on sekizlik bir kutuydu ve sadece on beş santimlik bir derinliği vardı. Bir adamın hayatı boyunca biriktirdikleri için oldukça ufak ve hafif bir kutuydu.

İçinde ne olduğunu zaten biliyordum. Üç adet dikkatle sarılmış misina, bir mantara geçirilmiş balık kancaları, bir çakmak taşı, kenarları aşınmış bir parça cam, elde tutulunca insana keyif veren değişik boyutlarda birkaç taş, romatizmayı engelleyen kurumuş köstebek ayağı. Bir İncil. Belki de İncili okuması için yanında bırakmışlardı. Öyle olmasını umdum. Çalınmadıysa bir yakut yüzük ve kiraz ağacına kazınmış küçük bir yılan, altında da Sawny yazıyordu.

Kapının önüne geldiğimde dengemi korumak için çerçeveye tutundum.

Beni izleyen Sör Fletcher hemen yanımda bitti.

"Bayan Beauchamp, iyi misiniz? Bayılacak gibisiniz? Nöbetçi, iskemle getir!"

Yüzümden aşağı akan soğuk terlerin farkındaydım ama elimi sallayarak bana sunulan iskemleyi geri çevirdim. Bir an önce buradan ayrılmak istiyordum, bol miktarda temiz havaya ihtiyacım vardı. Ve ağlamak için yalnız kalmaya...

"Hayır, hayır, iyiyim," dedim, ikna edici bir tonda konuşmaya gayret ediyordum. "Burası, sanırım biraz havasız. Hiç merak etmeyin, zaten seyisim dışarıda bekliyor."

Dik durup gülümsemeye çalıştım, aklıma bir fikir gelmişti. Faydası olmayabilirdi ama bir zararı da olmazdı.

"Sör Fletcher..."

Benim halime hâlâ üzülmekte olan adam dikkat kesildi.

"Evet, yavrum,"

"Böylesine genç bir adamın ailesinden kopmuş olması beni çok üzdü. Belki ailesine son bir uzlaşma mektubu yazmak isteyebilir. Bunu yaparsa ben o mektubu da annesine iletebilirim."

"Çok düşüncelisin yavrum." Sör Fletcher halısının üzerine düşüp bayılmayacağımı görünce mutlu olmuştu. "Elbette. Size bunun haberini ileteceğim. Nerede kalıyorsunuz? Eğer bu mektubu yazarsa onu size gönderirim."

Yüzüme bir gülücük yapıştırdım. "Şu an nerede kaldığımı ben de bilemiyorum. Kasabada birkaç akrabam ve arkadaşım var sanırım sırayla onları ziyaret edeceğim. Hiçbirini uzun süreli rahatsız etmek istemem." Küçük bir kahkaha attım.

"Eğer sizin için bir sakıncası yoksa seyisim gelip mektubu sorar."

"Elbette, elbette. Bu Mükemmel!"

Masada duran karafa baktıktan sonra koluma girip beni dış kapıya kadar geçirdi.

"Daha iyi misin kızım?" Rupert yüzüme düşen saçlarımı geriye çekti. "Hastalıklı bir domuz yavrusuna benziyorsun. Al bakalım biraz daha."

Başımı sallayarak bana sunduğu viskiyi reddedip yüzümü silmem için getirmiş olduğu nemli bezi kullanmaya devam ettim.

"Artık iyiyim." Seyisim olarak tanıttığım Murtagh'ın eşliğinde Wentworth'den ayrılıp onların bizi göremeyeceği bir yere kadar nasıl ilerlediğimi hatırlayamıyorum. Attan karların üzerine kayarak inmiş ve orada kusmaya başlamıştım. Sonra kutuyu göğsüme bastırarak deliler gibi ağlamıştım. Sonunda Murtagh beni kucaklayarak yerden kaldırmış ve zorla atıma bindirip Rupert ve arkadaşlarının bizi beklediği küçük hana götürmüştü. Hapishanenin rahatça göründüğü üst kattaki odalardan birindeydik.

"Bu oğlan öldü anlamına mı geliyor?" demişti Rupert, yüzünün yarısını kapatan sakalların ardında her zamanki soytarılık yapan suratı yoktu. Son derece ciddiydi.

Derin bir nefes alarak başımı salladım. "Henüz değil."

Hikâyemi dinledikten sonra Rupert dudaklarını şişirip düşünceli bir tavırla odayı arşınlamaya başladı. Murtagh yüzünde yine hiçbir ifade olmadan öylece oturuyordu. Onun mükemmel bir poker oyuncusu olabileceğini düşünmeye başlamıştım.

Rupert dönüp yatağa, yanıma çöktü.

"En azından hâlâ hayatta ve şu an en önemli şey bu. Keşke bundan sonra ne yapacağımızı bilebilseydim. Oraya girebilmemizin hiçbir yolu yok."

"Hayır, var." Bu sözleri Murtagh söylemişti. "Mektup konusunu akıl ettiği için kıza teşekkür borçluyuz."

"Bir adam ve sadece müdürün ofisine kadar... Ama hiç yoktan iyidir." Rupert kamasını çıkarmış ucunu sakallarına sürtüyordu. "Orası araştırma yapmak için çok büyük bir yer."

"Nerede olduğunu biliyorum," dedim, kendimi, yeni bir plan yapıp onların vazgeçmesini engelleyebilecek kadar iyi hissetmeye başlamıştım. En azından hangi kanatta kaldığını biliyorum."

"Öyle mi? Hımm." Kamasını yerine koyup odayı arşınlamaya devam etti, sonra hızla durdu. "Ne kadar paran var evlat?"

Elbisemin cebine baktım. Dougal'ın kesesi ve Jenny'nin almam için beni zorladığı para ve bir dizi incim vardı. Rupert incileri geri çevirdi ama keseyi alıp içindekileri kocaman avucuna boşalttı.

"Bu işimi görür," dedi onları elinde şıngırdatarak. Gözlerini ikizlere çevirdi, "Siz ikiniz ve Willie, benimle geliyorsunuz. John ve Murtagh burada kızla kalacaklar."

"Nereye gidiyorsunuz?" diye sordum.

Bir tanesi dışında paraları torbasına koydu, elinde kalanı havaya fırlattı.

"Kasabanın diğer ucunda bir han daha var. Hapishanedeki nöbetçiler görevde olmadıkları zaman yakın olduğu için oraya giderler. Orada içki de daha ucuzdur." Parayı parmaklarının arasında çevirmeye başlamıştı.

Onun geliştirmeye çalıştığı fikri anlamaya çalışıyordum.

"Öyle mi?" dedim. "Ama orada kâğıt oynadıklarını pek sanmam, sen ne düşünüyorsun?"

"Bilemiyorum evlat, bilemiyorum," dedi. Parayı bir kez daha havaya atıp avuçlarının arasına aldıktan sonra ellerini açtı, para orada yoktu. Gülümsedi, sakalının arasından görünen dişleri bembeyazdı.

"Bunu oraya gitmeden bilemeyiz, değil mi?" Parmaklarını şaklattığı anda para orada belirdi.

Ertesi gün akşamüzerine doğru yeniden on altıncı yüzyılda inşa edilmiş kalenin korumalı ve çivili kapısından geçiyordum. Geçen iki yüz yılda korkutuculuğundan ve sağlamlığından hiçbir şey kaybetmemiş olan bu binaya girerken cesaret almak için bacağımın üzerinde duran kamama dokundum.

Sör Fletcher şu anda öğle yemeğini yiyor olmalıydı. Bu bilgiyi Rupert ve yardımcıları bir gece önce burada çalışan nöbetçilerden almışlardı. Şafak sökerken kızarmış gözlerle, sallanarak ve leş gibi bira kokarak odaya girmişlerdi. Rupert'ın sorularıma verdiği karşılık bir cümleden oluşuyordu. "Oyunda kazanmak için şans kaybetmek içinse zekâ gerekir." Ben tüm gece boyunca yaptığım gibi odayı arşınlamaya devam ederken o bir köşeye kıvrılıp horlayarak uyumaya başlamıştı.

Bir saat sonra hem uyanmış hem de kendine gelmişti, planını hemen anlatmaya başladı.

"Sör Fletcher hiçbir şeyin ve hiç kimsenin öğle yemeği sırasında onu rahatsız etmesine izin vermiyor. Onu görmek isteyen kişi o yemeğini bitirip içkisini içene kadar beklemeye devam ediyor. Bu yemek faslından sonra da muhakkak odasına çekilip bir süre uyuyor."

Seyisim kılığında olan Murtagh benden bir saat önce buraya gelmiş ve hiçbir zorlukla karşılaşmadan içeri girmişti. Muhtemelen Sör Fletcher'ın ofisine alınmış ve orada beklemesi söylenmişti. Murtagh'ın görevi orada beklediği süre içinde ofisi araştırmak batı kanadının planlarını ve şansı varsa hücrelerin kapılarını açan anahtarları bulmaktı.

Başımı göğe kaldırıp saati tahmin etmeye çalışarak biraz oyalandım. O yemeğe oturmadan önce geldiysem beni de yemeğe davet edebilirdi ve bu hiç uygun olmazdı. Gerçi Rupert'la kâğıt oynayan nöbetçiler hapishane müdürünün alışkanlıklarının değişmez olduğunu söylemişlerdi; yemek çanı saat birde çalardı ve bundan beş dakika sonra da çorba servisi yapılırdı.

Girişte aynı görevli bekliyordu. Beni görünce şaşırdı ama kibarlığı elden bırakmadı.

"Çok can sıkıcı," diyerek söze girdim. "Seyisimi dün bana gösterdiği nezaketin karşılığında teşekkürlerimi iletebilmesi ve küçük hediyemi vermesi için buraya göndermiştim. Aptal adam hediyeyi yanına almamış, ben de onu yakalamak umuduyla peşinden geldim. Umarım kaçırmamışımdır. Buraya geldi mi?" Bu arada elimdeki küçük paketi gösterip gülümsemeyi ihmal etmedim. Gülerken dişlerimi göstermeye gayret ediyordum.

Bu hareketim onu ikna etmeye yeterli oldu, koridorlarda

müdürün odasına doğru ilerlemeye başlamıştım. Kalenin bu bölümü gayet güzel döşenmişti ve hapishaneye benzemiyordu. Ama etrafı saran bir koku vardı, bu acı ve korkunun yıllar boyunca duvarlara sinmiş olan kokusuydu.

Nöbetçi beni takip ediyordu, pelerinime basmamak için adımlarını büyük bir dikkatle atıyordu. Bunu yapması çok iyi olmuştu, böylelikle ofise yaklaşırken Murtagh'ın baygın ofis görevlisini kocaman masanın arkasına taşıdığını gören tek kişi ben oldum.

Bir adım gerileyerek elimdeki paketi yere düşürdüm. Bir anda bir şangırtı oldu ve her yeri kesif bir brendi kokusu sardı.

"Ah, ben ne yaptım?"

Nöbetçi mahkûmlardan birini ortalığı temizlemesi için çağırırken, Sör Fletcher'ı ofisinde bekleyeceğime dair bir şeyler mırıldanıp odaya girdim ve kapıyı arkamdan kapattım.

"Sen ne halt ediyorsun?"diye Murtagh'a çıkıştım. O ise baygın adamın ceplerini karıştırırken sesimdeki kızgınlıktan hiç etkilenmedi.

"Sör Fletcher anahtarları ofisinde tutmuyor ama bu küçük delikanlıda bir set anahtar var." Adamın ceketinde asılı olan kancayı anahtarların şangırdamasını engelleyerek çıkardı.

Onun yanına çöktüm. "Tanrı'ya şükür!" dedim hâlâ nefes almaya devam eden askere bakarak. "Hapishanenin planını buldun mu?"

"Hayır, o da yok ama şu küçük arkadaşım burada beklerken bana bir şeyler anlattı. Ölüme mahkûm olanların hücreleri bu kattaki batı koridorunun ortasında yer alıyor. Orada üç hücre varmış, daha fazla soramadım çünkü adam şüphelenmeye başlamıştı."

"Umarım bu yeterli olur. Tamam, bana anahtarları ver ve git."

"Ben mi? Gitmesi gereken kişi sensin ve mantıklı olanı bu." Kapıya doğru hızla baktı ama diğer taraftan gelen herhangi bir ses yoktu.

"Hayır, bu işi benim yapmam gerekiyor," dedim anahtarlara ulaşmaya çalışarak. "Sözümü dinle," dedim sabırsızlıkla. "Seni elinde bir grup anahtarla hapishane koridorlarında dolaşırken bulurlarsa, buradaki baygın nöbetçiyi de bulurlar ve ikimiz birden yakalanırız, çünkü benim neden yardım istemek için bağırmadığımı merak ederler." Anahtarları elinden çekip aldım ve cebime tıktım.

Murtagh hâlâ bundan emin değildi, ayağa kalktı.

"Ya sen yakalanırsan?"

"Bayılacağım," dedim hızla. "Ayıldığımda seni nöbetçiyi öldürürken gördüğümü ve dehşet içinde nereye koştuğumu bilemeden oradan kaçtığımı anlatacağım. Yardım ararken yolumu kaybetmiş olacağım."

Yavaşça başını salladı. "Tamam, anlaştık." Kapıya yaklaşınca durdu.

"Ama ben niye..." Hızla geri dönüp masanın çekmecelerini çekti, içlerinde bulunanları yerlere saçtı.

"Hırsızlık," diye açıkladı yeniden kapıya doğru ilerlerken. Kapıyı aralayıp dışarıya baktı.

"Eğer bu bir soygunsa bir şeyler alman gerekmez mi?" diyerek kolay taşınabilir değerli bir şeyler aramaya başladım. Üzeri mine işli enfiye kutusunu buldum. "Mesela bu?"

Sabırsız bir hareketle onu yerine koymamı işaret etti, hâlâ aralıktan dışarı bakıyordu.

"Hayır, olmaz eğer üzerimde Sör Fletcher'ın eşyası ile yakalanırsam bu asılma sebebim olur, soyguna teşebbüsün cezası ise kamçılanmak ya da kötürüm kalmaktır."

"Ah." Kutuyu hızla yerine koydum ve onun arkasına geçip dışarı bakmaya başladım. Ortalıkta kimseler yoktu.

"Ben önden gideceğim," dedi. "Eğer birileriyle karşılaşırsam onları yolundan çekerim. Otuza kadar say ve arkamdan gel. Seninle kuzeydeki küçük ormanda buluşuruz." Kapıyı açıp yeniden bana döndü.

"Yakalanırsan, anahtarları mümkün olduğu kadar uzağa fırlat." Ben cevap veremeden bir yılan gibi kapıdan süzüldü ve koridorda bir gölge gibi ilerlemeye başladı.

***

Eski kalenin koridorlarında hızla ilerlerken bir an batı kanadına hiç ulaşamayacağımı sandım, her köşede durup etrafı kolaçan ediyordum. Yol boyunca tek bir nöbetçi görmüş ve onu görünce kalbim küt küt atarak duvara gömülüp beklemeye başlamıştım.

Batı kanadını bulduğumda hâlâ doğru yerde olup olmadığıma karar veremiyordum. Bu koridorda büyük kapılar vardı, bunların üzerinde de küçücük parmaklıklı pencereler, içerilerini doğru düzgün göremiyordum.

Rastgele ortadaki hücreye doğru döndüm. Anahtarların üzerinde etiket yoktu ama hepsi farklı boyuttaydı. Önümdeki kilide üç büyük anahtardan birinin uyacağı kesindi. Her zaman olduğu gibi üçüncü anahtar doğru çıktı. Kilit açılırken derin bir nefes aldım, sonra terli ellerimi eteğime kurulayıp kapıyı ittim.

Leş gibi kokan adamların yere uzanmış bacaklarının üzerinden atlayarak ve önüme atlayan delilerden kaçınarak hücrede ilerlemeye başladım. Benim hızla içeri dalışım ortalığı karıştırmıştı, yerdeki pisliğin ortasında uyumakta olanlar yerlerinden doğrulmuş, hücrede hafif bir homurdanma başlamıştı. Bir kısmı duvarlara bağlıydı ve onlar hareket edince zincirlerinden gıcırtılar çıkıyordu. Üzerinde sarı yeşil ekoseli parçalanmış giysileri olan kahverengi sakallı bir adamı yakaladım. Adamın kemikleri ellerime batıyordu, neredeyse derisini yırtıp dışarı çıkacaklardı. İngilizler mahkûmlarını doyurmayı gereksiz buluyorlardı.

"James Fraser'ı gördün mü? İri kızıl saçlı adam! Bu hücrede mi? Nerede o?"

O da zincirsiz olan diğerleri gibi kapıya doğru ilerlemeye çalışıyordu, bir an durup beni süzdü. Mahkûmlar kaçmayı akıl etmiş kapıya doğru akın ederken birbirlerini süzüp bir şeyler mırıldanıyorlardı.

"Kim? Fraser mı? Onu bu sabah götürdüler." Adam omuzlarını silkerek ellerimden kurtulmaya çalıştı.

Onu kemerinden yakalayıp hareket etmesini engelledim. "Onu nereye götürdüler? Kim götürdü?"

"Nereye götürdüklerini bilemem ama onu Komutan Randall götürdü, o şeytan gibi bir adam." Sabırsızlıkla silkinip elimden kurtuldu ve kapıya doğru ilerlemeye başladı.

Randall. Donup kalmıştım, kaçarken beni itip kakan adamlara bakıyordum, zincirli olanların çığlıklarını duymuyorlardı. Bir anda kendime gelip düşünmeye çalıştım. Şafak söktüğü andan beri Geordie kaleyi gözetlemekle meşguldü. Bu sabah mutfak alışverişinin dışında kaleden kimse ayrılmamıştı. Demek hâlâ burada bir yerdeydi.

Randall yüksek rütbeli bir subaydı, burada rütbesi ondan yüksek olan kimse yoktu, Sör Fletcher bile onun sözünü dinlemek zorundaydı. Muhtemelen Randall tutukluya işkence yapabileceği bir mekâna el koymuştu.

Evet, yarın asılacak bile olsa o Jamie'ye işkence edecekti. Bu, adamın doğasında vardı. Faresiyle oynamadan durması mümkün değildi.

Sabahtan bu yana neler olmuş olabileceğini düşünmekten vazgeçip ne yapmam gerektiğine karar vererek kapıya atıldım. Hızla içeri girmekte olan bir kırmızı urbalıyla çarpıştım. Adam dengesini korumak için birkaç adım gerilerken ben de dengemi kaybedip kapıya başımı çarptım. Kulaklarımda Rupert'ın sesi yankılanırken kapıya dayandım. "Onun şaşkınlığından yararlan yavrum! Hadi!"

O halimde bile şu an kimin daha şaşkın olduğunu düşünmeye çalıştım. Delice bir süratle kendime onu neden hücreye girmeden önce çekmemiş olduğumu sorarak kamamı tuttum.

İngiliz kendini toparlamıştı ve ağzı açık bir şekilde bana bakıyordu, değerli zamanım tükenmek üzereydi. Kamamı bulunduğu yerden hızla çekip yukarıdan aşağıya doğru tüm gücümle savurdum. Bıçak, elini kemerine atmış adamın çenesine saplandı, adam şaşkınlıkla boğazını tutarak sendeledi ve ağır çekim hareketlerle yere yığıldı. O da buraya girmeden önce silahını eline almayı akıl etmeliydi, bu küçük dikkatsizlik hayatına mal olmuştu. Tanrı bu kez lütfetmiş ve beni kurtarmıştı ama buna çok uzun süre güvenemezdim. Soğukkanlılıkla adama bakmadan üzerinden atladım.

Geldiğim yoldan hızla dönmeye başladım. Merdivenlerin orada saklanabileceğim bir duvar arkası vardı. Orada durup mide bulantımın geçmesini bekledim.

Terli ellerimi eteğime silip cebimdeki hançere uzandım. Bu benim son silahımdı. Diğerini almak için geri dönmeye vakit yoktu, bunu midem de kabul etmezdi. Belki de böylesi daha iyiydi, ellerimi korsajıma sürdüğümde çok az bir kan ortaya çıkmıştı, bıçağı geri çekmiş olsaydım neler olabileceğini düşünmek dahi istemedim.

Kamam elimde dikkatle ilerliyordum. Farkında olmadan serbest bıraktığım mahkûmlar sola sapmışlardı. Onların nereye gittiğini bilmiyordum ama İngilizlerle karşılaşacakları kesindi. Ben de nereye gittiğimi bilmiyordum ama kargaşadan uzak kalmaya çalışıyordum.

Pencerelerden gelen ışık hemen arkama düşüyordu, hâlâ kalenin batı kanadındaydım, Rupert beni güney kapısında bekleyecekti, geçtiğim yolları aklımda tutmam gerekiyordu.

Merdivenler. Aradığım şeyin nerede olabileceğine dair doğru bir fikir üretmeye çalıştım. Birine işkence edeceksen ses geçirmeyen bir yerde yalnız olmak isterdin. Bunun için özel bir zindan yeterli olurdu, bu tip binalarda zindanlar genellikle bodrum katta olurdu. Karanlık bütün zulmü gözlerden uzak tutardı ve çığlıklar toprağın altında boğulurdu.

Koridorun sonunda duvar eğriliyordu, kulelerden birine ulaşmıştım, bu kuleler aynı zamanda merdiven kovalarıydı.

Dönel merdivenlerin sonunda yine eğimli bir duvar vardı, tam olarak dengelenmemiş olan basamaklar ayak bileklerinin burkulması için ideal ortam yaratıyorlardı. Boşluğun üzerinden düşen ışık ise basamakları birbirinden ayırmayı güçleştiriyordu, birkaç kez kayıp düşme tehlikesi geçirdikten sonra ellerimle duvarlara tutuna tutuna aşağı inmeyi başardım.

Bu merdiven bir tek konuda işime yaramıştı. Merdivenlerin karanlık olmasını engelleyen pencereden avluyu görüp binanın neresinde bulunduğumu anlayabilmiştim. Avluda küçük bir asker grubu sıraya dizilmiş duruyordu, onların isyankâr bir İskoçyalıyı seyretmedikleri kesindi. Avlunun ortasında büyük bir darağacı vardı. Onu görünce mideme yeniden sancılar saplandı. Yarın sabah... Parmak uçlarımda merdivenlerden aşağı inmeye devam ettim.

En alt kata varınca durup ortalığı dinledim. Bir ölüm sessizliği vardı ama kalenin bu bölümü kullanılıyordu, duvarlarda meşaleler vardı, titreşen kırmızı alevleri duvarı yalıyordu, her birinin ışığının sonunda diğeri ortalığı aydınlatmaya başlıyordu. Bu meşalelerden çıkan gri dumanlar, eğimli tavana doğru yavaşça yükseliyordu.

Buradan tek bir noktaya doğru ilerleme imkânı vardı, elimde kamamla birlikte ilerlemeye başladım. Bu koridorda yürümek insana garip bir korku veriyordu. Buna benzer zindan koridorlarında daha önce Frank'le birlikte ziyaretçi olarak yürümüştüm. Ama o koridorların granit duvarlarında flüoresan lambalar vardı ve görüntü bu kadar ürkütücü değildi. Yüzyıllardır kullanılan o duvarlardan, kalın kapılardan ve duvarlara asılı kelepçelerden nasıl da korkmuştum. O kalıntıları görüp zamanında yapılmış olan işkenceleri hayalimde canlandırmaya çalışmıştım. Şimdi bu saflığıma kahkahalar atmak istiyordum. Dougal'ın söylediği şey doğruydu, bazı şeyleri hayal etmek imkânsızdı.

On santim kalınlığındaki kilitli kapıların önünden parmak uçlarımda geçtim, bu kapılar içeriden gelen sesleri boğmaya yetecek kalınlıktaydı. Her kapının önünde eğilip altından diğer tarafı görmeye çabalıyordum. Hepsi karanlıktı, mahkûmlar karanlığa da mahkûm edilmişti. Randall'ın yaptığını görebilmesi için ışığa ihtiyacı vardı. Yerdeki toz temizlenmemekten yapışkan bir hal almıştı. Buralar kullanımda değil gibi görünüyordu. Ama yanan meşaleler buralarda birilerinin olduğunun göstergesiydi.

Koridorda baktığım dördüncü kapının altından ışık sızıyordu. Yere dizlerimi koyup kulağımı orada bulunan çatlağa dayadım ve bir şeyler duymaya çalıştım ama çıtırdayan alevlerin sesinden başka bir şey duyamadım.

Kapı kilitli değildi. İterek araladım ve içeri göz gezdirdim. Jamie oradaydı, duvara dayanmış yerde oturuyordu, başı dizlerinin arasındaydı ve yalnızdı.

Oda çok küçüktü ama iyice aydınlatılmıştı, hatta ortada insana sıcak evindeymiş hissini veren bir mangal yanıyordu. Bir zindan için oldukça sıcak bir görünüme sahipti, duvarlarda yarıya kadar inmiş bayraklar asılıydı, bir kenarda küçük bir yatak vardı. Odada iki iskemle, bir masa ve aralarında sürahi ve bardakların da bulunduğu birkaç küçük eşya daha vardı. Duvarları sırılsıklam ve leş gibi olan, içinde farelerin gezdiği zindanlardan çok farklıydı. Burası belki de garnizon subaylarının kadınlarla hoşça vakit geçirdikleri bir sığınaktı ve kışladan uzak olması çok büyük bir avantajdı.

"Jamie," dedim usulca. Başını kaldırmadı, bir anda içim korkuyla doldu. Arkamda kalan kapıyı kapattıktan sonra hızla yanına gittim ve omzuna dokundum.

"Jamie."

Başını kaldırıp baktı, yüzü bembeyazdı, sakalları uzamıştı, saçları ve gömleği terden sırılsıklam olmuştu. Oda korku ve kusmuk kokuyordu.

"Claire!" Dudakları kurumuş ve çatlamıştı, güçlükle konuşuyordu. "Buraya nasıl… Buradan hemen gitmelisin, bir an önce. Kısa bir süre sonra geri dönecektir."

"Saçmalama." Durumu hızla değerlendirmeye çalışıyordum, kafamı yapmam gereken işlere verirsem boğazımdaki buz parçasının eriyeceğini düşünüyordum.

Ayak bileğinden duvara zincirle bağlanmıştı ama diğer tarafları serbestti. Masanın üzerinde bir halat bobini vardı, bunun kullanılmış olduğu kesindi çünkü bilek ve dirseklerinde ip yanıkları vardı.

Kafam karışmıştı. Kendinde değildi ve acı içindeydi ama görünürde bir hasar yoktu. Kan ve yara izi de yoktu. Yere çöküp anahtarları bileğindeki kilit üzerinde denemeye başladım.

"Sana ne yaptı?" diye fısıldadım, Randall'ın dönüşünü duyamamaktan korkuyordum.

Jamie oturduğu yerde sallanarak gözlerini açtı, ter damlacıkları bütün yüzünü sarmıştı. Bayılmak üzereydi ama sesimi duyunca gözlerini aralamayı başardı. Dikkatle hareket ederek sol eliyle kucağında duran nesneyi yavaşça havaya kaldırdı. Bu sağ eliydi, tanınmaz haldeydi, bir insan uzvuna hiç benzemiyordu. Davul gibi şişmişti, mor bir çantaya benziyordu, parmakları bu şişin ucunda farklı açılarda aşağı sarkıyordu. Orta parmağının beyaz kemikleri görünüyordu, eklemlerinin üzerinde kurumuş kanlar vardı.

İnsan eli eklem, kas ve karmaşık bir sinir sisteminden oluşan bir mühendislik harikasıydı, bu küçük sinirler hem hareketi hem de hissetmeyi sağlardı. Kırık bir parmak bile güçlü bir adamı yere sermeye yeterli olurdu.

"Ödeme," dedi, "burnunun karşılığında, faiziyle birlikte." Bir süre daha eline baktıktan sonra benim bile tanıyamadığım bir sesle konuşmaya başladım. "Bunun için onu öldüreceğim."

Jamie'nin dudakları yavaşça yukarı kıvrıldı, yüzüne yeni bir maske takıp acısını bastırmaya uğraşıyordu. "Ben pelerinini tutarım Saksonyalı," diye fısıldadı. Yeniden gözlerini kapayıp duvara yaslandı, orada bulunmama bile itiraz edemeyecek durumdaydı.

Kilitle uğraşmaya devam ettim, artık ellerim titremiyordu. Korkunun yerini müthiş bir öfke almıştı.

Halkadaki bütün anahtarları ikişer kez denedim ama kilit açılmadı. Ellerim terlemeye başlamıştı ve anahtarlar kayıp duruyordu. Kısık sesle savurduğum küfürler Jamie'yi kendine getirdi ve eğilip ne yapmaya çalıştığıma baktı.

"Onu açmak için doğru anahtarı bulmana gerek yok," dedi dikilmeye çalışarak. "Eğer elinde yeterli uzunlukta bir anahtar varsa onu kilide sokup üzerine hızla vurman yeterli olacaktır."

"Daha önce bu kilitlerden görmüş müydün?" Konuşarak onu uyanık tutmaya çalışıyordum, buradan gidebilmemiz için yürümesi gerekiyordu.

"Buraya getirildiğimde beni büyük ve kalabalık bir hücreye koyup bunlardan biriyle zincirlediler. Yanımda yine zincirlenmiş Reilly adında bir genç vardı, bir çilingir - bana İrlanda'daki hapishanelerden sıkıldığını, manzara değiştirmek için İskoçya'dakileri denemeye başladığını söyledi." Jamie konuşmak için çaba gösteriyordu, bir süre sonra ayağa kalkması gerektiğinin farkındaydı. Gülümsemeye çalışarak devam etti. "Bana kilitler hakkında epey bilgi verdi ve hatta bize takılanı nasıl kırabileceğimizi de gösterdi, bir metal parçası bulabilseydik hemen kıracaktık ama bulamadık."

"Anlat o zaman." Konuşmak onu iyice terletiyordu ama daha iyi durumdaydı. Bu kilit konusu onu kendine getirmişti.

Onun söylediklerini aynen uygulamaya çalıştım, uzun bir anahtar bulup onu gittiği yere kadar deliğe soktum. Reilly'e göre anahtara vurulacak güçlü bir darbe içerideki kilidi parçalayacaktı. Etrafımda bu darbeyi vurabilmek için bir nesne aramaya başladım.

"Masanın üzerindeki çekici kullan Saksonyalı," dedi Jamie. Sesindeki tonlamayı kaçırmamıştım, önce onun yüzüne sonra masanın üzerinde duran sapına sicim sarılmış orta boy ahşap çekice baktım.

"Bununla mı..." diye başladım dehşet içinde.

"Evet. Vurmadan önce kilidi duvara yasla."

"Çekici sapından tutup bulunduğu yerden aldım, demir halkayı bir tarafı duvara yapışık pozisyonda tutmak zordu, bu Jamie'nin bacağını duvara dayamasını gerektiriyordu.

İlk birkaç vuruşum çok zayıf ve ürkekti. Sonunda büyük bir azimle toparlanıp tüm gücümle bir darbe indirmeyi başardım. Çekiç anahtardan sekip o hızla Jamie'nin bileğine çarptı. O dengesini kaybedip düşerken içgüdüsel bir hareketle sağ elini yere koydu. Garip bir ses çıkararak inledi ve omzunun üzerine yuvarlandı, kolu altında kalmıştı.

"Lanet olsun!" Jamie bayılmıştı ve onu suçlayamazdım. Onun bu hareketsizliğinden faydalanıp bileğini çevirdim, halkayı yerleştirip anahtara var gücümle bir kez daha vurdum ama görünürde bir şey olmadı. İrlandalı çilingir hakkında kötü düşünceler beslemeye başladığım sırada arkamdaki kapı hızla açıldı.

Randall'ın yüzü tıpkı Frank'inki gibiydi, ne düşündüğünü anlamak imkânsızdı, karşımda aşılmaz bir duvar gibi duruyordu. Ben tam bunları düşünürken Komutan'ın yüzündeki sakinlik yok oldu, kapının önünde şaşkın bir ifadeyle durmaya devam etti, yanındaki adam ise hiçbir şeyle ilgilenmiyordu. Yanındaki lekeli ve paçavraya dönüşmüş üniformalar içindeki iri adamın zekâ problemli insanların sahip olduğu fiziksel yüz hatları vardı. Geniş bir alın, düz burun ve gevşek duran dudaklar... Randall'ın omzunun arkasından içeri bakan bu adamın yüzündeki ifade değişmedi, benimle ya da yerde yatan baygın adamla ilgilenmiyordu.

Kendini toplayan Randall odaya girip Jamie'nin bileğinde duran kelepçeye uzandı. "Kral'ın malına zarar verdiğini görüyorum. Bu cezalandırılması gereken bir suçtur. Tehlikeli bir mahkûmun kaçmasına yardım etmekten hiç bahsetmeyelim istersen." Gri gözlerinde bir kıvılcım yanmıştı. "Senin için uygun bir ceza bulacağız. Bu arada..." Beni hızla ayağa kaldırdı ve kollarımı arkama çevirip, atkısını bileklerime dolayıverdi.

Karşı koymaya çalışmak son derece anlamsızdı ama bütün gücümle ayak parmaklarına basarak içimdeki öfkenin birazını dışarı attım.

"Aaah!" Dönüp beni hızla itti, bacaklarım yatağa çarptı ve battaniyelerin üzerine düştüm. Randall mendiliyle botunun önünü temizlerken beni süzdü. Ona ateş saçan gözlerle bakınca bir kahkaha attı.

"Hakkını vermek lazım, ödlek değilsin. Aslında ona çok iyi uyum sağlıyorsun," diyerek kendine gelmeye başlayan Jamie'yi gösterdi. "Sana bundan daha iyi bir kompliman yapamazdım." Yavaşça boynunu sıvazladı, gömleğinin açılan yakasından morarmış boynu göründü. "Onu çözerken tek eliyle beni boğmaya kalkıştı. Neredeyse başarıyordu, onun solak olduğunu anlamamış olmam kötü oldu."

"Ne mantıksız bir iş yapmış," dedim.

"Oldukça," dedi Randall başını sallayarak. "Senin o kadar kaba olacağını sanmıyorum. Ama ne olur ne olmaz..." Kapının önünde onun emirlerini bekleyen iri hizmetlisine döndü.

"Marley, buraya gel ve bu kadının silahı olup olmadığına bak." Adamın beceriksiz hareketlerle beni arayıp kamamı ortaya çıkarmasını eğlenerek izledi.

"Marley'den etkilenmedin mi?" diye sordu, benim onun kaba ellerini kendimden uzaklaştırma çabalarımı izleyerek. "Ne kötü, onun senden çok etkilenmiş olduğundan eminim."

"Zavallı Marley'nin kadınlarla şansı pek yaver gitmez," diyerek gözlerinde şeytani bakışlarla konuşmasına devam etti. "Öyle değil mi Marley? Fahişeler bile onunla olmak istemez." Gözlerini bana dikip pis pis sırıttı. "Çok büyük olduğunu söylerler. Fahişelerin bu konudaki fikirlerine inanmak gerekir öyle değil mi?" Sözlerinin anlamını kuvvetlendirmek için kaşlarını havaya kaldırdı.

Marley'nin nefesi hızlanmaya, ağzından tükürükler akmaya başlamıştı, durup eliyle ağzını silerken, ondan mümkün olduğu kadar uzak bir yere doğru ilerledim.

"Sohbetimizi bitirince Marley seni kendi odasında ağırlamaktan büyük bir mutluluk duyacaktır. Belki sonra eline geçen şansı arkadaşlarıyla da paylaşmak ister. Bu onun vereceği bir karar tabii."

"Ah, seyretmek istemez misin?" diyerek onunla dalga geçtim.

Randall çok eğleniyormuş gibi bir kahkaha savurdu.

"Bireysel olarak 'doğal olmayan zevklerimin' olduğunun farkındayım ve artık bundan senin de haberdar olduğunu düşünüyorum ama yine de bu zevklerimin de bir estetiği vardır."

Hizmetlisinin kirli giysilerine ve kemerinin üzerine devrilmiş göbeğine baktı. O gevşek şiş dudaklarının arasından sürekli bir şeyler çiğner ve homurdanır gibiydi, kısa kalın parmakları lekeli pantolonunun bacak arasında çalışıp duruyordu. Randall ürperdi.

"Hayır. Çatal diline rağmen sen oldukça güzel bir kadınsın. Seni Marley'le birlikteyken seyretmek... Hayır, bunu seyretmek isteyeceğimi hiç sanmıyorum. Görüntüsünü bir kenara bıraksak bile Marley pek de arzulanan alışkanlıklara sahip biri sayılmaz..."

"Seninkiler de öyle."

"Olabilir ama bu senin problemin değil." Durup bana baktı. "Hâlâ kim olduğunu öğrenmek istiyorum. Kral'a karşı olduğun kesin ama kimlerle birliktesin? Marischallar? Seaforthlar? Fraserlarla birlikte olduğuna göre büyük ihtimalle Lovatlarlasın." Randall cilalı botunun ucuyla Jamie'yi dürtükledi ama o hâlâ baygındı. Göğsü düzenli olarak inip kalkıyordu, baygınlıktan derin bir uykuya sürüklenmiş olabilirdi. Gözlerinin altındaki morluklardan, uzun süredir dinlenmemiş olduğu anlaşılıyordu.

"Senin bir cadı olduğunu bile duydum," diyerek konuşmasına devam etti. Sesi oldukça kısık çıkıyordu ama dikkatle beni inceliyordu, sanki bir baykuşa dönüşüp uçuverecektim. "Cranesmuir'de bir takım olaylar çıkmış. Birileri ölmüş. Ben bu batıl saçmalıklara inanmam."

Beni incelemeye devam ediyordu. "Seninle bir pazarlığa oturabilirim," dedi beklenmedik bir anda. Masanın üzerinde yarı oturur bir şekilde arkaya eğilip beni yanına çağırdı.

Acı bir kahkaha attım. "Seninle pazarlık yapabilecek durumda olduğumu hiç sanmıyorum, zaten yapmak da istemiyorum. Teklifin nedir?"

Randall gözlerini Marley'ye çevirdi. Geri zekâlı adam gözlerini bana dikmiş için için homurdanıyordu.

"Sana bir seçenek sunuyorum. Bana kim olduğunu, seni kimin İskoçya'ya gönderdiğini söyle ve tabii beni ikna et. Ne yapmaya ve kim hakkında bilgi toplamaya geldin? Bana bunları anlat ve seni Marley'ye vermek yerine Sör Fletcher'a götüreyim."

Marley'ye bakmamaya çalışıyordum. Onun morarmış diş etlerini ve bunlara gömülmüş çürük dişlerini görmüştüm. Bu adamın beni öptüğünü düşünmek bile beni boğuyordu. Randall haklıydı, ödlek değildim ama aptal da değildim.

"Beni Fletcher'a götüremezsin, bunu ben de senin kadar biliyorum. Beni ona götürüp burada olanları ona anlatmam riskine girmezsin?" Bakışlarımı odada gezdirdim; sıcak ateş, üzerinde oturduğum yatak, ayaklarımın önünde yatan Jamie. "Bir takım eksikleri olabilir ama Sör Fletcher'ın mahkûmlarına işkence yapılmasını hoş karşılayacağını hiç sanmıyorum. İngiliz ordusunun bile uyması gereken bir takım standartlar vardır."

Randall kaşlarını kaldırdı. "İşkence mi?" Jamie'nin elini gösterdi. "Bu bir kaza. Hücresinde düştü ve diğer mahkûmların altında ezildi. Hücreler oldukça kalabalık." Alaycı bakışlarını üzerimde gezdirdi.

Cevap vermedim. Jamie'nin kaza geçirdiğine inanıp inanmayacağını bilmiyordum ama ben karşısına İngiliz casusu olarak götürüldüğümde benim söyleyeceğim şeylere inanmayacağından emindim.

Randall'ın gözleri üzerimdeydi, bir zayıflık belirtisi görmeye çalışıyordu. "Pekâlâ, seçim senin."

Derin bir nefes alıp gözlerimi yumdum, ona bakmaktan yorulmuştum. Seçim benim değildi ama ona bunun sebebini söyleyemezdim.

"Fark etmez," dedim yorgunlukla. "Sana hiçbir şey söyleyemem."

"Biraz daha düşün." Ayağa kalkıp dikkatle Jamie'nin üzerinden atlarken cebinden bir anahtar çıkardı. "Kısa bir süre için Marley'nin yardımına ihtiyacım var, ondan sonra onu odasına yollayacağım - fikrini değiştirmezsen sen de onunla birlikte gideceksin." Eğilip kelepçeyi açtı ve Jamie'yi yerden kaldırıp köşedeki tabureye oturttu. Böylesine ince bir vücuttan beklenmeyen bir güce sahipti. Başıyla kenarda duran kovayı işaret etti.

"Ayılt onu," diye emretti sesini çıkarmadan orada duran yaratığa. Duvara atılan sular yere süzülerek küçük bir göl oluşturdu. "Bir daha," dedi Randall Jamie'yi kontrol ettikten sonra. Jamie başını duvara yaslamış inliyordu. İkinci kova suyu da yiyince öksürerek yerinden sıçradı.

Randall ona doğru ilerleyip saçlarını yakaladı ve kafasını ölü bir hayvan gibi sallayarak arkaya doğru çekti, damlacıklar her yana saçıldı. Jamie'nin gözleri aralanmıştı. Randall onun kafasını tiksintiyle karışık bir nefretle bıraktı ve arkasını dönüp ellerini pantolonuna silmeye başladı. Arkasındaki hareketi fark etmiş olmalıydı, hızla döndü ama iri yarı İskoç'un yaptığı hamleden kurtulmayı başaramadı.

Jamie'nin kolları Randall'ın boğazına dolandı. Sağ elini kullanamıyordu ama bileği onu geri çekip boğazına bastırabilecek kadar sağlamdı. Randall morararak yere çökmeye başlamıştı, Jamie sol eliyle onun böbreğine bir yumruk geçirdi. Jamie yeterince güçlü değildi ama bu darbe Randall'ın dizlerinin üzerine çökmesine yetmişti.

Yere düşen komutanı bırakan Jamie, onları gözünü bile kırpmadan ağzı açık bir şekilde izleyen yaratığa döndü. Yüzündeki ifade değişmemişti ama Jamie sol eline tabureyi alıp ona doğru ilerlerken o da masanın üzerinde duran çekici aldı. Yüzünde tereddütlü bir ifade belirmişti, iki adam bir anda birbirlerine girdiler.

Elinde daha güçlü bir silaha sahip olan Marley çekici Jamie'nin kaburgalarına sallayarak ilk denemesini yaptı. Jamie bu hamleyi savuşturduktan sonra elindeki tabureyi sallayarak adamı kapıya doğru geri çekilmeye zorladı. Adamın savurduğu ikinci ölümcül darbe hedefine varsaydı Jamie'nin kafatası iki parçaya ayrılmış olurdu. Onun yerine taburenin oturma yeri ikiye ayrıldı ve Jamie'nin elinde üç bacaklı ve yarım üstlü bir kalıntı kaldı.

Jamie sabırsızlıkla elinde kalan parçaları hızla duvara geçirip daha küçük ama rahat kullanılır bir parça elde etti. Üzeri kıymıklarla dolu bir sopası vardı artık. Hücrenin havası meşalelerden çıkan dumanlarla oldukça boğucu bir hale gelmişti, buna birbirlerine tahtalarla vurmakta olan adamların alıp verdiği yoğun nefesler de eklenmişti. Jamie'nin dikkatini dağıtmamak için gıkımı bile çıkartmıyordum, yollarına çıkmamak için ayaklarımı yukarı toplayıp duvara doğru büzülmüştüm.

Ben de, yüzündeki hafif gülümsemeden anladığım kadarıyla yaratık da, Jamie'nin hızla yorulduğunun farkındaydık. Zaten ayakta durabilmesi bile bir mucizeydi. Üçümüz de bu kavganın kısa sürede sona ereceğini biliyorduk, Jamie son şanslarını kullanıyordu. Elindeki tabure bacağından üretmiş olduğu sopayla dikkatle yaratığın üzerine yürümeye başladı, bu adamı köşeye sıkıştırıp kaçamayacağı bir darbe vurmayı planlıyordu. Bunu anlayan adam ondan beklenmeyen bir süratle yatay bir hareket yapıp Jamie'yi geri gitmeye zorladı.

Jamie geri çekilmek yerine adamın üzerine ilerleyip sol elinin tüm gücüyle sopayı kafasına geçirdi. Bu sahneye kendimi öylesine vermiştim ki Randall'ın ne durumda olduğuna hiç bakmıyordum. Yaratığın gözleri cam gibi olup sallanmaya başladığı sırada taşın üzerinde yürüyen ayak seslerini ve kulağımın dibindeki nefesini duydum.

"İyi bir dövüştü Fraser." Randall'ın sesi biraz önce boğazlanmış olduğu için hâlâ hırıltılı çıkıyordu ama tamamıyla kendine gelmişti. "Sana birkaç kırık kemiğe mal oldu."

Jamie duvara dayanmış, nefes almaya çalışıyordu, sopası hâlâ elindeydi, dirseğini kaburgasına bastırıyordu. Gözleriyle aradaki mesafeyi hesaplıyordu.

"Denemeye bile kalkışma Fraser." Sesi çok sakindi. "Sen iki adım atamadan ölmüş olur." Soğuk ince bıçağı kulağımdan aşağıya kaydırmaya başladı, ucu çeneme batıyordu.

Jamie duvara dayanmış bir şekilde bir süre daha bu sahneyi inceledi. Son gücüyle acı içinde doğrulup sallanmadan ayakta durmaya çalıştı. Elindeki sopa büyük bir gürültüyle yere düştü. Bıçağın ucu çeneme daha fazla batmaya başlamıştı, Jamie masaya doğru yavaşça iki adım atarken Randall kıpırdamadan onu izlemeye devam etti. Jamie eğilip yerde duran çekici aldı, onu iki parmağının arasında sallayarak önünde tuttu, yeni bir saldırıya girişmeyeceği oldukça açıktı.

Çekici önümde duran masanın üzerine çatırdayarak indi, ucu ağırlığından dolayı masaya önce inmiş ve dönmeye başlamıştı. Masanın üzerinde normal ev aletlerinden biri gibi durmaya başlamıştı. Masanın diğer ucunda bir sepet dolusu çakılmayı bekleyen çivi vardı, belki de odayı yapan marangoz burada unutmuştu. Jamie ışıkta altın gibi parlayan uzun ve düzgün parmaklı elini masanın üzerine koydu. Yavaşça orada bulunan iskemleye oturup iki elini de masanın üzerine çekicin yakınlarına koydu.

Odanın diğer ucundan yola çıktığı andan itibaren bakışları Randall'a kenetlenmişti ve onlarda hiçbir tereddüt izi yoktu. Bana bakmadan başıyla beni işaret etti. "Bırak gitsin."

Bıçağı tutan eli hafifçe gevşemişti. Randall'ın sesi hem meraklıydı hem de eğlenir gibi çıkıyordu. "Bunu neden yapayım?"

Beyazlamış yüzüne ve gözyaşları gibi akan terine rağmen Jamie kendine hâkim olmayı başarmıştı.

"Bıçağı aynı anda iki kişiye doğrultamazsın. Kadını ya öldür ya da bırak, ben de seni öldürürüm." İskoç aksanıyla ve dişlerinin arasından konuşuyordu.

"Benim sırayla ikinizi de öldürmemi ne engelleyecek?"

Jamie'nin yüzünde beliren ifadeyi gülümseme olarak tanımlamam gerekiyordu çünkü dişleri ortaya çıkmıştı. "Yarın sabah cellâda ne diyeceksin?" Başıyla yerde baygın yatan yaratığı gösterdi. "Ayrıca elimi kırmadan önce beni bağlamak için küçük yardımcına ihtiyaç duyduğunu da sana bir kez daha hatırlatırım."

"Eee?" Bıçak yine baskı yapmaya başlamıştı.

"Bir süre yardımcın olmayacak." Bu kesinlikle doğruydu, o ızbandut gibi adam köşede yüzü yere yapışmış bir şekilde yatıyordu. Arada bir hırıltılı nefesler alıyordu. Büyük ihtimalle beyin kanaması geçiriyordu. Gözümün önünde ölüyor olması beni hiç ilgilendirmiyordu.

"Bir elimi kullanamasam da beni tek başına ele geçiremezsin." Jamie Randall'ın boyutlarını ve gücünü tarttıktan sonra başını iki yana salladı. "Hayır, senden iriyim ve çok daha iyi bir dövüşçüyüm. Şu an elinde kadın olmasa çoktan o bıçağı elinden kapıp boğazını kesmiştim. Sen de bunu bildiğin için ona zarar vermiyorsun."

"Ama o benim elimde. İstersen buradan çekip gidebilirsin. Kapı sana çok yakın. Tabii karını ölüme terk etmen gerekir. Onun karın olduğunu söylemiştin değil mi?"

Jamie omuz silkti. "Ve kendimi de. Bütün garnizon peşimdeyken fazla uzağa gidemem. Açık alanda vurulmak burada asılmaktan daha iyidir ama ikisinin arasında pek büyük bir fark yok." Yüzünde büyük bir acı belirdi ve bir saniyeliğine nefesini tuttu. Yeniden nefes almaya başladığında bunu sadece kesik kesik başarabiliyordu. Onun canının acımasını engelleyen şok yavaş yavaş etkisini kaybediyordu.

"Desene bir çıkmazdayız." Randall çok rahat bir tonlamayla konuşuyordu. "Bana başka bir önerin yoksa tabi?"

"Var. Beni istiyorsun." Sesi son derece sakin ve netti. "Kadının gitmesine izin verirsen bana sahip olursun." Bıçak hafifçe aşağı kaydı. Hafif bir sızıntı ve sıcaklık hissettim.

"Bana ne istersen yapabilirsin. Sana karşı koymayacağım. Hatta dilersen beni bağlayabilirsin bile. Yarın da bundan kimseye bahsetmeyeceğim. Ama önce kadının hapishaneden sağlam çıktığından emin olacaksın." Gözlerim onun yaralı elindeydi, orta parmağının altındaki kan gölü gittikçe büyüyordu. Bir anda elini neden masaya bastırdığını anladım, acıyı kullanarak ayık kalmaya çalışıyordu. Yaşamam için pazarlık yapıyor ve elinde kalan son şeyi ona sunuyordu; kendini. Şu an bayılırsa bu şans elinden uçup gidecekti.

Randall iyice gevşemişti, bıçak omzumun üzerinde öylesine duruyordu. Durumu ondan önce kavramayı başardım. Jamie sabah asılmaktan bahsediyordu. Er ya da geç yokluğu fark edilecek ve kalede aranacaktı. Subaylar ve kale çalışanları arasında biraz vahşete hayır diyen çıkmazdı - kırık bir el ya da sıyrılmış bir sırt göz ardı edilebilirdi ama onun diğer eğilimi göz ardı edilemezdi. Jamie ne kadar ölüme mahkûm edilmiş biri de olsa yarın darağacının altında Randall'ın ona tecavüz ettiğini söyleyince bu iddiası araştırılacaktı. Fiziksel muayene sonucunda bunun doğru olduğu ortaya çıkacak ve Randall'ın kariyeri ve muhtemelen hayatı son bulacaktı. Ama Jamie ona sessizlik yeminini ediyordu.

"Bana söz veriyor musun?"

Jamie'nin mavi gözleri alev alev yanıyordu. Yavaşça başını salladı. "Seninkinin karşılığında."

Mağdurun isteksizliği ve teslimiyeti onu daha da cazip hale getirmişti.

"Anlaştık." Bıçak omzumdan ayrıldı ve metalin kına yerleşme sesini duydum. Randall yavaşça yanımdan geçip masaya doğru ilerledi, orada duran çekici eline aldı. Onu elinde tutarken alaycı bakışlarını Jamie'ye çevirdi. "Samimiyetini test etmeme izin verir misin?"

"Elbette." Jamie'nin sesinde belirgin bir ifade yoktu.

Randall hiç acele etmeden masanın üzerinde duran çivi sepetine uzandı ve oradan uzun bir çivi aldı. Onu özenle yerleştirdikten sonra Jamie'nin sağ elini masaya dört vuruşta çaktı. Kırık parmaklar hafifçe titredi ve koleksiyon tahtasına çivilenen bir örümceğin bacakları gibi boşaldı.

Jamie inledi, gözleri kocaman açılmıştı ve boş bakıyordu.

Randall çekici yerine koydu. Jamie'nin çenesini tutup yüzünü kendisine çevirdi. "Şimdi beni öp," dedi usulca, başını Jamie'nin karşı koymayan dudaklarının üzerine eğdi.

Yerinden doğrulan Randall'ın yüzü hayaller ülkesine ulaşmış gibiydi, gözleri uzaklara dalmış, dudakları mutlulukla kıvrılmıştı. Bir zamanlar ben de aynı buna benzeyen o gülümsemeye âşıktım ve gördüğüm anda kendimden geçerdim, şimdi ise sadece midem bulanıyordu. Yaşlar dudaklarımın kenarlarından aşağı akıyordu, ne zaman ağlamaya başladığımı ile hatırlayamıyordum. Randall bir süre daha kendinden geçmiş bir halde Jamie'ye bakarak durdu. Sonra olanları hatırlayarak bıçağını kınından tekrar çıkardı.

Dikkatsiz bir tavırla bileklerimdeki bağları kesti, deriyi de sıyırmıştı. Ben onları ovalamaya bile başlayamadan, dirseğimden tuttu ve beni kapıya doğru itti.

"Dur!" Jamie arkamızdan bağırınca Randall sabırsızlıkla ona döndü.

"Veda etmeme izin verecek misin?" Bu sorudan daha çok bir emirdi aslında. Randall ufak bir tereddüt yaşadıktan sonra başını sallayarak beni masaya doğru itti.

Jamie sağlam kolunu sıkıca omuzlarıma doladı ve ıslak yüzümü boynuna gömdü.

"Bunu... Bunu yapamazsın," diye fısıldadım. "Sana izin vermiyorum."

Kulağıma yapışmış dudakları sıcacıktı. "Claire, yarın sabah asılacağım. Bundan sonra bana olacaklar kimseyi ilgilendirmez." Geri çekilip ona baktım.

"Beni ilgilendirir!" Kurumuş dudakları gülüyormuş gibi kıvrıldı, sağlam elini kaldırıp yanağımdaki yaşları sildi.

"Bunu biliyorum, *mo duinne*. Bu yüzden şimdi buradan ayrılıyorsun. Ben de böylece beni hâlâ önemseyen biri olduğunu bileceğim." Beni kendine yapıştırıp dudaklarımdan öperken İskoçça mırıldandı. "Seni bırakacak çünkü senin çaresiz durumda olduğunu düşünüyor. Ben öyle olmadığını biliyorum." Beni bırakırken İngilizce devam etti. "Seni seviyorum. Artık git."

Randall beni kapıdan çıkarırken bir an durdu. "Hemen döneceğim." Sesi tam sevgilisinden ayrılmak istemeyen bir âşığınki gibi çıkmıştı, midem alt üst oldu.

Arkasındaki meşaleden dolayı Jamie'nin sadece silueti görünüyordu, başıyla çivili elini gösterdi. "Beni burada bulacağından eminim."

Kara Vale. Kara Jack. On sekizinci yüzyılda çapkınlar ve hainler için kullanılan ortak kelimeler. Aslında yakışıklı, tüylü şapkalarla yol kesen haydutlara verilen romantik isim. Gerçeği ise yanımda yürüyordu.

İnsanlar hiçbir zaman romantizmin altında neler yattığını düşünmez. Zamanla şekil değiştirmiş trajedi ve terör. Bunu anlatırken biraz süsleyip sanat yapmayı başarırsan al sana mükemmel bir romantizm! Kızların damarlarındaki kan akışı bir anda hızlanır ve iç geçirirler. Şu an benim damarlarımdaki kan da son hızla akıyordu, bu doğruydu ama Jamie'nin kırık elini ellerimin arasına alıp iç geçirmemiştim.

"Bu taraftan." Hücreden çıktığımızdan bu yana Randall'ın ağzından çıkan ilk sözcükler bunlar olmuştu. Duvarın arasındaki dar bir oyuğu gösterdi, burası meşalelerle aydınlatılmamıştı. Burası Jamie'ye söylediği çıkış yoluydu.

Kendimi konuşabilecek kadar toparlamıştım ve konuşmaya başladım. Bir adım geri çekilip yanan bir meşalenin önünde durdum, yüzümü hatırlamasını istiyordum.

"Bana cadı olup olmadığımı sordun," diye başladım, sesim oldukça düzgün çıkıyordu. "Sana bunun cevabını şimdi vereceğim. Ben bir cadıyım. Bir cadı olarak seni lanetliyorum. Sen evleneceksin ve karın senden bir çocuk doğuracak ama sen bu çocuğu görebilecek kadar uzun yaşamayı başaramayacaksın. Seni bilgimle lanetliyorum Jack Randall, sana ölüm tarihini ve saatini de söyleyeceğim."

Yüzü gölgede kalıyordu ama gözlerinde parlayan ışık bana inandığını anlamamı sağladı. Zaten inanmaması için bir sebep yoktu, ona gerçekleri söylüyordum. Frank'in aile ağacını ve oradaki tüm isimleri gayet net hatırlıyordum. "Jonathan Wolverton Randall," dedim usulca, bunu taşlardan okuyordum sanki. "3

Eylül 1705'te doğdu. Ölüm tarihi..." Hızla üzerime atlayıp beni sarstı ama sözlerimi bitirmeme engel olamadı. Dar oyuğun arkasında bulunan kapı gıcırdayarak açıldı. Ben yeniden başka bir karanlığa girmeyi beklerken gözlerim bembeyaz karları görünce bir anda kamaştı. Beni arkamdan hızla iten kuvvetin yüzünden boylu boyunca yere düştüm ve arkamdaki kapı kapandı.

Hapishanenin arkasında bulunan hendeklerden birinin içine yuvarlanmıştım. Hendekte öbek öbek bir şeyler vardı, bunlar büyük ihtimalle mahkûmların atıklarıydı. Sert bir şeye de çarpmıştım, bir kütük olabilirdi. Başımı kaldırıp önümde yükselen duvara bakınca, taşın üzerindeki çöp oluklarını gördüm, çok yüksekte bir yerde, bunların atılması için kullanılan sürgülü küçük kapakçığı da. Orası mutfak olmalıydı.

Yuvarlanıp ayağa kalkmaya çalıştığım sırada bir çift mavi gözle karşılaştım. Yüz de gözler kadar maviydi, demin kütük sandığım şey oydu. Öğürüp sendeleyerek ayağa kalkıp duvara doğru yürümeye çalıştım.

Başımı yere eğmiş derin nefesler almaya çalışırken kendi kendime söyleniyordum. Bayılmayacaksın, daha önce de bir sürü ölü gördün, hem de bir sürü, bayılmayacaksın. Tanrım, mavi gözleri vardı, tıpkı... Bayılmayacaksın lanet olasıca!

Sonunda nefesim yavaşladı ve nabzım normal atmaya başladı. Yaşadığım dehşet duygusu ve panik azalmaya başlayınca yeniden o donuk figüre bakmak istedim, ellerimi sürekli eteğime siliyordum. Ona yeniden bakma isteğimin sebebinin acımamı yoksa merak mı olduğunu tam olarak çözememiştim. Ölü bir adama bakmanın korkutucu bir şey olmadığını gördüm, zaten hiç de olmamıştı. Ne acılar çekerek ölmüş olduğu hiç fark etmiyordu, bu acıları çeken ve o dehşet anını yaşayan sadece ruhuydu, geriye hep soğuk bir beden kalıyordu.

Bu mavi gözlü yabancı asılarak ölmüştü. Bu hendekte tek kalan o değildi. Artık içinde ne olduğunu bildiğim için hendeği daha fazla kazmak istemedim, karın altındaki insan uzuvlarını ve yuvarlak şekilli başları algılayabiliyordum. Burada en azından bir düzine adam vardı, çözüldüklerinde gömülmeleri daha kolay olabilirdi ya da yandaki ormanda yaşayan dört bacaklı yaratıklar onları daha kolay yiyebilirdi.

Bu fikir beni hareketsiz durup düşünmekten vazgeçirdi. Burada donuk mavi gözlere bakarak harcayacak zamanım yoktu.

Murtagh ve Rupert'ı bulmalıydım. Arka tarafta bulunan gizli kapı işimize yarayabilirdi. Hapishanenin diğer kapıları gibi koruma altında değildi. Hemen yardım bulmalıydım, bunu hemen yapmalıydım.

Hendeğin kenarına doğru başımı kaldırdım. Güneş epey alçalmış, ağaçların üzerinde duran bir bulutun ardına gizlenmişti. Hava çok nemliydi, akşam yine kar yağacak gibi görünüyordu; doğudan gelmekte olan kalın bir sis vardı. Bir saat sonra ortalık kararacaktı.

Hendekte ilerlemeye başladım, mecbur kalmadan o dik kayalığı tırmanmak istemiyordum. Bir süre sonra hendeğin kıvrıldığını gördüm, eğim de vardı, sanki ucu bir ırmağa açılıyordu, büyük ihtimalle zamanı geldiğinde eriyen kar suları burada bulunan cesetleri o ırmağa taşıyacaktı. Arkamda bir ses duyduğum sırada bu dönemece girmek üzereydim. Hızla sese döndüm. Bu ses yukarıdan düşen bir taştan gelmişti, bu taş gri renkli bir kurt tarafından yerinden oynatılmıştı.

Bir kurt için karın altındaki donuk bedenlerden çok daha cazip bir malzemeydim. Ama hareket halinde olduğum için beni yakalaması zordu ve ona karşı koyabilirdim. Ama ona göre son derece hantal ve yavaştım ve o donuk şeyleri yerken kırılacak olan dişleri bana çok kolay geçerdi. Bu donmuş şeylerin yanı sıra buradan gelen taze kan kokusunu da alabiliyordum. Bir an kendimin de kurt olduğumdan şüphelenmeye başladım. Ben ne yapacağıma karar verdiğim anda o da kararını vermiş gibi görünüyordu.

Pembroke Hastanesi'nde Charlie Marshall adında bir delikanlı vardı. Çok hoş bir arkadaştı ve en sevdiği konu özel hayvanları anlatmaktı. Buradaki ana başlığı da köpeklerdi. O K-9'da görev yapan bir çavuştu. Aries yakınlarında bir köyde iki köpeğiyle birlikte bir mayına basmıştı. Köpekleri için çok üzülüyordu, vardiyam sırasında yanıma oturup bana onları anlatırdı.

Bir köpek saldırısı karşısında yapmam ve yapmamam gereken şeyleri anlatmıştı. Bu kayalıkların üzerinde duran yaratığı köpek olarak kabul etmem ne kadar doğruydu onu bilmiyordum ama en azından ortak birkaç yönleri vardır diye düşünüyordum.

"Yaramaz köpek," dedim onun sarı gözlerinin içine bakarak. Hapishanenin duvarına doğru çaktırmadan çekilirken, "Aslında sen son derece korkunç bir yaratıksın," dedim. (Charlie onunla kendimden emin bir tavırla ve yüksek sesle konuşmam gerektiğini söylemişti.) "Büyük ihtimalle şu ana kadar gördüklerimin içinde en vahşi olanı sensin." Aynı tonlamayla konuşmaya devam ediyordum. Konuşmaya devam ederken arkamdaki duvara ulaşmıştım, şimdi yaklaşık on metre ilerde bulunan köşeye varmaya çalışıyordum.

Pelerinimin boğazımı sıkmaya başlayan bağlarını çözdüm, bu arada kurda onun hakkında neler düşündüğümü yüksek sesle anlatmaya devam ediyordum, ona ataları ve şu anki ailesi hakkındaki fikirlerimi bildiriyordum. Hayvan anlattıklarımdan hoşlanmış gibi görünüyordu, dili sırıtır gibi görünen ağzından dışarı sarkmıştı. Acelesi yoktu, bana yaklaşırken ayağının aksadığını gördüm, zayıf ve perişan bir görüntüsü vardı. Büyük ihtimalle avlanırken sakatlanmıştı ve sakatlığı yüzünden hapishanenin çöplüğüne gelmişti. Sakat ve zayıf olması benim için bir avantajdı.

Pelerinimin cebinden deri eldivenlerimi bulup ellerime geçirdim. Sonra pelerinimin kuyruğunu sağ koluma birkaç kez doladım, kadifenin kalın olması çok işime yarayacaktı. "Boğazına atlamaya çalışacaktır," demişti Charlie. "Eğiticisi ona aksini söyleyene kadar içgüdüsel olarak bunu yaparlar. Gözlerinin içine doğru bakmalı ve onun bu atlayışı ne zaman yapacağını tahmin etmeye çalışmalısın. O an, senin kullanacağın andır."

O sarı gözlerde pek çok şey görüyordum; açlık, merak, ne olduğunu anlamaya çalışmak... Henüz atlamaya niyeti yoktu.

"Seni iğrenç yaratık, boğazıma atlamayı başaramayacaksın!" Pelerinimi koluma dolayıp bir kısmını da sarkar durumda bırakmıştım, bu doladığım bölümün hayvanın keskin dişlerine yetmesini umuyordum.

Hayvan zayıftı ama bir deri bir kemik değildi. Kırk ya da kırk beş kilo olduğunu tahmin ettim. Benden hafifti ama yeterince hafif değildi. Bulunduğu yer de avantajlıydı, kaygan zeminde dengeyi dört bacakla sağlayabilmek iki bacaktan daha kolaydı. Sırtımı duvara dayamış olmamın işe yaramasını umut ettim.

Sırtımı dayadığım yer birdenbire boşalınca köşeye varmış olduğumu anladım. Kurt yirmi adım kadar uzağımda duruyordu. Zamanı gelmişti. Ayaklarımı iyice kara gömerek sağlam durmaya çalıştım.

Onun ayaklarının yerden kesildiği anı görememiştim. Gözlerimi gözlerinden hiç ayırmamıştım ama atlayacağına dair hiçbir belirti görememiştim. Bu bir düşünce değildi, içgüdüydü, o üzerime doğru atlarken kolumu havaya kaldırdım.

Dişleri kolumu çürütecek bir baskıyla kumaşa saplandı. Düşündüğümden daha ağırdı, buna hazırlıklı değildim ve kolum aşağı çöktü. Onu duvara doğru fırlatmayı planlamıştım, belki bu çarpma onu bir süre de olsa kendinden geçirirdi. Tam tersine ben duvara doğru savruldum, kurtla duvar arasında sıkışmıştım. Pelerini kalçama dolamaya çalıştım. Pençeleri elbisemi geçip bacaklarıma ulaşmayı başarmıştı. Dizimle göğsüne acımasız bir tekme savurunca bir köpek gibi zayıf bir ses çıkardı. Kısa bir süre sonra onun yerine ben garip hırıltılar çıkarmaya başlamıştım.

Artık korkmuyordum, bu garip bir histi. Beni didikleyen kurda bakınca dehşete kapılıyordum ama korkmuyordum. Bu hayvanı öldürmeyi başarmalıydım, aksi takdirde o beni öldürecekti. Çaresi yoktu, öldüren ben olmalıydım.

İnsanın fiziksel gücünün tükendiği anda bile bedeli ne olursa olsun savaşı bitene kadar dayandığı ve kendini güçlü hissettiği anlar vardı. Bu güce kadınlar doğum yaparken erkekler de savaş alanında ulaşıyorlardı.

Bu nokta geçildiği anda korku ya da acı kalmıyordu. Yaşam çok basit bir hal alıyordu, sadece yapmaya çalıştığın şeye odaklanıyordun, ya da bunu yapmaya çalışırken ölüyordun ve bu o an için sana bir şey ifade etmiyordu.

Koğuşlarımda bu kavgaya pek çok kez şahit olmuştum ama daha önce hiç yaşamamıştım. Bütün dikkatim ön kolumu kavramış olan çenede ve vücudumu parçalamaya başlayan pençelerdeydi.

Canavarın başını duvara çarpmayı başardım ama bu yeterince güçlü bir darbe olmamıştı. Yorulmaya başlamıştım, kurt sakat olmasaydı hiç şansım olmazdı. Gerçi zaten fazla şansım yoktu ama olanı kullanacaktım. Hayvanın üzerine atlayıp onu yere yapıştırdım ve onun leş kokulu nefesini hissederek yumruklamaya başladım. Hemen kendine geldi ve altımda kıvranmaya başladı, bu kıvranma anında kolumu ondan kurtarıp ağzını elimle kavradım.

Parmaklarımla ağzının içinden alt çenesini yakaladım, elim delici dişlerinin üzerindeydi. Salyaları kolumdan aşağı akmaya başlamıştı. Üzerinde yatıyordum, duvarın köşesi yaklaşık elli santim ötemdeydi, altımda kıvranıp duran bu tüylü şeyi bırakmadan oraya ulaşmalıydım.

Tüm gücümle ayaklarımla kendimi iterek santim santim ilerlemeye başladım, bu arada dişlerini boynumdan uzak tutmaya çalışıyordum. Bu muhtemelen birkaç dakikamı almıştı ama bana hayatımda en uzun sürede aldığım yol gibi gelmişti, bir yandan bacaklarımı parçalamaya çalışan bir kurtla debelenip bir yandan ilerlemeye çalışıyordum, pençelerini karnıma gömmeye uğraşıyordu.

Sonunda köşeye ulaştım. Taş kütle tam yüzümün önündeydi. Bundan sonrası daha zordu. Kurdu çevirip iki elimle birden çenesinin altından yapışmam gerekiyordu, tek elimle o kadar güçlü bastıramazdım.

Hızla üzerinden yuvarlanarak kenara kaydım, o vücudumla duvarın arasındaki ufak boşlukta kaldı. O ayağa kalkamadan tüm gücümle dizimi kaldırıp üzerine indirdim, kurt inleyerek duvara yapıştı.

Çenesini iki elimle kavramayı başarmıştım, bir elimin parmakları hâlâ ağzının içindeydi. Onun parmaklarımı ezdiğini hissediyordum ama hiç önemli değildi, onun kafasını geriye bükmeye çalışarak duvarın köşesine dayayıp itmeye başladım, ittim, ittim. Kollarım kırılacak gibi acımaya başlamıştı ama başka şansım yoktu.

Sesi çıkmıyordu ama boynu geriye büküldükçe vücudunun titremeye başladığını hissettim. Bacakları ve mesanesi bir anda gevşedi. Kollarımın altında bana karşı koymakta olan kuvvet yok olmuştu, kollarımı gevşettim ve üzerine devrildim, kendimi en az onun kadar halsiz hissediyordum. Ölmek üzere olan hayvanın son nefeslerini yanağımda hissediyordum, artık sadece ölümle savaşıyordu. Kürkünden iğrenç bir amonyak kokusu geliyordu. Ondan uzaklaşmak istedim ama bunu başaramadım.

Ondan çıkan garip seslere rağmen yanağımı bu cesede yaslayıp uyumak istedim. Gözlerimi açıp hapishanenin yeşil duvarlarına baktım, beni sadece bu duvarların arkasında duran kişiyi düşünmek ayağa kaldırabilirdi.

Hendekten aşağı tökezleyerek ilerlemeye başladım. Pelerinim bir omzumdan aşağı kaymış, arkamda sürükleniyordu. Karın içindeki taşlara takılıyordum, sağdan soldan uzanan ağaç dalları bacaklarımı sıyırıyordu. Bilinçaltımda kurtların tek başlarına dolaşmadıklarını hatırlamış olmalıydım, yukarıdan ve arkamdan gelen ulumaları duyunca hiç şaşırmadım. Hissettiğim tek şey amansız bir öfkeydi, bu beni geciktirmek için yapılmış bir komploydu.

Yorgunlukla arkama dönüp sesin nereden geldiğine baktım, hapishaneden uzaklaşmıştım, açık hedeftim, sığınabileceğim bir duvar ya da elimden başka kullanabileceğim bir silah yoktu. İlk kurtta şans bana yardım etmişti ama çıplak elle daha kaç kurt öldürebilirdim ve daha kaç tane vardı? Yazın ay ışığının altında seyrettiğim sürüde on kurt vardı. Onların önlerinde duran kemikleri sıyırırken dişlerinden gelen çıtırtıları hâlâ kafamın içinde bir yerlerde duyabiliyordum. Savaşmaktan yorulmuş muydum, karların üzerine yatıp her şeyden vazgeçecek miydim? Bu çok çekici bir fikirdi, böylelikle tüm sıkıntılar sona erebilirdi.

Jamie beni o hapishaneden dışarı çıkarabilmek için kendi yaşamından vazgeçmişti. Ona borçluydum, en azından bu borcu ödemeyi denemeliydim.

Arkamı dönüp hendekte ilerlemeye devam ettim. Etraf kararmaya başlamıştı, birazdan hiçbir şey görünmeyecekti. Bunun bana pek yardım edeceğini düşünmüyordum. Kurtlar büyük ihtimalle geceleri benden çok daha iyi görüyorlardı.

Avcıların ilki hendeğin kenarında göründü, tıpkı öncekine benziyordu. Orada hareket etmeden duruyordu. O an hendeğin içinde iki tane daha olduğunu fark ettim, neredeyse aynı adımları atarak yavaşça bana doğru geliyorlardı. Renkleri de alacakaranlıktaki kirli karla aynıydı - kirli gri - ve neredeyse görünmezlerdi. Ama hareket ediyorlardı.

Durdum. Kaçmanın bir anlamı olmayacaktı. Eğilip yerdeki ölü dallardan birini elime aldım. Kabuğu ıslaktı ve kararmıştı, eldivenlerime rağmen bunu hissedebiliyordum. Dalı başımın üzerinde çevirerek bağırmaya başladım. Hayvanlar üzerime gelmeyi bırakarak durdular, geri çekilmeye hiç niyetim yoktu. Yakınımdaki kurt kulaklarını havaya dikti.

"Hoşuna gitmedi mi?" diye çığlık attım. "Bu çok kötü! Geri çekil seni kahrolası iğrenç yaratık!" Yere yarı gömülü duran bir taşı alıp kafasına fırlattım. Hayvan yana kaçtığı için kaçırmıştım. Cesaretim yerine gelmişti, hızla elime geçen her şeyi fırlatmaya başladım, taşlar, dallar, sopalar, karlar havada uçuşuyordu. Atabildiğim kadar yüksek çığlıklar attım, ben de onlar gibi ulumaya başlamıştım.

Fırlattıklarımdan biri hedefe isabet etmişti sanki. Yakınımdaki kurt sendeleyerek düştü ve hareketsiz kaldı. O anda dibimden geçen ve ikinci kurdun göğsüne saplanan oku gördüm. Hayvan bulunduğu yere yığıldı. İlki hâlâ karın içinde debeleniyordu.

Bir süre durup aptal aptal etrafıma bakındım, sonra gözlerimi hendeğin ucuna doğru çevirdim. Üçüncü kurt kaçmayı tercih etmişti, ağaçların arasında gözden kaybolmuştu.

Bir elin dirseğimi tuttuğunu hissettiğim sırada hâlâ ağaçların arasına bakıyordum. Hızla döndüğümde hiç tanımadığım bir yüzle karşılaştım. Dar çeneli, ince sakallı bir yabancıydı ama ekoseleri ve kaması onun bir İskoç olduğunu belli ediyordu.

Kollarına düşerken sadece, "Yardım edin," diyebildim.

36

MacRannoch

Kulübe karanlıktı ve bir köşede kocaman bir ayı duruyordu. Panik içinde yanımdaki adamın arkasına saklandım, daha fazla canavarla savaşmak istemiyordum. Adam beni kulübenin içine itti. Ateşe doğru sendeleyerek ilerlerken, bu iri yaratık bana döndü ve o anda onu ayı postuna sarınmış iri bir adam olduğunu anlayabildim.

Ayı postundan yapılmış bir pelerin demek daha da doğru olacaktı, iki ucu elimin büyüklüğünde gümüş bir broşla boyundan tutturulmuştu. Üzerine karşılıklı zıplayan iki geyik figürü kazınmıştı, başları üst eğimi oluşturuyordu. Kilit yeri kısaydı ve kaçan bir geyiğin kuyruğuna benziyordu.

Broşu detaylı olarak görebilmiştim çünkü burnumun dibinde duruyordu. Başımı biraz daha kaldırınca yine de yanılmış olduğumu ve onun gerçekten bir ayı olduğunu düşünmeye başladım.

Ayılar broş takmazdı, gözleri de böğürtlene benzemezdi; bunlar yuvarlak, koyu mavi parlayan gözlerdi. Bu gözler geniş yanaklarına gömülmüş gibiydi, siyah saçlarının arasında gümüş renkler de vardı. Aynı renkler pelerinin omuzlarında da vardı, kürkün eski kullanıcısıyla yeni kullanıcısı birbirine çok benziyordu.

Küçük, kurnaz gözler üzerimde dolaşıyordu, giysilerimi ve biri altın biri gümüş olan alyanslarımı süzdü. Ayı bir kişilik kazanmaya başlamıştı. "Bir takım zorluklarla karşılaşmış gibisiniz hanımefendi," dedi resmi bir tavırla, başının üzerindeki karlar eriyordu ama hâlâ büyük bir kafası vardı. "Size bir yardımımız olabilir mi?"

Bir an ne cevap vereceğimi bilemedim. Bu adamların yardımına çok ihtiyacım vardı ama ağzımı açtığım anda İngiliz olduğum ortaya çıkacaktı. Beni buraya getiren okçu benden hızlı davrandı.

"Onu Wentworth yakınlarında buldum. Kurtlarla savaşıyordu. O bir İngiliz." Bunu eklerken sesindeki tonlama böğürtlen gözlü adamın gözlerinin derinliklerinde sevimsiz bir bakış oluşmasına sebep oldu. Olduğum yerde iyice doğrulup başhemşire pozisyonumu bulmaya çalıştım.

"Doğuştan İngiliz, evlendikten sonra İskoç," dedim güvenli bir sesle. "Adım Claire Fraser, kocam Wentworth'de mahkûm."

"Anladım," dedi ayı yavaşça. "Benim adım MacRannoch ve şu anda benim arazimdesin. Elbisenden temiz bir aile kadını olduğun anlaşılıyor, bu kış gecesinde Eldridge Ormanı'nda tek başına ne yapıyorsun?"

Açık bir kapı yakalamıştım. Ona iyi niyetli olduğumu bildirme ve Murtagh'la Rupert'a ulaşma şansım vardı.

"Wentworth'e eşimin klanından olan birkaç adamla birlikte geldim. İngiliz olduğum için Wentworth'un kapılarından rahatça içeri alınacağımı ve belki de onu kaçırmanın bir yolunu bulabileceğimizi düşündük. Ama ben hapishaneyi başka bir kapıdan terk etmek zorunda kaldım. Arkadaşlarımı ararken kurtlar saldırdı ve bu beyefendi beni onlardan kurtardı." Yanımda taş gibi sessiz duran iriyarı okçuya gülümsemeye çalışmıştım.

"Dişleri olan bir şeyle karşılaşmış olduğun kesin," dedi MacRannoch, eteğimdeki yırtıklara bakarak. Şüphe yerini geçici olarak misafirperverliğe bıraktı.

"İyi misin? Sadece birkaç sıyrık mı? Titremenden üşümüş olduğunu anlayabiliyorum. Gel ateşin yanına otur. Sen bana arkadaşların hakkında daha fazla bilgi verirken Hector da sana yiyecek bir şeyler getirsin." Ayağıyla üç bacaklı taburеyi ateşin önüne çekti ve kocaman elleriyle omuzlarıma bastırarak beni oraya oturttu.

Yanmakta olan kömürlerden çok ışık çıkmıyordu ama çok iyi ısıtıyordu. Donmuş ellerime sıcaklık yayılmaya başlayıp kanım doğru düzgün dolaşımını yerine getirmeye başlayınca istemeden hafifçe titredim. Bunda Hector'un deri matarasından aldığım birkaç yudumun etkisi de vardı.

İçinde bulunduğum durumu elimden geldiğince iyi bir şekilde anlattığımı sanıyordum ama bu yeterli olmamıştı. Hapishaneden çıkışım ve çıplak ellerimle öldürmüş olduğum kurt hikâyesine pek inanmamışlardı.

"Wentworth'a girmeyi başardın ama sanırım Sör Fletcher senin koridorlarda gezinmene izin vermedi. Sonra Komutan Randall'la zindanda karşılaştın ve o seni gizli bir kapıdan dışarı mı çıkardı?"

"Beni bırakmak için geçerli sebepleri vardı."

"Neymiş onlar?" Böğürtlen gözlerdeki bakışlar acımasızdı.

Vazgeçip her şeyi açık açık anlatmaya karar verdim. Daha fazla sözü dolandıracak halim kalmamıştı.

MacRannoch bu kez inanmış görünüyordu ama hâlâ yardım etmeye yanaşmıyordu.

"Endişeni anlıyorum ama durumu sandığın kadar kötü olmayabilir."

"Kötü olmayabilir mi?" Ayağımı öfkeyle yere vurdum.

Başını salladı. "Anlatmaya çalıştığım şey şu, eğer bu adam onu bu kadar çok istiyorsa, ona fazla zarar vermeyecektir. Beni affederseniz size bugüne kadar bu yüzden ölen birini görmediğimi söylemek isterim." Ellerini çorba kâsesinin kenarından çekti.

"Size bundan hoşlanacağını söylemiyorum. Ama onu bu tecavüzden kurtarmak için Sör Fletcher'la kapışmaya değmeyeceğini düşünüyorum. Burada çok tehlikeli bir konumdayım, hem de çok tehlikeli." Yanaklarını şişirerek kaşlarını kaldırdı.

Bir kez daha gerçek bir cadı olmadığım için büyük bir pişmanlık duymuştum. Olsaydım onu şu anda yerde sürünen bir kurbağaya çevirirdim.

Yutkundum ve ona meseleyi yeniden anlatmaya çalıştım.

"Ben onu tecavüzden kurtarmaya çalışmıyorum, ben onun boynuyla ilgileniyorum. İngilizler onu yarın sabah asacak."

MacRannoch kafese tıkılmış bir ayı gibi ileri geri yürürken kıvranarak bir şeyler mırıldanıyordu. Sonunda önümde durarak burnunu benimkinin dibine uzattı. Hafifçe geri çekildim, yoksa o kadar bitkin değil miydim? Görünen o ki değildim.

"Sana yardım edeceğimi söylersem bunun nasıl bir faydası olacak?" diye kükredi. Dönüp odayı adımlamaya devam etti, iki adımda duvara ulaş, hızla kürkü çevir, iki adımda diğer duvar... Yürürken konuşmaya devam ediyordu, kelimeler adımlarını durdurmasına sebep oluyor, hemen ardından yeni bir adım daha atıyordu.

"Sör Fletcher'a gitsem ona ne söyleyeceğim? Ekibindeki komutanlardan biri boş vakitlerinde mahkûmlara işkence ediyor mu diyeceğim? Bunu nerden bildiğimi sorunca da adamlarımdan birinin gece vakti ormanda bulduğu Saksonyalı bir kadının bunu bana söylediğini ve bu kadının kocasının ölüme mahkûm edilmiş bir haydut ve katil olduğunu mu anlatacağım?"

MacRannoch durup pençesini masaya vurdu. "Ola ki beni oraya götürdün. Bu arada oraya nasıl girebileceğimizi bilmiyoruz, ola ki içeri girdik..."

Onun sözünü kestim. "İçeri girebilirsiniz, yolu gösterebilirim."

"Hımm. Hadi bunu yaptık. Adamlarımın koridorlarında dolandığını gören Sör Fletcher ne yapacak? Ertesi sabah Komutan Randall'ı toplarıyla birlikte Eldridge'e gönderecek, olacak olan bu!" Yeniden başını salladı, başının etrafında siyah sinekçikler uçuştu.

"Hayır, yavrum. Bir çıkar yol göremi..."

Konuşması başka bir okçunun kulübenin kapısını açıp içeri bıçağının ucuyla dürtüklemekte olduğu Murtagh'ı sokmasıyla yarıda kesildi. MacRannoch durup şaşkınlıkla kapıya baktı.

"Bu da ne? Mayıs şenliklerinde miyiz, herkes buraya toplanıyor, ben ölümcül kış aylarında olduğumuzu düşünüyordum."

"O benim eşimin klanındakilerden biri, size söylemiştim."

Murtagh bu sıcak tanıştırılma sözcüklerinden hiç etkilenmemişti, gözlerini bu saçı sakalı birbirine karışmış adama dikmiş, bir şeyler hatırlamaya çalışıyor gibiydi.

"MacRannoch, değil mi?" dedi, adamı suçlar gibiydi. "Uzun bir zaman önce Leoch Kalesi'nde yapılan büyük toplantıdaydın."

MacRannoch irkilmişti. "Oldukça uzun bir zaman önce! Hatta otuz yıl önce olduğunu söyleyebilirim. Bunu nereden biliyorsun?"

Murtagh keyifle başını salladı. "Ben de oradaydım, hatta büyük ihtimalle aynı sebeple orada bulunuyorduk."

MacRannoch dikkatle Murtagh'ı inceliyor ve onun otuz yıl önceki halini hatırlamaya çalışıyordu.

"Tamam, buldum. Adını değil ama seni hatırlıyorum. Sen büyük av sırasında tek elinle ve kamanla o yaban domuzunu öldürmüştün. Çok yakışıklı bir hayvandı ve MacKenzie onun çift sarılan boynuzlarını sana hediye etmişti. Çok iyi bir iş çıkarmıştın." Murtagh'ın yanaklarında belli belirsiz bir zafer sevinci oluştu.

Bir anda Lallybroch'taki bilezikleri hatırlayıverdim. Jenny onları annesine gizli bir hayranının verdiğini söylemişti. İnanmaz gözlerle Murtagh'a baktım. Otuz yıl önce onun tutkulu bir âşık olduğuna inanamıyordum.

Ellen MacKenzie'yi düşününce aklıma bir anda inciler geldi, onlar hâlâ cebimdeydi. Onu yakalayıp cebimden çıkarıp ateşin ışığına tuttum.

"Size ödeme yapabilirim," dedim. "Adamlarınızın kendilerini boşu boşuna tehlikeye atmalarını istemem."

Düşündüğümden çok daha hızlı davranıp incileri elimden kaptı. Gözlerini şaşkınlıkla onlara dikmişti.

"Bunları nereden buldun kadın? Senin adın Fraser değil miydi?

"Evet." Çok yorgundum ama yine de başımı havaya dikmeyi başardım. "Ve bu inciler benim. Kocam onları bana evlendiğimiz gün verdi."

"O zaman, o?" Sesi bir anda kısıldı. Elindeki incilerle Murtagh'a döndü.

"Ellen'ın oğlu... Bu kızın kocası Ellen'ın oğlu mu?"

"Evet," dedi Murtagh her zamanki ruhsuzluğuyla. "Oğlanı görsen hemen tanırdın, annesinin burnundan düşmüş gibi."

İncileri tuttuğu avcunu açtı ve onları okşadı.

"Bunları Ellen Mackenzie'ye ben vermiştim. Evlilik hediyesi olarak... Bunları karım olarak takmasını çok isterdim ama o başkasını seçmişti. Bunları onun boynundan başka bir yerde hayal edemiyordum. Ben de ona hediye ettim ve beni hatırladığı zamanlarda takmasını istedim." Hafifçe burnunu çekti ve incileri bana geri verdi.

"Demek onlar artık senin. Onları sağlıklı ve güzel günlerde tak yavrum."

"Bunun için elimden geleni yapıyorum," dedim sesimdeki sabırsızlığı kontrol altına almayı çalışıyordum, bu duygusal sahnelerle harcayacak vaktim yoktu. "Kocamı geri almam için bana yardım ederseniz, bunu başaracağım."

Adamın küçük pembe dudakları bir anda kasıldı.

"Ah," dedi sakalını çekiştirerek. "Anlıyorum ama sana daha önce de söylediğim gibi, bunu nasıl yapacağımızı bilemiyorum. Evde beni bekleyen bir karım ve üç çocuğum var. Ellen'ın oğluna biraz yardım etmek istiyorum ama sen çok büyük bir yardım istiyorsun."

Bacaklarım beni taşımayı bıraktı ve yere çöktüm, omuzlarım sarsılıyordu ve başım önüme düşmüştü. Umutsuzluk beni içine çekmeyi başarmıştı. Gözlerimi kapayıp o hiçbir şeyin olmadığı, karanlık noktaya ilerlemeye başladım, çok uzaklardan Murtagh'ın tartışan sesini duyuyordum.

Ayıldığımda bir sürü sığır çığlığı duydum. MacRannoch kulübenin bir ucunda dönüp duruyordu. Sığırları susturmaları için adamlarına bağırmak üzere kapıyı açınca içerisi buz gibi oldu. O kapıyı aynı hızla kapatırken ne yapacağımızı sormak üzere Murtagh'a döndüm.

Yüzündeki ifadeyi görünce kelimeleri hemen yuttum. Onun hislerini yüzüne yansıttığına birkaç kez tanık olmuştum, bunlar genellikle acı dolu bakışlardı, oysa şu an yüzü bastıramadığı bir mutlulukla doluydu.

Kolunu yakaladım. "Ne oluyor? Hemen anlat!"

MacRannoch önüne genç bir delikanlıyı alıp tekrar kulübeye girmeden önce, "İnekler! Onlar MacRannoch'un!" demeyi başardı.

Genç adamı duvara doğru itti. MacRannoch burun buruna

sorgulama tekniğini seviyordu, bunu benim üzerimde de denemişti. Adam benden daha az yorgun ve daha hazırlıklı olmalıydı, korkuyla ondan uzaklaşıp duvara yapışmıştı.

MacRannoch konuşmaya mümkün olduğunca tatlı bir sesle başladı. "Bak Absalom, seni üç saat önce kırk hayvandan oluşan sürüyü toplamaya gönderdim. Sana onları bulmanın önemli olduğunu anlatmıştım, çünkü lanet olasıca kar fırtınası çok yakında." Sesi yavaş yavaş yükseliyordu. "Dışarıda sığır seslerini duyduğumda içimden ne dediğimi biliyor musun? Marcus, bak Absalom gidip bütün sürüyü getirdi, ne kadar başarılı bir delikanlı, artık evimize dönüp ateşin önünde huzur içinde oturabileceğiz, dedim. Sığırlarda ağıllarında yatacaklardı."

Kocaman ellerinden biri Absalom'un ceketinin yakasına yapışmıştı. Parmaklarının arasındaki kumaş buruşmaya başlamıştı.

"Seni kutlamak üzere dışarı çıktığımda hayvanları saydım ve ne gördüm? Kaç tane saydığımı söyler misin bana Absalom?" Sesi artık bir kükremeye dönüşmüştü. Etkileyici bir sesi yoktu ama ciğerlerindeki güç üç kişiye bedeldi.

"On beş!" diye bağırırken Absalom'u havaya kaldırdı. "Kırk yerine on beş sığır! Diğerleri nerede? Karlarda donmaya mahkûm bekliyorlar!"

Bu konuşmalar olurken Murtagh köşede gölgeye saklanmış sessizce bekliyordu. Bu sözler üzerine gözlerinde beliren eğlenceli parıltıyı kaçırmadım. Bir anda bana ne söylemek istediğini çözmüştüm, Rupert'ın nerede olduğunu da. Tam olarak nerede olduğunu bilmesem bile neyle meşgul olduğunu gayet iyi biliyordum. Yeniden ümitlenmeye başladım.

Çok karanlıktı. Hapishanenin ışıkları karın ardından uzakta duran bir gemininkiler gibi ışıldıyordu. Yanımda iki adamla birlikte ağaçların altında beklerken aklımdan bininci kez bir şeylerin ters gidebileceğini geçirip duruyordum.

MacRannoch pazarlığın üzerine düşen kısmını gerçekten yerine getirecek miydi? Safkan sığırlarını yeniden görmek istiyorsa bunu yapmak zorundaydı. Sör Fletcher onun sözlerine inanıp zindanların aranmasını sağlayacak mıydı? Büyük ihtimalle, Baron pek de hafife alınacak bir adam değildi.

Sığırların Rupert ve tecrübeli adamları tarafından birer birer hendeğe indirildiklerini görebiliyordum. Onları arka kapının bulunduğu yere doğru sürüyorlardı. Sığırlar bu kapıyı açmayı başarabilecekler miydi? Başarsalar bile içeri girince dar ve meşalelerin yandığı koridorda kendilerini nasıl hissedeceklerdi? Belki de bu sistem çalışırdı. Taş duvarlı koridorları ağıllarına benzetebilirlerdi. Orada insan kokusu da vardı. Hepsini içeri sokmayı başarırlarsa plan kesinlikle başarıya ulaşırdı. Randall bu garip baskına karşı yardım çağıramayacaktı, çağırdığı anda kendi oyununun ortaya çıkmasından korkacaktı.

Hayvanları içeri yerleştirenler onları bıraktıktan sonra hızla yola çıkıp dörtnala MacKenzie arazilerine ilerleyeceklerdi. Randall tek başına bir tehdit unsuru değildi ama hapishane gürültüden dolayı ayaklanırsa tehlikeli sonuçlar ortaya çıkabilirdi. Dougal yeğenini bile hapisten kurtarmaya yanaşmamıştı, diğerleri için kılını bile kıpırdatmazdı ve bu adamlar yok yere tutuklanmış olurdu. Bunun sorumlusu olmak istemiyordum. Rupert ise bu riske girmeyi çok istiyordu. Parmağımı ısırarak kendimi rahatlatmaya uğraşıyordum, zindanları yukarıdaki granit hapishane bölümünden ayıran doku, seslerin azalmasını sağlayacaktı.

Her şey yolunda gitse bile geç kalmış olma ihtimalimiz vardı ve bu beni çok korkutuyordu. Randall cellâdı beklememe kararı vermiş olabilirdi. Esir kamplarında bulunan askerlerden dinlemiş olduğum pek çok hikâye vardı, buralarda bir mahkûmun kazaya kurban gitmesi çok kolaydı, sorgulamalar başlamadan önce ceset çoktan yok edilmiş olurdu. Sorgulama yapılıp Randall suçlu bulunsa bile bu Jamie'ye ya da bana bir yarar sağlamazdı.

O odadaki masanın üzerinde bulunan ev aletlerinin ne gibi işlerde kullanılabileceğini düşünmemeye çalışıyordum ama onun masanın üzerine çakılı eli ve kırık kemikleri bir türlü gözümün önünden gitmiyordu. Ellerimi eyere sürterek kendimi rahatlatmaya ve bu görüntüleri beynimden silmeye uğraştım.

Ellerimin yandığını hissedip eldivenlerimi çıkardım ve kurdun dişlerinin bıraktığı yara izlerine baktım, çok kötü değillerdi, birkaç sıyrık ve bir delikten ibaretti. Deliğin olduğu yeri yaladım. İçimden hep elimden gelen her şeyi yaptığımı ve daha iyisini yapamayacağımı geçirip duruyordum. Yapabileceğim tek şeyi yapmıştım ama bu beklemeyi kolaylaştırmıyordu.

Sonunda hapishane tarafından gelen boğuk bir çığlık duydum. MacRannoch'un adamlarından biri atımın dizginlerinden tutup ağaçların altındaki sığınağa doğru ilerlemeye başladı. Yerde ince bir tabaka kar vardı ve yoğun ağaçlıklı bölgede yağan kar hemen gözden kayboluyordu. Burada dallar engellediği için yağış daha azdı ama görüş yine de yeteri kadar açık değildi. Atım yerden bir anda beliriveren kütüklerin arasından huzursuzlukla ilerliyordu.

Yerdeki karın sessiz hale getirdiği nal seslerini duyduğumuzda at da yanımıza varmıştı. MacRannoch'un iki adamı silahlarını çekip atlarını ağaçlara iyice yanaştırdılar, ben sığırın aptal böğürtüsünü duyup atımı korunun dışına doğru sürmeye başlamıştım.

Ayı postu pelerini ve benekli atıyla Sör Marcus MacRannoch'u diğerlerinden ayırt etmek çok kolaydı. Atının nalları karı etrafa saçıyordu. Arkasında adamları vardı ve hepsi iyi görünüyordu. Adamları şaşkın hayvan sürüsünü MacRannoch'un bakımlı ağılına doğru sürmeye devam ettiler.

MacRannoch yanıma gelince dizginlerini çekerek atını durdurdu, kahkahalar atıyordu. "Size çok teşekkür ederim Bayan Fraser," diye bağırdı yağan karın arasından, "Hayatımın en eğlenceli gecelerinden biriydi." Daha önceki tedirgin halinden eser yoktu ve beni büyük bir samimiyetle selamlamıştı. Kaşları ve bıyıkları karla kaplanınca Noel Baba'ya benzemişti. Atımın dizginlerini tutup beni koruluğun daha sakin bir yerine götürdü. Yanımda duran iki adamına eliyle sürüye yardıma gitmelerini işaret etti. Atından inip beni de kucaklayarak indirdi, hâlâ gülüyordu.

"Bunu görmen gerekiyordu!" diye kıkırdamaya devam etti, kollarını karnının etrafına dolamış sarsılıyordu. "Sör Fletcher yemeğinin ortasında çalınan mallarımın onun binalarında gizlendiğini bağırarak odaya girdiğimi gördüğü anda kıpkırmızı oldu. Birlikte merdivenlerden aşağı inmeye başlayınca sığırların böğürtüsü ortalığı sardı. Sanırım o an altına işedi. O..." Kollarını sallayarak durdu.

"Boş verin şimdi Sör Fletcher'ın ne yaptığını. Kocamı bulabildiniz mi?"

MacRannoch gözlerini silerek ciddileşmeye çalıştı. "Evet, onu bulduk."

"İyi mi?" Sakin konuşuyordum ama aslında çığlık atmak istiyordum.

MacRannoch başıyla arkamdaki ağaçları gösterdi, dönüp dalların arasından dikkatle ilerleyen atlıyı gördüm, önünde üzeri örtülü kocaman bir şey duruyordu. İleri doğru atıldığımda MacRannoch beni takip ederek anlatmaya başladı.

"Ölü değil, en azından onu bulduğumuzda değildi. Ama zavallı delikanlı çok hırpalanmıştı." Jamie'nin başındaki kumaşı hızla açıp onu muayene etmeye başladım, at soğuktan ve çok yüklü olmaktan dolayı huysuzlanıyordu. Bereleri biraz daha artmıştı, saçlarının arasında pıhtılaşmış kanlar vardı, bu şartlarda daha fazlasını göremiyordum. Elimi donmuş boynuna götürüp nabzını hissetmeye çalıştım, sanırım atıyordu emin değildim.

MacRannoch beni dirseğimden yakalayıp kenara çekti. "Onu bir an önce kapalı bir yere götürmeliyiz. Benimle gel. Hector onu eve getirecek."

MacRannochların evi olan Eldridge Malikânesi'nin salonuna gelen Hector omzundaki yükü ateşin önündeki halının üzerine bıraktı. Battaniyeyi bir ucundan tutarak yavaşça açtı, kıvrılmış çıplak bir beden Leydi Annabelle MacRannoch'un sarı pembe çiçekleri olan kıymetli halısının üzerine yuvarlandı.

Leydi Annabelle bu el dokuması, pahalı Aubusson halısının kanlanmasından etkilenmiş görünmüyordu. Kırklı yaşlarda, kuşa benzeyen bir kadındı. Sarı ipek elbisesinin içinde bir saka gibi dimdik duruyordu ellerini çırptığı anda hizmetliler etrafında koşuşturmaya başladı, battaniyeler, temiz örtüler, sıcak su ve viski ben daha pelerinimi çıkaramadan salona getirilmişti.

"Onu yüzüstü çevirirseniz daha rahat eder," dedi Sör Marcus, iki koca bardağa viski doldururken. "Sırtı kamçılanmış üzerine yatmak onu rahatsız eder. Gerçi şu durumda pek bir şey hissedeceğini sanmıyorum," diye ekledi. Jamie'nin kül rengi yüzünü ve kapalı mor gözkapaklarını inceliyordu. "Yaşadığından emin misin?"

"Evet," dedim hızla, sözlerimin doğru olduğunu umuyordum. Jamie'yi çevirmeye çalıştım, baygınlık ağırlığını üç katına çıkarmıştı. MacRannoch'un yardımıyla onu şömine önüne serdiğimiz battaniyenin üzerine taşımayı başardık.

Hayatta olup olmadığını anlamak için onu hızla muayene etmeye başladım, hayattaydı, eksik parçası yoktu, ölecek kadar yoğun bir kanaması yoktu. Geri kalan hasara bakmak için acele etmek zorunda değildim.

"Doktor getirmesi için bir adam gönderebilirim," dedi Leydi Annabelle, şöminenin önünde ölü gibi yatan Jamie'ye endişeli gözlerle baktıktan sonra. "Buraya gelmesi yine de bir saati alır, çok kar yağıyor." Sesindeki isteksiz tonlamanın sebebi kardı ama belli ki evindeki kaçak mahkûmu gören bir doktor fikri de pek hoşuna gitmiyordu.

"Canınızı sıkmayın, ben doktorum." Onların şaşkın bakışlarıyla ilgilenmeden kocamdan geri kalanların yanına oturup onu battaniyelere sardım. Sıcak suyla onu temizledim. İlk yapmam gereken şey onu ısıtmaktı, önce damarlarındaki kan adam gibi bütün vücudunu dolanmaya başlamalıydı, kalanıyla sonra ilgilenirdim.

Leydi Annabelle biraz geri çekilmişti ve sakaya benzeyen sesiyle emirler verip ortalığı düzenliyordu. Kocası yere yanıma oturup kocaman parmaklarıyla Jamie'nin donmuş ayaklarını ovalamaya başladı, arada bir durup viskisinden bir yudum alıyordu.

Battaniyeyi biraz daha açınca geri kalan hasarı görmeye başladım. Ensesiyle dizleri arasında kalan bölge arabacı kırbacı gibi bir şeyle sıyrılmıştı, sürfile yapılmış gibi zikzaklar vardı. Bunlar o kadar düzenliydi ki, bilinçli olarak yavaş yavaş yapıldıklarını anlamamak imkânsızdı. Bu beni öfkeden deliye çevirdi.

Omuzlarında daha ağır bir şey, belki de bir sopa kullanılmıştı, buralardaki izler daha derindi, bazı yerlerde kemikleri görünmeye başlamıştı. Onları daha kalın ve yumuşak bir bezle tek tek inceleyerek silmeye başladım.

Sol omzunda çekiçle vurulan yerde Sör Marcus'un elinden daha büyük bir şiş ve morluk vardı. Kaburga kemikleri de kırılmıştı ama onlar bekleyebilirdi. Boynunda ve göğsünde gördüğüm kızarmış ve büzüşmüş deriler dikkatimi çekti. Bunların kenarında kömürleşmiş küller vardı.

"Bunu neyle yapmış?" Ayak ovma işini bitirmiş olan Sör Marcus da merakla aynı yere bakıyordu.

"Kızgın demirle." Ses çok zayıf ve uzaktan geliyordu. Bu sesin Jamie'den geldiğini anlayabilmem için birkaç saniye geçmesi gerekti. Başını büyük bir çaba harcayarak kaldırmıştı, neden zor konuştuğunu ısırılarak şişirilmiş dudağını görünce anladım.

Bilincinin yerinde olduğunu gören Sör Marcus bir eliyle boynunu desteklerken diğer eliyle viski bardağını dudaklarına dayadı. Jamie bardak şiş dudaklarına değince son hızla geri çekildi sonra başını eğip bardağın içindekini bitirdi. Gözlerini bana dikmişti, o gözlerde acı ve viskinin etkisinin yanı sıra eğlenir gibi bir hal de vardı. "İnekler? Gerçekten inekler mi vardı? Yoksa ben hayal mi gördüm?"

"O kadar zaman içerisinde sadece onları bulabildim," dedim, onu canlı ve bilinci yerinde görmek içime su serpmişti. Yüzünü hafifçe çevirip elmacık kemiğinin üzerindeki büyük çürüğü incelemeye başladım. "Çok kötü görünüyorsun? Ne hissediyorsun?" diye sordum eskiden kalma bir alışkanlıkla.

"Yaşıyorum." Dirseğinin üzerinde doğrulup Sör Marcus'un uzatmış olduğu ikinci bardak viskiyi içmeye çalışıyordu.

"Bu kadar hızlı içmen doğru mu?" diye sorarken gözbebeklerini muayene etmeye çalışıyordum. Gözlerini kapatıp başını geriye atarak işimi yapmamı engelledi.

"Evet," dedi boş bardağı Sör Marcus'a uzatırken. O da sürahiye döndü.

"Şu an için bu kadarı yeterli Marcus," dedi Leydi Annabelle, orada doğmakta olan bir güneş gibi belirip, kocasının bardağı yeniden doldurmasını engellemişti. "Delikanlının bol bol sıcak çaya ihtiyacı var, viskiye değil." Bu sözlerinin ardından gümüş demlikteki çay bir hizmetli tarafından servis edilmeye başlandı, üzerinde geceliğinin olması asaletini ve havasını bozmuyordu.

"Bol şekerli sıcak bir çay," diye belirttim.

"İçine biraz da viski ekleyebiliriz belki," dedi Sör Marcus ve demliğin kapağını açıp içine biraz viski koydu. Jamie sıcak çayı dudaklarına götürmeden önce gözleriyle Sör Marcus'a teşekkür etti. Eli çok titriyordu, ellerimi elinin etrafına sararak onun fincanı tutmasına yardım ettim.

Diğer hizmetliler, bir kamp yatağı, bir döşek, yeni battaniyeler, yeni bandaj malzemesi, sıcak su ve içinde ev sahibesinin ilaçlarının bulunduğu ahşap bir kutu getirdiler.

"Ateşin önünde çalışmanın daha doğru olacağını düşündüm," dedi Leydi Annabelle. "Burası hem daha aydınlık hem de şu an evin en sıcak yeri."

Onun başını sallamasıyla birlikte iki erkek hizmetli Jamie'nin battaniyesinin iki ucunu tutarak kaldırıp onu ateşin önüne yerleştirilmiş kamp yatağına geçirdiler. Bu arada başka bir hizmetli ateşe yeni kömür ekleyerek onu canlandırıyordu. Çayı getirmiş olan hizmetçi, şöminenin üzerine mumlar bırakıyordu. Kuşa benzeyen Leydi Annabelle aslında mükemmel bir başçavuştu.

"Uyandığına göre bundan sonrası daha kolay olacaktır," dedim. "Altmış santim uzunluğunda düz bir tahta bulabilir miyiz, geniş bir kayış ve daha ince ve şu uzunlukta küçük sopalar da..." Bu arada parmaklarımla gereken uzunlukları ölçüp göstermeye çalışıyordum. Hizmetlilerden biri istediklerimi getirmek üzere gözden kayboldu.

Burası sihirli bir ev gibiydi, dışarıdaki dondurucu soğuğa tezat olan bu sıcaklık böyle düşünmeme sebep oluyor olabilirdi ya da o kadar saat korku ve üzüntü yaşadıktan sonra yeniden Jamie ile birlikte olmanın verdiği huzur...

Ağır cilalı mobilyalar şöminenin ışığında parlıyordu, şöminenin rafında gümüş ve küçük cam biblolar vardı, bunlar ateşin önünde yatan hantal figürle garip bir tezat oluşturuyorlardı.

Bir tek soru bile sorulmamıştı. Sör Marcus'un misafirleriydik ve Leydi Annabelle bizi öyle ağırlamıştı. Sanki bu kadının evine her gece yarısı yaralı biri geliyordu. Belki buna benzer bir ziyaret daha önce de yapılmıştı.

"Çok kötü," dedi Sör Marcus Jamie'nin parçalanmış eline bakarak, hayatı savaş alanında geçmiş biri olarak bu işlerden anlıyordu. "Sarılırken daha da acıyacak. Ama seni öldüreceğini sanmam." Ayağa kalkıp beni gösterdi.

"Senin bana söylediklerini düşününce daha kötüsü de olabilirdi. Eli ve kaburgaları dışında başka bir kırık yok. Diğerleri zaman içinde geçecektir. Her şeye rağmen çok şanslı olduğunu söyleyebilirim delikanlı."

Yatakta garip bir şekilde yatan Jamie'den bir homurtu geldi.

"Buna şans diyebileceğimizi sanıyorum. Beni yarın sabah asacaklardı." Başını yastıktan kaldırıp Sör Marcus'a bakmaya çalıştı. "Bunu biliyor muydunuz?" Bu sırada Sör Marcus'un üzeri gümüşten güvercin ve güllerle işli yeleğine bakıyordu.

MacRannoch bu önemsiz detaya takılmadı.

"Seni cellâda düzgün bir şekilde teslim etmeyi bence bir tarafa bırakmış, buna dikkat eden biri sırtını o hale getirmezdi." Sör Marcus sırtındaki ıslak bezi yenisiyle değiştirdi.

"Evet, kendini biraz kaybetti, şeyi... Şeyi..." Jamie doğru kelimeleri bulmaya çalıştı, sonra vazgeçip yüzünü ateşe çevirdi ve gözlerini yumdu. "Tanrım, çok yorgunum."

Hizmetli istediklerimi getirene kadar dinlenmesi için onu rahat bıraktık. Malzemeler gelince onun sağ elini hafifçe kaldırıp dikkatle incelemeye başladım.

Mümkün olan en kısa sürede düzeltilmesi gerekiyordu. Kaslar parmakları içeri bükmeye başlamıştı. Bütün hasarı dikkatle incelemek biraz moralimi bozmuştu. Ne olursa olsun bu elini bir şekilde kullanacaktı, bunu denemem gerekiyordu.

Leydi Annabelle muayenem sırasında ilgiyle beni izledi.

"Kırıklar için biraz kiraz kabuğu olabilir mi? Bilemiyorum..." Endişeli gözlerle Jamie'ye baktı. "Sülüğün bir faydası olur mu?" Bakımlı elleriyle, kapağı sıkıca kapalı bir kavanoz çıkardı.

Ürpererek başımı salladım. "Şu an için onlara ihtiyacım olduğunu sanmıyorum. İhtiyacım olan tek şey... Elinizde uyuşturucu bir şeyler var mı, afyon olabilir." Onun yanına diz çöküp kutunun içindekileri incelemeye başladım.

"Buldum!" Elini küçük yeşil bir şişeye götürdü. "Afyon ruhu çiçeği," diyerek etiketi okudu. "Bu işe yarar mı?"

"Mükemmel," diyerek şişeyi elinden aldım.

"Pekâlâ, şimdi," diyerek Jamie'ye döndüm, bir bardağa ilaçtan iki damla koydum, "bunu yutabilecek kadar kalkabilecek misin? Ondan sonra uzun bir süre uyuyacaksın." Bu kadar viskinin üzerine afyon içmesinin ne gibi etkiler yaratabileceğini bilemiyordum ama diğer seçenek parmaklarını o ayıkken yerleştirmekti ve bunun vereceği acıyı düşünmek bile istemiyordum. Şişenin kapağını açıp bardağa iki damla daha koydum.

Jamie sağlam elini kolumun üzerine koyup beni durdurdu.

"Uyuşturucu istemiyorum," dedi. "Biraz daha viski içebilirim," diliyle ısırılmış dudağını tereddütlü bir tavırla yaladı, "ve ısıracak bir şey işimi görür."

Onun bu sözlerini duyan Sör Marcus hızla köşede duran Sheraton çalışma masasına ilerleyip çekmecelerini karıştırmaya başladı. Elinde ufak, kalın bir deri parçasıyla geri geldi. Daha yakından bakınca üzerindeki, yarım ay şeklinde diş izlerini gördüm, daha önce pek çok kez kullanılmış olduğunu görmek beni çok şaşırttı.

"Al," dedi Sör Marcus. "Bunu St. Simone'da bacağımdan kurşunlar çıkarılırken kullandım."

Jamie şükran dolu bakışlarla deriyi ondan alırken ben ağzım açık kalmış bir şekilde onları izliyordum. Donmuş gibiydim. "Dokuz kırık kemiği sen ayıkken yerine oturtmamı mı istiyorsun?"

"Evet," diyerek deriyi denemek için dişlerinin arasına yerleştirdi. Onu ileri geri çekerek doğru yere oturtmaya çalıştı.

Bu komik gösteri kontrolümü kaybetmemi kolaylaştırdı ve bağırmaya başladım.

"Şu kahraman ayaklarını bir kenara bırakır mısın lütfen! Hepimiz neler yaptığını biliyoruz, daha nelere dayanabileceğini hiçbirimize ispatlamana gerek yok! Kime ne yapacağını söylemezsen bizim hiçbir halt edemeyeceğimizi mi sanıyorsun? Sen kim olduğunu sanıyorsun Tanrı aşkına? John Wayne mi?"

Odada bir sessizlik oldu, Jamie ağzı açık bana bakıyordu. Sonunda konuşmayı başardı.

"Claire, Wentworth'den sadece dört kilometre uzaklıktayız. Sabaha asılacağım. Randall'a ne olduğunu bilmiyorum ama er geç diğerleri kaybolduğumu fark edecektir."

Dudağımı ısırdım. Söylediği son derece doğruydu. Benim istemeden serbest bıraktığım mahkûmlar yüzünden ortalığı toparlamaları biraz uzun sürecekti ama bunu hallettikten sonra onu aramaya başlayacaklardı. Seçmiş olduğum gösterişli kaçıştan dolayı da kısa sürede bütün dikkatlerin Eldridge Malikânesi'ne odaklanmasına sebep olacaktı.

"Şansım varsa bu aramayı kar hafifleyene kadar ertelerler ve biz buradan ayrılmış oluruz. Yoksa..." Ateşe bakarak ürperdi. "Claire onların beni yeniden ele geçirmesine izin veremem. Buraya geldiklerinde uyuşturucu etkisinde uyuyor olursam yeniden hücrede zincirlenmiş olarak uyanırım. Claire buna dayanamam."

Yaşlar kirpiklerimde birikmeye başlamıştı. Gözlerimi kocaman açtım, onların yanaklarıma doğru süzülmelerini istemiyordum.

Yeniden gözlerini yumdu. Alevler yanaklarına sağlıklı bir renk vermişti. Yutkunurken boğazındaki kasların oynadığını gördüm.

"Ağlama Saksonyalı," dedi usulca, onu güçlükle duymuştum. Uzanıp bacağımı okşadı, beni rahatlatmaya çalışıyordu. "Yeterince güvende olduğumuzu düşünüyorum, aksi takdirde seninle geçireceğim son saatlerimi bir daha kullanmayacağım kırık bir elin onarımı için harcamazdım. Gidip bana Murtagh'ı gönderir misin? Sonra da bana bir içki verirsin ve işimize bakarız."

Masada hazırlıklarımı yaparken onun Murtagh'a neler söylediğini duyamıyordum, bu iki başın bir an öylece durduğunu sonra da Murtagh'ın onun tek sağlam yeri olan kulağını okşadığını gördüm.

Başıyla vedalaştıktan sonra Murtagh kapıya ilerledi. Ben de arkasından koridora çıktım, o kapıdan hızla kaçamadan şalından yakaladım.

"Sana ne dedi?" diye öfkeyle sordum. "Nereye gidiyorsun?"

Zayıf, esmer adam bir süre düşündü ve cevap vermeye karar verdi. "Genç Absalom'la birlikte Wentworth'a gidiyorum, oradan buraya gelen yolu gözetleyeceğim. Bu yöne gelen kırmızı urbalılar olursa onlarla dövüşeceğim ve saklanmanız için vakit kazandıracağım, sonra da üç atla birlikte kaçıp onları yanlış tarafa yönlendireceğim. Burada saklanabileceğiniz bir kiler var, çok detaylı bir arama yapılmazsa işinize yarar."

"Peki ya saklanacak kadar vaktimiz olmazsa?" Gözlerimi kısarak onu cevap vermeye zorladım.

"O zaman onu öldürüp seni yanıma alıp buradan ayrılacağım," dedi. "İstesen de istemesen de," diye ekledikten sonra sırıtarak arkasını döndü.

"Dur bir dakika!" Küçük bir çığlık atmıştım, mecburen durdu. "Fazla kaman var mı?"

Kaşları havalandı ama tereddüt etmeden elini beline götürdü.

"Buna ihtiyacın var mı? Yani burada?"

Gözlerini ahşap tavanlı, lambri kaplama duvarlı holün zenginliğinde gezdirdi.

Kama cebim kullanılmaz haldeydi. Bana uzattığı hançeri alıp elbisemle korsajımın arasına soktum, Çingene kadınların böyle yaptığını görmüştüm.

"Bunu kimse bilemez, öyle değil mi?"

Hazırlıklar tamamlandı, kafamda bütün hasarı değerlendirip en uygun planı yapmaya çalışıyordum. Eline dokunduğum anda Jamie nefesini tuttu, ben her bir kemiği yerine doğru oturtabilmek için incelerken gözlerini yumdu. "Özür dilerim," diye mırıldandım.

Sağlam elini tutup onu incelemeye başladım, ikisinin arasındaki farklılıkları netleştirmeye çalışıyordum. Bana yol gösterecek bir röntgen yoktu, hislerime güvenmeli ve kemikleri doğru yerlere oturtmalıydım.

İlk eklem yerindeydi ama ikinci parmak kemiği kırılmıştı. Bunu tam olarak anlayabilmek için parmağımı kırık olduğunu düşündüğüm kemiğin üzerinde gezdirdim. Hasarlı el kıpırdamadan elimin altında duruyordu, sağlam olan ise kasılıyordu.

"Özür dilerim," dedim yeniden.

Sağlam elini elimin altından çekerek doğrulmaya çalıştı. Ağzındaki deri parçasını tükürdü ve bana baktı.

"Saksonyalı, her canımı acıttığında özür dileyeceksen bu gece çok uzayacak, zaten yeterince zaman kaybettik."

Kırıldığımı düşünerek bana uzanmaya çalıştı ama hareketi tamamlayamadan durdu. Acısını kontrol altına aldıktan sonra konuşmaya devam etti. "Canımı acıtmak istemediğini biliyorum. Ama bunu yapmaktan başka şansın yok, bu nedenle bunun için üzülmeye de gerek yok. Sen gerekeni yap, ben de mecbur kalırsam çığlık atayım."

Deriyi ağzına yerleştirirken dişlerini gösterdi ve ardından gözlerini şaşı yaptı. Bu haliyle aptal bir kaplan yavrusuna benziyordu, kendimi tutamayıp bir kahkaha attım.

Ellerimi hızla ağzımın üzerine kapadım, Jamie'nin arkasında duran Leydi Annabelle ve hizmetliler onun yüzünü görmedikleri için şaşkınlıkla bana bakıyorlardı, yanaklarım kızarmaya başlamıştı. Sör Marcus oturduğu yerden bunu görmeyi başarmıştı, bıyığının altından sırıttı.

"Ayrıca, bu arada İngilizler gelirse beni yanlarında götürmeleri için onlara yalvaracağım."

Deriyi alıp yeniden ağzına yerleştirdim ve başını yastığa bastırdım.

"Maskara," dedim. "Her şeyi de bilir. Lanet olası kahraman." Üzerimdeki yükten kurtulmuş gibiydim, artık işimi daha sakin yapabiliyordum. Yine her seğirme ya da yüz ekşitmeden etkileniyordum ama kendimi kötü hissetmiyordum.

Tüm dikkatimi işime vermiştim, parmaklarımla her şeyi hissetmeye çalışıyor, her noktayı ince ince muayene edip kemikleri doğru şekilde bir araya getirmeye çalışıyordum. Başparmağının çok az zedelenmiş olması büyük bir şanstı, sadece ilk boğumda küçük bir kırık vardı. O tam anlamıyla iyileşecekti. Dördüncü parmağının ikinci boğumundaki kemik paramparçaydı. Jamie inledi. Bu parmak için yapabileceğim bir şey yoktu. Onu mümkün olduğunca doğru bir şekilde sardım, sonrası umuttu.

Orta parmağını toplamak onun canını çok acıttı. Parmağı düzeltip ileri doğru çekerken dışarı çıkmış kemiği içeri bastırıyordum. Bunun nasıl yapıldığını daha önce görmüştüm ama hasta anestezi altındaydı ve x ışınları çalışıyordu.

Sıra, şekil değiştirmiş ve ezilmiş eli yeniden toparlamaya gelmişti. Şu an doktorların neden yakınlarına bakmayı reddettiklerini çok iyi anlıyordum. Bazı tedavilerde başarılı olmak için tam anlamıyla acımasız ve kaba olmak gerekiyordu. Bir şeyi düzgün birleştirebilmek için önce onu acıyı arttırarak ayırmak gerekiyordu.

Sör Marcus hiç ses çıkarmadan bir tabureyle birlikte yatağın yanına geldi ve oturdu. Jamie'nin sağlam elini kendinininkinin üzerine koydu.

"Dilediğin gibi sık delikanlı," dedi.

Üzerindeki ayı postunu çıkarmış olan MacRannoch artık vahşi bir dağ adamına benzemiyordu. Şu an düzgün taranmış saçları ve sakallarıyla orta yaşlı, ağır başlı bir aile erkeğiydi. Biraz sonra yapacağım şey sinirlerimi çok bozmuştu, onun varlığı bana huzur verdi.

Derin bir nefes aldıktan sonra dua ederek ayırma işlemine başladım.

Bu uzun süren son derece sinir bozucu bir işti ama büyüleyici bir yanı da vardı. Orta parmağını elindeki eklem yerine yerleştirirken Jamie bağırdı. Aslında daha fazla baskı uygulamam gerekiyordu ama onun çığlığı bir an tereddüt etmeme sebep oldu. Sör Marcus, "Devam et kızım," dedi.

Jenny'nin bebeği doğurduğu akşam Jamie'nin bana söylediklerini hatırladım. "*Canımın acımasına dayanırım ama seninkine asla. Bu sahip olduğumdan daha fazla gücüm olmasını gerektirir.*" Haklıydı, çok büyük bir güç istiyordu, ikimizde de bu gücün olduğunu umdum.

Jamie'nin yüzü diğer yana dönüktü ama deriyi ısırırken çenesinin nasıl kasıldığını görebiliyordum. Ben de dişlerimi sıkıp işimi yapmaya devam ettim. Dışarı fırlamış kemik derinin altına girdi ve parmak düzelerek yerine oturdu, ikimiz de titriyorduk.

Dışarıda olan bitenleri umursamadan çalışmaya devam ettim. Jamie aralarda inliyordu, iki kez de rahat kusabilmesi için durduk, hapishanede pek bir şey yememişti, içtiği viskiyi kusuyordu. Başını Sör Marcus'un dizlerine gömmüş, İskoçça bir şeyler mırıldanıyordu. Ağzında deri olduğu için dua mı yoksa küfür mü ettiğini anlayamıyordum.

Sonunda beş parmağı da eline tutturulmuş ve eli de sargıya alınmıştı. Özellikle orta parmağının enfeksiyon kapmasından çok korkuyordum, yoksa tüm parmaklarının iyileşeceğinden artık emindim. Şansıma eklemlerden sadece bir tanesi çok kötü durumdaydı. Düz duran bir yüzük parmağı olabilirdi ama zaten o parmak fazla bir işe yaramazdı. Diğerleri zaman içerisinde düzgün çalışmaya başlayacaktı. Kırık kemikleri için yapabileceğim fazla bir şey yoktu, çivi yarasını da mümkün olduğu kadar temizleyip lapa ile sarmıştım, tetanos olmaması için dua etmekten başka bir çarem yoktu. Her yanım titreyerek geri çekildim, sırtımın arkasında yanan şömineden dolayı ter içinde kalmıştım.

Leydi Annabelle yanıma gelip beni bir koltuğa götürdü ve içine viski katılmış çay verdi. Sör Marcus her ameliyathanede, her doktorun sahip olması gereken mükemmel bir asistandı, Jamie'nin bağlamış olduğumuz kolunu açıp ovalamaya başlamıştı. Bu arada Jamie'nin elini tutan eli kıpkırmızı olmuştu.

İçimin geçtiğini fark etmemiştim, kafam hızla göğsüme doğru düşünce yerimden sıçradım. Leydi Annabelle yanıma gelmiş beni dirseğimden tutarak ayağa kaldırmaya uğraşıyordu. "Haydi, gel hayatım. Sen de bittin ve senin de bakılması gereken yaraların var. Biraz yat ve uyu."

Kibar bir tavırla elinden kurtuldum. "Olmaz, bitirmem gerek..." Sanırım cümlemi tamamlayamamıştım. Sör Marcus elimdeki bezi ve sirke şişesini aldı.

"Gerisini ben hallederim. Yaraları sarma konusunda az da olsa deneyimim var." Battaniyeyi kaldırıp kamçı izlerinin olduğu yerleri yavaşça temizlemeye başladı. "Hayatımda bu tip yaraları pek çok kez temizledim. Benimkileri de birkaç kez temizlediler. Bunlar çok önemli değil yavrum, birkaç günde iyileşirler."

Haklı olduğunu biliyordum. Yatağın başına gittim. Jamie uyanıktı, yaraları antiseptikle temizlenirken yüzünü buruşturuyordu, göz kapakları iyice ağırlaşmıştı ve mavi gözleri yorgunluk ve acıyla kararmıştı.

"Git ve uyu Saksonyalı. Ben dayanırım."

Dayanıp dayanmayacağını bilemiyordum ama benim daha fazla dayanamayacağım ortadaydı. Ayakta sallanmaya başlamıştım, çok yorgundum, bacaklarım hem yanıyor hem ağrıyordu. Absalom yaralarımı kulübede temizlemişti ama onları merhemlemek gerekiyordu.

Aptal aptal başımı sallayıp Leydi Annabelle'in dirseğimi tutmasına izin verdim ve onunla birlikte yürümeye başladım.

Merdivenlerin yarısına geldiğimde bir anda Sör Marcus'a kesikleri nasıl saracağını anlatmadığımı hatırladım. Omuzlarındaki derin kesikler bandajlanmadan önce altına kalın bir kat kumaş konmalıydı, böylelikle kaçarken canı acımadan gömleğini giyebilirdi. Sıyrıklar ise bir an önce kabuk tutmaları için açık bırakılmalı ve havayla temas etmeliydi. Leydi Annabelle'in bu sırada bana gösterdiği misafir odasına şöyle bir bakıp özür dileyerek merdivenlerden aşağı sendeleyerek inmeye başladım.

Koridorda durakladım, Leydi Annabelle de arkamdaydı. Jamie'nin gözleri kapalıydı, viski ve yorgunluk onu uyutmuş olmalıydı. Üzerindeki battaniye açılmıştı. Sör Marcus'un eli ileride duran bezi almak için uzandığı sırada elini Jamie'nin çıplak poposunun üzerine koydu. Jamie elektriğe tutulmuş gibiydi. Sırtı arkaya doğru büküldü, kalça kasları gerildi, itiraz sesleri çıkararak kükrerken kırık kaburgalarına rağmen kendini çevirmeyi başardı, gözlerinden ateşler çıkarak Sör Marcus'a baktı. Sör Marcus da irkilerek durdu, yüzünde sakin bir ifade vardı. Öne eğilip Jamie'yi yeniden yüzüstü çevirdi. Elini yavaşça Jamie'nin teninden uzaklaştırdı. Ellerini birbirine sürterek temizlemeye çalışırken alevlerin ışığında parlayan yağı gördüm.

"Ah," diyerek iç geçirdi. Yaşlı asker battaniyeyi Jamie'nin beline kadar örtünce Jamie'nin rahatladığını gördüm.

Sör Marcus Jamie'nin başına oturdu ve iki bardağa viski doldurdu. "En azından işe başlamadan seni yağlamayı akıl etmiş," dedi bardakların birini Jamie'ye uzatırken, o da dirseklerinin üzerinde doğrulup içkiyi kabul etti.

"Bunu bana iyilik olsun diye yapmış olduğunu hiç sanmıyorum."

Sör Marcus içkisinden bir yudum alıp dudaklarını yaladı. Bir süre odada ateş çıtırtısından başka bir ses olmadı, Leydi Annabelle de ben de odaya girmedik.

"Bunu bilmek belki seni biraz rahatlatır," dedi Sör Marcus, gözleri hâlâ sürahideydi. "O öldü."

"Emin misin?" Jamie'nin sesinden bir şey anlaşılmıyordu.

"Bugüne kadar yarım tonluk otuz tane hayvanın altında kalıp sağ kalmayı başaran birini görmedim. Koridordaki gürültülerin sebebini merak ederek bakmak üzere dışarı çıktı gördüğü anda içeri kaçmaya çabaladı. O sırada boynuzlardan biri koluna geçti ve onu dışarı sürükledi, onun karşıdaki duvara çarptığını gördüm. Biz hayvanların altında kalmamak için Sör Fletcher'la merdivenlerde duruyorduk. Sör Fletcher endişelenip onu kurtarmaları için birkaç adam gönderdi ama onlar ona yaklaşmayı başaramadılar, hayvanlar adamı boynuzlayıp duruyordu, duvarlardaki meşaleler sallanmaya başlamıştı. Görmeliydin!" Sör Marcus o anları yeniden hatırlayarak sürahiye uzandı. "Karın çok nadir bulunan bir kız, sakın bir hata yapma evlat!" Yeniden bardağını doldurup koca bir yudum içti, onu yutarken bir yandan da kahkaha atıyordu.

"Neyse," diyerek boğulmamak için göğsüne vurdu, "sürüyü dışarı çıkardığımızda geride fazla bir şey kalmamıştı, yerde kanlar içinde parçalanmış bir bebek gibi yatıyordu. Sör Fletcher'ın adamları onu oradan kaldırdılar, o an yaşıyorsa bile şu ana kadar çoktan ölmüştür. Biraz daha ister misin evlat?"

"Evet, teşekkür ederim."

Bir sonraki sessizliği sona erdiren Jamie oldu. "Bunun beni rahatlattığını söyleyemeyeceğim ama anlattığın için teşekkür ederim."

"Hımm. Bunu hiçbir zaman unutmayacaksın. Bunun için boşa uğraşma. Bunu zamana bırak ve diğer yaraların gibi yavaş yavaş iyileşmesini bekle. Fazla deşme ki çabuk ve temiz iyileşsin." Yaşlı savaşçı bereli kolunu gösterdi, ona masaj yaparken gömleğinin kolunu sıvamıştı. Orada bileğinden dirseğine kadar uzanan derin bir iz vardı. "İzler seni rahatsız etmesin."

"Bazıları etmeyebilir." Jamie'nin aklına bir şey gelmişti ve hızla dönmeye çalışıyordu. Sör Marcus elindeki bardağı bıraktı.

"Dikkatli ol delikanlı! Kaburga kemiğin ciğerine saplanacak." Jamie'nin arkasına bir battaniye sıkıştırarak onu dengede tutmaya çalıştı.

"Küçük bir bıçağa ihtiyacım var," dedi Jamie güçlükle soluyarak. "Küçük ama çok keskin bir bıçağa..." Sör Marcus soru sormadan Fransız tarzı ceviz büfeye ilerledi, gürültülü bir şekilde çekmecelerinden birini açtı ve oradan sapı incilerle kaplı bir meyve bıçağı çıkardı. Onu Jamie'nin sol eline tutuşturup inleyerek yerine oturdu ve bardağını aldı.

"Yeterince yaran olduğunu düşünmüyor musun? Birkaç tane daha eklemenin anlamı ne olabilir ki?"

"Sadece bir tane." Jamie dirseğiyle kendini dengeledikten sonra, çenesini aşağı bastırıp bıçağı sol göğsünün altına yaklaştırdı. Sör Marcus elini kaldırıp Jamie'nin bileğini yakaladı.

"O zaman bırak yardım edeyim. Her an üzerine düşebilirsin." Jamie bir an durdu ve elindeki bıçağı isteksizce battaniyenin üzerine koydu. Göğüs ucunun birkaç santim altındaki bir noktayı gösterdi.

"Tamam." Sör Marcus büfenin üzerindeki lambayı alıp biraz önce oturmakta olduğu taburenin üzerine koydu. Uzaktan neye baktığını tam olarak göremiyordum, yuvarlak, kırmızı bir yanık iziydi. Bardağından bir yudum daha aldı, lambanın yanına oturup bıçağın ucunu Jamie'nin göğsüne bastırdı. Farkında olmadan hareket etmiş olmalıydım, Leydi Annabelle fısıldayarak koluma yapıştı. Bıçağı bastırmış olduğu yerde hızla çevirdi, şeftali soyar gibiydi. Jamie inledi, ince bir kan oradan aşağı sızıp battaniyeyi lekeledi. Jamie karnının üzerine devrilip yarayı yatağa bastırdı.

Sör Marcus bıçağı yana koydu. "Bunu yapabileceğini hissettiğin anda karını al, yatağa git ve seni rahatlatmasına izin ver.

Kadınlar bu işi yapmayı severler," dedi kapının dışındaki gölgelere sırıtarak. "Bunun sebebini de bir tek Tanrı bilir!"

Leydi Annabelle kısık sesle, "Haydi gel hayatım. Onun biraz yalnız kalmaya ihtiyacı var," dedi. Sör Marcus'un yaraları tek başına sarmayı başaracağından emindim, onun arkasından odama doğru merdivenleri tırmanmaya başladım.

Sıçrayarak uyandım, rüyamda bitmek bilmeyen merdivenler görüyordum, en alt katta korkunç bir şeyler oluyordu ve oraya ulaşamıyordum. Sırtım ve bacaklarım çok ağrıyordu ama ödünç geceliğimle yatağımdan kalkıp elime mumu alarak yola çıktım. Jamie'den bu kadar uzak olmak sinirimi bozuyordu. Ya bana ihtiyacı olursa? Ya da daha kötüsü, o orada silahsız yatarken İngilizler gelirse? Yüzümü merdiven boşluğunun duvarına yapıştırdım, dışarıda yağan karın sesini duyabiliyordum. Fırtına devam ettiği sürece güvendeydik. Geceliğin eteklerini yukarı toplayıp mum ve kamamla merdivenlerden aşağı inmeye başladım.

Ev çok sessizdi, sadece ateşin çıtırtısı duyuluyordu. Jamie uyuyordu, yüzü ateşe dönüktü ve gözleri kapalıydı. Onu uyandırmamak için sessizce halının üzerine oturdum. Zindanda geçirdiğimiz birkaç zavallı dakikadan sonra bu ilk yalnız kalışımızdı. Aradan yıllar geçmiş gibi geliyordu. Onu bir yabancı gibi incelemeye başladım.

Fiziksel durumu çok kötü görünmüyordu, her yeri bakıma alınmıştı ama yine de endişeleniyordum. Ameliyatı sırasında bir atı yere serecek kadar çok viski içmişti, kusmasına rağmen hâlâ bir kısmı kanında dolaşıyordu.

Jamie benim ilk kahramanım değildi. Sahra hastanelerinde adamlar fazla kalmazdı, bu bir kuraldı, hemşireler onlara çok alışkın olurdu ama yine de arada birçok az konuşan ya da acıya ve yalnızlığa karşı koymak için sürekli şakalar yapanlarla karşılaşırdınız.

Ben onlara nasıl davranılması gerektiğini çok iyi bilirdim. Zaman buldukça konuşmak isteyenlerin yanına gider onları dinlerdim. Sessiz olanları uykudayken okşayıp en savunmasız oldukları anlarda yanlarına oturup seyrederdim, onları o sırada savaştıkları şeytanlardan çekip kurtarma şansını bulmaya çalışırdım. Tabii zaman varsa. Zaman yoksa onlar morfinle uyuşturulur ve günün birinde onları dinleyebilecek birilerini bulması umulurdu, görünen yaraları tedavi edilerek oradan gönderilirlerdi.

Er ya da geç Jamie de birileriyle konuşacaktı. Zamanı vardı. Onun konuştuğu kişi olmak istemiyordum.

Sırtı beline kadar açıktaydı, eğilip incelemeye başladım. Görülmeye değerdi. El kalınlığındaki kesikler mükemmel bir düzen içinde açılmıştı, akıllara durgunluk verecek bir görüntüydü. Bunlar yapılırken orada bir nöbetçi gibi hareketsiz durmuş olmalıydı. Hızla bileklerine baktım, hiç iz yoktu. Ona verdiği sözü tutmuş ve karşı koymamıştı. Benim hayatımı kurtarmak için kabul ettiği işlem sırasında da kıpırdamamıştı.

Gözlerimi kollarıma sildim. Prostatına baskı uygulanmasına sebep olduğum için bana teşekkür etmeyeceği kesindi. Ağırlığımı diğer bacağıma verirken eteklerim hışırdadı. Bu sese uyandı, yeni uyanmış gibi görünmüyordu. Bana gülümsedi, yorgun ve hafif bir gülümsemeydi ama son derece samimiydi. Ağzımı açtım ama söyleyecek bir şey bulamadım. Teşekkür edemezdim, *Nasılsın?* demek daha da komik olurdu, çok kötü olduğu kesindi. Ben düşünürken o konuşmaya başladı.

"Claire, iyi misin aşkım?"

"İyi miyim? Ah tanrım Jamie!" Gözyaşlarım sel gibi battaniyenin üzerine akmaya başlamıştı. Sağlam elini yavaşça kaldırdı, sanki bin kilo yük taşır gibiydi, saçımı okşadı. Beni kendine çekti ama ben geri çekildim. Bir anda aklıma ne halde olduğum gelmişti, yüzüm çizikler içerisindeydi, kafam çer çöple doluydu.

"Gel buraya, sana sarılmak istiyorum."

"Ama her yanım kan ve kusmukla kaplı," diyerek karşı çıktım, bir yandan da saçlarımı düzeltmeye çalışıyordum.

Kırık kaburga kemiklerinin izin verdiği ölçüde hırıltılı bir kahkaha attı. "Sen ne diyorsun Saksonyalı, o benim kanım ve kusmuğum. Gel buraya!"

Omuzlarıma sardığı kolu bana huzur veriyordu. Başımı

yanında duran yastığa dayadım, ateşin önünde öylece durduk, birbirimizden kuvvet alıp birbirimize huzur veriyorduk. Parmaklarını yavaşça çenemin altındaki yaraya değdirdi.

"Seni bir daha görebileceğimi hiç sanmıyordum Saksonyalı." Sesi viskiden ve bağırmaktan boğuk ve hırıltılı çıkıyordu. "Burada olduğun için çok mutluyum."

Doğruldum. "Beni bir daha görmemek mi? Seni oradan çıkaramayacağımı mı düşündün?"

Hafifçe sırıttı. "Bunu yapabileceğini sanmıyordum. Sana bunu söylediğim anda inat edip oradan ayrılmayacaktın."

"Ben mi inatçıyım yani? Bak şu konuşana!"

İkimiz de durduk, sessizlik büyüyordu. Aslında ona medikal anlamda sormam gereken sorular vardı ama bunlar onu incitecekti. Sonunda kararımı verdim. "Ne hissediyorsun?"

Gözleri kapalıydı, mum ışığı gözlerinin altına gölgeler düşürüyordu, sargıların altından sırtının kasıldığını gördüm. Bereli dudakları kıvrıldı, acı ve gülümseme bir aradaydı.

"Bilmiyorum Saksonyalı. Daha önce hiç böyle bir şey hissetmemiştim. Şu an bir sürü şeyi bir arada yapmak istiyorum ama düşüncelerim benimle savaşıyor, vücudum da bana ihanet ediyor. Buradan bir an önce çıkıp koşarak uzaklaşmak istiyorum. Birine vurmak istiyorum. Tanrım birine yumruk atmak istiyorum! Wentworth Hapishanesi'ni yakıp tarihe gömmek istiyorum Uyumak istiyorum."

"Taş yanmaz," dedim. "Uyuman en iyi çözüm olacak."

Sağlam eliyle elimi aradı ve onu tuttu, gözleri kapalıydı ama dudakları rahatlamıştı.

"Seni kendime yapıştırıp öpmek istiyorum. Bir daha asla bırakmak istemiyorum. Seni yatağa atıp kendimi kaybedene kadar seninle sevişip sana bir fahişeymişsin gibi davranmak istiyorum. Başımı kucağına koyup küçük bir çocuk gibi ağlamak istiyorum."

Dudağı yukarı büküldü ve gözlerini açtı.

"Bu son söylediklerimi bayılmadan ya da kusmadan yapmam imkânsız."

"Demek ki bunları şu an bir yana bırakıp ileride yapacağın

işler olarak bir listeye yazman gerekiyor," dedim gülmeye çalışarak.

Onu hareket ettirince yeniden midesi bulanmaya başlamıştı ama artık sırtımı duvara dayayarak onun yatağında oturuyordum ve başı kucağımdaydı.

"Sör Marcus'un göğsünden kesip çıkardığı şey neydi? Damga mı?" Önce cevap vermedi, sonra başıyla onayladı.

"Üzerinde baş harflerinin yer aldığı bir mühür." Küçük bir kahkaha attı. "Üzerimde hayatımın sonuna kadar taşıyacağım yeteri kadar iz bıraktı, onun bir resim gibi beni damgalamasına izin veremezdim."

Kucağımdaki başı gittikçe ağırlaşıyordu, nefesi de düzelmeye başlamıştı, aralarda dalıyordu. Koyu renk battaniyenin üzerinde duran ellerindeki kocaman sargılar onu bir hayalet gibi gösteriyordu. Omzundaki yağlanmış yanık izine baktım.

"Jamie?"

"Hımm."

"Çok hasar aldın mı?" Gözlerini sargılı elinden bana çevirdi. Sonra titremeye başladı. Dayanılmaz bir anısını tetiklemiş olmaktan korktum, sonra onun kahkaha attığını gördüm, gözlerinden yaşlar süzülüyordu.

"Saksonyalı," dedi ilk nefes alabildiği arada, "Vücudumda berelenmemiş, yanmamış ya da kesilmemiş yaklaşık on beş santimlik bir alan kaldı ve sen bana hasar var mı diyorsun?" Yeniden titremeye başlamıştı. Yatak sallanıyor ve gıcırdıyordu.

"Biraz garip olabilir ama ben aslında..." Elini elimin üzerine koyarak beni susturdu ve elimi dudaklarına götürerek öptü.

"Ne demek istediğini biliyorum Saksonyalı." Başını kaldırıp yüzüme baktı. "Canını sıkma erkekliğim hâlâ bacaklarımın arasında duruyor."

Onun espri yapabilecek gücü bulabilmesini takdir ettim. Hafifçe ağzına vurdum. "Sen sarhoşsun Jamie Fraser," dedikten sonra durdum.

"Saksonyalı lütfen beni güldürmeye devam etme, kaburgalarım buna dayanmaz." Onun gözlerini eteğimle sildim ve başını hafifçe kaldırıp su içmesine yardım ettim.

"Bundan da bahsetmiyordum aslında," dedim.

Ciddileşip yeniden elimi tuttu ve sıktı.

"Biliyorum. Bu konuda nezaket göstermene gerek yok." Derin bir nefes alıp yüzünü buruşturduktan sonra devam etti. "Tahminim doğruymuş, kamçılanmaktan çok daha az acıtıyor." Gözlerini kapadı. "Ama onun kadar keyifli değil. Bir süre kabız olmayacağım kesin." Yerimden sıçradım, dişlerini sıkarak nefes almaya çalıştı.

"Özür dilerim Saksonyalı. Bunun beni bu kadar çok etkileyeceğini tahmin edememiştim. Sana sorunun cevabını söyleyeyim, fiziksel hasar yok iyiyim."

Sesimin titrememesine çalışarak konuşmaya başladım. "İstemiyorsan bana anlatmak zorunda değilsin. Ama seni rahatlatacaksa..." Sözlerimi utanç dolu bir sessizlik takip etti.

"İstemiyorum." Sesi acı doluydu. "Bunu bir daha düşünmek bile istemiyorum, bu boğazımı kesmek gibi bir şey ama şu an başka seçim şansım yok. Hayır, sana bunu anlatmak istemiyorum senin de dinlemeyi istediğini sanmıyorum. Umarım bu beni boğmadan onu oradan çekip atmayı başarırım." Kelimeleri gittikçe acılaşıyordu.

"Emekleyip ona yalvarmamı istedi ve ben de bunu yaptım. Sana bunu daha önce de söylemiştim Saksonyalı, eğer birine zarar vermeyi gerçekten istersen onu kırmayı başarırsın. O çok istekliydi. Beni yerde süründürdü, yalvarttı bundan çok daha kötü şeyler de yaptı, benimle işi bitmeden çok önce ölmüş olmayı dilemiştim bile."

Ateşe bakarak sustu, derin bir nefes aldı ve yüzünü buruşturdu.

"Senin beni iyileştirebilmeni çok isterdim Saksonyalı, bunu her şeyden çok isterim, belki de bu yüzden hâlâ sükûnetimi korumayı başarabiliyorum. Ama bu yeri belli olan tükürülüp atılabilecek bir zehir değil." Elini dizime koydu. Sağlam elinin parmakları da şişti. "Bu herhangi bir yerdeki kırık gibi de değil. Onu bulup elimi onardığın gibi zaman içinde parça parça onarmayı başarırsan ben acıya katlanmaya hazırım." Ellerimi yumruk yapıp kaşlarımı çatarak ona baktım.

"Bu... Bunu anlatmak çok zor. Herkesin içinde sadece kendine ait küçük bir bölge vardır. Orası onun kalesidir, hayatının en özel ve gizli yeridir oraya senden başkası giremez ve seni sen yapan yer zaten orasıdır." Düşünürken farkında olmadan şiş dudağını inceliyordu.

"Bu parçanı kimseye göstermezsin, onu sadece çok sevdiğin kişiye saklarsın." Dizimin üzerinde duran eli biraz rahatlamıştı. Gözlerini yeniden yumdu.

"İşte benim bu kalem barutla havaya uçuruldu. Geride tüten bir ağaç gövdesi ve küllerden başka bir şey kalmadı. Orada yaşayan küçük şey açığa çıktı, çığlıklar atarak birkaç yaprağın altına saklanmaya çalışıyor ama bu pek işe yaramıyor." Sesi titremeye başladı, yüzünü eteğime gömerek sakladı. Saçını okşamaktan başka bir şey yapamıyordum.

Bir anda başını kaldırdı, yüzü gerilmiş kemikleri iyice ortaya çıkmıştı. "Ölümle birkaç kez yüz yüze geldim Claire ama hiç ölmek istemedim. Bu sefer istedim..." Sesi yeniden titreyince durup dizimi sıktı. Yeniden konuşmaya başladığında sesi iyice tizleşmişti ve bir tepeye tırmanır gibi hızlı nefesler alıyordu.

"Claire beni - ben sadece - Claire beni tut. Yeniden titremeye başlarsam bunu durduramayacağım. Claire tut beni!" Sarsılmaya başlamıştı, bu sarsılma kaburgalarını acıtıyordu. Onun canını acıtmak istemiyordum ama bu titremenin devam etmesinden çok korkuyordum.

Üzerine abanıp ona tüm gücümle sarıldım, birlikte ileri geri sallanarak bu spazmı atlatmaya çalışıyorduk. Bir elimi ensesine koyup parmaklarımı kasılmış boyun kaslarına geçirdim. Bu kasılma yok olana kadar oraya masaj yapmaya devam ettim. Sonunda titreme geçti ve başı kucağıma düştü. Bitmişti.

"Özür dilerim," dedi kendini toplayarak. "Bu kadar ileri gitmeyi düşünmemiştim. Gerçek şu, çok incindim ve çok sarhoşum. Kendimi kontrol edemiyorum." Bir İskoç'un sarhoş olduğunu kabul etmesi onun ne kadar incinmiş olduğunun baş göstergesiydi.

"Uyuman gerekiyor," dedim boynunu ovmaya devam ederek. "Buna çok ihtiyacın var." Parmaklarımı yaşlı Alec'in bana gösterdiği gibi kullanarak onu uyuşturmaya çalışıyordum.

"Üşüyorum," diye mırıldandı. Ateş oldukça canlıydı ve yatağın üzerinde birkaç battaniye vardı, eli buz gibiydi.

"Şu an şoktasın," dedim. "Çok kan kaybettin." Etrafıma bakındım ama MacRannoch ve hizmetliler çoktan yataklarına gitmişlerdi. Murtagh ise karın göbeğinde gözcülük yapıyordu. Kimin ne düşüneceği umurumda bile değildi. Ayağa kalkıp geceliğimi çıkardım ve battaniyelerin altına girdim.

Onu kendi sıcaklığımla ısıtmaya başladım. Küçük bir çocuk gibi başını omzuma gömdü. Saçını ve ensesini dikkatle okşadım, yaralı yerlere dokunmamaya çalışıyordum. "Hadi bakalım uyku vakti," dedim Jenny ile oğlunu hatırlayarak.

Jamie mutlulukla homurdandı. "Ben küçükken annem bana aynen böyle derdi."

"Saksonyalı," dedi bir süre sonra.

"Mmm."

"John Wayne kim?"

"Sensin. Uyu artık."

37

Kaçış

Sabah rengi biraz düzelmişti, çürükleri biraz daha kararmıştı ama olsun. Derin bir nefes alınca yüzünü buruşturdu ve bu nefesi geri verirken dikkatli davrandı.

"Ne hissediyorsun?" diyerek elimi alnına koydum. Serin ve nemliydi. Tanrı'ya şükür ateşi yoktu.

Yüzünü buruşturdu, gözleri hâlâ kapalıydı. "Saksonyalı hissedebildiğim tek şey acı." Elini uzattı. "Kalkmama yardım edebilir misin lapa gibiyim."

Kar öğlene doğru durdu. Gökyüzü hâlâ griydi, bu yeni bir fırtınanın habercisiydi ama Wentworth tarafından yapılacak arama daha büyük bir tehditti. Öğlen olmadan Eldridge Malikânesi'nden ayrılmak için hazırlık yapıyorduk, kalın pelerinlerimizi giymiştik. Murtagh'la Jamie pelerinlerinin içini silahlarla doldurdular. Benim sadece kamam vardı, o da iyice gizlenmişti. Karşı çıkmama rağmen bir terslik olduğu anda kaçırılmış İngiliz'i oynamama karar vermişlerdi.

"Ama beni hapishanede gördüler," diyerek karşı çıkmıştım. "Sör Fletcher benim kim olduğumu biliyor."

"Evet," dedi Murtagh Leydi Annabelle'in cilalı masasının üzerinde duran, silahları, sopaları, barut ve çantaları düzenli bir şekilde yerleştirirken. Bu arada bana iğneleyici bir tavırla bakmayı unutmamıştı. "Sorun da bu zaten, bu yüzden seni Wentworth'den mümkün olduğu kadar uzakta tutmalıyız. Oraya seninle birlikte girmenin hiçbirimize faydası olmaz."

Kısa bir sopayı birkaç vuruşta konması gereken yere yerleştirdikten sonra konuşmaya devam etti. "Aramaya Sör Fletcher katılmayacaktır. Böyle bir havada bunu yapmaz. Karşılaşacağımız kırmızı urbalılar seni tanımazlar. Bu yüzden onları bizim gibi İskoç serserileriyle yapacak bir işin olmadığına inandırmalısın." Başıyla, bir taburede oturup elinde bir kâse sıcak süt ve ekmekle oturan Jamie'yi gösterdi.

Sör Marcus'la birlikte Jamie'nin kalçasını ve kaba etlerini en kalın bandajlarla sarıp kan sızıntılarını göstermeyecek koyu renkli bir çorap giydirmiştik. Leydi Annabelle kocasının gömleklerinden birini genişletmiş, Jamie'nin omuzlarına geçirmiş ve bandajın kalınlığını gözlerden saklamıştı. Ama buna rağmen gömlek önden kavuşmamıştı ve göğsündeki izler görünüyordu. Jamie kafası çok acıdığı için saçının taranmasına karşı çıkmıştı, çok vahşi bir görüntüsü vardı. Kızıl saçları morarmış ve şişmiş yüzünü çevreliyordu, bir gözü şişlikten neredeyse kapanmıştı.

"Eğer yakalanırsan," dedi Sör Marcus, "benim konuğum olduğunu ve malikânenin yakınlarında dolaşırken kaçırıldığını söyle. Seni teşhis etmem için buraya getirmelerini sağla. Bu onları ikna edecektir. Onlara Annabelle'in Londra'dan gelen bir arkadaşı olduğunu söyle."

"Biz seni Sör Fletcher buraya gelmeden güvenli bir şekilde kaçırırız," diye ekledi Annabelle.

Sör Marcus Hector'la Absalom'un bize eşlik etmesini teklif etmişti ama Murtagh bunun Eldridge için tehlikeli olacağını söylemiş ve teklifi reddetmişti. Üçümüz, soğuğa karşı pelerinlerimize sarınarak Dingwall'a doğru yola çıkmıştık. Çantamda Sör Marcus'un Kanal'dan rahatça geçebilmemiz için yazmış olduğu bir not vardı.

Karda ilerlemek oldukça zordu. Yaklaşık yirmi santim kalınlıktaydı ve tuzaklarla doluydu, atların ayakları kayıyordu. Her adımlarında havaya ve karınlarına çamurlu karlar sıçrıyordu, atlar buharlı trenler gibiydi.

Murtagh bize önderlik ediyor ve yolu takip etmeye uğraşıyordu. Ben Jamie'nin yanında ilerliyordum, o kendi ısrarıyla bilincini kaybetme tehlikesine karşı sıkıca atına bağlanmıştı. Sadece sol eli tabancasını kullanabilmesi için açıktaydı. Tabancası eyerinin üzerine konmuş ve pelerininin altına gizlenmişti.

Birkaç barakanın önünden geçtik, eğimli çatılarındaki bacalardan dumanlar yükseliyordu, hayvanlar ve insanlar soğuktan korunabilmek için içeri kapanmışlardı. Arada bir elinde kova ya da saman yığını ile ağıldan barakaya doğru yürüyen adamlarla karşılaşıyorduk ama yolda kimsecikler yoktu.

Eldridge'den dört kilometre ilerde olan Wentworth kalesinin yanından geçtik, orada kütle halinde duruyordu. Buradaki yol çiğnenmişti; havanın kötülüğü içeri giriş çıkış trafiğini azaltmamıştı.

Oradan geçişimizi tam öğle yemeğine denk getirmiştik, umudumuz görevlilerin yemek ve içkiye boğulmuş olmasıydı. Yavaşça ilerliyorduk, böyle bir havada yolda kalmış şanssız yolcular gibi davranmaya çalışıyorduk.

Hapishaneyi geçince çamların altındaki korunaklı bir yerde atları dinlendirmek için durduk. Murtagh eğilip Jamie'nin saçlarını gizleyen komik şapkaya baktı.

"İyi misin delikanlı? Hiç sesin çıkmıyor."

Jamie başını kaldırdı. Yüzü solgundu, boynundan aşağı terler boşanıyordu, yarım ağızla sırıtmayı başardı.

"Başa çıkarım."

"Nasılsın?" diye sordum, endişeliydim. Eyere çökmüştü, her zamanki dimdik duruşundan eser yoktu.

"Hangisinin daha çok acıdığını anlamaya çalışıyorum; kaburgalarım mı, elim mi, popom mu? Bunlardan birini seçmeye çalışırken sırtımı unutuyorum." Sör Marcus'un ona verdiği kocaman mataradan bir yudum aldıktan sonra bana verdi. Leoch yolunda içtiğim saf alkolden çok daha iyiydi ama yine de çok sertti. Midemde küçük bir yanmayla birlikte yola koyulduk.

Murtagh'ın başının hızla çevrildiğini gördüğümde atlarımız karları sıçratarak hafif bir yokuşu tırmanıyordu. Onun başını çevirdiği yöne bakınca tepenin üzerinde duran dört kırmızı urbalıyı gördüm.

Yapılabilecek bir şey yoktu. Bizi görmüşlerdi, yukarıdan gelen çığlıkları boşlukta yankılandı. Kaçabileceğimiz bir yer yoktu. Oyunumuzu oynamak zorundaydık. Murtagh bana bakmadan hızlanıp onlarla tanışmaya gitti.

Grubun başında orta yaşlı bir onbaşı vardı, kışlık gri paltosuyla dimdik duruyordu. Bana eğilerek selam verdikten sonra Jamie'ye baktı.

"Beni bağışlayın lütfen. Bu yoldan geçen herkesi kontrol etmek zorundayız, Wentworth Hapishanesi'nden kaçanlar oldu da."

Kaçanlar. Dün Jamie'den başka mahkûmları da oradan kaçırmayı başarmıştım. Bu beni farklı açılardan mutlu etmişti. Bu aramayı zorlaştıran ve bölen bir şeydi. Dörde karşı üç beklediğimden çok daha iyi bir durumdu.

Jamie cevap vermedi ama öne eğilerek başını serbest bıraktı. Şapkasının altından parlayan gözlerini görebiliyordum. Bilinci yerindeydi. Bu adamları tanıyor olmalıydı, sesini tanırlar diye konuşmamıştı. Murtagh atını askerlerle benim atımın arasına sokmuştu.

"Evet, efendim gördüğünüz gibi biraz hasta," dedi, bu arada aptal aptal saçını çekiştiriyordu. "Bana Ballagh'a giden yolu gösterebilir misiniz? Sanırım yolu kaybettim."

Gözlerini görene kadar neyin peşinde olduğunu anlayamamıştım. Gözleri yukarı aşağı oynadıktan sonra aynı süratle askere bakmıştı, asker onun onu dikkatle dinlediğini sanıyordu. Jamie eyerden mi düşüyordu? Başlığımı düzeltirmiş gibi yaparak gözlerimi Murtagh'ın gösterdiği yöne çevirdim ve donakaldım.

Jamie yüzünü gölgeye saklamış bir şekilde dimdik oturuyordu ama ayağının ucundan bembeyaz karın üzerine kanlar damlıyordu.

Murtagh salaklığına devam ederek askerlerin dikkatini tepenin diğer ucuna çekmeyi başarmıştı Onlar Dingwall'a giden yolu göstererek o yolun altı kilometre sonra Ballagh'a bağlandığını anlatıyorlardı.

Hızla yere kayıp atımın kayışını çekiştirmeye başladım. Bu arada Jamie'nin atının altına bol miktarda kar atmayı başarmıştım. Askerler hâlâ Murtagh'a yolu anlatmakla meşguldü ama bir tanesi kaçmadığımızdan emin olmak için bize bakıyordu. Ona şeker şeker elimi sallayınca başını çevirdi. Hemen iç eteğimi yırtıp bunu Jamie'nin kalçasına bağlamak üzere onun pelerinini kaldırdım. İnlemesi benı hıç etkilememişti. Murtagh'la İngilizler yanımıza gelmeden hemen önce pelerini indirmeyi başardım.

"Biraz gevşetmek işe yaradı galiba," dedim, gözlerimi en yakın duran askere dikmiştim.

"Ah! Siz neden hanıma yardım etmiyorsunuz?" diye Jamie'ye döndü.

"Kocam biraz hasta, ben hallederim teşekkür ederim," dedim.

Onbaşı merak etmişti. "Hasta mı? Neyiniz var?" Atını Jamie'ye yaklaştırıp solgun yüzünü görmeye çalıştı. "Gerçekten de iyi görünmüyorsun. Şapkanı çıkarır mısın dostum. Yüzüne ne oldu?"

Jamie ona ateş etti. Kırmızı urbalı Jamie'nin yetmiş santim kadar ötesindeydi, göğsündeki kan birikintisi elimin büyüklüğüne varmadan atından yuvarlandı.

Onbaşı yere düşemeden Murtagh iki eline de tabancalarını almıştı. Atı şaha kalktığı için ilk atışı boşa gitti ama ikincisi hedefini buldu. Adamın kolu kanlar içinde kalmıştı, o sağlam koluyla kılıcına uzanırken Murtagh yeni silahlarını eline almakla meşguldü.

Geriye kalan iki askerden biri atını çevirip hapishaneye doğru ilerlemeye başlamıştı, yardım getirmeye gidiyordu.

"Claire!" Ses yukardan gelmişti. Jamie kaçan adamın arkasından kolunu sallıyordu. "Durdur onu!" Bana ikinci tabancasını fırlatır fırlatmaz dördüncü askerle ilgilenmek üzere kılıcını çekti.

Atımın savaş eğitimi vardı, gürültülerden dolayı kulaklarını arkaya yapıştırmıştı ama silah sesleri onu kaçırmamıştı, bıraktığım yerde duruyordu. Onun içine girdiği kavgayı görmek zorunda kalmadığıma mutlu olmuştum, atıma atlayıp kaçan adamın peşine düştüm.

Kar onu engellediği kadar beni de engelliyordu ama benim atım daha iyiydi ve biz onun bastırmış olduğu karın üzerinden daha hızlı ilerliyorduk. Ona yaklaşıyorduk ama bu yeterli değildi. Onun önünde bir yokuş vardı, sağa sapıp düzlükten gidersem aşağı inerken onun yolunu kesebilirdim. Atı hızla çevirdim, bu dönüşte neredeyse eyerden düşüyordum. O kendini düzeltti ve hızla ileri atıldı.

Onu yakalayamamıştım ama aramızdaki mesafe on metreye düşmüştü. Biraz daha yolumuz olsa onu mutlaka yakalardım ama şu an öyle bir lüksüm yoktu, hapishane iki kilometre ötedeydi. Yaklaştıkça duvarlardan görünme riskim artacaktı.

Dizginleri çekerek attan indim. Savaş eğitimi olsun olmasın ateş ettiğim anda yapacağı bir hareket kaçırmama sebep olurdu. Zaten heykel gibi dursa bile hedefimi vurabileceğimden pek emin değildim. Kara diz çöktüm, dirseğimi dizime dayayıp, silahı Jamie'nin göstermiş olduğu gibi tuttum. "Kolunu destekle, hedefi gör ve ateş et," demişti. Ateş ettim.

Hayretle atı vurduğumu gördüm. At tökezledi, dizlerinin üzerine çöktü ve karda yuvarlandı. Tetikteki parmağımı hissetmiyordum, onu ovalarken yere düşen askere bakıyordum.

Yaralanmıştı, ayağa kalkmaya çalıştı ama tekrar kara yuvarlandı. Atı kanlar içinde sarsıldı, dizginleri boştaydı.

O ana kadar ne düşüneceğimi bilememiştim, ona yaklaşınca onu sağ bırakamayacağımı fark ettim. Hapishaneye çok yakındık ve devriyeye çıkan askerler onu hemen bulurdu. Canlı bulunduğu anda bizi tarif ederdi ve artık tutsak hikâyemiz de bir işe yaramazdı! Nereye gittiğimizi de biliyordu. Sahile daha altı kilometrelik bir yolumuz vardı. Bu karda iki saat daha yol almak demekti. Oraya varınca bir tekne arayacaktık. Onu canlı bırakma riskini göze alamazdım.

Ona yaklaşırken dirseklerinin üzerinde doğrulmaya çalıştı. Beni görünce gözleri kocaman oldu ve bir anda rahatladı. Ben bir kadındım ve benden korkmuyordu.

Daha tecrübeli biri o an cinsiyetimin hiç de önemli olmadığını anlayabilirdi ama o daha bir çocuktu. On altı yaşından fazla değildi. Yanaklarında hâlâ bebek şişleri vardı, dudaklarının üzerindeki bıyık pek işe yaramıyordu.

Ağzını açtı ama sadece inlemeyi başarabildi. Elini bir yanına bastırmıştı, oradan sızan kanları gördüm. Attan yuvarlanırken yaralanmıştı. İç kanaması vardı.

Büyük ihtimalle ölecekti ama buna güvenemezdim.

Sağ elimdeki kamam pelerinimin altında gizliydi. Sol elimle başını tuttum. Bugüne kadar o elimle rahatlatmak ve iyileştirmek için yüzlerce adamın kafasını tutmuştum. Onlar da bana bu oğlanın baktığı gibi bakmışlardı. Ümit ve güvenle...

Boğazını kesemeyecektim. Yüzünü yavaşça diğer yana çevirdim. Rupert'ın temiz öldürme eğitimlerinde hep karşı tarafın karşı koyacağı öğretisi vardı. Oğlan karşı koymadı, son hızla kamamı boynunun altına soktum

Onu yüzüstü karın üzerine bırakarak diğerlerinin yanına dönmek üzere yola çıktım.

Ağır yükümüz aşağıda battaniyelerin arasında bir sıranın üzerinde yatıyordu. Murtagh'la Cristabel'in güvertesinde fırtınayı seyretmek üzere buluştuk.

"Rüzgâr duracak gibi görünüyor," dedim ümitle, ıslak parmağımı havaya kaldırarak.

Murtagh karamsar gözlerle bulutlara bakıyordu, limanın üzerinde kar yüklü kara bulutlar vardı. "Umarım yolculuk sorunsuz geçer, aksi takdirde oraya vardığımızda tekneden elimizde bir cesetle ineriz."

Yarım saat sonra İngiliz Kanalı'nın dalgalı sularına varınca onun sözlerinin ne anlama geldiğini anladım.

"Deniz tutması mı? İskoçları deniz tutmaz."

Murtagh sinirlendi. "Belki de o kızıl saçlı bir Hotanto'dur. Tek bildiğim şey yüzü çürümüş balık gibi yemyeşil ve durmadan kusuyor. Aşağı gelip kaburgaları göğsünü delmeden yardım edecek misin etmeyecek misin?"

"Lanet olsun!" diyerek o mis gibi havayı bırakıp kokusu hiç de hoş olmayan güverte altına indim. "Madem deniz tutuyordu neden bir tekneye binmek için ısrar etti?"

Bana gözünü kırpmadan baktı. "Çünkü o bu durumdayken karadan ilerleyemeyeceğimizi biliyordu, Eldridge'de de daha fazla kalamazdık, MacRannoch'un başı derde girerdi."

"Bunun yerine denizde kendini öldürmeye karar verdi."

"Evet, bu şekilde bir tek kendisi ölüyordu, başka kimse zarar görmüyordu. Hiç bencil değil, gördün mü? Bunu saklamaya da gerek yok," diyerek Jamie'nin yanına ilerlemeye devam etti.

"Tebrik ederim," dedim Jamie'ye bir ya da iki saat sonra, yüzümdeki pislikleri temizleyerek. "Deniz tutmasından ölen yegâne insan olarak tıp tarihine geçeceksin."

Yastığın üzerinde dönerek homurdandı. "Bütün bunları dışarı çıkarmaktan hiç mutlu değilim." Yeniden kendini yana fırlattı. "Tanrım, yine başlıyor." Murtagh'la yeniden yer değiştirdik. Bu koca adamı spazmlarla savrulurken tutabilmek güçsüz birinin yapabileceği bir iş değildi.

Bu sefer de bitince yeniden nabzını saydım, elimi ıslak alnına koydum. Murtagh yüzümdeki ifadeyi görünce beni dışarı çekti. "Hiçbir şey yolunda değil, değil mi?" dedi usulca.

"Bilmiyorum," dedim çaresizlik içerisinde, terli saçlarımı kurumaları için rüzgâra çevirmiştim. "İşin açıkçası bugüne kadar deniz tutmasından ölen birini görmedim ama kan kusmaya başladı." Küçük adamın geminin korkuluğunu tutan elleri kasıldı. "Kaburga kemiklerinin keskin uçlarının içerden bir zarar verip vermediğini anlayamıyorum. Sorun sadece midesi bile olsa çok fazla kustu. İkisi de iyiye işaret değil. Nabzı çok zayıf ve düzensiz. Bu kalbini zorlar."

"Onun aslan gibi bir kalbi vardır." Bunu oldukça kısık sesle söylemişti, başta doğru duyduğumdan emin olamadım. Gözlerindeki yaşlar rüzgârdan olmuş olmalıydı. Hızla bana döndü. "Öküz gibi de bir kafası. Leydi Annabelle'in verdiği afyon yanında mı?"

"Evet, hepsi yanımda ama içmiyor; uyumak istemediğini söyledi."

"Pekâlâ. Bazılarının ne istediği ve karşılığında ne elde ettiği çok farklı olur. Onun içinde şu an farklı bir durumun söz konusu olması anlamsız. Gel."

Onu takip ederek aşağı indim. "Yutabileceğini sanmıyorum."

"Bunu bana bırak. Şişeyi al ve onu doğrultmama yardım et."

Jamie yarı baygındı, onu doğrultup kafasını tuttuğumuzda

bize karşı koydu. "Ölüyorum," dedi güçsüz bir sesle, "ne kadar çabuk olursa o kadar iyi. Gidin ve bırakın huzur içinde öleyim."

Murtagh Jamie'yi saçından yakalayıp başını kaldırdı ve şişeyi dudaklarına dayadı. "Bunu yut bakalım küçük fındık faresi, yutmazsan boynunu kırmak zorunda kalırım. Sakın karşı koyma. Burnunu ve ağzını kapatırım, kulaklarından püskürür."

Lallybroch'un genç reisi ikimize birden karşı koyamadı ve yavaşça afyonu içti. Öksürüp öğürüyordu. Jamie mümkün olduğunca içmeye çalıştı, yüzü yemyeşildi ve nefes alamıyordu. Her bulantıda Murtagh burnunu tıkıyordu, sonunda kanına karışan afyon etkisini gösterdi. Onu gevşemiş bir halde yatağın üzerine bıraktık, saçları, kaşları ve kirpiklerinin dışında her yeri yastıkla aynı renkteydi.

Bir süre sonra Murtagh güverteye geldi. "Bak," diye elimle işaret ettim. Ufukta Fransız sahilleri görünmeye başlamıştı. "Kaptan üç dört saat içinde kıyıya varacağımızı söyledi."

"Vakit geç olmadan," dedi yol arkadaşım, alnındaki kahverengi saçları arkaya çekerek. Sonra bana dönüp en güzel hediyeyi verdi; gülümsedi.

Bir süre sonra yanımızdaki baygın yükü, iki şişman rahibin taşıdığı bir sedyeye yüklemiş Aziz Anne de Beaupré Manastırı'nın kapısından giriyorduk.

38

Manastır

Manastır on ikinci yüzyılda yapılmış görkemli ve sağlam bir yapıydı, duvarları hem denizin dalgalarına hem de istilacıların saldırılarına bunca yüz yıl karşı koymayı başarmıştı. Artık kapıları açıktı ve daha sakin bir dönem geçiriyordu. Yakın köylerle iletişimi vardı. Küçük taş hücreleri misafirlerin daha rahat etmesi için halılar ve mobilyalarla süslenmişti.

Odamdaki yastıklı iskemleden doğrulurken bir başrahibin nasıl selamlanması gerektiğini bilmediğimi düşündüm, önünde diz çöküp yüzüğünü öpmek gerekir miydi, yoksa bu sadece Papalara mı yapılırdı? Saygılı bir reverans yapmaya karar verdim.

Jamie'nin kedi gibi çekik gözleri Fraser tarafından geliyordu. Karşımdaki adamın siyah sakalları vardı ama çenesi de o taraftandı, bu kesindi.

Başrahip Alexander'ın, yeğenininki gibi geniş bir ağzı vardı, bana gülümsermiş gibi göründü. Dudakları bana gülümseyip hoş geldin derken çekik mavi gözlerinde soğuk bakışlar vardı. Jamie'den oldukça kısaydı, yaklaşık benim boyumdaydı ve kiloluydu. Üzerinde cübbe olmasına rağmen bir savaşçı gibi yürüyordu. Sanırım bir zamanlar iki işi bir arada yapıyordu.

"Hoş geldin, yeğenim," dedi başını eğerek. Bu karşılama beni şaşırtmıştı, yeniden eğildim.

"Misafirperverliğinizden dolayı size çok teşekkür ederim," dedim. "Jamie'yi gördünüz mü?" Rahipler Jamie'yi yıkamak üzere götürmüşlerdi, bunun eşlik etmemem gereken bir işlem olduğuna karar vermiştim.

Başrahip başını sallayarak, "Evet," dedi. Düzgün İngilizcesinin altında gizli bir İskoç aksanı vardı. "Onu gördüm. Onu yaralarıyla ilgilenmesi için Ambrose kardeşe emanet ettim." Bu sözlere endişeli gözlerle bakmış olmalıydım ki hemen devam etti, sesi daha mesafeliydi. "Merak etmeyin, madam. Ambrose kardeş işinin ustasıdır." Bana yeğeni gibi rahatsız eden bakışlarla baktı, Jamie de karşısındakinin kim olduğunu anlamaya çalışırken böyle bakardı.

"Murtagh sizin başarılı bir doktor olduğunuzu söyledi."

"Öyleyim."

Bu sözüm onun gerçekten gülümsemesine sebep oldu. "Sizin sahte alçakgönüllülük yapma günahını işlemediğinizi görüyorum."

"Başka günahlarım var," dedim gülerek.

"Hepimizin var. Ambrose kardeş sizinle sohbet etmek isteyecektir, bundan eminim."

"Murtagh size neler olduğunu anlattı mı?" diye sordum tereddütle.

Dudakları kasıldı. "Anlattı. Bildiği her şeyi anlattı." Benim daha başka açıklamalar yapacağımı umarak bekledi ama ben konuşmadım.

Sormak istediği bir takım sorular olduğu kesindi ama bana baskı yapmayacak kadar nazikti. Elini, rahatlamamı bildirir bir tavırla salladı.

"Hoş geldiniz," dedi yeniden. "Size kardeşlerimizden biriyle yemek göndereceğim." Beni bir kez daha süzdü. "Yıkanabilmeniz için de bir şeyler ayarlarlar." Bana doğru bir istavroz çıkardı, bu veda hareketi ya da içimdeki şeytanı defetme hareketi olabilirdi, sonra da kahverengi eteklerini sürüyerek odadan ayrıldı.

Ne kadar yorulmuş olduğumu fark ederek yatağa gömüldüm, yemek yiyip yıkanacak kadar uyanık kalmayı başarabilecek miydim? Başımı yastığa koyarken hâlâ bunu düşünüyordum.

Bir kâbus görüyordum. Jamie kapısız bir odadaydı. Aramızda taş bir duvar vardı, o çığlıklar atıyordu ama ben ona ulaşamıyordum. Duvara vurmaya çalıştım ama ellerim duvarın içinde yok oldu, sanki onları suya batırıyordum.

"Of," diyerek dar yatakta doğruldum, elimi yumruk yapıp yanımdaki duvara vurmuştum. Elimi bacaklarımın arasına sokup ileri geri sallanarak acısını azaltmaya çalıştım, sonra çığlıkların devam ettiğini fark ettim.

Hemen koridora çıkıp koşmaya başladım. Jamie'nin odasının kapısı açıktı, oradan koridora ışık sızıyordu.

Daha önce karşılaşmamış olduğum bir rahip onu sımsıkı tutuyordu. Sırtındaki bandajlardan kan süzülüyordu. Omuzları donuyormuş gibi titriyordu.

Beni kapıda gören rahip, "Kâbus görüyor," dedi. Jamie'yi benim kollarıma bırakıp temiz bez ve su şişesini almak üzere masaya gitti.

Jamie hâlâ titriyordu ve yüzü ter içindeydi. Gözleri kapalıydı, derin derin hırıltılı bir şekilde nefes alıyordu. Rahip yanıma oturup onun yüzünü silmeye başladı, saçlarını şakaklarından geriye itti.

"Karısı olmalısınız," dedi. "Yakın zamanda daha iyi olacağını umuyorum."

Bir iki dakika içinde titremesi azaldı ve Jamie içini çekerek gözlerini açtı.

"İyiyim, Claire. Lütfen şu kokuyu yok eder misin?"

Bu sözlerden sonra odayı kokladım. Hafif baharatlı bir çiçek kokusu vardı, son derece tanıdık bir kokuydu. Lavanta. Sabun ve tuvalet kokusu... Bu kokuyu en son Wentworth Hapishanesi'nde koklamıştım, oradaki çarşaflardan ya da Komutan Jonathan Randall'dan geliyordu.

Kokunun kaynağı metal kaba doldurulmuş yağdı, odaya hoş koku vermesi için altında mum yanıyordu.

Başına gelenler aklından çıkmıyordu, bu ortadaydı. Jamie daha iyi görünüyordu, oturmuş rahibin ona uzattığı suyu almıştı. Yüzü hâlâ bembeyazdı ve dudağının kenarı seğiriyordu.

Rahibe başımla söylediği şeyi yapmasını işaret ettim, hızla yerinden kalkıp sıcak kabı bir havluyla tutarak dışarı götürdü.

Jamie derin bir nefes alınca yerinden sıçradı, kaburgaları acımıştı.

"Sırtındaki yaralar biraz açıldı ama kötü bir şey yok," dedim.

"Farkındayım, uykumda sırtüstü dönmüş olmalıyım." Onun dönmemesi için arkasına destek olarak katlanıp konmuş battaniye yerdeydi. Eğilip yerden aldım.

"Sanırım bu yüzden o rüyayı gördüm. Kamçılanıyordum." Ürpererek suyundan bir yudum aldıktan sonra bardağı bana uzattı. "Daha sert bir şeye ihtiyacım var."

Kapıda bekleyen ziyaretçimiz bu sözlerin ardından bir elinde şarap testisi diğerinde de küçük bir şurup şişesi tutarak odaya girdi.

"Alkol mü, afyon mu?" diye gülerek sordu Jamie'ye. "Hangisini istersin?"

"Ben şarabı tercih ederim. Bir gece için bu kadar kâbus yeterli." Yavaşça şarabını yudumlarken biz de rahiple onun bandajlarını değiştirdik. Yaralarının üzerine yumuşatıcı kadife çiçeği merhemi sürdük. Jamie uyumak üzere yatağa girip üzeri sıkıca örtüldükten sonra ziyaretçimiz odayı terk etmek için arkasını döndü.

Yatağın yanından geçerken istavroz çıkardı ve, "İyi dinlen," dedi.

"Teşekkür ederim, peder," dedi Jamie uykulu bir sesle. Jamie'nin sabaha kadar bana ihtiyacının olmayacağını gördüm ve omzunu tutup veda ettikten sonra rahibi takip ettim.

"Teşekkür ederim. Çok yardımcı oldunuz."

Elini sallayarak önemli değil der gibi bir hareket yaptı. "Size asistanlık yapmak bana büyük bir keyif verdi," dedi, İngilizcesi mükemmeldi, hafif bir Fransız aksanı seziliyordu. "Çığlıkları duyduğum sırada St. Giles şapeline gitmek üzere misafir kanadından geçiyordum."

O korkunç boğuk çığlık belleğime kazınmıştı, yine irkildim, bir daha duymak istemiyordum. Koridorun sonundaki pencereye baktım, şafağın sökmesine daha çok vardı.

"Şapele mi?" Şaşırmıştım. "Sabah ibadetlerinin ana kilisede yapıldığını sanıyordum, ayrıca daha çok erken değil mi?"

Adam gülümsedi. Oldukça gençti, otuzlu yaşların başında olduğunu tahmin ettim, kahverengi saçlarında bir sürü beyaz vardı. Saçları kısaydı ve tepesi tıraşlanmıştı, kahverengi bir sakalı da vardı, bu sakal düzgün kesilmişti ve yakasına kadar uzanıyordu.

"Sabah ibadeti için gerçekten de çok erken," dedi. "Şapele gidiyordum çünkü Kutsal Ekmeği yalnız bırakmama ve ona daimi hayranlığı sunma görevi şu an bana ait." Jamie'nin odasına göz attı, oradaki saatli mum iki buçuğu gösteriyordu.

"Çok geç kaldım," diye söylendi. "Bartolome Kardeş yatağına gitmek ister." Elini kaldırarak hızla beni kutsadı ve dönüp koridorun sonundaki sallanan kapıya ilerledi. Adını bile soramamıştım.

Odaya girip Jamie'nin üzerine eğilip onu kontrol ettim. Uyuyordu, alnı kırışmaya başlamıştı. Elimi saçlarında gezdirdim. Kırışıklık biraz azaldı ve yeniden arttı. İç çekip battaniyelerini iki yanından sıkıştırarak onu koruma altına aldım.

Ertesi sabah kendimi çok daha iyi hissediyordum, Jamie ise geçirdiği zor gecenin etkisiyle daha kötü görünüyordu. Kahvaltı için önerdiğim şerbeti ve et suyunu reddettikten sonra bandajlarını kontrol etmek için elimi uzatınca sinirlendi.

"Claire, Tanrı aşkına biraz huzur ver! Sürekli itilip kakılmak istemiyorum!"

Kaşlarını çatarak elini çekti. Hiçbir şey söylemeden arkamı dönüp ilaçları ve bezleri toplamaya başladım. Onları grup grup ayırdım, işlevlerine göre sıraladım: kadife çiçeği merhemi ve melisa rahatlatmak için, kiraz kabuğu, alman papatyası ve söğüt kabuğu çaylarını hazırlamak için, St. John otu, sarımsak ve civanperçemi de enfeksiyon için.

"Claire." Ona döndüm, yatakta oturmuş utanç dolu bir yüzle bana bakıyordu.

"Özür dilerim Saksonyalı. Bağırsaklarım çok kötü durumda ve bu sabah nedense çok sinirliyim. Sana bağırmak istemezdim. Beni affeder misin?"

Yanına gidip ona sarıldım.

"Affedilecek bir şey yok. Bağırsaklarım kötü derken ne demek istiyorsun?" Bir kez daha romantizmle yakınlığın eş anlamlı kelimeler olmadığını düşündüm.

Yüzünü buruşturdu. "Bu, senin beni bir süre yalnız bırakman gerektiği anlamına geliyor. Umarım buna bir itirazın yoktur." Hemen isteğini yerine getirip kahvaltı etmeye gittim.

Yemekhaneden dönerken dün gece gördüğüm siyah cübbeli ziyaretçiyi gördüm, avludan manastıra ilerliyordu. Onu yakalamak için hızlandım.

"Peder!" diye bağırınca gülerek bana döndü.

"Günaydın," dedi. "Madam Fraser değil mi? Eşiniz bu sabah nasıl?"

"Daha iyi," dedim öyle olmasını umarak. "Size dün gece için yeniden teşekkür etmek istedim. Dün adınızı sormaya fırsat bile bulamadım."

Kestane renkli gözleri, önümde eğilirken parladı, elini kalbinin üzerine koymuştu. "François Anselm Mericoeur d'Armagnac," dedi. "Doğduğumda verilen ad bu ama artık sadece Peder Anselm'im."

"İyi kalpler diyarından Anselm," diyerek gülümsedim. Omuz silkti, bu tam bir Galli hareketiydi, yüzyıllar hiçbir şeyi değiştirmemişti.

"Olmaya çalışan," diyerek hafifçe gülümsedi.

"Sizi tutmak istemem," dedim manastıra bakarak. "Sadece yardımınızdan ötürü teşekkür etmek istemiştim."

"Beni bir şeylerden alıkoymuyorsunuz, madam. İşe gitmemek için elimden geleni yapıyordum, bugün günahkârca bir tembellik hissediyorum."

"İşiniz nedir?" diye sordum, meraklanmıştım. Burada ziyaretçi olduğu kesindi. Onun siyah Fransiskan cübbesi, kahverengi cübbeli Benedictlerin arasında bir mürekkep lekesi gibi duruyordu. Burada birkaç ziyaretçi vardı, Polydore Kardeş bana öyle söylemişti. Bunların çoğu manastırın kütüphanesini kullanmaya gelmiş bilim adamlarıydı. Anselm de onlardan biriymiş gibi duruyordu. Birkaç aydır buradaydı ve Herodot'un eserlerini çevirmekle meşguldü.

"Kütüphaneyi gördünüz mü?"diye sordu. Başımı hayır anlamında salladığımı görünce, "Gelin o zaman," dedi. "Son derece etkileyici bir yer, başrahibin buna itiraz edeceğini sanmam."

Kütüphaneyi merak etmiştim, misafir kanadına bir an önce dönmek gibi bir isteğim de yoktu, onu izlemeye başladım.

Kütüphane yüksek tavanlı, çatının içindeki değişik katmanlara kadar uzanan yüksek Gotik sütunları olan güzel bir mekândı. Sütunların arasında tavandan yere uzanan pencereler vardı. Bunlar kütüphaneyi aydınlatıyordu. Çoğu düz camdı, bir kısmının üzerinde ayna izlenimi yaratan lekeler vardı. Parmak uçlarımda, çalışan rahiplerin arasından geçerken "Mısır Yolunda Dinlenme" adına sahip tablonun önünde durmadan yapamadım.

Kitap raflarının çoğu alıştığım raflardan farklı değildi, kitaplar yana yana diziliydi. Bir kısmında eskimiş ciltlerin korunabilmesi için kitaplar yatay olarak konmuştu. Bir takım parşömenlerin saklanmakta olduğu önü camla kapalı raflar da vardı. Kütüphanede doğal bir huzur vardı, kitaplar ciltlerinin içerisinde sessizce kendi şarkılarını söylüyor gibiydi. Kütüphaneden ayrıldığımda huzurla doluydum, Peder Anselm'le birlikte ana avluda yürümeye başladım.

Ona dün gece için bir kez daha teşekkür etmeye kalkıştığımda omuzlarını silkti.

"Bunu artık aklından çıkar yavrum. Bugün kocanın çok daha iyi olmasını diliyorum."

"Ben de," dedim. Bu konuyu daha fazla deşmek istemiyordum. "Daimi Hayranlık tam olarak ne anlama geliyor? Dün gece bunu sunmak üzere gittiğinizi söylemiştiniz."

"Katolik değil misin?" diye sordu şaşkınlıkla. "Unuttum, siz İngilizsiniz. Sanırım Protestansınız."

"İşin açıkçası hangisi olduğumdan ben de pek emin değilim," dedim. "Ama sanırım teknik olarak bir Katolik'im."

"Teknik olarak mı?" Gözkapakları şaşkınlıkla açılmıştı. Peder Bain'le yaşadıklarım aklıma gelince daha dikkatli davranmaya karar verdim ama bu adam haçları yüzüme yüzüme sallayacak birine benzemiyordu.

Yoldaki taşların arasında bitmiş otlardan birini yerinden sökerek konuşmaya başladım. "Bir Katolik olarak vaftiz edildim. Ailem ben beş yaşındayken öldü ve ben de amcamla birlikte yaşamaya başladım. Lambert Amca pek..." Lambert Amca'nın bilgiye doymazlığını ve dini de sadece kataloglanması gereken kültürlerden biri olarak gördüğünü hatırladım, onları toplumlara göre sınıflandırmak gerektiğini düşünürdü. "O her şeydi ama hiçbir şeydi. Dine ait her şeyi bilirdi ama inanan biri değildi. Haliyle bu konuda herhangi bir eğitime sahip değilim. İlk kocam da bir Katolik'ti ama o da gerekenleri pek yapmazdı. Korkarım ben bir dinsizim."

Endişeli gözlerimi ona dikmiştim, o yaptığım açıklamaya hiç şaşırmadı ve samimiyetle gülmeye başladı.

"Her şey ve hiçbir şey," diyerek sözlerimi tekrarladı. "Bunu çok sevdim. Sana gelince korkmana gerek yok. Siz bir zamanlar Kutsal Kilise'ye ait birinin çocuğuydunuz ve bu şekilde sonsuza dek kutsandınız. İnanç hakkında bir şey bilip bilmemeniz çok da önemli değil, en az Papa kadar Katoliksiniz." Başını kaldırıp gökyüzüne baktı. Hafif bulutluydu ama kilisenin yanındaki kızılağaçların yaprakları hareket etmiyordu.

"Rüzgâr durdu. Biraz rahatlamak için temiz havada yürüyüşe çıkacaktım. Bana eşlik eder misiniz? Sizin de temiz hava ve harekete ihtiyacınız var, ayrıca yürürken size Daimi Hayranlık hakkında bilgi veririm, böylece ruhen de aydınlanmış olursunuz."

"Bir taşla iki kuş öyle mi?" Hava çok da sıcak değildi, pelerinimi almak üzere içeri girdim.

Dua eden eğik başlara bakan Peder Anselm, yavaşça şapelin bahçeye açılan diğer kapısına doğru önümden ilerledi.

Şapelden uzaklaşınca, "Aslında bu çok basit bir fikir. İncili hatırlarsınız, Gethsemane hikâyesini de bilirsiniz, Peygamberimiz davası görülüp çarmıha gerilmeden önceki geceyi orada geçirmişti. Oradaki arkadaşları ve onu koruması gerekenler uyuyakalmışlardı."

"Ah," diyebildim, anlamıştım. "Ve O, beni bir saat bile koruyamadınız mı" dedi. Yaptığınız şey bu. " Fikri sevmiştim, karanlık şapel gözüme bir anda huzurlu bir yer olarak görünmeye başlamıştı.

"Evet, madam," dedi. "Çok basit. Bu izleme işini sırayla yapıyoruz ve kutsal ekmek hiç yalnız kalmamış oluyor."

"Uyanık kalmak zor olmuyor mu?" diye sordum. "Ya da sadece geceleri mi izliyorsunuz?"

Başıyla onayladı, hafif rüzgâr saçlarını havaya kaldırıyordu. Tepesindeki kel bölümün tıraş edilmesi gerekiyordu; saçları o bölgeyi ince bir yosun gibi kaplamıştı.

"Her izleyici kendisine uyan zaman dilimini seçer. Ben sabah ikiyi seçtim." Tereddütle beni süzmeye başladı, ne söyleyeceğini merak etmiştim.

"O anda bana zaman durmuş gibi gelir. Vücudumdaki bütün duyular, damarlarımdan akan kan ve diğer salgılarım mükemmel bir uyumla çalışmaya başlar." Gülümsedi. Dişleri eğri büğrüydü, görünüşündeki tek kusur buydu.

"Bazen de hepsinin durduğunu hissederim. Bu anın doğumla mı, ölümle mi aynı hissi yaşattığını merak ederim. Bunun zamanlaması herkes için farklıdır."

"O zaman bölünmesinin içinde her şey mümkünmüş gibi görünür. Hayatınızdaki tüm kısıtlamaları gözden geçirirsiniz ve hiçbiri hiçbir şey ifade etmez. İşte o an zaman durur. O anda yapmanız gereken her şeyi yapıp yine aynı noktaya dönebileceğinizi düşünürsünüz, geri döndüğünüzde her şey bıraktığınız gibi sizi beklemektedir. Sanki..." kelimeleri dikkatle seçmek için durdu.

"Sanki her şey mümkündür ve hiçbir şey gerekli değildir."

"O sırada ne yaparsınız? Yani dua falan eder misiniz?"

"Ben mi?" diye sordu usulca. "Oturup O'na bakarım." Güzel dudaklarında bir gülümseme belirdi. "O da bana bakar."

Odaya döndüğümde Jamie ayağa kalkmıştı, omzuma dayanarak koridorda küçük bir yürüyüş yaptı. Bu kadar hareket bile yüzünü soldurup terletti, onu yatağa yatırıp üzerini örttüğümde bana karşı koymadı.

Ona et suyu ve süt önerdim. Başını sallayarak reddetti. "İştahım yok, Saksonyalı. Bir şey yediğim anda yeniden kusmaya başlarım."

Onu zorlamadım, sessizlikle et suyunu yanından uzaklaştırdım.

Akşam yemeğinde biraz daha ısrarcıydım, ona birkaç kaşık çorba içirmeyi başardım. İçmeyi başardı ama onları içinde tutmayı başaramadı.

"Özür dilerim, Saksonyalı," dedi sonrasında. "İğrencim."

"Önemli değil Jamie ve iğrenç falan değilsin." Leğeni kapının dışına koyup yanına oturdum. Alnına düşen saçlarını okşayarak arkaya ittim.

"Sıkma canını. Büyük ihtimalle miden hâlâ yaptığın yolculuğu kaldıramaz durumda. Belki de yemek yemen için henüz erken ve ben seni boşu boşuna yordum. İyileşmek için dinlenmelisin."

Gözlerini yumdu.

"İyi olacağım. Sen bugün neler yaptın?"

Huzursuzluğu ve rahatsızlığı her halinden belli oluyordu, ona günü nasıl geçirdiğimi anlatırken biraz rahatladığını hissettim, ona keşiflerimden bahsettim, kütüphaneyi, şapeli, üzüm cenderesini ve meşhur Ambrose Kardeş'le tanışma fırsatını bulduğum şifalı otlar bahçesini anlattım.

"O muhteşem biri," dedim coşkuyla. "Ah, sen onu tanıyorsun zaten." Ambrose Kardeş uzun boylu - neredeyse Jamie kadar uzun - ince ve solgun yüzüyle neredeyse bir kadavraya benzeyen bir adamdı. Uzun, ince ve yeşil renkli parmakları vardı.

"O her şeyi yetiştirebilir. Normal şifalı otları zaten her yere dikmiş, o küçücük serada bu mevsimde ya da bu yörede yetiştirilme imkânı olmayan, hatta yetişme imkânı dahi olmayan bitkiler yetiştiriyor. Dışarıdan getirilmiş baharat ve uyuşturuculardan bahsetmiyorum."

Uyuşturucu kelimesi aklıma yeniden dün geceyi getirmişti, pencereden dışarı baktım. Karanlık çökmeye başlamıştı, papazlar ellerinde kandillerle, çalıştıkları ahırlardan ve diğer bölgelerden dönüyorlardı.

"Hava kararmaya başladı. Uyuyabileceğinden emin misin? Ambrose kardeş yardımı olabilecek birkaç bitki yolladı."

Gözlerinden yorgunluk akıyordu ama başını salladı.

"Hayır Saksonyalı. Hiçbir şey istemiyorum. Uyursam yeniden... Hayır, biraz kitap okuyacağım." Anselm ona kütüphaneden felsefe ve tarihle ilgili kitaplar getirmişti, masanın üzerinde duran Tacitus'a uzandı.

"Uyuman lazım Jamie," dedim usulca ona bakarak. O kitabı açıp yastığın üzerine koyduktan sonra duvarı seyretmeye devam etti.

"Sana rüyamda ne gördüğümü anlatmadım," dedi aniden.

"Kamçılandığını söyledin." Yüzündeki bakışlardan hiç hoşlanmamıştım, çok donuktu ve şimdiden gözleri nemlenmişti.

"Bu doğru. Başımı kaldırıp bileklerimi kesen ipe baktım. Ellerim simsiyahtı, ben kıpırdadıkça ip kemiğe dayanıyordu. Yüzümü direğe yasladım. Kırbacın ucundaki küçük kurşunların omuzlarıma girdiğini hissediyordum."

"Kamçılar durmuyordu, uzun bir zaman geçince onların asla durmayacağını anladım. Artık etim iyice ortaya çıkmıştı. Kan... Kanım sırtımdan aşağı hızla akıyordu, eteğim sırılsıklam olmuştu ve çok soğuktu."

"Sonra yeniden başımı kaldırdım, ellerimin etleri koparak yere düşüyordu, parmaklarım birer tahta parçasına dönmüştü. Kollarımdaki kemikler de ortadaydı, onları bir takım ipler bir arada tutuyordu. Sanırım o an çığlık atmaya başladım."

"O bana vurduğunda artık değişik bir ses gelmeye başlamıştı. Bütün etim soyulmuştu ve küçük kurşunlar artık direk kemiklerime çarpıyordu. O an anladım, ölüydüm ama bu bir şeyi değiştirmedi. O vurmaya devam etti, durmayacaktı, ben paramparça olup kemiklerim birer birer yere düşmeden önce o durmayacaktı ve..."

Ona sarılarak sakinleştirmek istedim ama o susmuş ve kitabın kenarını tutmuştu. Dişleri alt dudaklarına geçmişti.

"Jamie bu gece burada kalabilirim. Yere bir döşek sererim."

"Hayır." Ne kadar zayıf olursa olsun inatçılığından bir gram bile kaybetmiyordu. "Yalnız kalırsam daha iyi olacağım. Zaten şu an uykum yok. Sen git ve yemeğini ye, Saksonyalı, ben biraz kitap okuyacağım." Başını kitaba eğdi. Onu çaresizlik içinde birkaç dakika seyrettikten sonra sözünü dinleyip odadan çıktım.

***

Jamie'nin durumu beni gitgide daha çok endişelendiriyordu. Bulantısı çok uzun sürmüştü, hiçbir şey yemiyordu ve yediği birkaç şeyi de çıkarıyordu. Gün geçtikçe halsizleşiyor ve soluyordu. Hiçbir şey ilgisini çekmiyordu. Geceleri uyumadığı için günün büyük bir bölümünü uyuyarak geçiriyordu. Rüyalardan korkmasına rağmen odasını paylaşmama izin vermiyordu onun bu hali beni de harap ediyordu.

Üzerine çok düşmek istemiyordum zaten buna izin vermiyordu. Zamanımın çoğunun Herbaryum'da Ambrose Kardeş'le bitkileri kurutarak geçiriyordum. Bazen manastırda geziniyor ve Peder Anselm'le sohbet ediyordum. Ona binlerce kez bilinmeyenle pek fazla ilgilenmediğimi söylememe rağmen ince ince bana Katolikliği öğretiyordu.

"Bak hayatım," dedi sonunda, "sana dün günah işlemek için gereken koşullar konusunda anlattıklarımı hatırlıyor musun?"

Dini konularda bilgim az olabilirdi ama hafızamla ilgili bir sorunum yoktu.

"Bunun yanlış olduğunu ve bunu işlemek için ona yüzde yüz inanmak gerektiğini söyledin."

"Buna yüzde yüz inanmak," diye tekrarladı. "Bak hayatım inayet için de aynı şey geçerlidir." Ağılın çitlerine dayanmış orada dolaşan domuzları seyrediyorduk. Başını çite dayadığı kollarına yaslayarak bana çevirdi.

"Bunu nasıl yapacağımı anlayamıyorum," diye karşı çıktım. "İnanç insanın içinde vardır ya da yoktur. Demek istediğim şey şu,"- tereddüt ediyordum çünkü kabalık etmek istemiyordum - "size göre şapelde mihrabın önünde duran şey Tanrı, bana göre o sadece bir ekmek parçası. Onu ne kadar süslerseniz süsleyin bu böyle."

Sabırsızlıkla iç geçirdikten sonra doğrulup sırtını esnetti.

"Akşamları bekçilik görevime giderken kocanızın uyumadığını görüyorum ve sizin de uyumadığınızın farkındayım. Uyumadığınıza göre bu gece benimle birlikte nöbete gelir misiniz? Şapelde benimle birlikte bir saat oturun."

Gözlerimi kısarak ona baktım. "Neden?"

Omuz silkti. "Neden olmasın?"

***

Anselm'le olan randevum için uyanmakta hiç zorluk çekmedim, zira zaten uyumuyordum. Jamie de uyumuyordu. Başımı koridora her çevirdiğimde onun odasından sızan titrek mum ışığını görebiliyordum, çevirdiği sayfaların sesini ve şekil değiştirirken çıkardığı inleme seslerini de duyuyordum.

Uyumadığım için üstümü değiştirme gereği de hissetmiyordum, Anselm'in kapımı tıklattığını duyduğumda hazırdım.

Bu tip büyük kurumların hepsinde olduğu gibi gecenin karanlığında manastır çok daha sessiz duruyordu, günlük bütün aktiviteler sona ermişti, nabız düşmüştü ama kalp hâlâ atıyordu, yavaş, yumuşak ama sonsuz bir atıştı bu. Salonu bekleyen oradaki yaşamı canlı tutan uyanık biri hep vardı. Şu an bu görev benimdi.

Şapel loştu. Yanan birkaç beyaz adak mumu ve kutsal kırmızı lambanın dışında ortalığı aydınlatacak hiçbir şey yoktu. Alevler dümdüz yukarı, azizlerin ruhuna doğru yükseliyordu.

Ana koridorda Anselm'in arkasından diz çökeceğimiz yere ilerledim. Kardeş Bartolome önümüzde diz çökmüş duruyordu, başı eğikti. Bizim oraya girerken yapmış olduğumuz ufak gürültüden etkilenmedi, kıpırdamadan, huşu içinde durmaya devam etti.

Kutsal Ekmek kendisinden çok daha ihtişamlı bir kabın içinde duruyordu. Oldukça iri altın rengindeki kâse ortasında duran ekmek parçasıyla birlikte mihrabın üzerinde parlıyordu.

Acemi hareketlerle Anselm'in bana gösterdiği sıraya oturdum. Bu oturma yerlerinin sırt dayama yerlerinin üzerine melek, çiçek ve şeytan motifleri kazınmıştı. Oturduğum sıra hafifçe çıtırdadı, Anselm de yerini almıştı.

"Ne yapacağım?" diye sordum. Sesim etraftaki sessizliğe olan saygımdan dolayı son derece kısık çıkmıştı.

"Hiçbir şey, varlığınız yeterli."

Nefesimi ve arada bir çıkan sesleri dinleyerek oturmaya başladım; bu sesler eşyalarda gizliydi. Taşın oturması, ahşabın iç çıtırtısı, küçük alevlerin fısırtısı, ufak bir böceğin yerde sürünmesi...

Burası huzur doluydu, Anselm'e bunun için teşekkür etmeliydim. Yorgunluğuma, Jamie'yi düşünerek endişelenmeme rağmen rahatladığımı hissediyordum. Kafamdaki ağırlık azalmaya başlamıştı. Saatin geç olmasına rağmen hiç uykum yoktu, oysa oldukça gergin ve sıkıntılı bir hafta geçirmiştim.

Sonsuzluğun yanında günler ve haftaların ne kadar anlamı olabilirdi ki? Bütün mesele buydu, Anselm, Bartolome, Ambrose, tüm rahipler, Başrahip Alexander bile bunun peşindeydi.

Bu bir anlamda insana huzur veren bir fikirdi. Eğer sonsuz zamana sahip olsaydık, yaşadığımız anlar çok daha hafif yükler verirdi bize. Şunu da anlayabiliyordum aslında, insan hayatın ve sonsuz varlığın getirdiği bitmez düşüncelere bazen ara vermek istiyordu, varlığının doğası nasıl planlanmış olursa olsun, oradan kaçmak istiyordu.

Kutsal lambanın ışığı altının üzerine yansıyordu. Aziz Giles ve Kutsal Annemizin heykellerinin altında yanan beyaz adak mumları kusursuzluğun imkânsız olduğunu gösterir gibi titreşip duruyorlardı. Kutsal ışık ise dümdüzdü, ışığında yanıltıcı, sağa sola kayan, yoldan çıkan bir görüntü yoktu.

Eğer sonsuzluk diye bir şey varsa ya da en azından var olduğuna dair bir fikir, o zaman Anselm haklı olabilirdi. Her şey mümkündü. Ya aşk? Düşünmeye başladım. Frank'i sevmiştim, hâlâ seviyordum. Jamie'yi de seviyordum, hem de hayatımdan vazgeçecek kadar. Ama zaman ve koşullar bizi kısıtlıyordu. İkisine birden sahip olmam imkânsızdı. Ya zamanın ötesinde? Zamanın olmadığı ya da durduğu bir yer var mıydı? Anselm olduğunu düşünüyordu. Her şeyin mümkün olduğu bir yer olduğunu... Ve o yerde hiçbirinin gerekmediğini...

Orada aşk var mıydı? Tenin ve zamanın olmadığı bir yerde aşkın olması mümkün müydü? Buna gerek var mıydı?

Lamb Amca düşüncelerimin sesi gibiydi. Çok küçük yaştan beri tek ailem oydu. Bana hiç sevgiden ve beni ne kadar sevdiğinden söz etmemişti ama ben onun beni çok sevdiğini biliyordum. Sevginin olduğu yerde ondan konuşmanın gereği olmazdı. O ölümsüzdü. Ve yeterliydi.

Zamanın farkında değildim, Anselm önümde belirince yerimden sıçradım. Mihrabın yanındaki küçük kapıdan gelmişti. Oysa yanımda oturuyor olmalıydı. Arkama bakınca adını bilmediğim genç bir rahibin kapıdan girdiğini gördüm. Anselm mihrabın önünde eğildikten sonra başıyla kapıyı işaret etti.

"Bıraktınız!" dedim şapelden çıkar çıkmaz. "Kutsal Emaneti yalnız bırakmamanız gerektiğini sanıyordum."

Gülümsedi. "Bırakmadım hayatım, siz oradaydınız."

Kendimi, benim adamdan sayılamayacağımı söylememek için tutmam gerekti. Bir süre sonra bu işi yapabilmek için seçilmiş olmaya ya da belirli niteliklere sahip olmak gerekmediğini çözdüm. İnsan olmak yeterliydi, gerçi zaman zaman bundan şüphe duyuyordum.

Kapısının önünden geçerken Jamie'nin mumları hâlâ yanıyordu, bir sayfa çevirme sesi duydum. Durmak istedim ama Anselm beni odamın kapısına kadar bırakmaya kararlı görünüyordu. Orada durup ona iyi geceler diledim, beni şapele götürdüğü için teşekkür etmeyi de ihmal etmedim.

"Çok... Çok huzur vericiydi." Doğru kelimeyi bulmak için uğraşmıştım.

Beni süzerek başını salladı. "Evet, madam, öyledir. Size orada olduğunuz için Kutsal Emanetin yalnız kalmadığını söyledim. Peki, ya siz? Siz yalnız mıydınız?"

Cevap vermeden önce bir süre ona baktım.

"Hayır," dedim. "Yalnız değildim."

39

Ruhun Diyetini Ödemek

Sabah olunca her gün yaptığım gibi Jamie'yi görmeye gittim, kahvaltısını etmiş olduğunu umuyordum. Odasına yaklaştığım sırada duvardaki girintiden Murtagh belirdi ve yolumu kesti.

"Ne oluyor? Sorun nedir?" Kalbim küt küt atmaya, avuçlarım terlemeye başlamıştı.

Ne kadar korktuğumu anlayan Murtagh beni sakinleştirmek için başını sallayarak, "Merak etme, iyi," dedi. "Ya da olabileceği kadar iyi..." Eliyle dirseğimden tutarak beni koridorda yürütmeye başladı. Murtagh ilk kez bilinçli olarak bana dokunmuştu, bu beni şok etti. Kolumu tutan eli son derece hafif ama bir pelikanın kanadı kadar güçlüydü.

"Nesi var?" diye üstelemeye devam ettim. Küçük adamın yüzünden hiçbir şey belli olmuyordu ama gözkapakları seğiriyordu.

"Henüz seni görmek istemiyor."

Durup kolumu hızla çektim.

"Neden?"

Murtagh tereddüt ettikten sonra kelimelerini dikkatle seçerek konuşmaya başladı. "Senin onu burada bırakıp İskoçya'ya dönmen gerektiğini düşünüyor. O..."

Geri kalan sözleri ben hızla odaya doğru yürümeye başlayınca ağzına tıkandı.

Ağır kapı arkamdan çarparak kapandı. Jamie yüzüstü yatmış uyuyordu. Üzeri örtülü değildi, rahip adaylarının giydiği kısa cüppelerden giymişti, köşede duran mangal odayı yeterince ısıtıyordu, biraz duman da vardı.

Ona dokunduğum anda yerinden fırladı. Gözleri uykuluydu, iyice çökmüşlerdi ve gördüğü rüyanın etkisindeydi. Elini ellerimin arasına almaya çalıştım ama hızla çekti. Ümitsizlik içinde başını yastığa gömdü.

Buna bozulduğumu belli etmeden bir tabure çekip yatağın yanına oturdum. "Sana dokunmayacağım ama benimle konuşman gerekiyor." O omuzlarını kısmış bir şekilde yatmaya devam ederken susup bekledim. Sonunda derin bir nefes alıp yavaşça hareket etmeye başladı ve ayaklarını yataktan aşağı salladı.

"Evet," dedi bana bakmadan, "sanırım bunu yapmak zorundayım. Bunu çok geç olmadan... Bunun gerekmemesini umacak kadar ödleğim." Sesi acıydı, başını yere eğmişti, elleri dizlerinin üzerinde öylece duruyordu. "Bugüne kadar bir ödlek olduğumu hiç düşünmemiştim ama öyleyim. Randall'ın beni öldürmesini sağlayabilirdim ama bunu yapmadım. Yaşamak için hiçbir sebebim yoktu ama ölecek kadar cesur olamadım." Sesi iyice kısılmıştı, onu duymakta zorlanıyordum. "Seni son bir kez daha görmem gerektiğini biliyordum... Sana söylemem... Ama Claire aşkım... Ah, aşkım..."

Yastığı yatağın üzerinden aldı ve korunmak ister gibi ona sarıldı, bende bulamadığı huzuru onda bulmak ister gibiydi. Gücünü toplamak için alnını ona bastırıp durdu.

"Wentworth'de beni bırakıp gittiğin zaman, ayak seslerini yok olana kadar dinledim. Artık onu düşünmeye başlayabilirim dedim. Onun tenini, saçının kokusunu, dudaklarıma dokunuşunu hatırlayabilirim. Bu kapı yeniden açılana kadar onu düşünebilirim. Yarın darağacına giderken de onu düşüneceğim, bu bana gereken cesareti verecek. Bu kapı açıldıktan sonra, yarın yeniden açılıp ölüme gidene kadar onu hiç düşünmeyeceğim."

O küçük zindanda gözlerini kapatıp oturarak beklemeye devam etmişti. Hareket etmeden oturduğu sürece canı fazla acımıyordu ama bir süre sonra çok büyük acılar çekeceğinin farkındaydı. Daha önce yaşamış olduğu acıyı biliyordu ve bundan korkuyordu. Gücü tükenmeden, bir an önce bununla karşılaşmayı istiyordu. Karşılaşacağı fiziksel vahşet hafifçe midesini bulandırıyordu. Umutsuzluk anestezi etkisi yapmaya başlamıştı bile.

Odada pencere yoktu ve günün hangi vakti olduğunu anlayamıyordu. Zindana getirildiğinde akşamüstünü biraz geçiyordu ama ondan sonra ne kadar zaman geçtiğini tam olarak algılayamamıştı. Şafağın sökmesine kaç saat vardı? Altı, sekiz, on? Ondan sonra her şey sona erecekti. Randall'ın ona ölümü hoş karşılatacak kapasiteye sahip olduğundan emindi.

Kapı açıldığında başını kaldırıp bakmıştı - ne umuyordu ki? İnce yapılı, yakışıklı, keten gömleği yırtık, saçları karışık bir adam kapıya dayanmış onu seyrediyordu.

Bir dakika sonra Randall hiç konuşmadan odaya girip yanına oturmuştu. Bir elini Jamie'nin ensesine koymuş, diğeriyle de elindeki çiviyi sökmüştü. Jamie bayılmanın eşiğine gelmişti. Önüne bir bardak brendi konmuş ve bir el başını düştüğü yerden kaldırıp onu içmesine yardımcı olmuştu.

"Sonra yüzümü ellerinin arasına alıp dudaklarımda kalan brendiyi yaladı. Geri çekilmek istedim ama ona söz vermiştim ve öylece durdum."

Randall başını bir süre daha ellerinin arasında tutup onu süzdükten sonra yeniden yanına oturmuştu.

"Bir süre orada oturdu, konuşmuyordu, sadece bacağını ileri geri sallıyordu. Ne istediğini anlayamıyordum, tahmin edecek halim de yoktu. Çok yorgundum ve elimin acısından dolayı midem bulanıyordu. Bir süre sonra masaya dönüp yüzümü kollarımın arasına aldım." Derin bir nefes aldı.

"Elinin başımda gezindiğini hissettim ama kıpırdamadım. Saçımı okşamaya başladı. Çok nazikti, durmadı. Onun nefesi ve mangaldan gelen çıtırtılar dışında çıt çıkmıyordu. Uyumuşum."

Uyandığında Randall önünde duruyordu.

"Daha iyi misin?" Randall bu soruyu gayet mesafeli ve nazik bir tavırla sormuştu.

Jamie konuşmadan başını sallayarak ayağa kalkmıştı. Randall yaralı eline dikkat ederek onu soymuş ve yatağa götürmüştü.

"Ona karşı koymayacağıma dair söz vermiştim ama yardım edeceğimi de söylememiştim, bir külçe gibi durmaya devam ettim. Bana istediğini yapabilirdi ama oyuna katılmayacaktım -

ondan uzak duracaktım, beynim bu işe dâhil olmayacaktı." Randall bunu görünce gülümsemiş ve onun sağ elini sıkıca tutarak yatağa çökmesini sağlamıştı, bu acı onun başının dönmesine ve yeniden midesinin bulanmasına sebep olmuştu. Randall onun önünde yere diz çökmüş ve birkaç saniye içinde bu mesafeyi koruma çalışmasının sadece bir hayal olabileceğini öğretmişti.

"Ayağa kalkınca bıçağı eline alıp göğsümü bir baştan diğer başa kadar kesti. Derin bir kesik değildi ama hafifçe kanadı. Bir süre yüzüme baktıktan sonra parmağını kana bastırdı." Jamie'nin sesi kesik kesik çıkıyordu, arada bir kekeliyordu. "Parmağındaki kanı yaladı, diliyle parmağına küçük darbeler vuruyordu. Kendini temizleyen bir kediye benziyordu. Sonra gülümseyerek başını göğsüme yaklaştırdı. Bağlı değildim ama kıpırdayamıyordum. O... O dilini... Öylece oturdum. Canım acımıyordu ama içim bir tuhaf oldu. Bir süre sonra ayağa kalkıp kendini bir havluyla temizledi."

Jamie'nin eline bakıyordum. Yüzünü bana çevirmediği için duygularını takip edebildiğim tek yer eliydi. Anlatmaya devam ettikçe karyolanın kenarını daha sıkı tutuyordu.

"Bana... Bana tadımın çok güzel olduğunu söyledi. Kesiğin kanaması durmuştu, elindeki havluyu hızla yaranın üzerine sürtünce yeniden kanamaya başladı." Yumruk haline gelmiş elinin eklemleri bembeyaz olmuştu. "Sonra pantolonunun düğmelerini açmaya başladı, kanı kendine sürüp sıranın bende olduğunu söyledi."

Sonrasında Randall kusarken onun başını tutmuş ve yüzünü ıslak bir bezle temizlemişti. Ağzını yıkaması için ona brendi vermişti. Sürekli olarak tavır değiştirerek vahşileşip ardından nazikleşerek ufak ufak onun zihinsel ve fiziksel tüm savunma mekanizmalarını yok etmişti.

Jamie'yi durdurup daha fazlasını duymak istemediğimi söylemek istedim, devam etmemeliydi ama bunu söylememek için dudaklarımı ısırdım. Ona dokunmamak için ellerimi de birbirine kenetlemiştim.

Anlatmaya devam etti. Küçük kamçısıyla onu yavaş yavaş kamçılamış, aralarda onu öpücüklere boğmuştu. Aralarda yaşadığı acı ve yanmalar onun bayılmasını engelleyip daha da büyük aşağılanmaları yaşamasına sebep oluyordu. Her şeyi anlattı. Yaşadığı tereddütleri, arada döktüğü gözyaşlarını, dayanabileceğimden çok daha fazlasını, sesimi çıkarmadan bir papaz edasıyla itiraflarını dinlemeye devam ettim. Gözlerini yüzüme çevirip hemen kaçırdı.

"Canımın acıtılmasına ne kadar kötü olursa olsun dayanabilirdim. Beni kullanacağını da biliyordum ve ona da hazırlıklıydım. Ama... Ama hiç... O..." Sessizliğimi koruyabilmek için tırnaklarımı avuçlarıma geçirdim. Bazen sesi boğuluyordu ve duyulmaz hale geliyordu. Sonra kendini toplayıp devam ediyordu ama bu ses çok kalınlaşmıştı.

"Canımı acıtıp beni kullanmak ona yetmedi Claire. Benimle sevişti, benimle aşk yaptı... Bunu yaparken de bana çok hasar verdi - onun aşktan anladığı buydu. Ve... Ve benim ona cevap vermemi istedi. Lanet olasıca yaratık! Beni tahrik etmeyi başardı!" Yatağın kenarına bir yumruk geçirdi ve bütün yatak sallandı.

"İlk... İlk seferinde çok nazikti. Yağ kullandı ve bunu uzun süre masaj yaparak her yerime sürdü. Her yerime dokundu. Vücudumun onun dokunuşlarına cevap vermesine engel olamıyordum, bu kanamamı durduramamam gibi bir şeye dönüşmüştü." Jamie'nin sesi çok yorgundu, umutsuzluk içinde kıvranıyordu. Durdu ve odaya girmiş olduğum andan bu yana ilk kez gözlerimin içine baktı.

"Claire seni aklıma bile getirmek istemedim. Orada çıplak dururken ve bunlara maruz kalırken seni ne kadar çok sevdiğimi hatırlamamam gerekiyordu, buna dayanamazdım. Bu kutsal şeylere küfür etmek gibi bir şey olurdu. Seni kafamdan silmek en mantıklı çözümdü. O... O buna izin vermedi." Yanakları nemliydi ama artık ağlamıyordu.

"Konuştu... Hiç durmadan konuştu. Bazen tehditler bazen de aşk sözcükleri söylüyordu ama bunların dışında hep senden bahsediyordu."

"Benden mi?" Uzun bir süredir konuşmamış olduğum için sesim bir kurbağanınkine benzemişti. Başını sallayarak yeniden yastığa bakmaya başladı.

"Evet, seni çok kıskanıyordu, bunu biliyorsun zaten."

"Hayır, bilmiyordum."

Yine başını salladı. "Bana sorup duruyordu, hem de her dokunuşunda, 'O sana bunu yapıyor mu? Kadının seni benim gibi uyarmayı başarabiliyor mu?' diye soruyordu." Sesi titredi. "Ona cevap vermedim. Veremezdim. Sonra senin beni böyle... Böyle... Görünce ne hissedeceğini sordu?" Dudaklarını ısırarak sustu, devam edemeyecek gibi görünüyordu.

"Bir süre canımı yakıp sonrasında beni uyarana kadar sevmeye devam ediyordu sonra yeniden canımı daha beter acıttı ve bu acının ortasında bana sahip oldu. Bütün bu süre zarfında seni anlatıp gözlerimin önünden gitmene engel oldu. Beynimde büyük bir savaş veriyordum, beynimi vücudumdan ayırmaya çalışıyordum ama o her defasında canımı daha fazla acıtıp buna engel oluyordu. Denedim Claire - Tanrım çok uğraştım ama..."

Başını ellerinin arasına aldı, parmakları adeta şakaklarını deşiyordu. Beklemediğim bir anda yeniden konuşmaya başladı. "Genç Alex MacGregor'un neden kendini astığını biliyorum. Bunun affedilmez bir günah olduğuna inanmasam çoktan aynı şeyi yapmıştım. Bana hayattayken cehennemi yaşatan bu adam cennete gitmemi engelleyemeyecek." Kendini kontrol altına almak için yeniden sustu. Dizlerinin üzerinde duran yastık sırılsıklam olmuştu, onu alıp değiştirmek istedim. Başıyla bunu reddetti, hâlâ ayaklarına bakıyordu.

"Artık aklımda hep bu var Claire. İçimde bir korku ve kusma duygusu belirmeden seni öpmem, sana dokunmam ya da seni düşünmem bile mümkün değil. Sen bana dokunmadan yaşayabileceğimi hiç sanmıyorum ama bana dokunduğun anda da kusmak istiyorum, utanç içindeyim. Seni gördüğüm anda bile..." Alnını yumruklarına dayadı, bu yumruklar bir süre sonra gözlerini adeta oymaya başladı. Boynundaki damar deli gibi atıyordu, sesi iyice boğuklaşmıştı.

"Claire, beni bırakmanı istiyorum. İskoçya'ya dön, Craigh na Dun'a git. Evine ve... Ve kocana dön. Murtagh seni oraya götürecek." Sustu, yerimden kıpırdamadım.

"Yaşadığım sürece seni seveceğim ama artık sana kocalık yapamam. Ve daha azı olmak istemiyorum." Yüzü darmadağındı. "Claire seni çok istiyorum, senin için ölüyorum. Ah Tanrım, bana yardım et! Sana dokunmaya korkuyorum!"

Ayağa kalkıp ona doğru yürümeye başladım, elini kaldırıp beni durdurdu. İki büklüm olmuş, içinden yükselmeye başlayan şeye karşı koymaya uğraşıyordu, nefes nefeseydi.

"Claire... Lütfen... Lütfen git. Çok kötüyüm ve bunu görmeni istemiyorum. Lütfen."

Onun sesindeki yakarışı duyuyordum, onu en azından bu onursuzluğu yaşamaktan korumalıydım. Hayatımda ilk kez bir hastayı kendi haline bırakarak yanından ayrıldım.

Odasından çıktım, uyuşmuş gibiydim, taş duvara dayandım, yanaklarımı o soğuk beyaz taşlarda serinletmeye çalışıyordum. Murtagh'ın ve William Kardeşin meraklı bakışlarıyla ilgilenmedim. *Tanrım bana yardım et*, demişti. *Tanrım bana yardım et, sana dokunmaya korkuyorum.*

Doğrularak ayakta durdum. Tek başınaydım. Neden olmasın ki? Zaten kimsem yoktu.

Zaman çok yavaş ilerliyordu, St. Giles şapelinde mihraba doğru ilerliyordum. Anselm oradaydı, omuzları her zamanki gibi dimdikti, başka kimse yoktu. Yerinden kıpırdamadı başını bile çevirmedi, şapelin yaşayan sessizliğinin beni içine çekmesine izin verdim.

Bir süre dizlerimin üzerinde durdum, beynimdeki düşüncelerin yavaşlayıp karanlığın beni içine çekmesini bekliyordum. Kalp atışlarım yavaşlayınca arkamda bulunan sıraya oturdum.

Öylece oturdum, yapılması gereken hareketleri ya da kardeşleri rahatlatan kutsal cümleleri bilmiyordum. Nasıl başlayacağımı da... Sonunda, belli belirsiz bir sesle, 'Yardıma ihtiyacım var,' dedim. Lütfen.

Sessizlik dalgalar halinde beni sarmaya başladı, soğuğa karşı kullanılan bir pelerin gibi beni kucaklıyordu. Anselm'in söylediklerini hatırlayıp beklemeye başladım, geçen dakikaları saymadım.

Şapelin arkasında, üzerinde beyaz bir keten örtü bulunan küçük bir masa vardı. Bunun üzerinde içinde kutsal su olan bir kâse, bir İncil ve birkaç tane daha ruhani eser vardı. Sessizlikten sıkılanlar için oraya konmuş olduklarını düşündüm.

Bu sessiz bekleyiş bana da ağır gelmeye başlamıştı. Ayağa kalkıp oraya gittim ve onları alıp dua etme yerime döndüm. Başı sıkışınca ruhani kitaplara başvuran ilk insan olma ihtimalim yoktu. Mumların ışığı okumak için yeterliydi, ince sayfaları dikkatle çevirmeye başladım, gözlerimi kısmış siyah puntolara bakıyordum.

"... Ve onları emerodlarla cezalandırdı, canları çok acımıştı." Acımış olduğundan emindim ama emorod neydi, hemoroit mi demek istiyordu. Mezmurlar kitabına geçtim.

"Ben bir solucanım, ben bir ödleğim, bana artık insan denemez. Su gibi döküldüm, kemiklerim darmadağın oldu, kalbim bir mum gibi bağırsaklarımda eridi." Tamam, bu en azından doğru bir teşhisti, sabırsızlanmaya başlamıştım. Bunun için bir tedavi de yazılmış mıydı?

"Tanrım, sen beni yalnız bırakma; gücümü toplamam için bana yardım et. Ruhumu kılıçtan, sevdiğimi köpeğin pençesinden kurtar." Hımm.

Eyüb'ün kitabına bakmaya başladım, bu Jamie'nin en çok sevdiğiydi. Tabii birilerinin öğüdüne ihtiyacı olduğu zamanlarda...

"Sadece kendi canı acır ve sadece kendi ruhunun yasını tutar." Olabilir diye düşünerek sayfayı çevirdim.

"Yatağında acılar içinde kıvranır, kemiklerindeki sızılar dinmek bilmez... Eti erir ve yok olur, kemikleri ortaya çıkar." Kesinlikle doğru. Ya sonra?

"Canı çukura, ruhu ölüm meleklerine yaklaşır." Bu hiç hoş değildi, bir sonraki biraz daha cesaret vericiydi. "Eğer ona doğruyu gösterecek bir haberci, bin melekten biri yanına gelmeyi lütfeder ve 'onu kurtaracak fidyeyi buldum' derse, eti yeni doğmuş bebek gibi iyileşir ve gençlik günlerine geri döner." Pekâlâ, bu fidye neydi? Bir insanın ruhunu hangi fidye satın alabilir ve sevdiğimi köpeğin pençesinden kurtarırdı?

Önce kitabı, sonra da gözlerimi kapattım. Kelimeler beynimde dönüp duruyordu, acil bir çözüme ihtiyacım vardı. Jamie'nin adını dillendirdiğim anda büyüyen bir acı hissettim. Ama onu üste üste söylemeye başlayınca yine de içimde bir huzur hissetmeye başladım. "Tanrım, hizmetkârın Jamie'nin ruhunu ellerine teslim ediyorum."

Jamie ölse belki onun için daha iyi olacaktı, bana ölmek istediğini söylemişti. Onu kendi haline bıraktığım anda bu arzusuna kısa sürede ulaşacağından emindim. İşkence ya da hastalıktan olmasa bile, günün birinde ya asılacaktı ya da bir savaş alanında ölecekti. Onun da bunu bildiğinden emindim. Onun sözünü dinleyecek miydim? Dinlersem kahrolayım, dedim. Dinlersem lanet olsun bana! Kitabı yeniden açtım.

Bir süre önce monologdan başka bir şey yapmadığımı fark etmiştim. İşin aslında soruyu sormamıştım ama cevabı kendi kendime vermiştim. Acılı uykusuz dalgınlığımda bana bir soru sorulduğunu hayal ettim, aslında sorunun ne olduğundan emin değildim ama düşünmeden cevabımı vermiştim. "Evet, yapacağım."

Bir anda düşünmeyi bıraktım, sessizliğin içinde çalan zilleri dinliyordum. Sonra daha dikkatli bir şekilde içimden sessizce tekrarlamaya başladım. "Evet. Evet, yapacağım." Hızlı düşünmeye başlamıştım. Günah işlemenin koşulları: *Kesinlikle doğru olduğuna inanmalısın... İnayetli olmanın ilk koşulu da budur...* Anselm'in sesi kulaklarımda yankılanıyordu.

Değişik bir hisse kapılmıştım, bu ani bir gelişme değildi, tamamıyla inandığım bir şeydi. Sanki elime görünmeyen bir nesne verilmişti. Opal kadar kıymetli, yeşim kadar yumuşak, bir nehir taşı kadar ağır, bir kuş yumurtasından daha kırılgan bir şey... Son derece durağan, aynı zamanda da yaratılışın kökü gibi olan bir şey... Delicesine sevilecek, sonuna kadar korunacak bir şey... Kelimeler kendi içlerinde çözünüp çatıya doğru uçtular.

Yeniden diz çöküp saygımı sunduktan sonra şapelden ayrıldım. İçimde hiçbir şüphe kalmamıştı, zamanın durduğu o noktada cevabı bulmuştum ama bu cevabın ne olduğu hakkında hiçbir fikrim yoktu. İnsanın ruhunu elimde tuttuğumun farkındaydım ama bunun kimin ruhu olduğunu bilmiyordum.

***

Ertesi sabah beni uykumdan uyandıran kardeşlerden biri oldu. Bu dualarımın cevabı gibi görünmüyordu, Jamie ateşler içinde yanıyordu.

"Ne kadar zamandır bu durumda?" Bu arada elimi alnına, sırtına, koltuk altlarına ve kasığına koyup durumunu anlamaya çalışıyordum. Terlemiyordu, cildi kupkuruydu ve alevler içinde yanıyordu. Uyanıktı ama gözleri kapanıyor, başını sabit tutamıyordu. Ateşin sebebi ortadaydı. Kırık olan sağ eli şişmişti ve iltihap kokuyordu. Kırmızı lekeler bileğine uzanıyordu. Enfeksiyon kapmıştı. Hayatını tehdit eden, kirli, iltihaplı bir kan zehirlenmesi yaşıyordu.

"Sabah ayinden sonra ona bakmaya geldiğimde bu durumdaydı," diye cevapladı beni yatağımdan kaldırmaya gelen rahip. "Ona su verdim ama şafak sökerken kusmaya başladı."

"Beni hemen çağırmanız gerekirdi. Neyse, işimize bakalım. Bana sıcak su, ahududu yaprağı ve Polydore Kardeşi getirin." Bana kahvaltı etmem için bir şeyler getirildiğinden emin olduktan sonra odadan ayrıldı, kahvaltı umurumda bile değildi, önümde duran sürahiye uzandım.

Polydore Kardeş geldiğinde ona su içirmeyi denemiş ve başarılı olamamış bir şekilde bu serinliği dışarıdan uygulama çabasına girişmiştim. Vücudunu soğutabilmek için her yanını ıslatmaya başlamıştım.

Elini dayanabileceği kadar sıcaklıkta olan kaynar suya batırmıştım. Sülfonamid ya da antibiyotik bulunmayan yerlerde enfeksiyonla savaşmanın tek yolu buydu. Vücut ateşle kendini koruma altına almaya çalışıyordu ama bu ateşin yine aynı vücuda çok fazla zararı vardı, kasları eritip beyin hücrelerini öldürüyordu. Burada iltihaplı bölgeye gereken ısıyı uygulamak tek kurtuluş yoluydu, vücudun geri kalan kısmını da soğutmak gerekiyordu. Bu arada gereken nem de sağlanmalıydı. Üç aşamalı bir işi dengeyi bozmadan yapmaya çalışıyordum.

Jamie'nin zihinsel ve fiziksel rahatsızlıkları şu an için önemini yitirmişti. Şu an için en önemli savaş onun canlı kalmasını sağlamaktı.

İkinci gün öğleden sonra halüsinasyon görmeye başlamıştı. Kendine zarar vermemesi için onu yatağa bağlamıştık. Bu yoğun ateşi kırabilmek için rahiplerden birini dışarı gönderip bir sepet dolusu kar getirmesini sağladım ve bunu Jamie'nin etrafına yaydım. Bu onun zayıf bünyesini iyice sarstı, titriyordu ama ateşi azaldı.

Bu tedaviyi birer saat aralıkla uygulamaya devam ettik. Güneş batarken yatağı küçük bir göle dönmüştü, eriyen karlar yerde de su birikintileri oluşturmaya başlamıştı, köşede yanan mangal yüzünden her yerden buharlar yükseliyordu. Ben de Polydore kardeş de sırılsıklam olmuştuk, ter, kar, yorgunluk birbirine karışmıştı. Anselm ve diğer rahipler de bize yardım ediyorlardı ama yine de çok yorgunduk. Düğün çiçeği kökü, kedi nanesi, çördük otu gibi ateş düşürücülerin hepsi denenmişti. Söğüt kabuğu çayı içinde salisilik asit barındırdığı için etkili olabilirdi ama onu da gereken miktarlarda içirmeyi başaramıyorduk.

Kendine geldiği nadir aralardan birinde Jamie ölmesine izin vermemi istedi, ona da bir gece önce kendime verdiğim cevabı verdim. "Bırakırsam lanet olsun bana!" Ve yapmakta olduğum işe devam ettim.

Güneş batınca koridorda bir hareketlenme oldu. Kapı açıldı ve Başrahip - Jamie'nin Alex Amcası - yanında Anselm ve üç rahiple birlikte odaya girdi. Birinin elinde erzağacından yapılmış bir kutu vardı. Başrahip önümde durup beni kutsadıktan sonra bir elimi ellerinin arasına aldı.

"Delikanlıya kutsal yağ süreceğiz," dedi kısık ve yatıştırıcı bir sesle. "Korkma."

O yatağa döndüğünde sorularla dolu gözlerimi Anselm'e çevirdim.

"Bu kutsal yağın sürüldüğü bir ayin," dedi usulca, yatağın etrafına toplanmış rahipleri rahatsız etmek istemiyordu. "Son Yağlama."

"Bu ölmek üzere olan insanlara yapılır!"

"Hişt." Beni yataktan uzaklaştırdı. "Buna hastalığın iyileştirilmesi için yapılan bir kutsama olarak da bakabilirsin, tabii ölüm tehlikesi olan hastalara yapılır." Rahipler Jamie'yi sırtüstü çevirmişlerdi, bunu canının acımaması için büyük bir dikkatle yapmışlardı.

"Bu kutsama iki aşamada gerçekleşir," diyerek anlatmaya devam etti Anselm. "Buradaki ilk amaç hastanın iyileşmesidir; onun iyileşebilmesi ve acılarının azalması için dua ederiz. Kutsal yağ burada yaşamın ve iyileşmenin sembolü olarak kullanılır."

"Peki ya ikincisi?" diye sorarken aslında cevabı biliyordum.

"Eğer Tanrı onun iyileşmesini istemezse o zaman ruhu günahlarından arındırılarak Tanrı'ya huzur içinde ulaşması sağlanır." Benim karşı koymak için ağzımı açtığımı görünce elini kolumun üzerine koydu.

"Bunlar kilisenin son görevleridir. O bunları hak ediyor ve huzurlu olması için gereken her şey yapılacak."

Hazırlıklar tamamlanmıştı. Jamie sırtüstü yatırılmış, belden aşağısına bir kumaş örtülmüştü. Yatağın başucuna ve ayakucuna bana mezarları hatırlatan mumlar dikilmişti. Başrahip, elinde bir tepsi tutan başka bir rahiple birlikte yatağın yanında duruyordu. Bu tepside içlerinde kutsal su ve yağ bulunan iki gümüş şişe ve kutsanmış ekmek kabı vardı. İkisinin de kollarının üzerinde beyaz kumaşlar vardı, şarap garsonlarına benziyorlardı. Bu işlemler sinirimi bozmaya başlamıştı.

Yapılan ayin Latinceydi, kulağa son derece hoş gelen yumuşak bir sesle mırıldanıyorlardı, ne söylediklerini anlamıyordum ama kendimi huzurlu hissediyordum. Anselm bir kısmını kulağıma fısıldayarak anlatmaya devam etti. Bir süre sonra Başrahip Polydore'a bir işaret yaptı ve o bir adım öne çıkıp Jamie'nin burnuna küçük bir şişe uzattı. İçinde amonyak ya da benzeri bir şey olmalıydı Jamie hafifçe sıçrayıp başını çevirdi, gözleri hâlâ kapalıydı.

"Onu neden uyandırmaya çalışıyorlar?" diye fısıldadım.

"Bilinci yerinde olursa hayatında işlediği günahlardan arınmak için gereken rızayı kendisi verir. Ayrıca başrahibin ona vereceği kutsal ekmeği de ancak bu şekilde yiyebilir."

Başrahip Jamie'nin yanağına hafifçe vurdu, onun başını yeniden şişeye çevirdi, bir yandan da konuşuyordu. Latinceden vazgeçmiş, İskoçça konuşmaya başlamıştı.

"Jamie! Jamie oğlum! Ben Alex. Yanındayım. Kısa bir süre için olsa bile uyanman gerekiyor. Seni günahlarından arındırdıktan sonra sana Tanrı'nın Kutsal Ekmeğini sunacağım. Bir yudum al ve gereken zamanda soruma cevap ver." Rahip Polydore kabı Jamie'nin ağzına yaklaştırıp diline su damlatmaya başlattı. Jamie'nin gözleri açıldı, hâlâ ateşliydi ama bilinci yerindeydi.

Başrahip devam etti. Soruları İngilizce soruyordu ama sesi çok kısıktı ve anlamakta güçlük çekiyordum. "Şeytanı ve şeytani işleri reddediyor musun?"

"İsa Mesih'in dirilişine inanıyor musun?" ve bunun gibi şeyler. Jamie hepsine çatlak bir sesle birer birer 'Evet' dedi.

Ayin sona erince Jamie derin bir nefes vererek arkasına dayandı ve yeniden gözlerini kapattı. Kaburga kemiklerinin yükselip indiğini görebiliyordum. Hastalık ve ateş onu korkunç derecede zayıflatmıştı. Başrahip kutsal su ve yağ şişelerini sırayla eline aldı, vücudunun üzerinde istavroz çıkardı, alnını, dudaklarını, burnunu, kulaklarını ve gözkapaklarını yağladı. Sonra sırasıyla kutsal yağla göğüs çukuruna, avuçlarına ve ayaklarına haç işareti yaptı Yaralı elini özenle tutarak yağladıktan sonra bu elini göğsündeki bıçak yarasının üzerine koydu.

Yağlama işi Başrahibin deneyimli başparmağıyla son derece nazik hareketlerle ve hızla gerçekleştirildi. "İnananın büyüsü" diyordu mantığım ama onların duasından ve o sırada yüzlerinde beliren sevgi ve şefkatten çok etkilenmiştim. Jamie'nin gözleri yeniden açıldı, çok sakindi, onu Lallybroch'dan ayrıldığımızdan bu yana bu kadar huzurlu görmemiştim.

Seremoni Latince bir duayla son buldu. Başrahip ellerini Jamie'nin başına koyup İngilizce konuşmaya başladı. "Tanrım, hizmetkârın Jamie'nin ruhunu ellerine teslim ediyoruz. Biz onun iyileşmesi için dua ediyoruz, takdirin buysa onun ruhunu güçlendir ya da ona huzurlu sonsuzluğunu lütfet."

"Âmin," dedi diğer rahipler. Ben de dedim.

Hava iyice karardığında hastamız yeniden bilincini kaybetmeye başlamıştı. Jamie'nin gücü tükenmişti, onu hayatta tutmak için su içirmekten başka bir şey yapamıyorduk. Dudakları çatlaklarla doluydu, arada bir gözlerini açıyordu ama konuşamıyordu. Bizi tanımıyordu, gözlerini bir noktaya dikip baktıktan sonra kapatırken başını diğer yöne çevirip inliyordu.

Yatağın yanında durup ona bakmaya başladım, çok yorgundum ve artık umudumu kaybetmeye başlamıştım. Polydore Kardeş yavaşça bana dokununca kendime geldim.

"Onun için daha fazla yapabileceğin bir şey yok," diyerek beni oradan uzaklaştırmaya başladı. "Gidip dinlenmelisin."

"Ama," diyerek başladığım anda durdum. Haklıydı. Mümkün olan her şeyi yapmıştık. Ya ateş düşecek ya da Jamie ölecekti. En güçlü vücut bile bu duruma iki günden fazla dayanamazdı ve Jamie'nin böyle bir kuşatmaya dayanacak gücü yoktu.

"Ben buradayım, git yatağına yat. Gerekirse... Gerekirse seni çağırırım." Daha fazla bir şey söylemden kapıyı işaret etti.

Yatağımda yatmış tavanı seyrediyordum. Gözlerim kupkuruydu ama yanıyorlardı, boğazım ağrıyordu, ateşlenir gibiydim. Dualarıma verilen cevap bu muydu? Burada birlikte ölecek miydik?

Yataktan kalkıp kapının yanında duran masaya ilerledim. Orada bulunan büyük çömleği yere koyup doldurmaya başladım, suyu taşmayacak şekilde ağzına kadar doldurdum.

Odama gelirken Ambrose kardeşin çalışma odasına uğramıştım. Oradan aldığım otları mangalımın üzerine koydum. Odayı mür yaprağı kokusu sardı, kâfuru kırıntıları arada mavi alevlerin çıkmasına sebep oluyordu.

Mumu hazırlamış olduğum su dolu çömleğim yani yansıtıcı yüzeyimin yanına koyup hayalet çağırmak için önüne oturdum.

Taş koridor soğuk ve karanlıktı, tavanda asılı kandillerden loş bir ışık yansıyordu. Her birinin altından geçerken gölgem öne doğru uzuyordu.

Soğuğa rağmen ayaklarım çıplaktı ve üzerimde sadece geceliğim vardı. Geceliğimin içinde tuttuğum paket bana güç ve sıcaklık veriyordu ama taşların soğuğu ayaklarımı ve bacaklarımı donduruyordu.

Kapıyı hafifçe vurduktan sonra cevap beklemeden odaya girdim.

Roger Kardeş yatağının yanına oturmuş, başını öne eğmiş tespih çekiyordu. Başını kaldırıp bana baktı, konuşmaya başlamadan önce Ave Maria'yı bitirdi.

Kapının yanına gelip sessizce konuşmaya başladı, bağırsa bile Jamie'nin rahatsız olacağını sanmıyordum.

"Hiçbir değişiklik yok. El banyosunun suyunu şimdi değiştirdim." Mangalın üzerindeki kalaylı tencereden dökülmüş birkaç damla oracıkta parlıyordu.

Başımı sallayarak teşekkür etmek için elimi kolunun üzerine koydum. Son bir saat içinde yaşamış olduklarımdan sonra onun elle tutulabilir varlığı içime huzur vermişti.

"Sizin için bir sakıncası yoksa onunla yalnız kalmak istiyorum."

"Elbette, şapele gidebilirim, dilerseniz yakınlarda bir yerde oturabilirim de..." Sesinde bir tereddüt vardı.

"Hayır." Onu gülümseyerek ikna etmeye çalıştım. "Şapele gidin. Hatta yatağınıza gidip dinlenin, ben zaten uyuyamıyorum. Sabaha kadar burada otururum, yardıma ihtiyacım olursa sizi çağırırım."

Endişeli gözlerle yatağa baktı. Çok geç olmuştu ve o çok yorgundu, gözlerinin altı morarmıştı.

Kapı açılırken hafifçe gıcırdadı ve Jamie ile yalnız kaldım. Yalnızdım ve korkuyordum. Biraz sonra yapmaya kalkışacağım şey beni endişelendiriyordu.

Bir süre yatağın yanında durup onu seyrettim. Oda loştu, mangalın alevleri ve masanın üzerinde duran iki büyük şamdanda yanmakta olan mumlardan başka bir ışık kaynağı yoktu. Çıplaktı ve bu ışıkta daha da zayıf görünüyordu. Kaburgalarının üzerindeki morluklar bütün vücuduna yayılan mantarlar gibi görünüyordu.

Ölmek üzere olan insanlar yeşilimsi bir renge bürünürdü. Bu renk çeneden başlayıp bütün vücuda yayılmaya başlardı ve yaşam belirtileri yavaş yavaş kaybolurdu. Bu duruma çok şahit olmuştum. Az da olsa bu işlemin tersine dönüp kanın hızla damarlarda dolanmaya başladığını ve insanın yaşama döndüğünü de görmüştüm. Ama genellikle... Başımı hızla sallayıp oradan uzaklaştım.

Elimi geceliğimin altına sokup Ambrose kardeşin atölyesinden çaldığım malzemeleri masanın üzerine koydum. Bir şişe amonyak ruhu. Bir paket kuru lavanta. Bir paket kediotu. Bir küçük buhurdanlık. İki granül reçine karıştırılmış afyon. Bir bıçak.

Oda zaten küçüktü ve mangalın dumanı her yeri kaplamıştı. Burada bulunan yegâne pencerenin üzerinde Aziz Sebastian'ın idamını gösteren ağır bir goblen vardı. Aziz Sebastian'ın okla delinmiş vücuduna ve eğik başına bakıp bir hasta odasına bunun hangi zihniyetle dekor olarak konmuş olduğunu anlamaya çalıştım.

Üzerindeki deseni bir tarafa bırakırsak, bu halı ağır ipek ve yünden yapılmıştı ve odada hava akımı olmasını kesinlikle engelliyordu. Onun ucunu kaldırıp sallayınca kömür dumanı dışarı doğru gitmeye başladı. Odaya taze ve nemli hava doldu ve şakaklarımdaki zonklama azalmaya başladı. Suya bakıp hatırlamaya başladım.

Arkamdan hafif bir inleme duyuldu ve Jamie akıma tepki verdi. İyi. Demek ki bilinci tam olarak kaybolmamıştı.

Halının ucunu bırakıp buhurdanlığı elime aldım. Afyon granüllerinden birini içine yerleştirip mumlardan birini altına yerleştirip yaktım. Onu masanın üzerine Jamie'nin başının yakınlarına yerleştirdim, oradan çıkan kokuyu mümkün olduğu kadar içime çekmemeye çalışıyordum.

Çok fazla zamanım yoktu, afyon onu kendinden geçirmeden önce hazırlıklarımı hızla tamamladım.

Geceliğimin önünü açıp vücudumu lavanta ve kedi otuyla ovdum. Çok hoş baharatlı bir koku odaya yayılmaya başladı. Bu son derece çağrışım yaptıran bir kokuydu. Bu koku benim için şu anki terör ve kayıp aşkın arkasında duran adamı ortaya çıkaracak bir büyüydü. Bu koku Jamie için acı ve öfke dolu saatlerin yeniden yaşanması demekti. Son parçaları ellerimin arasında ovaladıktan sonra yere attım.

Cesaretimi toplayabilmek için derin bir nefes aldıktan sonra, amonyak ruhu şişesini elime aldım. Yatağın yanında durup Jamie'nin zayıf sakallı yüzüne baktım. En fazla bir günü, en az birkaç saati daha vardı.

"Pekâlâ, seni lanet olasıca İskoç," dedim usulca. "Senin ne kadar inatçı olduğunu görelim bakalım." Onun yaralı elini sıcak sudan çıkarıp kâseyi kenara kaldırdım.

Şişeyi açıp burnuna yaklaştırdım. Hırlayarak başını yana çevirmeye çalıştı, gözlerini açmadı. Parmaklarımı saçına geçirip başını çevirmesine engel oldum ve şişeyi yeniden burnunun dibine soktum. Başını iki yana doğru hafifçe salladı, uykusundan uyanan bir öküze benziyordu, gözleri aralandı.

"Henüz bitmedi Fraser," diye fısıldadım kulağına, Randall'ın konuştuğu gibi ünsüz harflerin üzerine basa basa konuşmaya gayret ediyordum.

Jamie inleyerek omuzlarını kamburlaştırdı. O omuzları yakalayıp sallamaya başladım. Teni çok sıcaktı, neredeyse bırakıyordum.

"Uyan seni lanet olasıca İskoç piçi! Seninle işim bitmedi!" Dirseklerinin üzerinde doğrulabilmek için itaatkâr bir tavırla savaşmaya başladı, kalbim paramparça olmuştu. Başı ileri geri sallanıyordu, çatlak dudaklarının arasından sürekli aynı sözcükleri mırıldanıyordu. "Lütfen, henüz değil."

Gücü azalmıştı, bir yana doğru yuvarlanıp yüzüstü düştü. Oda afyon dumanıyla dolmuştu, başım hafifçe dönüyordu.

Dişlerimi sıkarak bir elimle kaba etlerini sertçe kavradım. Çığlık atarak yeniden yuvarlandı ve elleriyle bacaklarını tutarak bir top haline geldi.

Son bir saatimi anıları canlandırıp yansıtmaya çalışarak geçirmiştim. Kara Jack Randall ve altıncı kuşaktan torunu Frank'i izlemeye çalışmıştım. Fiziksel özellikleri aynı fakat tavırları son derce farklı olan iki adamı...

Frank'i düşünmek, onun sesini ve yüzünü hatırlayıp, sevişirken yaptığı hareketleri gözümün önüne getirmek canımı acıtmıştı. Onu taş yapıtta seçimimi yaptığım gün beynimin derinliklerine gömmüştüm ama gölge olarak da olsa orada duruyordu.

Ona ihanet etmiş olmak midemi bulandırmıştı, kendimi zorlayıp Geilie'nin öğrettiklerini yapmaya başlamış ve kokuları içime çekerek rahatlamaya çalışmıştım. Gölgelerin içinden belirmişti, yüzündeki çizgileri görüp ağlamadan eline bir kez daha dokunmayı başarmıştım.

Gölgelerin arasında bir adam daha belirmişti, elleri ve yüzü Frank'le aynıydı. Onu öne getirip, dinleyip, izleyip aradaki benzerlikleri ve farklılıkları keşfetmeye çalışmıştım. Ne yapmaya uğraşıyordum? Bir hayal, bir kişilik, bir maske... Gölgeli bir yüz, fısıldayan bir ses, bir dokunuş... Yok olmaya yüz tutmuş bir beyni kandırıp geri çekecek bir şeyler. Geillis Duncan'ın ruhuna bana bunları öğretmiş olduğu için dualar ederek odamdan ayrılmıştım.

Jamie sırtüstü dönmüş acılar içinde kıvranıyordu, gözleri bir noktaya dikilmişti, beni tanıdığına dair hiçbir belirti yoktu.

Ona Frank'in bana sarıldığı gibi yavaşça ellerimi kaburgalarının üzerinde gezdirip göğüslerinin üzerine koyarak sarıldım ve diğerinin yapacağı gibi yarasının üzerine hızla bastırdım. Öne eğilip kulağını yaladım, dişledim ve fısıldadım. "Savaş benimle! Karşı koy, seni pislik herif!"

Kasları gerildi, çenesi kilitlendi ama gözleri aynı noktaya dikilmiş şekilde durmaya devam etti. Seçeneğim kalmamıştı. Bıçağı kullanmak zorundaydım. Bunun riskinin farkındaydım ama onun ölümünü sessizce oturup beklemek yerine ölmeyi tercih ediyordum.

Masanın üzerinde duran bıçağı alıp göğsünün üzerinde yeni iyileşmeye başlayan çizgiye sürttüm. Bu şokun etkisiyle derin bir nefes alıp geriye doğru büküldü. Elime bir havlu alıp yaranın üzerine sürttüm. Hiç ara vermemeye dikkat ederek göğsünden aldığım kanı parmaklarımla vahşi bir şekilde dudaklarına sürdüm. Benim buluşum olmayan, kulaklarımla duymuş olduğum cümleyi sarf ettim. Üzerine doğru eğilmiştim. "Şimdi beni öp."

Hazırlıksız yakalanmıştım. Yataktan ayağa fırlarken beni odanın ortasına fırlattı. Masanın üzerine devrildim, şamdanlar sallanmıştı. Gölgelerin şekli değişti, fitiller alevlenmeye başlar gibi oldu ve mumlar söndü.

Sırtımı masanın kenarına çok kötü vurmuştum ama o üzerime çullanmadan önce yana kaçmayı başardım. Garip bir şekilde homurdanarak peşimden geldi, kollarını öne uzatmıştı.

Umduğumdan çok daha hızlı ve güçlüydü. Sendeleyerek ve her şeye çarparak ilerliyordu. Beni masayla mangalın arasına sıkıştırdı, eli boğazıma uzandığında onun boğazından çıkan hırıltıları net olarak duyabiliyordum. Sol eliyle yüzüme bir yumruk attı, eski gücü ve refleksleri yerinde olsaydı oracıkta ölmüştüm. Yana kaçmayı başardım ama yumruk kafama geldi ve yere devrildim.

Masanın altına emekledim. Beni yakalamak için uzandığında dengesini kaybedip mangalın üzerine düştü. Yanan kömürler yere saçıldı. Dizi sıcak kömüre çarpınca uludu. Yatağın üzerinde duran yastığı kapıp örtünün üzerine saçılan kıvılcımları söndürdüm. Bu işle ilgilenirken yaklaştığını fark etmemiştim, kafama bir yumruk yiyerek yere serildim.

Karyolanın kenarına tutunup doğrulmaya çalışırken yatak yan döndü. Bir an onun arkasına saklanıp kendime gelmeye çalıştım. Jamie'nin loş ışıkta beni bulmaya çalışarak İskoçça küfürler savurduğunu duyabiliyordum. Bir anda beni gördü ve kendini yatağın üzerine fırlattı, gözleri delirmiş gibi bakıyordu.

Bundan sonra olanları detaylı olarak anlatabilmem mümkün değil çünkü her şey birkaç kez olmuş gibi geliyordu ve bunları aklımda tutamıyordum. Jamie boğazıma sarılmış ve bu sonsuza kadar sürmüş gibi geliyordu ama böyle olmamıştı. O yanık elleriyle boğazıma sarılıyor, ben bir şekilde ondan kurtulup kaçıyordum ve o tekrar beni bulup boğazıma sarılıyordu. Ben mobilyaların arkasına saklanıyordum, o gücünü toplayıp sendeleyerek ve eşyaları kırarak peşime düşüyordu. Ölümün eşiğine gelmiş olan adam delirmişti, küfürler edip çığlıklar atıyordu.

Mangalın koruması düşünce, kömürler hızla sönmüş ve oda kapkaranlık olmuştu, burada artık sadece şeytanlar geziniyordu. Son ışık ölmeden önce onu görebildim. Duvarın önüne çömelmişti, her yanı kanla kaplıydı. Saçları ateşten bir yele gibiydi, penisi sertleşmişti ve bembeyaz suratının ortasındaki mavi gözlerinde ölüm vardı. Vahşi bir Viking Savaşçısına benziyordu. İskoçya kıyılarında sislerin arasında gemilerinden fırlayıp, yakıp, yıkan Kuzey Şeytanları gibiydi. Gücünün son damlasıyla dahi karşısındakini öldürebilecek birine benziyordu. Gücünün son damlasıyla tecavüz edip tohumunu bu kişiye yerleştirebilecek birine. Buhurdanlık ışık vermiyordu ama afyon kokusu ciğerlerimi bitirmek üzereydi. Kömürler sönmüştü ama gözümün önünde renkli ışıklar uçuşuyordu.

Hareket etmek gittikçe güçleşiyordu, suyun içinde debeleniyormuşum gibi hissetmeye başlamıştım, iri bir balıktan kaçıyordum sanki.

Bacağımı yukarı kaldırıp ağır çekim koşmaya çalışırken, yüzüme su çarpıldığını hissettim.

Uyuşuk halimden kurtulduğum anda yüzümün ve ellerimin gerçekten ıslanmış olduğunu fark ettim. Bunlar gözyaşı değildi, kan ve terdi. Karanlığın içinde yakalanmış olduğum kâbus yaratığın kanı ve teri.

Ter. Ter konusunda hatırlamam gereken bir şeyler vardı ama hatırlayamıyordum. Kolumu tutan el beni çekerken teri tenimde kayıyordu.

Her şey dönüyordu, maymun dut bahçelerinde çakalı kovalıyordu. Burada bir yanlışlık vardı. Beni kovalayan bir çakaldı, keskin dişleri olan bu çakal kolumu parçalıyordu. Ona vurdum ve dişlerden kurtuldum, ya pençeler... Her şey dönüyor, dut bahçelerinde...

Şeytan beni yakalayıp duvara çarptı, başımın ve ellerimin arkasındaki buz gibi taşı hissedebiliyordum, bana yaslanan taş gibi vücudu da... Dizlerimin arasındaki dizi, taş, kemik, bacaklar, taş gibi bir sertlik... Ah. Bu katı hayatın içinde bir yumuşaklık, ateşin içinde huzur veren bir serinlik, acının içinde bir huzur...

Birbirimize kenetlenerek yere düştük, yuvarlanıyorduk, camın önündeki halıda yerdeydi ve pencereden buz gibi soğuk geliyordu. Çılgınlık dinmeye başlamıştı.

Mobilyalardan birine çarpıp durduk ve ikimiz de hareketsiz bir şekilde yere uzandık. Jamie'nin elleri göğüslerimin üzerindeydi ve parmakları adeta tenimi deşiyordu. Yüzüme kocaman bir damla ter ya da yaş damladı, hangisi olduğunu bilemiyordum, görmek için gözlerimi açtım. Jamie bana bakıyordu, yüzü dalgındı, belirgin bir noktaya bakmıyordu. Elleri gevşedi. Bir parmağı yavaşça göğsümün üzerinde dönmeye başladı. Sonra eliyle onu sardı, parmakları iyice açılmıştı, meme emen bir çocuğunki gibi yumuşacık bir tutuştu.

"Anne?" dedi. Bir anda ensemdeki bütün tüyler dikildi. Sesi küçük bir erkek çocuğunki gibi çıkıyordu. "Anne?"

Soğuk hava üzerimize eserek bizi o sağlıksız dumandan arındırdı. Elimi uzatıp soğuk yanağına dokundum.

"Jamie aşkım," diye fısıldadım. "Gel, başını yasla." Yüzündeki maske düştü ve üzerime devrilen koca vücuda sarıldım, o ağlıyordu ve birlikte sallanıyorduk.

Sabah bizi bulan kişinin soğukkanlı William Kardeş olması büyük bir şanstı. Kapının sesini duyduğumda zorlukla gözümü açabilmiştim, onun boğazını temizledikten sonra Yorkshire aksanıyla, "Günaydın," demesiyle bir anda kendime gelmiştim.

Göğsümün üzerinde bir ağırlık vardı, bu Jamie idi. Saçları kurumuş ve Çin krizantemleri gibi göğüslerimin üzerine yayılmıştı. Yanağı tam göğüs kemiğimin üzerine dayanmıştı, orası biraz sıcak ve terliydi, kolları ve sırtı benim üzerimize düşen soğukla donmuş kalçalarımla aynı soğukluktaydı.

Gün ışığı perdesiz odaya dolmuştu, etrafıma bakınca geçirdiğimiz geceyi hayal meyal hatırladım. Mobilyalar kırılıp etrafa dağılmış, mumlar yere yuvarlanmış, yatak örtüsü ve çarşaflar parçalanmıştı. Sırtıma bir şeyler batıyordu, bir anda Aziz Sebastian'ın İdamını gösteren goblenin üzerinde yatıyor olduğumu fark ettim. Manastır için büyük bir kayıp olmamalı diye düşündüm.

William Kardeş elindeki sürahi ve kovayla kıpırdamadan kapıda duruyordu. Gözlerini Jamie'nin sol kaşına dikmişti. "Bu sabah kendini nasıl hissediyorsun?" diye sordu.

Jamie yerinden kıpırdamıyordu, beni örttüğünün farkındaydı. Uzun bir sessizlikten sonra boğuk bir sesle cevap verdi. "Açım."

"Bu çok iyi," dedi William Kardeş, hâlâ onun kaşına bakıyordu. "Gidip Josef Kardeşe haber vereyim." Kapı ardından sessizce kapandı.

"Kıpırdamamana sevindim," dedim. "William Kardeşin aklına kötü fikirler sokmak istemem."

Mavi gözlerini bana dikti. "Elbette," dedi sağduyulu bir tavırla, "şu anki görüntüsüyle benim popomun kimsenin maneviyatını bozabileceğini düşünemeyiz. "Ama seninki..."

"Ne olmuş benimkine?"

Başını eğip omzuma küçük bir öpücük kondurdu. "Seninki, piskoposu bile yoldan çıkarır."

"Hımm." Artık ben de İskoçça homurdanmayı başarabiliyordum. "Eğer bu söylediğin doğruysa kalkman iyi olur. William Kardeşin nezaketinin sonsuza dek süreceğini sanmam."

Jamie başını yavaşça indirip benimkinin yanına koydu. "Dün gecenin ne kadarının hayal ne kadarının gerçek olduğunu bilmiyorum." Eli bilinçsiz bir şekilde göğsündeki çiziğin üzerinde dolanıyordu. "Düşündüğümün yarısı bile gerçekse benim şu ana kadar çoktan ölmüş olmam gerekirdi."

"Ölmedin." Sonra tereddütle sordum. "İster miydin?"

Gözleri hafif aralıktı, gülümsedi. "Hayır, Saksonyalı, istemezdim." Yüzü çok zayıf ve solgundu ama huzur doluydu, dudaklarının kenarındaki çizgiler gevşemişti ve gözleri pırıl pırıldı. "Ama çok yakındım. İsteyip istememem önemli değildi. Sanırım aç olduğum için ölmeyi başaramadım. Aç ölmemem gerekir değil mi? Bu büyük bir kayıp olurdu." Bir gözü kapalıydı, diğerini ise benim yüzüme dikmişti.

"Ayağa kalkamayacak mısın?"

Biraz düşündü. "Hayatım buna bağlıysa yeniden başımı kaldırabilirim. Ama ayağa kalkmak mı? Hayır."

İçimi çekerek altından sıyrıldım, onu doğrultmaya çalışmadan önce yatağı düzelttim. Birkaç saniye ayakta durmayı başarıp aynı hızla yatağa devrildi. Hemen boynundan nabzını kontrol ettim; yavaş ve güçlüydü. Basit bir baygınlıktı sadece. Bir ay hapis ve bir hafta fiziksel ve ruhsal işkence, açlık, hastalık, ateş... Bu iri ve vahşi şeyin bile gücünün bir sınırı vardı.

"Bir aslanın kalbi ve bir öküzün kafası... Bunlara ilaveten bir gergedan derisine sahip olmaman oldukça üzücü." Onun yaralı omzuna dokundum.

Bir gözünü açtı. "Gergedan nedir?"

"Baygın olduğunu sanıyordum!"

"Öyleydim. Öyleyim. Başım deli gibi dönüyor."

Üzerini örttüm. "Yemeğe ve dinlenmeye ihtiyacın var."

"Senin de," dedikten sonra devam etti, "giysilere ihtiyacın var." Sonra da gözlerini kapayıp uykuya daldı.

40

Beraat

Yatağa giden yolu nasıl bulduğumu hiç hatırlamıyordum ama bulmuş olmalıydım çünkü orada uyandım. Anselm camın önünde oturmuş kitap okuyordu.

Yatakta doğruldum.

"Jamie?"

"Uyuyor," dedi kitabı yanına koyarak. Masanın üzerindeki saatli muma baktı. "Tıpkı sizin gibi... Otuz altı saattir melekler gibi mışıl mışıl uyuyorsunuz güzelim." Sürahiden bardağı doldurup dudaklarıma uzattı. Bir zamanlar diş bile fırçalamadan yatakta şarap içmek bana dünyanın sonu gibi gelirdi. Manastırda bir Fransisken eşliğinde bunu yapmak durumu daha hoş görülür bir hale getiriyordu. Şarap ağzımdaki tadı yok etmişti.

Ayaklarımı yatağın yanına sallandırıp oturmaya çalıştım ama duramadım. Anselm beni kolumdan yakalayıp yeniden yastıklara dayadı. Bir anda karşımda dört göz, birkaç burun ve ağız görmeye başlamıştım, bunlar olması gerekenden fazla gibi görünüyorlardı.

"Biraz başım döndü," diyerek gözlerimi yumdum. Sonra birini açtım. Böylesi daha iyiydi. Kenarları biraz bulanık da olsa tek kişiye dönüşmüştü.

Anselm ilgili bir tavırla bana doğru eğildi.

"Ambrose ya da Polydore kardeşlerden birini çağırayım mı? Hâlâ tıp hakkında pek fazla bilgi sahibi değilim."

"Hayır, hiçbir şeye ihtiyacım yok. Sadece birdenbire ayağa kalkmaya çalıştım." Yeniden denedim, bu kez daha yavaş ve dikkatliydim. Bu sefer oda ve eşyalar bir önceki sefere göre daha az hareket ediyordu. Biraz önce baş dönmesinden ötürü görmemiş olduğum bir sürü çürük ve yara fark ettim. Boğazımı temizlemeye çalıştım ama çok acıdı. Yüzümü buruşturdum.

"Bak hayatım, bence..." Anselm yardım getirmek üzere kapıya doğru ilerlemeye başlamıştı. Çok endişelenmişti. Gözlerimi masanın üzerinde duran aynaya çevirdim ve hemen vazgeçtim. Buna henüz hazır değildim. Şarap sürahisine uzandım.

Anselm yavaşça geri dönüp beni incelemeye başladı. Bayılmayacağımdan emin olunca yerine oturdu. Ben de yavaşça şarabımı yudumlayıp kafamı toplamaya çalıştım. Afyonun etkilerinden sıyrılmaya çalışıyordum. Her şeye rağmen hayattaydık. İkimiz de.

Çok karmaşık, şiddet ve kan dolu rüyalar görmüştüm. Rüyalarımda Jamie ya ölüydü ya da ölüyordu. Sislerin ardında, karın ortasında duran bir çocuk görüyordum, şaşkın yuvarlak yüzünde Jamie'nin bereli ve hırpalanmış görüntüsünü görüyordum. Bu yüzde bazen de Frank'in yüzünü görmüştüm, buna arada bir ince bir bıyık ekleniyordu. Üçünü de öldürüyordum. Bütün geceyi herkesi kesip kasaplık yaparak geçirmiştim, bütün kaslarım gerilmişti ve ağrıyordu.

Anselm ellerini dizlerine koymuş, konuşmadan sabırla beni seyrediyordu.

"Benim için yapmanızı istediğim bir şey var, Peder," dedim.

Ayağa kalkıp sürahiye uzandı.

"Elbette. Şarap mı koyayım?"

Bitkinlikle gülümsedim.

"Evet, ama daha sonra. Şimdi günah çıkarmamı dinlemenizi istiyorum."

İrkildi ama hemen toparlanıp elbiselerinin ona verdiği havaya büründü.

"Elbette, güzel madam. Eğer dileğiniz buysa yaparım. Ama size Rahip Gerard'ı getirsem daha iyi olmaz mı? O bu işin ustasıdır, bense..." omuz silkti, "günah çıkarmama izin var ama bunu çok az yapıyorum, yeterince eğitimim yok."

"Sizi istiyorum," dedim, kararım kesindi. "Ve bunu şimdi yapmak istiyorum." Derin bir iç geçirdikten sonra şalını almaya gitti. Mor ipeği boynuna yerleştirdikten sonra tabureye oturup beni kutsadı ve beklemeye başladı.

Ona her şeyi anlattım. Kim olduğumu, nereden geldiğimi, Frank'i, Jamie'yi. Karın ortasında öldürdüğüm genç süvariyi.

Ben konuşurken yüzünde hiçbir tepki oluşmadı. Kahverengi yuvarlak gözleri biraz büyümüştü. Bitirdiğim zaman birkaç kez gözlerini kırptı, bir şeyler söyleyecekmiş gibi ağzını açtı ve yeniden kapattı, bu hareketi yok etmek ister gibi başını salladı.

"Hayır," dedim sabırla. Boğazımı temizledim, sesim bir kurbağa gibi çıkıyordu. "Buna benzer bir şey duymamışsınızdır. Bunu hayal bile edemezsiniz. Şimdi neden bunu günah çıkarma adı altında yaptığımı anlayabiliyor musunuz?"

Düşünceli bir tavırla başını salladı.

"Evet, evet... Bundan emin olabilirsiniz. Eğer... Yani... Ama evet. Bunu bir başkasına anlatmamı istemediğiniz için böyle yaptınız ve bu arada anlattıklarınıza inanmamı istediğiniz için de bunu bu şekilde yaptınız. Ama..." Kafasını kaşıdıktan sonra bana baktı. Dudaklarında kocaman bir gülümseme belirdi.

"Ama bu harika bir şey! Olağanüstü ve harika!"

"Harika benim durumu ifade etmek için seçeceğim bir kelime olmazdı, olağanüstü ise kesinlikle doğru." Öksürerek şaraba uzandım.

"Ama bu... Bu bir mucize," dedi, kendi kendine konuşuyordu.

"Madem ısrar ediyorsunuz," dedim iç geçirerek. "Bilmek istediğim şey şu, ne yapmalıyım? Cinayetten suçlu muyum? Ya da zinadan? İki konuda da başka seçeneğim yoktu ama yine de bilmek istiyorum. Artık burada olduğuma göre nasıl davranmalıyım? Yani bildiklerim bir şeylerin oluşumunu değiştirir mi? Böyle bir şeyin olup olmayacağını dahi bilmiyorum ama oluyorsa buna hakkım var mı?"

Düşünerek taburesinde sallanmaya başladı. İşaret parmaklarını havaya kaldırdı, onları birbirine değdirdi ve uzun bir süre onlara baktı. Sonunda başını kaldırarak gülümsedi.

"Bilmiyorum. Takdir edersiniz ki bu itirafları duymaya hiç hazır değildim. Düşünüp dua etmeliyim. Kesinlikle dua etmeliyim. Bu gece bekçiliğim sırasında bu konuyu düşüneceğim. Belki yarın bir tavsiyede bulunabilirim."

Eliyle diz çökmem gerektiğini gösterdi.

"Seni şu anda tüm günahlarından arındırıyorum. Ne günah işlemiş olursan ol, inancın onların affedilmesini sağlayacaktır."

Bir elini başıma koyup diğerini beni kutsamak üzere havaya kaldırdı. "Te absolvo, in nomine Parti, et Filii..."

Beni ayağa kaldırdı.

"Teşekkür ederim, peder." İnanmayan biri olarak ona günah çıkarmış ve beni ciddiye almaya zorlamıştım, buna rağmen içimde bir hafiflik hissediyordum. Bu belki de birine gerçekleri anlatmış olmamdan kaynaklanıyordu.

İşimizin bittiğini bildirir gibi bir hareket yaptı. "Sizi yarın göreceğim, sevgili madam. Şimdilik dinlenmenizi rica ediyorum."

Şalını çıkararak kapıya ilerledi. Orada durup bana döndü. Gözleri küçük bir çocuğunkiler gibi parlıyordu.

"Belki siz de yarın... Yani bana nasıl bir şey olduğunu..."

Ona gülümsedim.

"Evet, peder. Anlatırım."

O yanımdan ayrılınca sendeleyerek koridora çıkıp Jamie'yi görmeye gittim. Ondan daha iyi durumda olan pek çok ceset görmüştüm, neyse ki göğsü inip kalkıyordu ve tenindeki yeşillik yok olmuştu.

"Onu birkaç saatte bir uyandırıp birkaç kaşık et suyu içiriyorum." Roger Kardeş dirseğimi tutmuş kısık sesle anlatıyordu. Gözlerini hastadan bana çevirince hafifçe irkildi. Sanırım saçımı taramam gerekiyordu. "Eee, belki de size de biraz..."

"Hayır, teşekkür ederim. Biraz daha uyursam yeterli olur." Artık kendimi suçlu ya da depresyondaymış gibi hissetmiyordum, omuzlarımdan büyük bir yük kalkmıştı, biraz başımın dönmesi önemli değildi. Bu itiraftan ya da şaraptan kaynaklanıyordu ama bir an önce yatağıma geri dönmek istiyordum.

Jamie'nin üzerine eğildim. Sıcaktı ama ateşi yoktu. Yavaşça elimi saçlarında gezdirdim. Dudağının kenarında bir hareketlenme oldu ve sonra durdu. Gülümsemişti. Bundan emindim.

***

Hava çok soğuk ve rutubetliydi, gökyüzünde gri bir boşluk vardı, bu boşluk uzaktaki karlı tepelerin üzerinde koyu bir sis bulutuna dönüşüyordu. Manastır kirli bir kumaşa sarınmış gibiydi. Bu karanlık ve sessizlik burada yaşayanların üzerine de bir ağırlık çöktürmüştü. Dua saatlerinde söylenen ilahiler susmuştu, gri taş duvarlar sesleri ve günlük koşuşturmaları yutuyordu sanki.

Jamie iki gün daha uyudu, aralarda et suyu ve şarap içip yeniden uyuyordu. O ilk uyanıştan sonra sağlıklı bir insana dönüşmüş ve yaraları son hızla iyileşmeye başlamıştı. Özgürlüğüne kavuşmuş, gücünü geri kazanmıştı. Diğer bir deyişle yirmi dört saat şımartılmaya alışmış, alıngan, sinirli, huysuz, huzursuz ve sevimsiz bir adama dönüşmüştü.

Omuzlarındaki kesikler acıyor, bacaklarındaki yaralar kaşınıyordu. Karnının üzerine yatmaktan sıkılmıştı. Oda sıcaktı. Eli acıyordu. Mangalın dumanı gözlerini yakıyordu ve bu yüzden kitap okuyamıyordu. Et suyu, baharatlı şarap ve süt içmekten bıkmıştı. Et istiyordu.

Bunlar iyileşme belirtileriydi ve duymak hoşuma gidiyordu, pek çoğuna da hazırlıklıydım ama aşırıya kaçmaya başlamıştı. Pencereyi açtım, çarşaflarını değiştirdim, sırtına kadife çiçeği merhemi sürdüm, bacaklarını aloe suyuyla ovdum. Ona daha fazla et suyu getirttim.

"Bu bulaşık suyunu istemiyorum! Ben yemek istiyorum!" Önündeki tepsiyi hızla itince çorbanın bir kısmı peçetenin üzerine döküldü. Çok zayıftı, bir korkuluğa benziyordu, çenesi ve elmacık kemikleri iyice ortaya çıkmıştı. İyileşiyordu ama midesinin tam olarak iyileşmesi için biraz daha zamana ihtiyacı vardı. Bazen et suyu ve sütü bile orada tutmayı başaramıyordu.

"Ben yiyebileceğini söylediğim zaman yemek getirecekler," dedim ona, "bunu beklemek zorundasın."

"Ben şimdi istiyorum! Bana ne yiyebileceğimi söyleme hakkına sahip olduğunu mu düşünüyorsun?"

"Evet, lanet olasıca aynen öyle düşünüyorum! Burada doktor benim, hatırlatmak isterim."

Ayaklarını yatağın kenarından sallandırarak ayağa kalkmaya hazırlandı. Elimi göğsüne koyup onu geriye ittim.

"Senin işin yatakta kalmak. Hayatında bir kez olsun sana söylenen şeyi yap. Henüz ayağa kalkacak kadar sağlam değilsin. Miden katı şeyleri kaldıramaz. Roger Kardeş bu sabah kustuğunu söyledi."

"Roger Kardeş kendi işine baksın, sen de," dedi dişlerinin arasından, kalkmak için debeleniyordu. Uzanıp masanın kenarını tuttu ve tüm gücünü kullanarak ayağa kalktı, sallanarak ayakta durmaya başladı.

"Hemen yatağına dön! Düşeceksin!" Bembeyaz olmuştu, bu küçücük çaba bile ter içinde kalmasına yetmişti.

"Dönmeyeceğim! Düşersem de bu benim sorunum."

Bu kez gerçekten çok öfkelenmiştim.

"Ah, öyle mi? Senin sefil hayatını, senin yerine kurtarmaya çalışanın kim olduğunu sanıyorsun? Bunu tek başına mı yaptın?" Onu yatağa götürmek için koluna yapıştım ama kolunu çekti.

"Senden böyle bir şey yapmanı istediğimi hatırlamıyorum. İstedim mi? Sana beni bırakmanı söyledim. Ayrıca hayatımı beni açlıktan öldürmek için mi kurtardın? Böylesi mi hoşuna gidiyor?"

Bu kadarı gerçekten fazlaydı.

"Pis, nankör!"

"Cadaloz!"

Olduğum yerde dimdik durup elimle yatağı gösterdim. Hemşirelik yıllarında öğrendiğim otoriter havaya büründüm. "Hemen o yatağa dönüyorsun, seni inatçı, aptal, keçi..."

"İskoç," diyerek cümlemi tamamladı. Kapıya yürümeye başladığı anda tabureye tutundu, düşmek üzereydi. Küfür ederek üzerine çöktü. Başı dönüyordu ve gözleri pırıltısını kaybetmeye başlamıştı. Ellerimi yumruk yapıp ona ateş püsküren gözlerle baktım.

"Pekâlâ," dedim. "Pekâlâ, lanet olasıca sana ekmek ve et getireceğim, kustuktan sonra oradan tek başına kalkıp pisliğini kendin temizleyeceksin! Bunu ben yapmayacağım, Roger Kardeş yapmaya kalkışırsa onun da derisini yüzeceğim!"

Fırtına gibi koridora çıktım ve kapıyı çarparak kapattım. Diğer taraftan porselen sürahi kapıya fırlatılmıştı. Etrafıma baktım, gürültüyü merak edip gelen herhangi bir izleyici olup olmadığını kontrol ediyordum. Roger Kardeş ve Murtagh yan yana durmuş kızarmış yüzüme bakıyorlardı. Roger telaşlı görünüyordu, Murtagh'ın yüzünde hafif bir gülümseme vardı, kapının arkasından duyduğu konuşmalar hoşuna gitmişti, bunlar hâlâ İskoççа devam ediyordu.

"Kendini daha iyi hissettiği kesin," dedi mutlu mutlu. Sırtımı duvara yasladım, yüzümde hafif bir gülümseme belirmeye başlamıştı

"Evet," dedim. "Öyle."

Şifalı otlar bahçesinde geçirmiş olduğum bir sabahın ardından ana binaya dönerken Anselm'le karşılaştım. Beni görünce yüzü ışıldadı ve avluda bana eşlik etmek için adımlarını hızlandırdı. Birlikte sohbet ederek yürümeye başladık.

"Sizinki oldukça ilginç bir sorun," dedi duvarın yanında bulunan ağaçtan bir dal kopararak. Üzerindeki kış tomurcuklarını inceledikten sonra onu bir kenara bırakıp gökyüzüne bakmaya başladı. İnce bir bulutun ardında hafif bir güneş vardı.

"Biraz daha sıcak, bahara az kaldı. Sazanlar bugün mutludur, hadi balık havuzlarına gidelim."

Balık havuzu denince aklıma süslü küçük yapılar gelmişti, gittiğimiz yerin bununla alakası bile yoktu. Balık havuzu denen şey, mutfağın yakınına yapılandırılmış, kayalıklar arasındaki küçük su birikintileriydi. İçlerinde cuma günleri ve diğer oruç günlerinde kullanılacak kadar çok sayıda sazan vardı. Uygun mevsimlerde buraya, ringa balığı, pisi balığı ve mezgit de konuyordu.

Anselm haklıydı, sazanlar çok mutluydu, kayalıklarla çevrili hapishanelerinde yağlı şişman vücutlarıyla oradan oraya gezinip duruyorlardı. Gölgemiz suyun üzerine düştüğü anda sazanlar kuzeye dönen bir pusula gibi bize döndüler.

"İnsan gördükleri anda doyurulmayı beklemeye başlıyorlar. Onları hayal kırıklığına uğratmayalım. Bir dakika bekleyin lütfen."

Hızla mutfağa ilerledi, elinde iki küçük somun ekmekle geri döndü. Havuzun kenarında durup ekmekleri parçalayarak her daim aç olan balıklara attık.

"Senin bu tuhaf durumunun düşünülmesi gereken iki yönü var," dedi elindeki ekmeği parçalarken. Bir yandan da beni süzüyordu, yüzünde bir gülümseme belirdi. Başını yine bir mucizeye tanık oluyormuş gibi sallamaya başlamıştı. "Buna hâlâ inanamıyorum. Bu gerçekten harika bir şey. Tanrı'nın sevgili kuluymuşum ki bana bunları gösterdi."

"Eee, bu harika," dedim donuk bir sesle. "Bana bu kadar iyi davrandığından pek emin değilim."

"Ciddi misiniz? Ben öyle olduğunu düşünüyorum." Anselm'in omuzları bir anda çöktü, ekmeğiyle ilgilenmeye başladı. "Doğru söylüyorsunuz. Bu sizde bireysel bir huzursuzluk yarattı."

"Bu sadece bir tanesi," diye mırıldandım.

"Ama buna Tanrı'nın bir lütufu olarak da bakabilirsiniz," diyerek devam etti, benim araya girmem onu etkilememişti. Kahverengi, ışıltılı gözlerini bana dikti.

"Kutsal ekmeğin önünde diz çöküp sizin için dua ettim. Bunun ardından şapelde otururken sizi deniz kazası geçirmiş bir yolcu olarak gördüm. Şu anki durumunuz o halinizden çok daha iyi. Bir düşünsenize, kaza geçirip hiç tanımadığınız bir toprak parçasına düşmüşsünüz, dostlarınız akrabalarınız yok, yanınızda yaşamınızı sürdürebileceğiniz hiçbir kaynak da yok. Bu tam bir felaket. Ama diğer taraftan buna yeni bir başlangıç olarak bakabiliriz. Düştüğünüz yer zengin ve verimli bir topraksa, orada yeni dostlarla tanışıp yeni bir hayata başlarsanız ne olur?"

"Evet ama..."

"Öyleyse," diyerek sözümü kesti bu arada işaret parmağını dudaklarının üzerine götürmüştü, "bir önceki hayatınızda çekmiş olduklarınızı gören Tanrı sizi daha dolu ve daha iyi olan yeni bir hayatla ödüllendirmiş olabilir."

"Daha dolu olduğu kesin ama..."

"Kilisenin kanunlarına bakarsak," derken hafifçe kaşlarını

çatmıştı, "evliliklerinizi bu açıdan inceleyebiliriz. İkisi de kilise tarafından kutsanmış geçerli evlilikler. Doğruyu söylemek gerekirse buradaki genç şövalye ile yapmış olduğunuz evlilik Mösyö Randall'la yapmış olduğunuzdan daha eski."

"Evet, konuya bu açıdan bakarsak öyle," diyerek cümlesini bir an önce bitirmesini sağlamaya çalışmıştım. "Ama benim zamanımda bu böyle değil. Bu kanunların böylesine beklenmedik olayları kapsadığını pek düşünmüyorum."

Anselm ufak bir kahkaha attı, sakalının ucu rüzgârda uçuşuyordu.

"Gerçeğin ötesinde bir şeyden ve gerçekten bahsediyoruz. Anlatmak istediğim şey şuydu, mutlak gerçeğe bakarsak, bu iki adamla da bir günah ya da bir suç işlemediniz, size sadece bunu anlatmaya çalışıyorum. Sizin durumunuza daha önce de konuştuğumuz gibi iki farklı açıdan bakabiliyoruz, neler yaptınız ve neler yapacaksınız?" Elini uzatıp elimi tuttu ve beni yanına oturttu, gözlerimiz artık aynı hizadaydı.

"İtiraflarınızı dinlediğim gün bana sormuş olduğunuz soru buydu, öyle değil mi? Ne yaptım ve ne yapacağım?"

"Evet, aynen buydu. Ve siz bana yanlış bir şey yapmamış olduğumu söylüyorsunuz. Ama ben..."

Söz kesme konusunda Dougal MacKenzie'den de beterdi.

"Hayır, hiç de değil. Tanrı'nın katı kurallarına göre yaşayabilmek kişinin vicdanıyla da ilgilidir, buna göre davranırsın ve yine de bir sürü zorluk ve üzüntüyle karşılaşırsın. Tanrı'nın şeytan denen varlığı neden yaratmış olduğunu bilemiyor olmamız zaten yeterince acı. Ama onu yaratmış olduğunu kendisi söylediği için varlığından şüphe edemiyoruz. İncil'de 'İyiyi yarattım,' der 've kötüyü de.' Sonuç olarak iyi insanlar bile zaman zaman hayatlarında güçlüklerle karşılaşırlar ve kafaları karışır. Örneğin öldürmek zorunda kaldığınız genç çocuğu ele alalım. Hayır," diyerek elini kaldırıp söze karışmamı engelledi, "burada hiçbir hata yok. İçinde bulunduğunuz şartlarda onu öldürmek zorundaydınız. Kilisede insan hayatının öneminden bahseden Kutsal Anamız bile birinin kendisini ve ailesini korumak zorunda kalabileceğini söyler. Kocanızın buraya nasıl geldiğini gören biri olarak," gözlerini misafir kanadına çevirdi, "sizin bunu yapmak zorunda kalmış olduğunuzu görebiliyorum. Bu nedenle de kendinizi suçlayıp durmanıza hiç gerek yok. Tabii ki bunu yaptığınız için üzüntü ve pişmanlık duyuyorsunuz çünkü siz duygusal ve sevgi dolu bir kadınsınız." Dizlerimin üzerinde duran elimi okşadı.

"Bazen en pişmanlık duyacağımız hareketler en iyi sonuçları doğururlar. Bunu yapmamış olsaydınız belki de bu genç adam bugün Tanrı'nın cennetine katılmış olacaktı. Siz Tanrı olamazsınız ve her şeyi kendinizden bekleyemezsiniz."

Köşeden esen rüzgâr ürpermeme neden oldu. Şalıma daha sıkı sarındım. Anselm bunu görüp havuza doğru ilerledi.

"Su sıcak, madam. Belki ayaklarınızı sokmak istersiniz?"

"Sıcak mı?" Ağzım açık kalmıştı. Doğru söylüyordu, kayalıkların kenarlarında buzlanma yoktu. Oysa kilisenin önündeki kutsal çeşmede bile bunlardan vardı. Burada tam tersine, küçük yeşil bitkiler bile yüzüyordu.

Anselm deri sandaletlerini çıkardı. Yüzü ve elleri gibi ayakları da kare formundaydı, Normandiya köylülerinin güçlü el ve ayak yapısına sahipti. Cübbesinin eteklerini dizlerine kadar toplayıp ayaklarını suya soktu. Sazanlar hemen kaçışmaya başladılar, rahatsız olmuşlardı.

"Isırmazlar değil mi?" diye sordum onların açık bekleyen ağızlarına bakarak.

"Hayır, bunu yapabilecek dişlere sahip değiller."

Ben de sandaletlerimi çıkarıp dikkatle suya girdim. Çok hoş bir sıcaklığı vardı, kaynar değildi, havanın soğukluğuyla tam bir tezat içerisindeydi.

"Bu çok güzel!" Sazanlara mümkün olduğu kadar dikkat ederek ayak parmaklarımı oynatmaya başlamıştım.

"Manastırın yakınlarında birkaç tane mineral su kaynağı var. Bunlar topraktan fışkırıyorlar ve pek çok hastalığa da iyi geliyorlar." Çukurun diğer ucundaki, bitkilerle örtülü kayalıkları gösterdi.

"Bu su, borularla en yakın kaynaktan buraya taşınıyor. Böylelikle bu soğuk kış aylarında bile balıklar canlı kalabiliyor."

Bir süre hiç konuşmadan ayaklarımızı suya sokmaya devam ettik. Balıklar yüzerken bacaklarımıza çarpıyor ve şaşkına dönüyorlardı. Güneş, bulutların arasından çıkmayı başararak bizi hafifçe ısıttı. Anselm gözlerini yumdu ve onları açmaya gerek görmeden konuşmasına devam etti.

"İlk eşiniz, sanırım adı Frank'ti. O bile bu konuda yapabileceğiniz başka bir şey olmadığını kabul edecektir."

"Ama yapabileceğim başka bir şey daha vardı," diye itiraz ettim. "Belki geri dönmeyi başarabilirdim."

Bir gözünü açıp bana baktı.

"Evet, belki de. Ama belki de başaramazdınız. Hayatınızı tereddüt etmeden riske atamadığınız için kendinizi suçlamaktan vazgeçin."

"Ama sorun bu değildi," dedim. Siyah beyaz çizgili bir sazan ayağımın önünden geçerken parmaklarımı oynattım. "Yani sadece o değildi. Ben daha çok Jamie'den ayrılmaktan korktum. Bunu yapamadım."

Anselm gülümseyerek iki gözünü de açtı.

"İyi bir evlilik Tanrı'nın en büyük lütuflarından biridir. Size bu hediyeyi verdiyse bunu kabul etmemeniz için hiçbir sebep yok. Ayrıca..." Başını yana eğdi, kahverengi bir serçeye benziyordu.

"Evinizden bir yıla yakın bir zamandır uzaksınız. İlk kocanız yokluğunuza çoktan alışmış olabilir. Sizi ne kadar çok severse sevsin kayıp insanlar içindir. Hepimiz sevdiklerimizi kaybederiz ve bununla başa çıkacak gücümüz her zaman vardır. Yeni bir hayata bile başlamış olabilir. Size ihtiyacı olan, sizi çok seven ve sizin de çok sevdiğiniz birini, kutsanmış bir birlikteliği bırakıp yeni başlanmış bir hayatı dağıtmaya gitmenin ne gibi bir anlamı olabilir ki? Zaten kalbinizi bir kenara bırakıp görev duygusuyla oraya dönmenizin kimseye bir faydası olmazdı."

"İnsanoğlunun hiçbir zaman iki sahibi olamaz, ne kadının ne de erkeğin. Size kısaca şunu söyleyebilirim, şu an için geçerli olan tek evliliğiniz var ve o da buradaki, Tanrı sizi birbirinize bağladı ve sizin buradaki şövalyenize karşı olan görevlerinizi yerine getirmenizi istiyor."

"Şimdi işin diğer kısmına geçelim. Ne yapacaksınız? Bunu tartışmak gerektiğini düşünüyorum." Ayaklarını sudan çıkarıp, cübbesinin eteğine kuruladı.

"Mutfağa gidelim, belki Eulogius kardeş içimizi ısıtacak bir şeyler hazırlamayı kabul eder."

Yere düşmüş ekmek kırıntısını oradan alıp sazanlara attıktan sonra sandaletlerimi giydim.

"Size bu konuyu birisiyle konuşabilmenin beni ne kadar çok rahatlattığını anlatamam. Ama hâlâ bana tam olarak inanıp inanmadığınızdan emin değilim."

Omuz silkerek sandaletlerimi bağlarken düşmemi engellemek için kolumu tuttu.

"Ben ekmek somunlarıyla balıkların üremesini sağlayan birinin hizmetkârıyım," gülerek hâlâ ekmekleri yiyen sazanlara baktı, "hastalıkları iyileştiren, ölüleri dirilten birinin... Bu sonsuz kudretin bir kadını taşlar aracılığıyla başka bir yere götürmüş olmasına neden şaşırayım?"

Bu hoşuma gitmişti, Babil'in fahişesi diye anılmak çok daha kötü olurdu.

Manastırın mutfağı sıcaktı ve mağaraya benziyordu, kemerli tavanı yüzyılların yağı ve buharıyla kararmıştı. Eulogius Kardeş dirseklerine kadar hamur teknesine batmıştı, başıyla Anselm'i selamlayıp diğer rahiplerden birini çağırdı ve Fransızca bize hizmet etmesini söyledi. Kendimize oturacak bir yer bulduk ve önümüze iki bardak bira ve sıcak hamur işleriyle dolu bir tabak kondu. Tabağı Anselm'e ittim, yemek yemekle uğraşamayacaktım.

"Buna şöyle bakalım," derken kelimelerimi dikkatle seçmeye çalışıyordum. "Bir grup insana zarar verecek bir şeylerden haberdarsam, bunu onları korumak adına açığa vurmalı mıyım?"

Anselm burnunu koluyla sildi, mutfağın sıcağı akmasına sebep olmuştu.

"Prensipte evet. Ama bunu yaparken neleri riske attığınıza ve neleri yapmak zorunda olduğunuza doğru karar vermelisiniz. Başarılı olma şansının ne kadar olduğunu da gayet iyi düşünmelisiniz."

"Bu konuda en ufak bir fikrim dahi yok. Yapmak zorunda olduğum şey dışında hiçbir şey bilmiyorum. Jamie'den bahsediyorum. Onu korumam gerekiyor, zira o da incinecek grubun içinde yer alıyor."

Poğaçalardan birini ikiye bölüp bana uzattı. Bira bardağımla oynuyordum. "Öldürdüğüm iki adam var. Eğer öldürmeseydim bunlar ileride çocuk sahibi olabilirlerdi," bardakla oynarken elimle çaresizliğimi belirten bir hareket yaptım, "kim bilir onlar neler yapacaktı? Geleceği değiştirmiş olabilirim. Yo hayır, kesinlikle değiştirdim. Ve bu beni çok korkutuyor."

"Hımm." Anselm düşünceli bir tavırla homurdanırken yanımızdan geçen rahibe bira ve poğaça getirmesini işaret etti. Konuşmaya başlamadan önce bardaklarımızı doldurdu.

"Aldığınız bir can var ama koruduğunuz bir can da var. Eğer siz bakmamış olsaydınız bugüne kadar hastalarınızın kaç tanesi ölecekti? Onlar da geleceği etkileyecektir. Hayatını kurtarmış olduğunuz bir insan ilerde şeytani işler yaparsa bu sizin suçunuz mu olacak? Bunu düşünerek birinin ölmesine izin verebilir misiniz? Veremezsiniz." Sözlerinin anlamını kuvvetlendirmek için bardağını masaya vurdu.

"Geleceği değiştirmekten korktuğunuz için bir takım şeyleri söylememekten bahsediyorsunuz. Bu çok saçma. Herkesin geleceği etkileme hakkı vardır ve her yapılan hareket bunu değiştirir. Kendi zamanınızda kalmış olsaydınız da yaptıklarınız geleceği etkileyecekti. Hâlâ hayata karşı taşıdığınız sorumluluklar aynı. Buradaki tek fark siz yapacaklarınızın geleceği nasıl etkileyeceğini biliyorsunuz, ayrıca tekrarlıyorum aslında bilmiyorsunuz." Başını sallayarak gözlerini masaya dikti.

"Tanrı'nın neyi niye yaptığını bilemeyiz ama muhakkak kendince iyi sebepleri vardır. Haklısınız, kilisenin kuralları belirlenirken sizinki gibi vakalar düşünülmedi, işte bu yüzden vicdanınıza daha çok ihtiyacınız var. Size ne yapıp ne yapmayacağınızı ben söyleyemem."

"Seçim hakkı sizin, tıpkı dünyada yaşayan diğer insanların olduğu gibi... Ben tarihin, bütün bu eylemlerin oluşturduğu bir birikim olduğunu düşünüyorum. Bazı insanlar diğerlerinin hayatını etkilemek için Tanrı tarafından görevlendirilirler. Belki siz de bunlardan birisiniz. Belki de değilsiniz. Neden burada olduğunuzu bilmiyorum. Siz de bilmiyorsunuz. Bunu ne kadar düşünürsek düşünelim bulamayız. Bazen ben bile niye burada olduğumu bilemiyorum!" Ben kahkaha atınca o da gülümsedi. Bana iyice yaklaştı.

"Bilginiz sadece bir araçtır. Gemi kazasında kurtulan biri olsaydınız, bu bir bıçak veya olta olabilirdi. Bence bunu kullanmanızda ahlaki bir sorun yok, bunu Tanrı'nın gösterdiği yolda kullandığınız sürece dilediğiniz şekilde kullanabilirsiniz."

Derin bir nefes aldı ve bunu sakallarını zıplatacak kadar gürültülü bir şekilde geri verdikten sonra gülümsedi.

"Size söyleyebileceklerimin hepsi bu kadar, bana başvuran kişilere söylediğimden daha eksik ya da daha fazla değil. Tanrı'ya güvenin ve yolundan ayrılmayın."

Poğaçaları yeniden önüme itti.

"Ama yapacağınız şey ne olursa olsun bunu yapabilmek için güce ihtiyacınız olacaktır. Lütfen bir lokma yiyin. Size son bir tavsiyem var, başınız dertteyse yemek yiyin."

Akşam Jamie'nin odasına döndüğümde başını kollarına gömmüş uyuyordu. Boş et suyu kâsesi masanın üzerindeydi, yanındaki et ve ekmek tabağına dokunulmamıştı. Onun masum yüzüne sonra tabağa sonra yine ona baktım. Ekmeğe dokundum. Parmağım üzerinde iz bıraktı. Tazeydi.

Onu uyurken bırakıp Roger kardeşi aramaya başladım ve onu kilerde buldum.

"Ekmeği ve eti yedi mi?" diye sordum.

"Roger sakallarının altından güldü. "Evet."

"İçinde tutmayı başardı mı?"

"Hayır."

"Umarım sen temizlemedin?" Gözlerimi kısmıştım.

Çok eğlenmişti, sakallarının üzerinden görünen yanakları pembeleşti. "Buna cesaret edemezdim. Yemeden önce yanına boş bir kova aldı."

"Lanet olasıca, kurnaz İskoç," dedim gülerek. Odasına dönüp alnını hafifçe öptüm. Hareket etti ama uyanmadı. Peder Anselm'in sözünü dinleyerek odasındaki et ve ekmeği akşam yemeğim olarak odama götürdüm.

Daha sonraki birkaç gün boyunca Jamie'ye kendi kendine iyileşmesi için zaman tanımak için vaktimi odamda Ambrose kardeşin getirdiği şifalı otlar kitabını okuyarak geçirdim. Öğle yemeğinden sonra inatçı hastamı ziyarete gittim. Orada Jamie'yi bulmayı beklerken sırtını duvara dayayarak tabureye oturmuş Murtagh'la karşılaştım. Yüzünde şaşkın bir ifade vardı.

"Nerede o?" dedim boş odaya bakarak.

Murtagh parmağıyla pencereyi gösterdi. Oldukça soğuk ve karanlık günlerden biriydi, lambalar erkenden yakılmıştı. Pencerede perde olmadığı için tabakta duran mum hava akımının etkisiyle sönmeye yüz tutmuştu.

"Dışarı mı çıktı? Nereye? Niye? Ve üzerine ne giydi?" Jamie yaraları acıdığı için günlerdir çıplak yatıyordu. Peder Roger'la kısa gezintilere çıkarken üzerine bir cübbe giyiyordu ama bu cübbe hâlâ katlı bir şekilde yatağın ayakucunda duruyordu.

Murtagh taburesinde doğrulup baykuşa benzeyen gözlerini bana dikti.

"Kaç soru sordun? Dört mü?" Elini kaldırıp parmaklarıyla saymaya başladı.

"Bir: Evet dışarı çıktı." Orta parmağını kaldırdı. "İki: Nerede? Keşke bilseydim." Diğerlerine bir parmak daha eklendi. "Üç: Neden? İçerde volta atmaktan sıkıldığını söyledi." Küçük parmağı havaya kalktı. "Dört: Keşke bunu da bilseydim. Onu son gördüğümde hiçbir şey giymiyordu."

Murtagh diğer parmaklarını kıvırıp başparmağını kaldırdı.

"Sormadın ama söyleyeyim, gideli bir saatten fazla oldu."

Burnumdan solumaya başlamıştım, bu durumda ne yapılırdı? Suçlu ortalıkta olmadığına göre öfkemi Murtagh'dan çıkaracaktım.

"Dışarıda kar yağdığının ve havanın dondurucu bir soğuklukta olduğunun farkında değil misin? Neden onu durdurmadın? Ve üzerinde hiçbir şey yoktu derken ne demek istedin?"

Küçük adam son derece sakindi. "Evet, bunu biliyorum. Kör olmadığına göre o da biliyor. Onu durdurmaya gelince, bunu denedim." Başıyla yataktaki giysiyi gösterdi.

"Gideceğini söylediğinde, o kadar iyileşmediğini ve buna izin verirsem senin benim kafamı koparacağını söyledim. Giysiyi alıp kapıya dayandım ve beni ezmeden geçemeyeceğini söyledim."

Murtagh bir süre durduktan sonra anlamsız sözcükler sarf etti. "Ellen MacKenzie hayatımda gördüğüm en güzel gülüşe sahip kadındı, insanın kanını kaynatırdı."

"Ve bu yüzden onun koca kafalı oğlunu donarak ölmeye mi gönderdin?" dedim sabırsızlıkla. "Annesinin gülüşüyle konunun ne ilgisi var?"

Murtagh burnunu ovuşturdu. "Ona geçemeyeceğini söylediğimde, genç Jamie bir an bana baktı. Sonra annesi gibi gülümsedi ve camdan dışarı çıktı. Pencereye vardığımda çoktan gözden kaybolmuştu."

Gözlerimi devirerek ona baktım.

"Nereye gitmiş olduğunu tahmin edebiliyorum," diye devam etti Murtagh, "onun için endişelenme."

"Onun için endişelendiğim falan yok!" diye homurdanarak ahırlara doğru ilerledim. "O beni gördüğünde endişelense çok iyi olacak!"

Manastıra bağlanan ek bir yol vardı. Atımla yavaş yavaş, etrafıma bakınarak ilerlemeye başladım. Fransa'nın bu bölgesinde toprak çok verimliydi ve çiftçilik yapılıyordu, bu sebeple fazla ağaçlık yoktu. Ayılar ve kurtlardan korkmak için bir sebep kalmamıştı.

Onu manastırın iki kilometre ötesinde buldum, Romalılardan kalma işaretlerden birinin altında oturuyordu.

Ayakları çıplaktı, seyislerden birinden bir pantolon ve yelek bulmuştu, bunu lekelerden anlamıştım.

Atı durdurup ona baktım ve eyeri yumrukladım. "Burnun morarmış," dedim. Sonra gözlerimi aşağı indirdim. "Ayakların da."

Sırıtarak koluyla burnunu sildi.

"Başka yerlerim de öyle, onları benim için ısıtmak ister misin?"Anlaşılan keyfi yerindeydi. Attan inip önünde durdum.

"Hiçbir etkisi olmayacak değil mi?"

"Neyin?" Ellerini bacaklarına sürttü.

"Sana kızmamın. Zatürree olmaktan ya da ayıların seni yemesinden zerre kadar korkmuyorsun. Benim meraktan ölmem de seni ilgilendirmiyor."

"İşin açıkçası ayılardan korkmuyorum çünkü onlar kış uykusunda."

Kendimi kaybedip elimi havaya kaldırdım, niyetim yanağına vurmaktı. Gülerek bileğimi yakaladı, zorlanmamıştı. Anlamsız bir tepişmenin sonunda ben de gülmeye başladım.

"Benimle geliyor musun?" diye sordum. "Yoksa ispatlaman gereken başka şeyler de var mı?"

Çenesiyle yolun arkasını işaret etti. "Atı alıp oradaki büyük meşenin altına git ve beni bekle. Oraya kadar yürüyeceğim. Yalnız."

Dilimin ucuna gelenleri söylememek için onu ısırmayı tercih ettim. Meşenin oraya varınca, attan inip yola baktım. Kısa sürede onun yürüyüşünü seyredemeyeceğime karar verdim. Düştüğünü gördüğüm anda dizginleri tutan elim kasılmıştı. Arkamı dönüp beklemeye devam ettim.

Misafir kanadına varmayı başardık, koridorda sendeleyerek ilerliyorduk, kolları omuzlarıma dolanmıştı. Koridorda bize doğru endişeli adımlarla ilerleyen Roger kardeşi gördüm. Yükümü odaya doğru taşırken ondan ısıtma kabını getirmesini istedim. Jamie'yi yatağa bıraktım. Çarpmanın etkisiyle homurdandı, onu soyarken uzanıp gözlerini yumdu.

"Artık yatabilirsin."

Söz dinleyerek çarşafların içine girdi. Bu arada ısıtma kabını hızla çarşafların arasında gezdiriyordum. Onunla işim bitince bacaklarını gererek uzattı ve sıcağın ona verdiği huzurla iç geçirdi.

Sessizce odayı toparlamaya başladım, yere attığım giysileri topladım, masayı düzelttim, mangala yeni kömür koydum, dumanın azalması için üzerine bir tutam andızotu serptim. Uyuduğunu sandığım için birdenbire konuşmaya başlayınca yerimden sıçradım.

"Claire."

"Efendim."

"Seni seviyorum."

"Ah." Biraz şaşırmış ama çok mutlu olmuştum. "Ben de seni seviyorum."

Derin bir iç çekip gözlerini araladı.

"Randall, sonuna doğru... Benden bunu istedi." Bu bir kez daha yerimden sıçramam sebep oldu, dikkatli cevap vermem gerekiyordu.

"Öyle mi?"

"Evet." Gözlerini açık duran pencereye dikmişti, gökyüzü kar bulutlarıyla doluydu.

"Yerde yatıyordum, o da yanımda yatıyordu. Çıplaktı ve ikimiz de kan revan içindeydik, başka şeyler de vardı. Başımı kaldırmaya çalıştı, yanağım yerdeki kurumuş kana yapışmıştı." Bunu hatırlayınca alnı kırıştı, gözleri boş bakıyordu.

"Kendimi uzun bir süre önce kaybetmiştim, bu yüzden de fazla acı hissetmiyordum. Çok yorgundum ve hayal gördüğümü düşünüyordum."

"Bu daha iyi," dedim kaba bir tavırla, gülümsedi.

"Evet, daha iyi. Arada bir kendimden geçiyordum, orada ne kadar yattığımızı bilmiyorum ama uyandığımda beni kollarına almış kendine bastırıyordu." Bundan sonraki kısmı söyleyip söylememekte tereddüt ediyordu.

"Ona karşı koymadım. Ama çok yorgundum. Ondan kaçmaya başladım, savaşmadım sadece geri çekildim. Kolları boynuma dolanmıştı, beni yeniden çekti ve başını omzuma gömdü, ağlıyordu. Önce ne söylediğini anlayamadım, sonra anladım. Hiç durmadan aynı sözcükleri tekrarlıyordu. *Seni seviyorum, seni seviyorum, seni...* Bir yandan ağlıyor bir yandan durmadan bu sözcükleri mırıldanıyordu." Jamie ürperdi, sebebi anılar ya da soğuktu.

"Bunu neden yaptığımı bilmiyorum ama kollarımı ona doladım ve öylece durduk. Sonunda ağlamayı bırakıp beni öpüp okşamaya başladı. Sonra fısıldadı. *Beni sevdiğini söyle.*" Jamie hafifçe güldü.

"Bunu yapamazdım. Neden olduğunu bilmiyordum ama yapamazdım. Başıma gelen onca şeyden sonra istese çizmelerini yalayıp onu İskoç Kralı olarak bile adlandırabilirdim ama bunu söyleyemezdim. Bunu düşünmedim bile. Yapamazdım, o kadar." Nefes alırken eliyle örtüyü kavradı.

"Beni yeniden kullandı, hem de hor görerek. Sürekli, *Beni sevdiğini söyle, Alex. Beni sevdiğini söyle* diyordu."

"Sana Alex mi dedi?" diye sordum, kendimi tutamamıştım.

"Evet. Niye ikinci adımı kullandığını merak etmiştim. Bilmesine de şaşırmıştım." Omuz silkti.

"Her neyse, öylece durdum ve tek kelime bile etmedim. İşi bitince delirmiş gibi üzerime atlayıp beni bir şeyle dövmeye başladı - ne olduğunu göremiyordum - bağırıyor ve küfrediyordu. *Beni seviyorsun! Söyle bunu! Sevdiğini biliyorum!* Ellerimi başımın üzerine koymuş kendimi korumaya uğraşıyordum, bir süre sonra yeniden bayılmışım. Son hatırladığım şey omuzlarımdaki acıydı, bir de rüyamda bağıran sığırlar gördüm. Sonra bir atın sırtındaydım. Ondan sonra Eldridge'de şöminenin önünde yatıyordum ve sen bana bakıyordun." Gözlerini yumdu, sesi rüya görüyormuş gibi çıkmaya başlamıştı.

"Ona... Ona bunu söylemiş olsaydım beni kesinlikle öldürürdü."

Bazıları kâbuslarında canavarlarla uğraşırlar, ben de aile ağaçlarıyla uğraşıyordum. Üzerinde isimlerin ve tarihlerin yazıldığı aşağı doğru dallanıp budaklanan listelerle... Bu satırlar yılana dönüşüyor, çenelerinin arasında tarihleri tutuyorlardı. Frank'in sözleri yeniden beynimde canlandı, asker olmanın ikinci oğul için iyi bir meslek seçimi olduğunu söylemişti. Üçüncü bir kardeş daha vardı ve o papaz olmuştu, onun hakkında pek fazla bilgiye sahip değildim. Diğerini de pek bilmiyordum. Sadece isimlerini hatırlıyordum. Joseph ve Mary Randall'ın üç oğlu vardı, büyükten küçüğe doğru sıralarsak isimleri William, Jonathan ve Alexander'dı.

Jamie yeniden konuşmaya başlayarak beni düşüncelerimden uzaklaştırdı.

"Saksonyalı?"

"Evet."

"Sana anlattığım içimdeki kaleyi hatırlıyor musun?"

"Hatırlıyorum."

Gözlerini açmadan gülümsedi. Bu arada elini bana uzatmıştı.

"Onu yeniden inşa etmeye başladım. Yağmurdan korunacak derme çatma bir çatısı bile var."

Yatağa ilerlerken yorgun ama huzurluydum. Jamie iyileşecekti. Ama merak ettiğim şeyler vardı. Onun iyileşeceğinden emin olmadan önce sadece bir sonraki saati, bir sonraki yemeği ve bir sonraki ilaç saatini düşünüyordum. Artık daha ileri bakmam gerekiyordu.

Burası geçici bir sığınaktı. Onlar ne kadar misafirperver olursa olsun sonsuza kadar burada kalamazdık. Lord Lovat bize yardım elini uzatmadığı sürece İngiltere ve İskoçya bizim için son derece tehlikeli yerlerdi. Geleceğimiz kanalın bu tarafında şekillenmeliydi. Jamie'nin deniz tutmasına karşı dayanıksız olduğunu görünce neden Amerika'ya göç etme fikrinden hoşlanmadığını anlamıştım. Üç ay boyunca her gün kusmak katlanılır şey değildi. Peki, geriye ne kalıyordu?

Fransa en olabilecek yerdi. İkimiz de gayet iyi Fransızca konuşuyorduk. Jamie İspanyolca, Almanca ve İtalyanca da biliyordu, ben dil konusunda onun kadar yetenekli değildim. Fraser ailesinin burada pek çok bağlantısı vardı, akraba ya da arkadaşlardan birine ait olan düzgün bir ev bulup huzur içinde yaşamaya devam edebilirdik. Bu fikir oldukça çekiciydi.

Geriye bir tek zamanlama sorunu kalıyordu. 1744 yılının başlarındaydık. 1745'de Prens Charlie gemiyle Fransa'dan İskoçya'ya gidecek ve tahtta hakkı olduğunu iddia edecekti. Bunun ardından felaketler başlayacak, savaş çıkacak, İskoç klanları katledilecek ve bu arada benim sevgili eşim de katledilecekti.

Buna daha bir yıl vardı ve bu bir yılda farklı adımlar atılabilirdi. Bu felaket önlenebilirdi. Nasıl? Hiçbir fikrim yoktu ama bir şey yapmadan durmanın mümkün olmadığını da biliyordum.

Olaylar değiştirilebilir miydi? Belki. Parmaklarım sol elimdeki altın halkanın üzerinde dolanıp duruyordu. Wentworth zindanlarında öfkeden delirmiş bir halde Jonathan Randall'a söylediklerimi düşündüm.

"Seni ölüm saatinle lanetliyorum," demiştim. Ona ne zaman öleceğini söylemiştim. Ona aile ağacında yazılı olan tarihi söylemiştim, Frank'in el yazısıyla yazılmış olan tarihi - 16 Nisan 1745. Jonathan Randall, Culledon Savaşı'nda, İngilizlerin yarattığı katliam sırasında ölecekti. Ama öyle olmamıştı. Ben bu sözleri söyledikten birkaç saat sonra hayatını kaybetmişti.Çocuksuz bir bekâr olarak ölmüştü. Ya da ben öyle olduğunu sanıyordum. O tablo - o lanetli tablo! - onun evlilik tarihini 1744 yılında bir zamanda gösteriyordu. İlk oğlu yani Frank'in beşinci kuşaktan dedesi de bundan kısa bir süre sonra doğacaktı. Jack Randall çocuğu olmadan öldüyse, Frank nasıl doğacaktı? Bu halka hâlâ parmağımdaydı. O doğmuştu ve doğacaktı. Elimi, içinde bir cin varmış gibi yüzüğe sürterek kendimi rahatlatma çalışmalarıma devam ettim.

Bir süre sonra hafif bir çığlık atarak uyandım.

"Hişşt. Benim." Kocaman eliyle ağzımı kapamıştı. Mum söndüğü için oda karanlıktı. Elimle onu aramaya başladım.

"Yataktan çıkmamalıydın!" diye hırladım, hâlâ uykuluydum. Parmaklarım tenine değdi. "Donmuşsun!"

"Elbette, dondum. Üzerimde hiçbir şey yok ve koridor çok soğuk. Beni yatağa alacak mısın?"

Küçük yatakta mümkün olduğu kadar kenara kıvrılıp ona yer açtım, hemen yanıma sokuldu ve ısınmak için bana sarıldı. Nefesi düzgün değildi, hem soğuktan hem de yorgunluktan titriyordu.

"Güzel, sıcacıksın," diyerek daha da sokuldu. "Sana dokunmak çok güzel, Saksonyalı."

Burada ne yaptığını sormak gibi bir gaflette bulunmadım, nedeni gayet açıktı. Emin olup olmadığını da sormadım. Benim bir takım endişelerim vardı ama bunları gereksiz kehanetler olarak dile getirmek dahi istemedim. Eline dikkat ederek ona döndüm.

Son derece hızlı bir birleşme oldu, her şey çok tanıdıktı. Jamie tatmin olmuş bir şekilde içini çekti, belki de rahatlamıştı. Öylece durduk, aramızdaki bağı kırmaktan korkuyorduk. Jamie sağlam eliyle beni okşamaya başladı, karanlıkta gideceği yolu çok iyi biliyordu. Elleri, kedi gibiydi ve titremeye duyarlıydı.

Bu kez yavaş hareketlerle yeni bir oyuna başladık. Onun arzusuyla hastalığı arasındaki dengeyi, acıyla zevkin verdiği hazzı birbirine karıştırdık. Karanlığın içinde bir yerde Anselm'e zamanın durduğu bir yerin daha olduğunu söylemem gerektiğini düşündüm. Belki de söylememeliydim, bir rahibe bunu söylemek tehlikeli olabilirdi.

Elimle Jamie'nin yaralı sırtını hafifçe tutuyordum. O ritmimizi ayarladıktan sonra gücü benim harcamama izin verdi. İkimiz de nefesimizi tutarak o ana ulaştık. Onun yorulduğunu hissettim ve onu kendime doğru bastırıp, her yanını iyice sardım. "Şimdi," dedim usulca, "bana gel, Şimdi!" Başını alnıma dayadı ve titreyerek nefesini verdi.

Viktoryalılar buna "küçük ölüm" derken doğru bir tanım yapmışlardı. Gevşemiş ve ağırlaşmıştı, göğsümün üzerinde kalp atışlarını hissetmesem ölmüş olmasından korkardım. Uzun bir zaman sonra omzumun üzerinde kıpırdanıp bir şeyler mırıldandı.

"Ne dedin?"

Başını çevirdi, dudakları tam kulağımın altındaydı. Sıcak nefesini boynumda hissettim. "Elim artık o kadar çok acımıyor," dedim.

Sağlam elini yüzümde gezdirip yanaklarımdaki yaşları sildi.

"Benim için korktun mu?"

"Evet, çok az kaldığını düşündüm."

Güldü. "Öyleydi, kendimi neredeyse öldürüyordum. Ben de korktum. Elimin acısıyla uyandım ve tekrar uyuyamadım. Seni düşünmeye başladım, düşündükçe daha çok istedim. Ne için buraya geldiğim ve bunun yaratacağı üzüntüyü aklıma getirdiğimde yolun yarısını çoktan geçmiştim. Ve yeniden..." Durup yanağımı okşadı. "Çok iyi olmayabilirim Saksonyalı ama çok ödlek de sayılmam."

Başımı çevirip öpücüğüne karşılık verdim. Midesi guruldadı.

"Sakın gülme," diye kükredi. "Bu tamamıyla senin suçun. Beni aç bıraktın. Et suyu ve şarapla bu kadarını bile başarmış olmam bir mucize."

"Pekâlâ," dedim hâlâ gülüyordum. "Sen kazandın. Yarın sabah kahvaltıda yumurta yiyebilirsin."

"Hah," dedi mutlulukla. "Sana uygun rüşveti verirsem beni doyuracağını biliyordum."

Birbirimize kenetlenmiş şekilde uykuya daldık.

41

Dünyanın Rahminden

Sonraki iki hafta boyunca Jamie iyileşmeye devam etti, ben de düşünmeye... Bazı günler Roma'ya gidip saraya girmenin mantıklı olacağını düşünüyordum, sonrasında ne yapacaktık? Bazı günlerde ise yaşamımızı huzur içinde geçirebileceğimiz herkesten uzak ve izole bir bölgede güven içinde yaşamak istiyordum.

Açık ve güneşli bir gündü, saçaklardaki buzlar karın üzerine şıpır şıpır damlayıp izler bırakıyordu, sanki çatıda bulunan birinin burnu akıyordu. Jamie'nin kapısı aralıktı, penceresinde hâlâ perde yoktu, hastalığın son kalıntıları buradan buharlaşıp yok oluyordu.

Başımı kapıdan yavaşça uzattım, uyuyorsa uyandırmak istemiyordum ama yatak boştu. Açık camın önünde oturuyordu yüzü dışarı dönüktü ve yarısından fazlası görünmüyordu.

Hâlâ çok zayıftı, ama üzerinde bulunan rahip adaylarının giysisinin omuzları artık doluyordu ve dik durmayı başarabiliyordu. Gücü yerine gelmeye başlamıştı. Kıpırdamadan duruyordu, bacakların, önünde duran tabureye dayamıştı. Diğer eliyle sağ bileğini tutmuş, elini güneşe doğru uzatmıştı.

Masanın üzerinde, açılmış bir grup sargı bezi duruyordu. Bandajlarını çıkarmış elini inceliyordu. Kıpırdamadan olduğum yerde durdum. Buradan görebildiğim kadarıyla ileri geri oynatmasında herhangi bir sorun yoktu.

Avucunun içindeki çivi deliği oldukça küçülmüştü, buna çok sevinmiştim. Kalan izler de zaman içerisinde yok olacaktı. Elinin üzerindeki durum o kadar iç açıcı değildi. Enfeksiyon oraya hasar vermişti, yara hâlâ büyük ve kabukluydu. Hâlâ yeni bir yara gibi duruyordu.

Orta parmağının durumu da iyi değildi, yaralı doku ilk boğumdan ikinci boğuma kadar uzanıyordu. Başparmağı ve işaret parmağı düzgündü ama serçe parmağı çok yamuktu. Hatırladığım kadarıyla o parmağında üç kırık vardı, görünen o ki hepsini düzgün yerleştirmeyi başaramamıştım. Yüzük parmağı da garip bir şekilde duruyordu, elini masanın üzerine koymuştu ve bu parmak havaya bakıyordu.

Elini yeniden çevirip yavaşça parmaklarını oynatmaya çalıştı. Hiçbiri bir iki santimden fazla kıvrılmıyordu, yüzük parmağı ise o kadar bile kıpırdamıyordu. Korktuğum olmuştu, ikinci boğum donmuş gibiydi.

Elini yukarı kaldırıp ileri geri oynatıyor, gün ışığının altında parmaklarını bükmeye çalışırken yara izlerine bakıyordu. Bir anda başını önüne eğip yaralı elini göğsüne bastırdı ve sağlam eliyle onun üzerini örttü. Hiç sesi çıkmadı ama omuzları titriyordu.

"Jamie." Pencerenin önüne doğru ilerleyip diz çöktüm ve elimi bacağının üzerine koydum.

"Jamie, özür dilerim. Elimden gelen her şeyi yapmıştım."

Gözlerini bana çevirdi, şaşırmıştı. Kirpiklerindeki yaşlar güneş ışığının altında parlıyordu, onları hızla elinin tersiyle sildi.

"Ne?" diyerek yutkundu, orada birdenbire belirmiş olmam onun ürkmesine sebep olmuştu. "Niye özür diliyorsun, Saksonyalı?"

"Elin için." Elimi uzatıp onun elini tuttum ve parmaklarını ve yaralarını gün ışığında inceledim.

"Daha iyi olacak," dedim endişeli bir tavırla. "Gerçekten olacak. Şu an katı ve kullanılamayacak gibi göründüğünün farkındayım ama uzun süre sargılar içinde durdu ve kemikler sabitlendi. Sana bir takım egzersizler göstereceğim ve masaj yapacağım. Elini çok daha iyi kullanabileceksin, sana söz veriyorum."

Diğer elini yanağıma koyarak beni durdurdu.

"Yani sen..." diye başlayıp, inanmaz bir tavırla başını sallayarak durdu. "Demek istediğin şey..." Bir daha durup cümlesini yeniden kurmaya çalıştı.

"Saksonyalı, sen oynamayan bir parmak ve birkaç yaraya üzüldüğümü mü sanıyorsun?" Gülümsedi ama bu gülümsemede hafif bir kırgınlık vardı. "Kibirli bir adam olduğum doğru ama o kadar da kibirli değilim."

"Ama sen..." diye söze başladım. Ellerimi tutarak ayağa kalktı ve beni de ayağa kaldırdı. Parmağımı uzatıp yanağındaki gözyaşını sildim. Başparmağım bu damlayla ısınmıştı.

"Mutluluktan ağlıyordum, Saksonyalı," dedi usulca. Yüzümü ellerinin arasına aldı. "Ve iki elim olduğu için Tanrı'ya şükrediyordum. Sana dokunabilecek iki elim olduğu için. Sana hizmet edebileceğim ve seni sevebileceğim iki ele sahip olduğum için. Senin sayende hâlâ tam bir erkek olabildiğim için."

Ellerini ellerimin içine aldım.

"Ama neden böyle düşündün?" diye sorduğum anda Leoch'tayken okuduğum Beaton'un yazılarını hatırladım. Oradaki bıçakları ve testereleri de... Acil bir durumla karşılaştığım için onları kafamdan silmiştim. Antibiyotik bulunmadan önceki devirlerde böylesine mikrop kapmış olan yaralar ancak organın kesilmesiyle iyileşebiliyordu.

"Ah, Jamie," diyebildim. Dizlerim titremeye başlamıştı, en doğru çözüm tabureye oturmamdı.

"Bu hiç aklıma gelmedi," dedim, hâlâ buz gibiydim. "Sana tüm dürüstlüğümle söylüyorum, bu aklıma bile gelmedi." Başımı kaldırıp ona baktım. "Jamie eğer bu aklıma gelmiş olsaydı, hayatını kurtarmak için büyük ihtimalle onu kesmiş olurdum."

"Bunu... Bunu senin zamanında... Artık böyle yapmıyorlar mı?"

Başımı salladım. "Hayır. Enfeksiyonlara karşı üretilmiş ilaçlar var. Bu yüzden de aklıma kesmek gelmedi." Bu harikaydı. Dönüp ona baktım. "Senin aklına geldi mi?"

Başını salladı. "Beklediğim şey buydu. Bu yüzden senden beni ölüme terk etmeni istedim. Aklımın başımda olduğu anlarda tek düşündüğüm şey buydu. Çünkü... Çünkü öyle yaşayamazdım. Bu Ian'ın başına geldi, bunu sen de biliyorsun."

"Tam olarak değil." Şok olmuştum. "Bana vurulduğunu söylemişti. Detayları bilmiyorum."

"Evet, vurulmuştu ve yarasının durumu kötüydü. Doktorlar kanı zehirlenmesin diye bacağını kestiler."

"Ian şu an çok iyi durumda ve bütün sorunları halledildi. Ama..." Bir an düz duran yüzük parmağına bakarak durdu. "Ben onun daha önceki halini de biliyorum. Şu an iyi olmasının tek sebebi Jenny çünkü onunla bir bütün. Jenny onu ayakta tutuyor." O koyun gibi gülümseyişlerinden biriyle bana baktı. "Tıpkı senin gibi... Kadınların böyle şeylere neden tahammül ettiklerini bir türlü anlayamam."

"Belki de," dedim usulca, "kadınlar bundan hoşlanıyordur."

Beni kendine doğru çekerken bir kahkaha attı. "Evet. Bunun sebebini de ancak Tanrı bilir."

Bir süre birbirimize sarılıp durduk. Alnım onun göğsüne dayanmıştı, kollarım beline dolanmıştı ve kalbi kulağımın altında atıyordu, yavaş ama güçlü... Bir süre sonra beni bıraktı.

"Sana göstermem gereken bir şey var," dedi. Dönüp masanın çekmecesini açtı ve oradan aldığı mektubu bana uzattı.

Bu Başrahip Alexander tarafından yazılmış bir tavsiye mektubuydu. St. George Şövalyesi'ne yani Majesteleri İskoç Kralı'na yazılmıştı. Yeğeni James Fraser'ın iyi bir dilbilimci ve çevirmen olduğunu belirten bir mektuptu.

"Bu bir seçenek," dedi Jamie mektubu katladığımı görünce. "Yakında buradan ayrılmamız gerekecek ve sen bana Craigh na Dun'da bir şeylerden bahsetmiştin. Onlar doğruydu, öyle değil mi?"

Derin bir nefes alarak başımı salladım. "Doğru."

Mektubu elimden alıp dizine vurmaya başladı.

"O zaman bu biraz tehlikeli olabilir."

"Olabilir."

Mektubu çekmeceye attı ve bir süre ona baktıktan sonra bana döndü. Eliyle yanağımı tuttu.

"Söylediğim doğruydu Claire," dedi usulca. "Yaşamım sana ait. Bundan sonra ne yapacağımıza nereye gideceğimize sen karar vereceksin. Fransa, İtalya ya da yeniden İskoçya... Kalbim seni ilk gördüğüm günden beri sana ait, ruhumu ve kalbimi senin ellerine teslim ettim, onların orada güvende olduklarını biliyorum. Senin söylediğin yere gideceğiz."

Kapı vurulunca iki kaçak âşık gibi birbirimizden ayrıldık. Saçlarımla oynamaya başladım, manastır iyi bir dinlenme yeri olabilirdi ama burada romantizm yaşamak imkânsızdı.

Rahiplerden biri içeri girip masanın üzerine kocaman, deri bir heybe bıraktı. "Eldridge Malikânesi Sahibi MacRannoch'tan, Broch Tuarach'ın Hanımefendisine," diyerek sırıttı. Eğilerek selam verdi ve arkasında yosun kokuları bırakarak odadan ayrıldı.

Heybenin bağlarını çözdüm, MacRannoch'un ne gönderdiğini merak ediyordum. Heybeden üç şey çıktı; isimsiz ve adressiz bir not, üzerinde Jamie'nin adının yazdığı ufak bir paket ve tabaklanmış kurt derisi.

Notta: "İnci gibi erdemli, yakuttan daha kıymetli kadına," yazıyordu.

Jamie küçük paketi açtı. Elinde küçük parlak bir şey tutarak meraklı gözlerle kurt postuna bakıyordu.

"Biraz garip bir durum, Saksonyalı, Sör Marcus sana bir kurt postu bana da inci bir bilezik göndermiş. Belki de etiketler karışmıştır."

Bilezik çok şıktı, bir dizi barok inci altın zincirlerle birbirine tutturulmuştu.

"Hayır," dedim hayranlıkla. "Doğru yapmış. Bilezik senin bana evlilik hediyesi olarak verdiğin inci kolyeye çok uygun. Onu annene Sör Marcus'un verdiğini biliyor muydun?"

"Hayır," dedi incileri okşayarak. "Babam onları karıma vermem için bana verdi," bir anda dudaklarında bir gülümseme belirdi, "onların nereden geldiğini söylemedi."

Sör Marcus'un bizi teklifsiz bir şekilde evinde ağırladığını ve ertesi gün bizi yolcu ederken yüzünde beliren ifadeyi çok iyi hatırlıyordum. Jamie'nin yüzünde de bir zamanlar babası olabilecek baronu tanıdığına dair bir ifade belirmişti. Jamie elimi tutup bileziği koluma taktı.

"O benim için değil," diyerek karşı çıktım.

"Kesinlikle senin. Evli bir kadına mücevher göndermek uygun bir davranış olmayacağı için onu bana gönderdi. Ama senin için gönderildiği aşikâr." Bana bakarak sırıttı. "Ayrıca ne kadar zayıflarsam zayıflayayım onun benim bileğime olması imkânsız."

Kurt derisini eline alıp salladı.

"MacRannoch'un bunu sana neden gönderdiğini anlayamadım." Tüylü postu omuzlarına attığı anda çığlık atarak geri çekildim. Başı özenle korunmuştu ve canlı gibiydi, Jamie'nin omuzlarının üzerinden bir çift sarı göz bana bakıyordu.

"Iyy! Canlıyken de böyle bakıyordu!"

Jamie gözlerimi takip edip baktığım yöne başını çevirince kurdun başıyla burun buruna geldi. İrkilerek postu sırtından çıkarıp odanın ortasına fırlattı.

"Aman Tanrım!" diyerek istavroz çıkardı. Post uğursuz bakışlarıyla mum ışığında bize bakıyordu.

"Canlıyken böyle bakıyordu da ne demek Saksonyalı? Onunla özel bir dostluğun mu var?" diye sorarken gözleri kısılmıştı.

Ona bugüne kadar anlatma fırsatını bulamamış olduğum şeyleri anlatmaya başladım. Bunu ve diğer kurtları, Hector'u, ayılı kulübeyi, Sör Marcus'la yaptığım tartışmayı, Murtagh'ın birdenbire ortaya çıkışını, sürüyü ve pembe sisin altındaki uzun bekleyişi... Onun oradan ölümü dirimi çıkacağını merak ederek geçirdiğim saatleri...

Zayıf olması bir şeyi değiştirmiyordu, hâlâ kocaman bir göğsü, güçlü ve sıcak kolları vardı. Yüzümü omzuna bastırıp ben ağlarken beni kucağında salladı. Kendimi toparlamak istiyordum, o bana daha sıkı sarılıp saçlarımın arasından kulağıma bir takım sözcükler mırıldanıyordu. Bunun üzerine kendimi iyice bırakıp, terk edilmiş bir çocuk gibi çığlıklar atarak ağlamaya başladım. Yorulup hıçkırmaya başlayana kadar da durmadım.

"Sana küçük bir hediyem var, Saksonyalı," dedi saçımı okşayarak. Burnumu çektim ama yeterli olmadı, mendilim olmadığı için onu eteğime sildim.

"Benim sana verebilecek bir şeyim olmadığı için çok üzgünüm," dedim, onun ayağa kalkıp yatak örtülerini eşelemesini izlerken. Benim için mendil gibi bir şey aradığını düşündüm.

"Bana hayatımı, erkekliğimi ve sağ elimi hediye etmiş olduğunu ne çabuk unuttun. Onlar bana fazlasıyla yeter, *mo duinne*." Eline rahip giysisini alıp karşımda durdu. "Soyun."

Ağzım açık kaldı. "Ne?"

"Soyun Saksonyalı ve bunu giy." Sırıtarak giysiyi bana uzattı. "Önce arkamı dönmemi mi istersin?"

Verdiği aptal giysiye sarınıp Jamie'nin peşinden karanlık merdivenleri inmeye başladım. Bu üçüncü ve en dar olanıydı. Elindeki kandil taş duvarları aydınlatıyordu, iki duvar arasındaki mesafe elli santimden fazla değildi. Bu dar geçitte ilerlemeye devam ettikçe toprağın bizi yutuyor olduğu hissine kapıldım.

"Nereye gittiğimizi bildiğinden emin misin?" Sesim bir an boşlukta yankılanır gibi oldu ama garip bir şekilde sanki suyun altındaymışız gibi boğuluverdi.

"Burada yolumuzu kaybetmemize imkân yok öyle değil mi? Neredeyse vardık."

Yeni bir sahanlığa ulaştık ama söylediği doğruydu, burada tek bir yol vardı ve hep aşağı iniyordu.

Bu basamaklar son bulunca karşımıza bir kapı çıktı. Burada ufak bir sahanlık vardı, bir dağın içine oyulmuş gibiydi, meşeden yapılmış olan kapı geniş ama alçaktı. Pirinç menteşeleri vardı. Ahşap bölümü eskilikten dolayı grileşmeye başlamıştı ama sapasağlamdı. Burası hâlâ kullanılıyordu. Şarap mahzeni olabilirdi.

Duvarda bir meşale asılıydı, daha önce de kullanılmıştı. Jamie, yanda duran kâğıt yığınından bir parça alıp onu yakmak için bir süre durdu, sonra kapıyı itti ve eğilerek içeri girdi. Ben de onu takip ettim.

İçeri girince bir süre Jamie'nin elindeki kandilden başka bir şey göremedim. Çok karanlıktı ve kandil benden uzaklaşıyordu. Durup ışığı izlemeye başladım. Birkaç adım atıp duruyordu ve oradan kırmızı bir alev yükseliyordu. Gözlerim ortama alışınca bunların sıra halinde yanmaya başlayan kandiller olduğunu algılayabildim. Deniz fenerleri gibi kayaların içlerine yerleştirilmişlerdi.

Burası bir mağaraydı. Kandillerin arkasındaki siyah parıltılara bakarak buranın bir kristal mağarası olduğunu düşündüm ama bir adım daha atınca onu gördüm.

Pırıl pırıl siyah bir göl... Su saydam olduğu için volkanik kaya siyah rengini almıştı ve içinde kandillerden gelen alevlerin kızıllığı oynaşıp duruyordu. Hava nemli ve sıcaktı, buhar soğuk duvarlarda yoğunlaşarak nemli bir ortam oluşturuyordu.

Sıcak su kaynağı... Burnuma hafif bir sülfür kokusu geldi. Yani kaplıca... Anselm'in manastır yakınlarında bulunan şifalı sıcak su kaynakları hakkında anlattıklarını hatırladım. Bunlar pek çok hastalığa iyi geliyordu.

Jamie arkama gelip içinden buharlar çıkan suya baktı.

"Sıcak banyo," dedi gururla. "Beğendin mi?"

"Aman Tanrım!" dedim.

"Ah, demek sevdin," dedi sırıtarak, sürprizi beklediği tepkiyi almıştı. "Hadi gel."

Kendi cübbesini çıkarıp içinde kızılların parladığı siyah suya girdi. Mağaranın kemerli tavanı kandillerinin ışığını yutuyordu ve bu yüzden de birkaç metreden ötesini göremiyordum.

Tereddütle üzerimdekini çıkardım.

"Ne kadar sıcak?"

"Yeterince," diye cevap verdi. "Korkma Saksonyalı yakmıyor. Burada bir saatten fazla kalabiliriz ve birer pelteye dönüşürüz."

"Ne cazip bir fikir," diyerek giysiyi fırlattım. Onun düzgün vücudunun durduğu yere bakarak dikkatle suya girdim. Taşa oyulmuş basamaklar vardı ve suyun derinliklerine doğru ilerliyordu. Tutunabilmek için duvar kenarına bir halat asılmıştı.

Su kalçalarıma doğru yükselmeye başladı, oradan gelen ısı karnımın ürpermesine sebep olmuştu. Basamakların sonuna gelince ayağımın altında pırıl pırıl bir kum olduğunu hissettim, su omuzlarıma kadar yükselmişti, göğüslerim balıkçı sepetleri gibi suyun üzerine çıkmıştı. Tenim kızarmaya başlamıştı ve ensemden ter damlacıkları süzülüyordu. Mükemmel bir histi.

Suyun yüzeyi pürüzsüzdü ama içi öyle değildi, küçük kabarcıkları hissedebiliyordum. Rahatlatıcı sıcaklığının yanı sıra burada hayat da vardı. Sanki bu su canlıydı ve insanı kucaklıyordu. Anselm bu suların şifalı olduğunu söylemişti, bu kesinlikle doğruydu.

Jamie arkamdan yaklaştı, suyun üzerinde küçük dalgalar oluşmuştu. Uzanıp göğüslerimi tutup okşamaya başladı.

"Sevdin mi?" Öne eğilmiş omuzlarımı öpüyordu.

Ona dayanarak ayaklarımı yerden kestim.

"Harika! Ağustos ayından bu yana ilk kez ısındım." Benimle birlikte suya sırtüstü yattı, bacaklarımız suda hoş şekiller oluşturuyordu, sanki bütün vücudumu okşayan bir sürü sıcacık el vardı.

Yüzmeyi bıraktı, beni çevirip orada bulunan bir tahtanın üzerine oturttu, suyun kenarındaki kayalıkların içine ahşap oturma yerlerinin yapılmış olduğunu ancak o zaman fark edebildim. O da yanıma oturdu ve kollarını arkamızda bulunan kayaların üzerine koydu.

"Önceki gün Peder Ambrose kabukların yumuşaması için beni buraya getirdi. Güzel bir his, öyle değil mi?"

"Güzelden de öte." Suyun kaldırma kuvveti çok güçlüydü, elimi bıraktığım anda suda havalanacak gibiydim. Tavana baktım.

"Bu mağarada canlılar var mı? Yarasa ya da balıklardan bahsediyorum."

Başını iki yana salladı. "Kaynağın ruhundan başka hiçbir şey yaşamıyor, Saksonyalı. Su arkadaki çatlakta sürekli kaynıyor," başıyla karanlığı işaret etti, "ve kayaların arasındaki çatlaklardan dışarı sızıyor. Aslında dışarı açılan belirli bir yer yok, bir tek manastıra açılan kapı var."

"Kaynağın ruhu mu?" Bunu sevmiştim. "Bir manastırda saklanmasına rağmen bir dinsize benziyor."

Bacaklarını uzattı, bu bacaklar suyun altında yaşayan bitkilere benziyordu.

"Ne dersen de burası manastır yapılmadan önce de varmış."

"Bunu görebiliyorum."

Mağaranın duvarları düzgün, siyah volkanik taşlardan oluşmuştu ve nemliydi. Bütün oda yarısına kadar suyla doldurulmuş olan kocaman bir balona benziyordu. Dünyanın merkezine, bir bebeğin ana rahmine sığındığı gibi sığınmıştık. Kulağımı kayalara dayadığım anda dibimde duran kocaman kalbin yavaşça attığını duyabilecekmişim gibi garip bir hisse kapılmıştım.

Bir süre hiç konuşmadan durduk, suyun içinde yükseliyor, yine batıyor, hayaller kuruyor ve birbirimize dokunuyorduk.

En sonunda sessizliği bozup, "Karar verdim," dedim.

"Roma'ya mı gideceğiz?" Jamie'nin sesi çok uzaklardan gelir gibiydi.

"Evet, oraya gidince neler olacağını bilemi..."

"Hiç fark etmez. Elimizden geleni yaparız." Elini bana doğru uzattı, o kadar yavaş hareket ediyordu ki bana hiç dokunamayacağını sandım.

Beni kendine çekti,hassaslaşmış göğüs uçlarım onunkilerin üzerindeydi. Su sadece sıcak değil, ağır ve yağlıydı da. Ellerini suya batırıp beni kalçalarımdan tutarak havaya kaldırdı.

İlk hareketin hissi hafifçe irkilmeme sebep oldu. Tenlerimiz son derece ıslak ve kaygandı, birbirimize kavuşurken ne bir basınç olmuştu ne de fazladan bir dokunuş. O anı tam hissedememiş bile olsam, onun içimi tamamıyla doldurmuş olduğunun farkındaydım, suların dünyasında sabit bir noktaydı orası. Rahme bağlı göbek bağı gibi... Onunla birlikte içeri hücum eden suları hissedince garip bir ses çıkardım. Sonra kendi sabit noktama yoğunlaşıp tadını çıkarmaya başladım.

"Ah, işte bunun gibi," dedi hayranlıkla.

"Ne gibi?"

"O çıkardığın gıcırtıya benzer ses."

Kızarmam mümkün değildi; tenim suyun sıcağıyla zaten kızarabildiği kadar kızarmıştı. Saçlarımı sallayarak yüzümü örttüm.

"Özür dilerim, gürültü yapmak istememiştim."

Bir kahkaha attı, sesi tavanda hafifçe yankılandı.

"Sana hoşuma gittiğini söyledim. Seninle yatmaktan keyif almamın sebeplerinden biri de bu Saksonyalı, çıkarttığın küçük sesler."

Beni iyice kendine çekti, alnım omzuna yaslanmıştı. Tenlerimiz birbirine karışmıştı, sudaki sülfürden daha kaygan salgılar salgılıyorduk. Kalçalarını hafifçe hareket ettirdi ve ben dayanamayıp garip bir nefes sesi çıkardım.

"Evet, işte bunu çok seviyorum," dedi usulca. "Ya da... Bunu..."

"Ah," dedim. Güldü ve aklına gelenleri yapmaya devam etti. Ellerini sırtımda, kalçalarımda, göğüslerimde gezdirirken konuşmasına devam etti. "Hapiste, geceleri zincirlenmiş yatarken en çok düşündüğüm şeylerden biri buydu. Etrafımda, inleyen, horlayan, yellenen bir düzine adam vardı. Bense seninle sevişirken senin çıkarttığın o şirin, sevgi dolu sesleri hayal edip senin yanımda olduğunu düşünüyordum. Senin yavaş yavaş hızlanan nefesini, sonra içine ilk girdiğim andaki ufak inlemeni ve bunun ardından kendini önemli bir işe verirmiş gibi çıkardığın sesleri içimde duyuyordum."

Nefesim kesinlikle hızlanmıştı. Minerallerle doymuş ve yoğunlaşmış suyun üzerinde adeta bir tüy hafifliğindeydim, beni orada tutan şeyler onun omzuna bastırmış olduğum elim ve suyun içinde kenetlenmiş uzuvlarımızdı.

Kulağımın dibinde mırıldanmaya devam ediyordu. "Öfkeli anlarımda seni istediğimde, altımda kıvranıp uzaklaşmak ister gibi debeleniyorsun ve ben aslında o hareketleri bana daha yakın olmak için yaptığını biliyorum ve ben de aynı kavgayı veriyorum."

Elleri kalçalarımın arasında bir alabalık gibi geziniyordu.Bir anda sarsıldım ve istemeden bir ses daha çıkardım.

"Üzgün olduğum zamanlarda sana ihtiyaç duyduğumda, içini çekerek beni sessiz bir uğultuyla içine alıp beni oradaki huzurla yoğurup hafif bir inlemeyle rahatlatıyorsun."

"Jamie," dedim boğuk bir sesle. "Jamie, lütfen."

"Henüz değil, *mo duinne*." Elleri belime tırmandı, beni yavaşça yeniden aşağı doğru bastırdı ve bunu ben inleyene kadar devam ettirdi.

"Henüz değil, daha zamanımız var. Bu iniltiyi yeniden duymak istiyorum. İnlemeni, haykırmanı, ağlamanı, bunları yapmak istemesen bile kendini tutamamanı istiyorum. Kalbin parçalanıyormuş gibi nefes almanı, haykırarak beni istemeni ve kollarımdayken o son huzur çığlığını atmanı istiyorum. Sana iyi hizmet ettiğime ancak o zaman inanırım."

Kalçalarıma hâkim olamıyor, her darbeyi belimde hissediyordum, bir anda bütün kaslarımın gevşediğini hissettim. Ellerim omuzlarından kaydı. Geriye büküldüm ve göğüslerim göğüslerinden aşağı doğru kaymaya başladı. Bir anda karanlık suya gömüldüm. Beni boğulmaktan kurtaran Jamie'nin elleri oldu.

Ona yaslandım, denizanası gibiydim, eklemlerim ve kemiklerim yoktu. Çıkardığım sesler umurumda bile değildi, farkında olduğum tek şey şu an anlamlı bir konuşma yapamayacağımdı. Jamie suyun altında bir köpek balığı gibi hareket etmeye başladı.

"Hayır," dedim. "Jamie, hayır. Buna tekrar dayanamam." Nabzım hâlâ parmak uçlarımda atıyor gibiydi, onun içimde yeniden dirilmeye başlaması mükemmel bir işkenceydi.

"Dayanırsın, aşkım." Sesi saçlarımın arasında iyice boğulmuştu. "Seni istediğimi bildiğin için dayanacaksın. Bu kez ben de seninle birlikte yükseleceğim."

Kalçalarımı sıkıca kendininkine bastırdı. Ben paramparçaydım ve ona yapışmıştım, hatta demirlemiştim, o ise anaforun içinde sapasağlam bir kaya gibi duruyordu.

Bir çığlık attım. Çıkardığım ses, dalgaların içinde savaşan bir gemicinin çığlığına benziyordu. Ve onun çığlığını duydum, ben de ona iyi bir hizmet sunmuştum.

Dünyanın nemli, buharlı, sıcak rahminden yukarı doğru çıkmak için debelendik. Jamie'nin yardımcı olmasına rağmen ilk sahanlığa vardığım anda dizlerimin üzerine devrildim, o da hemen yanıma... Cübbeler ve çıplak bacaklardan oluşan bir yığındık. Çaresizce kıkırıyorduk. Şarap değil ama aşk başımızı döndürmüş, bizi sarhoş etmişti. Emekleyerek ikinci katın merdivenlerini çıkmaya başladık. Birbirimize yardım etmek isterken daha çok engel olmayı başarıyorduk. O dar basamaklarda birbirimize takılıyor, itişip duruyorduk. Sonunda ikinci sahanlığa varıp birbirimize sarılarak yere yığıldık.

Burada gökyüzüne açılan camsız bir pencere vardı, ay gümüş rengindeydi. Birbirimize tutunup serinlerken kalp atışlarımızın normale dönmesini bekledik.

Dolunay vardı. Ayın çekim kuvveti, medcezirler ve kadınların arasında son derece güçlü bir bağ olduğu kesindi.

Ama benim medcezirlerim bu iffetli ve kısır çağrılara göre hareket etmiyordu artık, bir anda farkına vardığım bir gerçekle damarlarımda akan kanın daha da tehlikeli bir tavırla dolanmaya başladığını hissettim

"Sana bir hediyem var," dedim birdenbire. Bana dönerken elini kendinden emin bir tavırla şu an düz olan karnımın üzerine koydu.

"Orada mı?" dedi.

Dünyamız yepyeni şeylere gebeydi.